He decidido declararme marxista

He decidido declararme marxista

Crónicas reunidas 1980–2024, vol. I

Jon Lee Anderson

Traducción de
Aurelio Major, Raquel Marqués, Jaime Zulaika, María Tabuyo y
Agustín López Tobajas, Eduardo Iriarte, Laura Salas, María Luisa Rodríguez Tapia,
Antonio-Prometeo Moya Valle, Daniel Saldaña y Rita da Costa

DEBATE

Papel certificado por el Forest Stewardship Council®

MIXTO
Papel | Apoyando la
silvicultura responsable
FSC
www.fsc.org   FSC® C117695

Penguin
Random House
Grupo Editorial

Primera edición: noviembre de 2024

© 2024, Jon Lee Anderson
© 2024, Penguin Random House Grupo Editorial, S. A. U.
Travessera de Gràcia, 47-49. 08021 Barcelona
© 2024, Aurelio Major, por la traducción del prólogo, Raquel Marqués,
por las traducciones de la introducción y de los textos con inicio en pp. 185, 203, 227 y 365;
Jaime Zulaika, por la traducción del texto con inicio en p. 43;
María Tabuyo y Agustín López Tobajas, por las traducciones de los textos con inicio en pp. 317, 429, 463, 501 y 531;
Eduardo Iriarte, por las traducciones de los textos con inicio en pp. 261, 403, 717 y 763;
Laura Salas, por las traducciones de los textos con inicio en pp. 293, 377, 631 y 693; María Luisa Rodríguez Tapia,
por las traducciones de los textos con inicio en p. 561; Antonio-Prometeo Moya Valle, por las traducciones
de los textos con inicio en pp. 601 y 617; Daniel Saldaña, por las traducciones de los textos con inicio en
pp. 657 y 673, y Rita da Costa, por la traducción del texto con inicio en p. 741.

Printed in Spain – Impreso en España

ISBN: 978-84-19642-76-9
Depósito legal: B-16.115-2024

Compuesto en Comptex&Ass., S. L.

Impreso en Liberdúplex
Sant Llorenç d'Hortons (Barcelona)

C 6 4 2 7 6 9

Índice

SEGUNDA PARTE
Poder y política

Nota del editor

La carrera periodística de Jon Lee Anderson abarca cinco décadas, otros tantos continentes e infinidad de publicaciones. Esta antología busca reunir lo más significativo de su obra en dos volúmenes organizados de manera temática. El primero contiene textos sobre «Guerras y conflictos» y «Poder y política». El segundo cubre «Perfiles» y «El hombre y la naturaleza».

Prólogo*

Al igual que los novelistas suelen referirse al escritor para escritores, en el sentido del autor venerado por sus colegas, sea cual fuere el lugar que ocupa su obra en la estima del lector general, también cabe referirse al periodista para periodistas, el que para los otros, al margen de su amplio o reducido favor entre el público, produce un modelo de buen hacer; el que se recomendaría estudiar con especial esmero a los jóvenes que acaban de iniciarse en la profesión. Y en esta época, cuando impera la lamentable paradoja de que el reportaje casi nunca antes ha sido mejor, pero la perspectiva de publicarlo en algún otro medio que no sea el de las propias redes sociales casi nunca ha sido peor, un conjunto de periodistas extraordinarios merece el especial reconocimiento de «periodistas para periodistas». En francés pienso en Rémy Ourdan, de *Le Monde*, en tanto que en español se me ocurre inmediatamente Hugo Alconada Mon, el periodista de investigación argentino. Pero si me viera injustamente obligado a nombrar a un solo escritor del ámbito anglosajón que actualmente merezca dicho título, este sería Jon Lee Anderson.

Desde sus primeros reportajes en Perú a finales de los setenta, cuando apenas contaba con veinte años, Anderson ha informado desde América Latina, Europa, África y Oriente Próximo. A sus colegas y amigos, entre los que tengo el privilegio de contarme, nos ha parecido alguien en perpetuo movimiento: en Argentina una semana, en Oriente Próximo apenas unas semanas más tarde, en África al cabo de un mes. Pero se trata de un movimiento perpetuo de disciplinada determinación. Anderson sabe mucho, pero su sensibilidad política e histórica y su arrojo físico —ha informado desde algunos

---

* Traducción de Aurelio Major.

de los lugares más peligrosos del mundo, desde las guerras de Afganistán, Irak y Somalia, hasta desde entornos en alguna medida mucho más arriesgados, como los barrios marginales de Haití y el medio de los narcotraficantes mexicanos— se aúnan en lo que me parece su mayor talento como reportero: su capacidad de mantenerse receptivo. Esta cualidad, en mi opinión, permite explicar por qué tras más de cuatro decenios de dedicación, la obra de Anderson conserva una frescura que pocos entre nosotros conseguimos apenas retener en igual grado. El manido elogio que las personas mayores suelen dispensar a los jóvenes es que son maduros para su edad. En el caso de Anderson es casi lo contrario, el de su juventud pese a los años.

Sea cual fuere la causa, y sin perder nunca su orientación moral, Anderson ha sido capaz de persuadir a algunas de las peores y más peligrosas personas del mundo no solo de hablar con él, sino de confiarle cosas de las cuales, en cuanto se publicaba la crónica —en la revista *The New Yorker* de cuya plantilla es parte desde hace veinticinco años—, seguramente se habrán arrepentido. Pinochet habló con él, al igual que Charles Taylor, el homicida dictador liberiano. Un general boliviano le reveló dónde estaba enterrado el cuerpo del Che Guevara, lo cual sin duda era secreto de Estado en aquel tiempo. Y contra todo pronóstico desde entonces, ya que al margen del provocador título que ha dado a esta esperada antología en español de su obra, Anderson dista mucho en el fondo de ser un compañero de viaje comunista —pues su retrato del hombre fuerte de Venezuela, Hugo Chávez, concitó la ira de la izquierda tanto en Estados Unidos como en América Latina—, la viuda del Che, Aleida, se sinceró con él, abriendo con ello la puerta para que Anderson escribiera su extraordinaria biografía, *Che Guevara: Una vida revolucionaria*.

En una ocasión Anderson intentó explicar a un entrevistador su capacidad insólita y un tanto inquietante —quizás incluso para el propio Anderson— de suscitar que los criminales de guerra y los tiranos de autor se sintieran cómodos con él, aduciendo que podían percibir lo bien que comprendía «cómo podemos llegar a ese instante en que cometemos actos violentos», e incluso que a veces él mismo sentía como si «yo fuera absolutamente capaz de cometerlos». Hasta qué punto sus lectores han de tomárselo en serio es otro asunto. Me parece más medular algo que Anderson ha afirmado aparte sobre su propia obra: ha buscado muy a menudo a los perpetradores, en lugar de hacerlo primero con sus víctimas, porque «lo primero que me interesa es saber por qué se perpetra la violencia». Incluso en sus artículos, Anderson no moraliza. Habrá quienes se sientan inclinados a criticarlo por ello, pero esto me parece de mucho mayor valor en nuestro mundo, donde actualmente la moralización indigna y el alardeo moral aún más indigno son requisitos prácticos para ser publicado: desvela a sus lectores la información necesaria para que puedan moralizar. El tópico más rancio afirma que los periodistas son testigos de los acontecimientos; puede parecer a casi todos un anacronismo y acaso, en efecto, un solecismo moral. Pero el cometido del periodismo bien hecho consiste ciertamente en ser un testigo y no un fiscal; y en ese sentido Anderson, a diferencia de innumerables colegas, se ha mantenido fiel a su vocación.

A pesar de que Anderson ha titulado esta antología *He decidido declararme marxista*, en referencia a una entrada del diario de su adolescencia, y a pesar de que nos conocemos desde hace mucho tiempo, sigo sin conocer realmente sus convicciones políticas. Lo leo como si hubiera evolucionado durante estos decenios desde algún sector de la izquierda ortodoxa hasta algún sector de la izquierda escarmentada; escarmentada pero todavía optimista en algún sector, a pesar de todo. Puesto que Anderson ha estado en muchos de los peores lugares del mundo, y sabe muy bien cuán crueles y despiadados pueden ser los seres humanos —sobre todo los seres humanos en grupo—, que haya logrado seguir albergando la esperanza transcurridos tantos años y habida cuenta de todo lo que ha visto, y con lo cual me refiero no solo a los horrores sino a las decepciones, entre ellas —¿me atrevo a decirlo?— las del marxismo, es un mérito no solo periodístico sino moral. Por ello, al margen de la infamante situación sobre la que nos esté informando, hay algo paradójicamente animoso en su obra. Como escritor cuyo cometido en esta tierra parece haber sido el de deprimir a los lectores con mi desesperanza, es una cualidad que a un tiempo envidio y admiro. Pues, ¿qué puede impresionar más en un escritor que, aun siendo plenamente consciente de la realidad terrible del estado del mundo, no reniega de su fe en el mundo?

No cabe duda de que a veces el frío desapasionamiento de Anderson casi puede resultar ultramundano. Pero ello, me parece, se debe a que él es plenamente global, en el sentido biográfico de ser alguien que, habiéndose criado en todo el orbe, es oriundo de algún lugar del intelecto y la experiencia, pero de ningún lugar de la geografía. Nacido de un padre agrónomo que trabajaba para el servicio exterior estadounidense, y de una madre escritora que también había pasado buena parte de su vida fuera de Estados Unidos, Anderson tenía dos años cuando su familia se trasladó a Corea, cuatro cuando se avecindaron en Colombia y cinco cuando se establecieron en Taiwán. Volvieron a Estados Unidos cuando Anderson contaba con once años, pero solo porque tenían previsto radicarse en Egipto, pero lo impidió el comienzo de la guerra árabe-israelí de 1967. No sorprende entonces que Anderson tenga la capacidad de sentirse como en casa dondequiera, de una manera en que la mayoría de los reporteros internacionales, por mucho que nos creamos forasteros profesionales, no podemos sentirnos. Paradójicamente, la estampa de Anderson en persona es en realidad muy estadounidense (y además chapado a la antigua), tanto así que en otra época Anderson habría podido ser administrador del imperio estadounidense: un personaje de *El americano impasible* o de *Democracia*, la novela de Joan Didion, en lugar de convertirse, como al cabo ha ocurrido, en el principal cronista en lengua inglesa de los estragos que inflige el imperio y del modo en que el resto del mundo se relaciona con Estados Unidos. Si no fuera tan irenista, Anderson sería al menos conradiano. Pero en lugar de ser engullido por el corazón de las tinieblas, solo desaparece como una Perséfone moderna con ordenador portátil para resurgir de ellas con otra historia absolutamente irresistible.

¿Es entonces el periodismo el país del que proviene Anderson, como una vez oí que decía de él su gran amigo García Márquez? En algún sentido la respuesta es que probablemente sí. Pero la clave de Anderson, al menos según mi dilatado trato con él, es su singular relación con la lengua española y con Latinoamérica. «Si no he estado en Latinoamérica por un tiempo —declaró una vez a un entrevistador—, y no puedo hablar español, no solo lo echo de menos, sino que me siento seco, más pobre, estancado». Recuerdo que hace muchos años, en Colombia, estaba sentado frente a él durante un concurrido almuerzo en el que la conversación se entabló con toda naturalidad en este idioma. Al cabo, sin embargo, todas las otras personas de la mesa se acabaron yendo, y solo quedamos Anderson y yo. Pero él siguió hablando en español, a pesar de que solemos conversar en inglés cuando estamos solos. Una lengua también puede ser una patria adoptiva. Y gracias a esta antología, toda la diversidad de su extraordinaria obra por fin también existirá en ella.

DAVID RIEFF

A Leonchik, que tiene todo su futuro por delante.
Con el amor incondicional de un abuelo.

Agradecimientos

Mi más profundo agradecimiento a todos aquellos que me ayudaron en el camino, cada uno a su manera, para traer al mundo esta colección, y en especial a:

Aldo Perán, Roberta Gerhard, Miguel Aguilar, Eduardo y Diego Rabasa, Silvia Sesé, Sarah Chalfant, Julio Villanueva Chang, Sharon De-Lano, Amy Davidson y Nick Trautwein.

Introducción*

El título de este libro procede de una nota que escribí para mí en un diario a los trece años y redescubrí años después. Cuando era muy joven, tenía la costumbre de anotar afirmaciones como aquella en diarios, en la parte interior de las cubiertas de los libros y en cartas, mientras iba buscando cómo definirme en un mundo que cambiaba rápidamente y en el que mi familia se movía sin cesar. Cuando tenía dieciocho años ya había vivido en nueve países, y el día crucial en que decidí hacerme marxista me encontraba en Liberia, en África Occidental, donde viví durante un año.

Empezaban los años setenta, una época de malestar global y, con la finalidad de entender mejor el mundo que me rodeaba, fui un lector atento y precoz. Entre los autores que me atraían figuraban Voltaire, Camus, Genet, Teilhard de Chardin, Malcolm X, Eldridge Cleaver y el Che Guevara; algunos de ellos, sin duda, me ayudaron a llegar a la conclusión sobre cuáles eran mis inclinaciones políticas.

Pese a aquella profesión de fe tan temprana, nunca me comprometí con ella de forma activa, y de hecho no me definí políticamente en modo alguno después, más allá de sentirme fervorosamente antifascista, escéptico ante la autoridad y ajeno a puntos de vista conservadores.

Aunque me crie casi siempre en el extranjero, en Taiwán, Corea del Sur, Colombia, Indonesia, Liberia, Honduras, España e Inglaterra, mi despertar político partió de una conciencia temprana de las luchas por los derechos civiles en Estados Unidos gracias a mis padres, nómadas y liberales, que nos educaron como familia multirracial. Éramos cinco hermanos: tres hermanos genéticos, nacidos de nuestros padres, y dos hermanas adoptadas, una de Costa Rica y otra de Taiwán.

* Traducción de Raquel Marqués.

19

En ese ambiente desarrollé un aborrecimiento agudo hacia la injusticia racial y el colonialismo. Era necesario apoyar a las fuerzas políticas, fueran cuales fueran, que capitanearan la batalla contra aquellos males gemelos, y en mi época de formación —fueran guerrillas que luchaban ya contra dictaduras militares en América Latina, ya contra colonialistas europeos en África— solían ser siempre marxistas, mientras que el gobierno de mi país y sus aliados normalmente apoyaban al otro bando.

Cuando rondaba los dieciocho o diecinueve años, estaba fascinado con la revolución sandinista de Nicaragua, y hubo un tiempo en que hasta me planteé incorporarme a los rebeldes que luchaban contra el dictador, Anastasio Somoza. Sin embargo, después estuve de reportero allí, con unos veinticinco años, y perdí todas las ilusiones que había abrigado con respecto a ellos al ver el nuevo *statu quo* nicaragüense. Una vez alcanzado el poder, las guerrillas vencedoras llevaban a cabo sus propias injusticias, a menudo en nombre del marxismo-leninismo, un dogma que muchos no entendían más que superficialmente y en el que creían de veras aún menos.

Me seguían atrayendo los rebeldes como grupo social, pero se me había despertado el interés por las relaciones entre violencia política y poder. Me daba la sensación de que el dogma político solía ser menos sólido que las acciones sangrientas y las maneras en que estas podían canalizarse para el poder político. Más que la carrera de periodismo en sí, esos eran los intereses que me empujaban mientras aprendía el oficio y me abría paso en el mundo. Trabajé primero para *The Lima Times*, un semanario peruano en inglés; después, como periodista itinerante en Centroamérica para el columnista sindicado Jack Anderson, radicado en Washington D. C.; luego siguió un periodo en el que fui corresponsal para la revista *Time* en Honduras y El Salvador. A continuación escribí dos libros con mi hermano Scott: el primero, *Inside the League*, trataba de una red internacional de extrema derecha, idea que surgió a partir de mi experiencia periodística en Centroamérica. Nuestro siguiente libro fue *War Zones*, una historia oral recogida en varios conflictos de distintas partes del mundo: El Salvador, Irlanda del Norte, Israel y Palestina, Uganda y Sri Lanka.

Mi primer artículo de revista, «Aquellos que tiran piedras», publicado aquí por primera vez en castellano, brotó de aquella etapa de itinerancia global por el mundo del conflicto. Cuando se publicó, en 1988, yo tenía treinta y un años y ya estaba decidido a embarcarme en una exploración más profunda del mundo de la guerrilla. Mientras mi hermano se encerraba a escribir su primera novela, yo conseguí un contrato editorial para el proyecto. Tras cuatro años de investigación sobre el terreno en campos de batalla insurgentes por todo el mundo —otra vez en El Salvador, en el Sáhara Occidental, en Burma, en Gaza y en Afganistán—, publiqué mi libro *Guerrillas* en 1992.

Después pasé cinco años investigando y escribiendo la vida del revolucionario argentino-cubano Ernesto Che Guevara, al que veía como la encarnación última del arquetipo de guerrillero. La biografía resultante, *Che Guevara: una vida revolucionaria*, publicada en 1997, no tardó en devolverme al periodismo: la revista *The New Yorker* me invitó a contribuir con un artículo sobre Cuba extraído de un diario que nutrí mientras estuve viviendo allí. Durante el último cuarto de siglo he seguido trabajando y escribiendo para *The New Yorker* con crónicas de lugares remotos, perfiles de figuras políticas y noticias de diversos conflictos y zonas de guerra.

Como ocurre con las antologías, *He decidido declararme marxista* es una selección ecléctica de mi trabajo a lo largo de cuarenta y cuatro años, desde 1980 hasta 2024, distribuida en dos volúmenes. En ella hay artículos para *The New Yorker* y otros periódicos, así como extractos de mis libros, algunos ya publicados en castellano con anterioridad, como *Che Guevara: una vida revolucionaria*, *La caída de Bagdad*, *El dictador, los demonios y otras crónicas*, *Guerrillas*, *La herencia colonial y otras maldiciones* y *Los años de la espiral*. Con la inestimable guía de los editores Roberta Gerhard y Aldo Perán, he incluido cuando ha sido posible otras historias que no figuraban en colecciones previas de mi trabajo en lengua castellana.

La primera parte, «Guerras y conflictos», se divide en áreas geográficas y comprende Oriente Próximo, África, Asia y América Latina. Incluye un largo extracto de mi libro *La caída de Bagdad* y varios artículos publicados originalmente en *The New Yorker*, así como un artículo sobre Afganistán que escribí para la revista peruana *Etiqueta Negra*, y otro, inédito en castellano, para *The New York Times Magazine*, sobre el asesinato de un periodista en México. «La guerra eterna» es un ensayo sobre el conflicto colombiano que realicé para un libro titulado *Imagine: reflexiones sobre la paz*, que solo ha aparecido en castellano en Colombia.

La siguiente sección de «Guerras y conflictos», «Guerrillas», toma su título del libro del mismo nombre.

«Diccionario de la guerra» es una versión revisada de una serie de siete partes que escribí para *El País* en 2005 como una de sus «Series de verano», en la que intenté recordar alfabéticamente mi vida en el contexto de la guerra y la violencia.

La segunda parte, «Poder y política», consta de siete artículos publicados originalmente en *The New Yorker* que reflejan mi esfuerzo por comprender la política de la Cuba de Fidel Castro, de la Venezuela de Hugo Chávez, de la España posfranquista —con un artículo sobre la búsqueda del cadáver de García Lorca—; otro sobre las guerrillas colombianas de las FARC al deponer las armas tras cincuenta años de guerra; una descripción de la campaña presidencial del político mexicano de izquierdas Andrés Manuel López Obrador y de las consecuencias de la salida del poder del presidente boliviano Evo Morales; el regreso de los talibanes al poder en Afganistán tras veinte años de guerra contra Estados Unidos; el idealismo de Gabriel Boric, el joven presidente socialista de Chile, y el retorno impetuoso y volátil de Lula al poder en Brasil después de pasar una temporada en la cárcel y del intento de destituirlo por parte de la extrema derecha.

En el segundo volumen se encuentran la tercera parte, «Perfiles», y la cuarta, «El hombre y la naturaleza», y concluye con una sección llamada «Historia personal». En los perfiles hay una mezcla de artículos conocidos: de Pinochet, García Márquez, Mugabe y Gadafi, y otros menos famosos, como el obituario que escribí en 2020 de Fernando Barral, «Las muchas vidas y la muerte silenciosa de un buen comunista», y en «Un acto de Dios», de la predicadora evangélica brasileña acusada de asesinato, Flordelis.

En la sección «El hombre y la naturaleza», regreso a mis orígenes periodísticos con uno de mis primeros artículos de formato largo publicado en 1980 en *The Lima Times*. «En la selva de los chambiras» es una de varias crónicas que narran mis experiencias iniciales de la exploración del Amazonas peruano. En los últimos años he vuelto varias veces al Amazonas, a Perú y a Brasil, para escribir otros artículos que también se recogen aquí. El último de ellos, «La patrulla del Amazonas», trata de la devastación del territorio del pueblo indígena yanomami para explotar las minas de oro, y se ha publicado en 2024. Además, hay varios artículos sobre África Oriental que consideran el conflicto entre la humanidad y la vida salvaje, y dos artículos, uno sobre Nueva Orleans y otro sobre Haití, acerca de individuos extraordinarios que conocí durante desastres naturales; son historias, en cierto sentido, sobre la forma última de batalla entre los humanos y la naturaleza.

La última sección, «Historia personal», reúne dos historias sobre mi juventud errante y aventurera publicadas en *The New Yorker* en 2020 y 2024, respectivamente. La primera, «Ansia de ver mundo», recoge una expedición que hice yo solo a la isla Nunivak, en el mar de Bering, cuando tenía veintiún años, con el objetivo de hacer fortuna con la lana del buey almizclero. La siguiente, «El camino largo», trata de un viaje abortado que emprendí a Togo con diecisiete años y que terminó en los muelles de Las Palmas de Gran Canaria, donde viví de lo que pude durante cuatro meses.

Igual que cuando decidí hacerme marxista a los trece años, llevé diarios de esos y otros viajes tempranos en los que buscaba lo emocionante y lo desconocido. Muestran cómo terminé siendo quien soy, un cronista de los tiempos que he tenido la suerte de ver y vivir en este fascinante mundo nuestro.

JON LEE ANDERSON
Brasilia, octubre del 2024

PRIMERA PARTE

Guerras y conflictos

Oriente Próximo

Aquellos que tiran piedras*

Los chicos de Breij

Breij es uno de los campos de refugiados palestinos más pequeños de los ocho que hay en la Franja de Gaza; habitan aquí unas veinte mil personas, muchas desde 1948, cuando vivían en tiendas proporcionadas por las Naciones Unidas y se imaginaban quizá que podrían volver pronto a sus pueblos, pueblos que ahora están en el nuevo Estado de Israel. Pero no hubo retorno, y al cabo de poco tiempo, con la ayuda de la ONU, los refugiados de Breij empezaron a construir los recintos cerrados de una planta que siguen siendo el núcleo del campamento. Algunos edificios tienen ahora dos o tres plantas más de inestables bloques de cemento, construidas para alojar a una nueva generación de refugiados, y luego a otra; y de los tejados planos se eleva un aparatoso bosque de antenas de televisión, cisternas de agua y hasta paneles solares, signos engañosos de desarrollo y permanencia. Aun así, Breij (pronunciado como «Brāzh», arabización de «Bridge», el nombre del campamento militar que hubo aquí en los días del Mandato), es un lugar humilde, polvoriento y pobre. En el loco entramado de callejas que salen de las vías principales hay alcantarillas abiertas y todas las calles son de simple tierra.

Pobre y embrujado: en uno de mis primeros paseos por el campamento me enseñaron un montón de escombros enredados con maleza y una planta de papiro erguida sobre él, algodonosa y bíblica; me dijeron que se trataba de los restos de la casa de un miembro de un comando de la Organización de Liberación de Palestina (OLP) dinamitada por los israelíes. Y vi también un camión volquete destartalado frente a una modesta casa. En la plataforma crecía la hierba; heno, estiércol y cabras amarradas pastaban a su sombra. Es tanto un granero al aire libre como uno

---

* Publicado originalmente en *Harper's* en julio de 1988. Traducción para esta edición de Raquel Marqués.

de los monumentos más importantes y conmovedores del campamento. El camión pertenecía a Yusuf, un joven que había muerto, cuyos padres aún viven en la casa que hay detrás.

—Era un gran luchador —me dijo un refugiado—. Lo llamaban «el campeón de Palestina». Era tan bueno que los israelíes querían que luchara para ellos. Pero era nacionalista; se negó. Después de eso, una noche estaba conduciendo el camión y lo pararon y lo mataron.

Y ahí queda el relato, y el camión también. En Breij, ruinas como estas desempeñan la misma función que podría tener la estatua de la plaza de un pueblo de Nueva Inglaterra. Y los relatos son mitos necesarios. Marcan el tiempo, y también una lucha continuada.

Claro que ahora la lucha se ha intensificado. Me di cuenta nada más ver las calles cuando entré con el coche en el campamento a finales del invierno pasado. La tierra estaba ennegrecida por la ceniza y por todas partes había clavos, piedras, cristales rotos, casquillos de bala y latas de gas lacrimógeno. Y en los extremos de las dos calles principales habían levantado dunas de arena con la intención de aislar la localidad. La intifada o, como la llamamos nosotros, «la insurrección palestina», empezó el diciembre pasado en una carretera no muy lejos de aquí, después de que un camión conducido por un israelí se estrellara contra otros coches y matara a cuatro palestinos. Al parecer, el conductor perdió el control, pero en Gaza muchos creyeron que el choque fue un acto de venganza; dos días antes, un comerciante judío había sido asesinado a puñaladas en la plaza Palestina de la ciudad de Gaza. Los jóvenes árabes de campamentos cercanos a la ciudad de Gaza salieron a la calle; después, por toda la franja, y más tarde también en Cisjordania. Corrían, lanzaban insultos, piedras y a veces cócteles molotov a los soldados israelíes, y a cambio estos los perseguían, les arrojaban gases lacrimógenos, los pegaban y a veces les disparaban y los mataban. (En el momento que escribo esto, han muerto doscientos siete palestinos desde que empezó la insurrección). A finales del invierno, el levantamiento ya formaba parte del tejido de la vida en Breij: los niños pequeños jugaban en las dunas, las mujeres trepaban por ellas para ir y volver del mercado, y los soldados israelíes se apostaban en su cima para ver qué estaba por venir y desde dónde.

Llegué a Breij el febrero pasado, neblinoso y frío, para averiguar lo que pudiera acerca de los chicos árabes que tiraban piedras, el nuevo ejército palestino, los *shabab*, los «jóvenes». Aunque los *shabab* estaban activos en Cisjordania, donde un periodista, sobre todo uno estadounidense, tiene más acceso, yo quería entablar contacto con los *shabab* de

Gaza. Los activistas palestinos de Cisjordania, urbanos y occidentaliza-dos, son la ventana al mundo del «problema palestino». Pero durante los meses que pasé en Israel y en los territorios ocupados llegué a la conclu-sión de que la negligida Gaza, con sus seiscientos mil apretados habitan-tes —de los cuales más de la mitad son refugiados; la mayoría son devo-tos musulmanes y apenas han viajado—, sea probablemente la auténtica cara palestina. Aquí, el islamismo combativo ha crecido tanto en los últi-mos años que compite por la lealtad contra la OLP; por todas partes se ven esbeltos minaretes de mezquitas nuevas. En Tel Aviv, donde me alojé al principio y desde donde todos los días iba a Gaza en coche por carre-teras secundarias para evitar los controles israelíes y a los niños que tira-ban piedras de la ciudad de Gaza, y volvía por el mismo camino, en Tel Aviv no es Cisjordania la más temida, sino Gaza.

Por conocer a los *shabab* no esperaba comprender de golpe el con-flicto árabe-israelí, ni siquiera entender del todo a los chicos que lanzan piedras. Quería saber, si era posible, cómo funcionaba este nuevo ejérci-to callejero: ¿cómo se organizaban? ¿Obedecían órdenes? ¿O se limita-ban a improvisar? Quería ver cómo combatían a los *shabab* los soldados israelíes, casi ninguno de los cuales era mucho mayor que aquellos. Quería vislumbrar en qué tipo de guerra luchan dos pueblos que com-baten con piedras, palos y chavales.

Para conocer a los *shabab* de Breij me tenían que autorizar el paso. Una mañana fría y húmeda de mediados de febrero me llevaron en coche hasta una escuela situada en el límite del campamento, donde empiezan los naranjales. Frente a la escuela, en el camino embarrado, había un hom-bre barbudo con un abrigo barato de piel de oveja. Fumaba un cigarri-llo, haciendo el aire frío de su alrededor espumoso y denso. Sonrió en silencio, mostrándome los dientes deteriorados y manchados de nicoti-na, y me condujo adentro.

En las paredes de la clase de la guardería adonde me llevó había ga-rabatos y dibujos de animales de granja. Tres mujeres con la cabeza tapada con un chador rondaban por otras salas mientras tejían ropa a ganchillo para sus bebés. Como harían muchas veces más, inclinaron la cabeza ante mí con timidez y se ofrecieron a traerme una tetera caliente de té dulce con menta o café especiado con cardamomo en tacitas pequeñas de porcelana blanca con flores rosas. Se lo agradecí y esperé.

El barbudo, mi contacto, fumaba como los prisioneros: a bocanadas profundas, para sí mismo, sin parar. Y, en efecto, resultó que había pasado cinco años en una prisión israelí antes de que lo liberaran en 1985 como parte de un intercambio por prisioneros de guerra israelíes que se realizó en el Líbano. Yo hablaba muy poco árabe; normalmente solía haber siempre alguien por ahí que podía traducir. Esa vez, en cambio, tuve que arreglármelas solo. Entendí por medio de la mímica por qué lo habían encarcelado. Hice un movimiento de lanzamiento con el brazo derecho, simulé el ruido de una explosión y lo señalé arqueando las cejas en una pregunta muda. Asintió con una sonrisa. Era un antiguo integrante de un comando de la OLP.

Es difícil calibrar con exactitud qué papel desempeña la OLP en las acciones callejeras del levantamiento. Al principio pareció que estas la tomaron por sorpresa y que tuvieron que ponerse al día durante las primeras semanas de las manifestaciones. Pero, para cuando llegué a Gaza, las conexiones ya se habían consolidado y se había esbozado una cadena de mando. En Breij existía un comité local de la insurrección que seguía las líneas generales indicadas por el Comando Nacional Unificado de la intifada. El comité local era clandestino; se suponía que yo no debía conocer a sus miembros. Me dijeron que representaba a ciertos grupos y facciones palestinos, no solo al poderoso grupo Al Fatah de la OLP, sino también a las facciones más radicales del Frente Popular para la Liberación de Palestina (FPLP) y el Frente Democrático por la Liberación de Palestina (FDLP), y a la Yihad Islámica, activistas islamistas especialmente fuertes en Gaza.

Mi contacto no pensaba ponerme en la calle con los *shabab*. ¿Cómo iban a saber si yo no era un informante israelí, o, como los llamaban de forma más simple, «un judío»? Miembros de Al Shabibeh, la rama juvenil de Al Fatah, tendrían que comprobarlo. Aquella primera mañana desfilaron por la guardería juntos; eran nueve, trabajadores y estudiantes, hermanos mayores de los lanzadores de piedras. Me estrecharon la mano uno tras otro y se sentaron conmigo a una mesa infantil baja y roja. Me escrutaron y hablaron de sus funciones, y, por lo que pude deducir, parecían ser los intermediarios, los que operaban en el espacio entre quienes tomaban las decisiones y la calle; de unos era evidente que tenían contacto con el comité de organización local y otros pocos probablemente formaban parte de él. En cualquier caso, reconocieron que organizaban a los *shabab*. Dijeron ser quienes hacían correr la voz de la convocatoria de manifestaciones por medio de folletos, grafitis o de palabra. Podían meterme en las calles de Breij durante alguna acción de este tipo si resultaba ser de fiar.

Llamaré Nayef al que más habló aquella mañana. Tenía veintidós años, era guapo y de mandíbula cuadrada, y había estudiado Literatura occidental en la Universidad Islámica de Gaza hasta que empezó la insurrección y los israelíes clausuraron la universidad.

—Mi trabajo es adoctrinar —dijo Nayef—. Eso se puede aprender en los libros.

Entonces, ayudado por los demás, me dibujó un mapa, una especie de croquis de batalla. Querían mostrarme que lo que sucedía en la calle no era un conjunto de actos azarosos, sino estrategia militar. El plan que dibujaron para mí era preciso. Había dos grupos opuestos de figuras de palo con los nombres de «personas» y «soldados»; colocaron barricadas en intersecciones clave, y en una vía principal, «los judíos vienen en jeep». Me enseñaron dónde queman neumáticos los chicos para atraer a los soldados; dónde ubican a la gente; dónde los jóvenes de la retaguardia esperan para atacar después de que los soldados persigan y dispersen a las fuerzas señuelo; dónde se encuentran las rutas de escape, las posiciones del plan alternativo y el sistema de centinelas. En conjunto se trataba de una estrategia bastante sofisticada de guerra urbana de guerrillas, pero sin las armas habituales. Así era cómo los *shabab* —la mayoría, chicos con edad de ir al instituto— se enfrentaban a las tropas israelíes.

—Los *shabab* los provocan —dijo Nayef—. Les dicen: «Si eres hombre, ¡ven y mátame con tus manos! ¡Tira el arma!».

Después, contemplando el mapa, descubrí un tirachinas grabado en una esquina, como los dragones y los dioses que los cartógrafos medievales dibujaban antaño en sus mapas.

Durante un par de semanas estuve yendo en coche de Tel Aviv a la escuela y reuniéndome allí con los jóvenes de Al Fatah, sin ir más allá. Era difícil conseguir conocer a esos jóvenes, pero al pasar tiempo con ellos comprendí que no hablaban al unísono, que hay muchos conflictos entre los palestinos. Uno de ellos era musulmán devoto, y a mediodía se levantaba de la mesa con la alfombra de oración en la mano, se iba a un rincón del aula y se ponía a rezar sin ningún reparo. Casi todos los demás hacían como si nada, pero algunos me miraban y luego apartaban la vista como avergonzados.

El islam siempre estaba presente, exigiendo lealtad a las vidas incluso de los aparentemente seglares. Un día llegué y me encontré a todos los miembros de Shabibeh ayunando por orden del Comando de la insurrección y preparándose para tres jornadas de manifestaciones a partir del día siguiente. Habían pasado el anterior en el cementerio de Breij visitando las tumbas de los «mártires», y el anterior a aquel en una mezquita

—en Breij hay tres—, rezando para pedir ayuda en el combate contra sus enemigos, también por orden del Comando.

—¿Qué rezáis? —pregunté a Nayef.

—Nuestra oración es «Tengo órdenes de luchar en la guerra hasta que reconozcan que no hay más Dios que Alá» —respondió. Al ver mi sorpresa, añadió—: Mira, los nuestros aquí son de Al Fatah, comunistas y yihadistas islámicos, pero somos todos musulmanes. Somos musulmanes *shabibeh*.

Pero había veces en que Nayef se irritaba con el islam.

—Habría que lapidar a las adúlteras hasta la muerte —decía uno de los jóvenes un día—. Porque es muy peligroso para la sociedad, si queremos que sea pura. Un hombre debe saber si su hijo es suyo.

—¡Yo le puedo preguntar a mi mujer si mi hijo es mío! —replicó Nayef—. ¡No necesito a un mulá que me diga lo que tengo que hacer!

Nayef me dijo que, aunque tenía que soportar a los musulmanes fundamentalistas por el bien de la insurrección, no se sentía cómodo con ellos. Un motivo era que el amor de su infancia y con la que debía casarse había ido a estudiar a Cisjordania, se había vuelto más religiosa y lo había rechazado. Ahora llevaba chador y pensaba seguir la costumbre de casarse con su primo.

Otra queja que tenía Nayef eran los altercados que había vivido con los estudiantes fundamentalistas en el campus de la Universidad Islámica.

—Si hacías cosas que no les gustaban, te perseguían y te pegaban con palos —dijo amargamente—. Creen que ellos tienen razón y que el resto del mundo se equivoca.

Fue a finales de febrero cuando vi por primera vez a los *shabab* de Breij en acción, un viernes. Mientras estuve allí, los viernes, por ser el día de descanso sagrado musulmán, solían tener lugar las manifestaciones más importantes, normalmente después de las oraciones del mediodía. Aquellos días iba a Breij en coche a veces desde Tel Aviv y otras veces desde algún otro punto de Gaza donde pasaba la noche. Daba vueltas con el coche o aparcaba y paseaba en busca de Nayef, y él me llevaba por allí, presentándome a gente y enseñándome cosas, y haciendo que me vieran, para ganarme su confianza.

Los días precedentes, los soldados israelíes habían estado yendo de casa en casa, buscando gente y pegándola. El ambiente de la ciudad era tenso y acre. Entré en Breij conduciendo lentamente, girando muy despacio por los cruces en los que los niños colocan clavos con la punta hacia arriba en filas pequeñas, como soldados de hojalata que marchan por el suelo de tierra, para pinchar los neumáticos. Conduje hasta que los *shabab* me rodearon, hostiles y silenciosos.

Les pregunté por Nayef, pero no hubo respuesta. No tardé en darme cuenta de que esos chavales no me conocían; tampoco conocían al Nayef que buscaba, ni les importaba. Lo que hicieron fue fruncir el ceño y mirar la matrícula israelí de mi coche. Un hombre barbudo, de unos veinticinco años, ojos agudos y piernas largas y escuálidas enfundadas en unos vaqueros estrechos, se abrió paso entre la multitud que me acorralaba y me dijo que bajara.

Primero me interrogó con brusquedad, pero pareció conformarse con mis explicaciones. Dijo que lo llamara Sami. Sami declaró que conocía «al Nayef que buscas»; era amigo suyo. Ordenó a unos cuantos chicos que vigilaran mi coche e insistió en que fuera con él.

En los cruces de las calles había adolescentes junto a hogueras de neumáticos de coche; de las llamas ascendían vivas columnas de humo negro y espeso. Nos miraban pasar y susurraban entre sí. De vez en cuando, alguno le preguntaba a Sami: «*Sahafi?*», que significa «periodista», solo para asegurarse.

Unos *shabab* de menor edad, quizá de doce o trece años, nos salieron al paso; caminaban hacia atrás delante de mí y me miraban con ojos negros turbulentos, sin sonreír, con piedras en las manos. Me hablaban en hebreo, queriendo que cayera en la trampa de hablar en esa lengua y «demostrar» así lo que creían que era yo, un espía israelí. Por fin encontramos a Nayef. Aseguró que ese día habría una manifestación de los *shabab* y que entonces yo vería cómo eran de verdad las cosas. El almuédano hablaba por el micrófono con un zumbido constante, una melodía nasal que se propagaba por todo Breij, y Nayef y yo nos detuvimos y charlamos. Cuando calló el almuédano y acabaron las oraciones del mediodía, empezaron a aparecer *shabab* en la calle, cada vez más y más, merodeando en grupos. Al cabo de poco rato, el aire ya se había vuelto grasiento y negro por la goma quemada.

Una cuadrilla de *shabab* enfiló por la larga calle que terminaba en una de las dunas. Allí, niños pequeños, de cinco y seis años, de repente comenzaron a arrojar piedras por encima del montículo de arena. Un grupo de soldados israelíes con uniforme verde, casco antidisturbios con visera de plástico y las armas enarboladas había empezado a concentrarse en el otro lado.

Chicos más mayores se sumaron a los pequeños, reculando de los soldados, ya que cada vez había más; se dispersaban y se echaban al suelo en posición de tiro, aquí y allá, apuntando. Entonces, de repente, todo el mundo se puso a lanzar piedras y a gritar: «*Allahu Akbar!*» («¡Dios es grande!»). Chillaban con voz ronca y feroz. Al principio pareció que gritaban, como todos los niños, para esconder su miedo; después, a medida que iban llegando las volutas de gas lacrimógeno, sus chillidos se intensificaron aún más, como si quisieran descargar su ira y el salvajismo adrenalínico de la situación.

Y entonces arrojaron de vuelta un cohete de gas lacrimógeno. Un joven con pasamontañas rojo atravesó a la carrera a los *shabab*, que vociferaban y corrían, casi en línea recta hacia los soldados, y les lanzó el cohete a bocajarro. Los soldados cayeron sobre nosotros, persiguiéndonos con saña. Los *shabab* salieron corriendo, y yo los seguí, corrí hacia los callejones en busca de refugio mientras una nueva falange de soldados, una compacta partida verde, avanzaba por la calle desde la dirección opuesta, muy deprisa, en una presión sorpresa.

Perdí a Nayef y choqué con un tipo grande que, sospechando de mí, empezó a retorcerme hacia un lado, pero llegó corriendo otro que me conocía y le dijo que me dejara. No me soltó; al contrario, me apretó más fuerte y me dio un pañuelo mojado en colonia. Se cree que los efectos del último gas lacrimógeno, importado de Estados Unidos, se combaten mejor con colonia de hombre.

No había manera de saber qué ocurría. Todos los chicos corrían. ¿Estaban de verdad siguiendo un plan? Parecía que sí. Algunas mujeres se asomaban por las puertas y miraban en la dirección por la que venían corriendo los chicos para decirles qué tenían a su espalda. Se colocaban en esquinas ciegas y, señalando con los dedos, con gritos ahogados y breves, avisaban a los chicos que corrían de dónde estaban los soldados. Yo todavía estaba con el tipo grandullón que me había dado el pañuelo con colonia, y me pasó a otra persona, un chico más joven y nervudo que me tomó del brazo, y corrimos por las callejuelas hasta que llegamos a su casa. Una chica guapa de unos diecisiete años que llevaba un pañuelo dorado en la cabeza esperaba nerviosa con la puerta abierta. Nosotros entramos y ella salió afuera como un rayo.

El patio interior de la casa estaba atestado de sacos de yute llenos de cebollas y uno de limones. Me senté, jadeando, y el chico me dio un limón para que lo chupara y hundiera la nariz y la boca en él, también para combatir el gas lacrimógeno. Estuvimos allí sentados, masticando limones, respirando pesadamente. Fuera, en la callejuela y en las calles más lejanas había un silencio total. Todo el mundo estaba escondido. ¿Cuánto tiempo había pasado? ¿Diez minutos? ¿Cinco?

Entonces se oyó un grito, solo una voz. Entró la chica del pañuelo dorado como una exhalación y contó muy enfadada que en la calle los soldados israelíes estaban obligando a los chicos a quitar los neumáticos ardiendo con las manos desnudas. Volvió a salir corriendo y yo la seguí al cabo de un momento. Empezaron más gritos; su voz otra vez. Giré la esquina de la calle y la vi. Agitaba el puño y maldecía a un grupo pequeño de soldados. Uno, alto y sombrío, levantaba la porra para golpearla. Tuvo lugar una especie de baile en el que yo me adelanté para impedírselo y ella me rodeó gritando a los soldados con más rabia que nunca.

Mientras tanto, los soldados, sus caras juveniles sucias y cansadas, se acercaron a ella, que no dejó de insultarlos. Uno dio un paso adelante y le propinó un buen golpe en el lateral de la cabeza. El pañuelo voló hasta el suelo. Todo el mundo lo miró. El jefe del grupo, un hombre menudo con gafas, lo recogió y se lo ofreció.

—Ten —le dijo, muy educado—. Toma tu pañuelo.

Pero, en lugar de aceptarlo, se lo tiró de un manotazo en la mano. A él se le acabó la paciencia. Fue a por ella, pero el tipo corpulento que ya la había golpeado se le adelantó. Dio un paso atrás y le asestó un porrazo en el estómago. Ella se tambaleó un poco, retrocedió, y corrimos juntos por la callejuela. De nuevo en casa, la chica contó la historia del encuentro, resoplando por la nariz y con la voz alterada y aguda por los nervios.

Cuando, un par de días después, me reencontré con Nayef, ya se había enterado de mi episodio con la chica y los soldados, pero me contó una versión distinta de cómo había empezado la confrontación.

—¡Esa chica! —dijo con una carcajada—. Les tiró el zapato a los soldados en la calle y les ordenó que se lo llevaran de vuelta. Se enfadaron mucho por eso, ¿sabes?

Una mañana lluviosa de la semana siguiente me reuní con Nayef en la escuela. Me presentó a «Ahmed» y «Arafat», dos *shabab* de dieciséis años veteranos de las luchas callejeras. Hablaron sobre la batalla callejera de la semana anterior, pero estaban más entusiasmados ante la perspectiva de una escalada. Me dijeron que el Comando tenía planes específicos para ellos; aumentar el nivel de violencia si es que en las manifestaciones actuales no causaba ningún efecto. Era posible que en poco tiempo no solo estuvieran arrojando piedras, sino apuñalando a soldados israelíes.

—Una cosa es tirar piedras —dije yo—. Otra son los cuchillos.

Arafat y Ahmed representaron entonces cómo apuñalarían a un soldado israelí si les pedían que lo hicieran. Arafat se acercó despacio por detrás a su amigo Ahmed, lo agarró en una media nelson y le hundió el enorme cuchillo imaginario en el cuello. Ahmed, que todavía tenía las mejillas suaves de un niño, se tambaleó un momento haciendo ver que se moría, y después Arafat lo soltó. Y los dos volvieron a tomar asiento en la estrechez de la mesita con las tazas de té, sonriendo y mirándome como diciendo: «¿Ves como podemos?».

—Todo palestino sabe cómo matar a un judío —dijo Nayef—. No se necesita entrenamiento.

Cuando terminó la reunión, Arafat me regaló un *mugla*, un tirachinas con la tira turquesa y una piedra de Jerusalén afilada, de color blanco hueso, engastada en él.

—Es una piedra sagrada —me dijo Arafat con los ojos centelleantes mientras yo la palpaba.

Por todas partes en Breij había piedras: grava y cantos en la carretera, esquirlas de cemento de las varias obras de construcción (parecían estar edificando en todas las calles). Más de una vez, cuando no había nada más que hacer, los chicos de Breij me tiraban piedras a mí. Los más mayores me dijeron que era un juego para los *shabab* más jóvenes, cosa que no me hacía mucha gracia. ¿Dónde traza uno exactamente la frontera entre la política y la delincuencia?, me preguntaba yo. Nayef y sus amigos parecían avergonzarse ante el comportamiento de los chicos.

—Es por el pelo y la piel —explicó uno de los mayores—. Los pequeños creen que eres judío. Llaman «judío» a cualquier extranjero que ven.

Un viernes de principios de marzo, durante la visita a Oriente Próximo del secretario de Estado estadounidense George Shultz, Breij fue escenario de una manifestación violenta en la nueva mezquita principal, todavía en las últimas fases de su construcción. La violencia duró casi cuatro horas y hubo muchos disparos y locura. Gaza estaba acordonada, pero yo ya me encontraba dentro porque me había quedado a dormir en Breij.

Estaba con Nasser, un amigo de Nayef, de veinticuatro años, bajito, robusto y combativo. Por la mañana, antes de que empezaran las oraciones del mediodía, habíamos estado dando un paseo por el campamento. De repente nos sorprendieron las tropas —a Nasser lo buscaban por haber participado en manifestaciones anteriores—, así que corrimos y nos escondimos en una casa donde una mujer nos hizo señas. Nos marchamos enseguida a toda prisa al oír gritos de ayuda que venían de la mezquita, y también disparos y el sonido espeluznante de las mujeres de Breij, que comenzaban a ulular. Los lamentos plañideros y agudos me helaron la sangre. Pasamos corriendo y las vi inmóviles, no muy lejos de la mezquita, como lobos que aullaban, con la cabeza levantada al unísono.

Llegamos a la calle de la mezquita y nos metimos de cabeza en una multitud que nos avasalló a la carrera. Perdí a Nasser y no lo volví a ver; salió corriendo, y de improviso me encontré solo en medio de todo aquello. Fui hacia la mezquita, y allí los *shabab* trepaban al tejado mientras venían los soldados israelíes. Frente a la mezquita había un ambulatorio donde se escondían hombres con los ojos llorosos por el gas lacrimógeno, y un grupo de chicos que gritaban llevaba a un joven al que acababan de disparar. Estaba pálido, muy pálido, y sangraba profusamente. Le arrancaron los vaqueros y el enfermero intentó contener la sangre. Se llamaba Muhammad, veintitrés años, un disparo en la arteria femoral.

Fuera, los soldados tomaban posiciones en la acera opuesta a la mezquita. Del tejado volaron piedras, botellas, un cóctel molotov. Se veían la cabeza y las manos de los chicos cuando tiraban cosas, pero poco más. Los soldados lanzaron gas lacrimógeno a los *shabab* que los provocaban desde ambos extremos de la calle y dispararon balas a la parte superior de la mezquita.

Una ambulancia llegó por la calle y los soldados obligaron al conductor, un hombre de pelo cano, a bajar y a quedarse con las manos levantadas, expuesto entre la ambulancia y la mezquita. Estaba aterrorizado, pero entonces, temblando, se abrió de un tirón la chaqueta blanca de conductor de ambulancia y dio un paso adelante, señalándose el corazón y diciendo que le daba igual. Una piedra lo alcanzó, arrojada desde el tejado de la mezquita.

Dejaron ir al conductor. Sacaron a Muhammad del ambulatorio en camilla, con la cabeza colgando y una mujer gimiendo a su lado. Lo metieron con cuidado en la ambulancia y esta se marchó a toda velocidad.

Los soldados formaron una brigada móvil y persiguieron a algunos *shabab*. Los seguí tomando un atajo por una travesía. Allí me atacó una turba de mujeres que me lanzaron piedras, y un hombre tiró de mí y me arrastró por la callejuela, giramos la esquina y me encontré en la parte posterior de la mezquita, donde estaba la retaguardia de los *shabab*, arremolinados alrededor de un montón de piedras.

Nadie me conocía. El hombre que me había arrastrado hasta allí quiso saber quién era yo. Los *shabab* se agruparon detrás de él, piedras en mano. Otro hombre se detuvo y dijo que me conocía. El que me tenía cogido aflojó la presión, pero me mantuvo a su lado. El hecho de que yo fuera periodista era totalmente irrelevante en esos momentos.

Las tropas se acercaban por las calles tratando de rodear a estos *shabab*, que en realidad estaban protegiendo la vía de escape trasera de los que estaban arriba en la azotea. Nos dispersamos. Apareció un soldado y arrodilló una pierna en posición de tiro, apuntándonos directamente; entonces nos dispararon una ráfaga desde la curva de la calle, que hizo un ruido muy fuerte y terrible.

Un hombre abrió una puerta y me indicó que entrara deprisa. Pasé y él cerró la puerta de un golpe. Señaló a la mezquita. Lo seguí, salvamos un muro, rompimos una ventana, nos metimos en la mezquita y subimos por las escaleras hasta el tejado, donde me dejó solo. Unos quince *shabab* corrían alrededor de la cúpula y a los bordes de la azotea lanzando cosas abajo.

Al verme, se acercaron y me amenazaron con las manos, esgrimiendo piedras y trozos de metal, chillándome a la cara. Me gritaban en hebreo. Los soldados les dispararon desde abajo. Durante todo el tiempo, el almuédano bramaba al micrófono. Todo era ruido y caos. Mientras me agachaba contra el parapeto para ponerme a cubierto del fuego, me di cuenta de que el almuédano gritaba sin parar: «¡Judío! ¡Judío!». Cada poco rato, los chicos se acercaban a mí y me amenazaban; dos veces me cogieron y me dejaron al descubierto, señalando abajo, a los soldados israelíes que estaban agachados, arracimados, en las callejuelas, apuntándonos con las armas. Me había convertido en un juguete nuevo.

Vi cómo una bala alcanzaba a un *shabab*; le rozó la frente. Era corpulento y llevaba un trozo de tela con el que se cubría la cabeza y que le ocultaba la cara. La cabeza le cayó un instante hacia atrás y volvió a su sitio, él se llevó la mano a la cara, y la sangre le resbaló por los ojos. Ante aquello, los demás chicos se abrieron la camisa y se abalanzaron hacia los bordes de la mezquita, provocando a los soldados para que los mataran y arrojándoles varas cortas metálicas para la construcción que estaban amontonadas por ahí.

Corrí escaleras abajo mientras los *shabab* chillaban y lanzaban objetos, distraídos.

Muhammad murió aquel día, en el hospital, por pérdida de sangre. Más tarde hablé con familiares suyos y dijeron que fue por haber quedado desatendido durante tres horas en el ambulatorio que estaba enfrente de la mezquita antes de que lo evacuasen en la ambulancia. Fue por la interferencia de las tropas israelíes, dijeron.

No era cierto, yo lo sabía porque había estado allí, pero la familia estaba ya en proceso de mitologizar su muerte. Muhammad, tras su fallecimiento, estaba experimentando el mismo tipo de metamorfosis que habían experimentado Yusuf el luchador y su camión. Estaba convirtiéndose en un elemento más de la historia colectiva, dramática y con un propósito, que los palestinos de Breij escribían para sí mismos. Era su manera de hacerse cargo de su propio relato, y por tanto de su propio pasado. Y los relatos se contaban y se volvían a contar constantemente: consciente del desgaste diario que se cobraba la insurrección en las personas, el Comando había creado un calendario que otorgaba un significado especial, incluso sagrado, a las manifestaciones de cada día (Tres Días de Ira, el Día del Arrepentimiento para los Colaboradores, etc.) y a las muertes de los jóvenes palestinos. Cada manifestación, cada piedra lanzada, cada muerte hacían la historia más profunda, daban a la historia más textura y peso.

En Breij, la muerte de Muhammad entró en el reino de la mitología en pocos días. No era suficiente que hubiera tirado piedras y que un soldado del ejército de ocupación le hubiera disparado por ello. Se decía que Muhammad había muerto porque un soldado israelí se había sacado el pene y lo había sacudido delante de un grupo de mujeres de Breij, una ofensa mortal. Muhammad había bajado de un salto desde el tejado del ambulatorio y había hundido el cuchillo en el cuello del soldado ofensor, y luego otro soldado le había disparado. El mito se había vuelto escabroso, dramático.

La familia de Muhammad quiso saber si yo, como periodista, podía conseguirles una fotografía de su hijo después del disparo. Más tarde pregunté a Nayef por qué querrían una foto como esa. Yo había visto a Muhammad: la espalda arqueada, el color escapándosele de la cara, sus amigos alargando las manos hacia él, tocándolo con urgencia, con terror en el rostro.

—Su familia lo quería mucho —dijo Nayef.

La caída de Bagdad*

1

Nasser al Sadún vivía en un chalet apartado, de piedra caliza, en las afueras de Ammán, la capital de Jordania, con su mujer, Tamara, sus dos pastores alemanes y una criada cingalesa llamada Daphne. Desde su casa disfrutaban de una espléndida vista, hacia el oeste, de las onduladas colinas rocosas punteadas de olivos y pinos achaparrados. Más allá de la última colina, el terreno desciende hacia la profunda hondonada del gran valle del Jordán, el lugar donde el río Jordán y el mar Muerto marcan la actual frontera con Israel. La primera vez que lo visité, pocos meses antes del inicio de la guerra de Irak, a principios de noviembre de 2002, Nasser me mostró con orgullo el salón de la vivienda, que estaba decorado con viejos mosquetes, espadas, hachas de guerra y otras reliquias de familia. Me enseñó también dos de sus pertenencias más preciadas: dos yelmos de bronce rematados con púas que databan de las guerras islámicas del siglo VII, acaecidas después de que el profeta Mahoma proclamara el nacimiento del islam en el 610 d. C. En un aparador podía verse una fotografía personal del último monarca iraquí, el malhadado Faisal II, descamisado y sonriente mientras practicaba el esquí acuático, tomada poco antes de su asesinato, junto con la mayoría de sus familiares, durante la revolución de 1958. De las paredes del salón colgaban retratos enmarcados de otros antepasados ilustres —jeques, pachás y comandantes de la guardia real, todos ellos barbudos y ellos luciendo túnicas gallardas y armados con dagas— de finales del siglo XIX y principios del XX, años en los que Irak todavía era conocido como Mesopotamia.

---

* *The Fall of Baghdad*, Nueva York, Penguin Press, 2004. Publicado por primera vez en castellano por Anagrama (2021), *La caída de Bagdad*, en traducción de Jaime Zulaika. Selección de los capítulos 1, 7, 9 y 10.

Hombre apuesto y de cabellos plateados, Nasser desciende de un legendario clan suní cuyos jeques poseían reinos propios, el clan Muntafiq, que habían gobernado casi todo el Irak meridional durante cuatro siglos. Un tío abuelo suyo fue cuatro veces primer ministro de Irak a principios del siglo XX, mientras que su abuelo, nacido en Daguestán, había sido comandante del ejército real. Nasser también es descendiente directo —el trigésimo sexto, por línea directa— del profeta Mahoma. Comentó jocosamente que el fallecido rey Husein de Jordania, pariente lejano suyo, «era solo el cuadragésimo tercero». Nasser se tomaba con un buen humor compungido la decadencia y caída de su familia, que atribuía a cierta lamentable tendencia a tomar siempre decisiones erróneas.

—Nuestros dominios en el sur de Irak eran más grandes que Inglaterra y Gales juntos. Pero cometimos el error de aliarnos con los turcos en contra de los británicos, lo que nos costó las tierras y el poder, y nuestro territorio fue repartido entre otras tribus... Uno de mis abuelos conquistó Kuwait, estuvo allí unos días y se marchó diciendo: «No vale la pena quedarse». Eso fue poco antes de que descubrieran petróleo.

Nasser soltó una risita y levantó las manos en señal de fatalismo, sin que su expresión mostrara el menor rastro de amargura.

Durante la ascensión al poder de Sadam Husein, a principios de los años setenta, Nasser y su esposa, Tamara Daghestani, que también es su prima hermana, se trasladaron a Jordania por invitación del príncipe heredero Hassan, y no volvieron a Irak. Tamara se quedó embarazada y tuvo un hijo, mientras que Nasser, ingeniero de profesión, que en Bagdad había sido uno de los responsables de la central eléctrica Al Dura, encontró empleo en la compañía eléctrica de Jordania y, más tarde, como asesor de la Arab Potash Company, en la que trabajó hasta jubilarse, pocos años antes de que yo lo conociese. Sin embargo, seguía en activo como miembro del consejo directivo de la empresa y continuaba conduciendo un Mercedes de la Potash Company. Aunque no era rico, gozaba de una posición desahogada y parecía bastante contento con su suerte. Una vez al año, Tamara y él viajaban a Londres para visitar a amigos y familiares, y Nasser aprovechaba la ocasión para comprar libros agotados sobre Irak en las librerías de viejo de la ciudad.

Recién llegado de una visita a Irak, le hablé a Nasser de lo que allí había visto. Yo había estado cubriendo el denominado «referéndum de lealtad» organizado por Sadam, en el que millones de iraquíes habían sido transportados en masa a los colegios electorales de todo el país con la orden de marcar la casilla del «sí» o del «no» en las papeletas que aprobaban la ampliación del mandato de Sadam durante otros siete años más.

El día de la votación lo pasé en Tikrit, la ciudad natal de Sadam, y allí vi a grupos de hombres que bailaban y gritaban: «¡Sí, sí, sí a Sadam!», y luego se hacían un corte en el dedo pulgar con una hoja de afeitar a fin de marcar las casillas del «sí» con su propia sangre. Pregunté a uno de los funcionarios a cargo del colegio electoral cuál creía que sería el porcentaje de votos a favor.

—Todos —respondió, sin dudarlo.

—¿Por qué? —le pregunté.

—Porque el pueblo ama a Sadam Husein —explicó—. Porque Sadam Husein es nuestro espíritu, nuestro corazón y el aire que respiramos. Sin ese aire, todos moriremos.

El resultado del referéndum fue entusiásticamente proclamado esa misma noche por el ministro de Información de Sadam: el dictador había obtenido un contundente cien por cien de los votos. Uno o dos días después, Sadam expresó su gratitud por la lealtad del pueblo iraquí ordenando la inmediata puesta en libertad de todos los presos del país, excepto los condenados por espionaje para Estados Unidos o la «entidad sionista», Israel. Fui corriendo a Abu Ghraib, la prisión más grande y conocida de Irak, cerca de la ciudad de Faluya, y presencié cómo miles de reclusos atónitos, algunos de los cuales llevaban muchos años en la cárcel, salían tambaleándose de aquel agujero infernal hacia el tumulto de personas que gritaban y lloraban buscando frenéticamente a sus familiares.

Cuando llegué, las puertas de la cárcel todavía no habían sido abiertas y había unos pocos funcionarios en el exterior, que al parecer no sabían muy bien lo que tenían que hacer. Un retrato gigantesco de un Sadam ceñudo, tocado con un fedora y disparando un fusil con una sola mano adornaba una gran valla publicitaria de cemento situada junto a la entrada. Con todo, al cabo de unos minutos, una gran cantidad de civiles iraquíes, familiares de los presos, empezó a congregarse en la carretera delante de la entrada. Al cabo de una hora eran centenares. Casi todos gritaban emocionados, daban saltos de alegría y coreaban alabanzas a Sadam Husein. Una mujer de pelo blanco me explicó en correcto inglés que su marido estaba allí dentro. Dijo que había cumplido seis meses de una condena de treinta años, pero se negó a revelarme de qué lo habían acusado. ¿Qué pensaba ella de Sadam?

—Todos lo queremos, porque sabe perdonar los errores de su pueblo —respondió, y se alejó con aire preocupado.

Detrás de ella, la multitud entonaba, alzando los puños en el aire: «¡Sadam, Sadam, damos la vida y la sangre por ti!». Otros tocaban tambores.

Mientras yo los observaba, un gran camión de plataforma se abrió paso despacio entre el gentío agolpado en la carretera. Transportaba en su plataforma un tubo largo y cilíndrico, pintado de un color verde militar, del tamaño aproximado de un misil Scud. Nadie pareció advertirlo. Un hombre salió de un edificio administrativo y se presentó a los periodistas como un juez, el presidente del «Comité de Liberación de los Presos». Alguien le preguntó sobre la amenaza para la sociedad que suponía la puesta en libertad de tan gran número de delincuentes y él respondió:

—El Estado es como un padre para todos y resolverá este problema.

Cerca de él, un hombre vestido con una chilaba empezó a disparar al aire con un kalashnikov. La turba de familiares se impuso finalmente a los carceleros que trataban de mantener el orden en la puerta y entró en Abu Ghraib como un vendaval. Me vi arrollado por el ímpetu de la multitud. Una vez dentro, vi a lo lejos los bloques de celdas, unos cientos de metros más allá del vasto espacio vacío de un basural cubierto de montículos de tierra y agujeros excavados en el suelo. Los parientes cruzaron corriendo este espacio y se desperdigaron en distintas direcciones, sin dejar de chillar y salmodiar. En el cielo revoloteaban las gaviotas. Un hedor repulsivo gravitaba en el aire. Me uní a un grupo que se dirigía a un edificio situado justo enfrente de la entrada principal de la cárcel. A medida que me acercaba, la pestilencia se iba haciendo más intensa. Aquí y allí, presos demacrados, vestidos con chilabas, trastabillaban hacia las puertas, cargados con bultos de ropas. A algunos los acompañaban personas de aspecto saludable, sin duda sus familiares, muchos de ellos llorando, besándolos y abrazándolos. Por delante de mí pasó un hombre llevando en brazos a un joven de aspecto consumido, quizá su hermano, que parecía al borde de la muerte. Un par de ancianos continuaron, con un completo aire de extravío y desorientación, arrastrando por el suelo sus pertenencias con ayuda de cuerdas.

Al fondo de la gran explanada de tierra, la muchedumbre de la que yo formaba parte llegó ante un muro grande, con una entrada en forma de túnel debajo de un arco. Lo cruzamos y salimos al otro lado. Me encontré en un rectángulo desértico y maloliente, circundado por muros y entradas enrejadas que conducían por todas partes a bloques de celdas. Miré a un lado y descubrí el origen de aquella pestilencia: un gigantesco montón de basura. Calculé que tendría el tamaño de una vivienda muy espaciosa y parecía haberse ido apilando a lo largo de años. La fetidez que despedía te revolvía el estómago.

En el interior reinaba una anarquía absoluta. Hombres y chicos jóvenes corrían por el patio, trepaban a los tejados de los pabellones, arrancaban hileras de alambre de espino para acceder a ellos, gritando sin cesar a voz en cuello. Grupos confusos de hombres y mujeres corrían en tropel de un lado a otro, y los escasos carceleros los perseguían gesticulando y chillando en árabe. No era fácil saber si los que estaban de pie en los tejados eran reclusos o familiares. Advertí que numerosos presos estaban contemplando la escena desde los pisos superiores de los pabellones. El alambre de espino enrollado hacia dentro sobre las ventanas enrejadas de las celdas estaba cubierto de excrementos humanos que recordaban al barro reseco. Mientras yo contemplaba aquella imagen, se me acercó Giovanna Botteri, una atractiva reportera rubia del canal de televisión Rai 3. Giovanna vestía unos vaqueros de Armani muy ceñidos y blancos y una camisa blanca. Me dijo que el cámara que la acompañaba estaba atrapado entre el gentío y que los hombres la estaban manoseando. Me pidió que la ayudara. Un agente de algún tipo, vestido de paisano, vino hacia nosotros; a todas luces alterado por la presencia de Giovanna, me ordenó que la sacara de allí. A nuestro alrededor se habían formado enseguida corros de jóvenes que, como lobos, empezaron a comentar, a reírse y a señalar a Giovanna con aire excitado. Ella se aferró a la parte trasera de mi cinturón y empezamos a abrirnos paso entre la turba, precedidos por el agente protector, que indicaba los huecos abiertos entre la gente y gritaba a los hombres de alrededor. De vez en cuando se acercaba alguno y yo notaba que Giovanna se estremecía o chillaba cuando la agarraban. «Me parece que no es un buen día para ponerse un Armani», bromeó en un momento dado.

Nos aproximamos otra vez a la especie de túnel que había en el muro y que estaba bloqueado por una masa de hombres. El providencial agente de paisano se había esfumado. Algunos carceleros empezaron a despejar el acceso a golpes, y el grupo comenzó a dispersarse. Al acercarnos, uno de los guardias empezó a darme empujones. Yo lo empujé a su vez y le grité, y él volvió a empujarme. Apareció una camioneta con dos soldados en la parte trasera y me abrí paso para subirme a ella, con Giovanna aferrada a mi cinturón. La camioneta aceleró y se precipitó hacia el túnel. En el otro lado del muro, uno de los soldados nos obligó a bajar. Uno o dos minutos más tarde, al cabo de más refriegas, huyendo de la turba salimos a la gran explanada que centenares de presos estaban cruzando hacia las verjas abiertas de la entrada. Nos sumamos a ellos.

En Bagdad, dos días más tarde, un grupo de iraquíes que decían ser familiares de presos desaparecidos se congregó ante la sede del Ministerio de Información, donde también estaba la oficina de prensa para los corresponsales extranjeros. Los hombres habían recorrido las calles de

Bagdad lanzando gritos en favor de Sadam, pero cuando estuvieron en presencia de periodistas dejaron claro que estaban inquietos porque sus familiares no habían aparecido cuando los otros habían sido liberados. Una protesta así no tenía precedentes en el Irak de Sadam. No obstante, antes de que los periodistas tuvieran tiempo de entrevistar a alguien, los funcionarios del ministerio hicieron salir a guardias armados para disolver la concentración. Al día siguiente, el ministerio estaba rodeado de guardias y los altos funcionarios se encontraban de un humor de perros. Estaban particularmente indignados con la CNN, que había emitido imágenes en directo de la protesta. Pocos días después, Jane Arraf, la directora de la CNN en Irak, fue expulsada del país.

Un par de noches más tarde, en el curso de una entrevista con Tarek Aziz, el viceprimer ministro de Sadam, expresé mis reservas sobre la conveniencia de dejar sueltos por las calles de Irak a tan gran número de presos, entre ellos a miles de delincuentes comunes. Aziz dio una chupada a su puro cubano y respondió con soltura:

—Las familias de los presos han demostrado su lealtad al presidente, y usted comprenderá que tenemos que recompensarlos. El presidente ha pedido a sus familias que corrijan a esos hombres, y no dudo de que muchos de ellos lo apoyarán y lucharán por él. Un presidente como Sadam Husein no habría puesto en libertad a decenas de miles de prisioneros si se creyera amenazado por ellos. Si les tuviéramos miedo, habríamos rodeado la cárcel con tanques y los habríamos matado a todos. Pero no lo hemos hecho. Nosotros creemos en Dios. Somos como Jesucristo, que perdonó a quienes lo crucificaron.

Manipulados desde bastidores, los dramas que estaban teniendo lugar en Irak coincidían en el tiempo con la aceleración de los preparativos bélicos de británicos y americanos. Cuando me marché de Bagdad, yo no sabía bien a qué atenerme. Tras escuchar mis relatos, Nasser al Sadún soltó una risotada y dijo que no había motivo para mi perplejidad. Dijo que los episodios que yo había presenciado no eran más que el último de los muchos actos de la representación político-teatral producida por Sadam para convencer al mundo de que era un dirigente popular, mientras que por otro lado reforzaba su control sobre el país. En eso quedaba todo. Nasser añadió que la verdadera opinión de los iraquíes sobre el régimen seguiría siendo un misterio mientras Sadam continuara instalado en el poder. Simplemente, todos tenían demasiado miedo para decir lo que pensaban.

Nasser predijo que era inevitable una guerra norteamericana contra Irak y que Sadam sería derrotado, pero me advirtió de lo siguiente:

—Los americanos harían bien en no asumir el control de las cosas, porque los iraquíes detestan a los extranjeros. Hay que tener en cuenta que a los iraquíes es fácil ganárselos, pero también es muy fácil perderlos. Individualmente son gente estupenda, pero en conjunto son imprevisibles. Si vienen los americanos, más vale que no se queden y que no intenten gobernar a los iraquíes y decidir por ellos. Más les valdrá implantar el Gobierno que sea y marcharse.

Nasser me contó la historia de su tío abuelo Abdul Mohsen al Sadún, uno de los primeros ministros más antiguos de Irak, que se suicidó en 1929 debido a su incapacidad de obtener de los británicos una mayor soberanía de la que otorgaban al país las cláusulas de un tratado neocolonial, una vez concedida la independencia de Irak en 1920.

—Los británicos le habían prometido la independencia total —me explicó Nasser—, pero, cuando esa promesa se incumplió, en el Parlamento lo acusaron de traición. Mi tío abuelo se fue a su casa y se quitó la vida. Ya ve, los iraquíes se toman muy a pecho sus responsabilidades, pero cuando mandan otros les importa un bledo todo. Así que pongan un Gobierno iraquí.

Durante los meses posteriores tuve muy presentes las advertencias de Nasser, persistentes como la profecía de un adivino. La guerra, en efecto, parecía cada vez más inevitable, y, a juzgar por las declaraciones de funcionarios estadounidenses, también lo era el establecimiento de algún tipo de ocupación militar posterior de Irak. Como norteamericano llegado a la mayoría de edad durante la traumática época de Vietnam y la filosofía del «nunca más» que siguió a esta contienda, consideraba sumamente inquietante la perspectiva de que el ejército de mi país invadiera y ocupara otro país sin que nadie lo hubiera invitado a ello.

Como todos los que habían visitado Irak en la era de Sadam Husein, yo sabía que el país era un verdadero museo de los horrores. El régimen de Sadam era sin duda la tiranía más aterradora que yo había tenido ocasión de conocer de cerca. La única evidencia concreta que tenía de sus crímenes me la habían aportado las crónicas periodísticas y los informes de las organizaciones defensoras de los derechos humanos, pero también la cortina de silencio elocuente y mortal que había encontrado en Irak, donde nadie osaba decir nada en contra de Sadam. Para mí, un silencio así solo podía ser producto de un grado de temor extraordinario. Un puñado de veces había tenido fugaces atisbos de lo que la gente pensaba de verdad.

En una ocasión en que yo paseaba por el bazar de ladrones de Bagdad, donde se vendían viejas curiosidades, monedas y CD de contrabando, un vendedor de unos veintitantos años me hizo pasar al interior de su tienda minúscula y me invitó a tomar el té con él. Tras espantar a varios espectadores curiosos, me preguntó de dónde era, y, cuando le respondí que de Estados Unidos, se le iluminó la cara y levantó el pulgar:

—¡América es buena! —dijo. Luego, al advertir que yo llevaba en la muñeca un reloj con la efigie del Che Guevara, me preguntó, intrigado—: ¿Che Guevara no era enemigo de Estados Unidos? ¿No has tenido problemas con las autoridades de tu país por llevar eso?

Le respondí que en Estados Unidos aquello no constituía un delito. Si yo quería, agregué, era muy libre de proclamar que Sadam era un buen hombre y Clinton un malvado sin que la policía se metiera conmigo. Abrió los ojos, con sorpresa, y con una amplia sonrisa bromeó:

—¡Entonces la sociedad americana funciona igual que la iraquí! —Enarcó las cejas, con gesto teatral—. Aquí en Irak...

No terminó la frase; extendió los brazos y juntó las muñecas, como si estuviera esposado y empezó a remedar unos azotes violentos con la mano derecha. Inclinándose hacia mí, me susurró al oído:

—El Mujabarat...

Hecha esta referencia a la omnipresente policía secreta iraquí, se recostó en su asiento. Sin demasiada convicción, dije:

—*Inshallah*, con la ayuda de Dios, las cosas cambiarán.

—No —contestó él, con suavidad—. Es posible que en América cambien, pero no en Oriente Próximo. En Oriente Próximo nunca cambia nada.

No pude rebatir el cinismo del joven tendero. En toda su vida no había presenciado ningún cambio, no en Irak, al menos. A pesar de la gloria sobrecogedora de Irak como «la cuna de la civilización», y a pesar de —algunos dirían que a causa de— su inmensa riqueza petrolífera y de su situación estratégica como Estado tapón de todo Oriente Próximo, los iraquíes nunca han conocido la democracia. En 1932, cuando las fuerzas coloniales británicas se retiraron del levantisco territorio que dieciséis años atrás habían arrebatado a los turcos otomanos, quienes lo habían gobernado durante los cuatro siglos anteriores, el mando recayó en una monarquía hachemita, escogida con tiento y a la que encomendaron salvaguardar los intereses británicos, y entre ellos el control de la incipiente industria petrolífera iraquí. Sin embargo, en 1958, la familia real fue masacrada en el curso de una revolución antioccidental capitaneada por oficiales iraquíes nacionalistas. A su vez, en 1968 el régimen que instauraron fue violentamente derrocado por el Baaz, el partido árabe-socialista iraquí, émulo directo del Baaz panarabista y ultranacionalista fundado en Siria en los años cuarenta. Sadam Husein al Tikriti, que entonces tenía treinta y un años y era un veterano conspirador baazista cuyo historial incluía un intento frustrado de magnicidio, se convirtió en vicepresidente de Irak a las órdenes de su primo Hassan al Baker. Sin embargo, Sadam pronto se convirtió en el hombre fuerte de Irak; en 1979 prescindió de su primo por completo y asumió solo el poder. Inmediatamente después desencadenó una purga sangrienta de sus enemigos potenciales dentro del partido Baaz. Desde entonces su control sobre Irak ha sido absoluto, y se ha mostrado como uno de los supervivientes políticos más astutos y más despiadados del mundo. A lo largo de este periodo, Sadam también remodeló Irak a su antojo, y los resultados fueron total y absolutamente pasmosos.

Bagdad es una ciudad de un monótono color terroso, cuyos panoramas anodinos tan solo alegran ocasionalmente las cúpulas azul eléctrico y doradas de las bellas mezquitas que relucen al sol, y las hileras polvorientas de eucaliptos y palmeras datileras que parecen crecer por todas partes y suavizan los perfiles de los edificios con sus orlas livianas y de un verde grisáceo. Por lo demás, los contornos suaves no abundan en Bagdad; en general, en la ciudad impera una árida geometría modernista de cuadrados y rectángulos marrones, y chapiteles de hormigón. Durante los años setenta y ochenta, en el curso de una campaña de modernización que recordaba la de Ceauçescu en Rumanía, Sadam ordenó la demolición de varios de los barrios más antiguos de la capital —viejas construcciones de adobe y de piedra, con puertas, ventanas y balcones colgantes de madera— y los reemplazó por uniformes bloques de apartamentos de un estilo que los bagdadíes definen como «nuevo islámico». Se trata de una arquitectura caracterizada por la preponderancia de arcos, columnas y minaretes estilizados, construidos con bloques de hormigón sin pintar o, cuando hay suerte, ornados con impostas de marfileña piedra caliza.

Encajonadas entre orillas de hormigón, las aguas verde grisáceas del río Tigris fluyen hacia el sur atravesando el corazón de Bagdad en una gran curva serpenteante. En la orilla oriental se encuentra el centro comercial de la ciudad, con el ajetreo incesante de sus zocos y bazares, y al oeste se extiende un vasto complejo de parques, edificios del Gobierno, palacios presidenciales y varios de los enormes monumentos públicos que Sadam hizo erigir a lo largo de los años. Son unas construcciones de dimensiones épicas, casi faraónicas, y muchas exhalan un efluvio vengativamente nigromántico, pues de una u otra forma suelen celebrar la muerte. La primera vez que vi Bagdad, se me ocurrió pensar que, si Sadam, en otra encarnación, fuera estadounidense y le diesen carta blanca en Washington D. C., seguramente exhumaría las tumbas del cementerio militar de Arlington para trasladarlas al Mall, cuyos árboles talaría para hacer sitio a anchas calles nuevas en las que celebrar desfiles militares; después, cinco kilómetros del curso del río Potomac, desde el Aeropuerto Nacional Ronald Reagan hasta Georgetown, serían acordonados con vallas de seguridad y custodiados por centinelas armados y con órdenes de disparar sin previo aviso a cualquier intruso. Por último, rebautizaría el Monumento a Washington como la «gloriosa victoria de Vietnam» y cubriría su suelo ingeniosamente con miles de sombreros broncíneos de culis para que los visitantes los pisotearan.

El Monumento al Soldado Desconocido concebido por Sadam era una loma artificial de cemento esculpido y coronado por un enorme párpado entreabierto que parecía un platillo volante, pero que en realidad pretendía representar un casco de soldado. Por la noche, la tumba estaba iluminada por centenares de franjas de luz fosforescentes con los colores blanco, rojo y verde de la bandera nacional iraquí, y era visible desde varios kilómetros a la redonda. El monumento albergaba el féretro de un anónimo soldado iraquí suspendido en una cámara bajo el gigantesco casco bélico. Debajo de esta cámara había una galería subterránea donde los visitantes podían contemplar uniformes pertenecientes a soldados muertos y un arsenal de armas utilizadas por los guerreros iraquíes a lo largo de los siglos, desde las mazas y espadas que usaban los cruzados islámicos del siglo VII hasta las dos armas automáticas disparadas por Sadam Husein en su intento de acabar con la vida del primer ministro Abdul Karim Qassem en 1959.

A partir de la tumba, más allá de una extensión de parque, se encontraba el denominado «Pabellón de las Manos de la Victoria», una explanada de kilómetro y medio de largo cuyos dos extremos estaban custodiados por conjuntos idénticos de gigantescos brazos humanos de bronce, basados en un molde de las propias extremidades de Sadam. Los brazos empuñaban espadas que se cruzaban en lo alto para formar unos arcos triunfales. De cada uno de estos brazos colosales pendían grandes redes llenas de centenares de auténticos cascos militares iraníes, muchos de ellos perforados por balas. Otros habían sido insertados en la superficie de la propia carretera, bultos de metal pulimentado a los que el sol arrancaba destellos y que estaban previstos para ser pisoteados por vehículos y personas.

Una de las creaciones más recientes de Sadam, finalizada después de la guerra del Golfo, era el Museo del Líder Triunfal. Estaba situado debajo de la nueva torre del reloj de Bagdad, una estructura en forma de samovar que se elevaba en una alta espiral sobre una zona verde próxima a las Manos de la Victoria. En el interior de la torre hueca, un péndulo, inexplicablemente decorado con cuatro kalashnikov dorados, oscilaba lentamente sobre un suelo con incrustaciones de mármol. En torno a la base de esta cámara, siete grandes galerías alojaban la ecléctica colección de regalos recibidos por Sadam en el curso de los años de amigos, admiradores y jefes de Estado extranjeros. La primera vez que visité el museo, en 2000, la colección incluía un par de espuelas de montar de fantasía que, según las etiquetas del museo, eran un obsequio hecho en 1986 por Ronald Reagan; un surtido de guayaberas donado por Fidel Castro; un par de colmillos macizos de elefante, regalo del antiguo dictador del Chad, Hissène Habré; un reloj de oro Patek Philippe con diamantes y rubíes engastados, cortesía del sultán de Baréin, y espadas ceremoniales regaladas por Jacques Chirac y Vladímir Zhirinovski. También había un par de granadas de mano chapadas en oro y una pistola automática a juego, calibre 45, aportadas por Muamar el Gadafi, así como una preciosa escopeta de dos cañones y mira telescópica, regalo del jefe de los servicios de inteligencia rusos.

Una pieza muy especial, que el conservador me señaló excitado, era un antiguo fusil de chispa con el cañón largo que, según me explicó, había sido empleada para matar «al famoso espía inglés Leachman». El coronel Gerald Leachman, oficial del servicio de inteligencia británico, coetáneo de T. E. Lawrence y Gertrude Bell, murió de un tiro en la espalda disparado por el hijo de un jeque cuando las tribus iraquíes se rebelaron en 1920 contra el poder colonial. El conservador me dijo que la familia del ejecutor conservó el arma del crimen durante muchos años, hasta que se la regaló a Sadam, hacía poco tiempo. A juzgar por el tono reverente del conservador, entendí que el fusil ocupaba un lugar destacado en la colección de presentes de Sadam. Con todo, mi preferido era un elefante lloroso de porcelana, del tipo que se ven en las tiendas de regalos de los estados rurales norteamericanos. Junto a la figurilla había una nota manuscrita en inglés, dirigida a Sadam, fechada en 1997 y firmada por una tal Ruth Lee Roy con el siguiente mensaje: «Este elefante está llorando, pero hacemos votos por tu felicidad».

En la galería denominada «Um al Marik» (Madre de Todas las Batallas) —como Sadam había apodado a la guerra del Golfo—, instalado en la pared, había un mapa electrónico de Oriente Próximo. Al ser iluminado, unas lucecillas rojas señalaban todos los lugares donde los misiles Scud de Sadam habían hecho impacto durante la guerra del Golfo. Más abajo se indicaba el número total de aciertos. Como el conservador puntualizó amablemente, de acuerdo con el cómputo de Sadam, cincuenta misiles cayeron sobre las fuerzas aliadas desplegadas en Arabia Saudí, mientras que cuarenta y tres lo hicieron en suelo de Israel. Una vitrina cercana exhibía varias cartas con expresiones de lealtad a Sadam por parte de diversos iraquíes. Cada una de las misivas había sido escrita con la propia sangre del remitente. Inscrita en letras doradas y grabada en la pared de mármol de la última galería, la llamada «Al Abid» en homenaje a uno de los misiles balísticos de Irak, se leía una cita de Sadam traducida al inglés: «El tiempo corre por igual para todos los hombres y mujeres, algunos de los cuales dejan la impronta de sus almas nobles y elevadas y otros tan solo los restos de unos huesos carcomidos por gusanos... Los mártires, por su parte, siguen vivos en los cielos, siempre inmortales en la presencia de Dios. No hay ejemplo más valioso ni sublime que el de ellos».

De este cariz era el legado que Sadam había estado construyendo, literalmente con ladrillos y mortero. Llevaba muchos años embarcado en este empeño, aunque a partir de la guerra del Golfo Sadam había emprendido una obsesiva erección de palacios de proporciones verdaderamente ciclópeas. En los años noventa había hecho construir por todo el país decenas de ellos. Sin ninguna duda, estos palacios constituían el aspecto más surrealista de la vida en Irak, pues estaban en todas partes y eran invariablemente enormes, si bien la gente no les prestaba la menor atención. Como hacía con todos los periodistas extranjeros, cuando llegué a Bagdad en 2000, el Ministerio de Información me asignó un «escolta» e intérprete cuya obligación era acompañarme a casi todas partes. Mi escolta era un kurdo de treinta años, Salaar Mustafá, un hombre delgado e inteligente, fumador compulsivo y licenciado en Filología inglesa por la Universidad de Bagdad. De natural más bien comunicativo, Salaar se sumía en el mutismo cuando pasábamos frente a alguno de los palacios de Sadam y muchas veces se hacía el sordo si le preguntaba qué era aquel edificio. Si yo insistía, su respuesta era seca:

—Una casa de huéspedes.

Los iraquíes se atenían cuidadosamente a ciertas normas a la hora de hablar del presidente y su familia. Algunas de estas reglas se las imponían ellos mismos, pero otras tenían naturaleza oficial. El insulto verbal al presidente, por ejemplo, era un crimen castigado con la pena de muerte. Como es de suponer, tenía mucho cuidado a la hora de mencionar cuanto la gente tuviera que ver con Sadam, cuyos palacios, por ejemplo, estaban unánimemente considerados como una cuestión tabú. En la práctica, esto significaba que se habían convertido, como en la vieja fábula sobre el traje del emperador, en lugares que uno veía pero fingía no ver y de los que uno no hablaba ni por asomo, como no fuera en voz baja y ante personas de absoluta confianza.

Los exteriores de los palacios de Sadam eran inmensos e imponentes y, al igual que sus monumentos, obraban el efecto de transformar en insignificantes hormigas a los mortales comunes y corrientes. La mayoría estaban rodeados de altos muros de cemento, construidos con bloques idénticos y con sus iniciales grabadas en escritura arábiga, y protegidos de los intrusos por soldados apostados en nidos de ametralladoras circundados de sacos terreros, macizas torres de vigilancia y accesos fortificados. Uno de los palacios de Bagdad lo coronaba una colosal cúpula de piedra caliza, bajo la cual sobresalían unos parapetos de piedra que formaban un dibujo horizontal de una estrella. En el extremo de cada uno había un busto de bronce del propio Sadam, mirando con los ojos vigilantes a la ciudad a sus pies y cubierto con lo que al principio tomé por un yelmo alado, pero que más tarde supe que era una representación de la mezquita de la Cúpula de la Roca de Jerusalén. En el complejo central del Palacio Republicano, cuyo recinto albergaba varios palacios más, uno de ellos exhibía asimismo otros bustos altísimos de Sadam, pero estas efigies miraban hacia dentro y daban la espalda al mundo exterior.

Un día en que yo era el único comensal en un restaurante especializado en pescado, en la ribera oriental del Tigris, la opuesta al recinto del Palacio Republicano, el propietario me invitó con un gesto a acompañarlo a la puerta trasera de su establecimiento. La abrió de par en par y señaló una alta valla de tela metálica que corría por detrás del local y lo separaba de la orilla del río. Luego señaló al otro lado del Tigris, donde se alzaban las cúpulas y minaretes de varios grandes palacios.

—Todo eso es de Sadam —explicó, abarcando con un amplio gesto de su brazo el río entero y sus dos orillas. Me informó de que el complejo presidencial se extendía a lo largo de algunos kilómetros, y de que estaba terminantemente prohibido andar por cualquiera de las dos riberas del Tigris. Tras advertir que el jardín trasero del restaurante estaba muy descuidado y lleno de malas hierbas, le pregunté si alguna vez se acercaba a la valla del perímetro, que se encontraba como a unos seis metros de

distancia. Enarcó las cejas como si no diera crédito a sus oídos y exclamó—: ¡No! ¡Jamás!

Con una rápida y espontánea pantomima representó una escena en
la que un hombre era forzado a arrodillarse y le descerrajaban un tiro
en la nuca. A continuación, con un gesto dramático, cerró de un portazo
la puerta del jardín y me hizo pasar otra vez al interior. Más tarde, mientras me alejaba en automóvil siguiendo el curso del río, reparé en que,
en efecto, a lo largo de unos tres kilómetros, la franja enclavada entre la
carretera y las aguas que corrían ante los palacios de Sadam estaba desierta y descuidada. En cierto lugar, una estatua pública que representaba
a varias doncellas bailando en círculo había sido casi devorada por completo por un seto de altos matorrales amarillentos. Muchas de las doncellas
carecían de brazos; una estaba decapitada.

Otro día, en el curso de una visita con mi escolta, Salaar, a una galería de arte en la otra punta de la ciudad, me fijé en unas grúas de construcción que horadaban el cielo. Estaban colocadas alrededor de una
gigantesca estructura inacabada de hormigón que tenía varias cúpulas.
Comprendí que era el emplazamiento de una de las nuevas mezquitas
de Sadam. Estaba construyendo dos mezquitas que serían su proyecto
arquitectónico más grandioso. La más grande de ellas habría de ser, una
vez terminada, la mayor de Oriente Próximo, solo superada por la gran
mezquita de La Meca, mientras que la otra sería la más grande de Irak.
El edificio que yo contemplaba en aquel momento era el más pequeño
de los dos y se alzaba sobre el terreno antaño ocupado por el hipódro-
mo de Bagdad, que Sadam había hecho arrasar años atrás. Cuando le
pregunté a Salaar si podía tomar una fotografía de las obras, me dijo que
no. Estaba prohibido. Me contó que nadie podía fotografiar la mezquita
hasta que estuviera terminada. De hecho, ni siquiera estaba permitido hablar de ella. «Por favor, no insistas», me rogó. Incrédulo, dije:

—¿Me estás diciendo que los dos la estamos viendo, pero tenemos
que fingir que no existe?

Salaar asintió enfáticamente, y por la tensa expresión de su rostro
comprendí que lo decía muy en serio.

Una década después de la derrota de Irak en la guerra del Golfo, durante
el periodo oficialmente denominado «era de Sadam Husein», el propio
Sadam se había convertido en una figura pública invisible, tan solo presente en las nocturnas imágenes televisivas en que aparecía reunido con
los miembros del Consejo del Mando Revolucionario a su servicio, ce-

lebradas en anónimas salas sin ventanas, o recibiendo a sus fieles en uno de sus numerosos palacios. Sadam casi no hacía apariciones públicas, y cuando las hacía nunca se anunciaban de antemano. Simplemente aparecía y de nuevo volvía a evaporarse, de modo semejante a como lo haría una deidad. A la vez, Sadam Husein estaba en todas partes. En la avenida que llevaba a Bagdad desde el Aeropuerto Internacional Sadam, un letrero saludaba a los recién llegados: BIENVENIDOS A LA CAPITAL DE SADAM EL ÁRABE. Había un río Sadam, una presa Sadam y una Ciudad Sadam. Su efigie figuraba en los relojes de pulsera y de pared y en los aparatos de radio. En las fachadas de cada edificio público, en el interior de cada tienda y vivienda que visité había retratos de Sadam. En todo el país había miles de imágenes de Sadam pintadas a gran escala en enormes vallas publicitarias, óleos colosales sobre losas de mosaico vidriado adheridas a bloques de hormigón, estatuas y bustos dorados, en granito o en bronce. Sadam Husein aparecía de pie, dando una orden con el brazo en alto; sumido en un rezo piadoso; con la espada enhiesta y montado a lomos de un semental encabritado. Se mostraba sonriente, enfurruñado, disparando armas de fuego, fumando cigarros puros, vestido con un abrigo negro de cuero y un sombrero de fieltro a juego, con uniforme militar y con chilaba árabe, con un terno occidental e incluso, por extraño que pueda parecer, con un atuendo de montañero. En algunos retratos era delgado o tenía una masa imponente de músculos; en otros aparecía gordo, con el rostro abotargado y papada. También lo mostraban envuelto en la túnica de la justicia y con la balanza en la mano, administrando sentencia como un patriarca bíblico, rodeado de hombres, mujeres y niños anonadados en su presencia; vestido con una bata blanca de médico; meciendo amorosamente a niños pequeños en la rodilla; con la espada ensangrentada en alto sobre una serpiente mutilada cuya cola era un misil de crucero estadounidense. En la pared de un edificio, podía verse una sucesión de ocho Sadams sonrientes e idénticos, en una repetición fetichista no muy distinta del *Díptico de Marilyn* de Andy Warhol.

El zar artístico iraquí era Mojaled Mujtar, un hombre de mediana edad, con el pelo revuelto a lo Einstein, que en 2000 me habló con orgullo de su trabajo de doce horas diarias como director del Centro de Artes Sadam, un enorme edificio de hormigón grisáceo y estilo nuevo islámico que formaba parte de un gran complejo de construcciones similares erigido en el corazón de la vieja Bagdad. Conté seis retratos distintos de Sadam en el espacioso despacho de Mujtar, atestado de objetos artísticos. Me explicó que amaba su labor de mecenas oficial de los artistas iraquíes, en la cual contaba con el pleno apoyo del presidente Sadam Husein.

—Nada más llegar al poder, el presidente hizo unas declaraciones comparando a los artistas con los políticos, en el sentido de que ambos contribuyen a la educación y el progreso de la sociedad —dijo Mujtar—. Si una sociedad no tiene artistas, siempre carecerá de políticos juiciosos. El florecimiento del arte iraquí se ha producido gracias al apoyo activo del presidente.

Cuando le pregunté por las incontables muestras de arte público dedicadas a Sadam, Mujtar explicó que a los artistas iraquíes les gustaba representar al presidente porque es «el símbolo nacional». Agregó que, de niño, él mismo había pintado retratos de los héroes predilectos de su imaginación —mencionó a Burt Lancaster y Clark Gable—, pero Sadam había reemplazado a todos sus viejos ídolos.

—Este amor e imaginación de antaño han crecido hoy hasta el punto de que nos permiten expresar el amor que sentimos por nuestro presidente.

Mujtar empezó a enumerar varios de los logros de Sadam, que él parecía considerar casi milagrosos. Me dijo que, por ejemplo, cuando él era un muchacho que vivía en la provincia norteña de Nínive, allí no había más que dos escuelas secundarias, mientras que ahora había doscientas. En aquella época, añadió, la población de Irak era escasa, de solo siete millones de personas.

—¡Y ahora somos veintidós millones, a pesar de que llevamos veinte años en guerra! ¿Cómo se explica algo así? ¿Hay una persona que simbolice todo esto?

Mujtar señaló un caballete situado junto a su escritorio. En él había un retrato de Sadam sobre un intrincado fondo de antiguos símbolos cuneiformes sumerios. Me dijo que era un cuadro suyo.

—Si usted hubiera venido antes de la revolución, estaría tan orgulloso de Sadam como yo.

Unas noches después, visité en su casa a un pintor iraquí, Kassim Mussin Hassan. La sala de estar estaba decorada con obras propias, en su mayoría óleos que mostraban sementales árabes haciendo cabriolas o mujeres con la cabeza cubierta que acarreaban cántaros de agua o barcos de vapor con paletas en las marismas del sur. Hassan explicó que su estilo pertenecía a la «escuela realista» del arte iraquí. Después me mostró un rimero de fotografías de otras obras suyas, entre las que figuraba una gran tela de un Sadam gordo y envuelto en una túnica. Era su obra maestra. Hassan me dijo que la pintura medía casi seis metros por tres y que se trataba de un encargo destinado a adornar la sede del partido Baaz en una ciudad de Irak occidental. La obra le había costado tres semanas de trabajo. La pintó en el tejado de su casa, y, una vez terminada, hizo falta una grúa para bajarla a un camión en la calle. Tras reparar en una foto enmarcada de Hassan y Sadam, quien sonreía abiertamente y ceñía con el brazo el hombro del artista, lo interrogué sobre aquel encuentro. Me contó que Sadam lo hizo llamar después de que él le hubiera enviado uno de sus cuadros en 1996, con motivo del quincuagésimo noveno cumpleaños del presidente: la imagen de una mujer cortando cañas en las marismas, con un caballo semental al fondo.

—Sadam me llamó por mi nombre. Y me dijo que llevaba tiempo siguiendo mi carrera artística. Yo estaba a un palmo de él y sentí el impulso de abrazarlo, pero me contuve. Sadam tiene una mirada muy penetrante. Uno tiene la impresión de que sus ojos son los de muchos iraquíes, de que en ellos se expresa la lucha por la causa de los árabes, que es un hombre clarividente que adivina lo que estás pensando. Sadam rebosa confianza en sí mismo, de manera que a su lado uno también se siente muy fuerte, tanto como él.

Para la mayoría de los iraquíes, Sadam era una eminencia omnipresente, omnisciente y todopoderosa que vivía entre ellos pero que escapaba por entero a su comprensión. Como los súbditos de una divinidad iracunda, le rendían pleitesía para conseguir su atención, su compasión y su piedad. Escogiendo sus palabras con mucho cuidado, un escritor iraquí me sugirió que estudiase la antigua Mesopotamia a fin de entender el culto a Sadam.

—Quienes vienen de Occidente, donde la realidad consiste en el hoy y el mañana y el pasado carece de importancia y apenas existe, se equivocan al aplicar a Irak el mismo rasero. Aquí el pasado ha originado el presente y sigue formando parte de él. Aquí crearon a los primeros dioses con rostro humano. Había dioses para el agua, para la agricultura y todo lo demás. Yo los veo como a ministros de Sadam. Aquellos dioses eran el vínculo entre el cielo y la tierra, lo que originó una tradición de tratar a los monarcas como a dioses. El carácter divino se basa en la mezcla del cielo y la tierra. Quizá esto explique lo que usted está viendo en Irak.

Como atestiguan las ruinas de Ur, Nínive y Babilonia, Irak cuenta con una tradición cultural ciertamente muy antigua y una historia arqueológica que se remonta a diez mil años atrás. Irak fue la cuna de los sumerios y los asirios, así como de la dinastía de los abasidas y, mucho antes, la sede de los primeros asentamientos humanos organizados. Los ancestros de los actuales iraquíes fueron los inventores de la rueda; de la primera grafía que se conoce, el alfabeto cuneiforme; de la primera obra épica de la humanidad, el poema de Gilgamesh; del primer código de leyes, compilado por Hammurabi, cuyo principio rector, el «ojo por ojo», se convertiría en determinante para toda la eternidad. Alejandro Magno murió en Irak, igual que el yerno del profeta Mahoma, el imam Alí, y que el hijo de Alí, Husein, ambos reverenciados por los chiíes. En Irak nació Nabucodonosor, así como Saladino el Conquistador y el patriarca bíblico judío Abraham. Me parecía una ironía cruel que, con semejante historial, los iraquíes hubieran acabado gobernados por Sadam Husein.

Tan solo los *apparatchiks* con una gran confianza en sí mismos osaban hablar de Sadam sin tapujos, e incluso a ellos les costaba negar categóricamente su brutalidad. Los altos funcionarios se expresaban con eufemismos al mencionar su carácter «duro» o «fuerte» y justificar su tiranía como la forma ideal de gobernar con un régimen de amor severo a los iraquíes.

—Irak necesita un líder fuerte —observó Salaar, mi escolta y vigilante, en cierta ocasión—. Este país es como un caballo salvaje: lo que necesita es un domador enérgico. Aunque Sadam haya podido cometer algunos errores, siempre es mejor tener un líder fuerte que uno débil.

Pronto me di cuenta de que el razonamiento de Salaar venía a ser un aforismo de rigor entre los lacayos del régimen.

—El pueblo iraquí quiere a Sadam Husein —me aseguró Tarek Aziz cuando lo entrevisté en el curso de mi primera visita—. Sadam Husein sabe ser duro cuando es necesario, del mismo modo que sabe ser compasivo cuando la ocasión lo requiere. Hace bromas, te escucha; eso es importante para un dirigente.

Aziz me reveló más tarde el secreto de la supervivencia de Sadam en el poder:

—Desde los tiempos de Babilonia y hasta este mismo siglo, el pueblo iraquí siempre ha derrocado a los gobernantes que no le gustaban. Sadam Husein lleva treinta y dos años gobernando Irak, y el pueblo lo conoce. Los iraquíes están dispuestos a arrostrar las difíciles circunstancias del presente porque quieren y apoyan a su líder. Hay quien dice que Sadam se mantiene en el poder gracias a la Guardia Republicana y el Mujabarat, pero la historia nos demuestra que serían ellos mismos quienes lo derrocarían.

Aziz eludió con delicadeza la cuestión de las purgas constantes a las que Sadam sometía a sus fuerzas de seguridad y servicios de inteligencia, así como el hecho de que eran sus propios parientes carnales los que dirigían estos cuerpos. Prefirió embarcarse en una interminable y más bien entusiasta letanía sobre las conspiraciones intestinas, los magnicidios y los golpes de Estado militares que punteaban la historia de Irak. Cuando terminó, me preguntó, con insolencia:

—¿Cómo se explica entonces que este hombre siga gobernando si no cuenta con el apoyo de sus guardias y su ejército? Sadam no se ha apoltronado en el poder, sino que es un presidente que viaja constantemente y que preside el Gobierno, cosa que el pueblo le agradece. Mire, más de la mitad de los iraquíes son musulmanes chiíes. Pues bien, Irán estuvo años instigándolos a derribar a Sadam y ellos se lo tomaron como un insulto. Estoy seguro de que ahora piensan lo mismo cuando los americanos les dicen a los iraquíes que lo que tienen que hacer es rebelarse contra su presidente. Por lo demás, Sadam es admirado como caudillo de la comunidad árabe tanto por musulmanes como por habitantes de todo el tercer mundo. ¡Qué nos importa a nosotros que en Chicago o la Costa Azul no le tengan tanto aprecio! ¿Sabía usted que centenares de nigerianos han puesto a sus hijos el nombre de Sadam? ¡Y eso que ni siquiera saben lo que significa exactamente! —Aziz hizo una pausa teatral y acercó su rostro al mío—. Yo le diré lo que ese nombre significa: «heroísmo».

Más tarde, por pura curiosidad, busqué por mi cuenta el significado de «Sadam»; según la mayoría de las fuentes consultadas, el nombre se traduce como «el que planta cara». Mensaje captado.

Otros iraquíes me relataron distintas historias personales que ilustraban el carácter compasivo de Sadam. Uno de ellos fue Behyet Shakir, el antiguo secretario general del partido Baaz a finales de los cincuenta, cuando Sadam era todavía un joven militante de base. A los setenta y dos años y con el pelo blanco, Shakir vivía una apacible existencia de jubilado cuando lo entrevisté en agosto de 2000. Ocupaba con su familia un piso en Mansur, un distrito elegante de Bagdad, pero saltaba a la vista que no tenía mucho dinero. Los muebles del apartamento eran escasos, mientras que las paredes estaban sucias y necesitadas de una mano de pintura. En un rincón había un viejo televisor en blanco y negro. Empecé la entrevista preguntando cómo era Sadam de joven. Shakir respondió de buena gana, haciendo referencia a la «valentía y determinación» de Sadam, y a su condición de ávido lector de libros de política e historia.

—Estaba obsesionado por ampliar sus conocimientos —insistió Shakir.

Mi interlocutor rememoró una ocasión en la que él y Tarek Aziz se pusieron a hablar de psicología. Sadam, que los había estado escuchando en silencio, de pronto les pidió que le recomendaran algunos libros sobre la materia. Shakir le prestó varias obras sobre psicología colectiva.

—Unos días más tarde —agregó Shakir, con tono maravillado—, ¡Sadam era capaz de debatir con nosotros con tanta soltura como un profesor de psicología!

Le pregunté si pensaba que Sadam había cambiado en algo desde aquellos tiempos. Me respondió que no, no había cambiado en nada, con la salvedad de que ahora posiblemente fuera «un hombre todavía más sabio». Shakir agregó:

—Hay que reconocer que Sadam es un hombre muy duro y estricto cuando quiere impartir justicia. Sin embargo, en los momentos así, yo siempre veo una lágrima en sus ojos, a causa del drama humano.

Cuando le pregunté qué era lo que estaba tratando de decirme, Shakir pasó a referirme una complicada historia acaecida años atrás: durante una de las purgas de Sadam, un amigo sobre el que recaía la sospecha de traición se refugió en su casa, cosa que no tardó en saber el Mujabarat, la policía secreta. Shakir de pronto se encontró ante un dilema terrible, pues no quería delatar a su amigo, de cuya inocencia estaba convencido, obligándolo a marcharse de su casa, pero tampoco quería comprometer su propia posición en el partido Baaz ni su reputación de buen patriota. Así que fue a hablar con Sadam y le expuso el aprieto en que se hallaba. Tras escucharlo, Sadam lo tranquilizó y le aseguró que, mientras su amigo siguiera en su casa, el Mujabarat se abstendría de detenerlo. También le prometió que su amigo no sería torturado si se entregaba a la policía. Shakir añadió que su amigo se marchó más tarde «voluntariamente» de su casa y se entregó. Una vez que su inocencia quedó demostrada, fue puesto en libertad sin cargos. Esta historia con final feliz era para Shakir una prueba sólida de la humanidad de Sadam.

Al final, después de hablar con decenas de iraquíes durante varias semanas, llegué a la conclusión de que en todos se daba el común denominador de un miedo absoluto a Sadam Husein y a las terribles consecuencias que podía reportarles el hablar más de la cuenta. Un iraquí perteneciente al círculo reducido de colaboradores directos de Sadam, un alto cargo con el que contacté a través de un intermediario, estuvo sopesando durante varios días la posibilidad de hablar conmigo. Pero finalmente se negó, haciéndome saber que, si se prestaba a la entrevista, existía la posibilidad de que «acabara cayéndose por una escalera». A esas alturas, ya no me quedaba la menor duda sobre el despotismo megalómano y la gran crueldad de Sadam Husein.

Como la mayoría de la gente, yo también creía que Sadam probablemente seguía ocultando armas químicas o biológicas de algún tipo a las que era muy capaz de recurrir si se veía acorralado, como había hecho otras veces. Sabía asimismo que el programa de sanciones que las Naciones Unidas habían impuesto a Irak después de la guerra del Golfo había perdido gran parte de su efectividad y que, si la comunidad internacional no encontraba un medio efectivo de mantenerlo a raya en el futuro, Sadam seguramente trataría de reafirmar su capacidad bélica. Cuando entrevisté a Tarek Aziz en 2000, el primer ministro me dijo sin el menor asomo de arrepentimiento que no creía que la invasión iraquí de Kuwait hubiese sido un error y me dio a entender que Sadam muy bien podría volver a intentarlo en el futuro.

—Tendríamos que haberlo invadido en los años setenta u ochenta —afirmó—. Nos habría sido más fácil. —Aziz se echó a reír—. No vaya usted a pensar que somos unos imbéciles. Lo que queríamos no era conquistar Kuwait; lo que nos interesaba era provocar una situación que nos favoreciese, y también a los kuwaitíes... Lo que queríamos no era su petróleo. ¡En Irak tenemos de sobra! Lo que queríamos de verdad era más línea costera.

Admitió que Irak había reconocido formalmente la soberanía de Kuwait después de la guerra del Golfo, bajo coerción, pero matizó que esta situación no tenía por qué ser permanente.

—Nosotros nos vamos a atener a los compromisos que asumimos al firmar la resolución de alto el fuego de las Naciones Unidas, una resolución que nos fue impuesta por la fuerza, pero es muy posible que la próxima generación opte por considerarse liberada de este compromiso. Los kuwaitíes han cometido un gran error. Pero cumpliremos nuestras promesas, siempre que ellos también las cumplan.

En lo tocante a las diferencias existentes entre Irak y Estados Unidos, Aziz lo tenía clarísimo:

—Estamos muy dispuestos a iniciar conversaciones formales encaminadas a mejorar nuestra relación con Estados Unidos —declaró—. Lo que sucede es que Estados Unidos tiene miedo de entablar conversaciones formales con nosotros. Porque, si ellos insisten en que tenemos armas de destrucción masiva, nosotros disponemos de pruebas que demuestran que eso es una suposición exagerada.

Aziz sonrió al ver que yo trataba de descifrar mentalmente lo que significaba la palabra «exagerado» en oposición a «incierto». Sus palabras venían a sugerir que Irak seguía teniendo alijos de armas muy peligrosas.

—¿Somos una amenaza? —preguntó, retórico—. El problema solo se resolverá cuando todos nos sentemos a dialogar en busca de una solución.

Aziz agregó que había llegado el momento de que Estados Unidos diera un golpe de timón y restableciese de una vez por todas las relaciones diplomáticas con Irak. Todos los demás países lo estaban haciendo. La situación había cambiado en los últimos diez años, y ahora era Estados Unidos, y no Irak, el que se encontraba aislado.

—Poco a poco, las sanciones están dejando de aplicarse —concluyó Aziz, triunfal.

Era la clase de bravatas que uno podía escuchar en Bagdad antes de los atentados del 11 de septiembre. Después de que Estados Unidos declarase la guerra al terrorismo y reanudara la presión para que Irak entregara las armas de destrucción masiva, el tono de Tarek Aziz era muy otro. Él y los demás altos cargos del Gobierno iraquí ahora negaban con vehemencia que Irak tuviera armamento de ese tipo y rechazaban con desdén todas las alegaciones en sentido contrario. A mí no me convencían las recientes aseveraciones de la Administración de Bush de que existía alguna vinculación entre Sadam y Al Qaeda, como tampoco creía que el combate contra el terrorismo justificase una acción militar inmediata contra el régimen de Bagdad. También pensaba que el capital moral acumulado por Occidente en su enfrentamiento con Sadam había sido dilapidado mucho tiempo atrás. Como americano, me seguía avergonzando profundamente que el primer presidente Bush, después de la derrota de Irak en la guerra del Golfo de 1991, no hubiera hecho nada por detener las matanzas de decenas de miles de chiíes emprendidas por Sadam en respuesta a la rebelión popular contra su régimen. Si hubo un momento en que estuvo justificada la intervención humanitaria en Irak fue precisamente ese. O bien un par de años antes, cuando se supo que Sadam estaba empleando gases tóxicos contra los kurdos.

En los años posteriores a la guerra del Golfo, la política americana en relación con Irak se redujo al principio de la contención agresiva: los aviones militares norteamericanos y británicos efectuaban salidas diarias, y a veces bombardeaban objetivos, sobre las dos zonas de exclusión aérea establecidas al norte y el sur del país. Durante ese periodo, Occidente no ejerció en Irak ninguna influencia benéfica digna de tal nombre, un vacío que no tardó en ocupar la incansable maquinaria propagandística de Sadam. Así, el 8 de agosto de 2000, con ocasión del duodécimo aniversario del fin de la guerra entre Irán e Irak, Sadam apareció en la televisión iraquí para recordar a sus súbditos «la gran victoria» obtenida sobre «quienes querían acabar con nuestro pueblo y nuestra nación, los agentes del sionismo internacional, del imperialismo y de los malignos judíos de los territorios ocupados».

Sadam luego lanzó una diatriba contra Arabia Saudí y los demás estados del Golfo que aportaban las bases desde donde despegaban los aviones americanos y británicos encargados de patrullar las zonas de exclusión aérea.

—Los aviones de los agresores parten de su suelo y aguas territoriales para bombardear la ciudadela de los árabes y la cuna de Abraham, para destruir las propiedades de los iraquíes y matarlos a todos: a hombres, mujeres y niños por igual. ¡Una política así solo puede calificarse como propia de traidores y canallas! ¡Que les sobrevenga la desdicha, pues solo desdicha nos aportan!

Pronto me di cuenta de que las soflamas de Sadam se convertían al instante en doctrina oficial, repetida de inmediato en todos los estratos de la sociedad por los ideólogos del partido Baaz. Uno de ellos era Nasra al Sadún, una mujer de pelo muy corto y próxima a los sesenta años, redactora jefe del diario estatal en inglés *Iraq Daily*, un periodicucho mal traducido, con un recuadro junto a la cabecera que reproducía las sentencias más sabias de Sadam. Uno de los aforismos más populares, que vi impreso en multitud de ocasiones durante la escalada previa a la guerra, había sido pronunciado por Sadam aquel mismo 8 de agosto de 2000: «No provoques a una serpiente sin estar decidido y sin tener la certeza de que podrás cortarle la cabeza. Si te ataca por sorpresa, de nada te servirá decir que tú no la has atacado. Haz los preparativos necesarios en cada caso concreto y ten confianza en Dios».

Cuando la visité durante mi primer viaje a Irak, Nasra al Sadún me largó un discurso de cuarenta minutos sobre los efectos causados por las sanciones de la ONU, cuya responsabilidad achacaba a Estados Unidos y Gran Bretaña.

—¡Un millón de niños iraquíes muertos! —gritó—. ¿Qué clase de personas son los americanos? ¿Es que somos pieles rojas a los que hay que eliminar? ¡Estamos hablando de un auténtico genocidio! ¡Ni Hitler se atrevió a tanto! Yo creo que ni siquiera nos consideran seres humanos. Si en Estados Unidos muriera un millón de gatos o perros, estoy segura de que habría un gran escándalo, ¡pero nuestra suerte no le importa a nadie porque somos iraquíes! Esto es un crimen, lisa y llanamente, un genocidio, un genocidio de los americanos. —Al Sadún concluyó con amargura—: ¿Sabe una cosa? Con el tiempo, he llegado a detestar la palabra «democracia», pues Estados Unidos insiste en que nos está bombardeando y matando a nuestros niños para traernos la democracia y los derechos humanos. ¡Si esa es su idea de democracia, no la queremos! Los americanos tendrán más aviones y misiles, pero nosotros somos un pueblo civilizado. De hecho, somos más civilizados que ellos.

Me desalentó oírla despotricar de esta manera, porque me hacía comprender que había una generación entera de jóvenes iraquíes que no sabían prácticamente nada sobre Occidente más allá de lo proclamado por ideólogos como ella o por el propio Sadam, más allá de cuanto les enseñaban en las escuelas, lo que poco más o menos venía a ser lo mismo. La víspera del referéndum organizado por Sadam visité uno de los centros de enseñanza más prestigiosos de Bagdad, la escuela secundaria de chicos Al Mansur, en la que fui atentamente recibido por el director, el señor Jawad. El director me hizo pasar a su despacho, donde una enorme fotografía de Sadam ocupaba toda la pared situada detrás del escritorio. El efecto era verdaderamente orwelliano. Después de que el señor Jawad hiciera venir a dos maestros que hablaban bien inglés, les pregunté sobre los cursos de historia moderna que impartían en el colegio. Uno de ellos, el profesor Shamzedin, respondió a la defensiva:

—No vaya usted a pensar que aquí enseñamos a los alumnos a despreciar a Occidente. Todos sabemos que las personas de los países occidentales son seres humanos, y es nuestro propósito que los alumnos también aprendan a serlo.

Le pedí que me explicara cómo abordaba la historia de la guerra del Golfo —la Madre de Todas las Batallas, según la nomenclatura oficial—, así como la relación entre Irak y Estados Unidos. Shamzedin se mostró incómodo.

—Esas materias todavía no han sido incluidas en los libros de texto, que solo se renuevan cada treinta años. Aunque sí las hemos tratado en sexto y último curso. Comenzamos explicando que Kuwait y otros países del Golfo intentaron controlar nuestro petróleo por medio de una serie de conspiraciones, y que nuestro líder les advirtió de que no lo hiciesen, pero los dirigentes de Kuwait prosiguieron con sus planes agresivos hasta que sucedió lo que todos sabemos. Nos limitamos a explicar los hechos.

El profesor Shamzedin miró a su colega, el profesor Maruf, en busca de ayuda. Maruf terció:

—Todos tenemos muy claro que la Administración estadounidense es hostil al pueblo árabe en general y al iraquí en particular. Todos sabemos que el embargo de las Naciones Unidas ha provocado la muerte de un millón de niños iraquíes. Son hechos conocidos que no es necesario repetir. Todos los tenemos muy presentes. Todos sabemos que el pueblo americano no tiene capacidad para influir en las decisiones que toma su Gobierno. Por eso no odiamos al pueblo americano. Todos detestamos la guerra. A los iraquíes no nos gusta la guerra. Pero, si América invade Irak, ¿qué quiere usted que haga el pueblo iraquí? Es evidente que debemos defendernos.

Fueran las que fuesen sus verdaderas opiniones, los maestros se atenían a la versión de la historia publicitada por el partido Baaz, cosa que no era de sorprender dadas las circunstancias. También me pareció obvio que era la clase de historia que llevaban años enseñando a los niños iraquíes, sin mucha posibilidad de recurrir a otra versión de los hechos. Me dije que, como mínimo, Estados Unidos tendría que hacer una gran labor de relaciones públicas si pretendía ocupar el país con unas mínimas garantías de éxito. Entre los iraquíes que conocí, incluso entre quienes no eran acólitos de Sadam, el sentimiento predominante era un fatigado cinismo con respecto a Estados Unidos y la vida en general.

Pocos días después de la amnistía general decretada por Sadam, obtuve permiso para viajar a Basora, en el sur de Irak. Basora se encuentra en la zona meridional de exclusión aérea, a poco menos de cincuenta kilómetros de la frontera con Kuwait, y su atmósfera venía a ser la de una ciudad en primera línea del frente. Los aviones británicos y americanos habían bombardeado las instalaciones de radar del aeropuerto pocos días antes de mi llegada, y, la primera mañana que pasé en la población, una alarma antiaérea se activó de repente y resonó rítmicamente a lo largo de varios minutos. Con todo, nadie le hizo el menor caso y ningún aparato pasó volando sobre nuestras cabezas. Mi guía y escolta oficial, Ahmed, dijo que las sirenas se activaban cada vez que era violado el espacio aéreo iraquí. Ambos viajábamos en compañía de un agente del Mujabarat con órdenes de no despegarse ni un segundo de nosotros, un beduino musculoso y de tez morena que me dijo, en un inglés precario, que lo llamase «el León». Habíamos encontrado un chófer local que hablaba inglés, un hombre delgado y de mirada penetrante llamado Abu Hikmet y que antaño había trabajado para una empresa austriaca con delegación en Basora, pero que ahora se ganaba la vida como taxista.

Yo había pedido permiso para visitar algunos lugares en las afueras, pero, nada más subir al coche de Abu Hikmet, Ahmed me informó de que primero iríamos a ver un hospital de la ciudad. Yo ya había pasado por este ritual una vez, en Bagdad, pero no puse reparos. Las visitas a los hospitales para ver a niños enfermos de cáncer y leucemia, y para ser sermoneados por médicos que achacaban dichas enfermedades a la radiación procedente de los misiles y proyectiles de tanque con uranio empobrecido que utilizó Estados Unidos durante la guerra del Golfo, se habían convertido en obligatorias para todo periodista extranjero en Irak. En el Hospital Universitario Sadam, donde no se veía una mota de polvo, fuimos atendidos por su director, el doctor Jawad el Alí, un hombre diminuto y de voz suave que hablaba un inglés fluido con acento británico. Dijo que había estudiado Oncología durante cuatro años en el Reino Unido, en el Hospital de Charing Cross y el Royal Northern. Después de convertirse en miembro de los Royal College of Physicians de Londres, Glasgow y Edimburgo, en 1984 volvió a Basora. Como yo había previsto, el doctor Jawad me habló de los numerosos casos de cáncer entre los pacientes del hospital.

—La situación es mala —afirmó con calma—. Cada vez hay un porcentaje más alto de cáncer. Hemos estado comparando las cifras de antes y después de la agresión —añadió, empleando el término oficial para la guerra del Golfo—. En 1988 hubo ciento dieciséis casos de cáncer en el hospital; en 1998 tuvimos cuatrocientos veintiocho.

El doctor Jawad atribuía el incremento de la enfermedad a las ciento cuarenta mil toneladas de explosivos que, según dijo, los americanos y sus aliados habían lanzado sobre la región durante la guerra del Golfo. Poniendo en duda dicha versión, le pregunté si el aumento de casos de cáncer no podría deberse a la utilización por parte de Irak de armas químicas durante el conflicto con Irán. Me lanzó una mirada penetrante y respondió en un tono pausado:

—No sé nada de eso. Pero sí recuerdo que los americanos atacaron un arsenal iraquí de armas químicas, un ataque que a mí me pareció intencionado, por mucho que luego ellos dijeran que lo lamentaban. De cualquier modo, aunque algunos casos puedan haber sido causados por elementos químicos, la mayoría de los pacientes presentan índices de radiación, lo que claramente señala al uranio empobrecido.

En su voz no se percibía ningún acento triunfal. El doctor agregó que en los últimos tiempos se había encontrado con formas de cáncer muy poco frecuentes, como los que presentaban pacientes con múltiples cánceres o familias en las que varios miembros sufrían distintos tipos de esta dolencia. Eran casos anormales, puntualizó, y nunca se habían dado antes de la guerra del Golfo.

—Llevo más de treinta años viviendo en Basora —dijo el doctor Jawad—, y los casos de cáncer antes eran bastante raros. Hoy no hay médico en la ciudad que no tenga por lo menos un caso en su lista de pacientes.

Había observado un mayor índice de patologías cancerígenas entre los campesinos que vivían al oeste de la ciudad, en dirección a la frontera con Kuwait, zona en la que abundaban los restos de material bélico contaminado y abandonado tras la contienda. El doctor Jawad conjeturaba que los campesinos muy bien podían haber estado cerca de los proyectiles con punta de uranio caídos durante la guerra. Le pregunté por qué el Gobierno no limpiaba la zona de aquel material peligroso. El doctor sonrió y dijo:

—Ni siquiera el ejército de Estados Unidos podría hacerlo. Tendrían que arrancar el medio metro de tierra que cubre una zona de dos mil kilómetros cuadrados, y luego habría que enterrar los terrones a más de cien metros de profundidad. Irak tendría que dedicar el presupuesto estatal de cien años para financiar un proyecto así. La zona entera está impregnada de radiaciones.

Observé que lo que me estaba describiendo era una especie de guerra nuclear de baja intensidad. ¿Le parecía que era lo que Estados Unidos había hecho en Irak?

—Sí —contestó en voz baja—. Y la contaminación continuará durante miles de millones de años.

Más tarde abandonamos la ciudad para visitar la zona que, según el doctor Jawal, presentaba mayores índices de radiactividad. Después de viajar hacia el este una media hora, llegamos a la pequeña y mísera aldea de Safwan, el antiguo y hoy cerrado paso fronterizo con Kuwait. En el camino pasamos junto a un puesto de observación de la ONU, situado en el arcén y protegido por una montaña de sacos terreros. El León me dijo que, a partir de aquel punto y hasta la frontera, estaba prohibida la presencia de miembros armados del ejército iraquí. En la entrada de Safwan había un letrero pintado en árabe y en inglés cuyos caracteres ingleses rezaban: BALESTINA [sic] ES ÁRABE DESDE EL MAR ASTA [sic] EL OCÉANO. Una segunda valla exhibía un retrato enorme de Sadam. Las casas de Safwan estaban cochambrosas y en muchas se veían los elocuentes agujeros de bala y destrozos provocados por la guerra. El León indicó a Abu Hikmet que siguiera avanzando un centenar de metros, pero le ordenó que diera media vuelta al advertir que más adelante había unas grandes barricadas de hormigón.

Volvimos sobre nuestros pasos, dejamos atrás el puesto de la ONU y enfilamos una pista que llevaba a una llanura sembrada de carrocerías renegridas por el sol de múltiples vehículos: automóviles, tanques y carros blindados de transporte, en su mayoría mutilados y retorcidos. Nos apeamos para recorrer el sitio y el León, que iba delante, con expresión vigilante, nos ordenó que no nos apartáramos de la pista, pues el terreno estaba plagado de artillería que no había estallado. Estas carrocerías ennegrecidas eran lo que quedaba de los centenares y centenares de vehículos ocupados por los soldados iraquíes en retirada que fueron masacrados por los militares americanos en 1991 durante el episodio conocido como la Carretera de la Muerte. Las moscas volaban incesantes a nuestro alrededor. Haciendo caso omiso de las advertencias del León, Abu Hikmet se detuvo y cogió una cabeza de proyectil tirada enfrente de nosotros. El León al momento le gritó que la soltase, y la volvió a dejar en el suelo. Abu Hikmet a continuación señaló un obús por estallar situado cerca de un todoterreno destrozado.

—Uranio —dijo en inglés, sonriendo, como recordatorio de lo que el doctor Jawad nos había contado.

El León apostilló algo en árabe. Ahmed tradujo:

—Dice que el nivel de radiación de ese carro de combate es mil veces superior a lo normal.

El León se paseaba entre aquella colección de metal retorcido meneando la cabeza y silbando ocasionalmente para expresar su fascinación, si bien al poco dijo que ya era mala suerte que ahora quedasen tan pocos restos de guerra. Por medio de Ahmed, me hizo saber que antes había muchos, muchísimos vehículos más, pero que la gente había estado desguazándolos como chatarra, hasta llevárselo casi todo. Pregunté si eso no resultaba peligroso, teniendo en cuenta la supuesta contaminación por uranio. El León y Ahmed asintieron con la cabeza y se encogieron de hombros.

Después de dar media vuelta y emprender el regreso a Basora, nos detuvimos en una pequeña cabaña situada junto a la carretera, donde unos hombres vestidos con túnicas vendían Pepsi-Colas frías. Uno de ellos, un campesino del lugar llamado Behlul Salman, me dijo que tenía cuarenta y nueve años y que procedía de Basora, de donde había venido tras la guerra del Golfo porque la comarca era idónea para quien estuviera dispuesto a labrarla.

—A mí me gusta esto. La tierra es barata, y hay mucho cultivo de patatas, cebollas y sandías.

Me quedé de piedra. Cuando mencioné la contaminación radiactiva de la zona, Ahmed se encogió de hombros y el León sonrió más bien incómodo. ¿Y qué pasaba con las minas?, pregunté.

—Por aquí no hay minas —contestó Salman.

—¿Y los peligros del aire? ¿Los bombardeos de los americanos?

—Por aquí no hay bombardeos —dijo él.

—¿Tus hijos no están enfermos?

—No —respondió—. Están todos sanos.

Me volví hacia Ahmed y observé que parecía haber algunas discrepancias entre la propaganda oficial y la realidad. Por lo que yo había estado oyendo hasta la fecha, esta zona estaba sometida al acoso constante de los aviones británicos y americanos; estaba plagada de minas, sembrada de millones de toneladas de material bélico radiactivo, y todo el mundo tenía cáncer. ¿Cuál era la verdad? A todas luces incómodo, Ahmed tradujo. Un soldado que estaba escuchando la conversación a pocos pasos de nosotros intervino y señaló una alta colina distante, emplazada al otro lado de la frontera kuwaití.

—Por allí hay muchísimo uranio, en aquella colina —dijo.

En un esfuerzo por mostrarse útil, el soldado agregó que había oído decir a unos científicos que los tomates del otro lado estaban «llenos de radiación».

Al oír esto, me volví hacia Salman, el campesino, y le pregunté:

—Entonces ¿qué haces trabajando aquí?

Salman dijo unas palabras en árabe. Abu Hikmet, que hablaba un poco de inglés, tradujo:

—Dice que piensa quedarse aunque se mueran sus hijos. Dice que le gusta esta tierra.

—¡Pero dile que está cultivando veneno! —exclamé, exasperado.

Abu Hikmet tradujo mis palabras. Todos asintieron con la cabeza. Salman respondió:

—¿Y qué podemos hacer? Tenemos que comer. Aunque nos cueste la vida. ¡A los iraquíes nos gusta morir!

Todos rieron la broma de Salman, que en realidad no era tal, sino una muestra del testarudo orgullo campesino. Meneé la cabeza, enfadado. Abu Hikmet me puso la mano en el hombro y dijo, guiñándome un ojo, con cinismo:

—Usted no se preocupe demasiado. Este seguirá cultivando sus tomates porque le hace falta el dinero. Luego se morirá, y entonces todo le dará lo mismo.

Volvimos a Basora. El paisaje circundante estaba devastado. Por todas partes se veían grandes montones de tierra, cuya función se me escapaba, montañas de desperdicios y míseras viviendas campesinas, así como algún que otro campamento militar. El cielo era azul y enorme, si bien en algunos puntos parecía veteado de una negrura violácea, como contusiones que se fueran hinchando, procedente de las chimeneas de gas que se alzaban a lo largo de todo el horizonte, escupiendo gigantescas bolas de fuego anaranjadas y nubes envolventes de humo negro.

Después de mi encuentro en Jordania con Nasser al Sadún, en noviembre de 2002, volví a Inglaterra, donde los medios de comunicación no hacían más que referirse con horror a los supuestos arsenales de armas químicas y biológicas en poder de Sadam y a las catastróficas consecuencias que podría tener su empleo por parte del dictador. Los expertos auguraban que Sadam probablemente recurriría a ellas en caso de guerra, si creía que así podría salvar su régimen. Había quien describía escenas apocalípticas en las que Sadam, acorralado, ejecutaría su venganza final liberando los gases tóxicos; él moriría, pero no sin llevarse por delante al mayor número posible de soldados americanos. En Ammán, un antiguo alto cargo de los servicios secretos jordanos que conocía personalmente a Sadam me había expresado sus temores sobre la posibilidad de que apostase por las armas bacteriológicas como forma de terrorismo internacional.

—Cultivos de virus empleados como un arma que sus agentes podrían liberar en distintos puntos del globo... Eso es lo que más miedo me da —dijo—. La cuestión es si los usará de forma preventiva, antes de una invasión, o cuando sepa que ha perdido la partida. Nadie lo sabe.

Stein Undheim, el encargado de negocios noruego en Bagdad, buen conocedor de Irak y uno de los pocos diplomáticos europeos que seguían en el país, me dijo que estaba seguro de que Sadam contaba con armas químicas y haría todo lo posible para no entregarlas.

—Muchos altos oficiales del ejército iraquí están convencidos de que la única razón de que los americanos no entraran en Bagdad durante la guerra del Golfo fue la amenaza de las armas químicas —dijo—. Piensan que fueron las armas químicas las que los salvaron, como ya los habían salvado antes, en la guerra con Irán. Es muy posible que sigan creyendo que esta vez también lo harán.

Undheim se confesó preparado para toda eventualidad. En una cámara subterránea de la embajada había almacenado vestuario de protección contra la guerra química, máscaras antigás y las medicinas, comida y agua suficientes para que él y el personal a su cargo pudieran sobrevivir durante largo tiempo.

En su libro *The Threatening Storm: The Case for Invading Iraq*, publicado con gran fanfarria publicitaria en septiembre, Kenneth Pollack, un antiguo analista de la CIA, llegaba a comparar la amenaza que representaba Sadam con la que planteaba Adolf Hitler en los años cuarenta. Como escribía en la obra, «La invasión de Irak seguramente no estará exenta de costes, pero es poco probable que sean de naturaleza catastrófica, y se trata de la única alternativa juiciosa que nos queda. Haríamos bien en recordar la sentencia de John Stuart Mill: "La guerra es muy fea, pero hay cosas peores". En nuestro caso, peor sería adoptar la política del avestruz mientras Sadam Husein se hace con la capacidad de matar a millones de personas y de tener a la economía mundial en la palma de su mano cruel».

El libro de Pollack coincidía en muchos puntos con lo que pensaban los planificadores de la guerra en Washington y en Westminster, y su publicación coincidió con una campaña de acusaciones a Sadam cada vez más intensa por parte de los gobiernos de Bush y Blair. A todo esto, los grupos opuestos a la guerra y las organizaciones defensoras de los derechos humanos en Europa y Estados Unidos habían empezado a hacer sombrías predicciones sobre el gran número de civiles —algunas estimaciones llegaban a cifrarlos en cien mil— que probablemente morirían si la guerra seguía adelante. Con todo, se había dado impulso al conflicto, y estaba claro que muy poco podía hacerse para detenerlo. Un alto cargo de una organización humanitaria británica me dijo que el Gobierno de Irán preveía que un aluvión de hasta setecientos mil refugiados iraquíes se desparramase por su territorio, lo que estaba acelerando la instalación de distintos campos de emergencia para darles cobijo. Vinculada al trasfondo de los horrores del 11 de septiembre, la guerra de Irak había empezado a adquirir las dimensiones psicológicas de un apocalipsis inminente en el que todo parecía posible.

Los periodistas que tenían previsto cubrir el conflicto se decían que había que estar preparado para cualquier contingencia. Los medios de comunicación empezaron a comprar equipos de protección para sus corresponsales y a impartirles cursillos sobre las precauciones que había que adoptar en «entornos hostiles». La revista The New Yorker me envió un traje de protección contra la guerra química y biológica, una máscara antigás, ampollas de atropina y jeringuillas, así como un casco a prueba de balas y un chaleco con refuerzo blindado por delante y por detrás contra los francotiradores. Suponiendo que podría obtener un visado para Irak, había decidido correr el riesgo de quedarme en Bagdad en lugar de formar parte «incrustada» de las tropas americanas. A finales de noviembre, junto con una docena de periodistas de los principales grupos mediáticos norteamericanos y británicos, asistí a un cursillo de una jornada, un seminario denominado «Preparación para la guerra química y biológica», en Heckfield Place, una casa solariega emplazada en una finca arbolada y tranquila de Hampshire, condado que está a más o menos una hora en coche desde Londres. Una compañía de seguridad británica llamada Centurion Risk Assessment Services utilizaba la mansión para impartir cursillos de preparación para la guerra a periodistas, diplomáticos y miembros de organizaciones humanitarias. El aula estaba en un viejo establo en los terrenos de la finca.

Un antiguo soldado de las fuerzas especiales británicas, que hablaba con acento *cockney*, nos aportó información primaria sobre cuestiones como la guerra química y bacteriológica, el virus del ébola y la peste bubónica. Tras mostrarnos un breve vídeo con imágenes de la guerra entre Irán e Irak, en el que aparecía un campo de batalla anónimo con los cuerpos retorcidos de los soldados iraníes que habían sido víctimas de los gases tóxicos de Sadam, el instructor dijo, jovialmente:

—La guerra química existe desde los tiempos de los caballeros con armadura; solo que hoy es peor.

Mientras el empleado de Centurion seguía hablando, reflexioné sobre la ironía de que utilizase imágenes bélicas iraníes como material ilustrativo, sin molestarse en explicarnos nada sobre lo que en realidad sucedió en aquella contienda. Por mucho que ahora los países occidentales pusieran el grito en el cielo por el armamento de destrucción masiva en poder de Sadam Husein, ningún pueblo había sufrido los efectos de ese armamento en mayor medida que los iraníes durante la guerra de 1980-1988. Mucho antes de que se supiera que Sadam había usado el gas tóxico en la ciudad kurda de Halabya en 1988, con el balance de cinco mil civiles muertos, sus generales habían empleado armas químicas decenas de veces contra los soldados iraníes, matando y lisiando a miles de ellos. Pero, en aquellos días, los crímenes de guerra de Sadam solían ser ignorados por las potencias occidentales, temerosas de la creciente influencia de Jomeini en la región, y muchas de ellas, como Gran Bretaña y Estados Unidos, habían llegado a suministrar a Sadam las armas, la información secreta y los conocimientos técnicos necesarios para librar aquella guerra.

Las notas que tomé de las advertencias del instructor de Centurion sobre el gas nervioso dicen: «Síntomas peligrosos: náuseas y vómitos, orinarte en los calzoncillos, defecar, paro respiratorio. Básicamente estás muerto». El instructor nos pasó un frasquito con una tintura de almendras amargas y nos dijo que la oliéramos. El líquido olía un poco como el mazapán.

—Si huelen algo parecido, tienen nueve segundos para ponerse los trajes. En caso de sufrir exposición, los síntomas son mareos, debilidad, taquicardia y sofocos.

El instructor habló después de los «agentes asfixiantes», cuyos olores podían ser diferentes: a heno recién cortado, a ajo, a pescado y a geranios. Nos pasó una botella de pasta de pescado tailandesa y otra de salsa de ajo Lea & Perrins, así como una tercera de la cadena Body Shop, con un producto de aromaterapia llamado Geranium Revival. Le pregunté si, en una situación de guerra, estabas en condiciones de diferenciar entre el olor de un campo de heno recién segado y el de un arma química. El instructor guardó silencio y me miró fijamente, como si estuviera pensando la respuesta. Por fin, se encogió de hombros y contestó:

—No. No lo estás.

Finalizada la charla, nos dieron trajes de protección, botas, guantes y máscaras antigás, nos enseñaron a ponerlos y quitarlos con rapidez, y luego nos hicieron correr al trote por el bosque de la finca. Era un día de invierno gélido y ventoso, pero dentro de aquel traje hacía un calor verdaderamente sofocante: al regresar al aula, todos teníamos las mascarillas empañadas y la ropa completamente empapada en sudor. Al terminar la jornada, pocos de nosotros confiábamos en la posibilidad de sobrevivir en lo que el hombre de Centurion denominaba «un entorno químico», cosa que a él mismo también le parecía improbable, como se encargó de dejar claro. En todo caso, al final nos entregaron unos diplomas certificando que habíamos aprobado el cursillo.

7

Cuando desperté, el sábado 22 de marzo, al cabo de cuatro horas de sueño, encontré otra nota de Patrick Dillon deslizada por debajo de mi puerta. Decía: «Jon: me echan. Ayer me acerqué demasiado a una zona de ataque de misiles... sin darme cuenta. Los polis dieron parte y mi valedor en el Ministerio de Asuntos Exteriores no tuvo más remedio que retirarme el visado "por seguridad"... Mi guerra ha terminado, Jon. Ahora mismo lloro cuando cruzo el muro como el Jefe Escoba en el nido del cuco. (Y aquellos cinco misiles que pasaron por delante de Al Fanar no hicieron daño). Por favor, sigue diciéndole la verdad al poder, y sé Marlow para tu propio Kurtz. ¿Vale? Con cariño, Patrick».

Dos días después recibí un correo electrónico suyo. Había llegado sano y salvo a Ammán. «Jon Lee: Dos hermanos taxistas gitanos con una ranchera Chevrolet accedieron a llevarme de excursión por la pequeña fortuna de cien dólares. Zarpamos y las treinta y seis horas siguientes tuvimos que agacharnos para esquivar los misiles americanos que barrían la carretera, a milicianos locales armados hasta los dientes, a Alí Babás enloquecidos y a miembros del Mujabarat regionales en Toyotas. Mis chicos, Alí y su hermano Jaffah, eran muy de pelo en pecho, pero los gringos los asustaban demasiado como para llegar hasta la frontera y me dejaron en la carretera, y recorrí a pie los últimos cinco kilómetros casi cagándome encima, me crucé con dos soldados iraquíes bastante acojonados, un par de estampadores de impresos de buenos modales, y luego me hice a patita el último kilómetro y medio de zona desmilitarizada en territorio jordano, llorando todo el tiempo. Y ahora en Ammán intrigo para volver, si es posible... Pienso en ti y en todos mis demás amigos, muy preocupado de que no os enganchen cuando la cuerda se tense, pero espero que cuando te llegue este mensaje estés todavía entero... Tu hermano, Patricio».

Me producía más alivio que pena que Patrick se hubiese ido. Siempre estaba temiendo que se metiera en un lío en Bagdad y al final había ocurrido. A juzgar por lo que contaba, había tenido mucha suerte. Las cosas podrían haberle ido bastante peor. Ahora estaba a salvo.

Tras el espectacular bombardeo de la noche del viernes, la atmósfera en Bagdad era esquizofrénica. Se había reanudado el tráfico en las calles, pero había soldados por todas partes. El complejo palaciego de Sadam estaba sembrado de escombros humeantes de los edificios bombardeados. Observé que los iraquíes no se congregaban para contemplar los daños, sino que lanzaban miradas fugaces y de soslayo. Era como si todavía no debieran fijarse en la existencia de los palacios. Cuando pregunté a Sabah, que había pasado la noche en la habitación de hotel de un amigo, qué pensaba de los bombardeos, se limitó a mover la cabeza. Lo azucé, preguntándole si todavía le extrañaba que los bombardeos americanos hubieran sido el día anterior tan «ligeros», como él había dicho. Me lanzó una mirada dolida y al instante me di cuenta de que mi comentario sonaba cruel y triunfalista; fueran cuales fuesen sus sentimientos por Sadam Husein, para cualquier iraquí tenía que haber sido profundamente humillante la simple escala y potencia de los ataques aéreos nocturnos contra el corazón del Estado. Sabah rezongó; no quería hablar de eso.

Había otra novedad: el Ministerio de Información se había mudado al Palestina con nosotros. Uday al Taiee y su repulsivo adjunto, Mohsen, habían alquilado habitaciones en el piso más alto y detecté en el vestíbulo a bastantes funcionarios subalternos. Habían instalado una mesa de información con un tablón de anuncios para los periodistas. Advertí que curiosamente tampoco ellos hablaban del bombardeo de la víspera. Se comportaron como si nada hubiese ocurrido hasta que, a primera hora de la tarde, organizaron un recorrido en autobús para ver a víctimas de las bombas.

Nos llevaron al Hospital Universitario Mustansiriya, donde habían ingresado algunas de las primeras víctimas civiles de la guerra en Bagdad. Un médico me dijo que desde el comienzo de la misma habían llegado al hospital ciento siete heridos. Tres habían muerto. Muchos sufrían heridas traumáticas de metralla; un puñado padecía quemaduras. Algunos eran niños, bastantes con heridas lastimosas, postrados pasivamente en camas, vigilados por padres callados y con semblante afligido. En un pabellón repleto, una niña de unos cuatro o cinco años chillaba de dolor en la cama mientras sus padres la consolaban. El médico me dijo que tenía heridas de metralla en la espalda. En la cama contigua yacía una mujer regordeta con tatuajes intrincados en la cara. Levantó las manos vendadas para enseñar sus heridas. Tenía los brazos carnosos cubiertos de abundantes contusiones. Un niño ocupaba otro lecho. Se lamentaba espasmódicamente cada pocos instantes. Sus tobillos y talones estaban vendados, pero vi que le asomaban los dedos de los pies. Los tenía desgarrados y muy ensangrentados. Su madre, con una *abaya* negra y un pañuelo verde en la cabeza, le sostenía la mano al lado de la cama, sin decir nada.

Hubo una conmoción cuando el ministro de Sanidad llegó y entró en el vestíbulo exterior. Vestía uniforme militar y boina y mostraba una expresión severa. Médicos con bata blanca de laboratorio y enfermeras empezaron a salmodiar «Hurra, Sadam» rítmicamente, a modo de saludo.

Entré en otro pabellón y encontré a un reportero de la televisión Sky hablando de pie ante la cámara. Se había colocado de tal forma que se viese detrás de él a un chico herido, tumbado de espaldas en la cama y con los brazos y piernas extendidos. En la cama de al lado, un cincuentón corpulento había sido alcanzado en los intestinos por un trozo de metralla y, postrado sin camisa, el pecho le subía y le bajaba a impulsos de su respiración corta y violenta. Tenía la boca abierta y los ojos también muy abiertos y asustados. Le habían insertado un tubo en el estómago. De pie y vigilante junto a la cama, su esposa le sostenía una mano. Ella también parecía aterrada. Un médico me dijo que era uno de los pacientes en estado más crítico, y me alejé con la impresión de que no sobreviviría.

De pronto, el reportero de Sky empezó a vociferarle a la cámara:

—Irak dice que estas personas son las víctimas inocentes del bombardeo de anoche. Hemos pedido permiso para ver los lugares bombardeados, pero nos lo han denegado.

Hizo varias tomas y repitió su frase cuatro o cinco veces en voz alta, hasta que se quedó satisfecho y se largó.

En la sección de quemados, un hombre apuesto de unos cuarenta años había sufrido quemaduras terribles en el trasero, ingles y piernas. Estaba desnudo, excepto la parte inferior del cuerpo, envuelta en vendajes blancos por donde rezumaba la sangre. Se encontraba a gatas encima de una cama mientras dos familiares le esponjaban con suavidad la espalda. Me fijé en que no estaba suspendido, sino que se sostenía sobre las manos y las rodillas, y parecía hallarse al límite de sus fuerzas. Continuamente movía la cabeza hacia abajo y hacia atrás, como hacen los osos encerrados en jaulas pequeñas.

Volví a la entrada del hospital, donde el ministro de Sanidad estaba hablando con la prensa, rodeado de médicos y enfermeras y de familiares de los pacientes. Cuando cruzaba el pabellón hacia la salida, un puñado de mujeres de la limpieza empezaron a dar brincos cantando las alabanzas de Sadam, y se rieron al terminar. Era algo que los iraquíes se sentían obligados a hacer siempre que tenía lugar cualquier suceso público y cada vez que había periodistas presentes. Fuera, en el aparcamiento, pululaba un corro de médicos y enfermeras y parientes de enfermos, hablando y esperando. Uno de los hombres empezó a gritar a voz en grito su lealtad a Sadam, la perfidia de los americanos y los británicos y otras consignas. A medida que aumentaba su auditorio, su tono era cada vez más alto, hasta convertirse en una especie de salmodia rítmica, que acompasaba saltando con una mano levantada en el aire. Muchos de los iraquíes a su alrededor sonrieron y se sumaron a su voz cantante.

A continuación, nos llevaron a un lugar cubierto de hierba en la orilla del Tigris, al otro lado de la Universidad de Bagdad, donde tres misiles de crucero habían demolido lo que nos dijeron que era un centro recreativo. Al socaire de una arboleda de eucaliptos, había columpios para niños, mesas de pícnic y los restos de un pequeño café al aire libre. La explosión lo había convertido todo en un amasijo inconcebible de árboles despedazados, chapas de hojalata destrozadas y mampostería destruida. Una docena de hombres en fila sobre los escombros sostenían en alto pancartas de Sadam. Cuando llegamos, empezaron a bailar y a cantar la canción «Oh, Sadam» y a gritar insultos contrà el presidente Bush. Un hombre que dijo llamarse Raad Abdel Latif Mehdi, el director del centro, declaró que cuando los misiles estallaron, a las diez y media de la noche anterior, estaba viendo la televisión con sus empleados.

—Vimos fuego que venía del cielo y echamos a correr —dijo. Por suerte, no habían herido ni matado a nadie. Pero habían bombardeado su restaurante y la oficina de contabilidad. Señaló los miles de papeles desperdigados por todo el césped—. Esas eran las cuentas. No sabemos por qué los americanos y los británicos vienen continuamente a ocupar Irak. Esto es un lugar turístico, no militar. No es un comportamiento educado.

Me alejé y subí por una escalera a la berma de cemento de la ribera para ver qué se veía desde allí. Advertí que estábamos muy cerca de algunos palacios de Sadam. Un militar se acercó, agitando los brazos de una forma hostil. Era evidente que quería expulsarme de allí. Vi a otros soldados apostados a lo largo de la cima de la berma. No me moví. El oficial hizo señas furiosas, como si se dispusiera a lanzarme escaleras abajo. Empecé a retroceder. Gritó algo perentorio a uno de los escoltas del Ministerio de Información, que subió corriendo y me acompañó mientras yo bajaba la escalera. Le pregunté, indignado, por qué el soldado me había obligado a abandonar la orilla del río. Dije que yo no era un animal de granja para que me ahuyentaran de aquel modo. Él susurró, comprensivo:

—Lo siento, lo siento mucho. Está preocupado por los otros edificios de esta zona. Son importantes. Usted ya me entiende.

Volvimos al Palestina por un camino tortuoso. Cuando atravesábamos un barrio que no reconocí, los autobuses aparcaron en el arcén, al lado de una larga trinchera junto a una hilera de eucaliptos. Las trincheras estaban llenas de soldados que empezaron a posar y a empuñar sus armas cuando vieron las cámaras. Unos cinco minutos más tarde, un par de aviones pasaron volando muy alto y pareció que lanzaban misiles, pero aterrizaron fuera de nuestra vista, lejos, quizá en la periferia de la ciudad. Sin embargo, los soldados de las trincheras se pusieron como locos. Unos se precipitaron en tropel hacia un refugio; otros corrieron por las inmediaciones. Todos vociferaban y gritaban. Los escoltas ordenaron a los chóferes que arrancasen enseguida y nos llevaran al hotel.

Más tarde, John, Paul y yo decidimos visitar de nuevo el Al Rasheed y le pedimos a Sabah que nos llevara. Lo hizo de mala gana y discutió conmigo durante todo el trayecto. Un rato antes había visto los mismos aviones que nosotros y le inquietaba que volviesen a bombardear. Cuando llegamos, se negó a entrar en el hotel. Salman, el jefe de recepción, se puso eufórico al vernos. Bromeamos con él sobre si pronto habría o no soldados americanos nadando en la piscina. Pero debido al nerviosismo de Sabah no nos entretuvimos y fuimos en el coche a uno de los pocos restaurantes de Bagdad todavía abierto al público, el Lazikia, en el barrio residencial de Ahrazat, en el este.

Estábamos aguardando la comida cuando entró Uday al Taiee con un par de subalternos. Cruzó el comedor a zancadas y se sentó en una mesa cercana. No nos saludó, a pesar de habernos visto. En cambio, una vez sentado, empezó a despotricar en un tono altísimo, en inglés, sobre «el gran crimen que los americanos están cometiendo contra la civilización». Sus ojos vagaban alrededor. Sin dirigirse a nadie en particular, pero apuntando claramente a nosotros, dijo:

—Creen que esto es un pícnic, con Pepsi y Coca-Cola, pero ya verán, vamos a enseñarles. ¡Será una carnicería, se lo aseguro! ¡Una carnicería!

Su tono imponente poseía una intensidad shakespeariana. Sonrió, como complacido por su propia actuación. Nos enfocó con la mirada y anunció que los iraquíes habían «capturado» a dos pilotos americanos. Antes de que pudiésemos preguntarle si mostrarían a los pilotos, una pareja de reporteros franceses, un hombre y una mujer, se presentaron ante él y se sentaron a la mesa de Al Taiee. Este y la mujer se besaron en las mejillas. A partir de ese momento, Al Taiee no nos prestó atención. Cuando se levantó para irse, le pregunté en voz alta por los pilotos. ¿Nos los mostrarían? Al Taiee me miró de reojo, pero no me respondió. Se llevó un dedo a los labios y luego levantó las manos en el aire, como diciendo que no podía o no quería hablar del asunto, y se fue.

En el trayecto de vuelta al Palestina, vimos grandes nubes de humo negro en la línea del horizonte. Le dije a Sabah que condujera hacia ellas, pero se negó en redondo, diciendo que nos meteríamos en un lío con el Mujabarat y que a él se lo llevarían. Cedí y volvimos al hotel. Allí me topé con mi antiguo escolta, Salaar, que había estado en la India, adonde lo enviaron después del referéndum de Sadam para trabajar en la embajada iraquí. Me dijo que había vuelto para estar con su familia durante la guerra y que estaba destinado en el Palestina, como todos los demás. Me informó de que a todos los efectos el ministerio tendría en adelante su sede en el hotel. Me alivió ver a Salaar. Aunque nunca habíamos tenido una charla confidencial, había algo en sus ojos que siempre me había inspirado aprecio y confianza. Cuando le pregunté qué pensaba del nutrido contingente de agentes de Qusay Husein que se habían trasladado con nosotros al Palestina, me miró de lleno a los ojos, me puso una mano en el hombro y susurró: «Descuide. Estamos aquí con usted». Cuando le pregunté por las grandes nubes de humo que habíamos visto, Salaar me dijo que no eran de bombas, sino de incendios de petróleo, provocados por el régimen para desorientar a los pilotos de los aviones de combate americanos y británicos. Al volver a mi habitación, vi que había incendios por toda la ciudad. Algunos se habían producido en las afueras de Bagdad, pero otros ardían a solo cien metros de distancia. A partir de las cinco y veinticinco de la tarde, las bombas empezaron a caer fuera de la ciudad, con un retumbo como de truenos lejanos.

Sabah cruzó la calle para ir al hotel Sheraton a preguntar si había una habitación para él a precio reducido, exclusivo para iraquíes. Volvió enseguida, muy ufano, diciendo que había conseguido una mucho mejor que la nuestra: tenía un cuarto de baño grande y bonito, una gran cama de matrimonio y un buen suministro de agua caliente. Agitó un brazo indicando nuestro feudo cochambroso y sonrió con un deleite despectivo.

Paul ya había transformado nuestro cuarto en algo parecido a un búnker. El primer día que pasamos allí había enviado a Sabah a comprar cinta adhesiva. Protesté cuando Sabah volvió con varios rollos de un color rosa espantoso, pero él aseguró que fue el único tono que pudo encontrar. (Lo dudé, porque conocía el gusto de Sabah por los colores chillones. Durante el referéndum de lealtad a Sadam, le había pedido que me comprase una mesa y una silla normales, de plástico blanco, para utilizarlas como puesto provisional de mi teléfono vía satélite en el Ministerio de Información. Sabah regresó sonriendo muy contento y haciendo señas a un obrero al que había contratado para transportar su compra, un conjunto de mesa y silla a juego de un llamativo color malva. Los días siguientes casi todo el mundo que me veía trabajando ante la mesa se paraba a mirarla, asombrado, o me hacía alguna broma. Cuando me fui de Bagdad, le di el conjunto a Sabah para que lo usara como mobiliario de jardín, lo cual supuse que había sido desde el principio su deseo secreto). Impertérrito por el color de la cinta, Paul revistió con ella cada superficie de cristal que había en el cuarto. Cubrió con grandes equis y barras rosas, que se parecían muchísimo a la bandera británica, los espejos, la pantalla del televisor y hasta los cuadros de un impresionista francés y un dibujo del Bagdad antiguo que eran decoración del hotel. Las puertas correderas del balcón quedaron empapeladas por un complicado diseño de equis en espiguilla. «Si te alcanza una bomba, no te despedaza», dijo Paul. Acto seguido había desarmado las dos camas individuales y había asentado los bastidores de canto, en forma de L, para formar un baluarte protector entre el balcón y los colchones; a continuación juntó estos por los extremos y allí dormimos pies con pies. Todo en nuestro espacio estrecho estaba envuelto en un polvillo de *turab* amarillento rojizo.

Había poco sitio en la habitación porque habíamos almacenado en ella los cinco bidones de plástico de veinticinco litros cada uno. Estaban llenos de agua del grifo por si se iba la electricidad y cortaban el agua. Alrededor de la habitación había velas, linternas y focos con baterías nuevas, y en los armarios sendos trajes de protección y sendas máscaras antigás para la guerra química y biológica, las inyecciones de atropina y el acopio que Paul había hecho para quince días de comida preparada del ejército norteamericano, los chalecos antibalas y los cascos Kevlar a prueba de balas. Nos habíamos creado un espacio de trabajo. Yo usaba un escritorio angosto cerca de la puerta y Paul trabajaba en la mesita de café, en otro rincón. Una maraña de cables, antenas y adaptadores ocupaba la mayoría del espacio libre que quedaba en el suelo.

Por la noche, Uday al Taiee, a quien yo había empezado a llamar «Goebbels», celebró en el vestíbulo del Palestina una conferencia de prensa en la que anunció que, si alguien era descubierto concediendo entrevistas a la CNN, que había sido expulsada del país por la fuerza, sería a su vez expulsado de Irak. Recordó a todo el mundo que el único sitio en que estaba autorizado el uso de teléfonos vía satélite era el Ministerio de Información. «El que hable con la CNN será expulsado; también el que tenga un teléfono vía satélite», declaró, agorero. Todos se temían que el sermón de Al Taiee precediera a otro registro de los agentes de seguridad. Después de la trifulca en el tejado con Jim Nachtwey y los otros fotógrafos, dos noches antes, la expulsión de la CNN y la deportación de Patrick Dillon, sabíamos que Al Taiee hablaba en serio. (Hacía un par de días, un reportero del *Boston Globe* fue el chivo expiatorio expulsado de Irak tras haber sido sorprendido con un teléfono vía satélite en el Al Rasheed). Por enésima vez, Paul y yo escondimos a toda velocidad nuestros teléfonos. En esta ocasión optamos por ocultarlos en la habitación, en vez de mandar a Sahab que los bajara al coche. Paul abrió una de las grandes cajas de cartón de comida preparada del ejército y sepultó en el fondo su teléfono. Luego abrimos el rodapié de una de las camas que estábamos utilizando como escudos contra las explosiones y extrajimos relleno suficiente como para practicar un agujero donde esconder el mío. Acabamos derrengados y con los nervios crispados, pero teníamos que permanecer despiertos porque los dos necesitábamos usar los teléfonos para comunicarnos urgentemente con nuestros editores y nuestra familia. Al cabo de un par de horas decidimos sacarlos de sus escondrijos. Apenas terminamos, volvimos a guardarlos. Teníamos ya funcionando un sistema de transmisión con otros reporteros en habitaciones cercanas, y a través del teléfono del hotel con los de distintos pisos, de un modo similar a como los reclusos en celdas de castigo se avisan cuando vienen los carceleros y se dan la luz verde cuando han pasado. Hasta entonces habíamos tenido suerte y tampoco esa noche llamaron agentes de seguridad a nuestra puerta.

Poco después de las once de la noche empezaron a sonar de nuevo las sirenas antiaéreas y treinta minutos más tarde se oyeron unas fuertes detonaciones. Desde nuestra habitación no se veía dónde habían caído las bombas. Conseguí echar una cabezada, pero no pude dormir profundamente con todo aquel estruendo incesante de bombas que explotaban a lo lejos, y a las dos de la mañana, tras una serie de explosiones cercanas, desperté de golpe. Más tarde dormí otro par de horas, hasta después del alba.

Una extraña neblina púrpura bañaba los cielos de Bagdad. Comprendí que probablemente provenía del humo que desprendía el petróleo incendiado. El Ministerio de Información notificó a los periodistas que debían estar preparados al cabo de una hora para ir a ver «algo especial». Me pregunté si serían los pilotos americanos capturados de los que Al Taiee se había estado jactando la víspera. Oí que las tropas americanas que avanzaban desde el sur habían llegado a la ciudad de Najaf, a dos horas de Bagdad, pero también que en otros lugares, en especial en Nasiriya, tropezaban con una tenaz resistencia. Sabah me contó que la gente en las calles estaba diciendo que un avión se había estrellado al sudoeste de la ciudad y que el piloto, un americano, había sido capturado. Me contó otro rumor de que cuarenta y cinco americanos y unos «comandos» británicos habían sido hechos prisioneros después de lanzarse en paracaídas, cerca de Ramadi, al oeste de Bagdad, y que los tenían allí detenidos. Dijo que había otros quince americanos presos en Nasiriya. Sabah me refería estas cosas sonriente y casi con orgullo.

Ese «algo especial» resultó ser una conferencia de prensa celebrada en el Ministerio de Información por el vicepresidente iraquí, Taha Yassin Ramadan. Aparte de la aparición titubeante en la televisión nacional de Sadam Husein, grabada de antemano, desde el comienzo de los bombardeos no había comparecido en público ningún alto funcionario del Gobierno. Como los bombardeos habían continuado el jueves y el viernes, la noche de «conmoción y espanto», y luego el sábado, muchos habitantes de Bagdad empezaban a pensar que quizá Sadam estuviese incapacitado. Uno de los rumores más insistentes era que habían matado a Naji Sabri y Tarek Aziz.

Ramadan era un hombre muy bajo y fornido, con nariz de tejón y ojos foscos y abolsados. Llevaba la boina y el uniforme tostado típicos de los dirigentes baazistas, pero parecía cansado. Me pareció significativo que la conferencia no se celebrara en el principal edificio del ministerio, como era lo habitual, sino en un inmueble contiguo, más pequeño y en teoría más discreto. Instalaron un pequeño podio en el vestíbulo, a unos pocos metros de la salida, enfrente de un retrato de Sadam y una bandera iraquí. Flanqueado por varios guardaespaldas, y con Uday al Taiee, más alto que él, a su lado, Ramadan empezó diciendo, con una voz suave como el terciopelo:

—La guerra se desarrolla de un modo excelente para nosotros. Estados Unidos y el Reino Unido han basado su estrategia en la información de traidores.

Desestimó las afirmaciones que habían hecho los americanos de sus avances en el campo de batalla.

—Que vengan hacia Bagdad. No los hostigaremos. Pero, si intentan entrar en alguna ciudad del camino, encontrarán los mismos problemas que en Nasiriya y Basora. —En un tono tranquilizador, prometió—: Dentro de unas horas verán a los prisioneros en la televisión.

Dijo que lo que estaba ocurriendo le recordaba la revuelta árabe de 1920, «cuando dimos una lección a Abu Naji» (un término coloquial empleado entonces para llamar a los británicos). Al decir esto, tanto Ramadan como todos los iraquíes presentes sonrieron y se rieron entre dientes.

—Dicen que están vagando por el desierto —añadió—. Les hemos permitido hacerlo. Esperamos que lleguen a Bagdad para dar una lección a ese Gobierno malvado.

Enardeciéndose con este tema, Ramadan contó historias del frente.

—Los iraquíes han destruido cuatro tanques americanos en Basora y matado a una serie de mercenarios suyos —dijo—. Y los demás huyen como ratas. Y ahora las milicias los están rodeando.

En otro lugar, en las marismas del sur, «las tribus árabes y los combatientes baazistas» habían capturado y matado a algunos paracaidistas americanos y derribado a un avión enemigo. Ramadan dedicó varios minutos a criticar a la ONU por «no hacer nada para detener la agresión». Dijo que era el deber de la ONU parar la guerra «por motivos humanitarios, en nombre de los veintiséis millones de iraquíes». Pidió a Kofi Annan que «dejase de comportarse como si fuera un criado de Estados Unidos». El tono de Ramadan no era quejoso, aunque sí lo era su mensaje implícito. Cuando descendió del podio, dio un traspié y se cayó, pero se levantó enseguida.

Unos minutos después de marcharse Ramadan, causó un tumulto la noticia de que un avión americano había sido derribado y su piloto se había lanzado en paracaídas al Tigris, a solo una manzana de distancia. Me sumé a una multitud de iraquíes que corrían excitados hacia la ribera. Al llegar vi a varios centenares de personas, la mayoría hombres y chicos, mirando, gritando y apuntando al río. Pronto se congregaron otros centenares que observaban desde la acera del puente tendido allí sobre el río. El tráfico en el puente se hizo más lento porque los coches paraban y los conductores se apeaban para sumarse a los mirones. El río discurría plácido. No vi nada, y cada persona con la que hablaba tenía una versión distinta. Nadie había presenciado lo ocurrido, si es que había ocurrido algo. Alguien me dijo que habían sido dos los aviones derribados. Me señaló dónde se los habían tragado las aguas. Otro me dijo que había uno o quizá dos pilotos escondidos por las inmediaciones. Alguien los había visto alejarse nadando. Hombres y chicos estaban batiendo con palos los juncos a lo largo de la orilla más próxima. Un vendedor ambulante de bebidas recorrió la ribera con su carro para vender su mercancía. Toda la escena adquirió muy pronto una atmósfera carnavalesca, a medida que el gentío se engrosaba y se excitaba cada vez más. No tardaron en aparecer militares que iban y venían por el río en pequeñas motoras. Algunos desenfundaron pistolas y dispararon contra los juncos de la orilla. Hombres y chicos se descalzaron y se pusieron a buscar entre las cañas. Otros las cortaban con machetes. Otros empezaron a pegarles fuego. Todo lo cual continuó varias horas. Reparé en que el cielo estaba de nuevo azul y soplaba una brisa ligera, aunque todavía había una niebla producida por el humo del petróleo incendiado. Al oeste de la ciudad, un B-52 lanzó unas bombas, pero nadie en la ribera pareció advertirlo.

Finalmente me alejé, casi convencido de que todo el episodio era un síntoma de histeria colectiva, que el piloto al que todo el mundo estaba buscando no era más que un fantasma. Había algo patético en la ferviente disposición de la gente a creer que tenían a un piloto enemigo casi al alcance de la mano. Pero su frenesí como de jauría era también aterrador; pocas dudas me cabían de que, si de verdad había un piloto escondido en los cañaverales, lo despedazarían si lo encontraban. Me pregunté si todo aquello tendría que ver con una sensación de impotencia colectiva de los iraquíes ante su destino, que en los últimos días parecía estar a la merced exclusiva de los pilotos extranjeros que volaban alto por el cielo, inalcanzables, y lanzaban bombas a su antojo.

Cuando me fui, crepitaban varios incendios que ennegrecían los hermosos canteros de juncos verdes. Espoleados por la multitud, los militares seguían explorando el río en embarcaciones, empeñados en la búsqueda del enemigo escondido en las cercanías.

Aquella tarde volvió a cambiar el humor de la ciudad. Parecía chasquear y chispear en el aire un sentimiento de aprensión redoblado. Aparecieron agentes del Mujabarat en las calles. Se apostaban en los cruces más importantes, al lado de los soldados y policías, y paraban a conductores para identificarlos. Después de pasar uno de esos controles y bajar por una calle que llevaba fuera de las puertas del Palacio Republicano, nos topamos con un grupo de guardias presidenciales que se embarullaban y corrían apuntando con sus armas y mirando con temor el cielo. No parecieron vernos, pero Sabah pisó el acelerador, por si acaso.

Un minuto después, Sabah me dijo que había visto a un soldado americano caer en paracaídas en el complejo presidencial. Su afirmación me dejó estupefacto. ¿Cuándo? ¿Estaba seguro? Sí, juró él. El paracaidista estaba descendiendo justo cuando pasábamos por delante del palacio. ¿No lo había visto yo? No, le contesté. Le pregunté varias veces si estaba seguro de haberlo visto. Sabah juró y perjuró que sí. Incrédulo, le dije que creía que se estaba volviendo loco. ¿Por qué un soldado americano se lanzaría en paracaídas, solo, sobre el palacio de Sadam a plena luz del día? Sabah se encogió de hombros. Replicó que no lo sabía, pero que lo había visto. Lo miré fijamente a la cara un largo rato, sin saber si estaría bromeando. Era evidente que no. También lo era que le había irritado mi sospecha de que se lo había inventado. Afanoso de rehuir mi mirada, conducía mirando directamente hacia delante. Parecía enfurruñado. Decidí desistir por el momento, pero me preguntaba qué estaría pasando. O Sabah alucinaba o decía la verdad. No sabía qué pensar.

En el Palestina había mucha gente viendo la televisión en el vestíbulo. Estaban emitiendo imágenes, rodadas por Al Yazira, de soldados americanos muertos y luego, repetida una y otra vez, una escena en que alguien fuera de la cámara interrogaba a varios soldados de Estados Unidos capturados, hombres y mujeres. Todos ellos estaban asustados, pero me conmovió en particular la expresión de terror atónito en la cara de una joven soldado afroamericana. Las imágenes coincidían con nuevos informes que confirmaban parte de lo que Ramadan había dicho: los americanos se habían enzarzado en combates en varios lugares del sur y estaban sufriendo bajas. A través de «radio macuto» llegaban también noticias de periodistas muertos en el norte y en el sur de Irak. Un amigo mío, el fotógrafo Thomas Dworzak, que se encontraba en el norte del país con las fuerzas kurdas, me mandó un correo electrónico diciendo que un terrorista suicida se había lanzado la víspera contra un control y en el ataque había muerto Paul Moran, un cámara australiano. Varios amigos más que viajaban en coche por el sur habían sido atacados por tropas iraquíes y se hallaban en paradero desconocido. (Todos sobrevivieron y fueron más tarde rescatados por tropas americanas). También en el sur, «fuego amigo», al parecer, había matado a Terry Lloyd, un reportero de la televisión inglesa.

En medio de todas estas malas noticias, sucedió algo singular. Un equipo de televisión francés, que había hecho en el día el viaje desde Kuwait a Bagdad, llegó a la puerta principal del Palestina en un Yukon SUV envuelto en polvo y lleno hasta arriba de bártulos. Por lo visto no los había parado nadie. Tanto los iraquíes como los extranjeros se quedaron mirando boquiabiertos el vehículo y sus placas kuwaitíes, asombrados de lo que revelaba sobre las defensas existentes en Bagdad. Uday al Taiee, es de suponer que, azorado por las implicaciones simbólicas, ordenó de inmediato que taparan con cartones las placas del coche y que confinaran a los franceses en una habitación del hotel.

Esa noche, unos periodistas fueron convocados en el salón de banquetes, en la planta baja del Sheraton, para escuchar el informe del ministro de Defensa iraquí, el general Sultan Hashim Ahmed, sobre la marcha de la guerra. Sentado en una tarima, delante de otro retrato de Sadam y de un gran mapa militar de Irak, Hashim remedó la evaluación optimista de Ramadan. Nos dijo que en el sur, por ejemplo, los americanos estaban mordiendo el polvo y que solo habían conseguido tomar un frágil punto de apoyo fuera del aeropuerto de Basora. También aseguró que, en todos los demás frentes, las fuerzas invasoras habían sufrido serios reveses y se habían visto forzadas a retirarse, o que estaban rodeadas y a punto de ser aniquiladas. Juró que si los americanos y los británicos persistían en su campaña, les costaría muy caro.

—Los combatiremos de tal modo que podamos estar orgullosos y que nuestros hijos también lo estén de nosotros —dijo—. Sí, es posible que ocupen algún lugar, pero ¿a qué precio? Si quieren tomar Bagdad, tendrán que estar dispuestos a pagar el precio.

Después, en un alarde de gran magnanimidad, Uday al Taiee anunció que en lo sucesivo podríamos utilizar los teléfonos vía satélite en nuestras habitaciones del Palestina. Esto no solo representaba un inmenso alivio, sino que parecía indicar que el Ministerio de Información había reafirmado su autoridad sobre el aparato de inteligencia. De repente, la atmósfera se tornó menos amenazadora. Ahora que ya podía sacar mi teléfono de su escondrijo, lo instalé dentro de una caja de leche de plástico amarillo, sobre una cornisa debajo del pretil del balcón, y apoyé la antena plana, en forma de libro, en el ejemplar de *El corazón de las tinieblas* que me había regalado Patrick Dillon, en el ángulo correcto para captar el satélite Inmarsat en el Atlántico este. (En otro lado del edificio, la gente utilizaba el satélite orientado al sur del océano Índico). Debido a los vientos *turab* estacionales, que soplaban cada pocos días, todo estaba sujeto con la cinta adhesiva rosa.

Los bombarderos volvieron hacia las diez y media de la noche. Una gran explosión, como mínimo, afectó a uno de los edificios del complejo palaciego. Unos minutos más tarde empezó el jaleo en la calle Abu Nawas. Me asomé para ver a un contingente de soldados iraquíes que bajaban corriendo la calle, gritando y apuntando hacia los arbustos del descampado que se extendía entre Abu Nawas y la orilla del río. Algunos empezaron a disparar sus armas y otros los imitaron. Parecían muy confusos y empavorecidos. Algunos llegaron a la carrera a los terrenos del Palestina y se escondieron allí un rato, acuclillados. Los cañonazos continuaron, pero poco a poco se fueron alejando. A través de los amigos cuyas habitaciones daban al otro lado del hotel, supimos que había soldados patrullando por la ribera y disparando a los juncos. Al parecer, proseguía la búsqueda del piloto fantasma americano. A las once explotó otra potente bomba en algún lugar de la ciudad, activando las alarmas de automóviles y estremeciendo el hotel. Después, casi todos los soldados desaparecieron. A las tres de la mañana volvieron los bombarderos.

A la mañana siguiente, el quinto día de guerra, el cielo estaba muy oscuro y el aire volvió a enfriarse. Un inmenso cúmulo de humo negro, procedente del petróleo ardiendo, se cernía siniestro sobre toda la ciudad y oscurecía el sol.

Sabah llegó a nuestra habitación más tarde que de costumbre, angustiado. Cuando le pregunté qué le pasaba, me contó que esa noche una de sus hijas casadas, que estaba embarazada de tres meses, había sufrido un aborto y perdido al niño. Había ocurrido durante la gran explosión de bombas que se produjo a las once. Su hija sufrió un shock y tuvo una hemorragia. Al amanecer, Sabah la llevó al hospital, donde le hicieron una transfusión. Se había quedado al lado de su hija hasta que le dijeron que estaba fuera de peligro. Suspiró hondamente y se enjugó los ojos durante varios minutos, agobiado.

Como hacía todas las mañanas, Sabah me dio un termo lleno de café turco caliente y un montón de tortillas de arroz también calientes, recién hechas por su mujer, a la que él llamaba la señora Sabah. Era una costumbre que databa de los días anteriores a la guerra y que se había vuelto más vital ahora que la mayoría de los restaurantes estaban cerrados. Los guisos de la señora Sabah nos los traían casi todos los días Safaar o Diya, los dos hijos adultos de ella y de Sabah. Muchas veces nos enviaba una cazuela o un recipiente con una porción de lo que hubiese cocinado ese día para su familia: pollo al horno con patatas picantes, un guiso de espinacas o de lentejas con tomate. Sabah nos recalentaba los platos en un hornillo chino de un solo quemador que yo había encontrado en un bazar antes de la guerra, improvisando una pequeña cocina en el suelo de la habitación de hotel.

Cuando Tarek Aziz entró aquella noche en el salón de banquetes del Sheraton, hubo un audible zumbido de emoción en la sala donde aguardaba gran número de periodistas. Una vez más, nos habíamos reunido allí sin saber qué ni a quién esperar. Al diminuto viceprimer ministro, que tenía el pavoneo y el aplomo de una gallinita de Bantam, no se le había visto en público desde el 19 de marzo, víspera de la guerra. Sentado a una mesa elevada, cubierta con un paño de raso blanco, debajo de un retrato enorme con un marco dorado de Sadam Husein, y vistiendo uniforme militar y boina, Aziz acometió un análisis de los acontecimientos que habían conducido a la guerra. Habló en inglés, con una voz tranquila pero fatigada. De pie, detrás de él, estaba un guardaespaldas sin afeitar y con una kufiya en la cabeza. Había otros guardas desplegados por el salón, observando al auditorio. Aziz expuso el argumento, como tantas otras veces, de que Estados Unidos y Gran Bretaña no buscaban las armas de destrucción masiva —porque sabían que no existían—, sino las vastas reservas petrolíferas de Irak, que afirmó que eran las más grandes del mundo, alrededor de más de trescientos mil millones de barriles.

—Han decidido ocupar y colonizar Irak —dijo—. Quieren remodelar toda la región en beneficio de Israel.

Dijo que el Gobierno estadounidense había sido secuestrado por una camarilla de judíos y cristianos sionistas, el lobby del petróleo y el complejo militar-industrial que habían promovido la guerra de Irak para sus propios fines egoístas. Durante los cuarenta minutos siguientes, desmintió las declaraciones de la Administración de Bush sobre lo que estaba sucediendo en el campo de batalla.

—Primero dijeron que la guerra sería devastadora, que paralizaría a las fuerzas armadas y al Gobierno iraquíes, y que el pueblo se levantaría —explicó Aziz—. Y Cheney dijo que el pueblo recibiría a las tropas americanas con «música y flores». Sobre este punto, recuerdo lo que dije a los medios de comunicación americanos: «No se engañen ni engañen a la opinión pública: las tropas no serán recibidas con flores, sino con balas».

—Esbozó una lacónica sonrisita de «ya os lo advertí»—. Dijeron que Sadam Husein estaba totalmente aislado, que solo le apoyaban los habitantes de Tikrit [sus conciudadanos] y los guardias republicanos. Pero en Um Qasr no los había. El regimiento que combatía allí a los americanos y los británicos era un regimiento ordinario... Y los que combaten en Nasiriya y Basora, en Najaf y Samawa no son de Tikrit. La mayoría de ellos son chiíes, no suníes ni tikritas. En cualquier caso, todas esas falsas evaluaciones y presunciones sobre estos dos puntos se han derrumbado en dos días. Descaradamente, y disculpen porque no quiero ser áspero, pero se comportan de un modo muy vergonzoso... —añadió, secamente—: El miércoles, cuando atacaron su objetivo principal, tratando de «decapitar a los dirigentes iraquíes...». —Hizo una pausa para recalcarlo y prosiguió—: Por favor, tomen nota del término, como si fuéramos una bandada de gallinas que decapitar. —Hizo otro alto para sonreír, mientras el auditorio se reía con disimulo—. Dijeron, Dios no lo quiera, que el presidente Sadam Husein estaba muerto o herido; querían vender esta idea a los pobres soldados a los que habían empujado al campo de batalla. Pero aquí estamos.

A todas luces, Aziz ahora se regodeaba. Mencionó que había oído decir que el general Tommy Franks había dicho que por el momento «no planeaba» tomar Basora. Aziz sonrió jovialmente.

—Me reí al oír eso. Me recordó la fábula de la zorra y las uvas, cuando le preguntaron a la zorra: «¿Por qué no coges las uvas y te las comes?», y ella dijo: «Porque están verdes».

Aziz daba a entender que Franks tenía miedo de entrar en Basora debido a la feroz resistencia que oponían los iraquíes allí. Advirtió:

—En todos los lugares donde están combatiendo los americanos, no combate todavía la Guardia Republicana. En el sur, los combatientes son chiíes. Esto es Irak. Les venimos diciendo: «No os engañéis. El pueblo iraquí está unido bajo Sadam Husein y el partido socialista Baaz árabe». Lo dijimos a sabiendas: llevamos decenios gobernando este país.

Fuera empezó a ulular una sirena, previniendo de otra ronda de bombardeos sobre Bagdad, pero Aziz hizo caso omiso y siguió hablando, contando la historia del campesino iraquí que, la víspera, se suponía que había abatido con un viejo fusil a un helicóptero Apache americano. El campesino se había convertido al instante en un héroe, fue entrevistado por la televisión y Aziz lo elogió de nuevo, diciendo:

—Este campesino ha recibido a los americanos con un viejo fusil Brno checo, fabricado antes de la época de Havel y los otros. No con música ni con flores. No tenía instrumentos, solo el arma, y la usó, en el mejor estilo iraquí, para dar la bienvenida a los invasores.

Un periodista le preguntó qué concesiones haría el Gobierno iraquí para ahorrar a Bagdad el derramamiento de sangre de un asedio.

—No tengo caramelos que ofrecerles, solo balas —respondió Aziz. Otro reportero le preguntó cómo pretendía defender Bagdad el régimen de Irak—. Quédese en Bagdad y lo sabrá —dijo, con timidez, y salió del salón. Los hombres de seguridad cerraron las puertas tras él para que no pudiéramos ver por dónde se había ido.

El martes 25 de marzo, el sexto día de los ataques, otro *turab* envolvió Bagdad. El polvo amarillo se mezcló con el humo del petróleo incendiado, que llevaba ardiendo varios días. El cielo era de un color púrpura negruzco. Era como si la ciudad estuviese soportando un invierno nuclear. Oía bombas explotando en algún sitio, pero ya no las veía.

En los últimos días la guerra había adquirido una pauta nueva. Hasta el domingo los bombarderos habían actuado solo de noche. Mi cuñado en Inglaterra había empezado a mandarme correos electrónicos todos los días para informarme de las horas en que los B-52 americanos despegaban cada mañana de su base en Fairfield. Con la ayuda de esta información, yo podía calcular más o menos la hora de la tarde en que los bombarderos llegarían a Bagdad. Paul y yo procurábamos comer y lavarnos por turnos en el cuarto de baño antes de esa hora, porque no se sabía si habría electricidad o si sería posible hacer algo después de que empezara el bombardeo.

Sin embargo, desde el domingo, cuando empezaron a machacar Bagdad las veinticuatro horas del día, nuestra rutina quedó interrumpida. Ahora había explosiones a todas horas del día y de la noche. Lo normal era que, veinte minutos después de que sonaran las sirenas, había una serie breve de ruidos, grandes, retumbantes, estruendosos bramidos que terminaban en un enérgico colapso. A veces las bombas caían cerca y a veces lejos. Los bombardeos debían de seguir una pauta, pero yo no sabía cuál era. Los truenos parecían caer al azar en esta o aquella parte del paisaje oscurecido.

La mañana del martes reinaba el mutismo en las calles. La gente parecía resignada a su suerte, como los antillanos antes de que se desate una tormenta tropical. Los civiles se habían quedado en casa y los soldados parecían desaparecer en la oscuridad. Fuertes vientos azotaban las dataleras, arrancaban ramas de árboles, y zarandeaban carteles de tiendas. Casi todos los comercios tenían los postigos cerrados. En la calle Sadún solo había abiertos unos pocos locales: un par de puestos de kebab alegres y baratos, una o dos farmacias y, curiosamente, una tienda de maletas. Al recorrer en coche la calle, atento a los comercios y restaurantes conocidos, me quedé desorientado. Varios lugares que yo conocía bien parecían haberse esfumado. No era que los hubiesen bombardeado o tuviesen cerrados los postigos. Se habían desvanecido. Luego localicé el letrero de un restaurante que conocía y vi que donde habían estado las ventanas y las puertas de cristal de la entrada había ahora un muro de ladrillo. Cubría toda la parte frontal del establecimiento. Más adelante vi muchos otros negocios que habían sido tapiados. Era como si intentaran pasar inadvertidos, como soldados con uniforme de camuflaje.

Esta mañana fui a la primera sesión de terapia que Ala Bashir me había concertado. La sesión solo en parte era falsa, porque de hecho tenía un problema crónico, aunque de baja intensidad, en la región lumbar. (Unos meses antes había sufrido un agudo espasmo muscular después de abandonar Bagdad y había pasado diez días tumbado de espaldas en Ammán, sometido a tratamiento médico, pero el dolor no había remitido por completo). Cuando llegué, Bashir llamó a un camillero para que me llevara, cruzando la calle, al hospital adyacente, Al Wiya Maternity, donde me estaba esperando el fisioterapeuta. Me dijo que pasara a verlo después de la sesión.

El terapeuta, un hombre simpático llamado Nabil, me dio un tratamiento a base de calor y me aplicó algunas corrientes eléctricas. No parecía haber ningún otro paciente en aquel pabellón, un ala gris y mal iluminada del hospital que estaba llena de camas vacías. Nabil me explicó que el ala había sido habilitada para recibir a las víctimas de las bombas, pero hasta entonces no había ingresado ninguna. Me preguntó si tenía pensado quedarme en Bagdad y cuando le dije que sí se rio y dijo: «*Al hamdulillah*», que se traduce, más o menos, por «alabado sea Dios» y quiere decir que nuestro destino no está en nuestras manos. Yo había oído la expresión varias veces en los últimos días. Nabil me dijo que estaba casado y tenía varios hijos. Le pregunté cómo estaban.

—Ya sabe cómo son estas cosas —dijo, de hombre a hombre—. Los niños no comprenden. Para los hombres está bien. Pero es duro para las mujeres y los niños.

Cuando Nabil terminó sus cuidados, me acompañó hasta la calle. Caían gotas de lluvia que dispersaban el polvo. Nabil se volvió hacia mí y dijo:

—Hoy el *turab* es bueno. Espero que no llueva. La lluvia limpiará el cielo y es más fácil para los bombarderos. Rezo para que no llueva.

Sonrió, me estrechó la mano y me dijo que volviera al día siguiente para la segunda sesión.

Había otros médicos sentados en el despacho de Ala Bashir. Estaban hablando de las versiones discrepantes de las fuerzas de la coalición y el régimen iraquí sobre los combates en lugares como Um Qasr, Nasiriya y Basora. Hablaban con calma, intercambiando la información de que disponían a través de noticiarios de radio y de amigos y parientes. Uno de ellos era un cirujano cardiaco formado en Inglaterra. Era un hombre meticuloso que llevaba un conservador *blazer* de tweed verde y una corbata a rayas diagonales, y que hablaba un inglés excelente. Mencionó que esa mañana había hablado por teléfono con una colega de un hospital de Basora. Había malas noticias. Las tropas británicas libraban una batalla de artillería con los defensores de la ciudad, y había numerosos civiles muertos y heridos. Dirigiéndose a mí, dijo:

—Creyeron que sería pan comido..., esa es la expresión americana, ¿verdad? Pero no lo ha sido, y ahora lo están pagando los civiles iraquíes.

Había en su voz un tono de reproche, pero no siguió hablando.

El adjunto de Ala Bashir, el doctor Waleed Abdulmayid, un hombre bajo y fornido, de afables ojos castaños, a quien yo había visto unas cuantas veces, me preguntó si sabía lo que iba a pasar. Le dije que seguramente yo sabía menos que él, pero me temía que era inminente un asedio sangriento de Bagdad. Dije que el presidente iraquí parecía haber adoptado una estrategia de supervivencia que entrañaba causar el máximo derramamiento de sangre. Al situar a sus fuerzas militares en ciudades y pueblos, intentaba atraer a las fuerzas de la coalición a situaciones en las que, para poder avanzar, los americanos y los británicos no tendrían más remedio que matar a tantos civiles que la guerra se volvería insostenible y una protesta internacional los obligase a detenerla. Los médicos escucharon y asintieron. La ayudante de Bashor, Sunduz, la mujer de las quemaduras en la cara, nos sirvió té.

Por la tarde, John Burns, Paul y yo volvimos al Al Rasheed. Nos habían dicho que unos cuantos griegos y españoles, quizá ignorando las amenazas que el Pentágono había formulado contra el hotel, habían vuelto a alojarse en él, y queríamos prevenirles. No los encontramos, pero localizamos a un italiano, un hombre de edad, que parecía ser el único huésped del hotel en aquel momento. Desconocía por completo la situación. Después de hablar con él, nos dijo que se marcharía en el acto. Todavía preocupados por los otros reporteros, le pedimos a un empleado joven de la recepción que transmitiera las advertencias y que él también procurara salir del hotel después de anochecer. Asintió, en silencio.

A continuación, fuimos al Ministerio de Información, porque habíamos oído que algunos equipos de televisión seguían yendo allí para hacer sus emisiones en directo. Lo encontramos desierto, a excepción de tres periodistas turcos que estaban trabajando en el tejado, iluminado por lámparas de arco. Era un espectáculo singular. El *turab* fustigaba el aire, lanzando arena, polvo y basuras por todas partes, y el cielo se estaba oscureciendo deprisa. Los turcos nos escucharon y dijeron que se marcharían en cuanto terminasen de transmitir. Por último, paramos en un pequeño supermercado llamado Pirámides para hacer acopio de más provisiones; era la única tienda de comestibles que conocíamos que seguía abierta en el centro de Bagdad.

Ya en el Palestina, oímos la alarmante noticia de que, la noche anterior, unos agentes de seguridad habían sacado de la cama a varios reporteros y se los habían llevado. Entre ellos estaban nuestros amigos Matthew McAllester y Moises Saman, la fotógrafa americana Molly Bingham y también un pacifista americano y un fotógrafo danés. En teoría, los habían subido a un autobús cuyo destino era la frontera siria. Supusimos que la razón de que los hubiesen elegido para la expulsión era que todos habían entrado en el país con dudosos visados de pacifistas. Pero esto era una mera conjetura; nadie sabía lo que había sucedido realmente. Sus habitaciones estaban vacías, no quedaba ningún indicio de que alguna vez las hubiesen ocupado, y ningún empleado del hotel los había visto pagar la cuenta. Los funcionarios del Ministerio de Información que estaban en el hotel aseguraron que no sabían nada de ellos ni de su paradero. Pero algunos reporteros que estaban levantados a primeras horas de la mañana susurraron que habían visto a agentes de seguridad en el pasillo y, en un caso, aporreando la puerta de la habitación de Molly Bingham.

Anocheció de golpe, como un telón negro que cae, bastante antes de las cinco de la tarde. Media hora después, el telón se alzó brevemente y cayeron unos goterones de lluvia, tornando barrosas las superficies recubiertas de polvo de los automóviles. Las sirenas aullaron fugazmente alrededor de las once de la noche, justo cuando se levantaba una niebla húmeda. Curiosamente, el aire olía a tierra, y estaba tan oscuro que incluso donde había farolas no se veía más allá de dos manzanas.

Caían bombas en algún lugar fuera de la ciudad. Nos habían dicho que avanzadillas de la fuerza de invasión americana habían llegado a menos de ochenta kilómetros de Bagdad, y que los B-52 estaban bombardeando a las fuerzas de la Guardia Republicana en el perímetro meridional de la ciudad. Esa noche no hubo apenas más sonido que el de las bombas y el zumbido de un generador en un inmueble cercano. No se oyeron voces de gente ni ladridos de perros. Una o dos veces oí por la ventana los neumáticos de un coche que se deslizaban sobre el asfalto mojado.

A la mañana siguiente, Bagdad amaneció envuelta en una gruesa capa de polvo amarillo; el día despedía un fulgor blanco, fosforescente, casi como si hubiese nevado. La tormenta había amainado un poco, pero soplaba un viento frío y caía una llovizna intermitente, con lo cual el polvo se convirtió en barro y luego otra vez en polvo, en un ciclo deprimente. La gente utilizaba las kufiyas como máscaras para taparse la boca y la nariz. La radio iraquí y la televisión nacional, que estaban a menos de dos kilómetros de distancia, habían sido bombardeadas durante la noche. Yo lo supe a las tres de la mañana, cuando John Burns llamó a mi habitación para preguntar si funcionaba mi televisor. Lo comprobé y vi que solo había parásitos en la pantalla. Dijo que acababa de enterarse del ataque por Dan Rather, que le había llamado desde Nueva York para comentar algo sobre la emisión de *CBS Evening News* y estaba aguardando que John se lo confirmase a través de su línea de teléfono vía satélite.

Hacia media mañana, un corro de gente se había congregado alrededor de un televisor en el vestíbulo del hotel, ante la imagen de un locutor de noticias uniformado que hablaba en una pantalla crepitante. Me dijeron que la emisión procedía de un transmisor de emergencia que había sido activado algunas horas antes.

Volví al Hospital Al Wiya para mi segunda sesión de terapia, pero Nabil no había podido acudir al trabajo esa mañana y aproveché la ocasión para cruzar la calle y visitar a Ala Bashir. Como estábamos solos, charlamos con mayor libertad sobre los sucesos de los últimos días, en especial la noticia de que las fuerzas de invasión americanas y británicas se estaban empantanando en batallas secundarias en su avance sobre Bagdad. Bashir se burló:

—Seamos realistas —dijo—. ¿Qué porcentaje de posibilidades reales tiene Irak de ganar esta guerra? Cero. Esas batallas en Um Qasr y Basora y Nasiriya son menudencias que siempre ocurren en las guerras. En eso consisten, en matar y morir. Llevan solo unos días y ya están..., ¿dónde, a ochenta kilómetros de Bagdad? No creo que el ejército iraquí pueda hacer nada por alterar el desenlace final contra todos los tanques y el arsenal que tienen los americanos y los británicos.

Predijo una batalla sangrienta para la toma de Bagdad. Señalando con un gesto el busto de Sadam Husein sobre su escritorio, dijo:

—Para mí es evidente que lo que pretende es causar el mayor número posible de víctimas civiles. Quiere el máximo derramamiento de sangre. Es su estilo.

Me dijo que la víspera de la guerra anterior, Sadam había anunciado: «Que vengan los invasores. Cuando lleguen a Bagdad, solo encontrarán cenizas. Eso dijo».

Para Bashir, la única gran pregunta que quedaba era cuánta resistencia opondría la Guardia Republicana. Había mucho miedo a este respecto, no solo entre los civiles ordinarios, sino también entre las tropas..., y había motivos. Dijo que la noche anterior había visto el noticiario de la televisión iraquí y que habían entrevistado en directo, en la ciudad norteña de Mosul, a un miembro de los fedayines de Sadam, la temida brigada de combatientes con pasamontañas, al mando del hijo mayor del dictador, Uday. El fedayín había dicho: «Estamos aquí primero para matar a los americanos y después a todos los iraquíes que no luchan contra ellos».

Bashir me lanzó una mirada:

—Era el mensaje que recibía todo el mundo en el ejército: lucha o muere. ¿Lo ve?

Razonó que las medidas coercitivas de Sadam para controlar al ejército podrían dar resultado si las fuerzas de la coalición se retrasaban en llegar a Bagdad y seguían teniendo problemas para capturar las ciudades del sur. Pero, si conseguían reducirlas y rodear Bagdad rápidamente, la unidad del ejército empezaría a desmoronarse. Entonces los americanos y los británicos recuperarían el equilibrio de poder psicológico y muchos soldados iraquíes se percatarían enseguida de que no quedaban razones para luchar. Pero él creía que de todos modos habría una batalla por Bagdad. «Será muy sangrienta».

A eso de las once y media oímos dos explosiones breves y estruendosas hacia el norte. No hubo nada especial que las distinguiera: nos limitamos a captar el hecho y reanudamos nuestra conversación. Un momento después hubo una ráfaga de viento y una corriente de aire frío irrumpió en el despacho.

—Otra vez la tormenta de arena —dijo Bashir. Le pregunté que cómo lo sabía y él olfateó el aire—. Se huele —dijo—. Huele a tierra. Siempre que la huelo me recuerda a muertos. Piénselo. Piense en la historia de Irak. ¿Qué es esa historia sino miles de años de guerras y matanzas? Es algo que siempre hemos hecho bastante bien, y en abundancia, desde los tiempos sumerios y babilónicos. Millones de personas han muerto en esta tierra y forman parte de ella. Sus cadáveres forman parte del país, la tierra que respiramos.

Un par de horas después pasé por el Ministerio de Información. Había oído que había ocurrido algo grande y que la gente se estaba concentrando allí. Un tropel de periodistas confusos pululaban por el local y empezaron a agolparse a bordo de un par de autobuses. Subí de un brinco a uno de ellos. Estos desplazamientos, organizados por el ministerio, eran siempre recorridos de inspección de lugares recién bombardeados que representaban objetivos civiles; se habían vuelto una rutina cotidiana desde el comienzo de la guerra. Nunca nos enseñaban los daños infligidos a instalaciones militares o a los edificios pertenecientes al complejo presidencial. Yo había ido a algunos de esos viajes y me había abstenido en otros. No solían avisar de antemano y muy pocas veces daban información previa sobre el destino de las visitas, tan solo insinuaciones crípticas de los escoltas o funcionarios, como, por ejemplo: «Vamos a ver una escuela, un hospital o un lugar bombardeado».

En cuanto partimos circuló el rumor de que nos llevaban a un paraje donde pocas horas antes habían muerto numerosos civiles. Los autobuses avanzaban despacio en la oscuridad cerrada. El *turab* había cobrado toda la fuerza y estaba lloviendo, pero el agua no había despejado de polvo los cielos. El día se oscureció, iluminado tan solo por una fantas-magórica luz anaranjada. Íbamos al norte, a través de barriadas sórdidas, por la carretera principal que salía de Bagdad hacia Kirkuk. En el cami-no pasamos por delante de varios incendios de petróleo procedentes de pozos excavados en la ancha medianera de la carretera. Unos veinte minutos después, los autobuses pararon junto a unos inmuebles mu-grientos, con talleres en la planta baja, en el barrio obrero de Al Shaab. Una muchedumbre pululaba por ambos lados de la carretera. Al princi-pio, con la extraña luz y la lluvia de barro, no vi nada malo, pero cuando mis ojos se adaptaron advertí que en ambos lados de la calzada había secciones calcinadas de los edificios y otros inmuebles con las ventanas rotas y sus fachadas desconchadas y agujereadas. Había escombros por todas partes y la tierra parecía esquilada, como si pasando un rastrillo gigantesco le hubieran arrancado la capa superior. Por el suelo yacían tiras retorcidas de planchas de aluminio. Aullaba la sirena de un coche de policía aproximándose.

Me sumé al tumulto; corros de gente se desplazaban de un lado a otro, con una especie de curiosidad sobresaltada y frenética, abriéndose camino con cautela por encima de los escombros. Había un cráter en el punto del arcén donde había caído una bomba; el asfalto, destripado hacia fuera, formaba un dibujo de estrías. Una familia sacaba muebles y otros enseres de su apartamento en uno de los inmuebles y los cargaba en una camioneta. Vi algo que me pareció que era un ramo de claveles blancos tirados en el arcén, pero se trataba de un par de pollos muertos. Los hombres miraban sin decir nada los interiores despanzurrados de unos talleres, como si un tornado hubiese derribado, revuelto y destro-zado todo. Algunas personas contemplaban un coche aplastado y boca abajo. Un grupo de hombres alrededor de un vehículo totalmente en-negrecido y carbonizado empezaron a bailar y a cantar, algunos blan-diendo sus kalashnikov, entonando un estribillo indefectible en todos los lugares bombardeados cuando llegaban las cámaras de televisión: «Larga vida a Sadam, daremos la vida por ti», junto con epítetos en árabe contra Bush y Blair. A nadie pareció enfadarle la llegada de occidentales; nos miraron con curiosidad y algunos se acercaron a explicar lo que ha-bía ocurrido, como queriendo ser útiles.

Crucé el bulevar a través de seis carriles de tráfico lento para reunir-me con el gentío que había en el otro lado. Otra bomba que había caído allí dejó un hoyo somero. Los desperfectos en los edificios y talleres pa-recían idénticos a los de la acera opuesta. Había que escalar un montón de cascotes, de yeso roto, mortero y más revestimientos de aluminio retorcido, y mientras trepaba reparé en dos jóvenes que se encontraban cerca. Aún no debían de haber cumplido los veinte. Uno de los chicos, inmóvil, miraba sin expresión y, cuando yo lo observé, empezó a palpitar con agitación, pero sin lágrimas. Su amigo lo tomó del brazo y se lo llevó. Cerca, un corro de unos veinte hombres miraba algo. Me abrí paso hasta que vi lo que era: un hombre con la mano cortada desde más abajo de los nudillos, sentado como si fuera un accesorio macabro en un postigo de metal verde extendido en lo alto de unos escalones. La mano era gruesa y gris, y su interior rojo y blanco, en el muñón amputado de un modo chapucero, asomaba como circuitos eléctricos de un cable cortado de cualquier manera. Sangre escarlata había empapado los escalones de abajo. Una joven se había acuclillado muy cerca para observar la mano, con la cara a muy pocos centímetros de ella. Estuvo así durante bastante tiempo. Alguien me dijo que el cerebro del hombre era visible, extendido en el suelo dentro del taller más próximo, pero no entré a verlo.

Me alejé y entablé conversación con un joven de rostro agradable que estaba solo sobre un montículo de escombros. Hablaba un poco de inglés y dijo que era estudiante de la facultad de Letras de Bagdad.

—En el departamento de inglés —añadió, con una sonrisa de orgullo. Me preguntó de dónde era yo. Cuando le dije que era norteamericano, dijo, conservando la sonrisa cortés—: Bienvenido.

Nos estrechamos la mano. Me explicó que no estaba presente cuando estallaron las bombas; se había acercado a ver lo ocurrido desde su casa, a varias manzanas de allí. Dijo que había muerto bastante gente, quizá unas treinta personas, muchas de ellas dentro de sus automóviles. Él y yo miramos alrededor. Había como una docena de coches destrozados a ambos lados de la calle. Añadió, señalando un apartamento de aspecto incendiado directamente encima de nosotros, que entre los fallecidos figuraban los cinco miembros de una familia. Todos los muertos ya habían sido trasladados al depósito, y los numerosos heridos a los hospitales. Le pregunté qué sentía por lo ocurrido. En un inglés claro y cuidadoso, dijo:

—Me da mucha pena la gente que ha muerto.

Se me acercó otro hombre un poco más mayor. Tenía una cara franca y amistosa, y también hablaba inglés. Me contó que se llamaba Muyad y que era «bibliotecario». Creo que quería decir que era librero, porque explicó que vendía cuadernos escolares y que también explotaba una fotocopiadora. Apuntó en diagonal a la manzana siguiente de la otra acera, donde dijo que vivía. Le pregunté si conocía a alguna de las víctimas. Sí, asintió. Señaló uno de los coches ennegrecidos del otro lado de la calle. Lo habían bombardeado cuando el hombre, un mecánico, estaba debajo, trabajando en el coche.

—Se llamaba Abu Sayaff; era amigo mío.

Guardamos silencio un largo rato, mientras yo expresaba con gestos mis condolencias y asimilaba esta información. Muyad levantó la voz:

—Bush y Blair... dijeron que iba a ser una guerra limpia. —Esbozó una sonrisa de tanteo y dijo—: Esta guerra no es limpia. Es una guerra... sucia.

Seguía sonriendo. Luego me preguntó de dónde era yo: «De América», le dije. Apartó la mirada un instante y luego volvió a mirarme. «Bienvenido», dijo. Le dije que lamentaba lo ocurrido. Él dijo:

—No, no lo lamente. Sabemos que no es el pueblo americano. Sabemos que la mayoría están en contra de esta guerra. —Añadió, a modo de aclaración—: Vi anoche en la televisión al director Michael Moore.

Yo estaba desconcertado. No sabía de qué me hablaba Muyad. Debió de notar mi confusión porque me habló de la ceremonia de los Oscar en la cual Moore se había pronunciado en contra de la guerra. Muyad dijo que veía muchas películas americanas, y que de ese modo había aprendido inglés. Le gustaban muchísimo. Le pregunté qué creía que iba a pasar a continuación; ¿pensaba que se podía detener la guerra?

—No —contestó—. Nadie puede parar esto. Solo Dios. Dios detendrá al ejército de Bush —añadió, con una expresión esperanzada.

Me despedí de él y me marché. Pasé por delante de dos jóvenes. Uno de ellos, que llevaba una kufiya encima de la cara, como si fuese una máscara, y un kalashnikov, me miró y dijo, en inglés: «Bienvenido». Respondí a su saludo con un gesto y seguí andando. Su amigo me dio alcance y me detuvo. Señaló mi bolsillo trasero, donde yo había guardado mi libreta abierta. Apuntó hacia el cielo, indicando la lluvia de barro. Comprendí: trataba de decirme que la lluvia estaba emborronando mis notas. Le di las gracias y él dijo: «*Afwan*», que más o menos significa «sé bienvenido».

Esa noche, Muhamad Said al Sahaf, el ministro de Información, hizo la primera de las apariciones que se convertirían en sesiones diarias con la prensa. Sahaf era un hombre de unos sesenta años, bajo, corpulento y muy cuidadoso con su apariencia. Llevaba gafas grandes, el pelo teñido de negro azabache y la cara de facciones amplias meticulosamente afeitada. Tenía también cejas muy tupidas y unos labios grandes, casi femeninos. Con su uniforme, boina y pistola en su funda, Sahaf parecía más bien un actor envejecido que interpreta un papel que no le va. Hablaba inglés con un pintoresco acento británico, ligeramente herrumbroso, pero poseía un vocabulario muy expresivo y una amena propensión al humor dramático. Hizo las delicias de los oyentes tachando a los americanos y a los británicos de «maleantes, mercenarios y criminales de guerra». Mientras su segundo, Uday al Taiee, fruncía el ceño a su lado, Sahaf levantó en el aire lo que parecía ser un tapacubos de un coche y anunció que era un pedazo de un misil americano. «Lo derribamos», se jactó, con orgullo. Dijo que era uno de los varios misiles lanzados por la noche contra la sede de la radio y la televisión iraquíes, el edificio ahora devastado y contiguo al Ministerio de Información, donde trabajaba el poeta Faruk Sallum.

Sahaf denunció el bombardeo que se había producido en Al Shaab aquella tarde. La matanza allí la habían causado bombas de dispersión, cuyo uso demostraba que los británicos y los americanos estaban «histéricos» por los reveses sufridos en la guerra. Alardeó de que ni siquiera habían conseguido tomar Um Qasr, el primer punto de entrada en Irak en el golfo Pérsico.

—Estamos en el séptimo día de la invasión —se rio Sahaf— y hasta ahora han llegado solo al muelle número diez, ni siquiera dentro de la ciudad. Están en un serio aprieto. Están atrapados. Vamos a masacrarlos y ¿por qué no? Esto es un clásico y deberían enseñarlo en las academias militares... —Sahaf fue interrumpido por el ruido de las bombas que explotaban en la ciudad. Las luces de la sala de conferencias parpadearon brevemente. Al cabo de un momento prosiguió—: Ayer oíamos a ese maleante llamado Rumsfeld. Es, por supuesto, un criminal de guerra y uno de los peores dirigentes americanos. Dijo que los mercenarios americanos y británicos se están defendiendo dentro de Irak. ¡Pues enhorabuena, señor Maleante, por defenderse dentro de nuestro país! Le enseñaremos lo que significa la defensa.

El *turab* amainó durante la noche, y el día siguiente, el jueves 27 de marzo, fue frío y despejado. Bagdad seguía cubierta de un polvo amarillo claro, pero la gente ya había salido a limpiar y aquí y allá arrojaban cubos de agua por encima de sus coches, escaparates de comercios y las aceras de delante de sus casas. Sin embargo, las estatuas de Sadam, diseminadas por toda la ciudad, continuaron cubiertas de polvo: habían desaparecido los operarios a los que se veía casi todos los días limpiando la más prominente: un nuevo bronce de Sadam en un pedestal enclavado en la isleta de tráfico de la plaza Fardus, al lado del hotel Palestina. Volvieron a abrir sus puertas algunos de los comercios del centro, y de nuevo había gente en las calles. También reaparecieron los cambistas, que habían cerrado sus negocios la mayor parte de la semana anterior: la cotización del dinar frente al dólar había caído en picado desde alrededor de dos mil quinientos a tres mil. Asimismo, los precios habían subido en las pequeñas tiendas. Pero, como la mayoría de los tenderos y sus familias habían sido evacuados a pueblos y aldeas de la periferia, el grueso del comercio en Bagdad lo realizaban granjeros que vendían sus productos en las aceras. Había hombres vendiendo montones de cebollas, lechugas, remolachas, patatas, berenjenas y tomates recién recogidos, que cultivaban en el centón de huertas que se ven en los solares y los campos de labranza dispersos por toda la ciudad.

En Irak, las fronteras entre la ciudad y el campo no están bien delimitadas, y en el corazón de Bagdad, que es grande y crece sin control y, a decir verdad, no es nada «urbana» en el sentido convencional, salvo en la zona del centro, los modos de vida rurales mantienen una vigencia testaruda. Se cultivan verduras en un terreno baldío a una manzana de distancia del Ministerio de Información, y hay palmerales de datileras, algunas muy grandes, a unos tres kilómetros de allí. Los iraquíes se enorgullecen de sus dátiles, que dicen que son los mejores y más dulces del mundo, y que se exportan como exquisiteces a otros países de todo Oriente Próximo. En algún lugar muy cerca del Palestina, un burro rebuznaba muy fuerte varias veces al día. De madrugada, yo oía cantar a unos gallos.

En Bagdad no existen esos rascacielos relucientes de cristal y acero que han brotado en los últimos decenios en la mayoría de las demás capitales del mundo. En la era de Sadam, todo lo «moderno» se construyó en hormigón reforzado y, salvo unos cuantos edificios ministeriales de diez a veinte plantas y hoteles como el Palestina y el Sheraton, la ciudad en su conjunto se compone de casas bajas y unifamiliares y bloques de apartamentos achaparrados, de tres a cinco pisos de alto. La mayoría de las edificaciones importantes de Bagdad, como las dos grandes mezquitas inacabadas de Sadam, y los otros palacios grandiosos y monumentos a la guerra y a sí mismo, se encuentran al oeste del Tigris, y en el curso de la semana anterior unos cuantos se habían visto transformados en moles de ruinas. Muchos de los edificios alcanzados por las bombas se habían derrumbado, y sus escombros se habían desparramado por las calles o estaban destripados pero con su estructura básica intacta. El hotel Al

Rasheed había sido respetado hasta entonces, pero un pequeño edificio justo al lado, que me dijeron que era un centro informático de la policía, había sido arrasado y sus losas de cemento se amontonaban unas sobre otras, como un bocadillo. En la acera de enfrente, otra construcción grande, que se suponía que albergaba un departamento del Mujabarat, había sido alcanzada. Las bombas que habían caído la noche anterior sobre un centro de telecomunicaciones contiguo a la torre de Sadam cortaron todas las líneas telefónicas del extremo oeste de la capital. Lo habían despanzurrado los proyectiles que entraron por el tejado. Varios bloques de apartamentos pegados a este centro apenas sufrieron daños; tenían los muros laterales levemente salpicados por el polvo de la explosión y les faltaban algunos cristales. Advertí que la gente seguía caminando por aquellos lugares como si no hubiese sucedido nada. Rodeaban los nuevos montículos de cascotes como rodearían un árbol derribado por una tormenta.

El pueblo de Bagdad parecía haber asumido con calma la nueva realidad de la guerra que, hasta aquel momento, se limitaba al bombardeo de edificios asociados con Sadam Husein y su poder, aunque las víctimas civiles causadas por las bombas en Al Shaab eran un anticipo, en opinión de mucha gente, de lo que se avecinaba. Esto, junto con los informes de que la invasión se estaba ralentizando, la reaparición de Sadam y Tarek Aziz y las desafiantes promesas de los dos de bañar en sangre a los invasores americanos y británicos cuando llegasen a Bagdad, indicaba que habría un asedio prolongado.

La tarde del jueves, por segunda vez en dos días, volví a Pirámides, el pequeño supermercado, a comprar más comida. En esta ocasión compré productos básicos duraderos, como pasta, azúcar, tomates en lata y más agua embotellada. Había empezado a encarar la perspectiva de que, si había un asedio prolongado de Bagdad, quizá me viera atrapado allí durante muchas semanas y hasta meses. También fui otra vez a ver a Nabil, el fisioterapeuta, para mi segunda sesión de tratamiento a base de calor. Después me dejé caer por el despacho de Ala Bashir, pero estaba ocupado. Le habían asignado una guardia de veinticuatro horas y me propuso que volviera más tarde, al atardecer, si podía, para que charlásemos.

Poco después de haber regresado al Palestina, presencié dos grandes explosiones a lo lejos, cerca del estrafalario palacio, ya parcialmente destruido, Al Salaam de Sadam, el que ostentaba los cuatro enormes bustos en bronce del dictador luciendo un casco que pretendía simbolizar la cúpula de la mezquita de la Roca de Jerusalén. Hacía pocos minutos que yo había enviado a Sabah en aquella dirección para buscarnos algo que almorzar en un restaurante que estuviese todavía abierto en el mismo barrio. Cuando volvió, cerca de una hora después, dijo que circulaba por los alrededores del palacio cuando cayeron las bombas y que la onda expansiva había desplazado su coche varios centímetros fuera de la carretera. Poco después, Paul McGeough, que estaba en aquel momento en otra habitación orientada hacia el sur, vio ascender hacia el cielo lo que parecía ser un misil antiaéreo termodirigido, lanzado desde unos edificios a un par de manzanas de distancia. Era de suponer que habría un bombardero volando por allí arriba, pero no lo vimos.

No pude visitar a Bashir esa noche. Arrojaron muchas más bombas, entre ellas una que explotó de un modo espectacular al impactar contra un edificio del complejo presidencial. No había en la secuencia un orden perceptible. A veces solo era una bomba o dos, seguidas de una tregua. Otras veces eran oleadas. Pero observé que, cada vez que empezaba un bombardeo, en una mezquita próxima se oía un canto fúnebre entonado por hombres con voz profunda y sentida: «*Allahu Akbar*» una y otra vez, en un crescendo de progresión constante.

Pocos durmieron bien aquella noche en Bagdad. Las bombas continuaron cayendo sobre toda la ciudad hasta justo después del alba, cuando se produjo una explosión formidable que estremeció los edificios del centro, incluido el hotel Palestina. Una serie de masivos «demoledores de búnker», de unos dos mil kilos de peso, y misiles de crucero se habían estrellado contra varios centros de telecomunicaciones. Fuimos a inspeccionar la central telefónica del Al Wiya, a unas tres manzanas del hotel. Visto desde la fachada, el edificio parecía intacto. Pero en el muro de atrás había un enorme agujero. Varios pisos habían quedado al descubierto y su contenido había salido disparado a la calle. Al penetrar profundamente en las vísceras, la bomba había esculpido un hoyo de unos nueve metros y creado un montículo de cascotes y metal retorcido. De algún lugar del interior llegaba un zumbido persistente que se me antojaba conocido. Tardé un ratito en percatarme de que era el sonido de un teléfono desconectado, pero muchísimo más fuerte, como si hubieran descolgado a la vez cien teléfonos.

El ministro iraquí de Transportes y Comunicaciones, Ahmed Murtaza Ahmed, se personó para inspeccionar los daños. Estaba muy enfadado y declaró:

—Lucharemos hasta el final. Lucharemos sin cesar. Combatiremos a los soldados americanos y a los británicos. No les permitiremos entrar en Irak. Lucharemos hasta la última gota de sangre.

De una forma metódica, al paso de los días, Bagdad estaba siendo transformada en una ciudad menos habitable de lo que era el día anterior. Los americanos bombardearon los centros de telecomunicaciones tres noches seguidas, exhaustivamente, y a veces volvían a golpear una segunda y tercera vez los mismos objetivos ya castigados. En el plazo de tres días, prácticamente todos los teléfonos de Bagdad dejaron de funcionar. Por suerte, aún había electricidad y agua corriente. De noche, en los jardines del complejo presidencial devastado de Sadam, cientos de farolas seguían alumbrando con luces amarillas. Cerradas ya casi todas las oficinas del Gobierno, los aspectos funcionales del Estado iraquí se habían visto reducidos a lo estrictamente fundamental: defensa y seguridad, sobre todo. Los parques, los solares y las medianeras de las avenidas se habían convertido en campamentos armados, en hoyos de trinchera y posiciones de artillería para miles de soldados, policías y milicianos. Había tanques y vehículos blindados estacionados en isletas de tráfico, escondidos debajo de ramas arrancadas de árboles.

El Palestina era ahora la faz pública del régimen o de lo que quedaba de él. La inmensa mayoría de los occidentales que seguían en Bagdad se hospedaban en este hotel o en uno de los dos más pequeños y contiguos, el Al Fanar —la antigua guarida de Patrick Dillon— y el adyacente Al Andalus. Casi todos eran periodistas, pero también había algunos escudos humanos y pacifistas, entre ellos un personaje de aspecto extraviado que lucía largos rizos rastafaris y *piercings* en las orejas y vestía una casaca bordada y unos bombachos kurdos negros y con la culera holgada. Me dijeron que los dos turcos que se habían encadenado a los árboles de Abu Nawas antes de que la guerra empezara seguían donde estaban, pero yo ya no los veía en su sitio habitual y supuse que habían renunciado a su protesta arborícola. En la plaza Fardus, en las columnas de piedra que circundaban la isleta de tráfico con la estatua de Sadam, miembros de un grupo feminista coreano habían colgado una pancarta protestando contra la violación. También había un nutrido contingente de escudos japoneses. Al parecer, pasaban una cantidad desmesurada de su tiempo en el vestíbulo del Palestina, tomándose entre sí fotos digitales o desfilando por el aparcamiento con pancartas antibélicas.

Aproximadamente una docena de yihadistas musulmanes —guerreros santos— de otros países árabes se habían venido también a nuestro hotel. Yo había reparado por primera vez en ellos unos días antes, subiendo en el ascensor del Palestina. Tenían rasgos faciales diferentes de los iraquíes y ostentaban las barbas y la expresión ferviente de los auténticos creyentes. Vestían túnicas y kufiyas, o bien ropa de estilo paramilitar, y no se trataban con nadie. No mostraban una conducta hostil, pero su presencia inexplicada entre nosotros me incomodaba mucho. Preguntando a unos y otros, descubrí que la mayoría de mis colegas también los habían visto y estaban igualmente inquietos. Uno de los escoltas del Ministerio de Información al que interrogué sobre los yihadistas me dijo que eran inofensivos.

—Han venido a matar a soldados americanos, no a periodistas —me aseguró, tocándose la frente con el dedo índice, para dar a entender que los consideraba unos locos—. Créame, el Gobierno no les permitirá tocar un pelo a los periodistas, y ahora mismo el Gobierno es fuerte. De todos modos, no se preocupe, tengo una pistola grande en mi cuarto —se rio.

No me sentí tranquilizado, sobre todo después de la misteriosa desaparición, el lunes por la noche, de nuestros amigos Matthew, Moises y Molly. Resultó que no los habían metido en un autocar rumbo a Siria, ni tampoco habían reaparecido en ninguna parte. Los iraquíes seguían negando que supieran algo de su paradero. Habíamos empezado a abrigar serios temores por su seguridad. Presididos por Larry Kaplow, del Cox News Service, nos reunimos unos cuantos para intercambiar la información que teníamos y transmitirla a la gente de fuera de Irak que nos parecía que podrían ayudar. Supimos que se había contactado con la Cruz Roja Internacional y, en el exterior, estaban solicitando ayuda a personas de quienes se sabía que tenían fácil acceso a Sadam en el pasado y que podrían actuar como intermediarios. Entre ellos figuraba Ramsey Clark, el exdiputado laborista inglés Tony Benn, que se había entrevistado con Sadam muy poco antes de que estallara la guerra, y el controvertido diputado laborista escocés George Galloway, que tenía una larga y estrecha relación con el régimen iraquí. También estábamos en asiduo contacto telefónico y de correo electrónico con Joel Simon, del Comité para la Protección de los Periodistas de Nueva York, que procuraba ayudar a coordinar las cosas. El grupo pacifista Voces en el Desierto, dirigido por Kathy Kelly, se alojaba en el Al Fanar. Habían colgado en el piso superior del inmueble una gran pancarta blanca que decía: LA VIDA ES SAGRADA. De algunos de los balcones también habían colgado fotografías de tamaño póster de niños iraquíes. Kelly y sus colegas activistas estaban efectuando lo que ellos llamaban «patrullas de paz», visitando hospitales y lugares bombardeados y haciendo visitas de buena voluntad a civiles que vivían en vecindarios afectados. Supe a través de algunos seguidores de Kelly que ellos también estaban controlados por el aparato de seguridad de Qusay Husein y tenían problemas. Estaban cuestionando su presencia en Bagdad y habían restringido sus movimientos por la ciudad. A Kelly le habían dicho que tenía «demasiada gente» en Bagdad y que debía reducir su grupo. Al parecer, incluso a ella la miraban ahora con suspicacia.

El noveno día de guerra deparó algunos bombardeos, pero fueron poco sistemáticos y se centraron en la periferia urbana, y una ráfaga de normalidad se reinstauró en las calles. Unas cuantas personas salieron a comprar y unos pocos negocios abrieron sus puertas, pero la mayoría del comercio continuaba a cargo de los vendedores ambulantes. En la calle Sadún, los productos en venta más solicitados parecían ser las lámparas de queroseno y los bidones de plástico para agua y combustible.

Al final de la tarde fui a dar una vuelta en coche con Paul y John Burns. Había algunos hombres en la calle, comprando pan, huevos y verduras para sus familias en los puestos de la plaza Al Tahrir. En una franja de parque polvorienta, un grupo de chicos jugaba al fútbol, y había un hombre lustrando zapatos. Un par de tiendas que vendían uniformes militares de segunda mano estaban recogiendo. Al atardecer paramos en uno de los cafés antiguos de la calle Al Rasheed, en el viejo barrio judío. Estaba lleno de ancianos que jugaban al dominó y fumaban narguiles. Algunos veían la televisión, que mostraba escenas de civiles y soldados iraquíes en el campo, bailando, blandiendo armas, cantando poemas en honor de Sadam Husein y salmodiando lemas contra George W. Bush. La atmósfera en el café era sosegada y pensativa. Salvo por las imágenes de televisión, era casi como si no hubiese guerra.

Hacia las nueve de la noche, después de cenar en uno de los dos restaurantes que todavía seguían abiertos en Bagdad, nos llegó la noticia de que había habido un bombardeo que había causado numerosas víctimas civiles. Corrimos hacia el lugar, situado en las afueras, al norte de la ciudad. Unos veinte minutos más tarde llegamos al Hospital General Al Nur, en el barrio de Al Shulla, cuyo director, el doctor Haq Ismael Razuki, nos recibió en su despacho y nos dijo que un avión de combate había atacado un mercado a unos pocos centenares de metros de allí. Razuki se mostró cortés pero furioso, nos dijo que creía que el ataque había sido deliberado. El bombardeo se había producido un par de horas antes, en el preciso momento en que estaba la gente haciendo sus compras vespertinas. Dijo que habían trasladado a su hospital a treinta y cinco cadáveres y cuarenta y siete heridos, pero que otras personas habían sido llevadas a otros sitios. (El recuento definitivo de muertos ascendió a sesenta y dos). El ayudante de Razuki nos guio por el hospital y, a través de pasillos llenos de gente —soldados, familiares—, salimos a un jardín trasero. Allí vimos a un hombre con la cara vuelta hacia la pared. Sollozaba en voz alta, compungido y con los brazos cruzados. Pasamos de largo. Un momento después, todavía sollozando, nos siguió y de pronto, echando a correr, nos adelantó.

Llegamos a una cabaña de aluminio. Delante estaba el hombre, junto con un grupo. Estaban de pie al lado de un joven empleado que vestía una bata sucia de hospital. El joven abrió la puerta y del interior salió un soplo de aire frío. Era el depósito de cadáveres. El hombre apenado se zambulló dentro como un loco, llorando desconsolado, pero otro hombre, un amigo suyo, tiró de él hacia atrás y lo alejó de la entrada. Dentro, alcancé a ver cuatro cadáveres de hombres. Los cuerpos estaban desgarrados y sangrantes, y yacían en posturas contorsionadas. Tenían la ropa rasgada y sucia. Había mucha sangre en el suelo. Aparecieron unas enfermeras: mujeres mayores tocadas con pañuelos blancos, que empezaron a lamentarse en silencio.

Sacaron de la morgue a uno de los cadáveres, tendido en una camilla de metal. Llegaron unos hombres con un sencillo féretro de madera y metieron dentro al muerto. Varios de ellos rompieron a llorar y se llevaban las manos a la cabeza mientras procedían a transferir el cuerpo, profiriendo una y otra vez el nombre del fallecido: Haydar. Colocaron la tapa del ataúd y lo cargaron a hombros. Al emprender la marcha, todos empezaron a cantar: «*La-Illaha-Ila-Allah*» («Hay un solo Dios»). El empleado del depósito se puso a mi lado y el hedor que despedía, que era de cadáver, me provocó arcadas.

Al fondo de la calle, en la mezquita, donde los familiares llevaban a sus muertos para que los lavasen y rezasen por ellos, había corros de gente callada. Unos hombres fumaban o solo miraban. Nadie dijo gran cosa. Un estandarte negro en la pared del interior estaba vivamente ilustrado con una imagen de la cabeza decapitada, manando sangre, del imam Husein, el mártir primordial de la devoción chií. Seguí a uno de los féretros cuando lo sacaron fuera; los porteadores cantaban alabanzas a Dios como antes, en el hospital. Depositaron el féretro y rezaron juntos en un solar que había enfrente de la mezquita. Arriba, en el cielo, flotaba la línea roja de un proyectil disparado por un cañón antiaéreo.

Me marché y bajé la calle hasta el mercadillo cochambroso donde había caído la bomba. Encontré el cráter, que era pequeño, de solo un metro de diámetro, en el borde de una plazuela con dos de sus lados flanqueados por humildes tenderetes. Devastados, los puestos tenían arrancado el techo de hojalata, y una cañería rota aún vertía agua sobre un charco creciente. Oí a una mujer que lloraba dentro de una casa, en el otro lado del callejón del mercado. Otras personas le hicieron coro enseguida, y cuando oyó el llanto ajeno el de la mujer se transformó en grito.

9

Me despertó el ruido de intensos combates en las cercanías. Eran las ocho de la mañana. Me asomé al balcón para ver las explosiones dentro de los jardines del palacio, en la otra orilla del Tigris. Había llamaradas y súbitas nubes de humo negro se elevaban rápidamente desde los jardines y algunos de los palacios. Me zumbaban los oídos con el estruendo de las muchas armas que estaban disparando, ametralladoras, tanques y cañones, y de las bombas que caían.

Sobre una ancha franja de arena que se extiende a lo largo de la ribera, a los pies del complejo palaciego, vi a varias docenas de soldados iraquíes de uniforme, algunos caminando y otros trotando. De pronto todos echaron a correr rumbo a la carretera que discurre por la cima del terraplén de cemento en la orilla del río. Al correr formaron una larga línea desigual de unos cincuenta hombres moviéndose a distintas velocidades. Un par de ellos estaba en paños menores. Algunos nadaron en el río y treparon entre los juncos para traspasar una alambrada de seguridad que descendía por el terraplén desde los jardines de palacio hasta el agua. Yo no era capaz de comprender de qué huían los soldados. Luego vi que cuatro tanques grandes, de color caqui, americanos, habían estacionado en lo alto del terraplén, a unos pocos cientos de metros de los soldados que corrían. Una nutrida andanada empezó a levantar polvo del terraplén y de la playa de arena que había debajo. Se produjeron más explosiones y una columna de humo negro comenzó a ascender desde lo que parecían ser dos incendios de petróleo que ardía en la playa. Unos minutos después, divisé apenas las figuras de varios hombres, soldados americanos, que disparaban acuclillados, al parecer, desde detrás de los tanques; no se distinguían bien. Ocurrían demasiadas cosas a la vez para asimilarlas todas. Al mirar por los prismáticos creí ver lo que en apariencia eran soldados iraquíes todavía en la playa, con la cabeza apenas visible por encima de los hoyos excavados en el suelo. Uno o dos parecían responder al fuego enemigo. Advertí por primera vez que toda la playa, sobre todo a lo largo de la orilla, estaba perforada por trincheras y fortificaciones.

Miré Abu Nawas abajo. Estaba desierta, a excepción de dos perros grandes que corrían juntos por la mitad de la calle. Minutos después, vi a un iraquí, un tipo corpulento, vestido de paisano, que caminaba con cautela por mi lado de la calle con un arma en la mano. Se cruzó con un hombre más mayor que transportaba varias bolsas, como si hubiera estado haciendo las compras de la mañana. En ese momento, un cámara y un reportero a los que identifiqué como alemanes salieron del Palestina y cruzaron la calle en dirección al río. Se aventuraron hasta una corta distancia en la banda de zona verde y empezaron a filmar la batalla. Vi que varios iraquíes se les acercaban, seguidos de un soldado con una pistola. Al converger sobre los dos periodistas, estalló un furioso altercado. El soldado agarró al cámara y se lo llevó a tirones. Parecía intentar obligarlo a que subiera a una camioneta conducida por otro soldado. El otro alemán, el reportero, trataba de detener al soldado. Hubo gritos coléricos y vi que el soldado apuntaba con su arma. Pensé que le iba a disparar al cámara. Los otros iraquíes se sumaron al tumulto. Era como si intentasen rescatar a los periodistas. Todos chillaban y se daban empujones. Por último, el soldado soltó a su presa, a regañadientes, y bajó el arma, y los iraquíes que habían ayudado a los alemanes los acompañaron hasta ponerlos a salvo en el hotel Palestina.

El ruido de batalla pasó a ser un muro de sonido. Poseía una calidad sinfónica. Gran parte se componía de estruendos y estallidos —fuertes sacudidas de tanques y aviones, las ráfagas desgarradoras de proyectiles—, pero también había un ruido rítmico, como si aporreasen mecánicamente un gran tambor de acero y, varias veces, un chirrido compacto. Subyacente, de vez en cuando, sonaba el ligero tableteo de fuego de armas automáticas. En varias ocasiones oí un crujido estrepitoso, como de palomitas de maíz metálicas que revientan, que se prolongaba y se volvía muy intenso; comprendí después que seguramente era la explosión de un depósito de armas. Era para mí un sonido nuevo, al igual que el chirrido, que resultó que procedía de los cañones de aviones A-10 Warthogs de vuelo bajo, que disparan cuatro mil balas por minuto. También se oía el bramido de cazas F-18 de vuelo bajo, o al menos sonaba igual que ellos. Estos aviones, que eran muy veloces y ruidosos, habían empezado a sobrevolar la capital hacía dos días, sustituyendo a los B-52 de las dos semanas anteriores, que volaban a gran altura. Una o dos veces arrojaron bombas o lanzaron misiles sobre los jardines del palacio y se alejaron.

Una súbita ráfaga de viento del sur elevó el humo de los incendios en la playa. La nube se fue extendiendo al cruzar el río en dirección al hotel, y en cuestión de unos minutos nos vimos envueltos en una cortina amarilla de niebla, polvo y humo. Era el comienzo de un nuevo *turab*, que singularmente había coincidido con la batalla en el palacio. La tormenta de polvo lo tapaba casi todo, pero la batalla prosiguió la mayor parte de la jornada.

Hacia mediodía decidí abandonar mi atalaya en el balcón y bajar al Palestina para averiguar lo que estaba pasando. Los ascensores del Sheraton ya no funcionaban y tuve que descender a pie los doce pisos hasta la calle. Había reporteros pululando por la entrada del Palestina. Supe que Muhamad al Sahaf había aparecido para dar una breve conferencia de prensa —la más breve hasta entonces— en la que había negado en redondo que hubiese tropas americanas en Bagdad.

—Son realmente enfermos mentales —había afirmado—. Han dicho que han entrado con sesenta y cinco tanques en el corazón de la capital. Les informo de que esto dista muchísimo de ser cierto. Esta historia es solo una muestra de su enfermedad mental. En Bagdad no han entrado en absoluto tropas americanas ni británicas.

Afirmó que los estaban rechazando y «exterminando», y añadió expresivamente que «se estaban suicidando a las puertas de Bagdad».

—Los animaremos a que se suiciden. Como ha dicho el presidente Sadam: «Dios les concederá que los entierren manos iraquíes».

A menos de quinientos metros de donde Sahaf hablaba había varios tanques Abrams americanos, pero este hecho no parecía importarle. Dio luego un pequeño sermón a los medios de comunicación sobre la necesidad de ser verídicos y exactos en su información de los sucesos, y señaló a periodistas, en especial de Al Yazira, por decir mentiras sobre lo que estaban presenciando. Al parecer, Al Yazira había transmitido noticias en directo de los combates desde su propio chalet en la ribera opuesta del Tigris, a unos centenares de metros río arriba del complejo palaciego. Antes de marcharse, Sahaf había dicho a todos los presentes:

—Tengan la seguridad de que Bagdad no corre ningún peligro; Bagdad es grande.

En los últimos días me habían intrigado cada vez más los móviles de Sahaf, el último alto funcionario iraquí que había sido visto desde la toma del aeropuerto, para hacer sus declaraciones asombrosas. Solo pude llegar a la conclusión de que él creía que no éramos tan distintos, en definitiva, de los ciudadanos iraquíes, que habían perdido desde hacía tanto tiempo su capacidad de denunciar una mentira o de contradecir cualquier versión oficial. Tal vez Sahaf pensara que le creeríamos si hablaba con suficiente cordialidad y aparente convicción.

Organizaron un recorrido en autobús para la prensa. Me uní al grupo, intrigado por saber adónde nos llevarían que pudiese confirmar las increíbles aseveraciones de Sahaf. El autobús bajó la calle Sadún, una manzana más allá del río que Abu Nawas. (Desde la calle Sadún no se veía el río ni los tanques americanos al otro lado). Me chocó que aún hubiese coches en las calles y que estuviesen abiertos en la acera un par de quioscos de cigarrillos y golosinas. A la hora de cruzar el Tigris, el conductor eludió el puente más próximo, el Yumhuriya, que atravesaba el río en un punto justo enfrente de los muros del palacio, y siguió hasta el segundo puente río arriba, el Sinak, en la carretera que pasaba por delante del Ministerio de Información. La ciudad estaba casi desierta, exceptuando a unos cuantos combatientes desperdigados en grupos de dos o tres, casi todos de paisano y con kufiyas a cuadros rojos y blancos envueltas como turbantes alrededor de la cabeza. Algunos, armados con lanzagranadas propulsadas por cohetes y cargando otros proyectiles, cruzaban la calle rumbo al palacio presidencial. Nos hicieron la V de la victoria. El autobús siguió hasta tres manzanas más allá del Ministerio de Información, dio un giro a la derecha de unos doscientos metros, llegó a la estación central de autobuses, que estaba vacía, y emprendió el regreso. Unos soldados bloqueaban la calle que normalmente llevaba al hotel Al Rasheed. Corría el rumor de que los americanos se habían apoderado del hotel durante la noche. El trayecto terminó diez minutos después de haber empezado.

Ya en el Palestina, pregunté a uno de los funcionarios aún accesible (muchos habían desaparecido desde la captura del aeropuerto) cuál había sido la finalidad del viaje en autobús. Me dijo que desmentir la afirmación de los americanos de que habían tomado el Ministerio de Información. Cuando le pregunté por el Al Rasheed, se limitó a mover la cabeza y fingió que no me había oído. Luego dijo, con entusiasmo, que el ministerio esperaba llevarnos a ver un sitio en los barrios del sudeste donde los iraquíes habían matado a «cientos de americanos».

—Hay cadáveres por todas partes —me dijo, jubiloso—. Ya les habríamos llevado allí si no fuera porque los americanos han dejado muchas bombas de dispersión. Es demasiado peligroso llevarles. Tenemos que retirarlas. En cuanto acabemos, le doy mi palabra de que verá lo que le estoy diciendo.

No sabría decir si el funcionario creía de verdad lo que me estaba diciendo, como Sahaf parecía hacerlo, o si solo lo estaba simulando. Decidí que en su caso lo más probable era que fingiese. Tenía una expresión poco sincera y su mirada no sostuvo mucho tiempo la mía.

El polvo se disipó a última hora de la tarde y pude ver al otro lado del río. Aún había allí dos tanques, y creí divisar la figura de un hombre sentado con las piernas colgando del muro del terraplén, enfrente mismo de los tanques. Miré por los prismáticos. Era un soldado americano. Parecía descansar, contemplando el río, ajeno en apariencia a los francotiradores. Un momento después se le unió otro soldado. Permanecieron un rato juntos, columpiando las piernas encima del terraplén. Fue uno de los instantes más surrealistas que he vivido nunca. Veía a mis compatriotas, pero nos separaba un río. Por el momento habitábamos dos realidades completamente opuestas en ambos bandos de una guerra. Yo seguía dentro del Irak de Sadam. Calculé que, si hubiese una pasarela sobre el río, habría podido llegar andando hasta ellos en unos diez minutos. Rompió mi ensoñación el estruendo de más explosiones allende los americanos, en los jardines del palacio. A través de los prismáticos vi que los dos soldados se levantaban y caminaban por la cima del terraplén hacia un edificio que unos árboles ocultaban a medias y donde se reunieron con otros camaradas. Luego los perdí de vista.

Alguien, supuse que un americano, disparó a algo en la playa donde horas antes se habían atrincherado soldados iraquíes. Un tiroteo intenso se produjo en aquel punto y luego se oyeron muchas explosiones pequeñas: otro depósito de armas, lo más probable. Una vez más oí el crujido como de palomitas de maíz y, a medida que adquirían ritmo, se proyectaron en todas direcciones chispas blancas y proyectiles que formaron veloces estelas de luz; algunas trazaron un arco elevado y, girando como fuegos artificiales, aterrizaron en el río.

A mitad de la tarde, Sabah se ofreció a traernos algo de comer del Al Saah, un popular restaurante en Mansur, en la otra orilla, donde habíamos comido muchas veces. Era uno de los lugares favoritos de Sabah, con su interior decorado con cromo y reluciente mármol negro, y sus platos exhibidos en vitrinas con anuncios de neón. Servían desde cocina iraquí hasta comida rápida a imitación de la americana: pollo frito, al que llamaban «Kentucky», hamburguesas y patatas fritas. Junto con el Lazikia, donde nos habíamos topado con Uday al Taiee al comienzo de la guerra, el Al Saah era uno de los pocos restaurantes que seguían abiertos en Bagdad. Sabah tardó mucho en volver y cuando lo hizo estaba disgustado y resoplaba, como siempre que lo embargaba una emoción.

En cuanto se hubo calmado y recuperado el resuello, dijo que habían bombardeado el restaurante justo cinco minutos después de que él lo abandonara. Había encargado nuestra comida —pollo *tikka* para dos— y estaba comiendo algo mientras esperaba. Pasó unos veinte minutos allí, hasta que nuestro pedido estuvo preparado, y puso el coche en marcha para volver al hotel. Dijo que había recorrido menos de un kilómetro cuando se produjo una tremenda explosión detrás de él. Como todos los demás conductores, aparcó al instante el coche en el arcén. Todo el mundo miraba hacia atrás y decía que habían bombardeado el Al Saah. Sabah no había vuelto atrás, sino había conducido derecho hasta el Sheraton. Fuimos al restaurante en cuanto pudimos, tras obtener permiso de Uday al Taiee para ir en nuestro coche.

Las ventanas del Al Saah y de todos los edificios de alrededor habían estallado. Por todas partes había terrones de tierra, escombros y añicos de cristal; la destrucción abarcaba manzanas enteras. En unas ventanas rotas ondeaban unas cortinas; había letreros de tiendas rotos y torcidos, y el interior de los comercios estaba cubierto de polvo y en un desorden tan caótico como si hubiera pasado un tornado. Vi a un chico recoger un trofeo, una farola ornamental que yacía en la acera delante del restaurante. La gente deambulaba aturdida. Un tropel bajaba por una calleja, y lo seguimos. En el chaflán había una tienda de vestidos de novia, con el escaparate reventado. Varios maniquíes con vestidos de raso blanco estaban tendidos juntos en el suelo, como personas dormidas. La calleja conducía a un barrio residencial de casas privadas. La calle estaba cubierta de cascotes y más terrones y cristales. Como a unos cien metros de distancia, junto al jardín delantero de una casa devastada, con el césped sembrado de escombros y tierra y grandes bloques de ladrillo y cemento, un gran gentío se había congregado en un espacio al aire libre. Estaban mirando algo. Escalé el montículo de escombros para llegar donde ellos. Lo que miraban era un hoyo enorme. Al otro lado, una brigada de salvamento tiraba de una sección de escombros humeantes, mientras una excavadora rugiente trataba de retirarlos. El hoyo tenía unos diez metros de profundidad y casi veinte de ancho. Dentro vi la cabecera de metal de una cama y un anuncio de una mesa de billar. En el fondo, apenas visible, asomaba algo que parecía el techo de un automóvil, cubierto de barro y escombros, a ras de la superficie de un charco de agua embarrada. A todas las casas alrededor del hoyo parecían haberles arrancado los pisos superiores, y tenían la fachada picada por la explosión y salpicada de tierra.

Desorientado por este panorama, pregunté a un iraquí que estaba a mi lado qué había antes del bombardeo donde ahora estaba el hoyo. «Cuatro casas», me dijo en voz baja. Era difícil de asimilar. No quedaba nada perceptible que se asemejase siquiera a una casa. Solo el enorme agujero y el desbarajuste a su alrededor, sobre el cual trepaba la gente: los hombres ajetreados de la brigada de rescate, con sus monos azules, fotógrafos y mirones.

Se acercó una mujer de mediana edad que hablaba inglés y tenía los ojos abiertos como platos. Dijo que se llamaba María Marcos, que era secretaria de la embajada alemana en Bagdad y que vivía en la manzana siguiente. Dijo que estaba apagando su generador cuando se produjo la explosión. Las cuatro casas que había habido allí se habían desvanecido, junto con las familias que las ocupaban. Dijo que en total habrían muerto unas nueve personas. Hasta entonces solo habían encontrado un cuerpo. «No les tenemos miedo», repitió varias veces. Parecía en estado de shock. Cerca, un hombre lloraba desconsolado en el regazo de otro hombre. Lo agarraba con los dos brazos y el cuerpo entero, como quien trata de salvarse de morir ahogado. Rodaban lágrimas por las caras de otros tres hombres sentados en el bordillo de la acera. Se oyó entonces en el cielo el bramido de lo que parecía un F-15, y muchos de los que estaban alrededor del hoyo salieron corriendo. El caza pasó por encima y no volvió.

En el jardín lleno de basuras de la casa contigua al cráter, un universitario de veinte años que dijo llamarse Ayad explicó que estaba en la calle cuando oyó un rugido y vio un gran misil amarillo, tan grande como una datilera, estrellarse contra la calle y explotar con una luz blanca. Había impactado contra la casa contigua a la de su abuelo. Señaló a un anciano que deambulaba por la galería de la casa con una camisa ensangrentada y parte de la cabeza cubierta con un vendaje manchado de sangre. Dijo que la casa destruida por el misil pertenecía a Um Salman, una viuda que vivía allí con sus dos hijos y sus dos hijas. Eran dueños de una imprenta cercana. Me fijé en que Ayad, que llevaba puesta una camisa a cuadros, vestía además un uniforme de faena y botas como las del ejército, y le pregunté si participaba en la defensa de Bagdad.

—No —se rio entre dientes—. Está de moda.

Mientras hablábamos, se nos acercó un vecino.

—Solo un animal hace esto; un ser humano no hace esto —dijo, y se marchó.

La madre de Ayad, Neda, una mujer de cara agradable, vestida al estilo tradicional, nos invitó a entrar en la casa destrozada de su padre. Dijo que su padre, un ingeniero jubilado, tenía setenta y cinco años. Él había construido la casa y la había habitado durante cuarenta y tres años. Ella había intentado convencerlo de que la abandonara, pero él seguía diciendo que quería ocuparla. Lo vi deambulando fuera. Neda nos enseñó la vivienda. El interior estaba en gran medida devastado. Por todas partes había escombros, yeso roto y tierra, y los peldaños estaban hundidos unos centímetros en una masa de yeso partido y cemento. Sonriendo, y en un inglés deficiente, Neda dijo:

—Creo que esto viene de Dios. Creo que quizá Dios quiere que lo suframos. Estoy contenta por ello.

Lo interpreté como que agradecía que no hubiese muerto nadie de su familia inmediata y que no odiaba a nadie por lo que había sucedido.

Solo después, ya de vuelta en el Sheraton, oí la noticia llegada del extranjero de que el Pentágono había confirmado el lanzamiento de cuatro bombas «antibúnker» sobre una casa de Mansur, tras haber recibido del servicio de espionaje la información de que Sadam y sus hijos, Qusay y Uday, se habían reunido allí. Parecía verosímil. Mansur era el barrio donde Sadam Husein había hecho unos días antes la aparición en público que fue grabada en vídeo y más adelante difundida por la televisión iraquí. El vídeo lo mostraba apeándose de un coche y chocando palmas con residentes emocionados. Los espectadores habían identificado que aquella zona se encontraba en Mansur. Algunas agencias de prensa también informaban de que Sadam y sus hijos habían almorzado en el Al Saah.

Pregunté a Sabah qué pensaba de estas noticias. Movió la cabeza, incrédulo. No creía que fuesen ciertas. Había oído, a la manera de los iraquíes, de boca en boca, a través de amigos y vecinos, que Qusay, el hijo menor de Sadam, había almorzado en el Al Saah, pero no con Uday ni con su padre, Sadam. Y eso había sido la víspera. (Los clientes del Al Saah eran jóvenes en su mayoría y de clase media alta, pero también iban familias al restaurante, así como oficiales del ejército. Se decía que los hijos de Sadam frecuentaban el local, pero yo no nunca los había visto allí).

Era asombroso que en el Al Saah no hubiese habido muertos, aunque mucha gente se hizo cortes con cristales. En la manzana siguiente, metralla volante había cercenado el cuello de una niña de ocho años.

Al día siguiente me despertó el ruido de combate intenso procedente del recinto presidencial. Oí caer bombas y vi explosiones en el horizonte. Una bola de fuego roja y negra salió disparada por el hueco del tejado de la sede del partido Baaz, un edificio macizo de piedra que estaba siendo reconstruido después de que en 1998 lo destruyeran las bombas americanas. Hubo más explosiones cerca del hotel Al Rasheed, y todo a lo largo de la ribera opuesta a la del Sheraton y entre los dos puentes más próximos, el Yumhuriya, adyacente al palacio, y el Sinak, que cruza el Tigris cerca del Ministerio de Información. Se diría que en aquella zona lo estaban bombardeando, ametrallando, volando y acribillando todo.

Dos tanques aparecieron a la vista sobre el puente Yumhuriya. Avanzaron a tientas y luego se detuvieron, agazapados como grandes depredadores, moviendo los cañones de un lado para otro. La batalla continuaba a su alrededor, detrás de ellos y en el cielo, encima de nosotros. Vi balas trazadoras blancas que ascendían en curva hacia ellos, lanzadas al parecer por las fuerzas iraquíes. Distinguí un avión claramente visible en el cielo, un AC-10 Warthog de aspecto grueso y rechoncho, que trazó un lento rizo hacia arriba sobre el río, y oí el fuerte chirrido de sus cañones. El avión pasó otras cinco veces y cada vez produjo el mismo rugido chirriante. A cada pase parecía disparar contra un cuadrante distinto de la ciudad. La tercera y cuarta vez vi que la fachada del Ministerio de Urbanismo, un inmueble grande, de diez pisos y color sangre de toro, situado al borde del puente Yumhuriya, explotaba en mil estallidos de luz blanca y de lo que aparentaba ser cristal volante. Después apareció un caza que volaba bajo y bombardeó un edificio en la orilla de enfrente, lo que produjo una gran explosión y una nube de humo negro que siguió elevándose durante el resto del día. Me pareció oír el sonido de las aspas giratorias de un helicóptero, pero no vi ninguno.

Llamaron a la puerta. Era James, el hombre de la limpieza sudanés. Me asombró verlo. La mayoría de los servicios del hotel, incluidos la lavandería, el agua y la electricidad, funcionaban de modo intermitente o no funcionaban en absoluto. Los ascensores llevaban parados varios días. Pero James había venido a limpiar mi habitación. Con circunspección, me preguntó si había visto los dos helicópteros. Me hizo una seña y, empuñando su manojo de llaves maestras, abrió la puerta de otra habitación orientada hacia el este. Me señaló desde la ventana un punto situado a unos ocho kilómetros. Vi claramente dos helicópteros de combate Apache, de color gris plomo, dando vueltas como libélulas sobre una parte de la ciudad. Mientras los mirábamos, el suelo a sus pies explotó en doce o más ráfagas de llamas y humo. James me dijo que estaban atacando el cuartel militar del Al Rasheed, que disponía de aeropuerto propio.

Volví a mi habitación y presencié desde el balcón cómo los tanques sobre el puente y otros invisibles que había detrás martilleaban con tremendas descargas la Junta de Juventud y Deportes, uno de los feudos de

Uday Husein, un edificio grande en nuestra orilla del río. Al parecer, unos francotiradores les habían disparado desde el edificio, y durante varios minutos los tanques respondieron con proyectiles que hicieron blanco en casi todos los pisos. Varias partes del edificio empezaron a arder. Los tanques giraron los cañones y comenzaron a escupir fuego contra nuestro lado del puente Yumhuriya. Humo y polvo se elevaron de la zona circundante a mi antiguo hotel, el Al Safeer, y del barrio cercano donde Karim tenía su pequeña barbería. La ciudad retumbaba con el ruido de las explosiones.

Alguien en el pasillo gritó que el Palestina había sido alcanzado. Corrí a asomarme por el balcón y vi a un gran tropel, sobre todo de periodistas, que salía por la puerta principal. Parecía que transportaran a gente en camillas. Bajé corriendo la escalera hasta la calle y la crucé hacia el Palestina. El mismo oficial iraquí que la víspera se había regodeado en mi presencia por los soldados americanos muertos me paró para exclamar, exultante:

—¡Ahora ni los periodistas están a salvo de los americanos!

Había un gentío en el camino de entrada, con un aire horrorizado y disgustado. Supe que la sala Reuters, en la planta quince del hotel, y una habitación del piso catorce, justo debajo de la otra, habían sido alcanzadas por algo, nadie sabía qué, y que había tres reporteros malheridos. Eran las personas a las que yo había visto trasladar. Para cuando llegué ya las habían llevado al hospital. Casi todos los reporteros con los que hablé creían que había sido un ataque iraquí y estaban preocupados por la potencial amenaza que esto representaba para nuestra seguridad. Todo el mundo llevaba su chaleco antibalas, y los que tenían casco se lo habían puesto. Cuando estábamos agolpados allí, circuló el rumor de que las oficinas de Al Yazira y de la televisión de Abu Dabi, ambas situadas en chalets al otro lado del río, donde había tenido lugar el combate durante toda la mañana, también habían sido bombardeadas y que como mínimo había muerto un reportero de Al Yazira. Llegó un automóvil y de su interior se apeó a toda prisa un amigo, el fotógrafo francés Jerôme Delay. Tenía las facciones crispadas. Se derrumbó de inmediato en los brazos de varios amigos, gritando: «Lo he perdido, lo he perdido», y llorando a lágrima viva. Había acompañado al hospital a su íntimo amigo Taras Protsiuk, el cámara ucraniano de Reuters, el herido más grave de los reporteros. Protsiuk acababa de morir. Nadie conocía aún la suerte de otro de los periodistas heridos, José Couso, un cámara español de la cadena Telecinco de Madrid, ni de Paul Pasquale, un técnico británico de conexiones vía satélite que trabajaba para Reuters.

Se entabló un rifirrafe entre un periodista español consternado y Uday al Taiee. El reportero acusaba a los iraquíes de lanzar un cohete contra el Palestina. Al Taiee lo negó vigorosa y acaloradamente, insultó al español y se marchó enfadado con su escolta de esbirros. Lo interesante de este altercado fue que era la primera vez que veíamos desafiar en público, de un modo abierto y furioso, a un funcionario iraquí, y, aunque Al Taiee mantuvo una especie de fea compostura, parecía muy nervioso. Advertí que era el único alto funcionario iraquí todavía presente. Todos los demás, como Jadum, el supervisor Mujabarat del ministerio, y Mohsen, el jefe de la oficina de prensa extranjera, habían desaparecido.

Recorrí el Palestina para inspeccionar los daños. Me dio la impresión de que el hotel había sido alcanzado por detrás, desde el centro de Bagdad, lo cual quería decir que se trataba de fuego iraquí. En todo caso, era inconcebible que los americanos hubiesen disparado contra un hotel donde sabían que estaba congregada toda la prensa internacional.

(Me equivocaba. Más adelante supimos que, de hecho, el proyectil contra el hotel lo había lanzado uno de los tanques situado en el puente Yumhuriya. Los americanos creyeron que había francotiradores disparándoles desde el Palestina y dijeron que no sabían que hubiera periodistas en el hotel. Nadie en el Palestina creyó que esto fuera cierto).

Junto con otros varios reporteros, fui en coche al Hospital Al Kindi, donde decían que había numerosos civiles heridos en el combate del día. Allí también habían ingresado a José Couso para un tratamiento de urgencia. Cuando llegamos, vimos fuera a un fotógrafo español en estado de shock. Dijo que Couso seguía en el quirófano. Había perdido gran parte de una pierna, pero el fémur estaba intacto y los médicos decían que podían salvar este hueso. El fotógrafo nos dijo que Couso y él habían pasado la noche anterior juntos, bebiendo y hablando. Lo dijo varias veces, aturdido. Entramos.

Tropezamos con el doctor Osama Saleh, el médico que me había llevado unos días antes a ver a Alí, el chico mutilado. Me reconoció y me estrechó la mano. Estaba anonadado. Dijo que había pasado el peor día de su vida de médico. Desde la mañana habían ingresado cien heridos como mínimo. Tres niños habían muerto en sus brazos. Dijo que uno de ellos solo tenía tres años. Nos preguntó, con un tono de cólera fría y serena:

—¿Les parece que esto tiene justificación? ¿Se lo parece? —prosiguió diciendo que nada, ningún motivo en absoluto, justificaba una guerra que mataba a niños—. El que ha muerto podría haber sido mi hijo.

Nos dijo que se había llevado a su familia a vivir con él al hospital. Se le saltaban las lágrimas, pero se controló. Le pregunté por Alí. Dijo que no sabía cómo estaba, que ahora lo atendían otros médicos. Parecía abrumado. Nos despedimos de él y salimos en busca de la morgue.

La morgue era una casa pequeña con puertas dobles de acero, situada en la parte posterior, sembrada de basuras, del hospital. El camino de cemento que llevaba hasta ella estaba salpicado de sangre. Aquí y allí vi tiradas agujas hipodérmicas. Fuera del depósito había un encargado con la ropa sucia. Cerca de él, en el suelo, había una gran mancha de sangre, así como una gran pella de pelo moreno, humano, y un par de camillas ensangrentadas con ruedas. El encargado hablaba con dos hombres a los que reconocí como reporteros de Al Yazira. Habían ido a identificar el cuerpo de Tarek Ayub, su amigo, muerto aquella mañana. Ayub era un periodista jordano que acababa de llegar a Bagdad un par de días antes, y que nos había hecho a mí, a John Burns y a Paul McGeough el favor de traernos un dinero en efectivo muy necesitado. Su cadáver yacía en el depósito en un montón confuso, junto con unos veinte cuerpos ensangrentados y mezclados de cualquier manera, como si fueran despojos de carnicería. Uno de los reporteros empezó a explicarnos que antes de la guerra Al Yazira había comunicado al mando central estadounidense la ubicación exacta de sus oficinas en Bagdad, y el Pentágono les había asegurado que no serían blanco de sus disparos. Dijo que la cadena había tomado esta precaución porque en la guerra de Afganistán los americanos habían bombardeado su oficina en Kabul. Quiso hablarnos de su amigo Tarek, pero rompió a llorar y se alejó.

En el pabellón de urgencias, unas dos docenas de médicos y enfermeras atendían ocho o más emergencias simultáneas en unos cubículos adyacentes de baldosas blancas y cortinas verdes. Era un pandemónium. En uno de los cubículos oí los gemidos de una mujer angustiada y el ruido sordo de puños aporreando una pared. Las enfermeras iban y venían llorando abiertamente, y las caras de los médicos parecían afligidas. Sacaron a un hombre en una camilla y lo dejaron en el pasillo, a mi lado. Estaba quemado de la cabeza a los pies y su piel era una masa roja y negra de carne calcinada. Tenía la cara cubierta de vendas. Supuse que estaba muerto, pero luego advertí que seguía respirando, porque su pecho desnudo subía y bajaba. Sacaron en una silla de ruedas a un hombre con el rostro atrozmente hinchado y ensangrentado. En otro cubículo, una enfermera lavaba con una esponja a una mujer desnuda de cintura para abajo y cubierta de sangre. Por más que restregase, la enfermera no conseguía limpiar la sangre. El cuerpo de la mujer se quedó manchado de un color anaranjado. Se oyó un gran sollozo. Vi que unos camilleros tapaban a dos niños, hermano y hermana, tendidos juntos en una camilla. Antes de que la sábana la ocultase, observé que la niña estaba cubierta de sangre. Su hermano parecía dormido. Pero los dos estaban muertos. Su madre, allí presente, estaba enloquecida de dolor. Era la mujer a la que yo había oído gemir y dar golpes en la pared. En aquel momento, casi todos los espectadores que la rodeaban, médicos y enfermeras incluidos, se echaron a llorar. Emocionado, salí fuera a sentarme. Lloré. El padre de los niños, sentado unos pasos más allá, sollozaba inconsolable, la cabeza entre los brazos.

Dos soldados que parecían recién vueltos del combate se acercaron a la entrada para preguntar por un amigo. Los médicos les dijeron que podían entrar, pero solo si dejaban las armas fuera. Portaban cohetes antitanques como si fueran guirnaldas, y también fusiles automáticos. Discutieron, pero al final accedieron a desprenderse de su armamento. Unos diez minutos después, salieron de la morgue con una expresión disgustada y furiosa, y recogieron sus armas.

En el trayecto de regreso al hotel, las calles parecían insólitamente despobladas y casi no había soldados al frente de los campamentos de sacos terreros a lo largo de las calles. Una familia recorría despacio la acera, cargada con bolsas y maletas, alejándose del centro urbano. En el Palestina nos dieron la noticia de que José Couso había muerto. De Paul Pasquale, el otro herido, se sabía que estaban a punto de amputarle una pierna en otro hospital. La gente decía que los marines americanos habían tomado el cuartel del Al Rasheed y que avanzaban hacia la ciudad desde allí. Dijeron que otro contingente se acercaba por el norte. Se habían ido los tanques que habían estado toda la mañana en el puente Yumhuriya y disparado contra el Palestina.

Ahora soplaba una brisa fresca y me senté en el balcón de mi cuarto de hotel a observar el revoloteo de grandes pájaros negros y de cuello largo. Golondrinas de mar blancas merodeaban por los juncos a orillas del Tigris. Un halcón solitario, o quizá fuese un águila, volaba alto sobre mi cabeza. Cuando ya atardecía, pasaron dos cazas que en repetidas ocasiones se elevaron, bajaron en picado y dispararon contra el edificio de Juventud y Deportes, a veces juntos y otras por separado. Vi cómo uno de ellos se recortaba contra el cielo y se lanzaba en barrena. De su panza brotó un proyectil que brilló en el aire, cayó derecho sobre el edificio y explotó. El caza pasó de largo, remontó el vuelo y se alejó después de su ataque. En uno de sus pases, se oyó de pronto un zumbido entre los árboles de la ribera, unos trescientos metros al este de nosotros, justo en

Abu Nawas. Era un misil termodirigido que ascendió dejando una estela blanca de vapor en busca del avión americano más cercano. Al cabo de unos segundos se perdió en las nubes. Había fallado. El caza surgió de las nubes y pasó disparado, indemne. Los dos aviones fueron y vinieron durante unos cuarenta minutos y después de marcharon. Cayó la noche y en el césped delante del hotel Palestina hubo una vigilia con velas por los periodistas muertos aquel día.

La mañana del miércoles salí a averiguar lo que estaba ocurriendo. Todo parecía demasiado en calma. Al amanecer, hubo una breve descarga de fuego de tanques por parte de los soldados americanos que estaban apostados al otro lado del Tigris, dentro del recinto del Palacio Republicano. Dispararon contra una zona frondosa de la ribera en Abu Nawas, a unos trescientos metros del Sheraton. Era desde allí donde la tarde anterior yo había visto que lanzaban el misil contra el caza.

En el Palestina no había ningún funcionario del ministerio a la vista, salvo unos pocos guías de bajo rango que parecían extraviados. Sungsu Cho, un joven fotógrafo coreano que había empezado a trabajar para mí, me dijo que había comenzado un pillaje generalizado en Ciudad Sadam, una extensa barriada chií en el nordeste de Bagdad. Ciudad Sadam tenía fama de ser un semillero de descontento chií. En el año 2000 se produjo un levantamiento que fue brutalmente aplastado por la Guardia Republicana de Sadam; siempre había sido un lugar difícil de visitar para un periodista extranjero. Atravesamos la ciudad con el temerario chófer de Sungsu, que era de Ciudad Sadam y propietario de un BMW. No había soldados ni policías en ninguna parte. Nos adelantó una camioneta blanca. En la trasera viajaba cerca de una docena de jóvenes que parecían soldados, pero iban de paisano. Tenían montada una ametralladora, aunque le faltaba el cañón. Era como si huyeran. Adelantamos a un camión que remolcaba a un sedán Mercedes blanco sin neumáticos que producía un estruendo terrible al rascar el cemento con las llantas desnudas. Circulaban coches erráticos en ambas direcciones, por los dos lados de la carretera dividida, y todo el mundo parecía tener mucha prisa.

Rebasamos el Ministerio del Petróleo y, un poco más adelante, el de Transportes. Justo antes de la rotonda que lleva a Ciudad Sadam estaba el de Comercio. En la entrada habían destrozado el cartel con la efigie de Sadam, y un torrente de jóvenes y de hombres salía del edificio a la calle principal, empujando sobre ruedas muebles de oficina cargados con aparatos de aire acondicionado y ventiladores de techo. Algunos hombres en coche conducían despacio, remolcando a caballos de pura sangre que trotaban detrás, atados con cuerdas a los automóviles. Un chico montado a pelo hendía la calle a medio galope sobre un magnífico purasangre negro.

En la rotonda, hombres frenéticos y unas pocas mujeres cargaban en camionetas toda clase de mercancías. Cuando giramos hacia Ciudad Sadam, estalló una bomba en un almacén situado a unos cientos de metros de donde estábamos. Pasamos por delante de lo que parecía ser una comisaría en la que habían provocado un incendio. También allí había gente saqueando. Aparcamos justo detrás de un grupo de hombres que cargaban cosas en un camión. Sungsu se apeó y caminó hacia ellos. Unos cuantos corrieron hacia él. Uno de ellos, un hombre con barba que vestía una *dishdasha* gris y exhibía una expresión hostil, se le acercó y gritó algo en árabe. Jifa, un traductor que había venido con nosotros, me dijo que el hombre estaba diciendo que si no nos llevábamos a Sungsu de inmediato lo mataría. Jifa apremió a gritos a Sungsu, que volvió al coche a regañadientes. Mientras lo hacía, un joven iraquí cruzó la calle corriendo para decir, educadamente, que la conducta que estábamos presenciando no era representativa de los iraquíes ni de la población de Ciudad Sadam. Le dimos las gracias, giramos en redondo y salimos de allí a toda velocidad.

En el trayecto de vuelta vi que estaban ardiendo los pisos superiores del Ministerio de Transportes. También salía humo de la sede del Comité Olímpico Iraquí, un moderno bloque de oficinas de unos diez pisos de altura, en una travesía de la calle principal. Su director había sido Uday Husein, y se decía que en aquel edificio habían torturado y matado a mucha gente. Uday poseía un establo grande y supuse que eran suyos los caballos atados con ronzales que se llevaban de las cuadras tapiadas.

Una vez en el hotel, recobré mi chaleco antibalas y, acompañado de John Burns, Tyler Hicks y Paul McGeough, me dispuse a hacer un segundo viaje a Ciudad Sadam en dos automóviles. (Sabah se negó a ir, alegando que era demasiado peligroso). Antes de marcharnos, advertí que había un grupo nutrido de jóvenes iraquíes de paisano sentados en la entrada del Palestina. Supe más tarde que eran soldados que habían desertado y venido al hotel en busca de un refugio, y que pedían a la gente algo de dinero antes de marcharse. Enfrente del Sheraton y bajando la calle del hotel había un grupo numeroso de yihadistas, voluntarios árabes de otros países que habían venido a luchar por Sadam Husein. Ahora parecían resueltos a huir. Ninguno llevaba armas y todos eludieron mirarnos cuando arrancamos. Conté unos sesenta.

En los cuarenta minutos aproximados que tardé en volver, el pillaje había proliferado. Nubes de gente saqueaban almacenes que pertenecían al Ministerio de Comercio. El incendio en el tejado del de Transportes se había extendido y un voraz fuego estaba destripando el edificio del Comité Olímpico. En los tejados de otros edificios vimos a gente enardecida que arrancaba con palancas aparatos de aire acondicionado. A lo largo del arcén había caballos robados y más hombres y chicos que empujaban sillas giratorias cargadas con material de oficina. Otros habían amontonado muebles y los cargaban en camionetas. Nos adelantaron camiones que remolcaban automóviles robados. Llegamos al paso elevado que marcaba la frontera entre Bagdad y Ciudad Sadam y vi que había venido un grupo de marines.

Cuando nos aproximamos estaban aparcando: eran cuatro o cinco vehículos verdes y grandotes, blindados ligeros, que iban cubiertos de mochilas, cajas de comida preparada y armamento diverso. De su interior surgieron dos docenas de jóvenes americanos atléticos con casco, chalecos antibalas y armas. Tenían la cara cubierta de polvo. El oficial al mando estaba estudiando un mapa y les dijo cómo debían desplegarse. Dos grupos ocuparon al instante los campamentos de sacos terreros abandonados por los iraquíes a ambos lados del cruce, y otros corrieron de un lado a otro para recibir órdenes.

Saludamos a los marines y explicamos quiénes éramos; ellos nos devolvieron el saludo, pero no apartaron la mirada del tráfico caótico, compuesto casi totalmente de saqueadores que circulaban en dirección a Ciudad Sadam. Los marines trataban de bloquear el tráfico. Dos de ellos salieron a la calzada con sus armas. Cuando los conductores se dieron cuenta de quiénes eran, empezaron a tocar la bocina, a hacer señas con el pulgar en alto y a gritar: «¡Bush, bueno!», sonriendo y agitando los brazos. Otros se mostraban indecisos. Como no conseguían parar a los coches, los marines se pusieron en posición de disparar y los apuntaron con los fusiles. Un automóvil que remolcaba a otro con una cuerda enredó en ella a un marine y casi le despegó los pies del suelo antes de detenerse. El chófer se deshizo en disculpas y con un lenguaje de signos intentó expresar que lo sentía mucho, muchísimo. El marine se zafó y movió la cabeza. Un hombre que venía en el otro sentido detuvo el coche y gritó varias veces: «¡Bienvenidos, amigos!», y estampó besos felices en las mejillas de Paul y John. O bien les daba igual quiénes éramos o no sabían distinguir entre reporteros y soldados. Un joven iraquí se me acercó, me enseñó una medalla militar y dijo en inglés: «Sadam, animal», dicho lo cual, se marchó. Llegaban grupos de jóvenes, sonreían, levantaban el pulgar y decían «Abajo Bush» o «América bien», antes de seguir su camino. Para mí no estaba claro si hablaban en serio o si pensaban que era un ritual que debían cumplir.

A los marines les estaba costando controlar la situación y se estaban poniendo nerviosos.

—¡Maldita sea, venid aquí ahora mismo! —gritó uno de ellos a varios camaradas plantados en el otro lado de la calle. Quería que lo ayudaran a detener el tráfico. Un coche siguió avanzando después de que le dieran el alto y un marine puso el arma en posición de disparo y aulló:

—¡Para ese puto coche ahora mismo!

El coche obedeció.

Se instauró una atmósfera de carnaval cuando los marines desviaron el tráfico a la entrada de Ciudad Sadam. La gente gritaba y ondeaba banderas blancas. Un hombre se asomó por la ventanilla de su coche y ostentosamente rompió un billete de doscientos cincuenta dinares con el retrato de Sadam estampado en relieve y lo arrojó a los pies de un marine que pareció desconcertado. Le expliqué lo que era y el soldado dijo:

—Oh, maldición. Qué pena que lo haya roto. Tenía que llevarle uno de esos billetes de recuerdo a un amigo.

Le dije que no se preocupara; que había muchos dinares circulando. Dijo: «Bien», y volvió a dirigir el tráfico. Pasó un hombre empujando entre los coches un sofá con ruedas y saludando muy contento. Un chico a bordo de una carretilla elevadora que parecía descontrolada giraba cerca de los marines, que retrocedieron; el chico, sonriendo embelesado, les hizo una serie de muecas para darles a entender que no se proponía nada malo. Pasó un camión remolcando un coche de policía con la ventanilla trasera hecha añicos. Un hombre que empujaba una silla de ejecutivo sobre la que había aparatos de aire acondicionado se detuvo y gritó: «¡Señor bueno bueno!», antes de enfilar la calle con todos los demás saqueadores felices. Al fondo, salían llamas del Ministerio de Transportes; el fuego había devorado toda la planta superior.

Dejamos a los marines e hicimos un recorrido por el distrito del Gobierno que estaban pillando. Delante del edificio del Comité Olímpico, convertido en un infierno, un hombre que dijo llamarse Abu Montazar se detuvo para decir:

—Estoy muy contento de que Sadam esté acabado. Nos hemos librado de él con vuestra ayuda, pero ¿por qué tenemos que destruir nuestro país? —Señaló con un gesto el edificio ardiendo, el caos del entorno—. Nos parece bien que los americanos se queden aquí un tiempo para ayudar a los iraquíes a restaurar la paz, pero después tendrán que irse.

La paz en Oriente Próximo no tiene que hacerse a expensas del pueblo iraquí. Los americanos deberían vernos como seres humanos, no solo como petróleo.

Reinaba una gran actividad en las calles, delante de los almacenes del Ministerio de Comercio. Al acercarnos, una ráfaga de balas puso en fuga a algunos saqueadores en sus camionetas cargadas de mercancías. Alguien había dejado abandonadas varias cajas de calzado deportivo fabricado en China, y de inmediato otros hombres llegaron corriendo para probárselo. Pero la mayoría de las cajas solo contenían un zapato de cada par. Algunos hombres y chicos mandaban de una patada balones de fútbol, todavía envueltos en plástico, a familiares que aguardaban junto a un vehículo. Un grupo distinto de marines desfiló en sus grandes, monstruosos tanques y vehículos blindados. En el cañón de sus armas habían pintado con espray nombres como «Asesino», «Matanza», «Acero frío», «Tren loco», «Rebelde» y la frase siguiente: «¿Tienes petróleo?».

Pregunté a Jifa, el traductor, qué pensaba de todo lo que estábamos viendo.

—Estoy muy contento, mucho —contestó—. Pero no sé por qué, también tengo ganas de llorar. Sadam Husein se ha ido, de acuerdo, pero me temo que los americanos necesiten poner a otro Sadam para mantener el control aquí. Es lo mismo que sucedió en 1991, y por eso Sadam fue necesario después. ¿Sabe por qué? Porque representaba a la comisaría. Ahora, fíjese, no hay nadie, no hay autoridad, no hay policía. Y esto es el resultado. —Parecía consternado. Un momento después añadió, más tranquilo—: No estaré seguro de que las cosas han cambiado hasta que vea la cabeza de Sadam Husein.

Volvimos al control de carretera instalado por los marines a la entrada de Ciudad Sadam. Al final parecían tenerlo todo controlado. Al ver que habían aparcado sus vehículos blindados en los dos sentidos de la calle, nos apeamos y caminamos hacia ellos para evitar problemas. Volvimos a identificarnos y les dijimos que nos gustaría que permitieran a nuestros coches cruzar la barrera. Accedieron e indicamos a los chóferes que avanzaran despacio. Al hacerlo, los conductores exageraron sus gestos de saludo y sus sonrisas a los marines.

Entablé conversación con un par de cabos jóvenes y amistosos. Dijeron que pertenecían al primer regimiento de marines salidos de Camp Pendleton. Me fijé en que los dos llevaban plumas de escribir y cepillos de dientes metidos en los bolsillos delanteros del uniforme. Uno de ellos,

Jim Higareda, era un americano de origen mexicano nacido en Redlands, California. Tenía la piel aceitunada y llevaba gafas grandes. Dijo que tenía veintitrés años. Su amigo, Pete Regan, era un chico flaco, de ojos azules, rubio y con pecas. Tenía veintidós, dijo, y era de Brooklyn. Su padre había sido bombero del Rescue Three, en el Bronx, y había muerto el 11 de septiembre. Lo dijo como si nada, con el mismo tono con que me había dicho su nombre y su edad.

Pete Regan reconoció no tener una idea clara de dónde estaba. Traté de informarle un poco, pero se encogió de hombros, desinteresado. Dijo:

—Venimos por el este, atravesando una mierda militar abandonada, y nos han soltado aquí.

Le pregunté a qué se refería con aquel «soltado». Señaló con un gesto los blindados ligeros estacionados en las cercanías y dijo que cada uno transportaba a unos veintiún marines, metidos allí dentro y sin saber adónde iban. Solo los mandos y los pilotos lo sabían; así había sido aquella mañana. En un momento estaban fuera de Bagdad, de noche, y al siguiente se abrían las escotillas y estaban allí, en aquel cruce a la entrada de Ciudad Sadam. Llevaban tres semanas avanzando así durante todo el trayecto desde Kuwait. Les pregunté qué les había parecido Irak. Pete Regan sonrió y dijo:

—Es un basurero; una cagada.

Jim Higareda le dijo a Pete:

—Bueno, había un sitio por donde pasamos ayer por la tarde..., ¿cómo se llamaba?

Pete se encogió de hombros, sin acordarse. Jim Higareda dijo:

—Era muy bonito. —Se volvió hacia mí y dijo—: Me recordó a algunos sitios del sur de México.

Los dos tenían muchas ganas de volver a casa. Con todo aquel ajetreo, no habían podido hablar con su familia desde febrero. Jim Higareda dijo que estaba deseando subir al lago Big Bear, en Sierra Nevada, «y no hacer nada en un par de días». Sonrió al pensarlo. Tenía los dientes muy blancos.

Cien metros más allá, en la rotonda, algunos camaradas de Jim y Pete trataban de contener a una multitud creciente de iraquíes entusiásticos. Cien o más de ellos, en su mayoría adolescentes, se agolpaban y se aproximaban, todos gesticulando, vitoreando y diciendo cosas a los jóvenes marines. Estos parecían mostrarse tolerantes, pero les costaba controlar al gentío. En mitad de este revuelo, un marine que sostenía un pedacito de papel con palabras escritas en árabe las estudiaba como si quisiera encontrar alguna inteligible. No lo tenía nada fácil, pues un grupo de jóvenes amigables no cesaba de asestarle empujones y de preguntarle cosas en árabe. Él trataba de explicar lo que era el papel que tenía en las manos. Les repitió en voz alta varias veces la palabra «traducción» en inglés. Los iraquíes parecían muy intrigados y encantados con aquello, y cuando me marché seguían aguardando impacientes a escuchar lo que el marine iba a decirles.

Al fondo de la calle proseguía el pillaje. Casi todos los edificios importantes estaban ardiendo. Pero en el Ministerio del Petróleo un escuadrón de marines había tomado posiciones de combate a ambos lados de la entrada y casi todo el saqueo parecía haberse detenido. Algunos chicos iraquíes excitables y nerviosos seguían pululando, empeñados en entablar conversación con los marines. Un iraquí encajó un neumático de caucho alrededor del brazo extendido de la estatua de Sadam Husein que había delante del ministerio, como para quemarla. Un potro con una cuerda al cuello, perseguido por unos hombres, pasó corriendo y entró de un brinco en la calzada, donde un coche estuvo a punto de atropellarlo. Asustado, cabalgó hasta el carril siguiente, donde otros automóviles tuvieron que esquivarlo y se sumaron más hombres a la persecución. El caballo siguió adelante, trazando un zigzag en la carretera para eludir a sus perseguidores y evitar a automóviles y camiones. La última vislumbre que tuve del caballo fue la de que estaba todavía en libertad, trotando por el arcén. Al parecer, había dejado atrás a sus perseguidores.

Un hombre obeso, con un traje llamativo, se plantó a mi lado. Hablaba un inglés bastante rebuscado y parecía un próspero comerciante iraquí, pero dijo que era farmacéutico y que se llamaba Muhamad Samarrai.

—Por favor —me exhortó—. Todas las personas educadas no están satisfechas con la secuencia de acontecimientos en este país.

Le pregunté a qué se refería.

—Los robos —dijo, haciendo un gesto a su alrededor—. Los que roban son personas sin educación.

Tenía una expresión reprobadora que yo no aprecié. Le dije que yo no era soldado, sino periodista. No pareció muy convencido y siguió repitiendo lo que había dicho. Al marcharme le agradecí sus intuiciones y Samarrai me gritó:

—Solo queremos que el pueblo viva bajo cualquier sistema. Cualquier sistema es mejor que esto.

Pensé que Samarrai era un partidario del antiguo régimen y que le disgustaban los americanos. Por culpa de ellos —entendí que él quería decir—, Sadam ya no estaba para mantener a la gente en su sitio.

Volvimos al centro y a la calle Abu Nawas. Nuestro equipo inicial se había dispersado en direcciones distintas, y ahora yo viajaba con John Burns. Sabah había accedido a llevarnos; se sentía culpable por no haberme acompañado a Ciudad Sadam. Las ventanas del Al Safeer habían reventado, pero me alegré de que el hotel no hubiese sido alcanzado por los tanques en la batalla del día anterior. Cerca de la barbería de Karim, varios hombres trataban de empujar dentro de un garaje urbano, para esconderlo, un flamante Toyota Land Cruiser blanco, con placa del Gobierno. Era como si todo el vecindario se hubiese congregado para observarlos. El saqueo se había extendido al centro de la ciudad. En la calle Sadún había cristales por todas partes. Unos chicos se llevaban en una carretilla unas alfombras persas enrolladas. Nos acercamos al puente Yumhuriya con intención de cruzarlo, pero estaba obstruido por una barricada de escombros y no parecía prudente intentarlo. En la rotonda siguiente, cerca de la embocadura del puente Sinak, había chicos nerviosos y jóvenes con armas acuclillados detrás de sacos terreros, a ambos lados de la calzada. Estaba claro que los americanos aún no habían llegado. Pasamos de largo y atravesamos un barrio pobre donde estaban saqueando las tiendas y había un gran número de jóvenes de aspecto rudo y aire predatorio al acecho. Sabah empezó a protestar por el peligro que entrañaba el recorrido; dijo que un par de horas antes, en aquel mismo sitio, la chusma había detenido el coche de otros reporteros y les había golpeado y robado el material, el automóvil y todo el dinero.

Doblando a la izquierda, enfilamos la calle que conducía al puente siguiente, como a un kilómetro más allá. Era una de las calles con soportales de la ciudad vieja. La calle estaba desierta. A una media manzana del puente, vimos que la calzada estaba obstruida por cascotes y escombros. Un hombre con una grave cojera se nos acercó y nos dijo que aquel lugar era peligroso. Los americanos habían matado a tiros a alguien que había intentado cruzar el puente. Nos llevó hasta el cadáver. El cuerpo ensangrentado de un joven yacía al sol en un chaflán, bajo un saco de arpillera y un zumbido de moscas. Aquí y allá se oyeron disparos procedentes de las calles contiguas. Volvimos a los coches y recorrimos un kilómetro más, hasta el cuarto puente sobre el Tigris, buscando un modo seguro de cruzar a la orilla occidental. En el trayecto esquivamos a una vieja bruja con una *abaya* negra que empujaba por la mitad de la calzada una percha de sombreros chapada en cromo.

En la rotonda que daba acceso al puente siguiente, había media docena de hombres de paisano. Algunos llevaban kufiyas. Portaban armas automáticas y cohetes antitanque. No nos pararon. Vimos que unos automóviles cruzaban el puente y los seguimos. En la otra orilla salimos a una avenida que conducía al Ministerio de Justicia. A unos doscientos metros de distancia en la avenida vimos las formas voluminosas y pesadas de varios carros de combate Abrams. Parecían haberse detenido, pero nos apuntaban con sus cañones. Un hombre apareció corriendo en la calle y nos hizo señas de que reculásemos. Giramos los coches rápidamente para que los carros no nos disparasen y volvimos atrás por la calle principal que arrancaba del puente, fuera de la vista de los tanques. Casi de inmediato nos rodeó cerca de una docena de hombres, uno de los cuales nos dijo que con o sin Sadam combatirían a los americanos. Los demás vociferaron su aprobación y algunos entonaron brevemente: «Abajo Bush».

Dos hombres que se tapaban la cara con kufiyas como si fueran pasamontañas y transportaban lanzacohetes cruzaron la calle sigilosamente y se colocaron a nuestro lado. Miraban en nuestra dirección y gritaron algo a los hombres que nos rodeaban antes de desaparecer por una callejuela rumbo a los tanques americanos. Era evidente que se proponían tenderles una emboscada. Sabah y Jifa nos apremiaron para que subiéramos a los coches. Los hombres a nuestro alrededor también hicieron movimientos con las manos para indicarnos que nos fuésemos. Giramos de nuevo y cruzamos a toda velocidad el puente. Jifa dijo que los hombres eran fedayines y que habían gritado: «Despejen la zona», y que uno le había cuchicheado la advertencia: «Sácalos de aquí ahora mismo».

En el trayecto de regreso al hotel, sobrepasamos al primer grupo armado que habíamos visto antes cerca del puente Sinak. Uno de los hombres, al vernos, gritó enfadado, en inglés: «Fuera! ¡Fuera! ¡Fuera!». Sabah dijo que no eran iraquíes, sino yihadistas de otros países árabes. Calle Sadún abajo, unos saqueadores que no tenían las llaves de contacto para arrancarlos empujaban lentamente un par de Toyotas Land Cruiser blancos. A dos manzanas del Palestina y el Sheraton, vimos que unos tanques y vehículos blindados bloqueaban ambos lados del bulevar que teníamos delante. Los marines habían llegado al centro.

Dije a Sabah que condujera muy despacio detrás de nosotros, y John y yo nos apeamos y caminamos hacia los marines. Un iraquí que estaba con un puñado de otros hombres, mujeres y niños congregados en el arcén nos preguntó a gritos si éramos americanos. Cuando dijimos que sí, que John era inglés y yo americano, todo el grupo empezó a vitorear y a aplaudirnos como si estuvieran en una función de teatro. «América buena», gritó el hombre varias veces.

El nombre troquelado en el cañón del primer tanque al que llegamos era «Kitten Rescue». Los marines habían rodeado con sus máquinas bélicas la plaza Fardus y los hoteles Palestina y Sheraton, y la atmósfera a su alrededor era festiva y expectante. Se había juntado un corro de chicos y jóvenes iraquíes excitados. Todo el mundo miraba a la gran estatua en bronce de Sadam Husein en su pedestal. Un par de chicos treparon a la estatua y probaron a empujarla para echarla abajo. Tras unos minutos de inútil esfuerzo, algunos marines acercaron a los escalones de la plaza un vehículo blindado provisto de un cabrestante. Los peldaños se rompieron bajo el peso del metal. Cuando se alzó el torno, un marine que emergió por la escotilla se subió encima y sacó una bandera americana, con la clara intención de colgarla de la estatua. Sin embargo, retiró la bandera un minuto después, como si alguien le hubiera dicho que no era una acción muy diplomática. Pronto apareció una bandera iraquí que colgaron en la punta del cabrestante. Uno de los chicos que se habían subido al pedestal bajó al suelo después de haber ayudado a colocar el cable del cabrestante alrededor del cuerpo de Sadam. Tras grandes resoplidos del motor y movimientos hacia delante y hacia atrás, el vehículo movió la estatua hasta que empezó a inclinarse. Suspendida en el aire unos minutos, los marines le asestaron otro buen tirón y la escultura se vino abajo entera, salvo los pies de bronce de Sadam, que se quedaron pegados a la peana. Los hombres y chicos iraquíes se abalanzaron sobre la estatua, gritando de emoción, y brincaban encima y la golpeaban con sus zapatos.

Cerca de una hora más tarde, yo estaba en el vestíbulo del Sheraton, esperando al ascensor, que por alguna razón misteriosa funcionaba de nuevo. Dos árabes de mediana edad, quizá iraquíes, lo aguardaban conmigo. Me miraron detenidamente. Uno de ellos, que parecía un hombre de negocios de clase media, se atiborraba la boca, con un tenedor de plástico, del arroz que tomaba de una bandeja de papel. Cuando acabó, tiró la bandeja y el tenedor al suelo. Era una conducta en apariencia insólita, pero en cierto modo estaba en consonancia con la realidad alterada de aquel día. En cuanto terminó de masticar y engullir, el hombre me miró y dijo, en un inglés perfecto:

—Bueno, los iraquíes han opuesto una firme resistencia, ¿no?

Como su tono era mordaz me limité a hacer un gesto de afirmación evasivo. El ascensor se abrió y los tres entramos. Subimos en silencio hasta el décimo piso, donde ellos se bajaron.

Una vez en el rellano, se volvieron hacia mí. El otro hombre, el que tenía aspecto de funcionario del Gobierno, mantuvo abierta con la mano la puerta del ascensor. Frunció el ceño. Preguntó:

—Así que la guerra ha terminado, *jalass*, ¿acabada?

Me encogí de hombros y dije:

—Quizá, eso parece.

—¿De verdad? —contestó él—. ¿Y Sadam Husein?

—No lo sé —dije neutral—. Quizá haya muerto.

—¿Muerto? ¿Usted cree? ¿En serio?

Su mirada era fría y su sonrisa tensa y sarcástica. Soltó la puerta del ascensor.

10

La mañana del jueves el pillaje ya se había extendido a la mayor parte del centro de Bagdad. En la orilla oriental del río Tigris, donde los marines habían llegado la víspera, el saqueo se había transformado en una auténtica batalla campal. Solo el lado occidental de la ciudad estaba aún libre de saqueadores, porque los puentes sobre el río estaban bloqueados por carros de combate Abrams, de la tercera división de infantería del ejército americano, que habían ocupado el este de la capital. A dos manzanas del Palestina, me topé con un gentío que asaltaba las tiendas y se llevaba mercancías a bordo de carretillas. Ardían nuevos edificios. Era el caos.

Fui al Hospital Al Wasati con el propósito de ver a Ala Bashir, a quien no había visto desde hacía una semana. En la calle que llevaba al hospital había otras dependencias médicas que estaban siendo descaradamente saqueadas. Unos camiones cargaban toda clase de equipos y gente enloquecida se llevaba objetos a fuerza de empujones o tirones. Había basuras por todas partes. Oí disparos intermitentes y vi el humo que ascendía de un par de inmuebles. No vi a marines americanos por ningún lado.

En el vestíbulo del hospital había muchos heridos en catres contra la pared del fondo, atendidos por sus familiares. En el suelo, cerca de la entrada, había dos muertos cubiertos por mantas en unos camastros, y a su lado dos hombres malheridos. Uno era el conductor de una ambulancia de la Media Luna Roja; había sido herido por disparos de marines en un control de carretera. La ambulancia tiroteada estaba aparcada delante de la puerta principal del hospital. Me recibió Sunduz, la ayudante de Bashir; parecía cansada e inquieta, pero sonrió aliviada al verme. Le pregunté por Ala Bashir. Movió la cabeza, frunciendo el ceño, y me llevó enseguida a la antesala del quirófano de urgencias. Un minuto después salió el suplente de Bashir, el doctor Waleed. Parecía exhausto. Tenía las manos enfundadas en guantes quirúrgicos verdes que brillaban de sangre fresca. Las mantenía en alto. Me dijo que había trabajado sin parar treinta y seis horas insomnes. Había un flujo continuo de heridos y él estaba completamente solo. La mayoría de su personal médico no se había presentado a trabajar desde hacía dos días. No sabía cuánto tiempo más aguantaría en aquella situación. No sabía qué hacer. Dijo, preocupado, que el Al Wasati era el último hospital que funcionaba en el centro de Bagdad. Todos los demás habían sido saqueados y este corría también el riesgo de que lo invadieran. Unos merodeadores habían hecho varias incursiones durante la noche, y habían realizado un nuevo intento pocos minutos antes de mi llegada. El hospital ya no tenía centinelas; los guardas habituales se habían esfumado dos días antes. La única protección del Al Wasati era un joven estudiante de Medicina que se había ofrecido voluntario. Durante la noche había montado guardia y lanzado piedras contra los atacantes para tenerlos a raya, pero era solo una cuestión de tiempo hasta que volvieran con refuerzos para asaltar el lugar. Waleed me pidió ayuda. Le prometí que volvería al Palestina para ver si conseguía que los marines intervinieran.

Él me lo agradeció y luego tiró de mí para susurrarme algo urgente al oído. Dijo que seis días antes, el viernes 4 de abril, el día en que el aeropuerto de Bagdad había caído en manos de los americanos, Sadam Husein había mandado a buscar a Ala Bashir. Waleed había enviado a Bashir a la cita en un coche con su propio chófer. Ni Bashir ni el chófer habían regresado. Waleed se temía lo peor. Le pregunté si creía que Bashir podía haber estado con Sadam en el momento en que tuvo lugar el bombardeo en Mansur, tres días antes. Él no lo sabía, pero dijo:

—No creo que Sadam Husein haya muerto. No sé qué ha sido de Ala. Pero estoy muy preocupado por él.

Propuso que fuéramos a buscarlo juntos. Él sabía dónde vivía una hermana de Bashir, en el lado oeste de la ciudad. Suponía que su colega estaría allí, si seguía vivo. Acordamos ir la mañana siguiente, si estaban abiertos los puentes sobre el Tigris.

Antes de marcharme, Waleed me dijo que tenía un paciente inglés. Le pidió a Sunduz que me llevase a verlo; él tenía que volver al quirófano. Ella me condujo a un pabellón lúgubre. El paciente resultó ser Paul Pasquale, el técnico de Reuters que había sido herido en el ataque del tanque contra el Palestina, el 8 de abril. Su aspecto era horrible. Tenía la cara salpicada de heridas de metralla; le habían cosido en el torso otras más grandes y sus piernas estaban envueltas en gruesos vendajes. Pero no había perdido una pierna, como se informó al principio. Pasquale estaba consciente, pero parecía desorientado. Junto a la cabecera de su cama había dos colegas iraquíes de Reuters. Me dijeron que estaban intentando evacuarlo de Irak, pero que con todo aquel caos tardarían, al parecer, un par de días. Les pregunté si habían hablado con los marines. Movieron la cabeza; aún no habían encontrado una autoridad a la que dirigirse. Uno de ellos me llevó aparte para decirme que Pasquale no sabía que su amigo Taras había muerto; me suplicó que no se lo revelara. Charlé varios minutos con Pasquale. Me dijo que la noche anterior había compartido la habitación con unos yihadistas palestinos heridos. Había pasado la noche en vela, temiendo que la presencia de los palestinos provocase un ataque americano contra el hospital. Por la mañana habían venido unos hombres a llevárselos, lo cual fue un alivio. Pero estaba al corriente de que el hospital se hallaba desprotegido y que había saqueadores que intentaban entrar. Luego me preguntó sin rodeos por su amigo Taras. ¿Cómo estaba? Le mentí. Le dije que Taras había sido herido e ingresado en otro hospital. Le conté que yo no lo había visto, pero que había oído que se repondría. Pasquale asintió, visiblemente aliviado por esta noticia. Al marcharme le dije que volvería pronto.

Regresé corriendo al Palestina. Había un par de lo que parecían ser oficiales superiores americanos junto a un Humvee estacionado delante del hotel. Centinelas marines me impidieron acercarme. Expliqué quién era y que necesitaba ayuda urgente. Uno de los oficiales, un hombre fornido con un puro en la boca, me indicó que me acercase. Dijo que era el teniente coronel Bryan McCoy. Yo lo ignoraba entonces, pero él había dirigido el avance de los marines sobre la capital y era en aquel momento el más alto mando americano en Bagdad. McCoy escuchó atentamente mi informe sobre la situación en el Al Wasati. Parecía no tener noticia alguna de que estuviesen saqueando los hospitales de toda la ciudad; era evidente que nunca había oído hablar del Al Wasati. Pensando que quizá lo convenciera de que enviase tropas para proteger el hospital, le comenté que había allí un ciudadano británico. Le dije que Pasquale era uno los periodistas heridos cuando un tanque americano disparó contra el Palestina. No hizo comentarios al respecto, pero asintió. Él y un oficial subalterno sacaron un mapa militar de Bagdad y lo desplegaron encima del capó del Humvee. Me pidió que le mostrara dónde estaba el hospital. Lo intenté, pero era difícil de explicar. Me dijo que esperase quince minutos hasta que pudiera reunir a una sección. ¿Podría llevarlos al hospital? Le respondí que sí. Mientras aguardaba, localicé a un francés que trabajaba para Première Urgence, una organización que suministra ayuda de emergencia a hospitales. El francés se había ofrecido voluntario en el hospital de Bashir durante la guerra. Le expliqué lo que pasaba. Accedió a acompañarme. Con Sabah al volante, el francés y yo guiamos hasta el hospital a un convoy de tres o cuatro Humvees y un par de vehículos blindados donde viajaban unos quince o veinte marines.

El saqueo se había intensificado en nuestra ausencia. Un camión y un frigorífico casi obstruían un lado de la calzada y el coche de Sabah a duras penas pasó por el hueco. El vehículo que nos seguía desplazó la nevera fuera del camino y a punto estuvo de aplastarla al seguir avanzando. Los marines apuntaron con sus armas a los saqueadores. Cuando llegamos al Al Wasati, se apearon de un salto y se acuclillaron en posición de combate delante del hospital. Sunduz y algunas enfermeras y civiles estaban absolutamente petrificadas en la entrada. Me apresuré a gritar a los marines que era el hospital el que necesitaba protección. Ellos se giraron al instante y tomaron posiciones en la verja de entrada, esta vez mirando a la calle. Llevé al oficial al mando, un joven teniente llamado Danner, a ver al doctor Waleed, que estaba en el quirófano. Sintió un alivio inmenso al vernos y agradeció profusamente a Danner su presencia. Dijo que durante mi breve ausencia habían tiroteado la entrada del hospital desde unos automóviles. Por suerte no habían matado ni herido a nadie. Conduje a Danner donde estaba Pasquale. El teniente lo reconfortó con sus palabras y lo tranquilizó al respecto de su seguridad. Los marines custodiaban el perímetro del edificio y prometieron quedarse a pasar la noche. Le dije a Waleed que volvería al día siguiente para acompañarlo a buscar a Ala Bashir.

Seguíamos sin tener acceso al lado occidental de Bagdad. Algunas personas habían conseguido entrar, pero otras habían sido repelidas por fuego americano. Sungsu Cho, el fotógrafo coreano, había intentado cruzar uno de los puentes sobre el Tigris, pero le habían disparado soldados americanos apostados en la otra orilla. Habían matado a algunos civiles iraquíes que intentaron cruzar en automóvil. Desde mi habitación del hotel yo veía delante de los tanques los vehículos tiroteados. Seguía habiendo tiroteos intensos en algunos puntos de la ciudad. No estaba del todo claro qué partes de Bagdad estaban en poder americano y qué partes no.

Me uní a varios fotógrafos en una expedición a Yadiriya, un barrio residencial del sur de Bagdad que tenía la virtud de estar en la misma orilla del río que el Palestina. Era una zona donde tenían chalets muchos altos funcionarios baazistas, entre ellos Tarek Aziz y casi todos los parientes de Sadam. Buscábamos un complejo palaciego donde se decía que había vivido Uday Husein. Tardamos mucho en llegar porque varias grandes avenidas estaban controladas por vigilantes armados que impedían agresivamente la entrada de coches para evitar saqueos. Tomamos calles secundarias y atajos para eludirlos.

Varias docenas de marines habían tendido emboscadas en una rotonda donde habían derribado otra estatua grande de Sadam. Rodeamos la carcasa quemada de un camión de municiones iraquí. Lo circundaban cientos de cohetes, algunos con aspecto de no haber explotado todavía. Reconocí la rotonda, una que había cerca del hotel Al Hamra, y comprendí que era mi único punto de referencia para el barrio. Empezaba a darme cuenta de lo poco que conocía Bagdad. Nuestro conocimiento de la ciudad de Sadam había sido tan estrictamente restringido antes de la guerra que pocos sabíamos siquiera el nombre de sus palacios o la finalidad de muchos edificios del Gobierno. En las últimas cuarenta y ocho horas yo estaba descubriendo sitios ni siquiera sabía que existían. En uno de los trayectos al Hospital Al Wasati, por ejemplo, Sabah y yo habíamos pasado por delante de un hotel de tamaño medio, el Al Sadeer, situado a solo cinco manzanas del Palestina. El hotel estaba en llamas y un guarda corría de un lado a otro, disparando su pistola para ahuyentar a los saqueadores. Sabah comentó de pasada que en aquel hotel se habían alojado durante las últimas semanas la mayoría de los yihadistas árabes reclutados por Sadam. Pregunté a Sabah por qué no me lo había dicho antes. Se encogió de hombros y sonrió. Señaló con el dedo un gran bloque de apartamentos en una bocacalle de Sadún. Dijo que en aquel inmueble se habían hospedado algunas de las guerrillas de la organización iraquí Muyahedin-i-Jalq, que Sadam había financiado. Se rio entre dientes.

Cuando estuvimos a unas pocas manzanas del palacio, dejamos el coche en la calle principal y atravesamos a pie el barrio residencial. En todas las calles había barricadas y grupos de suspicaces residentes armados. Nos miraron con recelo, pero respondieron a nuestro saludo. Se me acercó una mujer de unos cuarenta años, vestida a la occidental; parecía muy enfadada.

—¡Por favor, quiero decirle algo, por favor! —Me detuve. Ella gritó—: ¿Qué le está haciendo América a Bagdad? ¿A qué han venido?

Poco podía decir yo, y no dije nada. Ella remató, gritando: «América es estúpida».

Llegamos a las verjas de un gran complejo palaciego. Un grupo de marines jóvenes y ociosos alrededor de la entrada nos hizo señas de que pasáramos. Dentro encontramos cinco palacios neoclásicos de piedra caliza rematados por una cúpula. Cada uno tenía su ostentoso pórtico con columnas. Parecía haber un palacio para cada miembro de la familia de Sadam Husein. Dos de ellos habían sido intensamente bombardeados y parte de los tejados se había hundido bajo grandes montones de escombros. Había marines americanos por todas partes, fisgando en los interiores o bien tumbados fuera sobre los arriates, escuchando la radio y holgazaneando. Nos dijeron que habían llegado la noche anterior. A su alrededor yacían desperdigados restos de paneles de puertas de madera tallada, decoradas con calados y con ornamentos de latón e incrustaciones de esmaltes. Una gran araña de cristal se había estrellado contra los cascotes que ocupaban el vestíbulo de un palacio. Estaba cubierta de un polvo gris.

En el muro de entrada a uno de los palacios, un marine había garabateado «Texas» y «Suicida 1/7» (primer batallón, séptimo regimiento). En el jardín trasero, vi una piscina y una reproducción en piedra de la *Venus de Milo*. Dos leopardos de porcelana rugiendo custodiaban la entrada del palacio contiguo. Este tenía suelos con incrustaciones de mármol y una sólida escalera de mármol blanco que se dividía, triunfalmente, a la mitad de su altura y estaba presidida por un enorme retrato de familia de Sadam, su mujer y sus dos hijas e hijos en una época anterior y más dichosa. De las edades descritas en el cuadro deduje que databa de los primeros años ochenta. El retrato se componía de distintas láminas de colores de hermoso mármol; para las caras y manos de la familia de Husein habían utilizado mármol rosa.

El palacio disponía de una clínica dental privada y un salón de belleza decorado con tonos rosa y malva. Dispersas por el suelo había fotos de Britney Spears. Arriba, varios cuartos de baño enormes, con grifos dorados y bañeras hundidas a las que se bajaba por unos peldaños. La mayor parte del mobiliario eran objetos chinos y réplicas de antiguos muebles franceses, de dorados excesivos. En un dormitorio había un confidente de teca tallada, cubierto por una colección de muñecas infantiles, cerca de un ventanal con vistas al Tigris. Otro dormitorio era totalmente rosa y apestaba a perfume. Observé que unas vallas con pinchos de metal ocultaban las vistas al río desde los dormitorios. En algunas salas de recepción se veían patinetes de niños por el suelo. En un dormitorio había una motosierra McCullough nueva encima de un sofá junto a la cama, con su caja amarilla en el suelo. Había otras cuatro en el vestidor, en sus respectivas cajas. En otro dormitorio, una nevera contenía hileras de concentrado extrarreafirmante Clarins, crema de noche hidratante y gel de contorno de ojos; una caja de kiwis iraníes y latas de una bebida a base de ginseng rojo coreano. En esta misma alcoba había un televisor Sony de pantalla grande, un aparato de gimnasia, varios estuches de gafas Christian Dior y, en el suelo al lado de la cama, un libro ilustrado que se titulaba *A Day in the Life of Spain*.

Hice un pequeño saqueo por mi cuenta. Cogí de un dormitorio un almohadón para la espalda que parecía haber pertenecido a una hija de Sadam. Llevaba unos diez días sin los diestros cuidados del fisioterapeuta Nabil y mi dolor de espalda había vuelto.

Fuimos a otro palacio, donde un marine nos dijo que no sacáramos fotos de las tropas porque formaban parte de los servicios de inteligencia. Pasamos por delante de un oficial que defecaba en un cajón de leche leyendo un ejemplar del *Playboy*. Nos saludó con la mano al vernos pasar. Unos jóvenes marines ganduleaban alrededor de un Humvee engalanado de fotos de lo que parecía ser un anuncio de perfumes que mostraba a dos mujeres en una pose íntima, y uno de ellos me preguntó a gritos si yo tenía alguna información sobre la guerra.

—No tenemos ni idea de lo que pasa —dijo. Le conté lo que sabía. Denotó un gran interés, pero sus amigos parecían aburridos. Uno preguntó si era verdad que Madonna y J. Lo habían muerto en un accidente de tráfico. No, que yo supiera, le dije.

—Qué bien. Chico, qué no daría por que Madonna estuviese aquí ahora —dijo. Se rio de una forma lasciva y juvenil, al igual que sus amigos.

Al salir del recinto, nos cruzamos con unos marines sentados en el bordillo del camino de entrada al palacio, comiendo raciones de comida preparada. La mayoría estaban fumando habanos. Nos saludaron de un modo amistoso.

—¿Son puros cubanos? —pregunté—. ¿Del alijo privado del patrón?

Unos cuantos marines sonrieron con astucia y me hicieron el signo del pulgar en alto.

—Para nosotros, solo lo mejor —dijo uno, riéndose. Fuera del palacio, en la avenida flanqueada de casa ribereñas, circulaban en coches unos hombres con aspecto de matones. Algunos de los coches rebosaban de productos del pillaje. Los hombres nos miraron. Cruzamos corriendo el tráfico y volvimos a través de callejuelas. Los hombres de las barricadas, aunque muy serios, nos dejaron pasar. Oímos tiroteos dispersos.

En el trayecto de regreso al hotel, vi que el cielo volvía a estar azul. Los incendios de petróleo de Sadam habían cesado. Pero observé en el horizonte nuevos penachos de humo negro que salían de edificios del Gobierno incendiados. No parecía haber nadie apagando el fuego. Unos conductores circulaban por el lado opuesto de la carretera, en sentido inverso, y cambiaban de dirección a su antojo, como si ya no hubiera reglas.

En la plaza Fardus, los marines habían establecido nuevas y rigurosas medidas de seguridad. Habían colocado alambres de espino de una parte a otra de las calles de acceso al Sheraton y al Palestina. También habían instalado controles en la calle Sadún, y paraban y registraban a todos los vehículos que entraban en la zona. Sabah trató de sortear el control adelantando a la cola de coches hacia unos marines parados en la calzada. Les dirigió una sonrisa conciliadora, saludó con la mano y gritó: «Eh, Gus!» (Gus y Jim eran los nombres intercambiables que Sabah había empezado a utilizar de repente el día anterior, y los vociferaba cada vez que se encontraba con un marine), y les mostró el dedo pulgar en alto. Los marines lo miraron sin expresión; uno de ellos, cortante, le ordenó que volviese al final de la cola y que esperase como todos los demás. Sabah obedeció, pero tuvo un ataque. Frenó el coche, furioso y abrió de un tirón la portezuela. Farfullaba de rabia. Se acabó, dijo, no aguantaba más, se iba a su casa, estaba harto. Le dije que se calmara y le expliqué que los marines hacían aquello solo por motivos de seguridad, que acababan de salir de un combate, que eran jóvenes, que tenían miedo de terroristas suicidas, etc.

—¡Pero a mí me conocen! —gritó—. He pasado por aquí hace una hora. —Señaló a un joven marine que estaba cerca—. He hablado con él.

Su orgullo estaba profundamente herido. Su vida había girado durante años alrededor de los mismos ritos seguros y conocidos. Todos los días, durante muchos años, se había ganado la vida conduciendo de su casa al Al Rasheed y de allí al Ministerio de Información y vuelta. Había obtenido una gran satisfacción de las artimañas que había inventado para infringir las normas como le viniera en gana, como por ejemplo los cambios de sentido prohibidos en la carretera delante del Al Rasheed y aparcar el coche en los espacios reservados para los vips a cambio de unas nimias propinas a los policías iraquíes. Todo aquello había terminado bruscamente y ahora tenía que acatar las órdenes impartidas por chicos armados de diecinueve años que venían de Kentucky y Tennessee y no hablaban su lengua. Ya en el Sheraton, el director del hotel, parado en la entrada, parecía consternado. Le pregunté qué ocurría. Dijo:

—He visto mi hermosa ciudad destruida, primero por Sadam Husein y luego por esta gente. —Apuntó a los marines de fuera, en la calle—. ¿Por qué tiene que pasar esto? ¿Quién va a reconstruirla? ¿Por qué siempre le ocurre esto a Irak? ¿Por nuestro petróleo?

La mañana del viernes 11 de abril, el ejército estadounidense retiró sus tanques de los puentes sobre el Tigris. Casi de inmediato, un alud de vehículos cruzó el río y comenzó el pillaje de Bagdad occidental.

Yo había estado despierto hasta el amanecer. Tras unas horas de sueño desperté al mediodía, pero me sentía aún exhausto. Envié un mensaje al doctor Waleed de que deberíamos postergar un día nuestra búsqueda de Ala Bashir. Por la tarde decidí visitar a Alí, el chico quemado y sin brazos, en el Hospital Al Kindi. Cuando Sabah y yo llegamos allí, encontramos las verjas cerradas con cadenas y a un grupo de iraquíes con turbantes y túnicas plantados delante. Un enfermero que había entre ellos me informó de que el hospital había sido amenazado por una chusma de saqueadores y el personal había huido. Los pacientes habían sido evacuados a otros hospitales. Me dijo que el chico, Alí, seguía vivo y que estaba en un hospital de Ciudad Sadam. Pedí a Sabah que me llevase allí. Discutimos. Sabah dijo que era muy peligroso. Me enfurecí con él y le dije que si no me llevaba él ya encontraría a otro chófer que lo hiciera. Al final se calló y arrancó, pero estaba enfadado.

Pasamos por un control de marines en las inmediaciones de Ciudad Sadam y entramos. Casi de inmediato, la calle asfaltada se transformó en una pista mal remendada, con baches y charcos enormes de agua estancada. Adelantamos a centenares de personas que se dirigían a pie hacia la barriada, cargadas con objetos robados en sus expediciones de pillaje. Yo empezaba a sentirme incómodo cada vez que veía controles al fondo de una calle: barreras toscas y en zigzag, hechas con bidones de gasolina, muebles y bloques de cemento. A lo largo de las barreras había jóvenes hoscos que blandían barras de hierro. En los callejones entre las casuchas que bordeaban la carretera vi a hombres con pistolas. En una calleja divisé un coche de bomberos robado; en otra, un autobús Faw, grande y rojo de dos pisos, uno de los autobuses de transporte público que Sadam había importado recientemente de China.

En el primer control, los hombres allí apostados gritaron a Sabah e intentaron abrir mi puerta y hacerme bajar. Él les habló con un tono apremiante. Soltaron la puerta y avanzamos despacio. Sabah miraba fijamente hacia delante, sin decir nada. Respiraba tenso entre los labios fruncidos. Atravesamos un par de controles más y llegamos al primero de los dos hospitales de Ciudad Sadam. Un nutrido grupo de jóvenes armados montaba guardia detrás de las puertas cerradas, y algunos se acercaron al vernos llegar. Parecían hostiles, pero abrieron las verjas después de que Sabah hablara con ellos y les explicara el motivo de nuestra visita, sin que en todo este tiempo dejaran de mirarme atentamente. Cerraron las puertas detrás de nuestro coche. Al apearme me rodearon al instante. Vi que unos hombres registraban el coche de Sabah. Empezaron a hacerme preguntas en árabe. ¿Quién era yo? ¿Era americano? ¿Para qué iba allí? Sabah les habló, pero se comportaba con una pasividad extraña y se mantuvo apartado de mí.

Me asusté mucho, aunque procuré ocultarlo. Un joven con aire de estudiante de religión se me aproximó y me gritó en inglés que Ciudad Sadam y sus hospitales se hallaban ahora bajo el control de estudiantes de la religión islámica. ¿Estaba enterado?, me preguntó.

Empecé a revivir una experiencia especialmente aterradora que había vivido muchos años atrás, en Gaza, cuando una plebe de palestinos me había capturado en un momento de confusión durante un enfrentamiento con el ejército israelí en el que un joven palestino fue abatido por unos disparos y murió desangrado. Sus amigos me llevaron a empellones por una calleja hasta una obra detrás de una mezquita a medio construir, y me arrojaron contra una pared. Me acusaron de ser israelí, judío. No me creyeron cuando les dije que no lo era. No paraban de gritar: «*Yahud, yahud*» («Judío, judío»), y todos empezaron a coger piedras y pedazos de cemento. Yo estaba convencido de que iban a lapidarme cuando alguien en la periferia del gentío alzó la voz. Dijo que me conocía. Tengo la certeza de que aquel hombre me salvó la vida.

El estudiante de religión de Ciudad Sadam me miró expectante, aguardando mi respuesta. No, le dije, no sabía que los islamistas hubiesen ocupado el hospital. Repetí que había ido a ver a Alí, el chico quemado. Me dijo que el chico no estaba allí, sino en otro hospital. ¿Quería ver al jeque que estaba ahora al mando del hospital? Sí, le respondí, procurando mostrarme interesado. Al cabo de unos minutos, un par de imames con turbantes y túnicas y barbas desaliñadas se abrieron paso entre la gente. Uno de ellos parecía ser la figura investida de autoridad. Asentí mientras hablaba, pero en realidad no estaba escuchando lo que decía, sino constatando el hecho de que los hombres que nos rodeaban eran los seguidores del clérigo militante chií Muqtada al Sader. El jeque dijo que ellos creían que Estados Unidos había orquestado el deliberado saqueo de Bagdad, que todavía continuaba, y que por esta causa habían asumido el control de la seguridad pública y los servicios esenciales de Ciudad Sadam. (Un par de días después, los hombres de Sader consolidaron el control de la barriada, con sus dos millones y medio de habitantes, y la rebautizaron como Ciudad Sader, en honor del padre fallecido del jeque, el imam venerado que había sido asesinado por orden de Sadam).

Tras pronunciar su discurso, el jeque volvió al interior del hospital y me dejó con el populacho. Justo entonces un hombre se abrió paso hacia mí. Su cara me resultaba conocida y no parecía iraquí. Lo reconocí como un locutor árabe de la televisión Al Yazira. Llegó a mi lado y en buen inglés y voz baja me dijo: «¿Qué está haciendo aquí?». Se lo expliqué, pero le dije que ahora ya solo quería irme. Él murmuró: «Yo también». Después me preguntó, en voz muy baja: «¿Es americano?». Le dije que sí. Movió la cabeza de un lado a otro, como enfadado. Me dijo que había ido a aquel barrio porque había oído lo de la ocupación de los hospitales por parte de Sader, pero que no le gustaba la atmósfera reinante. Estaba intentando negociar con los vigilantes para que le dieran una escolta armada que lo sacara de allí. Tenía una expresión inquieta. Me dijo que me quedase donde estaba. Yo me las había apañado para maniobrar entre el gentío y ponerme al lado del coche de Sabah, pero aún me rodeaban unos milicianos que me observaban y hablaban entre ellos. El árabe volvió un momento después y me dijo, lacónico: «Suba a su coche y síganos».

Los hombres de Sader se habían negado a facilitarle un vehículo de escolta, pero accedieron a enviar a uno de sus hombres en el coche del árabe. Sabah y yo salimos del hospital siguiendo a este automóvil y procuramos pegarnos a él todo lo posible. Observamos la discusión a gritos que se produjo en el primer control, cuyos vigilantes parecían reacios a dejarles pasar, pero al cabo de unos minutos pasaron y a nosotros también nos indicaron por señas que cruzáramos. Tras el último control, el hombre de Sader se bajó de un salto del coche del árabe. Los dos continuamos. A unos cientos de metros de Ciudad Sadam, el automóvil del locutor de Al Yazira salió disparado a una gran velocidad. Sabah y yo rodamos en silencio unos minutos. Luego me lanzó una mirada como diciendo ya-se-lo-advertí y dijo: «Señor Jon Lee...», y se interrumpió para mover la cabeza de un modo significativo. Me disculpé y prometí escucharle en lo sucesivo. Él sonrió y lanzó un hondo suspiro. Se apretó la sien con un dedo y dijo:

—¿Sabah loco? ¿O el señor Jon loco? ¿Quién loco? No más Ciudad Sadam, ¿vale?

(No volví a ver al hombre de Al Yazira, pero varios meses más tarde, en septiembre de 2003, estaba viendo el noticiario nocturno de la BBC en mi casa de Inglaterra y reconocí su cara en la pantalla de mi televisor. Lo identificaron como Tayssir Alluni, un ciudadano español nacido en Siria, y acababan de detenerlo en su casa de Granada, España, acusado de ser un «mensajero» de alto nivel de Al Qaeda).

A la mañana siguiente, sábado, volví al Hospital Al Wasati a recoger al doctor Waleed. Los marines seguían allí, custodiando el lugar. Waleed parecía mucho más relajado que dos días antes. Me dijo que los marines le habían prometido que se quedarían en el hospital un tiempo indefinido, hasta que la situación se hubiese calmado. Le pregunté por Paul Pasquale. Me dijo que la víspera lo habían evacuado al Reino Unido.

Al salir del hospital, vi que unos marines vigilaban a cuatro iraquíes arrodillados en el suelo de cara a la pared, con las manos enlazadas detrás de la cabeza. Waleed me dijo que aquellos hombres conducían una ambulancia robada de la Media Luna Roja y que los marines los habían detenido. Nos topamos con otros soldados americanos que hablaban con un grupo de jóvenes iraquíes excitables. Uno de los médicos de Waleed traducía lo que estaban diciendo. Los iraquíes pedían a los marines que los ayudaran a buscar a sus parientes. Señalaban a un edificio feísimo y de aspecto siniestro, contiguo al Al Wasati, en el que nunca me había fijado antes. Tenía cuatro plantas, pero ninguna ventana más arriba de la planta baja. Estaban diciendo que era un edificio del Mujabarat, y que había una cárcel en los pisos más altos. Había sido evacuado y las celdas ya habían sido registradas, pero creían que había una prisión subterránea debajo del edificio. Varios vecinos del barrio aseguraban que un par de días antes habían oído gritos de hombres procedentes del inmueble. Los iraquíes querían que los marines los ayudaran a descubrir la mazmorra secreta.

Encabezados por un joven teniente, seis o siete marines con armas y linternas se encaminaron hacia el edificio junto con los iraquíes. Waleed y yo los seguimos. El lugar estaba oscuro, sin electricidad, y la planta baja estaba inundada por varios centímetros de hediondas aguas sépticas. Subimos la escalera y atisbamos dentro de algunas celdas que tenían la puerta abierta. Eran cubiles húmedos y horribles. Despedían una fuerte pestilencia. Era un hedor familiar, y entonces comprendí por qué: lo había olido en zoológicos de países muy pobres, la fetidez de la podredumbre, el sudor y los excrementos acumulados.

Encontramos el dispensario y los marines empezaron a examinar algunos de los medicamentos y el libro de registro. Waleed les tradujo las etiquetas. Los jóvenes americanos conjeturaron sobre la posibilidad de que los presos hubieran sido utilizados como cobayas para experimentos médicos secretos del régimen de Sadam. El doctor Waleed desestimó esta idea, pero observó que a muchos de los reclusos les habían recetado medicinas para el tratamiento de parásitos, infecciones y gastroenteritis, dolencias que dijo que eran características de las personas recluidas en cárceles iraquíes.

Los marines bajaron por la oscura escalera con intención de buscar una trampilla o alguna cámara secreta que los condujese a los calabozos. Los iraquíes que buscaban a hermanos, padres y primos desaparecidos los siguieron en un estado de trance, con la mirada fija; seguían los pasos de los americanos como si creyeran que habían encontrado a sus salvadores. En una de las escaleras descubrimos una caja grande llena de largas tiras de tela barata: las vendas para los ojos de los presos.

Waleed y yo ya habíamos visto bastante. Al despedirnos, Waleed le dijo al joven teniente al mando del grupo que apreciaba lo que querían hacer él y sus camaradas, pero que era inútil, pues en realidad no creía que hubiese celdas subterráneas. Al alejarnos, Waleed me dijo:

—Todo el mundo en este país quiere creer que existen esas cárceles subterráneas porque esperan encontrar vivos a sus familiares desaparecidos. No creo que existan. La gente a la que buscan probablemente ha muerto.

De camino al hospital, me contó la historia de un colega médico que había desaparecido después de que el Mujabarat lo detuviera unos años antes, por alguna razón inexplicable. Al cabo de unos dos años reapareció, demacrado y enfermo. Había perdido la mitad de su peso normal. El médico informó a Waleed de que lo habían encerrado en aquella misma cárcel, al lado del hospital. En un par de ocasiones, por un motivo u otro, lo habían llevado a una habitación de un piso más bajo, con ventanas de gruesos barrotes, y le habían quitado la venda. Había visto al doctor Waleed y a algunos otros colegas que entraban y salían del Al Wasati, sin percatarse de nada. Waleed dijo que durante todo aquel tiempo ni a él ni a ninguno de sus colegas se les pasó por la cabeza que el desaparecido estuviese allí.

Sabah cruzó el puente y entró sin percances en la zona occidental de Bagdad. En la otra orilla, estaban saqueando prácticamente todos los edificios del Gobierno, y algunos estaban ardiendo. Al pasar por delante del hotel Al Rasheed, descubrimos que a pesar de todas las advertencias había sobrevivido intacto a la guerra, pero también lo estaban saqueando. Había una serie de coches y camiones aparcados delante de la puerta, y vimos a hombres sacando muebles por ella. A Sabah le sobresaltó esta escena. Al Rasheed era el último baluarte de su vida anterior que quedaba incólume. Todos preveíamos que los americanos lo ocupasen y lo utilizaran como una de sus bases. Pero no encontramos marines por las inmediaciones. «¿Por qué, señor Jon Lee?», exclamó Sabah, con un quejumbroso desconcierto. Yo no tenía respuesta que darle. Me consternaba y enfurecía que mis compatriotas no hicieran nada mientras presenciaban el saqueo y el incendio de Bagdad. Aquello no tenía el menor sentido.

Un poco más allá del Al Rasheed, adelantamos a un grupo de hombres que empujaban a lo largo del arcén camillas de hospital robadas, provistas de sus frascos y goteros intravenosos. Rebasamos a otro grupo festivo y vestido como si se dirigiera a un baile de disfraces, con capirotes adornados y chaquetas de gala con charreteras y botones dorados, como los que lleva una banda militar.

Recorrimos la ciudad con precaución, sin saber qué zonas eran seguras y cuáles no. Aquí y allí se libraban batallas a tiros. El doctor Waleed nos preguntó si podíamos parar en casa de su familia, que estaba cerca. Dijo que estaba vacía desde la semana anterior, en que había evacuado a su mujer y a sus hijos a Samarra, una ciudad al norte de Bagdad, cerca de la ciudad natal de Sadam, Tikrit, donde tenía parientes. Sin embargo, empezaba a preocuparle la información de que los americanos se disponían a lanzar una ofensiva contra Tikrit. No tenía noticias de su familia desde que la había trasladado, y no podía contactar con ella por teléfono.

La casa de Waleed estaba intacta, gracias a la vigilancia de algunos vecinos. Mientras hablamos con ellos, vimos que pasaban coches de saqueadores en ambos sentidos. Sonaron disparos. Waleed dijo que los residentes disparaban al aire para ahuyentar a los ladrones. Pasaban docenas de jóvenes a pie por la orilla de la carretera. Casi todos daban la impresión de que llevaban horas caminando. Parecían sedientos y calurosos. Todos se dirigían al sur. «Son soldados», dijo Waleed. Señaló algunas prendas del uniforme militar tiradas en la carretera. Los vecinos asintieron y dijeron que desde el día anterior habían pasado por allí muchos cientos de soldados que volvían a sus casas desde Bagdad y otras ciudades más al norte. Les habían dado pan y agua a todos los que pudieron. Todos eran de unidades de primera línea del ejército que habían optado por deponer las armas y abandonar sus posiciones en vez de luchar. La mayoría se había puesto ropa de civiles. Waleed paró a un par de ellos. Le confirmaron que eran *askari*: soldados. Uno dijo que venía de Kirkuk y que volvía a Basora, en el extremo sur de Irak.

Cuando nos despedíamos, Waleed vio a gente que pululaba por el jardín de una casa, dos puertas más allá de la suya. La llamó de una forma amistosa. La gente respondió a su saludo. Con una amplia sonrisa, Waleed comentó:

—Es curioso. Esa casa era de un viejo amigo, Alí Bilal, cuyo hijo fue detenido por la policía secreta de Sadam en 1980, acusado de algo que ignoramos. No volvió nunca. Lo mataron, evidentemente. Después el régimen obligó a la familia a abandonar la casa y le prohibió volver a habitarla. De eso hace veintitrés años. Esas personas deben de ser familiares, pero hace tanto tiempo que no los reconozco. —Señaló un grafiti reciente que había sido pintado con un pulverizador en la tapia del jardín. Tradujo—: «Esta casa es de Alí Bilal. Su familia vuelve con la cabeza bien alta».

Al alejarnos, Waleed sonrió feliz. Repetía, una y otra vez: «Eso está bien. Pero que muy bien».

Una vez dentro del coche, dio instrucciones a Sabah sobre cómo ir a la casa de la hermana de Ala Bashir. Cruzamos una rotonda acribillada la víspera por un tiroteo entre los fedayines y americanos. A través de unas callejas residenciales llegamos a un barrio de clase media y pasamos un par de controles *ad hoc* instalados por lugareños, algunos armados. Entramos en la calle donde vivía la hermana de Bashir y Waleed apuntó emocionado a una casa de dos pisos, común y corriente, al otro lado de una tapia, y dijo:

—Aquí es. —Estiró el cuello para mirar mientras aparcábamos—. Me temo que Ala no está aquí.

Sus palabras eran un mal presagio. Habíamos hablado de lo que creíamos que podría haberle ocurrido a Bashir. Los dos temíamos que Sadam lo hubiese hecho desaparecer y que ya estuviera muerto, o bien que estuviesen juntos, huyendo los dos como fugitivos. No había automóviles delante y no se veía ninguno en el jardín delantero. En el otro lado de la calle estaba aparcado un camión grande con aire de haber sido robado.

El doctor Waleed me dijo que esperase en el coche. Se apeó y fue a la verja de la casa. Apareció una joven, que más tarde supe que era una sobrina de Bashir, y le abrió la puerta. Waleed entró. Al cabo de un momento salió con una sonrisa de oreja a oreja y nos hizo señas de que entrásemos.

Mientras lo hacía, Ala Bashir bajó a zancadas el camino de entrada, vestido con vaqueros y una camisa a cuadros. Sonreía y su cara mostraba un alivio inmenso. Aunque normalmente no era un hombre efusivo y rehuía las muestras de emoción en público, Bashir nos abrazó a mí y a Waleed y nos besó a los dos en las mejillas. Advertí que su ropa estaba desaliñada y que no se había afeitado; tenía una barba como de una semana. Yo siempre lo había visto escrupulosamente limpio, bien afeitado y con camisas recién lavadas y planchadas. Dijo que se alegraba mucho de verme y me indicó que entrase. Le pregunté por su barba crecida. Se agarró la barbilla y se rio, un poco avergonzado.

—Pensaba afeitarme hoy. Me afeitaré esta noche.

Se me ocurrió pensar que quizá no tuviese cuchillas y le dije que le llevaría algunas. Él dijo: «No, no, tengo cuchillas, solo que...». No terminó la frase; movió los brazos como si fuese imposible explicar todo lo que le había sucedido.

La hermana de Ala Bashir, Soheila, me recibió con timidez y también un poco de recelo. Era mayor que su hermano, una mujer baja y de cara agradable, con ojos inteligentes y el pelo blanco corto, debajo de un pañuelo negro. Su marido, Abu Ahmed, delgado y con gafas, profesor de inglés jubilado, me estrechó la mano. Abu Ahmed nos hizo pasar al cuarto de estar. Su mujer y sus hijas se quedaron preparando el té en la cocina.

Bashir no dejó de sonreír durante varios minutos. Dijo que el viernes 4 de abril había ido, como de costumbre, al hospital presidencial en la zona occidental de la ciudad, dentro del complejo palaciego. Me contó por primera vez que era uno de los miembros del equipo médico privado de Sadam y que una vez por semana le tocaba un turno de guardia de veinticuatro horas, desde las ocho de la mañana de un día hasta las ocho de la mañana siguiente. Su turno había coincidido con la batalla por el aeropuerto de Bagdad, de la que se enteró escuchando los noticiarios de radio de la BBC. Obtuvo un permiso para marcharse temprano el viernes —a las seis de la mañana— porque su madre anciana, que vivía con otra hermana de Bashir, no se encontraba bien y quería verla. Sin embargo, le pidieron que se quedara en la zona occidental de la ciudad y él accedió entonces a ir más tarde a su casa, en el barrio de Al Yihad, no lejos del aeropuerto. Allí haría otra guardia hasta nuevo aviso.

Bashir comprendió que esta orden significaba que formaba parte de una especie de alerta presidencial, pues, como él dijo: «Sé que el presidente nunca abandonaba el oeste de Bagdad, lo que quiere decir que me quería cerca». El sábado oyó desde su casa el fragor del combate en el aeropuerto y asimismo oyó las informaciones de que lo habían tomado los americanos. A eso de las seis de la tarde, uno de los jefes de seguridad del presidente se presentó en su casa. Al ver quién era el oficial, Bashir supo que Sadam lo enviaba personalmente. El hombre le ordenó que lo acompañara «de inmediato, de inmediato» a Kadimiya, un barrio de la periferia, en la orilla occidental del Tigris, donde había un dispensario médico secreto, a disposición del presidente, que solo se utilizaba en casos de emergencia nacional. El hombre le dijo que llenara una bolsa con alguna ropa y que se la llevara consigo. La orden del oficial y su conducta tensa alarmaron a Bashir, y decidió que intentaría escapar. Nos explicó: «Sabía que si iba no volvería nunca». En realidad, no pensaba que lo conducirían a la clínica, sino a algún escondrijo secreto de Sadam. Sabía que el presidente tenía muchas casas seguras en Bagdad porque él había estado en algunas de ellas durante la guerra del Golfo.

Bashir dijo al oficial que se adelantase, que él recogería unas cuantas cosas y lo seguiría en su propio coche al cabo de unos minutos.

—Venga lo más rápido que pueda, por favor —dijo el hombre, inquieto, antes de salir pitando. Bashir, por su parte, dijo a su chófer (el desaparecido chófer de Waleed) que lo llevara a la modesta casa de su hermana Soheila, más o menos confiado en que la gente de Sadam no conociera su ubicación. Desde entonces había estado allí escondido.

(Después de depositar a Ala Bashir, el chófer se había ido a su casa en Bagdad oriental. A la mañana siguiente los americanos entraron en la capital y el hombre se quedó atrapado allí. Por eso no había podido volver al Hospital Al Wasati).

Yo llevaba encima mi teléfono vía satélite Thuraya. Le pregunté a Bashir si quería llamar a su mujer y a su hija en Ammán.

—Oh, sí, gracias —dijo, agradecido—. No saben nada de mí.

Hacía días que no hablaba con ellas. Salimos al jardín, donde tendría una señal de satélite clara. Marqué el número que él me dijo, le pasé el teléfono y me alejé para respetar su intimidad. Sus parientes lo observaban congregados en la puerta de la casa. Ala Bashir habló en voz baja y tranquilizadora y se rio mucho. Al cabo de unos momentos puso fin a la llamada.

—Estaban tan aliviadas —dijo, riéndose—. Todo está en orden; ahora saben que estoy bien. —Añadió, con un tono de represión afectuosa—: ¿Qué le pasa a la gente, que tiene que llorar cuando está feliz? Nunca lo he entendido.

Movió la cabeza, sin dejar de sonreír.

Estábamos sentados, hablando, cuando llegó otra visita. Era Samir Jairi, el amigo de Bashir del Ministerio de Asuntos Exteriores. Yo no lo había visto desde la víspera de la guerra. Samir estaba muy atildado, vestido con un traje. Nos saludó efusivamente. Él también había ido con la esperanza de encontrar a Bashir. Después de ponerse al día los dos, la conversación giró en torno a las noticias más recientes, que eran que los americanos habían bombardeado la casa familiar de Barzan al Tikriti, el medio hermano de Sadam, en la ciudad de Ramadi, al oeste de Bagdad. Barzan era el antiguo jefe de la inteligencia iraquí, y yo sabía que era un viejo amigo y conocido de Ala Bashir. Los americanos conjeturaban que Barzan había muerto en el bombardeo. Samir se volvió hacia mí y dijo:

—Sé que no es verdad. Barzan sigue vivo.

No dijo cómo lo sabía. Más tarde, cuando se marchó, Bashir me contó que Samir era de hecho un funcionario muy antiguo del Mujabarat y que había trabajado ocasionalmente con Barzan durante muchos años. Su reciente puesto en el ministerio era solo una tapadera. Tanto Samir como Bashir creían que Sadam Husein también seguía vivo.

Bashir me dijo que la mezquita Adamiya, donde Sadam había sido visto el miércoles 9 de abril, aproximadamente al mismo tiempo que los marines derribaban su estatua en la plaza Fardus, estaba situada en un barrio justo enfrente de Kadimiya, en la otra orilla del Tigris. Era donde le habían ordenado a Bashir que fuese el 5 de abril. Dijo que le parecía muy significativo que Sadam hubiese elegido aquellos vecindarios adyacentes. Puntualizó que Adamiya era un antiguo bastión baazista, con fácil acceso a Kadimiya a través de un puente. Los dos barrios eran ribereños y como estaban situados en los linderos exteriores de la ciudad ofrecían buenas oportunidades de escapar. Señaló que, al norte de Bagdad, el valle del río Tigris conducía derecho hasta la ciudad natal de Sadam, Tikrit, y que una gran zona de campo hasta allí constituía el feudo de un dirigente tribal que era un estrecho aliado de Sadam.

Tras pasar varias horas con Bashir, me despedí prometiéndole que volvería al día siguiente. Sabah y yo regresamos al Sheraton, donde Paul McGeough y John Burns propusieron una visita al palacio Salaam, que, al igual que la mayoría de ellos, estaba siendo saqueado. El palacio era uno de los más emblemáticos edificios trofeo de Sadam, el que tenía un parapeto en forma de estrella desde donde contemplaban el paisaje cuatro cabezas de bronce del dictador, cubiertas con un extraño yelmo, y era la primera ocasión de visitar el interior. Había sido alcanzado por misiles de crucero en el curso de la campaña de bombardeos americanos y habíamos visto su cúpula destruida, pero solo desde lejos.

Las verjas del palacio estaban abiertas y al entrar en coche nos cruzamos con saqueadores que salían transportando su botín. Entramos por la escalera de la fachada, hasta donde un grupo de hombres había arrastrado un salón completo, en un estilo barroco de imitación Luis XIV, todo dorado y con almohadones de color oro. Estaba listo para que lo cargaran en un camión y se lo llevaran. Dentro, diversos grupos trabajaban metódicamente en habitaciones que a todas luces habían ocupado como si fuese territorio propio y donde amontonaban para su transporte sofás gigantescos, espejos, mesas de banquete y decoraciones de pared. Otros se atareaban recogiendo accesorios de baño y desmontando apliques de pasillos y cuartos que ya habían sido despojados de todo su contenido. Aquí y allá, en oscuros recovecos del palacio, habían encendido hogueras para que los hombres viesen en la oscuridad. Subimos al piso más alto, donde los misiles habían perforado la cúpula. La vista de la ciudad era grandiosa. Los bustos de bronce macizo de Sadam aún miraban en todas direcciones.

Decidimos dirigirnos al Museo del Líder Triunfal, que estaba cerca y donde se exhibían los inestimables regalos ofrecidos a Sadam, entre ellos el arma que yo había visto y que había matado al coronel Gerard Leachman. Al aproximarnos, subiendo por el bulevar dividido, adelantamos a una furgoneta que parecía haberse estrellado contra los arbolitos de la medianera. Tenía los neumáticos reventados y estaba aparcada a la buena ventura encima del bordillo. Al adelantarla vi a un hombre y a dos chicos, sin duda sus hijos, empuñando una pala y otros utensilios. Había un cadáver, o quizá dos, extendido a medias fuera del vehículo. Al principio creí que el padre y los hijos estaban tratando de retirar a un pariente que se había matado o que se disponían a enterrar a los muertos. Luego comprendí que intentaban desenterrar la camioneta y colocarla sobre unos soportes. Tenían un camión de plataforma estacionado cerca. Supuse que trataban de meter de algún modo la furgoneta en la trasera del camión. Eran saqueadores. A unos doscientos metros de distancia, había un vehículo de combate Bradley, del ejército de Estados Unidos, aparcado a la sombra en una calleja. Vi encima la silueta con casco de un soldado americano al mando de la ametralladora de la torreta, que en teoría estaba descansando.

Subimos la calle hasta la entrada del museo. Había un camión grande y varios automóviles aparcados, y una veintena de hombres iban y venían, transportando industriosamente objetos del museo que cargaban en los vehículos. Algunos parecían obreros contratados por otros hombres que estaban parados fuera. Nos miraron con suspicacia. Entramos.

Un hombre recorría una tras otra las vitrinas de cristal vacías en el vestíbulo y rompía cada cristal con una barra de metal. Salía humo de los recovecos inferiores del museo, donde oscilaba el reloj de péndulo. Los kalashnikov que los habían adornado habían desaparecido. Habían encendido hogueras y unos hombres trabajaban en algo con linternas. No nos demoramos. Se lo habían llevado casi todo de las salas de exposición; todos los relojes engastados con joyas, las sillas del trono y las armas de valor incalculable. Solo quedaban algunos retratos de Sadam en diversas poses. Salimos.

Uno de los obreros transportaba un fusil de francotirador chapado en oro que bien podía ser el que el antiguo jefe del KGB soviético le había obsequiado a Sadam. Me acerqué a examinar el arma. Los hombres dejaron lo que estaban haciendo y me miraron con recelo. Hice gestos conciliatorios indicando que solo quería verla. Me dejaron examinarla un segundo y luego se la llevaron. Uno de los hombres en el camión blandía otro trofeo. Era un rifle mucho más antiguo, de cañón largo, que se asemejaba mucho al de Leachman, pero que quizá no fuese el mismo. Vi que uno de los hombres que estaba a mi lado tenía un revólver metido en los pantalones, debajo de la camisa. Me miraba de un modo que no me gustó. Les di las gracias, volví donde me esperaban John, Paul y Sabah y les dije que me parecía que debíamos irnos. Ahora salía humo del museo. Varios coches con hombres a bordo patrullaban de arriba abajo la calle, vigilantes.

Al sobrepasar la furgoneta con los cadáveres, vimos que el padre y los hijos trabajaban con ahínco en los preparativos para robarla. El Bradley seguía estacionado al fondo de la calle.

Visité a Ala Bashir todos los días durante las dos semanas siguientes. Aún no había decidido qué hacer con su vida y por una temporada había optado por pasar inadvertido. Parecía agradecido por mi compañía, que le daba una especie de punto de contacto con el mundo exterior. También accedió a hablar conmigo de su larga relación con Sadam Husein. Normalmente nos sentábamos en la sala de estar, que sus parientes dejaban libre y donde nos interrumpían a intervalos para servirnos tazas pequeñas de café turco y, a primera hora de la tarde, para llamarnos a la mesa del almuerzo. El cuñado de Bashir, Abu Ahmed, trabajaba en el jardín, donde había una higuera, una datilera, un confidente y un arriate de claveles rojos frescos. La hermana de Bashir, Soheila, era muy protectora con él; le preocupaba su seguridad y no quería que se alejase de la casa. Un día en que Bashir propuso que fuésemos a hablar a su propia casa, ella se opuso firmemente a la idea. Él se encogió de hombros y dijo que yo decidiera; a él le daba lo mismo su casa o la de Soheila. Descartaba toda sugerencia de que pudiese hallarse en peligro, aunque yo albergaba mis dudas al respecto.

Abu Ahmed ya le había confesado a Sabah que Ala Bashir estaba tan identificado, en el pensamiento de la gente, con el «médico de Sadam Husein» que él y su mujer temían que pudiese ser víctima de un asesinato. Mencionó el incidente acaecido años antes, cuando Bashir había sido atacado y apuñalado dos veces por un hombre que fue apresado más tarde y condenado a varios años de prisión en Abu Ghraib. Ahmed le dijo a Sabah que la agresión había tenido un móvil político. Lo preocupante era que el agresor había sido liberado en octubre de 2002, durante la amnistía que siguió al referéndum de Sadam Husein, y los familiares de Bashir pensaban que quizá el excarcelado intentara vengarse. No era la primera vez que yo había oído hablar de aquel ataque; un par de meses atrás, Bashir me lo había contado, pero asegurando que lo había perpetrado uno de sus pacientes, desequilibrado mental. Conociendo la tendencia de Bashir a minimizarlo todo, supuse que la versión de su cuñado sería la más verídica, y en consecuencia le dije que me parecía mejor que siguiéramos conversando en aquella casa. En una de nuestras primeras entrevistas le incité a que hablase de su amistad con el dictador de Irak.

—¿Cómo es posible que un hombre de su cultura y educación haya tenido una relación tan estrecha con Sadam Husein, sabiendo todas las cosas que ha hecho? —pregunté.

Bashir cerró los ojos unos instantes y al cabo de una pausa dijo:

—Quizá, muy brevemente, pueda decírselo... Fueron mis talentos artísticos los que me pusieron en esa situación. A finales de los años setenta conocí al asesor militar de Sadam cuando este era solo vicepresidente. Se llamaba Ghassam Ibrahim. Era un hombre muy honesto y valiente; más tarde, por supuesto, lo mató Sadam Husein... Yo había hecho una exposición de cuadros y Sadam escribió algo sobre ella en la prensa. Escribió que mi arte era «único». Ghassam me dijo que Sadam había hablado de mí y se ofreció a presentármelo, pero yo no quise. No me gusta eso de conocer a gente solo porque es poderosa. Barzan al Tikriti también solía venir a mis exposiciones y me confirmó que Sadam admiraba mucho mi obra.

El primer encuentro de Bashir con Sadam Husein no tuvo lugar hasta 1983.

—A principios de los ochenta, durante la guerra entre Irak e Irán, trabajé mucho con los heridos de guerra e inventé algunas técnicas nuevas de cirugía plástica. Hice las primeras reimplantaciones de manos y dedos que se han hecho en Irak. En 1982, el ministro de Sanidad invitó a veinticinco de los médicos más destacados del país a conocer a Sadam, y yo estaba en aquel grupo. «El presidente quiere alabar su trabajo», me dijo. Así que fui a la entrevista. Sadam pronunció un discurso y estrechó la mano de todo el mundo. Y eso fue todo. Después, uno de sus guardias se me acercó y me dijo que fuese a hablar con el presidente. Lo hice. Sadam me dijo: «Me sorprendió mucho saber que era el mismo Ala Bashir que pinta». Elogió mi obra y añadió: «Estamos muy orgullosos de usted». Poco después fui elegido miembro de su equipo médico.

»Fue extraño, ¿sabe?, porque él miraba a los médicos por encima del hombro. Pero a mí siempre me vio distinto. Y siempre me lo decía, y varias veces en público, delante de otras personas: "No lo veo como un médico, sino como un artista, un hombre de cultura". En unas pocas ocasiones me llamó solo para charlar. Un día vino al hospital con su hijo Qusay; yo estaba allí trabajando en algo con otros colegas. Estábamos de pie porque es la costumbre en el régimen; no podías quedarte sentado si llegaba el presidente. Entonces él se acercó y dijo de mí, delante de todos: "Es un cirujano brillante, un gran artista y, ante todo, un gran hombre". Luego se marchó. Después Qusay volvió y dijo: "¿Qué le ha hecho a mi padre? ¡Es la primera vez que le oigo hablar así de alguien!". Estaba muy sorprendido.

»Un día, a fines de los ochenta, una mujer me entrevistó en la televisión y al día siguiente el jefe de la guardia presidencial mandó a buscarme. Me dijo que el presidente había visto el programa y estaba muy impresionado. Y dijo lo mismo que Qusay. Así que empecé a preguntarme qué habría dicho en aquel programa que le había interesado. En el estudio de televisión habían colgado una pintura mía que representaba el destino humano; se veía a un hombre sosteniendo un pájaro funesto, como un cuervo, que intentaba picotearle la cara. Era una imagen muy fuerte. Le había explicado a la entrevistadora que la pintura representaba la lucha del hombre con el destino, una batalla que siempre perdía. Dije también que, cuando los hombres llegaban a tener mucho poder y empezaban a sentirse inmortales, se acabó, perdían la batalla. Por poner un ejemplo de lo que quería decir, cité a un famoso poeta iraquí, Mutanabbi, que es quizá el más grande de nuestra historia: "La experiencia más amarga de un hombre libre es entablar amistad con alguien que no le agrada".

»A Sadam Husein le gustó la entrevista, pero el jefe de su guardia me dijo que estaba muy enfadado con la presentadora porque me había interrogado sobre mi calvicie. Pensaba que ella me había disgustado o avergonzado. Impartió la orden de que no volviera a aparecer en la televisión durante seis meses. Pero a mí no me molestan esas cosas. Se lo dije al guardia de Sadam, pero él me dijo:"Lo ha ordenado el presidente".

Ala Bashir se encogió de hombros.

—El 1 de febrero de 1991, en plena guerra del Golfo, que recuerdo que empezó el 17 de enero, Sadam Husein había sufrido un accidente y yo lo veía casi todos los días. Nunca dijo con exactitud qué le había ocurrido, pero me pareció que se trataba de un accidente de coche. Tenía un corte profundo, hasta el mismo hueso, en el lado izquierdo de la barbilla, y casi le colgaba en el aire el dedo meñique de la mano derecha. Su cuñado Sadam Kamal, el hermano de Husein Kamal, a los cuales, como usted sabe, mandó matar más tarde, también estaba herido, en el labio inferior, así como una mujer que yo sabía que era su segunda esposa, Samira Shahbander. Ella tenía una fractura facial y un corte profundo en la ceja derecha. Así que los traté a los tres y durante un tiempo vi a Sadam cada dos días, y hablamos largo y tendido. Un día me dijo: «Llegué a conocerlo muy bien gracias a aquella entrevista de 1986. Dijo pocas cosas, pero eran cosas esenciales en la vida».

Advertí que Bashir no había respondido a mi pregunta. Me estaba contando por qué creía que había atraído a Sadam Husein, pero no me hablaba de sus propias motivaciones. Cambié de táctica y le pregunté sobre la personalidad de Sadam.

—Es muy sensible y emotivo, aunque parece tan rudo —dijo Bashir—. Y tiene un carácter bastante suspicaz. Tienes que elegir las palabras con mucho cuidado cuando hablas con él.

—¿Le tenía miedo?

—No, nunca en mi vida le tuve miedo. Sé que muchos le temían, pero yo no, no sé por qué.

—Pero usted sabía las cosas que hacía.

—Sí, las sabía —contestó Bashir.

—¿Y qué pensaba de él?

Tras una larga pausa, Bashir respondió:

—Creo que ha hecho muchas cosas malas para Irak... Pero en nuestras conversaciones me respetaba mucho y yo le hablaba con una libertad que no creo que se permitiera nadie más. Barzan al Tikriti me dijo que ni siquiera él se atrevía a hablarle de aquel modo. «Le respeta profundamente —me dijo una vez—. ¿Le ha hecho algún encantamiento?».

—¿Alguna vez utilizó ese respeto para tratar de influirle?

—No. Porque recelaba de todo y medía todo lo que le decías —contestó Bashir. Se quedó pensativo, como si esta explicación no le satisficiera. Al cabo de un momento dijo—: Le deprimió mucho el levantamiento popular contra él en 1991. Creía de verdad que el pueblo iraquí lo amaba. Fui a verlo a Radwaniya, el palacio cerca del aeropuerto. Habló de la insurrección y dijo: «No creo que sean iraquíes auténticos». Yo no dije nada. Me sorprendió mucho. Nunca me había hablado de aquel modo. Luego preguntó: «¿Por qué cree que esa gente ha hecho eso?». Le respondí: «No lo sé. Soy médico, y mis relaciones con otro tipo de personas son muy limitadas». Él dijo: «De acuerdo, pero quiero conocer su opinión sobre lo que ha sucedido». Entonces yo dije: «¿Se acuerda de cuando eligió un cuadro de mi exposición, hace cinco años, y luego me pidió que fuera a verle? Pues lo hice, pero usted estaba ocupado en una reunión con sus generales y no pude decirle lo que quería decirle. Me habría gustado decirle lo siguiente:"Si entra en una habitación y ve a dos hombres muertos, los dos de un disparo, y le dicen que uno es un mártir y el otro un traidor, ¿cómo sabrá quién es el mártir y quién el traidor?"».

»Sadam me miró y preguntó:"¿Los conozco?". Le dije que no. Él dijo:"Entonces ¿cómo voy a saberlo?". Le dije:"La verdad no se muestra en la superficie, visiblemente. Las apariencias no son siempre verdad. Si confiamos en la gente por lo que dice, cometeremos errores".Y añadí: "Si ahora mismo me preguntara qué pienso de usted, yo le diría que es nuestro presidente, nuestro caudillo, y que nos sacrificaremos por usted. ¿Cómo sabe que le estoy diciendo la verdad?". Él no dijo nada; se limitó a mirarme fijamente un buen rato. Luego dijo:"Vamos a pasear por el jardín". Hacía un día precioso, primaveral, la misma estación que ahora, y había dejado de llover. Aquel palacio tenía jardines muy extensos. Paseamos en silencio durante un largo rato. Después me dijo que quería pedirme mi opinión sobre algo que llevaba tres días pensando. Habló durante más de veinte minutos. Habló del levantamiento y dijo:"Esas gentes del sur no son iraquíes originarios". No vi muy bien adónde quería ir a parar. Dijo:"No tienen moralidad, sus mujeres son licenciosas, y si no tienen moral entonces pueden hacer cualquier cosa". Creo que hablaba de lo que pensaba de los chiíes, aunque no lo dijo explícitamente. La intifada acababa de empezar y él no había reaccionado todavía. Luego habló del islam y dijo que la gente del sur no creía realmente en el islam. Me preguntó qué pensaba yo. Le dije:"Así es", y nada más.

—¿Por qué le dijo eso? —le pregunté a Bashir.

—Porque él esperaba que le dijese algo y no podía decirle: «¡Se equivoca!». Recuerdo que mientras él hablaba yo lo miraba a la oreja. Le daba el sol de lleno y parecía de cera. Distraído por esto, no le escuchaba de verdad, no estaba concentrado en lo que me estaba diciendo. Pero hablaba de cómo son los árabes y del islam, y parecía que estaba intentando descubrir un motivo para aquella rebelión contra él...

—¿Por qué no le dijo que se equivocaba?

—No me pareció que estuviese de humor para que alguien lo contradijera. Lo noté... ¿Sabe?, en toda nuestra historia, mucho antes de Sadam, durante cientos de años, el pueblo de Irak no ha podido expresar sus opiniones con franqueza.

—¿Cómo cree que entendió él la historia que le contó usted?

—Pienso que dedujo de ella que las personas son hipócritas. Luego le dije: «Creo que la civilización iraquí hunde sus raíces profundas en el pasado; la civilización de este país se remonta a cinco o seis mil años. Aunque su religión sea el islam, creo que cuando los árabes de Irak lo adoptaron, hace mil cuatrocientos años, tomaron una parte del islam, pero conservaron mucho de su propia cultura». Él no dijo nada. Después me preguntó por qué había llamado Sumer a mi hijo primogénito. Le dije que porque opinaba que los iraquíes debían enorgullecerse de nuestra civilización.

»A la mañana siguiente, y durante dos días consecutivos, aparecieron unos artículos en el periódico baazista, *Al Thawra*. No estaban firmados, pero los había escrito Sadam, y todo el texto decía exactamente lo mismo que me había dicho en el jardín. Creo que estaba exponiendo los argumentos que justificaban la represión que llevó a cabo en el sur.

El relato que Ala Bashir me hizo de su paseo por el jardín del palacio con Sadam Husein y el hecho de que hubiese prestado más atención a su oreja que a lo que estaba diciendo me parecieron sinceros. Parecían coherentes con el hombre que había llegado a conocer. Era sensible y estaba distraído gran parte del tiempo, era un hombre que vivía dentro de su propia mente, más un artista que un científico. Pero me pregunté si su distracción en aquel momento, cuando Sadam parecía estar racionalizando lo que pronto sería la brutal represión de la intifada chií, no sería también un acto voluntario. Sin duda debió de haber sido una vislumbre inesperada y aterradora de la mentalidad del tirano al que no tenía más remedio que servir, y al concentrarse en la oreja del gran caudillo pudo refugiarse brevemente en la ilusión de que desempeñaba un papel neutral como médico que examinaba los callos de Sadam y que alguna que otra vez estaba obligado a capear sus preguntas sobre arte. Pero Bashir no había olvidado aquel momento, y el hecho de que me lo evocase un decenio después parecía indicar que quizá la cuestión del compromiso moral no fuese para él, al fin y al cabo, tan abstracta.

Samir Jairi venía de visita casi todos los días. También empezaba a venir otra gente. Se esparció el rumor de que Ala Bashir había sobrevivido a la caída de Sadam y fueron a verlo amigos, colegas y personas que querían su consejo. Uno era un enfermero al que reconocí del Hospital Al Wasati. Era todo sonrisas y besó a Bashir, que encontró embarazoso su saludo. Nos sentamos en la mesa de la cocina de Soheila. Minutos después, el enfermero informó al «doctor Ala» (la fórmula respetuosa con que la mayoría de los iraquíes se dirigía a él) de que estaba de luto. Su mujer había muerto de una enfermedad la víspera, y también estaba a punto de sepultar a su hijo, al que habían matado en la ciudad de Kut. Bashir murmuró unas palabras de condolencia y yo lo imité. El enfermero cerró los ojos y asintió con la cabeza, agradecido. Pregunté si a su hijo lo habían matado por accidente las tropas americanas cuando circulaba en coche. Había habido incidentes así desde la entrada de los americanos en las ciudades del país. El enfermero movió la cabeza. No, su hijo había muerto combatiendo a los invasores. Era miembro de una unidad de combatientes del partido Baaz en Kut. Lo declaró con toda naturalidad y sin reproches. Su hijo había muerto cumpliendo con su deber y punto.

Otro día visitó a Bashir un oficial superior del ejército iraquí, un hombre severo, de poco más de sesenta años. Vestía de paisano. Hechas las presentaciones, Bashir me dijo que su amigo era general de división y antiguo jefe de cirugía cardiaca en el Hospital Militar Al Rasheed, que formaba parte del recinto que yo había visto bombardear por helicópteros de combate el 8 de abril. El médico militar me dijo que estaba esperando en su casa, como muchos de sus colegas, a que los americanos los llamaran para volver al trabajo. Su hospital había sobrevivido a las bombas, pero luego había sido saqueado a conciencia. Hablamos de los saqueos que se estaban cometiendo en la ciudad. Él y Bashir barajaron teorías de confabulación; los dos se inclinaban por dar crédito a los informes de que los militares americanos, en algunos casos, habían permitido los saqueos e incluso ayudado a los saqueadores, pero en última instancia la culpa recaía, tal como pensaban casi todos los iraquíes, en los «kuwaitíes», de quienes se decía que acompañaban a las fuerzas ocupantes y que, según un rumor que circulaba por todo Bagdad, habían organizado el saqueo con ánimo de vengarse del perpetrado en 1990 en la ciudad de Kuwait por el ejército iraquí. Yo tomé con cautela estas afirmaciones, en las que no creía, pero expresé mi tristeza por el pillaje, en especial del Museo Nacional iraquí, noticia que se había conocido en los últimos días. Dije que confiaba en que los americanos asumieran pronto el control de las cosas, antes de que robaran o destruyesen más patrimonio del país. Nada convencido, el médico militar me lanzó una sonrisa agria.

—¿Qué importan esas cosas? Ya han robado todo el país.

En estas conversaciones, Ala Bashir adoptaba siempre una perspectiva optimista. Daba crédito a algunos de los rumores divulgados por sus amigos, como por ejemplo el de los kuwaitíes, pero la culpa última se la atribuía a sus compatriotas iraquíes. No se mordió la lengua.

—Creo que estos saqueos forman parte de la naturaleza indígena de los iraquíes —sentenció—. Antes de ser un Estado, este país era un desierto habitado por beduinos que sobrevivieron asaltando campamentos ajenos y robándoles sus bienes y su ganado. Nada ha cambiado. Cada vez que hay una guerra en Irak, y entre todos los árabes, de hecho, roban y saquean. Es, por desgracia, parte de nuestra naturaleza.

Un mañana, un médico del hospital de Bashir trajo la noticia de que había muchos pacientes heridos por disparos en los pabellones del Al Wasati. Bashir lo escuchó con notable impaciencia y dijo, asqueado:

—Todos ellos son saqueadores. Nuestros pacientes de ahora son todos ladrones. ¿Por qué tenemos que tratarlos? Le he dicho al médico que debería negarse a atenderlos.

Movió la cabeza. Estaba enfadado, pero su cara permaneció impasible.

Unos días después de nuestro encuentro, Ala Bashir salió por primera vez de la casa de su hermana para almorzar en la casa de Samir Jairi en Mansur. Subimos a mi coche, con Sabah al volante y las letras «TV» protectoras en tiempo de guerra, en cinta adhesiva amarilla pegada a las ventanillas. Bashir dejó claro que prefería ser menos prominente y viajar en el asiento trasero.

A petición de él, hicimos una parada en la casa de la secretaria que trabajaba en su clínica privada. Era una mujer de pequeña estatura y pelo rubio teñido que se exultó al ver que Bashir estaba sano y salvo. Preguntó con timidez si podía usar mi teléfono Thuraya para llamar a sus familiares en Detroit. Cuando le contestaron, ella, su hermana y su madre hablaron por turnos y vertieron lágrimas de felicidad. Todo el mundo se rio cuando se puso al teléfono la madre de la secretaria, una mujer de edad, voluminosa y de voz áspera, porque aullaba en el auricular y a cada cosa que decía todos se ponían pálidos y se reían con disimulo. Ala Bashir también se rio y me dijo que la secretaria estaba diciendo a sus familiares, preocupadas: «¡No os apuréis, que estamos a salvo y de todos modos tenemos metralletas para defendernos!».

En los días siguientes Bashir empezó a hacer sus primeras salidas solo, para comprobar cómo estaba su casa de Al Yihad y saludar a sus colegas en el Hospital Al Wasati. Uno de sus antiguos chóferes, un exprisionero de guerra llamado Yihad, había reaparecido y ahora conducía una pequeña y anodina camioneta blanca japonesa en vez del flamante Toyota Land Cruiser blanco, propiedad del Gobierno, en el que trasladaba al «doctor Ala» antes de la guerra. El Land Cruiser habría identificado de inmediato a Bashir como un privilegiado de la era de Sadam. Aun así, cada vez que nos metíamos en un embotellamiento, unas cuantas personas de otros vehículos lo reconocían y lo miraban fijamente.

El 19 de abril fuimos juntos a visitar su hospital y su casa. Se sentó en la trasera de mi coche, como de costumbre, y su chófer Yihad nos siguió en la camioneta. Antes de salir de casa de su hermana y su cuñado, advertí que estaban inquietos por su partida, y los tranquilicé diciendo que se lo devolvería sano y salvo. Sonrieron, pero preocupados. Al alejarnos, pregunté a Bashir si tenían motivos para inquietarse y él, como siempre, descartó la idea de que corriese algún peligro.

Sobrepasamos el monumento La Unión de Ala Bashir, que se encuentra en una isleta en el límite occidental de la ciudad, y que es una especie de entrada para los viajeros que llegan de Jordania. La propia embajada jordana estaba situada a unos doscientos metros de distancia. Reparé en que el monumento estaba perforado por agujeros de bala, y en que alguien había pintado algunos grafitis en árabe alrededor de la base. Bashir no hizo comentarios sobre los destrozos sufridos por su obra; no pareció inmutarse en absoluto. Le pregunté qué decían los grafitis. Eran lemas políticos, me dijo; uno decía: LARGA VIDA A TALABANI (uno de principales dirigentes políticos kurdos) y el otro: LARGA VIDA A SISTANI (el ayatolá supremo de los chiíes).

—Verá, Jon, los problemas serios no hacen más que empezar en Irak. Los americanos han conquistado o liberado el país, como prefiera, pero ahora afrontan un trabajo duro. Creo que para ellos será dificilísimo tratar con todas las partes y los grupos étnicos. Necesitan darse prisa para que las cosas vuelvan a funcionar y para impedir que esos distintos grupos caigan en el vacío.

Vi a algunas personas que caminaban por el arcén enarbolando banderas verdes y negras. Eran peregrinos chiíes que iban de Bagdad a Karbala, a unos ochenta kilómetros al sur, lo cual formaba parte de la festividad religiosa anual de Arbayín, para conmemorar el fin de los cuarenta días de duelo por la muerte de su venerado mártir, el imam Husein. Ver a los peregrinos incomodó a Ala Bashir.

—El mayor problema que tienen que abordar rápidamente es el de esta población religiosa. Los americanos tendrán que ponerla en su sitio enseguida o causará un montón de quebraderos de cabeza.

Chií de nacimiento, Bashir era virulentamente anticlerical. En los últimos días me había repetido en varias ocasiones que consideraba muy importante que el Irak posterior a Sadam siguiera siendo un Estado oficialmente laico, y le preocupaba el resurgimiento chií, que había empezado a manifestarse desde la caída de Sadam, y una de cuyas muestras había sido la ocupación de Ciudad Sadam por Muqtada al Sader. Creía que lo orquestaban los clérigos iraníes de la línea dura, para expandir su influencia en Irak, y dijo que no sería hostil a la idea de que Estados Unidos decidiera invadir, a continuación, Irán.

—No solo yo —dijo—. Creo que muchísima gente en Irak lo apoyaría, porque todo el mundo sabe que Irán es el principal alborotador de toda la región. Es un hecho.

Cuando llegamos a su casa, vi que no había ningún automóvil en la cochera de su jardín delantero, que estaba separado de la calle por una tapia. Dijo que los había trasladado a un lugar seguro antes de que comenzaran los saqueos. Junto a la puerta de entrada se alzaba una escultura suya, la de un hombre abstracto en bronce. En una mano sostenía su propia cara, arrancada como si fuera una máscara. Vi que en el cuarto de estar Bashir había descolgado de la pared casi todas las fotos, incluidas las de su familia, las de la boda de su hijo y la foto en que él, Bashir, estaba de pie junto a Sadam. Había cristales rotos por el suelo, cerca de las ventanas del cuarto de estar, que tenían grandes boquetes: «Por el bombardeo», dijo. Me llevó a la cocina, donde las puertas de la nevera estaban abiertas de par en par. Antes de la guerra la había vaciado de su contenido y había regalado a sus vecinos todo lo que tenía en el congelador. Hacía dos semanas que no había electricidad en Bagdad, y la casa estaba a oscuras.

Cruzamos la trasera de su casa para ir a su taller, que estaba en un anexo, más allá de un pequeño espacio al aire libre. Su taller de pintura se encontraba en el piso de abajo. Había una librería grande llena de libros de arte —me fijé en uno sobre iconos rusos y en otro sobre Max

Ernst— y tratados de medicina. En el suelo había cubos llenos de pinceles y pinturas. Delante de su escritorio, un amplio lienzo sobre un caballete. La pintura era suya y databa de 1980, dijo. Representaba a una mujer desnuda y reclinada, de nalgas voluptuosas, que estiraba el brazo para agarrar a un pájaro. Sobre ella, de pie, había un hombre. Era una reminiscencia de *El sueño* de Rousseau. De la pared colgaba un recorte enmarcado de una revista. Mostraba a Bashir sonriendo al lado de la cama de un paciente. Este era un técnico húngaro que trabajaba en Irak y había perdido un brazo en un accidente laboral. «Fue la primera reimplantación de un miembro que tuvo éxito en Oriente Próximo», dijo con orgullo. Por esa operación fue seleccionado entre los más distinguidos médicos del año e invitado a conocer a Sadam Husein. El dictador les había regalado un coche nuevo a cada uno. Me dijo que fue la primera y única vez en que aceptó un regalo de Sadam.

Subimos a otra sala donde guardaba una serie de cuadros enmarcados y algunas esculturas de terracota. La mayoría eran cuervos y cabezas humanas, muchas de ellas desfiguradas por formas surrealistas. Me enseñó una estatua de un cuervo con el pico abierto y otros tres picos saliendo del buche.

—Esto expresa para mí la necesidad de gritar. A veces sientes que por mucho que grites no es suficiente.

Otra escultura era un par de cabezas juntas, una masculina y otra femenina. La del hombre tenía los ojos cerrados y la de la mujer abiertos. Debajo de ellos había un cuervo esculpido en la arcilla. Dijo que esta obra se la había inspirado una pareja de amigos que él conocía y que se habían mantenido muy unidos durante muchos años, pero luego, inexplicablemente, se habían divorciado. La mujer le había confesado más tarde que nunca había podido dormir en sus años de casada, que se los había pasado insomne, pensando. La obra, dijo Bashir, simbolizaba el dilema de aquel matrimonio. En cuanto al cuervo, era el que «guardaba los secretos», un mecanismo que utilizaba para describir el abismo tácito que separaba a la pareja.

Cuando abandonamos el barrio, un vasto enclave residencial de casas pardas, desiertas, la mayoría viviendas modestas pero confortables, de una sola planta y jardines tapiados, Bashir me dijo que aquellos terrenos los había comprado para sus socios el Sindicato Médico de Irak en los años sesenta. Dijo que en aquella época era una zona desértica y quedaba muy a las afueras de Bagdad. Los médicos que querían vivir allí podían comprar parcelas y construir casas subvencionadas con sus cuotas del sindicato. Muchos habían vendido sus parcelas desde entonces y otra gente se había afincado en el barrio, pero en él seguía habiendo muchos médicos y seguía siendo un vecindario de sólida clase media. Salimos a la carretera principal. Señaló en el otro arcén una hilera de chalets de nuevo rico, del nuevo estilo babilónico patrocinado por la camarilla de Sadam, casas chillonas, con fachadas ostentosas, decoradas con cúpulas, columnas enormes y puertas gigantescas. Era un barrio nuevo y había otras muchas mansiones a medio construir en el descampado situado detrás de las casas que bordeaban la carretera.

—Todas esas casas —dijo Bashir— son de los guardias de Sadam Husein.

El personal del Hospital Al Wasati recibió a Bashir con sorpresa y una veneración característica. Sunduz lo seguía con ojos de adoración y luego salió disparada para prepararnos un poco de té. El vestíbulo estaba lleno de camas ocupadas por hombres y chicos heridos, casi todos con lesiones muy sangrientas. Reparé en un niño con un brazo recién amputado. Supimos que era una de las víctimas de los últimos bombardeos de los americanos, la semana anterior, pero Bashir dijo que casi todos los demás eran saqueadores heridos cuando los pillaron robando o a causa de tiroteos entre ellos. Le disgustó el espectáculo y me dijo irritado que no quería quedarse allí mucho rato.

—Un hospital de cirugía plástica, lleno de ladrones —dijo, con una ironía amarga. Entramos en su despacho, de cuya pared habían retirado el retrato de Sadam. Un rectángulo amarillo delataba el lugar donde había estado colgado en la pared verde claro. El busto del dictador había desaparecido de su mesa.

Sunduz nos sirvió el té. Había dormido en el despacho desde el estallido de la guerra; su camastro, en un rincón, estaba hecho con esmero. Bashir me dijo que le preocupaba el futuro de Sunduz porque no sabía si él podría seguir trabajando en el hospital. Había gente allí que estaba celosa de la estrecha relación de Sunduz con él. Tendría que ver qué podría hacer por ella.

Bashir charló con Waleed y otros miembros de su personal y preguntó por algunos de sus pacientes, pero parecía incómodo y con ganas de marcharse. Su cuñado, Ahmed, apareció en la sala de espera. En teoría había salido a inspeccionar su negocio, un taller de muebles por encargo, pero tuve la impresión de que seguía a Ala Bashir por toda la ciudad como un ángel custodio. Le pregunté por su tienda. Me dijo que había estado allí y que todo estaba en orden. No la habían saqueado; había tomado la precaución de retirar los muebles de la sala de exposición antes de que la guerra llegara a Bagdad. Pero dijo que iba a mantenerla cerrada por el momento. No tenía sentido abrirla porque nadie iba a comprar nada. Se encogió de hombros. Cuando salimos del hospital, Abu Ahmed se subió a su coche y nos siguió hasta casa.

La última vez que Bashir había visto a Sadam Husein fue diez semanas antes, por el tiempo en que Colin Powell estaba exponiendo la causa contra Irak ante la ONU y el rey Abdulá de Jordania intentaba que Estados Unidos ofreciese a Sadam un refugio seguro en un país árabe.

—Sadam había venido al hospital a visitar a su tía, gravemente enferma —dijo—. Me preguntó qué tal estaba yo y cómo iba la construcción del nuevo Centro Sadam [una clínica de cirugía plástica].

Sadam sorprendió a Bashir mirándole un nevus, un lunar, que le crecía en la mejilla izquierda.

—Habíamos quedado en extirparlo, meses antes —dijo Bashir—, pero pospuse la operación. Entonces había dicho: «Si lo hago ahora, dirán que tengo cáncer o que me estoy haciendo la cirugía estética, y habrá muchos rumores». Aquella vez dijo: «Veo que lo está mirando; lo extirparemos cuando este problema (se refería a la guerra) esté solucionado». Me pareció cansado. Y también envejecido, y, de hecho, a juzgar por el estado de su piel y las arrugas de las manos, creo que en realidad era mayor de lo que admitía. Oficialmente había nacido en 1937, pero creo que era más viejo. La mano de una persona puede revelar muchísimo sobre su verdadera edad.

Volví a presionarlo sobre su relación con Sadam Husein. Le pregunté si alguna vez le había preocupado lo que la gente pensara de su proximidad con el dictador.

Él admitió que la constante adulación por parte de Sadam le resultaba incómoda y no le había favorecido en nada.

—Aquella atención excesiva era mala para mí —dijo—. Yo no les gustaba a sus guardias ni a su hijo Uday. Sabía que yo no los apreciaba. Pero sabían que él me respetaba y por eso tenían miedo de ponerme la mano encima.

Añadió que había pensado en abandonar Irak «muchas, muchas veces».

—¿Por qué no lo hizo? —insistí.

—Bueno, pensé que este es mi país y también que lo más fácil es marcharse...

Me impacienté. Le dije que por su propio bien tenía que afrontar con sinceridad su relación pretérita con Sadam. Me escuchó, asintiendo. Dijo:

—Le diré la verdad. No sé si Sadam Husein, pero toda la gente que lo rodeaba cometió un error. Todos lo ayudaron a convertirse en lo que era. Lo crearon los que lo rodeaban y lo alababan, en especial los dirigentes del partido Baaz. Y sí, claro, él no paró aquello, lo cual... fue su error, creo... Un día le pregunté por todas las fotos de él que había por todo Irak, ya que, de hecho, como usted sabe, muchas son feas... Eso no lo desanimaba. Me dijo: «Que expresen sus sentimientos». Pero lo esencial es que los que fomentaron aquel culto de personalidad fueron los dirigentes baazistas y los servicios de seguridad... En los últimos años creo que Sadam llegó a un punto en que se veía no como un presidente, sino como un jeque, el jefe de una tribu, y actuaba como tal y prescindía de las leyes del país. Creía que era el padre de la nación y que lo que él decía y hacía era lo correcto.

—¿Qué pensaba realmente de Sadam? —le pregunté—. ¿Era un buen hombre, en el fondo? ¿Le respetaba usted?

Bashir lo sopesó un largo rato.

—Para ser sincero, creo que era una víctima de sí mismo y de las personas que lo rodeaban. Es como cualquier otro ser humano. Tiene cosas buenas y cosas malas. Pienso que el que estas características resalten más o menos depende de las circunstancias y del entorno. Creo que su craso error fue permitir que el poder supremo que poseía prevaleciese sobre las demás cosas buenas. Llegó al poder siendo joven, andaba por la treintena. Era jovencísimo, y disfrutar de un poder absoluto en un país rico como Irak no es tarea fácil. Había que reprimir al pueblo. Era analfabeto, dominado por ideas y pensamientos supersticiosos. Parecía como si el país viviese fuera del siglo XX, y aún hoy muchos piensan como si vivieran todavía en el siglo XVII. Así que no creo que sea justo juzgar a este hombre como si fuera un europeo occidental o un norteamericano. No poseía un conocimiento científico. Nunca vivió en Occidente.

Bashir se relajó cuando lo interrogué sobre las costumbres personales y la vida cotidiana de Sadam. Dijo que en su casa se vestía de sport. Llevaba vaqueros o una *dishdasha* iraquí.

—Nunca dormía en la misma casa varios días seguidos y procuraba no seguir pautas fijas. Jamás pernoctaba en los palacios, como cree todo el mundo. Solo iba a visitarlos y para estancias cortas. Siempre andaba de un lado para otro. Los últimos años, para pasar el tiempo, recibía a gente. Leía todos los periódicos y leía libros, sobre todo de política. En los últimos años leía todo lo que se escribía sobre él y en los dos últimos escribió tres libros. Los escribió él y luego se los dio a alguien para que los puliera. Y salía siempre en la televisión, hablando durante un largo rato de cualquier tema, incluso de nimiedades. A mí esto no me parecía muy juicioso. Un día le dije: «No sé cómo puede hablar tanto tiempo sobre temas tan triviales». Me miró. Creo que no le hizo mucha gracia. Dijo: «Desde la época que pasé en la cárcel, cuando leí mucho, tengo un montón de ideas sobre cosas».

—¿Sadam le da pena ahora?

—Bueno, me esperaba que fuese derrocado, si no este año, el siguiente. Si no por los americanos, por los iraquíes. Porque el régimen estaba corrompido de arriba abajo. Debo decir, sin embargo, que no estaba de acuerdo con que sus guardias y sus familiares abusaran de su situación de privilegio. Pero al final hicieron lo que hicieron. Nadie se atrevió a hablarle de la corrupción de Uday, por ejemplo. Uday no solo era violento; era un criminal. Un día mandó a un hombre que viniera a llevarse uno de los ascensores de nuestro hospital para trasladarlo al suyo, el Hospital Olímpico, el cual lo había usurpado, robado al Estado, sin que su padre lo supiera. Lo convirtió en un centro privado, para ganar dinero. Y trajo a cirujanos franceses para que operasen para él allí. Pero, como no tenía equipo para que ellos trabajaran, empezó a robar instrumental de otros hospitales. Yo me opuse cuando intentó coger material del nuestro. Un día vino su ayudante y me dijo: «Me gustaría llevarme su ascensor, que no funciona, al hospital de Uday». Me negué. Dije que iban a arreglarlo y que lo necesitábamos para nuestro centro. Uday se puso como un loco. Envió de nuevo a su ayudante, que me amenazó. El presidente se enteró y creó un comité para investigar cómo Uday había conseguido su hospital. En las oficinas de administración del palacio vi una carta de Sadam Husein diciéndole a su hijo que se abstuviera de cometer estas acciones y que no tocara propiedades públicas. «Con tus actos, la gente no se vuelve solo contra ti, sino también contra mí». Pero al final no se hizo nada y el Hospital Olímpico incluso fue declarado oficial. Permitir que Uday hiciera lo que hizo fue uno de los mayores errores de Sadam, porque humilló a muchos iraquíes, a muchos funcionarios. Creo que Uday fue en un 90 por ciento el problema de Sadam.

Le pregunté si lamentaba haber sido su médico.

—Como médico tienes que tratar tanto a personas buenas como malas —contestó—. Es como si fueras electricista. Haces tu trabajo de médico y ya está.

—Pero usted sabía lo que había hecho...

—¡Sí! —dijo Bashir—. A veces, incluso, me decía a mí mismo: «Es un criminal». Y dialogaba conmigo mismo: «¿Este es el mismo hombre que hace esas cosas?». Llegué a la conclusión de que debía de poseer una doble personalidad... Un día me pidió que tratara a un chico quemado cuya madre había recurrido a él en busca de ayuda. Era una quemadura antigua en la cara, que estaba muy desfigurada. Entonces me llamó, me describió al chico y me preguntó qué podría hacer por él. Y se echó a llorar. ¡En serio! Sacó pañuelos de papel para enjugarse la cara. Lloraba de verdad.

Solo una vez, dijo Bashir, había presenciado la «otra» personalidad de Sadam.

—Un día me pidieron que fuera a verlo. Eran alrededor de las diez de la mañana. Estaba cambiado. Normalmente tenía la piel muy pálida, ya sabe, de un color como blanco amarillento, pero entonces la tenía morena, azulada y congestionada, y parecía muy cansado. Lo saludé. No sonrió; no dijo nada. Yo había ido a examinarlo por una operación en el pie que le había hecho unos días antes. Por lo general me saludaba, me preguntaba por la familia y me decía que me sentase y charlábamos de cosas normales, quizá tomando un té... Pero aquel día no hubo nada de eso. Así que tuve que abordar la faena de inmediato. Lo único que dijo fue: «Estoy muy cansado; quiero irme a dormir». Más tarde, el mismo día, comprendí qué pasaba. Habían ejecutado a un importante jefe del ejército. Puede que el propio Sadam participara en su interrogatorio. Se llamaba Kamal Sachet. Lo acusaron de traición. Fue allá por 1998... Ya sabe usted que hubo veces en que mandaba ejecutar a alguien y más adelante se descubría que las acusaciones habían sido falsas, que se habían equivocado, y la persona pasaba de ser oficialmente un «traidor» a un «mártir». Estas cosas se resuelven con sigilo, y la familia suele recibir disculpas y le pagan una indemnización y una prestación completa. Si el hombre es un traidor, la familia no percibe nada, ni siquiera una pensión.

Ala Bashir manifestaba un cierto orgullo al evocar las palabras elogiosas de Sadam hacia él. No pude menos de pensar que el halago continuo del dictador ejercía un efecto seductor. Cuando pregunté a Bashir qué creía que Sadam veía en su arte, dijo:

—No lo sé. Nunca lo dijo... Siempre lo ensalzaba diciendo que era «auténtico». Decía: «No lo entiendo, pero es auténtico y sincero, y creo que es el mejor arte de este país». Una vez llegó a afirmar: «En la historia de Irak». —Bashir soltó una risita ambigua y añadió—: Y nunca nunca me obligó a hacer nada. Pero me pedía muy educadamente que hiciera algunas cosas. Por ejemplo, en 1991 me contó que había tenido un sueño. Dijo: «He soñado que paseaba por un bosque. De repente veo una serpiente enorme que se precipita hacia mí. Mis guardias y yo la matamos. Le corto la cabeza y unas gotas de su sangre me manchan la ropa». Me dijo que le gustaría que yo pintara un cuadro sobre aquel sueño.

Bashir accedió a pintarlo, pero, al igual que con la *Épica de Sadam*, más adelante, se tomó su tiempo.

—Al cabo de seis meses nos vimos un día y me preguntó por el cuadro y le dije que solo había hechos unos apuntes, pero la verdad era que no me gusta hacer retratos ni hacer lo que alguien me dice que haga. Luego, en 1996, lo estaba visitando por una dolencia en la piel y me dijo: «Oiga, Ala, ¿qué pasa con ese cuadro? Siempre me dice que estará dentro de dos o tres meses y llevamos esperando un largo tiempo; de esto hace cinco años». Parecía un poco enfadado. Le dije: «Casi tengo el boceto terminado». Total, que lo terminé y pedí a un amigo, un buen pintor, que me ayudara a ejecutarlo. De hecho, lo pintó él y yo le di los últimos toques. Se lo entregué a Sadam y se puso muy contento. Lo colgó en el Museo del Líder Triunfal, donde estaban expuestos todos los regalos que le habían hecho.

Le conté mi visita al museo y que todas las obras de arte que contenía habían sido robadas o destruidas. Asintió en silencio.

Bashir me dijo que salvo aquel cuadro sobre el sueño nunca había pintado un retrato de Sadam Husein. Creía que era el único artista iraquí que podía afirmar tal cosa. Culpó del frenesí de retratos y esculturas del dictador a los aduladores que lo rodeaban. Dijo que Sadam no elegía los objetos de arte ni la decoración de sus palacios.

—Los escogía la gente de la oficina de administración, la que se encargaba de amueblar los palacios. Se los compraban a un montón de artistas iraquíes... La única vez en que me pidieron mi opinión fue sobre el palacio Salaam, el de las cuatro cabezas, donde lleva a modo de sombrero la mezquita Al Aqsa: la Cúpula de la Roca. Cuando la estaban acabando, los responsables de la administración del palacio me dijeron que el presidente había ido a verlas y dijo que no le gustaba la forma en que estaban insertadas en el edificio, y añadió: «Que venga Ala. Quiero su opinión».

»Se la dije. Me parecía una basura. Habían puesto las cuatro cabezas asomando por el borde del edificio, y estaban situadas de tal manera que había que sostenerlas con barras de metal. ¡Parecía un cartel publicitario de Mitsubishi o algo parecido! Y habían colocado unas espadas cruzadas de bronce y unas palmeras del mismo metal a lo largo del tejado, entre las cabezas. Era algo muy feo. Y dije que todo aquello no casaba con el palacio y recomendé que lo retirasen, incluidas las cabezas. Así que una semana después el tipo del palacio me contó que el presidente había ido a verlo y que escuchó lo que yo había dicho y dijo:"Vale, quizá tenga razón". Ordenó que retirasen las palmeras y las espadas, pero dejó las cabezas.

Bashir lanzó una de sus risas ambiguas.

Unos días más tarde lo encontró bastante preocupado. Era algo inusual, pues solía ocultar muy bien sus sentimientos. Le pregunté si ocurría algo malo. Asintió. Me dijo que había estado viendo el canal Al Arabiya en la televisión vía satélite de su sobrino y que había visto una filmación del interior saqueado y devastado del Centro de Artes Sadam, la galería nacional de Bagdad. Casi dos docenas de sus mejores cuadros figuraban en la colección permanente de la galería. Vio que sus obras habían sido acuchilladas hasta quedar hechas jirones, y esto lo había deprimido.

—Me he ejercitado en no entristecerme porque todo en la vida es pasajero. Pero la destrucción que he contemplado me confirma lo ignorantes que son los seres humanos. Básicamente no estamos muy lejos de la Edad de Piedra.

Mencionó que Barzan al Tikriti era propietario de doce cuadros suyos y supuso que también habrían desaparecido, pues la casa de Barzan había sido asimismo saqueada e incendiada.

Ala Bashir me refirió un sueño que había tenido hacía unos ocho años.

—Había un cielo y un desierto inmensos. Miles de personas vagaban dispersadas por aquel desierto. Estaban desnudas. Todas se hallaban de pie lavando un cuerpo desnudo que estaba tumbado delante, en una mesa. Yo me situaba detrás de ellas. En primer plano veía a la gente que cavaba en el suelo, buscando cadáveres. Los desenterraban y sacaban los cuerpos de sus seres queridos. Todos lloraban, los hombres, las mujeres y los niños, y trataban de subir los cuerpos a una mesa para lavarlos. Yo estaba muy asustado. Después yo también excavaba, buscando a mi padre, y tenía mucho miedo y el corazón me latía muy rápido y tenía el pecho tenso. Me preguntaba cómo estaría su cuerpo. Al final lo encontré. Era un puro esqueleto cubierto de piel, pero lo reconocí y lo llevé hasta una mesa para lavarlo. Entonces mi mujer me sacudió diciéndome que despertara. Vi que yo tenía las mangas remangadas. Sudaba y estaba exhausto. Al parecer había gritado y me había remangado para no salpicarme mientras me lavaba. Aquel sueño se me quedó grabado en la memoria.

No lo sé, pero quizá fuese una visión actual de Irak. Personas que buscan por todas partes a sus seres queridos.

Dijo que su cuñada había recorrido todo Bagdad con su hija, ayudándola a buscar a su marido, desaparecido hacía una semana. Dijo que al final lo habían encontrado, un par de días antes, enterrado en el arcén de una carretera.

Al llegar una tarde a casa de Soheila, encontré a toda la familia congregada en el camino de entrada: parecía afligida. Huellas de manos ensangrentadas cubrían uno de los coches aparcados. Me explicaron que habían matado a una oveja en agradecimiento a Dios por un milagro que había ocurrido. El ritual y las huellas de manos eran una antigua tradición iraquí. Soheila me señaló la ventanilla trasera del coche y la ventanilla izquierda del asiento de atrás, donde había varios orificios de bala. La tarde anterior, una hermana de Soheila, su marido y su hijo pequeño habían tomado el automóvil para ir a un mercado cercano. El hijo, que tenía unos siete años y era muy bajo para su edad, se había sentado en el asiento trasero, detrás de su padre. De pronto sonaron disparos. Al parecer se habían metido directamente en medio de un tiroteo entre dos bandas de delincuentes a causa del botín de un atraco a mano armada. Una bala había entrado en el coche, a unos pocos centímetros de la cabeza del niño, y había salido por la ventanilla trasera. Si no hubiera sido tan bajito, la bala le habría volado la coronilla. (Unos días después, a un sobrino por matrimonio de Soheila, un hombre a quien yo había conocido en una de mis visitas a la casa, lo mataron en un incidente similar).

Ala Bashir estaba cada vez más preocupado por el caos que continuaba reinando en Bagdad y por la manifiesta desidia o incapacidad de los americanos para restaurar el orden. Le inquietaba en especial la creciente presencia pública de los fundamentalistas musulmanes, a los que Sadam siempre había conseguido mantener silenciados. Bashir dijo que había visto imágenes de televisión vía satélite de una manifestación contra los americanos que se había celebrado la víspera (pocos días después de que derribaran la estatua de Sadam, esto se había convertido en un suceso cotidiano en la plaza Fardus), y en la que la gente gritaba: «¡Islam! ¡Islam! ¡No América! ¡No Sadam!». Dijo que estos lemas lo habían alarmado mucho.

—Para los americanos comienza ahora la segunda etapa. La primera fue derrocar el régimen de Sadam, y eso está hecho. Zanjado. Ahora viene lo siguiente, extender su influencia sobre los diferentes sectores de la sociedad iraquí. La cuestión es que Sadam fue muy duro y también muy agudo, y hasta él tuvo problemas con las distintas etnias y sectas de Irak. Entonces ¿cómo van a abordarlas los americanos? Como vienen con el lenguaje de la libertad y los derechos humanos, no pueden ser demasiado violentos o los acusarán de ser iguales que Sadam. Lo que me preocupa es que no parecen tener un plan. ¿Por qué han permitido que todo se desmande? Llevamos casi un mes sin orden ni seguridad. Jon, la chusma campa por sus respetos en Bagdad y nadie les hace frente. Es muy extraño.

La mañana del 20 de abril, cuando Ala Bashir y yo hablábamos en el cuarto de estar de la casa de su hermana, aparecieron los americanos. Una de sus sobrinas se presentó en la puerta para decirle que había alguien en la puerta de la calle. Bashir se disculpó y recorrió el camino de entrada hasta la verja. Me asomé a la ventana y vi a tres hombres blancos, occidentales, de pie junto a un SUV con una pegatina de «TV». Pero no eran periodistas. Uno de ellos vestía pantalones caqui y una especie de guerrera de combate negra, y un artilugio en la cabeza con un micrófono incorporado, formando una curva delante de la boca, y empuñaba un fusil de asalto. Caminaba de un lado para otro, rondando por la verja abierta del jardín y vigilando la calle mientras los otros dos hablaban con Bashir. Los tres parecían americanos. Usaban calzado deportivo y el tipo de ropa informal que llevan los americanos. Uno tenía barba. No oía lo que decían porque estaban fuera de mi alcance auditivo. Al cabo de unos veinte minutos se marcharon y Bashir volvió a entrar en casa.

Parecía bastante emocionado. «Era Charles», dijo. Charles era el nombre de un americano amigo de su primo Faleh, residente en Estados Unidos. Fue a Faleh a quien Bashir hizo la segunda llamada con mi teléfono Thuraya después de nuestro reencuentro. La última vez que yo había visto a Bashir, durante el bombardeo de Bagdad, me dijo que su primo le había llamado para aconsejarle que intentara abandonar la ciudad si podía. Pero para entonces ya era demasiado tarde. Hasta que lo encontré en casa de su hermana, Bashir no había tenido más contactos con su primo ni con nadie fuera de Irak.

Después de hablar con Faleh, Bashir me lo había agradecido efusivamente y dijo que su primo también me lo agradecía mucho y que quería que yo lo llamara para darme las gracias personalmente. También quería saber si yo no tendría inconveniente en que algunos amigos suyos, «gente que él dice que quiere ayudarme», contactaran con Bashir a través de mí. Más tarde yo había telefoneado a Faleh. Estuvo muy cortés y dijo que estimaba mi ayuda y que lo que quería por encima de todo era asegurarse de que su primo estaba a salvo. «Hay otras personas que aprecian a Ala y que quieren ayudarlo», me dijo. Se pondrían en contacto. Al día siguiente, estando yo con Bashir, recibí una llamada de un americano que dijo ser Charles y que preguntó por Ala Bashir. Le pasé el teléfono. Después, Bashir me contó que conocía a Charles de varios viajes que había hecho a Estados Unidos, y que era un amigo de Faleh al que había visto un par de veces en reuniones sociales.

Charles le explicó a Bashir que estaba en Kuwait y que pronto llegaría a Bagdad. Que él y «otras personas» que ya estaban en la ciudad querían visitarlo. Bashir dijo que también le había preguntado si yo podía mandarle por medio de mi Thuraya las coordenadas del GPS de la casa de la hermana de Bashir, para que pudiese localizarlo. Se las mandé. Unos cuatro días después, Charles y sus dos amigos aparecieron.

—Bueno, ¿quién es Charles? —le pregunté a Bashir, cuando volvió a entrar en la casa.

—Me ha dicho que trabaja para una compañía petrolífera —contestó. Le lancé una mirada escéptica. La captó y dijo—: Pero supongo que probablemente son de la CIA.

Animado, comentó que le había sorprendido reconocer al segundo hombre; no el que llevaba un fusil, sino el otro, el de paisano.

—Vino a mi exposición en Nueva York, en 1998 —dijo. Bashir había expuesto su obra aquel año en la Asamblea General de la ONU, patrocinado por la delegación iraquí, y le habían permitido viajar a Estados Unidos para asistir a la inauguración. Con aire perplejo, añadió—: Pero lo curioso es que él siempre estaba con los iraquíes de la ONU. Supuse que trabajaba con ellos. Al principio no lo he reconocido porque ahora lleva bigote. Habla un árabe perfecto, con acento libanés.

Le sugerí que el segundo hombre era posiblemente un agente de inteligencia infiltrado en la delegación iraquí ante la ONU. Lo consideró y dijo:

—Sí, es posible. Recuerdo que, unos seis meses después, dos iraquíes de la embajada pidieron asilo político.

Entonces me dijo, riéndose, que había invitado a entrar a los americanos, diciendo que dentro había un amigo, otro americano, y me había mencionado por mi nombre. Charles declinó la invitación diciendo: «No, gracias, nos quedamos aquí». Le habían dicho a Bashir que solo habían ido a establecer el contacto inicial, de parte de su primo, y a comprobar que se encontraba bien. Le dijeron que querían haber acudido antes, pero que habían estado muy ocupados. Y añadieron que volverían más tarde, esa misma noche.

—Me han dicho que querían conocer mi opinión sobre una serie de cosas —añadió. También le habían preguntado si podían hacer algo por él—. Les he dicho que les agradecería mucho si pudieran ayudarme a visitar a mi familia en Inglaterra. —Allí estaban dos de sus tres hijos. Su mujer y su hija seguían en Ammán, pero tenían visados para el Reino Unido—. Me han dicho que hablaríamos de eso y de muchas otras cosas cuando volvieran.

Le dije a Bashir que sospechaba que ahora nuestros días juntos estaban contados. Si sus visitantes eran de la CIA, como yo creía, tendrían intención de interrogarlo y sin duda de pedirle su ayuda para encontrar a Sadam Husein y a otros fugitivos iraquíes. Se rio, descartando la idea, y me aseguró que, fueran quienes fuesen los americanos, él era un hombre autónomo y no podían impedirle que hablase conmigo. Yo era pesimista y se lo dije.

No me equivocaba. En cuanto empezaron los encuentros de Bashir con los americanos —a veces en casa de Soheila, pero normalmente en su propia casa de Al Yihad y en otros lugares sin especificar—, nos veíamos con menos frecuencia y él se volvió cada vez más impreciso sobre el contenido de sus conversaciones con ellos. Dejé de sondearle porque lo azoraba. Estaba convencido de que le habían dicho que no hablara conmigo. Al cabo de unos días, sin embargo, le pregunté sin rodeos qué querían de él. Me dijo que no habían sido muy concretos, pero que una de sus ideas era que podía serles útil para, por ejemplo, resucitar el dañado Ministerio de Sanidad iraquí. Bashir puso una expresión poco sincera y no pareció contento. Seguimos viéndonos, sin tirantez, para comer al mediodía con sus familiares y hablar de su vida pasada, su familia, Sadam y su visión de la vida. Cada pocos días íbamos a casa de Samir Jairi.

Tras la caída de Sadam, la casa de Samir se convirtió en una especie de Harry's Bar, lleno de amigos que iban y venían continuamente y andaban por allí chismorreando sobre los americanos y los sucesos más recientes, y también intrigando y rumiando sobre su propio futuro. La televisión estaba puesta a todo volumen, como de costumbre, y todos veían los canales de noticias vía satélite, alternando Al Yazira y Al Arabiya con la CNN y la BBC. Cada vez que Bashir y yo pasábamos por allí, Samir solía obligarnos a participar en comidas sobreabundantes de arroz y cordero, ensaladas, berenjenas y judías rojas cocinadas con diversas salsas, todo ello seguido de café y té y de más conversación. Por la noche había *arrak* o whisky.

Casi todos los amigos de Samir eran personas como él, nomenclatura del antiguo régimen, la mayoría miembros de muchos años del partido Baaz, oficiales del ejército o funcionarios del Ministerio de Asuntos Exteriores que de repente se habían quedado sin trabajo y se preguntaban qué les reservaría el porvenir. Uno de ellos era un hermano de Samir, un capitán de la fuerza aérea que había huido de Tikrit antes de que llegaran los marines y que aguardaba a que lo llamasen para reincorporarse al trabajo. Otro día fue un antiguo piloto de caza iraquí. Me habló de un amigo suyo que había estado en la cárcel y acababa de volver a su casa. Durante años había hecho de alcahuete o de una especie de proxeneta que proporcionaba mujeres a Uday Husein. Unos meses antes se habían peleado y Uday lo había castigado ordenando que le amputaran la punta de la lengua. El oficial me dijo que, increíblemente, su amigo empezaba a producir sonidos y a volver a hablar. Era difícil entenderle, pero cada día que pasaba hablaba de un modo más comprensible.

Otro de los visitantes asiduos de Samir era Muhamad Yaffar, un vecino suyo que hablaba muy bien inglés. Hombre tan parlanchín que resultaba irritante, era editor de publicaciones de comercio e industria y antiguo diplomático que se deleitaba en señalar todo lo que los americanos habían hecho mal desde su llegada. Solo vaticinaba calamidades para ellos en Irak. «El futuro es negro», me dijo Yaffar un día, con una sonrisita. Cuando le pregunté qué le hacía pensar esto, dijo que los americanos no sabían nada de la sociedad iraquí y estaban cometiendo muchos errores.

—Están sentados encima de una bomba de relojería —dijo, comentando el descontento creciente de los clérigos chiíes y el hecho de que los americanos no movieran un dedo para cortarles las alas. A renglón seguido, me dijo que al mismo tiempo el «nuevo Irak» ofrecía buenas oportunidades de negocios para personas con sentido común como él. Esperaba ampliar su empresa editorial y, si todo iba bien, hasta fundar una revista sobre las economías del Oriente Próximo. Le dije que aquello parecía contradictorio. Él sonrió y dijo algo sobre «la dualidad» del carácter iraquí.

—Es otra cosa que los americanos no comprenden —dijo, sonriéndome, como si se reservase un secreto que quizá divulgara más adelante.

Grandes bufidos de desdén brotaron de los labios de Samir y sus amigos, Bashir incluido, el día en que el ministro de Hacienda iraquí fue capturado y encarcelado por los militares americanos. Cuando el locutor de la CNN citó a los funcionarios de la Administración de Bush diciendo que confiaban en que esta captura contribuyese a detectar el rastro de los miles de millones de dólares que Sadam Husein presuntamente le había robado al pueblo iraquí y depositado en cuentas en el extranjero, Bashir se mofó:

—Ese hombre es un donnadie, un cero a la izquierda. No les va a revelar nada. ¿Se creen de verdad que Sadam Husein y su familia utilizaban a este hombre para esconder su dinero?

Dijo que todos aquellos asuntos los llevaban directamente miembros de la familia Husein o sus representantes personales.

El día en que los americanos capturaron a Barzan al Tikriti, a quien, en definitiva, no habían matado, y la televisión dio la noticia, Samir, exultante, gritaba: «¡Bravo! ¡Bravo!». Más tarde, cuando salí de su casa, me acompañó fuera. Cuando mi coche arrancaba, se colocó delante y nos hizo seña de que parásemos. Se acercó a mi ventanilla, se inclinó y me dijo en voz baja:

—Si los americanos quieren saber algo sobre ese hombre, dígales que estoy dispuesto a ayudarlos.

Samir había hecho muchas referencias a Barzan en los últimos días. Había murmurado que Barzan había sido su mejor amigo, pero que lo había traicionado y encarcelado sin ningún motivo, y que nunca se lo perdonaría. No dio más detalles. Pero, un par de días después de que me hablase fuera de su casa, conseguí que se sentase en un rincón tranquilo de su cuarto de estar, mientras Ala Bashir y otros amigos veían la emisión de Al Yazira, y me hablara con franqueza de Barzan y de su propia carrera en el Mujabarat.

Samir había nacido en Mosul, en 1951, y era hijo de un coronel de la policía. Había estudiado Derecho en Bagdad y se había doctorado en Derecho Constitucional en 1981. Para entonces también desempeñaba una actividad periodística, que él llamaba el otro gran amor de su vida, trabajando de redactor de un periódico de la capital. Justo antes de doctorarse, Barzan al Tikriti, que a la sazón era el jefe del aparato de inteligencia de Sadam, lo llamó para preguntarle qué proyectos tenía. Samir le dijo que quería enseñar en la facultad de Derecho de Bagdad.

—Me pidió que fuese redactor de una nueva revista en árabe, que se publicaba en París, llamada *Kul al Arab* (Todos los árabes), con una distribución internacional. El dinero procedía de la inteligencia iraquí, pero me dijeron que no iba a ser una organización iraquí, sino una publicación para todos los árabes.

Samir aceptó el puesto, se trasladó a París y trabajó de redactor jefe de la revista de 1983 a 1991.

—Fue un gran éxito; se distribuía en los países de lengua árabe.

—Samir sonrió, a todas luces orgulloso de su logro. En 1991, cuando estalló la guerra del Golfo, fue detenido por la policía francesa, acusado de espionaje. Lo tuvieron dos días retenido y luego lo deportaron a Irak.

Tras su regreso a Bagdad, Samir fue nombrado director del departamento de investigación del Instituto Presidencial, una rama del Mujabarat, donde su trabajo oficial consistía en redactar resúmenes de libros y publicaciones extranjeros para Sadam Husein, así como confeccionar análisis de política internacional para el presidente. Desempeñó este empleo hasta 1993, cuando Barzan, que por entonces era embajador de Irak en Ginebra, fue nombrado consejero político de Sadam. Samir empezó a trabajar de director de la oficina de Samir en el Ministerio de Asuntos Exteriores. Me dijo que su función principal era servir de enlace entre Barzan y el presidente. Permaneció en este puesto hasta 1998.

—Después Barzan volvió a Irak y empezaron los problemas entre nosotros. Quería que colaborase con él en un intento de crear una fuerza política contra Uday, el hijo de Sadam, al que odiaba. Uday se había casado con la hermana de Barzan y al cabo de solo tres meses la había abandonado. No quise mezclarme en su problema con Uday. Tenía esperanzas de llegar a ser el número dos de Sadam, lo cual no era realista. Después de sus hijos, Uday y Qusay, que eran los números dos y tres, había otras varias personas por delante de Barzan y más importantes que él. Debido a esto, en 1999 tuvo problemas conmigo y me mandó encarcelar. Estuve preso dos meses y cuatro días. Los hombres del presidente temían hablarle de mi caso; Sadam nunca lo supo. Por último, le dijeron a Barzan que debía liberarme porque no tenía acusaciones contra mí. Estuve en la cárcel del Mujarabat en Mansur y, a decir verdad, no se estaba tan mal allí. Me dieron una buena celda, con televisión vía satélite, y me dejaban volver a mi casa discretamente cada dos o tres días. Estas cosas eran las rarezas de nuestra dictadura, amigo mío.

Se rio con expresión cómplice, a la manera de un colegial que le cuenta a un amigo que ha hecho novillos.

Solo seis meses después de ser excarcelado Samir, Barzan lo invitó a asistir a una ceremonia por el fallecimiento de su mujer. Había muerto de cáncer dos años antes en Suiza, y conservaban su cuerpo en una cámara frigorífica allí mientras él preparaba un altar en su honor en Owja, el pueblo de la camarilla presidencial, cerca de Tikrit.

—Insistió en que yo acudiera —dijo Samir—.Yo no quería ir. Fui a hablar con mi padre, y por una vez, de las pocas que hubo en mi vida, seguí su buen consejo. Dijo que debía ir, que Barzan quería pedirme disculpas. Así que fui.Y ocurrió exactamente eso. Se disculpó.

Tras hacer las paces formalmente con Barzan, Samir reemprendió su trabajo en la oficina de investigación presidencial. Para entonces Barzan ya no tenía ninguna relación con ella. Entretanto, según Samir, Sadam había llegado a apreciar su tarea.

—El presidente me respetaba demasiado. Siempre leía todo lo que yo escribía y en tres ocasiones me mandó medio millón de dinares como recompensa por mi labor.

Ocupó aquel puesto hasta diciembre de 2002, cuando, en reconocimiento por sus esfuerzos, le dijeron que lo nombrarían embajador y lo destinaron al Ministerio de Asuntos Exteriores, donde trabajó de consejero de prensa de Naji Sabri al Hadithi.

Samir se jactó un poco del trabajo que había hecho para Sadam Husein. Sus análisis se centraban en las relaciones de Irak con Estados Unidos.

—No puedo enseñárselos ahora porque sigo siendo fiel al Estado, pero quiero decirle que escribí tres informes para el presidente el año pasado, y el más reciente solo hace tres meses. Le dije que los americanos atacarían Irak y que no teníamos ninguna posibilidad de ofrecer resistencia.

Pero el jefe de guardaespaldas y brazo derecho de Sadam, el general Abed Hamud, dijo Samir, se había negado a entregar los informes a Sadam.

—Como todos los demás, tenía miedo de decirle la verdad. Pregunté a Samir por qué estaba dispuesto a colaborar con los americanos en contra de Barzan.

—No es por nada de lo que me hizo —dijo, categórico—. Créame. Es porque mató a muchos inocentes cuando era jefe del Mujabarat.Y debe decirles esto a los responsables de Estados Unidos... Habría que llevarlo a Guantánamo; es un criminal. Mató a muchas muchas personas; no sé a cuántas con exactitud, pero fueron centenares.

—¿Personalmente?

—Estaba presente en las ejecuciones, sí.

—Entonces ¿cómo pudo usted trabajar para él y para Sadam, sabiendo lo que sabía sobre ellos y sus actos?

—La verdad, no tenía otra opción. —Samir me miró fijamente a los ojos y su tono de voz era suplicante—. Porque, desde el momento en que me conocieron, temía por mi familia, mi madre, mi padre, mis hermanos, mis hermanas y hasta mis primos. Si me iba del país, les harían daño. Y, si me quedaba aquí y no trabajaba para ellos, podrían matarme en cualquier momento. Créame, mataron a demasiada gente, Jon Lee.

Mientras que Ala Bashir nunca se había afiliado al partido Baaz, Samir era baazista y estaba muy orgulloso de serlo.

—Me afilié al partido en 1973, y hasta hoy creo en sus principios —me dijo—. Los principios de la unidad árabe, la economía socialista y la libertad. Pero nunca se han cumplido porque Sadam Husein tomó el poder en 1979, cuando asumió la presidencia. Hasta entonces había fingido que respetaba estos principios. Pero en 1979, cuando se hizo con el liderazgo del partido, ejecutó a más de veintidós personas, que eran los verdaderos dirigentes. Durante años, Sadam Husein ha dicho que el partido Baaz era la autoridad última en Irak. No era cierto. El poder lo tenía una sola familia, la suya, y utilizaba el partido para darse legitimidad. El partido pasó a ser como un aparato de espionaje; fue el papel que desempeñó en la sociedad iraquí. Sadam Husein creó la clase dirigente del partido como la única con autoridad social, pero en realidad nunca dio una oportunidad a los intelectuales que habían sido del partido en 1968. (La fecha de la revolución baazista). Dieron los puestos de mando a pobres diablos. En verdad, Jon Lee, los principios del partido Baaz son muy buenos para nuestra sociedad, defienden la libertad y el respeto a todas las religiones... Por eso tantas personas cultas, como yo, se hicieron baazistas en la universidad.

Me dijo que albergaba la ferviente esperanza de que los americanos vieran que los baazistas tenían un papel que desempeñar en Irak y que dejasen actuar al partido.

Una mañana, Ala Bashir, Samir y yo estábamos charlando sentados en la casa de Soheila cuando Sabah irrumpió en el cuarto de estar. Era una conducta insólita. Sabah solía esperarme fuera con su coche o en el jardín. Traía una carpeta llena de papeles y estaba muy agitado. Fue derecho hasta donde Bashir y le depositó la carpeta encima de las rodillas. Hablaba con un tono excitado. Tenía la cara colorada de emoción y levantó la voz. Oí las palabras «Taher» y «Mujabarat». Bashir hojeó sin inmutarse los papeles de la carpeta, como Sabah obviamente quería que hiciera. Samir parecía petrificado en su silla.

Sabah se acercó y se desplomó en el sofá que había a mi lado. Respiraba de un modo entrecortado. Me agarró del brazo y en su mal inglés me dijo que había comprado el expediente de su hermano desaparecido, Taher, a un funcionario del Mujabarat que vivía a la vuelta de la esquina de su casa. El agente estaba vendiendo las fichas de los presos y desaparecidos a sus familias. La de Taher le había costado cien dólares.

—Jon Lee —dijo, y se le quebró la voz—, mataron a Taher así, con soga.

Se rodeó el cuello con las dos manos. Sollozó un poco, pero logró contenerse y miró expectante a Bashir. Quería saber qué habían hecho con el cuerpo de su hermano, pero estaba tan abrumado que no podía leer los documentos como se debía. Bashir encontró enseguida la página correspondiente. La leyó en voz alta. Era el certificado de defunción. Dijo que Taher había sido ejecutado por ser miembro del partido comunista iraquí. Lo habían ajusticiado alrededor de un año después de haber desaparecido, pero el documento no decía dónde estaba enterrado su cadáver.

Sabah agachó la cabeza un momento. Luego se puso de pie, dio las gracias a Bashir, recuperó el expediente de sus manos y salió de la habitación. Bashir y Samir guardaron silencio.

Un día Ala Bashir cogió un libro de su biblioteca, *Los embalsamadores de Lenin*, y me pidió que lo leyera. Era un relato sobre la momificación de Lenin, escrito por un hombre, un judío ruso, que había ayudado a su padre a embalsamar el cuerpo y dirigía el laboratorio en el mausoleo dedicado a mantenerlo a perpetuidad.

A Bashir le había asombrado la similitud entre la Rusia de Stalin y el Irak donde él vivía.

—¡Es exactamente lo mismo, exactamente! —exclamó—. Me quedé asombrado.

Había en la portada una foto del cuerpo embalsamado de Lenin, y las que había dentro del libro mostraban la construcción del mausoleo en la plaza Roja de Moscú. En la década de 1920, se había celebrado un concurso arquitectónico para un nuevo mausoleo y el libro reproducía algunos de los proyectos presentados. A mí me pareció que había extraños paralelismos entre los fantasiosos dibujos para la *übermorgue* soviética y la brutal necromancia del monumento *Épica de Sadam* que Bashir había diseñado. Le pregunté si se consideraba en cierto modo el embalsamador de Sadam. Bashir me miró rápidamente y luego apartó la vista. Se rio, pero no dijo nada.

Explicó que había leído el libro cuando fue a Moscú a visitar el instituto de embalsamamiento. Había ido a verlo a petición de su amigo Barzan al Tikriti. Me amplió la historia que Samir me había contado de que Barzan conservaba desde hacía años el cadáver de su esposa en una cámara frigorífica en Ginebra mientras él le construía una especie de mausoleo en Tikrit.

—Hace dos años todavía no estaba terminado, y me dijo que ya se había gastado en él más de cinco millones de libras. Es increíble. Así que me pidió que considerase la idea de que fuera embalsamada por el instituto de Moscú. Su proyecto consistía en exponer a su mujer en el mausoleo, pero solo para la familia y amigos.

Dijo que no había sido fácil conseguir el permiso para visitar el instituto, que era uno de los edificios con más medidas de seguridad en el que había entrado nunca. En cada puerta había unos cerrojos que solo abrían llaves especiales. Las únicas personas que había allí eran unos pocos empleados. Me contó que lo habían llevado por un pasillo vacío hasta una cámara llena de cabezas humanas cortadas. En el sanctasanctórum le mostraron el cuerpo que estaban embalsamando. Los herederos de los embalsamadores de Lenin le explicaron que sobrevivían prestando servicios similares a rusos mafiosos. El plato fuerte de su visita fue cuando los embalsamadores apretaron un botón, se abrió una parte del suelo y ascendió una plataforma de las profundidades. Lenin estaba en ella, en su féretro de cristal. Cada cierto tiempo retiraban la momia de la plaza Roja y la restauraba el grupo de científicos encargado de preservarla para la posteridad.

Le pregunté qué había ocurrido cuando informó de su visita a Barzan al Tikriti.

—Le pareció demasiado caro —dijo Bashir. Según sus cálculos el embalsamamiento le habría costado unos cinco millones de dólares.

Al final de *Los embalsamadores de Lenin*, el autor conjetura que él y su padre se libraron de la muerte durante uno de los periodos más peligrosos de la historia moderna porque, irónicamente, estaban muy cerca de la fuente del poder atroz que destruyó a tantas personas. Eran útiles. Pregunté a Bashir si consideraba su relación con Sadam una colaboración autoprotectora similar a la de los embalsamadores de Lenin. Se le iluminó la cara, interesado por el tema.

—Es muy inteligente por su parte haber visto esto —dijo, con una amplia sonrisa. Mientras él seguía hablando, comprendí que su júbilo obedecía al malentendido de creer que yo había abrazado por fin sus creencias sobre el sigiloso oportunismo de los judíos y su plan antiquísimo de gobernar el mundo. Dijo—: El libro muestra que los judíos en todas partes, incluso en Europa, donde son ricos, tienen que ser útiles, ya sea deliberada o inconscientemente, para protegerse.

Intenté retrotraerlo a una conversación sobre los paralelismos entre su situación en el Irak de Sadam y la de los embalsamadores judíos de la Rusia soviética, pero no hubo manera.

—No hay comparación posible —dijo—. En primer lugar, yo procedo de una tribu muy fuerte aquí, y para la gente de Sadam habría sido difícil dañarme u hostigarme. Pero lo cierto es que me protegió de sus guardias el que Sadam me respetase tanto; me respetaba muchísimo.

Comentó que consideraba un extraño capricho del destino haber sido elegido para mantener durante dos decenios aquella insólita relación con Sadam Husein. Dijo que había guardado documentos, cartas y escritos, y que esperaba poder contar lo que había sucedido en su país a fin de que no volviese a ocurrir en ningún sitio.

—Es extraño que un sistema pueda llegar a ser tan malo que nadie, ni una sola persona, pueda cambiarlo.

Durante varias semanas después de la caída de Bagdad ante los americanos, la ciudad estuvo suspendida en un limbo singular entre su pasado y su futuro. No hubo un solo momento definitorio de catarsis nacional que supusiera una ruptura con el pasado. El derribo de la estatua de Sadam en la plaza Fardus había tenido un gran valor simbólico para quienes estaban en el extranjero y quizá en especial para los americanos, que presenciaron el suceso en la pantalla de sus televisores y creyeron que aquello significaba el fin de la guerra en Irak. Pero para la mayoría de los iraquíes, que sabían que Sadam había logrado esconderse y aún era capaz de infligir gran daño, la escena había sido en gran medida intrascendente. Entretanto los obligaban a observar, como espectadores pasivos, el pillaje y el vandalismo sistemáticos que imperaban en la capital. Sus liberadores, los americanos, lo contemplaban con tanta pasividad como ellos.

El mismo día en que el general Tommy Franks llegó a Bagdad y felicitó al presidente Bush por teléfono desde los jardines devastados del palacio presidencial bombardeado de Sadam, no muy lejos de allí bandas de saqueadores seguían rapiñando almacenes del Gobierno contiguos a la Feria de Comercio de Bagdad. Cargaban a cuestas sacos de cincuenta kilos de azúcar y té, los subían a automóviles y los vendían a precio de saldo a los conductores que pasaban. Vi a un burro muerto en la acera que llevaba al puente Yumhuriya sobre el Tigris. Me pregunté si sería el mismo al que había oído rebuznar a lo largo de la campaña de bombardeos. No lo había oído desde el final de la guerra.

Aquella noche, el Ministerio de Urbanismo, que ya había sido despedazado desde el aire y luego saqueado a conciencia y parcialmente quemado, por alguna razón empezó a arder de nuevo. Al atardecer, de sus ventanas superiores brotaba una columna de humo negro. A la mañana siguiente, al cruzar por el puente Yumhuriya al lado occidental de la ciudad, vi suelto por la calle a un camello joven, de color rojizo. Caminaba junto a un parquecito donde una fuente con una escultura de bronce representaba a unas muchachas iraquíes portando jarras de agua. El camello, plácido, permanecía en la calle y un corro de gente le ofrecía hierba recién cortada para que comiese. Descubrí más tarde aquel mismo día que se había escapado del zoo Zawra Park, a cerca de un kilómetro y medio de distancia. Una unidad de marines estacionada allí alimentaba a los leones, el tigre y un oso. Un par de días antes, de madrugada unos saqueadores habían abierto con unas palancas las jaulas de casi todos los demás animales y los habían robado, salvo los monos, que habían huido al parque y se habían afincado en los árboles.

Una noche, la señora Sabah nos envió una comida iraquí especialmente cocinada para Paul y para mí. Sabah la recogió en su casa y la trajo al hotel. Entró y depositó las ollas de comida. Después, de repente, empezó a berrear como un niño. Las lágrimas le rodaban por las mejillas y lloraba a pleno pulmón. Al llorar su cuerpo se estremecía, sacudido por los sollozos, mientras él boqueaba en busca de aire. Una y otra vez clamaba el nombre de su hermano Taher. Lo abracé y lo consolé hasta que se calmó.

El hotel Al Rasheed se había salvado, a pesar de todo. Tras un día de saqueos, los americanos se instalaron en él, lo acordonaron y lo custodiaron con tanques. A Sabah le complació mucho esto, aunque ya no pudiese trabajar allí. En su excitación, se le escapó que el servicio de automóviles del Al Rasheed, la empresa para la que había trabajado, la dirigía el Mujabarat. Durante años había tenido que pagarles un porcentaje de su sueldo. «Ya no Mujabarat, ya no comisión». Se rio. Dijo que confiaba en ser autónomo por primera vez y, con un poco de suerte, en poder ahorrar lo suficiente para comprarse el coche de sus sueños, un GMC Suburban como los que usaban los equipos de televisión y los chóferes que trasladaban pasajeros a través del desierto desde Bagdad hasta Jordania.

Tras la caída de Tikrit, la ciudad natal de Sadam, mi amigo, el fotógrafo Thomas Dworzak, llegó a Bagdad en un jeep conducido por un par de kurdos iraquíes con los que había bajado desde el norte unos días antes, a medida que iban cayendo las ciudades controladas por el Gobierno. Thomas dio las gracias a sus escoltas, les pagó y les dijo que eran libres de regresar al norte. Ellos sonrieron y se quedaron sin saber qué hacer. Dijeron que como era tarde tendrían que buscar un hotel para pasar la noche. Les hablé de mi antiguo hotelito, el Al Safeer, en la calle Abu Nawas, que acababa de reabrir sus puertas. Parecían confundidos. Sabah les escribió unas indicaciones en un bloc de notas que ellos sacaron y que ostentaba un membrete oficial. Cuando les pregunté de dónde salía aquel bloc, se rieron muy contentos y dijeron que lo habían robado de la comisaría de Kirkuk. Miraron perplejos las indicaciones de Sabah y yo les expliqué entonces que, si se perdían por el camino, cualquiera a quien preguntasen les diría dónde estaba el hotel Al Safeer. Levantaron las manos en ademán de disculpa y aclararon:

—No hablamos árabe, solo kurdo e inglés. Y nunca hemos estado en Bagdad.

En ese momento pasó por allí una joven americana, Marla Ruzicka, a la que yo había visto por última vez después de la caída de los talibanes. En Afganistán, Marla había encabezado los esfuerzos encaminados a obtener indemnizaciones para los familiares de civiles muertos por bombardeos americanos. En una ocasión había organizado una manifestación rabiosa delante de la recién reabierta embajada de Estados Unidos, una proeza que le había conquistado un lugar en la lista negra de la sede diplomática. Se había hecho bastante conocida entre los periodistas y cooperantes occidentales por estas acciones y por su talento social para organizar bailes memorables. Marla dijo que había venido a Bagdad a hacer lo mismo que había hecho en Kabul, pero añadió, con una expresión medrosa, que los problemas de Irak parecían «mucho más complejos» que los de Afganistán. Me entregó su tarjeta. Decía: «Campaña de compasión por las víctimas de Irak». Bromeó con que también se hallaba en negociaciones con la dirección del hotel Palestina respecto a la apertura allí de un club nocturno y me despidió con un alegre gesto de la mano.

Cerca había unos marines que montaban guardia detrás de la larga alambrada de espino que habían desplegado cerrando las calles de acceso a los hoteles Palestina y Sheraton. Además de albergar a los cuerpos de prensa occidentales, que habían aumentado sus efectivos en centenares desde la caída de la ciudad y atraído a estrellas mediáticas como Dan Rather y Christiane Amanpour, los hoteles de las inmediaciones se habían convertido en los cuarteles generales interinos de los marines americanos en Bagdad. Estaban por todas partes. Sus envoltorios de plástico marrón con las comidas preparadas alfombraban el suelo, y sus Humvees, tanques y transportes de personal blindados estaban aparcados por toda la zona. Casi todos eran jóvenes y educados y decían «señor» y «señora» y pedían disculpas cuando les indicaban a los periodistas que entraban y salían de los hoteles acordonados que debían cachearlos. La mayoría de ellos también decía que estaban cansados y listos para marcharse a casa.

Nadie había visto a ninguno de los altos funcionarios del antiguo Ministerio de Información desde la noche anterior a la llegada de los marines. Circulaban muchas historias sobre sus últimas horas en el Palestina. Oí decir que, antes de huir, Uday al Taiee había recorrido con algunos de sus gorilas las cadenas de televisión más importantes y les había exigido enormes sumas de dinero en metálico. Según algunas versiones, se había llevado doscientos mil dólares. Se decía que su segundo, Mohsen, había intentado robar del aparcamiento del hotel el caro SUV confiscado del equipo francés de TV con placas de Kuwait, pero que habían frustrado su tentativa y luego lo habían perseguido a pie por la calle hasta que se quedó sin resuello y lo derribaron. En un último acto de cobardía, Mohsen había suplicado a sus perseguidores que lo soltaran, rompió ostentosamente su tarjeta de miembro del partido Baaz y se alejó solo y derrotado.

Sin embargo, localicé a varios de nuestros antiguos guías oficiales. Algunos se habían quedado y habían sido contratados por periodistas como guías y traductores por cuenta propia. Al parecer, habían realizado sin grandes apuros la transición de la era de Sadam Husein a la vida bajo la ocupación americana. Una mañana me topé con Salaar, mi primer escolta. Parecía una persona completamente distinta. Siempre había sido un poco nervioso y vestía de un modo muy conservador, pero ahora llevaba ropa informal y deportiva, vaqueros y unas gafas oscuras de sol muy en la onda. Me dijo que trabajaba para un importante periódico americano. Sonrió de oreja a oreja.

Un buen día, Karim, el barbero, apareció en el Sheraton. Había traído una carterita con todos sus pertrechos y quería cortarme el pelo y afeitarme. Me informó de que su barbería no había sido saqueada ni sufrido desperfectos y que su familia se encontraba bien, pero que ya no tenía electricidad para su maquinilla. Necesitaba trabajar y se había decidido a venir a buscarme. Al terminar conmigo, les cortó el pelo a Sabah y a Paul. Después le presentamos a otros amigos, varios de los cuales accedieron a que los afeitara y recortara el pelo, e incluso a someterse a sus atroces masajes faciales. Karim gustó a todo el mundo, recibió buenas propinas y estaba muy contento.

Algunos de mis conocidos iraquíes no sobrevivieron al final de la guerra. Uno de ellos fue Salaah, un cincuentón educado, divertido y apuesto. En tiempos había sido sobrecargo de la Compañía Aérea Iraquí, pero desde que la guerra del Golfo y las sanciones de la ONU habían obligado a la flota a quedarse en tierra se había convertido en chófer de periodistas occidentales. Yo lo había visto en el vestíbulo del Palestina la víspera de la caída de Bagdad. Estaba con su hijo adolescente y nos lo había presentado. Cuatro o cinco días más tarde oí que la familia de Salaah lo estaba buscando; no había vuelto a casa desde el día de la llegada de los marines. Unos días después, su mujer y sus hijas hallaron su coche en el arcén de la carretera. Salaah estaba dentro, muerto, al parecer alcanzado por un fuego cruzado entre los americanos y los fedayines. Según parece, había ido a recoger en una lavandería la colada del periodista británico para quien trabajaba en aquel momento, y se dirigía hacia el hotel para decirle que era demasiado peligroso seguir conduciendo para él y que se marchaba a su casa durante el tiempo que durase la guerra.

Una semana después de la caída de Bagdad, Sabah fue a su casa a ver a su familia. Cuando regresó al día siguiente daba la impresión de que había estado llorando. Informó de que todos sus familiares, su madre, su mujer y los niños, sus hermanos y hermanas, habían vuelto a casa y se encontraban bien. Pero habían matado a un sobrino suyo, camionero, al parecer alcanzado por un cohete o un bombardeo aéreo americano el día en que cayó la capital. O quizá la víspera. Llevaba varios días desaparecido. Encontró su cuerpo un vecino que circulaba en su coche y reconoció en el arcén el camión acribillado y lo vio a él tendido en la calle. Parecía haberse desangrado durante dos días a causa de sus heridas. En medio de aquel caos, nadie había parado para socorrerlo.

La guerra intestina*

Hace unas semanas, en un cuartel general de los rebeldes cerca de Alepo, un oficial del Ejército Libre Sirio (ELS) me enseñó el mapa de una ofensiva. Bosquejado a tinta sobre papel, marcaba los distritos de la ciudad y los identificaba con letras, lo cual facilitaba a los rebeldes controlar sus territorios en expansión.

—Estos están liberados —dijo el oficial, señalando los distritos C y B. Después señaló el A y añadió—: Hace media hora hemos llegado al centro de la ciudad, cerca de la Ciudadela.

La Ciudadela es la fortaleza medieval que domina la ciudad desde una colina. Le pregunté por el distrito D, una zona de más difícil acceso.

—Todavía no está en manos del ELS —respondió como si tal cosa.

Otro plano mostraba dónde se habían establecido los grupos rebeldes.

—Con este podemos saber cuántos hay y dónde están, y nos ayuda a decidir cuánta comida, medicamentos y otras provisiones debemos enviarles. —Sonrió ante las pruebas de la conquista y añadió—: Es un buen sistema.

Durante diecisiete meses, el presidente Bashar al-Ásad ha llevado a cabo una campaña demoledora contra los rebeldes que ha matado hasta a veinte mil de sus ciudadanos. Pero el mes pasado una serie de acontecimientos extraordinarios reestructuró la dinámica de la guerra. El 18 de julio, los rebeldes bombardearon un cuartel de inteligencia del régimen situado en la capital, Damasco, en el que murieron cuatro jefes importantes del ejército y de inteligencia. En la confusión, los rebeldes lanzaron ofensivas de envergadura y tomaron barrios de Damasco por pri-

---

* Publicado originalmente en *The New Yorker* el 20 de agosto de 2012. Traducción para esta edición de Raquel Marqués.

mera vez. Ásad desapareció —se dispararon los rumores de que había enviado a su familia a Moscú y él había volado a la costa mediterránea—, y decenas de miles de sirios aterrorizados huyeron en masa a los países vecinos.

Durante los siguientes días, los rebeldes también atacaron Alepo, la ciudad más grande de Siria y su centro de comercio, y no pararon hasta llegar a las murallas del centro histórico, un laberinto de callejuelas y pasadizos que albergan edificios antiguos, hoteles de lujo y una mansión que pertenece al diseñador de zapatos Christian Louboutin, un favorito de la primera dama siria. El casco antiguo de Alepo ha pervivido durante cinco mil años, pero no había garantías de que sobreviviera a esta guerra. En 1982, cuando el padre de Bashar al-Ásad, Háfez al-Ásad, aplastó una revuelta en la ciudad de Hama, murieron hasta treinta mil personas y la ciudad antigua quedó casi arrasada por completo.

Llegué en coche a Alepo la mañana del 26 de julio. El contraataque del régimen era inminente; según los informes, Ásad había enviado una enorme columna blindada para recuperar la ciudad, y en el sur los rebeldes estaban atacando a las tropas, tratando de ralentizarlas. En un obvio intento de asustar a los civiles que pudieran quedar en los distritos tomados por los rebeldes, el régimen había enviado cazas MIG que soltaban bombas entre estampidas sónicas. Al entrar en la ciudad, me di cuenta de que la gran parte del tráfico iba en sentido contrario: furgonetas pequeñas chinas repletas de gente y sus pertenencias que se evacuaban a las ciudades y los pueblos del norte.

En la parte nordeste de Alepo, donde habían atacado los rebeldes, las calles estaban plagadas de autobuses, coches y tanques quemados. Los rebeldes tenían su base en el barrio de Sheikh Najjar, en una escuela junto a la cual había una pista de baloncesto con las paredes pintadas con dibujos enormes de Mickey Mouse y Bob Esponja. Era un día muy caluroso y habían hecho una pila con unos cuantos paquetes de seis refrescos de naranja. Los pasillos y las salas estaban llenos de combatientes armados que guiaban a prisioneros atados y debatían planes. Se veían muy pocos civiles.

El cabecilla de la fuerza rebelde, un personaje delgado y con barba que se hace llamar Haji Mara, dijo que sus hombres y él estaban preparados para enfrentarse a las fuerzas de Ásad. «Nos traen sin cuidado», me dijo, y añadió que el régimen todavía conservaba tropas dentro de la ciudad, pero eran demasiado débiles y no podían contraatacar.

La preocupación principal de los rebeldes eran los francotiradores y los *shabiha*, los matones civiles paramilitares que funcionan como escuadrones de la muerte. Los *shabiha*, nombre que deriva de la palabra árabe para «fantasma», estaban implicados en algunas de las atrocidades más graves del conflicto, como la masacre del 25 de mayo en la ciudad de Houla, en la que se asesinaron a ciento ocho civiles, la mayoría mujeres y niños.

En Alepo, los *shabiha* torturaban y mataban a todos los rebeldes que pillaban. Sin embargo, Haji Mara parecía dispuesto a tolerarlos siempre que no interfirieran con su causa.

—Les hemos dicho que se queden en su casa y que, si tienen un arma, que la dejen —dijo—. No tenemos ningún problema con ellos.

En cierto momento, un rebelde le pasó un teléfono móvil. Al otro lado de la línea había un oficial enemigo atrapado en una comisaría asediada por los hombres de Mara. En un tono muy comedido, Mara le insistió para que desertara. Se apartó el teléfono de la boca y susurró:

—Tiene miedo del Gobierno. —Y dijo al oficial—: Ahora nosotros somos el Gobierno. Si desertas, no te castigaremos.

Se oyó un alboroto justo fuera del despacho: golpes sordos, un grito, ruidos de pelea y chillidos furiosos. En una clase del otro lado del pasillo, unos hombres armados vigilaban a un grupo de prisioneros con la cara temerosa que estaban sentados en los pupitres mientras pegaban a otro hombre delante de ellos. Al cabo de unos minutos lo sacaron de la clase. Se trataba de un rebelde al que habían arrestado por sospechar que era un *shabiha*. Este rugía iracundo y asustado, y otro combatiente, uno fornido y barbudo, le chillaba a su vez. Se formó una aglomeración mientras el barbudo golpeaba al supuesto *shabiha*, que trataba de defenderse. Al final lo esposaron y se lo llevaron.

Haji Mara mostraba poca compasión hacia sus prisioneros.

—Son ladrones, saqueadores y policía secreta —sentenció.

En Siria, donde el presidente ha bombardeado sus propias ciudades en lugar de renunciar al poder, no debería extrañar a nadie que sus oponentes hayan recurrido a la violencia. Desde el inicio del conflicto, las fuerzas de seguridad de Ásad han exhibido una extraordinaria capacidad para ejercer la crueldad. Las protestas en contra del régimen empezaron pacíficamente y no se volvieron violentas hasta que la policía disparó a los manifestantes y torturó hasta la muerte a un grupo de detractores adolescentes, cuyos cuerpos devolvieron a sus familias llenos de marcas de cuchillo y, al menos en un caso, castrado. Cuando acusaron a Ásad de asesinar a civiles, declaró que las víctimas eran combatientes, hablando, como siempre, con la misma emoción plana que el gerente de una tienda que presenta unas cifras bajas de ventas.

Los rebeldes han evitado casi siempre dañar a los civiles, y muchos combatientes que he conocido parecen seriamente preocupados con el destino de su país. No obstante, un número creciente de ellos están dando muestras de ser tan crueles con sus enemigos como el régimen, por el cual muchos lucharon hasta hace poco tiempo. El núcleo armado del Ejército Libre Sirio se compone en su gran parte de antiguos soldados que se describen a sí mismos como «desertores»: un día estaban disparando a manifestantes civiles desarmados en nombre del régimen, y al siguiente disparaban a sus antiguos compañeros de armas.

Políticos y expertos han debatido durante meses si Siria se encontraba en estado de guerra civil. Hoy en día lo está, sin duda alguna, pero no en el sentido definitorio de la expresión, que implica la existencia de dos bandos claramente opuestos, como los yankees y los rebeldes a punto de batallar en Antietam. Por el contrario, la guerra siria comprende un surtido desconcertante de facciones. La mayoría de los rebeldes, alrededor del 75 por ciento de los ciudadanos sirios, son árabes suníes, mientras que el régimen de Ásad está dominado por alauitas, una rama chií que asciende a un 11 por ciento de la población. Pero en el país también hay cristianos de distintos credos, kurdos, chiíes no alauitas y turcomanos, así como palestinos, armenios, drusos, nómadas beduinos y hasta algunos gitanos. Cada grupo tiene sus propios intereses políticos y alianzas tradicionales, de los cuales unos se solapan y otros entran en conflicto. Hay kurdos próximos al régimen y otros que se le oponen. En la zona de las ciudades de Hama y Homs, los matones paramilitares del régimen son alauitas; en Alepo, son suníes contratados los que suelen hacer el trabajo sucio.

Mientras que hasta ahora Estados Unidos y Europa han decidido que el conflicto es demasiado complicado como para resolverlo con una misión al estilo Libia, muchos países de la zona están tomando partido. Los estados dirigidos por chiíes apoyan al Gobierno. Tres semanas después del bombardeo de Damasco, Ásad emergió de su escondite para reunirse con el consejero de seguridad nacional de Irán, Saíd Yalilí, que dijo: «Irán nunca permitirá, en forma alguna, que se rompa el eje de la resistencia», refiriéndose a Siria, Irán y Hezbolá, la milicia chií libanesa.

En el otro lado, los estados suníes respaldan a los rebeldes. Arabia Saudí y Qatar les han proporcionado armas y dinero en efectivo. El primer ministro turco estableció con discreción un campamento base en la frontera para los oficiales del régimen que desertaban al ELS y dijo que, si las fuerzas sirias se aproximaban a la frontera, les dispararían. Fuera del mundo musulmán, el conflicto no ha causado menos divisiones. China se ha alineado con Ásad, así como Rusia, que posee una base naval en Siria y un acuerdo armamentístico a gran escala con el régimen. Estados Unidos está sin lugar a duda de parte de los rebeldes. Supuestamente, Obama firmó una «orden» secreta para proveerlos de apoyo encubierto, y la Administración trabaja a través de intermediarios, entre los cuales están Turquía y los países del Golfo, en delinear un plan político para el futuro del país. Pero a Obama y a sus asistentes les preocupa el hecho de que el único objetivo que une a las numerosas facciones rebeldes es el deseo de deponer a Ásad. ¿Qué mantendrá cohesionado al país cuando desaparezca esa causa común?

La región rural situada al norte de Alepo es un mosaico de ciudades y pueblos, cada uno alineado con su propia confesión o grupo étnico. Pero los suníes dominan la zona, y en el ataque de julio los rebeldes «liberaron» unas cuantas ciudades de allí. Una de ellas fue Azaz, una localidad de treinta y cinco mil habitantes situada a pocos kilómetros de la frontera actual con Turquía. Durante mil años, Azaz ha sido la puerta de entrada a Alepo y una base de operaciones para los conquistadores potenciales. En el año 1030 fue escenario de una gran batalla entre las fuerzas del emperador bizantino y las de los mirdasidas, la dinastía reinante en la provincia. Los restos de una fortaleza de la Edad de Bronce se elevan incongruentes en el centro de la ciudad.

Llegué a Azaz dos días después de que los rebeldes tomaran el poder, y por todas partes había muestras del combate reciente. Las tiendas estaban cerradas, y las calles, vacías; los cables eléctricos colgaban de los postes; las casas estaban acribilladas de agujeros de bala y proyectiles de mortero. Un grupito de rebeldes armados hacía guardia a la sombra de la antigua sede del partido Baaz de Ásad, que se había convertido en el centro de las operaciones locales del Ejército Libre Sirio. Los combatientes iban vestidos de civiles, pero llevaban gorras con los colores de la bandera rebelde; era lo que más se acercaba a un uniforme.

Desde que habían tomado Azaz, me contaron los oficiales rebeldes, habían enviado a algunos soldados a Alepo para que apoyasen las filas de sus compañeros. Las poblaciones de la región eran la fuente principal de guerrilleros de la ciudad. Cada una había mandado a un grupo de hombres, unas pocas docenas —a quien pudieran ceder— que sumaban quizá unos cuantos centenares de combatientes. En un despacho de la antigua sede del partido, un televisor transmitía secuencias informativas entrecortadas de la guerra: unos soldados rebeldes celebraban una victoria encima de un tanque capturado en una calle de Alepo. Pero estaba claro que sería una batalla difícil. Los francotiradores del régimen estaban frenando el avance de los rebeldes, y los helicópteros y los aviones de combate ametrallaban y bombardeaban. Los rebeldes parecían nerviosos, pero repetían que no tardarían en tener el dominio de toda aquella área.

Cuando los rebeldes asediaron Azaz, las fuerzas de Ásad se habían guarecido para luchar en un complejo de edificios del centro de la ciudad. Habían colocado francotiradores en el tejado y en los minaretes de una enorme mezquita recién construida; los rebeldes la habían bombardeado y la fachada había quedado con agujeros de varios pisos de alto. También habían arrojado bombas en el cuartel general de inteligencia militar, situado en la misma calle, y varios pisos se habían derrumbado y quedado aplastados uno sobre otro, escupiendo escombros a la calle. Dentro de los edificios había pruebas de una última y desesperada resistencia: comida desparramada y heces humanas por el suelo, casquillos, uniformes tirados, botas y mantas. En las paredes había pintadas que decían: Ásad, o quemamos el país, o Dios para la devoción y Ásad para el liderato.

En el tejado de la mezquita, los rebeldes habían izado una bandera negra que llevaba una leyenda religiosa. Cuando le pregunté por ella a Yasir al-Haji, mi guía sirio, me miró con acritud y dijo:

—No es de Al Qaeda, si es lo que estás pensando.

Los últimos días habían circulado informes de que Al Qaeda se había infiltrado en los rebeldes sirios. Yasir, un hombre de negocios de cincuenta y pocos años oriundo de la vecina ciudad de Mara, era un líder destacado de los Comités de Coordinación Local, la red civil de apoyo al levantamiento; en cuanto hombre de opiniones políticas moderadas, le preocupaba que los informes disuadieran a los occidentales de ayudar a la causa. Cuando el ELS empezó a cohesionarse, dijo Yasir, generó poco interés en los granjeros conservadores de la zona, y fue un grupo islamista extremista llamado Hizb ut-Tahrir el que ganó en influencia.

—Al principio, la revolución se alió con ellos —explicó Yasir—. Pero después quisieron radicalizarse; no nos gustó y les dijimos que no. Así que acordamos tener una bandera negra que dijera simplemente: «No hay más Dios que Alá y Mahoma es su profeta».

190

No había duda, no obstante, de que las células islámicas extremistas estaban activas en Siria. Aunque no se conocía su número —un funcionario de la Administración de Estados Unidos me dijo: «No estamos hablando de unas docenas de personas, pero tampoco de miles»—, eran visibles. En Reyhanli, una ciudad del lado turco de la frontera, conocí a un médico sirio llamado Ahmed que había organizado una red de personal sanitario y un hospital de campaña para combatientes y civiles rebeldes heridos. Con él había dos jóvenes musculosos con barba larga, de estilo yihadista, a los que estaba pasando ilegalmente por la frontera. Parecían pakistaníes, pero hablaban inglés con acento británico, y dijeron ser del Reino Unido. Después de que yo me presentara como periodista, salieron de la habitación abruptamente e insistieron en que el doctor Ahmed los acompañara. Después regresó solo y se negó a contestar preguntas sobre sus invitados, y solo mencionó que estaban allí para «ayudar a Siria».

La noche siguiente, dos fotógrafos, uno holandés y otro británico, desaparecieron poco después de pasar la frontera a Siria, y hubo rumores de que los habían capturado yihadistas de otro país. Una semana después, los fotógrafos escaparon con la ayuda de miembros del ELS. Dijeron que los habían esposado y pegado, acusándolos de ser espías occidentales. Los secuestradores, declararon, eran un grupo de varias docenas de extremistas religiosos de otros países; unos cuantos eran pakistaníes y hablaban con acento británico.

Resultó al final que el grupo que había volado el cuartel general de inteligencia militar y la mezquita de Azaz era también islamista y estaba encabezado por un hombre que se hacía llamar Abu Anas. Como muchos rebeldes, sus hombres habían establecido su base en una escuela requisada; en este caso se trataba de un instituto femenino del centro de la ciudad. Abu Anas me recibió en su despacho. Era un tipo delgado de veintitantos años con el pelo negro revuelto y barba, vestía polo negro y llevaba una pistola enfundada. Con las paredes pintadas de lila y las cortinas de color rosa salmón, era difícil que el despacho transmitiera una sensación de ferocidad, pero Abu Anas lo había intentado. En una mesa había colocado un Corán y otro libro sagrado junto con una espada metida en una maltrecha vaina dorada e inscripciones coránicas grabadas. Detrás de él colgaba una bandera negra como la de la mezquita.

Un ayudante joven trajo unos mapas impresos de Azaz sacados del Google Earth, y Abu Anas, señalando lo que habían sido las posiciones clave del enemigo, expuso de qué forma los rebeldes habían tomado la ciudad.

—Primero les cortamos el agua y la electricidad —explicó—. Luego los fuimos rodeando y les disparamos con la intención de que nos dispararan ellos a nosotros y se quedaran sin munición.

La batalla final había durado veinticuatro horas, dijo, y no terminó hasta que algunos soldados de Ásad acabaron desertando. En un ordenador portátil me enseñó un vídeo en el que sus hombres disparaban furiosamente contra soldados del régimen que estaban dentro de la mezquita y luego entraban en ella en tromba.

—Matamos y capturamos a algunos, y otros escaparon —dijo—. Trataron de salir de la ciudad, pero les tendimos emboscadas y los matamos a casi todos. —Había cogido a algunos heridos como prisioneros, pero vio que no tenía medicamentos suficientes ni para sus propios soldados—. No podíamos cuidar de ellos, así que los dejamos morir.

Otro vídeo mostraba unos tanques que se retiraban de la ciudad, y uno voló por los aires con una gran explosión.

—Esa bomba es mía —comentó con orgullo Abu Anas—. La hice yo y él la plantó —añadió, señalando a su ayudante. No me había dado cuenta de que llevaba una mano vendada. —La fabriqué con mis propias manos —continuó—. Soy un experto en explosivos. El Gobierno puso francotiradores en los minaretes, y pensamos que lo mejor sería destruirlos por si el Gobierno volvía.

Le pregunté cómo había aprendido el oficio.

—Me enseñaron algunas personas, unos sirios que estaban en Irak y Afganistán. Los explosivos son del mismo tipo que los que usaban para volar tanques americanos.

Aparte de que nació en 1987 y que era de Idlib, una provincia situada al sur de Alepo, Abu Anas se negó a explicitar nada sobre su pasado ni sobre los orígenes de su grupo.

—Todo lo de antes de la revolución es secreto —dijo. Quería que Siria fuera un Estado islámico y mencionó a Úmar ibn Abd al-Aziz, un califa del siglo VIII—. Me gustaría volver a aquella época.

Pero, cuando le pregunté a qué estados actuales islámicos admiraba, pareció desorientado. ¿Arabia Saudí? Sonrió y sacudió la cabeza.

—No son islámicos.

—¿Y los talibanes afganos?

—No sé —respondió algo confundido.

Dijo que el islam tenía mucho que ofrecer al mundo. Había oído que los poderes occidentales estaban estudiando el sistema bancario islámico para buscar una solución a sus problemas financieros. Sin embargo, agregó con amargura:

—La mayoría de nuestros países son meras dictaduras, y los dirigentes los gobiernan como reyes. La mayoría están también respaldados por Estados Unidos. Si a Estados Unidos no le gustaran, se los habría quitado de encima. —Sostuvo el Corán y la espada y declaró solemnemente—: Queremos el sistema islámico. Y los que solo piensen en sí mismos deberían morir: Bashar, Mubarak, el rey Abdalá de Jordania, el rey de Arabia Saudí y los reyes de Kuwait y Marruecos.

—Y también Vladímir Putin y los líderes de Irán —añadió su ayudante.

—¿Y los chiíes de Siria? —pregunté.

—Mataremos a todos los que hayan luchado contra nosotros, incluidos los suníes —respondió Abu Anas.

—No nos gusta, pero el Gobierno nos ha empujado a esta posición —explicó el ayudante—. Irán ha estado ayudando a Bashar al-Ásad, y también Nasralá. (Hasan Nasralá, el líder de Hezbolá). Y el régimen ha armado a los alauitas y a los chiíes contra nosotros.

Progresivamente, la cuestión de la lealtad al régimen se ha reducido a la de afiliación a una doctrina religiosa: la mayoría de las tropas del ejército son reclutas suníes, mientras que los comandantes militares y del sinfín de agencias de inteligencia son alauitas. El ayudante de Abu Anas era un desertor que había cambiado de bando dos meses atrás.

—Creo que al 80 por ciento de los soldados del ejército les gustaría desertar, pero tienen miedo —dijo—. Si sospechan de ti, te matan.

Los agentes de asuntos internos del ejército estaban constantemente buscando a posibles traidores, a los que muchas veces asesinaban para disuadir a los demás. Como soldado, dijo, le habían obligado a hacer cosas de las que ahora se sentía culpable.

—Tuvimos que bombardear ciudades solo para complacer a los oficiales o porque había habido en ellas una manifestación. Una noche vimos una casa con una luz encendida. El oficial dijo: «Ayer no había ninguna luz. Bombardéenla». Y eso hicimos.

En otro vídeo de Abu Anas salían sus hombres encontrándose con otra columna de guerrilleros al lado de la mezquita.

—Esos son los hombres de Abu Ibrahim —aclaró.

Había tres grupos rebeldes operando en Azaz, y cada uno controlaba un sector distinto de la ciudad. Aunque habían cooperado vagamente para expulsar al ejército de Ásad, los grupos no parecían relacionarse mucho entre sí. Abu Ibrahim, el líder de una de las milicias, había establecido su base en un puesto fronterizo confiscado a las afueras de Azaz. Un día fui a verlo.

Si Abu Anas parecía un guerrero santo, Abu Ibrahim era más como un jefe intermedio de la mafia: un hombretón de cuarenta y pocos años, con una camiseta manchada, gorra de béisbol, pantalones de chándal y una pistola encajada en la cinturilla. Cojeaba; un francotirador le había acertado en la pantorrilla izquierda en uno de los tres intentos de asesinato que había sufrido recientemente. Cuando me encontré con él, estaba sentado con varios de sus pistoleros en la oficina de la aduana. El paso fronterizo, a unos centenares de metros, estaba abierto, pero no había tráfico.

Abu Ibrahim estaba atendiendo a una delegación kurda: tres hombres desarmados vestidos de civiles. Uno, un tipo bajo con papada de unos cuarenta años que dijo llamarse Abu Ahmed, explicó que eran de Afrin, un distrito sirio cercano habitado mayoritariamente por kurdos. Habían permanecido neutrales en el conflicto.

—Pero sabemos que hay una revolución en Siria y queremos formar parte de ella —declaró.

Abu Ibrahim agitó una mano y dijo:

—Podéis uniros a ella, pero nada de drogas.

Sus hombres se miraron entre sí y rieron. Abu Ibrahim se describía a sí mismo como un «comerciante de fruta», pero tenía fama de traficar con todo tipo de mercancías, pues trabajaba en una frontera famosa por ser un punto importante de transbordo de narcóticos de Asia central.

Los kurdos de Turquía están enzarzados en una lucha para conseguir una patria independiente. Durante años, el Partido de los Trabajadores de Kurdistán —un grupo separatista conocido como PKK— ha estado luchando contra el ejército turco. En las últimas semanas, Turquía ha acusado a Ásad de armar a guerrilleros del PKK en Siria, y Abu Ahmed aseguraba lo mismo.

—El ejército se ha retirado de nuestra área y ha estado dando armas al PKK —dijo, y apuntó que Ásad tenía la esperanza de encender un conflicto entre los kurdos con la finalidad de debilitar su posible alianza con los rebeldes.

Los visitantes insistieron en que su organización se oponía al PKK.

—Estamos en contra de ellos porque ellos están con el Gobierno —afirmó Abu Ahmed. Agregó que había cientos de pueblos kurdos en el distrito de Afrin—. Y en todos ellos hay personas que quieren unirse a la revolución, pero el PKK no nos deja. Así que hemos venido a ver a Abu Ibrahim para saber de qué manera podemos unirnos a la revolución y qué deberemos hacer después de que derroquemos al Gobierno.

Para enfrentarse al PKK, sus camaradas y él necesitaban armas, dijo. Abu Ibrahim asintió imperturbable y susurró a un subordinado. Estrechó la mano a los kurdos mientras salían de la sala.

Abu Ibrahim se volvió hacia mí, sonrió de oreja a oreja y dijo que quería que Siria fuese un Estado democrático, con un Parlamento elegido y buenas relaciones con los países occidentales, incluido Israel («siempre y cuando nos devuelvan los Altos del Golán»), y preguntó incisivamente:

—¿Por qué Estados Unidos no nos ayuda? —Pese a la «orden» secreta de Obama, no habían recibido ninguna ayuda de Occidente—. Mientras tanto, Bashar está consiguiendo ayuda de Irán, Rusia, China, Irak y Hezbolá —añadió amargamente.

Nasralá, el líder de Hezbolá, ha hablado de Ásad y sus oficiales como «compañeros de armas», pero no ha llegado a ofrecerles públicamente apoyo militar. Cuando le pregunté a Abu Ibrahim qué tipo de ayuda estaba recibiendo el régimen por parte de Hezbolá, mandó a sus guerrilleros que salieran de la sala. En mayo, me dijo, sus hombres habían capturado a once libaneses en un control de carreteras. Los extranjeros afirmaron ser peregrinos; estaban haciendo un recorrido en autobús por los sitios sagrados chiíes de la región. Pero Abu Ibrahim estaba seguro de que eran agentes de Hezbolá y aseguró que se habían jactado de ello ante sus hombres, a quienes habían tomado por soldados de Ásad. Desde entonces los había mantenido escondidos, y su presencia había hecho mucho por su reputación. Antes del conflicto, Abu Ibrahim era un personaje normal y corriente en la zona. Pero ahora dirigía lo que él llamaba «un batallón», de quizá unos trescientos hombres. Sus soldados habían capturado la mayoría de las armas que llevaban del ejército sirio, dijo, pero el Gobierno de Qatar le había dado un millón trescientos mil euros en efectivo, que habían servido para comprar comida y provisiones médicas.

Le pedí si podía ver a los prisioneros, pero me contestó que debía pensarlo. De todos modos, señaló que sus «invitados» habían cambiado durante el tiempo que estuvieron con él.

—Ahora entienden mejor cómo son de veras los rebeldes sirios —dijo—. Saben que lo que les contaron de nosotros eran todo mentiras.

Unos días después, Abu Ibrahim me recibió en Azaz, en el despacho del antiguo jefe del partido Baaz de la ciudad. Ordenó a sus guardias que trajeran a tres hombres vestidos con ropa informal y sandalias. Uno de ellos, un hombre barbudo de casi treinta años, dijo ser predicador. Parecía nervioso y estaba de pie muy tieso.

—En primer lugar, quiero decir que no estamos secuestrados. No lo estamos. Somos los invitados de un gran hombre —explicó.

—Dios es testigo, y lo repito tres veces, de que nunca he visto a un hombre como este —añadió otro, un agente de viajes de ojos atentos que tendría algo más de cuarenta años.

Abu Ibrahim observó la escena, se repantigó y sonrió.

Los rebeldes controlaban el terreno de los alrededores de Mara, pero Ásad aún controlaba el aire. Un día, mientras íbamos en coche por el campo, Yasir y yo pasamos por una colina y vimos un helicóptero del régimen, un MI-24 ruso. Estos helicópteros de combate, que Ásad empezó a utilizar este mismo año, pueden cubrir una distancia de quinientos kilómetros en una hora y van armados con misiles y ametralladoras pesadas.

La tierra de esta zona es fértil; hay campos de patatas y de trigo, plantaciones de olivares y albaricoqueros. Mientras los helicópteros los sobrevuelan, los agricultores llevan los tractores cargados de productos. Pero se hacía cada vez más difícil seguir con la vida cotidiana. Una noche, ya tarde, yo me encontraba en la azotea de una casa en Mara, cuando un proyectil pasó silbando por encima de nosotros y explotó cerca de allí. Mis anfitriones y yo nos tiramos al suelo —a la casa ya le habían caído varias veces misiles y metralla—, y vimos que el proyectil había impactado en otra vivienda. Los miembros de esa familia estaban todos heridos pero vivos.

El proyectil procedía de una base de una unidad especial del ejército sirio, ubicada a unos diez kilómetros al sudeste. Las unidades raramente se aventuraban fuera, sino que lanzaban descargas periódicas desde dentro de las murallas, y con frecuencia oíamos el ruido de los proyectiles, como si un martillo gigante golpeara la tierra. La mayoría de las veces apuntaban a objetivos situados en Alepo, pero en ocasiones disparaban a cualquier sitio. Desde el punto de vista del régimen, casi todo el territorio era ya enemigo.

El régimen de Ásad se ha aprovechado de las tensiones religiosas, pero por otra parte su poder coercitivo ha contenido los conflictos. Con la guerra, esa restricción estaba aflojándose. «El tejido social del norte de Siria es muy complejo, y una de las tragedias del conflicto es que ese tejido se está desmembrando —me dijo Fawaz Gerges, el director del Centro de Oriente Próximo de la Escuela de Economía de Londres—. Al final de la guerra es probable que presenciemos un conflicto prolongado, interminable, entre las facciones y en el seno de cada una».

Con armas y combatientes circulando por la zona, era arriesgado quedarse solo, pero también lo era anunciar alianzas. Muy pocos alauitas habían desertado al lado rebelde, y la sustancial población cristiana de Alepo se mantenía prudentemente neutral; Yasir comentó haber intentado, sin éxito, implicar a los cristianos influyentes que conocía. Los chiíes de la región no estaban asociados con la rama alauita, pero aun así debían tener cuidado para no parecer que apoyaban a Ásad.

Después del encuentro en el despacho de Abu Ibrahim, Yasir estaba impaciente por saber con quién estaban las simpatías de los kurdos. Llamó a Jamil Rahmano, un político del pueblo kurdo de Emhoush, y quedó para reunirnos con él. Llegamos al pueblo y nos detuvimos frente a una escuela en las afueras, como nos había indicado Rahmano; después nos llamó para decirnos que acudiría en diez minutos. Un par de jóvenes salieron del complejo cerrado de la escuela y, mirándonos con recelo, nos preguntaron quiénes éramos y de dónde veníamos. Cuando Yasir le informó de nuestras nacionalidades, los jóvenes desaparecieron; luego regresaron con escopetas de repetición, nos apuntaron y gritaron:

—¡No queremos a América aquí! ¡Fuera de Siria!

Yasir arrancó el coche y nos largamos de allí.

Unos días más tarde, Rahmano vino a vernos a Mara. Se disculpó ceremoniosamente, diciendo que se había retrasado porque estaba evacuando a compañeros kurdos de Alepo. Los que nos habían amenazado eran guardias encargados de la defensa del pueblo.

—No representan nuestras opiniones —dijo.

Explicó que su organización había estado asociada con el PKK, pero negó que estuviera a favor del régimen.

—Hemos estado con la revolución desde el principio —declaró.

Así pues, ¿lucharían sus hombres del lado del Ejército Libre Sirio?

—Estamos contra Bashar al-Ásad de manera pacífica. —Pero al cabo de un momento cambió de postura—: En nuestras zonas estamos armados y desde luego que nos podemos defender del ejército sirio.

Yasir se irritó. Esa clase de discurso ambiguo era cada vez más habitual en la región. Más tarde, el funcionario de la Administración de Estados Unidos explicó que el grupo de Rahmano había estado próximo al régimen de Ásad, pero había convenido hacía poco tiempo cambiar de bando y luchar con los rebeldes. Esa alianza estaba marcada por la desconfianza y variaba según la ciudad.

—Hemos visto esta situación representada de formas muy diferentes en los distintos sitios del norte del país —contó el funcionario—. Todo se reduce a políticas locales.

Con la esperanza de descifrar aquel panorama, Yasir me llevó a ver a Abdul Nasser Khatib, uno de los principales comandantes del ELS en Mara. Era un hombre bajo y robusto con barba canosa, antiguo interiorista y padre de nueve hijos. El régimen estaba suministrando armas a los kurdos en otros lugares, pero allí era diferente:

—Los kurdos de aquí trabajan con nosotros. Porque ven que ganamos, ven que estar con nosotros les conviene. Ya se sabe cómo son los kurdos: siempre quieren estar con el fuerte.

Khatib también recelaba de los chiíes.

—No me fío de ellos ni un pelo. Han estado aislados y nosotros no tenemos nada que ver con ellos.

Pero, si los rebeldes adquirían poder, se haría necesario resolver esas diferencias.

—Es un problema —reconoció—. Si tomamos Alepo, creo que vendrán y suplicarán el perdón. Sería una buena cosa, porque antes hacían trabajo *shabiha* para el régimen.

—Y, si los chiíes no piden perdón, entonces ¿qué pasará? —pregunté.

—Eso ya lo veremos después de la revolución —respondió Khatib.

El 23 de julio, cuarenta y ocho horas después de que los rebeldes entraran en Alepo, el ataque empezó a perder fuerza. No tenían bastantes armas ni combatientes para avanzar si querían conservar los barrios que habían tomado, así que se atrincheraron y centraron sus ataques en comisarías de policía y otros objetivos estratégicos. Mientras tanto, los francotiradores y los matones vestidos de paisano iban matándolos.

Aquel día, Yasir y yo asistimos a un funeral en Mara. El fallecido era un joven de veinticinco años que se llamaba Habib al-Akramah, asesinado en Alepo esa mañana. Habib había sido taxista hasta hacía unos días, cuando se había unido a una fuerza rebelde para luchar en la parte nordeste de la ciudad. Los *shabiha* lo habían capturado y torturado hasta la muerte; después habían arrojado su cuerpo a la calle, donde lo habían encontrado sus compañeros.

Llegamos a la casa de la familia al mismo tiempo que el cadáver de Habib. Una furgoneta frenó, y un grupo de hombres sacó el cuerpo del vehículo y lo trasladó adentro, pasando entre una congregación silenciosa de amigos y familiares masculinos. Posaron el cadáver en un patio interior techado. No llevaba camisa y estaba cubierto de sangre. Tenía un corte justo debajo de la barbilla. Un hombre le levantó el cinturón y señaló las marcas de cuchillo del abdomen, realizando un movimiento de apuñalamiento para mostrar lo que había pasado.

—No era un israelí, ¿por qué le han hecho esto? —preguntó el padre de Habib, lloroso.

—Tengo cinco hermanos más —repuso el hermano del fallecido—. En cuanto termine este entierro, me voy a Alepo a luchar. —Abarcando con el brazo a los hombres que lo rodeaban, añadió—: Toda la gente de aquí irá también.

—*Allahu Akbar!* —rugieron todos al unísono.

Un coche se detuvo enfrente y unos hombres ayudaron a bajar a una mujer algo mayor que llevaba un pañuelo en la cabeza. Era la madre de Habib, Fátima. Se echó al suelo, gritando.

—Dios es grande. Piensa en Mahoma —intentó consolarla uno de ellos.

—Mahoma no existe —gimió.

Los hombres la levantaron con ruegos, pero ella volvió a tirarse al suelo. Tardaron unos minutos en conducirla adentro de la casa y, para cuando llegó hasta el cadáver, todos los dolientes estaban llorando, dejando que la rabia diera paso al dolor. Fátima se sentó al lado de la destrozada cabeza de su hijo muerto y la meció, repitiendo: «Habib, Habib, hijo mío».

A los prisioneros que hacían los rebeldes en Alepo los enviaban a un instituto de Mara. (Las escuelas de Siria, de construcción maciza y malla metálica en las ventanas, cumplen muy bien la función de prisiones). Visité esa nueva cárcel una tarde. El hombre que estaba al cargo de ella me dejó entrar con reticencia, un antiguo camionero apodado Jumbo, de complexión de luchador de sumo, con barba y una pistola en una funda de hombro. Cuando los guardias me llevaron hasta él, estaba guardando en bolsas cuchillos y armas confiscados.

Jumbo era lacónico y no estaba para tonterías; un tipo ocupado. Fumaba un cigarrillo tras otro, aspirando fuerte en cada bocanada. Antes de trabajar en esto, había sido un combatiente rebelde activo y había resultado herido varias veces; me llevó la mano a su nuca para que palpase una bala que tenía incrustada ahí. A su cargo había sesenta y seis prisioneros, y todo el tiempo iban llegando nuevos. Diez eran ladrones, y el resto, *shabiha* o informantes. Jumbo ordenó a sus hombres que le trajeran a un par de sospechosos, y unos minutos después empujaron dentro de la sala a dos tipos desaliñados, atados y con la ropa manchada de sangre.

Uno, de barba espesa, dijo llamarse Zakariyya Gazmouz y tener treinta y tres años. Yo observaba. Jumbo le ordenó que le quitaran la camisa. Tenía tatuajes por todas partes: caras de mujer, espadas, águilas, dos tigres escupiendo fuego.

—Esto no es nada —dijo Jumbo—. Enséñale las palmas de las manos.

También iba tatuado en las manos y en los pies. En medio del pecho llevaba retratos a tinta de Bashar al-Ásad; su difunto padre, Háfez, y su difunto hermano Basil, como en una trinidad sagrada. El de Bashar estaba cubierto con tajos recientes, como si hubieran querido taparlo. El hombre tenía más cicatrices de cortes en el abdomen, donde un poema en árabe elogiaba a Bashar y a Nasralá.

—Cuando estaba en el ejército, todo el mundo los quería —explicó Gazmouz—. Pero ahora estoy dispuesto a ir y volarme por los aires para matar a Bashar.

Dijo que él mismo se había infligido las heridas. Había ido a ver a los rebeldes de Alepo y, para mostrar su lealtad, se había ofrecido a donar sangre. Pero lo habían arrestado, y entonces se había cortado con una navaja para probar su sinceridad. Reconoció que había trabajado de informante de la policía en una panadería para costearse su adicción a las drogas, pero negó ser *shabiha*. Jumbo se burló de él.

—Pues claro que eres *shabiha*. —Y afirmó que los tatuajes de Ásad eran típicos de los partidarios más rudos del régimen.

La espalda de Gazmouz evidenciaba las consecuencias del escepticismo de Jumbo: entre los tatuajes se veían grandes cardenales inflamados en los lugares donde lo habían golpeado.

El segundo hombre, Muhammad Shihan, dijo que tenía treinta años y había sido oficinista en el distrito financiero de Alepo hasta que el edificio donde trabajaba voló por los aires. Se había quedado sin trabajo y entonces la policía le ofreció pagarle si los ayudaba en uno de los controles de la ciudad. Había aceptado, pero de eso solo hacía un mes, se apresuró a decir. Tenía un tajo en la nariz y en la ceja derecha; dijo que los rebeldes habían atacado el control de la policía y «se había caído» al tratar de escapar. Dos guardias compañeros suyos habían muerto.

Le pregunté a Shihan qué querría. Miró a Jumbo y contestó:

—Solo quiero que gane el Ejército Libre Sirio. Y que todo esto termine.

200

Jumbo mandó que se llevaran a los sospechosos y los guardias los empujaron hacia la puerta sin dejar de apuntarles con las armas. Los hombres empezaron a gritar con voz ronca: «¡Viva el Ejército Libre Sirio!» mientras salían de la sala.

Antes de marcharme de Mara fui al cementerio local al entierro de Habib al-Akramah, el rebelde asesinado. Los sepultureros, dos hermanos jóvenes, se turnaban bajo el fuerte sol de media mañana. Era ramadán y no podían beber agua, pero no se quejaban. Estaban haciendo «méritos ante Dios», explicó Yasir, y añadió una nota de humor negro:

—Aquí sale gratis que te entierren.

Ambos hermanos eran desertores. Uno, Muhammad, había sido policía y había desertado quince meses antes; todavía llevaba una camisa marrón en la que ponía POLICÍA en árabe. El otro, Hussam, había desertado hacía tres meses. Había estado en el servicio secreto en la ciudad de Hama, dijo, y pudo escapar al norte cuando un contacto que tenía en el ELS le dio documentos de identidad falsificados. Les pregunté en qué tipo de misiones había participado.

—Quemar casas, arrestar a gente y coger a mujeres para presionar a los hombres sospechosos de estar en el ELS.

Cuando acabaron de cavar el hoyo, llegó un grupo grande de hombres y chicos caminando por el cementerio. La madre de Habib, Fátima, también iba con ellos, aunque por tradición las mujeres no asisten a los funerales. Llevaban a Habib en una manta a modo de camilla entre dos palos largos. Los hombres lo bajaron al hoyo. Mientras lo cubrían con tierra, Fátima se desmayó. Los hombres cantaban: «Dios es grande, Bashar es el enemigo de Dios».

La expresión «enemigo de Dios» se usa cada vez más. Este mes, el primer ministro sirio, un suní, desertó, y al cabo de una semana aplicó el calificativo al régimen de su antiguo jefe. Fawaz Gerges, de la Escuela de Economía de Londres, me dijo que temía que las pretensiones ideológicas e individualistas se impusieran sobre el objetivo de expulsar a Ásad. Las muchas facciones que iban ganando fuerza en el caos sirio —los kurdos que conseguían armas, los líderes de milicias recién fundadas, los criminales y los yihadistas extranjeros— tienen sus propios intereses, y quizá la unificación de la nación no sea una de sus prioridades. «La siguiente fase será la más sangrienta, y será la guerra intestina», dijo Gerges.

Una semana después del entierro, en la escuela de Alepo que constituía el cuartel general de Haji Mara, los rebeldes sacaron a cuatro prisioneros fuera de la clase y los obligaron a arrodillarse al pie de la pared, delante del dibujo de Mickey Mouse. Eran antiguos *shabiha* que habían convenido trabajar con los rebeldes y luego los habían traicionado, disparando a sus nuevos aliados en un asalto a una comisaría de policía. Algunos estaban cubiertos de sangre; los habían golpeado brutalmente. Un rebelde grababa con la cámara del móvil. Media docena de los otros abrió fuego con armas de asalto. En una descarga que duró cuarenta y cinco segundos, dispararon cientos de balas a los hombres, generando tal estruendo que otros combatientes se taparon las orejas y huyeron corriendo.

A lo largo y ancho del país han continuado los enfrentamientos sangrientos, y ningún bando ha conseguido una victoria clara. El 8 de agosto, el régimen emprendió una ofensiva en Alepo y, tras varios días de fuego intenso, los rebeldes se retiraron para seguir luchando en otros lugares. Una semana después, un caza arrojó bombas de gran potencia en un barrio pobre de Azaz que destruyeron casas y mataron al menos a cuarenta personas. El edificio donde estaban retenidos los prisioneros libaneses de Abu Ibrahim quedó destruido y murieron cuatro de ellos. En el Líbano se vengaron secuestrando a varios ciudadanos sirios.

Yasir me llamó para decirme que había ido a Azaz y había visto a mujeres y niños descuartizados, cosas que «nunca esperé ver en mi vida».

—¿En qué está pensando Ásad? No lo entiendo —me dijo con voz conmocionada.

El 17 de agosto, las Naciones Unidas anunciaron que iba a concluir la misión de supervisión en Siria; tras cuatro meses de esfuerzos vanos, no parecía tener sentido continuar con ella. Edmond Mulet, el subsecretario de las operaciones del mantenimiento de la paz de la ONU, dijo: «Está claro que ambos bandos han escogido el camino de la guerra».

La implosión*

Damasco es una de las ciudades del mundo que llevan más tiempo habitadas, un lugar donde el pasado se presenta insólitamente tenaz. En los últimos años, capitales vecinas como Beirut o Ammán han sucumbido a las remodelaciones estilo Dubái, pero Damasco ha seguido siendo una ciudad de edificios bajos de piedra y hormigón. No hay Walmarts ni franquicias de Starbucks, y muy pocas torres de cristal. El mundo globalizado está presente solo en forma de un hotel Four Seasons, con su chocante fachada blanca de piedra caliza. Cerca de allí, una parcela de la ribera del río se ha destinado a la construcción, ahora detenida, de un reluciente «centro de descubrimiento» para niños. Fuera, una señal reza: VAMOS A CONSTRUIR NUESTRO FUTURO, NO A ESPERARLO.

Pese a las menciones al futuro, en Damasco parece que la Guerra Fría no ha terminado. Rusia ha sido el principal patrocinador de Siria durante décadas, y la policía de la ciudad lleva gorras de visera y charreteras de estilo soviético. La fachada de la Unión Nacional de Estudiantes Sirios se manifiesta desafiante con su estilo realista socialista y el emblema de dos puños opuestos que sujetan una antorcha encendida. Los hombres lucen densos bigotes y fuman constantemente en todos los lugares públicos. Una noche, en un restaurante, me di cuenta de que el cantante que sonaba por los altavoces era Julio Iglesias. Es como si el tiempo se hubiera detenido en 1982, el año que Háfez al-Ásad, el presidente secular del país, aplastó una rebelión liderada por los Hermanos Musulmanes en la ciudad de Hama, en la que, durante las tres semanas que duró el asedio, desplegó tanques y artillería y redujo a escombros la ciudad antigua, la fortaleza de los rebeldes. Se estima que murieron unas

* Publicado originalmente el 19 de febrero de 2012 en *The New Yorker*. Traducción para esta edición de Raquel Marqués.

veinte mil personas, pero, como operación de contrainsurgencia, fue un éxito rotundo. «Hama» pasó a ser un sinónimo de la brutalidad del régimen y una advertencia contundente para virtuales oponentes. Aquella generación de islamistas sirios no volvió a levantar cabeza.

En la época de la operación de Hama, había retratos de Háfez al-Ásad por todo el país. Ahora son las imágenes de su hijo Bashar, quien, a sus cuarenta y seis años, es el presidente actual, las que están por todas partes: en las fachadas de los edificios públicos, en despachos y tiendas, en vallas publicitarias y ventanas de autobuses. De joven, parecía poco probable que Bashar fuera a seguir el ejemplo de su padre. Era tranquilo, estudioso y apolítico; estudió Medicina y se marchó a Londres a realizar una residencia en oftalmología. Su hermano mayor, Basil, era el obvio heredero, pero en 1994 murió en un accidente de coche. Trajeron a Bashar de vuelta para prepararlo como el sucesor de Háfez y lo enviaron a la academia militar de la ciudad de Homs, donde alcanzó el rango de coronel. Aun así, mantuvo una actitud discreta hasta el año 2000, cuando murió su padre. En pocos días lo nombraron jefe de las fuerzas armadas y del Baaz, el partido gobernante. Tenía treinta y cuatro años, seis años menos que lo autorizado para ser presidente, de modo que el Parlamento rebajó la edad de acceso al cargo, y Bashar salió elegido para un mandato de siete años como único candidato. En 2007 volvió a salir electo con el 98 por ciento de los votos.

En el cargo, Bashar al-Ásad se presentó como un humilde padre de familia y un defensor de la transparencia y la democracia, y denunció la corrupción con vehemencia. Había sido presidente de la Sociedad Informática de Siria y autorizó el acceso limitado a internet en 2000. Sin embargo, no ha realizado cambios esenciales en el *statu quo*. Ha encarcelado a disidentes, periodistas, trabajadores por los derechos humanos, y su policía secreta tortura a sospechosos con impunidad. En la primavera de 2005 dijo a la prensa que «el periodo que está por venir será de libertad para los partidos políticos», pero sus parientes y él siguen dirigiendo el país. Su hermano menor Maher es el jefe de la Guardia Presidencial Republicana y de la Cuarta División Armada, un grupo de élite del ejército. Muchos sirios afirman haberlo visto disparando a una masa de manifestantes la primavera pasada. Varios primos de Bashar, pertenecientes a la familia Majluf, dirigen agencias de inteligencia. El multimillonario Rami Majluf, operando bajo los auspicios de Ásad, ha desarrollado todo tipo de intereses lucrativos, desde los campos de las telecomunicaciones y la construcción hasta la banca, el petróleo y el gas. En Siria cada vez se odia más a Maher y a Rami.

«Existe un discurso sobre Bashar que dice que es buen tipo, que todo lo malo viene de su malvado hermano o de su primo —opinó hace poco un diplomático occidental que trabaja en Damasco—. Todo eso son bobadas, creo yo. Es él. Él es el mayor de la familia y es quien manda. Puede que no tenga el peso de un líder como, por ejemplo, Mubarak, pero es extremadamente listo y sabe cómo mentir y adaptar el mensaje a la audiencia».

El partido Baaz ha estado en el poder desde 1963, en gran parte gracias al ejercicio de una agresiva vigilancia interna. Hombres con cara adusta y abrigo de cuero sintético son elementos permanentes del hotel Sheraton. En parejas, sin hablar, pasan el tiempo sentados en un coche en el aparcamiento o en los sofás del vestíbulo, observando descaradamente a los extranjeros. Son del Mujabarat, las agencias sirias de inteligencia: las fuerzas armadas, las fuerzas aéreas, la seguridad estatal y la seguridad política. Siria es uno de los estados policiales más insidiosos del mundo, conformado a partir del modelo de Alemania Oriental, y posee una red omnipresente de informantes.

El pasado marzo, en la ciudad de Deraa, pillaron a un grupo de colegiales haciendo pintadas antigubernamentales, los pusieron bajo custodia policial y los torturaron. Cuando la historia se difundió, los sirios, arrastrados por el fervor de la Primavera Árabe, rompieron su silencio para pedir reformas políticas. Ásad prometió una serie de concesiones graduales y aseguró que culminarían en la revisión de la Constitución. Mientras tanto, a lo largo y ancho del país, las fuerzas de seguridad asesinaban, detenían y torturaban a cientos de manifestantes desarmados. En algunos casos devolvían los cuerpos mutilados a las familias como advertencia. Los refugiados salían del país en masa por las fronteras del Líbano y Turquía.

A lo largo del verano fueron desertando oficiales y soldados del ejército y comenzó a formarse una elemental rebelión armada. Los rebeldes, basados tanto en el país como en Turquía y el Líbano, anunciaron la creación del Ejército Libre Sirio y emprendieron ataques a las fuerzas del régimen. A medida que las manifestaciones pacíficas se convertían en revueltas armadas, la gente empezó a advertir de una presumible guerra civil, una posibilidad alarmante en un lugar tan fragmentado como Siria.

Ásad dirige un régimen secular dominado por los alauitas, una rama del islam chií. La minoría alauita, tradicionalmente de clase baja, no llegó al poder hasta hace poco tiempo. Cincuenta años atrás disfrutaban de unos derechos legales limitados, y sus vecinos los miraban con recelo por considerarlos paganos. Los cristianos, la segunda minoría más numerosa del país, se alinean con ellos, y juntos constituyen aproximadamente un cuarto de los veintidós millones de habitantes sirios. Los musulmanes suníes componen la gran mayoría; el resto es una mezcla compleja e indefinible de refugiados palestinos, miembros de tribus drusas y beduinas, kurdos, armenios, circasianos, turcomanos y unas docenas de judíos que aún quedan. Un profesor de Asuntos internacionales me dijo en Damasco: «Tenemos cuarenta y siete grupos étnicos y religiosos. Por eso, este país no se puede dividir. Es como un vaso de agua: si se derrama, desaparece».

Los países de la zona escogieron bando según la variante religiosa: los gobiernos de Irán e Irak, dirigidos por chiíes, apoyaron a Ásad, mientras que los suníes de Arabia Saudí, Qatar y Turquía insistieron en que dejara el cargo. Para muchos se trata de un conflicto de terceros. La minoría suní de Irak, privada de derechos, que unos años atrás recibió ayuda siria para sublevarse contra las fuerzas estadounidenses, ha recaudado fondos para los rebeldes y les ha enviado armas. La Liga Árabe, temiendo un conflicto mayúsculo, suspendió a Siria de la membresía en noviembre y después solicitó a Ásad que dejara el puesto.

Sin embargo, Ásad intensificó los ataques. El 3 de febrero, entrada la noche, el ejército sirio lanzó una lluvia de misiles, proyectiles de tanque y mortero a un barrio rebelde de la insumisa ciudad de Homs que mató a decenas de hombres, mujeres y niños. Se consideró el episodio más sangriento del conflicto sirio hasta la fecha; tal vez fuera una coincidencia, pero ocurrió en el trigésimo aniversario del ataque de Háfez al-Ásad a Hama. Al día siguiente, China y Rusia vetaron una resolución del Consejo de Seguridad de la ONU que condenaba el uso de la violencia del Gobierno sirio. La secretaria de Estado Hillary Clinton calificó el veto de «farsa», y Estados Unidos y Gran Bretaña retiraron a sus embajadores. El ministro de Exteriores ruso, Serguéi Lavrov, calificó la reacción occidental de «histérica» y dijo que Ásad le había prometido que «detendría la violencia de dondequiera que procediera», lo cual sonó a sofistería diplomática. Rusia conserva su única base naval mediterránea en el puerto sirio de Tartús y sigue proveyendo al régimen de armas. Un partidario de Ásad me aseguró que Rusia e Irán continuarían apoyándolo: «Habrá desafíos a la seguridad en los meses futuros, pero estoy seguro de que los peores días de Ásad han quedado atrás».

En Homs prosiguieron los sangrientos ataques del ejército, y a mediados de febrero ya habían muerto al menos cuatrocientas personas. Se acerca el primer aniversario del levantamiento sirio y el panorama es ominoso. Aparte de Homs, donde aproximadamente una tercera parte de la ciudad está en manos rebeldes, hay combates en media docena de ciudades más, así como en pueblos y localidades rurales, sobre todo a lo largo de las fronteras turcas y libanesas. Han muerto más de seis mil personas. Decenas de miles han sido arrestadas, incluidos niños, y casi cien mil han huido de sus hogares. Con docenas de muertos casi a diario, Siria va pendiente abajo hacia una salvaje guerra civil, pero Ásad no ha dado muestras de que vaya a abandonar el poder. «Para Bashar, es matar o morir —dijo el diplomático—. Es una cuestión existencial. Los servicios de seguridad aún están organizados y son fuertes, y él no va a dimitir, porque cree que significaría su muerte».

La ciudad de Zabadani se encuentra en las montañas a unos treinta kilómetros al noroeste de Damasco, no muy lejos, según la tradición local, del lugar donde Caín mató a Abel. Es un rincón hermoso de unos cuarenta mil habitantes, cercano a la frontera con el Líbano, y en las últimas décadas ha sido un destino turístico donde los damascenos ricos se construyen mansiones y los árabes del Golfo se refugian del calor del verano. Y justo pasa por allí una antigua ruta de contrabandistas, supuestamente una vía crucial de tráfico de armas que procede del Líbano y sirve para armar la revuelta en expansión.

Desde la primavera pasada, las fuerzas sirias han atacado el lugar varias veces; han matado a unos doce manifestantes, y muchos habitantes han huido a las montañas en busca de refugio. Los miembros locales del Ejército Libre Sirio se defendieron, y se acordó una tregua entre la Cuarta División del Ejército, que operaba en la zona, y los oficiales rebeldes. El Gobierno local, baazista, redujo su presencia a unos pocos edificios en los límites de la ciudad, y el ELS declaró Zabadani «liberada». Por primera vez desde que nadie recuerda, el Gobierno sirio cedió pacíficamente el control de un trozo de territorio nacional. Nadie sabía qué pensar.

Se autorizó a la Liga Árabe enviar una pequeña misión de observación a Siria, y el 21 de enero me uní a una delegación que visitaba Zabadani. La ciudad domina un valle fluvial tapizado de plantaciones de cerezos y manzanos, y por él han empezado a extenderse mansiones y granjas nuevas. A lo lejos se veía una cresta montañosa árida y alta cubierta de nieve. Nos detuvimos frente a un edificio municipal protegido por sacos de arena a modo de barricadas y soldados armados, y las fuerzas militares condujeron rápidamente adentro a los observadores: una docena de diplomáticos argelinos, sudaneses y marroquíes. Unas pocas tiendas estaban abiertas, y los tenderos y los transeúntes miraban en silencio, ocultando sus simpatías. El edificio, la sede local del partido Baaz, había estado ocupado por un contingente del ejército sirio, los últimos representantes del régimen en Zabadani. Bajo un enorme retrato de Ásad, el comandante del ejército explicó la situación en un opaco tono diplomático. «Había diferencias entre dos bandos en la ciudad, así que, en interés de la nación, se realizó este acuerdo», dijo. Por lo visto, la tregua se negoció gracias a la mediación de un influyente miembro local del partido Baaz que tenía contactos en ambos lados. El partidario de Ásad me insinuó que el régimen había permitido al ELS tomar parte del territorio para que sus miembros dieran la cara y luego entraría a liquidarlos.

Unos centenares de metros adelante, en una calle flanqueada con casas de tejado plano y bloques de pisos, penetramos en la Siria «liberada». Jóvenes y niños eufóricos atestaban la calle, gritando. Dijeron que las tropas del Gobierno habían entrado hacía una semana y habían estado disparando durante tres días con tanques, misiles y ametralladoras pesadas. Señalaban indignados a los agujeros de proyectil de los edificios y a los casquillos y metralla desparramados a los pies de los observadores.

—Tendrían que ver lo que les han hecho a los manzanos —dijo un campesino indicando las plantaciones de árboles sin hojas del valle.

—Tienen un montón de tanques fuera de la ciudad —gritó otro hombre—. Cuando ustedes se marchen, vendrán.

La ciudad era de mayoría suní, y en la plaza la gente coreaba: «Dios es más grande que la injusticia». También cantaban: «La gente quiere internacionalizar la situación», frase que un hombre con barba y aspecto cansado interpretó como que los habitantes de Zabadani querían la intervención extranjera: una zona de exclusión aérea de la ONU como la que había contribuido a deponer a Muamar el Gadafi en Libia. Necesitaban algún tipo de protección; los rebeldes dicen tener unos cuarenta mil soldados en todo el país, mientras que el ejército tiene medio millón, reservistas y milicias incluidos. El hombre barbudo preguntó a un miembro de la Liga Árabe en tono suplicante: «¿Cómo vamos a quedarnos de brazos cruzados y dejarles que entren en nuestras casas?». Una mujer, retorciéndose las manos, dijo que habían matado a su hijo de un tiro. Se oían disparos a lo lejos. Nos dijeron que los tanques del ejército estaban esperando en la carretera, a menos de un kilómetro.

En la vecina ciudad de Madaya, un grupo de rebeldes nos recibió en una casa donde habían establecido una base. Un joven pálido y con cara de preocupación vestido con un abrigo de lana se presentó con su nombre de guerra, Abu Adwan, y dijo que había sido teniente del ejército en Alepo, la ciudad más grande de Siria, hasta el junio pasado, cuando desertó. El ejército rebelde era una organización descentralizada y sin forma. Aunque aparentemente estaba ligada al Consejo Nacional Sirio, un cuerpo político de disidentes exiliados, en el terreno operaba más como una serie de grupos armados al estilo de Ocupa Wall Street, formado alrededor de los soldados que habían desertado del ejército y encontrado simpatizantes en casa. Abu Adwan me dijo que había unos cien desertores en la zona de Zabadani, pero casi no tenían armas, y la tregua no duraría mucho: «El Gobierno atacará seguro. No puede permitir que tengamos una zona libre». Otros combatientes del ELS llevaban pañuelos o pasamontañas, pero él no se tapaba la cara. Le pregunté por qué, y él sonrió y agitó una mano. «Da igual».

Un joven llamado Anas dijo que estaba terminando la carrera universitaria de Derecho en Damasco, pero a causa de la agitación no había podido examinarse. «Tendré que hacer los exámenes más tarde, a saber cuándo», dijo riéndose. Según sus cálculos, en Zabadani habrían muerto quince personas en los ataques. A mediados de julio, en un asalto a la ciudad, un amigo suyo de nombre Shahi y él habían huido de las tropas. Capturaron a Anas y se lo llevaron para interrogarlo. Lo tuvieron retenido y lo apalearon durante treinta y seis días. «Para nosotros es normal», dijo, encogiéndose de hombros. Había tenido suerte. A Shahi lo mataron de un tiro. En el mismo incidente también habían atrapado a otro amigo y no se sabía nada de él desde entonces.

Antes de que se marcharan los observadores, cientos de personas de la ciudad se reunieron en la plaza principal para gritar consignas y pedir la libertad. Anas me dijo que sabía que el momento de «libertad» de Zabadani no duraría mucho; el ejército podía volver cuando quisiera. «Será un final negro —dijo sin emoción—. Pero tendremos que afrontarlo. Me da pena decirlo, pero los alauitas están participando en la represión, y habrá una guerra civil religiosa».

El verano pasado, cuando el levantamiento se fortalecía, Ásad dio un discurso para la televisión. «Las conspiraciones son como los gérmenes, que se multiplican todo el tiempo y en todas partes —dijo—. Y es imposible exterminarlos. Pero lo que podemos hacer es fortalecer la inmunidad de nuestro cuerpo». (Como respuesta, los manifestantes corearon, festivos: «Los gérmenes quieren la caída del régimen»). Ásad añadió: «Lo que está ocurriendo hoy en día no tiene nada que ver con el desarrollo o con las reformas. Lo que está ocurriendo es sabotaje». Mientras recorrí el país, el argumento gubernamental de que los manifestantes no eran nada más que «bandas armadas» se fomentaba con insistencia.

A finales de enero, el Ministerio de Información organizó una salida de prensa a la ciudad sitiada de Homs. En un patio cerrado de hormigón del hospital militar de la ciudad, una fanfarria esperaba al lado de un grupo de oficiales en posición de firmes con enormes coronas de flores. En el suelo había tres ataúdes cubiertos con banderas. Se había congregado un grupo de médicos y enfermeras con banderitas sirias en la mano, y junto a ellos había unas mujeres vestidas de negro: las viudas, las madres y las hermanas de los hombres de los ataúdes. En el muro del fondo había una enorme pancarta con una foto de Ásad, el cielo azul y una bandera siria ondeando al viento.

Los oficiales habían estado esperando impacientes a que llegáramos para empezar el funeral. Los cadáveres de los ataúdes eran de soldados caídos cerca de Homs, dos de ellos el día anterior en una emboscada. Trece soldados habían muerto en total, y en una cámara refrigerada nos enseñaron unas bolsas negras de basura que contenían los restos de otros, tan quemados que había sido imposible reconocerlos.

Fuera, los médicos y las enfermeras cantaban: «Oh, Bashar, te damos nuestra sangre y nuestra alma». Entonces la escolta militar levantó los ataúdes del suelo a la vez que las mujeres ululaban. Los hombres que cargaban con los ataúdes echaron a andar despacio mientras la banda tocaba música fúnebre. Los dolientes iban detrás; las mujeres cantaban: «Salve el ejército. Dios, patria y Bashar son todo cuanto necesitamos». Al doblar la esquina, había una furgoneta blanca esperando con las puertas traseras abiertas. Depositaron los ataúdes dentro y la furgoneta se alejó. El funeral había terminado.

De nuevo en el autobús, nuestros escoltas nos dijeron que nos dirigíamos a un barrio llamado Hamidiya, donde podríamos bajar y hablar con la población local, pero no debíamos separarnos del grupo. Uno explicó nervioso que los rebeldes estaban en posesión de «una buena parte de Homs», áreas donde el ejército no iba a entrar.

Era mediodía, pero las calles estaban desiertas y el aire se había cargado de llovizna invernal. El autobús fue sorteando en zigzag barricadas levantadas con rocas y barriles, y luego se detuvo en un cruce donde una piña de soldados armados se resguardaba tras unos parapetos hechos con sacos de arena. El propietario de un colmado, un hombre de mediana edad con cara simpática, dijo que la situación en Homs no era «muy buena». Señaló hacia un barrio suní, Jalidiya, a unas cuantas manzanas, que estaba controlado por los rebeldes. «Los hombres atacan y se van; son invisibles», dijo. Se habían perpetrado secuestros y asesinatos de alauitas y cristianos. Antes de que estallara la violencia abría la tienda hasta las tres de la madrugada, pero ahora cerraba a las cinco de la tarde. Advertí que vendía vino, y explicó que era cristiano, como la mayoría de los vecinos del barrio. Los cristianos, que constituyen el 10 por ciento de la población siria, son mayoritariamente favorables al Gobierno y tienen miedo de lo que pueda pasar si los suníes se hacen más poderosos. Un policía de paisano entró en la minúscula tienda y se quedó detrás de mí, escuchando sin disimular, y el tendero siguió hablando como si no estuviera.

—¿Bashar tendría que dejar el cargo? —le pregunté.

—No —respondió el tendero.

En la calle se había concentrado un grupo de hombres. Uno de ellos, un tipo flaco y franco de unos cuarenta y cinco años, se presentó como Maher. Como el tendero, era cristiano. Había trabajado durante varios años en una plataforma petrolífera propiedad de una empresa estadounidense, pero hace unos meses decidió regresar a su casa para estar junto a su familia y protegerla. Los rebeldes, contó, estaban ocupando viviendas para emplearlas como bases desde donde atacar al Gobierno. Hacía unos días, el ejército había tomado el control de unas cuantas calles, y las tiendas habían vuelto a abrir, la gente podía ir a trabajar y los niños asistir a la escuela.

Estallaron disparos desde la dirección de Jalidiya, y Maher recorrió la calle de un extremo a otro con los ojos.

—No apoyo al presidente ni soy del Baaz, amigo mío —declaró—. Pero he visto la verdad.

En una línea que recordaba la del Gobierno, dijo que los rebeldes eran traficantes de droga, criminales y miembros de Al Qaeda. Habló de las casas donde torturaban y ejecutaban, donde cortaban el cuello a sus víctimas como si fueran corderos. Una vez, explicó, pidieron la documentación a un hombre y una mujer mayores en un control de carreteras, y les pegaron un tiro a los dos solo porque eran alauitas.

—El Gobierno debería ser duro —dijo—. No me importa quedarme tres días en casa para que el Gobierno registre todas las casas, porque se están escondiendo en las casas de gente inocente. —Y añadió—: Bueno, en mi opinión no son inocentes, porque quien esconde a un asesino forma parte del crimen.

Mientras nos marchábamos, sus amigos y él entonaron un canto a favor de Ásad.

A veces, las visitas de inspección se convertían en una obvia farsa política. Una mañana, unos cuantos miembros de la milicia progubernamental conocida como la Shabiha se reunieron delante de un edificio del Gobierno en Damasco para cantar un himno cuyo estribillo era «larga vida a los matones». Una señora desdentada que vagaba por allí se acercó y señaló a unos tipos con pinta de duros y armas automáticas que estaban dentro de un jeep.

—¿Le parecen asesinos? —me gritó—. ¿Podrían matar a mujeres y a niños, como se les acusa?

—Pues sí —respondí, pero la mujer no me hizo caso, se alejó y fue a gritar a otro.

En un hospital policial del barrio vecino de Harasta, unos vigilantes de seguridad mostraban con petulancia un coche que decían haber capturado a unos combatientes del ELS. Un hombre uniformado abrió el maletero y con un gesto teatral sacó unas granadas de mano, diez, metidas en unas fundas impecables con letras hebreas. Las sostuvo en el aire y las paseó para que la multitud y las cámaras de los equipos nacionales de televisión pudieran verlas con claridad.

Pero otras veces se hacía evidente que el régimen no podía controlar del todo lo que veíamos. En la plaza de la Torre del Reloj, en el centro de Homs, se reprimieron con mucha violencia las primeras manifestaciones; se dice que murieron decenas de personas en abril, cuando el ejército atacó durante una sentada de protesta. Cuando visitamos la enorme plaza, estaba casi vacía. El autobús nos dejó a tres manzanas de ella, frente a una cafetería antigua, pero, antes de que hubiera superado la primera manzana, los escoltas nos llamaron a todos para que volviéramos. Un hombre alto y corpulento con barba canosa rugía en inglés:

—¿Por qué están aquí ustedes? Aquí no es donde tienen que estar. —Señaló hacia los barrios tomados por los rebeldes—. Vayan a Baba Amr, vayan a Jalidiya, ¡ahí es donde tendrían que ir!

La escolta intentó meternos de nuevo en el autobús, pero el barbudo, de quien más tarde me enteré de que era un prominente abogado, acaparaba la atención de todo el mundo. Vociferaba que en su ciudad estaban pasando cosas horribles. Cuando le preguntaron quién era el responsable de ellas, dijo que el régimen estaba sirviéndose de matones para intimidar a la gente.

—¡El ejército, seguridad o las fuerzas armadas, no lo sé! —chilló—. ¡Llevan zapatillas de deporte! ¿Han visto alguna vez a un militar con zapatillas de deporte? —Agregó—: Yo me fío de los que llevan uniforme, casco y botas. No me fío de tipos con zapatillas de deporte.

Unos hombres con chaqueta de cuero negro aparecieron en los bordes de la multitud: el Mujabarat o la Shabiha. Estaban en un grupito apretado, susurrando, y algunos se acercaron al barbudo. Unos ancianos salieron de la cafetería y trataron de hacerle entrar en ella, pero él se los quitó de encima.

—¿Cómo es la vida aquí? —preguntó un periodista.

—¿La vida? —gritó el hombre, moviendo los brazos—. ¡No hay vida! No hay vida aquí en Siria.

Más hombres fueron amontonándose a su alrededor, gritando enfadados para ahogar su voz.

—¡Pueden ir adonde quieran en Homs! Todo está bien —nos dijo uno.

—¿Quieres que la OTAN venga a Siria? —le espetó otro—. ¿Eso es lo que quieres?

Crecieron los gritos y empezaron los empujones; aparecieron un montón de policías secretos.

—¡Apunten mi nombre! —gritó el barbudo a los periodistas—. Mañana mi nombre estará en el tablón —dijo, refiriéndose a la lista diaria de muertos de Homs.

La multitud se convirtió en un caos y se lo llevaron a la fuerza.

Otro día conocí a Bassam Abu Abdullah, miembro del partido Baaz. Llevaba un reloj de pulsera con la cara de Bashar al-Ásad. Empezaba a quedarse calvo, lucía un gran bigote y tendría algo más de cuarenta años. Es profesor de Asuntos internacionales en la Universidad de Damasco y un simpático lobista del Gobierno. Mientras tomábamos café, defendía que, a pesar de los errores pasados, el régimen tenía buenas intenciones y las reformas anunciadas eran más que meras concesiones tácticas. Reconocía que la violencia ocurrida en Homs era alarmante. Las fuerzas de seguridad habían cometido abusos, y eso debía repararse. Bashar simplemente necesitaba tiempo para aplicar las reformas.

—Siria cambiará —me aseguró—. Pero lo importante es cómo se gestione el cambio. Hemos visto otros escenarios (Irak, Libia y Yemen), y ninguno es bueno.

Abdullah estaba estudiando en la universidad de Taskent cuando cayó la Unión Soviética, y recordaba que también Gorbachov había intentado llevar cambios adelante y había perdido el control. Y añadió:

—Sé qué implica el derrumbamiento de un Estado.

Convenía en que las reformas de Ásad deberían haber llegado antes, pero afirmaba que había habido motivos de peso para el retraso: la guerra de Irak, el asesinato del primer ministro libanés Rafik Hariri en 2005 con un coche bomba (se había acusado a Siria de organizarlo) y el levantamiento actual. Todos ellos habían requerido «mucha atención por parte de Siria». Existía también «gente corrupta en el país» que había actuado para «impedir los cambios». Puse cara de sorpresa.

—Sí, tenemos gente corrupta, y no me da miedo decirlo —afirmó Abdullah—. Quiero un futuro mejor para mi país.

En efecto, el Gobierno había realizado algunas reformas, pero estaban relacionadas con la economía y favorecían a los ricos.

—Se olvidó de la gente —arguyó Abdullah—. Se suponía que el mercado debía cuidar de todos, pero esa política ha fracasado también en Occidente. En Siria, la gente no está tan bien; todavía recurre al Estado como si fuera su madre.

Con la falta de oportunidades económicas, los sentimientos religiosos se habían intensificado, sobre todo entre los pobres. El Gobierno necesitaba abrirse políticamente, dijo Abdullah, y permitir mayor libertad de expresión. Pero se atendería a todo eso en las acciones actuales para renovar la Constitución.

Según un informe reciente de las Naciones Unidas, cientos de niños han muerto en los ataques del Gobierno en Homs y en otros lugares, pero, cuando pregunté a Abdullah por qué el régimen estaba matando niños, respondió:

—¿Por qué no pregunta a esos que envían a sus hijos a la calle? Son gente sucia.

Según su punto de vista, la violencia estaba orquestada por intereses extranjeros: agentes de inteligencia jordanos, jefes del narcotráfico, islamistas. Los extremistas musulmanes habían emitido ya once fetuas contra él; había enviado a su mujer, que es rusa, y a sus dos hijas fuera del país. La masa de protestatarios era «gente inculta» y los estaban confundiendo, adujo.

—Hay personas que creen que quieren la libertad, pero no saben lo que es. Creen que es el desorden. —Sonrió y agregó—: Creo que las fuerzas de seguridad resolverán este asunto muy pronto. Si el ejército quisiera, acabaría con todo esto en una semana.

Ser escéptico hacia los rebeldes era habitual entre los partidarios de Ásad. Un influyente hombre de negocios, Nabil Toumeh, me informó de que lo que estaba sucediendo en Siria era el resultado de un plan —soñado años atrás por Zbignew Brzezinski y apoyado por Israel— para ayudar a que los Hermanos Musulmanes dominaran todo Oriente Próximo.

—Después de perseguirlos durante cincuenta años, ahora se les está dando poder, y esto hará retroceder al mundo árabe —dijo—. Esto no es la Primavera Árabe. Es el despertar de los extremistas del islam.

Los Hermanos Musulmanes trataban de tomar el poder en Egipto, Túnez y Libia, pero eso no ocurriría en Siria.

—No se puede razonar con esa gente. Para ellos solo existe Dios.

Pero en Zabadani me dijo un manifestante, un suní:

—No hay Hermanos Musulmanes aquí. La gente es musulmana, eso sí. Pero los Hermanos no tienen proyectos reales para ella. Lo que queremos es libertad para protestar en paz sin que nos disparen.

Hay mucha incerteza en torno a los rebeldes. Un disidente veterano de nombre Salim Jeirbek me dijo: «No más del 30 por ciento de la población está metida en la resistencia. El otro 70 por ciento, si no está realmente con el régimen, guarda silencio, porque no están convencidos, sobre todo después de lo que ha pasado en Irak y en Libia. Estas personas quieren reformas, pero no a cualquier precio».

El partidario de Ásad me dijo que el ELS tenía solo mil desertores y el resto eran una turba fanática; un hombre de negocios de Homs estimaba que dos tercios de sus miembros eran antiguos soldados. Los que yo conocí contaban historias en las que sus superiores los obligaban a disparar a civiles, y después, tras pasar por crisis de conciencia, huían con camaradas que pensaban como ellos. Esta narrativa resulta coherente y convincente. Muchos dicen también que su cometido es proteger a los civiles y que dejarán de luchar cuando Ásad y su círculo depongan los cargos. Aseguran que sus objetivos no son religiosos, que son antialauitas solo porque se oponen a quienes dirigen el país, pero reconocen que la brecha con el Gobierno coincide con líneas confesionales. La gran mayoría de las tropas del ejército es suní, mientras que casi todos los oficiales superiores son alauitas, igual que el resto de los dirigentes del país.

Digan lo que digan los rebeldes en estos momentos, es indudable que los islamistas buscarán hacerse oír entre la oposición. El líder de Al Qaeda Aymán al-Zawahirí emitió hace poco un llamamiento a la yihad en Siria, y han tenido lugar ataques suicidas con bombas en Damasco y Alepo llamativamente parecidos a los de Al Qaeda. Como dijo un simpatizante del régimen en Damasco: «Los estadounidenses usaron a los yihadistas contra los soviéticos en Afganistán, y luego los sirios los utilizaron contra los estadounidenses en Irak; Sarkozy los usó contra Gadafi en Libia, y ahora los estadounidenses los están usando contra nosotros. Al final, quizá algún día lleguen a trabajar para sí mismos». No obstante, en su mayor parte, la oposición siria parece reflejar una diversidad de ciudadanos que se sienten víctimas de haber vivido cuarenta y dos años en un Estado de seguridad. Unos han sido maltratados por la policía secreta y buscan venganza; a otros los empuja el odio religioso; otros son patriotas genuinos que simplemente no pueden seguir sirviendo a un régimen represivo. Es imposible decir qué facción saldrá triunfadora, pero es probable que sea la que más dispuesta esté a ejercer la violencia extrema. Siria está en guerra consigo misma e, inevitablemente, todos los bandos distorsionarán a sus enemigos y ocultarán aspectos de sus objetivos. Ni siquiera el ELS sabe todavía qué es.

Los primeros rebeldes que conocí en Damasco eran nerviosos y desconfiados. Fue la mañana del miércoles 25 de enero en el barrio de Saqba, situado en el este de la ciudad y dedicado a la fabricación de muebles. En un cruce de dos calles principales, una docena de combatientes con la cara tapada con kufiya y armados con kalashnikov detenían el tráfico para pedir documentos de identidad. Yo iba con un intérprete sirio que se llamaba Abdullah. Los rebeldes nos hicieron bajar del coche y nos pidieron la documentación. Abdullah pareció preocuparse. Había más combatientes al otro lado de la calle; uno se acercó con un lanzagranadas propulsado por cohete al hombro. Los guerrilleros examinaron la documentación de Abdullah y, tranquilos al ver que no era un agente de seguridad del Estado, accedieron a hablar con nosotros. Fuimos a un garaje cercano.

Les pregunté por qué estaban luchando.

—Lo que queremos es parar el asesinato de niños y las violaciones de mujeres —dijo uno.

—Lo que queremos es un país libre, sin racismo, con igualdad de oportunidades para todos —dijo otro.

Varios mostraron unas tarjetas azules plastificadas que los identificaban como desertores del ejército. Eran muy jóvenes; tendrían entre dieciocho y veintitrés años. Uno dijo que había trabajado en seguridad del Estado en Daraa, donde había empezado la insurrección. Otro era de la provincia norteña de Idlib. Un tercero venía de Homs.

—Somos soldados a quienes ordenaron matar a la gente —explicó uno—. Yo estaba en un control de carreteras, y, si no disparaba yo, me disparaban ellos.

Otro guerrillero, unos años mayor, se presentó como Mohammed Nur y era el comandante tercero de los rebeldes de Saqba. El ELS representaba «a todos los sirios», dijo con fervor. «Somos cristianos, alauitas, drusos y suníes». Reconoció que el régimen había sacado provecho de las tensiones entre las comunidades y había convencido a los alauitas de que estaban en peligro y en algunos casos los había armado. Pero la rebelión no consistía «en estar contra una religión, sino en querer la democracia —dijo—. Si Bashar y su círculo dejan el país, esto se acaba». Acto seguido, un hombre se acercó corriendo y dijo algo a Nur, que empezó a gritar órdenes a los rebeldes. Todos se marcharon rápidamente. Venía el ejército; pronto habría batalla.

Condujimos por territorio controlado por los rebeldes casi dos kilómetros. Vimos hombres armados en barricadas, otros que patrullaban en coche, y adolescentes vestidos de calle que hacían de centinelas. Se respiraba peligro en el aire. Casi todas las tiendas estaban cerradas, pero una exposición de muebles estaba abierta, y el dueño nos invitó a su cómoda oficina, donde había una chimenea con troncos ardiendo. Un empleado trajo té. La situación, nos explicó con cautela el dueño, era «incómoda». Nunca había imaginado que vería combatientes rebeldes en las calles de su barrio. Hacía un mes que el ejército sirio no entraba en Saqba, es decir, desde que llegaron los observadores de la Liga Árabe. «El Gobierno está intentando evitar problemas», explicó, pero lo primero que había provocado esa situación fue «el maltrato de la gente por parte de las fuerzas de seguridad». Eso había generado falta de confianza.

—Si un pequeño porcentaje de esa confianza pudiera restablecerse, el problema terminaría. —Hizo una pausa y luego prosiguió—: La situación no puede continuar así. El Gobierno debería ser flexible con la gente, tener en cuenta sus puntos de vista. Hay quien está con el régimen y quien está en contra de él. Es necesario que ambos bandos se escuchen mutuamente.

Había llegado hacía poco de un viaje a Turquía. En el avión, sentada en el asiento de al lado, había una mujer con un niño pequeño que no paraba de gritar y saltar. Al final, él le dijo al niño que se estuviera quieto, y la madre aclaró que solamente estaba nervioso. Ella era siria, pero vivía en Estados Unidos, y aquella era la primera visita del niño a su país.

—Le dije que quizá no era el mejor momento para venir —relató el dueño—. Pero ella dijo: «He decidido venir porque quiero a mi país». Y después añadió: «Solo Dios, Siria y Bashar». Un joven que estaba sentado cerca se volvió y dijo: «Solo Dios, Siria y libertad». Empezaron a discutir. Enseguida había seis filas de pasajeros interviniendo. Al final grité a todo el mundo que se callara y dije que, si estuviéramos en el cielo y no pudiéramos encontrar una solución, quizá nos fuera imposible tomar tierra.

Cuando el avión llegó a Damasco, alguien informó a seguridad lo que había dicho el joven, y se lo llevaron bajo custodia. Lo soltaron solo porque intercedió el dueño de la tienda.

El dueño esperaba que personas sabias pudieran mediar.

—Ahora mismo es importante dejar espacio para pensar —dijo—. No puedo responder por ningún ejército. Lo que quiero de verdad es que el Gobierno se dé prisa en aplicar las reformas. Sabemos que el ejército puede venir, destruirlo todo e imponer el régimen que quiera, pero ¿tiene sentido o es absurdo? Si ambas partes pueden llegar a un acuerdo, ¿no sería una solución mejor?

La mañana del 28 de enero, los observadores de la Liga Árabe fueron a Rankous, una ciudad de montaña a unos treinta kilómetros al nordeste de Damasco, tomada por los rebeldes, y otros dos periodistas y yo fuimos con ellos. En una meseta cubierta de nieve, unos kilómetros después de la antigua ciudad cristiana de Saydnaya, había un puesto del ejército; después, la carretera se metía por un alto desfiladero. Los observadores bajaron de los coches y pasearon por allí, disfrutando del cortante aire de montaña. Al cabo de unos minutos, empezaron a volver a los coches; al final habían decidido no ir a Bankous. El jefe de la delegación me dijo que el comandante del puesto había dicho que había francotiradores rebeldes en Rankous y que podrían atacarlos. Le señalé que, si los observadores iban solo adonde el régimen sirio quería que fueran, lo mismo daba que se hubieran quedado en casa. El diplomático asintió. Si las cosas seguían como hasta entonces, predijo, era posible que la misión se suspendiera.

Los otros periodistas y yo decidimos continuar. Tras una curva nos encontramos con un control del ejército. Unos soldados salieron corriendo y nos preguntaron adónde íbamos. Señalamos hacia Rankous. «Es peligroso», advirtieron, pero nos dejaron seguir. Avanzamos un poco más y al cabo de unos minutos se detuvieron cuatro furgonetas en las que viajaban varias familias. Nos explicaron que huían después de una noche de ataques de tanques del ejército que estaban apostados en los montes que rodeaban la ciudad. Un hombre señaló unas huellas embarradas de tanques que cruzaban los campos cubiertos de nieve y desaparecían en una cumbre. Dijeron que la ciudad había tenido unos veinte mil habitantes, pero ahora no quedaban más que cincuenta familias.

A la entrada de Rankous había una barricada, un montón de tierra y rocas combinadas con unos cuantos barriles de petróleo, en uno de los cuales habían pintado con espray negro «*Yaysh al-Hurr*» («Ejército Libre»). Nos detuvimos en una plaza pequeña, y una *pick-up* llena de combatientes apareció y nos guio por las calles desiertas hasta una casa que estaba al lado de una mezquita. Entramos, subimos por las escaleras y llegamos a una sala con una estufa antigua. Un hombre guapo de pelo corto, uniformado, nos invitó calurosamente a sentarnos. Era Abu Jaled, el comandante del contingente del Ejército Libre Sirio en Rankous. Tenía treinta y tres años, y hasta hacía apenas unos meses había sido un oficial del ejército sirio destinado en un control de carreteras en uno de los distritos más problemáticos de Homs. Se habían dado muchos abusos, dijo. Un día, un oficial compañero suyo había disparado a una mujer y a su hijo sin que mediara provocación, con la excusa de que quería «dar una lección» a la gente del barrio. Al final, Abu Jaled había desertado, llevándose consigo los treinta hombres que tenía a su cargo. Eran de diversos lugares de Siria, pero aceptaron ir con él a defender Rankous, donde él había crecido.

Fuera se oyeron una ráfaga de tiros y dos retumbos más fuertes que sonaron como procedentes de tanques. Abu Jaled envió a unos hombres a averiguar qué sucedía. El ELS controlaba Rankous desde hacía varias semanas, me dijo, y en los últimos cinco días el ejército había realizado una acción conjunta para rodear la ciudad. Habían recibido ataques de tanques y armas antiaéreas, y disparos de francotiradores colocados en posiciones de ventaja. Los hombres de Abu Jaled tenían solo un mortero, un fusil de francotirador y los kalashnikov que se habían apropiado al desertar. Me tendió su móvil y me pidió que viera un vídeo corto. En él aparecía un joven vestido de uniforme en los brazos de otra persona que la consolaba mientras moría. Abu Jaled se llevó la mano al corazón. Era uno de sus hombres, y los brazos que lo sostenían eran los suyos. Un hombre mayor llamado Abdul Karim, un civil, el anciano de la ciudad, se había unido a nosotros y dijo que los hijos de su hermano también habían muerto en el bombardeo.

Se oyeron más disparos y algo pasó silbando ante la casa. Abu Jaled ordenó la evacuación. Mientras sus hombres se movían deprisa, él nos pidió que apagáramos los móviles y les quitáramos la tarjeta SIM por si nos estaban rastreando. En la puerta, Abdul Karim se colocó delante de mí, me cogió los brazos y me hizo abrazarlo por la cintura de modo que pudiera escudarme mientras bajábamos por las escaleras.

En una casa vecina nos llevaron a una habitación trasera, donde nos recibieron una pareja joven, su bebé y una mujer más mayor. Nos hicieron sentar y nos trajeron té mientras fuera continuaban los tiros. La mujer mayor, llorando, cortó unas manzanas e insistió en que las comiéramos. Le pregunté por qué no se había ido, y respondió que su familia era pobre y que no tenía familiares con quienes ir.

—Estamos preparados para morir en defensa de la gente —dijo Abu Jaled, sereno.

Si los civiles que quedaban en Rankous se marchaban, sus soldados y él irían a otro lugar. Pero ¿cómo iban a atravesar el ejército?

—Nos arrastraremos entre los controles —contestó con una carcajada—. ¡No te preocupes por nosotros! —Tenían yogur y manzanas, y la panadería aún abría un día a la semana. No estaban lejos de la frontera libanesa y conseguían gasoil para la calefacción de extranjis.

Los rebeldes me contaron que, unos días antes de que empezara el asedio, un representante de los servicios de inteligencia había buscado a Abdul Karim para decirle que el ejército estaba dispuesto a acordar una tregua, como en Zabadani.

—El mensaje era: «No os acerquéis a nosotros y nosotros no nos acercaremos a vosotros». Le pregunté si podíamos recuperar los cuerpos de nuestros mártires, que se los habían llevado. Dijeron: «Dadnos las armas y os devolveremos los cuerpos». —Afirmó que se había negado, y continuó—: No somos terroristas. Somos un pueblo con historia. Sabemos qué está pasando.

Abu Jaled subrayó que a sus camaradas y a él no les movía el odio hacia los alauitas. Era un tema delicado. Primero se refirió a ellos solo como «las personas de cierta rama religiosa». En Homs, el régimen había alimentado las diferencias religiosas. Existían cuarenta y seis controles del ejército dentro de la ciudad y a su alrededor, dijo, y en todos había representantes del Mujabarat.

—Esta gente mete en la cabeza de los soldados de dieciocho años la idea de que se enfrentan a una conspiración israelí, o a Al Qaeda —dijo.

—Esto es una ciudad suní —intervino de repente la mujer joven, que estaba escuchando—. Por eso nos están disparando.

Al final de la tarde, los proyectiles habían alcanzado la casa contigua y un rebelde resultó herido en una pierna, pero los disparos continuaron. Estaba claro que no íbamos a salir de la ciudad. Los soldados del régimen sabían que estábamos ahí y aun así habían atacado; no podíamos fiarnos de que fueran a contenerse. Llamé al oficial sirio del Gobierno con el cargo más alto que conocía —Jihad Makdissi, el portavoz del Ministerio de Exteriores— y le pedí que solicitara al ejército que interrumpiera el ataque para que pudiéramos marcharnos. Me echó un poco de bronca —¿por qué habíamos ido a Rankous sin permiso?—, pero convino en intermediar. Al cabo de un rato recibimos una llamada y nos dijeron que saliéramos de inmediato de Rankous. Escuchamos. Los disparos habían cesado.

Un joven rebelde condujo delante de nosotros y nos guio hasta la plaza. Allí nos quedamos solos y salimos al paisaje ondulado. En el control del ejército nos esperaban los soldados con las armas preparadas. Uno de ellos, un adolescente, dio la vuelta alrededor del coche sin quitarnos el ojo de encima y con el dedo en el gatillo del arma. Un oficial nos preguntó furioso si no habíamos visto a los terroristas en la ciudad. Respondimos que sí había algunos rebeldes, pero le señalamos que también había civiles. Frunció el ceño y nos dijo que los terroristas habían atacado a sus soldados. Unos habían quedado heridos y otros habían muerto.

Cuando nos dejó marchar ya estaba oscureciendo y hacía mucho frío. Condujimos en el crepúsculo por la planicie nevada entre las montañas en dirección a Damasco. Había tanques por todas partes, en los campos que flanqueaban la carretera y en los cruces. Parecía como si estuviera a punto de empezar un ataque mayor.

Esa noche, las fuerzas armadas reanudaron el bombardeo de Rankous, y al día siguiente lanzaron varios ataques por tierra. Los hombres de Abu Jaled se defendieron y mataron a media docena de soldados. La misión de observadores de la Liga Árabe se suspendió oficialmente, y al día siguiente el ejército envió tropas a los barrios periféricos de Damasco, y luego a Zabadani y a Homs. Se trataba de una ofensiva general, aunque no se hubiera declarado formalmente. El redactor de un periódico de Damasco, favorable al régimen, me dijo que el control que habían conseguido los rebeldes en la periferia había sido ilusorio, que el Gobierno lo había permitido con la finalidad de «poner cara a los fantasmas» y luego aplastarlos. Poco después llegó la noticia de que Abu Jaled y su hijo pequeño habían muerto.

El 30 de enero salí de Damasco por la autovía del este y me dirigí al Hospital Militar Tishreen para visitar a las bajas más recientes del ejército, que habían sido más de cincuenta diarias durante los tres últimos días, dentro de la ciudad y en las afueras. De camino adelanté a camiones de transporte de tropas atestados de soldados con uniforme de combate, y el ejército bloqueaba los accesos por carretera a Saqba. Por encima de los tejados vi columnas de humo negro que se elevaban desde los lugares donde tenían lugar los combates. Un escolta del Gobierno que me acompañaba estaba perplejo. Preguntó alarmado: «¿Va a ser Siria como Irak?». Hasta aquel momento no había entendido realmente la magnitud de los problemas del país; confesó que nunca había visto una manifestación antigubernamental. «¿Estamos negando la realidad?», preguntó.

El mismo día, el diplomático de Damasco me dijo que era demasiado tarde para frenar la caída de Siria en una guerra civil. «Estamos viendo cómo un país se va al traste —dijo—. Esto pinta muy mal». Había tenido la esperanza de que pudiera negociarse un acuerdo parecido al que se llegó recientemente en Yemen, un «aterrizaje mullido por el cual los Ásad pudieran meterse en un avión con todos sus juguetes y volar a Dubái o adonde fuera». Pero Rusia se oponía con obstinación; nadie sabía cómo negociar con los rebeldes en medio de tanta violencia, y hasta que la oposición convenciera a los alauitas de que ellos no eran el objetivo de la insurrección, parecía muy poco probable que aflojaran las tensiones con el ejército. «La mayor parte de la clase de los oficiales es alauita, y hay muy pocos oficiales de alto rango que deserten», apuntó el diplomático.

Pero el Gobierno no podía resistir eternamente. En todo el país había mucho malestar, y el ejército abarcaba más de lo que podía. En las líneas del frente empezaban a agotarse la comida y el combustible; las tropas estaban cansadas y cada vez más desmoralizadas. Aunque el régimen había cortado la electricidad, el suministro de comida y el socorro médico a las áreas rebeldes, la oposición ganaba confianza. Otro diplomático de Damasco comentó: «El miedo ha abandonado a la gente y no ha regresado. La gente ha salido a la calle y allí sigue. —Y agregó—: Nunca he puesto en duda la capacidad del Gobierno para ejercer la violencia, pero no era consciente de lo idiotas que son sus líderes. Les advertimos de que, si empezaban a disparar a la gente, más tarde o más temprano esta respondería de la misma forma. Aunque ahora quisieran implantar un proceso reformista, las cosas no se arreglarían. No les queda más remedio que sacarlo adelante con represión».

El redactor del periódico de Damasco comentaba, en cambio, que el país está atascado con Ásad. «El derrumbamiento del régimen llevará a atrocidades, a que unas comunidades ataquen a otras, como en Ruanda —manifestó—. Se puede acusar a quien se quiera, pero eso es un hecho. El Estado debe continuar funcionando, porque de lo contrario, como pasa ahora en Homs, habrá violencia entre facciones religiosas. Por eso se tomó la decisión de ir puramente, con todo el peso, a los barrios periféricos, con todas las víctimas que estamos viendo. Y la idea de que Ásad deje el cargo no es realista, porque él es el ejército. La única manera de salvar el país es apoyar al régimen para que cambie. Todos los demás escenarios conducen a la guerra civil, a la violencia entre facciones y al fracaso del Estado». La mejor opción que tenía Ásad, afirmó, era combinar la violencia implacable contra los rebeldes activos y mayores reformas para ganarse a los moderados. La semana pasada, el régimen anunció que el 26 de febrero se someterá a referéndum un borrador de la Constitución revisada, que lleva meses en marcha. Mientras tanto, el ejército continúa con su ofensiva.

En Damasco conocí a Aimad al-Jatib, un hombre de negocios suní de cincuenta y tantos años que encarna la caótica interacción de las facciones sirias. Hacía poco, tres hombres lo habían secuestrado en Homs. Habían entrado en su coche a punta de pistola y le pidieron el dinero, la documentación y el móvil; luego se llevaron el coche. Jatib fue a las autoridades locales rebeldes y al cabo de una hora habían cogido a los perpetradores. «Me devolvieron las llaves del coche, el dinero, todo menos el móvil, pero me dieron el equivalente en dinero —relató Jatib—. Me enseñaron a los hombres que habían pillado y, después de que yo los identificara, empezaron a darles una paliza delante de mí. Los que me robaron son los mismos que matan gente cuya documentación dice que son alauitas».

Jatib es un cabecilla del Partido de la Solidaridad Nacional Siria, uno de los cuatro partidos a los que se otorgó estatus legal en diciembre. Me dijo que había formado parte de un intento de mediar en un diálogo entre el Gobierno y la oposición, pero había tirado la toalla cuando resultó obvio que el régimen estaba empeñado en usar la fuerza. Manifestaba una especie de resignación cínica. Los rusos apoyaban a Bashar para preservar su prestigio internacional; Arabia Saudí estaba en contra de él para debilitar a Irán; Turquía quería poner en el poder a los Hermanos Musulmanes. Jatib aspiraba a «un Gobierno de unidad nacional real en el que ni siquiera los alauitas queden excluidos». Pero, con tanta violencia propagada por el país, parecía demasiado tarde para eso.

—¿Qué pasará? —pregunté.

—Habrá una guerra civil.

—¿Cuándo empezará?

—Ya ha empezado.

Pocas personas hablan con tanta franqueza en Siria, y le pregunté si temía por su seguridad. Esbozó una sonrisa y dijo:

—Si Dios quiere llevarse mi alma, que la tome.

Asia

Los asesinos*

Ahmed Shah Masud era un hombre nervudo y de huesos finos, guapo, con la cara alargada, nariz aquilina y profundas arrugas en las mejillas y alrededor de los ojos. Una barba desigual le crecía por el borde de la mandíbula. Solía llevar *pakul*, un gorro plano y suave de lana, que sus muyahidines y él habían adoptado de los nuristaníes, una tribu que dice descender del ejército de Alejandro Magno. En otoño del año pasado, Masud tenía cuarenta y nueve años, y le habían salido unos llamativos mechones blancos en las sienes sobre el pelo oscuro.

Masud llevaba haciendo la guerra casi de continuo desde 1975, cuando, junto con otros estudiantes islamistas anticomunistas, realizó una serie de torpes ataques a puestos avanzados del Gobierno de Mohammed Daud. En otoño de 2001 ya hacía más de cinco años que luchaba contra los talibanes, y su línea del frente se extendía para entonces desde el borde de la llanura de Shomali, que se encuentra entre el valle del Panjshir y Kabul, a lo largo de casi trescientos kilómetros, hasta la frontera tayika, donde tenía su cuartel general en Joya Bahauddin, una pequeña ciudad de contrabandistas.

Aquel verano, Masud había empezado a recibir informes de inteligencia que advertían de que un gran número de talibanes y combatientes de Al Qaeda, como dieciséis mil, estaban concentrándose a lo largo de la parte más septentrional de su frente; había árabes, pakistaníes, chinos, uzbekos y tayikos. La cifra le pareció inflada y disparatada, y la desdeñó. A principios de septiembre, sobrevoló la línea del frente en helicóptero acompañado de varios de sus comandantes. Él estaba en la cabina mirando por unos prismáticos. Hace poco, uno de los que participaron en el

* Publicado originalmente en *The New Yorker* el 2 de junio de 2002. Traducción para esta edición de Raquel Marqués.

vuelo recordó que se trataba de una expedición peligrosa, «pero sabíamos que Alá nos ayudaría y que Amur Sahib (una expresión que significa más o menos "Gran Jefe", que es como llamaban a Masud sus hombres) estaba con nosotros». Tomaron fotografías de la zona y Masud dio instrucciones a sus comandantes de dónde debían posicionar a sus hombres.

Masud se quedó despierto leyendo poesía persa en voz alta con varios compañeros hasta las tres de la madrugada del 9 de septiembre. Unos minutos después de que se hubiera ido a dormir, su secretario personal —un joven llamado Jamshid, que era también su sobrino y su yerno— recibió una llamada de un comandante de la Alianza del Norte, Bismillah Jan, que le dijo que los talibanes habían atacado el frente de Shamali. Jamshid despertó a Masud, y él y Bismillah Jan hablaron por teléfono hasta que rompió el día. Luego Masud volvió a la cama. Sobre las siete y media, Jamshid recibió la noticia de que los talibanes se retiraban y dejó dormir a su tío hasta las nueve.

Después de desayunar, Masud iba a marcharse a un viaje de reconocimiento, pero decidió ver a dos periodistas árabes que habían llegado a Joya Bahauddin desde el valle del Panjshir hacía nueve días y habían estado esperando para entrevistarlo. Dejaron el recado de que debían partir de Joya Bahauddin aquel día. Habían llegado con una carta de presentación del director de una organización llamada Islamic Observation Centre, de Londres. Jamshid dice que también lo llamó un hombre que trabajaba con Abdul Rasul Sayyaf, uno de los fundadores del movimiento islamista afgano, quien comandaba entonces a más de mil combatientes antitalibanes desde una base en el Panjshir. Dijeron a Jamshid que los árabes eran amigos de Sayyaf.

Pregunté a Jamshid si había notado algo extraño en los árabes, puesto que, en aquella época, la mayoría de los árabes de Afganistán estaban relacionados con Al Qaeda. «No», dijo. Y su tío pensó que podían ser útiles. A través de ellos quería decir al mundo musulmán: «No somos *kafirs*. Somos musulmanes, y no tenemos a rusos ni a iraníes luchando aquí». Masud era religioso. Rezaba cinco veces al día, al modo ortodoxo, y su mujer llevaba burka. Pero era un musulmán suní en guerra con otros musulmanes suníes, los talibanes, y estos aseguraban ser rectos e incorruptibles, mientras que él había aceptado ayuda de los chiíes iraníes y de gobiernos no musulmanes.

Fahim Dashty, un joven esbelto que ahora es el redactor de un periódico multilingüe en Kabul, se encontraba también en Joya Bahauddin el 9 de septiembre. Dashty conocía a Masud desde pequeño. En otoño de 1996, cuando los talibanes tomaron Kabul, Dashty se había agregado a la retirada de Masud al valle del Panjshir. Se había quedado en territorio de la Alianza del Norte y creado una pequeña empresa cinematográfica, Ariana, con un comandante de Masud, con la que realizaban documentales sobre la guerra de Masud contra los talibanes. Dashty acababa de regresar de París, donde había pasado dos meses participando en un taller sobre montaje de películas patrocinado por la organización Reporteros Sin Fronteras, y estaba alojado en la misma casa de huéspedes que los dos árabes. Recuerda haber pensado que era raro ver árabes en territorio de la Alianza del Norte, pero esos dos no parecían sospechosos. «Habían ido a ver campos de refugiados y prisioneros, lo mismo que hacen todos los periodistas», dijo. Uno hablaba algo de francés e inglés, y el otro solo árabe.

Hace unas semanas me enseñaron un primer corte de la película más reciente de Ariana sobre Masud. En algunas escenas salen los dos árabes. En el metraje rodado en agosto, estos entrevistan a Burhanuddin Rabbani. El supuesto periodista es un hombre atlético de piel clara que parece tener unos treinta y cinco años. Va bien afeitado y lleva el pelo muy corto. Viste con ropa occidental, camisa marrón y pantalón de pinzas, y usa gafas. Tiene dos marcas oscuras en la frente, un poco raras, como cicatrices redondas. El cámara no se ve en esta escena, pero más tarde hay una toma fija de él en la puerta de la casa de huéspedes. Es alto y de piel oscura. Viste una camisa negra y mira a la cámara con lo que uno puede imaginarse fácilmente que es odio y miedo.

El equipo de Ariana solía grabar las entrevistas que daba Masud, y hacia el mediodía del 9 de septiembre Fahim Dashty, los dos árabes y su intérprete llegaron en coche al cuartel general de Masud. Masud y Jamshid estaban allí con el jefe de seguridad, en cuya oficina se grabaría la entrevista, así como Masud Jalili, el embajador de la Alianza del Norte en la India. Ahmed Shah Masud estaba sentado en un sofá apoyado en un cojín ortopédico que le aliviaba el dolor de espalda crónico. Saludó a los árabes. «Les preguntó de dónde eran —dijo Dashty—. Uno dijo que eran belgas, pero que nacieron en Marruecos, y que habían llegado de Pakistán a Kabul y de allí a Joya Bahauddin».

El embajador Jalili recordaba que Masud dijo al árabe que debía realizar la entrevista que le gustaría conocer antes la lista de preguntas, y el árabe empezó a leérselas en inglés. Jalili se las tradujo al persa a Masud. Dijo que le sorprendió bastante que muchas preguntas tuvieran que ver con Osama bin Laden. Por ejemplo: «¿Qué harías con Osama bin Laden si consiguieras el poder?» o «¿Por qué lo llamas fundamentalista?». Al embajador las preguntas le parecieron tendenciosas y preguntó al árabe para qué periódico trabajaban. «No soy periodista —respondió—. Soy de los centros islámicos. Tenemos oficinas en Londres y París y por todo el mundo». Jalili se volvió a Masud y le susurró: «Comandante, son de esos», refiriéndose a Al Qaeda. Masud asintió y dijo, seco: «Vamos a terminar cuanto antes».

Los árabes movieron una mesa y unas sillas que estaban entre Masud y su cámara, la cual habían colocado en el nivel más bajo del trípode. Dashty, que había montado su cámara detrás de la de ellos, estaba ajustando la luz del fondo cuando la habitación explotó. El embajador Jalili dijo que vio un fuego denso y azul abalanzándose hacia él.

«Me sentí arder —relató Dashty. Salió de la habitación y vio a Jamshid, que había salido con el jefe de seguridad unos minutos antes—. Le pedí que me llevara al hospital, y él me preguntó que dónde estaba el señor Masud. Volví a entrar y lo vi. Todo su cuerpo estaba muy malherido, la cara, las manos y las piernas». Un oficial de inteligencia afgano me dijo hace poco que Masud debió de haber muerto antes de treinta segundos. Tenía dos piezas de metal incrustadas en el corazón. Perdió casi todos los dedos de la mano derecha. Me enseñaron una fotografía de su cuerpo. Estaba cubierto por completo de heridas abiertas. Le habían metido gasa blanca en las cuencas de los ojos.

El cinturón de las baterías del cámara iba cargado de explosivos. El sofá en el que había estado sentado Masud estaba abrasado y un agujero perforaba el respaldo. En la cinta de Ariana hay una toma del cámara tumbado en una camilla. Tiene las piernas chamuscadas y llenas de sangre, y el torso parece haberle estallado por los aires. El intérprete afgano también murió.

Dos guardaespaldas llevaron a Masud a su coche. Dashty, que tenía quemaduras de gravedad, subió también, y fueron al helipuerto. El embajador Jalili, que también estaba herido por abrasión y había recibido mucha cantidad de metralla, los siguió en otro coche. Los trasladaron a todos por aire a un hospital del otro lado de la frontera, en Tayikistán, adonde llegó enseguida el general Fahim, el comandante segundo de Masud. Fahim deliberó con otros oficiales de la Alianza del Norte y decidieron que de momento el asesinato se mantuviera en secreto.

El árabe que condujo la entrevista sobrevivió a la explosión y, mientras se llevaban a Masud a Tayikistán, lo retuvieron en una habitación contigua a la del atentado. Consiguió arrancar la malla metálica de una ventanita y se escabulló. Corrió a través de un cementerio hasta el empinado terraplén de una ribera que estaba a unos centenares de metros. Un hombre que trabajaba para un caudillo militar de la zona lo atrapó y lo mató.

Le pregunté a Dashty si creía que Masud había sido víctima de traición. «Sí —respondió—. De lo contrario, habría sido imposible. Creo que hubo algún tipo de contacto entre Al Qaeda y los nuestros».

El 11 de septiembre, sobre las ocho de la tarde en Afganistán, el mulá Omar, que se encontraba en Kandahar, llamó al ministro de Exteriores talibán a Kabul. Según las fuentes de inteligencia afganas, que interceptaron la llamada, el mulá Omar dijo: «Las cosas han ido mucho más lejos de lo esperado». Eran las once y media de la mañana en Nueva York; aún no habían pasado tres horas desde que el vuelo 11 de American Airlines se estrellara contra la torre norte del World Trade Center, y hacía una hora y media que la torre sur se había desplomado. El mulá Omar dijo al ministro de Exteriores que convocara una rueda de prensa para comunicar que los talibanes no habían estado implicados en el ataque. La rueda tuvo lugar a las nueve y media de la noche, hora de Kabul. El ministro de Exteriores aseguró a los periodistas que Afganistán no había atacado a Estados Unidos y leyó una declaración del mulá Omar en la que decía que Osama bin Laden no estaba involucrado en eso: «Esta clase de terrorismo es demasiado grande para un único hombre».

Entre las llamadas interceptadas aquella noche había una desde Kabul a Kandahar. «¿Dónde está el Jeque?», preguntó el que llamaba. El Jeque era el nombre en clave que usaban los altos oficiales talibanes para Osama bin Laden. También según fuentes de la inteligencia afgana, alguien de la casa del mulá Omar respondió que Bin Laden estaba ahí. «A partir de entonces —me contó un agente de inteligencia— hubo un caos de llamadas de ida y de vuelta entre Kandahar y Kabul».

En aquellos primeros días de septiembre, parecía obvio que el asesinato de Masud el día 9 y el ataque al World Trade Center dos días después estaban relacionados, pero exactamente de qué manera y quién estaba implicado en ellos sigue siendo materia de conjeturas. El hermano menor de Masud, Walí, que era el encargado de negocios en la embajada afgana en Londres en el momento del atentado, está ahora en Kabul y ha sido escogido para liderar un partido masudista, el Movimiento Nacional de Afganistán. Cree que el asesinato de su hermano fue el primer paso de una conspiración de mucha más envergadura y que los ataques del 11 de septiembre fueron el segundo. «Fíjese en el razonamiento —dice—. Querían hacer lo que querían hacer el día 11, pero a condición de que Masud hubiera desaparecido». Quienes mataron a Masud estaban convencidos de que su muerte rompería la Alianza del Norte, y que, si los estadounidenses tomaban represalias por los ataques del World Trade Center, no contarían con aliados en el terreno. La concentración de tropas en las líneas del frente durante el verano y principios del otoño habían sido los preparativos para el asesinato de Masud. «Estaban a la espera», dijo un agente afgano de inteligencia. Las tropas extranjeras que estaban preparadas para imponerse sobre una desmoralizada Alianza del Norte deberían haber marchado, por lo visto, sobre Asia central. En el caos que habría seguido, no habría sido fácil llevar a cabo represalias contra Osama bin Laden y los talibanes. Sin embargo, como la versión oficial fue, al principio, que Masud solo había resultado herido, la Alianza del Norte se mantuvo firme. Y está claro también que, a juzgar por las palabras del mulá Omar en la conversación telefónica, no se esperaba que la operación contra Estados Unidos fuera tan espectacular como resultó ser. «Estaban esperando una reacción —manifestó el agente de inteligencia—. Pero pensaban que sería una reacción tipo Clinton. No previeron la magnitud de la venganza que llevaron a cabo».

Los «terroristas», que es la palabra que suelen usar los afganos para referirse a Al Qaeda, tenían motivos tanto estratégicos como tácticos para querer matar a Masud. Su enemigo más tenaz había empezado a ganar apoyo fuera del país. En abril de 2001, lo habían invitado a hablar en el Parlamento Europeo de Estrasburgo. Ofreció una rueda de prensa en París y se reunió con representantes europeos allí y en Bruselas. «Se comportaba como un hombre de Estado y lo recibían como tal —dice Walí—. Los medios de comunicación se interesaron por él, excepto los estadounidenses. Creo que hubo un antes y un después de aquello. Advirtió a la comunidad internacional de que Al Qaeda era peligrosa no solo para Afganistán, sino para el mundo». En julio, Walí organizó en Londres un congreso de intelectuales afganos exiliados. Aprobaron una resolución de apoyo a Masud y varias mociones a favor de la democracia, los derechos humanos y los derechos de las mujeres. «Eso espoleó a sus enemigos en su contra —declaró Walí—. Por un lado, estaba Obama diciendo "Nosotros representamos a los musulmanes" y, por el otro, Masud, que defendía el islam moderado. Aquel viaje a Europa, en el que expuso su visión, le costó la vida».

Walí y otros afganos con los que hablé insistían en que los pakistaníes también estaban mezclados en el asesinato de Masud. Este nunca había establecido vínculos estrechos con Pakistán, ni siquiera en los años setenta y ochenta, cuando muchos islamistas afganos se exiliaron en este país. (Su leyenda como combatiente debe una parte a que se quedó en Afganistán, en el terreno). El ISI, los servicios de seguridad de Pakistán, apoyó al principio a los talibanes, y mucha gente sospecha que lo que queda de los talibanes y de Al Qaeda sigue recibiendo ayuda de Pakistán. Un agente de inteligencia próximo a Masud declaró que la noche del 9 de septiembre el presidente pakistaní, Pervez Musharraf, celebró una fiesta con motivo del atentado. El agente dijo que esta información procedía del general Fahim, que es ahora ministro de Defensa en el Gobierno provisional afgano encabezado por Hamid Karzai. Pregunté a Fahim si se había celebrado aquella fiesta, y fue elusivo. «Puede ser», contestó. Pero confirmó que Musharraf estaba en el cuartel general del ISI aquella noche, reunido con Hamid Gul, el antiguo jefe del ISI, que acababa de regresar del norte de Afganistán. Pregunté a Fahim qué sintió cuando hace poco se vio con Musharraf en Kabul. Le había estrechado la mano. «A veces, en aras de intereses mayores, hay que beberse una copa de veneno», dijo.

Los asesinos de Masud eran tunecinos, no marroquíes, como habían dicho. Habían estado en Bélgica y tenían pasaporte belga y cartas de presentación con la firma de Yassir al-Sirri, el director del Islamic Observation Centre. Los sellos de los pasaportes indicaban que habían llegado a Islamabad, en Pakistán, el 25 de julio, donde la embajada talibana les proporcionó visados, y de allí fueron a Kabul. Pero los pasaportes y los visados eran falsos. Ambos habían vivido durante varios meses en un campo de entrenamiento de Al Qaeda cercano a Jalalabad.

Los asesinos llegaron al valle del Panjshir bajo el auspicio de Abdul Rasul Sayyaf, líder de la Alianza del Norte. Sayyaf dice que a mediados de agosto lo llamó un egipcio que había luchado con él en la yihad contra los soviéticos. El hombre mencionó que telefoneaba desde Bosnia. (Pero un agente de inteligencia afgano me dijo que la llamada se había realizado desde Kandahar). El egipcio pidió a Sayyaf que echara una mano a dos periodistas árabes que querían entrevistarlo a él, a Masud y al presidente Rabbani. El ingeniero Muhammad Aref («ingeniero» es un tratamiento honorífico afgano que denota que alguien es instruido y ha estudiado Ingeniería), que en la actualidad es el jefe de los servicios de inteligencia afganos, era el jefe de seguridad de Masud; fue en su despacho donde tuvo lugar el asesinato. Aref dice que el sello de Sayyaf permitió que los dos árabes se saltaran los procedimientos de seguridad habituales. «No llegaron como periodistas, sino como invitados —dice Aref—. Sayyaf y Bismillah Jan (el comandante de la línea del frente de Shamali) enviaron a sus hombres y sus coches para recogerlos. Todo el mundo los ayudó y conocieron a muchísima gente».

Maulana Attah Rahman Salim, viceministro en el Gobierno provisional de Karzai, es un erudito musulmán y clérigo respetado. El pasado otoño tuvo que oficiar un servicio en Joya Bahauddin y viajó al valle del Panjshir con Masud una semana antes del asesinato. Rahman dice que empezaron a oírse recriminaciones casi inmediatamente después de la muerte de Masud. «Todo el mundo empezó a decir: "¿Por qué no registraron a los terroristas con más cuidado? ¿Por qué la gente no hace bien su trabajo?". Las acusaciones se dirigieron a Sayyaf más que a ningún otro, y un periódico iraní publicó las sospechas».

Sayyaf es un fundamentalista islámico y está estrechamente asociado con los terroristas globales que se nutrieron durante la yihad afgana en los años ochenta. Rabbani y él estudiaron en la Universidad de al-Azhar, en El Cairo, donde estuvieron influidos por los Hermanos Musulmanes, y los dos impartieron clases de estudios islámicos en la Universidad de Kabul a principios de los setenta. Se contaron entre los fundadores del movimiento islamista que se convirtió en la oposición principal a los soviéticos. Sayyaf, que es pastún, hablaba con fluidez el árabe y trabó relación con los saudíes. Como la familia real saudí, pertenece a la severa rama religiosa de los wahabitas, y después de la toma comunista de Afganistán a finales de los setenta, cuando los saudíes empezaron a fundar movimientos de resistencia afganos, Sayyaf fue objeto de una generosidad exorbitada por su parte. Creó un partido político, el Ittihad-i-Islami, o Unión Islámica, en 1981, y cuatro años después, una universidad en un campo de refugiados afgano cerca de Peshawar. Se alió políticamente con Masud y Rabbani, pero en muchos sentidos tenía más en común con la ideología islamista de donde salieron los talibanes.

La universidad de Sayyaf se llamaba Dawaa al-Yihad, que significa «Convierte y lucha», y se hizo famosa por ser la «escuela de terrorismo» más importante. Ramzi Ahmed Yousef, que cumple cadena perpetua en una prisión federal de Colorado por planear el bombardeo al World Trade Center en 1993, asistió a Dawaa al-Yihad y luchó con los muyahidines de Sayyaf. El jeque Omar Abdel-Rahman, el clérigo ciego egipcio que está en la misma prisión también condenado a cadena perpetua por conspiración sediciosa para volar varios lugares clave de la ciudad de Nueva York (el World Trade Center no se contaba entre ellos, pero se sospecha que estuvo implicado en el primer bombardeo), impartió clases en los campos de Peshawar a mediados de los ochenta. Osama bin Laden apoyó económicamente a Sayyaf y condujo una brigada de combatientes árabes emplazados en la base de Sayyaf en Afganistán. El ISI aportó pericia militar y de inteligencia. Cuando los soviéticos se retiraron de Afganistán en 1989 y muchos yihadistas extranjeros se marcharon, un grupo de miembros del Ittihad, unos filipinos y otros árabes, fundaron la organización terrorista Abu Sayyaf en Filipinas.

En octubre de 2001, Yassir al-Sirri, del Islamic Observation Center, fue detenido en Londres por su supuesto papel en la preparación de las cartas de presentación de los dos asesinos árabes. En abril de 2002, en Nueva York, Ahmed Abdel Sattar, un empleado del servicio postal de Estados Unidos que vive en Staten Island, fue detenido y acusado de ser un «subrogado» del jeque Omar Abdel-Rahman. Sattar había trabajado para el jeque como auxiliar de su abogado en el juicio por conspiración en Nueva York a mediados de los años noventa. La acusación decía que Sattar servía al jeque de «servicio de comunicaciones», esto es, pasando sus órdenes desde la cárcel. El teléfono de Sattar estuvo pinchado un tiempo, y entre las llamadas analizadas había varias entre él y Yassir al-Sirri, en Londres. En mayo, un juez británico desestimó los cargos contra Al-Sirri.

Abdul Rasul Sayyaf es un hombre corpulento y musculoso de piel clara y espesa barba gris. Debe de medir un metro noventa y de pesar más de cien kilos. Suele llevar un casquete blanco o un enorme turbante y *shalwar kameez*. Walí Masud es delgado y va bien afeitado. Normalmente viste pantalones de pinzas y americana. Tiene el pelo oscuro y lleva raya al lado, y el mechón frontal se le cae hacia delante con frecuencia dándole un aire infantil. El 28 de abril, en un desfile celebrado en Kabul para conmemorar el décimo aniversario de la entrada de los muyahidines en la ciudad y la victoria sobre el Gobierno respaldado por los soviéticos, Walí y Sayyaf estaban sentados juntos en un palco vip en la acera de enfrente de la mezquita Eid, un edificio alargado y bajo de colores amarillo y verde pálidos con una cúpula amarilla.

Los vips tenían enfrente un panorama daliniano de destrucción absoluta. La parte sur de Kabul es una extensión desolada de edificios derrumbados y con boquetes, y la mayoría de los líderes yihadistas que estaban en el palco habían participado en aquella destrucción. Decenas de miles de personas fueron asesinadas en las batallas internas que tuvieron lugar entre abril de 1992, cuando Ahmed Shah Masud entró triunfante en Kabul, y septiembre de 1996, cuando las fuerzas de Masud se retiraron al norte y los talibanes se hicieron con el poder. La mayoría de los hombres del palco intentaban también en aquel momento hacerse un hueco en el nuevo Gobierno de Kabul, que se elegiría en la Loya Yirga, el concilio tribal que debía celebrarse al cabo de seis semanas.

Todo el mundo suponía que la Loya Yirga ratificaría a Hamid Karzai como jefe de Estado. Walí pasaría a ser primer ministro o vicepresidente, lo cual interesaba a Karzai, ya que ese arreglo le aseguraría el apoyo continuado de los tres panjshires —el ministro de Defensa Fahim, el ministro de Exteriores Abdullah Abdullah y el ministro del Interior Yunis Qanouni—, que se criaron en el valle del Panjshir, eran próximos a Masud y también las figuras dominantes en la nueva configuración de la facción de la etnia tayika de la vieja Alianza del Norte.

Karzai estaba sentado en el centro de la primera fila de dignatarios, vestido con una camisa gris de seda sin cuello y un *chapan* gris, una especie de sobretodo muy elegante afgano. El general Fahim estaba a su derecha, resplandeciente en un uniforme engalanado con medallas y gorra con visera. El general Fahim era ya oficialmente el mariscal Fahim tras haber sido objeto de una repentina promoción la noche anterior. Habían ascendido también a varios comandantes muyahidines leales a Fahim. (Unos días después, pregunté a uno de los consejeros afganoestadounidenses del presidente Karzai si las promociones habían sido idea de este. «Le obligaron —dijo el consejero—. No tuvo elección». Estábamos hablando en el aparcamiento porque, según me contó el consejero, el hotel Intercontinental, donde viven él y otros miembros del Gobierno de Karzai, está pinchado. «Están en las cortinas»).

Walí Masud estaba sentado entre Karzai y Sayyaf, y el expresidente Rabbani, al otro lado de Sayyaf y junto a otros yihadistas supervivientes. Entre las figuras ausentes del drama nacional se encontraba Gulbuddin Hekmatyar, el archienemigo de Masud, que había bombardeado la ciudad sin piedad a principios de los noventa. No se conoce el paradero de Hekmatyar, pero dos semanas después del desfile unos informes recogían que la CIA le había lanzado un misil desde un Predator, un avión espía sin tripulación, en algún lugar cercano a Kabul. El caudillo militar uzbeko Rashid Dostum, que liberó buena parte del norte del país de los talibanes, no asistió. Habría sido inapropiado, puesto que Dostum había luchado en el bando soviético durante la yihad. Se creía que Zahir Shah, el antiguo rey, al que no se había visto en público desde que había llegado a Kabul una semana antes, haría acto de presencia, pero no fue así.

Por los altavoces empezó a retumbar una música patriótica. Karzai y Fahim abandonaron el palco, se metieron en dos jeeps descapotables del ejército ruso y recorrieron la gran plaza de la mezquita pasando ante pelotones de soldados en posición de firmes. Karzai saludaba moviendo la mano y Fahim, rígido, con las puntas de los dedos casi rozando la visera de su gorro de mariscal, excesivamente grande. Mientras tanto, un maestro de ceremonias y un poeta se turnaban en el micrófono. «Quienquiera que ataque a Afganistán llorará, igual que lloraron Gran Bretaña y Rusia», proclamó el maestro de ceremonias. Karzai y Fahim volvieron al palco, y Fahim dio un discurso sobre cómo los muyahidines habían derrotado a los soviéticos y a los talibanes. No mencionó la campaña estadounidense de bombardeos. Por la avenida avanzaba despacio una carroza con un enorme retrato de Masud vestido con ropa blanca de safari y los brazos cruzados en pose pensativa. Unos muyahidines con kalashnikov estaban firmes. Algunos llevaban camisetas de Masud. Karzai anunció que Masud era oficialmente a partir de entonces el héroe nacional afgano.

Pasaron decenas de estrepitosos tanques soviéticos y transportes blindados de personal que llevaban retratos enmarcados de Masud y Karzai, seguidos por veteranos yihadistas minusválidos vestidos con túnica azul grisáceo que iban con muletas o en sillas de ruedas. Después de ellos se sucedieron un pelotón tras otro de muyahidines, organizados según sus provincias de origen, encabezados por los panjshires de Masud. Un paracaidista descendió desde un helicóptero con la intención de aterrizar delante de la mezquita, pero calculó mal y fue a parar a unas ruinas a lo lejos. Un cuarto de hora después apareció a bordo de una motocicleta con el paracaídas hinchado detrás de él. Un segundo paracaidista, esa vez una mujer, también intentó llegar a la plaza, pero desapareció igualmente entre las ruinas; enseguida reemergió, marchando al aplauso del público y cargada con una alfombra tejida con la imagen de Masud.

Cuando terminó el desfile, me abrí paso hasta la primera fila del palco y llegué a ver a Sayyaf inclinándose hacia Walí Masud para decirle algo. Walí estaba sentado muy tieso. Asintió y sonrió sin convicción.

Después de la reunión de delegaciones afganas en Bonn en diciembre de 2001, en la que se configuró el Gobierno provisional de Karzai, dos subordinados de Sayyaf obtuvieron puestos ministeriales menores. Aparentemente, Sayyaf estaba bastante satisfecho con ello y convino en retirar sus hombres armados de Kabul y establecer su base de comandancia en su ciudad natal, Paghman, a una hora en coche hacia las montañas del noroeste de la ciudad. Sus milicias controlan todo el territorio que separa Paghman de las afueras de Kabul, cuyo límite se encuentra solo a unos centenares de metros del hotel Intercontinental.

En marzo, la ISAF, la Fuerza Internacional de Asistencia para la Seguridad en Afganistán, acusó a los milicianos de Sayyaf de perpetrar robos y asesinatos en los barrios del oeste de la capital, donde viven muchos miembros de la minoría étnica hazara, una rama chií. Sayyaf negó las acusaciones. Como sucede en Afganistán con la mayoría de los incidentes de este tipo, la investigación de este se diluyó sin haber llegado a nada. Corren muchas historias feas entre Sayyaf y los hazaras. A mediados de los años noventa, las tropas de Sayyaf masacraron quizá a miles de civiles hazaras en Kabul. Según Human Rights Watch, sus milicias se hicieron famosas por un método particularmente espantoso de liquidar a sus enemigos: los metían en contenedores de transporte metálicos y encendían fuego por debajo para asarlos vivos.

Un estudiante de Medicina me contó que había tenido de profesor a Sayyaf en la Universidad de Kabul en 1996, antes de que los talibanes tomaran la ciudad. Sayyaf impartía un curso obligatorio sobre pensamiento islámico. «Llegaba en un convoy de dos o tres coches con dieciséis o veinte guardaespaldas armados —relató el joven—. Algunos se quedaban en los coches, otros en las puertas y dos o tres se colocaban a su lado en la tarima de un aula enorme. A veces oíamos las bombas, los kalashnikov y los lanzagranadas mientras nos daba clase. Sabíamos que sus hombres luchaban contra los hazaras y que las posiciones estaban cerca de allí. Sayyaf nos decía:"En el islam está prohibido matar a otro musulmán y está prohibido destruir y saquear casas", y un día o dos después nos enterábamos de que sus hombres habían saqueado y destruido un montón de casas y se habían llevado a niñas hazaras a sus barracones. Oí que los hombres de Sayyaf cortaban los pechos a las mujeres. Ninguno le preguntamos sobre esto, porque sabíamos que, si se lo preguntábamos, nos sacarían de la clase y nos matarían.

»A las clases íbamos chicos y chicas —prosiguió el joven—, pero ponían una cortina entre nosotros. Las chicas en especial odiaban a Sayyaf. Un día nos dio unas hojas que hablaban de que en todos los países musulmanes había manifestaciones a favor de Palestina y contra Israel. "Las manifestaciones no ayudan a los palestinos —dijo—, porque los palestinos no pueden fabricarse armas con nuestras manifestaciones para luchar contra Israel. Los palestinos no pueden hacerse comida con nuestras manifestaciones para comer, ni pueden emplear nuestras manifestaciones como casas para vivir. Tenemos que ayudarlos directamente, no solo con manifestaciones y gritos". Nunca habló de la batalla que estaba librándose entonces en Kabul.

»En aquel tiempo, su universidad de Dawaa al-Yihad estaba en Kabul. La había traído desde Pakistán. Se situaba en un edificio al lado del Politécnico de Kabul, detrás del hotel Intercontinental. Tenía departamentos de ingeniería, medicina y *sharia*, y también una escuela veterinaria, y más cursos islámicos que la Universidad de Kabul. Había peleas entre los estudiantes de las dos universidades. Los de Dawaa al-Yihad pensaban que los de la Universidad de Kabul éramos comunistas, y nosotros pensábamos que ellos eran unos putos yihadistas que habían destrozado el país».

Conocí a Sayyaf unos diez días antes del desfile en su cuartel general de Paghman. Nos sentamos en una alfombra roja bajo un nogal en una ladera escalonada cubierta de hierba. Estaba con dos amigos y alrededor de ellos tenían una docena de guardaespaldas armados a corta distancia. Las vistas eran bucólicas y majestuosas. Los cultivos se extendían entre un mosaico de caseríos de colores terrosos, y a lo lejos unos montes marrones de piedra precedían a una larga sierra dentada de montañas azules coronadas de nieve blanca.

El rey Zahir Shah había regresado a Afganistán aquella mañana, ante lo cual Sayyaf se mostró despreciativo. «Afganistán, ya lo sabe, es un país destruido —dijo— y necesita gente fuerte y capaz para reconstruirlo. Pero, por lo que yo sé, el rey necesita ayuda de dos personas solo para tenerse en pie. Es un anciano». Luego dijo que Karzai tenía muchas posibilidades de que lo ratificara la Loya Yirga y lanzó los nombres de Fahim y Yunis Qanouni como posibles líderes, los panjshires.

Le dije a Sayyaf que yo había estado en Jalalabad en 1989, cuando los muyahidines —entre los cuales había cientos de combatientes árabes wahabis reclutados por él— habían sitiado la ciudad. Me preguntó por qué no había ido a su campamento, que estaba en la carretera que va desde Jalalabad hasta la frontera con Pakistán, en el paso de Jáiber. No le recordé que en aquellos tiempos su virulenta visión antioccidentalista lo había vedado al acceso de casi todos los periodistas extranjeros, a muchos de los cuales habían aterrorizado sus amigos wahabis. Me limité a decir que no había tenido muy buenos contactos. Asintió.

Cuando me levanté para irme, vi un grupo de hombres que se acercaban andando. Uno de ellos, rodeado por tipos armados, era el hermano del aún general Fahim.

El día después del desfile fui a ver a Sayyaf a su casa, en un barrio del noroeste de Kabul que había quedado asolado tras la lucha entre sus hombres y los hazaras a mediados de los años noventa. Sayyaf estaba reunido escaleras arriba. Cuando terminó la reunión, vi que uno de los que estaban con él era un comandante muyahidín cuyas fuerzas habían colaborado a arrebatar Kunduz de los talibanes en noviembre. Sayyaf me lo presentó como el nuevo gobernador de la provincia de Kabul. Cuando los demás se marcharon, nos sentamos en el salón y él contó un poco de su vida. Su padre había muerto cuando él tenía seis años. Asistió a una madrasa en Paghman y después fue a la Universidad de Kabul, donde tuvo como profesor a Burhanuddin Rabbani. Sayyaf estaba dando cursos sobre islamismo en 1973 cuando Daud derrocó al rey y los comunistas empezaron a hacerse con el Gobierno. Pasó casi seis años en prisión por sus actividades islámicas y luego se exilió a Pakistán. Afirmó haber estado la mayoría de los años de la guerra en Afganistán, lo que le aportó más legitimidad como líder que otros. Y añadió que lo habían acusado injustamente de violencia. «El islam me ha enseñado a ser bueno con la gente».

Después de haberlo visto varias veces, Sayyaf se volvió inaccesible. Estaba enfermo, u ocupado, o me decían que llamara al día siguiente. Y luego desconectaron el teléfono. Así que una calurosa mañana de domingo de mediados de mayo cogí el coche y fui hasta Paghman con un miliciano del Ittihad de Sayyaf. Unos cuantos de estos milicianos estaban acampados en la mansión que posee Sayyaf en el barrio de Wazir Akbar Jan de Kabul. Habría sido difícil acercarse mínimamente a Sayyaf sin llevar de acompañante a alguno de sus hombres. Se considera inseguro viajar por la carretera entre Paghman y Kabul a última hora de la tarde; en los últimos meses se han cometido varios robos y asesinatos en ella.

Nos detuvimos en un cruce donde había una caseta de guardia y alrededor de una docena de milicianos. Le di a uno mi tarjeta de visita con una nota garabateada en el reverso dirigida a Sayyaf, y el hombre la cogió y se fue a una huerta que estaría a unos cien metros por delante de nosotros. Volvió en unos minutos y nos indicó que continuáramos. Sayyaf estaba sentado con otros hombres bajo el nogal donde mantuvimos nuestra primera conversación. Uno era el general Bismillah Jan, el comandante de la Alianza del Norte que había acompañado a los asesinos árabes a visitas a las líneas del frente cuando estuvieron en el valle del Panjshir en agosto haciéndose pasar por periodistas. Bismillah Jan está ahora al mando de las defensas militares de Kabul.

Me disculpé por la intrusión y dije que me alegraba de que estuvieran ahí tanto Sayyaf como Bismillah Jan, ya que deseaba hablar con los dos. «Como seguro que usted ya sabe —le dije a Sayyaf—, hay quien ha expresado sus dudas sobre su relación con los asesinos de Masud, porque accedieron al territorio de la Alianza del Norte gracias a usted». Sayyaf entrecerró los ojos y me miró con dureza. Tradujo lo que yo había dicho a Bismillah Jan, que no habla inglés, y luego me dijo, en un inglés que parecía mucho más titubeante que el que había usado en nuestros encuentros anteriores, que habían dejado pasar a los árabes para que se viera que eran buenos musulmanes y que los occidentales no habían contaminado sus fuerzas.

Bismillah Jan dijo algo en persa y Sayyaf tradujo. Jan dijo que, visto en retrospectiva, los dos árabes se habían comportado de manera sospechosa, pero en el momento no se había dado cuenta. «Ahora, cuando pienso en ellos, recuerdo que habían llevado barba, pero se habían afeitado hacía poco. La marca de la barba todavía se les veía». Movió las manos a lo largo de su mandíbula para ilustrar lo que decía. Sayyaf soltó una risita y dijo que los árabes se ponían muy nerviosos cada vez que subían a un coche. «Si los nuestros los llevaban a los búnkeres —a la línea del frente de Shamali—, decían: "Por favor, id despacio, es por las cámaras, no queremos que se rompan". Antes de que el coche se pusiera en marcha, siempre se colocaban las cámaras en las rodillas y pedían al conductor que fuese con cuidado».

Pregunté a Sayyaf cómo fue que los dos árabes habían contactado con él. Describió la llamada telefónica del antiguo yihadista —«un árabe de Egipto, Abu Hani»—, que dijo estar en Bosnia y quería que Sayyaf ayudara a los dos periodistas a conseguirles una entrevista con Masud. Describió también un encuentro de casi todos los líderes de la Alianza del Norte que se celebró en el valle del Panjshir mientras los árabes estaban allí. Explicó que estos habían intentado entrar en la sala de la reunión, pero los guardias los habían detenido. «Querían llevar a cabo su plan allí —afirmó—. Querían eliminar a todos los líderes de la resistencia». Bismillah Jan habló algo en persa, que Sayyaf tradujo como un comentario de que él había dicho a Masud y a Bismillah Jan que tenía dudas acerca de los árabes y había aconsejado a Masud que no los recibiera. Levantó las manos en un gesto que indicaba que había hecho todo lo que había podido.

Mi último encuentro con Sayyaf tuvo lugar tres días después en otra de sus casas, situada en un desvío de la carretera de Kabul a Paghman. No estaba cuando llegué, pero enseguida apareció, en un convoy de Land Cruiser llenos de hombres armados. Nos sentamos en el salón con varios ayudantes y un general de la provincia de Paktia que estaba de visita. Pedí a Sayyaf que me describiera cuál era su visión del futuro de Afganistán. Habló de la importancia de tener un Estado islámico y de seguir estrictamente las enseñanzas del Corán y no tratar de introducir nuevas ideas; la línea fundamentalista. Entonces sacó a colación la traición de Occidente a Afganistán a principios de los años noventa, después de la retirada soviética. «Cuando los afganos echamos al Ejército Rojo, los países occidentales nos retiraron su apoyo —dijo—. Nos estuvieron respaldando solo por sus propios intereses».

Le pregunté por Osama bin Laden y los otros árabes a quienes había conocido bien y que habían luchado a su lado contra los rusos. Para

Osama, Sayyaf había sido como un padre, ¿verdad? Sayyaf sonrió, se quitó el turbante y lo dejó en el sofá, a su lado. Le temblaban las manos. «Me gustaría hablarle con franqueza sobre aquellos que se volvieron extremistas —dijo—. Nadie puede mencionar ni un solo ejemplo de daño hecho por esos hombres cuando estuvieron con nosotros en la yihad. Nosotros no éramos extremistas, ni ellos tampoco. Pero más tarde, cuando trajeron a Osama y los suyos para luchar contra los talibanes, que sí eran extremistas, empezaron a hacer daño al mundo. Y yo le pregunto a usted: ¿Quién trajo a Osama?».

Sayyaf estaba nervioso, sentado en el borde del sofá e inclinado hacia delante. Estaba exponiendo una teoría conspirativa que no es infrecuente encontrar en Kabul incluso entre afganos relativamente cultivados que han visitado Occidente: que los estadounidenses, con la ayuda de Pakistán, apoyaron a los talibanes y a Osama bin Laden para tener así una justificación para invadir y tomar el país. «Respaldados por los extranjeros, los extremistas pudieron atacarnos —dijo Sayyaf—. Nosotros fuimos las víctimas. —Sus ayudantes y el general de Paktia asintieron en conformidad—. Sé que Osama y los talibanes fueron quienes cometieron el asesinato. Pero ¿quién estaba detrás de ellos? Todos los que querían ayudar a los talibanes estaban detrás del asesinato».

Abdullah Abdullah, el ministro de Exteriores de Afganistán, es un hombre de mundo con una buena dosis de encanto, y era un personaje conocido en la televisión occidental como portavoz de la Alianza del Norte durante la campaña estadounidense del bombardeo que llevó a la derrota de los talibanes. Me reuní con él en una salita de su despacho de Kabul, decorada con una alfombra azul, unas lujosas butacas azules y un jarrón con claveles recién cortados en una mesita auxiliar. Abdullah había sido uno de los mejores amigos de Masud. «Estuve con él desde 1985, en victorias y en derrotas y en la retirada de Kabul. Estaba dispuesto a morir por él diez veces. Era extremadamente importante para nuestro país. Era excepcional. Era tan humilde, y estaba tan vivo; era el ser con más vida que he conocido nunca».

Abdullah estaba en Nueva Delhi cuando Masud fue asesinado, y fue una de las pocas personas a quienes le dijeron que había muerto. «Cuando me enteré —dijo—, estaba completamente seguro de que el Frente Unido (el nombre oficial de la Alianza del Norte) se derrumbaría. No tenía la menor duda. Estoy seguro de que habríamos caído si no se hubiera silenciado la noticia». El 11 de septiembre, Abdullah estaba intentando volver a Afganistán. «Oí las noticias en la BBC. Trataba de entender lo que estaba sucediendo cuando el segundo avión se estrelló. Y entonces pensé: "Es Al Qaeda". Yo les había dicho a los dignatarios de Estados Unidos que Al Qaeda intensificaría sus acciones contra la resistencia». Abdullah descarta la idea de que los asesinos conocieran con antelación el plan del ataque al World Trade Center y quisieran matar a Masud antes de él. «Osama bin Laden no se habría arriesgado a eso. ¿Y si los hubieran pillado? Lo que sí puede ser es que les dieran una fecha límite para realizar su parte del trabajo».

Abdullah se muestra escéptico también ante la participación de Sayyaf en la conspiración para matar a Masud. «Personalmente, no lo creo», declaró. Sayyaf hizo posible que los árabes llegaran hasta Masud, pero podría haber estado justificado si hubieran tenido objetivos legítimos. «Se comportaron como periodistas, aunque cuando fui a verlos fueron muy maleducados». Eso fue en la reunión de los líderes de la Alianza del Norte en el Panjshir que se celebró cuando los asesinos estaban allí como invitados de Sayyaf. «Me presenté y me lanzaron una mirada de odio. Me culpo a mí mismo por no haber prestado atención a eso». Habían intentado matar a Masud otras veces, pero al final en esa ocasión salió bien por cómo era él. Era hospitalario. «El comandante Masud era descuidado —dijo Abdullah—. Tomaba algunas medidas de seguridad, pero le gustaba estar a solas en las entrevistas. Y nunca podía tener una seguridad del cien por cien. Tendríamos que haber sido capaces de identificar el peligro en las tres semanas que estuvieron esos tipos en nuestro terreno. Pero no lo fuimos».

Yahya Masud, el mayor de los hermanos de padre y madre de Ahmed Shah Masud, de cincuenta y dos años, me llevó a la ciudad natal de la familia, Bazarak, en el valle del Panjshir, a tres horas al nordeste de Kabul, donde me quedé una noche. Bazarak fue la base de Masud durante la yihad contra los soviéticos y es donde está enterrado. Ahmed Shah Masud era el segundo de cuatro hermanos. Walí es el más joven. El otro hermano, Ahmed Zia, es ahora el embajador de Afganistán en Moscú. Su padre, un oficial militar afgano que murió en un accidente de coche en 1993, tenía tres esposas. Hay otros dos hermanos de las otras dos mujeres, así como varias hermanas, pero, como es costumbre en Afganistán, Yahya no las mencionó. Yahya estuvo viviendo en Varsovia los últimos años, donde fue el primer secretario de la embajada afgana. Está casado y tiene seis hijos en Suiza. No tiene pensado traerlos de vuelta a Afganistán, aunque en estos momentos está viviendo en Kabul, ayudando a Walí a organizar el nuevo Partido Masudista.

Abdul Wadoud, un joven guapo de piel clara, hijo de una hermana de Masud, conducía el lujoso Toyota Land Cruiser de Yahya. El otro invitado era un viejo amigo de la familia, Nur Sultan, un arquitecto que estaba de visita en Kabul después de un exilio de catorce años en Reading, en Inglaterra. Viajamos hacia el norte por la llanura de Shamali. Los talibanes habían arrasado metódicamente Shamali después de tomar el poder en Kabul, con el objetivo de crear una tierra de nadie entre la capital y la línea del frente de Masud, que se encontraba cerca del extremo septentrional de la llanura. Ahora es un inmenso Chernóbil de barro, con granjas de adobe sin techo y desmoronadas, muros caídos y campos baldíos. En muchos campos y márgenes de las carreteras todavía hay minas terrestres, y aquí y allá se ven desminadores uniformados con armadura de protección y casco de seguridad con visor transparente arrodillados o acuclillados con la cara pegada al suelo.

Después de cruzar la antigua línea del frente, el paisaje se convirtió de repente en una arcadia verde. Las granjas estaban intactas, los cultivos, atendidos, y las vides desplegaban sus hojas nuevas. La gente iba andando o en bicicleta por el borde de la carretera, y el agua de montaña borboteaba en canales de irrigación. Los talibanes habían alcanzado aquella zona una o dos veces, pero nunca la habían conservado el tiempo suficiente para destrozarla.

En la pequeña ciudad comercial de Charikar nos detuvimos para comer con el general Bismillah Jan. En el césped había sofás y butacas formando un gran círculo, y Jan estaba sentado en la silla presidencial dando conversación a sus invitados. Al cabo de una media hora, un jeep frenó y unos hombres corrieron hacia nosotros por la hierba con bandejas y cuencos enormes con montañas de helado blanco. Nos comimos el helado, luego cogimos los coches y fuimos en caravana por un camino de tierra que discurría al lado de un canal de irrigación construido por los chinos en los años sesenta. Llegamos a una finca donde un grupo de hombres con turbante nos esperaba. Extendieron alfombras bajo los árboles alrededor de un estanque. Una jaula con un periquito blanco colgaba de un árbol. Sirvieron té y cuencos con *kishmish* (almendras, pasas y dulces), y después fuimos todos a una larga sala en forma de L, donde nos mostraron nuestros asientos en cojines alineados a lo largo de las paredes. Todo el suelo estaba cubierto con manteles en los cuales había un surtido increíble de platos afganos: cuencos con ensalada, arroz pilaf con pasas y almendras, añojo, yogur, sopa, fruta, pollo y cordero, y unas fuentes llenas de minúsculas codornices asadas enteras. Debía de haber unas quinientas. Los pequeños cadáveres carbonizados yacían en pilas de alas, patitas, cabezas, picos chamuscados y cuencas oculares hundidas. Siguiendo el ejemplo de los hombres que tenía al lado, me metí una en la boca y empecé a masticar. Descubrí que tras cuatro o cinco movimientos vigorosos de mandíbula era posible tragar esa cosa y terminar con la experiencia.

Después del festín, Bismillah Jan y su séquito regresaron a Kabul y nosotros proseguimos por el Panjshir, que es más un cañón que un valle. Una única y estrecha carretera de tierra serpentea junto al río Panjshir, que discurre entre altas montañas de pedregales y rocas grises y negras. En la desembocadura del río pasamos por la pequeña ciudad de Gulbahar, donde se alojaron los dos terroristas árabes en una de las casas de huéspedes de la Alianza del Norte, después de llegar de territorio talibán y ser recibidos por Abdul Rasul Sayyaf. Justo al salir de la ciudad, Yahya me indicó un cúmulo de edificios de piedra y ladrillo junto a la pared del cañón y dijo: «Ahí vivía el señor Sayyaf». Explicó que su hermano había acomodado a Sayyaf y a sus varios cientos de combatientes en aquel lugar después de que Kabul cayera en manos de los talibanes.

Al cabo de un par de horas llegamos al promontorio, encima de Bazarak, donde está enterrado Masud. Abdul Wadoud condujo el Land Cruiser por un camino recién allanado loma arriba y aparcó. Todos bajamos y caminamos hasta la cima, donde había una especie de hueco excavado en una cueva. Una pared de ladrillo con ventanas en arco lo rodeaba, y estaba protegido con un tejadillo de plástico y hojalata sujeto por arbolitos pelados y adornado con banderas verdes con frases del Corán. La tumba, un túmulo alargado de tierra, estaba cubierta con una tela de color granate con brocados dorados. Yahya y Abdul juntaron las manos en forma de cuenco, rezando en silencio y con los ojos cerrados. El amigo, Nur Sultan, estaba abrumado por la pena. Cayó de rodillas al pie de la tumba, llorando en silencio, cogiendo aire de vez en cuando como si se ahogara.

Nur Sultan estuvo así una media hora, y después nos refugiamos de la lluvia en un edificio cercano. Yahya me presentó a un hombre al que describió como el ingeniero jefe de la obra para convertir la tumba de Masud en un complejo apropiado con un mausoleo y un punto de peregrinaje. Sacó unos planos y señaló una zanja que corría por el pedregal desde Bazarak, situado a un kilómetro y medio. Aseguró que pronto llevaría agua hasta ese árido montículo; la idea era que se convirtiera en un parque verde con árboles y flores. La ubicación actual y temporal de la tumba pasaría a ser un mausoleo decente con cúpula, y el antiguo cuartel general de Masud, una construcción de piedra pintada de amarillo cercana a la tumba, se transformaría en un museo sobre él. «Lo hemos conservado todo exactamente igual que cuando estaba vivo —dijo Yahya—. No hemos movido ni una silla ni una mesa». Dijo que habría una biblioteca: «Tenía muchos libros, más de tres mil, y en el museo se expondrán sus uniformes, sus armas y cosas así. Es un proyecto importante», explicó Yahya, mirando la deprimente colina.

Unos centenares de metros antes de llegar a Bazarak, la carretera desciende por la ladera de la montaña hacia el río. La finca familiar de los Masud, un conjunto de caseríos de adobe con tejado plano del tamaño de una aldea, se encuentra en una pendiente empinada un poco más arriba del agua. Llegamos a una caseta de guardia y pasamos una casa moderna de cemento pintada de blanco que, según Yahya, pertenecía a una hermana suya que vive en Holanda. El joven soldado de la caseta saludó y bajó la cuerda que hacía de barrera. Condujimos por el camino embarrado y aparcamos al lado de la casa del abuelo de Masud. Una casa encalada y más pequeña, contigua a ella, había pertenecido a su padre y era donde nació Ahmed Shah Masud. Durante la yihad, contó Yahya, Masud estuvo viviendo allí un tiempo y destinó parte de la casa a puesto de comandancia.

En la ladera empinada, encima de la casa de su padre, había un gran muro de piedra rematado de hojalata. El muro formaba un resplandeciente semicírculo contra el pedregal oscuro y árido, cerrando una serie de bancales ajardinados que llevaban a una casa blanca moderna. Seis o siete torrentes de agua caían alegres desde la casa por la ladera, saltando de un bancal a otro, y un caminito de piedra subía entre una serie de pérgolas enrejadas de color anaranjado. «Esta era la casa que Masud estaba construyendo para su familia —explicó Yahya—. Estaba casi terminada cuando murió». Su mujer y sus seis hijos viven ahora en Irán.

La casa era una construcción simple de dos plantas, de hormigón, pero tenía muchísimas ventanas y una galería maravillosa orientada al sur. Desde ella se veía la casa del abuelo de Masud y el recodo del río, abajo, y las montañas al fondo. En el porche que rodeaba la casa había una piscina alimentada con agua de nieve, y contra la ladera de la montaña una sauna había quedado a medio construir. Detrás de la casa, sobre un canal pequeño, cruzaban varios puentecitos que llevaban a una impresionante pared de piedra con varias puertas. Yahya explicó que Masud había excavado una red de habitaciones cueva fortificadas para su familia por si la casa sufría ataques aéreos. Debajo, en la siguiente terraza, había un jardín de hierba con columpios y un tobogán para los hijos de Masud, y, más abajo, una huerta muy grande de almendros, moreras, albaricoqueros y manzanos.

Descendimos por un camino que cruzaba la huerta y entramos en la casa del padre de Masud. La habían reformado hacía poco. Las paredes interiores estaban pintadas de un color melocotón pálido. Un solo retrato colgaba en la pared. Era un dibujo a lápiz de Masud, sonriendo. Aquella noche dormimos en unas colchonetas de terciopelo que nos habían preparado en la habitación donde nació Masud.

Unos días después, en Kabul, vi a Yahya en una casa que tenía la familia Masud en el barrio de Wazir Akbar Jan, y me presentó al comandante Aziz Majrou, uno de los oficiales muyahidines más antiguos y más leales de Ahmed Shah Masud. Aziz había sufrido heridas graves en la guerra contra los soviéticos. Tenía cicatrices en la mano izquierda, le faltaba el pulgar y cojeaba. «"Majrou" significa "persona herida"», me explicó con timidez.

Aziz había conocido a Masud en 1978, cuando el primer líder marxista de Afganistán, Taraki, estaba en el poder. Aziz tenía veinte años, era mecánico, y Masud, uno de los líderes emergentes islamistas que empezaban a organizar guerrillas para rebelarse. Escribió una carta a la gente del pueblo de Aziz, Dasht-i-Debat, en el valle del Panjshir. «Los ancianos reunieron a los hombres del pueblo en un lugar secreto y leyeron en voz alta la carta —recordó Aziz—. Decía que había un régimen comunista en Afganistán que quería cambiar nuestra cultura y que debíamos defendernos». La carta era un llamamiento a la guerra santa. Aziz refirió que un centenar de hombres del pueblo empezaron a organizarse, aunque solo unos pocos tenían armas o experiencia de combate. Los ancianos de Safichir, un pueblo vecino, también habían recibido una carta de Masud, y también empezaron a organizarse allí, y esperaron a que Masud fuera a buscarlos. «Un mes después de cuando recibimos la carta —relató Aziz—, Masud llegó, y un tercer pueblo, Paian, se unió a nosotros. Esos fueron los tres primeros pueblos del Panjshir en organizarse».

Masud llegó con unos veinte hombres, entre los que había familiares y amigos. «Yo me esperaba un gran hombre, con barba larga y turbante —dijo Aziz—. De cuarenta o cincuenta años. Pero era casi el más joven del grupo». Masud debía de tener alrededor de veintiséis años en aquel entonces. «Era honrado —recordó Aziz—. No parecía tener interés por el dinero y se comportaba como un líder». Aziz estuvo al lado de Masud hasta el asesinato. Sus obligaciones fueron cambiando a lo largo de los años, sobre todo después de las heridas, pero no dejó de ser un muyahidín. Al final, dijo, trabajaba como subcomandante de una división en el Panjshir.

Le pregunté quién creía que había matado a Masud. «Los terroristas, sin duda alguna», respondió, los talibanes y Pakistán. «Pero, por desgracia, muchos de los comandantes provinciales del Panjshir no se preocupaban lo suficiente de los peligros que lo acechaban. La seguridad no estaba muy bien organizada. Le habíamos dicho que tuviera cuidado».

¿Fue por la negligencia de los oficiales que los asesinos pudieron matar a Masud?, le pregunté. ¿O hubo una traición desde el interior de la Alianza del Norte?

«Sayyaf es muy sospechoso, por supuesto —prosiguió—. Puede que conociera el plan. O puede que no supiera en qué andaban los terroristas y estos lo utilizaran».

Vi a Bismillah Jan de nuevo a finales de mayo en su base de Kabul, que compartía con un contingente sueco del ISAF. Tiene un despacho en la azotea de un edificio con un jardín de rosas, césped y una enorme piscina estilo años sesenta. Cuando llegué, los suecos estaban haciendo una barbacoa a la manera de su país, y Bismillah Jan y sus hombres hacían cola con platos de papel y cubiertos de plástico para que les pusieran la comida. Estaban claramente incómodos, y no poco ofendidos, ya que en las fiestas afganas los invitados se sientan y les sirven.

Algunos afganos no sabían comer con cuchillo y tenedor, y los que sí sabían los ayudaban. Hablaban en susurros sobre lo que tenían en el plato: ternera, pollo, patatas y brotes de bambú, todo asado a la parrilla. No sabían qué era el bambú y casi ninguno lo tocó. Nunca habían comido patatas con la piel. Unos cuantos bromearon en darí sobre la carne, que pensaban que sería de perro o de cerdo. Otros dijeron que no era halal, es decir, que el carnicero no había gritado «¡Dios es grande!» cuando había cortado el cuello al animal.

Al terminar de comer, el cocinero sueco anunció que quería felicitar a un soldado por su cumpleaños, y, como era costumbre en Suecia, le haría un regalo. Les tradujeron todo esto a los afganos, que estaban perplejos, pues no celebran los cumpleaños. El cocinero desenvolvió una botella de whisky y se la entregó al soldado. «Y ahora —dijo el cocinero— nuestro amigo tiene que compartir el regalo, como es costumbre en Afganistán, con todos los presentes. Creo que no durará más de cinco minutos». Y se rio de su propio chiste.

Dos ayudantes de Bismillah Jan se acercaron corriendo al intérprete sueco y le dijeron que estaban cometiendo un error garrafal. Fridoun, mi intérprete, murmuró: «¿Es que no aprenden nada de cultura afgana antes de venir aquí?». La botella de whisky desapareció de la vista, y Bismillah Jan, que muy educadamente se había comido todo lo que le habían puesto en el plato, se levantó, dio las gracias a sus anfitriones y estrechó la mano a los oficiales.

Más tarde, en el despacho de Bismillah Jan, le pregunté por una cuestión clave de la explicación que había dado Sayyaf acerca del papel que había desempeñado en el asesinato de Masud. Sayyaf me había dicho a mí y a otros que había expresado a Bismillah Jan y a Masud que los árabes podían ser peligrosos y que no confiaba en ellos. Bismillah Jan dijo solo que Sayyaf había dicho a Masud que los árabes parecían «raros». Se irritó cuando insistí y dijo que tendría que hablar con Sayyaf. También dijo que él no había enviado ningún coche a buscar a los árabes. Los habían recogido los hombres de Sayyaf.

—¿Quién los llevó desde la línea del frente a Kabul? —pregunté.

—No lo sé —repuso Bismillah Jan—. Puede que los talibanes.

Habían llevado a los asesinos árabes a casa de Sayyaf y les habían servido té. Les presentaron a un hombre llamado Qazi Karamatullah Siddiq, que hablaba árabe y a quien habían designado para acompañarlos mientras estuvieran en el Panjshir. Siddiq es un erudito musulmán y licenciado en ley *sharia* por la Daraa al-Yihad, la universidad de Sayyaf cercana a Peshawar. Ahora trabaja en el Gobierno provisional. Hablé con él acerca de los árabes. Si bien Siddiq es totalmente leal a Sayyaf, contradijo varios recuerdos de este. El más llamativo fue el de que los asesinos casi se meten en la reunión de líderes de la Alianza del Norte celebrada en el Panjshir, supuestamente para matarlos a todos. Había oído esa historia repetidas veces como prueba de que Sayyaf no estaba mezclado en la confabulación para matar a Masud, puesto que habría muerto él mismo. Pero Siddiq dice que los árabes nunca se acercaron a la reunión porque Sayyaf les había denegado el permiso. Dice que entonces Sayyaf dispuso las cosas para que los árabes entrevistaran a Masud en Joya Bahauddin, y que Sayyaf nunca manifestó ninguna sospecha sobre los árabes hasta después del asesinato, aunque Siddiq no parecía pensar que eso hiciera recaer sospechas sobre aquel. «El profesor Sayyaf y Ahmed Shah Masud eran como hermanos —me aseguró Siddiq—. Nadie estuvo más triste que el profesor Sayyaf cuando murió Masud».

En Afganistán se da crédito a las teorías conspirativas sobre todo porque históricamente ha habido montones de conspiraciones. La idiosincrasia política reinante es la de la supervivencia de los más aptos, y las alianzas vienen y van. Los afganos están geográficamente aislados, son xenófobos y se han vuelto desconfiados tras años de guerras. Sayyaf ayudó a los asesinos, y la mayoría de las personas con las que hablé y que estaban próximas a Masud —familiares, agentes de inteligencia, comandantes militares— creen que debió de tener alguna noción, si no conocimiento explícito, de los planes de los asesinos. Pero era solo un eslabón, quizá el último, en una cadena de personas que hicieron posible que los dos árabes llegaran a Joya Bahauddin con sus sofisticados explosivos y su plan suicida perfectamente coreografiado. Por ejemplo, entre los CD, los cuadernos y los versos del Corán que se encontraron en las pertenencias de los árabes después del atentado había una carta de recomendación escrita por el jefe de la Sociedad Afgana de la Media Luna Roja (un testimonio chocante que documenta la cultura de complicidad y concesiones que se había creado entre las ONG y los talibanes). Los asesinos de Masud estaban vinculados con Osama bin Laden y con Al Qaeda, y, por inferencia, con el atentado del World Trade Center. «Estos vínculos son tan fuertes —me dijo un agente de inteligencia afgano cercano a la investigación de la muerte de Masud— que no dejan lugar a dudas a nadie de inteligencia que sepa de organizaciones terroristas y de Afganistán de que los dos incidentes estaban relacionados».

Una tarde de finales de mayo fui a comer a casa de Walí Masud. Tenía varios invitados, entre los cuales había un grupo de hombres de negocios afgano-estadounidenses. Uno que vive en Virginia y trabaja en DynCorp, una contratista de defensa estadounidense, me dijo que había estado fuera del país durante veinticinco años y que estaba pensando en volver si pudiera hacer negocios para su empresa.

Walí y yo pudimos hablar unos minutos en un rincón. Le dije que un oficial afgano de inteligencia me había dicho que, si bien varias agencias europeas de inteligencia están investigando la muerte de su hermano, en Afganistán no está llevándose a cabo una indagación de importancia.

—Es verdad —repuso—. No se está investigando nada aquí.

Le pregunté si la gente estaba muy preocupada por los intensos preparativos que se realizaban para la Loya Yirga. Me había sorprendido el hecho de que Sayyaf parecía muy involucrado en los acuerdos que se estaban haciendo. ¿Por qué tantas personas que veneraban a Masud estaban dispuestas a hacer acuerdos con un sospechoso de haberlo traicionado?

—Todas esas personas están metidas en política —dijo Walí.

Los afganos aman las flores*

Los afganos aman las flores aunque no haya agua para regarlas. Si un mu-yahidín va a tomarse fotos, tiende a posar con un buqué de flores de plástico, y tras él suele haber un telón de fondo pintado con campos de flores. Cuando en 2001 volví a ver al mulá Naquib, recuerdo sobre todo un jardín de flores en medio de un huerto dentro de su casa. Su guardaespaldas, un hombre rudo, tostado por el sol y vestido de negro, me llamaba para que las admirara y esperaba mi reacción ante cada una. Me llevaba de flor en flor, entre rosales, narcisos y dalias. Después entré en la casa a conversar con Naquib, y al rato uno de sus secuaces apareció con un cofre de plata atado con una cinta, como esos lazos con que las niñas se sujetan el cabello. En su interior había unos narcisos, esas flores blancas y delicadas que tienen el corazón amarillo. Naquib las recogió con una cara de felicidad, las olió y me las pasó como su invitado de honor. Yo también las olí y nos pusimos a conversar sobre ellas.

No tengo una explicación antropológica sobre esta afición masculina por las flores en una sociedad tan ruda como la afgana. Hay en Afganistán un romanticismo que no es nada conocido en Occidente, que atraviesa toda su cultura y trasciende las barreras de los sexos, de qué es lo que le debe gustar a un hombre y qué le debería gustar a una mujer. Hay una especie de ambisexualidad en la cultura afgana: bastante de su música y de su poesía trata de aclamar la belleza de la naturaleza, de montañas y ríos, de evocar el esplendor de tiempos pasados. Existe además un gran ritual en los saludos cotidianos. El huésped pasa minutos devolviendo bienve-nidas en las que se pregunta sobre la familia, el viaje, la salud, y uno siem-pre dice bien, bien, bien. Se acostumbra a avanzar lentamente a lo que es

* Publicado por primera vez en castellano en *Etiqueta Negra*, número 1, mayo-junio de 2002.

el tema del encuentro. Antes deben llegar siempre el té con un platito de nueces o caramelos o pasas traídos del mercado o del huerto del anfitrión. Esa es la hospitalidad de rigor. Las flores solo aparecen cuando están de temporada, y en estas ceremonias de visitas son tratadas como la llegada de una orquesta sorpresa a una fiesta de cumpleaños.

LOS AFGANOS HABLAN DE SEXO

Chiste perverso: dicen que cuando los cuervos sobrevuelan Kandahar se cubren con un ala el trasero, por si acaso. Los afganos de otras regiones bromean así sobre el alto índice de pederastia que existe entre los hombres pastún de esta región del sur. Aunque sea mal vista, sucede con frecuencia. Una de las primeras maniobras populistas de los talibanes fue castigar a los comandantes muyahidines acusados de violación o de pederastia. A los homosexuales los mataban del modo más cruel: les mandaban tanques o aplanadoras que los enterraban bajo paredes de barro. La pederastia fue una preocupación del mulá Omar, quien decretó que sus comandantes no podían tener jóvenes lampiños en sus huestes.

De hecho, no solo los pastún: los afganos en general están más cercanos a la ambisexualidad que los occidentales. Tienen afición por los niños púberes, una tradición que recibe el nombre de *ashna*. Algunos de ellos son los verdaderos objetos de deseo por parte de hombres maduros. Uno de mis intérpretes en el norte de Afganistán me explicó cómo funcionaba. Parte de esta tradición viene de la separación de los sexos: los hombres no se pueden relacionar fácilmente con las mujeres (se supone que las esposas no deben ser vistas), y, además, el que se considera heterosexual solo puede casarse si paga una dote obligatoria, una que impide que un hombre joven pueda casarse, sobre todo, en tiempos de guerra, porque no se puede trabajar y ahorrar dinero.

Así la separación de los sexos dura más tiempo, y las amistades entre los hombres se vuelven muy cercanas. Hay una especie de homoerotismo en la sociedad, y estas conductas pueden ser muy confusas para un occidental. Los hombres se bañan juntos en los baños públicos de vapor, y tienen ciertos modales que nosotros veríamos como afeminados: se besan entre amigos al encontrarse, y se dan unos abrazos de cuerpo entero bien pegados, y no es nada raro ver a hombres afganos caminando por la calle de la mano.

Los jóvenes suelen enamorarse del chico más bello del barrio, generalmente un menor, y es una tradición tratar de seducirlo. Uno de mis intérpretes había aprendido inglés solo para impresionar a un chico que había llegado a la ciudad, y terminaron juntos. Era su *ashna*. El que era mi intérprete, el seductor, no se consideraba homosexual. Lo contaba con toda naturalidad y hasta con cierta ensoñación, y hablaba tanto de la belleza del hombre como de la mujer. Un día, cuando estábamos ya en Kabul, llegó un fotógrafo de Francia a cubrir la guerra. Era muy atractivo y los hombres afganos que lo veían se morían por él. Es más, mi intérprete bromeaba con que estaba enamorado de él. Pero había algo de verdad en su declaración. Se lo quedaba mirando, jugaba con su cabello, y todas las conversaciones giraban en torno a que lo seguiría hasta el fin del mundo. El francés trataba de ser tolerante.

Si un extranjero iba a un campamento muyahidín, tenían la costumbre de agarrarle los testículos. Me sucedió una sola vez, en un campo de batalla al norte de Afganistán, en las afueras de Kunduz. Un muyahidín vino a saludarme, me pidió un cigarro, y detrás de él vino un hombre, un típico guerrero, para agarrarme los testículos. El resto de los muyahidines se reían. Yo lo perseguí y lo pateé dos veces, pero él sacó su ametralladora para amenazarme. Hubo unos segundos de tensión, en que yo lo increpé y se fue. Los muyahidines testigos excusaron su comportamiento diciendo que él había crecido en la guerra y que nada podían hacer. Me quedé muy furioso y lo quise denunciar con su comandante, pero no estaba en el campamento. Sin embargo, para los afganos hay una diferencia entre estas costumbres y lo que es un hombre homosexual de toda la vida.

Vi muy pocos rostros de mujeres durante los meses que estuve en Afganistán. Ellas usan burkas, esas rigurosas envolturas de pies a cabeza que fueron obligatorias para el talibán. Nunca ves mujeres cuando entras en esas casas-fortaleza de un hombre afgano. Sé casi nada de su vida sexual matrimonial, pero los hombres hablan de sexo todo el tiempo y tienen una gran curiosidad sobre cómo lo hacemos en Occidente. Una noche en un hotel de Kandahar —sin energía eléctrica, pero con generadores y televisión satelital— todos los hombres se quedaron la noche entera viendo por la televisión porno duro alemán. Imagínate entonces las nociones que tienen de nuestra sexualidad y de la mujer occidental. No sabían nada sobre las caricias ni las zonas erógenas, y al sexo oral lo ven como una conducta rarísima, primitiva, sucia. La idea general del sexo, según la entendí, es que la mujer con la que se casan es solo para procrear. Hay una parte de la sociedad, sobre todo en Kabul, con algunas costumbres occidentales, que sí entiende eso de dar placer a la mujer, incluso eso de ver el cuerpo desnudo de la mujer. Pero me da la impresión de que, al menos para la gente rural, no existe el placer sexual en la vida matrimonial. Eso parece estar reservado para los *ashnas*.

Una vez vi uno en Kandahar. Era un niño de unos doce o trece años que parecía una niña lindísima y además era muy provocadora y sexualizada. Tenía la delicadeza de uno de esos chicos que eligen para cantar en los coros. Estaba sentado como una niña, sobre las piernas dobladas. No era ni lo uno ni lo otro, sino un ser sexual, y estaba allí para ser admirado. Era tan extraño y paradójico como un buqué de flores muy sensual. Y estaba con el mulá Naquib, aunque nunca le pregunté a nadie si era su niño amante, su *ashna*. No tenía ningún rol aparente, salvo el de estar a su lado. Era como una Barbie, pestañeaba coquetamente y hablaba en falsete. Naquib era un padre de familia con hijos de todas las edades a su alrededor. No lo haría, creo, frente a sus hijos, pero quién sabe. Nunca se lo pregunté.

LOS AFGANOS SON FOTOGÉNICOS

La dictadura de los talibanes había abolido la fotografía. Llegamos a Kandahar, que era la ciudad cuna de los talibanes, y nos alojamos en el único hotel que existe en esta ciudad polvorienta y semidestruida: el Noor Jehan. Su apariencia no tenía nada que ver con su nombre: la famosa princesa que inspiró al emperador a construir el Taj Mahal de la India ahora era solo un hotelucho de mala muerte. Detrás de él había un basural. Adelante, una hilera de panaderías. En la acera de enfrente, todas las casas de fotografía. Era curioso. En sus vitrinas estaban expuestos los retratos de sus clientes y fotografías de celebridades como Bruce Lee, Leonardo DiCaprio y Arnold Schwarzenegger, junto al héroe y mártir de los muyahidines Ahmed Shah Masud, el depuesto rey afgano Zahir Shah y unas estrellas del cine indio.

Lo más curioso es que había sobre todo retratos de guerreros talibanes. Posaban delante de cortinas con fondos de campos de flores, el turbante negro, barbudos, portando armas de verdad y un buqué de flores de plástico. Ahora se lucían retocados, en unos marcos de aluminio y de color chillón. Algunos estaban solos y otros con un amigo, algunos rígidos y otros dándose afectuosos apretones de mano. Los afganos se aglomeraban en las vitrinas para ver las fotos. Pero me parecía raro que hubiera retratos de los talibanes. Su líder, el mulá Omar, había impuesto la prohibición coránica de representar la imagen humana. No entendía nada hasta que Said Kamal, el dueño de la tienda Photo Shah Zada y especialista en retratos retocados, me explicó que, después de que los talibanes ordenaran el cierre de las casas de fotografía, se dieron cuenta de que necesitaban fotos para sus pasaportes si querían viajar.

Hubo entonces una excepción al edicto del mulá Omar. Oficialmente, Kamal solo tomaba fotos para pasaportes y no exhibía ningún retrato de ser humano en la vitrina. Pero nunca obedeció por completo las reglas: Said Kamal siguió retratando a los talibanes, quienes llegaban a su estudio con los ojos intensamente delineados con kohl negro, que los hacía parecer estrellas del cine mudo. Pero también hacía fotografías clandestinas de matrimonios de ciudadanos comunes. Ahora Said Kamal se atrevía a exhibir las fotos en su vitrina: los talibanes habían huido. Esas fotos se habían quedado sin recoger, y estaban allí solo para atraer a la clientela. Decidimos entonces vestirnos con los atuendos afganos y que nos tomaran una foto. Les pareció genial. Thomas Dworzak lucía tan parecido a un afgano que, al día siguiente, los fotógrafos sacaron su retrato a la vitrina.

LOS AFGANOS AMAN LA MÚSICA

Todos creen que la música fue prohibida después de que los talibanes llegaron al poder. A espaldas del mundo, había sido abolida años antes. Mi primer viaje a Afganistán fue en la Navidad de 1988 y me quedé hasta finales de enero. Era el único lugar en el mundo donde había guerrilleros peleando contra un invasor extranjero. Llegué al valle de Argandhab, a unos kilómetros al norte de Kandahar, cuando la Unión Soviética retiraba sus tropas tras diez años de invasión, y me quedé en el campamento del mulá Naquibullah, más conocido como Naquib. Kandahar era como un basural de guerra, con estruendos de bombardeos todos los días. En medio de esta bulla, recibimos en el campamento la noticia de que habían abolido la música. Lo habían dictaminado dos *maulavis*, esos eruditos islámicos escogidos por los comandantes muyahidines, entre ellos Naquib, para presidir la ley religiosa (la *sharia*) en las áreas bajo su dominio.

No me daba cuenta de cuánto valía la música para ellos hasta que Naquib me envió con uno de sus hombres a conocer al juzgado de los *maulavis* al aire libre. Viajé hasta allí en una camioneta conducida por un hombre joven que escuchaba, a todo volumen, unas cintas de lastimeras canciones de amor. Uno de los *maulavis* extrajo un trozo de papel y verificó la noticia: se había aprobado un nuevo edicto para todos los comandantes muyahidines de la región. Los jueces alegaban que la proliferación de delitos se daba porque se escuchaba música grabada. Había que apagar la música para controlar a la población. Pero esa prohibición era demasiado para la gente.

Igual que el resto de los afganos, los kandaharis son muy musicales. Bailan, tocan instrumentos populares, cantan. De vuelta al campamento, el conductor puso intencionalmente la cinta en la casetera a un volumen aún mayor que antes. Sabía que Naquib era un mulá más o menos tolerante. No le iba a hacer gran caso al edicto y les iba a permitir a sus muyahidines tocar su música con la condición de que solo fuera en el campamento y a un volumen moderado. Mientras tanto, el mulá Naquib comunicó a los jueces que acataría la orden. Años más tarde los talibanes tomaron el poder de Afganistán, y decretaron la abolición de la música en todo el país.

Esa no iba a ser mi última melodía en Afganistán. Cuando volví a Kandahar a fines de 2001, visité de nuevo a Naquib, quien me invitó a llevarme al valle de Argandhab, donde lo había conocido trece años antes. Naquib era ahora un personaje controvertido. Decían que estaba involucrado en la huida de los talibanes de Kandahar. Pero lo culpaban más de la extraña fuga del mulá Omar, el jefe de los talibanes. Al día siguiente Naquib me guio hasta el garaje de su residencia, donde tenía dos SUV último modelo. Subimos a un Toyota Land Cruiser perlado VX edición limitada rumbo a Argandhab. La camioneta tenía todos los lujos, entre ellos un equipo de CD con *display* digital.

Su verdadero dueño había sido el fugado Omar, de quien Naquib poseía ahora diez de sus automóviles, sin poder explicar por qué. En la ruta, Naquib encendió la música. Entonces le pregunté si el equipo de CD era suyo o si había venido con la camioneta. Naquib me confirmó que él lo había encontrado en el auto del mulá Omar. «¿Me está diciendo —le pregunté— que todo esto perteneció al hombre que encarceló gente por escuchar música?». Naquib se encogió de hombros y me dijo que parecía que sí. La canción que escuchábamos, dijo, era una popular melodía afgana que insultaba al general Rashid Dostum, el jefe militar uzbeco de Mazar-i-Sharif. El estribillo decía: «Oh, asesino de afganos».

—¿Qué sería de la vida sin música? —me preguntó Naquib, como mirando por la ventana.

LOS AFGANOS SE MAQUILLAN PARA IR A LA GUERRA

Los hombres de la etnia pastún son muy celosos de su apariencia personal. Muchos de ellos delinean sus ojos con kohl negro y se pintan con henna las uñas de sus pies, y, a veces, las de sus manos. Otros se tiñen el cabello, y es normal ver a ancianos de apariencia sobria con largas barbas teñidas de un anaranjado tan chillón que asemeja al cabello teñido de los punks de Londres. Hasta los más corpulentos, barbudos y armados usan *chaplís*, que son unas coloridas sandalias de tacones altos. Me di cuenta de que para ser realmente chic en Kandahar uno debe ponerse *chaplís* de una talla más pequeña, lo que supone dar pasos más cortos y caminar casi tambaleándose. Los muyahidines parecen los bobos perfectos para un carnaval: cuando no están en la guerra, están maquillándose. O haciéndose cosquillas. Toda esta cosmetología sucede en un lugar que es menos un país que un campo de guerra.

Cuando les preguntas en qué año están, los afganos te dicen que en 1381. Es el calendario musulmán. Y, efectivamente, ir a Afganistán es como volver siglos atrás y como si la guerra fuera un estado natural. En los mercados, venden chatarra de morteros y hasta pedazos de misiles Cruise de Estados Unidos. Las tiendas son fabricadas con cajas de municiones o de fusiles. En Jalalabad, un niño vendía fusibles de bombas de racimo para usarlas como luces de bengala. Hay minas por todos lados. No existe nada más preciado que las armas. El opio es el principal cultivo de Afganistán, y bastantes jefes muyahidines son traficantes de heroína. En Kandahar, los vendedores ofrecían las «Superbolas Osama bin Laden», unos caramelos de coco empaquetados en cajitas color rosa y púrpura cubiertas con imágenes de un Bin Laden salomónico, rodeado de fuego, tanques, misiles de crucero y aviones de guerra. Buena parte del país no tiene electricidad, agua corriente ni redes telefónicas. Ni árboles ni agua. El polvo obstruye las gargantas, cubre el cabello y la piel, y la gente, que protege sus rostros con pañuelos o turbantes, ha aprendido a convivir con él. Solo hay pozos artesanales, y a lo mejor un río.

Ha habido sequía en Afganistán durante siete años. En algunos lugares ves niños que van por la calle cargando unos veinte litros de agua que deben durarles tres días y medio. Uno de los hombres más ricos de Kandahar, el mulá Omar, nunca había salido de su pueblo y tenía una vaca de mascota. Casi nadie ha leído un libro en toda su vida, y muchos ni se acuerdan de qué edad tienen. No hay juguetes. No vi mujeres en un par de meses. No tienen mascotas. Para ellos los animales son solo para comer o simples bestias de carga. No hay nada blando o suave en Afganistán, todo es duro. No sabes entonces qué decir cuando te tropiezas con unos guerreros en *chaplís*, pasándose una flor y comentando su aroma en medio de este paisaje lunar que es un campo de batalla.

LOS AFGANOS SON CURIOSOS CON LOS EXTRANJEROS

Ser un extranjero en Afganistán es como estar en el zoológico y ser uno el animal. Eres una curiosidad total. Hay una especie de histeria colectiva, y son como turbas que te siguen. En la calle te gritan al unísono la única frase que conocen en inglés: «*How are you? How are you?*». Algunos vienen a brincar frente a ti, o a pellizcarte o a tirarte una piedrita. Parecerían actos molestos e inofensivos, pero puede a veces ser el inicio de una agresión. Una vez, en Faizabad, estaba hablando con un librero en un bazar y de pronto me dio una piedrita en la cara. Era de su hijo, un quinceañero que estaba detrás, y trató de esconderse. Le reclamé al papá, y este reaccionó como diciendo «no te preocupes, le voy a tirar de las orejas», pero yo me enfurecí, agarré una piedra (o no recuerdo si eran unos libros) y se la tiré al chico. Le pedí a su padre que lo amonestara. Él se había quedado pasivo durante todo esto, pero me indicó que entendía mi ira, y que estaba en mi derecho castigar a su hijo. Pero él no hizo nada. Era muy extraño.

Muchos afganos han perdido los parámetros normales de comportamiento. Hay veces en las que tienes que comportarte como ellos. Solo así te ganas el respeto, con poder y prepotencia. Cuando salíamos a pasear en Faizabad, los de la Alianza del Norte mandaban a un policía para espantar a los curiosos (llevaban un garrote o un cable), y, de paso, vigilarnos. Eres una curiosidad, y de la nada te empiezan a tirar arena, luego piedras. En el trasfondo de su cultura es así como matan a los adúlteros. Esta agresión, proviene, creo, del hecho de que muchos afganos han sido adoctrinados para ver al que viene de afuera, al *no-musulmán*, como un *kafir* —un infiel—, y para un devoto del Corán no hay nada peor. El que no tiene fe ni Dios es un ser desalmado, y, por ende, es posible matarlo. Un periodista británico casi muere así entrando en Kandahar. Estuvo a punto de ser masacrado por una turba y fue igual: conversaba amistosamente con unos refugiados afganos, y de pronto unos chiquillos le empezaron a tirar piedras. Al final una turba lo tenía en el suelo tratando de aplastar su cráneo con ladrillos. Había unas cincuenta personas a su alrededor, hasta que él, desangrándose y casi desmayado, tomó una piedra y se la lanzó a uno. Solo cuando reaccionó en su defensa con una agresión, ellos detuvieron la lluvia de piedras. Si no reaccionas, nadie los detiene. Si te vistes como ellos —cosa que hicimos por un tiempo—, solo consigues que te miren menos, pero sigues siendo un extranjero.

Afganistán ha sido el único lugar en el mundo donde he tenido que contratar hombres para proteger mi vida. Contraté a tantos hombres que podría haber armado mi propia milicia. Entre la xenofobia, el bandolerismo y la brutalización de esta sociedad, los extranjeros deben viajar acompañados de hombres armados. Solo por curiosidad, comencé a indagar qué haría falta para convertirme en un *warlord*, en un señor de la guerra. Diez mil dólares. Nada más. Bastaba para comprar un par de camionetas Hi-lux, kalashnikov rusos y cien hombres armados para un mes. Para no gastar más después del primer mes, nos convertiríamos en una mafia. Iríamos donde los mercaderes y dueños de empresas, les pediríamos dinero y nos lo darían. Después te tropiezas con otro señor de la guerra y le ganas la batalla. No es nada difícil armar un ejército privado. Así sobreviven.

LOS AFGANOS SON MUY RISUEÑOS

Hay un humor cruel en Afganistán. Recuerdo que en 1989, en Jalalabad, estuve con unos muyahidines en una fortaleza cuando los bombardearon los soviéticos. Las bombas cayeron muy cerca y caímos al suelo. Después de los estallidos, hubo un silencio ensordecedor. A los minutos, oímos el llanto de un hombre. Afuera había un grupo de muyahidines rodeando a otro lloroso al que le había herido una esquirla, y se mataban de risa porque le había dado en el pene. Lo evacuamos en una camioneta, estallando en gritos de dolor. Todos habían tenido ese impulso de reírse de lo que le sucedió, como si hubiera sido mera cosa de hombres. Les parecía cómico.

Ese es el nivel de humor en Afganistán. Cuando el muyahidín me agarró los testículos, todos se reían sin importarles que fuera un acto de violencia. Todo este clima de desgracias y de guerra ha llevado a una especie de brutalización de la sociedad afgana. Afganistán sirve de ejemplo cumbre de cómo una civilización puede subir y bajar. Es un país milenario, donde Alejandro Magno construyó Ai-Khanoum, una de las ciudades más imponentes de su época. Ahora es un campo de batalla, con sus tesoros saqueados o destruidos, un macizo de tierra lleno de búnkeres y trincheras para tanques y artillería y ametralladoras antiaéreas. Hace solo treinta años Afganistán era un lugar alabado como un país único por su armonioso cruce de culturas, de tolerancia y convivencia.

Las civilizaciones pueden evaporarse, sucumbir como la arena movediza. Las guerras siempre han estado con nosotros. Son manifestaciones casi fisiológicas del hombre. No creo que el hombre sea cruel por naturaleza, pero sí creo que la guerra hace que uno comprenda, a su pesar, cosas que de otro modo son atrocidades inaceptables. Uno es una síntesis de lo cavernícola y lo civilizado. Yo siento que existe eso dentro de mí también. Quizá por ello siento que comprendo a los extremistas, entiendo cómo llegan a eso. Entiendo ahora cómo los Jemeres Rojos de Camboya llegaron a sentir que tenían que purificar su sociedad aniquilando para luego reconstruir desde las cenizas. Comprendo cómo uno puede llegar a ser señor de la guerra en Afganistán y luchar nada más que por la supervivencia y el poder propio. Ojo: no lo justifico. Pero hay que entender que todos tenemos esa capacidad de salvajismo, que lo que ha pasado en Afganistán puede suceder en nuestras sociedades también si no nos cuidamos, y que lo que nos separa a nosotros mismos de la barbarie es apenas una línea angosta.

Lamento estar de acuerdo con alguien tan estúpido como Bush, pero, en el caso de extremistas musulmanes como Bin Laden y sus seguidores de Al Qaeda, debo decir que ellos son también mis enemigos. Los extremistas árabes que se forjaron en la batalla antisoviética de Afganistán son los mismos que después fueron a Argelia y arrancaron la guerra civil y el genocidio. Son los mismos llamados árabes afganos que han matado turistas a mansalva en Egipto. No se trata de la cultura musulmana global, sino de una corriente extremista ideologizada, la de Bin Laden, que quiere imponer su visión del islam y liquidar a Occidente.

Lo que ellos buscan es aniquilarnos. Si fuera por ellos, no existirían otros libros más allá del Corán. Y, por más crítico que sea con la civilización occidental, esta es la que todavía ofrece más oportunidades de pensar lo que te da la gana. A la vez, me preocupa que Bush tenga carta blanca en el mundo para pregonar que somos la cultura superior, la máxima civilización. El fundamentalismo de uno hace nacer el fundamentalismo del otro. Y es muy peligroso.

La muerte del tigre[*]

LA PLAYA

En el vídeo del teléfono móvil se ve a un par de soldados que meten a empujones en el encuadre a un hombre desnudo y con los ojos vendados. Tiene las manos atadas a la espalda. Un soldado, vestido con el uniforme del ejército esrilanqués, lo obliga a sentarse en el suelo, le da una patada en la espalda y se aparta mientras otro soldado se adelanta y le descerraja un tiro en la nuca. El cuerpo del hombre se convulsiona y se derrumba. Fuera de campo, se oye al pistolero reír con frivolidad y exclamar: «¡Vaya brinco ha pegado!». Los soldados matan a otros dos hombres de una manera similar y luego se cargan a varios prisioneros heridos. La cámara se desplaza para mostrar al menos otros ocho cadáveres, incluidos los de varias mujeres medio desnudas tendidas sobre charcos de sangre. Todos parecen recién ejecutados.

Cuando les llegó el fin a los Tigres de Liberación del Eelam Tamil, en mayo de 2009, fue de una manera abrumadora y despiadada. En una ofensiva de tres años cada vez más sofisticada, el ejército esrilanqués había superado tácticamente a uno de los ejércitos insurgentes más implacables del mundo. La derrota en el campo de batalla puso fin a un atroz conflicto que durante veintiséis años había dividido Sri Lanka por motivos étnicos, mientras los tamiles del país, una minoría sobre todo hindú, luchaban por la instauración de un Estado independiente en contra de la mayoría imperante de budistas cingaleses. Al mando del ejército tamil —conocidos como los TLET o simplemente los Tigres— estaba Velupillai Prabhakaran, un individuo carismático y esquivo que había llegado a

* Publicado originalmente en *The New Yorker* el 9 enero de 2011. Traducción para esta edición de Eduardo Iriarte.

ser uno de los líderes guerrilleros con más éxito de los tiempos modernos. Los Tigres eran terroristas suicidas de lo más persistentes, así como feroces guerrilleros, y la guerra se cobró al menos cien mil vidas en Sri Lanka. En muchos aspectos —los enquistados conflictos religiosos y étnicos, la enconada guerra de guerrillas y los atentados suicidas, la difusa línea de separación entre civiles y combatientes—, la guerra prefiguró numerosos conflictos posteriores. Donde difirió fue en la brutal efectividad del Gobierno a la hora de sofocar la insurgencia. En la medida en que una campaña de contrainsurgencia puede tener éxito, Sri Lanka es un horripilante ejemplo de triunfo en una guerra moderna.

La caída de los Tigres comenzó en enero de 2009, cuando perdieron la ciudad de Kilinochchi, su capital *de facto*. Para una organización que había controlado buena parte del norte y el este de Sri Lanka durante casi una década, fue un revés devastador. Los combatientes restantes, unas fuerzas de en torno a quince mil hombres, se retiraron a la jungla cerca de la ciudad costera de Mullaittivu, llevándose consigo a más de trescientos mil civiles tamiles que habían quedado atrapados con ellos. De resultas de la creciente preocupación internacional por la seguridad de los civiles, el ejército esrilanqués designó una serie de «zonas protegidas» y dijeron a los civiles que se reunieran allí. Luego bombardearon esas zonas una y otra vez al tiempo que emitían desmentidos de estar haciéndolo y prohibían a los periodistas acceder al área. Cientos de personas eran asesinadas a diario. Para mediados de abril, los rebeldes y los civiles tamiles estaban atrapados en una franja de playa cubierta de sangre de kilómetro y medio de ancho. Cercados por el mar, un lago y cien mil soldados del Gobierno, estaban prácticamente indefensos mientras el ejército lanzaba una cortina de fuego desde barcos cañoneros, aviones y artillería de campaña.

El 21 de abril, el ejército rebasó las defensas de los Tigres abriendo un caótico corredor que, a lo largo de varios días, permitió a doscientos mil civiles heridos y medio muertos de hambre huir de su custodia. Aunque el ejército había ordenado abandonar la zona a la mayoría de los trabajadores humanitarios y todos los observadores internacionales, anunció la ofensiva como una «operación humanitaria» para rescatar rehenes de manos de los Tigres. (Los Tigres, es cierto, evitaron que algunos civiles huyeran y abatieron a cientos de ellos que intentaban escapar). Los partidarios de los Tigres, mientras tanto, sostenían que el ejército estaba incurriendo en un genocidio. La secretaria de Estado de Estados Unidos, Hillary Clinton, advirtió al Gobierno esrilanqués que «el mundo entero está muy decepcionado» por el «incalculable sufrimiento» que estaban causando sus esfuerzos por poner fin a la guerra. Hubo informes posteriores, desmentidos por el Gobierno, según los que, durante la ofensiva final del ejército, murieron hasta cuarenta mil civiles, y sus cadáveres fueron quemados o enterrados en fosas comunes secretas.

Los ministros de Asuntos Exteriores de Francia y Gran Bretaña fueron a Sri Lanka, donde suplicaron al Gobierno que anunciara un alto el fuego para rescatar a los civiles que seguían atrapados. Por recelo a que los diplomáticos también quisieran salvar a los líderes de los Tigres, el Gobierno hizo caso omiso. Quedaban decenas de miles de civiles en la zona de la masacre, que fue reduciéndose hasta el tamaño aproximado de cuatro campos de fútbol.

Un superviviente del combate final en Mullaittivu, un joven pastor, me describió la escena. Cuatro clérigos más y él, así como un grupo de sesenta huérfanos a su cargo, se habían refugiado en búnkeres de escasa profundidad en la playa. «Era lo primero que hacíamos cada vez que llegábamos a una nueva ubicación: cavar y hacer sacos con saris recortados —me contó—. Solo después íbamos en busca de comida o agua». Los combatientes tamiles estaban en búnkeres alrededor. «La mayoría eran Tigres Negros —dijo refiriéndose al pelotón suicida tamil—. Prabhakaran estaba entre nosotros, pero ninguno lo vimos». Describió un terreno sembrado de huesos en el que caían proyectiles al azar. «Lo único que veíamos era gente muerta, gente que pedía a gritos comida y agua, y vehículos en llamas por todas partes».

El 16 de mayo, las tropas del ejército tomaron las últimas posiciones costeras y, cuando iban tras los Tigres restantes, el comandante del ejército, el general Sarath Fonseka, declaró la victoria. Al día siguiente, un portavoz de los Tigres publicó una declaración en la página web de la organización: «Esta batalla ha llegado a su amargo final. [...] Hemos decidido acallar nuestras armas. Lo único que lamentamos son las vidas perdidas y no haber podido resistir más tiempo».

En el búnker, el grupo del pastor se puso en contacto por móvil con un general de brigada del ejército esrilanqués que les dijo que se quedaran allí hasta que vieran a los soldados, y luego se identificaran con banderas blancas. El grupo se había quedado sin comida y fue a buscarla a un búnker cercano abandonado. «Encontramos paquetes de comida, carne, chocolate», dijo el pastor, y se llevaron todo lo que podían cargar, eludiendo el fuego de artillería. A la mañana siguiente, un joven del grupo recibió un disparo fatal mientras defecaba fuera.

Para el atardecer, vieron que se acercaban soldados. «Dos o tres salimos con varios niños y llevamos banderas blancas, tal como había sugerido el brigadier —recordó el pastor—. Pero cuando nos acercábamos dijeron: "No vengáis", y dispararon al aire». A los soldados les habían dicho que podía haber terroristas suicidas entre los últimos Tigres, y de hecho varios insurgentes se hicieron estallar entre los refugiados civiles que se entregaban al ejército. «Nos lanzamos al suelo. Estaban a unos cincuenta metros. Nos arrastramos de regreso al búnker y entonces empezaron a disparar contra el búnker. Toda la noche estuve oyendo cómo el ejército lanzaba granadas contra los búnkeres cercanos. Había explosiones, y gente que gritaba y decía: "¡Ayudadnos!"».

Al amanecer, el pastor dijo que «reunió valor» y decidió salir y encararse con los soldados. «Salí con otro pastor y una bandera blanca —dijo—. Explicamos quiénes éramos, y nos ordenaron que saliéramos todos del búnker. A continuación nos dijeron que nos arrodilláramos. Eran unos quince soldados. Tenían la cara cubierta con tela negra. Un soldado dijo, en cingalés (lo entiendo un poco): "Tenemos órdenes de disparar contra todo el mundo". Les gritamos que no nos dispararan». Después de un tenso enfrentamiento, cachearon al pastor, así como a los niños, y les permitieron que recogieran sus posesiones del búnker. «Un pastor venía detrás, pero un soldado le golpeó en el pecho. Se desplomó. Murió ese mismo día. El mismo soldado que le golpeó se puso a hurgar con los dedos las heridas de los jóvenes de nuestro grupo que habían resultado heridos».

Después de otro cacheo y un largo interrogatorio, reunieron a los clérigos con los niños y los dejaron en un campo de internamiento. Cuando le pregunté al pastor cómo le había afectado la experiencia, dijo: «La tengo en la cabeza. Cuando duermo, aparece automáticamente: cosas que solo había visto en películas cuando era joven. Cadáveres sin cabeza. Cadáveres con el estómago abierto y el hígado al aire. —Y añadió—: Al final, caminábamos expuestos al fuego y entre muertos, y los soldados se reían de nosotros y nos decían: "Hemos matado a todos vuestros cabecillas. Ahora sois nuestros esclavos". Ya puede imaginar lo que sentía por mi país».

El mismo día, el 18 de mayo, el ejército anunció que el líder de los Tigres, Velupillais Prabhakaran, había resultado muerto, junto con doscientos cincuenta hombres más, durante un intento nocturno de huida a través del lago de Nandikadal, que separaba la playa de la tierra firme. Se hicieron públicas imágenes de su cadáver tendido a los pies de tropas del ejército, con un pañuelo en la frente para ocultar una herida abierta. El

ejército aseguró haber incinerado sus restos. El hijo mayor de Prabhakaran, Charles Anthony, había muerto la víspera, junto con otros combatientes que lanzaron un asalto final contra las líneas del ejército. Poco
después, el ejército dijo haber recuperado también los cadáveres de la
esposa de Prabhakaran, su hija y su hijo menor, un niño, todos ellos con
heridas de arma de fuego.

Docenas de tamiles desarmados, incluidos varios altos cargos políticos de los Tigres y sus familias, fueron abatidos por los soldados cuando
salían de la zona de la masacre provistos de banderas blancas. Su rendición había recibido la aprobación personal del presidente de Sri Lanka,
Mahinda Rajapaksa, después de negociarla por teléfono vía satélite con
un enviado especial de las Naciones Unidas a Sri Lanka y Marie Colvin,
corresponsal del *Sunday Times* de Londres, a quienes los líderes tamiles
habían pedido que fuera su intermediaria. «No era consecuencia del
caos de la batalla —dijo Colvin—. Fue una rendición negociada. Se hicieron promesas y se incumplieron».

Después de anunciarse la victoria, lanzaron fuegos artificiales en
Colombo, la capital de la nación, y por todo el Sri Lanka cingalés. En un
discurso ante el Parlamento el 19 de mayo, Rajapaksa declaró una fiesta
nacional. «Hemos liberado al país entero del terrorismo de los TLET
—afirmó—. Nuestra intención era salvar al pueblo tamil de las crueles
garras de los TLET. Ahora todos debemos vivir como iguales en este país
libre».

Rajapaksa es un veterano político con una presencia física imponente, sonrisa característica y carisma campechano, que sus admiradores
comparan con los del difunto Ronald Reagan. En el cargo desde 2005,
aprovechó el ánimo de euforia nacional después de su victoria bélica
para celebrar unas elecciones anticipadas el pasado mes de enero, en las
que fue debidamente reelegido para un nuevo mandato de cinco años.
Rajapaksa es hijo de un político muy conocido, pero su familia procede
de un pueblo en el sur profundo del país, no de la élite de Colombo
educada en Occidente; en una sociedad tan estratificada como la de Sri
Lanka, se les considera nuevos ricos arribistas. No obstante, ha hecho de
su ascendencia rústica una virtud, y goza de gran seguimiento entre los
cingaleses rurales. Uno de sus hermanos, Gotabaya, es su ministro de
Defensa; otro, Bail, es jefe de gabinete y ministro de Desarrollo Económico; y un tercero, Chaml, es presidente del Parlamento. Su hijo Namal,
de veinticuatro años, fue elegido recientemente miembro del Parlamento, y unos cuarenta hermanos, hermanas, primos, sobrinos, sobrinas y
parientes políticos más ocupan diversos cargos en el Gobierno.

Después de la guerra, el Gobierno de Rajapaksa adoptó una postura de triunfalismo en casa y resentimiento defensivo ante la indignación que había causado la carnicería en el extranjero. Cuando las Naciones Unidas crearon un «grupo de estudio de rendición de cuentas», manifestantes respaldados por el Gobierno ocuparon su sede en Colombo, provocando su cierre. El embajador de Sri Lanka en Londres me transmitió sus quejas por el trato injusto de que era objeto su país: «Colombia lleva años contaminando el mundo con su cocaína, y ahora Somalia con sus piratas. ¿Qué se oye al respecto en las Naciones Unidas? Nada». Lo importante, según dijo, era que Sri Lanka había acabado con el terrorismo, convirtiéndolo en el primer país de la era moderna que lo había hecho. En círculos militares del mundo entero, la «opción de Sri Lanka» contra la insurgencia se trataba con admiración. Sus principios básicos eran negar el acceso a los medios, las Naciones Unidas y los grupos de derechos humanos; aislar a los oponentes y matarlos lo más rápido posible; y segregar y aterrorizar a los supervivientes, o, lo ideal, no dejar ningún testigo en absoluto.

EL PASADO

En 1914, la hermana menor de Leonard Woolf, Bella Sidney Woolf, publicó una guía ilustrada con el título *How to See Ceylon* (Cómo ver Ceilán). Leonard, que aún no se había casado con la novelista Virginia Stephen, trabajaba en Ceilán como administrador colonial, y Bella fue a visitarlo antes de establecerse allí ella misma. La era eduardiana se caracterizaba por los viajes sin prisas en trenes y carritos tirados por hombres, los clubes de cróquet y los tés a media tarde servidos por criados. Woolf escribió: «El forastero, al ver la muchedumbre variopinta que atesta las calles de Ceilán, se queda perplejo, anonadado. ¿Cómo va a distinguir entre tantas personas?». Proponía una breve comparación de las dos etnias principales de la isla: «El culi tamil, hay que reconocerlo, es una persona mucho más respetuosa con las leyes y pacífica que el cingalés. Aparte del temperamento vivo que conduce a hacer alarde de la navaja y asesinar, hay un trasfondo de malicia en la vida rural».

Bajo el dominio británico, se enconaron las tensiones entre los cingaleses, que constituían el 75 por ciento de la población, y los tamiles, que eran un 17 por ciento. (También había fricciones con otras etnias; en 1915, la turba cingalesa atacó a la minoría musulmana de la isla). Se consideraba que los tamiles se habían beneficiado injustamente del man-

266

dato colonial; ocupaban un número desproporcionadamente elevado de puestos de funcionario y plazas universitarias, y la mayoría hablaba inglés con soltura. Después de que Ceilán alcanzara la independencia en 1948, los nacionalistas cingaleses empezaron a insistir cada vez con más firmeza en que los tamiles eran «invasores» cuya presencia ponía en peligro la existencia misma de la cultura cingalesa.

Los cingaleses han vivido tradicionalmente en el sur, con sus fértiles tierras y sus antiquísimos arrozales regados por medio de embalses. Los tamiles vivían en los áridos montes del norte, área conocida como el Vanni, y las junglas de las tierras bajas del este, zonas que sus antepasados habían ocupado dos mil años antes, durante guerras de conquista libradas por los reyes hindúes de Tamil Nadu, el estado más al sur de la India. Los nacionalistas cingaleses consideran que su ascendencia se remonta a las tribus arias del norte de la India, pese a que no hay pruebas que lo demuestren. Aunque los matrimonios entre personas de distintas lenguas eran bastante comunes, sobre todo entre las castas superiores, para principios del siglo XX la política cingalesa se había contagiado de las teorías en torno a la «raza aria» que por entonces proliferaban en Europa. Angarika Dharmapala, el líder del resurgimiento budista cingalés que comenzó bajo el dominio colonial británico, dijo en un discurso frecuentemente citado: «Esta radiante y hermosa isla fue un paraíso gracias a los cingaleses arios antes de que los vándalos bárbaros precipitaran su destrucción. [...] Bajo el diabolismo del paganismo más cruel traído por los administradores británicos, este pueblo antiguo, histórico y refinado está ahora en declive y va muriendo lentamente».

Los «vándalos» a los que se refería Dharmapala eran los tamiles, claro, y el «paganismo más cruel», su fe hindú. Para cuando se declaró la independencia, las semillas del odio sectario ya habían arraigado. En 1948, los nacionalistas cingaleses promulgaron leyes que negaban la ciudadanía a cientos de miles de los denominados «tamiles indios», la mayoría trabajadores de plantaciones de té descendientes de los jornaleros que habían llevado a la isla los británicos. Entonces una nueva ley designó el cingalés idioma oficial del país, en sustitución del inglés, y muchos tamiles que trabajaban para el Gobierno perdieron sus puestos al no hablar la lengua. En los años setenta, entró en vigor una legislación que favorecía la admisión de alumnos cingaleses en la universidad y, poco después, una nueva Constitución hizo del budismo la religión del Estado. Los políticos tamiles instigaron campañas de desobediencia civil al estilo de Gandhi, pero los radicales más jóvenes eran partidarios de la lucha armada para la «liberación nacional». Se formaron grupos de militantes que empezaron a pelearse por la mejor manera de alcanzar un Estado tamil independiente, secular y socialista. Algunos fueron al Líbano a recibir adiestramiento militar de las guerrillas palestinas.

En 1975, el alcalde afecto al Gobierno de Jaffna, la capital extraoficial tamil, fue asesinado a tiros cuando entraba a rezar en un templo hindú. El asesino era Velupillai Prabhakaran, un veinteañero delgado de ojos saltones que había dejado los estudios de secundaria para pasar a la clandestinidad y entregarse a la lucha por la independencia tamil. Se cuenta que Prabhakaran había hecho pedazos todas sus fotografías en el álbum familiar para evitar que la policía lo identificara. (A su padre, funcionario, le horrorizaba el extremismo de su hijo y había cortado los lazos con él. Murió ese mes, bajo custodia del ejército). En el momento del tiroteo, Prabhakaran era miembro de un grupo incipiente con el nombre de los Nuevos Tigres Tamiles. En cuestión de un año, había formado su propia escisión, los TLET. Prabhakaran —al que sus seguidores conocían como Thamby, o Hermanito— tenía un punto extravagante: en sus primeros tiempos como líder de los Tigres, posaba en fotografías con un cachorro de leopardo como mascota, y hablaba con admiración de Napoleón Bonaparte y Alejandro Magno. Entre sus héroes contemporáneos se contaban Sylvester Stallone y Clint Eastwood, y a menudo les ponía sus películas a los jóvenes combatientes, a quienes llamaba sus «cachorros». Los Tigres no tardaron en emerger como el grupo militante tamil más despiadado, y con el tiempo eliminaron a sus rivales.

El 24 de julio de 1983, los Tigres mataron a trece soldados en una emboscada con minas terrestres, y los habitantes cingaleses de Colombo volcaron su ira contra sus vecinos tamiles. En una orgía asesina que se propagó con rapidez por toda la parte sur de la isla, mataron a machetazos, violaron, quemaron y asesinaron a tiros a más de tres mil personas. La masacre continuó durante una semana y miles de hogares y negocios tamiles fueron incendiados y saqueados. Las autoridades, en términos generales, no intervinieron, y en algunos casos cooperaron con la muchedumbre.

La violencia supuso un hito histórico. Cientos de miles de tamiles que habían vivido en el sur huyeron al norte y el este; muchos entraron en los campos de adiestramiento de los Tigres, donde se estaba gestando un movimiento a favor de una patria tamil independiente. Otra oleada de refugiados se fue al extranjero, y estos «tamiles de la diáspora» empezaron a apoyar la causa de los Tigres. La considerable población tamil de la India estaba indignada y sus políticos llamaban a entrar en acción. Como respuesta, el Gobierno de Indira Gandhi empezó a ofrecer a los militantes ayuda económica y adiestramiento militar encubiertos. Había dado comienzo la guerra civil de Sri Lanka.

En diciembre de 1986, llegué a Sri Lanka con mi hermano Scott. El conflicto solo tenía tres años de antigüedad y el número de bajas —en torno a cinco mil— era todavía relativamente modesto. Pero los Tigres ya eran famosos por sus insólitas disciplina y ferocidad. Además de llevar a cabo unas cuantas masacres por cuenta propia (incluida una especialmente brutal en 1985, en la que ciento cuarenta y seis civiles fueron asesinados en un ataque contra uno de los templos budistas más sagrados de Sri Lanka), los Tigres habían instaurado un régimen de terror entre sus compatriotas tamiles, imponiendo la autoridad absoluta, recaudando impuestos de guerra y eliminando a sus rivales. Prabhakaran, todo un maestro de la innovación en el campo de batalla, ideó una forma de ejecución para los colaboradores con el enemigo: se ataba a la víctima a una farola y se la hacía estallar en pedazos con explosivos Cordex.

Durante nuestra visita, Colombo estaba tranquila y las zonas cingalesas del país seguían en buena medida al margen de la guerra. En la ciudad de Barricaloa, en el este, no obstante, encontramos un ambiente de violencia e histeria contenida. El Destacamento Especial antiterrorista del ejército, creado a fin de combatir a los insurgentes tamiles, había tomado las comisarías de la ciudad; sus soldados estaban parapetados detrás de sacos de arena y alambradas de seguridad, sus armas apuntando a través de troneras de francotiradores. Después de anochecer nadie se aventuraba a salir a la calle. Grupos de mujeres con sari nos reconocían como extranjeros y nos suplicaban que las ayudáramos a buscar a sus hijos, detenidos por el Destacamento Especial. El ejército había desarrollado un sistema de detenciones en masa, torturas y, cada vez con más frecuencia, asesinatos. Un sacerdote católico tamil, el padre Chandra Fernando, nos contó que había desapariciones y fusilamientos indiscriminados a diario en la zona, y que a todos los hombres de entre quince y cuarenta años los habían detenido por lo menos una vez. El conflicto había alcanzado niveles tan terribles, dijo, que había llegado a poner en tela de juicio la existencia misma de Dios.

Por medio del padre Chandra, organizamos una visita al campo más cercano de los Tigres, un viaje que nos llevó en moto, ferry y jeep hasta una remota zona de jungla poco frondosa. Cuando llegamos, habían dispuesto sillas de mimbre formando un semicírculo en el interior de una choza con tejado de paja. Montaba guardia un grupo de quizá cuarenta combatientes, sobre todo adolescentes, armados con kalashnikov y lanzagranadas. Apareció el comandante de los Tigres en la Provincia del Este, el coronel Kumarappa, un corpulento tamil de bigote marchito con pantalones caquis y camisa blanca que llevaba un revólver al cinto. Se sentó en una de las sillas y nos indicó que hiciéramos lo propio. Los combatientes atestaron la choza a nuestro alrededor.

Los comandantes guerrilleros suelen exponer la argumentación filosófica e histórica de su uso de la violencia, pero Kumarappa hizo una defensa de la guerra casi displicente; para los Tigres, matar y morir parecían ser virtudes en sí mismas. Cuando le pregunté qué clase de gobierno quería para el nuevo estado tamil de Eelam, se lo pensó un buen rato antes de contestar: «Ah, sí, socialista. Un país socialista, sí, porque aquí el 60 por ciento de la gente es pobre, solo el 10 por ciento son muy ricos. La corrupción, ya sabe». Los Tigres, al igual que insurgentes que aparecieron más adelante en otras partes del mundo, llevaban una vida austera; tenían prohibido el alcohol, el tabaco y el sexo antes del matrimonio, y sentían una devoción ferviente por Prabhakaran, como demostraba su buena disposición a acometer misiones suicidas. Kumarappa se jactaba de que sus combatientes estaban obligados a llevar cápsulas de cianuro colgadas del cuello y a tragárselas si los capturaban. «Creo que el cianuro es bueno para la moral, ¿sabe?». Recientemente, según dijo, unos comandos del ejército habían capturado a un puñado de combatientes sin cianuro, y los Tigres eludieron el interrogatorio peleando hasta que sus captores se vieron obligados a matarlos a tiros.

Kumarappa reconocía matar a civiles: «En ocasiones, ya sabe, no tenemos alternativa. A veces debemos hacer ese trabajo también». Pero los Tigres tenían un objetivo más alto —la causa de una patria tamil— y por tanto no tenían otra opción que castigar a quienes colaboraban con el enemigo. Kumarappa aseguró haber apresado a muchos espías; tenía uno en el campo en ese momento, una mujer de treinta y seis años. Ordenó a sus hombres que la trajeran. Era diminuta, con el pelo desaliñado y una cojera considerable, y aunque sus ojos estaban abiertos de par en par no parecía ver muy bien. La obligaron a sentarse en una silla al lado de Kumarappa. Se llamaba Athuma, dijo él. Sus hombres la habían atrapado un par de días antes, después de que se hubiera infiltrado en su zona, y la acusaron de espiar para el ejército esrilanqués. Kumarappa dijo que ya había confesado: «Sin la menor tortura, lo reconoce todo». Su relación con el ejército comenzó cuando un oficial accedió a llevarse a dos de sus hijos para que los adoptara su hermana en Colombo. Luego, este le exigió que recogiera información.

Athuma masculló en tamil mientras paseaba la mirada por la choza. Kumarappa tradujo: «Me pide que le perdone la vida».

—¿Ha dicho por qué lo hizo?

—Por dinero. Está sumida en la pobreza, ya sabe.

Scott preguntó: «¿Qué cree que va a ser de ella?». Athuma farfulló algo en voz suave. Kumarappa dijo: «Sabe muy bien cuál es la decisión final. Sabe que vamos a matarla».

Athuma se dirigió a Scott y a mí repitiendo algo una y otra vez. Kumarappa lo tradujo: «Está suplicando: "Van a matarme"». Le pregunté si había muerto alguien de resultas de la información de la mujer, y Kumarappa dijo que no.

—Entonces ¿por qué no la perdona? —pregunté.

Kumarappa suspiró.

—Porque el caso es que cometió un grave error. —Hizo un gesto con la mano y varios combatientes se llevaron a Athuma.

Ambos bandos de la guerra civil esrilanquesa insistían en su condición de víctimas, lo que no hacía sino prolongar el enfrentamiento. A unas pocas horas en coche desde Colombo, visitamos un campo para sospechosos políticos tamiles que habían sido detenidos de acuerdo con la Ley de Prevención del Terrorismo. Había ciento veinticinco prisioneros, de edades comprendidas entre los quince y los sesenta y siete años, todos ellos arrestados por el Destacamento Especial. Aunque la mayoría eran campesinos y pescadores incultos, y negaban tener ninguna relación con las organizaciones militantes tamiles, los habían torturado y humillado, según decían. Su vigilante, un musulmán, asentía con aire compasivo mientras hablaban. En un momento dado, nos susurró: «Son todos inocentes».

Al final de la jornada, nos reunimos con nuestro anfitrión, Bobby Wickremashinghe, el viceministro de Prisiones, en la galería de la casa del administrador del campo. «Nadie ve el problema que tenemos —dijo—. No somos más que un puñado de cingaleses, pero los tamiles son millones, aquí y en la India meridional. Ellos pueden ir a la India, donde hay tantos tamiles. Pueden ir por todo el mundo. ¿Quién me va a acoger a mí, que soy cingalés? ¡Tengo que vivir y morir en esta isla! [...] ¿Es que nadie se da cuenta de que para nosotros, los budistas cingaleses, es una cuestión de supervivencia? Está en juego la supervivencia de una raza». Los cingaleses, claro está, constituían tres cuartas partes de la población. «Si quisiéramos, podríamos acabar con los tamiles en un par de horas. Pero no lo hemos hecho, porque somos budistas».

A lo largo de las décadas, hubo ceses de hostilidades y negociaciones de paz, pero los dos bandos nunca llegaban a acuerdos que duraran mucho tiempo. Ambos confiaban en la contienda en curso como medida de presión política. Los políticos cingaleses necesitaban el voto nacionalista, y Prabhakaran, que era más que nada un estratega bélico, parecía incapaz de alcanzar acuerdos políticos.

Las consecuencias sociales y económicas de la guerra fueron inmensas. El turismo menguó, privando al país de una fuente de ingresos crucial. Los gastos para el ejército hurtaban dinero a proyectos de bienestar social y favorecían el activismo izquierdista entre los nacionalistas cingaleses. El Gobierno permitió la presencia de tropas indias para el mantenimiento de la paz en el norte de Sri Lanka en 1987, lo que exacerbó aún más los ánimos nacionalistas y desencadenó una guerra civil entre cingaleses que tuvo un coste estimado de cincuenta mil vidas. En la guerra con los Tigres, murieron al menos cien mil personas; quizá la mitad eran civiles tamiles, y aproximadamente una cuarta parte eran miembros de las fuerzas armadas esrilanquesas. Cientos de miles de tamiles se vieron desplazados de sus hogares y un millón más huyeron al extranjero.

Los Tigres asesinaron a un presidente esrilanqués en un atentado suicida en 1993 y estuvieron a punto de matar a dos más; también asesinaron a docenas de ministros del Gobierno, parlamentarios, oficiales del ejército y demás funcionarios. En 1991, en el primer atentado suicida con bomba del mundo perpetrado por una mujer, una Tigresa Negra llamada Dhanu activó los explosivos que llevaba ocultos bajo la ropa cuando se arrodillaba a los pies de Rajiv Gandhi, ex primer ministro de la India, durante una ceremonia pública, haciendo saltar en pedazos a este y catorce personas más.

Lo más cerca que estuvieron los Tigres de alcanzar el poder de una patria tamil fue en el periodo posterior al acuerdo de paz de febrero de 2002. Durante esa época, los territorios tamiles del norte y el este se unieron, y la administración política de los Tigres empezó a funcionar prácticamente como un Estado, con ejército, marina, guardia fronteriza y funcionarios de aduanas propios. (Curiosamente, todo, desde el suministro de electricidad a los servicios de educación y atención médica, seguía financiándolo el Gobierno de Sri Lanka). En calidad de negociadores del conflicto, diplomáticos noruegos hacían visitas a los oficiales de los Tigres y llevaban mensajes a sus homólogos del Gobierno en Colombo.

Para cuando Mahinda Rajapaksa se presentó a las elecciones en noviembre de 2005, el alto el fuego ya se estaba desmoronando. Solo dos meses antes, el ministro de Asuntos Exteriores del país, un tamil moderado, había sido asesinado por un presunto francotirador de los Tigres. Los Tigres alentaron el boicot de las elecciones e, irónicamente, la abstención de los votantes tamiles contribuyó a que Rajapaksa ganara por un estrecho margen. En su investidura, Rajapaksa invitó a los Tigres a una nueva ronda de conversaciones, pero en un clima cada vez más violento se retiraron. En julio de 2006, después de que los Tigres bloquearan un embalse que abastecía de agua a miles de granjeros, Rajapaksa autorizó una nueva ofensiva militar contra ellos. A continuación, se asestó un golpe político: en octubre, el Tribunal Supremo decretó la separación de las provincias del norte y el este, mermando las esperanzas de alcanzar una patria tamil.

El mes siguiente, Prabhakaran declaró la reanudación de la «lucha por la libertad». La guerra había vuelto a empezar. Con ayuda de dos desertores de los Tigres llamados Karuna y Pellian, el ejército se apoderó del este y luego llevó la ofensiva hacia el norte, persiguiendo a las tropas de Prabhakaran hasta el Vanni. Al mismo tiempo, el ejército emprendió una inmensa campaña de reclutamiento: entre 2005 y 2009, pasó de ciento veinticinco mil hombres a trescientos mil. Para enero de 2008, Rajapaksa, decidido a aplastar a los Tigres, anunció el final oficial del cese de hostilidades.

La guerra de Sri Lanka estaba alcanzando su clímax sangriento justo al ser investido Obama. Quizá por ese motivo, la postura norteamericana oficial fue una desaprobación jurídica en buena medida infructuosa; el embajador estadounidense, Robert Blake, manifestó preocupaciones de carácter humanitario y criticó al Gobierno alguna que otra vez, pero por lo demás guardó silencio. Estados Unidos y la Unión Europea, eso sí, refrenaron las ventas de armas a Sri Lanka, así que el Gobierno de Rajapaksa recurrió en cambio a las naciones orientales. El último año de la guerra, China suministró ayuda militar por valor de mil millones de dólares, incluidos reactores de combate, radares de reconocimiento aéreo y baterías antiaéreas; Rusia y Pakistán abastecieron de proyectiles de artillería y armas ligeras; Irán proveyó de combustible.

De manera extraoficial, no obstante, Estados Unidos había aprobado cierta ayuda. Diplomáticos y oficiales militares esrilanqueses me reconocieron en privado que la inteligencia norteamericana vía satélite había sido crucial cuando, en 2008, la marina de Sri Lanka hundió siete barcos de los Tigres con cargamento militar. Los barcos —miembros de la flota de las Palomas Marinas, que navegaba sin identificación desde diversos puertos de mar asiáticos— estaban en aguas internacionales, a más de mil millas de Sri Lanka, cuando fueron atacados. Transportaban material bélico por valor de decenas de millones de dólares, y su destrucción privó a los Tigres de sus medios tradicionales de reabastecimiento militar justo cuando el ejército esrilanqués recrudecía las hostilidades. A partir de entonces, los Tigres tuvieron que emprender la huida, retirándose de manera ineludible hacia un territorio cada vez más pequeño.

La derrota de los Tigres no estaba cantada. Los acontecimientos que condujeron a su descalabro estuvieron estrechamente ligados con la personalidad de su líder. Prabhakaran había estado dictando los términos de la guerra en Sri Lanka durante tanto tiempo, y acaparando un poder tan extraordinario que por lo visto había perdido el sentido de la proporción. En algún momento durante el sitio de su cuartel general en Kilinochchi —antes de caer la ciudad en enero de 2009— se cree que huyó con su esposa e hijos y sus guardaespaldas a uno de sus escondrijos en la jungla, en una zona llamada Visuamadu. Durante semanas seguidas, vivieron literalmente bajo tierra en una elaborada guarida.

La vivienda estaba oculta de una manera tan ingeniosa que solo se descubrió su existencia en 2009, cuando tropezaron con ella los soldados. Hallaron un refugio subterráneo con algunas habitaciones a quince metros de profundidad, puertas blindadas, aire acondicionado, cámaras de vigilancia y suministro eléctrico por medio de un generador insonorizado. Aseguraron haber encontrado también bombonas de oxígeno, una botella de coñac y reservas de insulina (lo que sugiere que Prabhakaran, que había engordado en años recientes, podía ser diabético), así como una camisa de Marks & Spencer con una medida de pecho de 108 centímetros.

El ejército conservó el recinto como museo privado para visitantes selectos. Al final de una carretera asfaltada justo lo bastante ancha para un solo jeep había un bungalow rosa de aspecto modesto con el tejado camuflado por hojas de palmera secas. Otra estructura cubierta de hojas de palmera ocultaba una rampa de acceso a un garaje subterráneo. Junto a la entrada vallada al recinto había una estructura funeraria a cielo abierto, donde posaban los cadáveres de los oficiales de los Tigres caídos para que Prabhakaran pronunciara unas palabras de homenaje antes de que se deshicieran de ellos.

Bajando por una estrecha escalera en el salón del bungalow se accedía a una serie de claustrofóbicos cuartitos con suelo de baldosa. En el último había una salida de emergencia por una escalera de caracol de hierro que ascendía hasta la planta baja de la parte de atrás de la casa. Desde lo alto de esa escalera, Prabhakaran solo habría tenido que correr unos metros para alcanzar el refugio de la jungla circundante.

En Mullaittivu, después de años de evasión, por fin dieron caza a Prabhakaran. Como todos los que lo rodeaban han sido asesinados, es difícil saber cómo fueron sus últimos momentos: si, como asegura el ejército, murió en combate, o fue atrapado y ejecutado. Los líderes de los Tigres confiaban sin duda en un acuerdo que les permitiera conservar la vida. Semanas antes de la masacre, los edecanes de Prabhakaran empezaron a llamar a su intermediaria, Marie Colvin, y la noche del 17 de mayo uno de ellos comunicó los términos de claudicación: los Tigres abandonarían las armas a cambio de que se garantizase la seguridad de cincuenta de sus líderes y un millar de combatientes. Colvin dijo que era muy probable que el número sorprendentemente bajo representara el de combatientes de los Tigres que quedaban con vida en la playa. Se oía fuego de ametralladora como fondo de la voz del edecán, lo que indica que el combate estaba cerca.

Hasta el final mismo, Prabhakaran siguió convencido de que la comunidad humanitaria internacional, las Naciones Unidas y los gobiernos occidentales salvarían a los Tigres. «Los TLET seguían interpretando el mundo igual que antes del 11 de septiembre —explicó Jayampathy Wickramaratne, asesor de los dos últimos presidentes de Sri Lanka—. Lo que ocurrió fue que muchos países, como Estados Unidos, empezaron a ver con otros ojos a los TLET, por mucho que tuvieran simpatía al pueblo tamil». En mayo de 2006, después de años de acceder a las peticiones de los TLET, la Unión Europea los calificó como organización terrorista. Estados Unidos lo había hecho una década antes, y la Administración de George W. Bush apoyó directamente la campaña de Sri Lanka contra la insurgencia.

Asimismo, Prabhakaran subestimó de manera crucial a Mahinda Rajapaksa. «Los gobiernos anteriores a Prabhakaran nunca se habían empleado al cien por cien para eliminar a los TLET —explicó Wickramaratne—. Usaban la fuerza militar, pero siempre tenían una solución política en mente. Sin embargo, luego llegó Rajapaksa, que estaba dispuesto, para bien o para mal, a jugarse el todo por el todo. Si te fijas en los TLET, salta a la vista que rehusaron oportunidades con suma arrogancia. Pensaron que podrían seguir diciéndole al mundo que estaban dispuestos a hablar, sin cumplir su palabra. Pensaron que ellos eran la excepción, hasta que apareció Rajapaksa y dijo: "No pienso dejar que os salgáis con la vuestra"».

LOS TERRITORIOS CONQUISTADOS

Con la derrota de los Tigres en Mullaittivu, todo el territorio de Sri Lanka quedó bajo el control del Gobierno por primera vez en casi treinta años. En el norte y el este, el ejército ocupó las tierras siguiendo una estrategia que consistía en despejar y mantener, mientras conducían a los habitantes tamiles a una serie de «campos de asistencia» al mando del ejército —prisiones militares, en esencia— y no les permitían abandonarlos hasta que se demostrara que eran inofensivos. Los campos albergaban en principio a trescientos veinte mil civiles tamiles; unos doce mil Tigres estaban recluidos en instalaciones separadas. Con el norte en buena medida vaciado y el acceso a los emplazamientos de los combates más feroces prohibido a todo aquel que no fuera militar, se cernió sobre el antiguo territorio de los Tigres el secretismo.

El presidente Rajapaksa había descrito la visión que tenía de la posguerra como «una nación, un pueblo» —en la que ningún grupo étnico tendría derecho exclusivo sobre ningún territorio— e instado al «desarrollo económico y la prosperidad» como vías de reconciliación. Pero muchos tamiles creían que eso no era más que el primer paso hacia el dominio absoluto cingalés. Sin los Tigres para defender los territorios, el Gobierno inundaría el norte y el este de soldados cingaleses acompañados de sus familias; tal como hiciera China en el Tíbet, desgastarían el derecho de los tamiles a su región ejerciendo una fuerza implacable y diluyendo la población.

El ejército prohibió el acceso al norte a todos los extranjeros sin permisos especiales, pero un asistente social tamil, a quien llamaré Siva, accedió a llevarme por las carreteras secundarias menos vigiladas del Vanni. Fuimos en jeep hacia Kilinochchi, la antigua capital de los Tigres. Había vivaques del ejército cada cien metros o así, y campamentos militares más grandes cada pocos kilómetros. Los soldados nos escudriñaban a nuestro paso, pero nos permitían franquear los puntos de control. El Vanni era un erial cubierto de arbustos y granjas improductivas y una sucesión de aldehuelas asoladas por la guerra.

Nos detuvimos en un pueblecito de pescadores: una mescolanza de casas sin tejado, arena sembrada de desperdicios y árboles achaparrados, así como un puesto militar. El centenar aproximado de familias que vivían allí habían sido liberadas de los campos de internamiento cinco meses antes y ahora habitaban chozas de metal en lámina o plástico azul proporcionados por las Naciones Unidas; algunas las habían protegido con estacadas de hojas de palmera. Nadie de la comunidad hablaba cingalés, y los soldados no hablaban tamil; el líder de la comunidad le dijo a Siva que querían que enviasen a alguien a vivir con ellos que fuera capaz de hablar con los soldados en su nombre. Las últimas noches, habían intentado allanar varias casas y los vecinos creían que se trataba de soldados cingaleses. «No sabemos si quieren robar o si buscan mujeres a las que violar», dijo el líder de la comunidad.

Fue una de las muchas alegaciones de violación que oí. A lo largo de los años, grupos como la Comisión Asiática de Derecho Humanos y Amnistía Internacional han documentado numerosos casos en los que soldados cingaleses violaron a mujeres y niñas tamiles. En un vídeo grabado con móvil en Mullaittivu, los soldados miran con lascivia a las mujeres muertas y hacen comentarios que dan a entender que han sido agredidas sexualmente.

Fuimos hacia el norte por la carretera general de Colombo a Jaffna, capital histórica de los tamiles. La carretera se había abierto al público por primera vez en años; también se estaba reconstruyendo el ferrocarril de la época británica, cuyos raíles y traviesas de madera se habían arrancado y usado como material para reforzar los búnkeres de los Tigres. Habían surgido cafeterías y áreas de pícnic a la orilla de la carretera, con letreros que las identificaban como ÁREAS DE DESCANSO DEL PUEBLO y CANTINAS DE ASISTENCIA DEL EJÉRCITO. Las ocupaban soldados y autobuses de turistas cingaleses. Siva comentó: «Están aumentando su presencia, no reduciéndola. Esto es permanente». Por todo el norte se estaban erigiendo acantonamientos militares construidos con materiales especiales suministrados por los chinos. Pasamos por delante de muchos más campos del ejército por el camino.

El ejército había aducido estar a la espera de que se limpiaran las minas para permitir el regreso de los tamiles a sus casas, pero Siva lo dudaba. «No me sorprendería que estuvieran buscando oro en los cadáveres —dijo—. Los tamiles son famosos por lo mucho que aprecian las joyas y el oro. Creo que es eso; si no, no hay razón para que no dejen que la gente regrese a sus hogares. Eso y las pruebas de la existencia de fosas comunes, de crímenes de guerra. Igual están trasladando los cadáveres».

Las afirmaciones de Siva tenían a veces un aire de teorías conspirativas. Pero más adelante el general de división Mahinda Hathurusingha, comandante de seguridad de Jaffna, me confirmó que se tenía la intención de que los acantonamientos fueran permanentes. Desde la perspectiva militar, la guerra continuaba. «El adoctrinamiento de la juventud por parte de los TLET: eso nos supone un gran problema», dijo. El ejército tenía que mantener su presencia en el norte para garantizar que el radicalismo tamil no resurgiera nunca. Para reunir inteligencia, me contó otro oficial de alto rango, se habían infiltrado entre la población tamil e instalado sistemas de vigilancia electrónicos.

Durante la guerra, los indicios de la presencia de los Tigres eran omnipresentes en las zonas tamiles. Por todo el norte, vallas publicitarias pintadas a mano anunciaban sus sacrificios en nombre del pueblo. En una de ellas se veía a dos madres tamiles, ambas preguntándose dónde estarían sus hijas. En el lado izquierdo de la valla, una de las hijas, una adolescente con coletas y vestido rosa, aparecía representada en tres paneles. En el primero, está sola en casa y recibe mansamente a tres soldados del Gobierno armados. En el segundo, mira a través de los barrotes de una celda. En el tercero, la falda del vestido rosa y las piernas asoman de un arbusto mientras los soldados cavan una tumba no muy profunda. En el lado derecho, la otra hija, vestida con camuflaje a rayas atigradas, parece fuerte y decidida; empuña un arma durante el combate en la jungla y pilota una lancha de los Tigres Marinos en el océano.

Ahora el ejército había eliminado metódicamente todo rastro de los Tigres en el norte. El cementerio de Kilinochchi había sido erradicado por completo. Mientras señalaba montones de lápidas rotas y pilas de cascotes, Siva me explicó: «Ha venido el ejército y las ha arrasado con excavadoras». En el centro de Kilinochchi, el ejército había erigido un monumento de la victoria: un gigantesco cubo de hormigón con un orificio de bala que agrietaba la moldura y una flor de loto brotando de la parte superior. Había soldados en posición de firmes ante el plinto de mármol, cuya inscripción ensalzaba el liderazgo de Rajapaksa durante «una operación humanitaria que preparó el terreno para erradicar el terrorismo de una vez por todas de nuestra patria, restaurando su integridad territorial y una noble paz».

Aunque el Gobierno de Rajapaksa desmiente cualquier plan de «cingalización» del norte y el este, no ha hecho gran cosa por mitigar los temores de los tamiles. Estas preocupaciones vienen alimentadas por un sentimiento de humillación comunitaria. Durante un alto en casa de un amigo en Kilinochchi, Siva se lamentó de que veía «soldados por todas partes, ocupando nuestras casas. Pero la gente está resignada. Creen que ya no se puede luchar contra la presencia del ejército». Su amigo añadió que había oído a un verdulero tamil de la zona anunciar sus productos en cingalés. Cuando le preguntó el motivo, el vendedor le dijo: «Ya no hay sitio para el tamil».

Muchos tamiles, así como cingaleses, despreciaban a los Tigres por perturbar violentamente el delicado equilibrio de Sri Lanka. Los tamiles de clases media y alta eran víctimas de extorsión; quienes se oponían a la campaña separatista de los Tigres se arriesgaban a ser asesinados. Pero en las zonas rurales del norte y el este los Tigres, pese a su brutalidad, eran el único Gobierno que conocía la mayoría de los tamiles, y eran más representativos de su comunidad que la Administración cingalesa de la posguerra. Siva dijo: «Después de todo, ¿quiénes eran los TLET? ¡Eran nuestros hijos! Bueno, igual eran terroristas, pero la gente de aquí, puesto que eran sus hijos, los apreciaba».

En un momento dado durante nuestro viaje, dos mujeres abordaron a Siva. La mayor, de cuarenta y tantos años, con una larga coleta y un *bindi* rojo en la frente, llevaba una fotografía de un joven esbelto delante de un templo. Lo identificó como hijo suyo y explicó que los Tigres lo habían reclutado a la fuerza en 2002. En las zonas que controlaban, los Tigres exigían a cada familia tamil que aportara al menos un miembro a la causa; a menudo reclutaban a quinceañeros, tanto chicos como chicas. Si no se presentaban voluntarios, se los llevaban por la fuerza.

La otra mujer había perdido a su hija en 2006. La chica, de veinticuatro años por entonces, había ido a una fiesta de cumpleaños y no regresó. Ella también había ido a parar a las filas de los Tigres. Ninguna de las dos había sabido nada de sus hijos desde el final de la guerra. Le contaron a Siva que habían ido a los campos de internamiento y las autoridades les dieron largas. Acudían a él porque habían oído rumores sobre un campo de internamiento secreto y esperaban que conociera su ubicación.

Lo último que había sabido de su hija la mujer más joven había sido por medio de una combatiente que sobrevivió al sitio de Millaittivu. «Esa chica me dijo que habían estado juntas, que mi hija tenía una herida en el pecho y que durante el combate la perdió de vista. Dijo que el ejército de Sri Lanka venía justo detrás, así que es posible que la capturaran y la salvaran». La madre añadió, esperanzada: «Estaba en Inteligencia. Había terminado secundaria y hablaba algo de inglés».

La mujer mayor aseguró que otros detenidos le habían dicho que a su hijo lo detuvieron con vida y que había colaborado con el ejército conduciéndolos hasta los alijos de armas ocultos de los Tigres. De ser cierta la información, dijo entre sollozos, eso suponía que habían torturado a su hijo. Le pregunté a Siva qué probabilidades había de que alguno de los hijos de esas mujeres siguiera con vida. «Muy pocas», respondió. Refiriéndose a la hija de la mujer, añadió en inglés: «Lo más probable es que la mataran en el acto».

LA CAMPAÑA DE POSGUERRA

El general de división Kamal Gunaratne era el comandante de campaña de las tropas de las fuerzas especiales que acabaron con Prabhakaran. Durante mi visita, dirigía el norte desde su base en Vavuniya, una ciudad que, en los viejos tiempos, señalizaba el límite norte del control gubernamental. Sus oficiales y él se reunieron conmigo en una sala de reuniones con paneles de madera oscura, donde en fotografías enmarcadas se veía al general y sus soldados sobre el cadáver de Prabhakaran. Gunaratne, un hombre alto y jactancioso con boina roja y un uniforme de camuflaje con la pechera cubierta de medallas, describía la guerra en términos heroicos: «Ahora nuestra juventud ha desaparecido, pero no teníamos opción, tuvimos que vivir con este problema. Pero no queríamos que nuestros hijos vivieran con él, conque decidimos ponerle fin. Era una tarea monumental, pero la hicimos por la nación». Sus hombres habían pagado por la paz de Sri Lanka con «sangre, sudor y pedazos de sus cuerpos». Al final, señaló, la ofensiva de tres años acabó con la vida de seis mil soldados suyos y veintitrés mil Tigres. Añadió: «Desde la muerte de Prabhakaran, el cruel líder terrorista, no ha habido muertes en Sri Lanka de resultas de ataques terroristas». Gunaratne se hacía eco del dogma oficial del Gobierno esrilanqués: la paz de posguerra justifica todo lo que fuera necesario para alcanzarla.

Gunaratne me enseñó unas instantáneas privadas del cadáver de Prabhakaran, incluida una en la que le habían quitado el pañuelo que le cubría la frente, dejando a la vista una herida abierta en la frente. Era indicativa de un orificio de salida, como si le hubieran disparado a bocajarro por detrás. Gunaratne se había quedado las placas de identificación de Prabhakaran, que luego entregó a Sarath Fonseka, comandante del ejército, y con el carnet de identificación de los Tigres, del que se apropió. Sacó el billetero y lo extrajo de entre sus tarjetas de crédito. El número de serie del carnet, señaló, era el 001. Le pregunté si tenía intención de quedarse con el trofeo. Cogió el carnet y lo miró un momento, luego se lo volvió a guardar en la cartera. «Quizá algún día lo done al ejército para su museo o algo así. Pero ahora mismo es mío. Creo que me lo he ganado».

Para naciones que operan en la era de los medios de comunicación instantáneos, la contrainsurgencia es en gran medida un problema de relaciones públicas. ¿Qué aspecto debería tener la victoria? Al margen de todo lo demás que ocurriera en Vietnam, muchos americanos se hicieron una idea gráfica de la guerra por medio de la imagen de los civiles acurrucados en Mỹ Lai momentos antes de que los soldados americanos los mataran. Desde que se filtró la grabación de móvil de Mullaittivu, el Gobierno de Rajapaksa ha librado otra campaña para redefinir la masacre como una gloriosa victoria. Sri Lanka ha buscado amigos dispuestos a darles la razón, o al menos a hacer la vista gorda; entre ellos están China y otros países orientales, así como expertos militares de todo el mundo impresionados por la efectividad de sus tácticas. El Gobierno ha condenado al ostracismo a quienes se muestran en desacuerdo; dentro de sus fronteras, los ha silenciado por la fuerza.

Una semana después del final de la guerra, el Comité de Derechos Humanos de las Naciones Unidas en Ginebra fue escenario de un enfrentamiento político entre un bloque de naciones que pedían una investigación y otro —encabezado por Sri Lanka, en el que también estaban Brasil, Cuba, la India y Pakistán— que solicitaba una resolución que elogiase a Sri Lanka por la «promoción y protección de todos los derechos humanos». Ganó esta última resolución, con veintinueve votos a favor, doce en contra y seis abstenciones.

En los meses siguientes, abogados del Departamento de Justicia de Estados Unidos empezaron a explorar la posibilidad de enjuiciar los crímenes de guerra de Gotabaya Rajapaksa —que vivió en Estados Unidos durante un tiempo y obtuvo la ciudadanía—, así como del excomandante del ejército Sarath Fonseka, que tenía permiso de residencia y trabajo en el país. En una visita a Estados Unidos en otoño de 2009, Fonseka eludió una solicitud de entrevista de Seguridad Nacional y regresó a Sri Lanka. Por lo general, no obstante, la Administración de Obama ha mantenido una política de circunspección.

Un alto cargo del Gobierno estadounidense me dijo: «Por lo que respecta a Sri Lanka, puedo asegurarle que los crímenes de guerra y los crímenes contra la humanidad son una parte muy importante de nuestras discusiones bilaterales». Pero los únicos actos públicos de la Administración han sido enviar a Stephen Rapp, emisario sobre crímenes de guerra del Departamento de Estado, a Sri Lanka, así como a sus dos más altos cargos de derechos humanos en el Consejo de Seguridad Nacional, Samantha Power y David Pressman. Rapp presentó dos informes de investigación en el Congreso, mientras que Power y Pressman instaron al Gobierno de Rajapaksa a responsabilizarse en mayor medida de sus actos durante la guerra.

Rajapaksa, entre tanto, ha asegurado que su Gobierno «miraba hacia Oriente» y ha firmado una serie de acuerdos económicos con China, incluido el de la construcción de un importante puerto en su distrito natal de Hambantota. En agosto, presidió una suntuosa ceremonia para celebrar la inauguración de la primera fase del puerto, que un millón de obreros e ingenieros, tanto chinos como esrilanqueses, habían culminado en un año de turnos a lo largo de las veinticuatro horas el día. Ante un público de cientos de dignatarios, Rajapaksa se situó en la proa de la maqueta gigante de un barco, giró el timón y vio cómo el agua de mar entraba en la fangosa dársena que habían excavado los chinos.

En un futuro no muy lejano, es posible que Sri Lanka se vea como una de las primeras escaramuzas en una nueva «Gran Partida» de influencia entre Estados Unidos y China y sus fuerzas subsidiarias. «Sri Lanka ha entendido la situación y ha visto que la influencia de Occidente va a la baja —observó Harin Peiris, analista político esrilanqués—. Así pues, este Gobierno ha hecho amistades extrañas: Irán, Pakistán, Birmania, Rusia y Japón. China es seguramente nuestro inversor más importante. Se trata de *softies*, créditos blandos sin presión. Entonces, ¿quién ejerce presión? ¡Ah, Suiza y la Unión Europea! —Peiris dejó escapar una risa desdeñosa y añadió—: No hay presión internacional en serio».

Un diplomático occidental en Colombo aseguró: «Aquí no tenemos mucha influencia. No somos un pez gordo. China lo es. Está invirtiendo miles de millones de dólares descritos como créditos blandos, pero algún día habrán de devolverse. Y ellos no preguntan por los derechos humanos».

Jaliya Wickramasuriya, otro pariente del presidente Rajapaksa, es el embajador de Sri Lanka en Washington. Me sugirió que Estados Unidos estaba perdiendo una oportunidad. Una vez terminada la guerra, Sri Lanka gozaría de una gran prosperidad económica. «Queremos que Estados Unidos tome parte —dijo—. ¡Venga, América, rápido! —Entre risas, añadió—: Pero hay muchos pretendientes, y, si un pretendiente se toma demasiado tiempo..., ¡por muy atractivo que sea, siempre hay otros!».

El Gobierno esrilanqués cuenta con partidarios en Estados Unidos, desde luego, sobre todo en círculos militares. Funcionarios de alto rango me dijeron que su Gobierno le debía mucho a un oficial del Pentágono de nombre James Clad, «un gran amigo de Sri Lanka». Clad era el vicesecretario adjunto de Defensa de la Administración de Bush para el Sur y el Sudeste Asiático, a cargo de las negociaciones del Pentágono con la India y Sri Lanka, hasta que la Administración de Obama lo sustituyó en enero de 2009.

Telefoneé a Clad, que me invitó a su casa, en una zona residencial de Washington D. C. Clad es un hombre elocuente de cerca de sesenta años con un agudo sentido del humor. Citando juramentos oficiales de confidencialidad, puso reparos cuando le planteé preguntas en torno a la ayuda de Estados Unidos al ejército de Sri Lanka, pero dejó claro que él había apoyado el esfuerzo bélico del Gobierno esrilanqués, y que en su opinión las críticas que expresó Occidente habían resultado contraproducentes para los intereses occidentales.

«La autoimpuesta marginalización de Estados Unidos y otros países occidentales en Sri Lanka ha conducido directamente a un incremento de la influencia de China, Pakistán e Irán, ninguno de los cuales comparten los objetivos humanitarios occidentales, por decirlo suavemente», aseguró. Como prueba, mencionó a un traficante de armas chino que había adelantado munición al Gobierno esrilanqués a lo largo de toda la campaña militar; la deuda se satisfizo después con acuerdos que otorgaban a China ventajas comerciales en Sri Lanka.

Clad conoce a los Rajapaksa desde hace muchos años. Se refería al hermano del presidente, el ministro de Defensa Gotabaya, como «Gota». Crítico feroz de los Tigres, Clad dijo que la organización había asesinado a varios esrilanqueses a quienes consideraba amigos personales. «Los TLET eran el grupo terrorista más deliberadamente despiadado, sin excepción, desde luego en Asia», afirmó.

A fin de reformar la imagen pública de Sri Lanka, Clad, que se había jubilado recientemente de la Universidad de Defensa Nacional del Pentágono, le recomendó a Gotabaya Rajapaksa que celebrara una reunión sobre asuntos de seguridad marítima en el océano Índico. Ayudaría a Sri Lanka a «salir del encasillamiento como "país monotemático" y volver a conectar con un legado marítimo anterior», dijo. En agosto, Clad me invitó a los Diálogos Galle, una conferencia de dos días a la que asistían altos cargos navales de más de una docena de países. El cónclave se celebró en un lujoso hotel a la orilla del mar en la antigua ciudad colonial amurallada de Galle, en el sur.

Los comodoros y almirantes reunidos hablaron de todo, desde los atentados terroristas de Bombay en 2008 hasta el problema de los piratas somalíes. Pero sobre todo la conferencia fue una oportunidad para que los líderes militares de Sri Lanka alardearan ante sus colegas de haber vencido a los Tigres. Los oradores extranjeros los felicitaron por sus logros y se interesaron con avidez en las técnicas que habían usado. El general de brigada Stanley Osserman, del Alto Mando del Pacífico de la Marina de Estados Unidos, dijo: «Sri Lanka tiene mucho que ofrecer en el campo de la prevención del terrorismo y la seguridad marítima». El comandante del Destacamento Especial de Sri Lanka afirmó que había adoptado las tácticas de los propios Tigres enviando a sus comandos en pequeños grupos al estilo guerrillero para darles caza.

El orador clave fue Gotabaya Rajapaksa, un individuo de aspecto solemne y vigilante con bigote, gafas y traje gris. «La victoria de Sri Lanka sobre el terrorismo es un acontecimiento sin precedentes del que el mundo puede aprender», aseguró. Habló de cómo la red de apoyo internacional de los Tigres les había permitido reunir fondos de la diáspora tamil y enviar armamento a Sri Lanka. «En un momento dado, los TLET controlaban una tercera parte de la costa esrilanquesa —dijo—. De este modo, llegaron a Sri Lanka armas pesadas y enormes cantidades de munición. Y eso ocurrió en un mundo posterior al 11 de septiembre». Rajapaksa felicitó a los observadores norteamericanos; fue Estados Unidos quien ayudó a localizar los barcos de los Tigres.

Luego, el experto esrilanqués en terrorismo Rohan Gonaratna recalcó buena parte de lo que había dicho Gotabaya. «Es un sueño que ya no vayan a morir civiles en una campaña contrainsurgente, y en la de Sri Lanka murieron civiles —dijo—. Pero les aseguro que ningún soldado esrilanqués mató deliberadamente a ninguno». Gotabaya se levantó entre el público y dijo: «Desde el inicio, tuvimos en mente la seguridad de la población civil y dimos a nuestra campaña un componente humanitario además del militar. Una de las maneras en que lo hicimos fue denominar a nuestra campaña "misión humanitaria"».

Gotabaya no abordó las alegaciones enquistadas en los círculos internacionales, muchas de las cuales se centraban en él como supervisor último de la guerra. La Unión Europea acababa de anunciar que rescindía un acuerdo de tarifa comercial sobre productos textiles por valor de varios cientos de millones de dólares al año. Y las semanas anteriores su Gobierno se las había visto con las Naciones Unidas; después de que el secretario general Ban Ki-moon solicitara enviar una comisión asesora a Colombo para discutir asuntos de responsabilidad, un ministro ultranacionalista del Gobierno asedió la Misión de las Naciones Unidas en Colombo al frente de una muchedumbre de manifestantes furiosos. El presidente Rajapaksa declaró que la implicación de las Naciones Unidas no era necesaria; en cambio, investigaría el asunto una comisión de «Lecciones aprendidas» nombrada por él mismo.

Un observador militar occidental me dijo que creía que la resolución de derechos humanos de las Naciones Unidas sobre el aborto había llegado justo en el peor momento. «Lo único que hizo fue acorralarlos y espolear a las voces cingalesas más radicales —afirmó—. Hay que tener en cuenta la psique nacional cingalesa. No dicen gracias, y no piden disculpas. Eso del ministro de Defensa hacia abajo. Es muy amable, pero si lo acorralas se convierte en una fierecilla cruel».

En Sri Lanka, hasta los cingaleses críticos con los Rajapaksa habían sufrido feroces ataques, y cualquier refutación de la explicación del Gobierno sobre la guerra se había sofocado de manera brutal. El crítico más destacado había sido el general Sarath Fonseka, subordinado escogido a dedo por Gotabaya y comandante en la ofensiva final contra los Tigres. Cuando Mahinda Rajakapsa convocó las súbitas elecciones presidenciales, una vez finalizada la guerra, Fonseka anunció su propia candidatura. La campaña fue desagradable. Él, que había sido el rostro de la victoria militar de Sri Lanka, se presentó como auténtico libertador del país. Rajapaksa lo acusó de tramar un golpe de Estado y destapó cuentas bancarias que insinuaban que era corrupto. Fonseka sufrió una tremenda derrota, pero se erigió en principal líder de la oposición.

En una entrevista celebrada dos semanas después de las elecciones, Fonseka insinuó que Gotabaya era culpable de crímenes de guerra por ordenar la ejecución de líderes de los Tigres que se habían rendido. «Tengo la firme intención de revelar lo que sé, lo que me dijeron y lo que oí —aseguró—. Cualquiera que haya cometido crímenes de guerra sin duda tiene que acabar ante los tribunales». En cuestión de horas, Fonseka había sido detenido. Luego se le acusó de corrupción y de violar su juramento de cargo militar al tramar su carrera política mientras seguía vistiendo el uniforme. Gotabaya sugirió que se le podía juzgar por traición, y le dijo a un periodista de la BBC que si se le declaraba culpable sería ahorcado. Con Fonseka en la cárcel, su esposa hizo campaña en su nombre para las elecciones parlamentarias posteriores, en las que salió vencedor, aunque sus partidarios sufrieron el acoso de matones vestidos de paisano y en algunos casos hasta fueron raptados.

En Colombo, un abogado de derechos humanos cingalés dijo: «El caso de Fonseka demuestra a la gente que los Rajapaksa van a por cualquiera que consideren una amenaza. Derrotaron a los TLET y han diezmado a su principal oposición política, y ahora van a por quienes se muestran críticos con ellos». El Gobierno ha actuado de manera incansable contra periodistas, activistas de derechos humanos, líderes cívicos y demás. En el caso más sonado, en enero de 2009, el destacado editor de prensa Lasantha Wickrematunge sufrió un ataque cuando iba en coche al trabajo en el centro de Colombo; unos asaltantes en motos lo obligaron a parar y lo mataron a tiros delante de docenas de espectadores. En el momento del asesinato, su periódico, el *Sunday Leader*, tenía una demanda por difamación de Gotabaya Rajapaksa después de que aquel medio lo hubiera implicado en un caso de presunta corrupción.

Unos días más tarde, el periódico publicó un editorial titulado «Y entonces vinieron a por mí», que Wickrematunge había dejado preparado por si lo asesinaban. En este artículo vilipendiaba a Mahinda Rajapaksa, al que describía como un viejo amigo que se había vuelto sediento de poder y corrupto, por minar la democracia de Sri Lanka a través de un estado de terror. «El asesinato ha pasado a ser la principal herramienta por la que el Estado busca controlar los órganos de la libertad —escribió—. Cuando por fin me maten, será el Gobierno quien lo haga». Dirigiéndose a Rajapaksa, predijo: «Después de mi muerte, sé que harás las típicas declaraciones mojigatas y encargarás a la policía que lleve a cabo una investigación rápida y exhaustiva. Pero, como todas las investigaciones que has encargado otras veces, tampoco esta arrojará ningún resultado».

En una entrevista posterior con *Time*, le preguntaron al presidente Rajapaksa por Wickrematunge. «Era un buen amigo mío. Había encargado a alguien que me informase de que estaba en peligro —dijo—. Pero, por desgracia, no recibí el mensaje. Le habría dicho que acudiera a la comisaría más cercana. Nadie sabe qué ocurrió».

Gotabaya Rajapaksa nos recibió a James Clad y a mí en un salón de su casa, una villa de la época británica en un gran recinto ajardinado en Colombo. La habitación estaba amueblada de manera impersonal con sofás azules del estilo de la década de los cincuenta y pinturas geométricas abstractas, todo por gentileza del Gobierno. El ministro de Defensa vestía de manera informal con camiseta, pantalón de chándal y chanclas. Tenía una tos compulsiva, como un tic nervioso. Era poco antes de la hora de la cena, conque le indicó a un ordenanza que trajera el carrito de las bebidas. Él no bebía, dijo, y no sabía lo que había en la casa. Solo sabía que había una botella de «Fonseka». ¿Nos apetecía una copa de eso? Sonrió. En el carrito había una botella de Fonseca Bin N.º 27, una marca de oporto. Rio encantado con la broma. Tenía una risilla aflautada que estallaría en momentos extraños a lo largo de la velada.

Era el día que los periódicos de Sri Lanka habían dado la noticia de que un tribunal militar había condenado a Sarath Fonseka por implicarse en política mientras seguía de servicio y lo había despojado de su rango y sus honores militares. (Luego fue sentenciado a treinta meses en prisión). Sugerí que el momento escogido para detener a Fonseka —solo horas después de haber acusado a Gotabaya de crímenes de guerra— le daba todo el aire de una vendetta personal. Gotabaya tosió y rio y agitó las manos con gesto desdeñoso. «Qué va. Hizo esas mismas acusaciones durante la campaña, muchas veces. Podría haberle detenido entonces de haber sido ese el motivo. De hecho, tendría que haberlo detenido antes».

Gotabaya dio señales de admirar a regañadientes a Prabhakaran por su «implacable dedicación a la causa», pero reconoció que se sintió «muy feliz» cuando le informaron de su muerte. En cuanto a la reconciliación nacional esrilanquesa, Gotabaya dijo que creía que la propuesta de su hermano, alcanzar la paz por medio del desarrollo económico, era el mejor camino posible. Lo único que quería el tamil medio, como el cingalés medio, dijo, era seguir adelante con su vida. En referencia a la antigua aspiración tamil a la secesión, aseguró: «Todo ese asunto de la separación solo les interesa a los políticos». Cuando le pregunté por las sospechas de que el Gobierno intentaba cambiar la demografía de los territorios tamiles inundándolos de soldados cingaleses, contestó con una risotada: «Tendríamos que hacerlo, pero es difícil».

Clad presionó amablemente a Gotabaya para que renovara la relación del país con el Comité Internacional de la Cruz Roja. En los últimos días de la guerra, las actividades del CICR se habían visto restringidas a evacuar a los civiles heridos de Mullaittivu por mar, y desde entonces había quedado recluido en su sede en Colombo. Durante los meses finales de la guerra, el ejército bombardeó repetidamente las instalaciones de los hospitales de emergencia del CICR, matando a tres empleados y docenas de pacientes. Gotabaya culpó a los Tigres. En un informe preparado por el Grupo de Crisis Internacional, «Crímenes de guerra en Sri Lanka», los ataques a los hospitales constituyen un argumento importante en el caso contra Gotabaya.

Gotabaya se mostró cauto al decir que estaba dispuesto a permitir que la Cruz Roja permaneciera allí si la organización accedía a negociar los términos de sus actividades en la isla. «Tenemos que olvidar el pasado y mirar hacia el futuro —dijo. Adoptando un tono confidencial, añadió—: El problema es que algunos de los miembros del CICR llevan aquí mucho tiempo, y trabaron amistad con los TLET». Sugirió que la Cruz Roja y otros organismos de ayuda internacional eran cómplices de los Tigres desde hacía mucho tiempo. En diciembre de 2006, estuvo a punto de ser asesinado por un Tigre Negro que conducía un carrito cargado de explosivos; señaló que el terrorista era un empleado tamil del organismo de ayuda humanitaria. Según dijo: «Lo que propongo al CICR es que traiga personal nuevo y empiece desde cero».

Después de cenar, Gotabaya nos llevó afuera. En la otra punta del jardín, junto al alto muro de seguridad, había un inmenso acuario iluminado al aire libre. En su interior, varias siluetas tan grandes como inconfundibles se movían incesantemente de aquí para allá.

—¿Son tiburones? —pregunté.

—Sí —dijo—. ¿Quiere verlos?

Cruzamos el jardín y nos quedamos delante del depósito, de casi tres metros de alto por unos siete de ancho. Había cuatro tiburones, de algo más de un metro de longitud, nadando entre peces más pequeños.

Le dije a Gotabaya que parecían tiburones de arrecife de cola negra. Se encogió de hombros: «Son de mi mujer», dijo. Ella lo sabía todo acerca de los escualos, explicó, pero estaba de viaje por Estados Unidos. Lo único que sabía él era que cada dos semanas había que llenar el depósito de agua fresca de mar. «La traen en camiones cisterna especiales», explicó mientras contemplaba los tiburones. Dejó escapar una suave risilla.

EL AJUSTE DE CUENTAS

—¿Ha acabado? —le pregunté a un político cingalés en Colombo.

—La guerra ha acabado, pero el conflicto no —repuso—. El problema va más allá de la existencia de los TLET. El problema estriba en que este país no trata como es debido a sus minorías.

Varios gobiernos esrilanqueses habían intentado hacer cesiones políticas para complacer a los tamiles, explicó, pero los nacionalistas cingaleses siempre las habían vetado. «Este es el momento idóneo para proponer un acuerdo a los tamiles moderados que han rechazado la violencia». Pero dijo: «Creo que Rajapaksa no hará gestos de conciliación, porque es un ferviente nacionalista cingalés». El político también explicó que tenía que hablar de manera extraoficial porque, aunque conocía a Ra-jakapsa en persona, hacer públicas sus críticas podía resultar «contrapro-ducente».

Para el segundo aniversario del final de la guerra, los «campos de asistencia» del Gobierno estaban prácticamente vacíos. Pero muchos de los tamiles que me encontré creían que la paz era peligrosamente frágil. En una ciudad del este llamada Vakarai, un joven líder tamil que se hacía llamar Prabhakaran me dijo: «Lo único que esperamos es que la comunidad internacional ejerza presión sobre el Gobierno, porque el pueblo tamil necesita una solución digna y honorable». Sin ella, añadió, «no podemos asegurar que no estalle una segunda guerra. Si eso ocurriera, provocará una gran destrucción».

En su editorial póstumo, publicado cuatro meses antes de que los Tigres fueran aplastados en Mullaittivu, Lasantha Wickrematunge escribió: «Es innegable que [los Tigres] deben ser erradicados». Pero, sostenía, una «ocupación militar del norte y el este del país requerirá que los tamiles de esas regiones vivan eternamente como ciudadanos de segunda clase, privados de dignidad. No creo que se les pueda aplacar brindándoles "desarrollo" y "reconstrucción" en la posguerra. Las heridas de la guerra los marcarán para siempre, y habrá que enfrentarse a una diáspora más amarga y odiosa aún. Un problema que podría tener solución política se convertirá así en una herida enconada que provocará conflictos para toda la eternidad».

Lo mismo podría escribirse de muchos conflictos enquistados por todo el mundo. Para resolver estos problemas, el general David Petraeus y otros han depositado grandes esperanzas en una doctrina de contrainsurgencia que atenúa la acción militar por medio de la construcción de la nación y un minucioso trabajo comunitario. Pero no hay que olvidar que las campañas de contrainsurgencia más efectivas, como la de Sri Lanka, resultan horrorosas en la práctica. Implican matar a muchas personas y aterrorizar a muchas más. En Afganistán, Petraeus les ha aconsejado a sus comandantes de campaña que «tomen mucho el té» con los de la zona. El esfuerzo ha arrojado en el mejor de los casos resultados desiguales. Al mismo tiempo, a lo largo de la frontera con Pakistán, la CIA ha logrado auspiciar el Grupo de Persecución Antiterrorista, un grupo paramilitar de tres mil afganos. Fue con ayuda de estas fuerzas subsidiarias como Petraeus consiguió hacer retroceder a la insurgencia de Irak en 2007 y 2008. La tentativa implicó cargarse descaradamente a mucha gente, tanto en el campo de batalla como fuera del mismo. Al final, funcionó en su mayor parte.

Sabemos que el conflicto de Sri Lanka acabó en un baño de sangre, aunque ocurrió, como estaba previsto, sin que se viera. Frente a todos los desmentidos oficiales y el lenguaje diplomático en torno a la responsabilidad, queda la cruda predicción de Wickrematunge acerca del futuro de su país y del suyo propio. Y está el vídeo, tercamente imposible de erradicar, de los asesinos uniformados pateando, disparando y riéndose de tamiles desnudos.

África

Estado del terror*

Sobre la cima de una escarpada colina que da a Bamako, la capital de la nación de Mali, en África occidental, hay una franja verde de parque decorada con efigies de los exploradores históricos de Mali. Durante una visita reciente, en una mañana de calor asfixiante, me detuve a admirar el busto de bronce de un hombre con barba y turbante colocado en un pedestal. Faltaba la placa con su nombre, pero, a juzgar por su ancho ceño y sus rasgos árabes, podía tratarse de Ibn Battuta, el gran viajero marroquí que atravesó el Imperio de Mali y visitó su capital, cerca del río Níger, en 1352.

Cuando Battuta llegó, el imperio se encontraba en su momento álgido. Mali se había convertido al islam y Battuta, que era musulmán, quedó boquiabierto al ver que se encadenaba a los niños para obligarlos a memorizar el Corán. En sus diarios, se admiraba de los cocodrilos del Níger, tan feroces que, cuando iba a orinar a la orilla del río, un nativo tenía que montar guardia. Unas cuantas décadas antes, Mansa Mūsā, el emperador de Mali, había cruzado el Sáhara en peregrinación a La Meca con un amplio séquito que llevaba miles de lingotes de oro; su fervor lo llevó a regalar tantos que el valor del oro en el zoco de El Cairo se mantuvo a la baja durante años. La generosidad del emperador otorgó a Mali la reputación de país de tesoros legendarios, idea que nunca llegó a desaparecer.

No obstante, Mali, orgullosa cuna de una civilización antigua, nunca ha conseguido consolidarse como Estado soberano. La esclavitud ha ensombrecido su historia, y con frecuencia los pueblos del norte, de piel más clara y ascendencia árabe, han mantenido una posición de control sobre los africanos del sur, de piel más oscura. (La imagen de las mucha-

* Publicado originalmente en *The New Yorker* el 24 de junio de 2013. Traducción para esta edición de Laura Salas.

chas esclavas deambulando desnudas por la capital ofendió a Battuta). Mali también ha sufrido ataques externos: conquistas, abandonos y nuevas conquistas. Un siglo después de la visita de Battuta, el imperio fue invadido por el pueblo songhai, aunque tampoco ellos tardaron mucho en caer: los invasores marroquíes y sus mosquetes abatieron a su ejército, armado con lanzas y flechas. Mali se sumió en la oscuridad durante doscientos años; la antigua ciudad norteña de Tombuctú, antaño emporio floreciente gracias al intercambio de sal, esclavos, minerales y conocimiento, se vio reducido a un punto de encuentro para caravanas de camellos que se disponían a cruzar el Sáhara.

En el parque, otra estatua representaba a un europeo con espada que lucía un uniforme escrupulosamente abotonado y un quepis de plato. También carecía de placa, así que le pregunté a un grupo de adolescentes sentados a la sombra de un árbol cercano si sabían a quién representaba. Me pusieron cara de póquer. Uno de ellos aventuró: «¿A un francés?».

Suposición correcta. A juzgar por las apariencias, podría tratarse del general Louis-Léon-César Faidherbe, supervisor de la expansión colonial francesa en Mali. El régimen galo duró casi ochenta años, y llegó a su fin en 1960, con la independencia del país. Sus consecuencias fueron complicadas. Los franceses prohibieron la esclavitud —tras décadas tomando esclavos para sí—, pero la toleraron en el norte, donde sigue existiendo. Y crearon un proyecto de Estado en Mali, pero también reclutaron a decenas de miles de sus hombres para luchar en la Primera y Segunda Guerra Mundial. Parecía extraño que los malienses siguiesen mostrando reconocimiento a sus antiguos conquistadores. ¿Sigue habiendo estatuas del rey Leopoldo en Kinsasa? A lo mejor es que los malienses eran más optimistas que el resto de los africanos con respecto a su legado colonial. O quizá es que, tras siglos de opresión, Mali se ha acostumbrado a que lo defina quien en ese momento dicte los términos de su existencia, normalmente por la fuerza.

A principios del año pasado llegó la última oleada de conquistadores. Primero fueron los tuaregs, nómadas tradicionales, esclavistas y guerreros que llevaban décadas luchando para hacerse con el norte. Unos días después se les unió un grupo internacional de radicales islamistas. Al cabo de tres meses de combates, tomaron el norte entero y declararon allí un Estado independiente al que llamaron Azawad, a partir de una palabra tuareg que significa «tierra del pasto». Poco después, sin embargo, los ocupantes comenzaron a disputarse el poder. Ganaron los islamistas, y, en tanto que nuevos gobernadores de Azawad, se declararon leales a Al Qaeda y decretaron una estricta adherencia a la *sharia*. Se trataba de una victoria única en la historia del extremismo contemporáneo. Al

Qaeda llevaba décadas actuando como un agente del terror por lo general amorfo y sin raíces. Ahora el ímpetu de sus nuevos adeptos le había proporcionado un Estado.

La disciplina era férrea. Se prohibieron la música y la televisión, se destruyeron las imágenes figurativas y se obligó tanto a hombres como a mujeres a vestir de forma conservadora. Los transgresores eran castigados de forma pública con amputaciones, flagelaciones y lapidación. Trescientas mil personas huyeron. Durante diez meses, mientras los islamistas se aseguraban el poder, las potencias mundiales se mostraron vacilantes, y Estados Unidos se lavó las manos. Muchos malienses pensaron que su mayor esperanza era Francia. Pero su nuevo presidente, François Hollande, se había mostrado reticente a entrometerse en los asuntos extranjeros, incluso en África, donde Francia ha efectuado decenas de intervenciones militares desde 1960. «Soy tajante —declaró en octubre—. No pondremos el pie allí».

Justo antes de Navidad, las Naciones Unidas aprobaron una resolución que autorizaba el entrenamiento y envío a Mali de una fuerza militar con liderazgo africano; pero la misión tardaría nueve meses en prepararse. Los islamistas estuvieron encantados. El 10 de enero, un contingente de alrededor de ochocientas personas se dirigió hacia el sur y tomó en un abrir y cerrar de ojos la ciudad de Konna, cerca de una base aérea estratégica y a dos días de marcha de Bamako. Los extranjeros empezaron a huir de la capital, y los trabajadores de la embajada mandaron a sus hijos a casa. «El clima de alarma era real», me contó un diplomático estadounidense en Mali.

Francia, que finalmente pasó a la acción, lanzó unos cuantos ataques aéreos brutales y empezó a mandar tropas por vía aérea. Los franceses, junto con soldados de algunos países vecinos, recuperaron una tras otra las ciudades del norte de Mali. A excepción del piloto de un helicóptero que cayó abatido el primer día de la campaña, no hubo bajas francesas. Al cabo de unas cuantas semanas los rebeldes se habían replegado.

Al final, el pueblo que había ocupado Mali durante ocho décadas fue quien lo liberó. Pero los insurgentes seguían escondidos, preparándose para luchar de nuevo. Y, lo que es peor, la raíz de los problemas de Mali —la división racial, que en la práctica separaba al país— persistía, y, junto con ella, la cuestión sin resolver de la identidad maliense. ¿Era un país o dos? Para un grupo criminal como Al Qaeda, los estados fallidos son refugios atractivos, y bases inmejorables para atacar a Occidente. Pero ¿qué puede mantener unido a un país cuando siglos de ocupación e intolerancia lo han hecho pedazos?

Unas cuantas semanas después de que expulsaran a los insurgentes, Bamako, a centenares de kilómetros hacia el sur, mostraba pocas señales de que el país hubiese estado en guerra. Se había declarado el estado de emergencia, y las bodas y los bautizos se habían trasladado a lugares seguros y privados. Pero las escuelas habían vuelto a abrir, y las carreteras estaban abarrotadas de coches y motos chinas baratas. En Bamako, los estilos de vida de los siglos pasados coexisten con los del presente. Entre los anuncios de telecomunicaciones y los taxis marca Peugeot hechos polvo podían verse carros de caballos transportando leña. Fuera de la Asamblea Nacional, hediondos puestos de talismanes vendían cráneos de mono, loros disecados y tarros de grasa de león. Uno exhibía pieles de serval, un feroz gato salvaje nocturno, que le había prestado el nombre a la misión militar francesa: Opération Serval.

La mayoría de la gente parecía agotada por el trabajo cotidiano. En la orilla, mujeres con vestidos de estampados vivos cultivaban la tierra sin dejar ni unos pocos centímetros libres. La población de Mali es en más de un 80 por ciento musulmana, y las disputas no habían interrumpido las oraciones. En un taller donde estaban pintando tablas con el horario de las oraciones, el propietario sonrió y dijo: «Hoy en día todo el mundo quiere rezar. Esta guerra es buena para el negocio».

Aun así, en Bamako quedaba claro que la guerra del norte era un síntoma de los problemas colectivos de Mali. El comienzo de los ataques islamistas se interpretó de forma generalizada como un signo de que el Gobierno era débil. Poco después, un capitán del ejército llamado Amadou Sanogo lideró un golpe de Estado en Bamako y depuso al presidente. Cedió a las presiones y se hizo a un lado para permitir que el portavoz del Parlamento fuese nombrado líder provisional, pero en la práctica era él quien detentaba el poder y controlaba los ministerios de Defensa y Asuntos Interiores.

A principios de febrero, dos grupos rivales de soldados pertenecientes a bandos opuestos del golpe se enzarzaron en un tiroteo fuera de un cuartel de Bamako. Dos transeúntes murieron y varios niños resultaron heridos apenas unos meses después de una revuelta anterior en la que habían muerto catorce personas. Los civiles expresaron su indignación a los reporteros locales, pero la cosa no llegó a mayores. Mientras los militares siguiesen detentando el control real del país, sus soldados podían hacer lo que quisieran.

Un par de días después de la reyerta, un soldado con un kalashnikov detuvo mi coche cerca de la residencia presidencial. Los muros de las casas que bordeaban la carretera parecían un colador. Ibrahim, un maliense que venía conmigo, me recordó que la casa del presidente había sufrido dos atentados a lo largo de 2012. El primero había tenido lugar durante el golpe de Estado inicial. Luego, unas cuantas semanas después de que el presidente provisional, Dioncounda Traoré, jurase su cargo, una turba de soldados y civiles entraron como una tromba en el palacio, lo desnudaron y le dieron una paliza. «Los soldados no se portaron bien —condenó Ibrahim—. También se llevaron cosas: televisiones, frigoríficos, cortinas. Fue una vergüenza».

En ese momento, el ejército se estaba desplazando hacia el norte para ayudar a los franceses a tomar el control de las ciudades recién liberadas. Para muchos de los habitantes de dichas ciudades, aquello suponía un escaso consuelo. El ejército, compuesto sobre todo de negros del sur, inspira una profunda desconfianza en los habitantes del norte, de piel clara. Algunos de los norteños son de origen marroquí y se consideran tan árabes como malienses; otros están étnicamente emparentados con los tuaregs, que en esencia han estado en guerra con el sur desde la independencia. A lo largo de cinco décadas, los tuaregs han protagonizado diversos levantamientos que han sido aplastados con violencia. Dichos intentos por unir el país y la brutalidad de su puesta en práctica han acabado por crear más desunión entre sus partes. A medida que los soldados se desplazaban hacia Tombuctú, su comportamiento dejaba de nuevo mucho que desear; llegaban noticias sobre embriaguez, palizas y, en algunas ciudades, ejecuciones sumarias.

Mali, un gran estado pobre a caballo del río Níger y dividido por el Sahel —el gran cinturón de sequía que separa los bosques del sur de África del gran páramo saharaui—, goza de pocas ventajas evidentes. Como muchas antiguas colonias, ha realizado progresos irregulares en tanto que nación independiente: su historia reciente contiene un intento fallido de socialismo revolucionario, una fusión infructuosa con Senegal, un par de guerras fronterizas, tres golpes de Estado y una larga dictadura militar. No celebró sus primeras elecciones libres hasta 1992.

Pero, hasta hace poco, Mali ha sido considerado un modesto éxito entre los estados africanos por haber evitado las guerras civiles a gran escala que han asolado a muchos de los países vecinos. A pesar de su gran mayoría musulmana, era famoso por su espíritu de moderación y tolerancia, y la mayor parte de la gente profesaba la rama sufí del islam, más distendida y alegre que las demás. Esto ha permitido el florecimiento de una rica cultura y, para muchos de los malienses con los que hablé, la depredación cultural de los islamistas resultaba tan ofensiva como su dominio político. El director del Museo Nacional, Samuel Sidibé, me enseñó gran cantidad de viejos talismanes de madera, representaciones de dioses que muchos norteños, antes de huir, le habían llevado con la esperanza de que él los conservase. Aún se mostraba iracundo. «La ideología de los islamistas no puede extenderse sin destruir la cultura», afirmó. El museo, tres enormes edificios situados en una espléndida extensión de parque, es el recordatorio de que Mali es cuna de largas y diversas tradiciones artísticas. Sus salas guardan piezas textiles elaboradas con gran destreza y decoradas con detalle, joyería y adornos de oro, y esculturas estilizadas de hierro, madera y terracota que representan diversas actividades humanas, desde la agricultura hasta la guerra y la maternidad.

La escena cultural sigue siendo pujante. El retratista Malick Sibidé, que realizó la crónica de la vida de Bamako durante la década de los sesenta, se convirtió hace poco en el primer fotógrafo en ganar un galardón por su carrera en la Bienal de Venecia. Los malienses también tienen un puesto fijo en la escena de las músicas del mundo, con personajes del renombre de Ali Farka Touré, Salif Keita y Amadou y Mariam. Desde 2001, Mali celebra el Festival Anual del Desierto, un espectáculo musical de tres días al que acuden grupos extranjeros para tocar junto a sus compañeros malienses. El año pasado, el invitado especial fue Bono.

En Mali, la música es la máxima expresión de emoción pública, y los músicos son esenciales para todo tipo de celebración. La prohibición de cualquier expresión musical por parte de los yihadistas resultaba especialmente dolorosa. Muchos músicos habían abandonado el norte, incluyendo a Khaira Arby, una de las cantantes más destacadas del país, a quien conocí una tarde en la casa que había alquilado en Bamako. Arby, una mujer majestuosa en la cincuentena con un vestido estampado de color rojo vivo y beis, estaba sentada en un salón lleno de tapicerías, donde ensayaba con varios jóvenes guitarristas. El aroma a incienso llenaba el aire. Había unos niños sentados en el suelo enmoquetado ante una tele, viendo distraídos una versión francesa de *The X Factor*, el *reality show* musical.

Arby me dijo que estaba en Bamako cuando los yihadistas tomaron Tombuctú, y allí se había quedado desde entonces. Algunos músicos que conocía en el norte le dijeron que habían destrozado sus instrumentos y le habían mandado un mensaje. «Amenazaron con cortarme la lengua», dijo con amargura. Había seguido grabando música, pero se sentía atrapada, y deseaba más que nada volver a casa. De momento, Tombuctú era demasiado inseguro para regresar.

No mucho después de llegar a Mali, fui a ver a un cuentacuentos llamado Muhammad Djinni; con sus setenta cumplidos y un rostro cansado y lleno de arrugas, estaba sentado en un taburete bajo en el camino que llevaba a su casa, con un guardapolvos sucio color azafrán. Era carnicero, como su padre. Sin embargo, de joven se había codeado con antiguos soldados y con el historiador más conocido de su ciudad, y de esa forma había aprendido mucho. La gente acudía a él para aprender la historia de su tribu, especialmente los huérfanos, siempre ansiosos por conocer sus verdaderos orígenes.

«¿Qué historia quieres oír?», me preguntó.

Le pedí que me hablase de los franceses.

«Nosotros no deseábamos ninguna de las dominaciones que hemos tenido —dijo Djinni—. Simplemente vinieron. Cuando llegaron los franceses, nos sorprendimos. No sabíamos por qué estaban allí. Se llevaban a tus hijos y no sabías dónde estaban, a veces durante años. Luego veías a tu hijo y te enterabas de que era soldado».

Djinni había nacido en 1938, en la casa en la que seguía viviendo. «Crecí bajo el yugo francés. Vi a muchos franceses», me contó. Lo habían obligado a ir al colegio cuando tenía nueve años, según dijo, pero él se había escapado a los dos meses; su padre quería que aprendiese el oficio familiar. La vida bajo dominio francés había sido simple, según recordaba Djinni. «Era fácil porque hacíamos todo lo que ellos decían. Los franceses nombraban jefes para cada zona de Tombuctú y, cuando querían hacer algo, los llamaban y les explicaban lo que tenían que hacer».

Le pregunté cómo había sido ver que regresaban los franceses después de cincuenta y tres años.

«Fue como un sueño —respondió Djinni—. Vinieron a liberarnos y nos quitaron la soga de la garganta».

Muchos malienses parecían contentos de que los hubiesen rescatado. El 2 de febrero, cinco días después de que las tropas francesas llegasen a Tombuctú, hizo su aparición Hollande, con motivo de una breve y alegre ceremonia en la polvorienta plaza central. Ante una multitud que lo vitoreaba, anunció que los islamistas seguían suponiendo una amenaza, pero declaró: «Hemos liberado esta ciudad». Por un momento, Hollande pareció acercarse a la grandeza de De Gaulle —algo extraordinario en un hombre al que durante su campaña electoral se le conocía como «Sr. Normal»—. La intervención fue un *coup de foudre* para Hollande, cuya tasa de popularidad se había desplomado; un 63 por ciento de sus ciudadanos respaldaron la invasión. En Mali, las tropas francesas se topaban con multitudes que enarbolaban la bandera tricolor y entonaban «*Merci, France*». Los malienses comenzaron a referirse al presidente francés con el sobrenombre de «papá Hollande», y durante su breve visita le regalaron un camello como prenda de gratitud. Hollande declaró que su comparecencia allí era «el día más importante de su vida política». El camello quedó en Tombuctú, donde lo adoptó una familia que lo convirtió inocentemente en tayín.

Yo llegué a Tombuctú con un convoy de ciento cincuenta marines franceses que condujeron tres días desde Bamako para relevar a las tropas allí. Los marines se movían en columna ligera de transporte blindado de personal y jeeps abiertos, sin la pesada protección contra explosivos con que cuentan los vehículos del ejército estadounidense. Se mostraban precavidos con los civiles malienses —para la mayoría de los soldados, no era un territorio familiar—, pero también había mucha broma en el ambiente. En Mali, los franceses, a diferencia de los estadounidenses en Irak y Afganistán, contaban con la ventaja de una lengua común y algo de historia compartida con los ciudadanos. Por el camino, los soldados abrían sus cajas de raciones, algunas de ellas llenas de camembert enlatado, para distribuirlas entre los niños.

Aun así, el peligro estaba en el aire. Después de los ataques franceses, los islamistas malienses se refugiaron en escondrijos lejanos de las montañas con el fin de reagruparse. En la ciudad de Gao, habían empezado a contraatacar, mandando terroristas suicidas en motos. A las afueras de Tombuctú, se había localizado un convoy islamista bastante grande y se sospechaba que los yihadistas estaban escondidos en los pueblos de alrededor. A lo largo de la campaña habían matado a unos cuantos soldados franceses más, y los hombres del convoy no querían jugársela; por la noche nuestros campamentos eran como vagones de tren: estacionaban los vehículos formando círculos concéntricos, con centinelas alrededor.

Por muy marginal y lejano que Mali parezca a ojos de los occidentales, sus desvelos son un buen ejemplo de los problemas de seguridad que plantean los lugares abandonados a su suerte en la era del terror islamista. Con poco esfuerzo, los grupos terroristas y criminales pueden hacerse con países, o al menos con parte de ellos —del mismo modo en que, en la práctica, los narcotraficantes se han hecho con el control de estados de África occidental como Guinea Bisáu—. Desde la invasión estadounidense de Irak, la causa islamista ha ganado popularidad, y la tensión ha crecido en el Magreb, la región del noroeste del norte de África. En 2006, en esa zona se creó una fracción de Al Qaeda que se autodenominaba Al Qaeda del Magreb Islámico (AQMI). Su origen se remonta a los años noventa, en Argelia, donde la insurgencia islamista de una década fue aplastada a costa de decenas de miles de vidas. Dicha confrontación dejó amargos recuerdos, además de un núcleo de supervivientes que ganaron experiencia en Irak y Afganistán y adeptos en la región.

La Primavera Árabe proporcionó una oportunidad insólita a los yihadistas. Antes de 2011, la costa mediterránea de África —la gran zona fronteriza que daba al sur de Europa— estaba custodiada por una serie de estados seculares donde los islamistas eran implacablemente perseguidos, encarcelados y asesinados. Ahora solo quedan dos de esos estados, Argelia y Marruecos, cosa que nos deja un panorama político más caótico. En Libia, en septiembre del año pasado, los extremistas islamistas urdieron un ataque asesino contra el consulado estadounidense en Bengasi. En abril, Al Qaeda llevó a cabo un atentado con coche bomba contra la embajada francesa en Trípoli.

Mali, como los demás estados débiles y poco poblados del Sahel, presenta una situación ideal para los fugitivos. Su territorio norte es polo de atracción para yihadistas y contrabandistas por la misma razón que Tombuctú era antiguamente un centro de comercio: ofrece acceso fácil a Europa, además de al resto de África occidental y al norte de África. Desde allí se puede traficar con armas, insurgentes e inmigrantes por las mismas rutas que una vez usaban las caravanas de esclavos, sal y marfil. Aun antes de que llegasen los yihadistas, Azawad era refugio de secuestradores, un lugar donde los emisarios del Gobierno iban para negociar rescates y recoger a la gente.

Pero Occidente lleva tiempo ignorando la región. En el convoy francés, los oficiales me interrogaron con educación sobre por qué los estadounidenses no se habían involucrado abiertamente en Mali. En un principio, el Gobierno francés había pedido ayuda para repostar las aeronaves, y la respuesta de Estados Unidos fue pedirle a Francia que pagase los costes, que ascendían a alrededor de diecisiete millones de dólares. A pesar de que dicha petición fue finalmente rescindida, se dio una inequívoca impresión de que la Administración de Obama mostraba o bien una precaución desmedida, o bien simple desinterés.

Los aliados europeos de Francia también habían hecho muy poco, y el joven comandante del convoy, el capitán Aurélien, dijo que la falta de solidaridad había supuesto una decepción. «Esta es una zona francesa, a causa de su historia, pero no tenemos recursos para hacerlo todo solos. Necesitamos un esfuerzo colectivo para derrotar al terrorismo en la región». Con lo mal que estaba la economía europea, dudaba de que fuese a llegar ayuda. «No sería una buena noticia que los islamistas se hiciesen fuertes aquí —dijo—. Este es el umbral de toda Europa, no solo de Francia».

En estos momentos, no hay ningún puente que conecte la parte baja de Mali con Tombuctú, asentada sobre una llanura desértica a casi trece kilómetros de la orilla norte del Níger. Los viajeros del sur deben cruzar en una barcaza plana arrastrada por canoas a motor sujetas con cuerdas laterales. Cerca del embarcadero, en una orilla desnuda, hay un cúmulo de puestos hechos a base de estacas, y cuando yo llegué era día de mercado. Había varios tuaregs, vestidos con túnicas y turbantes color índigo; uno llevaba una espada en una funda de cuero y unas gafas de sol con ribetes dorados que le tapaban los ojos. Las mujeres portaban cueros secos en la cabeza. Pequeñas familias, encabezadas por hombres con barba y cayados de madera, surgían caminando del desierto para esperar a que llegase la barcaza.

Tombuctú es una ciudad pequeña y no muy bonita en tonos marrones y grises, un laberinto de casas bajas de techo plano hechas de barro o de cemento. Hay carpas diseminadas en forma de colmena cubiertas de cuero y chatarra: las chozas de los nómadas iklan, antiguos esclavos que siguen viviendo en condiciones casi de servidumbre, trabajando como pastores de cabras y como sirvientes de sus antiguos propietarios. A excepción de una calle asfaltada, las carreteras son de tierra. En sus extremos, la ciudad se diluye entre dunas de arena y pilas de desechos sin recoger. En Tombuctú, como en muchas partes de África, la basura de plástico es tan corriente que parece formar parte de una nueva ecología.

Dos semanas después de su liberación, Tombuctú estaba silenciosa y tensa. Muchos de los cincuenta y cinco mil habitantes de la ciudad habían huido cuando los islamistas tomaron el poder, y muchos otros cuando dio comienzo la invasión francesa. Quedaba como mucho un tercio de su población de antes de la guerra. La mayoría de las tiendas del mercado central habían cerrado, y las casas estaban vacías. Como vándalos, los islamistas habían garabateado grafitis y pintado sobre las señales viales que representaban figuras humanas y animales, dejando lamparones de pintura marrón. También se habían ensañado con las peluquerías, que en

Mali anuncian sus servicios con retratos de hombres y mujeres. Había poca electricidad, y no mucha agua; los islamistas también habían destruido el sistema de telecomunicaciones de la ciudad antes de marcharse.

No había autoridad visible. Los militares franceses tenían la base a unos tres kilómetros de la ciudad, en un pequeño aeropuerto, y, más allá de unas cuantas patrullas diarias en jeeps y coches blindados, su presencia era invisible. En la calle frente a la mezquita principal, un grupo de soldados malienses holgazaneaban en unos cuarteles de la época colonial entre edificios semiderruidos. También habían arrasado el ayuntamiento: habían robado o despiezado los ordenadores y destrozado los archivos. El único camión de la basura estaba acribillado, y se hallaba ante la oficina del alcalde como un juguete roto amarillo. El alcalde, como muchas de las autoridades civiles, había huido.

Los árabes malienses componían gran parte de la clase comercial de Tombuctú, y muchos de ellos había residido en Abaradjou, un barrio de casas de piedra bien construidas. La mayoría de los hogares habían sido saqueados; faltaban puertas y ventanas, y los habían desvalijado. También habían asaltado las tiendas; las persianas metálicas de seguridad estaban abiertas y habían desguazado el interior. Al dar comienzo la invasión francesa, prácticamente todos los árabes malienses, como los tuaregs de piel clara, habían huido en dirección a los campos de refugiados en la frontera con Mauritania o a pueblos del desierto. (Los escasos cristianos de la ciudad ya se habían marchado antes, huyendo de los islamistas). Tombuctú ya no era una ciudad de varias razas; a excepción de unos cuantos casos aislados, solo quedaban los malienses negros.

Hollande había declarado que las tropas francesas comenzarían su retirada alrededor de abril, dejando la región en manos de una fuerza panafricana. Pero, a pesar de que la ciudad había sido formalmente liberada, poca gente se sentía lo bastante segura para volver. Muchos temían que los islamistas estuviesen al acecho, esperando a que se marchasen los franceses. La amenaza era más patente para árabes y tuaregs; creían que el ejército maliense ponía en riesgo su seguridad.

Solo había un hotel abierto, el Colombe, un edificio polvoriento de dos plantas, hecho de ladrillos de color pardo, donde había electricidad y agua solo dos horas al día. Por la noche, los escasos huéspedes alojados compartían con desasosiego el bar con los militares malienses, armados y de uniforme, que se sentaban a beber cerveza hasta sumirse en un sombrío estupor.

Mi intérprete en Tombuctú era Idrissa, un guía turístico en paro de unos veintitantos años. Había aprendido inglés con un voluntario del Cuerpo de Paz, antes de que dicha organización se marchase de Mali en abril de 2012. Idrissa se ganaba la vida acompañando a intrépidos viajeros occidentales de expedición al desierto, pero hacía un año que no tenía clientes. Llevaba turbante y una túnica verde eléctrico, además de un móvil que sonaba llamando a la oración a un volumen sorprendente.

Durante los diez meses de gobierno islamista había habido una ejecución por fusilamiento, una amputación y varias flagelaciones en Tombuctú. Una pareja pobre había recibido latigazos por no estar casados, a pesar de que tenían un hijo y de 'que la mujer estaba embarazada de otro. Una mujer joven fue acusada de fornicación y recibió noventa y cinco latigazos. Idrissa había presenciado en la plaza central la paliza a uno de los propios yihadistas, acusado por sus compañeros de violar a una muchacha. Los espectadores criticaban en voz alta el doble rasero de los yihadistas. «Todo el mundo estaba enfadado porque no lo mataron», dijo Idrissa. Después, los islamistas salieron en la radio local y avisaron de que eliminarían a cualquiera que hablase mal de sus hombres.

Cerca del centro de la ciudad había un complejo hotelero de una planta, construido en falso estilo islámico y sin terminar, que, según me explicó Idrissa, estaba financiado por Muamar el Gadafi. Subimos a una duna detrás del hotel para contemplar una depresión natural que habían llenado de agua hasta formar un amplio estanque. Idrissa dijo que hasta hacía poco había estado vacío, y que allí habían ejecutado los yihadistas a un hombre acusado de asesinar a alguien en un pueblo cercano. Los islamistas habían convocado a Idrissa y a muchos más en las dunas, por encima del terreno donde se llevaría a cabo la ejecución; unos yihadistas armados los custodiaban. Con la familia de la víctima allí, dieron cumplimiento a la sentencia. En el momento crucial, Idrissa había apartado la cara, pero había oído el disparo y luego el grito de los guardias: «*Allahu Akbar!*» (¡Dios es grande!).

El día de mi visita, había una docena de mujeres y niñas lavando la ropa en la orilla del estanque. Algunas se habían sumergido hasta la cintura en el agua para asearse mientras lavaban. Mientras caminábamos por allí, unos niños pequeños bailaban mientras coreaban: «*Mali, França, Mali, França!*». Era una especie de juego nuevo para ellos. Sus padres sonrieron y saludaron.

Tombuctú, al borde del vasto Sáhara, ha servido durante siglos como depósito cultural. En 1510, el geógrafo y erudito marroquí León el Africano estuvo allí de visita, y describió una ciudad de mujeres con velo y casas de barro con techo de paja, una gran mezquita y un palacio al lado, además de un próspero mercado en el que se vendían telas europeas y se comerciaba con gran cantidad de oro. «La gente de Tombuctú es de naturaleza pacífica —escribió—. Tienen la costumbre de caminar casi siempre de noche por la ciudad (excepto los que venden oro), entre las diez de la noche y la una de la madrugada, tocando instrumentos musicales y bailando». Tombuctú estaba gobernado por un rey soldado de inmensa riqueza, a quien León el Africano describía como despiadado a pesar de su cultura: «En Tombuctú hay numerosos jueces, profesores y sacerdotes, todos nombrados por el rey, que honra con creces el conocimiento. También se venden muchos libros manuscritos importados de Berbería. Este comercio proporciona más beneficios que cualquier otra mercancía».

Ese legado persiste. En el centro de la ciudad está el Instituto Ahmed Baba de Enseñanza Superior e Investigación Islámica, una biblioteca y archivo moderno —de líneas depuradas y planos color arena, de acuerdo con el entorno— donde se conservan decenas de miles de documentos antiguos de la ciudad. Durante la invasión yihadista huyeron todos los investigadores y, cuando llegamos Idrissa y yo, el edificio seguía abandonado. Un guardia nos dejó entrar a cambio de una propina, y nos permitió recorrer con él varias plantas de estancias en gran parte vacías. Nos enseñó un almacén cerrado con llave, lleno de manuscritos antiguos: estantes y más estantes con pequeños fardos amarillentos. El guardia nos explicó que la habitación estaba intacta porque los yihadistas no sabían de su existencia. Una red de bibliotecarios había escondido la mayoría de los manuscritos restantes, así como las diversas colecciones privadas de la ciudad.

Los yihadistas habían destruido unos cuantos centenares de documentos que encontraron en la sala de conservación, en la que las páginas frágiles pasaban a microfilm y luego se guardaban en carpetas especiales o en cajas. El guardia también nos condujo a un patio ajardinado, donde yacían los restos carbonizados de los documentos. Me sorprendió ver que no los habían limpiado; en las montañas de ceniza había restos de papel antiguo con caligrafía identificable. El guardia dijo que no había vuelto nadie del centro, de modo que él dejaba las cosas como estaban.

Además de como centro literario, Tombuctú era conocido por cobijar los santuarios de trescientos treinta y tres santos sufíes. Los islamistas, que consideraban idólatras los santuarios, derribaron todos los que pudieron. En el casco antiguo, un laberinto de callejones sucios, estaba la mezquita principal, construida en 1327 por Mansa Mūsā, el «emperador del oro». Idrissa señaló unas montañas de tierra fuera del muro trasero, y me explicó que eran los restos de los primeros dos santuarios atacados por los yihadistas. Estuvo allí ese día. «Cerraron la calle por ambos lados, contuvieron a la gente con kalashnikov y los destruyeron».

Antes de eso, habían acudido al imam de la mezquita para informarle de sus intenciones. Él les dijo: «Adelante. Vais a hacer lo que vais a hacer». El imam mantuvo esa política neutral durante toda la ocupación yihadista, y le dijo a su rebaño que hiciese lo que ellos ordenasen para evitar la violencia. Todo era la voluntad de Dios, según explicó.

En otra mezquita, Sidi Yahya, se apuntaló una lámina metálica contra una entrada al patio trasero. Allí había una puerta, una plancha de madera decorada con metales geométricos que tradicionalmente se había mantenido cerrada, con la creencia de que llevaba a la tumba de unos santos. Idrissa me dijo que la puerta tenía una antigüedad de centenares de años, y que, según una antigua superstición, si alguna vez se rompía, llegaría el final del mundo. Durante la ocupación, vino un escuadrón de islamistas con hachas y destruyeron la puerta. Después, le gritaron en tono burlón a los espectadores: «¿Acaso se ha acabado el mundo?».

En muchos aspectos, el control sobre Azawad era de una severidad casi paródica; en un momento dado, un portavoz decretó que no se permitirían las tumbas de más de quince centímetros. Pero, en comparación con la práctica más intolerante de la *sharia*, el Gobierno de los yihadistas no era tan inflexible. A veces, parecía que les preocupaba tanto establecer un gobierno como aplicar las sagradas escrituras.

En una calle indeterminada, cerca del centro de la ciudad, hay un pequeño hotel *boutique*, La Maison, propiedad de una francesa. Es un edificio simple de mampostería con dos plantas, amueblado con cojines y alfombras, de cuyos techos cuelgan lámparas marroquíes. Al parecer, los yihadistas aprobaban el estilo de La Maison, porque lo ocuparon durante su estancia y lo convirtieron en tribunal de la *sharia*. Yo fui allí con Cicce, un hombre del pueblo al que los yihadistas detuvieron durante tres días. Cuando llegamos, un conserje sacó unas llaves grandes y antiguas sin decir una palabra y nos hizo entrar en una habitación polvorienta de la planta de abajo, con muebles arrumbados, donde habían vivido algunos de los yihadistas. La planta de arriba había funcionado como tribunal. Los sospechosos eran custodiados en el restaurante del hotel; los juicios tenían lugar en la puerta de al lado, en una espaciosa habitación con dos alfombras en el suelo y una cajonera que se usaba para almacenar las pruebas. Allí había quedado un rollo de cuerda empleada para atar las manos de los sospechosos.

Cicce había sido arrestado en un puesto de control, porque los guerreros yihadistas encontraron un *gris-gris* —un amuleto tradicional— en su guantera. «Pensé que mi vida se acababa en el momento en que me hicieron entrar», dijo. Me enseñó dónde se había arrodillado, sobre una de las alfombras, ante tres jueces sentados en la otra con las piernas cruzadas. Les explicó que el amuleto se lo había dado como muestra de gratitud un anciano a quien había llevado en coche. Lo había arrojado a la guantera y se había olvidado de él. Los jueces le preguntaron una y otra vez sobre el incidente, pero también hablaron de religión con él, como para poner a prueba su fe. El juicio duró largas horas, y él dijo lo que le pareció con la esperanza de que lo creyeran. Pero, según decía, fueron muy corteses con él. Cuando llegó la hora de comer, lo invitaron a compartir su comida. Al final lo dejaron libre, y se consideró muy afortunado.

Las razones de los malienses para plegarse a los islamistas eran complejas. Después de siglos de subordinación, sabían cuándo era necesario ceder para sobrevivir. El norte de Mali es un lugar abandonado, sin autopistas y pocos indicios de desarrollo; todo el dinero inyectado en la zona en los últimos años no procedía del Gobierno, sino de Gadafi y de las organizaciones benéficas internacionales. Secuestradores y demás delincuentes operaban con impunidad en el desierto de alrededor. Según al menos algunos de los habitantes con los que yo hablé, se toleraba a los islamistas porque ponían orden en Tombuctú. «Los islamistas luchaban contra la corrupción y contra el privilegio de un ciudadano sobre otro —me dijo uno—. Azotaban con el mismo látigo tanto a blancos como a negros».

Los yihadistas también habían hecho algunos esfuerzos para culturizar a los habitantes de la ciudad. A pesar de haber silenciado a la mayoría de los periodistas, permitieron que un locutor de radio de mediana edad llamado Yehia Tandina siguiese con su trabajo. Cuando visité a Tandina, en su casa, me explicó por qué. «Los islamistas querían hacer propaganda a través de mí —explicó sin ambages—. Al principio tuve problemas con sus guerreros, pero luego me dieron una autorización». Me enseñó el documento, con membrete de Al Qaeda y un sello de la «Securité Islamique», cuyo logotipo consistía en un kalashnikov y una espada cruzados; era un signo evidente de que los islamistas se esforzaban por remedar la pompa del poder oficial.

Estábamos sentados en su salón, bordeado de cojines y con un pequeño escritorio donde había un ordenador portátil Dell. Fuera, en el patio del callejón, las mujeres comían arroz de un bol común. Tandina llevaba ropa occidental: pantalones pardos y una camisa de manga larga azul. Explicó que los primeros rebeldes que llegaron a Tombuctú eran los separatistas tuaregs, y que no hubo problemas. «Después, en un segundo momento, llegaron los islamistas», recordó. Él le preguntó al líder qué quería. Y el líder, enumerando las ciudades del norte de Mali, respondió: «Tombuctú, Gao y Kidal son ciudades musulmanas y queremos aplicar en ellas la *sharia*. No estamos pidiendo permiso. Solo os decimos lo que vamos a hacer: estamos aquí para aplicar la *sharia*».

Tandina me dijo que luego los habitantes de Tombuctú, en su mayoría musulmanes moderados, se habían apañado como habían podido. «Creamos un comité de crisis, y si los islamistas querían que se hiciese algo pasaban por el consejo —contó—. El consejo no quería violencia, de forma que le aconsejaba a la gente que hiciese lo que querían los islamistas. Por ejemplo, una vez estos querían recaudar dinero de cada familia para la electricidad, y el comité de crisis fue y recaudó con educación el dinero de la gente. También había veces en las que los miembros del consejo no estaban de acuerdo. Querían que los niños y las niñas tuviesen escuelas distintas, y, cuando nos opusimos a eso, dijeron: "De acuerdo; entonces, nada de escuelas". Conque, después de eso, las escuelas cerraron».

Una de las pocas escuelas que quedó abierta fue una academia religiosa dirigida por un morabito o profesor coránico llamado Baba Moulay al Arby. Arby, que era un hombre delgado de treinta y cuatro años, me recibió amablemente en su casa, que hacía doblete como escuela, y me enseñó la estancia de la planta baja donde impartía las clases. Había docenas de tablas con las horas de la oración apiladas contra la pared. En las escuelas de morabitos, hay grupos de niños que aprenden el Corán de memoria desde la edad de diez hasta los quince años. «Los que quieren seguir aprendiendo más cosas, como historia, matemáticas o geografía, van a una madrasa», explicó Arby.

Arby, uno de los pocos árabes que quedaba en la ciudad, tenía bigote y vestía una gran chilaba. Su familia llevaba en Tombuctú desde la época de su trastatarabuelo, me señaló; era descendiente del profeta Mohamed. «Yo conozco el islam mejor que esos islamistas, pero me daban miedo y no me gustaban porque son violentos —dijo—. Lo que hacen en nombre del islam es solo engañar a la gente». Dijo que se había quedado «porque tengo el apoyo de la gente de Tombuctú. Yo enseño a sus hijos».

Su escuela no corrió mejor suerte con los liberadores. Normalmente tenía doscientos alumnos, dijo, pero, desde la llegada de los franceses, los árabes de la ciudad huyeron, conque sus alumnos se habían reducido a cuarenta. «La mayoría de los árabes tenían miedo de los franceses y del ejército maliense —comentó—. Sabían lo que iban a hacer». Los árabes se temían que se saqueasen sus casas y sus negocios, según explicó; habían asaltado y desvalijado la casa nueva que él se estaba construyendo.

Fuera de la ciudad, un reportero de Associated Press llamado Rukmini Callimachi había encontrado unas fosas poco profundas en las que se hallaban los cadáveres de dos árabes malienses, con las manos atadas a la espalda. Ambos tenían disparos en la cabeza. El día antes de venir yo, una unidad del ejército había detenido a ocho árabes más en la calle, incluyendo a un hombre mayor llamado Ali que había concedido entrevistas a los periodistas tras la llegada de los franceses. No se los había visto desde entonces, no se habían recibido noticias suyas, y la mayoría de la gente creía que los habían asesinado. Cuando mencioné los asesinatos y las desapariciones con Arby, este me respondió con cautela. «No creo que los muertos fuesen inocentes —dijo, y añadió—: Ali no era islamista, pero sus hijos sí. Lo tienen detenido los militares, no sé qué será de él. Ese tipo de cosas me da miedo».

Estaba en contacto con varios de los árabes que habían huido al desierto de alrededor, y muchos de ellos se hallaban hambrientos y cada vez más desesperados. «He hablado con los militares y he maniobrado para que les lleven comida —decía—. No estaban con los islamistas, pero tienen miedo y se avergüenzan de lo que hicieron los árabes». Había mandado a su madre y a sus hermanas a Níger por seguridad, según me contó, pero creía que los árabes «inocentes» de Tombuctú podrían volver en algún momento. La mayor parte de los comercios locales estaban en manos de los árabes, ellos eran quienes proporcionaban la mayoría del empleo, y eran necesarios. «Si vuelven los imames y los ilustres y presentan disculpas, la gente negra los perdonará», dijo Arby.

Dos semanas después de que Hollande visitase Tombuctú, el coronel Paul Gèze, comandante de la fuerza de invasión francesa, comenzó los preparativos para marcharse. Los habitantes de la ciudad le organizaron una celebración en la plaza de tierra en la que habían saludado a Hollande como liberador —y donde los islamistas llevaban a cabo la mayor parte de sus flagelaciones—. Gèze, un hombre corpulento con el pelo entrecano y muy corto, se sentó con unos cuantos oficiales y mandatarios locales más en las sillas de plástico colocadas para los invitados VIP. Unos banderines de color rojo, amarillo y verde de la bandera maliense colgaban alrededor de la plaza, junto con una bandera tricolor francesa que rezaba: MERCI À LA FRANCE ET LES PAYS AMIS. En medio de un gran bullicio, una multitud se había congregado en la plaza, donde gendarmes y hombres con palos intentaban mantenerlos en su sitio. Algunos tocaban la batería, y las mujeres cantaban y se reían. Un grupo de hombres bailarines con cuernos de vaca en la cabeza representaba a los carniceros de Tombuctú, y un hombre con un turbante negro llevaba una túnica fucsia adornada con una gran espada y unos cinturones cruzados, al estilo pirata.

Al atardecer, se impuso un cierto orden y dieron comienzo los discursos. Un joven maliense recitó unas estrofas a ritmo de hiphop que había compuesto en honor a los franceses. El comandante Gèze se mostró todo el rato amable y sonriente, y después tomó la palabra para alabar a la gente de Tombuctú y prometerles eterno apoyo de Francia. Cuando los bailarines salieron a actuar ante las autoridades, mi mirada recayó en un hombre que había por allí. Tenía una altura y una corpulencia enormes, y la piel del color de la madera caoba antigua; llevaba una túnica confeccionada con lo que parecía un saco. En la parte delantera había algunas palabras que no pude distinguir, y en la de atrás estaba la imagen de un hombre penetrando a una mujer por detrás.

Mientras la compañía de danza efectuaba su representación, el hombre dio comienzo a la suya propia. Sacó un enorme consolador negro, se lo ató a la cintura y comenzó a menearse con lascivia y una expresión obscena. En un momento dado dejó de bailar y se quedó allí, acariciándose lentamente el consolador. La gente de la multitud lo miraba con ojos atónitos e incrédulos; otros sonreían o se tapaban la boca con la mano para evitar reírse. Estaba claro que a todo el mundo le resultaba familiar su actuación, y que muchos estaban encantados con ella. Un par de oficiales se acercaron a él para intentar que se detuviese. Él los alejó a empujones y siguió bailando con una mirada maliciosa.

Parecía extraordinario que la sociedad maliense pudiese contener impulsos tan contradictorios. Durante la mayor parte del año anterior, los yihadistas habían llevado a cabo flagelaciones en la plaza de la ciudad, donde ahora un hombre se ponía a bailar fingiendo que se masturbaba —y nadie parecía alterarse demasiado por ello—. Idrissa explicó que el hombre era un *griot*, uno de los personajes hereditarios de África occidental que se encarga de la tradición oral de sus comunidades contando fábulas, hechos históricos, poesía o música. Ese en concreto era un poco canalla, según Idrissa. Cuando le pedí que me tradujese las palabras de la túnica del *griot*, se negó: «Son palabras muy malas. Ya has visto la imagen, así que te lo puedes imaginar».

Unos cuantos días después, fuimos al encuentro del *griot* a su casa, una cabaña improvisada de barro que estaba en las dunas, casi a las afueras de la ciudad. Su mujer estaba pelando verduras en un patio, acompañada de varios niños pequeños. El *griot*, que llevaba camisa y pantalones, me invitó a sentarme junto a él bajo una pérgola de hierba de la que entraban y salían pájaros revoloteando. Le pregunté si los pájaros eran suyos. Entonces soltó una risotada sorprendida y dijo que no, que únicamente vivían allí.

Se llamaba Bukabar Traoré, pero prefería que lo llamasen «jefe Firga», que era el nombre de su pueblo. Había nacido *banya*, esclavo, del pueblo songhai, y había adoptado el papel de bufón sexual como forma de escape. Más o menos cuando él nació, hacía cuarenta y siete años, era cuando habían prohibido de modo formal la esclavitud en Mali, pero en el norte persistía la tradición de la servidumbre hereditaria. La herencia del mercado de esclavos en Mali era complicada. «Al principio de toda esta historia, estaba la gente negra pobre y luego los ricos e inteligentes —dijo—. Te cogían por la fuerza y te obligaban a trabajar para ellos. Si perdían su riqueza, te llevaban al mercado y te vendían. Más tarde, algunos de los esclavos consiguieron dinero e instrucción, o se hicieron musulmanes, y pudieron comprar su libertad».

Cuando Boubakar era apenas un adolescente, entendió por fin que sus padres eran esclavos y que él también lo era. Fue a ver a sus propietarios, una familia local de apellido Heydara, y les preguntó si era su esclavo. Ellos, avergonzados, le dijeron que la esclavitud era cosa del pasado, y que ellos lo consideraban un hijo. Pero él sabía la verdad. Luego les dijo a sus padres que por ley eran libres, pero ellos tenían miedo y no podían cambiar. «Fueron esclavos hasta el final de sus vidas —afirmó—. La generación de mis padres no tenía derechos. Mi generación es la primera en exigir sus derechos».

El padre de Boubakar le dijo que no debería vivir con amargura y lo animó a que se convirtiese en *griot*, como había sido su abuelo y el abuelo de su abuelo. Boubakar se dio cuenta de que si se ponía su traje e iba a casa de sus antiguos dueños, le pagarían para que se marchase. Hizo carrera acosándolos: se presentaba en sus celebraciones consolador en mano. Si era necesario, añadió, los chantajeaba: «Puedo contar cosas sobre mis antiguos dueños y, como soy su antiguo esclavo, la gente me creerá. Eso me da poder sobre ellos». Tenía la sensación de haber tenido éxito. «Esta casa la pagaron ellos», dijo con una sonrisa, haciendo un gesto hacia la choza. Dijo que lo había hecho porque decidió no ir por la vida ocultando el hecho de que había sido esclavo. A pesar de que admitía que no era un hombre libre de verdad, ya que vivía de sus antiguos propietarios, había encontrado un modo de hacer uso de su herencia.

Mientras los islamistas estaban en Tombuctú, Boubakar escondió el traje. El día que lo vi en la plaza del pueblo era el primer día que salía después de diez meses. Tenía miedo de los islamistas, según dijo. «Le cortaban la mano a la gente y les decían a nuestras mujeres que su forma de vestir no era adecuada. Yo creo que querían que volviese la esclavitud».

Boubakar tenía diez hijos, y estaba educando a unos cuantos de ellos para ser *griots*, incluyendo a un par de hijas. Cuando manifesté mi sorpresa ante la idea de las *griots* femeninas, me explicó cómo funcionaba la cosa. Las antiguas esclavas se ponían la ropa sin nada debajo y se presentaban en las reuniones sociales de sus antiguos dueños. «Si no les pagan, se suben el vestido e intentan sentarse sobre ellos». Se rio con ganas.

Boubakar no tenía historia nacional de la que estar orgulloso. La esclavitud era ya ilegal, pero sus estructuras sociales seguían en pie, y el Estado no había proporcionado medios para superarlas. Ser un *griot*, por otro lado, era algo que podía transmitir con orgullo a sus hijos; a través de sus actuaciones, conseguía doblegar a sus antiguos dueños. Pero la pregunta general de si se sentía maliense no contaba con una respuesta fácil. Incluso los antiguos dueños de Boubakar se consideraban árabes y no realmente malienses. ¿Dónde lo dejaba eso a él?

Mientras me disponía a marcharme de Tombuctú, el presidente Obama anunció que había mandado un centenar de tropas estadounidenses al vecino Níger, para trabajar en una nueva base destinada a drones de vigilancia que ayudarían a los franceses a localizar a Al Qaeda. Una semana más tarde, las tropas chadianas que luchaban junto con los franceses anunciaron que habían matado a dos jefes del AQMI. Pero el ejército maliense distaba mucho de estar listo para tomar el control, o eso parecía. Me reuní en el cuartel principal con el coronel Kéba Sangaré, el comandante militar recién llegado a la ciudad. Sangaré, un hombre educado de cuarenta y pocos años, insistió en que la gente se sentía más segura desde que habían llegado sus hombres, y señaló que las escuelas habían vuelto a abrir. «Ahora la gente circula por ahí libremente, y los periodistas occidentales pueden ir donde quieran. Poco a poco avanzamos hacia una nueva fase, en la que dependemos del apoyo de la población local para defendernos contra los insurgentes».

En realidad, él y sus hombres se apoyaban mucho más en los franceses, cosa que Sangaré reconoció alegremente. «No podemos ocuparnos de todo Mali —confesó—. Tenemos mucha tierra y poca población y ejército, y no contamos con la tecnología para ver en todo el territorio». Su propia jurisdicción, señaló, rondaba los trescientos cincuenta y cinco mil kilómetros cuadrados.

El jefe de Sangaré para la Opération Serval era el capitán Aurélien, mi anfitrión en el convoy a Tombuctú. Una mañana, Aurélien vino al hotel Colombe para hablar con un grupo de reporteros. Se había restablecido la seguridad, pero solo donde los militares franceses podían aparecer en cualquier momento. Me explicó que los franceses se quedarían en el aeropuerto y habían empezado a patrullar alrededor de la ciudad. Avisó a los periodistas de que no se aventuraran demasiado lejos. «Podría seguir habiendo terroristas entre los árabes de los pueblos de fuera de la ciudad. Les pido ayuda a este respecto: por favor, no vayan allí».

Cuando mencioné que Hollande había dicho que sus tropas darían el relevo a los malienses para finales de abril, Aurélien se mostró evasivo. «No estoy seguro de las fechas —dijo—. Creo que los plazos están un poco más abiertos». A unos metros escasos de distancia, en el restaurante, un soldado maliense de uniforme estaba sentado bebiendo cerveza con aire decidido. Eran las once de la mañana.

En Bamako, fui a charlar sobre las expectativas malienses con un activista político llamado Tiébilé Dramé, que gozaba de bastante consideración. Dramé, un hombre alto y afable de unos cincuenta y tantos años, me dijo en tono de disculpa que no había ido al norte desde que los franceses habían expulsado a los islamistas. Había ayudado a organizar equipos especiales de investigación, pero un viaje reciente al que esperaba asistir fue cancelado por razones de seguridad. Cuando le hablé de las desapariciones y los asesinatos, adoptó un aspecto sombrío: «El país está en una verdadera crisis, y demasiada poca gente parece darse cuenta de hasta qué punto».

Consideraba que las autoridades occidentales habían permitido que continuase la ocupación islamista. «Mi conclusión hasta hace poco —dijo— era que el Gobierno estadounidense no creía que la situación de Mali representase una amenaza para la seguridad internacional; ese es el resumen, creo». Unos cuantos meses antes, comentó, un alto diplomático estadounidense de la región había preguntado con brusquedad si AQMI representaba una amenaza para Estados Unidos. «¿Te lo imaginas?», preguntó Dramé con una mirada de incredulidad.

Al otro lado de la ciudad, la embajadora estadounidense, Mary Beth Leonard, hizo una vigorosa defensa del papel de su país en Mali. Explicó que el Gobierno había ofrecido apoyo logístico a la misión francesa, gastado ciento veinte millones de dólares en ayuda humanitaria, y prometido cien millones más para un programa de estabilización apoyado por las Naciones Unidas. (También había informes de pequeños números de fuerzas especiales trabajando en Mali). «Pero no podemos ocuparnos de los militares malienses hasta que no se celebren elecciones y se restaure la democracia —añadió Leonard—. Somos muy firmes con respecto a lo que creemos que son las prioridades de Mali. La gobernabilidad es la cuestión principal. La reconciliación también ocupa un puesto destacado en la lista». Creía que los islamistas solo podrían ser derrotados si se sentaba a la mesa a todos los grupos del norte, incluyendo a los tuaregs, que habían roto los lazos con los islamistas durante la invasión francesa. No obstante, aún quedaba una guerra por librar, según dijo Leonard: «AQMI no venció en el campo de batalla, así que pasará a tácticas asimétricas. Todos esperamos a ver qué tácticas serán esas».

Poco después de nuestra reunión, AQMI dijo que había ejecutado a uno de los seis rehenes franceses que sus fuerzas tenían retenidos en el norte de África. Una semana más tarde, un terrorista suicida explotó fuera del aeropuerto de Tombuctú, matando a un soldado maliense e hiriendo a varias personas más. Diez días después, otro terrorista suicida y dos pelotones efectuaron ataques simultáneos con armas de fuego y bombas en varios puntos de la ciudad. Un grupo se coló por la parte trasera del hotel Colombe y abrió fuego en las habitaciones donde se alojaban varios oficiales tanto occidentales como malienses. Transcurrieron cuarenta y ocho horas y tuvieron lugar varios tiroteos más antes de que la ciudad se calmase de nuevo. En abril, durante una visita a Mali, Laurent Fabius, el ministro de Asuntos Exteriores francés, anunciaba que Francia tenía la intención de dejar una fuerza permanente de mil tropas con el fin de «combatir el terrorismo».

Al final, la estrategia de no intervención de Estados Unidos parecía resultar rentable. Washington había pagado relativamente poco; los franceses habían hecho la mayor parte del trabajo; y, de momento, Al Qaeda estaba a la defensiva. Pero los diez meses que los yihadistas habían estado al mando del Gobierno podían tener consecuencias a largo plazo. La breve existencia del Estado islámico de Azawad demostraba a los extremistas que Occidente está más fraccionado, y quizá más débil, que antes, y menos dispuesto a enviar soldados armados a tierras lejanas. Parecía probable que los yihadistas supervivientes quisieran repetir su experimento, puede que con mayor sofisticación. Mientras tanto, los extremistas que se escondían en la región habían mostrado su capacidad para atacar, como había ocurrido en Níger, donde los atentados suicidas con bombas habían matado a veintiséis personas en mayo.

Si Mali desea dejar de ser un polo de atracción para terroristas, tendrá que hacer, de alguna forma, un esfuerzo conjunto como nación unida. Pero eso sigue siendo un desafío considerable. Mali cuenta con pocos líderes de peso, y con ninguna cultura cívica adecuada para la tarea de exigirles más a los políticos —eso por no mencionar un mejor comportamiento por parte de su ejército—. Cuando conocí a Tiébilé Dramé, me dijo que el país necesitaba desesperadamente «una conversación nacional acerca de cómo poner nuevos cimientos para la democracia. La misma importancia tienen las discusiones que necesitamos tener como malienses sobre cómo vamos a preservar la paz y mantener unido al país». De momento, afirmó, el Gobierno de Mali era «una cohabitación entre el golpe de Estado y la Constitución». Había un presidente de transición, pero los elementos criminales dentro de los militares aún seguían ejerciendo una enorme influencia. «La verdad es —dijo— que nadie da la impresión de estar de veras a cargo de nada».

Durante las últimas semanas, sin embargo, se han dado algunas señales prometedoras. Se han programado nuevas elecciones para el 28 de julio, y es posible que ayuden a aplacar el problema de la gobernabilidad. El 25 de abril, las Naciones Unidas decidieron desplegar tropas pacificadoras. A mediados de junio, Dramé anunció que se habían mantenido negociaciones durante semanas, en las cuales los tuaregs insurgentes del norte se habían comprometido a mantenerse en calma y unirse a la nación maliense, al menos de momento.

Hay muchos países con diferencias sectarias y étnicas sin resolver, y muchos de ellos se las apañan para progresar, si bien de forma espasmódica. Con ayuda, Mali, a pesar de todos sus problemas, debería poder avanzar, aunque sea a trancas y barrancas. Pero una solución política integral parece todavía lejana. Hasta que la descubran, la mejor esperanza de Mali podría ser su brío cultural y su espíritu tolerante, que, al menos a escala vecinal o municipal, puede reconciliar a su pueblo como no puede hacerlo la política.

Cuando estuve en Bamako, las festividades públicas estaban aún suspendidas, pero un viernes por la noche se abrió el Djadjo Club, con su tenue iluminación. El cabeza de cartel era el guitarrista y cantante maliense Baba Salah, un hombre delgado de unos treinta y algo, que llevaba un traje oscuro y una camisa blanca con un cuello digno de Billy Eckstine. Mientras los integrantes del grupo se colocaban en un escenario cercano con fondo de cristal espía, nos sentamos a charlar.

Era de Gao, según dijo, y, a pesar de que él, su mujer y sus hijos tenían la suerte de vivir en Bamako, muchos de sus amigos y parientes habían sufrido el yugo islamista. «Tras un año de opresión, la gente de allí había perdido la esperanza —dijo—. Había quedado claro que nadie tenía la posibilidad de cambiar la situación. Así que la llegada de los franceses constituyó un enorme alivio». Estaba esperando un poco más antes de ir de visita. «Las ciudades están liberadas, pero las carreteras siguen sin ser seguras», afirmó. Se asustó cuando los yihadistas avanzaron al sur desde Tombuctú. Se sabía que él se había manifestado en contra, y le preocupaba que lo obligasen a dejar de tocar. El melancólico título que daba nombre a su último álbum era *Dangay*, que significa «norte». En la canción, les pedía a sus oyentes que rezasen por la gente de la región.

El club comenzó a llenarse de hombres y mujeres de atuendo exuberante, que saludaban y sonreían a Baba Salah. La mayoría de ellos bebían Coca-Cola; unos cuantos tomaban cerveza. No parecía haber estigma alguno por observar con más o menos celo los preceptos de la fe.

Baba Salah tenía una guitarra Schechter blanca y negra, y antes de subir a tocar me contó cómo la había conseguido. En el año 2000, se hallaba en su primer viaje fuera de Mali, de gira con el gran Oumou Sangaré, y el compositor Jackson Browne vino a ver el concierto de Nueva York. «Después me mandó llamar y dijo: "Tocas como un ángel. ¿Qué puedo hacer por ti?" —me contó Baba Salah—. No sabía qué contestar. Me dijo: "No te preocupes, sé lo que hacer". Al poco vino en avión desde California. Yo vivía de soltero en una habitación pequeñísima. Tocamos juntos. Me dijo: "Esta es la guitarra con la que toco, y quiero que la tengas"». Desde entonces, Baba Salah tocaba con la guitarra de Browne.

Una vez en el escenario, cogió la guitarra y pronunció unas cuantas palabras sobre lo feliz que lo hacía que el norte fuese libre, cosa que provocó aplausos y algunos gritos de alegría. Después él y su grupo empezaron a tocar. Su música, conducida por la guitarra, era un sonido eléctrico y secuencial lleno de *riffs* que evocaba el panorama underground de los años sesenta, pero resultaba claramente africano. Baba Salah cantaba con soltura y naturalidad, y en cuanto dio comienzo la primera canción la gente llenó la pista de baile.

Una historia de violencia*

Sudán se dividió recientemente en dos países. ¿Acabará así su larga guerra civil?

El 9 de julio de 2011, al dar la medianoche, el recién creado Estado de Sudán del Sur estalló en una celebración de júbilo. En Juba, la capital, hubo fuegos artificiales, redoblaron las campanas de las iglesias y los coches hacían sonar sus cláxones mientras recorrían las calles abarrotadas de gentes, que gritaban y cantaban al son de los tambores. En el cruce principal, se alzaba la nueva torre del reloj en medio de una glorieta; en su pantalla digital parpadeaba en letras rojas: AL FIN, LIBRES.

La investidura del primer presidente, Salva Kiir, estaba fijada para la tarde del día siguiente y, en la cumbre de una colina, las máquinas excavadoras habían creado un amplio espacio cuadrado para acomodar a la muchedumbre. Un árbol solitario había sobrevivido a la embestida. Bajo los focos, los obreros montaban frenéticamente los graderíos y, en un mástil cercano, dos ingenieros chinos jugueteaban con controles remotos intentando asegurarse de que la bandera de Sudán pudiera ser arriada al mismo tiempo que se izaba la de Sudán del Sur.

Antes de la ceremonia, decenas de miles de personas se amontonaban en el lugar, contenidas por un cordón de soldados delante de las tribunas vip. Las delegaciones extranjeras llegaban en todoterrenos, comprados con gastos enormes que eran ya motivo de acusaciones de corrupción. Cuando los líderes se dirigían a sus asientos, eran anunciados por el maestro de ceremonias y aclamados por la multitud: Robert Mugabe, de Zimbabue; Goddluck Jonathan, de Nigeria; Jacob Zuma, de

---

* Publicado originalmente en *The New Yorker* el 16 de julio de 2012. Publicado por primera vez en castellano por Sexto Piso (2018), *La herencia colonial y otras maldiciones*, en traducción de María Tabuyo y Agustín López Tobajas.

Sudáfrica; junto a ellos, una treintena de líderes africanos. Llegó Ban Ki-moon, secretario general de las Naciones Unidas, así como el príncipe heredero de Noruega. China envió a su ministro de Vivienda y Desarrollo. Estados Unidos mandó a Colin Powell, a la embajadora ante las Naciones Unidas, Susan Rice, y al general Carter Ham, jefe del Comando África del Pentágono.

La ceremonia se prolongó durante siete largas horas. El mástil funcionó impecablemente: los ingenieros habían hecho bien su trabajo. Pero los obreros no habían conseguido montar los toldos a tiempo sobre el graderío; solo la sección presidencial estaba cubierta, y nadie había pensado en repartir agua. Bajo el abrasador sol ecuatorial, la gente empezaba a desfallecer. Algunos soldados, que estaban firmes, se desmayaban y tenían que ser retirados en camillas por sus compañeros.

La ceremonia representaba un nuevo comienzo para Sudán, un Estado catastróficamente agitado desde 1956, cuando obtuvo la independencia de Gran Bretaña. Sudán se convirtió entonces en la nación más grande de África, y tal vez en la más disfuncional: una unión forzada de partes mal emparejadas. El sur, verde y tropical, está habitado por africanos negros, que son predominantemente animistas y cristianos; el norte es básicamente desértico y está dominado por musulmanes de sangre africana y árabe mezcladas. Durante siglos, las dos partes estuvieron en lados opuestos del comercio de esclavos. Sudán —nombre derivado de la palabra árabe para «tierra de los negros»— fue una lucrativa fuente de bienes muebles hasta que los ingleses suprimieron el comercio; la capital, Jartum, en el norte, fue construida por un soberano egipcio como centro de tratantes negreros. El norte y el sur estaban divididos en regiones, definidas por su distinta geografía y sus tribus específicas, cada una con tradiciones y lealtades distintas. Recelosos de estas complicaciones, los ingleses administraron por separado las dos mitades del país, a veces prometiendo al sur una cierta dosis de autonomía. Sin embargo, cuando se retiraron, agruparon todas las regiones, dejándolas a cargo de Jartum.

El nuevo régimen discriminó duramente al sur, y siguieron décadas de guerra civil. En 1989, el general Omar Hassan Ahmad al Bashir se hizo con el poder en un golpe militar y asumió la dirección de la guerra. Desde entonces, ha llevado a cabo una lucha despiadada contra el principal grupo rebelde del sur, el Ejército Popular de Liberación de Sudán,

SPLA (por sus siglas en inglés). El conflicto ha terminado con la vida de más de dos millones de personas, muchas de ellas muertas por inanición, y ha desplazado a varios millones más, transformando el sur de Sudán en una zona de desastre, sostenida principalmente por organismos de ayuda internacional.

Mediante la represión táctica y la astucia, Bashir ha conseguido mantenerse en el cargo más tiempo que cualquiera de sus predecesores. Con sesenta y ocho años, es un personaje barrigón con el ceño fruncido y aire beligerante, un antiguo soldado que combatió con el ejército egipcio como paracaidista durante la guerra de 1973 con Israel. Es musulmán practicante, con dos esposas, y su Gobierno ha estado afiliado a la Hermandad Musulmana: durante los años noventa, bruñó sus credenciales islamistas al permitir que Osama bin Laden viviera en Sudán durante varios años. Entre 2003 y 2010, su régimen libró una guerra brutal contra los rebeldes en Darfur, la provincia más occidental de Sudán, y en 2009 consiguió la dudosa distinción de convertirse en el primer jefe de Estado en funciones en ser acusado por el Tribunal Penal Internacional de La Haya. El Tribunal emitió una orden de detención contra él por crímenes de guerra y crímenes contra la humanidad y, poco después, otra por genocidio. Se calcula que trescientos mil sudaneses murieron en Darfur, a manos de las milicias respaldadas por el Gobierno conocidas como *janjaweed*, o por el hambre y la enfermedad que se derivaron de su violencia.

El enviado de Bashir a Londres, Abdulahi al Azreg, una figura impresionante, con traje y turbante blancos, se rio con sorna cuando mencioné esas cifras en una entrevista reciente. «Esos números están inflados por los grupos de apoyo para conseguir dinero de sus patrocinadores —dijo—. ¡En Darfur hubo una guerra! No lo negamos. Nuestro cálculo de los muertos de ambos lados, incluidos civiles, no llega a los veinte mil. —Y añadió—: Me entristece ver lo que se escribe sobre mi país; incluso siento que hay una conspiración. Se da una imagen de nuestro Gobierno como si fuera el más cruel del mundo. Es completamente injusto».

Sin embargo, a Bashir no parece preocuparle su reputación internacional. Disfruta insultando a los líderes occidentales: al enterarse de la primera orden judicial del Tribunal Penal Internacional, dijo al Tribunal de La Haya que «se la comiera», e insiste en que su estatus de paria es una prueba de los pérfidos intentos de recolonizar África. Recientemente, después de que Hillary Clinton le advirtiera contra la renovación de hostilidades contra el sur, ridiculizó la política americana de «zanahoria y palo»: «No queremos sus zanahorias, que son repugnantes y venenosas, y no nos asusta su palo». Se presenta a la población sudanesa como una especie de Hugo Chávez africano: un populista astuto que celebra mítines en los que canta y baila para sus partidarios. Se piensa que es fabulosamente rico y corrupto. Un mensaje de la embajada americana de 2009, hecho público por WikiLeaks, mencionaba que probablemente había malversado nueve mil millones de dólares de los fondos públicos.

En 2005, Bashir y los líderes del SPLA anunciaron que estaban dispuestos a poner fin a la larga guerra civil de Sudán. Firmaron un «exhaustivo acuerdo de paz», administrado por las Naciones Unidas, que suponía un alto el fuego, seguido por un «periodo transitorio» de seis años. A la conclusión del plazo, la población del sur votó casi por unanimidad la secesión. La nueva nación incluía a unos ocho millones de ciudadanos, en un territorio del tamaño de Texas, aproximadamente, una cuarta parte de la antigua extensión de Sudán. Incluía también unas dos terceras partes de los yacimientos petrolíferos que estaban en funcionamiento en el país, con una capacidad de producción de unos trescientos cincuenta mil barriles diarios. El petróleo es, de manera abrumadora, la principal fuente de ingresos de Sudán del Sur, como lo es para el norte, y no estaba claro cómo se repartirían los recursos.

En la ceremonia de independencia, parecía que Bashir había aceptado cortésmente la secesión del sur. Salva Kiir lo presentó con su título más grandilocuente, mariscal de campo, y dijo que las dos naciones serían «compañeras de paz». Bashir habló de fraternidad y buena voluntad, y pidió al presidente Obama que levantara las sanciones que se habían impuesto a Sudán en 1997. La multitud aplaudió frenéticamente, lo que resultó extraño, puesto que millones de personas habían padecido la violencia del ejército.

Kiir, una figura rústica con sombrero negro de *cowboy*, llamó a la reconciliación, pero aludió también a los grupos rebeldes que seguían siendo perseguidos en la parte sudanesa del otro lado de la frontera. «Saludo a los combatientes por la libertad de todos del norte de Sudán —dijo— que todavía anhelan la paz, la justicia y la democracia verdaderas. El pueblo y el Gobierno de la República de Sudán del Sur estarán solidariamente con vosotros». Kiir estaba insinuando que la paz podría no ser duradera, y en las semanas siguientes también Bashir señaló que tenía intención de seguir actuando como siempre. Como me decía Carol Berger, antropóloga canadiense que trabajó en Sudán durante treinta años: «Estos dos países están unidos en un abrazo mortal. Se han divorciado, pero tienen que seguir compartiendo la cama».

La guerra contra Jartum había dejado a Sudán del Sur convertido en un desierto subdesarrollado. Un año después de la independencia, tenía una tasa de mortalidad infantil de más del 10 por ciento, y el mayor índice de mortalidad materna del mundo. La mayoría de sus ciudadanos viven con menos de un dólar diario, y siete de cada diez son analfabetos. En todo el país, solo hay cincuenta kilómetros de carreteras pavimentadas. Sudán del Sur tiene enormes reservas minerales y una gran capacidad agrícola, pero su potencial se ha visto frustrado en gran medida por la corrupción. En mayo, Salva Kiir envió una carta a varias docenas de funcionarios del Gobierno anterior y del actual, en la que calculaba que se habían malversado cuatro mil millones de dólares de los fondos públicos. «Luchamos por la libertad, la justicia y la igualdad —escribió—. Sin embargo, una vez que alcanzamos el poder, olvidamos para qué luchamos y empezamos a enriquecernos a expensas de nuestro pueblo». Algo de lo que no carece el nuevo país es de soldados. En Juba se los ve por todas partes, con sus kalashnikov, vistiendo uniformes verdes, con boinas rojas y gafas de sol oscuras. A menudo están borrachos.

Durante décadas, su líder, y el adversario principal de Bashir, fue John Garang, fundador del SPLA. Garang, intelectual carismático con un doctorado en economía agrícola en el estado de Iowa, puso en marcha el ejército —y su ala política, el Movimiento Popular de Liberación de Sudán— en 1983, cuando Jartum rescindió un acuerdo de autonomía para el sur e introdujo en la ley sudanesa castigos inspirados en la *sharia*. Garang modeló el SPLA según otros movimientos filomarxistas de África, y durante un tiempo recibió ayuda de los regímenes con respaldo soviético de Etiopía y Cuba; los hombres del SPLA siguen refiriéndose unos a otros como «camaradas», aunque pocos tengan algún ideal socialista. Después del derrumbe de la Unión Soviética, Garang buscó la ayuda de Occidente. A mediados de los años noventa, el SPLA había sido adoptado por políticos americanos conservadores y grupos cristianos, que miraban a muchos conversos cristianos de Sudán del Sur —los descendientes putativos del bíblico «pueblo de Kush»— con especial devoción.

El objetivo de Garang no era la secesión; esperaba dirigir todo Sudán, y por eso, aunque la guerra se librara casi exclusivamente en el sur, formó también grupos de combatientes en el norte. Pero el tratado de paz de 2005 dividió a las fuerzas de Garang en dos: el SPLA-Sur tomó el control de Sudán del Sur, mientras se dejaba que el SPLA-Norte tomara sus propias decisiones. Poco después Garang murió en un accidente de helicóptero, y el sueño de un Sudán unido comenzó a desvanecerse.

Actualmente, el conflicto entre Norte y Sur se centra en las provincias fronterizas, donde los soldados norteños de Garang se encontraban aislados. Cuando el Sur se separó, los estados de Kordofán del Sur y Nilo Azul —y sus contingentes de combatientes del SPLA— se quedaron dentro de Sudán. Se suponía que ambos estados celebrarían reuniones legislativas, con la perspectiva de renegociar el equilibrio de poder con Jartum. Pero Bashir se aseguró de que las reuniones no avanzasen, y al mismo tiempo presionó para desarmar a los soldados rebeldes. A lo largo de la nueva frontera con Sudán del Sur, patrocinó a señores de la guerra para que comandaran milicias contra el Sur, y en varios discursos juró «cortar las manos» de sus enemigos. Como Bashir mostró en Darfur, es un maestro en utilizar fuerzas ajenas para sofocar las rebeliones incipientes, ejerciendo el control sobre su enorme país mientras mantiene las zonas intranquilas en crisis permanente.

Desde un punto de vista estratégico, las acciones de Bashir tenían sentido; quería garantizar que sus fuerzas controlaran la frontera. En la práctica, ayudaron a inspirar una nueva resistencia nacional a su régimen. En mayo de 2011, un veterano del SPLA llamado Abdelaziz al Hilu se presentó como candidato a gobernador del remoto estado limítrofe de Kordofán del Sur, que había sido objeto de cruentos combates en anteriores episodios de la guerra civil. En unas elecciones disputadas, Hilu, antiguo ayudante del gobernador, perdió por varios miles de votos frente al candidato de Bashir, Ahmed Harún, que era buscado por el Tribunal Penal Internacional por crímenes de guerra. Cuando los rebeldes de la zona rechazaron el desarme, la policía sudanesa y voluntarios paramilitares islamistas de las Fuerzas de Defensa Popular de Bashir intervinieron rápidamente en las ciudades de Kordofán del Sur. Utilizando las listas de registros de votantes como guía, apresaron a numerosos partidarios de Hilu y los ejecutaron.

Hilu escapó por muy poco a la captura, y él y miles de sus partidarios huyeron para vivir en el desierto, muchos de ellos en cuevas en los macizos de piedra de Kordofán del Sur: las montañas Nuba. Desde entonces, han librado una guerra defensiva de supervivencia, junto con decenas de miles de refugiados de las aldeas asediadas. Han estado sometidos a ataques periódicos por tierra y aire casi diarios por los aviones militares del Gobierno. Centenares de ellos han muerto.

Una noche de hace unos meses, me reuní con Hilu en un piso franco en las afueras de Juba. Es un hombre de voz suave, cercano a los sesenta años, y con poco aspecto de líder revolucionario. Explicó que el pasado mes de noviembre él y varios líderes de las otras regiones sojuzgadas de Sudán —Nilo Azul y Darfur— habían unido sus fuerzas en la constitución de un nuevo grupo rebelde, el Frente Revolucionario de Sudán, SRF (por sus siglas en inglés), con objeto de derrocar el régimen de Jartum. Hilu había sido nombrado jefe militar. «Estamos aquí para defender a nuestro pueblo —dijo—. Pero hemos descubierto que la mera defensa no basta, que debemos ir hacia delante y liberar a nuestro pueblo mediante un cambio de régimen».

El SRF es una fuerza reducida, tal vez no más de unos miles de combatientes que se enfrentan a un ejército que puede contar con cien mil soldados, además de las milicias. Pero esperan que se les unan grupos rebeldes de otras partes del país y, finalmente, el SPLA en el sur, que tiene ciento setenta mil soldados. Hasta ese momento, decía Hilu, sus socios más activos en el campo de batalla eran tres grupos darfuríes, pero buscaba otros, aunque sus políticas no coincidieran exactamente con las suyas. El SRF se había comprometido por un Sudán democrático, no sectario y secular, e Hilu aceptaba que había resultado difícil convencer a sus nuevos socios, que eran musulmanes, del último punto. Aunque, por el momento, los rebeldes habían decidido no preocuparse por la forma en que gobernarían Sudán; la tarea principal era derrocar el régimen de Bashir.

El Gobierno de Sudán del Sur estaba en una posición difícil. El presidente Kiir había ofrecido apoyo moral a sus asediados camaradas del Norte, pero de repente había dejado de proporcionar ayuda abiertamente. «No queremos interferir, pero apoyamos las aspiraciones de nuestros amigos y hermanos», me dijo un oficial del ejército de Kiir el pasado verano. Aunque, según todo el mundo, el Sur estaba ayudando de manera encubierta a los rebeldes del SPLA-Norte y el SRF, y algunos funcionarios de alto nivel del Gobierno eran francos en cuanto a sus aspiraciones. El gobernador del estado oriental de Jonglei, un general llamado Kuol Manyang, me dijo: «Luchamos para liberar todo Sudán. Y, si todavía es posible, ¿por qué no? Hemos considerado que Sudán es nuestro desde el principio; somos los kushitas, mencionados en la Biblia, que lucharon pero perdieron. Fuimos obligados a retirarnos una y otra vez. Pero ¿no podemos tomar ahora el poder? ¿No podemos, si la población negra es mayoría en Sudán?».

El conflicto creció durante la primavera y el verano. Al tiempo que expulsaba a Hilu de Kordofán del Sur, Bashir envió a sus tropas a la ciudad petrolífera de Ahyei, reclamada tanto por el Norte como por el Sur, y después a Nilo Azul. El gobernador, un oficial del SPLA llamado Malik Aggar, me dijo que había intentado anticiparse a una vuelta a la guerra hablando directamente con el dictador sudanés. «Dije a Bashir: "¿Esto es lo que quiere?". Y él dijo: "Sí"».

El punto crucial era el petróleo. Los oleoductos que llevan petróleo al norte, al mar Rojo, para la exportación, atraviesan todo Sudán, y en enero Jartum pidió una «cuota de paso» exorbitante de treinta y seis dólares por cada barril que el Sur quisiera bombear a través de su territorio. El Sur ofreció un dólar —más cercano a la tarifa internacional— y Bashir respondió apropiándose de petróleo por valor de casi mil millones de dólares. Cuando Sudán del Sur anunció que cortaba el suministro, Jartum envió aviones militares para bombardear los campos petrolíferos al otro lado de la frontera. El Gobierno de Kiir, por su parte, expulsó al jefe de un consorcio petrolero de China, el mayor inversor extranjero en el desarrollo de Sudán, y los combatientes de Hilu secuestraron a veintinueve obreros chinos, que solo fueron liberados después de diez días de negociaciones a alto nivel.

En las montañas Nuba, en Kordofán del Sur, Bashir seguía bombardeando. Mukesh Kapila, un antiguo funcionario de alto nivel de las Naciones Unidas, hizo una visita en marzo y denunció lo que veía como «una política de tierra quemada», con la intención de aterrorizar a los civiles, la mayor parte de los cuales eran agricultores empobrecidos. Debido a los ataques aéreos, no habían podido plantar sus cultivos y se habían quedado sin comida. Kapila advirtió de una emergencia humanitaria similar a la de Darfur: «Estamos en el umbral de una hambruna considerable».

Pocos días después, George Clooney y el activista John Prendergast, que fundaron el Satellite Sentinel Project, una iniciativa para documentar crímenes de guerra en Sudán, fueron con un equipo de filmación a visitar a los civiles desplazados que viven en cuevas al norte de la nueva frontera. Mientras estaban allí, se lanzaron cohetes desde una ciudad cercana controlada por el Gobierno, hiriendo a civiles. Se apresuraron a filmar la escena y, por la fuerza de las vívidas imágenes y el respaldo de una celebridad, Sudán apareció de nuevo brevemente en las noticias internacionales. Clooney visitó la Casa Blanca y habló con el presidente Obama acerca de la crisis, y consiguió más titulares cuando fue detenido en una manifestación ante la embajada sudanesa.

Hilu, el líder rebelde, me dijo: «Me sentiría contento si el Consejo de Seguridad de las Naciones Unidas hablara al menos de una zona de exclusión aérea para las montañas Nuba». Pero incluso sus oficiales de Juba comprendían que no era probable que se produjera pronto una intervención directa. «Después de Clooney, ¿qué más podemos hacer?», se preguntaba pesaroso uno de ellos.

Princeton Lyman, el enviado especial de las Naciones Unidas a Sudán y Sudán del Sur, sugería que el Gobierno estaba procediendo con prudencia, con la esperanza de mantener un Sudán unido. «El SRF ha hecho hincapié en el derrocamiento militar del régimen —dijo—. Hemos instado al SRF a desarrollar una plataforma política que convoque a todos los sudaneses sobre la base de un Sudán unido, no dividido entre la periferia y el centro».

Cuando pregunté a John Prendergast sobre la perspectiva de intervención, se echó a reír. «La zona de exclusión aérea es algo que, ahora, ni siquiera se está considerando remotamente en ningún nivel de ningún círculo importante de la comunidad internacional —afirmó—. La realidad para Estados Unidos es que, puesto que estamos tan comprometidos militarmente en tantos lugares del mundo musulmán, tendría que surgir algo que es todavía imprevisible, fundamental, para cambiar las cosas y que pudiéramos hacer algo». Mientras tanto, dijo, había poco que los nubas pudieran hacer salvo unirse a los rebeldes y luchar por sobrevivir.

Habitualmente, Hilu comandaba las fuerzas rebeldes desde un campamento cerca de la frontera, y en Juba parecía incómodo al estar fuera de su campo de acción. Durante nuestra reunión, mantuvo encendida una televisión sin sonido, sintonizada con un canal de noticias de Jartum, y la miraba de vez en cuando. En un determinado momento, un espacio de noticias de última hora mostró imágenes de Bashir, en uniforme, levantando el puño y arengando a una multitud de partidarios armados. La cámara retrocedió para mostrar los vehículos militares y a los milicianos concentrados en el desierto. Los hombres cantaban y agitaban las armas al aire, y luego una enorme columna de ellos se puso en marcha. Hilu subió el volumen; los milicianos vociferaban: «*Allahu Akbar!*».

Hilu explicó que Bashir estaba enviando al frente a las Fuerzas de Defensa Popular, incluidos muchos de los voluntarios islamistas que, según se dice, eran responsables de la mayor parte de los asesinatos perpetrados después de que Hilu perdiera las elecciones. «Dice que vendrán a

Kordofán del Sur y nos aplastarán —dijo Hilu. Sonrió y añadió—: Bashir siempre dice esas cosas. Quiere aniquilarnos, pero no puede». Hilu se había reunido con Bashir muchas veces, especialmente durante las negociaciones que condujeron al acuerdo de paz de 2005. «Es un carnicero —dijo Hilu—. No es un ser humano». Durante la guerra en Darfur, afirmó Hilu, Bashir, informado de que algunos de sus hombres estaban violando a mujeres, respondió: «Son árabes los que las violan. Las mujeres son afortunadas, pues ellos (los violadores) son blancos». Hilu sacudió la cabeza. «Y este es alguien que se llama presidente». (El enviado de Bashir a Londres impugnó su relato: «Si me permite hablar sin diplomacias. Hilu es un perfecto embustero»).

Cuando pregunté a Hilu cómo se sentía estando en cierto momento en el poder y convertido en insurgente al minuto siguiente, me dijo que «estaba bien». Antes del acuerdo de paz de 2005, él, como muchos otros militantes del SPLA, había pasado veintidós años en el monte. «Para mí, es como mi hogar —dijo—. Es como si yo fuera un cocodrilo. No puedes castigar a un cocodrilo tirándolo al río, ¿no?».

Hilu había dispuesto todo para que yo visitara el territorio controlado por sus fuerzas en las montañas Nuba. La zona, unos ciento cincuenta kilómetros al norte de la frontera, es el núcleo estratégico del país —situado en la intersección de las tierras bajas tropicales del sur, el valle del Nilo Blanco y los bordes del inmenso Sáhara— y ha sido durante mucho tiempo objeto de conquista. Hilu me dijo que Jartum bombardeaba frecuentemente la zona, y era probable que en algún momento tuviéramos que esquivar los proyectiles. Riéndose entre dientes, dijo: «Espero que se le dé bien saltar zanjas».

La primera de las masas rocosas de color rosa y gris que son las montañas Nuba se eleva en el cielo azul sobre una zona de matorrales, por lo demás anodina, a unas pocas horas de coche al nordeste de Yida, un campo de refugiados de caótica construcción, justo en el límite norte de la frontera de Sudán del Sur, donde sesenta mil refugiados nubas viven en chozas. Los hombres de Hilu me recogieron en el campamento, conduciendo un Toyota Land Cruiser blanco que habían manchado con tierra roja para evitar ser detectados desde el aire. Cargados con combustible de reserva, nos adentramos por un sendero de tierra en un bosque bajo en el que no había ni personas, ni vida salvaje, ni agua. De vez en cuando, se veían chozas rudimentarias y barricadas guarnecidas por combatientes armados con el uniforme del Ejército Popular de Liberación de Sudán.

En cierto momento, mi escolta, Jacoub Idris, un oficial del servicio secreto del SPLA, de treinta y tantos años, me informó de que habíamos dejado el territorio de Sudán del Sur. De aquí en adelante, me dijo, todos los soldados eran del SPLA-Norte. No obstante, los combatientes del Norte y el Sur parecían moverse a través de la frontera sin impedimentos y, puesto que llevaban los mismos uniformes, era prácticamente imposible diferenciarlos; parecía probable que se estuvieran realizando discretamente acciones militares conjuntas. Llegamos a la carretera que venía desde Kadugli, la ciudad donde las fuerzas gubernamentales estaban emplazadas. Combatiendo durante las dos semanas anteriores, el SPLA había tomado las posiciones próximas del ejército sudanés, abriendo la ruta por tierra a Yida, que se había vuelto vital desde el punto de vista estratégico; era una vía para transportar provisiones y refugiados a las montañas Nuba, y estaba también cerca de Heglig, el yacimiento que proporciona a Sudán casi la mitad de su petróleo.

Los nubas, constituidos por aproximadamente cincuenta grupos tribales mezclados, se consideran los «primeros sudaneses», descendientes de los antiguos nubios, que establecieron una civilización cientos de kilómetros al norte antes de ser invadidos por los egipcios. Según la tradición popular nuba, sobrevivieron escapando al sur y ocultándose en los lejanos macizos de piedra, que durante siglos les ofrecieron protección de los árabes y de otros invasores que buscaban esclavos. Salvo por las visitas de algunos colonos sudaneses y nómadas árabes baggara, que hacen peregrinaciones estacionales al sur con sus rebaños, los nubas permanecieron aislados en los años setenta, viviendo muchos de ellos en desnudez completa y subsistiendo como cazadores y agricultores. Hacia el final de los años ochenta, sin embargo, las tropas de Jartum habían entrado en la zona. Los nubas han estado en guerra desde entonces.

Así como el régimen de Bashir utiliza la guerra como su principal instrumento de gobierno, la lucha se ha convertido en un estilo de vida para los pueblos tribales del sur. John Ryle, un antropólogo que vive en Londres y que dirige el Instituto Valle del Rift, que se centra en el África oriental, me dijo: «Existe una generación de sureños que no han conocido otra cosa que la guerra, y una parte de juventud sureña cuyo medio de supervivencia son las armas. Este puede ser el problema: no saben cómo vivir en paz. Mientras soldados y exsoldados gobiernen en ambos países, como sigue ocurriendo, será difícil que las cosas mejoren. Todo llevará mucho tiempo».

En las proximidades de un par de macizos rocosos, llegamos a una comunidad agrícola que había sido quemada y saqueada por las tropas de Bashir: cacharros de barro rotos y calabazas de agua estaban tirados entre las cenizas. Los lugareños desplazados vivían ahora cerca de allí, en un lugar llamado Tes, junto con refugiados de otras aldeas de primera línea. Unos ancianos de la aldea nos saludaron, y pregunté al jefe —un anciano delgado con blusón blanco y una lanza corta— cuántas personas había en las cuevas. Sacudió la cabeza: era imposible dar un número concreto. Hubo más de catorce mil personas en Tes antes de la guerra. Algunos se habían ido al campamento de Yida, pero quedaban allí varios miles. Señaló hacia las rocas, donde estaban acampadas las familias en las hendiduras entre las masas de roca. Vestían harapos, los niños estaban delgados y muy sucios. Algunos parecían asustados, pero unos pocos sonreían y lanzaban tímidos gritos de saludo. De cerca, los campamentos olían a humo de leña y excrementos. Un Antonov —uno de los aviones militares de Bashir construido por los rusos— empezó a ulular por encima, y los refugiados se apiñaron junto a las rocas lanzando miradas al cielo.

La gente de las montañas Nuba pasaba los días buscando comida, agua y leña, y se los podía ver con largos cuchillos o hachas y llevando arbolillos sobre los hombros. Las mujeres acarreaban el agua en la cabeza en bidones de plástico amarillo de veinte litros que en otro tiempo contuvieron aceite vegetal. La forma de construcción de las cabañas variaba de una tribu a otra: algunas eran cuadradas, con las paredes de piedra; otras, redondas, con paredes de barro. En los recintos familiares, las mujeres machacaban los cereales con morteros y alimentaban fuegos para cocinar con leña menuda o carbón vegetal. Algunos tenían unas cabras o unas pocas gallinas.

Las montañas Nuba son un paisaje espectacular, donde la gente vive en estrecha comunión con su entorno; no hay electricidad, ni ruidos de máquinas, ni contaminación lumínica y, salvo los bidones, ninguna clase de plástico. Las cuerdas se hacen a mano, de corteza de baobab. La vista se extiende hasta el horizonte, sin ser obstruida por nada fabricado por el hombre. Sin embargo, en todas partes por donde fui se veían arder los fuegos de los agricultores que quemaban la maleza de las laderas antes de proceder a la siembra. Por la noche, rojos zigzags brillaban sobre las pendientes. La incesante labor de transformar todo árbol disponible en combustible ha despojado a la tierra de su belleza.

En 1949, el fotógrafo George Rodger, en misión para *National Geographic*, se aproximó a las montañas Nuba a través de unos parajes repletos de elefantes, leones, antílopes y jirafas. La caza mayor ha sido prácticamente erradicada en las décadas de la guerra. Me dijeron que había muchas cobras y babuinos, pero, en dos semanas de conducir a través de aquellas inmensas tierras vírgenes, la única vida salvaje que vi fueron unas pocas ratas. Idris me dijo que, en su mayor parte, los ríos habían dejado de correr o se habían vuelto estacionales. En unos pocos lugares, el agua se filtraba a través del suelo polvoriento dando origen a pequeños charcos verdosos. Las mujeres iban allí a llenar sus bidones junto con vacas enflaquecidas, que bebían y dejaban sus excrementos por el lugar.

Incluso en los lugares mejor organizados, el riesgo de hambruna era constante. Un día visité Kawalib, en el límite oriental del territorio del SPLA, donde un grupo enorme de agricultores nubas y sus familias estaban acampados alrededor de tres macizos que se alzaban en una amplia planicie. En su interior, había manantiales que proporcionaban agua pura; según la historia local, los nubas se habían reunido allí durante siglos para sobrevivir en tiempos de guerra. Se hacían grandes esfuerzos para continuar la vida como de costumbre; las cabras pastaban, y en una casa comunal con techo de paja se había instalado una escuela elemental. No obstante, el comisario local del SPLA me informó de que el hambre comenzaba a extenderse. Las reservas de sorgo de los refugiados, el cereal que constituye la dieta básica de los nubas —tomado en sopa; molido como harina para elaborar panes delgados; mezclado con agua y fermentado para hacer *merissa*, la cerveza local— se habían acabado. La gente debía ir al monte a buscar frutos, bayas y raíces: con frecuencia andaban durante una hora antes de encontrar algo. La semana anterior, las hienas habían matado y devorado a una mujer y a su hijo pequeño.

Unos ancianos, reunidos para hablar sobre la escasez de alimentos, dijeron que había cincuenta mil refugiados en Kawalib. La zona solo era accesible mediante un pequeño camión y, tras algunas consideraciones, se determinó que transportar el suministro de grano para seis meses requeriría mil quinientos trayectos, una imposibilidad práctica. (Expertos en ayuda humanitaria me dijeron más tarde que transportarlo en avión sería prohibitivamente caro, y se corría el riesgo de que los aviones fueran derribados por el régimen). Los ancianos miraban educadamente cuando yo hablaba de números. Parecían resignados, casi indiferentes; cuando me despedí, me dijeron adiós con la mano de manera impasible.

El comandante de campo del SPLA–Norte, el general Barshim, me llevó en coche alrededor de Kawalib en una camioneta armada y repleta de guardaespaldas. Su campamento se encontraba a poca distancia de los civiles y estaba protegido por varias rocas grandes y redondeadas. Habían colocado una mesa y unas sillas en la arena y, un día, al caer la tarde,

Barshim me invitó a que me uniera a él. Era un hombre de una complexión formidable, con la bravuconería de un joven George Foreman. También sus hombres se pavoneaban, como si su actitud fuera contagiosa. «Ha llegado en un mal momento para las montañas Nuba —tronó Barshim—. Pero pronto las montañas Nuba serán un país, igual que Sudán del Sur —afirmó mientras aporreaba la mesa con el puño».

Abdelaziz al Hilu había insistido en que su movimiento unificaría a la nación de Sudán; nunca había hablado de la independencia de Kordofán del Sur. Pero parecía probable que las regiones de la periferia de Sudán, expropiadas de sus recursos naturales y desangradas por las guerras emprendidas por el Norte, siguieran su propio camino si llegaba la oportunidad. La mayoría de los nubas que conocí estaban enfurecidos por los abusos de Jartum. Si ganaban los rebeldes, parecía dudoso que se sentaran con sus derrotados enemigos para establecer una igualdad perfecta. Cuando le dije a Barshirm que parecía contradecir a Hilu, sonrió y me ignoró. «Ahora lo importante es que la comunidad internacional alimente a nuestro pueblo —dijo—. Lo necesitan. En el aspecto militar, todavía no estamos a la ofensiva, pero pronto lo estaremos».

A pesar de la fanfarronería de Barshim, resulta improbable que los rebeldes de Kordofán del Sur sean capaces de someter a Jartum, una ciudad de cinco millones de personas. El SPLA está mal equipado, pobremente disciplinado y acostumbrado a luchar a la defensiva. Pero, en 2008, un grupo rebelde de Darfur conduciendo varios cientos de camionetas blindadas lanzó un atrevido ataque por sorpresa contra la capital. A pesar de las tempranas advertencias de que ya estaban en camino, los rebeldes consiguieron cruzar el desierto en tres días sin impedimentos y llegar a Omdurmán, al otro lado del Nilo, enfrente de Jartum, y atraer allí a las fuerzas gubernamentales. Otra columna combatiente ocupó una base de las fuerzas aéreas al norte de Jartum. Finalmente, el ataque a la capital fracasó, pero aquello fue un golpe para el régimen de Bashir.

La docena aproximada de pequeños puestos avanzados fortificados que constituyen los objetivos militares en el conflicto actual pueden parecen insignificantes en cuanto a tamaño y población. Pero, como en las guerras coloniales británicas del siglo XIX, en lugares como Omdurmán y Fashoda, cualquiera de ellos puede tener una importancia estratégica vital. Cuando cae una ciudad, no hay nada entre ella y la próxima guarnición, a cientos de kilómetros de distancia. Jartum está casi a doscientos cincuenta kilómetros de Kadugli, y apenas hay nada entre ellas.

A medio día de coche desde Tes, el SPLA-Norte mantenía su campo de entrenamiento militar, disfrazado de aldea: unas pocas chozas de paja en medio de una zona de árboles bajos y maleza. El jefe de la base, el general de brigada Mahana Bashir, estaba sentado a la sombra de un gran baobab. Llevaba un galón dorado en las hombreras del uniforme, y esgrimía un bastón de hockey, decorado con franjas brillantes. Mientras hablábamos, una mujer joven molió café con un mortero, lo aderezó con canela, jengibre y cardamomo, y lo sirvió en pequeñas tazas de porcelana.

Con Hilu, había visto informes de que milicianos sudaneses marchaban hacia Kordofán del Sur. Cuando pregunté a Mahana si habían llegado, movió la cabeza y dijo: «Si el camino al cielo para el pueblo de Jartum es a través de las montañas Nuba, que vengan; se lo facilitaremos». Decía que él era cristiano, pero que algunos de los oficiales eran musulmanes. «Aquí, en las montañas Nuba, vivimos juntos en armonía —explicó—. En vez de establecer diferencias entre nosotros, deberían tomarnos como modelo para el resto de Sudán». Otro jefe del SPLA me dijo, con una sonrisa, que era «un musulmán que comía cerdo». Afirmó que tenía dos esposas, una cristiana y otra musulmana, y que algunos de sus hijos habían adoptado la religión de los otros. «¿Por qué no?» —decía—. Después de todo, la religión es algo que se elige».

Aunque los nubas no se distingan por su tolerancia, el origen real del conflicto entre Sudán y sus antiguos territorios no era la religión, sino la identidad tribal y racial. Muchos sudaneses del Norte se consideran árabes, y desprecian a sus vecinos «africanos» del Sur. Pero Sudán del Sur, que tiene al menos cuarenta tribus, es en sí misma una sociedad muy dividida. Los dinka son la mayoría y, junto con los nuer, dominan el SPLA; Kiir es dinka, como lo era Garang. El vicepresidente del país, Riek Machar, es un nuer que, durante los sangrientos años noventa, se separó del SPLA y, con el apoyo de Bashir, llevó a un grupo de miembros de su tribu a un amargo conflicto contra sus antiguos camaradas. Está en el cargo, al menos en parte, para amortiguar el conflicto entre las tribus.

El tribalismo persigue al SPLA, incluso ahora que está en el Gobierno. Mientras que los que están en el poder se enriquecen, las tribus libran escaramuzas y guerras entre sí. A partir del verano de 2011, los nuer y los murle mantuvieron una serie de combates en los que murieron cientos de personas. Un oficial me dijo: «La tribu murle tiene la costumbre de raptar niños de las tribus vecinas. Ha habido un problema de infertilidad en la tribu, y no tienen un sistema para la adopción. Por eso los jóvenes raptan a los niños, y luego se los cambian a gente rica por vacas». Lo único que muchas de las tribus tienen en común es la experiencia de invasión y conquista por parte del Norte.

Uno de los oficiales de Mahana me preguntó si quería conocer a algunos «desertores», exsoldados del ejército sudanés que se habían unido al SPLA. Se expidieron órdenes para que se prepararan los desertores, y después de una hora me llevaron a una rudimentaria plaza de armas, donde los oficiales estaban entrenando a unos doscientos reclutas. A pesar del calor, mantenían el ritmo de la marcha a paso rápido y continuo, cantando con fuerza.

A la sombra de un árbol, unos treinta hombres estaban sentados delante de un oficial de pie. Idris traducía; en los años ochenta se había impuesto el árabe sudanés en el sistema escolar público de Sudán, y se convirtió en la lengua franca del país. Los desertores eran nubas, hombres locales que habían sido reclutados por el ejército sudanés; hasta que comenzó el conflicto, el pasado verano, obedecían órdenes de Jartum. Hablando de manera vacilante, me dijeron que se habían pasado voluntariamente al SPLA. Cuando pregunté al oficial por qué, después de casi un año, todavía no habían sido alistados en las filas de combatientes, explicó que aún se estaban reciclando para cumplir con los criterios más rigurosos del SPLA.

Muy probablemente, los hombres eran prisioneros de guerra a quienes se había permitido cambiar de lado, pero a los que todavía se mantenía en semicautividad. Cuando pregunté a algunos de ellos qué querían hacer después de la guerra, sus rostros mostraron miradas preocupadas. Uno de los de más edad, ya en la cincuentena, tomó la palabra: «Todos queremos ser soldados del SPLA —dijo—. No necesitamos nada más. Solo el SPLA». Los hombres que estaban a su alrededor se animaron, asintieron vigorosamente con la cabeza y entonaron un canto del SPLA.

Por las apariencias, era un entorno totalitario y, sin embargo, gran parte de la sociedad parecía participar de él gustosamente. Entre los muchos grupos rebeldes de Sudán, el SPLA nuba parece ser lo más cercano que hay a un verdadero «ejército del pueblo». En el Sur, el SPLA ha explotado y se ha mantenido a costa de los civiles, me comentó Prendergast, pero, entre los nubas, el ejército y la población local estaban completamente entrelazados. «Los rebeldes tratan de ayudar a los civiles y, a su vez, los civiles prestan auxilio a los rebeldes», me dijo. Sugirió que la situación había evolucionado como respuesta a la matanza indiscriminada de nubas por parte del Norte en el campo de batalla. «En las montañas Nuba, Jartum se enfrenta a una población que le es completamente hostil», dijo.

Desde mi llegada a las montañas Nuba, había oído rumores de que el SPLA-Norte estaba planeando una ofensiva contra Talodi, una ciudad controlada por el Gobierno a unos cincuenta kilómetros al sur del centro rebelde de Kauda. Era uno de los principales objetivos estratégicos de los rebeldes: si podían tomar la ciudad, eliminarían una base clave del Gobierno en la frontera con Sudán del Sur.

El máximo jefe militar del SPLA, el general Jogot Mekwar, vivía a unos veinticinco kilómetros de Talodi, en un lugar llamado Jegeba, al abrigo de una serie de montañas bajas. Su residencia consistía en unas pocas cabañas redondas de piedra y con techo de paja, rodeadas de una valla de palos cubierta con frondas de palmeras. Unos pocos soldados de vigilancia en el exterior eran todo lo que revelaba la presencia de militares de alto rango. En el interior, Jogot me informó de que el ataque contra Talodi estaba en marcha. El régimen había estado reforzando allí sus fuerzas durante meses, dijo, y calculaba que habría alrededor de cinco mil soldados, una fuerza lo bastante grande para atacar el bastión rebelde de Kauda y cortar el acceso para su aprovisionamiento. «Desde Talodi, pueden cortar la carretera a la frontera; piensan que el Sur nos está apoyando por esa carretera, y por eso ponen allí su guarnición principal». No podía decirme todavía cómo se iba a desarrollar la batalla. «Comenzamos a luchar hace tres días, pero ellos están muy firmes».

Después de cenar, Jogot y sus generales se sentaron en el patio, intercambiando historias y hablando por sus Thurayas, teléfonos por satélite que usaban para comunicarse en la guerra. Era un hábito de riesgo —los Thurayas contienen unidades GPS, que pueden ser rastreadas con la tecnología apropiada—, pero los teléfonos son el único medio de comunicación en el monte. Estaba encendido un receptor portátil de televisión, alimentado con energía solar, y algunos niños, algunos guardaespaldas de Jogot y un puñado de oficiales estaban ante él. Un oficial manejaba un mando a distancia cerca del aparato, haciendo zapping. Vimos varios canales de noticias sudaneses, Al Jazeera y, luego, para deleite de todos, un espectáculo de lucha libre americana, *WWE SmackDown*. Los soldados reían y gritaban cuando los luchadores tiraban a sus rivales entre la multitud o les pisoteaban la cabeza. Los nubas son célebres por la lucha libre, tradición en la que los jóvenes prueban su fuerza y resistencia para establecer su estatus en la tribu, e Idris me miró asombrado cuando le dije que el combate estaba trucado. «¿De verdad?», preguntó. Mientras todo el mundo seguía mirando, me fui a dormir a una cabaña que me habían preparado.

Justo antes de medianoche, hubo una serie de conmociones violentas: las bombas estallaban cerca. El silencio descendió sobre el campamento cuando se apagó el televisor. Aproximadamente una hora más tarde, se produjeron más explosiones, esta vez más fuertes. Por la mañana, Jogot explicó que las primeras explosiones procedían de cohetes Shahab, misiles tierra-tierra iraníes, disparados desde la base gubernamental de Kadugli, a unos ochenta kilómetros de distancia. Las segundas explosiones eran bombas lanzadas por Antonovs: habían caído cerca del pozo del campamento, a unos doscientos metros escasos. No se habían producido daños humanos, me dijo Jogot: solo un cerdo, de un recinto vecino. Usó el término «Mister Pig», en inglés, para referirse al animal que había muerto. En las montañas Nuba, se llama «Mister Pig» a todos los cerdos. Nadie sabe por qué.

Con ambos ataques tan cercanos, parecía evidente que el régimen conocía la localización de Jogot, y sugerí que él y sus oficiales habían sido localizados a través de sus teléfonos por satélite. Jogot se encogió de hombros; no tenían más opción que usarlos. En cualquier caso, la tecnología de las fuerzas armadas sudanesas era rudimentaria. Los misiles habían errado su objetivo, y los Antonovs —aparatos pesados y de vuelo bajo— eran buenos para la vigilancia aérea, pero pésimos como bombarderos. Según se dice, las tripulaciones veían los blancos directamente, y luego dejaban caer las bombas a ojo, para que explotaran allí donde cayeran.

Los rebeldes no tienen instalaciones médicas, así que dependen del Hospital Madre de Misericordia, en las afueras de Kauda, que la Iglesia católica construyó hace cuatro años. El centro está dirigido por Tom Catena, un hombre larguirucho de cuarenta y ocho años, de Ámsterdam, en el estado de Nueva York. La mayor parte de los otros cooperantes extranjeros se han marchado, y el doctor Tom, como lo llama todo el mundo, ha mantenido el hospital en funcionamiento con la ayuda de dos monjas de México y dos enfermeras ugandesas. Hasta que comenzaron los combates, el material y las medicinas eran transportados regularmente en avión, pero ahora todos los envíos tenían que llegar por tierra. Había escasez de casi todo, desde anestesia hasta medicamentos para la malaria.

Catena me dijo que no había dejado el perímetro del hospital desde hacía año y medio. «Demasiado ocupado; el tiempo vuela», dijo riendo. Era el único médico para cuatrocientos cincuenta pacientes internos, que sufrían de todo, desde lepra, sarna y cáncer hasta heridas de disparos, bombas y metralla. Había mujeres con embarazos difíciles, ancianos con próstatas dilatadas, y jóvenes con conmoción cerebral por caídas de árboles mientras cogían mangos. Por las tardes, Catena veía a los pacientes externos; dos días a la semana, operaba. Cuando me enseñaba las salas, se oyó un Antonov en el cielo; parecía que estuvieran zumbando todo el día por los alrededores.

Las instalaciones del hospital, dispuestas en un cuadrado bordeado de árboles, estaban a rebosar. Los corredores estaban llenos de pacientes en camas, y se habían instalado tiendas de campaña fuera de las salas para alojar a los pacientes excedentes y a sus familias, a las que se pedía que proporcionaran comida a sus parientes enfermos. En la sala infantil, las enfermeras y las monjas estaban con una preciosa niña de ocho años llamada Viviana, que había quedado paralizada de la cintura para abajo en un ataque aéreo el pasado mes de julio.

La sala de los hombres estaba llena de combatientes que habían recibido disparos o habían sido mutilados o quemados. Un hombre atlético, de poco más de veinte años, había perdido las dos piernas en una explosión. Sonriendo alegremente mientras avanzaba por sí mismo en una silla de ruedas, dijo a Catena que se sentía listo para volver a su casa, en Toroge, otra aldea situada en primera línea. Catena le dijo que estaba de acuerdo, pero que no podía llevarse la silla de ruedas; no había manera de que el hospital pudiera reemplazarla, y todos los días llegaban nuevos pacientes. El joven pareció desolado. Catena dijo: «Lo siento, pero la necesitamos aquí», y se fue.

La primera operación de Catena la mañana siguiente fue la de un anciano con un melanoma avanzado. Después de anestesiarlo, Catena le amputó la pierna podrida. Al final de la tarde, había colocado un clavo de acero en la pierna de un joven para fijar su fémur fracturado, y había operado a un niño de doce años cuya mano izquierda había quedado destrozada al estallar una granada con la que jugaba.

Salimos de la sala de operaciones a las siete de la tarde. Una hora después, justo cuando el personal estaba sentado para cenar, llegaron las primeras víctimas de la ofensiva de Talodi; al parecer, los Antonovs que habíamos oído iban de camino para ayudar a las tropas de Jartum. Los combatientes heridos yacían en la parte trasera de un camión, tras soportar un viaje de muchas horas. En la sala de operaciones, encontré de nuevo a Catena asistiendo a un hombre desnudo, estaba vendando una herida que tenía en el abdomen, y su brazo izquierdo ensangrentado había sido atado con un torniquete justo por encima del codo. Manejaba un bisturí caliente, que más bien parecía una herramienta de soldar. Catena empezó trazando una brillante línea roja en el bíceps del hombre. Después de unos veinte minutos, el brazo se soltó y fue tirado a un cubo.

Uno por uno, Catena atendió a los heridos. Eran once en total, algunos habían sido alcanzados por balas, otros por metralla. Los soldados dijeron que el SPLA había atacado las aldeas bajo control del Gobierno que rodeaban Talodi y se había abierto paso a través de las defensas, pero el combate continuaba. Despedían el olor acre del campo de batalla —sudor nervioso, orina, polvo y sangre— y estaban consumidos. La noche anterior habían ido caminando durante doce horas para acercarse sigilosamente a su objetivo, y habían combatido durante todo el día, mientras los Antonovs los bombardeaban.

Llegaron más camiones; en las seis horas siguientes, entraron treinta y tres heridos procedentes de Talodi. La sala situada al lado del quirófano se llenó de soldados, que se derrumbaban en las camas, cerca de los demás pacientes, y se quedaban allí, a la espera de ser examinados. El hospital adquirió un aire frenético; las enfermeras llegaban corriendo con sueros, jeringuillas y vendas: había sangre por todas partes. Catena hizo una evaluación de la gravedad de los heridos, y se volvió hacia un soldado que había sido alcanzado por una bala en una nalga. Incluso después de tratar la herida, el soldado se quejaba de dolor en el estómago, así que Catena le dio un anestésico y lo abrió. La bala le había penetrado en las tripas y le había hecho veinte agujeros diferentes, cada uno de los cuales tenía que ser cosido y cerrado para evitar una peritonitis. Cuando Catena terminó, eran las dos de la madrugada y todavía quedaba otro hombre con un disparo de bala al que tratar.

Después de dos horas de sueño, Catena estaba de regreso en la sala de operaciones. Increíblemente, todo el mundo había sobrevivido. Ese día, entraron cinco víctimas más, todos heridos en la explosión de una mina de tierra. La cabeza de un hombre joven estaba grotescamente hinchada, con el rostro cubierto de agujeros; donde habían estado los ojos, solo había una masa sanguinolenta.

A la mañana siguiente, el general Jogot Mekwar organizó para mí la visita a una posición en la línea del frente cerca de Talodi. Me asignó un agente de seguridad, Korme, para que me acompañara y, después de esperar hasta mediodía a que se fueran un par de Antonovs, nos dirigimos hacia el frente. Pasamos por pueblos incendiados y, moviéndonos a gran velocidad para no ser detectados por los aviones del Gobierno, llegamos a una antigua base del régimen llamada Maflu, poco más que un vivac en la base de una colina, sombreada por un par de baobabs. Los rebeldes se habían apropiado de la base pocos días antes, estableciendo su posición más próxima a Talodi. Korme había sido el explorador avanzado. Había entrado a pie por la noche, cruzando la montaña que está sobre el campamento. «Venimos primero a ver y luego nuestras fuerzas vienen desde los dos lados», dijo. La base había tenido aproximadamente unos trescientos cincuenta hombres. Cuando le pregunté qué había pasado con ellos, dijo: «Huyeron». El lugar estaba ahora lleno de combatientes rebeldes y la atmósfera era tensa. El sol calentaba con fuerza, y una trinchera que rodeaba la base despedía un olor como de cuerpos muertos.

Fui acogido con simpatía por el comandante en jefe, el general de brigada Nimeiri Murad, un joven fornido y serio que estaba sentado con sus oficiales bajo uno de los baobabs: dejaron de hablar cuando me acerqué. Nimeiri me dijo que sus hombres habían estado haciendo incursiones en la ciudad y, a pesar de sus miradas preocupadas, dijo: «La situación es muy buena. Las cosas están marchando bien». Señaló un lugar, como a unos tres kilómetros al otro lado de la estrecha llanura, donde unos pocos tejados sobresalían por encima de los arbustos en la base de un gran macizo. «Eso es Talodi —dijo—. A una hora a pie». Las tropas del régimen se habían hecho fuertes en la ciudad, comentó, mientras sus hombres se desplegaban a su alrededor, por las tierras bajas y en el *djebel*, la gran cresta de roca que asoma varias decenas de metros sobre ella. Pero sus defensores andaban escasos de agua, y no estaban preparados para un largo asedio. Mientras hablábamos, no dejaba de mirar por los binoculares hacia la ciudad.

Un oficial que se presentó a sí mismo como el teniente coronel Abras me dijo que sus soldados habían entrado luchando en Talodi. «Ayer, de las ocho a las cinco de la tarde, estuvimos dentro», dijo. Los oficiales dijeron que los soldados del régimen tenían artillería pesada, morteros, ametralladoras, bazukas. Abras dijo: «En Talodi también tienen una ametralladora que llamamos "American Dog"». La describió como una pieza de largo alcance, hecha en Estados Unidos, con varios cañones, que podía disparar simultáneamente. «Cuando la usan, eso detiene a nuestros vehículos por diez o quince minutos». Korme dijo: «Tiene un producto químico. Cuando la American Dog dispara cerca de los soldados, algunos empiezan a vomitar». Los hombres eran imprecisos a la hora de decir cómo exactamente habían tomado Maflu en esa situación de desventaja, pero, a un par de kilómetros más o menos, yo había visto cuatro tanques rusos ocultos en la espesura. Cuando pregunté a Abras si se los había arrebatado a los soldados sudaneses, él dijo algo confuso, y luego, cuando insistí: «Sí, eran de ellos». Parecía extraño; normalmente, las guerrillas están impacientes por mostrar las armas pesadas de las que se apropian en la batalla. Entonces advertí que uno de los hombres que estaba sentado con Nimeiri y Abras, mirando en dirección contraria a mí. Llevaba un uniforme con un parche en el hombro que mostraba la bandera de Sudán del Sur y las iniciales GOSS: Government of South Sudan (Gobierno de Sudán del Sur). Los tanques probablemente les habían sido prestados por Salva Kiir. «No hay duda de que Sudán del Sur ha proporcionado apoyo al SPLA-Norte en la zona», me dijo más tarde Princeton Lyman, el enviado de Estados Unidos a Sudán. En tanto el ejército de Bashir estuviera activo en las montañas Nuba, el Sur estaría obligado a defender su frontera.

En nuestro regreso del frente, Korme y yo atravesamos un terreno llano y seco salpicado de espinos negros. Korme me dijo que aquello era conocido como el «Lugar del agua del búfalo». «No hay agua por aquí ahora —dijo—. Y tampoco búfalos». Le pregunté cuándo se habían visto búfalos por allí la última vez. Con una mirada insegura, Korme respondió: «Quizá antes de la última guerra».

Nos detuvimos en un mercado rústico y una mujer nos hizo café. Un soldado que estaba allí dijo que acababa de volver del frente de Talodi, y empezó a presumir del ataque inicial del SPLA a Talodi. Contó cómo él y sus compañeros habían invadido las posiciones del ejército sudanés y habían hecho un montón de prisioneros. «Los matamos inmediatamente», dijo, haciendo un significativo gesto con ambas manos. También habían abatido dos MIG, afirmó. Simuló un avión que era alcanzado y daba vueltas hacia abajo antes de estrellarse. La mujer del café miraba en silencio con expresión de asombro. Atravesamos a gran velocidad varios poblados vacíos y chamuscados. El ejército sudanés los había destruido en su retirada.

Un año después de que Sudán del Sur celebrara su independencia, había pocos indicios de que la división de las regiones sudanesas en guerra hubiera generado una paz duradera. En abril, el Gobierno de Sudán del Sur dejó claro que estaba luchando junto con los rebeldes del SRF; juntos, sus tropas habían capturado el gran campo petrolífero de Heglig. Bashir llamó a los sudaneses del sur «insectos venenosos» y juró echarlos de allí. Después de que el presidente Obama hiciera a ambas partes una llamada a la moderación, Salva Kiir retiró sus tropas. Aviones de guerra de Jartum los bombardearon cuando se marchaban.

Sudán del Sur ha mantenido interrumpida su provisión de petróleo, lo que priva a ambos países de la mayor parte de sus ingresos. Bashir, que había estado pagando subsidios a la población sudanesa, los había cortado, y en junio comenzaron en Jartum las manifestaciones en las calles. La primera oleada fue rápidamente acallada por las fuerzas de seguridad, y Bashir se paseó por la ciudad en un coche abierto, proclamando exultantemente que allí no había protestas de ningún tipo.

En las montañas Nuba, Bashir fue a Talodi y dio una arenga a sus tropas, en la que prometió «expurgar a Sudán de los traidores que vendían su país». Siguió la aparición con una nueva campaña de propaganda; Tom Catena me escribió que él había tratado a combatientes del SPLA cuyos síntomas sugerían que habían sido envenenados con insecticidas. Abdulahi al Azreg, el enviado sudanés en Londres, defendió la agresión de su Gobierno como una lucha inevitable contra la insurgencia. «Están usando los mismos argumentos de siempre sobre el genocidio en las montañas Nuba —se lamentó—. Hablan de la "comida como arma". Cuando el pueblo sudanés oye tales acusaciones, se queda desconcertado. Así es como se crea el extremismo, amigo». Cuando pregunté si los rebeldes podían inducir a otros estados sudaneses a buscar la independencia, Azreg rio: «No creo que Sudán se divida —dijo—. Si lo hace, Somalia, a su lado, parecerá un pícnic».

John Prendergast dijo que ningún bando sería capaz de abandonar su posición intransigente. «El problema es que ambos, Juba y Jartum, piensan que el otro es lo bastante vulnerable como para caer. Ambos huelen sangre, así que les resulta difícil retirarse». Pero ambos países están debilitados por la violencia, y se están quedando sin dinero. Carol Berger, antropóloga, me dijo que la guerra simplemente sería interminable. «En el mejor de los casos, el territorio a ambos lados de la frontera seguirá inestable en los próximos años —afirmó—. En cuanto a los nubas, no tienen adónde ir, y por tanto lucharán, y el Norte continuará enviando sus aviones de combate a bombardearlos. Es una tragedia, porque son los civiles los que sufren y los que van a seguir sufriendo. Y ambos bandos utilizarán el sufrimiento de los civiles en beneficio propio».

La misión*

Una misión católica se transformó en la última defensa contra el genocidio en la República Centroafricana, protegiendo por igual a cristianos y musulmanes.

Cuando la matanza llegó a Bossemptele, un pequeño poblado en la aislada profundidad de la República Centroafricana, el padre Bernard Kinvi, quien colabora activamente en el funcionamiento de la misión católica del lugar, trató de salvar a todo el que podía. El padre Bernard, apuesto y de treinta y dos años, lleva una casaca negra con una enorme cruz roja impresa sobre el pecho. Nacido en Togo, en África occidental, cuando dejó el seminario y llegó a la República Centroafricana cuatro años atrás, poco sabía del país que había adoptado, salvo que «era un lugar con crisis militares». Bossemptele, con su misión compuesta de una bonita y pequeña iglesia, una modesta escuela y un hospital rudimentario, parecía un lugar pacífico. Viejos árboles de sombra bordeaban el camino y flores silvestres salpicaban el campo.

Hasta 1960 la República Centroafricana era una colonia francesa conocida como Oubangui-Chari. Es rica en recursos, con bosques sin fin, oro, uranio y petróleo, pero es uno de los países más pobres del mundo. Subdesarrollada en gran parte, está encerrada y rodeada por naciones problemáticas: Chad, Sudán, Sudán del Sur, los dos Congos y Camerún. La compañía Air France vuela allí una vez por semana; es de las pocas aerolíneas que lo hacen.

Uno de los exiguos beneficios del lugar en las últimas décadas había sido una relativa falta de conflictos religiosos. De cuatro millones y medio de ciudadanos, el 15 por ciento son musulmanes; casi todo el resto

* Publicado originalmente en *The New Yorker* el 13 de octubre de 2014. Publicado por primera vez en castellano en *Quiroga vs. Rocket*, año II, n.º 3.

profesa alguna forma de cristianismo, a menudo teñido de creencias animistas. Cuando el padre Bernard llegó a Bossemptele, no detectó tensiones entre cristianos y musulmanes. «Eran relaciones comunitarias perfectas —me dijo cuando lo visité unos pocos meses atrás—. La mayor parte de nuestros pacientes en el hospital eran musulmanes, en realidad». Después, en 2012, él y los otros dos curas y cuatro monjas comenzaron a escuchar referencias sobre los seleka, o «Alliance», un grupo rebelde musulmán del este del país. Estaban marchando hacia Bangui, la capital, a unos trescientos kilómetros de distancia. «A nosotros no nos afectó —dijo Bernard hablando como si alguien de Tennessee se refiriera a un tornado en Oklahoma: una preocupación, pero no una amenaza—. Después comenzaron a venir para acá».

Los seleka, hombres jóvenes armados con AK-47 y lanzacohetes, bajaron devastando desde el norte y en marzo de 2013 invadieron Bangui, donde establecieron un Gobierno despótico. Sus fuerzas, que incluían cientos de veteranos de rebeliones pasadas y mercenarios de Sudán y Chad, fueron engrosadas por conscriptos y presidiarios liberados de la principal prisión de Bangui. Los combatientes recaudaban impuestos por la fuerza, y golpearon y mataron brutalmente a la gente que se les oponía. A medida que los abusos de los seleka crecieron, se organizó una milicia secundaria, «los antibalaka», con exmiembros de las fuerzas de seguridad y compuesta mayormente por cristianos alzados por venganza, algo que, a medida que avanzaba, hundió al país en una sangrienta guerra sectaria. En Bossemptele, el padre Bernard poco podía hacer. Cuando los combatientes, tanto cristianos como musulmanes, llegaban al hospital de la misión, trataba sus heridas sin prejuicios, aun cuando los líderes de ambos bandos lo amenazaran por ayudar al enemigo.

Para entonces había dos mil tropas de paz de la Unión Africana en el país y a medida que las matanzas se intensificaban se enviaron cuatro mil más. El presidente francés François Hollande envió mil doscientos soldados que se agregaron a los cuatrocientos ya estacionados allí y montó una base de operaciones en el aeropuerto de Bangui. Pero la República Centroafricana tiene el tamaño de Francia y Austria juntas y en un territorio tan grande los encargados de mantener la paz no podían incidir más que simbólicamente. Para Navidad, más de cien mil refugiados vivían en un poblado de carpas cerca de la salida del aeropuerto de Bangui. Pronto, casi un millón de personas quedaron sin hogar y más de un cuarto de la población requirió ayuda alimentaria.

El propósito de los antibalaka pasó de ser una simple represalia a procurar la expulsión de todos los musulmanes del país. Los observadores de los derechos humanos y oficiales de las Naciones Unidas hablaban con temor de las «semillas de genocidio» que se habían plantado. A medida que los antibalaka atacaban las vecindades musulmanas saqueando e incendiando casas en una carnicería infernal, la intervención basó su estrategia en separar a los contendientes. En abril, al menos un cuarto de millón de musulmanes había abandonado el país, gran parte de ellos en convoyes de camiones poco protegidos por las tropas francesas y de la Unión Africana. Cuando un camión se rompía o alguien se caía de él, los antibalaka que estaban en el borde del camino a veces los deshacían a cuchilladas. Antes de la guerra había casi setecientos mil musulmanes en el país. Quedan menos de noventa mil.

Bangui está situada cruzando el río Ubangui desde la República Democrática del Congo, una excolonia belga. Un siglo atrás, a ambos lados del río los comerciantes coloniales usaban las armas de la esclavitud y el asesinato para forzar a la población local a extraer látex de caucho de la jungla que la rodea. Después de la independencia en 1960, la ciudad recibió el sentimental apodo de Bangui La Coquette. Ahora es difícil imaginar por qué. Hay un ancho bulevar que corre a lo largo de una fila de ministerios construidos en la época de la independencia. Todos los edificios están en mal estado, embadurnados de barro rojo, y les faltan partes del techo o de la fachada. En las rotondas hay estatuas de héroes del pasado, incluyendo a Barthélémy Boganda, un cura anticolonialista que negoció la independencia con Charles de Gaulle y murió al estrellarse misteriosamente su avión un año antes de que el acuerdo fuera firmado. Por lo demás, las vistas más llamativas son unos pocos carteles de publicidad de Orange, Total y Air France —recordatorios de que, pese al medio siglo de autonomía política formal, Francia sigue siendo la piedra de toque de la economía del país—. El original diseño gálico de cuadrícula de Bangui ha devenido en un villorrio africano compuesto de chozas que junto al camino ofrecen todo tipo de productos: desde cerveza y cortes de pelo hasta tarjetas de teléfono y bollos de mandioca fritos. En el mercado central, las mujeres venden murciélagos y monos ahumados a la par que películas pirateadas de Nigeria y ginebra de destilación local en envases de plástico.

En 2011 la República Centroafricana tuvo cierta prensa después de que el presidente Obama despachara un equipo de fuerzas especiales para ayudar a atrapar al señor de la guerra de Uganda, Joseph Kony, y a su milicia, Lord's Resistance Army. Por lo demás, el país no ha aparecido mucho en los medios desde los años setenta, cuando el dictador Jean-Bédel Bokassa se coronara a sí mismo emperador.

Una mañana, Jean-Serge Bokassa, hijo del difunto emperador, me dio un paseo por el palacio que fuera de su padre, situado en la jungla a dos horas de distancia de Bangui. Detrás de un par de grandes portones, los pisos, alguna vez magníficos, se habían convertido en ruinas. Al palacio le faltaban la mayor parte de los suelos y las paredes. En el segundo piso, Bokassa señaló un agujero enorme y dijo: «Allí estaba el dormitorio de mi padre». Soldados desempleados habían acampado y despedazado la madera para cocinar. En una pared, cerca del lugar donde la emperatriz Catherina había dormido alguna vez, un soldado había dibujado con carbonilla un escorpión.

La coronación del emperador en 1977 fue la ocasión más grandiosa que cualquiera en África pueda recordar. Una banda engalanada con los uniformes de la Guardia Republicana marchaba al frente, seguida de caballos blancos que arrastraban un carruaje de oro y una flota de limusinas Mercedes importadas para los invitados. Bokassa llevaba una corona tachonada de diamantes y un uniforme con piedras preciosas que fuera diseñado para Napoleón. La ceremonia costó noventa millones de dólares a valores actuales, un tercio del presupuesto anual del país, costeado en gran parte por los franceses. Bokassa, un condecorado veterano de las Fuerzas Francesas Libres durante la Segunda Guerra Mundial y participante de la batalla de Dien Bien Phu en Indochina, era considerado un devoto aliado y valía la pena ser indulgente con sus caprichos.

Pero Bokassa, que se había otorgado a sí mismo poderes perpetuos, lanzó una serie de proyectos grandiosos que vaciaron las arcas del país y reinó como un déspota. En 1978 decretó que todos los uniformes escolares debían ser comprados a una compañía de propiedad de su esposa. Cuando los escolares protestaron, varias decenas fueron asesinados o arrestados. Se rumoreaba que Bokassa había golpeado personalmente con su cetro a varios de ellos hasta matarlos. A los pocos meses los franceses lo habían depuesto.

En las décadas que siguieron el país languideció bajo una serie de dictadores, y en varias ocasiones los franceses enviaron soldados para intervenir, derrocando algunos gobiernos y favoreciendo a otros. En la década de 1990 el país gozó de un raro periodo de gobierno civil. Entonces, en 2003 un oficial del ejército llamado François Bozizé volvió a dar un golpe. Bozizé, un cristiano, sacó provecho del resentimiento de los musulmanes que se sentían perjudicados por los arreglos hechos en el reparto del poder. Mahamed Bahar, un musulmán exgeneral del ejército que se había unido al golpe, me contó que Bozizé hacía promesas importantes para asegurarse apoyo. «Dijo que sería el último presidente cristiano y que el siguiente presidente sería musulmán», contó Bahar. A sus seguidores, Bozizé les prometió puestos elevados en el ejército. En vez de ello, una vez llegado al poder encarceló a algunos soldados musulmanes y privó de derechos al resto.

Bahar y sus camaradas retrocedieron hacia la jungla norteña, el hogar tradicional de los musulmanes del país, y allí formaron una milicia negociando con cazadores furtivos de elefantes para adquirir armas. Ese fue el comienzo de la guerra de la sabana, que comenzó en 2004 y terminó tres años más tarde, después de que los franceses enviaran jets Mirage contra los rebeldes. Para Bahar el conflicto se profundizó por cuestiones personales: me contó que, mientras estaba fuera, Bozizé se había acostado con su mujer.

En 2012, Bahar y otros líderes rebeldes se juntaron en el norte para formar una fuerza seleka de seis mil hombres, con Bahar a la cabeza como jefe de inteligencia. En su primer gran ataque exitoso arrasaron una base del ejército, se apoderaron de un tesoro en armamentos y comenzaron a hacerse camino hacia el sur. En marzo siguiente, cuando los seleka llegaron a Bangui, se movían en una flota de *pick-ups* con tiradores alistados en el fondo. Si cualquiera se animaba a atacarlos, a menudo respondían con «exacciones», razias de represalia en las que los luchadores invadían las villas no musulmanas, disparaban contra cualquiera que veían e incendiaban sus casas. Bozizé, para salvarse y resguardar a su familia, huyó a través del río hacia el Congo. Los seleka rápidamente instalaron a uno de sus líderes, Michel Djotodia, como el nuevo presidente. Después de años de marginalidad política, la minoría musulmana del país había llegado repentinamente al poder.

El padre Bernard pertenece a la orden de los camilianos, así llamada por san Camilo de Lelis. Se encarga de cuidar los enfermos y dirige el hospital de Bossemptele que lleva el nombre del papa Juan Pablo II. Tiene pocos intereses fuera de su labor religiosa. «Lo que más me interesa son libros sobre gente que ha dedicado su vida a salvar a la humanidad», me dijo. Después de llegar a Bossemptele pocas cosas lo unían a Togo, su país natal. Su padre y cuatro de sus hermanas habían muerto por enfermedad, accidentes y violencia, una serie de tragedias que Bernard describió solo como «adversidades».

Después de que los seleka se apoderaran de Bangui, se desplegaron hacia el sur y el oeste para asegurar los otros poblados y pronto una partida de combatientes, hombres de turbante y tosco rostro, llegó a Bossemptele y asumió el control. Bernard trató de establecer una relación de trabajo con su comandante, a quien se refirió como «el Coronel».

«Fue muy tensa al comienzo», dijo. Pero, cuando el Coronel se dio cuenta de que sus hombres iban al hospital para recibir atención médica, se tranquilizó. «Llegamos a un entendimiento —contó Bernard—. Les dijo a sus hombres que no entraran al terreno de la misión con sus armas y me dio su número de teléfono para llamarlo en caso de que hubiera algún problema». Aun así, no fue fácil. «Él se volvió poderoso en este lugar: era juez, jefe de policía, todo». Los hombres del Coronel robaban pollos y cabras y colocaban una ostentosa guardia armada alrededor de la mezquita durante los rezos de los viernes. En la iglesia, Bernard hablaba de la necesidad de diálogo y de perdón, pero podía percibir que el resentimiento crecía. A medida que la comunidad se dividió en líneas sectarias, el Coronel proporcionó armas a los musulmanes a cambio de vacas.

Señores de la guerra de distintas regiones habían alineado sus milicias con los seleka y las facciones rebeldes comenzaron a competir por dinero, territorio y poder. Djotodia, el autoproclamado presidente, demostró ser incapaz de contenerlos. En septiembre de 2013 anunció que estaba desmovilizando su milicia, pero el edicto tuvo poco efecto. Los seleka siguieron sus atrocidades: quemando personas vivas, matando pacientes de hospitales y arrojando prisioneros amarrados desde los puentes para que se ahogaran. Peter Bouckaert, el director de Emergencias de Human Rights Watch, que pasó meses investigando el conflicto dijo: «Imagina solo los cuatro jinetes del apocalipsis y te harás una idea. La gente realmente los odiaba. Eso hizo que los antibalaka siguieran adelante».

Durante décadas los cristianos del país habían vivido pacíficamente junto con los musulmanes, pero existían resentimientos profundos. Los primeros musulmanes que se mudaron a la zona desde el norte de África estaban involucrados en el comercio de esclavos y después se habían establecido como prósperos negociantes con control sobre gran parte del rudimentario sistema financiero. En muchos lugares, su relativa prosperidad fomentaba rencores. Cuando comenzó el conflicto, hasta sus combatientes estaban mejor armados. En Bangui, un comandante llamado Dejé me contó que la palabra «antibalaka», que deriva de una combinación de «antimachete» y «antiAK», significa «poder sobre el machete y el arma». Dejé concebía su misión como un emprendimiento sagrado. «La tierra nos pertenece a través de nuestros ancestros, y los extranjeros (los musulmanes) llegaron para tratar de tomarla, pero no pudieron —dijo—. Cuando invocamos los espíritus de nuestros ancestros en nuestros sueños, nos ayudan en la lucha».

Uno de los fundadores de los antibalaka, un coronel de la policía llamado Dieudonné («regalo de Dios») me explicó cómo se había organizado la milicia. Nos encontramos en un bar, en un barrio pobre cercano al aeropuerto, donde él bebía una botella de soda de naranja mientras varios de sus hombres tomaban cerveza a lo largo de la tarde. En junio de 2013, me dijo, con los seleka dominando la capital, él y otros pocos gendarmes habían partido hacia la ciudad de Bossangoa, el hogar del exilado presidente Bozizé, a quien se le adjudica ser el promotor de los antibalaka. La marcha a Bossangoa, trescientos veinte kilómetros a través del bosque, les llevó dos semanas. «Fuimos a través del bosque para evitar a los seleka que estaban en los caminos y comimos frutos silvestres», me contó Dieudonné. Un grupo de dieciséis oficiales instalaron una base secreta en la jungla y comenzaron a reclutar. «Somos soldados, así que les enseñamos a pelear», dijo. Pronto tenían una milicia de dos mil hombres entrenados.

Los combatientes estaban imbuidos de la creencia, inspirada en tradiciones animistas, de estar protegidos por lo mágico. Se adornaban con pelucas, vestidos y amuletos para evitar los ataques, y reunieron un arsenal de arcos con flechas envenenadas, machetes y unos pocos rifles de caza. Dieudonné orgullosamente contaba sus proezas en las primeras batallas, tomando armas y matando selekas. Cuando le señalé que sus hombres habían asesinado a familias enteras, me miró con obstinación. «Sí, pero los seleka mataron familias enteras —contestó—. Asesinaron a los nuestros y dejaron que los perros se los comieran. Nosotros equilibramos las cosas. Eso es venganza, ¿no?». Con énfasis afirmó que los seleka habían asesinado a miembros de su propia familia. «Perdí muchos primos, un abuelo y a mi propio padre lo mataron en Bossangoa». Dieudonné cayó en un acongojado silencio. «No me arrepiento —dijo finalmente—. Nadie nos ayudó cuando los seleka tomaron el poder. Si alguien viene y te pone una bota sobre la cabeza y un cuchillo en el cuello, ¿qué haces? Te defiendes».

La creciente crisis puso a Françcois Hollande en un dilema. Desde 1960 Francia había enviado tropas unas cincuenta veces para intervenir en sus excolonias, pero un combate en Mali el año anterior había terminado en un conflictivo callejón sin salida. Los franceses eran recelosos de volver a involucrarse. A medida que los antibalaka comenzaron a trabajar para exterminar a los musulmanes del país, el Gobierno de Hollande presionó a las Naciones Unidas por una resolución; su ministro de Relaciones Exteriores dijo que el país era «una zona gris, una nación sin Estado, sin sustento», mientras que otros advertían del peligro de un genocidio y de estar creando un refugio para los terroristas.

Finalmente, cuando en diciembre de 2013 los antibalaka coparon la capital, salió la resolución de la ONU. Hollande envió mil doscientos efectivos prometiendo: «Esta operación será breve». Bautizó a los soldados como «sangaris», el nombre de una mariposa común en la República Central Africana que tiene alas color rojo vivo y corta vida. Pero el pequeño despliegue de combatientes franceses fue incapaz de pacificar Bangui, por no hablar del resto del país, y poco después un reporte de las Naciones Unidas informó de que la violencia y el desplazamiento de gente habían empeorado. Se acumularon situaciones embarazosas. Primero las tropas francesas habían matado por error a dos nacionales indios en el aeropuerto de Bangui y el Gobierno de Hollande se vio forzado a disculparse. Después de que dos sangaris murieran en una escaramuza, la opinión popular en Francia comenzó a volcarse decisivamente contra la intervención.

La presencia extranjera tuvo efectos impredecibles. A mediados de enero, sucumbiendo a la presión de los líderes regionales, Djotodia, el jefe seleka, renunció y se fue al exilio. En lugar de estabilizar la situación, su partida pareció incrementar más la violencia. Mientras los franceses en Bangui desarmaban a los combatientes seleka, muchedumbres de antibalaka perseguían y mataban sin piedad a civiles musulmanes, a menudo a la vista de las fuerzas de paz. Un hombre posó para las cámaras de noticieros con la pierna a medio cocinar de un musulmán que había asesinado y le comía pedazos con feroces dentelladas.

La popular alcaldesa de Bangui, una corredora de seguros llamada Catherine Samba-Panza, fue rápidamente elegida como presidenta interina; se realizarían nuevas elecciones en un año. Prometió hacer más inclusivo al Gobierno y terminar con la violencia. Samba-Panza ordenó al ejército nacional volver a trabajar y el 5 de febrero de 2014 se dirigió a un grupo de soldados en una ceremonia especial. No bien hubo terminado su discurso algunos de los soldados presentes acusaron a un colega de haber sido un seleka. Lo apuñalaron y golpearon hasta matarlo, luego arrastraron su cuerpo a través de las calles y lo quemaron, grabando en sus celulares todo lo que habían hecho.

En Bossemptele, el padre Bernard pudo percibir que los combatientes seleka comenzaban a entrar en pánico. Los antibalaka se agrupaban masivamente en las villas cercanas y se decía que las tropas francesas recientemente llegadas se dirigían hacia la ciudad. Al principio los combatientes seleka acudían en oleadas a los alrededores de la misión en busca de protección. Luego un contingente más agresivo irrumpió en la misión para robar los tres o cuatro vehículos que tenían. Temiendo por su seguridad después de haber sido amedrentado a punta de pistola por un combatiente seleka, el padre Bernard huyó al bosque y se encontró con que mucha otra gente del pueblo ya se estaba ocultando allí. Desde el alto cerco de pasto que rodeaba la misión vieron a los seleka evacuar el pueblo. «Mientras se iban proferían gritos de guerra ("Dios es grande"), victoriosos por haber robado los vehículos», dijo el padre Bernard. Una vez que se retiraron los seleka, los antibalaka tuvieron la libertad de venirse hacia Bossemptele, donde cientos de musulmanes todavía seguían varados. «Así terminó el reino de los seleka y comenzó el reinado de los antibalaka».

Los antibalaka eran mucho más despiadados que los seleka y menos organizados. El padre no pudo hacer mucho más que rogarles misericordia. Pero, dijo, «no tenían un mando preciso, así que era difícil convencerlos». En la mañana del 18 de enero de 2014, el imam del pueblo sugirió hacer una contribución de dinero y víveres a cambio de la promesa de no ser atacados. El padre Bernard envió un mensaje a un comandante antibalaka que había conocido del frente este. Llegó una respuesta esperanzadora: «No queremos un enfrentamiento».

Pero una segunda fuerza antibalaka más agresiva se estaba acercando desde el norte, advirtiendo a los cristianos que dejaran sus casas para evitar el conflicto. «Traté de hablar con ellos, pero eran extranjeros y no querían escuchar», dijo Bernard. Los jóvenes del pueblo comenzaron a gritar: «Maten a los musulmanes». Cuando los asustados musulmanes colmaron las instalaciones de la misión, los antibalaka aparecieron a diestra y siniestra y estalló la violencia en el pueblo.

Después de cinco horas, el tiroteo cesó y Bernard salió para ver los daños. «Había heridos por todos lados —dijo—. Como los seleka se habían llevado nuestros vehículos, solo teníamos una carretilla y una camilla para usar». Los curas comenzaron a recoger a los heridos. «Los antibalaka querían matar a los heridos y tuvimos que decirles: "No, primero tendrán que matarnos a nosotros"».

Esa noche, los curas y los médicos curaron a los heridos y trataron de rescatar a los sobrevivientes del barrio musulmán, a trescientos metros de la misión. «Mandamos decir a todas las mujeres musulmanas que vinieran a nuestra escuela, pero los antibalaka estaban matando a todos los hombres y muchachos —recordó el padre Bernard—. Teníamos un chico de trece años que llevábamos con nosotros y los antibalaka dijeron: "Necesitamos matarlo porque va a crecer y se convertirá en seleka".

Lo discutimos y al final nos dejaron ir. Pero en el grupo siguiente con el que nos encontramos nos dijeron:"Tenemos que matarlo porque pertenece a la gente que les robó sus vehículos". Les dije:"Eran mis coches y si quisiera revancha sería mi decisión"».

Más de mil refugiados musulmanes, principalmente mujeres y niños, habían llegado a la misión para vivir bajo la protección de Bernard. Se les unió un grupo de peul, pastores de ganado musulmanes nómadas quienes por siglos se habían desplazado con sus animales por la región. «No es que tuviéramos la decisión específica de ayudar a los musulmanes —me explicó Bernard—. Se trataba de que nuestra misión es para proteger a los más débiles y vulnerables». Bernard se dio cuenta de que su misión había ganado un estatus especial, incluso para los antibalaka. A medida que los asesinos fueron casa por casa, una suerte de juego comenzó: si el padre Bernard lograba pasar sus retenes, le permitirían tomar a las víctimas heridas para llevarlas a su misión. Bernard recordó cargar una adolescente inválida sobre su espalda. «Cuando los antibalaka me vieron luchando para llevarla se rieron, porque estaba transpirando y esforzándome tanto», dijo.

Los cuerpos que habían sido abandonados alrededor de Bossemptele comenzaron a descomponerse con el calor. «Nadie quería tocarlos, porque en este país existe la superstición de que si tocas un muerto vas a morir de la misma manera», dijo Bernard. Junto con un trabajador de la Cruz Roja tomó la carretilla de la misión y salió a levantar los cuerpos. Algunos habían sido parcialmente comidos por los cerdos. «El primer día recogimos veintiuno —recordó—. Llevamos los cuerpos al cementerio, pero la gente que vino a colaborar comenzó a desmayarse. No había nadie que quisiera ayudar a cavar las fosas». Entonces el padre Bernard recordó un lugar donde había un gran pozo en el suelo y él y sus curas llevaron los cuerpos para enterrarlos. «No fue muy decoroso, pero era la única solución», explicó.

El padre Bernard pasó quince días rescatando los cuerpos y enterrándolos. «Los antibalaka estaban muy orgullosos de lo que estaban haciendo. Me llamaban de sus celulares y decían:"Padre, venga, matamos a uno. Venga y entiérrelo". Otro me dijo:"Sí, padre, usted está haciendo su trabajo y nosotros el nuestro"».

El sitio en Bossemptele duró un mes. Fueron asesinados alrededor de cien musulmanes y se incendiaron cientos de casas. Finalmente, los líderes antibalaka convocaron al padre Bernard para informarle de un cambio de política. «Dijeron haber recibido una carta de un líder de Bangui con instrucciones de no matar a nadie más», me dijo. En vez de eso comenzaron a tomar rehenes. Muchos de los musulmanes que habían quedado eran ancianos o inválidos por causa de la polio. Eran blancos fáciles. «Los antibalaka hicieron un pingüe negocio con ello —dijo con disgusto el padre Bernard—. Me llamaban y decían: "Padre, tenemos cuatro peul" y pedían dinero por ellos. Entonces debíamos ir y buscarlos. Los precios dependían de a quiénes tenían. Durante todo este tiempo no hubo aquí ninguna presencia gubernamental. Sobrevolaban helicópteros, pero no aterrizaban».

Cuando las tropas de paz se establecieron alrededor del país la mayoría de los musulmanes había huido, pero quedaban unos pocos sobrevivientes, en tensa distancia de los antibalaka. A muchos, la presencia de las fuerzas de paz les proporcionó cierto alivio. En los alrededores de Yaloke, a una hora de distancia de Bossemptele, los soldados de Congo-Brazzaville montaban guardia sobre una pequeña colina donde quinientos peul estaban varados y vivían en edificios administrativos de la época colonial. Afuera, mujeres con largas trenzas cocinaban sobre fogones y se ocupaban de los niños. Los hombres y niños peul que usaban túnicas con casquetes se sentaban sobre alfombras, hablando y rezando.

Yo viajaba con el funcionario de Human Rights Watch, Peter Bouckaert, y fuera del puñado miserable bajo la custodia del padre Bernard, estos peul eran los únicos musulmanes que encontramos durante una semana en la zona. Seis semanas antes, explicó uno de los hombres, habían estado huyendo hacia Camerún con su ganado, una manada de siete mil cabezas. Habían pagado a los líderes antibalaka coronel Richard y coronel Le Bleu para asegurarse un paso seguro, pero en el camino habían sido atacados por otro grupo de antibalaka. Les habían robado el ganado y una docena de sus hombres desaparecieron. Después, Richard y Le Bleu los habían trasladado a esta colina. Un cura católico les había estado proporcionando comida y las fuerzas de paz los protegían, pero no tenían permiso para irse. Los peul se sentían inseguros y deseaban desesperadamente ser evacuados en el próximo convoy hacia Camerún.

Mientras conversábamos se acercó un jeep y un hombre corpulento, vestido con ropa de correr y acompañado por un par de soldados armados, vino hacia nosotros. Era el comandante de las tropas de paz, un capitán del ejército congolés. Dijo que su deber era mantener a los peul donde estaban. Si alguno de ellos intentaba escapar, lo matarían, afirmó señalando a los soldados que había apostado a lo largo del camino.

Mientras Bouckaert utilizaba un teléfono satelital para informar de la situación a jerarcas de más rango de la ONU, le pregunté al oficial si su amenaza era cierta. «Por supuesto que no —dijo—. Solo quería asustarlos». Poco después, el alcalde de la ciudad y su principal gendarme llegaron y en voz alta acordaron que los peul no podían irse. El gendarme miraba a los peul con desagrado y se paraba balanceándose. Apestaba a alcohol.

Sin alguien que abogara por ellos, los peul habían quedado efectivamente atrapados. El oficial congolés repitió que tenía órdenes de mantener a todos en el complejo. «Porque, si se van —hizo movimientos de decapitar y disparar un arma—, ¡pa-pap-pa!». Señalando al más viejo de los peul, repitió: «¡Pa-pap-pa!».

La influencia de las fuerzas de paz no se extendía muy lejos. En Gaga, un puesto de avanzada a una hora de Yaloke, los líderes coronel Richard y coronel Le Bleu habían establecido un feudo violento y lucrativo sin interferencias. A lo largo y ancho del país ambos mandos habían confiscado tierras, ricos bosques madereros y minas de oro y diamantes. Los antibalaka han estado viviendo especialmente de sus saqueos. Algunos se apropiaban de efectivo o ganado y muchos tomaron las pertenencias de los musulmanes —batas, casquetes, fez— como trofeos.

En la frontera de Gaga, el lecho de un río se había convertido en un paisaje de montículos de mugre y piletas pantanosas donde mujeres jóvenes cribaban las aguas con un tamiz durante doce horas. Les permitían quedarse con un gramo de lo que hubieran encontrado; todo el resto se lo daban al propietario de la mina. El hermano del dueño, que actuaba como vigilante, nos saludó y dijo: «Al principio esta mina pertenecía a nuestra gente. Pero llegaron los musulmanes con sus pequeños negocios y sus préstamos monetarios y se convirtieron en propietarios del lugar. Ahora Gaga lo ha devuelto a sus verdaderos dueños». Sonriendo, dijo que de las minas salían dos o tres kilos de oro cada día.

Encontramos al coronel Le Bleu a cargo del pueblo. Era un joven musculoso con rastas y una banda adornada con balas alrededor de sus bíceps. A su lado estaba su guardaespaldas, una mujer que tenía una peluca de dorados rulos y un látigo improvisado con una correa del ventilador de un auto. Otro hombre joven llevaba un cohete antitanque y varios otros tenían kalashnikov. Le Bleu nos condujo a un bar de cerveza vacío, donde estaban apiladas cajas de la cerveza local Mocaf. Su séquito estaba a nuestro alrededor, vigilante.

Me dijo que se había convertido en antibalaka después de que los seleka destruyeran su local, donde vendía accesorios de motocicletas. «Yo no era soldado antes, pero tomé un arma», me dijo. Cuando pregunté por Richard sonrió. «Richard y yo hicimos la guerra juntos y ahora estamos haciendo la paz», dijo. Estaban en Gaga para luchar contra los abusos a los derechos humanos, agregó. «Lo demuestra que los peul están ahora en Yaloke. Fui yo quien los traje aquí». Le pregunté por qué los peul habían perdido sus vacas mientras estaban bajo su protección. «Estaban siendo atacados, por eso es natural que perdieran sus vacas —dijo—. Pero puedes estar seguro de que mucho más se hubiera perdido si no hubiera estado yo allí». Había arreglado que la gente de Bangui pagara precios justos por el ganado y había mandado camiones para transportarlos. «Una vez que haya seguridad aquí, me trasladaré a otros sitios con el mensaje de paz».

En el campo de Yaloke, un peul me había dicho que Richard tomó prisionera a su mujer. Cuando le pregunté a Le Bleu acerca de eso lo negó y dijo que Richard estaba fuera del pueblo atendiendo negocios. Más tarde el peul me dijo que Richard había tomado muchos prisioneros en su comunidad. Alrededor de ciento veinte peul estaban trabajando para él en el bosque cercano a Gaga, forzados a cuidar el ganado que los antibalaka les habían robado.

Le Bleu interrumpió nuestra conversación, diciendo que un par de gendarmes de Yaloke estaba esperándolo afuera. Uno de sus hombres había matado a alguien y se había descubierto el cuerpo en las afueras del poblado. Le Bleu nos condujo con los gendarmes detrás y pocos minutos después nos encontramos con el cuerpo hinchado y amarillento de un hombre cuyas piernas habían sido devoradas por los perros. Le Bleu se tapó la nariz por la pestilencia y se lo quedó mirando. Finalmente dijo: «Es increíble lo que pasa con un cuerpo humano después de unos días bajo el sol, ¿no?».

La víctima había llegado a Gaga con una motocicleta que quería vender. Uno de los guardias de Le Bleu interesado por la moto mató al hombre y tiró su cuerpo al borde del camino. Le Bleu había aprisionado al sospechoso y, de acuerdo con los presentes, lo había sometido a *arbatasher*, un castigo en el que se atan juntos los codos y tobillos detrás de la espalda, forzando el cuerpo a formar un arco agonizante y causándole finalmente parálisis y daños permanentes en los nervios. Estaba todavía atado cuando Le Bleu conversó con nosotros.

En la misión del padre Bernard, pasaron semanas sin ayuda oficial, aunque cientos de musulmanes se encerraron dentro del complejo para buscar protección. «Los líderes antibalaka venían constantemente para decirles a los musulmanes que debían salir de allí». Cada vez que el padre estaba afuera aparecían combatientes que amenazaban a los refugiados.

Una vez, los antibalaka mataron a tres de ellos. Una de las monjas, la hermana Josephine, informó a sus líderes que el campo se encontraba bajo la jurisdicción de la Corte Penal Internacional y que si algo pasaba con sus prisioneros podrían terminar en La Haya. «Era mentira —dijo el padre Bernard, y sonrió—. Pero, cuando el líder antibalaka escuchó eso, los dejó marcharse». La situación era similar en muchos lugares de la República Centroafricana: un puñado de curas y monjas de las misiones católicas era todo lo que había entre decenas de miles de civiles musulmanes acorralados y sus posibles asesinos.

Durante un tiempo el padre Bernard no tuvo comida para sus refugiados musulmanes, excepto el arroz de sus propios depósitos, pero finalmente Médicos sin Fronteras y el Programa Mundial de Alimentos enviaron abastecimientos. La evacuación de los musulmanes fue lenta. En febrero de 2014 Bernard consiguió mandar un par de cientos de personas en un convoy dirigido a la frontera, pero fue una experiencia caótica y espeluznante. «Había escenas horribles, con antibalaka entrometiéndose y tratando de golpear a la gente con machetes a medida que subían a los camiones —dijo—. A veces los vehículos partían tan rápido que la gente perdía sus pertenencias o las familias resultaban separadas». El padre Bernard se quedó con el bebé de una mujer y pudo alcanzárselo a una chica de otro camión con la esperanza de que pudiera encontrar a la madre en la frontera. Varios convoyes más siguieron y para fines de marzo fue capaz de evacuar sin peligro a casi todos los musulmanes que quedaban en Bossemptele.

En abril los franceses comenzaron a llegar con más frecuencia a Bossemptele y los antibalaka desmantelaron sus barreras en la ruta y regresaron a sus pueblos. Algunos de los líderes locales le dijeron al padre Bernard que los musulmanes habían podido ir a sus casas. Ninguno se había atrevido, por supuesto, y el padre Bernard les dijo a los pocos que quedaban que no abandonaran los campos de la misión. A fines de mayo, todavía tenía diez musulmanes a su cargo. Entre ellos, dos chicas peul con polio, un adolescente que estaba demasiado impresionado como para comunicarse y una mujer mayor ciega que había sido abandonada en un río después de ser atacada con machetes. El imam del pueblo, casado con una cristiana, vivía en el complejo. Su esposa e hija lo visitaban todos los días.

En la misión, una mujer musulmana de cuarenta años, Mamounia, que provenía de Yaloke, me dijo que, después de que los antibalaka mataran a su anciano padre, ella y su hija de tres años habían huido por el bosque con un grupo de peul. Cuando cruzaban el camino a Bossemptele los antibalaka atacaron. «Vi cuerpos cayendo al suelo y en ese momento me dieron a mí —recordó Mamounia—. Estaba cubierta de sangre, entre los cuerpos y rogando a los antibalaka que no me mataran. Me habían acertado en la sien y en la espalda. Mi hija iba cargada atrás y la bala la atravesó y me fue a dar a mí».

Los antibalaka sacaron machetes para matarla, pero, recordaba: «Alguien dijo: "No, es una mujer como las que nos dieron la vida"». Los combatientes la llevaron al hospital del padre Bernard dejando atrás a su hija. Al día siguiente una mujer trajo a la pequeña, herida pero todavía viva. «Aguantó durante dos semanas y luego murió», dijo Mamounia. Tenía los ojos brillantes, pero no lloró.

Mamounia pensaba quedarse con el padre Bernard hasta que sus heridas sanaran y luego emprender el camino a Camerún. Tres de sus hijos habían logrado salvarse bajo custodia de su hermano y ella esperaba reunirse con ellos. No podía comprender el odio de los antibalaka que habían matado a su hija. Pero si las cosas volvían a la calma, dijo con una sonrisa esperanzada, volvería a casa.

El camino que la mayoría de los musulmanes de la República Centroafricana utilizaba para huir del país va hacia el noroeste. Son seiscientos diez kilómetros desde Bangui a la frontera de Camerún, un viaje de días a través de un paisaje casi sin desarrollo a la vista. Cada pueblo a lo largo del camino tiene un distrito salpicado con las ruinas quemadas de los hogares, negocios y mezquitas musulmanes.

Pero no todos los musulmanes abandonaron el país. Cuando los antibalaka se apoderaron de Bangui, un gran contingente escapó a la ciudad de Bambari, al filo del hogar tradicional de los musulmanes al norte y al este. Allí establecieron un nuevo cuartel general donde se les sumaron varios miles de civiles musulmanes. Durante mi visita, los sangaris franceses andaban por Bambari en un pequeño convoy de personal armado, pero el poder real pertenecía al comandante seleka, el general Joseph Ousmane Zoundeko. Lo encontré en su complejo, custodiado por hombres con amuletos islámicos bajo sus uniformes. Fornido exoficial del ejército, Zoundeko lucía una boina roja: una herida de guerra le voló buena parte de su oreja derecha. Había sido nombrado recientemente jefe de Estado Mayor seleka, después de que un prominente general se separara y declarara un Estado musulmán en el este. Zoundeko comentó brevemente la necesidad de reconciliación y luego comenzó a despotricar contra las fuerzas de paz. «Los franceses quieren exterminar a la población musulmana de la República Centroafricana —dijo—. Sin ellos, los antibalaka no serían nada».

Pese a la presencia de las fuerzas de paz, ningún lado cedía en la lucha. A través del bosque, a las afueras del poblado, llegamos a una villa donde los antibalaka habían convertido en ceniza la mezquita, dejando una cáscara sin techo. El lugar parecía abandonado, pero gradualmente fueron apareciendo civiles y nos hablaron de la violencia. En pocos días los antibalaka habían incendiado dos casas, asesinado a tres peul y preparado una emboscada para atacar a los campesinos cuando regresaran de sus campos.

En represalia, los seleka hacían redadas. Una tarde vi un convoy de camiones detenido afuera del pueblo, lleno de combatientes con las armas preparadas. Bouckaert reconoció a su líder: unos pocos meses antes las tropas de paz habían llegado a otro pueblo en el que él estaba a cargo. Para eludir la atención de las fuerzas de paz, había ordenado a sus hombres que pararan de disparar y utilizaran «armas frías»: colgar a la gente, golpearla violentamente contra el pavimento para aturdirla o arrojarla al río.

Unos pocos días después de mi visita, el embajador francés, Charles Malinas, llegó a Bambari y demandó el desarme de los seleka pese a que los antibalaka estaban a menos de diez kilómetros de la ciudad. Los musulmanes estaban furiosos. Zoundeko, el comandante seleka, insistió en que sus hombres «lucharían y morirían como mártires». Unas pocas horas después estalló una protesta y los sangaris abrieron fuego matando a un civil e hiriendo a varios. Luego una muchedumbre musulmana sacó a los franceses de la ciudad y construyó barricadas en los puentes de entrada y salida.

Miles de refugiados habían colmado la catedral de St. Joseph, emplazada en una colina sobre la ciudad. Unas pocas semanas después un grupo de seleka se abrió camino y comenzó a disparar asesinando al menos a veinte personas, en su mayoría mujeres y niños. Como en incidentes similares alrededor del país, las tropas francesas llegaron cuando la mayor parte de la matanza ya había tenido lugar y entonces se limitaron a emplazar un perímetro defensivo alrededor de la misión. Kasper Agger, un investigador de campo del Enough Project, una ONG que monitorea los derechos humanos en la región, dijo: «Hemos escuchado lo mismo una y otra vez. Aunque están desplegados cerca de donde suceden los incidentes, los franceses raramente intervienen. Parece que tienen miedo de que haya víctimas entre ellos».

Una tarde en Bangui me encontré con el embajador Malinas cerca de la piscina del Ledger Plaza, el único hotel lujoso de la ciudad. Rechazó la idea de que los franceses apoyaban a los antibalaka. «La gente de aquí con frecuencia echa la culpa de todo a los extranjeros», dijo. Pero aportó un punto de vista histórico sobre la culpabilidad de Francia. «Cuarenta años atrás, este era un país rico —dijo—. Entonces exportaba tabaco a Cuba y obtenía aceite de palma africana y tenía una industria maderera, así como oro y diamantes, y todo estaba bien organizado. Era en la época de Bokassa, y es horrible decirlo así, pero antes de que fuera un pequeño loco hizo cosas decentes aquí. Y después de él todo lo que los gobiernos han hecho es sacar dinero —agregó Malinas con remordimiento—. No administramos muy bien la independencia aquí. Dejamos que los administradores franceses dirigieran las cosas, cuando lo que necesitaban los lugareños era crear una generación con sus propios líderes».

En verdad, los líderes políticos no parecen haber hecho mucho, en los meses recientes, que demuestre que son capaces de manejar un acuerdo político, aun con ayuda internacional. En mayo el Gobierno mantuvo conversaciones con los seleka bajo los auspicios de los franceses y de la Unión Africana, pero los militantes de ambos lados se escondían en sus propias comunidades emergiendo periódicamente para luchar. En un partido de fútbol con el objetivo de la reconciliación entre jóvenes musulmanes y cristianos, los antibalaka asesinaron de forma horrenda a tres jugadores musulmanes. En retribución, musulmanes armados atacaron una iglesia en una vecindad cristiana. Se rumoreaba que habían decapitado al cura, al estilo de los yihadistas.

Antes del amanecer del día siguiente, una protesta levantó una gran conmoción: tiroteos, estruendos, gente gritando. El humo formaba una masa nebulosa sobre las hogueras encendidas en el pavimento y un helicóptero militar francés volaba en círculos sobre la ciudad. La mayoría de quienes protestaban iban armados solo con cacerolas y sartenes para hacer ruido, pero algunos tenían armas. En el baluarte musulmán de PKS, hubo varios muertos frente a los cuarteles de las fuerzas de paz. La muchedumbre, en su mayoría compuesta por cristianos, estaba furiosa con la Unión Africana, con los franceses y con los extranjeros en general por no haber desarmado a los seleka. Exigían que los musulmanes fueran despojados de sus armas y que los integrantes de las fuerzas de paz que no habían impedido la matanza fuesen expulsados del país.

Durante las protestas, Jean-Serge Bokassa, el hijo del emperador, surgió como líder del contingente antiseleka y al tercer día lo visité en su apartamento del centro. Abrió la puerta en sandalias y señaló sus pies hinchados y ampollados. «De la marcha —explicó, con una sonrisa—. Pensé que era importante mostrar solidaridad a la gente, especialmente desde que hemos visto que después de estos incidentes nunca hay ninguna reacción del Gobierno. Lo que está pasando es que la gente ahora cuestiona las medidas que han sido tomadas para terminar el conflicto. Se adjudicaron muchos fondos y las fuerzas internacionales tienen su mandato, pero al parecer seguimos con el mismo predicamento».

En tanto que las demostraciones continuaban, Samba-Panza llamó a un periodo de duelo nacional por las víctimas de la masacre de la iglesia y prometió castigar a los responsables. Aunque pidió que todas las milicias de la ciudad dejaran las armas, los musulmanes pensaron que estaba favoreciendo a los cristianos. Un comerciante llamado Haroun me dijo: «Para que haya una reconciliación, necesitan reconocer lo que nos han hecho y nosotros necesitamos un tratamiento igualitario con el resto de la población». Comenzó a gritar. «Mataron a mi esposa, a mis hermanos. No nos vamos a quedar aquí con estos caníbales».

Samba-Panza acusó a los «enemigos de la paz» de «explotar vergonzosamente el odio interreligioso», pero su Gobierno también parecía afectado por el odio sectario. Una mañana fui a ver a la ministra de Reconciliación Nacional, Antoinette Montaigne. Encontré a una mujer alta, elegante, de chaqueta azul prusiano y una falda negra que había retornado recientemente de Francia, donde ejercía como abogada. En su despacho habló con amargura sobre las conversaciones de los seleka con el Gobierno. (Desde entonces ha renunciado, pero sigue aconsejando al presidente). «Vienen aquí y dicen que quieren reconciliarse, pero en el instante en que se van muestran exactamente lo opuesto», dijo. Estaba irritada con la debilidad del Gobierno, en el que algunos cargos estaban ocupados por exoficiales seleka. «Han intervenido mi teléfono porque controlan las comunicaciones —dijo—. También controlan la prensa en este Gobierno. Los jerarcas superiores no ven el problema, pero yo sí». Los que protestaban en Bangui se tomaban la justicia en sus propias manos, dijo, porque sabían que el Gobierno no lo haría.

Mirando alrededor se disculpó por lo desolado de su entorno. Sus empleados habían llegado a la mañana y encontraron la oficina saqueada. Ella se había reunido con el oficial de enlace el día anterior y me confió: «Sospecho que lo ha hecho él». Señaló con rabia los escritorios desnudos donde habían estado las computadoras. Tan pronto tuviera un nuevo ordenador, me dijo, le mandaría su plan de reconciliación para poner fin al «Estado paralelo de los seleka y el de los pequeños bandidos antibalaka».

El 23 de julio, los esfuerzos del Gobierno produjeron un resultado tentativo al firmar los comandantes de los seleka y los antibalaka un acuerdo de paz. Casi inmediatamente, los líderes de las facciones rivales lo rechazaron y estalló la violencia por todo el país. Poco después Samba-Panza intentó un nuevo enfoque: forzó a su gabinete a dimitir y nombró como primer ministro a un musulmán, el primero en el país, a quien se le permitió designar unos pocos oficiales seleka como ministros. Los líderes del principal ejército seleka en el norte respondieron expulsando a los oficiales de su movimiento.

En un discurso a embajadores franceses el 28 de agosto, François Hollande se congratuló con sus tropas de paz. «En diciembre pasado intervinimos en la República Centroafricana —dijo—. Prevenimos lo peor, y quiero decir lo peor». La mayor parte de la gente con la que hablé coincidió en que las fuerzas internacionales habían evitado un genocidio. Kasper Agger, del Enough Project, dijo: «Su presencia ayudó a que la espiral de violencia no se saliera de control. Probablemente fue un punto de inflexión». Pero nadie pensaba que abatir la violencia fuera suficiente para convertir a la República Centroafricana en un Estado cohesionado. Muchos señalaron que la lucha había tardado en apaciguarse porque el país estaba efectivamente partido, con el auxilio de las tropas de paz, en regiones musulmanas y cristianas.

Durante el peor momento del conflicto, Estados Unidos hizo poco más que ayudar a aerotransportar tropas africanas. Samantha Power, la embajadora estadounidense en las Naciones Unidas, se contaba entre quienes abogaban por una mayor acción. Cuando recientemente hablé con ella, dijo que la intervención había sido inadecuada, pero sugirió que no era realista esperar que se lograra más. «Lo que no hemos hecho todavía es detener el sufrimiento de la población de la República Centroafricana o lograr estar en todas partes, lo que implica que la gente todavía va a seguir siendo acosada por el solo hecho de tener una identidad religiosa. Dada la cantidad de muertos, desplazados y sufrimiento que ha habido, es difícil considerar que los esfuerzos internacionales hayan sido realmente un éxito. Pero todo lo que uno tiene que hacer es hablar con un antibalaka o un seleka para saber cómo habría resultado si no hubiera habido una presencia internacional».

En septiembre las Naciones Unidas desplegaron una misión de paz llamada Minusca, sigla resultante de «Misión Integrada de Estabilización Multidimensional de las Naciones Unidas en la República Centroafricana». Cuando Samba-Panza visitó Nueva York hace unas semanas, le pregunté cómo, después de tantas intervenciones fallidas, la comunidad internacional podría hacer cambiar la situación. Dio a entender que era mayormente un asunto de escala: las Naciones Unidas planeaban aumentar el número de las fuerzas de paz a doce mil. «Va a haber más tropas sobre el terreno para intervenir ante la violencia», dijo. El trabajo político, sin embargo, será mucho más difícil. Con cada milicia separada en facciones, los esfuerzos de reconciliación implicarían muchos tratados de paz separados. Sugirió que el ímpetu deberá venir de fuera del país. «Es muy importante que las Naciones Unidas nos ayuden en nuestra reconciliación —dijo—. Nunca alcanzaremos la paz si cada ciudadano no tiene un sentimiento de pertenencia». En privado, muchos de los funcionarios de asistencia, analistas políticos y diplomáticos que trabajan allí expresaron sus dudas de que las Naciones Unidas pudieran encontrar una solución duradera. David Smith, un analista radicado en Sudáfrica que lleva estudiando el país de cerca desde los años ochenta, me dijo: «Aquí siempre ha habido una creación internacional con un acrónimo. En este momento es Minusca. Es difícil que funcione. Cuando se vayan, el país volverá a derrumbarse como siempre lo ha hecho». Las nuevas fuerzas de paz desplegadas fueron recibidas con los más intensos combates que el país haya visto por meses. En Bangui la semana pasada (del 12 al 18 de octubre de 2014), un ataque a un vehículo de las Naciones Unidas mató a un soldado e hirió a ocho más. Se levantaron barricadas en toda la ciudad y las calles quedaron vacías.

Para el padre Bernard, la nueva misión de las Naciones Unidas ha hecho poco por cambiar las cosas; Bossemptele sigue siendo vigilada por el mismo contingente de fuerzas de paz. Describió una calma precaria, interrumpida ocasionalmente por la violencia. Mientras se encontraba en Bangui recientemente, los antibalaka, que siguen siendo una presencia beligerante en la ciudad, acusaron a un hombre de ser un hechicero. «Lo golpearon y cavaron una tumba frente a su casa —dijo Bernard—. Lo arrojaron vivo en la tumba y le dispararon. Después lo enterraron». La misma semana los antibalaka atacaron la casa del gendarme en jefe de la ciudad porque estaba dando refugio a un chico medio musulmán de quien sospechaban que fuera un espía. En ambos casos las fuerzas de paz no intervinieron. «No estoy seguro de que aporten mucho, porque, cada vez que algo pasa en la ciudad, realmente no ayudan», dijo Bernard.

Aun así, los esfuerzos persistentes del padre Bernard han creado una pequeña zona de seguridad: «En el hospital no nos molestarán más los antibalaka porque se dan cuenta de que también los tratamos». Unos pocos musulmanes permanecen a su cuidado: el adolescente traumatizado, las niñas peul con polio. El imam también sigue allí. Cuando lo encontré estaba seguro de que algún día recuperaría su antigua vida y que los musulmanes y cristianos aprenderían a vivir juntos de nuevo. Cuando le pregunté cómo podría olvidarse tanta violencia me miró de manera socarrona; era una cuestión de fe, pura y simplemente. Mientras tanto, seguía contribuyendo en lo que podía con el trabajo del padre Bernard. Sastre experimentado, se ganaba su manutención en la misión cosiendo uniformes escolares. Con la ayuda de Dios, dijo, vivía el día a día.

Latinoamérica

El asesinato de Benjamín Flores*

Es una mañana lenta de lunes en *La Prensa*, lo más lenta que puede ser en un periódico diario con un equipo editorial de ocho personas. Jesús Barraza, el redactor jefe, está sentado a su mesa revisando el material de las noticias cuando un reportero entra corriendo y le comunica un mensaje urgente en susurros.

Barraza se levanta, cámara en mano, y va a la ventana. Abajo, en la calle, hay un Chevrolet Blazer verde, nuevo, con los cristales tintados, el tipo de coche que les gusta a los traficantes locales de droga. Rápidamente, Barraza saca una fotografía del vehículo. «Por si acaso», murmura.

No tiene que explicar por qué. Hace dos meses, el dueño del periódico, Benjamín Flores González, un joven sin pelos en la lengua, fue acribillado a balazos en esta misma calle, cuando se dirigía a la oficina del periódico tras aparcar el coche. Antes de que llegara al portal, un coche gris hecho polvo con matrícula de California frenó en la calle de tierra detrás de él. Un joven saltó de dentro con un fusil de asalto AK-47 y descargó un cartucho entero sobre Flores. Mientras algunos periodistas de *La Prensa* miraban horrorizados, el asesino volvió al coche, cambió el arma vacía por una pistola y le descerrajó tres tiros en la cabeza. La investigación de la policía estableció que el asesino había disparado un total de treinta y tres balas, nueve de las cuales habían impactado en el cuerpo de Flores.

En su momento, la policía detuvo a cuatro matones callejeros y los acusó de estar implicados en el asesinato. Según los investigadores, las órdenes procedían de un traficante local, Jaime González, y la organización corrió a cargo de dos de sus hermanos. Pero la credibilidad de las

* Publicado originalmente en *The New York Times Magazine* el 21 de diciembre de 1997. Traducción para esta edición de Raquel Marqués.

365

autoridades, en la atmósfera envenenada por las drogas de esta ciudad fronteriza mexicana, es ínfima. Casi todo el mundo sospecha espontáneamente que la cadena de responsabilidades llega más arriba, hasta los políticos que están al servicio de los grandes narcos.

La tarde del día del asesinato, un sereno Jesús Barraza apareció en la televisión mexicana desde el lugar del crimen y prometió que continuaría haciendo el mismo tipo de periodismo comprometido iniciado por Flores; como muestra de ello, el personal de *La Prensa* cerró la edición de aquel día. A la pregunta de quién creía que había matado a su jefe, Barraza respondió: «Sospechamos de casi todos, en especial de los narcopolíticos, los narcopolicías y los traficantes».

Todos ellos abundan en la cuna de *La Prensa*, San Luis Río Colorado, una ciudad de unos doscientos mil habitantes situada en el rincón noroeste de Sonora, a unos treinta kilómetros de Yuma, en Arizona. El centro de la localidad es un caos de rótulos coloridos de farmacias, casas de cambio y tiendas de recuerdos. Una elemental retícula de calles pavimentadas deja paso enseguida a caminos de arena flanqueados por filas desiguales de ranchitos de ladrillo rodeados de vallas hechas con palos y alambre de púas. Al final, los caminos van a dar a La Línea, la fea frontera que separa México de Estados Unidos.

Antaño una sosegada ciudad agrícola, San Luis se ha visto invadida por las bandas criminales que pasan narcóticos a Estados Unidos. Ricos y sin mucho que temer a las autoridades, los narcos se han convertido en una parte inextricable de la sociedad de San Luis. Los jefes de las bandas invierten en negocios y se construyen ostentosos palacios nuevos. Narcos de todas las calañas se pasean sin tapujos por la ciudad con su característica ropa de estilo chalino, llamado así por un cantante muy querido de los narcos, Chalino Sánchez.

En los últimos cinco años, la drogadicción se ha extendido como la pólvora —hay adictos de tan solo once años en el reformatorio— y se han disparado los robos y los asaltos, así como los secuestros. En los dos meses que hace del asesinato de Benjamín Flores se han registrado al menos trece muertes más, la mayoría ajustes de cuentas entre bandas de narcos rivales.

La mayoría de los crímenes quedan sin resolver, y se considera a la policía poco más que criminales autorizados compinchados con los narcos. En este ambiente, los ciudadanos de a pie han dejado de recurrir a los oficiales y la policía locales para obtener justicia o protección; estas suelen proceder del cañón de la pistola de algún narco amigo o, hasta cierto punto, de la prensa escrita.

El día en que liquidaron a Flores, el 15 de julio, era especialmente importante para él, como sin duda sabía su asesino. Unos días antes había celebrado su vigesimonoveno cumpleaños, y aquella noche había una fiesta con los empleados para conmemorar el quinto aniversario de *La Prensa*. Flores —que de chaval dejó el instituto y vendía salchichas en un carrito por las calles de San Luis— hizo de *La Prensa*, un humilde periódico semanal, un diario beligerante de cada vez más circulación que iba ganando reputación en la región por su estilo combativo de hacer periodismo.

Flores, un soltero atractivo al que le gustaba beber, la fiesta y la ropa cara, era una figura controvertida en San Luis. Creció en una familia muy numerosa y pobre; era joven y tenía prisa, y no escondía su ambición. Su sueño era publicar una serie de periódicos en el norte de México y utilizarlos como trampolín para su objetivo último: ir a Ciudad de México como congresista.

Flores tenía madera de periodista y una red de fuentes impresionante, casi todas anónimas, y en su columna personal, «No confirmado», sacaba los trapos sucios y daba nombres. En su lista de acusados había oficiales de policía, políticos, hombres de negocios y narcotraficantes. Era también desmedido y a veces publicaba rumores sin corroborar. Esta costumbre le había granjeado muchos enemigos a lo largo de los años y media docena de demandas por libelo, la mayoría de las cuales estaban pendientes cuando lo mataron. Pero era espeluznante lo atinada que solía ser su intuición.

Cuando, en mayo, media tonelada de cocaína desapareció de la sede local de la oficina del fiscal general federal, Flores disfrutó de estar en el foco de atención nacional a cuenta del «Robo del siglo». Señaló alegremente que los sospechosos principales eran la misma policía que estaba investigando el robo con tanto afán. El caso se convirtió enseguida en un escándalo nacional, pero, pese a la investigación encabezada por el fiscal general de México, Jorge Madrazo Cuéllar, nunca se encontró la droga. Al final detuvieron a diecisiete oficiales de la Policía Judicial Federal y a dos generales del ejército, que están aún esperando el juicio.

Sin embargo, fue un asunto local lo que al parecer detonó la ejecución de Flores. El expediente de investigación del caso recoge que organizaron el golpe dos hermanos de Jaime González, un traficante de droga de San Luis que estaba encerrado y culpaba a Flores de ello. El abogado de Flores, Ramón Gastelum, dice que informó a la policía de que, un mes antes del asesinato, el abogado de González había ofrecido a Flores «mil verdes» —cien mil dólares— para comprar su silencio. Según la declaración jurada de Gastelum a la policía, González había acordado su libertad con un juez, pero temía que Flores se enterara del chanchullo y lo hiciera público. El abogado había insinuado a Gastelum que, si Flores rechazaba el dinero, su cliente lo eliminaría.

No está claro si Flores llegó a tener conocimiento del soborno. Gastelum dice que lo descartó de inmediato y no se lo comentó a Flores por miedo a que lo publicara y se pusiera así aún más en peligro. En cualquier caso, la oferta fue rechazada y, según la policía, un hermano de González, Gabriel, ofreció a unos matones cinco mil dólares por el asesinato. Los hermanos, a los que también se les acusa del crimen, siguen en libertad.

Desde el punto de vista de la oficina del fiscal del Estado, el asesinato de Benjamín Flores está resuelto. Pero a los amigos y los colegas de Flores les da risa semejante idea, y Barraza ha prometido tener el caso en el punto de mira hasta que se resuelva satisfactoriamente. No se trata solo de vengar la muerte de un amigo. Flores ha sido el tercer periodista mexicano asesinado en 1997; según la Sociedad Interamericana de Prensa, México es una de las naciones del continente americano donde los periodistas son objeto de mayor violencia. A finales del mes pasado, un importante redactor de Tijuana, Jesús Blancornelas, resultó herido en una emboscada; su guardaespaldas murió.

Si bien oficiales corruptos, narcotraficantes y matones siguen apretando los gatillos, el asesinato de periodistas es un síntoma de que en México se están llevando a cabo cambios fundamentales, mientras el monolítico Partido Revolucionario Institucional (PRI) se viene abajo ante las rápidas transformaciones políticas y económicas. «El tráfico de droga y la corrupción oficial han aumentado en México, pero no son nada nuevo —opina William Orme Jr., director ejecutivo del Comité para la Protección de los Periodistas, que tiene su base en Nueva York—. Hace diez años no existía la prensa independiente en las provincias. Nadie se atrevía a hablar de estas cosas. Ahora eso está cambiando».

La última década ha visto surgir una nueva generación de periodistas independientes decididos a romper con la cultura tradicional de complicidad entre los medios de comunicación y las instituciones oficiales mexicanas. En el norte del país en particular, el aumento de periódicos críticos de la oposición como *La Prensa* es también el resultado del debilitamiento del grueso de los votantes del PRI y del ascenso experimentado en las elecciones regionales por el Partido de Acción Nacional (PAN), de centroderecha. Un político del PAN, Ernesto Ruffo, fue elegido gobernador del estado vecino de Baja California en 1989, lo cual hizo de él el primer político de la oposición que ganaba las elecciones de un estado mexicano en más de medio siglo.

Los comicios fueron también un momento clave en la vida de Benjamín Flores. Con solo veintiún años ya estaba haciéndose un nombre como periodista, pues cubrió la campaña gubernativa para un periódico de Mexicali y después pasó a ser el secretario personal de Ruffo. En 1992 regresó a San Luis para fundar *La Prensa*. Flores nunca dijo de dónde había sacado el capital para ponerlo en marcha, pero algunos amigos cercanos de San Luis reconocen que la financiación inicial de *La Prensa* procedió de un círculo de políticos y padrinos del PAN.

El periódico parecía el vehículo perfecto para un joven resuelto a hacerse famoso. Pero hasta él, con toda su calle, subestimó la ferocidad de los narcos. «No creo que al principio Benjamín supiera dónde se metía —dice un viejo amigo suyo—. Su cruzada surgió porque el público lo pidió, y Benjamín vio además que podía ser una manera de llegar a ser alguien. Y eso era haciendo algo que nadie se atrevía a hacer, esto es, atacar los diablos gemelos de nuestra sociedad: el tráfico de droga y la corrupción. Pero, al hacerlo, se condenó a muerte».

El Chevrolet Blazer verde aparcado delante de la oficina de *La Prensa* sí resulta ser, en efecto, un signo de problemas. Dos hombres salen de él y caminan con determinación por la calle aún manchada con la sangre de Flores. Después de entrar en el edificio, los dos visitantes no invitados de *La Prensa* pasan por delante de una estatua de cobre de don Quijote y suben por las escaleras hasta el segundo piso, donde Jesús Barraza los espera para recibirlos.

Son dos veinteañeros, vestidos con tejanos y botas de vaquero, que se quedan en el rellano muy serios. El más corpulento empieza a hablar con tono furioso y acusador, y subraya sus exigencias dando un puñetazo tras otro en el pasamanos de madera. Barraza responde con voz tranquila y conciliadora durante unos diez minutos, hasta que por fin los hombres se marchan.

Sereno, pero moviendo la cabeza y respirando pesadamente, Barraza se desploma en la silla detrás de su mesa mientras sus periodistas se agolpan en su despacho. Explica que los visitantes son los hermanos de un narco famoso conocido como «el Abuelo», que desapareció hace unos días. Están furiosos con el tratamiento que dio *La Prensa* a la desaparición, que salió en primera página. «Me han dicho que tendríamos que publicar hechos, no rumores», dice Barraza a su equipo.

El artículo comentaba que el Abuelo fue una de las primeras personas interrogadas por la policía después del asesinato de Flores. «En los círculos policiales —informaba el periódico—, circula la historia no confirmada de que el Abuelo había convenido en cooperar con la investigación del asesinato de Benjamín aportando información sobre los autores reales del crimen». A cambio, afirmaba el artículo, las autoridades habían acordado no entregarlo a la policía estadounidense, que supuestamente iba detrás de él.

El artículo también mencionaba la coincidencia de que la policía había recibido una «llamada anónima» crucial el día después de producirse el interrogatorio del Abuelo, con lo que estaban insinuando que la información no procedía de ningún desconocido, sino del propio Abuelo. El aviso había proporcionado la primera pista para la investigación, y enseguida atraparon a los cuatro sospechosos. El texto concluía que una banda rival de traficantes había secuestrado o asesinado al Abuelo en venganza.

Barraza dice al personal que, aunque mantiene la historia, ha accedido a publicar que la familia desmiente que hubiera acuerdo alguno entre el Abuelo y la policía, así como su oferta de una recompensa «sustancial» en metálico por cualquier información que pueda llevar a su rescate. Esto sería la primera página del día siguiente. «Para nosotros es un movimiento político conveniente —dice—. Y, si encuentran al Abuelo, quizá responda a algunas preguntas sobre el asesinato de Benjamín».

Uno a uno, los periodistas vuelven alicaídos a sus obligaciones. Antes de que pase mucho rato, el silencio temeroso que se había abatido sobre *La Prensa* va reemplazándose por el repiqueteo habitual. Aun así, la tensión casi se puede palpar en la oficina durante el resto del día.

Poco después de la visita de los hermanos del Abuelo, a Barraza le llega una llamada anónima de una mujer muy nerviosa en la que le comunica que vive al lado de donde tienen secuestrado al Abuelo. Cuelga antes de dar la dirección, pero un contacto de la compañía telefónica rastrea rápidamente la llamada a petición de Barraza. Tras coger libretas y cámaras, Barraza se mete a la carrera en un Silverado blanco con sus dos ayudantes, Damián Zavala e Imanol Caneyada, ambos de veintinueve años, y salen a toda prisa.

La llamada procedía de una cabina telefónica frente a un colmado en una calle desierta de tierra. Los reporteros recorren lentamente la zona durante unos minutos buscando signos de actividades sospechosas, pero en vano. No tardan en darse por vencidos y deciden ir al centro de la ciudad, al cuartel general de la Policía Judicial del Estado, para informarles de la amenazadora visita de los hermanos.

El comandante de policía, Ricardo Sobarzo, un hombre musculoso y de piel clara con bigote revolucionario, recibe a los periodistas en su despacho con un ademán amistoso. En un rincón de la desordenada habitación hay un soporte para armamento lleno de un arsenal surtido de AK-47, M-16, carabinas militares antiguas, escopetas y un fusil de asalto recortado.

En obvio honor al periodista angloamericano que está presente, Sobarzo empieza alabando una película que ha visto hace poco, *Justicia extrema*. En la película, comenta, un grupo de policías estadounidenses se hacen justicieros en sus horas libres y eluden las leyes que les impiden «castigar de verdad» a los criminales. Sonríe ampliamente y dice que la película le pareció «de lo más interesante».

«A diferencia de Hollywood, comandante —dice Barraza con su tono apacible—, la percepción pública en San Luis es que la policía no parece querer atrapar a los criminales. Por ejemplo, no hay progresos en el caso del Abuelo».

Entonces Barraza le cuenta la visita de la mañana, la oferta de la recompensa y la llamada telefónica anónima, y después le tiende un papelito con la dirección de la cabina de teléfono desde donde se había realizado la llamada. Sugiere que «estaría bien que le siguiera la pista». El comandante se lo agradece y le promete que lo comprobará. Si deciden hacer una redada, avisará a *La Prensa*, pero mientras tanto espera que su conversación no aparezca en el periódico. Barraza le asegura que no la publicará.

Ya en *La Prensa*, media hora después, Barraza contesta a una llamada de un hombre que se identifica como un «pariente» del Abuelo y pregunta por el soplo anónimo que ha recibido el periodista. «¿Ves? —dice, colgando el teléfono—. Los narcos tienen amigos por todas partes».

Fue el río Colorado, que sigue fluyendo caudaloso hasta el golfo de California, lo que atrajo a los colonos a la región de San Luis hace ochenta años. Transformaron el paisaje de dunas en un mosaico verde de campos irrigados de algodón y construyeron poco a poco la ciudad que ahora se encuentra bajo ataque.

La plaza del centro de San Luis es pequeña y deja todavía entrever cómo era la vida en aquellos tiempos más sencillos. Una iglesia católica de color blanco crema se eleva sobre los árboles y los jardines, todos cuidadosamente atendidos. En este día de otoño, la plaza adquiere un aire particularmente festivo, con familias paseando frente a puestos callejeros que venden tacos de pescado, granizados de colores y sombreros de papel con purpurina.

Por la noche, el alcalde en funciones, el doctor Jorge Figueroa González, del PAN, traspasará oficialmente el cargo a su sucesor electo y compañero de partido Florencio Díaz Armenta. En el discurso de despedida, el alcalde Figueroa, de cincuenta y seis años y de profesión obstetra y ginecólogo, dice «estar contento» con su mandato de tres años y que ha hecho lo que ha podido con los míseros recursos que tenía a su disposición. Su única gran decepción, reconoce, ha sido la «situación de seguridad pública».

Al lado de él, en la tarima, está Díaz, un apuesto ingeniero civil de treinta y pocos años que promete «devolver la seguridad a las calles de San Luis». Entre el público, un grupo de mujeres jóvenes sostiene una larga pancarta blanca que las identifica como familiares del Abuelo y pide que las autoridades actúen para resolver el misterio de su desaparición.

Al día siguiente, sentado a su nueva mesa, Díaz adopta una actitud más realista sobre el problema de la seguridad. «La verdad es que no confío en la policía —declara—. No me fío de un solo maldito policía del cuerpo».

Díaz dice que espera profesionalizar la policía municipal, a cuyos agentes describe como «sin formación, mal pagados y casi todos analfabetos», instituyendo un programa escolar obligatorio. «Ofreceremos salarios más altos a quienes pasen el curso, y esperemos que así los malos, los que están ahí por otros motivos, acaben saltando». De momento no está claro en qué manera eso va a combatir el crimen y la corrupción, ni siquiera cómo va a hacer mella en ellos. «Por algo se empieza», dice el alcalde.

En la acera de enfrente de su despacho, el jefe de policía que deja el cargo, Conrado Flores Tapia, está a la defensiva. Aunque la noche pasada recibió un aplauso caluroso por haber sido proclamado el primer jefe de policía en los últimos tiempos que no había debido dimitir por algún escándalo de corrupción, dejaba tras de sí un legado sin duda ambivalente. Un destacado diario de Ciudad de México, *Reforma*, acababa de publicar un artículo en el que calificaba a San Luis de «narcociudad» y citaba al director de la Policía Judicial de Sonora, que la describía como «la ciudad más insegura y violenta de Sonora».

Los traficantes «gordos» de droga no son el problema real, afirma el jefe de policía. Desde siempre han estado pasando narcóticos por la frontera, sin dejar gran huella en San Luis. El problema nuevo es el consumo de drogas local; hay bandas que se vienen aquí para controlar el mercado. El crimen en la ciudad ha alcanzado la tasa más alta de la historia, dice el jefe de policía, porque ahora hay al menos «dos mil quinientos adictos a la heroína», cada uno de los cuales necesita de dos a ocho dosis al día.

Flores se apresura a asegurar que su fuerza policial municipal no tiene medios para detener la ola de droga; esa responsabilidad descansa en los cuerpos de seguridad estatales y federales, irremediablemente corruptos. Señala un mapa de la ciudad con dieciocho chinchetas verdes que marcan cada una un picadero conocido. «La ley dice que somos solo una fuerza policial preventiva, por lo que no podemos hacer redadas —dice—. El problema es que las otras fuerzas no intervienen ni después de que les hayamos pasado la información. Si queremos hacer algo, tenemos que saltarnos las leyes».

Anteriormente, con intención de instaurar una presencia policial, San Luis creó una unidad municipal de policía de élite, la Policía Preventiva Especial, o los pepes, para realizar batidas al estilo SWAT. Pero los pepes no tardaron en enredarse en sus propias controversias.

Benjamín Flores fue un abierto defensor de los pepes y mantenía con ellos una relación estrecha poco habitual. Con frecuencia, fundamentándose solo en una llamada anónima, avisaba a los pepes, que montarían una redada acompañados de un reportero de *La Prensa*, quien a su vez publicaba el relato de la redada en el periódico. Pero esta simbiosis tenía un efecto secundario peligroso: a los ojos del público en general y de la comunidad narco en particular, los periodistas se veían como poco más que vigilantes de la policía en ropa de paisano.

A pesar de ello, Zavala, el redactor de sucesos del periódico, ha conservado ese vínculo especial desde la muerte de Flores.

«Los pepes no son perfectos —reconoce—. Pero son el único cuerpo policial de San Luis en los que se puede confiar un poco, aunque solo sea porque están mejor pagados. Al menos intentan hacer algo contra el crimen». Imitando la voz de Flores y su hábito de fumar un cigarrillo tras otro, Zavala rememora cómicamente redadas anteriores en las que su difunto amigo ladraba órdenes a los policías —«¡Paren aquí! ¡Rodeen la casa!»— como si fuera su comandante.

Mientras vamos en coche por su ciudad natal, Zavala alterna brotes de euforia con recesos de silenciosa introspección. «Crecí aquí, en San Luis, y no me gusta ver lo que le ha sucedido. Era una ciudad buena y segura».

En una calle de tierra de una barriada de las afueras de San Luis, entre árboles y chabolas, un castillo blanco de estilo francés se alza imponente sobre el polvo. «Uno de los narcopalacios de San Luis —explica

Zavala mientras pasamos por delante—. Costó seis millones de dólares construirlo». Al otro lado de la calle hay varios coches estadounidenses de último modelo aparcados frente a un edificio semejante a unos barracones que ocupa casi una manzana. «Ahí es donde viven los guardaespaldas. Es como Beverly Hills, ¿verdad? ¡Nuestros narcos no tienen nada que envidiar a las estrellas de Hollywood!».

Zavala me mostró de buena gana cómo, con su dinero y su violencia, los traficantes de droga habían propagado una nueva cultura «chalina» que estaba invadiendo la ciudad. Chalino Sánchez fue un cantante predilecto de los narcotraficantes del estado de Sinaloa, tradicionalmente una región principal de cultivo de marihuana y adormideras de opio. Ya antes de que una banda rival se cargara a Sánchez hace unos años, sus fans sinaloenses habían adoptado su ostentosa manera de vestir —camisas de seda chillonas y atavíos del Oeste—, y el estilo se había extendido desde Sinaloa a San Luis junto con el comercio de narcóticos.

En la calle principal, la avenida Obregón, una vía de cuatro carriles llena de restaurantes, moteles y bares, varias tiendas vaqueras venden ropa del estilo chalino. Dentro hay estantes con botas vaqueras de piel de anguila, de avestruz y de serpiente de cascabel que se venden por seiscientos dólares; recargados cinturones elaborados a mano con cabezas de toro bordadas y escenas de peleas de gallos, por ciento cincuenta dólares; billeteras de cuero de vaca con cosidos de hilo de pita en forma de fusiles de asalto AK-47.

Pero Zavala está buscando bustos de yeso de Jesús Malverde, el santo patrón de los chalinos. Según el folclore chaliniano, Malverde fue un narco de Sinaloa y heroico bandido al estilo de Robin Hood a quien mataron, como a Chalino Sánchez. En una tienda, la anciana propietaria niega con la cabeza y explica que unos compradores entusiastas se habían llevado todos los bustos que tenía. «Ya saben quiénes —comenta—. Narquillos. Le rezan antes de cruzar con una carga. Creen que les trae suerte».

Determinado a encontrar una estatua de Malverde, Zavala conduce hasta un barrio residencial y aparca frente a una pequeña capilla blanca coronada con cúpulas rosas, excavada en el muro exterior de un complejo privado. Ahí están, uno junto al otro, en dos altarcitos acristalados llenos de flores, la Virgen María y Malverde. Malverde tiene expresión seria, y con su pelo negro rizado, su bigote hacia abajo y su pañuelo negro atado sobre la camisa blanca, es tal cual una versión en cómic de un vaquero mexicano. En una hornacina abierta debajo de él, alguien que pasaba por allí ha dejado unas velas votivas.

Antes de volver a *La Prensa*, Zavala compra unas cintas de casete de narcocorridos, las canciones norteñas que cuentan las sagas de los narcos a ritmo de polca. En la portada de un disco del Grupo Exterminador, los seis miembros de la banda posan como chalinos: llevan sombreros Stetson negros y camisas de seda con un estampado neo-Versace de leopardo. En otro, los miembros del Grupo Exterminador están sentados a una mesa llena de botellas de tequila contra un fondo de billetes de mil y de quinientos dólares. Entre los títulos de sus canciones: «El busto», «Mi nuevo escondite» y «La pista secreta».

De nuevo en el coche, Zavala acompaña cantando un conocido corrido actual, «Vivo de tres animales». La canción cuenta la alegre historia de un campesino de Sinaloa que cambia su maizal por el negocio de la droga y vive una vida mejor que la anterior. Los tres animales son eufemismos comunes para las drogas: la chiva es la heroína; el perico, la cocaína; el gallo, la marihuana. Después de cada solo de acordeón suena el ratatatá de un cuerno de chivo, un AK-47.

A finales de septiembre, tres semanas después de su desaparición, todavía no han encontrado al Abuelo. «Seguramente está bien enterrado en algún lugar del desierto», dice Barraza. Sus antiguas esperanzas de que la desaparición del narco iluminaría de algún modo el caso de Benjamín Flores se han truncado.

Varios sospechosos siguen libres, incluidos los dos hermanos de Jaime González, el narco que supuestamente planeó el asesinato de Flores. Se rumorea que los González viven sin esconderse justo al otro lado de la frontera de Arizona, muestra de otra tendencia inquietante. A causa del tráfico de drogas, La Línea —siempre la frontera entre ricos y pobres— también se ha convertido en la divisoria entre seguridad y peligro. En la actualidad esa divisoria se está disolviendo, y hay personas en el lado estadounidense que temen que desaparezca del todo. A finales de agosto, el zar antidroga del presidente Clinton, el general Barry McCaffrey, previno que la anarquía relacionada con la droga que arrasa el lado mexicano de la frontera puede propagarse con facilidad a Estados Unidos, y predijo las probables consecuencias: «Oficiales judiciales estadounidenses muertos, civiles muertos, secuestros, la corrupción de alcaldes, jefes de policía y agentes, la compra forzada de propiedades estadounidenses, la intimidación de testigos».

Hay también un signo alarmante de que *La Prensa* se va quedando sola. El editor de *Siete Días*, un semanario independiente de la cercana Mexicali al que Flores había ayudado a arrancar, comunica a Barraza que su personal ha reconsiderado la política empleada para las noticias del tráfico de droga. «Todos estuvimos de acuerdo en que tenemos la obligación de cubrirlo —declara el editor—, pero no es nuestra obligación principal. Nuestra opinión es que, si el ejército y la policía van a por él, ¿por qué debe ir la prensa?».

¿Quién mató a Benjamín Flores? A medida que el año se acerca a su fin, los defensores de Flores se inclinan a admitir que la pura verdad nunca se sabrá. «Benjamín Flores —dijo el alcalde Díaz, escogiendo las palabras con cuidado— fue asesinado por aquellos a quienes denunció». Igual que los otros periodistas asesinados, o los cientos de víctimas de secuestros, o los miles y miles de víctimas de crímenes que hay actualmente en México, fue una víctima más de la violenta cultura de la droga que ha arrollado su ciudad y amenaza con engullir su país.

La orilla distante*

Antes de ser asesinado en el corazón de la selva peruana, Nicolás (Shaco) Flores había pasado décadas intentando ponerse en contacto con una misteriosa tribu, los mashco piros. Flores vivía en la región de Madre de Dios —una extensa jungla rodeada por una zona natural aún más extensa, frecuentada sobre todo por madereros ilegales, mineros, narcotraficantes y unos cuantos aventureros—. Durante más de cien años, los mashcos habían vivido aislados casi por completo; en alguna rara ocasión se les veía, pero normalmente no se les distinguía de las criaturas fabulosas de la selva.

Flores, granjero y guía del río, se había autodesignado mediador entre los mashcos y el resto de las tribus indígenas de la zona, que vivían sobre todo en pueblos a la orilla del río. Les proporcionaba comida y machetes, e intentaba convencerlos para que saliesen de la selva. Pero en 2011, por razones que no conocemos, se cortó la relación; una tarde, cuando los mashcos aparecieron en la orilla y gesticularon en su dirección, él los ignoró. Una semana más tarde, mientras se ocupaba de su huerto, una flecha de bambú salió volando de la selva y le atravesó el corazón. En los centros urbanos de Perú el incidente dio origen a historias sensacionalistas de nativos salvajes que atacaban a pacíficos colonos. Pero unos cuantos días más tarde aquello dejó de ser noticia y la vida en los parajes amazónicos cayó en el olvido habitual.

En los años siguientes, pequeños grupos de mashcos empezaron a aventurarse fuera de la selva, haciendo efímeras apariciones ante los viajeros del río Madre de Dios. El vídeo de uno de esos encuentros circuló por internet: muestra a un hombre mashco desnudo que tiende un arco

* Publicado originalmente en *The New Yorker* el 11 de agosto de 2016. Traducción para esta edición de Laura Salas.

y una flecha a unos turistas en barco. En otro, el mismo hombre lleva una botella de plástico de soda que acaban de darle. Por lo general, los mashcos, al acercarse a los forasteros, suelen hacer gala de una amistosa, aunque imprevisible, curiosidad, pero a veces han asaltado asentamientos locales para robar comida. Unas cuantas veces, han atacado.

El último ataque, el mayo pasado, acabó con la vida de un indígena de veinte años, Leonardo Pérez, y esta vez el interés por las noticias no decayó. La gente de la comunidad de Pérez quería venganza, y el gobernador de Madre de Dios aprovechó la oportunidad para afear el descuido federal hacia la zona. El Gobierno necesitaba que lo viesen hacer algo.

Unas semanas más tarde, las autoridades anunciaron que pensaban mediar con los mashcos a través de un equipo seleccionado del Departamento de Pueblos Indígenas Aislados y Pueblos en Contacto Inicial, una subsección de creación reciente del Ministerio de Cultura de Perú. Lorena Prieto Coz, directora del departamento, señaló durante nuestra conversación que el Gobierno prefería no interferir en la vida de los pueblos indígenas aislados, pero la amenaza de violencia no les había dejado otra opción. «No iniciamos nosotros el contacto, sino ellos —dijo—. Pero es responsabilidad nuestra hacernos cargo de la situación». Me dijo que se había instalado un enclave cerca de donde aparecían los mashcos, y que un equipo del departamento acudiría pronto. Me invitó a acompañarlos.

Se cree que ya solo existen alrededor de cien pueblos indígenas aislados, y más de la mitad de ellos viven en la zona que se extiende a lo largo de la frontera entre Perú y Brasil. Fiona Watson, directora de campo de la organización defensora de los derechos de las tribus Survival International, me contó que la situación era desesperada para los aislados de la región. Desde su exigua oficina de Londres, Watson extendía mapas satélite para enseñarme su territorio, pequeñas parcelas en una geografía ocupada por el comercio: segmentos de plantaciones de tala y quema; enormes extensiones de agricultura intensiva donde se cría ganado bovino y se cultiva soja; minas que envían minerales a China; ciudades surgidas de la nada llenas de población migrante. Algunos de los grupos indígenas se hallaban arrinconados por las concesiones mineras y madereras, tanto legales como ilegales. Una tribu de Brasil, los akuntsus, había quedado reducida a cuatro miembros. Cerca de ellos se halla un hombre a quienes los antropólogos conocen como «el hombre del agujero»; vive en una fosa profunda en el suelo de la selva y ahuyenta a los intrusos mediante flechas. Se cree que es el último de su tribu.

A no ser que se detuviese la progresión, dijo Watson, los mashco piros y demás tribus aisladas estaban condenados a extinguirse: un inquietante eco de la situación de los nativos estadounidenses en el siglo XIX, cuando los colonos blancos los obligaron a replegarse o a morir. «Aquí hay mucho en juego —explicó Watson—. Estos pueblos tienen el mismo derecho que cualquier otro a formar parte del rico tapiz que compone la humanidad, pero se está yendo todo al garete».

A finales de la década de los setenta, realicé varios viajes a la Amazonia peruana, en el momento en que la jungla estaba empezando a abrirse. Los gobiernos de Brasil y Perú acababan de acordar la construcción de una autopista transamazónica que conectase el Atlántico y el Pacífico, pero, aparte de algunos caminos enfangados e inconclusos, los esfuerzos peruanos habían sido derrotados por el «infierno verde» de la selva. La espesura siguió siendo hogar solo de animales y pueblos nativos, a quienes en aquella época aún se les llamaba «indios salvajes».

En uno de esos viajes, en 1977, viajé río Callería arriba, cerca de la indistinguible frontera brasileña, con un guía local que hablaba unos cuantos dialectos indígenas. Íbamos en una larga canoa excavada en madera conocida como *peke-peke*; su nombre procede del ruido como de chisporroteo que hace su motor, un Briggs & Stratton colocado por fuera. La hélice del motor podía levantarse —algo esencial en aguas poco profundas—. Aun así, había tramos en los que nos veíamos obligados a salir y empujar la canoa.

Un día, tras pasar horas en el río sin observar ni rastro de existencia humana, doblamos un recodo y vimos una canoa excavada en madera que llevaba a una mujer y a un niño, ambos con largo pelo negro y torsos desnudos. Al vernos, comenzaron a gritar y a remar frenéticamente hacia la orilla, donde había una serie de toscos refugios construidos sobre un promontorio desbrozado. No dejaban de gritar la palabra *«pishtaco»*.

Salimos a la orilla con prudencia, tirando de la canoa. El campamento había sido abandonado a toda prisa; en una hoguera encontré un pescado aún asándose. El barquero me explicó muy nervioso que no deberíamos continuar río arriba o los indios podrían atacarnos. Cuando le pregunté sobre la palabra que la mujer y el niño habían gritado, dijo que creían que yo era un *pishtaco*, un malvado que había venido a robarles la grasa del cuerpo.

Meses más tarde, un antropólogo peruano me explicó a qué venía tanto miedo. La palabra *«pishtaco»*, según sus suposiciones, apareció en el siglo XVI, cuando conquistadores españoles como Lope de Aguirre comenzaron a explorar el Amazonas. Aquellos contactos iniciales habían resultado tan horripilantes como para inspirar un relato admonitor que había perdurado: se decía que algunos de los españoles, frustrados al ver que sus mosquetes y cañones se oxidaban tan rápido con la humedad de la selva, habían matado a los indios y cocido sus cuerpos en marmitas de hierro con el fin de sumergir luego el metal en la grasa humana.

Durante los trescientos años siguientes, los colonos europeos y sus descendientes realizaron escasas incursiones al Amazonas. Después se descubrió el caucho y, a partir de 1870, los barones sudamericanos del caucho comenzaron a maltratar las junglas de Perú, Colombia, Ecuador y Brasil. En 1910, el diplomático angloirlandés Roger Casement pasó tres meses con los comerciantes de caucho y los pueblos indígenas obligados a trabajar para ellos, y escribió sobre los abusos que había presenciado. «A estas personas no solo se las asesina, se las azota, se las encadena como bestias salvajes; no solo se las persigue por todos lados, se les queman sus casas, se viola a sus mujeres, se les arrebata a sus hijos para entregarlos a la esclavitud y la infamia, sino que además se les mete en el juego mediante vergonzosos engaños. Son palabras enérgicas, pero no lo bastante. La situación es la más vergonzosa, la más ilegal, la más inhumana que en mi opinión existe hoy en el mundo».

Los caucheros, como se llamaba a los barones del caucho, eran hombres temerarios e implacables —en cierto sentido, el equivalente de los narcotraficantes de la era moderna, como el Chapo Guzmán—. El más extravagante y sanguinario fue probablemente Carlos Fermín Fitzcarrald, inmortalizado en la película de 1982 dirigida por Werner Herzog, *Fitzcarraldo*. Se trataba de un hombre de ambición ilimitada que se afianzó en Perú como «rey del caucho» a base de sangre.

Fitzcarrald nació en 1862; era el hijo mayor de un marinero irlando-estadounidense convertido en comerciante y de su esposa peruana. A la edad de treinta años, ya había amasado la fortuna suficiente como para construir una mansión de veinticinco habitaciones junto al río, con un terreno cuidado por jardineros chinos. En el intento de expandir sus operaciones, comenzó a buscar una ruta terrestre que conectase el río Urubamba con los afluentes del Amazonas brasileño. Tras usar miles de indígenas reclutados a la fuerza para desbrozar la selva, descubrió que los manantiales distaban apenas un kilómetro y medio, a ambos lados de una loma de unos ciento cincuenta metros de altura, y concibió un ferrocarril que uniese las dos cuencas hidrográficas. El plan era hacer navegar un barco de vapor revestido de hierro, cargado con raíles, hasta el manantial del Urubamba. Allí, porteadores nativos los tenderían en la montaña, desmontarían el barco, llevarían a rastras las piezas y las montarían de nuevo.

En 1894 lanzó una expedición para asegurar la ruta, y antes de ponerse en marcha se dirigió a quienes lo seguían desde un balcón de su gran casa. «Os llevo conmigo, como un padre bueno y justo —dijo—. Os recompensaré con el botín de las montañas divinas que se extienden desde donde sale el sol, y donde aguarda abundante caza».

Sus presas acabaron siendo sobre todo los mashcos, que por aquel entonces dominaban la región. Euclides da Cunha, el científico y explorador brasileño, describió el encuentro del jefe mashco con Fitzcarrald, quien se hizo acompañar de sus hombres armados para intimidar a los nativos y convencerlos de que cooperasen. «La única respuesta del mashco fue preguntar qué flechas llevaba Fitzcarraldo —escribió Da Cunha—. Con una sonrisa, el explorador le pasó una bala de su Winchester». El jefe mashco la observó, divertido y, a continuación, cogió una de sus flechas para hincársela en su propio brazo, mirando impasible cómo la sangre brotaba de la herida. «Le dio la espalda al sorprendido aventurero y regresó a su pueblo, convencido de su superioridad —prosiguió Da Cunha—. Una hora y media más tarde, alrededor de cien mashcos, incluido su indomable jefe, yacían asesinados junto a la orilla del río».

Fue el comienzo de un ciclo de destrucción que parecía incesante. Ocho décadas después de los desmanes de Fitzcarrald, hice otro viaje por el Madre de Dios, donde poco antes se había desatado la fiebre del oro. A lo largo del río había pequeños campamentos de buscadores con bombas de diésel y canalizaciones de madera que excavaban ruidosamente la orilla del río. Estaba claro que su llegada había alterado a los amarakaeri, un pueblo local. Los amarakaeris eran antaño una numerosa tribu de guerreros, pero, para cuando yo llegué, quedarían como mucho quinientos de ellos viviendo en aldeas rudimentarias, donde sobrevivían a base de pescar con veneno y buscar oro. En cuanto a los mashcos, que habían vivido río arriba, no había ni rastro de ellos. Era como si no hubiesen existido nunca.

El equipo del Ministerio de Cultura se reunió hace unos cuantos meses en Cuzco, en lo alto de los Andes, donde había una camioneta cargada de provisiones. El líder era un antropólogo llamado Luis Felipe Torres, un hombre esbelto de rostro aquilino que rondaba los treinta años y poseía la humildad propia de un observador profesional. Junto a él estaba Glenn Shepard, un etnobotánico estadounidense. Shepard, de aspecto juvenil pese a sus cincuenta años, había vivido un año durante la década de los ochenta con el pueblo machiguenga, que compartía territorio con los mashcos; había aprendido su lenguaje y desde entonces había regresado en varias ocasiones. Shepard trabajaba en el museo Emílio Goeldi, un centro de investigación amazónica en Brasil, pero viajaba a Perú con frecuencia como consejero no oficial del departamento de Torres.

Poco después de ponernos en marcha, se terminó la carretera asfaltada y empezamos a descender por la escarpada ladera este de los Andes, zigzagueando entre bosques nubosos y la humedad de la selva baja. Después de siete horas, llegamos al final del camino, a Atalaya, un cúmulo de toscas casas de madera y *bodegas* en el curso alto del río Madre de Dios. Atalaya era centro de turismo de aventuras; en la ribera había un malecón en el que se alineaban canoas de río pintadas de colores brillantes. Pero la reciente masacre amenazaba el turismo de la zona. Un letrero con la silueta de un aislado con un arco y una flecha anunciaba: «¡Cuidado! Esta es zona de tránsito para Pueblos Indígenas Aislados. Eviten conflictos: no intenten ponerse en contacto con ellos. No les den ropa, comida, herramientas ni ninguna otra cosa. No los fotografíen; podrían considerar la cámara como una amenaza. En caso de incidentes, pónganse en contacto con el Ministerio de Cultura».

Torres había supervisado hacía poco un encuentro con un grupo de mashco piros: varias familias, seguramente emparentadas, lideradas por un joven llamado Kamotolo. En las fotografías que me enseñó Torres, se reconocía claramente a Kamotolo —alto y lampiño, con ojos vigilantes— como el hombre que aparecía en el vídeo de internet con una botella de soda. Otras fotos mostraban a un hombre mayor, con pelo desgreñado y una barba desaliñada, que seguramente fuese el padre de Kamotolo. En la zona se rumoreaba que él había matado a Shaco Flores, y que Kamotolo había matado a Leonardo Pérez.

Torres había dejado en el enclave del departamento a un pequeño contingente de yines, que hablaban la misma lengua que los mashcos. Su objetivo era descubrir por qué salían del bosque y conseguir que cesasen sus ataques. Pero a los mashcos no les gustaba responder a preguntas sobre sí mismos, así que el equipo de Torres no sabía mucho sobre ellos. Calculaban que entre quinientos y mil mashcos vivían en cuatro grupos en la selva de Perú y Brasil, alrededor de una extensión de tierra protegida llamada Parque Nacional del Manú. Eran parientes de los yines, pero la historia los había separado: los yines descendían de los trabajadores forzosos de Fitzcarrald, mientras que, al parecer, los mashcos descendían de los que habían huido. Eran antiguos granjeros que se habían vuelto cazadores-recolectores nómadas, y se les había olvidado cómo plantar comida; se trataba del único pueblo indígena de la región que no sabía pescar. Eran cazadores muy eficientes, eso sí, y usaban unas flechas de una robustez inusitada cuyas puntas sujetaban de forma característica: eso permitía a los antropólogos que encontraban astiles desechados seguir el rastro de sus movimientos. La comunidad a la que estaba intentando contactar el equipo de Torres constaba de algo más de treinta personas. En sus primeros encuentros, no había quedado claro hasta qué punto entendían el mundo exterior.

El Departamento de Pueblos Nativos Aislados padecía tremendas carencias en cuanto a financiación y personal, así que Torres se desplazaba entre el enclave mashco y otros emplazamientos en Madre de Dios. Acababa de volver de una zona aún más alejada, donde había ido siguiendo informes de aislados cuyo territorio se veía amenazado por madereros. Me enseñó fotografías de restos de una hoguera y un campamento, pruebas que el departamento podía usar para dar comienzo al proceso de declarar esa zona tierra protegida. Pero Torres hablaba como si su trabajo fuese casi en vano. El departamento, encargado de velar por todos los pueblos indígenas aislados de Perú, era una oficina minúscula con poca influencia política. El Ministerio de Energía y Minas, en cambio, era una agencia con fondos abundantes y el poder de abrir el Amazonas al desarrollo que traería fortuna y trabajo. «Si hay que pelear por la atención gubernamental —dijo Torres en tono seco—, ya se imagina quién tiene más peso».

Durante gran parte del siglo xx, fue Brasil el que definió las formas de acercamiento regional hacia los aislados: la Fundación Nacional India mandaba patrullas de reconocimiento para que contactasen con el objeto de asimilarlos. Dichos intentos fueron en su mayoría calamitosos para los contactados, que tendían a morir de enfermedades o a acabar viviendo en ciudades fronterizas de chabolas, donde los hombres se entregaban al alcoholismo y las mujeres a la prostitución. En apenas cincuenta años, el 87 por ciento de los doscientos treinta grupos de nativos conocidos en Brasil se había extinguido, y los que quedaban habían perdido hasta cuatro quintos de su población. En la década de los ochenta, los funcionarios de la Fundación India Nacional, horrorizados ante el declive, comenzaron a aplicar una política de «no contacto»: cuando sus representantes localizaban aislados, declaraban sus tierras «Terras Indígenas», zonas prohibidas a los forasteros.

La mayoría de los países vecinos habían adoptado la política de no contacto de Brasil, considerada por los antropólogos como la mejor forma de asegurar la supervivencia de los aislados que quedaban. Pero, para Perú, la tierra del Amazonas era demasiado rica para renunciar a ella. Durante las dos décadas anteriores, el país había experimentado un boom económico basado en sus recursos naturales. Abrir la jungla ha convertido a Perú en uno de los mayores exportadores de oro (además del segundo mayor productor de cocaína), y Camisea, una explotación de gas natural situada al norte del Parque Nacional del Manú, proporciona la mitad de la energía del país. Hasta ahora los políticos se han mostrado vacilantes a la hora de interrumpir los negocios. Alan García, presidente de 2006 a 2011, insistía en que las tribus aisladas eran una fantasía urdida por los ecologistas para detener el progreso; un funcionario de la empresa estatal de petróleo las comparó con el monstruo del lago Ness. A medida que llegaban madereros, mineros y narcotraficantes, los aislados huían hacia la frontera con Brasil, buscando refugio.

Sin embargo, García fue derrotado en las elecciones de 2011, y su sucesor cambió sus políticas. Más o menos por entonces, la televisión peruana emitió un documental sobre los aislados. En él, un equipo de rodaje de la BBC volaba con José Carlos dos Reis Meirelles, un importante cargo de la Fundación India Nacional de Brasil, sobre una parte del Amazonas donde la tierra de los aislados estaba siendo invadida por madereros ilegales. Cuando los aislados miraban hacia arriba desde la tierra roja que había entre sus cabañas, Meirelles decía: «Son las últimas personas libres del planeta». Para los habitantes de las urbes peruanas, que habían pensado poco en los pueblos aislados, el documental supuso una revelación. Poco después, el país modificó su legislación y estableció que había que dejar en paz a los aislados.

Pero, ya en el momento en que Perú adoptaba la política de no contacto, había empezado a aparecer una nueva idea. En junio del año pasado, la revista *Science* publicó un artículo en el que dos importantes antropólogos, Kim Hill y Robert Walker, sostenían que los grupos indígenas aislados no eran «viables a largo plazo», porque sus entornos están demasiado degradados o resultan demasiado vulnerables a las incursiones. Ellos proponían una nueva política estructurada alrededor de «contactos bien organizados».

El artículo despertó una enorme controversia. «Walker y Hill le siguen el juego a quienes pretenden abrir el Amazonas a la extracción de recursos y las "inversiones"», escribió Stephen Corry, director de Survival International. «No cabe duda alguna: las tribus aisladas son perfectamente viables mientras sus tierras estén protegidas. Pensar que tenemos derecho a invadir sus territorios y ponernos en contacto con ellos, quieran o no, con todas las consecuencias que eso arrastra, es pernicioso y arrogante».

Pero proteger las tierras de las tribus podría ser una esperanza poco realista. El gobernador de Madre de Dios, Luis Otsuka, es el antiguo dirigente de una asociación nacional de mineros, y sus lealtades no han cambiado de bando. Ha permitido que los mineros despojen grandes zonas de selva y, unos meses antes de mi llegada, envió excavadoras para empezar a trazar una carretera en medio de la jungla que transcurriría a lo largo del río Madre de Dios y conectaría las zonas de minería de oro con la capital regional, Puerto Maldonado. En cierto sentido, sería como cumplir el sueño de Fitzcarrald. También supondría la destrucción de la tierra virgen y de los mashcos. Los grupos defensores de los derechos indígenas iniciaron un procedimiento legal para detener la construcción, pero Torres albergaba pocas dudas de que la carretera acabaría construyéndose. En su reunión con Otsuka, cuando la construcción estaba empezando, el gobernador dijo sin ambages que él creía que había que contactar con los mashco piros, y por la fuerza.

El año pasado, se pidió la intervención de Glenn Shephard, y él y Torres se pasaron diez días hablando con los habitantes de la zona. La sensación de Shepard es que lo mejor para los mashcos sería un aislamiento total. Pero, cuando terminó el viaje, estuvo de acuerdo en que aquello era imposible. «Los mashco piros ya están hablando con nosotros en cierto modo, solo que de momento es unilateral: salen y matan gente —afirmó—. Tenemos que convertirlo en un diálogo bilateral. Tiene que haber un siguiente paso. Lo que ocurre es que ahora mismo no sabemos cuál es».

La tarea más apremiante de Torres era desalentar los enfrentamientos entre los mashcos y el resto de los pueblos indígenas de la zona, de modo que su primera parada fue Shipetiari, el pueblo donde habían matado a Leonardo Pérez, habitado de forma casi exclusiva por machiguengas. Shipetiari, ubicado en la selva, está formado por viviendas familiares —grandes cabañas sobre pilotes— conectadas por un laberinto de caminos. En la sala de reunión nos saludaron tres «guardias», hombres de la comunidad contratados por Torres para patrullar e informar de los incidentes. Les habían proporcionado walkie-talkies y chalecos caqui con el logotipo del departamento. Torres les pidió que reuniesen a los habitantes del poblado para discutir los últimos acontecimientos, y a lo largo de la media hora siguiente algo más de veinte hombres y mujeres, algunos con niños pequeños, entraron y se sentaron en el suelo.

Los aldeanos lucían una expresión obstinada en el rostro. La mayoría de ellos llevaba ropa occidental raída, a excepción de una mujer, que usaba una túnica de algodón tradicional con un dibujo de rayas blancas y negras hecho a mano. Tras los saludos de rigor, el maestro de Shipetiari se puso en pie para decir que la comunidad se sentía frustrada. En una visita anterior de Torres la gente había manifestado sus puntos de vista, pero no habían visto ningún resultado. «Nos mataron a un hermano y aquí no pasa nada —dijo el maestro—. ¡Por eso cuando vienen forasteros y ONG de fuera no les decimos nada!».

Torres escuchó con diplomacia, y luego les recordó a los machiguengas que su departamento había contratado a los «guardias», que no dejaban de patrullar. Le pagaba al pueblo por el uso de la sala de reunión, y había prometido instalar baños y un filtro de agua.

—Pero el techo tiene goteras —dijo señalando el techo de hojas de palmera; quizá, sugirió, algunos de los habitantes pudiesen presentarse voluntarios para recoger hojas de palmera y repararlo. Se hizo un largo silencio.

—¿Y qué pasa si nos metemos en la selva a buscar hojas de palmera y los mashcos nos lanzan flechas? —preguntó al final una mujer llamada Rufina Rivera.

—De acuerdo, entendido —respondió Torres con calma—. Traeremos las hojas de otro sitio.

Torres puso cuidado en referirse a los mashcos empleando una palabra cuyo uso intentaba alentar el departamento: «*nomole*», que significa «hermano» en lengua yine. La concurrencia no parecía sentir mucha inclinación por ella. Para ellos, los mashcos eran forasteros. A pesar de que el hogar tradicional de los machiguengas quedaba a unos trescientos veinte kilómetros al norte, hacía tiempo que mantenían una pequeña avanzadilla en Shipetiari, y en los ochenta se había mudado allí un grupo más nutrido que sobrevivía a base del cultivo de yuca y plátanos. Según Shepard, también habían trabajado con madereros que los contrataban de forma ilegal para talar maderas nobles.

La presencia de los mashcos, y de los funcionarios que los buscaban, les complicaba la vida a los machiguengas porque les impedía llevar una vida normal, por no hablar de expandir sus negocios con los madereros.

Y la muerte de Pérez amenazaba con provocar un conflicto abierto. Tras el asesinato, una cuadrilla de hombres machiguengas armados con pistolas había perseguido a los mashcos por la selva. Al cabo de una caminata de ocho horas encontraron su campamento, así que lo destruyeron y tiraron las flechas de los mashcos al río. Se trataba de un castigo, además de un acto defensivo: las cañas que los mashcos usan para las flechas maduraban solo una vez al año, y no podrían cazar hasta que pudiesen sustituirlas.

Torres señaló a los guardias y dijo que esperaba poder contratar más, pero que, hasta que tuviese más presupuesto, necesitaba que dos voluntarios echasen una mano. Rivera insistió en que contratase más guardias y les diesen walkie-talkies.

—Los mashcos van a volver —dijo el maestro—. Cuando lleguen las lluvias, vendrán aquí a buscar comida.

—¡La solución es mandar a los mashcos al otro lado del río! —gritó Rivera.

Todo el mundo se rio.

—Eso es imposible —repuso Torres, y añadió que, si volvían, la comunidad no debía mostrarse agresiva—. Si perdéis unos cuantos plátanos, siempre pueden sustituirse. Si matáis a uno de ellos, viviréis en estado de guerra. —Y a continuación, señalando la selva, prosiguió—: Los mashcos van a seguir viviendo aquí. Así que, si vuelven, lo que tenéis que hacer es quedaros en casa y avisarnos después para que vengamos; usaremos los contactos que estamos entablando con ellos para explicarles que no está bien atacar a la gente.

—Conque lo que nos dices es que si vienen los mashcos no deberíamos hacer nada. Pero, si matan a alguien de los míos, yo los mato, ¡pues claro que sí! —exclamó Rivera—. Si vienen y matan a mi marido, yo los mataré a ellos, y si me preguntan por qué estoy en la cárcel diré: «Por matar mashcos».

Una vez concluida la reunión, caminamos con los guardias hasta el límite del pueblo y nos detuvimos en un ancho camino a la sombra de unos árboles. Uno de los guardias se metió en un seto y se agachó. «Aquí estaba escondido el mashco —dijo—. Aquí fue donde sacó el arco y disparó la flecha que mató a Leo». A nuestro alrededor, la selva estaba en silencio, a excepción del estridular de las cigarras.

Nomole, como Torres y su equipo habían bautizado su enclave, quedaba a dos horas de distancia río abajo: una casa comunal a base de bastos tablones pintados de verde, colocada sobre pilotes en un promontorio por encima del río. Habían desbrozado y quemado la selva de alrededor, y en el claro aún se distinguían los tocones ennegrecidos. Los visitantes plantaban tiendas alrededor de la casa comunal; en el bosque, a una distancia prudente, se había cavado una letrina comunitaria.

Al otro lado del promontorio, un banco de madera ofrecía un panorama de la costa rocosa del otro lado, donde habían aparecido por última vez los mashcos. El río tenía unos cien metros de anchura, y en medio había un par de islotes que quedaban sumergidos cuando subía el agua. Las fuertes lluvias de los días pasados habían convertido el río en un torrente lleno de remolinos de un color verde grisáceo que estallaba en espumarajos blancos alrededor de rocas y árboles caídos.

Había cinco delegados yines en el enclave Nomole, liderados por Romel Ponceano, un hombre corpulento de casi cuarenta años, jefe de una comunidad que quedaba a unos cuantos días de viaje. Su familia contaba con una larga historia en la región: habían trabajado como guías para los barones del caucho y, más recientemente, para los buscadores de aceite y madereros de caoba. Como un cazador furtivo reconvertido en guarda forestal, Ponceano había empezado a trabajar para Torres y se había hecho imprescindible. Tenía como ayudantes a Reynaldo Laureano, un hombre robusto que rondaba la cincuentena, y a Nelly Flores, una mujer rechoncha y reservada que no había cumplido los cuarenta, ambos de un asentamiento yine cercano, Diamante.

Cuando llegamos, Ponceano informó de que los mashcos habían salido una semana atrás y dijeron que volverían en seis días, pero no habían vuelto a aparecer. Ponceano suponía que la lluvia había inundado los ríos que delimitaban su territorio y los mashcos, que no sabían nadar, no habían podido vadearlos.

Mientras esperábamos se estableció un patrón. La gente se turnaba como centinela en el promontorio para vigilar si aparecían los mashcos, y se mantenía alerta por si oían el silbido parecido al ululato que anunciaba su presencia. Los observadores intentaban no hacerse muchas ilusiones. Shepard llevaba tres décadas visitando la zona y nunca había visto a los mashcos: solo, en una ocasión, había oído los silbidos de aviso en el bosque.

Cada mañana nos despertaba en nuestras tiendas el sonido de los minúsculos titíes y la llamada sorda de los caciques lomiamarillos. Los días transcurrían largos y cálidos, jalonados por las comidas compuestas de pescado de río con yuca o arroz hervidos, o de espaguetis con atún que Torres había traído de Cuzco. Había ocasionales arrebatos de nerviosismo. Una mañana, apareció un tapir entre los juncos del islote más cercano, y Laureano se precipitó tras él escopeta en mano, pero regresó de vacío. Otro día matamos una enorme tarántula peluda a menos de un metro de la puerta de la casa comunal. Para entretenerse, la gente contemplaba el río u observaba la incesante sucesión de coloridos guacamayos que volaban chillando sobre nuestras cabezas.

El equipo pasaba la mayor parte del tiempo en la mesa de la casa comunal, dejándose las pestañas sobre las fotografías de los mashcos, especulando sobre qué lazos los unían entre sí. El equipo había establecido una tentativa de vínculo a base de llevarles plátanos, que les encantaban pero no sabían cultivar, y de comunicarse en un yine básico. A lo largo de varios breves encuentros, habían conseguido identificar por su nombre a alrededor de veinte mashcos. De momento, salían de la selva más o menos una vez a la semana, pero eso era todo.

Una mañana, se oyó un silbido a lo lejos, y varios de nosotros corrimos a la ribera del río. Flores, que iba por delante de los demás, negó con la cabeza: el sonido provenía de una perdiz ondulada, cuyo canto recordaba al silbido de los mashcos.

Aunque no veíamos a los mashcos, estaba claro que se hallaban cerca. La gente de Diamante, a una hora río abajo, había informado de incursiones silenciosas durante las cuales los mashcos iban en busca de provisiones y cosas que robar. Torres esperaba que desistiesen ahora que el equipo les daba comida, pero si las lluvias les impedían llegar al punto de encuentro se corría el riesgo de que volviesen a empezar.

En una reunión con la comunidad de Diamante, una mujer llamada Nena, que llevaba a un bebé a la espalda, se puso en pie con nerviosismo para decir que había encontrado indicios en su huerto —lo que los peruanos llaman «chacra»— de que los mashcos habían estado allí. De eso hacía una semana, y aún le daba miedo volver. Torres quiso echarle un vistazo a esos indicios, así que cruzamos el río en nuestra *peke-peke* mientras Nena nos señalaba el camino. Una vez en la orilla la seguimos a través de un maizal hasta un punto en el que se detuvo y miró en derredor, asustada. En la entrada de un sendero apenas visible que se internaba en la selva, señaló dos ramitas que alguien había doblado de forma que sus puntas quedaran cruzadas. Ponceano las inspeccionó de cerca y luego avanzó para examinar el sendero. Había cuatro pares más de ramitas dobladas: una advertencia de los mashcos.

—¿Qué significa? —pregunté yo.

—Significa que no deberías avanzar —respondió Ponceano—. Si lo haces, te dispararán flechas.

Nena nos llevó de vuelta a la orilla, sudando y tragando aire a borbotones por los nervios. Su marido trabajaba en un aserradero, muy lejos, y solo iba a casa cada pocos meses, así que ella misma se ocupaba del huerto y muchas veces se llevaba al bebé y a sus otros tres niños mayores. «Al bebé lo pongo aquí —dijo, tocándose el bulto que llevaba a la espalda. Luego hizo un gesto en dirección a una zona sombría bajo los árboles—. Normalmente dejo ahí a los otros, jugando. Ahora ya no podré hacerlo». Con una mirada afligida, dijo que no sabía cómo iba a alimentar a partir de ese momento a su familia.

Según nos acercábamos a Nomole, río arriba, la gente del barco comenzó a gritar señalando a la orilla más lejana. Había un grupo de personas reunidas, y su piel rojiza destacaba con nitidez sobre el talud de piedra blanca. Los mashcos habían vuelto.

Al otro lado del río, el equipo de Nomole se ponía en marcha desde la orilla: Flores y Ponceano, además de un médico llamado Fernando Mendieta, que a veces se prestaba voluntario. Para que no interrumpiésemos el trabajo del equipo, Torres nos desvió hacia una larga lengua de arena, a unos treinta metros de donde se habían congregado los mashcos. Nos arrastramos hacia un gran árbol varado donde podíamos escondernos para ver.

Los mashcos de la orilla estaban muy rectos y eran económicos en sus movimientos; además, parecían sincronizados. Su líder, Kamotolo, era alto y tenía la barbilla cuadrada y el pelo corto e iba completamente desnudo, al igual que un hombre más joven, de aspecto adolescente. Había dos mujeres de cabellera larga y espesa que llevaban cortezas de árbol entretejidas colgando de unas cuerdas a la cintura; les protegían los genitales, pero dejaban los traseros al aire. Ambas mujeres estaban embarazadas y cuidaban de cinco niños, todos ellos desnudos.

Los mashcos tenían un saludo ritual: abrazaban a los visitantes, apoyaban la cabeza en su hombro y luego toqueteaban por debajo de la ropa, como para distinguir su sexo. Durante alrededor de cuarenta minutos, los dos grupos se mezclaron: los mashcos manoseaban e inspeccionaban, y el equipo de Nomole se dejaba hacer, en general de buen humor. Las mujeres mashco se acercaron a Flores y le tocaron los pechos y la barriga mientras ella se reía. Kamotolo caminó por la orilla, se sentó en el *peke-peke* de Nomole y luego regresó hacia el grupo, con aspecto agitado. El equipo había traído dos grandes racimos de plátanos y los había colocado cerca de un tronco caído. De vez en cuando, Kamotolo se acercaba, se sentaba en el tronco y comía un plátano tras otro.

Hubo poca conversación y nada de prisa; era como si el equipo de Nomole hubiese cruzado el río para jugar con un grupo de niños en su mayoría mudos. Un par de los mashcos más jóvenes se apiñaron junto a Ponceano y lo hicieron correr con ellos de los árboles hasta la orilla una y otra vez. Parecían encantados con su corpulencia. Una de las mujeres se acercó a Mendieta y le tironeó de su camiseta, un polo púrpura. Él se resistió con suavidad, pero la mujer acabó quitándole la camiseta y se la puso.

Cuando el equipo se subió al *peke-peke* para marcharse, los mashcos se alinearon y observaron. Cuando el barco arrancó, Kamotolo comenzó a mirarnos y a proferir gritos. Lo había visto preguntándole a Ponceano sobre nosotros, señalándonos. Ahora que el equipo ya no estaba allí para distraerlos, los mashcos empezaron a lanzar piedras que caían al río entre chapoteos. Nos apresuramos a seguir al equipo de Nomole hasta el enclave.

Ya en la orilla, los miembros del equipo, exultantes, se dedicaron a cambiar impresiones acerca del encuentro. Cuando le pregunté a Flores por las mujeres, se llevó la mano a la boca, avergonzada. «Me palparon el pecho y la barriga y me preguntaron: "Estás embarazada, ¿no?". Cuando respondí que no, insistieron: "¡Dinos la verdad! ¿No tienes leche?". Les dije que no, y entonces Knoygonro me lanzó un chorro de su leche a la cara, como diciendo: "Yo sí"». Flores se tapó la boca de nuevo, entre risas.

El equipo pasó el resto del día tomando notas y repasando las fotos, identificando a los mashcos que habían aparecido, mientras Ponceano traducía sus nombres. «Kamotolo» significaba «abeja». El hombre más joven era Tkotko («buitre rey»), y las dos mujeres eran Knoygonro («tortuga») y Chawo («ave hoatzin»). También los niños tenían nombres de animales, excepto un pequeño, Serologeri, cuyo nombre significaba «plátano maduro».

Los mashcos habían examinado cuidadosamente la ropa y los útiles del equipo —buscando armas, en opinión de Ponceano, o alguna otra cosa que les pareciese útil—. Le habían quitado el cordón a la bermuda de Laureano y se lo habían quedado. Kamotolo había mostrado interés por la bermuda de Ponceano también, pero al final se dio cuenta de que tenía un gran agujero en la entrepierna y le dijo que se la quedase.

Ponceano había preguntado sobre los avisos cerca de la granja de Nena, y Kamotolo había dejado entender que los mashcos habían estado por allí, pero no dio detalles. Ponceano no insistió; en previos encuentros había aprendido que, cuando hacía demasiadas preguntas, Kamotolo reunía a los demás y se marchaba.

Pregunté qué habían dicho los mashcos cuando nos vieron en la lengua de arena. Flores me lo contó: «Dijeron: "¿Son malos?", y yo respondí: "No, son nuestros amigos, pero no vienen porque están resfriados y no queremos contagiaros"». (En realidad, todos gozábamos de buena salud; Flores solo intentaba mantener el encuentro bajo control). Los mashcos, despreocupados, exhortaron: «¡Decidles que vengan!».

Antes de que se marchase el equipo de Nomole, Kamotolo había comentado que los mashcos volverían tres días más tarde. Las visitas se estaban volviendo más frecuentes, pero Torres parecía tan preocupado como contento. «Ahora mismo lo que quieren son plátanos —dijo—. Pero ¿qué nos van a pedir dentro de unos cuantos años? ¿Cuándo cambiará el curso de los acontecimientos?».

Al atardecer, encendíamos el generador a gasolina de Nomole durante una hora para llenar de agua un tanque de plástico colocado sobre pilotes, de forma que pudiésemos darnos una ducha rudimentaria. Después nos sentábamos a la mesa de la casa comunal a cenar y a charlar casi exclusivamente sobre los mashcos.

Uno de los miembros del equipo, un antropólogo llamado Waldo Maldonado, tenía una presencia constante en la conversación. Maldonado, un hombre bajo y barbudo con debilidad por las botas de cuero al estilo Indiana Jones, era de Cuzco, y antes de incorporarse al Departamento de Pueblos Nativos Aislados había trabajado como guía para ecoturistas en el Parque Nacional de Manú. Estaba intentando perder peso, de modo que, mientras que los demás cenábamos, él desenrollaba un paño andino bordado y sacaba una bolsa de hojas de coca. Según transcurría la velada él se iba animando, a base de mascar coca y liar cigarrillos (de tabaco orgánico, según me aseguró).

Una noche, Maldonado declaró: «Esa gente va a salir. Es inevitable. La cuestión es cómo vamos a apañarnos para cerciorarnos de que su salida no supondrá su extinción». Los antropólogos se mostraban angustiados por el lado ético de su trabajo, y su preocupación era casi paternal. Querían enseñar a los mashcos a pescar, por ejemplo, pero les preocupaba que se ahogasen con las espinas. Vacilaban especialmente sobre cómo enfrentarse a los asaltos a las chacras. Si plantaban tierras para los mashcos, estas les proporcionarían yuca y plátanos, y tendrían menos razones para invadir la propiedad de otras personas. Pero tendrían que depender del Estado para que les enseñase todos los pasos del proceso. «La gran pregunta es ¿pueden los mashcos seguir siendo cazadores-recolectores durante otros cien años?», dijo Shepard.

Maldonado describía las condiciones de los mashcos como una actualización del estilo de vida de los cazadores-recolectores: se habían enterado de dónde estaban los pueblos y de lo que podían obtener de ellos, pero no parecía interesarles la vida sedentaria. La mayor preocupación de Maldonado era la abyección de la dependencia. «¿Se van a convertir en mendigos? ¿Se van a quedar en la playa llamando a los barcos y diciendo: "Quiero esto y quiero aquello"? Con el corazón en la mano, no sé si estoy haciendo lo correcto».

Los miembros del equipo estaban de acuerdo en que los mashcos no estaban en realidad «aislados del contacto». Shepard afirmaba que se había establecido contacto con ellos hacía un siglo, cuando Fitzcarrald invadió su territorio, y que los supervivientes se habían aislado de forma voluntaria. Ahora daba la impresión de que buscaban de nuevo el contacto, y a lo mejor era injusto detenerlos. Los antropólogos Hill y Walker argumentan que el impulso de establecer puentes parece universal. «Los pueblos quieren comerciar —habían escrito—. Y ansían la exposición a nuevas ideas, a nuevas oportunidades. Los humanos son una especie gregaria». No obstante, al buscar plátanos y herramientas, el grupo de Kamotolo podría haber emprendido el camino hacia una inevitable asimilación. Los yines de Diamante aún hablan su propia lengua, pero casi todos llevan ropa occidental, beben cerveza y mandan a sus hijos a escuelas donde se les enseña en español.

Los mashcos y sus primos yines han ido tomando cada vez más conciencia unos de otros. En la década de los setenta, una mujer mashco y sus hijas, a las que se acabó llamando «las Tres Marías», salieron vagando de los bosques y acamparon cerca de la cabaña de un guarda forestal. Tras unos cuantos años de desplazamiento y desorden, se las llevó a pueblos cercanos y las hijas acabaron casándose allí.

La propia Nelly Flores era medio mashco. Su padre era un mashco al que Shaco Flores capturó de pequeño y crio con su familia, de forma que pudiese hacer de traductor en los contactos. Nelly se refería a Shaco, que era machiguenga, como su abuelo. Pero también consideraba los encuentros con los mashcos como una especie de reunión familiar. «Cuando voy a verlos, les digo que soy pariente», dijo con una sonrisa.

El domingo siguiente volvieron los mashcos, según el plan. Se había establecido una rutina: el equipo de Nomole tendía bananas, hacía carreras y recibía abrazos y manoseos. Desde la lengua de arena, observé que Kamotolo se agachaba junto a un fuego encendido en la orilla, entre unas rocas, para echarle una ojeada a algo que estaba cocinando: una raya venenosa que había localizado en el vado y matado con una flecha.

Había señales de vacilante apertura. Los mashcos habían quedado fascinados por la cámara de Ponceano, a la que llamaban Gran-Ojo; Ponceano permitió que un mashco la cogiese y después se dio cuenta de que ya no estaba. Los mashcos se hicieron los locos, pero al final un niño llamado Wasese admitió que se la habían llevado «a los viejos, a los que se quedan en el bosque», y le preguntó a Poncano si quería ir a buscarla.

—¿Me matarán? —preguntó Ponciano.

—No lo sé, quizá —respondió Wasese.

Veía a Maldonado, en la orilla, haciendo muecas con los niños. Mendieta tomaba notas y sacaba fotos; en un momento dado, intentó examinarles los dientes a varios mashcos. El joven llamado Tkotko hizo un aparte con Flores y mantuvo un concentrado diálogo con ella. Más tarde nos explicó que le había preguntado si quería «yacer» con él y ser su mujer. Ella había declinado su invitación con una mentirijilla universal: que ya tenía novio.

Mientras hablaban se oyó el ruido de un motor y apareció un barco que se dirigía río abajo. En la proa había un hombre blanco con barba que llevaba un gorro parecido a un quepis y lucía la postura erguida de un conquistador. Maldonado y los demás se quedaron atónitos: dejaron lo que estaban haciendo y empezaron a gritarle y hacerle señas para que no interfiriese. El barco pasó de largo a toda velocidad, pero un momento más tarde dio la vuelta y se acercó a la orilla, desde donde el hombre tendió seis machetes a los mashcos. Los niños corrieron hacia él con los brazos abiertos.

Uno de los barqueros que estaba conmigo reconoció al hombre como el padre Pedro Rey, un sacerdote de una misión dominica que había río arriba. Se puso a gritar: «¡Padre burro! ¡Padre mentiroso!». Mientras Maldonado corría hacia la costa, desgañitándose iracundo, el sacerdote dejó sus regalos y volvió por donde había venido. Al poco había desaparecido en la selva.

El equipo de Nomole estaba indignado ante la intrusión. «¿Qué derecho tienen los sacerdotes a ir contra la ley estatal?», preguntó Maldonado, contrariado. Según explicó, Rey era un misionero español que llevaba dieciocho años en Madre de Dios y desde hacía tiempo fomentaba el contacto con los aislados.

Rey tenía que celebrar una misa esa tarde en Boca de Manú, un pueblo río abajo, y allí lo encontré, cenando en un bar. Estaba sentado solo. Era un hombre fibroso con gafas y una incipiente barba entrecana. En la mesa de al lado había barqueros machiguengas bebiendo botellas de un litro de cerveza Cuzqueña, dando fervorosos gritos y balanceándose en sus sillas. Rey los ignoraba con toda tranquilidad. Cuando terminó de cenar, me presenté y él me invitó a su iglesia, donde tenía que prepararse para la misa.

La iglesia, al otro lado de un camino de unos cien metros, era una estructura de hormigón con un simple altar y una docena de bancos de madera. Rey, sentado en un banco, me dijo que estaba contento de ver que se defendía a los mashcos, pero se mostraba escéptico con respecto a los motivos de la preocupación gubernamental. «El Estado está protegiendo sus intereses, no los de los indígenas», dijo. El equipo de Nomole había desalentado a los mashcos para que no hablasen con nadie aparte de ellos, misioneros incluidos, cosa que Rey describía como una afronta moral: «Esa gente tiene derechos, entre ellos el derecho a la comunicación, pero se les impide ejercerlo».

Prosiguió: «Nosotros, en la Iglesia, tenemos cien años de experiencia en establecer contactos. ¡Pero entre los funcionarios del Gobierno hay gente que no ha visto nunca un indio!». La misión de Rey se había instalado en los días de los caucheros y, según contaba él, había rescatado a muchas de sus víctimas. «Cuando llegamos aquí, los ríos estaban plagados de cadáveres», dijo con una mueca.

Según otros testimonios, el efecto de la misión había sido desastroso. Un líder amarakaeri de la región me contó que el contacto de Rey con los mashcos había sido «indignante», dados los resultados anteriores de los dominicos. «Está intentando hacer lo que hicieron con nosotros: establecer un contacto forzado —arguyó—. Antes éramos quince mil. Ahora somos menos de dos mil». Pero no cabía duda de que los misioneros gozaban de más consideración que el Estado, y Rey describió el conflicto con Maldonado como un interludio en una relación por lo demás cordial. «Siempre les doy machetes a los mashcos al pasar —dijo—. Los guardias del enclave no tienen ningún problema conmigo». Entendí que se refería a los delegados yines de Nomole. «Me dicen: "Lo que usted quiera, padre, pero no cuando esté aquí Waldo"».

Resultó además que Flores era seguidora de Mario Álvarez, predicador evangélico que había intentado convertir a los mashcos. Cuando el

Gobierno empezó a intervenir en la zona, se le pidió al sacerdote que detuviese sus contactos, pero Flores, su acólita, seguía pudiendo encontrarse con los mashcos, situación que Torres consideraba violenta pero inevitable.

Álvarez vivía en Diamante, y una tarde fui a buscarlo allí. Estaba serrando tablones de madera a la entrada de una iglesia a medio construir que estaba edificando sobre una extensión de hormigón tan grande como una cancha de baloncesto; un letrero decía ASAMBLEA DE DIOS. Álvarez, un hombre de cincuenta y cinco años, musculoso, con barba de chivo y dentadura prominente, declaró que había pasado muchos años como maderero en la selva, pero que a los treinta encontró a Dios y renunció a su vida anterior. «Mi trabajo ahora es el evangelismo, y Dios tiene mucho trabajo que hacer aquí en la tierra».

Hacía un par de años, una revelación había llevado a Álvarez a Diamante. «Tuve un sueño: un hombre me decía que viniese a la desembocadura del río Manú —explicó—. Así que puse a prueba a Dios. Dije: "Iré si me das el transporte". Dos días más tarde, un hombre llamaba a mi puerta para ofrecerme una canoa y una guía monja». Más o menos por entonces habían empezado a aparecer los mashcos. «Oí hablar de esa gente desnuda, vi fotos de ellos —me contó Álvarez—. Decidí que no me marcharía de la selva hasta que los abrazase y pudiese decirles que no estaban solos en el mundo».

Su oportunidad llegó en marzo de 2015, cuando oyó que los mashcos iban a salir a la orilla. «Me asusté un poco —recordó con una gran sonrisa—. Había tres hombres, y les di la mano y los abracé también, y en ese momento supe que esa era la misión que Dios me había destinado». El ministro de Cultura había presionado a Álvarez para que dejase de encontrarse con los mashcos, pero él había insistido y les había llevado plátanos. También les llevaba ropa, hasta que se dio cuenta de que no se la ponían. «Parece que la ropa los pone nerviosos —me dijo—. Supongo que habrá que enseñarles a usarla». Tras señalar la iglesia, Álvarez dijo: «Rezo por ellos todos los días en mis sermones. Para ellos no existe Satán ni el pecado. No saben nada de todo eso. Pero Dios es misericordioso».

Álvarez se quejó de que las autoridades prohibieran a los demás tener contacto, pero organizaran encuentros por su parte. «Parece que tienen algún plan oculto —dijo con aire confidencial—. Un día saldrá a la luz». Cuando le pregunté dónde estarían los mashcos en cinco años, contestó exultante: «Estarán evangelizando para la Iglesia, porque la palabra de Dios es poderosa».

La mayor preocupación del equipo era la salud de los mashcos. Un contacto controlado es imposible sin una supervisión médica intensa: el equivalente social, quizá, de un trasplante de órganos. En el primer encuentro, a Mendieta le había parecido que todo el mundo estaba básicamente sano. Sin embargo, ahora Puthana, la madre de Kamotolo, tosía, y Kwangonro también; Wasese tenía las amígdalas inflamadas. Al médico le preocupaba que estuviese desarrollando una gripe en toda regla.

Mendieta era un hombre soltero de treinta y ocho años, hijo de una fiscal y un maestro que llevaba un hogar para huérfanos. Trabajaba para el Ministerio de Sanidad de Perú y dirigía un hospital cercano a la misión dominica, además de encargarse de supervisar la mayoría de la parte superior de la región de Madre de Dios, una zona amplia en la que vivían grupos indígenas en varios niveles de contacto con la civilización.

Los mashcos estaban en el nivel más elemental, y a Mendieta le fascinaba su situación. «Nos dimos cuenta de que teníamos que hacer algo, pero no había presupuesto». Cuando se involucró el Ministerio de Cultura, empezó a visitar comunidades de alrededor para educar a los habitantes y vacunarlos contra enfermedades contagiosas. Aun así, él estaba seguro de que al final los mashcos acabarían sufriendo una epidemia, y su incomunicación dificultaría el tratamiento. Decía que las comunidades aisladas que contraían un virus se regían por «la regla de los tres días»: los niños empezaban a morir siempre al tercer día. En Madre de Dios, él a veces había llegado demasiado tarde.

De momento, no obstante, ni se planteaba la posibilidad de vacunar; los mashcos se mostraban incómodos con el mero hecho de que los reconociese un médico. Incluso regalarles ropa planteaba el riesgo de enfermedad, y Mendieta se mostraba atormentado por el polo que le había quitado la mujer mashco. Se tranquilizaba diciéndose que el polo estaba recién lavado, y que seguramente no se lo pondrían mucho tiempo. Wasese había comentado que, cuando volvían al campamento, los «ancianos» se llevaban la ropa y la quemaban, quizá para evitar enfermedades o simplemente para destruir los rastros del mundo exterior.

El equipo de Nomole estaba convencido de que iban a salir más mashcos de la selva. «Dentro de cinco años lo más seguro es que tengamos que tratar con cuarenta o cincuenta personas —decía Mendieta—. Mientras necesiten cosas de nosotros van a estar ahí, en las orillas, expuestos a todo lo que venga. —Se detuvo—. El resumen es que queremos que se respeten sus vidas. El problema es que a muchos peruanos no les importan nada en absoluto».

El Gobierno nacional de Perú se encuentra casi por completo ausente de Madre de Dios, así que el futuro de su naturaleza, y de los mashcos, depende de unos cuantos políticos regionales con sede en Puerto Maldonado. La capital queda a centenares de kilómetros del territorio mashco, a un día de viaje. Zarpé en barco una mañana temprano, y durante horas fui dejando atrás docenas de campamentos de madereros ilegales. Al final vi un pequeño afluente que se precipitaba en el río Madre de Dios, y me di cuenta de que estaba cerca de la franja deshabitada donde había acampado hacía décadas. Donde una vez hubo una orilla desierta, ahora había gente bajando de ruidosas camionetas para subir a unos barcos, y en la otra orilla los esperaban unos autobuses decorados con unas pinturas de lo más hortera. Me subí a uno y seguimos una carretera de tierra a través de un bosque que estaban quemando unos granjeros; las llamas eran tan intensas que el humo oscurecía el horizonte. En algún momento pasamos a una carretera asfaltada rumbo a Puerto Maldonado, a través de una zona desbrozada para instalar centenares de campamentos mineros en los que residían al menos cincuenta mil buscadores de oro. Había unas cuantas ciudades surgidas de la nada, con bares, tiendas y burdeles, y al caer la noche muchas adolescentes se colocaban al borde de la carretera, listas para el trabajo nocturno.

Puerto Maldonado había sido fundado por Fitzcarrald, y una de las avenidas principales aún lleva su nombre; los guías conducen a los turistas río abajo para ver el pecio del barco de hierro que se dice que lo llevó hasta la muerte. Yo había estado cuatro décadas sin pisar la ciudad, y en ese tiempo había pasado de ser un lodazal con chozas de madera a un núcleo en expansión con planta de rejilla que contaba unos cien mil habitantes. Un puente cruzaba el Madre de Dios, y una carretera se extendía a lo largo de la frontera con Brasil; otras llevaban hacia al sur, hacia Bolivia, y al oeste, hacia Cuzco. El único hueco en el sistema de expansión de carreteras era el norte, donde el gobernador Otsuka quería realizar la carretera a través de la jungla, junto al territorio mashco.

Otsuka había tenido que marcharse a atender una emergencia en un campamento minero en el que habían explotado unos bidones de gasolina, pero su delegado, Eduardo Salhuana, estaba allí cuando llegué. Salhuana, presente desde hacía mucho tiempo en el panorama político de la región, era, además de exministro de Justicia, quien tenía la fama de llevar de veras la batuta en Madre de Dios. Me saludó con frialdad y me hizo pasar a su despacho.

Cuando señalé que las zonas mineras daban la impresión de no estar sometidas a ninguna regulación, y que los mineros usaban productos químicos y maquinaria prohibidos, Salhuana lo calificó de inevitable. «Hay mucho oro en Madre de Dios, pero solo es legal practicar la minería en un 6,7 por ciento de la región», se quejó. Madre de Dios contaba con reservas que valían billones de dólares, añadió, y los buscadores que llegaban a patadas no tenían otra opción que la de no cumplir la ley. Salhuana era consciente de que la corrupción, la prostitución y otros delitos estaban a la orden del día, y de que Puerto Maldonado se había convertido en un punto importante del tráfico de cocaína. Pero, según su versión, todos los problemas eran culpa del Gobierno central, que no hacía nada por dar a respetar sus propias leyes en la región.

En cualquier caso, opinaba Salhuana, las leyes ya eran demasiado severas. «65 por ciento del territorio de Madre de Dios se ha clasificado como zona protegida, y a las reservas indígenas se les ha concedido un 15 por ciento», dijo. (En realidad, apenas la mitad de la zona es de acceso restringido, y los indígenas cuentan con alrededor del 10 por ciento). «Hay tanta tierra protegida que no queda demasiado para que la gente haga algo con ella. Y la gente cuestiona: "¿Qué nos queda a nosotros para trabajar?"».

Cuando pregunté por la carretera que abriría la zona mashco, respondió: «La carretera no se ha calificado como proyecto oficial todavía. En cualquier caso, la población de la región está ansiosa por tener mejores conexiones con Puerto Maldonado». Mencioné la sordidez de los asentamientos al norte de la ciudad. ¿Eso era lo que quería para la zona de alrededor de Nomole? «Está claro que cualquier proyecto de infraestructura tendrá un impacto —respondió Salhuana—. Pero también hay mucha pobreza en las comunidades indígenas. La otra opción es dejarlos tal como están».

La misión del equipo de Nomole de contactar con los mashcos venía inspirada por los asesinatos y por el miedo de que pudiese haber más. Sin embargo, al final, las motivaciones de los asesinos seguían siendo un misterio. Cuando le pregunté a Nelly por qué habían matado a Shaco Flores, se encogió de hombros; a pesar de su parentesco con los mashcos, parecía que le resultaba imposible predecir su comportamiento. Me contó que, durante los encuentros, «me cogen de la mano, se meten en el barco y me dicen: "Llévanos a tu casa". Pero no podemos hacerlo. Podrían dispararnos sus flechas».

Shepard cree que a Shaco lo mataron porque dejó de darles cosas a los mashcos. «Se enfadaron», me dijo. No estaba claro por qué Shaco había cambiado sus costumbres: a lo mejor algún grupo defensor de los derechos indígenas lo había animado a dejar en paz a los mashcos, o a lo mejor se había vuelto demasiado caro seguir con los regalos. En cualquier caso, el contacto había creado una dependencia que resultaba doloroso cortar. «Básicamente, los había enganchado a los plátanos y a los cacharros de cocina», dijo Shepard.

Para los miembros de Nomole, era un recordatorio de que su trabajo entrañaba un riesgo real. Una tarde, mientras vigilaba el promontorio, Maldonado habló sobre la historia de los ataques en Brasil, donde más de sesenta delegados de contacto habían resultado muertos a manos de aislados durante los últimos cuarenta años. Al parecer, cuando más riesgo había era tras establecer lazos de familiaridad. Según una teoría, lo que movía a los aislados era el miedo a que el acercamiento amable de los forasteros enmascarase el plan de talar sus árboles, llevarse a sus mujeres y matar a sus hombres.

Mientras charlábamos, oímos el silbato que anunciaba a los mashcos, y seguí a Maldonado hasta donde empezaba el promontorio. Vimos con los prismáticos que tres hombres salían del bosque. No llevaban a ninguna mujer ni a ningún niño con ellos. Maldonado se puso nervioso. «¿Dónde están las mujeres? —preguntó—. ¿Qué pasa?». Le dijo al equipo, que había empezado a bajar plátanos al *peke-peke*, que se detuviese.

Pero, mientras Maldonado hablaba, una fila de mujeres y niños empezaron a aparecer del bosque. Soltó un grito de alivio y corrió hacia abajo, en dirección al *peke-peke*. En la orilla de enfrente, Tkotko le rugió como un jaguar y luego soltó una risotada, explicando mediante gestos que parecía que se le iban a salir los ojos de la cara.

Daba la impresión de haber creciente confianza entre los dos grupos. El equipo de Nomole había indicado instrucciones a Kamotolo de que solo se reuniesen con ellos, y él parecía haber obedecido, ya que había trasladado a su familia a un campamento más cercano, a unas tres horas de marcha. Maldonado dijo que la relación era limitada: «Nuestras conversaciones son muy básicas. Pregunta cosas como: "¿Estás casado? ¿Tienes hijos?"». Y no se hacía muchas ilusiones acerca de la motivación del mashco: «Sigue viniendo porque sabe que puede conseguir cosas». Pero le había cogido cariño a Kamotolo, que tenía edad para poder ser su hijo. Entre risas recordó la vez que Kamotolo había registrado el *peke-peke* y había encontrado las bragas que se había dejado una periodista francesa al ponerse el bañador. Kamotolo se las había colocado, del revés.

Los mashcos parecían tener un vínculo especial con Ponceano, a quien a veces adornaban con una corona de hojas. Atribuía su influencia a la visión que había tenido una de las mujeres mashco tras tomar un alucinógeno derivado de la flor amazónica floripondio. Cuando se conocieron, recordó, la mujer le preguntó cómo se llamaba. Cuando Ponciano le dijo su nombre yine, Yotlot, que significa «nutria de río», ella exclamó: «¡Ah, tú eres Yotlot! Sabía que ibas a venir hoy».

Después de eso, dijo, los mashcos lo habían considerado su vínculo principal con el mundo exterior. Me contó que una vez estaba con ellos de pie en la orilla del río cuando apareció un barco de madereros. Kamotolo preguntó, alterado: «¿Son gente buena? ¿Los llamamos?». Ponceano respondió que no, y dejaron pasar el barco. Los mashcos les habían pedido a los demás delegados yines que cuidaran a Ponceano y se asegurasen de que no le ocurría nada. «Me invitaron a unirme a ellos —explicó él entre risas—. Yo me limité a decir: "Otro día"».

Mientras preparábamos los barcos para volver a cruzar a Nomole, Maldonado confesó que había mascado demasiada coca la noche antes. Como no podía dormir, se había quedado tumbado, angustiado por los mashcos. «No podía pensar en otra cosa aparte de "¿Estarán bien? ¿Estarán enfermos?"». Pero Mendieta vio que la tos de Puthana se había mitigado, y también la de Kwangonro. Incluso la inflamación de garganta de Wasese había desaparecido. De momento, los mashcos parecían estar a salvo.

Unos cuantos días después, salí de Puerto Maldonado en avión; era la primera parte del viaje a casa. Mientras el avión se escoraba sobre la jungla, veía el gran río, que corría por debajo como plata líquida. Después, durante largos minutos, la selva desapareció para dar paso a una extensión de cráteres gigantes. La expansión de la catástrofe te dejaba sin aliento: recordaba a las fotografías del norte de Vietnam tras ser arrasado por las bombas de los B-52. Me di cuenta de que estaba mirando las minas de oro de Madre de Dios.

En Lima, los efectos desiguales de la nueva riqueza peruana resultaban evidentes. Alrededor de la ciudad, los mendigos piden en los cruces, junto a chabacanos casinos, y los ríos están plagados de basura. La criminalidad está a la orden del día, así que la mayoría de las casas están protegidas por verjas de hierro en las puertas y las ventanas y por muros que terminan en alambre de espinos; hay gran cantidad de guardias de seguridad armados.

Antes de marcharme, hice una parada en el Departamento de Pueblos Nativos Aislados, en un edificio de hormigón macizo que daba a una ruidosa autopista. Torres estaba allí con su jefa, Patricia Balbuena Palacios, la viceministra de Interculturalidad. Le pregunté a Balbuena si los mashcos seguirían existiendo dentro de cinco años. «Esperemos que duren un poco más —respondió—. Quizá no podamos detener los cambios, pero a lo mejor podemos ralentizarlos. Pero los cambios van a seguir y, al final, quienes van a sobrevivir son los que puedan adaptarse mejor».

La guerra eterna*

En 2016, un acuerdo de paz entre el Gobierno y un grupo de la guerrilla terminó con más de medio siglo de guerra civil en Colombia. Pero la violencia en este estado sudamericano era anterior a ese conflicto, y la desigualdad y la pobreza siguen predominando hoy en día. Jon Lee Anderson conoce el país latinoamericano desde que tenía cuatro años, cuando su padre diplomático fue destinado a Bogotá y la familia se mudó allí. Ha informado con frecuencia sobre Colombia en The New Yorker, prestando especial atención a los altibajos en su búsqueda de la paz. En esta investigación, pregunta si un acuerdo negociado aguantará cuando cambien los vientos políticos y ocupe el poder un nuevo Gobierno opuesto al acuerdo. Después de todo, es un país más acostumbrado a la violencia que a la paz.

La violencia crónica de su lugar de nacimiento fue una perdurable piedra de toque para el difunto novelista Gabriel García Márquez. En su obra maestra, *Cien años de soledad,* las dos fuerzas políticas tradicionales de Colombia, los liberales y los conservadores, están sumidos en una guerra eterna que arrecia y amaina en un ciclo interminable, como los huracanes de temporada, marcando violentamente y, en última instancia, desbordando las vidas de sus personajes.

Describiendo la épica vida de uno de sus personajes de ficción más memorables, García Márquez escribió: «El coronel Aureliano Buendía promovió treinta y dos levantamientos armados y los perdió todos. Tuvo diecisiete hijos varones de diecisiete mujeres distintas, que fueron exterminados uno tras otro en una sola noche antes de que el mayor cum-

* Publicado originalmente en *Imagine*, 2020. Traducción para esta edición de Eduardo Iriarte.

pliera treinta y cinco años. Escapó a catorce atentados, a setenta y tres emboscadas y a un pelotón de fusilamiento. Sobrevivió a una carga de estricnina en el café que hubiera bastado para matar a un caballo. [...] Aunque peleó siempre al frente de sus hombres, la única herida que recibió se la produjo él mismo después de firmar la capitulación de Neerlandia que puso término a casi veinte años de guerras civiles. Se disparó un tiro de pistola en el pecho y el proyectil le salió por la espalda sin lastimar ningún centro vital. Lo único que quedó de todo eso fue una calle con su nombre en Macondo».

La ficción de García Márquez era una chispeante recreación de la historia de Colombia. El novelista nació en 1928 y murió en 2013, a los ochenta y siete años, y durante la mayor parte de ese tiempo, Colombia estuvo en guerra contra sí misma de una manera u otra. Siempre con discreción, García Márquez hizo varios intentos personales de interceder por la paz entre las facciones enfrentadas. Aunque esos esfuerzos acabaron fracasando, nunca dejó de intentarlo, y reconoció con tristeza que tenía la reputación de ser «el último optimista de Colombia».

Desde que declarara la independencia de España en 1810, Colombia ha estado inmersa en el conflicto interno setenta y siete de los doscientos nueve años que han transcurrido, durante seis periodos distintos de agitación violenta. Ha habido numerosos golpes de Estado y dictadores militares. Diez de sus presidentes han muerto de manera violenta.

Los colombianos suelen situar el origen del conflicto de su país en 1948 cuando fue asesinado el carismático político liberal Jorge Eliécer Gaitán, lo que desató una guerra civil de una década entre los liberales y sus rivales conservadores. El baño de sangre, que causó por lo menos doscientas mil muertes, pasó a conocerse sencillamente como «La Violencia». Terminó cuando los dos partidos acordaron un pacto de no agresión, que desembocó en el periodo de gobierno democrático ininterrumpido más dilatado en Colombia, de 1958 hasta el presente. Paradójicamente, este periodo también ha sido uno de los más sangrientos en el país, con la paz fracturada por media docena de insurgencias guerrilleras, así como la violencia por parte del narco. La violencia ha sido tan profunda como extensa: inmensas zonas rurales han sido campos de batalla *de facto* en los que se han visto las caras los insurgentes y los soldados del gobierno, y en los que los civiles fueron carne de cañón para ambos bandos. Desde 1958, más de un cuarto de millón de colombianos han sido asesinados por razones políticas, con infinidad más de heridos, torturados, encarcelados u obligados a exiliarse. Más de siete millones de colombianos —en torno a una séptima parte de la población— se han visto desplazados de sus casas, más que en ninguna otra parte en el mundo moderno, salvo Siria devastada por la guerra.

En este periodo, Colombia se convirtió en el equivalente internacional de la violencia asesina, dando pie a un nuevo léxico espeluznante que incluye términos como «la corbata colombiana», introducida durante La Violencia, que describe una variante de asesinato político consistente en cortarle el cuello a una persona y sacarle la lengua por el orificio en la garganta. «La motosierra» adquirió un nuevo significado en 1990 debido a las implacables brigadas de la muerte de los paramilitares de derechas, comúnmente conocidos como «paracos», cuando usaron el término para referirse al desmembramiento de víctimas vivas. «Dale taladrín» hace referencia a la utilización del taladro contra alguien. El último término añadido a esta horrenda letanía es el de «las casas de pique», adonde los paramilitares narcos de hoy en día llevan a las víctimas para hacerlas pedazos.

Después de tantísimos años de conflicto, Colombia se ha convertido en un Estado de seguridad. Con más de cuatrocientos mil soldados, posee el segundo ejército permanente más grande del hemisferio occidental, después de Estados Unidos. También ha fomentado una sociedad militarizada en la que abundan los hombres armados. Muchos colombianos ricos de clase media se pasan la vida envueltos en una red de seguridad: mientras que en los edificios de apartamentos hay guardias armados en las entradas, por los centros comerciales patrulla la policía privada. En los aparcamientos públicos, guardias con detectores de explosivos revisan por rutina los bajos de los vehículos. Miles de colombianos —empresarios, políticos e incluso algunos periodistas— se desplazan en coches blindados con guardaespaldas. En el campo, los puestos militares están por todas partes y es habitual ver a soldados de uniforme patrullando a pie, armados y alerta. Los colombianos se han acostumbrado a esta existencia y la consideran normal.

En 1961, cuando tenía cuatro años, viví con mi familia en Bogotá. Mi padre trabajaba para el Gobierno estadounidense como asesor agrícola. La mayoría de mis primeros recuerdos parten de este periodo, y muchos tienen que ver con la violencia o la amenaza de la misma. Vivíamos en un barrio residencial a las afueras de Bogotá: todos los días, iba y venía del parvulario con un chófer que también era guardaespaldas y llevaba pistola en una funda sobaquera. Nunca podía salir de casa sin vigilancia, debido a que había un riesgo supuestamente alto de que me raptaran. Mi padre tenía varios rifles que guardaba bajo llave en un armero. Cuando le pregunté por qué los tenía, me explicó que Colombia era un sitio peligroso y que cuando salía de la ciudad tenía que viajar por zonas rurales controladas por los bandidos. A menudo paraban coches para robar, matar o raptar a gente, y, en tanto que funcionario americano, él era un objetivo señalado, igual que nosotros, sus hijos.

Solo pasamos un año en Colombia antes de trasladarnos a Taiwán, y pasé la mayor parte de la adolescencia en Asia y África. Pero el año que estuve en Colombia me dejó honda huella, y lo recordaba a menudo. Más adelante, mi padre me contó que había estado muy preocupado por nuestra seguridad todo el tiempo que pasamos allí, y, después de que un amigo suyo fuera asesinado, solicitó el traslado al Departamento de Estado, razón por la que nos fuimos de Bogotá tan pronto.

Infinidad de visitas a lo largo de los años han añadido más capas a mis recuerdos formativos de Colombia. La sociedad insegura de la que cobré conciencia de niño ha soportado medio siglo más de guerra civil, del que yo he sido testigo fugaz en diversas etapas. En todo ese tiempo, lo único que ha permanecido constante es su violencia. Es la violencia, no la paz, lo que ha llevado a Colombia de un umbral político al siguiente en una especie de ciclo perpetuo.

LOS MALOGRADOS

En julio de 2016 fui a un enorme campamento base del ejército guerrillero conocido como las Fuerzas Armadas Revolucionarias de Colombia, las FARC, en la provincia sureña de Yarí, una región de jungla y llanuras pantanosas en la cabecera del Amazonas. El campamento estaba bajo la supervisión del comandante Mauricio Jaramillo, miembro del secretariado de siete hombres que lo dirigía. A los sesenta y nueve años, Mauricio, conocido como «el Médico» por su formación facultativa, era uno de los comandantes más veteranos del grupo guerrillero.

Pasé varios días familiarizándome con Mauricio y los combatientes más jóvenes bajo su control. La mayoría seguían siendo veinteañeros y treintañeros, pero ya había algunos veteranos curtidos. Todos esperaban ansiosamente el avance definitivo en las negociaciones de paz que se estaban celebrando en La Habana entre las FARC y el Gobierno y que se habían prolongado cuatro años. Los combatientes seguían armados y alerta, pero ya no estaban en pie de guerra y pasaban el día haciendo tareas domésticas en el campamento.

La mayoría de los guerrilleros llevaban con las FARC desde la adolescencia y al alistarse dejaron atrás a familias sumamente pobres en pueblecitos aislados por toda Colombia. Para algunos había sido un fenómeno similar al flautista de Hamelin: los guerrilleros de las FARC pasaron por su población, armados y orgullosos, y los jóvenes rurales se alistaron empujados por el entusiasmo. A algunos, ser camarada —como se referían entre sí los guerrilleros— les había permitido salir de la pobreza y de hogares rotos; a otros, les había hecho posible escapar del terror y la humillación a manos de los paramilitares merodeadores, que históricamente han actuado en tándem con los terratenientes, los políticos y el ejército colombianos.

Muchos llevaban sin ver a sus padres desde que se alistaran hacía una década o más, y algunos se emocionaban al hablar de sus madres o de los hermanos que habían dejado atrás.

En cuanto a su futuro, la mayoría declaraba lealmente que haría lo que quisiera «el partido», y también que querían seguir de algún modo con sus camaradas en tiempos de paz. Por partido, se referían al Partido Comunista Colombiano Clandestino, del que las FARC funcionaban como brazo armado. Pero la mayoría no tenía una idea clara de cómo era el mundo más allá del campo de batalla, y mucho menos de lo que les depararía el futuro. Algunos decían que querían ser campesinos, y unos pocos estaban interesados en la informática, de la que hablaban con la abstracción embelesada de unos jóvenes que soñaran con ser astronautas. La Colombia metropolitana era una galaxia lejana, una realidad de la que solo habían oído hablar. Otros sencillamente expresaban el deseo de acabar la educación primaria o secundaria. Pocos habían vivido en una ciudad o la habían visto siquiera, y la mayoría no poseía más habilidades que las necesarias para montar y desmontar un campamento, marchar por la jungla, manejar un arma y luchar.

Un día se propagó por el campamento la noticia de que una de las columnas guerrilleras más extensas de Mauricio, conocida como la Columna Uno, que operaba en una remota zona de jungla cerca de la frontera brasileña, había anunciado su deserción. El comandante de la unidad había emitido un comunicado declarando que su grupo de unos cien combatientes y él no pensaban tomar parte en el proceso de paz.

Mauricio dijo sospechar que la auténtica razón del motín era el narcotráfico. El principal deber de la unidad renegada en nombre de las FARC, según explicó, había sido recaudar impuestos a los traficantes de cocaína que salían de Colombia a Brasil con su producto. Al habérseles asignado esta tarea, dedujo, los combatientes se habían corrompido y convertido ellos mismos en narcotraficantes. Era lamentable, pero no del todo sorprendente: lo remoto de la ubicación de la unidad había entorpecido su capacidad de garantizar la lealtad a los valores revolucionarios. Mauricio me contó en confianza que las FARC esperaban perder entre el 10 y el 15 por ciento de sus combatientes de manera parecida durante la retirada en ciernes. Ese mismo día, Mauricio y los demás miembros del alto mando de las FARC emitieron un comunicado en el que repudiaban a la Columna Uno, declarándola una fuerza hostil, y expresaban su disposición a cooperar con el ejército de Colombia para meterla en cintura. El episodio fue uno de los primeros indicios de que, incluso después de un acuerdo de paz, la larga guerra civil colombiana podía tener secuelas turbulentas.

Unos meses después, en septiembre de 2016, volví a la base de Yarí. Había un ambiente de euforia; los líderes de las FARC y los negociadores del presidente colombiano Juan Manuel Santos habían llegado por fin a un acuerdo. Habían fijado una fecha para la firma del tratado de paz a finales de ese mes, y entre los guerrilleros se había propagado el entusiasmo por el inminente fin de la guerra. También obtuve más información sobre el grupo escindido de Mauricio por medio de un combatiente que había formado parte del mismo: Martín, un oficial subalterno y paramédico de treinta y seis años.

Martín había escapado de la muerte por los pelos. Había estado en la Columna Uno los dos años anteriores y estaba presente cuando el comandante reunió a sus combatientes, les informó de su decisión de permanecer en el campo y les pidió allí mismo que votaran a mano alzada. Fue un momento sumamente tenso. La mayoría de los guerrilleros votaron a favor de quedarse con su comandante. Martín y nueve más dijeron que preferían seguir con las FARC, para desmovilizarse y pasar por el proceso de paz que estaba negociando el liderazgo rebelde. El comandante fingió respetar su decisión, dijo Martín, pero luego los aisló del grupo principal enviándolos a una zona a un par de días de marcha. Después de varias semanas, les ordenó por radio que regresaran a la base, asegurándoles que se les permitiría marcharse y se les escoltaría hasta el territorio del comandante Mauricio en Yarí. La ruta marcada era un trayecto extraño y tortuoso por la jungla, y Martín y sus camaradas sospecharon de inmediato que tenían planeado librarse de ellos. «Podía pasar cualquier cosa» en una marcha tan larga, observó Martín.

Preocupado, Martín se puso en contacto por radio con Mauricio y explicó lo que estaba ocurriendo. Mauricio le advirtió que no regresara al campamento de su comandante bajo ninguna circunstancia y le aconsejó que pusiera rumbo de inmediato hacia Yarí por una ruta alternativa más rápida. Según me contó Martín, era eso lo que habían hecho, engañando a su comandante rebelde llamándole periódicamente por radio para decirle que iban camino del campamento. Cuando creyeron que estaban a salvo fuera de su alcance, le dijeron la verdad, informándole de que habían llegado a las líneas de las FARC y no volverían a ponerse en contacto con él.

Martín me contó su historia en tono inexpresivo, restando importancia al peligro que había corrido. Pero Isabela, otra oficial, aseguró de manera tajante: «Iban a asesinarlos. Muchos de aquellos combatientes se habían malogrado». Lo que quería decir era que los soldados de la Columna Uno se habían echado a perder, que su moralidad política se había corrompido debido a su proximidad al tráfico de droga. Ya no eran forajidos políticos, sino delincuentes. Era el tipo de confesión oficial que no podía imaginar a un miembro en activo de las FARC haciéndole a un periodista en otros tiempos; habían hecho falta varios años durante las negociaciones de paz para que sus líderes reconocieran siquiera la implicación en la industria de la cocaína. Como parte del acuerdo de paz definitivo, habían acordado renunciar a toda actividad relacionada con los estupefacientes, pero habían seguido sin dejar claro en qué consistían dichas actividades. El caso de Martín arrojaba una luz mucho más clara sobre el asunto y me llevó a preguntarme cuántos combatientes de las FARC más resultarían malogrados a medida que pasara el tiempo.

LA PRECARIA PROMESA DE PAZ

Un par de semanas después de conocer a Martín en Yarí, a finales de septiembre de 2016, la guerra entre las FARC y el Estado alcanzó un dramático final simbólico en un escenario al aire libre en la ciudad colonial de Cartagena, en la costa caribeña de Colombia. Fue un momento histórico. Allí, delante de una inmensa muchedumbre y retransmitido en directo por televisión, el presidente Juan Manuel Santos apareció junto con el líder de las FARC Rodrigo Londoño Echeverri, alias Timochenko. El acuerdo de paz que firmaron, con una pluma forjada a partir de una bala, puso fin de manera formal a la guerra civil más larga del hemisferio occidental.

No era el primer acuerdo de paz alcanzado en Colombia. La larga historia de los conflictos internos del país incluye una historia igualmente larga de tratados firmados y rotos, de justicia inadecuada por los delitos cometidos y de malogrados que se quedaban sobre el terreno como gánsteres armados de un tipo u otro. Pero, en un mundo desgarrado por incesantes conflictos, el acuerdo de paz en Colombia de 2016 destacó como un raro ejemplo de pragmatismo político, cooperación internacional y esperanza. El proceso había conllevado varios años de intensas negociaciones y la implicación de los gobiernos de Venezuela, Cuba, Estados Unidos, Noruega y el Vaticano. Para la transcendental ocasión asistieron el secretario general de las Naciones Unidas Ban Ki-moon, el rey emérito de España Juan Carlos I, el presidente cubano Raúl Castro y el secretario de Estado de Estados Unidos John Kerry.

Como consecuencia del acuerdo, unos ocho mil guerrilleros entregaron las armas y procedieron a la desmovilización de los campamentos, mientras que sus líderes se dispusieron a reorganizar las FARC como un partido político legal. El logro de Colombia se consagró internacionalmente cuando el presidente Santos, que había apoyado de manera incansable el acuerdo de paz durante sus dos mandatos en el poder, recibió el Premio Nobel de la Paz.

Con la nueva paz, renacieron las esperanzas de los colombianos de que su país no tardaría en cosechar sus beneficios en forma de una democracia más participativa y mayor prosperidad para todos. En un discurso en el que elogió el armisticio como un «logro histórico», el presidente de Estados Unidos Barack Obama declaró sus intenciones de solicitar fondos del Gobierno norteamericano para costear un ambicioso programa de posguerra llamado Paz Colombia, a fin de «establecer un marco para reforzar los avances en seguridad, reintegrar a los excombatientes a la sociedad y extender las oportunidades y el imperio de la ley».

A rebufo del Plan Colombia, un programa de ayuda militar estadounidense de diez mil millones de dólares que había comenzado en el año 2000 y ayudado al ejército colombiano a derrotar a las guerrillas en el campo de batalla, Paz Colombia se basaba en la premisa de que después de la retirada de las FARC, los colombianos dejarían de lado sus diferencias para que la paz recién estrenada fuera duradera. Lo que quizá pasaba por alto el programa era que, en el caso de muchos colombianos, la violencia era su realidad más familiar y la paz se percibía como un mero interludio táctico en una batalla eterna contra los enemigos propios.

REBELDES A LA IZQUIERDA, ESCUADRONES DE LA MUERTE A LA DERECHA

Durante sus cincuenta y dos años de existencia como ejército guerrillero, las FARC tuvieron sus bases en las zonas rurales subdesarrolladas de Colombia. En ausencia de infraestructura cívica y de lazos económicos que los unieran con las ciudades, los colombianos del campo no tenían otra opción que apoyar a la fuerza armada más predominante en su área. Con el paso de las décadas, las FARC se convirtieron en un Gobierno paralelo *de facto* en las zonas donde eran fuertes, rivalizando con el Estado colombiano, lejano y poco efectivo, con base en Bogotá y las ciudades circundantes.

Hasta su muerte en 2008, a la edad de setenta y siete años, el jefe máximo de las FARC siempre había sido el legendario Manuel Marulanda, alias Tirofijo. Hombre de orígenes campesinos, Marulanda fue un rebelde desde su juventud, cuando los seguidores de los dos principales partidos políticos de Colombia —los liberales y los conservadores— entraron en guerra durante La Violencia. Los dos partidos acordaron una tregua en 1957 que acabó formalmente con una carnicería, pero el campo siguió siendo un lugar tenso e inestable.

En el transcurso de La Violencia, otros grupos armados se habían formado y estaban preparados para seguir haciendo la guerra. (Era el periodo en que mi familia vivía en Bogotá). Entre ellos había comunistas colombianos, que habían organizado una serie de enclaves campesinos armados para la autodefensa. Marulanda participó en la fundación de uno de ellos, la denominada República Independiente de Marquetalia, que funcionó varios años como una especie de oasis rebelde autónomo en una zona remota, en una tensa confrontación con Bogotá. El *statu quo* se prolongó hasta principios de la década de los sesenta, cuando el gobierno de Estados Unidos, preocupado por la nueva insurgencia marxista que estaba arraigando en el hemisferio —después del éxito reciente de la Revolución de Fidel Castro en Cuba—, instó al Gobierno de Colombia a atacar Marquetalia. El Gobierno de Bogotá no tardó en hacerlo, enviando tropas y aviones de combate. La intervención militar arrolló a los rebeldes de Marquetalia, pero desató al mismo tiempo una nueva guerra.

Marulanda y sus cientos de seguidores emprendieron la huida. En 1964 formalizaron la insurgencia fundando las FARC, y en los años siguientes expandieron de forma continuada sus tropas, así como su capacidad militar. Para finales de la década de los noventa, las FARC se jactaban de tener un ejército de veinte mil hombres en activo por todo lo largo y ancho de Colombia, que controlaba en torno a una tercera parte del territorio nacional. Los guerrilleros se mantenían cobrando impuestos a los comerciantes y rancheros locales y extorsionando dinero a las compañías petrolíferas y mineras a cambio de no atacar sus instalaciones. Empleando una lógica de tiempos de guerra según la que el fin justificaba los medios, las FARC también empezaron a secuestrar gente para pedir rescate, y al final se incorporaron a la pujante industria colombiana de la droga.

Las FARC no estaban solas en el campo. El mismo año que tomaron las armas, otro grupo guerrillero marxista, autodenominado Ejército de Liberación Nacional (ELN) —encabezado por Camilo Torres, un sacerdote católico que se inspiraba en la teología de la liberación del Che Guevara—, también inició las hostilidades. Hoy en día, con unos dos mil quinientos combatientes diseminados por varias provincias, el ELN sigue en activo, mantiene de vez en cuando conversaciones de paz con el Gobierno y alterna los ataques militares con periodos de alto el fuego intermitentes.

También han surgido y desaparecido otros grupos insurgentes, incluido el Ejército Popular de Liberación de ideología maoísta (EPL), el Movimiento Armado Quintín Lame (MAQL) con base indígena y el M-19, grupo fundado por intelectuales urbanitas y universitarios.

Es posible que las FARC comenzaran como un movimiento de insurgencia marxista, pero el conflicto en Colombia no era simplemente un caso de guerrillas izquierdistas que luchaban contra un Gobierno nacional de derechas. Una red de narcotraficantes, terratenientes, políticos derechistas y fuerzas de seguridad privadas formaron escuadrones de la muerte paramilitares —los paracos— para defender sus intereses. Estos grupos que a menudo funcionaban en coordinación con el ejército colombiano, luchaban contra las guerrillas y asesinaban a sus simpatizantes. También empezaron a aterrorizar a los campesinos y a apoderarse de sus tierras. En 1997, una coalición de grupos paramilitares que operaban por las zonas rurales se reunió bajo el paraguas de las Autodefensas Unidas de Colombia (AUC), dirigidas por Carlos Castaño, hijo de un ganadero y exsocio del capo de la droga Pablo Escobar. A las órdenes de Castaño, las AUC se convirtieron en un poderoso ejército que rivalizaba con las FARC en su propio terreno, más que nada atacando a su base de apoyo civil, llevando a cabo cientos de masacres y desplazando a cientos de miles de colombianos del campo. Las AUC también se incorporaron al tráfico de droga.

Con el tiempo, el tráfico de cocaína atrajo a todas las figuras de la hidra de varias cabezas que era la guerra civil del país. Las FARC empezaron a financiar sus operaciones por medio del tráfico, primero cobrando impuestos a los cultivadores de coca y luego trabajando directamente con los traficantes. Pese a la retirada de las AUC, que comenzó en 2003, algunos paracos se reorganizaron en grupos que funcionaban cada vez más como narcoparamilitares, profundamente implicados en la producción y el tráfico de droga en los territorios que habían llegado a dominar. La perspectiva de malograrse es un tema persistente entre los combatientes colombianos, sean del bando que sean.

HISTORIA DE DOS PRESIDENTES: URIBE Y SANTOS

Para analizar la complejidad, y la toxicidad, de la red colombiana de interrelaciones a través de las fronteras indefinidas de sus guerras internas, basta con fijarse en Álvaro Uribe Vélez. En un informe de la Agencia de Inteligencia de Defensa (DIA, según sus siglas en inglés), Uribe, que era a la sazón senador, figuraba como una persona que «trabajaba para el cártel de Medellín» y era «amigo íntimo de Pablo Escobar». Procedía del entorno ganadero de la conservadora provincia de Antioquía, de la que es capital Medellín. Después de que las FARC mataran a su padre en un intento frustrado de secuestro en 1983, se involucró en el submundo paramilitar y se cree que contribuyó a crear una de sus milicias más letales, el Bloque Metro. (En ese aspecto, la historia de Uribe tiene resonancias de la de Carlos Castaño, fundador de las AUC, cuyo padre también fue asesinado por las FARC). La familia de Uribe también tenía estrechos lazos con otra familia ranchera, los Ochoa, compañeros de Pablo Escobar en el cártel de Medellín. A diferencia de los Ochoa, Álvaro Uribe no entró directamente en el negocio de la cocaína, sino que se dedicó a la política. Después de un tiempo como jefe de aviación civil de la provincia de Antioquía, donde tenía su base el cártel de Medellín —y de la que despegaban sus aviones cargados de coca—, Uribe pasó a ser brevemente alcalde de Medellín y luego cumplió dos mandatos como senador. En 1995, se convirtió en gobernador de Antioquía y estableció una red de «asociaciones de autodefensa» armada contra la guerrilla, vinculada con los paramilitares.

De alguna manera, Uribe siempre se las ha ingeniado para eludir el sinnúmero de acusaciones de las que ha sido objeto. Ha desmentido tener lazos con los traficantes de droga y los paracos, aunque hay abrumadoras pruebas en sentido contrario, entre las que destacan las alegaciones de varios excomandantes paramilitares claves. Numerosos funcionarios y políticos próximos a Uribe han sido detenidos por delitos relacionados con los paramilitares a lo largo de los años, igual que un primo y un hermano suyos. También llevan años en curso investigaciones penales contra el propio Uribe, pero el poder judicial colombiano se ha mostrado reacio a condenarlo. Uno de los principales motivos parece ser el miedo. En una serie de casos recientes, han asesinado a testigos que se atrevieron a declarar contra Uribe.

El cargo de gobernador de Antioquía resultó ser otro trampolín para Uribe. Al final ocupó la presidencia de Colombia en 2002, prometiendo un Gobierno de orden público. Negoció un acuerdo con las AUC en

2003 por medio de una amnistía generalizada que puso fin a las masacres en masa, pero también dejó impunes a la mayoría de sus autores. Redobló asimismo la guerra contra las FARC. Curiosamente, la etiqueta que le puso la DIA no parece haberle hecho ningún daño. Muy al contrario, mientras estaba en el poder, Uribe estableció una estrecha relación de trabajo con el Gobierno de Estados Unidos. Durante los años de Uribe, Washington aumentó su ayuda militar bajo el Plan Colombia y las FARC empezaron a sufrir graves reveses que debilitaron a su liderazgo, diezmaron las filas de sus fuerzas de combate y redujeron el territorio que controlaban. En 2008, Marulanda murió de un infarto y varias incursiones aéreas contra los reductos de las FARC acabaron con veteranos rebeldes, rescataron a rehenes y se incautaron de grandes cantidades de información de inteligencia.

En tanto que ministro de Defensa de Uribe, Juan Manuel Santos dirigió estas operaciones militares sin el menor reparo. Pero, cuando sucedió a Uribe —que había cumplido el máximo legal de dos mandatos como presidente— y ocupó el cargo en 2010, Santos decidió ser el hombre que llevara la paz a Colombia. Al enviar un emisario de confianza a reunirse en secreto con las FARC y tantearlas de cara a negociaciones de mayor calado, los guerrilleros mostraron buena disposición. Aun así, en noviembre de 2011, cuando el alto mando militar de Santos le informó de que había descubierto el paradero de Alfonso Cano, sucesor de Marulanda como cabecilla de las FARC, Santos corrió un riesgo calculado y autorizó el ataque. Su razonamiento fue que, si las FARC ya estaban dispuestas a negociar, lo harían con Cano o sin él. («Les dije: "Quémenlo"», me contó Santos tiempo después). Cano murió tiroteado cuando intentaba escapar. Y, como era de esperar, poco después el sucesor de Cano, Timochenko, continuó negociando con Santos.

Los esfuerzos de Santos a favor de la paz no le granjearon la simpatía de su antiguo jefe. Cuando se iniciaron las negociaciones de paz en La Habana, Uribe empezó a atacar a su sucesor en declaraciones públicas y por Twitter. Uribe se refería de manera habitual a Santos como traidor, vendido a las FARC y aliado de Hugo Chávez y Fidel Castro. Eran acusaciones descabelladas, pero Uribe no dio marcha atrás. En cambio, creó un nuevo partido político, el Centro Democrático, y obtuvo un escaño en el Senado en 2014, puesto que convirtió en un nuevo púlpito para su discurso intimidatorio.

El conflicto entre ambos parecía casi shakespeariano. Eran polos opuestos. Mientras que Uribe era de una familia ranchera de provincias y se adhería a las convicciones sociales y políticas ultraconservadoras del interior de Colombia, Santos, vástago de una de las familias más patricias de Colombia, que poseía un imperio de medios de comunicación, era de la sangre azul de Bogotá. Cuando, poco después de ocupar la presidencia, le pregunté a Santos qué creía que motivaba los ataques de Uribe, sugirió que a Uribe le preocupaba tener que afrontar a la justicia por los delitos que podía haber cometido. Santos dejó implícito que sabía algo acerca de los delitos de Uribe. Reconoció que había oficiales del ejército que apoyaban a Uribe, hombres que también estaban preocupados por su futuro debido a los abusos contra los derechos humanos que habían cometido. Consideraban a Uribe su protector.

Bajo el sistema de justicia transnacional que exigió Santos en su acuerdo de paz con las FARC, todos los excombatientes —no solo guerrilleros, sino también oficiales del ejército e irregulares civiles— tienen que responder de sus actividades durante la guerra ante tribunales especiales con el objetivo de despejar las brumas del pasado, al modo de las comisiones para la verdad y la justicia de Sudáfrica. Mientras que se espera que la mayoría de los combatientes de filas queden libres, quienes sean declarados culpables de crímenes de guerra pueden enfrentarse a penas restaurativas de hasta seis años, quizá en la cárcel o, alternativamente, haciendo alguna clase de servicio social. A quienes intenten mentir sobre sus crímenes al tribunal podrían esperarles penas más duras, de hasta veinte años en prisión.

Santos insistió en sus conversaciones con las FARC. Cuando por fin se firmó el acuerdo de paz en Cartagena, fui a una animada fiesta a la que asistieron negociadores de alto rango del Gobierno colombiano, asesores británicos y diplomáticos noruegos y cubanos, y en la que se hicieron exagerados brindis por la paz. En su base de Yarí, los guerrilleros de las FARC también lo celebraron con una enorme fiesta en la que hubo música en directo y cerveza fría. La llamaron «FARCstock», en referencia al concierto de Woodstock. En un momento dado, Timochenko apareció en el escenario con una camiseta del Che Guevara y aclamó a los presentes como participantes en «la guerra del amor».

Unos días después, Santos convocó un referéndum nacional sobre el tratado de paz. Pensaba que la aprobación del voto ciudadano lo ayudaría a sellar el acuerdo que acababa de firmar con Timochenko. Pero Uribe había estado alentando la oposición pública al tratado de paz, llegando incluso a encabezar una manifestación en Cartagena el mismo día de la ceremonia final. Había instado a los colombianos a rechazar el acuerdo de paz denostando a las FARC como «el mayor cártel de la droga del mundo» y declarando: «¿Por qué habrían de verse obligados los colombianos a conceder la impunidad total a los terroristas que han hecho tanto daño a Colombia como Bin Laden a Estados Unidos?».

Las encuestas sugerían la victoria del «sí», pero se equivocaron. El 2 de octubre de 2016, ganó el «no». El alarmismo de Uribe había dado resultado, con una mayoría del 50,2 por ciento en contra del acuerdo de paz frente a un 49,8 por ciento a favor. Yo conocía colombianos a ambos lados de la línea divisoria. Algunos de los que votaron «no» se habían visto sometidos al impuesto revolucionario de las FARC en las zonas rurales o habían perdido amigos y parientes en secuestros o ataques armados. A muchos más parecían haberles influido los argumentos de Uribe acerca de que Santos estaba entregando el país a los narcoterroristas de las FARC, como él los llamaba, y les estaba recompensando en lugar de castigarlos por tantos años de violencia.

A la mayoría de los colombianos que conocía, no obstante —ninguno de los cuales tenía especial cariño a las FARC—, les horrorizó que ganara el «no» porque parecía un rechazo a la paz misma, y porque recelaban de las intenciones de Uribe. Había una sensación de que el voto era una victoria del populismo de derechas sobre el liberalismo. Los aliados de Uribe, que incluían clérigos católicos conservadores, también habían asegurado que el acuerdo de paz conduciría a nuevas leyes inaceptables que liberalizarían los derechos de género y el aborto. Al acontecer pocas semanas después de la pasmosa votación del Brexit en el Reino Unido, en la que la ciudadanía escogió separarse de la Unión Europea, el voto a favor del «no» pasó a conocerse como «el Brexit colombiano».

Después del referéndum, Álvaro Uribe reemergió como el definitivo poder en la sombra colombiano y de inmediato encargó a los negociadores que obtuvieran concesiones de Santos. Una semana después del voto, sin embargo, le fue concedido a Santos el Premio Nobel de la Paz por sus esfuerzos pacificadores. Aprovechando tan alto reconocimiento internacional, Santos se mantuvo en sus trece y enseguida anunció un acuerdo de paz enmendado, un acuerdo que, según insistió, había tenido en cuenta las preocupaciones de quienes votaron no. Incluía términos de sentencia más severos para los líderes de las FARC, por ejemplo, pero por lo demás no había sufrido apenas cambios. En un desaire a Uribe, que había exigido que el acuerdo evitara legalmente que las FARC se implicaran en política, los guerrilleros conservaron el derecho a presentarse a cargos públicos. Con una mayoría determinante en el Parlamento colombiano, Santos se las ingenió para conseguir la aprobación de los términos del nuevo acuerdo. Pero la batalla con Uribe no había terminado.

DIVIDENDOS DE LA PAZ, Y DESILUSIÓN

A principios de 2017, los combatientes de las FARC comenzaron su éxodo desde la jungla trasladándose a un par de docenas de campamentos de desmovilización establecidos por todo el país. Allí, de acuerdo con el plan de paz, el Gobierno les proporcionaría alojamiento temporal y un estipendio de supervivencia, así como comida y atención médica, y entregarían las armas, que se destruirían en un proceso minuciosamente escenificado y supervisado por las Naciones Unidas. Los excombatientes seguirían cursos de formación en agricultura, fontanería y cría de animales, oficios que los ayudarían a encontrar trabajo, y los que quisieran podrían acabar su educación. Tenían edades que iban de la adolescencia a los setenta y tantos años; había entre ellos cientos de guerrilleras embarazadas, así como muchas otras con niños en brazos. Algunos combatientes también llevaron sus mascotas, una exótica variedad de criaturas de la jungla que incluía monos, coatíes y ocelotes.

Esa primavera, con la desmovilización en marcha, le pregunté a un alto comandante de las FARC, Carlos Antonio Lozada, cómo creía que había cambiado su vida. Había pasado casi treinta años en la clandestinidad con la guerrilla. «¿Sigue siendo guerrillero?», le pregunté. Estábamos en un despacho en el complejo de las Naciones Unidas en Bogotá. Lozada sonrió y contestó: «Seguiremos viviendo e interpretando las cosas como en la guerrilla, pero uno empieza a darse cuenta de que hay una manera nueva de hacer las cosas». Todavía tenía que ir con guardaespaldas armados, pero ahora lo hacía con una unidad de protección especial que le proporcionaba —en un giro surrealista— el Gobierno colombiano. «He empezado a darme cuenta de que ahora puedo ir a ver a mi familia, por ejemplo, sin miedo a que me ocurra algo a manos del Estado, y eso crea nuevas expectativas sobre cómo puede ser la vida».

En 2017, el primer año que no hubo guerra entre el Estado y las FARC, los «dividendos de la paz», como se refirió a ellos el presidente Santos, fueron drásticos. El turismo a Colombia aumentó un extraordinario 27 por ciento, lo que representaba un millón y medio de viajeros extranjeros más que en 2016. Hubo un repunte considerable en una tendencia que había comenzado con la presidencia de Santos, en la que las conversaciones de paz y una fructífera promoción del turismo extranjero habían atraído a Colombia cada vez a más viajeros norteamericanos, europeos y latinoamericanos. Aventurándose más allá del puñado de reductos turísticos habituales, los turistas iban en caballo por las zonas de cafetales, navegaban por el río Magdalena y hacían excursiones entre las comunidades indígenas de la cordillera de Sierra Nevada. Aunque los guerrilleros del ELN y algunos narcoparamilitares permanecían sobre el terreno, las bajas relacionadas con el conflicto también descendieron de manera vertiginosa.

Aun así, algunas partes de Colombia seguían en el limbo. Más allá de los emergentes circuitos turísticos, en las áreas donde los efectos de la guerra habían sido más profundos, el poder del Estado seguía siendo prácticamente inexistente, y la violencia continuaba rondando el campo. Estaban llegando bandas de traficantes paramilitares que ocupaban las zonas de cultivo de cocaína anteriormente controladas por las FARC. La producción de cocaína en Colombia se estaba disparando y, además de la Columna Uno de Mauricio, se habían involucrado en el negocio otros antiguos grupos guerrilleros. Un cruel excombatiente de las FARC de nombre Guacho dirigía un grupo escindido que operaba en la jungla de la frontera con Ecuador. En un repugnante episodio en abril de 2018, Guacho secuestró y luego ejecutó a dos periodistas ecuatorianos y su chófer, que se habían extraviado en su territorio.

En otras zonas de las que se habían retirado las FARC, los paracos de derechas también empezaban a asomar de nuevo. Más o menos al mismo tiempo que se puso en marcha la campaña de Uribe contra el acuerdo de paz, de hecho, ya habían empezado a aparecer los primeros signos de advertencia en forma de grafitis estarcidos en las paredes de San Vicente del Caguán, una población adyacente al baluarte de las FARC en Yarí. En las pintadas se veía una metralleta con las iniciales AUC, y esta frase: HEMOS VUELTO Y HEMOS VUELTO PARA QUEDARNOS. El objetivo del grupo, añadía el mensaje, era «purgar a los milicianos y los testaferros de las FARC», en alusión a los simpatizantes civiles de los guerrilleros y sus aliados no combatientes.

La advertencia no era una amenaza en vano. En torno a ciento setenta «líderes sociales» —activistas de izquierdas asociados con las FARC— fueron asesinados en 2017, un incremento del 30 por ciento respecto del año anterior. Eso suponía que cada dos días, alguien en Colombia, alguien relacionado con las FARC, era asesinado como parte de una campaña cada vez más arraigada de intimidación. En 2018, el número de víctimas llegó a 837, incluidos 702 activistas y 135 excombatientes, todos asesinados después de firmarse la paz. Los antiguos guerrilleros de las FARC, que habían convertido su grupo rebelde en un partido político en el año transcurrido, denunciaban con regularidad esta alarmante tendencia.

Había otros indicios de que un amplio segmento de la sociedad colombiana no estaba preparado para que los guerrilleros abandonaran la jungla y vivieran en su seno. En el Parlamento de Colombia, el bloque conservador encabezado por Álvaro Uribe adoptó una postura obstruccionista durante un año para demorar la autorización del sistema de justicia transnacional que exigía el acuerdo de paz. El grupo de Uribe quería castigos más estrictos para los líderes de las FARC, y aspiraba excluir a miembros de las fuerzas de seguridad y civiles —los paracos— del acuerdo. La ley se aprobó a finales de 2017, con nuevas enmiendas, pero cada vez estaba más extendida la sensación de que un Gobierno conservador de línea dura no implementaría las estipulaciones clave del acuerdo de paz de Santos.

Pese al optimismo inicial de algunos líderes de las FARC, como Lozada, la desilusión hizo mella en muchos antiguos rebeldes al percibir que el Gobierno no estaba llevando a la práctica aspectos clave del acuerdo de paz, como proporcionar alojamiento básico y demás infraestructuras en los campamentos de desmovilización: escuelas, carreteras de acceso, letrinas y clínicas, así como cursos educativos y vocacionales. Por todo el país la situación era irregular, pero en general las instalaciones de los campamentos eran poco adecuadas y chapuceras, y en algunos la comida y los medicamentos eran insuficientes. En ciertos casos ni siquiera existían: después de abandonar sus remotos campamentos en la jungla, los guerrilleros habían ido a sus emplazamientos de desmovilización designados solo para encontrarse plantados en campos cubiertos de barro. Algunos habían pasado meses viviendo en primitivos vivaques que se vieron obligados a construir ellos mismos. Para principios de 2018, la mitad de los excombatientes había abandonado los campamentos de desmovilización. Unos habían vuelto a casa para reencontrarse con sus familias; otros sencillamente desaparecieron.

Lozada culpaba de los problemas sobre el terreno a la ineptitud y, en algunos casos, el sabotaje de burócratas del Gobierno que eran contrarios en secreto a los acuerdos. Creía que las intenciones de Santos eran genuinas, pero los conservadores de línea dura del país —que se habían reunido en torno a Uribe— seguían teniendo mucha influencia en la sociedad colombiana. Lozada veía la situación con claridad: «Lo único que hemos conseguido en realidad es nuestra reincorporación política. Nos han puesto mil obstáculos, pero hoy somos un partido político».

En las elecciones legislativas celebradas en marzo de 2018, los candidatos de las FARC obtuvieron menos de la mitad del 1 por ciento de los votos tanto para el Congreso como para el Senado, y no lograron ningún escaño. Los acuerdos de paz ya habían garantizado a las FARC cinco escaños en cada cámara para dos mandatos, pero sus pésimos resultados como candidatos aspirantes recalcó el rechazo del electorado colombiano a los antiguos guerrilleros y reveló la polarización enquistada en el país. El partido que más votos obtuvo fue el derechista Centro Democrático de Álvaro Uribe, y quedó como favorito de cara a las elecciones presidenciales que se celebrarían dos meses después. Aunque Uribe tenía prohibido por ley presentarse otra vez al puesto, su sucesor designado, un senador de cuarenta y un años llamado Iván Duque obtuvo la presidencia por una práctica mayoría en la segunda vuelta celebrada en junio contra un exalcalde de Bogotá de izquierdas. Timochenko, de las FARC, también se presentó candidato, pero, debido a problemas de salud, se retiró después de una breve y deslucida campaña.

Después de la victoria, fotografiaron a un Uribe de aspecto eufórico levantándole las manos a Duque como un entrenador que celebrara la victoria de su boxeador en el cuadrilátero. Imágenes así dejaban constancia de quién ejercía el auténtico poder en el mandato presidencial de Duque. En cuestión de días después de la victoria en las elecciones, Duque dejó claro, tal como lo hiciera durante la campaña, que no estaba satisfecho con el paquete de medidas de justicia transicional propuesto por Santos para las FARC y que tenía intención de enmendarlo. En una amarga declaración pública, el ex alto comandante de las FARC Iván Márquez dijo: «¿Qué importa? El acuerdo de paz ha quedado hecho jirones de todos modos».

Y, en cierto sentido, así era. Santos, el presidente saliente, defendió sus esfuerzos a favor de la paz señalando los beneficios que ya había cosechado el país con el desarme de las FARC. «Tuvimos las elecciones más pacíficas de nuestra historia —tuiteó Santos el 27 de junio de 2018, unos días después de las elecciones presidenciales—. Han dejado de llegar heridos de guerra al Hospital Militar, ahora van turistas a sitios donde el conflicto se lo impedía antes, y hemos tenido los índices de homicidios más bajos en cuarenta años». Todo ello bien podía ser cierto, pero, aun así, una mayoría de los compatriotas de Santos habían escogido a un hombre nombrado a dedo por su némesis, Uribe —cuyo mensaje era la venganza, no la reconciliación—, para que volviera a tomar las riendas del poder en Colombia.

Algunos exlíderes de las FARC hicieron caso del mensaje de Uribe y pasaron a la clandestinidad. Después de denunciar amenazas de muerte contra su persona, Iván Márquez rehusó ocupar el escaño que le correspondía en el Senado. Se desvaneció por completo de la vida pública en torno al mismo tiempo que Duque ocupó la presidencia en agosto de 2018, y se cree que ha huido para ponerse a salvo en la vecina Venezuela. En julio de 2019, otro ex alto dirigente rebelde, Jesús Santrich, también abandonó su escaño en el Congreso después de recibir presuntas amenazas de muerte.

LAS BATALLAS TERRITORIALES CONTINÚAN

En Colombia, donde poco más del 1 por ciento de la población posee la mitad del territorio, las principales causas de conflicto son, como siempre, la injusticia, la desigualdad y la pobreza crónica que provocan. En las zonas rurales, los problemas de Colombia saltan a la vista.

Para hacerme una idea más clara de algunos de estos asuntos, tomé un vuelo a Apartadó, una ciudad en una zona platanera cerca del golfo de Urabá en la costa colombiana del Caribe. No muy lejos, las carreteras desaparecen al internarse en la jungla de Darién, donde el istmo de Panamá se extiende hacia el noroeste formando una barrera de tierra entre el mar Caribe y el océano Pacífico. Es también donde Antioquía —tierra natal de Uribe— linda con el Chocó, una de las regiones más pobres y menos desarrolladas de Colombia. El Chocó se extiende desde el Pacífico hasta el Caribe, y es una ruta de transbordo clave para la cocaína y la gente que pasa de contrabando hacia lugares más al norte; también es el hogar tradicional de los colombianos negros, o afrodescendientes, muchos de ellos con antepasados esclavos africanos fugitivos, que han vivido en zonas apartadas como pequeños agricultores durante siglos.

El Chocó ha sido desde hace mucho tiempo un refugio paramilitar. Fue allí donde nacieron las AUC de Carlos Castaño, y, pese a la disolución formal del grupo a mediados de la década de 2000, el paramilitarismo ha seguido siendo fuerte en la región. Los políticos, rancheros y empresarios agrícolas que antaño apoyaran a las AUC siguen controlando entre bambalinas la mayoría de las cosas, incluidas las tierras arrebatadas a miles de campesinos desplazados por medio de un plantel por lo visto ilimitado de asesinos a sueldo, conocidos como sicarios. Eso ha provocado una pesadilla que no cesa a las comunidades de campesinos vulnerables, incluidos grupos de granjeros desposeídos que han vuelto a sus tierras desde la desmovilización de las AUC.

Cuando empezaron a regresar con cuentagotas, a partir de mediados de la década de 2000, la mayoría se encontraron con que habían arrasado sus granjas por completo, sustituyéndolas por plantaciones de palmas de aceite africanas y plátanos a escala industrial, o si no despejándolas como pastos para el ganado. Los nuevos terratenientes eran sobre todo empresarios agrícolas y rancheros que habían comprado las tierras baratas durante los años del terror; en algunos casos, estaban directamente vinculados con los Castaño y otros paramilitares que expulsaron a los pequeños agricultores.

Era una atmósfera aterradora, pero, puesto que las AUC ya no podían organizar masacres a gran escala como en otros tiempos, los campesinos se agruparon e hicieron frente a la ira de sus temibles vecinos reasentándose en sus tierras, quemando las palmas de aceite de sus usurpadores, reconstruyendo sus casas y replantando las cosechas. La presencia de las FARC, que habían constituido sus propias fuerzas de combate en la región en el transcurso de esos años, también funcionó como elemento disuasorio sobre los paracos. Para protegerse, varios grupos de agricultores de regreso proclamaron su neutralidad en el conflicto declarando sus comunidades «zonas de paz» en las que no eran bienvenidos los grupos armados.

En 2011, el presidente Santos propició la buena fortuna de los agricultores cuando aprobó una ley de restitución de tierras en nombre de los colombianos desplazados por la guerra. Con la nueva política, el Estado ofreció a las comunidades de paz de Urabá cierto respaldo físico, con nuevos puestos del ejército en sus inmediaciones y vigilantes del Gobierno destinados a garantizar la seguridad de algunos líderes de esas comunidades. Pero, como siempre, no fue suficiente. Ha seguido produciéndose una larga serie de asesinatos. También ha continuado la intimidación a los líderes de las comunidades y los activistas defensores de la restitución de las tierras. Human Rights Watch y otras ONG han criticado al Gobierno de Colombia por no cumplir en esta área sus propias leyes para defender a las víctimas de la guerra.

Irónicamente, el acuerdo de paz con las FARC hizo que la vida fuera de pronto mucho más peligrosa para las comunidades de paz del Chocó. Desde que los guerrilleros retiraron su presencia armada de la zona en 2017, los paracos han empezado a actuar más abiertamente y también han incrementado sus ataques contra activistas sociales y líderes de las comunidades de paz. En ataques lanzados con solo semanas de diferencia, en noviembre y diciembre de 2017, los sicarios asesinaron a dos cabecillas de la asociación de comunidades de paz de Curvuradó, una agrupación de varios pueblecitos rurales constituidos por agricultores de regreso.

En febrero de 2018, unas semanas después de los asesinatos más recientes, fui de visita a la zona. Quería comprobar de primera mano la teoría emergente de que los viejos malos tiempos de Colombia no habían acabado, al menos para algunos colombianos, y que los conflictos territoriales persistían, aunque los militares fueran a la baja. Fui hacia el sur desde Apartadó con un chófer local a través de un paisaje de platanales y montañas cubiertas de selva. Procuré no precisar el objetivo de mi visita y, por el camino, el joven conductor elogió en confianza las virtudes de los paramilitares de Urabá. Dijo que seguían controlando la vida en la región y que todo aquel que tenía un negocio les pagaba un porcentaje de sus ingresos, incluido su padre, que era ganadero. Los paracos estaban bien, explicó, porque el Estado era débil, incapaz de imponer el orden público. Mantenían a raya a los guerrilleros y demás maleantes. Con los paracos cerca, nadie se metía contigo, aseguró entre risas.

Después de pedirle que me dejara en Mutatá, un pueblo a la orilla de la carretera donde paraban los camiones, me reuní con un grupo de agricultores de la comunidad de paz de Curvuradó. Por motivos de seguridad, se habían desplazado para verme en un pequeño convoy de varios todoterrenos, con un par de vigilantes armados que les había proporcionado la unidad de protección especial del Gobierno. Nos desviamos de la carretera general por un camino de tierra que cruzaba zonas de maleza y terrenos de cultivo. En el variopinto pueblecito de Llano Rico, dejamos a un hombre en su pequeña granja. Señaló con un gesto de cabeza las apretadas hileras de plátanos que comenzaban donde acababa su calle de tierra, unas casas más allá. Era una plantación de plátanos propiedad de una poderosa familia de terratenientes cuyo nombre mencionó. Y añadió en voz queda: «Son esos los que nos están matando».

A unos cientos de metros de Llano Rico, pasamos por delante de un puesto del ejército. Les pregunté a mis acompañantes por la presencia de los soldados: seguro que debía de ser un elemento disuasorio, ¿no? Se encogieron de hombros al unísono. Uno de ellos, Fernando, me explicó que los soldados no acostumbraban a patrullar y parecían ajenos a lo que ocurría fuera de su puesto. Los agricultores tenían que arreglárselas prácticamente solos.

El centro neurálgico de los granjeros de Curvuradó, la Zona Humanitaria Las Camelias, quedaba a media hora de trayecto cerca de un punto por el que se cruza en barcaza el río Atrato, una suerte de canal fangoso que divide en dos la región camino del norte hacia el Caribe. Un cartel grande pintado a mano proclamaba que Las Camelias era un lugar de habitantes civiles, «un sitio neutral bajo la ley humanitaria internacional al que los agentes armados tienen prohibido el paso».

Las Camelias consistía en un campo de fútbol de hierba rodeado de unos veinte rudimentarios edificios de madera. Uno estaba pintado de morado con un mural que representaba el rostro de una afrocolombiana y las palabras CONSTRUYENDO FUTURO DESDE LA RESISTENCIA.

Una minúscula tienda con tejado sobre el suelo de tierra y una hilera de bancos de madera hacía las veces de centro comunitario. Era de María, una negra esbelta y taciturna de unos sesenta años. No dijo gran cosa, pero era la jefa reconocida de Las Camelias, y no ocurría apenas nada en la comunidad sin su consentimiento.

Al presentarnos, Fernando me explicó el motivo de la autoridad de María. «María se quedó cuando llegaron los paracos —dijo—. Nunca se fue. Se escondió y vivió en la maleza cuando el resto huimos. Es nuestra líder».

María me dirigió un leve cabeceo y sonrió un poco. Se presentó formalmente diciéndome su nombre completo, Ligia María Chaverri. Confirmó la versión de la historia que había contado Fernando, diciéndome que había habido trece éxodos civiles distintos de la zona durante el periodo de las masacres, pero que ella se quedó. Cuando le pregunté cómo había sobrevivido, María dijo sencillamente: «Di a luz a mis hijas con mis propias manos», al tiempo que tendía las manos con las palmas hacia arriba. Añadió que había tenido ocho hijos con su marido, que había muerto hacía seis meses, y que tenía cuarenta nietos.

Los campesinos retornados de Las Camelias se habían unido bajo el liderazgo de María. Habían establecido con ánimo desafiante pequeñas granjas y cosechas, destruyendo las palmas de aceite africanas que plantaran los que se habían asentado en la zona. Alrededor de todo Las Camelias se veían los tocones de palma ennegrecidos que descollaban aquí y allá entre los campos de yuca y los platanales.

Uno de los mayores problemas actuales de los campesinos estribaba en garantizar que la restitución de tierras que había prometido el Gobierno de Santos no se interrumpiera. Habían transcurrido años desde su regreso, pero el Gobierno todavía no les había otorgado los títulos de propiedad de sus terrenos. Eso había dejado la situación en la zona en un peligroso limbo; los terratenientes vinculados con los paracos sabían que, si lograban expulsar a los agricultores de nuevo, quizá todavía pudieran controlar todas las tierras de la zona. Según explicó Fernando: «Los paracos siempre ocupan la tierra allí donde van, pero han descubierto que en nuestra pequeña zona hay un grupo de gente dispuesta a resistir, así que nos están matando».

Fernando me presentó a un fornido chaval, Ramón Bedoya, cuyo padre, Hernán Bedoya, había sido uno de los dos líderes de Curvuradó recientemente asesinados. Después de estrecharme la mano, Ramón se quedó mirando fijamente el suelo mientras Fernando hablaba de su padre y lo que le había ocurrido. Vi que estaba intentando contener las lágrimas. Fernando continuó: «La guerra no ha acabado, no para nosotros. Dijeron que habría paz, pero ninguna de las promesas que hicieron se ha cumplido, no donde vivimos. Aquí la guerra sigue, y es por nuestra tierra».

La mañana siguiente, crucé el río Atrato para asistir a la ceremonia funeraria que se ofrecía en honor a Hernán Bedoya. La había organizado el padre Alberto Franco, un locuaz sacerdote católico que dirige la Comisión Intereclesial de Justicia y Paz (CIJP), una ONG que coordina una red de solidaridad cívica en nombre de los civiles perseguidos en Colombia. Franco y un grupo de unos veinte activistas voluntarios extranjeros habían llegado durante la noche por carretera desde Bogotá. Junto con los parientes de Hernán Bedoya y un puñado de amigos suyos de las comunidades de paz locales, así como varios vigilantes del Gobierno, el padre Franco abrió la comitiva de vehículos hasta el lugar donde Bedoya había sido abatido a tiros en diciembre.

Era una zona de terreno despejado y ranchos ganaderos donde el difunto fundador de la AUC había establecido por la fuerza una enorme finca para su uso. Según el padre Franco, exsocios y parientes del difunto líder paramilitar seguían controlando las tierras, y dijo sospechar que también estaban detrás de la muerte de Bedoya.

Había una gran mancha oscura en la carretera donde habían tiroteado a Bedoya. Bajo la dirección del padre Franco, los allegados formaron un círculo, y, durante unos veinte minutos, amigos y parientes de Bedoya hablaron sobre él. Su hijo Ramón dijo que su padre había «muerto en defensa de todos nuestros derechos» y que tenía intención de seguir con la lucha por la restitución de las tierras que había encabezado su padre. Luego se dispusieron a pintar el nombre de Bedoya y las palabras «sin olvido» en la carretera donde murió.

Camino adelante había una cervecería, de la que estuvo llegando música de estilo vallenato a todo volumen durante la ceremonia. El vallenato en Colombia es música de vaqueros que se toca con acordeón. De vez en cuando pasaban hombres en motos o camionetas. Algunos venían a caballo. Varios se detuvieron brevemente para observar la vigilia a la orilla de la carretera. Otros aceleraron al pasar, incluido un hombre en moto, que gritó: «¡Échale, hijo de puta!», antes de salir zumbando. Todos oyeron el insulto y más de uno palideció. El padre Franco levantó la vista, pero continuó con la conmemoración. Había miedo en el ambiente

Guerrillas

Mitos de la creación[*]

En otras épocas, las zonas inexploradas del mundo se dejaban en blanco en los mapas; los cartógrafos escribían las palabras *terra incognita* para designarlas. A menudo, eran zonas pobladas que simplemente no eran todavía conocidas por los exploradores de las potencias coloniales y, en consecuencia, seguían siendo oficialmente «tierras desconocidas».

Más tarde, cuando estas tierras fueron inspeccionadas y cayeron bajo el poder de los imperios europeos en expansión, se rellenaron los espacios en blanco y se superpusieron las nuevas fronteras coloniales sobre los antiguos territorios tribales y los reinos nativos.

Los mapas han reflejado siempre la vanidad de los conquistadores a lo largo de la historia, y la situación no es distinta en el presente. Actualmente, los territorios habitados por los guerrilleros que luchan por hacer realidad su visión de la vida no están todavía incluidos en las páginas de los atlas políticos modernos. Sus fronteras, si es que están delineadas, aparecen solamente en los mapas militares utilizados por ellos mismos y por sus enemigos. Las fronteras cambiantes que reflejan estos mapas son extraoficiales, incluso secretas, y claramente imprecisas. Y, sin embargo, representan una realidad más verdadera que aquellos mapas que muestran los países, las provincias y las fronteras nacionales de los estados nación oficiales.

En todo el mundo existen paisajes interiores percibidos únicamente por los guerrilleros y sus partidarios. Acontecimientos infinitamente extraordinarios y memorables para ellos —algunos horribles, otros sublimes— han ocurrido en el espacio poblado por árboles y zarzas que ellos

---

[*] «Myths of creation», en *Guerrillas. Journeys in the Insurgent World*, Nueva York, Times Books, 1992. Publicado por primera vez en castellano por Sexto Piso (2018), *Guerrillas*, en traducción de María Tabuyo y Agustín López Tobajas.

llaman «hogar». Muchas cosas sucedieron en esas áreas cubiertas de vegetación donde una vez hubo asentamientos humanos. Aquí tuvo lugar una batalla, allí murió un héroe guerrillero..., se tendió una emboscada a una columna enemiga..., se derribó un helicóptero... Los lugares de las masacres están dignificados por su soledad, sus silencios únicamente son interrumpidos por una cigarra ronca y estridente o por el susurro de los pájaros. Ahora, los árboles frondosos y las enredaderas se han apoderado de los escombros donde una vez se alzaron casas, donde una iglesia acogía a los fieles para rezar; los muertos yacen debajo, invisibles.

Son lugares con la atmósfera inquietante de un terreno sagrado; en ellos, los guerrilleros andan con sigilo, hablando con voz queda. Para ellos, esos lugares son la prueba terrible de la naturaleza del enemigo, y también un recordatorio del precio que los inocentes tuvieron que pagar como consecuencia de su propia presencia.

Los dioses y los fantasmas de la guerra, sus héroes y villanos, y sus momentos de audacia y de derrota —todos los momentos trascendentales que constituyen la historia de una guerra— son invisibles para los intrusos, pero habitan la tierra en el corazón y la mente de los guerrilleros y sus partidarios.

Algún día, si toman el poder, habrá placas y estatuas erigidas en honor de ese panteón fantasmal; habrá monumentos en los lugares donde se derramó la sangre, a los que se podrá ir en homenaje para depositar una corona de flores y tratar de imaginar lo qué allí sucedió. Pero, por ahora, esta historia viva está todavía forjándose en el derramamiento de sangre y solo puede conmemorarse de forma oral, con los recuerdos contados una y otra vez, transmitidos a los más jóvenes. Este folclore, este paisaje interior de la guerra, seguirá existiendo mientras haya guerrilleros con vida para recordar y contar una vez más lo que antaño sucedió. Finalmente, las historias se convertirán en mito.

Todos los guerrilleros tienen sus mitos de la creación. Para justificar el hecho de matar a otros seres humanos, los hombres mitifican los orígenes de sus conflictos y, según se desarrollan las guerras, así lo hacen también los relatos de lo que en ellas ocurre. Para los guerrilleros, este folclore satisface la necesidad de inmortalizar sus acciones, de asegurar que lo que se está contando es su versión de la historia, pues temen que, al vivir como fugitivos, sigan siendo eternamente invisibles para el mundo más allá del campo de batalla donde luchan y mueren. Como quien busca en la superficie del agua su propio reflejo, también los guerrilleros tienen necesidad de contemplarse, de asegurarse su propio lugar en el tiempo.

En lo profundo de la inmensidad del desierto del Sáhara, un grupo de guerrilleros ha perpetuado uno de los mitos de la creación más inusuales: afirman que su estéril desierto alberga nada menos que una república soberana, y que ellos mismos son su Gobierno y sus ciudadanos.

El muro serpentea en diagonal a lo largo de una cresta desierta durante algo más de medio kilómetro. Desde el foso de un francotirador y con el siroco levantándose en el calor de la mañana ya avanzada, solo es visible como una línea blanca desigual contra el color pardo de las dunas. Por la manera en que brilla y reverbera, el muro casi podría ser un espejismo, como esos lagos plateados que llaman la atención con insistencia, para desvanecerse cuando uno se aproxima a ellos.

Esta es la primera línea en la guerra por el Sáhara Occidental, antigua colonia española en el noroeste de África. Durante casi dos décadas, el pueblo saharaui ha librado una guerra de guerrillas contra las tropas de ocupación del rey Hasán II de Marruecos. Fue él quien construyó ese muro fortificado de más de dos mil quinientos kilómetros de longitud alrededor de los dos tercios del territorio. Cortando de forma implacable el yermo desierto, el muro ha transformado la situación en uno de los conflictos más extraños del mundo.

Al igual que el muro, la guerra misma surge amenazante como un tornado en el horizonte, nunca completamente al alcance; tal vez esto sea apropiado en un desierto sin puntos de referencia evidentes ni muchos signos de ocupación humana. Aquí, los desteñidos muros amarillos de una fortaleza colonial española; allí, la tienda de mantas de colores de un nómada, y nada más, solo arena y firmamento, interminables. No hay árboles, salvo los pequeños y espinosos *ejdari*, cuya corteza es buena para curar la piel de las cabras, y el *atil*, que los nómadas usan para limpiarse los dientes. No hay carreteras, solo las rodadas que dejan los todoterrenos de los guerrilleros. Pero incluso estas son temporales; desaparecen con el viento, como las dunas, que cambian según las estaciones.

En ocasiones, el viento se para y la atmósfera del desierto se nota cargada y caliente. Otras veces, el viento sopla, cálido y pesado, cambiando la forma de la tierra. En invierno, cuando la niebla húmeda del Atlántico cubre la tierra y la vuelve verde para los rebaños de camellos y cabras de los nómadas, se forman charcas de lluvia. No son espejismos, sino lagunas reales, nacidas de repente en las depresiones del desierto; rebosan de agua de lluvia para llenar las pieles de cabra. Pero puede soplar un siroco que en pocas horas hace desaparecer estas lagunas; donde

431

el agua ondeaba y danzaba, está de nuevo, una vez más, solo el ardiente desierto. Entonces vuelven los lagos del espejismo, titilando en la distancia, como azogue.

Cuando el dictador español Francisco Franco estaba delirando en su lecho de muerte a finales de 1975, cedió la colonia del Sáhara español, rica en fosfatos, a Marruecos y Mauritania, traicionando así las esperanzas de los nacionalistas saharauis, que anhelaban un Estado independiente. La retirada de España coincidió con una demostración de fuerza por parte del rey Hasán II de Marruecos, que llevó a trescientos cincuenta mil súbditos hasta la colonia en un enorme ejercicio de relaciones públicas llamado «la Marcha Verde». Presentada como una manifestación espontánea del pueblo marroquí para recuperar una parte perdida de la «gran patria marroquí», la Marcha Verde fue en realidad una clara pantomima de Hasán para anexionarse el territorio, lo que llevó a cabo mediante el envío de tropas del ejército que ocuparon ciudades clave y aplastaron a la oposición local.

Cuando los soldados de Hasán intervinieron, se enfrentaron con guerrilleros pertenecientes al recién creado movimiento de independencia saharaui, el Frente Popular para la Liberación de Saguia el-Hamra y Río de Oro, o Frente Polisario. Formado en 1973 para poner fin al dominio colonial español, el Polisario actuaba clandestinamente en el territorio al tiempo que preparaba a sus cuadros en la vecina Argelia. Ejercía poco control sobre la población nativa saharaui, que en aquel tiempo estaba por debajo de las cien mil personas, la mayoría hombres de tribus seminómadas o comerciantes estables que vivían en un puñado de ciudades abrasadas por el sol. Después, sin embargo, las guerrillas del Polisario se tuvieron que alzar para responder a los movimientos expansionistas de Marruecos, haciéndose con algunos poblados desde donde podrían resistir al enemigo.

Pero no salió bien. Tras varios meses de combates, con una valerosa defensa en varios frentes, el Polisario finalmente se retiró. Bajo duros bombardeos desde el aire y ante el ataque sostenido de tropas de tierra marroquíes y mauritanas, sus guerrilleros se retiraron a bases seguras al otro lado de la frontera argelina, llevándose con ellos a numerosos civiles saharauis.

Mulay era un chico saharaui de quince años cuando su ambicioso padre añadió dos años a su edad real y lo alistó en la fuerza de la policía colonial. Era una de las pocas profesiones asequibles para los saharauis que ofrecía un empleo seguro y un salario fijo. Pero el trabajo de Mulay duró apenas tres años porque, poco después de alistarse, los españoles anunciaron su intención de retirarse de la colonia. En la época de la retirada, Mulay se había hecho nacionalista, miembro secreto del clandestino Frente Polisario.

—Solía repartir las octavillas del Polisario cuando hacía mis rondas —dice Mulay riéndose entre dientes.

Ahora es un fornido hombre de treinta y tres años, con nariz rota de boxeador y pelo rubio rizado.

—Cuando los españoles se fueron —continúa—, alquilé un coche para adentrarme en el desierto y unirme a ellos en sus campamentos.

Durante el resto de la década de los años setenta, combatientes como Mulay continuaron la guerra del Polisario para recuperar la patria saharaui perdida, haciendo incursiones en el territorio e incluso en el interior de Mauritania y Marruecos. En 1979, debilitada por los ataques del Polisario e incapaz de pagar su parte del precio de la guerra, la empobrecida Mauritania se comprometió a renunciar a sus pretensiones sobre el Sáhara Occidental en un armisticio con el Polisario. Pero Marruecos entró en el vacío mauritano y, con un amplio respaldo financiero de Occidente, ha invertido desde entonces enormes recursos en la guerra.

El monarca marroquí no ha dejado de buscar la manera de someter al Frente Polisario. Tras años de ataques por sorpresa, y después de algunas derrotas espectacularmente embarazosas infligidas a sus soldados por los guerrilleros, el rey Hasán recurrió finalmente a una de las más antiguas y primitivas estratagemas usadas en la guerra: construyó un muro. Después de todo, ¿qué otra cosa se puede hacer con los vecinos molestos?

El Muro de Hasán es, a su manera, como la Gran Muralla China o el Muro de Adriano en Britania: almenas defensivas a lo largo de muchos cientos de kilómetros, construidas y mantenidas con un coste enorme y que rodean gran parte del Sáhara Occidental para no dejar pasar al Polisario. Este arcén de arena y piedra está sembrado con una moderna equipación para la guerra, pues Hasán ha adquirido lo más reciente en materia de minas, artillería, radares y sensores electrónicos, y lo ha instalado en toda su longitud. No menos de ciento sesenta mil soldados del rey lo custodian en todo momento, como centinelas medievales en el parapeto de un castillo, siempre vigilando el desierto por si divisan a lo lejos a los enemigos del reino.

En pocas ocasiones se habrá provocado en el enemigo una sensación de absurdo y de impotencia tan marcada. Con un simple gesto, Hasán no solo ha aprisionado al Polisario en el desierto, también ha separado con un muro las únicas partes del Sáhara Occidental que tenían un valor real: la costa atlántica con sus puertos pesqueros, los únicos asentamientos habitados, y las minas de fosfato, que son la principal fuente de riqueza del Sáhara.

Más allá del muro, solo queda una franja estéril de arena y piedra que se extiende hasta las fronteras imprecisas con Argelia y Mauritania; Hasán ha renunciado a ella de momento. De forma un poco absurda, el Polisario anuncia al son de trompetas que esta franja de tierra es su «territorio liberado». Como Quijotes del siglo xx, sus combatientes con turbante embisten por las laderas pedregosas en sus Land Rover verde oliva para atraer a sus enemigos a la batalla. Pero el enemigo al que se enfrentan es el muro inanimado e inmóvil. De vez en cuando, abren en él alguna brecha, atrayendo a los soldados marroquíes a combates cruentos y ocasionándoles numerosas bajas, pero estas son victorias irrelevantes en una guerra que a todos los efectos está ya perdida.

Sin embargo, los guerrilleros siguen luchando y mantienen que la suya es una guerra de desgaste. Sus esperanzas descansan en el supuesto de que el rey Hasán será incapaz de hacer frente para siempre al enorme coste de defender el muro y que, finalmente, negociará con ellos, o incluso se retirará. Otro escenario optimista es el de que Hasán será derrocado por una «rebelión del pueblo» marroquí. Suceda lo que suceda, dicen los guerrilleros, cuando ese día llegue, ellos estarán allí, listos para cruzar el muro e instalarse como gobernantes legítimos del Sáhara Occidental.

En estos años, desde que Mulay y decenas de miles de civiles saharauis se unieron al Polisario en sus campamentos argelinos, el número de refugiados ha crecido hasta llegar a los ciento setenta mil. Estos saharauis no son refugiados ordinarios, sino creyentes en un sueño promovido por el Frente Polisario y alimentado en la crisálida de su exilio del desierto. Su sueño es ver su patria convertida realmente en lo que ya han afirmado que es: la República Árabe Saharaui Democrática, su propio Estado independiente. Se han preparado para ese día con su propia bandera estatal, el himno nacional, el primer ministro, el consejo de ministros y, lo más importante de todo, los ciudadanos: ellos mismos, el pueblo saharaui.

Los saharauis son una amalgama de varias tribus de habla hasanía, de origen bereber, a los que en los viejos días coloniales llamaban «moros».* Muchos tienen un complemento visible de sangre negra africana,

---

* El hasanía combina vocabulario árabe y bereber y usa una gramática en su mayor parte árabe. *(N. de los T.)*

y el resultado es una hermosa mezcla de rasgos semíticos y negroides. Los saharauis tienen la piel morena bruñida o color cobre, y ojos y cabellos castaño oscuro; algunos son muy altos y ágiles. Un pequeño número son negros de pura raza, antiguos esclavos que fueron liberados por la proclamación del Polisario después del éxodo de 1975. Actualmente, los antes esclavos y sus antiguos dueños conviven como iguales, teniendo que aceptar unos y otros su nueva identidad común.

—Cuesta mucho motivar a la gente para que deje sus hogares y sus televisores y vaya al desierto a luchar, pero esto es lo que hemos hecho —dice Mahfud Ali Beiba, un comandante guerrillero barbudo y atlético que es el segundo tras el presidente del Polisario, Mohamed Abdelaziz—. Pero el Polisario no cayó del cielo. La lucha anticolonial de nuestro pueblo se remonta a cien años atrás, aunque entonces carecía de objetivos definidos. El Polisario ha llenado ese vacío interior organizando un país. Empezamos por concienciar a la gente para que el conflicto no fuera solo un asunto teórico, sino que condujera a la acción, y se transformara en una convicción integral.

Mientras Ali Beiba cuenta detalladamente estas cosas en el salón de una casa utilizada para recibir a quienes visitan el campamento de Auserd, cerca de la ciudad argelina de Tinduf, un exesclavo se ocupa del servicio. Sirve café en unas tazas de porcelana decoradas con el emblema saharaui. Es un hombre de pómulos prominentes, piel negra y ojos tristes, y entra y sale de la habitación colocando las tazas ante cada uno de los presentes con un silencio deferente. El líder guerrillero viste uniforme militar sin adornos: verde oliva con un ligero brillo, como el que llevan los cubanos. Incluso él mismo parece cubano, como si fuera un mulato. También parece abatido; muestra profundas bolsas oscuras bajo los ojos y la mirada alerta de alguien con múltiples responsabilidades.

Aunque solo tiene treinta y siete años, Ali Beiba se sienta en el comité ejecutivo de siete miembros del Frente Polisario; fue uno de sus miembros fundadores. Además, es el primer ministro de la República Árabe Saharaui Democrática, su ministro de Justicia y del Interior, todo al mismo tiempo.

Ali Beiba se crio para esta vida. Pasó su infancia desplazándose con su familia de una parte a otra de la colonia española cuando su padre, un nacionalista saharaui fugitivo, trataba de eludir a las autoridades coloniales.

—Uno de los recuerdos que guardo de mi infancia es el de los soldados y aviones que perseguían a mi familia, y eso, obviamente, me ha dejado una huella —cuenta.

En los años sesenta, a medida que crecía, Ali Beiba se sintió atraído por los movimientos de liberación nacional africanos que entonces luchaban contra el Gobierno colonial portugués en Guinea Bisáu, Angola y Mozambique. Más cerca, las antiguas colonias francesas de Argelia, Marruecos y Mauritania habían logrado recientemente la independencia; especialmente, la feroz guerra por la independencia argelina había establecido un modelo para otras luchas anticoloniales. Y, lo más importante, la Argelia recién independizada ofrecía armas, apoyo económico y protección a los saharauis.

En 1973, Ali Beiba y otros jóvenes nacionalistas saharauis fundaron el Frente Polisario en un intento de incluir al Sáhara Occidental en la serie de luchas de liberación africanas. Por entonces, él tenía solamente veinte años. Un año más tarde, Ali Beiba abandonó la colonia porque las autoridades españolas iban tras él. Su destino fue Siria, donde, afirma con vaguedad deliberada, había estudiado «Administración general». Estos «estudios» fueron interrumpidos por la invasión marroquí de 1975; Ali Beiba volvió para unirse a la lucha. Desde entonces, su vida ha estado dedicada a pelear por la independencia. Tiene esposa, a la que conoció durante la guerra, y dos hijos, nacidos en los campamentos del desierto donde el Polisario tiene todo el poder.

En su exilio del desierto, los guerrilleros han hecho grandes esfuerzos por consolidar su influencia sobre los refugiados. Una manera de conseguirlo ha sido instruirlos en todo lo relativo a su nacionalidad. Empezando por el modo de vida de los saharauis. Por ejemplo, los cuatro campamentos —localizados en una línea norte-sur a lo largo de la frontera argelina con el Sáhara Occidental— reciben su nombre de las principales ciudades del Sáhara Occidental: Dajla, El Aaiún, Smara y Auserd; llevando este premeditado paralelismo un paso más allá, la mayoría de los refugiados han sido instalados en campamentos cuyo nombre se corresponde con el de sus hogares de origen. Como forma de rechazo explícito de su estatuto de refugiados, los saharauis reivindican solo el nombre del pueblo del que proceden, no refiriéndose nunca al lugar donde viven como «campamento». Esto puede resultar confuso: cuando Mulay se presenta, dice que su familia procedía originalmente de Smara, pero se trasladó, primero a El Aaiún y finalmente a Dajla.

—Hemos tratado de crear un marco como si estuviéramos en nuestro propio país —dice Ali Beiba.

Explica que los campamentos están deliberadamente aislados de cualquier poblado argelino para impedir la «asimilación», y que la estructura de cada campamento ha sido diseñada para representar la estructura administrativa del verdadero Sáhara Occidental. Los campamentos se han dividido en *wilayat*, provincias, y las *wilayat* se han subdividido en *dairat*, distritos, denominados según las regiones geográficas del Sáhara Occidental. Este fue el primer paso dado por el Polisario.

El segundo paso fue hacer que todas las personas vivieran en tiendas.

—Evidentemente, podíamos haber construido casas para la gente si lo hubiéramos querido —dice Ali Beiba—, pero este no es nuestro hogar; nuestro hogar es el Sáhara Occidental, y por eso seguimos en tiendas, para subrayar la naturaleza temporal de nuestro exilio. Además, ya desde el principio se estableció que solo las mujeres, los niños y los ancianos son refugiados. Un hombre no es un refugiado. Es un soldado saharaui que combate dentro del territorio liberado.

Los argumentos del Polisario para la legitimidad nacional los obligan a asumir este ejercicio ritual de negación. La política oficial del Polisario sostiene que su República Árabe Saharaui Democrática representa a una mayoría del pueblo saharaui y gobierna desde el interior del territorio liberado. Esto elude el hecho de que, salvo la «franja» sin muro, donde unos pocos nómadas cuidan los rebaños de camellos y cabras de la revolución, el «Estado» Polisario y sus ciudadanos son refugiados que viven en campamentos de tiendas en suelo argelino, no en suelo saharaui.

Para reforzar sus reivindicaciones territoriales, y consciente de la importancia de las tradiciones que afirman una identidad étnica diferenciada, el Polisario ha promovido entre los refugiados la reactivación del folclore, la artesanía y el canto y la danza saharauis. La versión histórica transmitida por el «Ministerio de Cultura» del Polisario se remonta a la época neolítica, con pruebas arqueológicas de una antigua civilización saharaui en forma de pinturas rupestres, puntas de flecha y monumentos sepulcrales de piedra. Mahfud Ali Beiba afirma que el sistema colectivizado que ha impuesto el Polisario es un reflejo fiel de la cultura saharaui indígena, prueba de que una fuerte identidad étnica y nacional alimenta la insurgencia.

Como los experimentadores utópicos del socialismo comunal, el Polisario ha erigido en el desierto del Sáhara un Nuevo Mundo. Su control es incuestionable y casi absoluto; su revolución es omnisciente y todopoderosa, y es también la gran proveedora. Todo se canaliza a través del Polisario. Alimentos, agua, ropa, electricidad y vivienda, todo lo proporciona gratis el Polisario; cada campamento tiene sus guarderías, escuelas primarias y centros juveniles; hay un instituto «nacional», y los estudios universitarios en el extranjero son asequibles a través de los contactos del Polisario con regímenes extranjeros amigos. Los comités y sub-comités civiles, llamados «consejos populares», gobiernan la mayor parte de los aspectos de la vida del campamento, funcionando como los ojos y los oídos de los respectivos ministerios controlados por el Polisario. Después de la independencia, se convertirán en la burocracia civil del Gobierno del Polisario.

Quizá lo más importante es el hecho de que no exista el dinero en los campamentos. El pueblo no tiene en qué gastarlo. Viviendo a mil millas de cualquier lugar, sin pasaporte, los saharauis del Polisario son las personas más dependientes. Y eso es lo que quiere el Polisario, ahora y en un futuro próximo.

—El pueblo saharaui no está todavía suficientemente maduro para un sistema multipartidista —dice Ali Beiba—. Aunque yo creo en la diversidad de ideas, no creo en un sistema pluripartidista en el corto plazo, porque eso requiere un sentido cívico más avanzado del que ahora existe.

Niños, madres y ancianos son las únicas personas que suelen dejarse ver en los campamentos. Los jóvenes están fuera, internos en el «instituto nacional», estudiando en una universidad en un país extranjero o, si no están sirviendo en el Frente, en alguno de los centros de entrenamiento militar del Polisario donde reciben una preparación militar básica. Cuando los jóvenes no van a la escuela, se reúnen en centros que toman sus nombres de los mártires del Polisario y juegan al tenis de mesa, pintan y dibujan, o ensayan obras de teatro. Los niños pequeños corretean de acá para allá, cantando y persiguiéndose unos a otros por entre las tiendas.

A última hora de la tarde, cuando el sol está bajo, los ancianos de barba blanca se reúnen fuera de las tiendas sobre la arena fresca. Vestidos con su *dra* de color blanco o azul cielo, el blusón de los hombres saharauis, con las cabezas envueltas en turbantes negros, se quitan sus sandalias de cuero y se tumban o se sientan a hablar, con las piernas cruzadas, deslizando los pies entre la arena.

Envueltas en saris iridiscentes y pañuelos de algodón color verde lima, fucsia y azul prusia, las mujeres saharauis parecen aves tropicales. Con sus sandalias, caminan con el suave balanceo de las gacelas cuando pacen.

La vida transcurre dentro de las grandes tiendas de campaña rectangulares, en cada una de las cuales se aloja una familia. Las tiendas están dispuestas sobre la arena como aldeas, ordenadas en filas, con sus techos con toldo, los lados rectos, verticales, y la lona en otro tiempo blanca cuidadosamente tensada y estirada por cuerdas. Hay una pequeña cocina de ladrillos de tierra color chocolate en la parte posterior de cada tienda. El agua se trae en cubos de las espitas comunales.

En los momentos más calurosos del día, cuando el aire está quieto y caliente en el interior de las tiendas, se abren los respiraderos a modo de ventanas para permitir que el aire circule. Todos sestean, o se mueven despacio, cada cual a lo suyo. Solo en el ambiente fresco del amanecer, o después de la caída del sol, los saharauis realizan sus tareas.

La guerra es invisible, salvo por los todoterrenos con combatientes uniformados que entran y salen zumbando de forma incesante de los campamentos, llevando y trayendo guerrilleros del frente. No se ven armas en ningún lugar; se mantienen fuera de la vista mientras los hombres están en casa.

Los saharauis se consideran ciudadanos de una nación soberana, y en muchos sentidos lo son. Después de todo, su realidad será la realidad que se perciba. Por eso, como nuevos ricos deseosos de adquirir la apariencia de ricos de toda la vida, los saharauis han adoptado los atributos de la soberanía nacional en forma de una serie emblemática de mártires, consignas y símbolos que expresan su identidad étnica y revolucionaria. El más poderoso de esos símbolos es la bandera nacional, una estrella roja y una luna creciente superpuesta a tres bandas horizontales —negra, blanca y verde— que se encuentran con un triángulo rojo. La estrella y la luna muestran la naturaleza islámica de su pueblo, dicen los guerrilleros, mientras que el rojo simboliza la sangre de sus mártires. El verde significa la esperanza, y el blanco, la paz. El negro, arriba, representa los horrores combinados del colonialismo pasado y el tiempo presente de guerra y privaciones. Después de la independencia, el negro pasará abajo, porque todo lo malo habrá sido vencido, y el blanco de la paz lo reemplazará en la parte superior.

La iconografía política está en todas partes: TODA LA PATRIA O EL MARTIRIO* es una pintada frecuente en las paredes de todos los campamentos. Y grabado en los pendientes de las mujeres, pintado en cojines, estarcido en la porcelana del servicio de té, está el emblema nacional saharaui: dos rifles cruzados sobre un yunque, con la bandera nacional saliendo de cada cañón, coronado el conjunto por la luna creciente y la estrella y rodeado por sendas gavillas de trigo, una a cada lado. Como una etiqueta de marca,

---

* En español en el original. Los términos en español aparecerán en cursiva. (*N. de los T.*).

RASD, el acrónimo español del Estado del Polisario, está estampado en los saris de las mujeres, escrito en grandes letras sobre las paredes e incluso tejido en alfombras de lana.

En esta atmósfera, las conversaciones pueden ser frustrantemente monótonas, con los saharauis cantando ensayadas fórmulas epigramáticas, como mantras, en respuesta a cualquier pregunta, como para acelerar el momento de su liberación del exilio. Y sus palabras están salpicadas con términos que siempre se pronuncian totémicamente.

Cualquier charla sobre «la Revolución» conduce a declaraciones de que «el pueblo saharaui» está librando «la guerra por la liberación y la independencia de nuestra patria contra las fuerzas de ocupación marroquíes». En el mismo tono, «el Frente» es la etiqueta preferida para el muro que nunca se menciona; por último, la muerte no es nunca solo eso, sino «el martirio».

Abba es un hijo de esta nación en espera. Apenas tenía diez años cuando comenzaron las hostilidades. Sus familiares eran tenderos en la ciudad de El Aaiún, la capital colonial española situada a medio camino entre la costa y las minas de fosfato de Bucraa. Ahora, en El Aaiún ondea la bandera marroquí y la ciudad alberga soldados marroquíes.

Y la familia de Abba ya no son tenderos, sino refugiados. Cuando Abba tenía solo trece años, su padre resultó muerto cuando luchaba con el Polisario, convirtiéndose en «mártir en el campo del honor». Abba se siente orgulloso de la manera en que murió su padre. Mientras crecía en los campos de refugiados, no deseaba otra cosa que seguir sus pasos y convertirse en soldado saharaui. Como toda la juventud saharaui, pasó por el entrenamiento militar después de terminar el instituto, pero entonces, en vez de ser destinado al Frente, lo enviaron a la universidad de Argelia. Cuando regresó, el Polisario le asignó un trabajo en su ala de protocolo.

Actualmente, Abba es guardaespaldas de confianza y guía de los invitados de la revolución. Joven esbelto de veintitrés años, de ojos color avellana y aspecto serio, muestra a los visitantes el milagro del desierto del Polisario exaltando sus virtudes con voz ronca y resonante. Sin embargo, preferiría estar fuera, con los combatientes.

—No pienses que me quejo —dice Abba—. No, no. Soy feliz haciendo lo que la revolución quiera de mí, como el resto del pueblo saharaui.

No hay, sin embargo, muchas otras opciones. Criado en una comunidad cuya existencia se basa en el objetivo de la liberación nacional, los jóvenes saharauis como Abba crecen con un único sentido de la identidad: son saharauis, pero son también polisarios, siendo ambas cosas prácticamente indiferenciables. Como los jóvenes que crecen en un poblado creado por una empresa comercial, tienen un destino hecho a la medida para ellos. Solo la revolución distribuye las funciones. Y, como un culto religioso que ha remodelado la vida de sus discípulos, la revolución no solo posee su pasado, sino que tiene también la llave de su futuro. La gente apenas habla ya del «tiempo anterior» a su exilio del desierto, cuando comenzó el día uno de la «nueva vida». En esta vida, el Polisario es su Creador.

—No queremos recordar el pasado —dice Abba durante una audiencia con Wadha Ibrahim, un majestuoso juez islámico que vive en la *daira* de Argab, en Dajla.

El más lejano de los campamentos, Dajla, es también el más grande, pues alberga a sesenta mil saharauis en una desolada llanura del desierto rodeada de dunas con un brillo oscuro y dorado a la luz del amanecer.

El juez está ofreciendo un esbozo histórico del pueblo saharaui, pero se queda en silencio cuando le preguntan por su tribu de origen. Dirige una mirada a Abba pidiendo ayuda, pero Abba se limita a mirar incómodamente al techo, y luego al suelo de la tienda del juez. Nadie habla. Finalmente, Abba dice:

—No queremos preguntar a nadie de qué tribu procede. Queremos olvidar el pasado.

Visiblemente aliviado, el anciano juez asiente con convicción con la cabeza en señal de acuerdo:

—Sí, las tribus dividían al pueblo —afirma—. Ahora preferimos hablar de la República Árabe Saharaui Democrática.

Efectivamente, los saharauis tienen poco más que eso. El Polisario los ha sacado de sus hogares, ha colectivizado la propiedad individual, los ha destribalizado despojando a los antiguos jeques de su autoridad tradicional y ha educado a los jóvenes en el desprecio a las viejas costumbres.

Educados en los mitos del Polisario de su propia creación, la nueva generación de saharauis mira hacia un futuro idealizado como medio de escapar del desierto que ha sido toda su vida. Una imagen simbólica del futuro esperado domina el interior del Club Juvenil Mártir Said Gaswani Baha, en el campamento de Auserd. Una enorme pancarta negra con reborde amarillo cubre toda una pared. Con letras que parecen sacadas del anuncio de una película de éxito, en la parte superior se lee: TODA LA PATRIA O EL MARTIRIO y, debajo, el mapa del Sáhara Occidental asoma sobre un enorme sol poniente, con sus rayos arqueándose hacia el mapa y el eslogan en el firmamento. En primer plano se despliega un paisaje sahariano de dunas de arena. A la izquierda, una fila de camellos, cabras y niños avanza en dirección al sol. A la derecha, una columna de vehículos militares con los combatientes en marcha, con las puntiagudas siluetas de sus armas apuntando hacia arriba, alertas y dispuestos para la batalla. Unido, dice el cuadro, el pueblo saharaui avanza por caminos que convergen en el amanecer de un nuevo día.

—¡Gracias por venir y bienvenido a la revolución! —grita Mohamed Lamin Sidalli, un nómada que vive en la Franja «liberada» del desierto con su familia y sus rebaños—. ¡Entra, entra, siéntate!

Desdentado, con una enmarañada barba gris y con una sucia chilaba de pastor de rayas blancas y negras, es evidente que está acostumbrado a la visita de los guerrilleros. Mientras su esposa se apresura a preparar el té, Lamin continúa ofreciendo cumplidos retóricos. Cuando el té está listo, su esposa lo trae en una bandeja, se lo da a Mulay para que lo sirva —gesto honorífico— y se sienta entre los hombres.

Lamin se ríe cuando se le pregunta si es miembro del Frente Polisario.

—¡Por supuesto! Todos los saharauis lo somos. ¿Cómo no voy a serlo? —Se vuelve a reír por lo extraño de la pregunta, y añade—: Los marroquíes se equivocaron al invadir; no era correcto hacerlo e iba contra las normas de la *sharia*. No era su país.

Mulay está intrigado por el compromiso expresado por Lamin con la revolución y le pregunta:

—Si el Frente Polisario necesita cualquier cosa, ¿se lo darás?

—¡Sí, sí! —responde Lamin moviendo enfáticamente la cabeza arriba y abajo—. Cualquier cosa que el Polisario quiera es también asunto mío. Todo lo que necesitamos se lo podemos pedir. Así que cualquier cosa que me pida ¡la haré!

Al continuar con su dura vida de nómada, Lamin se diferencia de muchos saharauis que han optado por la vida más fácil de los campamentos.

—Me siento más a gusto en el desierto —añade Lamin con una sonrisa—. Y tengo los animales, por eso me he quedado. Hay muchas familias como nosotros por la Franja. Dependemos de la lluvia, y por eso, puesto que todos los nómadas dependemos de la lluvia, somos como hermanos. Viajamos solos con nuestras familias, pero, cuando hay forraje, todos nos reunimos y nos vemos de nuevo. E, incluso con el muro, continuamos haciendo las mismas cosas que antes: tenemos camellos y cabras y vamos de un lugar a otro. Aún hay lluvia, y seguimos yendo libremente por la zona liberada. Todavía hay mucho espacio para ir de un lado a otro. En primavera, la época en que la tierra se cubre de verde, encontramos aún pasto suficiente para que los animales coman.

Los nómadas como Lamin son también valiosos para las unidades itinerantes de guerrilleros del Polisario. Dedicados al vagabundeo con sus rebaños de camellos y cabras por toda la Franja, pueden mantener una vigilancia permanente sobre las posiciones marroquíes y los movimientos de tropas a lo largo del muro, y se puede contar con ellos para que proporcionen refugio, alimento y agua a los combatientes. Si no sirviesen a este propósito del Polisario, no estarían allí.

Otro día, Mulay se acerca a una vieja de dientes prominentes, con aspecto algo siniestro, vestida de negro. Está en el desierto recogiendo leña; lleva un pequeño haz bajo el brazo. Parece poco sorprendida al ver el todoterreno de Mulay y, una vez a bordo, empieza a quejarse en voz alta de que sus hijos se han ido a los campamentos del Polisario y se ha quedado sola para cuidar los camellos y las cabras.

—Tengo un hijo conmigo, pero es casi inútil porque está siempre enfermo —dice—. Ahora la tierra está verde y los animales se han multiplicado. Unos se van por un lado y otros por otro, y es difícil no perderles la pista a todos estando yo sola. ¡Y dile a alguno de ellos que venga a ayudarte...!

Continúa con su incesante gruñir hasta que aparece un campamento del desierto; es el hogar de la anciana, y Mulay la deja allí, con su rebaño de cabras y su hijo inútil, pero antes ella le hace prometer que transmitirá sus quejas a sus hijos para que vuelvan de los campamentos.

Salvo los nómadas, la Franja no tiene habitantes humanos; hay una soledad absoluta. Donde la tierra se encuentra con el cielo se ve una gran intensidad cromática: el cielo es muy azul, la tierra muy amarilla. La tierra larga y musculosa, con sus pequeñas colinas, sus *uadis* y sus carnosas dunas de arena, también nos ofrece extrañas formaciones minerales que se parecen a personas congeladas como estatuas durmientes. La mayor parte del desierto es llana, y sus superficies de sal blanca endurecida o pizarra negra reluciente se cubren y se fruncen con fósiles, rocas de piedra arenisca color salmón, cuarzos rosáceos y piedras con aspecto de remolinos de arena petrificada como si fueran adornos de confitería. De vez en cuando, vemos arbustos de tojo con ramas nudosas y secas y unos árboles más grandes de espinas puntiagudas que les gusta comer a los camellos. Y en todas partes, como uvas pasas, excrementos de cabra repartidos entre las piedras.

Estamos a principios de primavera, y en algunos lugares han brotado pequeñas plantas, alimentadas por las escasas lluvias y las húmedas nieblas invernales del océano Atlántico. Visto desde la distancia, parece una capa de verde que se extendiera uniforme sobre la tierra, pero se trata de una ilusión óptica. Cuando te acercas, puedes comprobar que las plantas están dispersas, cada una separada de la de al lado por la árida tierra del desierto, mientras, alrededor, grandes palomas moñudas de cuello almenado y unos lagartos negros de piel dura y escamosa e inquietantes ojos color naranja guardan las entradas de sus túneles. Los halcones dan vueltas en el cielo, aprovechando las corrientes de aire, en busca de su presa.

De tarde en tarde, aparecen algunos camiones militares avanzando pesadamente por la arena, dando fuertes botes sobre el suelo desigual. Los hombres, apiñados en la parte trasera, saludan con la mano cuando pasan; son combatientes que se dirigen al frente o vuelven de él. Solo los ojos son visibles tras los turbantes que envuelven sus rostros. Una tarde, uno de los camiones se detiene junto a uno de los escasos riachuelos que se pueden encontrar. Están endurecidos y mugrientos tras haber pasado varios meses en el desierto. Ahora regresan a los campamentos para un merecido descanso junto a sus familias y quieren tener el mejor aspecto posible. Algunos se agachan al borde del agua y lavan sus ropas; otros se limpian las botas y se quitan la suciedad del pelo y de los pies.

Una noche, en la tienda de una familia nómada, no muy lejos del muro, Mulay cuenta la historia de una incursión guerrillera muy al interior del territorio marroquí, de la que casi no volvió. Cuando habla, agita sus grandes puños —a uno de ellos le falta el pulgar— en círculos descriptivos.

La mujer nómada pone unos trozos de savia aromática en un brasero de carbón, y, como si fuera un baño turco, la tienda se llena de nubes de humo perfumado. Luego, su hija, un poco regordeta, trae un ajado cáliz de peltre y vierte colonia en las manos ahuecadas de los hombres.

Con Abba de intérprete, Mulay habla en hasanía mezclado con un español tosco; se refiere a sí mismo y a sus camaradas como *matadores*, pero lo que en realidad quiere decir es que eran guerreros.

—Ocurrió en el mes de abril —comienza Mulay—. Entramos en Marruecos dos grupos de *matadores*. Continuamos hasta que vimos todo tipo de marroquíes; tenían caballos, tanques y helicópteros, y entonces empezamos la guerra. Eran las nueve de la noche, en un lugar entre dos colinas. Pero pronto nos rodearon, y nos dijimos: «Tenemos que salir, vivos o muertos», así que tratamos de huir. Teníamos cuatro camellos —prosigue—, pero los habían matado. Se habían llevado nuestra comida y el agua. Continuamos. Algo más tarde nos alcanzaron; un guardia gritó: «¡Alto!». Lo matamos y seguimos. Poco después, los marroquíes nos vieron de nuevo cuando sacábamos agua de un pozo y nos dispararon. Abba interrumpe el relato echándose a reír estrepitosamente, balanceándose adelante y atrás. Mulay sonríe contento. Enjugándose las lágrimas, Abba explica qué le resulta tan divertido:

—Cuando empezó el tiroteo, Mulay saltó al pozo para esconderse, ¡pero había unos marroquíes allí! Le suplicaron que no los matara, y él no lo hizo, pero se quedó con sus rifles. Perdimos un hombre —continúa Mulay—, así que decidimos dividirnos en dos grupos de dos y tres para mejorar nuestras posibilidades. Seguimos, sin comida y sin bebida. Para entonces, no habíamos comido nada en tres días.

Mulay hace una pausa para echar en su boca un chorro de leche fresca de cabra de una vejiga de cuero; luego la pasa. Se levanta el cuello de su abrigo de lana gris hasta taparse las orejas —la noche es fría— y reanuda su historia.

—Subimos a las montañas. Una anciana nos vio y se acercó a nosotros de rodillas, lamentándose: «¡Primero los marroquíes del sur, ahora fantasmas del norte!». ¡Pensaba que éramos fantasmas! —Mulay se ríe—. Después de convencerla de que no éramos fantasmas, nos dijo que los soldados marroquíes habían matado su ganado y nos mostró cómo cruzar sus líneas. Pero justo cuando estábamos a punto de cruzar, en la cima de una colina, tropezamos y nos caímos ladera abajo. Los marroquíes nos oyeron y nos atacaron con rifles, bombas..., de todo. Nos gritamos unos a otros porque no queríamos perdernos en la oscuridad. Poco después, nos reunimos y trazamos un plan para tender una emboscada a los marroquíes. Mi amigo tiró una granada mientras yo abría fuego. Matamos a seis, y los otros nos gritaron para que dejásemos de disparar porque estaban heridos. Los buscamos y encontramos algunos AK-47 y algunas cantimploras. Los cogimos y seguimos. Continuamos hasta que oímos los ladridos de un perro...

Mulay continúa con su historia, incansable hasta que, finalmente, concluye. Debilitados por el hambre, los *matadores* llegaron sanos y salvos de regreso a los campamentos. Esta aventura sucedió cuando Mulay tenía veinte años. Trece años de guerra han pasado desde entonces, y tiene muchas más historias en su repertorio. Contadas una y otra vez, las aventuras épicas de Mulay son mucho más que un cuento: forman ya parte de la tradición oral del folclore del desierto. Como relatos de un guerrero, son parte del mito de la creación del Polisario.

Al final, como ocurre con los lagos de los espejismos del desierto, los hechos que cuentan los relatos no son tan importantes como la impresión que generan. Cada relato confiere más peso y sustancia a la nueva historia que se está tejiendo y permite a los insurgentes marcar su paso a través del tiempo.

Y la nueva historia refleja que los refugiados saharauis han renacido como el pueblo del Polisario en su crisol del desierto. Allí han adquirido una visión nueva y han surgido de las cenizas del pasado, libres, como aves fénix del desierto.

Al estar literalmente separados por un muro de sus lugares de origen, los saharauis lo han tenido realmente más fácil que algunos otros pueblos desposeídos. Esta separación física y su aislamiento de otras comunidades les permiten una mayor fantasía vital sobre su difícil situación actual y sobre lo que el futuro les reserva. El dolor de su desplazamiento, aunque muy real, está de alguna manera suavizado por el hecho de que todavía se sienten libres. Su país puede estar ocupado, pero ellos no son un pueblo ocupado. Los saharauis miran a su alrededor, a su desierto; sus horizontes no tienen fin. Tampoco lo tienen, creen ellos, sus posibilidades.

Para los palestinos que viven bajo la ocupación israelí en Cisjordania y en la Franja de Gaza, no existe esa libertad imaginativa. No se permite que las heridas causadas por su desplazamiento lleguen a curar: muchos palestinos van y vienen cada día a sus precarios empleos en Israel pasando por delante de los restos arrasados de sus antiguas aldeas y granjas. Para algunos de los jóvenes, criados en los campos de refugiados y conocedores de viejas historias sobre las antiguas formas de vida, la idea de regresar a esas tierras familiares se ha convertido en un imperativo casi místico.

A diferencia de los saharauis, que ven el pasado como algo vergonzoso, los palestinos lo reviven conscientemente, como una prueba, por más que resulte sórdida, de su sufrimiento y como justificación de su lucha por una patria. Y también idealizan el pasado. Al menos *entonces*, dicen los jóvenes palestinos, sus padres vivían y vagaban por un país llamado Palestina. En la Franja de Gaza, lánguidos camellos y unos pocos burros tiran con su trote de carretas de madera por las calles casi tomadas por la arena. Los niños juegan en los charcos con el agua estancada al borde de la carretera; una tela de araña de cables eléctricos cuelga de los postes por encima de las cabezas. Aquí y allá, los minaretes sobresalen por encima de un laberinto de sucias casas de cemento, los megáfonos retumban de manera ronca y estridente con la llamada de los muecines a la oración, y en todas partes hay gente, mucha gente.

Por la autopista israelí, a solo una hora al sur de la ciudad judía occidental de Tel Aviv, llegar a la Franja de Gaza es como caer inesperadamente y de forma vertiginosa desde el mundo de la Europa moderna al Oriente Próximo medieval. Pasados los férreos controles de los puestos militares israelíes de la frontera, las carreteras se desintegran y las gentes ya no son europeas, sino árabes. Los hombres llevan túnicas y kufiyas, y las mujeres se ocultan tras velos y túnicas que les llegan hasta los tobillos. En todas partes hay montones de basura sin recoger y esqueletos oxidados de vehículos destrozados.

Con poco más de cuarenta kilómetros de largo y unos siete de ancho, Gaza es uno de los lugares más superpoblados de la tierra. Aquí viven más de 750.000 palestinos, muchos de ellos refugiados de ciudades y aldeas que ahora son parte del Estado de Israel. Con un toque de humor negro, los gazatíes dicen que la Franja ha llegado a estar tan atestada que ya no les queda sitio para enterrar a sus muertos.

Breij es uno de los siete campamentos de refugiados de la Franja de Gaza. Es también uno de los más pequeños y aloja a veinte mil personas. Casi todos los que viven aquí llegaron en 1948, tras perder sus hogares en la guerra que dio lugar al Estado de Israel.

Después de cuatro décadas y media de existencia, Breij ha asumido el aspecto sórdido de una típica aldea gazatí. Comenzó siendo un campamento de tiendas en el emplazamiento de una antigua guarnición militar británica, y hoy es un revoltijo de humildes casas de apariencia inacabada, construidas con bloques de cemento mezclado con cenizas. Tiene un perfil de tejados planos ensuciado con antenas de televisión, depósitos de agua y vigas que sobresalen, pues siempre hay alguien construyendo un segundo piso para albergar a la nueva familia de un hijo recién casado. Por entre las casas discurre un laberinto de callejuelas estrechas con alcantarillas que corren por debajo.

Breij tiene un par de pequeñas mezquitas improvisadas, un matadero, algunos rudimentarios talleres de coches y un pequeño mercado de carne y productos agrícolas. Varias tiendas venden ropa y zapatos baratos procedentes de fábricas árabes de Cisjordania. Hay una clínica dirigida por la UNRWA, la Agencia de Naciones Unidas para los Refugiados de Palestina en Oriente Próximo, que administra todos los campos de refugiados de Gaza; un jardín de infancia dirigido por cuáqueros; un hospital para la desaparecida tuberculosis bordeado de eucaliptos polvorientos, y un club juvenil, cerrado definitivamente por las autoridades.

Las sucias carreteras del campamento están dispuestas en una cuadrícula rectangular que puede ser fácilmente patrullada por el ejército israelí; de este modo, sus calles están subdivididas en varias manzanas. Por razones de seguridad, solo permanecen abiertas dos entradas a Breij; el resto están bloqueadas por diques de tierra apisonada. En el exterior de la entrada principal, se ha construido un campamento militar israelí. Rodeado de terraplenes con disuasivas alambradas por encima, unas achaparradas torres prefabricadas de vigilancia controlan los límites de este asentamiento.

El campamento militar se sitúa entre Breij y la carretera principal que va del sur de la ciudad de Gaza a la frontera egipcia en Rafah. Al otro lado de la carretera hay dos grandes fábricas de envasado de cítricos, cerradas, con sus patios llenos de cajas apiladas y carretillas elevadoras abandonadas. Más allá, Nuseirat, otro campamento de refugiados, está construido sobre las dunas, al lado del Mediterráneo azul celeste.

Alrededor de Breij crecen hileras de naranjos, olivos y almendros. En la primavera es un lugar hermoso. Sopla una brisa marina, brilla el sol y la fragancia de las flores de los naranjos impregna el aire con su perfume embriagador.

Sami es el hijo mayor de una de las primeras familias de refugiados de Breij. El hogar de su familia tiene una hermosa higuera que crece en el centro del patio. Alrededor de este espacio abierto hay varias habitaciones pequeñas donde duerme la familia —los hombres en una, las mujeres en otra— y la cocina. La paja cubre el suelo de otra habitación llena de grandes conejos peludos y palomas que zurean. En un cubículo diminuto, se aprieta la máquina de coser de la tienda de arreglos del padre de Sami, con su mirilla secreta para examinar la callejuela exterior. El padre de Sami viene aquí con frecuencia después del toque de queda para observar a los *shabab*, los jóvenes, que escriben en los muros sus instrucciones para las manifestaciones del día siguiente.

En la habitación familiar, cuelga el diploma enmarcado de Sami de la Universidad de Yemen al lado de una llamativa alfombrilla de oración naranja y verde con la Cúpula de la Roca y la mezquita de Al-Aqsa, en Jerusalén. El padre de Sami se siente orgulloso de los documentos que acreditan los estudios de su hijo y le gusta presumir de ellos. Los papeles demuestran que Sami fue un estudiante aventajado: obtuvo un «satisfactorio» en Fundamentos del socialismo y en Historia de la revolución yemení, y un «muy bien» en Psicología social.

Sami es un joven alto, de veinticuatro años, de hombros encorvados y barba desaliñada.

—Que no te confunda la barba —dice Sami riéndose—. No soy un fundamentalista.

Miembro del Frente Democrático para la Liberación de Palestina, FDLP, un grupo marxista radical de la OLP, Sami estudió cuatro años en la universidad, en la República Popular Democrática de Yemen, donde obtuvo una licenciatura en inglés. Al volver a casa, confiaba en encontrar trabajo como maestro en la escuela primaria, para «forjar la mente de los niños».

Pero no era buen momento para encontrar trabajo en Breij. En toda Gaza reinaba la confusión, pues la intifada, la sublevación palestina contra el dominio israelí que comenzó en diciembre de 1987, estaba en su apogeo.

En lugar de un puesto en la enseñanza, Sami encontró enseguida un puesto en el movimiento clandestino de Gaza. Junto con otros militantes que andaban por la veintena o la treintena, ayudó a organizarse a los *shabab*, principalmente adolescentes, que encabezaban la ronda diaria de enfrentamientos con los militares israelíes, mediante lanzamiento de piedras y quema de neumáticos. Lleva una navaja de muelle, que le gusta lucir, en el bolsillo de sus vaqueros, y dice que, si los israelíes intentan cogerlo, no se lo pondrá fácil.

Por la noche, después del toque de queda, toda la familia se reúne mientras la madre, bien parecida e inválida, cuenta una historia que han oído muchas veces. Sumisamente absortos y llenos de emoción contenida, la escuchan en absoluto silencio. Solo la hermana adolescente de Sami, que tiene prohibida su presencia cuando hay hombres extraños, no está en la habitación. Pero, llena de curiosidad, se queda observando, detrás de la puerta de la habitación de las mujeres, echando hacia atrás su largo cabello moreno para esconderse de nuevo cada vez que la miran.

La ciudad donde nació la madre de Sami es ahora parte de Israel. Durante la guerra de 1948, ella era solo una niña. Un día, apareció un guerrillero judío en la entrada de la casa de su familia y tiró una granada. La explosión mató a su madre y a ella la dejó inválida. Por alguna razón —no recuerda cómo sucedió—, se vio separada de su padre, que estaba entonces lejos de casa. Pero, después de buscar por todas partes, su padre por fin la encontró en el hospital de Jerusalén adonde había sido trasladada después de la explosión.

Ambos se unieron al éxodo de refugiados árabes que huyeron de Palestina; su padre buscaba un lugar donde poder encontrar un trabajo y educarla decentemente. Primero la condujo a Beirut, luego volvieron a Jerusalén y terminaron en Hebrón, que entonces estaba ocupado por Jordania. Con una sonrisa de orgullo y voz apagada, recordaba cómo una noche, en un acto de verdadera audacia, su padre la llevó en burro desde las colinas de Hebrón a la Gaza ocupada por Egipto, recorriendo todo el camino a través de territorio israelí.

Ella creció en Gaza; allí conoció a su marido y formó esta familia. Para sus hijos, el cuerpo mutilado de su madre y la cojera que arrastra son la prueba física de la naturaleza de su enemigo. Cada vez que oyen su historia, el sentimiento de que deben vengarla se reaviva de forma especial. Con ese legado familiar es evidente que Sami no podía limitarse a ser un maestro de escuela.

Relatos como el que cuenta la madre de Sami se han convertido en veneradas reliquias familiares que forman parte de la historia oral palestina. En otra familia, el padre ha conservado las llaves del hogar del que huyó en 1948. Hoy es la confortable residencia de una familia judía, pero las llaves todavía cuelgan en un lugar destacado de su hogar de refugiados, para que los hijos no olviden el pasado.

Como elementos al servicio de la historia, estos relatos y estos objetos aseguran que la memoria palestina se transmita de padres a hijos, así como el deber heredado de vengar el pasado. Desposeídos de su tierra, los palestinos tienen poco más que su historia para crear una identidad. A medida que el conflicto perdura, hacen crecer esta historia, tratando de darle más peso, como si así pudieran acercar de algún modo el día de volver a su país.

Sin un entorno físico propio en el que trazar su progreso como pueblo, los refugiados palestinos se enorgullecen en cambio de soportar el sufrimiento. Orgullosos de su capacidad para resistir al dolor, incrementan la confianza en sí mismos con actos que despiertan la lógica respuesta de su enemigo. Las luchas llenas de adrenalina de la intifada liberan la frustración reprimida, la rabia y la testosterona de los *shabab*, y alimentan la paradójica creencia de que, aunque al terminar el día estén peor que al comienzo, están haciendo algo para cambiar el rumbo de las cosas. Los palestinos creen que al final su sufrimiento será recompensado. Como víctimas del conductor que se da a la fuga, tumbados al borde de la carretera, esperan que el instinto solidario de algún transeúnte detendrá su hemorragia antes de que sea demasiado tarde. Pero, mientras tanto, continúan tirándose delante de los coches, compitiendo entre sí, desafiando el tráfico para ser atropellados.

En muchos hogares cuelgan de las paredes, a modo de iconos, fotografías de jóvenes. Habitualmente, las fotos son de un hijo mártir o encarcelado: algo de lo que estar orgullosos, porque prueba que la familia ha aportado su grano de arena a la causa palestina. Son también un recordatorio de la naturaleza persistente de la lucha. En el exterior de una casa de Breij está aparcado un camión abandonado y destrozado que perteneció a un hombre asesinado años atrás por los israelíes. Sus parientes se negaron a venderlo e incluso a moverlo; con los años, el camión se ha convertido en parte de la calle. Oxidado y lleno de hierbas, es un punto de referencia de Breij, el monumento a un mártir de la comunidad. Y, dentro de la casa, los padres ya ancianos del hombre fallecido han mantenido su cuarto exactamente igual que estaba el día en que murió.

Sami está imbuido del nuevo folclore engendrado por la intifada. Cuenta una historia sobre Jabaliya, el mayor campamento de Gaza, que, por ser el lugar en el que empezó la sublevación, ha adquirido una importancia enorme como símbolo de la resistencia. Aunque la historia es probablemente apócrifa, ilustra la necesidad de los palestinos de elevar su lucha por encima de la rutina tediosa y miserable de los campamentos.

—Algunos comerciantes de la ciudad de Gaza enviaron un camión lleno de patatas para repartirlo entre la población de Jabaliya, y ¿sabes qué sucedió? —pregunta Sami retóricamente—. ¡La gente de allí es tan desinteresada que nadie quería aceptar las patatas! En cada casa a la que llegaba el camión, les decían: «Dadles mi parte a mi vecino», y así el camión continuó, de casa en casa, sin poder repartir su carga de patatas. ¡Al final, se fue de Jabaliya tan lleno como había llegado!

El relato de Sami glorifica la existencia de los palestinos resaltando su valentía, su disposición al sacrificio y su sentido de comunidad: las virtudes idealizadas a las que aspira la juventud de Gaza.

Uno de los vecinos más próximos de Sami es Mahmud, miembro de Al Fatah, la rama principal de la OLP dirigida por Yasir Arafat. Mahmud es un hombre fuerte de piel clara, con el pelo castaño rojizo y ojos azules. En Israel, pasa por judío. Desde su infancia, ha sido el principal contrincante de Sami. Cuando eran críos, jugaban en equipos de fútbol rivales, y, según Mahmud, «el equipo de Sami siempre perdía». Ahora pertenecen a facciones opuestas de la OLP y se dirigen la palabra solo a causa de la alianza a la que los obliga la intifada.

Pese a su rivalidad, los dos tienen mucho en común. Como Sami, Mahmud es también integrante activo de la sublevación, pero participa como miembro de la organización juvenil Al-Shabibeh de Al Fatah. Allí donde Al Fatah es fuerte, Al-Shabibeh es influyente a la hora de planificar y llevar a cabo los dictados del liderazgo clandestino de la intifada.

Mahmud también aprendió algo de inglés estudiando en la Universidad Islámica de Gaza hasta que los israelíes la cerraron definitivamente poco después de que empezara la intifada. Está celoso de los años en que Sami pudo estudiar en el extranjero y afirma que la facción rival de Sami había ofrecido esas becas con el fin de mantener a los jóvenes distanciados de Al Fatah. Para Mahmud, esto prueba que la educación superior de Sami —por no mencionar su activismo político— se debe más al oportunismo que a cualquier otra cosa. Mientras Sami disfrutaba de su estancia en el extranjero, Mahmud se quedó allí, sufriendo con su pueblo. Mahmud mide su valor frente a Sami en función de quién ha sufrido más, como si el ganador demostrara ser por eso mejor palestino.

Un día, un joven de aspecto fuerte aparece en casa de Mahmud. Jaquer acaba de venir de Jabaliya, donde vive; se ha marchado del campo durante el toque de queda. Sucio y oliendo a sudor, se deja caer pesadamente en la habitación de la familia de Mahmud. Durante todo el día, Mahmud no dice nada de la actitud de Jaquer, permitiéndole interrumpir y hacer frecuentes y vehementes comentarios en voz alta. Pronto se da a conocer la razón de la inusual pasividad de Mahmud ante el comportamiento indisciplinado de Jaquer.

—Soy padre de tres hijas —dice— y, hasta la intifada, habría querido tener un cuarto hijo, un muchacho.

Según Jaquer, su hermano fue el primer mártir de la intifada, muerto por disparos israelíes en los disturbios de Jabaliya que provocaron la revuelta. La esposa embarazada de Jaquer, que estaba presente cuando sucedió, fue corriendo a besar a su cuñado muerto. Desde lejos, impotente para hacer nada, Jaquer vio con horror cómo un soldado israelí golpeaba a su esposa en el abdomen con su porra, provocándole un aborto.

Jaquer cogió un cuchillo y corrió hacia el soldado con intención de matarlo, pero este escapó.

—Si vuelvo a ver en alguna ocasión a ese soldado, lo mataré, de un modo u otro —dice Jaquer con el rostro retorcido en una amarga sonrisa—. Si voy conduciendo un coche y lo veo junto a la carretera, maniobraré bruscamente para atropellarlo; si tengo un cuchillo, se lo clavaré... Ahora, el 9 de cada mes, que es el día en que sucedió, es mi día.

Cuando ha terminado de hablar, Jaquer cruza las manos sobre el pecho y mira al techo con una expresión de profundo sentimiento.

—Nunca podré olvidar.

Entre los sufridores, Jaquer es el rey.

Los *shabab* se consideran la última encarnación de los fedayines palestinos, los combatientes guerrilleros de la generación de sus padres. Cuando Gaza estaba bajo control egipcio, estos combatientes llevaron a cabo numerosas incursiones en Israel. Pero, cuando Israel ocupó la Franja, los fedayines fueron detenidos y ejecutados o encarcelados; la resistencia armada dentro de Gaza fue aplastada.

La guerra de los Seis Días de 1967 añadió Cisjordania, toda Jerusalén y Gaza a las tierras ocupadas por Israel. Bajo los auspicios de la recién formada Organización para la Liberación de Palestina y de su líder, Yasir Arafat, los fedayines actuaron entonces desde bases en Jordania, hasta que el líder del país, el rey Husein, temeroso de su fuerza creciente, tomó medidas severas en 1970 y los obligó a marcharse. Sin terreno para seguir luchando, el foco de la resistencia palestina en la década de los setenta viró al terrorismo internacional, en una cruenta serie de secuestros, asesinatos y atentados con bomba. Mientras tanto, los guerrilleros se reagruparon en el Líbano y empezaron a lanzar cohetes y a realizar incursiones en territorio israelí desde las bases en ese país.

Después de la invasión del Líbano por Israel en 1982, la OLP se vio finalmente obligada a retirarse de Beirut y a trasladar sus cuarteles a Túnez, a más de dos mil kilómetros. Estaba claro que, por bien entrenados y armados que estuvieran, los palestinos que operaban fuera de los territorios ocupados poco podían hacer ahora por promover la causa de una Palestina independiente. Durante varios años, la situación se enconó, hasta que empezó la intifada y de manera abrupta cambió de nuevo el campo de batalla, esta vez hacia su inevitable escenario final en la propia «Palestina».

Los acontecimientos que provocaron la sublevación fueron extrañamente míticos: primero, como un Ícaro palestino, un guerrillero solitario pilotó un ala delta hasta Israel desde el sur del Líbano. Aterrizó en un campamento militar israelí matando a seis soldados antes de caer acribillado. El incidente despertó la imaginación de los palestinos por todos los territorios ocupados; la ensalzada seguridad de la frontera israelí había sido vulnerada, y la idea de la resistencia palestina cobró nueva vida mediante tan singular acto de heroísmo.

Hubo también informes que confirmaron cómo un centinela israelí que podía haber detenido al atacante salió corriendo presa del pánico. Junto con el sentimiento de euforia que el ataque generó entre los palestinos, el incidente mostraba que la legendaria valentía de los israelíes era solo un mito, lo mismo que sus supuestamente inexpugnables defensas. Era posible que los israelíes tuvieran miedo de los palestinos.

Un acontecimiento siguió a otro. Poco después, a plena luz del día, un judío israelí fue apuñalado hasta morir por un árabe entre el gentío de la plaza de Palestina, en el centro de la ciudad de Gaza. Este asesinato sectario fue un acto de provocación deliberado. En unos días, el castigo pareció llegar en forma de accidente: un camión militar israelí conducido a toda velocidad por las atestadas carreteras de Gaza perdió el control y mató a cuatro trabajadores que estaban junto a la carretera. Pero, con los palestinos siempre dispuestos a pensar lo peor, enseguida se extendió el rumor de que el atropello no había sido un accidente, sino la premeditada represalia israelí por el apuñalamiento anterior. Estallaron los disturbios en el campamento de Jabaliya, donde vivían las cuatro víctimas, y nació la intifada.

El malestar se extendió rápidamente. En pocos días, se estableció un ritual por todos los territorios ocupados y dentro del mismo Israel. Cada día, los *shabab* con sus kufiyas de cuadros sobre el rostro, a modo de máscaras, tomaban las calles para insultar a los soldados, armados hasta los dientes, de las Fuerzas de Defensa de Israel. Invariablemente, alguno resultaba muerto, cuando los soldados disparaban a los jóvenes con gases lacrimógenos y munición real o los golpeaban brutalmente con porras de madera.

Los israelíes trataban de sofocar la rebelión con todos los medios a su alcance. Se ordenó a los soldados que golpearan hasta romperles los huesos a los alborotadores que cogieran, y muchos lo hicieron. Se levantaron nuevos campamentos de prisioneros, donde miles de palestinos estuvieron detenidos durante meses, sin juicio, en condiciones muy duras. Lanzar un cóctel molotov pasó a ser considerado un delito de terrorismo; las casas de los culpables eran voladas por expertos israelíes en demolición.

Otras tácticas de represión colectiva pretendían castigar económicamente a los palestinos e incluían el acordonamiento de Gaza durante varios días seguidos. Esto impedía que las decenas de miles de gazatíes que desempeñaban tareas de inferior categoría dentro de Israel llegaran a sus lugares de trabajo. Otro castigo rutinario fue imponer toques de queda con confinamiento doméstico sobre comunidades enteras, obligando a la gente a permanecer en sus reducidos hogares durante periodos prolongados, a veces durante días y días.

Estas medidas draconianas sirvieron de poco para sofocar los disturbios y solo parecían intensificar el deseo de enfrentamiento de los palestinos. Con pocas excepciones, las armas de los *shabab* no eran letales; pronto vieron que, si cargaban con la peor parte en cuanto a las bajas, la publicidad subsiguiente fortalecía su causa. La lista de «mártires» se hacía más grande, y los palestinos lograron una simpatía general como víctimas de una desigual lucha entre David y Goliat. Por primera vez durante años, se despojaban de la etiqueta de terroristas que les habían adjudicado como consecuencia de las actividades armadas de la OLP.

Mientras los *shabab* se afanaban en la primera línea de la intifada, organizaciones clandestinas opuestas entre sí a las que muchos palestinos ofrecían su lealtad trataban de controlarlos y organizarlos. El ala principal de la OLP, Al Fatah, pronto impuso su liderazgo sobre la sublevación, pero en la práctica se vio obligada a cooperar con sus rivales tradicionales. Estos iban desde grupos de la OLP, como el FDLP y el FPLP, hasta los fundamentalistas Hermanos Musulmanes o su vástago radical, la Yihad Islámica, que son especialmente fuertes en Gaza. También en Gaza apareció el nuevo y violento Movimiento de Resistencia Islámico, Hamás, para competir con Al Fatah por el liderazgo de la intifada.

Cooperando a través de una oscura agrupación de comités en la sombra, estos grupos forman un liderazgo clandestino, el Mando Nacional Unificado de la sublevación, que emite edictos para que sean aplicados en las ciudades y campamentos de la «Palestina ocupada». En la base, Sami, Mahmud y otros hombres organizados políticamente actúan junto con los líderes de célula clandestinos transmitiendo las directrices del Mando Unificado a los *shabab*, normalmente adolescentes. Para dar un objetivo coherente a la violencia, también coordinan actividades entre los campamentos, ciudades y pueblos a lo largo de los territorios ocupados y en el mismo Israel.

Ahmed es un líder de Al Fatah en Breij. Cumplió cinco años de una condena a cadena perpetua en cárceles israelíes por terrorismo.

—Provocar explosiones —dice con una sonrisa tímida.

Fue liberado a cambio de rehenes israelíes en un trato de intercambio que tuvo lugar en el Líbano.

Ahora Ahmed está de vuelta en el campamento, donde permanece escondido. A través de la organización Shabibeh, Ahmed usaba el centro de juventud de Breij para reclutar, organizar y adoctrinar a *shabab* para Al Fatah. Pero, desde que las escuelas y los clubes juveniles de Gaza fueron cerrados definitivamente, todo este trabajo tiene que llevarse de manera clandestina. Las reuniones se celebran en casa de uno u otro, o en edificios desocupados del campamento, con centinelas apostados para avisar si se acercan patrullas israelíes.

Dos de los acólitos más jóvenes de Ahmed son Yasir y Dasir, de dieciséis años. Son muy buenos amigos. Yasir tiene un rostro agradable y franco; lleva un pañuelo gris atado en la cabeza, como si fuera un turbante. Dasir tiene el pelo moreno rizado y un rostro angelical de niño que contrasta con la madurez de sus ojos; usa una kufiya blanca y negra de cuadros para expresar su lealtad a Al Fatah.

Los dos consideran que su papel es «dar ejemplo a los chicos más jóvenes y hablarles sobre la lucha de liberación». Han aceptado las órdenes del Mando Unificado de limitar por ahora el uso de la fuerza al lanzamiento de piedras, pero, con el permiso de Ahmed, afirman su intención de pasar a utilizar cuchillos y pistolas si las piedras no bastan para lograr concesiones de Israel. Esperan que ese día llegará pronto.

—Quiero ser comando, para luchar por la devolución de los lugares santos y morir por mi país —dice Yasir.

—Si hay liberación, me gustaría ser médico, y, si no, comando —afirma Dasir.

—Estos son nuestros chicos —interrumpe un veterano miembro de Al Fatah que, con Ahmed, supervisa a los *shabab* en esas reuniones. Señala con la mano a Yasir y Dasir, que, sentados en silencio, lo escuchan cuando habla—. Han nacido aquí, pero saben de dónde son sus padres. Saben dónde está su verdadero hogar. Y quieren cambiar su vida. Pero terminan de estudiar en el instituto y ¿qué pueden hacer? Salir a trabajar para los israelíes; trabajo duro y sueldos bajos: eso es todo lo que hay. ¿Esto es vida?

—La sublevación es para mí la única manera de expresar mis sentimientos —dice Dasir, uno de los siete hijos de un padre refugiado que trabaja en una fábrica israelí—. No puedo esperar a que otros resuelvan mis problemas, así que debo hacerlo yo mismo. Y no tengo miedo a los soldados porque, aunque me maten, moriré por nuestro país. Daría cualquier cosa por recuperar nuestra tierra.

Durante los diez primeros años de vida de Yasir, su padre estuvo en una cárcel israelí:

—Por Al Fatah —dice Yasir con orgullo. Desde su liberación, ha estado confinado en los territorios ocupados, donde no puede encontrar trabajo para mantener a su familia; Yasir y su hermana y hermanos deben ser cuidados por parientes.

—Somos soldados de la OLP —dice el militante de Al Fatah—. Pero no lo decimos ante los israelíes porque nos encarcelarían. El problema es que ellos están ahí fuera y tienen pistolas. Nosotros vivimos bajo la ocupación y solo tenemos piedras. Sabemos que las piedras no hacen nada. Pero por medio de las piedras pretendemos decir al mundo exterior lo que queremos. Por ahora, las piedras hablan por nosotros.

Cuando los judíos nos agravian, como cuando los vi golpeando a un anciano para hacerle cantar, nos dan valor para luchar con más fuerza. ¿Qué puedo hacer? —añade—. Solo tengo piedras. Cuando oigo a sus políticos hablar sobre nosotros, sobre la forma de deshacerse de los árabes y todo eso, ¿qué se supone que debo hacer? ¿Debo esperar cien años a que se me concedan mis derechos? ¿Qué harías tú si hubieras vivido bajo una ocupación durante cuarenta años?

La intifada nunca ha sido solamente una cuestión de piedras, cócteles molotov y pintadas. Muy pronto, sus líderes consideraron incrementar el uso de la violencia, aunque lo mantienen en suspenso. Pero chicos como Dasir y Yasir desean apasionadamente apuñalar, disparar y hacer saltar por los aires a los soldados israelíes, no limitarse solo a tirar piedras.

—Ya sabemos cómo tirar piedras y desaparecer —dice Yasir—. Así que también podemos disparar a los soldados y desaparecer.

Una compensación para los más jóvenes e impacientes es la autorización de los líderes de la sublevación para eliminar a los colaboradores entre su propia gente. Los comandos de la intifada de Breij ya han ejecutado a varios en secreto.

—Los comandos llevan a los informadores sospechosos a un lugar vacío para interrogarlos —explica Yasir—. Luego, cuando confiesan, los matan con cuchillos.

Con un puñal imaginario, Yasir agarra a Dasir desde atrás, sujetándole la cabeza con una llave de brazo, y muestra cómo se le corta el cuello a la víctima o se le hunde repetidas veces el cuchillo en el corazón y los pulmones.

Un día, Dasir y Mahmud aparecieron en una cita sin Yasir ni Ahmed en las afueras de Breij. Ahmed está escondido porque las autoridades israelíes están arrestando a antiguos prisioneros políticos como él, pues sospechan con razón que ayudan a organizar la intifada. Yasir está detenido. Se lo llevaron unos soldados que fueron a su casa la noche anterior. Sin duda, colaboracionistas del campamento han transmitido su nombre a los israelíes denunciándolo como elemento activo en los disturbios.

Ni Mahmud ni Dasir parecen preocupados por su amigo. A menos que los israelíes tengan algo específico que cargarle, dicen, probablemente solo lo golpearán durante los dieciocho días que dura el periodo habitual de detención y luego lo mandarán a casa. Mahmud y Dasir están orgullosos de Yasir, que saldrá de la prisión más fuerte y más sabio; también será la envidia de los chicos más jóvenes, debido a su experiencia.

Mientras tanto, los *shabab* preparan una importante huelga general de tres días convocada por el líder de la intifada. Están ayunando para mostrar su obediencia.

—Esto es para nosotros un entrenamiento para aprender a tener paciencia y a pasar hambre, igual que los combatientes palestinos han tenido que hacer en el Líbano —dice Dasir.

Antes de ayunar, pasan un día en la mezquita rezando para pedir ayuda contra sus enemigos y visitando las tumbas de los mártires.

Evidentemente, los líderes de la intifada ven las ventajas de infundir en los *shabab* una mezcla de mitología palestina e islam para obtener resultados en el campo de batalla. En Breij está funcionando bien: los ojos de Dasir brillan de hambre, sacrificio y oración, y mira hacia delante, a las luchas que habrán de llegar.

La primera mañana de la huelga general, Dasir y Mahmud se levantan y se ponen en marcha temprano para organizar a los *shabab*. Ya están merodeando en grupos de dos y tres personas en las esquinas de las calles, y hay tensión y expectación en el ambiente. Algunos chicos ya han colgado la prohibida bandera palestina en lugares destacados, y hay pintadas nuevas en las paredes. Ráfagas de humo negro se levantan de las llamas amarillas con que arden los neumáticos de goma. Mahmud está tenso y silencioso por su sentido de la responsabilidad. Lanza miradas significativas a Dasir, que se mueve como un gato entre los jóvenes que esperan, murmurando instrucciones y consejos tácticos.

Unos muchachos muy jóvenes se acercan a la barrera de tierra que separa Breij del campamento militar israelí. Empiezan a tirar piedras. Se les unen otros chicos algo más mayores, lanzando descargas con sus hondas de tela, llamadas *mugla*. Luego gritan: «¡O-L-P! ¡No Is-ra-el!». Pronto aparecen los soldados, vestidos con su equipo antidisturbios. Algunos empiezan a apuntar y lanzan gases lacrimógenos, mientras que el resto, deteniéndose solo un momento en el parapeto de tierra, llegan corriendo. Cargan con las porras en la mano y las armas de fuego preparadas. Los *shabab* gritan: «*Allahu Akbar!*» (¡Dios es grande!) en un solo rugido de desafío, y también de miedo, mientras se dan la vuelta y corren, desapareciendo por las callejuelas hacia sus casas, apresurándose a coger cebollas, limones cortados por la mitad o colonia, antídotos para el gas lacrimógeno que se extiende en nubes por todas partes. Después, cuando las secciones de los campamentos son acordonadas y registradas, el silencio únicamente es roto por algunos disparos, el ulular agudo de los vehículos todoterreno, el ruido de sus motores y algunos gritos lejanos en hebreo.

Después de una hora, la mayor parte de los israelíes se han marchado, y es seguro moverse de casa en casa para inspeccionar los daños que han causado. Los israelíes han destrozado la casa de Nasser, un hombre fornido de apenas veinte años. Sostiene entre los brazos a su sobrino, un bebé, y muestra las magulladuras de su pie donde un soldado le ha pisado. La madre de Nasser, una mujer gruesa, se dirige a la cocina, donde han desparramado la basura por el suelo:

—¿Qué he hecho yo para que me hagan esto? —pregunta.

—¡Lloramos y reímos al mismo tiempo! —dice una vecina, una anciana que llega llorando y luego empieza a reírse histéricamente.

El hermano de Nasser, un hombre barbudo al que algunos llaman, de forma guasona, «el Sheij», debido a su naturaleza devota, está en medio de la habitación, agitando un gran cuchillo de carnicero y vociferando:

—¡Quiero que todos mis hijos sean comandos! ¡Quiero matar a los judíos con este cuchillo!

—No creo que Hitler fuera tan malo como esta gente lo es con nosotros —dice Nasser—. Créeme, estoy seguro —añade tirando hacia arriba de una pernera del pantalón para mostrar el lugar donde, en una ocasión, los soldados le dispararon, y señala también una marca en el nacimiento del pelo donde otra bala le rozó la frente—. Tengo una licenciatura en Historia universal.

En la casa de un amigo, el daño es mucho mayor. Usama es un joven moreno y apuesto de unos veinte años que encadena sin parar un cigarrillo con otro. Volvió recientemente a Breij después de estudiar dos años de Ingeniería en Italia. Como Sami, fue captado por la intifada en cuanto regresó. Ahora la tragedia ha golpeado a su familia, y los soldados lo buscan a él y a sus hermanos. Usama no dice el porqué, salvo que la información para arrestarlos debe de proceder de «colaboracionistas». En la última incursión israelí hace unos días, él y sus hermanos estaban en otra parte, pero su madre de sesenta años se encontraba allí.

—Estuvieron aquí buscándonos y dijeron a mi familia que salieran de la casa. Un soldado golpeó a mi madre en la cabeza y el estómago. Empezó a sangrar por la boca y murió en cinco minutos —dice Usama.

Con tono de asombro e indignación, Usama describe cómo los soldados volvieron más tarde y rompieron las cerraduras de todas las puertas y ventanas de su casa; incluso desgarraron los brazos de los sillones. Se dirige a una habitación donde hay una gran jaula vacía —criar pájaros cantores es una de las aficiones favorita de los gazatíes— y señala la puerta abierta de la jaula:

—Entraron aquí y soltaron los canarios. Había dieciocho.

Como saben que los soldados todavía están buscándolos, Usama y sus hermanos no duermen ya en casa, sino que se esconden en las viviendas de amigos. Hoy ha venido a su casa solo un momento, como un fugitivo, para ver si el resto de la familia estaba bien. Otro contratiempo: Usama iba a casarse esta semana, pero ahora la boda se ha pospuesto indefinidamente.

De nuevo en el exterior, el hedor a neumático quemado y las cenizas ennegrecidas en las sucias callejuelas de Breij marcan el lugar donde se libra la batalla del día. Los botes redondos de goma negra con gas lacrimógeno ensucian el suelo como fruta pasada, y las carcasas de los proyectiles están dispersas aquí y allá como colillas de cigarrillos. De los cables eléctricos aéreos cuelgan montones de banderas como cometas infantiles, la prohibida bandera palestina verde, negra y roja y las pancartas negras de la Yihad Islámica, atadas con cuerdas a unas piedras y colgadas allí por los *shabab*. La hermosa caligrafía de las pintadas árabes está en todas partes, en todas las paredes, llamando en silencio a la acción.

Dasir, que ha desaparecido con todos los demás cuando los soldados cargaron, reaparece de nuevo. Sonriendo ampliamente, pregunta:

—Bien, ¿qué te parece? Fue una buena manifestación, ¿no crees?

Igual que han mitificado sus propias vidas, los palestinos han otorgado también un estatus exageradamente arquetípico a sus enemigos. Una mañana, cuando Sami está bebiendo té en una casa junto a la carretera principal cerca de Breij, pasa a gran velocidad un convoy de jeeps militares israelíes escoltando a un Land Rover amarillo.

—El que iba en el jeep amarillo era Rafi —dice Sami.

Rafi es el odiado comandante de las fuerzas aéreas israelíes en la zona. Todos los *shabab* se refieren a él por su nombre de pila, con el tipo de familiaridad que se reserva a los verdaderos enemigos. Algunos de ellos especulan que no es israelí, sino druso, miembro de la secta tribal árabe que ha sido asimilada en gran parte por Israel y cuyos miembros son célebres por su brutalidad. Sami llama fascista a Rafi, dice que es un sádico al que le gusta golpear a los palestinos «con sus propias manos».

Sea cual fuere la verdad, Rafi está muy presente en la mente de los *shabab*, aunque sea solo uno de los demonios de Breij. Pero mucho más aterradores son los colonos judíos, los civiles paramilitares que se han instalado provocadoramente en grandes zonas de Gaza y Cisjordania bajo la protección del ejército israelí. La presencia de los colonos en Gaza alimenta los temores de los palestinos a que finalmente Israel planee apoderarse de toda su tierra y expulsarlos incluso de los territorios ocupados. Los colonos, mientras tanto, no se esfuerzan por alterar su terrible imagen: cuando conducen por Gaza, blanden sus armas automáticas, y sus hogares están en reservas fortificadas, rodeadas de centinelas y alambradas.

Comprensiblemente, los palestinos creen que los colonos son poco más que soldados disfrazados de civil, y, como tales, son objetivos legítimos para sus piedras y cócteles molotov. Nada tiene de sorprendente que haya enfrentamientos entre las dos comunidades, cada una de las cuales añade material inflamable a la demonología ya arraigada en la mente de los palestinos.

En Breij, hay un muchachito de nueve años, Riad, que fue «secuestrado» por los colonos y ha sobrevivido para contarlo. Como hijo de un famoso comando de la OLP que pasó diecisiete años en una prisión israelí por delitos terroristas, Riad era ya una celebridad del campamento, pero ahora es verdaderamente famoso por derecho propio. Incluso se ha acostumbrado a ser exhibido por su familia como se exhibe al ganador de un concurso canino para que lo contemplen los visitantes curiosos.

Como tantos otros, el relato de Riad forma ya parte del folclore popular de Breij, del mito de la creación de Palestina. Mientras el muchacho está de pie, sin expresión y obedientemente callado en el centro del círculo de adultos que lo miran, su abuelo cuenta lo sucedido aquel fatídico día.

—Yo estaba sentado comiendo fuera, delante de la casa, y el niño jugaba por allí cerca —empieza a contar el hombre, que lleva un tocado blanco de *hajj* para mostrar que ha hecho la peregrinación a La Meca—. Me estaba ocupando de él porque su padre estaba fuera en su trabajo. Tres colonos con ropa de civiles llegaron corriendo desde la carretera principal. Se pararon en la puerta. Les dije: «Bienvenidos», pensando al principio que eran otro tipo de personas. Pero dos tenían pistola y uno llevaba un rifle, y empezaron a apuntar a todas partes y a vociferar en hebreo. Agarraron a Riad y yo pregunté: «¿Qué hacéis? Si el niño ha hecho algo malo, ¡yo lo castigaré!». E intenté cogerlo. Entonces me apuntaron con sus armas y me dijeron: «Vete o te disparamos», y volvieron a la carretera, llevándose al niño.

En este punto, el abuelo se detiene, vencido por la emoción, y dice de manera implorante, como suplicando a sus oyentes, que le crean:

—Intenté recuperarlo, pero no pude...

Corrió a telefonear a la policía. Luego, por casualidad, otro de sus hijos, que estaba trabajando cerca de la carretera principal, vio a los colonos llevándose al muchacho y pudo fijarse en la matrícula del coche;

461

él y otras personas empezaron a gritar y a correr tras ellos, pero no pudieron alcanzarlos. Las autoridades llegaron rápidamente al lugar, les contaron lo del secuestro y les dieron el número de la matrícula.

Pronto tuvieron noticias desde una de las salidas de la frontera de Gaza, donde los soldados habían detenido el coche: Riad estaba sano y salvo. Dos horas más tarde, regresaba a casa.

—No esperaba volver a ver nunca al niño —dice uno de los tíos de Riad—. Pensábamos que lo matarían si no los cogían.

La creencia de la familia de que ejecutarían al niño por tirar piedras al coche de los israelíes —que es, al parecer, de lo que los colonos lo habían acusado— muestra hasta qué punto la mitología negativa se ha apoderado de la percepción racional de la mente de los palestinos. Pero la demonización de sus enemigos es también una fuente importante de confianza en sí mismos para los chicos que luchan contra los israelíes. Creer lo peor de los israelíes hace más fácil emprender una acción drástica contra ellos; cuando llegue el día en que se pida a los *shabab* que maten en vez de tirar piedras, lo harán sin ningún escrúpulo.

En Breij, y en los campamentos del Polisario del Sáhara Occidental, los jóvenes guerreros se despiertan todos los días con la sensación creciente de que algo va a suceder, unida al peso de sus responsabilidades, pues son los creadores de la historia para el pueblo que busca tanto un futuro como un pasado. Viven también con el conocimiento de que cada nueva acción emprendida añade sustancia a sus mitos de la creación, la creación de los nuevos estados que luchan por nacer.

Este proceso de autoinvención es vital y proporciona a los guerrilleros un sistema de valores vinculante, un impulso poderoso para perseverar en su lucha. Sin un pasado —o, como los desplazados palestinos y saharauis, incluso sin un hogar— tampoco hay un futuro, y por eso los guerrilleros deben al menos tener su historia propia. Veraz o mitificada, esa historia es el depósito de su identidad cultural, tan esencial para su lucha como las armas con las que combaten.

Una realidad paralela*

A primera vista, Las Flores no se diferencia de cualquier otro pueblo de El Salvador. Ancianos con sombrero de paja juegan a las cartas en las escaleras del umbral de una casa de aspecto destartalado en un rincón de la plaza. Fuera, a la luz de un sol que todo lo agosta, familias de pollos, patos y cerdos empujan con dificultad unos guijarros, hozando en busca de comida.

Varios chicos observan, a través de la ventana, el interior de la rudimentaria clínica dental donde una joven está tumbada en una hamaca con la boca abierta ante el dentista. Una pareja pasea en actitud cariñosa y con las manos entrelazadas hacia un banco en el centro de la plaza y se sienta, con una ilusión de intimidad, fuera del alcance del oído, aunque a plena vista del pueblo al mismo tiempo.

San José de las Flores está encajado entre un par de colinas verdes sembradas de maíz; medio centenar de casas se distribuyen alrededor de una gran plaza adoquinada. En un extremo hay una iglesia que parece una tarta nupcial, blanca, con viejas puertas de madera arqueadas y un campanario. Una palma real se eleva desde los adoquines junto a los peldaños de la iglesia. Cerca de allí hay una pirámide de cemento, más o menos de la altura de un hombre, erigida por el Rotary Club, con la base reforzada por un banco que la rodea.

En el centro de la plaza hay una cancha de baloncesto asfaltada. Un solitario árbol de sombra se eleva en un extremo; el resto de la cancha está cubierto de matas de frijoles arrancadas, expuestas al sol para que se sequen. En el lado opuesto, un tosco belvedere de tejado rojo sobre pila-

* «A Parallel Reality», en *Guerrillas. Journeys in the Insurgent World*, Nueva York, Times Books, 1992. Publicado por primera vez en castellano por Sexto Piso (2018), *Guerrillas*, en traducción de María Tabuyo y Agustín López Tobajas.

res de madera cobija un molino manual de cereal y un horno abovedado de arcilla. Aquí, cada mañana, se reúnen las esposas y madres de Las Flores. Cada una con su cuenco de plástico azul o rojo lleno de granos de maíz amarillo brillante para preparar la masa de sus tortillas.

Las casas de adobe alrededor de la plaza tienen amplios porches delanteros con pilares de madera que sostienen los tejados de tejas rojas. Si están pintadas, las casas son blancas con manchas estriadas producidas por el polvo arrastrado por la lluvia o están cubiertas con esa horrible pintura verde habitual en cárceles y hospitales que parece haber encontrado su última morada en América Latina. Desde las cuatro esquinas de la plaza salen unas callejuelas, con malas hierbas creciendo entre las piedras, para dar paso enseguida a sendas de tierra que desaparecen entre los campos más alejados hacia la selva.

Un tortuoso camino de tierra volcánica color púrpura, transitable por los todoterrenos, sale de la capital provincial, Chalatenango, para terminar aquí. Detrás de Las Flores, el terreno asciende adentrándose entre colinas discontinuas y baja luego hasta el río Sumpul. Al otro lado está Honduras. Las Flores es el final del camino.

A pesar de las apariencias, algo es diferente en Las Flores. Cuando llega un forastero, los niños no corren inmediatamente hacia él haciendo preguntas o pidiéndole caramelos. Nadie se acerca. La gente levanta la cabeza fugazmente y luego desvía la mirada, como si no tuvieran ningún interés. Y no vuelven a mirar.

Los extranjeros no son inmediatamente bienvenidos en Las Flores. Los aldeanos no se presentan, ni preguntan al foráneo quién es, de dónde viene o adónde va. Tampoco es que la atmósfera sea del todo hostil. Hay cautela. Las voces se acallan, e incluso, aunque las conversaciones llenen la plaza, el forastero no puede oír lo que dicen.

Aun cuando esté realizando las tareas cotidianas más inocuas —ir a por leña, sacar agua, moler maíz—, la gente de Las Flores parece atribuirles un sentido especial. La manera en que se mueven indica que todo lo que hacen es vitalmente importante. Es como si en algún lugar de la vacía y polvorienta carretera que conduce hasta aquí se hubiera cruzado una frontera invisible. Y así es. El viaje a Las Flores hace entrar en otra realidad, una realidad paralela, un lugar completamente diferente del mundo que se acaba de dejar atrás, aunque exista junto a él. Los habitantes viven aquí según sus propias leyes y su propia ideología, en un estado de rebelión contra lo que se encuentra más allá.

Cada vez que Giovanni visita Las Flores, viene a pie, apareciendo silenciosamente en la plaza desde la callejuela que discurre al lado del

Comedor Popular. Su cuidado bigote y las gafas ahumadas le dan un aire de sofisticación intelectual. Es mestizo, pero su espeso pelo negro y la piel oscura muestran que su sangre es, sobre todo, india.

Mélida, una tímida adolescente, sigue a Giovanni adondequiera que vaya, a pocos pasos de distancia, como si fuera su sombra. Es bajita y regordeta, con pelo castaño rojizo, largo y ondulado; lleva un radioteléfono portátil. De vez en cuando, lo escucha o habla por él, ajustando su larga antena.

Giovanni siempre está ocupado haciendo algo. Anda afanosamente, a grandes zancadas, de un lado a otro de la plaza para hablar con alguien aquí o consultar algo con otro más allá. Con frecuencia la gente se acerca a Giovanni, y algunos le entregan con discreción pequeños trozos de papel, esmeradamente doblados en varios pliegues. Él siempre se para, despliega con cuidado el papel y lee el texto que le han escrito. Los mensajeros esperan pacientes, observando en silencio su rostro, que es siempre inexpresivo. Cuando termina de leer, dobla de nuevo el papel tal como estaba y lo introduce en una bolsa de plástico transparente que guarda en el bolsillo superior de la camisa. Tras dirigir unas breves palabras a los mensajeros, se marcha de nuevo.

Es difícil decir exactamente qué es lo que hace Giovanni o quién es. Nadie en Las Flores parece conocer su nombre completo; solo Giovanni, sin apellidos. Tampoco pueden explicarte nada sobre su familia ni su origen, porque Giovanni no es de Las Flores. Ni siquiera vive aquí, pero viene cuando quiere; son visitas rápidas, no anunciadas, con Mélida trotando a su lado.

Hay una buena razón para todo este misterio: Las Flores es un centro neurálgico de uno de los frentes revolucionarios más antiguos de la guerra civil de El Salvador. Aquí, en la provincia de Chalatenango, a dos horas en coche de la capital, San Salvador, los guerrilleros del Frente Farabundo Martí para la Liberación Nacional (FMLN) han encontrado un santuario y desde hace más de una década mantienen una guerra contra las fuerzas armadas del país respaldadas por Estados Unidos. La autoridad judicial del Gobierno termina unos doce kilómetros más allá, en el control militar al borde de la ciudad de Chalatenango.

Las colinas que rodean Las Flores pertenecen a las Fuerzas Populares de Liberación (FPL), la que defiende una línea más dura de las cinco facciones guerrilleras marxistas que constituyen la coalición del FMLN. Aunque las guerrillas están activas en todo el país, la zona aislada del Chalate, con sus comunidades campesinas dispersas y sus parcelas de maíz y granjas de cerdos, es el terreno de asentamiento de esos grupos, y Las

Flores siempre ha sido su *capital*. En un periodo de euforia, los guerrilleros proclamaron Chalate como «territorio liberado» y, medio en broma, proclamaron la República Popular de Chalatenango.

Ahora, más maduros y templados por los años pasados en el monte, los guerrilleros han abandonado esa retórica triunfalista, pero siguen considerando toda esa área como una de sus «zonas bajo control». Esta es una reivindicación justa. Salvo por los barridos periódicos del ejército, cuando los guerrilleros desaparecen entre la maleza, las FPL son la autoridad *de facto* en la región.

La autoridad de las guerrillas es ejercida por personas como Giovanni; Giovanni es un oficial de rango superior cuyos deberes incluyen la supervisión de los talleres que producen el «armamento popular» propio de las FPL. Mélida es su *radista*, su ayudante de comunicaciones. Sus rostros pueden ser familiares para la gente de Las Flores, pero su verdadera identidad permanece oculta. Giovanni es un nombre de guerra, como Mélida. En Las Flores abundan las identidades falsas, ya que la supervivencia de la comunidad exige la ocultación de los nombres reales y del pasado de la vida de cada cual. Como San José de las Flores y su fachada de «pueblo civil», las gentes que vienen aquí también mantienen una ficción diplomática sobre quiénes son realmente. Y el paso de notas es el *correo* secreto propio de los guerrilleros, un sistema de correo clandestino empleado por los comandantes de campo para transmitirse noticias.

Los guerrilleros han establecido sus campamentos por toda la selva por detrás de Las Flores. En pocos minutos pueden recoger y marcharse, escondiendo o llevándose con ellos los pertrechos de toda una comunidad clandestina: clínicas de campaña, radiotransmisores, una prensa, talleres de explosivos y municiones, alijos de armas...

Con los años, los guerrilleros han salido de sus escondrijos y han asestado golpes devastadores a los militares. A su vez, el ejército salvadoreño ha respondido con enorme brutalidad, tratando de neutralizar el apoyo civil al FMLN, «drenando el mar de peces». En lugares como Las Flores, que sirven de ventanas a través de las cuales los guerrilleros observan el mundo civil, los campesinos que apoyan a la guerrilla han sido el objetivo principal de las fuerzas del Gobierno. Después de todo, la guerra de El Salvador no tiene el objetivo de ocupar territorio, sino de ganarse el corazón y la mente de los ciudadanos comunes, y ellos constituyen la mayor parte de las víctimas.

Las tácticas de contrainsurgencia empleadas por el Gobierno han abarcado desde las matanzas masivas, que comenzaron al inicio del conflicto en 1980, hasta la rutina de los bombardeos aéreos indiscriminados y las redadas del ejército hacia el final de la década. Más de ochenta mil personas han muerto en la guerra, muchos de ellos civiles desarmados. Los simpatizantes de la guerrilla —políticos, campesinos, sacerdotes, sindicalistas, estudiantes y maestros— han sido regularmente torturados y asesinados por los «escuadrones de la muerte» del Gobierno, que dejaban sus cuerpos a la vista de todos o simplemente los hacían «desaparecer». De los cinco millones de habitantes de El Salvador, al menos quinientos mil han huido del país, y un millón más son refugiados internos, desplazados de sus hogares por los enfrentamientos.

A unos tres kilómetros de Las Flores está el lugar junto al río Sumpul donde, en un solo día, en 1981, el ejército masacró a unos seiscientos civiles locales. Después de El Sumpul, como los lugareños llaman ahora a la atrocidad, la gente que vivía alrededor de Las Flores huyó a Honduras, abandonando sus hogares a los grillos, las culebras y a las escaramuzas entre el ejército y la guerrilla. Durante la mayor parte de la década de 1980, Las Flores fue una ciudad fantasma.

A ojos de las fuerzas del Gobierno, el civil que vive en una zona de la guerrilla está expresando su solidaridad con el enemigo, «delito» sancionable con la muerte. Al menos, así fue en una época. Más recientemente, como resultado del examen objetivo de investigadores de derechos humanos, representantes de la Iglesia y periodistas —y la legislación del Congreso de Estados Unidos que exige pruebas de su buena conducta a cambio del flujo continuado de la esencial ayuda militar—, el ejército se ha tomado las cosas con más calma. Siguen produciéndose asesinatos e incluso matanzas de civiles en masa, pero no tan a menudo ni tan gratuitamente como antes.

Esta atmósfera más flexible permitió un cierto margen de seguridad para que los refugiados empezaran a regresar poco a poco. En 1987, el Gobierno permitió a regañadientes el retorno de un número mayor a fin de mejorar su nefasta imagen en materia de derechos humanos. Ahora varios cientos de personas viven en Las Flores y unas pocas aldeas cercanas, después de obtener una legitimidad muy precaria para residir allí con el apoyo de la Iglesia católica, instituciones benéficas internacionales y, por supuesto, el FMLN.

Estas no son personas normales, sino campesinos cuyas vidas se vieron drásticamente transformadas en la primera década de la guerra. Muchos han tenido que pasar por las tragedias personales más terribles. Algunos son supervivientes de matanzas como la de El Sumpul, que encontraron seguridad en los miserables campamentos de refugiados hondureños. Otros pasaron años huyendo dentro de El Salvador, escondiéndose del ejército en un esfuerzo por sobrevivir, buscando alimento en el monte y viviendo en cuevas. Casi todos son ardientes partidarios del FMLN, lo que se llama «las masas».

Si pudiera, el ejército exterminaría a estas «comunidades populares» como hizo antes de que el FMLN fuera fuerte y pudiera defender a sus seguidores campesinos. Pero, aunque la población de Las Flores está marginada y es acosada a menudo, sus habitantes ya no son cazados como perros. En El Salvador, este es un cambio que significa una mejora importante; esa es la razón de que la gente de Las Flores se sienta tan orgullosa y hable triunfalmente de haber «reconquistado sus hogares».

Los lazos que unen a los habitantes de Las Flores con el FMLN son profundos, y, si a primera vista el pueblo parece bastante normal, una mirada más atenta en torno a la plaza demuestra otra cosa. Las pintadas revolucionarias, hechas con pintura negra y roja, aparecen por todas partes: ORGANIZACIÓN PARA LA LUCHA; LUCHA PARA LA VICTORIA DEL FMLN. Muchas de las paredes tienen marcas de bala procedentes de disparos de metralleta, o cráteres y agujeros más grandes allí donde alcanzó un cohete o el disparo de un mortero. En una casa de una esquina estalló un proyectil que ha dejado un dibujo en forma de rayos solares, con marcas de metralla que irradian desde su centro como llamas danzarinas.

En cada lado del arco de la puerta de la iglesia se puede ver el rostro estarcido en blanco y negro del arzobispo mártir Óscar Arnulfo Romero, icono de la izquierda salvadoreña. Esta destacada representación de su imagen coloca a la Iglesia abiertamente junto a «el pueblo»: en vida, Romero fue defensor de la doctrina católica de la teología de la liberación, que defiende el cambio social revolucionario en nombre de los pobres.

Otro signo de los *compas*, como todo el mundo llama a los guerrilleros —argot para *compañeros*— es su imposición de la ley seca. Esta es una medida destinada a subrayar su autoridad al tiempo que mantiene despiertas las mentes para concentrarse en la revolución. El único almacén de licor está cerrado con tablones; su fachada, todavía de vivos colores, conserva la pintura de un gallo de mirada salvaje, símbolo del *aguardiente* nacional (licor de caña), Tic Tack. Esto explica la ausencia de borrachos en la plaza de Las Flores. En cualquier otro pueblo, al menos varios de los apestosos y tumefactos *bolos* de rostro amoratado, bebedores de *aguardiente*, estarían acurrucados en su atontamiento sobre la escalera de la iglesia día y noche. En Las Flores, varios jóvenes de apenas veinte años, a los que les falta bien un brazo, bien una pierna, se han apoderado de los peldaños. Los puedes encontrar allí la mayor parte de los días, con la espalda apoyada contra la gran puerta tachonada. Cuando el frescor del amanecer se desvanece con el sol matinal, contemplan la plaza.

Incluso el nombre del Comedor Popular Nuevo Amanecer carece de inocencia. El rústico restaurante económico es un comedor de beneficencia patrocinado por la guerrilla para los *compas*. Comen aquí cuando están en el pueblo y, si quieren, pueden dejarlo a deber. La revolución es una buena clienta y siempre paga sus cuentas. Dos puertas más abajo, la guardería de la comunidad atiende a los hijos de los guerrilleros. Varias muchachas adolescentes cuidan de dos docenas de niños durante el día —meciendo a los más pequeños para que se duerman en hamacas a rayas con los colores del arcoíris— y por las noches los devuelven, no a sus madres, sino a sus abuelas.

Estas mujeres mayores son quienes realmente dirigen Las Flores, quedándose a cargo del hogar para suplir a sus hijas e hijos que están fuera, en «el frente», etiqueta no definida para el teatro cambiante de la guerra, que puede estar en la otra punta del país o en algún lugar entre los árboles en las afueras de la población. Solo ocasionalmente, cuando las cosas están tranquilas y el ejército no anda cerca, la prole adulta puede venir para reunirse, hacer el amor y jugar con sus hijos pequeños.

Así como las «madres» de Las Flores son en su mayor parte mujeres mayores, los únicos varones son chiquillos —de diez años o menos— u hombres por encima de los cincuenta. Los hombres jóvenes, cuando se dejan ver, llevan todos el uniforme del FMLN. Las Flores puede parecer vacío en un momento dado, y enseguida una columna de *muchachos* empapados en sudor aparece caminando cansinamente en silencio antes de desaparecer de nuevo.

Mientras los jóvenes luchan, los ancianos cultivan y pasan la mayor parte de su tiempo cuidando las parcelas de maíz y los campos de habichuelas que cubren las lomas en los alrededores del pueblo. Aquí la revolución social del FMLN está ya en marcha. Una vez hecho el trabajo colectivo, los ancianos trabajan sus parcelas propias una hora o dos, luego vuelven caminando con dificultad a la plaza. Sucios y cansados, la mayoría van directos a sus casas para lavarse, comer y echarse a dormir en sus hamacas. Los que aún tienen energía suficiente juegan a las cartas con sus amigos al anochecer en el porche delantero del Comedor Popular.

La vida es una vida comunal, socialista. Esto es lo que hace que la atmósfera en Las Flores y su entorno sea única. Aquí el pueblo está llevando a cabo un ideal sostenido por los fusiles protectores del FMLN.

Por medio de la guerra, los *compas* y su pueblo han rescatado un lugar para sí mismos, para vivir como creen conveniente, aunque esto no fuera en absoluto lo que habían soñado cuando comenzaron a hacer la revolución, cuando creían que todo el país sería suyo. Aun así, es lo que han logrado.

Haroldo ha supervisado las emisiones de la clandestina Radio Farabundo Martí, la emisora de los guerrilleros, durante los últimos diez años. Intelectual de barba incipiente y con gafas, de algo más de treinta años, Haroldo era un joven poeta de considerable reputación antes de la guerra; durante sus años en las montañas, ha continuado escribiendo y publicando, pero bajo su identidad real, no con su nombre de guerra.

A pesar de su compromiso profundo con la revolución, Haroldo se siente profundamente triste por el mundo más allá de *la montaña*. En El Salvador, *la montaña* es mucho más que un accidente geográfico; es el lugar donde están los guerrilleros, donde la revolución abriga su fuerza; es la «otra realidad» del país. Pero Haroldo lamenta la división entre su hogar rural clandestino y la ciudad en la que creció bajo el mando del Gobierno, dos mundos que son, en sus palabras, «tan distintos como el agua y el aire»:

—Tienen texturas diferentes. La vida comunal que llevamos aquí está más de acuerdo con la manera en que nos gustaría ver el mundo, pero no es mejor en todos los aspectos. Necesitamos otra, porque queremos construir una sociedad nueva, y esta nueva sociedad tendrá mucho de esta vida, y también mucho de esa otra. Estamos tratando de abrir caminos entre ambos mundos, no de crear un reino bucólico y separado. Queremos sacar al país entero de su miseria, para que no haya fronteras en él.

Pero, mientras dure la guerra, la «sociedad nueva» de Haroldo solo será posible en lugares donde los *compas* puedan actuar abiertamente, como Las Flores. A pesar de todas sus ilusiones sobre un futuro unido para el país, tendrían que suceder muchas cosas antes de que esa fusión pudiera producirse. Las personas que han pasado la guerra viviendo con los *compas* o como refugiados son muy diferentes de las que se han quedado en las ciudades. Le guste a Haroldo o no, existen fronteras internas en el país, y son tan psicológicas como físicas.

En Chalatenango, la frontera física entre los mundos, está el puesto de control del ejército en la polvorienta carretera de Las Flores. Cuando la guerra haya terminado, ese obstáculo desaparecerá, pero la distancia entre la gente que vive a uno y otro lado seguirá estando ahí. Lo que preocupa a Haroldo es cómo extender el estilo de vida de los *compas* más allá de los confines de Chalate e integrarlo en la realidad de todos en un El Salvador reunificado de posguerra. Mientras tanto, la guerra continúa, y, para los *compas*, tener un lugar separado es la única manera de sobrevivir.

A lo largo de todo el día, el sol golpea con intensidad sobre la plaza. En el calor, el pueblo parece desierto, pero la vida sigue en los interiores frescos de las casas de Las Flores. A mediodía, el ambiente es cálido y espeso, y la plaza está silenciosa mientras el pueblo permanece inactivo.

Pero estamos a finales de julio, el comienzo de la estación de las lluvias, y pronto aparecen nubes de tormenta sobre nuestras cabezas. Cada día las nubes se hacen más grandes, hasta que el cielo se vuelve de color gris oscuro y luego, en medio de los truenos, llega la lluvia para lavar la plaza. Aparecen los patos y las gallinas para chapotear y picotear en los charcos, y el pueblo está en silencio, salvo por el goteo del agua, los truenos que se van apagando y el murmullo de la brisa. Luego el aire fresco se impregna de nuevo de los aromas mezclados del humo, el maíz dulce y los granos de café que se tuestan al aire libre.

En el ambiente fresco del crepúsculo, el pueblo vuelve a la vida. Los vecinos aparecen a la entrada de sus casas, sentados en los peldaños para intercambiar cotilleos. Pronto la plaza está atestada de gente que habla en voz alta y al mismo tiempo, como el público de un teatro que bulle de emoción antes de que la representación comience. Pero aquí, en el centro del escenario, los únicos actores son un corro de chavales desaseados que gritan muy contentos y juegan sobre un montón de arena en una esquina de la pista de baloncesto. Un chico, que salta sin parar en el aire, enseña a los otros sus patadas de kung-fu, acompañadas de agudos rugidos marciales.

Una tarde, cuando un prolongado crepúsculo inunda la plaza con su luz rosada, todo el mundo juega a una disparatada especie de baloncesto —los chicos más pequeños contra los más mayores—, y el lugar se llena de los frenéticos resuellos y de los gritos alegres y del ruido de los pies en desbandada de los que están jugando. Otras noches, alguien pone en marcha el único generador de la ciudad, y las pocas bombillas desnudas que cuelgan de unos alambres tendidos por la plaza empiezan a brillar. Colocan un gran aparato de televisión sobre una mesa de la terraza del Comedor Popular y, como moscas atraídas por un farol, todo el mundo se reúne para ver las imágenes salpicadas de interferencias. Primero se emiten las noticias nocturnas de la capital, seguidas de un culebrón, una de las llamativas *telenovelas* mexicanas o brasileñas, sagas melodramáticas familiares que escenifican los extremos del bien y del mal, con personajes fantásticamente ricos o desesperadamente pobres. Los aldeanos observan con una actitud acrítica, extasiados, con el rostro imitando inconscientemente los exagerados sollozos, burlas y ceños fruncidos de los actores.

Y una noche hay baile. La música retumba desde un radiocasete portátil, y todos se balancean y se agitan de un lado para otro con los Creedence Clearwater Revival, el grupo de moda del momento. Las parejas adolescentes se mueven con torpeza y se toquetean en la cancha de baloncesto, y sus hermanos pequeños, bailando en los bordes, imitan sus movimientos. Chicos y chicas guerrilleros en deslucidos uniformes bailan incómodos con sus botas y con las armas colgadas al hombro. Grupos de muchachas adolescentes observan vergonzosas desde las puertas que circundan la plaza, abrazándose y cuchicheando entre sí, soltando risitas histéricas cada vez que un chico se atreve a sacar a bailar a alguna de ellas.

Una tarde se puede oír un sonido nuevo sobre el murmullo de la plaza: un rugido mecánico lejano, como un martillo neumático que se pone en marcha y renquea durante largos intervalos. Al principio, todos siguen a sus asuntos mientras el ruido continúa. No es más que el telón de fondo de los demás ruidos de la plaza, nada destacable.

Luego alguien descubre un penacho de humo en la distancia. La gente empieza a reunirse y observa con expectación. Los jugadores de cartas abandonan la baraja, agarrando todavía los naipes con sus manos nudosas. Los niños se callan y se levantan del montón de arena. Las mujeres del Comedor Popular dejan de preparar las tortillas y salen afuera, con la harina húmeda, pastosa, adherida a sus manos. Se reúnen en un corrillo silencioso al borde del porche. Tratan de escudriñar algo más allá de los tejados rojos de la plaza, hacia las colinas que rodean el valle próximo a unos tres kilómetros de distancia.

Allí, en el cuenco verde de tierra bajo los flancos de las peladas colinas, un helicóptero de combate vuela dando vueltas y más vueltas en círculo, como una libélula. Dispara ráfagas largas y continuas con ametralladoras de gran calibre.

El humo se hincha y la nube de color gris oscuro aumenta de tamaño. Uno de los viejos jugadores se revuelve y dice que es solo una bomba de humo. Puede asegurarlo porque reconoce el tipo de humo. El ejército está tratando de usar el helicóptero para evacuar a sus soldados del lugar donde los *muchachos* les han tendido una emboscada y los han inmovilizado.

Mientras tanto, el helicóptero planea en su círculo oscuro cada vez más cerca de la tierra, disparando sin cesar. Y el humo sube implacable por encima de la silueta de las crestas. Luego, abruptamente, el rugido se interrumpe y la libélula mecánica se va. El humo se queda donde está durante un rato antes de empezar a desplazarse a la deriva, disipándose y desapareciendo contra el último azul del día.

Los jugadores de cartas vuelven a sentarse, los chicos regresan a su montón de arena y las mujeres desaparecen en la casa para seguir preparando más tortillas para la cena. El incidente apenas ha enfriado la plaza; momentos después, recupera de nuevo su calor; los chavalillos gritan, los hombres ríen entre dientes y se maldicen unos a otros afectuosamente, y desde el interior del Comedor Popular llega el ligero golpeteo de las mujeres haciendo las tortillas.

La gente de Las Flores se toma la guerra con calma, pero son muy conscientes de las peculiaridades de su modo de vida. Una mañana, varios jóvenes guerrilleros aparecen con palas y, con una carretilla, empiezan a acarrear arena desde el montón de la pista de baloncesto. Una anciana contempla impasible ese torbellino de actividad. No sabe qué están haciendo, pero, puesto que no han anunciado sus intenciones, no les pregunta nada. Durante un rato se queda observando, con la mirada vacía, a los *compas* que trabajan. Finalmente, con una mueca maliciosa susurra en voz baja y conspirativa:

—¡Tal vez es algo *clandestino*!

Y se ríe abiertamente de su ocurrencia.

Los revolucionarios tienen su propio sentido del humor, a menudo negro y lleno de insinuaciones. Parece ser parte del *ethos* que comparten, una manera de hacer frente a esta vida que está llena de pérdidas y tragedia. Uno de los *compas* más divertidos es Jacinto, un personaje larguirucho de unos treinta años y de barba enmarañada. No suele venir a Las Flores muy a menudo. Cuando llega, da vueltas en la plaza como un derviche; con buen humor, cuenta chistes, da fuertes abrazos a la gente y pregunta a todos cómo les va a ellos y a sus familias.

—¡Vergón, vergón! —grita Jacinto feliz cada vez que oye alguna buena noticia. «*Vergón*» procede de «*verga*», pero en la jerga salvadoreña es una exclamación de regocijo, algo así como decir «¡Perfecto!» o «¡Genial!».

—¡Eh, *compa*! Dile a tu mujer que le mando un abrazo enorme —le grita una noche con una maliciosa mirada de soslayo a un campesino de aspecto impasible que pasa a su lado—. Pero no te me vayas a poner celoso, ¿eh?

El campesino sonríe y responde con amabilidad:

—No, no te preocupes, *compa*. Le daré el abrazo.

A finales de los setenta, Jacinto fue un cantante protesta; tocaba la guitarra y cantaba en muchas de las manifestaciones antigubernamentales que acabaron llevando a la guerra civil. Luego, cuando la represión militar se hizo demasiado fuerte, se marchó a las montañas. Eso fue hace nueve años. Ahora trabaja con Haroldo y el resto del equipo de Radio Farabundo Martí como técnico.

—Me gustaría cantar y tocar la guitarra de nuevo —dice Jacinto con tono sentimental—. Pero, con todas mis obligaciones, hay pocas posibilidades de practicar, y mis dedos se han olvidado ya de las cuerdas.

Sus camaradas han convencido a Jacinto para que se tome un descanso de tres días y por eso ha venido a Las Flores; ha estado en el monte durante tres meses ininterrumpidos y está muy cansado. Se ríe de la ironía de llegar a Las Flores «para unas vacaciones». Cuando se ríe, olvida la nostalgia que le abrumaba.

Por la noche, Jacinto cuelga su hamaca en la guardería. Las ratas corren de un lado para otro por el tejado, y la lluvia entra por los agujeros abiertos donde han impactado los morteros. Repite en voz alta una agridulce sentencia de consuelo que los guerrilleros salvadoreños usan para recordarse a sí mismos por qué están donde están.

—Somos como sacerdotes: célibes, aunque no porque queramos serlo; pobres, aunque no debido a los votos; y hemos aceptado la obediencia... porque, a causa de la guerra, tenemos que hacerlo.

A la mañana siguiente, en el desayuno en el Comedor Popular, un combatiente canoso se sienta a compartir la mesa única y el banco, y anuncia, como si celebrara un sacramento:

—La mejor comida es el hambre.

Jacinto gruñe su reconocimiento con un bronco amén, y los dos se hunden en su comida.

Esta es otra cosa que hace diferente a Las Flores y distingue a sus habitantes de los de otras comunidades: están allí para hacer una afirmación política. Todo lo que hacen tiene un propósito, pues son un pueblo en guerra. Y los *compas* pueden bromear y exaltarse a ratos, pero enseguida regresan a la realidad con el sobrio recuerdo de su razón de ser: hacer la revolución.

El guerrillero de rango más elevado en la zona de Las Flores, el *jefe político-militar*, es Sebastián, o Sebas. Como Giovanni, con quien coordina las operaciones de la guerrilla en la zona, Sebas hace frecuentes apariciones relámpago en la plaza antes de desaparecer de nuevo. Habitualmente llega andando con paso rápido, sudando a mares y con un AK-47 colgado al hombro. Nunca sonríe y siempre parece preocupado. Lleva un pequeño capote verde Mao, una camiseta negra y un traje de faena con grandes bolsillos laterales y botas. Sebas tiene la piel blanca de un chele, el término salvadoreño para las personas de piel blanca. Piel blanca es sinónimo de clase superior, que es casi patrimonio exclusivo de los descendientes de europeos.

Sandra y Sabina, las regordetas *radistas* encargadas de transportar el walkie-talkie de Sebas, ambas de poco más de veinte años, siempre lo preceden al entrar en el pueblo. Momentos después, Sebas, sudoroso, llega a la plaza. Saluda con voz fuerte a los presentes y se va de nuevo. Invariablemente, deja tras de sí una cierta actitud vigilante que no había antes. Es como si la gente supiera leer en su rostro preocupado el informe de la situación en el campo de batalla.

Pero aquí nadie puede relajarse nunca por completo, pues el enemigo puede atacar en cualquier momento y siempre es posible que muera alguien de la comunidad. Por eso, la gente de Las Flores vive en previsión de la violencia, en una tensión tranquila que forma parte integral de la atmósfera del pueblo. Todo el mundo se juega algo en lo que sucede aquí: todas las familias tienen un hijo o una hija en la revolución; solo gracias a ellos Las Flores puede vivir en una paz relativa y tener, más o menos, la apariencia de una aldea normal.

Los combatientes son en su mayoría adolescentes, algunos de trece años. Claramente orgullosos de su papel en la revolución, llevan en el cuello pañuelos con el lema «Viva el FMLN» y resoplan y se pavonean cuando saben que los observan.

—¿Sabes? —comenta Jacinto mientras un grupo de guerrilleros adolescentes se pasea con tranquilidad junto a él—. En ocasiones, me digo a mí mismo que, por una parte, es un sentimiento especial ver a uno de estos *cipotes* crecer y convertirse en un hombre, en un guerrillero... Sí, pero, por otro lado, es triste también que tenga que suceder de esta manera...

Una mañana, en el comedor, Sandra y Sabina llevan un ejemplar reciente de la revista *Time*; el tema de portada es el fenómeno internacional de los «niños soldado». Hojean la revista con entusiasmo, pero, cuando no encuentran ninguna fotografía de El Salvador, expresan auténtica desilusión al ver que los jóvenes del FMLN no han sido incluidos.

—Han ido por todo el mundo, ¿no es cierto? —dice Sandra con indignación—. Entonces ¿por qué no vinieron a El Salvador?

Sandra no es de Chalatenango, sino de una provincia limítrofe con el océano Pacífico. Se alistó hace tres años, cuando tenía dieciocho, pero ha estado «implicada» desde que tenía trece años.

—Mis padres estaban siempre con los *compas* —explica sin dar más detalles—. Así que era natural para mí.

Cuando alcanzó la mayoría de edad, sus padres la apoyaron en su decisión de unirse a los *compas*. Ahora sigue en contacto con ellos por medio de cartas llevadas en persona. Las de su padre le llegan a las montañas a través de la red de comunicaciones clandestina de la guerrilla. En ellas, el padre la insta a tratar de ser fiel a los «valores morales» propuestos por Ernesto «Che» Guevara, cuya abnegación por sus ideales es un modelo que deberían seguir todos los revolucionarios.

—No he podido leer sobre el Che todo lo que me hubiera gustado —dice Sandra—. El sistema de gobierno aquí, en El Salvador, lo hace difícil. Después de la revolución —añade riendo—, eso cambiará.

«Después de la revolución». Los *compas* jóvenes de Chalate pronuncian a menudo frases como esta, habitualmente como un alarde marcado por el sentido del humor, como en el caso de Sandra. Pero no son meras consignas; suponen una especie de resolución epigramática sobre el futuro que generarán sus esfuerzos. Sandra dice «después de la revolución» con la determinación despreocupada de una muchacha que viviera en un país en paz, una nación con elecciones regulares justas y un sistema político estable. Es como si dijera «después de las próximas elecciones». Para ella, la frase expresa todo el sentido de su existencia.

Sin embargo, tanto como cualquier filosofía política compartida, es la tragedia colectiva de la guerra lo que da a estos guerrilleros supervivientes el sentimiento de un destino común y lo que los ayuda a mantenerse firmes en su proyecto revolucionario. Impedidos de participar en la sociedad convencional debido a sus creencias políticas, los *compas* y sus partidarios han forjado una realidad paralela mediante su propio sacrificio y la sangre de sus seres queridos. Después de todos los años pasados en las montañas, la revolución es la única vida que la mayoría de los *compas* conoce, y su compromiso con ella trasciende la ideología.

Sebas es de la capital. Allí estudiaba Sociología en la Universidad Nacional de El Salvador, pero se vio obligado a dejar a medias sus estudios cuando entró en la clandestinidad. Salvo dos años que pasó como preso político, ha estado «en las montañas» desde entonces. Ahora parece como si sus días de estudiante formaran parte de otra vida. Ha estado en la revolución durante tanto tiempo, dice, que ya no tiene objetivos personales.

Cuando la guerra haya terminado, Sebas quiere volver a estas colinas de Chalatenango a realizar algún trabajo práctico de desarrollo —«Cosas como carreteras, agua corriente y electricidad»— para comunidades como Las Flores.

—Sería una manera de retribuirles por su apoyo al FMLN y por haber sufrido tanto las consecuencias de la guerra —dice.

Pero, por supuesto, cualquier cosa que haga dependerá de «la voluntad de la revolución».

Aparte de su inquebrantable sentimiento de obligación revolucionaria, Sebas admite otra razón más personal para su permanencia en las colinas después de todos estos años: las fuerzas del Gobierno hicieron «desaparecer» a una de sus hermanas, la más joven de la familia.

Sebas no está solo en su pena. Otros muchos *compas* han sufrido también grandes tragedias personales. La familia de Giovanni ha sido diezmada por la guerra, nueve de sus doce miembros murieron.

—Madre, padre, hermanos, hermanas... Solo quedamos tres —dice Giovanni una tarde con voz apagada, y luego ríe con ternura—. Es toda una historia... de muertos.

También Haroldo ha perdido familia. La mujer a la que amaba, la madre de su hijo, fue dada por «desaparecida»; el eufemístico epitafio significa que casi con toda certeza fue violada y torturada antes de ser asesinada. Un horroroso destino similar le aconteció a su siguiente *compañera*. El hijo de Haroldo, que ahora tiene siete años, vive con unos familiares en la capital. Por su propia seguridad, el destino de su madre y la verdadera identidad de su padre son secretos de familia bien guardados.

Hace un par de años, Haroldo escribió un poema titulado «Toda clase de motivos», que parece decirlo todo:

> *Heme aquí,*
> *recién cabaleados mis 32 años,*
> *viudo dos veces,*
> *hongos tengo*
> *y caspa,*
> *de mi oído izquierdo*
> *sordo estoy.*
> *Por bala alguna*
> *no he sido tocado hasta la vez.*
>
> *He tragado polvo,*
> *lodo, niebla,*

la piedra he mascado
con los dientes,
pero he luchado
junto a multitudes anhelantes
en sus barricadas.

Abrasado en ese fuego
crepito, germino.
En este barranco,
cerro abajo,
cerro arriba,
amando como amo la vida,
por la poesía y el pueblo,
¿cómo no entregar los huesos?

El campamento de Giovanni alberga en las sombras su propio pan-teón de mártires revolucionarios. Se encuentra en lo alto de una colina entre la enmarañada vegetación de una *finca* de café abandonada, a unas dos horas de Las Flores. Abajo, el valle está salpicado de granjas parecidas, igualmente desiertas.

Para impedir que los detecten desde el aire, el campamento está disperso bajo los árboles alrededor de la casa de adobe de un campesi-no. Las hamacas están colgadas bajo los aleros delanteros, y las can-timploras de los *compas*, cinturones y rifles cuelgan de las vigas. Alrededor de la casa, los *compas* han montado media docena de *champas* uniper-sonales, tiendas improvisadas de plástico, extendidas sobre toscos arma-zones de madera, para dormir por la noche. Crecen melones silvestres en una viña de hojas amarillas entre los escombros de un muro lateral derruido.

Han clavado un tablón de anuncios en un árbol enorme que se alza en el centro del campamento. Fijado en él está el «Poema a Óscar», es-crito a mano, por el poeta del campamento, Jaime.

Óscar, protagonista de la historia,
hombre valiente, lleno de ternura y amor,
de sonrisas y caricias para los jóvenes,
humildad y sinceridad;
hombre leal al partido,
que amaba a su pueblo y a los suyos.
Ahora tu carne y tus huesos han desaparecido,

478

pero tu sonrisa, tus bromas, tus historias,
viven en quienes te conocimos.

Hermano Óscar, te recuerdo, hermano,
cuando nos tomábamos un descanso
compartiendo un cigarrillo
o un café, un poco de leche...
y de vez en cuando un pedazo de pan.

Tú, compañero,
sabías cómo romper el muro del opresor,
con tu entusiasmo,
con tu amor al deber, al estudio,
para ofrecer algo más a la revolución...

Hoy, querido hermano,
te has ido de entre nosotros,
dejando tu historia en el camino que queda tras de ti;
con tu fortaleza, nos has dejado
un ejemplo que seguir.
Seguiremos derrotando a los enemigos del pueblo,
a la manera en que tú pensabas y piensas,
porque no has muerto,
sigues vivo en cada combate,
y en cada historia.

¡¡¡REVOLUCIÓN O MUERTE!!!
¡¡¡VENCEREMOS!!!

JAIME, 24/6/90

Junto a la oda de Óscar hay un retrato estarcido del comandante Dimas, de aspecto feroz, muerto en combate hace unos meses. Debajo aparece su desafío inmortalizado: «¡*Compañero!* ¿Estás resuelto a pulverizar a los enemigos del pueblo?». A unos cien metros a través de los árboles está la cocina. Un fresco arroyuelo corre junto a ella. Dentro, dos chicas avivan el humeante fuego de leña; lo mantienen encendido para la comida de frijoles, las tortillas y el café de los guerrilleros. Ellas llevan vestidos viejos y gastados y botas de combate. Santiago, un campesino larguirucho de unos cuarenta años y cara de zorro, las ayuda trayendo agua y partiendo leña.

Más abajo, y bien ocultos a la vista, hay varios talleres rudimentarios para la fabricación de «armamento popular». Un grupo mixto de jóvenes combatientes amputados y otros cuyos miembros están todavía intactos pasan sus días cortando y aporreando la hojalata de revestimiento de los cohetes y metiendo nitroglicerina en minas antipersona con la intención de volar los pies de los soldados del Gobierno.

Pero fabricar explosivos es solo una de las responsabilidades que supervisa Giovanni. Su campamento es también el cuartel del equipo de propaganda local. Su trabajo es sumamente importante, pues aparte de responder a la propaganda del enemigo con contraataques propios, la tarea de la unidad es también inculcar en los *compas* el folclore revolucionario. El póster del comandante Dimas, ya enviado a todo el frente, es una de las creaciones recientes de mayor éxito: entre los jóvenes combatientes, Dimas tiene ahora el estatus de un héroe legendario.

El taller de propaganda está dirigido por Olga, una desgarbada mujer vasca de caderas anchas y pelo muy corto y prematuramente cano. Es una antigua obrera de una fábrica de Bilbao, en España, que se unió a la revolución hace tres años, una expresión del espíritu internacional de solidaridad.

A Olga la ayudan Carlos y Adriano. Carlos era maestro de escuela. Tiene barba a lo Hô Chí Minh y lleva una gorra de tela que parece no quitarse nunca. Como Olga, Carlos tiene el pelo prematuramente gris, aunque ninguno de ellos pasa de los cuarenta. Adriano, un joven bien parecido de veinte años y caricaturista de talento, ha estado solo un año en el frente, desde que regresó de su exilio en Nicaragua, donde se crio.

El trío trabaja en una mesa bajo las ramas extendidas de un viejo y enorme amate que los protege de los aviones de reconocimiento. Cada mañana, después de sus ejercicios y de cantar el himno del FMLN con el resto de los *compas*, se reúnen en la cocina con sus cantimploras de aluminio para tomar el café que las chicas han preparado. Luego se retiran a la mesa bajo el amate, donde pasan la mañana inventando eslóganes, haciendo pegatinas y escribiendo octavillas, mientras escuchan Radio La Habana entre interferencias y pitidos en su pequeño aparato de onda corta.

Salvo Olga, Carlos y Adriano, la mayoría de los *compas* son personal de apoyo: centinelas y encargados de llevar mensajes entre los comandantes guerrilleros. Hay un flujo constante de quienes están en el frente, y muchos traen mensajes para Giovanni. Este acude cada mañana hasta el tronco de un árbol caído, fuera del alcance del oído del campamento. Aquí se reúne con otros, da órdenes y escribe mensajes. Su *radista*, Mélida, siempre merodea a escasa distancia de él, haciéndole consultas a menudo y enviando y recibiendo mensajes cifrados por el walkie-talkie.

El campamento está concebido para ser evacuado en pocos minutos si sufre un ataque del ejército. Todas las mañanas, los propagandistas recuperan sus materiales —el equipo de estarcir, el bastidor con la seda, pinturas, pinceles, rotuladores, una vieja máquina de escribir, papeles y lápices— sacándolos de las bolsas de plástico enterradas en el suelo, y cada tarde los ponen de nuevo en su sitio. Cada mañana, los *compas* desmontan y guardan sus *champas*, no dejando en pie nada más que el armazón.

Los *compas* más jóvenes pasan la mayor parte del tiempo haraganeando hasta que Giovanni los envía con una misión a alguna parte. Son muy conscientes de su propio aislamiento y están ansiosos por saber algo del mundo exterior, sobre el que son tan inocentes como niños pequeños. Preguntan por Oriente Próximo («¿Está en África?»), por la fauna («¿Cómo son las jirafas?»), por la vida en Norteamérica y Europa (¿Cómo es la nieve?»).

Uno de ellos, Cornelio, apodado Conejo, tiene veintiséis años y se esfuerza en aprender a leer él solo con una cartilla de primer grado tan manoseada que algunas de sus páginas están ya destrozadas. Conejo es de una familia campesina de Chalatenango, pero está con los *compas* desde hace diez años y ni siquiera piensa ya en sí mismo por su nombre real; él es su pseudónimo. Cuando, después de varios años en las colinas, volvió a ver a los miembros de su familia, estos lo llamaron por su nombre real y a él le dio un vuelco el corazón.

—Al principio, no comprendía nada; luego, después de un minuto, me di cuenta de que estaban hablando conmigo —explica.

El resto de la familia de Conejo tiene conciencia política y, como él, está comprometida con la revolución —saben qué es qué— salvo una hermana, que no lo está en absoluto. No ha visto a su hermana desde que la familia se separó en los primeros días del conflicto, pero sabe que ella ha llevado una vida aparte del resto de la familia y es tan ignorante políticamente que hasta tiene miedo de los guerrilleros. Consternado por el hecho de que la guerra haya dividido incluso a su propia familia, Conejo lanza una risa corta y resignada negando con la cabeza.

En Chalatenango, las experiencias de los individuos están siempre injertadas en la historia revolucionaria más amplia que allí se desarrolla. El resultado es un híbrido de folclore popular y riguroso testimonio oral, vagamente estructurado por la filosofía marxista y la fe católica. Esta síntesis de lo que el pueblo piensa y cree constituye la realidad única de los *compas*.

481

A los dieciocho años, Sandra emigró a las montañas, donde podía convertirse en una combatiente revolucionaria. Sin embargo, mucho antes de ese momento, como hija de padres que también eran *compas*, había compartido en secreto el mundo de la guerrilla, a la espera del día en que pudiera empuñar un arma.

Haroldo trata de derribar la frontera entre los mundos separados de El Salvador y hacerlos uno solo. Sus camaradas realizan esa tarea con las armas, pero él lo intenta sobre todo con su pensamiento, hablando a los que están al otro lado de esa frontera mediante la publicación de poesía revolucionaria firmada con su nombre real, mientras ofrece emisiones de propaganda como Haroldo desde las montañas en Radio Farabundo Martí.

Al otro lado del mundo, en las junglas tropicales de Birmania, un grupo de seres humanos habita una realidad paralela tan palpable como la de los *compas* de El Salvador. Por su visión de la vida, estos guerrilleros no miran tanto a un futuro nuevo, no probado, como a un pasado idealizado, cómodo y acogedor que recuerdan con nostalgia. Étnicamente distintos de sus enemigos, exaltan en su guerra su propia identidad cultural en un intento de evitar la asimilación. Aquí no hay «corazones y mentes» que ganar. La guerra de los karen es una guerra del tipo más antiguo: por el territorio y entre tribus.

En la jungla birmana la estación del monzón está a punto de comenzar. El viento sopla, y los enormes tallos de bambú verde y negro se mueven juntos para crear un ruido impetuoso, como el de un chaparrón que se aproxima. El estallido de una explosión se va apagando con un sonido vibrante, mientras por encima silban los trozos de metralla que aterrizan en alguna parte entre los altos bambúes.

El comandante, walkie-talkie en mano, acaba de llegar de las trincheras de la Zona de la muerte. Than Maung es un hombre de aspecto juvenil de cincuenta y cuatro años con nariz ancha y una boca grande y sensual. En su gorra, ha cosido un parche con una insignia de la revista *Soldier of Fortune* que muestra dos puñales cruzados atravesando una boina. La nuez de betel que masca sin cesar ha coloreado sus labios de un escarlata profundo. El rostro de Than Maung es una máscara de estrés, todo nervios y con los músculos tensos. Mueve sin cesar las mandíbulas, y sus ojos son vagos con la mirada un poco perdida. Esto resulta inquietante, pues, por lo demás, su cuerpo atlético, el uniforme bien planchado y la boina negra ladeada hacen de él un ejemplo perfecto de militar profesional.

De pie en su búnker de hormigón, abierto a la selva por el lado opuesto al del bombardeo y repleto de toscas camas de madera, el comandante escucha con la cabeza ladeada. A cada estampido del intenso fuego de mortero de la tarde, se pone rígido y grita órdenes por su walkie-talkie. Esperando la respuesta, permanece sereno, alerta a las interferencias de la radio y a los ruidos del exterior, con la mirada puesta en el muro de la selva; está y no está aquí al mismo tiempo. Tras oír el zumbido de una triple ráfaga de proyectiles enemigos, murmura con voz grave:

—Están identificando nuestra posición.

El sol cae por detrás de los altos bambúes, y la oscuridad hace extenderse las sombras. Poco después, el bambú deja de susurrar, y con él se detiene también el bombardeo. Luego llega la lluvia. Cuando las gotas caen grandes y gruesas, Than Maung se distiende, sus ojos de grandes párpados ajustan su foco, abandonando su implacable escrutinio de la jungla. También entonces su mandíbula deja de moverse, su rostro se vuelve calmo y sin arrugas, y su voz más fluida. Su cuerpo se relaja. La ofensiva no ha llegado todavía. Esta noche, Kawmura está a salvo del ataque. Después de la lluvia, empiezan los grillos, creando su estridente muro de sonidos, que es como otro tipo de silencio.

Situada en la frontera sudoriental de Birmania con Tailandia, Kawmura es una de las últimas bases que aún conservan los guerrilleros de la etnia karen. Han librado una guerra de secesión contra el Gobierno central birmano durante casi medio siglo. Ocupando el terreno delimitado por un recodo del río Moei, la pequeña península de Kawmura cuelga como una sanguijuela diminuta del cuerpo birmano, rodeada por tres lados por Tailandia.

Antes de convertirse en campo de batalla, Kawmura era un próspero mercado negro para los productos birmanos de contrabando. Era también un pueblo pujante donde los karen vivían con sus familias. Muchos karen todavía recuerdan los buenos tiempos, cuando los tailandeses cruzaban el río en busca de gangas. Aquellos días finalizaron en 1984, cuando un ataque del Gobierno destruyó el enclave. Desde entonces, la jungla se ha apoderado de la zona, y los pocos edificios que todavía están en pie han sido gradualmente arrancados a trozos por los bombardeos diarios.

Ahora un área de terreno fuertemente minada y con trampas explosivas en el istmo de la península divide a las partes contendientes. Zona de la muerte, llaman a este tramo de algo menos de cincuenta metros de longitud y entre doscientos cincuenta y trescientos de anchura. Como la aldea devastada está expuesta a un fuego enemigo constante, los guerrilleros la han abandonado y ahora habitan solo la franja más lejana de la península, donde han excavado búnkeres junto a las orillas del río. Al otro lado del río y a unos tres kilómetros de la carretera interior de Tailandia, viven sus familias en un campamento de refugiados. Desde allí, muchas mujeres de los combatientes los visitan regularmente, cruzando el río en canoas hechas de troncos ahuecados para llevar la comida que han cocinado en casa a sus hombres en el frente.

El comandante Than Maung es la máxima autoridad de Kawmura. Antes de unirse a las guerrillas de la Unión Nacional Karen (UNK), a los veinticinco años, era maestro en la misión de los adventistas del séptimo día y tenía intención de convertirse en predicador. Casi treinta años más tarde, sigue siendo tan devoto y escucha los sermones nocturnos en su radio de onda corta. Su familia vive al otro lado del río, en Tailandia, y va a verlos siempre que dispone de tiempo —habitualmente los domingos—, pero en las últimas semanas no ha salido de Kawmura. Hace seis semanas, sus hombres rechazaron una cruenta acometida, y espera otra antes de que las lluvias empiecen a caer con fuerza.

La noche es tranquila, salvo por un par de explosiones en las horas que preceden al alba. Los hombres empiezan a toser, y pronto será de día. Hasta bastante después del amanecer, el campamento goza de la sombra fresca del bambú, que se arquea y balancea por encima, bloqueando los rayos directos del sol.

A primeras horas de la mañana, el búnker del comandante tiene un aspecto pacífico y doméstico. En cuclillas, afuera, un muchacho de piel oscura, vestido con un *sarong* verde, lava brotes de bambú en una gran fuente de estaño del color de las viejas monedas de plata. Unos ancianos se sientan alrededor mascando placenteramente su nuez de betel, en silencio y con los labios rojos fruncidos sobre sus dientes picados. Mientras trabaja, el muchacho menea los dedos de sus pies descalzos en la tierra limpia y oscura. Una bandada de gansos camina torpe y lentamente sobre sus patas color amarillo mostaza, buscando comida bajo la cocina construida sobre pilotes. Fuera, a la luz del sol, unos cuantos patos se mueven hacia ellos, empeñados en la misma búsqueda.

Colgando de las agrietadas vigas de bambú, en torno a la cama del comandante, hay pequeñas bolsas de plástico que contienen diversos efectos personales. Para protegerlos de la humedad y los insectos, los sujetan con trozos de alambre retorcidos a modo de ganchos. Una bolsa está llena de bártulos de afeitar, jabón y otros artículos de aseo; otra guarda un álbum de fotos de familia. Apoyada contra la litera siguiente a la cama del comandante hay una pierna artificial con su articulación de metal; la pierna es de plástico, color rosa chillón. De momento sin propietario, se inclina contra la cama como una bicicleta aparcada, recordatorio de que estamos en la primera línea de una guerra.

Al otro lado del río, en Tailandia, hay paz, pero esto es Birmania, y Kawmura es un lugar donde los hombres se matan entre sí. Lo hacen por un propósito que no tiene nada que ver con este particular recodo del estrecho y cenagoso río Moei, sino por una idea mayor, por una abstracción. Y en primera línea, a unos doscientos pies del búnker del comandante Than Maung, hay un laberinto de trincheras zigzagueantes fortificadas y de refugios bajo el suelo donde viven los jóvenes guerrilleros como criaturas medio subterráneas, atentos al enemigo que se encuentra más allá.

Un anciano está sentado en una silla reclinable de lona, con aspecto tranquilo, a la sombra de una cabaña de madera. Es uno de los miembros fundadores del movimiento guerrillero y dice que ha visto acción todos los años desde 1948. Cuando habla, comienzan los primeros morteros enemigos del día; a cada explosión, el anciano entorna los ojos de esa manera bondadosa en que lo hacen algunas personas mayores, echando la cabeza ligeramente hacia delante y asintiendo con gusto, como si cada estampido reafirmara su existencia.

Bajo la sombra de un gigantesco kapok gris, una mujer atiende un rudimentario salón de té. Su rostro está blanqueado con polvo de corteza de tamarindo, bueno para la salud y la belleza. Fuma un gran puro y sirve a un grupo de jóvenes guerrilleros, estudiantes birmanos que combaten junto a la UNK. También fuman puros. Uno de ellos lleva una camiseta que dice: The official i hate cats book.*

Más allá, en la orilla del río, hay una casa comunal sobre pilotes, donde un hombre tatuado de cara ancha y una sola pierna está tumbado en una hamaca, rodeado de chicos. Los tatuajes se extienden en un dibujo exuberante y exótico desde el interior de su *sarong* hasta la rodilla de la pierna que le queda. Todos los chicos llevan tatuajes. En el brazo de uno de ellos hay un luchador de kung-fu volando por el aire para dar una patada. Otro chico tiene lo que parece una cucaracha en el antebrazo: parece haber sido copiada fielmente de un insecto similar impreso en un espray de insecticida Bayer que anda por allí cerca.

Estos chicos son voluntarios menores de edad. Cansados de sus trabajos escolares y de la vida rutinaria del campamento de refugiados, han

---

* Título de un cómic popular en Estados Unidos. *(N. de los T.)*

venido aquí con la intención de convertirse en combatientes. El amputado cuida de ellos hasta que los dirigentes karen decidan si se convertirán en soldados o serán devueltos a sus padres.

Como los chicos de su edad en cualquier parte, no renuncian a pasárselo bien: se toman el pelo, bromean y pelean entre ellos. Pero, debido a la nueva ofensiva esperada —y a los proyectiles de los morteros que caen a su alrededor—, les han ordenado a todos que no se alejen de los búnkeres. Si los chicos vivieran al otro lado del río, gastarían sus energías jugando al fútbol, pero esto es Kawmura y solo tienen un espacio mínimo en el que moverse, así que se quedan junto a la entrada de sus refugios y juegan a algo parecido a lanzar monedas usando grandes semillas de la jungla.

Kawmura forma una primera línea de defensa para Kawthoolei, nombre utilizado por los karen para su Estado rebelde. En lengua karen, «Kawthoolei» significa «tierra prometida». El *thoolei* es una hermosa flor blanca de largos tallos, como un tulipán silvestre gigantesco, que abunda en el territorio tradicional de los karen.

Este ocupa una pequeñísima franja de terreno, larga y estrecha, que se extiende varios cientos de kilómetros a lo largo de la frontera de Birmania con Tailandia. La mayor parte del bastión de los karen está al otro lado de la larga cordillera Dawna, cubierta por la jungla, donde Kawthoolei linda con la frontera tailandesa, al norte con el río Salween y al sur con su afluente, el Moei.

Desde que Birmania logró su independencia de Gran Bretaña en 1948, los karen y otra docena larga de minorías étnicas han luchado por su autonomía contra el Gobierno birmano de Rangún. Debido a estas rebeliones recurrentes, Birmania ha sido un Estado nacional solo de forma nominal. Es, más bien, una amalgama díscola de grupos étnicos contendientes, cada uno de los cuales busca su autonomía dentro de las fronteras arbitrarias que establecieron las guerras del pasado y los cartógrafos coloniales del Imperio británico.

El enfrentamiento del pueblo karen con la mayoría étnica birmana que gobierna se remonta a siglos atrás, y resultó útil a los británicos cuando Birmania era una colonia. De todos los grupos étnicos, los karen fueron especialmente leales a la metrópoli, que los favoreció durante los años del imperio. Cuando Birmania fue invadida y ocupada por los japoneses en la Segunda Guerra Mundial, los «leales karen» combatieron como guerrilleros junto a los británicos, mientras que los nacionalistas birmanos pactaron con el nuevo jefe militar imperial, Japón. Después de la guerra, Gran Bretaña recuperó su control de Birmania solo para vigilar su inminente transición a la independencia. En medio de la competencia por una mayor parcela de poder en el nuevo Gobierno birmano, la Unión Nacional Karen intentó la secesión del Estado.

Así como la UNK, un partido político ortodoxo que pasó a la clandestinidad, su ala militar, el Ejército de Liberación Nacional Karen (ELNK), tuvo también un origen bastante convencional. Esta fuerza combatiente surgió de los asediados remanentes de los Primeros Fusileros Karen, uno de los batallones étnicos creados durante el Gobierno colonial británico.

Después de que se rompieran las negociaciones entre la UNK y el Gobierno birmano, los Fusileros Karen se amotinaron y empezaron una batalla de tres meses alrededor de su guarnición en Insein. Cuando tuvieron que retroceder, se dispersaron para librar una guerra de guerrillas desde la jungla del pantanoso delta del Irawadi, al sudoeste de Rangún. Pero hicieron pocos progresos, y, al final, el delta fue prácticamente conquistado por el Gobierno. A principios de la década de los sesenta, la UNK trasladó sus cuarteles y el escenario bélico al interior de la zona karen a lo largo de la frontera con Tailandia. Y, desde allí, han proseguido su lucha desde entonces.

En Kawthoolei, los karen han concebido un «Estado guerrillero» notablemente operativo, aunque carece de la legitimidad internacional para que su estatus sea oficial. No han intentado ningún experimento socialista cultivando una versión karen del Hombre Nuevo en la jungla, sino que buscan una emulación atractivamente convencional de la Administración colonial británica.

Sin embargo, llaman con firmeza «revolución» al modo de vida que han adoptado. Esa revolución es incuestionablemente totalitaria. Cada aspecto de la vida está regulado ya sea por la burocracia omnipresente de la UNK, ya sea por la costumbre tribal. Esta última confiere un matiz exótico a los karen: cuando no llevan el uniforme verde del ELNK, los hombres llevan *sarongs* y, en los días especiales, se ponen una túnica roja tradicional con rayas blancas verticales y flecos colgantes.

A pesar de su adhesión formal a las religiones importadas por los misioneros, los karen son animistas por tradición, y la abundancia de tatuajes entre los jóvenes karen atestigua cómo perduran las costumbres tribales subyacentes. La mayoría de los tatuajes simbolizan una protección contra los peligros que representan los animales salvajes y las enfermedades; actualmente, hay otros con un significado político obvio: por ejemplo, KAWTHOOLEI, deletreado en los nudillos de ambas manos; la silueta de Kawthoolei o consignas desafiantes como LIBERTAD O MUERTE - ELNK.

Entre tanto, el mimetismo de los karen respecto de los británicos se evidencia en el hecho de que Kawthoolei cuenta con toda una burocracia civil, que incluye los puestos de oficiales de distrito. La Unión Nacional Karen tiene un gabinete de ministros que se ocupa de todo, desde la guerra hasta los deportes. Hay una judicatura, un sistema educativo y un sistema tributario, y el ELNK, como el ejército británico, posee una rígida jerarquía militar, con grados que van desde sargento hasta general. Cada brigada tiene su distrito militar correspondiente. Incluso las opciones religiosas, si no estrictamente británicas, son en su mayoría variantes conservadoras importadas —baptistas, adventistas del séptimo día y católicos— y muchos karen asisten a la iglesia regularmente.

El domingo es el día de descanso oficial. En el cuartel general de la UNK, en Manerplaw, el día comienza con un servicio en la iglesia baptista, bajo los árboles de la plaza. Cuando este ha terminado y acaban de cantar el himno, los guerrilleros devotos y sus esposas salen en fila vistiendo sus mejores ropas, con las mujeres sujetando en lo alto sombrillas de vistosos colores. Después, es costumbre que los combatientes jóvenes vayan al despacho del primer ministro a dar unas caladas de puro y a ver algún vídeo. Repantingados en el fresco suelo de bambú, descalzos y con el pecho descubierto, contemplan ensimismados cualquier película que les pongan. Una de sus favoritas es *Rambo III*.

Manerplaw es un pulcro conjunto de casas de bambú y teca construidas sobre pilotes bajo enormes árboles de sombra; se asienta en un acantilado por encima del río Moei, a un día de viaje del norte de Kawmura, no lejos de donde el Moei desemboca en el Salween.

En la plaza cubierta de hierba del centro de Manerplaw, una cerca de estacas blancas con flores bien cuidadas rodea la residencia de dos plantas, color azul pálido, del presidente. Unos soldados desfilan por la plaza. Al principio y al final de cada día, se reúnen aquí para izar y bajar la bandera de Kawthoolei, un sol naciente rojo sobre un campo blanco.

Bajo los viejos árboles de sombra alrededor de la plaza están los ministerios, grandes casas también sobre pilotes. Allí se encuentran los despachos del ministro de Defensa, del primer ministro y de los ministros de Educación y de Justicia. Este es el Gobierno de Kawthoolei; todas las mañanas, seis días a la semana, llegan a trabajar los funcionarios civiles, y poco después el ruido de las viejas máquinas de escribir y el zumbido de las voces empiezan a llenar el silencio matinal. Unos senderos entre los árboles llevan al exterior de la plaza. Uno pasa junto a algunos cuarteles y la cárcel —dos grandes jaulas de teca vigiladas por chicos de diez años con pistolas— hasta un terreno de instrucción y un campo de fútbol, con su hierba recortada y ribeteada con piedras encaladas cuidadosamente colocadas.

El aspecto es engañosamente pacífico; lo único que se oye en Manerplaw son las cigarras, los pájaros, el ruido de las pisadas de los que andan por allí con chanclas de goma, y, siempre de fondo, el sonido de las aguas impetuosas del río. La lluvia, que cae todas las tardes, llega fuerte y cae como plata líquida, dibujando una pesada cortina sobre la hierba perenne del suelo.

El rugido ocasional de alguna canoa a motor es el único recordatorio de que un mundo con un ritmo más rápido existe más allá de Kawthoolei. Las canoas de madera impulsadas por rugientes motores de automóvil vienen y van a lo largo del día en misiones de guerra y de comercio. Pero esos ruidos son solo pasajeros, y pronto Manerplaw entra de nuevo en su somnolencia tropical. De algún modo, es fácil imaginar que cuarenta años pasan aquí sin darse cuenta.

A diferencia de Kawmura, donde se hace frente al enemigo en un reducido espacio de jungla, Manerplaw está todavía más allá del alcance de Rangún, al otro lado de una densa cadena de montañas. Aun así, la gente habla del día en que, hace unos años, un avión de guerra solitario procedente de Rangún apareció repentinamente por encima de sus cabezas, descargó varias bombas y volvió a desaparecer. Las bombas no mataron a nadie, pero el incidente causó alarma por lo que auguraba. No llegó ningún otro avión y los funcionarios civiles de Manerplaw y los planificadores militares volvieron a concentrarse, quizá un poco más vigilantes que antes del incidente, en la burocracia de la guerra.

Mientras los karen se atrincheran en Kawthoolei, la nación de Birmania ha quedado apresada en la urdimbre del tiempo. Los militares han gobernado, en una parodia de socialismo estatal, desde los años sesenta, con el resultado de que Birmania se ha vuelto cada vez más pobre. Mientras se anunciaba a bombo y platillo la independencia de la nación, su régimen xenófobo cerraba este país potencialmente rico al mundo exterior, de modo que hoy Birmania está en su mayor parte virgen de las trampas habituales de la monocultura mundial del consumo. Levi's, Coca-Cola, Marlboro y McDonald's todavía no han llegado allí. La mayoría de los birmanos siguen usando sus *sarongs* tradicionales, se desplazan en bicicleta en lugar de en coche, comen arroz y pasta de pescado, y fuman puros cónicos enrollados a mano y no cigarrillos de fábrica.

Dado que la moneda oficial, el kyat, casi caréce de valor, ha florecido un pujante mercado negro para los productos extranjeros de contrabando, que entran sobre todo por la frontera con Tailandia, donde el comercio ha estado dominado tradicionalmente por los karen. Estos controlan sus propios pasos de aduana, gravando todos los productos que se compran o se venden; los ingresos obtenidos ayudan a financiar su insurgencia contra el Estado.

El comercio se realiza como se ha hecho durante siglos: los comerciantes de las ciudades de toda Birmania contratan a contrabandistas profesionales para llevar y traer los productos desde la frontera. Estos traficantes no utilizan las carreteras, sino que serpentean por senderos de la jungla birmana y, en un sistema que permanece inalterado desde los tiempos medievales, equipos de porteadores con los pies descalzos ocupan el lugar de las mulas, transportando enormes cargas a la espalda en arduos viajes que duran varias semanas. Conducen rebaños de vacas y búfalos de agua, y sacan piedras preciosas y antigüedades raras, cualquier cosa que se pueda vender o cambiar en la frontera tailandesa por bienes de consumo no asequibles en Birmania. Estos caminos conducen a los puestos de aduana bien defendidos por la UNK, en la frontera de Kawthoolei con Tailandia.

La explotación forestal es otra importante fuente de ingresos para los karen. En los ríos Moei y Salween, los aserraderos preparan los tablones de teca y otras maderas nobles para venderlos a empresas madereras tailandesas, y, en la estación seca, se permite cortar, a cambio del pago de la correspondiente cuota, cierta cantidad de madera de teca a un selecto número de empresas forestales tailandesas.

Durante décadas, el Gobierno de Rangún fue incapaz de derrotar a los karen. Sus fuerzas armadas estaban desplegadas en otras partes combatiendo insurrecciones; pero, aun sin otras distracciones, Rangún nunca tuvo los aviones necesarios para bombardear Kawthoolei, ni carreteras transitables durante todo el año para lanzar una ofensiva sostenida. Hacia mediados de la década de 1980, Rangún necesitaba de tal manera los recursos de Kawthoolei que su conquista pasó a ser una prioridad. El régimen lanzó una serie de campañas militares contra las posiciones de los karen que se convirtieron en una cruenta ofensiva repetida cada año durante la estación seca.

En cada uno de esos ataques, el Ejército birmano ha conquistado parcelas de terreno. Compró artillería de campaña a Suecia y, reclutando por la fuerza a civiles karen para trabajar como porteadores, trasladó las armas por las montañas de Dawna hasta posiciones que dominaban las bases karen. Desde allí, podía bombardearlos con impunidad durante todo el año.

Gradualmente, el territorio de la UNK fue quedando reducido a unas pocas bases bien atrincheradas como Kawmura, y todo hacía pensar que los karen serían pronto derrotados.

Pero entonces sucedieron varias cosas que transformaron la dinámica de la guerra. Primero, en agosto de 1988, el ejército aplastó brutalmente las manifestaciones de estudiantes y maestros en Rangún y otras ciudades de Birmania en favor de la democracia. Esto produjo un éxodo de miles de estudiantes que buscaron refugio en Kawthoolei. Allí, muchos de ellos se unieron a la UNK con la intención de continuar su lucha con fusiles. Esta incrementada amenaza de insurgencia en Kawthoolei determinó que su erradicación como base rebelde se convirtiera en el objetivo más urgente para el régimen militar de Rangún.

Dio la coincidencia de que un desastroso deslizamiento de lodo causado por las talas incontroladas en Tailandia sacó a la luz la destrucción desenfrenada de los bosques de ese país. El Gobierno tailandés decretó la interrupción de todas las talas e inmediatamente consiguió del régimen de Rangún, hambriento de dinero, una serie de concesiones de árboles maderables para sus empresas forestales. El trato dejó a los tailandeses las manos libres para empezar a aclarar los bosques de Kawthoolei haciendo caso omiso del antiguo estatus de los karen como fideicomisarios *de facto* de esos terrenos.

El acuerdo proporcionó abundante dinero fácil a la Administración militar de Birmania, con el que compró nuevas armas modernas para atacar a los karen. Rangún no perdió el tiempo: en la ofensiva siguiente, el ejército birmano atacó con tal firmeza que cinco bases karen cayeron en los primeros seis meses de 1989. El Gobierno birmano estaba lo bastante confiado incluso para enviar tropas al otro lado de la frontera de Kawmura, utilizando territorio tailandés para atacar a la UNK desde atrás. Aunque consiguieron rechazar esa incursión, los karen comprendieron que las cosas habían cambiado y que ahora tenían que vigilar no solo lo que tenían delante sino también a sus espaldas.

Hay una amarga ironía en esta situación. Durante décadas, los karen lucharon en la oscuridad, aunque disfrutaban de una relativa paz y prosperidad en Kawthoolei. Pero, justo cuando su papel político aumentaba y sus filas se incrementaban por la incorporación de estudiantes birmanos, se encontraron bajo el ataque renovado de Rangún y, al parecer, vendidos al mismo tiempo por Tailandia. Con sus recursos económicos reducidos drásticamente, tenían menos razones que nunca para confiar en el futuro.

Than Maung coordina su defensa de Kawmura con el cuartel regional de la UNK en la cercana ciudad tailandesa de Ban Mae Sot. Enclave fronterizo de rápido crecimiento, a menos de quinientos kilómetros al noroeste de Bangkok, Ban Mae Sot está situada en un valle fértil de aldeas construidas sobre pilotes, verdes e iridiscentes arrozales y búfalos de agua grises manchados de barro. Las colinas de la jungla que se alzan a poca distancia marcan el límite con Birmania. A sus pies, el río Moei forma la frontera entre los dos países. Kawmura y otra base de primera línea de la UNK, Palu, están a media hora en coche de Ban Mae Sot. Siempre que se producen combates en cualquiera de esas bases, las explosiones reverberan en toda la ciudad.

Soe Soe es el comandante regional de la UNK. Tiene el rostro picado de viruelas y lleva unas gafas gruesas sobre sus ojos legañosos. En un brazo tiene un gran tatuaje verde que dice, en inglés, FOR KAWTHOOLEI. Vive en una modesta casa de dos plantas en las afueras de Ban Mae Sot. La planta baja es una veranda de terrazo con una mesa de teca donde los visitantes esperan a que los reciba en su despacho del piso de arriba. Encima de la entrada, durante todo el año, cuelga una pancarta brillante con flecos, hecha de papel dorado con letras en rojo, deseando a todos FELIZ NAVIDAD.

Soe Soe está casado con una mujer tailandesa; tienen varios hijos, que asisten a la escuela en Ban Mae Sot. Aunque Soe Soe lleva una vida provinciana en apariencia normal, en nada diferente a la de cualquiera de sus vecinos, su ocupación es la guerra. Una serie ininterrumpida de visitantes —guerrilleros karen y refugiados— entra y sale de su casa. Preocupado por mantener un perfil bajo, siempre vestido de civil, Soe Soe no ofrece ningún signo visible de sus actividades reales, aunque todo el mundo en Ban Mae Sot sabe cuáles son.

Desde su hogar, Soe Soe ayuda a supervisar las operaciones defensivas en las bases fronterizas y hace el seguimiento de los movimientos del enemigo a través de su propia red de espionaje. Pero se queja de que sus deberes lo obligan a un horario tan anómalo que se está convirtiendo en una criatura nocturna, lo que tiene efectos adversos sobre su salud. En efecto, Soe Soe rara vez se despierta antes del mediodía, y durante la mayor parte del día anda de aquí para allá un tanto aturdido. Siempre que puede, se escapa de su casa y de la rutina de Ban Mae Sot para ir a la guerra, a luchar con sus «chicos» en primera línea. Es entonces cuando se siente más feliz; cuando no vuelve, las mujeres de su casa se ponen nerviosas, como cuando era un hombre de negocios que se quedaba hasta demasiado tarde en la oficina.

Últimamente, las responsabilidades de Soe Soe han aumentado mucho con la afluencia de estudiantes birmanos. Como muchos karen, Soe Soe sospecha de los estudiantes porque la mayoría son de etnia birmana y porque teme que Rangún haya infiltrado a algunos en sus filas como agentes de información. Al mismo tiempo, reconoce a los estudiantes como un recurso potencialmente valioso que la UNK no puede permitirse el lujo de ignorar. Con esto en la cabeza, Soe Soe ha impulsado un programa que prepara a estudiantes escogidos para misiones especiales que deberán realizar en el interior de Birmania. El responsable de esa preparación es el comandante Robert Zan, jefe de Palu y uno de los combatientes más experimentados de la UNK.

Un día, Robert Zan llega a casa de Soe Soe. Viste un *sarong* verde y su torso está cubierto de vendajes blancos: se está recuperando de las heridas causadas por disparos en un combate hace más o menos un mes. Con la pálida delgadez de un hombre enfermo y ojos intensos y brillantes, Robert Zan parece un poco loco. Pero es sumamente lúcido y habla con tono alto y enfático.

Algunos de los estudiantes birmanos que se les han unido podrían ser espías enemigos, afirma con voz fuerte, pero es un riesgo que vale la pena asumir. Durante cuarenta años, los karen han combatido en la jungla sin ningún resultado positivo. Ahora, con los estudiantes como aliados, pueden penetrar en las ciudades de Birmania y, tal vez, alterar el curso de la guerra. Esto significará un cambio de tácticas. No más batallas a la manera clásica en la jungla: ahora pondrán coches bomba, realizarán sabotajes y asesinatos. Los karen siempre se han mostrado reacios a este tipo de acciones, pero ahora ha llegado el momento de intentarlas, y los estudiantes ofrecen la oportunidad perfecta.

Robert Zan está entrenando a los estudiantes con este objetivo para enviarlos de nuevo a sus ciudades, y hacer la guerra a los birmanos en su propio terreno. Sabe que habrá que hacer muchos sacrificios, pero para eso está él aquí. Y los estudiantes tienen que comprender que eso está bien, si es que realmente quieren liberar a Birmania de la tiranía. Los ojos de Robert Zan centellean cuando habla, y sonríe ante el sonido de sus propias palabras.

La guerra siempre crea extraños compañeros de cama, y, aunque resulta raro que los estudiantes huidos, muchos de ellos birmanos fervientes nacionalistas, busquen refugio entre los separatistas karen, es también comprensible. Los karen les ofrecen el santuario relativo de Kawthoolei, así como la oportunidad de aprender a combatir en una verdadera guerra de guerrillas. Ya no serán meros colegiales que lanzan radios afilados de bicicleta contra soldados del Gobierno armados hasta los dientes disparando munición real. Los estudiantes y los karen tienen todavía una gran desconfianza mutua y hay muchos prejuicios étnicos que vencer, pero, al menos por el momento, luchan contra un enemigo común. Y la alianza ya ha producido algunos cambios: con el nuevo y pragmático espíritu de la coalición, los karen han acordado dejar a un lado sus reivindicaciones de independencia en favor de un cierto grado de autonomía dentro de una futura democracia federal birmana.

Los estudiantes, mientras tanto, siguen enfrentándose a las dificultades más básicas de su nueva vida como revolucionarios. No habituados a la dura existencia de la jungla, muchos abandonan en los primeros meses y regresan a sus casas. Pero se mantiene un núcleo duro de dos mil o tres mil que están aprendiendo a convertirse en guerrilleros. El aprendizaje ha sido difícil. Los nuevos revolucionarios no solo han tenido que enterrar a sus primeros mártires en la lucha, sino que más de una treintena de ellos murieron de malaria el primer año.

Aparte de los implicados en el programa especial de guerrillas de Zan, otros estudiantes han recibido su entrenamiento básico en combate real, alternando en el interior y el exterior de las bases de primera línea como Kawmura. No obstante, la mayoría todavía ignoran la realidad inmediata de la guerra, pues viven primero en campamentos de la jungla como el de Thay Baw Boe, situado a cierta distancia de los campamentos propios de los karen.

Thay Baw Boe está a una hora de camino a través de un bosque de tecas desde uno de los puestos aduaneros de la UNK en el río Moei, y lo bastante cerca de Palu para oír los combates que se libran allí. Los estampidos irregulares de la artillería suenan como árboles que estuvieran siendo talados.

La vida en el campamento es tediosa y previsible. La rutina diaria comienza al amanecer, con la aparición de los elefantes grises y arrugados. Se mueven pesadamente a través del espacio central del campamento, camino hacia los bosques de teca, guiados por los cornacas karen. Arriba, las lomas de las montañas Dawna están envueltas en neblina.

Los estudiantes salen soñolientos de sus cabañas y se reúnen bajo la bandera roja con el emblema estampado, el «pavo real de combate» de color naranja. Allí, cantan su himno y hacen gimnasia; luego desayunan té dulce caliente y pan. A las ocho de la mañana, un grupo corre a semitrote por el bosque circundante como parte del entrenamiento militar. Su instructor, en traje de faena, acunando una metralleta y con una cinta negra en la cabeza, corre junto a ellos, gritando las órdenes melódicamente. El resto se reúne en los toscos bancos de madera de la estructura, de suelo de tierra, que domina el centro del campamento. Como las otras cabañas dispuestas alrededor del espacio central donde se alza el mástil, este edificio está hecho de bambú, con tejado de grandes hojas entretejidas de talaraw, de color marrón. Un letrero pintado con esmero en la parte delantera del edificio dice: UNIVERSIDAD DE LA JUNGLA. CAMPAMENTO DE THAY BAW BOE.

Es el día inaugural de las actividades de la Universidad de la Jungla, y Aung Htoo, muy serio, está dando la primera clase. El tema de hoy, político, se refiere al sistema «feudal» de tributos sobre las cosechas impuesto a los granjeros por el Gobierno militar. Aung Htoo cuenta a los estudiantes que este sistema es injusto y será eliminado «después de la revolución».

Hasta hace un año, Aung Htoo era abogado y vivía con su esposa y tres hijos pequeños en la ciudad de Tanguii. Ahora, a los treinta y ocho años, ha abandonado todo eso. Incluso se ha resignado ante la posibilidad de no ver nunca más a su familia. El lugar que ellos ocupaban en su corazón lo ocupa ahora el deseo ardiente de derrocar la dictadura birmana. Como los estudiantes sentados absortos ante él, Aung Htoo se ha convertido en un revolucionario.

Igual de entregado que Aung Htoo es Aung Lwin, líder de los estudiantes de Thay Baw Boe. Antiguo profesor de Física en un instituto y activista de una rama liberal de la Iglesia baptista, tiene ahora otro papel, híbrido de promotor del Rotary Club, jefe de grupo de los Boy Scouts y comandante guerrillero. A diferencia de Aung Htoo, Aung Lwin siempre ha tenido prioridades impersonales; no ha dejado ni esposa ni hijos por la causa, solo libros, «montones de libros sobre política... y unos trescientos estudiantes que están organizando ahora un movimiento clandestino».

Orador incansable e inspirado, Aung Lwin pasa gran parte de su tiempo, cuando está en el campamento, tratando de fortalecer la confianza de los estudiantes, recordándoles que su objetivo es nada menos que la liberación de Birmania. Frecuentemente los exhorta con consignas y sentencias impactantes:

—Somos como velas. Para dar luz, debemos soportar las llamas.

Fuera del campamento, habla de sus «pavos reales de pelea» a todo el que quiera escucharle, con la esperanza de conseguir algo, cualquier cosa

—una bolsa de arroz, una donación en metálico o un par de pistolas—, para llevárselo a ellos. Vive en Thay Baw Boe, pero pasa gran parte de su tiempo yendo y viniendo a Tailandia, reuniéndose con jefes karen como el comandante Soe Soe, del que él y sus camaradas siguen dependiendo en gran medida para la comida, la ropa y los medicamentos.

Los líderes políticos de los estudiantes tienen su base en la cercana Ban Mae Sot, pero Aung Lwin es cada vez más crítico con ellos y afirma que parecen poco dispuestos a abandonar las comodidades de Tailandia y a compartir, aunque sea temporalmente, las condiciones de vida que él y sus doscientos cincuenta estudiantes soportan en Thay Baw Boe. Cuando los estudiantes se familiarizan con la vida de la jungla, empiezan a cultivar un sentimiento grupal de identidad como guerrilleros que los separa de sus jefes del «exterior». Está surgiendo una nueva hornada de líderes de los campamentos de estudiantes de Kawthoolei, hombres carismáticos como Aung Lwin, que han dado pruebas de su disposición a sufrir en los campamentos junto con todos los demás.

Aung Lwin se ha estado preparando para este modo de vida durante años, desde que era estudiante en la Universidad de Rangún. Se jacta con orgullo de su participación en todas las manifestaciones antigubernamentales importantes de los estudiantes, recitando sus fechas casi litúrgicamente:

—Setenta y tres, setenta y cuatro, setenta y cinco.

Después de su graduación, Aung Lwin trabajó como organizador de la comunidad baptista durante tres años en el lejano estado de Chin, y luego regresó a Rangún durante otros cuatro años. Pero el tiempo dedicado al trabajo social le aportó pocas recompensas: el Gobierno bloqueó sus esfuerzos. Finalmente, se convenció de que la única manera de mejorar la vida de sus conciudadanos era «librarse» del Gobierno. Cómo hacerlo, ese era el problema.

En 1979 se le ofreció la oportunidad que le iba a dar la respuesta, cuando lo seleccionaron para asistir a un seminario de formación de seis meses para activistas cristianos; el seminario, que se celebraba en Filipinas, estaba organizado por la Iglesia católica. Fue como una educación política intensiva: Aung Lwin pudo ver por sí mismo las injusticias de la vida bajo la dictadura de Marcos, y lo que la Iglesia estaba haciendo para organizar la resistencia civil del pueblo filipino. También conoció a los guerrilleros comunistas del Ejército del Pueblo Nuevo, que lo inspiraron para dedicar su vida a conseguir la democracia en su propio país.

Al llegar a él, Aung Lwin puso inmediatamente en práctica lo que había aprendido, embarcándose en lo que llamaba «formación de células a nivel de base, que ofrecían a todos un análisis del sistema social y económico de Birmania». El objetivo entonces era crear una red nacional de activistas sociales «que trabajaran pacíficamente en el ámbito de la comunidad para producir un cambio democrático». Desde entonces, la situación política se ha deteriorado; probablemente ya no es posible un cambio pacífico en Birmania. Pero Aung Lwin no siente que sus esfuerzos hayan sido en vano: piensa que las células que ayudó a crear pueden ser activadas ahora como células guerrilleras.

Los modelos que seguir de Aung Lwin son Mahatma Gandhi, el Che Guevara y Jesucristo.

—En primer lugar, me gustaría decir que odio la guerra y amo la paz. Gandhi es mi héroe, pero en Birmania, nuestro Gobierno es especial; matan, y por eso no podemos luchar contra ellos con medios no violentos. El Che Guevara trabajó no solo por su propio país y su pueblo, sino por los pueblos oprimidos de todas partes. Pero mi gran maestro revolucionario es Jesucristo. Y, en Birmania, es el momento de actuar como Cristo cuando usó la violencia en el templo profanado; así podremos cambiar las cosas.

Aung Lwin cree que el momento de utilizar la violencia llegó finalmente en agosto de 1988, cuando el ejército birmano reprimió despiadadamente la oleada de protestas estudiantiles que habían paralizado Rangún y otras ciudades birmanas. Al menos tres mil estudiantes y otros civiles resultaron muertos cuando las tropas actuaron, disparando, atacando con bayonetas e incluso decapitando a algunos manifestantes.

El día en el que el ejército abrió fuego, Aung Lwin y los estudiantes de su clase estaban manifestándose delante de la embajada de Estados Unidos. Fue una experiencia que no puede borrar de su memoria: docenas de sus alumnos fueron abatidos a tiros delante de sus ojos.

—Los demás no tuvimos otra opción que escapar y buscar un modo de destruir ese régimen malvado desde la jungla.

Cuando la represión se reforzó, Aung Lwin y sus seguidores se unieron al creciente éxodo de estudiantes que huían de las ciudades de Birmania hacia la frontera con Tailandia.

—Estábamos como Abraham en la Tierra Santa, perdidos..., y entonces los karen nos ayudaron por el camino. Íbamos a pie; nos costó siete días atravesar la jungla, a lo largo de la cordillera Range. No teníamos dinero, nada, pero los karen nos ayudaron: nos alimentaron, nos vistieron y nos dieron refugio. Fueron como unos padres para nosotros.

Y aquí están, casi un año después. Los mosquitos, las comidas de arroz y la pasta de pescado, los accesos de malaria y la rutina diaria de la vida en los campamentos llenos de barro de la jungla han añadido combustible al fervor revolucionario de Aung Lwin.

—Para nosotros, es como un sueño. Queremos construir una nueva Birmania. Por eso hemos unido nuestro esfuerzo al de los karen y otros grupos revolucionarios clandestinos. Y creo firmemente que la nueva Birmania que soñamos sin duda será realidad un día.

Los cuadros estudiantiles de Aung Lwin tienen todavía cosas que aprender antes de que puedan considerarse verdaderos guerrilleros. Por ahora, se entrenan con fusiles de madera en el bosque de tecas, leen ejemplares manoseados de *Rebelión en la granja*, de Orwell, *El príncipe*, de Maquiavelo, e incluso la Constitución de Estados Unidos. En la Universidad de la Jungla, han empezado a aprender otras dos cosas esenciales para su vida como revolucionarios de la frontera: las lenguas tailandesa y karen. Han construido una clínica, han plantado un huerto y han creado otros «proyectos de autosuficiencia» para recaudar fondos. Quieren ser autárquicos, como los karen.

Pero los estudiantes tienen nostalgia y se sienten solos. A diferencia de los karen, no viven en su propia patria cerca de sus familias. Sus hogares quedaron en Birmania, más allá de las montañas que atravesaron en su huida, en lo que ya parece otro país. Saben que muchos karen más viejos también empezaron así, dejando su hogar y su familia en Rangún o en el delta. Pero eso es poco consuelo, porque, más de cuatro décadas después, los karen siguen todavía aquí, luchando. La idea de que también ellos podrían tener que pasar el resto de su vida en la jungla atormenta a los estudiantes, y se esfuerzan por no pensar en ello.

A los sesenta y dos años, Than Aung, vicepresidente de la UNK, considera su vida en pasado. En sus pensamientos, no puede separarla de la insurgencia que ha ocupado la mejor parte de ella. Si en otro tiempo se sintió triste por las oportunidades perdidas, hace mucho que se ha resignado a su destino y afirma:

—Me sentía muy feliz con mi revolución, aunque hubiera querido ser ingeniero.

Por alguna razón, parece apropiado que este venerable karen sea también el encargado de los asuntos de los estudiantes para el nuevo grupo paraguas de oposición, que actúa desde el territorio de la UNK. Cuando ven a este hombre diminuto y arrugado, los estudiantes deben de preguntarse si, dentro de cuarenta años, ellos serán como él, con su vida postergada, todavía luchando por un futuro que aún no se ha ganado.

Than Aung padece cáncer y bronquitis crónica. Está también casi totalmente sordo, consecuencia de los continuos tratamientos de quinina para la malaria. Su voz es silbante debido a los dientes perdidos. A pesar de todo esto, parece extrañamente despreocupado por su estado de deterioro y atribuye el hecho de estar todavía vivo simplemente a «la gracia de Dios».

El viejo combatiente está igual de tranquilo con el estado de la revolución karen, que ahora parece tan dispuesta como su propio cuerpo decrépito para un fallecimiento inminente. Tal vez es solo que es viejo, acostumbrado a los altibajos de la vida, y sabe que las guerras, también, siguen el mismo modelo. Durante sus años de guerra, Than Aung conoció a su esposa y se casó con ella, crio siete hijos y la enterró. Pero la guerra continúa, la vida sigue.

Ahora, Than Aung tiene una actitud estoica e incluso le resulta divertida la manera en que se ha desarrollado su vida. En definitiva, no ve cómo podría haber vivido de un modo diferente.

—Era la primera y última oportunidad para la supervivencia y la liberación de nuestro pueblo. Birmania no es una democracia, y, sin una democracia, nuestro pueblo no puede sobrevivir. Cuando haya democracia en Birmania, entonces todos estos asuntos revolucionarios podrán terminar.

Este sentido del deber con respecto al pueblo es también algo que expresan los estudiantes, aunque ellos están solo empezando a aprender lo que significa sacrificarse. Con su compromiso revolucionario todavía en una fase frágil, a veces parece que repiten su dogma afirmativo para sí mismos tanto como para sus oyentes, como si la repetición les pudiese proporcionar una certeza en cuanto a su destino similar a aquella con la que hombres como Aung Lwin parecen haber nacido. En definitiva, aun cuando no hayan hecho nada más, ya han reafirmado el sentido de su resolución.

Y, sin embargo, qué lejos del mundo moderno parece estar su voluntarismo idealista, tan del «siglo xix». En el mundo desarrollado de nuestros días, pocas personas están dispuestas a morir por sus ideales, mucho menos por ideas como el bien común. Es como si el aislamiento de Birmania del siglo xx hubiera permitido que filosofías que ya parecen desgastadas y huecas en el resto del mundo permanezcan aquí incuestionadas, incluso puras.

La pureza de la visión que tiene su pueblo da a Birmania un aire de Shangri-La. Contrasta crudamente con la degradada cultura política que está justo al otro lado de la frontera, en Tailandia, con su sociedad desenfrenadamente consumista en la que todo está a la venta a su precio correspondiente. Poco idealismo se puede percibir en Tailandia; la insurgencia comunista propia de ese país se secó hace unos años cuando los pocos combatientes que quedaban fueron amnistiados y comprados con préstamos bancarios y tierras de labranza.

La fuerza motriz que está detrás de la identidad especial de los guerrilleros birmanos es su idealismo generoso. Con sus *sarongs*, camisetas y chancletas de goma, los birmanos —tanto los karen como los estudiantes— no se diferencian de los tailandeses de las calles bulliciosas de Ban Mae Sot. Lo que de verdad separa a estos seres humanos está en su mente.

Aunque sean cultural, étnica e ideológicamente distintos, los birmanos están relacionados con los guerrilleros salvadoreños por medio de un *ethos* revolucionario compartido. Aung Htoo, el antiguo abogado, ha elegido el camino de la revolución debido a las injusticias que ve en Birmania; Sebastián, el que en otro tiempo fue estudiante en El Salvador, tiene las mismas razones, y una hermana asesinada. Todos ellos —Than Aung, Haroldo, Jacinto, Aung Lwin, Giovanni, Sandra, Sebas y Aung Htoo— podían haber sido otra cosa, pero han optado por una vida mucho más dura, en la que apenas nada es seguro, salvo la prolongada compañía de la soledad, el hambre, la enfermedad y la muerte. Cada uno de ellos se ha comprometido con la lucha armada a fin de alcanzar los ideales combinados de justicia social y un nuevo sistema político y social para su país. Esta disposición a sacrificarse por un ideal mayor es, por encima de todo, lo que significa ser guerrillero.

Como decía el *compa* Jacinto, los guerrilleros son «como sacerdotes», que han hecho el voto del autosacrificio para llevar adelante su revolución. Puesto que no son capaces, por el momento, de derrocar a los gobiernos contra los que luchan, sus vidas se han convertido en ensayos para el ejercicio del poder que esperan ostentar un día a escala nacional. En los campos de refugiados de Gaza, en el desierto del Sáhara Occidental, en las colinas de Chalatenango y en los bosques de teca de Kawthoolei, las revoluciones están en marcha, y los guerrilleros ya viven en realidades separadas, paralelas a aquellas contra las que se rebelan.

Haciendo la guerra*

Un día, avanzada ya la noche en Chalatenango, cuando todos los *compas* están dormidos en sus improvisados refugios, el ejército abre una brecha en la oscuridad con armas de largo alcance. Como la mano de Dios extendiéndose sobre las montañas en un acto de malevolencia aterradora, tres proyectiles silban desde la oscuridad desgarrando el sueño. En los pocos y fríos segundos antes del impacto, la noche se llena con el rugido de los misiles que se acercan, cada vez más fuerte, y por fin estallan. El primero cae muy cerca, el segundo, afortunadamente, un poco más lejos, y el último se desvía. Excitados, nerviosos, los *compas* salen de sus *champas* y se ponen a cubierto mientras dura la descarga. Después del tercer mortero, deciden que el enemigo está simplemente «probando» y se van de nuevo a dormir. Es solo una especie de hostil juego de adivinanzas, un juego al que ya están acostumbrados.

Al amanecer del día siguiente los *compas* se levantan como de costumbre. Se habla poco del ataque con morteros, salvo en el desayuno, cuando alguien observa irónicamente que la primera ronda casi impacta en la letrina del campamento. Luego se abandona el tema cuando los guerrilleros se dirigen a las tareas que los esperan, y comienza un nuevo día de guerra en El Salvador.

Para hacer la guerra uno debe enfrentarse a la muerte, y es la perspectiva rutinaria de matar y morir lo que hace que la vida del guerrillero sea diferente a la de los demás. En la guerra, la vida humana se vuelve reem-

---

* «Making War», en *Guerrillas. Journeys in the Insurgent World*, Nueva York, Times Books, 1992. Publicado por primera vez en castellano por Sexto Piso (2018), *Guerrillas*, en traducción de María Tabuyo y Agustín López Tobajas.

plazable, y el respeto por ella está supeditado a múltiples factores: los objetivos de la guerra, la conducta del enemigo, la situación del campo de batalla y, tal vez lo más importante, las tradiciones culturales y las creencias. Al final, el valor que los hombres conceden a la vida humana determina cómo se hace la guerra.

—Aprendes a vivir con la muerte, te haces amigo de ella —dice Agustín, que trabaja con Haroldo en Radio Farabundo Martí—. Pero el miedo nunca desaparece. Si acaso, sientes un amor más fuerte por la vida. Pero, por encima de todo lo demás, está la decisión de entregarla en cualquier momento por la causa.

El *ethos* colectivo de autosacrificio sitúa a cada combatiente en el altar de la consumación revolucionaria, como una ofrenda de sangre a los dioses de la guerra. El sentimiento que describe Agustín se llama «mística», pero este término tiene un significado muy amplio. Es la fusión de la creencia ideológica, la camaradería y la emoción que impulsa a los guerrilleros a continuar su lucha; es el componente básico de la alquimia revolucionaria. En un poema titulado «Las heridas», Haroldo pone en palabras este sentimiento.

> *En el año más crudo*
> *de la guerra*
> *y en lo mejor de la batalla*
> *el combatiente*
> *llevándose a los ojos*
> *la muñeca abierta*
> *exclama*
> *«mi mano, la he perdido».*

> *Pero al mirar en su derredor*
> *donde la sangre todavía tibia*
> *de sus hermanos*
> *grita,*
> *se sacude y dice*
> *«no importa, tengo la vida»*
> *y da otro paso adelante.*

Haroldo pertenece a un amplio linaje de intelectuales latinoamericanos que se han sentido obligados por su conciencia a adoptar la causa revolucionaria. Dado que su más temprana implicación en política se remonta a un grupo literario cuando estaba en el instituto, le gusta decir medio en broma que la poesía lo introdujo en la revolución. Su conciencia política aumentó cuando pasó a la universidad.

En aquella época, a mediados de los años setenta, el fermento social estaba en ebullición en El Salvador, y las universidades eran semilleros de disidentes contra la despreciada dictadura militar. Estudiantes, sindicalistas y activistas de la Iglesia empezaban a demandar reformas políticas, a lo que el ejército y el ala derecha de la oligarquía reaccionaron con una mayor represión.

Haroldo, con otros jóvenes poetas y escritores, formó un grupo literario que se reunía semanalmente en su casa. Pasado un tiempo, se dieron cuenta de que estaban siendo espiados por la policía. Aterrados, sus integrantes se fueron cada uno por su lado. Parecía que las palabras se habían vuelto peligrosas en El Salvador.

El incidente hizo que Haroldo decidiera implicarse más en la incipiente lucha social. Se ofreció voluntario en su tiempo libre, mecanografiando manifiestos y escribiendo editoriales para los trabajadores en huelga.

Más tarde, dos personas a las que conocía y admiraba fueron asesinadas en sendos tiroteos con la Guardia Nacional. Uno era un estudiante de Económicas, el otro un poeta. De repente, se revelaron como miembros de una guerrilla clandestina hasta entonces desconocida.

Su muerte dio que pensar a Haroldo. Allí había unas personas que habían defendido sus ideales al precio de sus vidas. Gradualmente, el compromiso de Haroldo con un cambio social radical se profundizó, hasta que llegó el momento en que se dio cuenta de que también él estaba dispuesto a dar su vida por la causa.

Otra inspiración le vino de Roque Dalton, el gran poeta disidente de El Salvador, exiliado durante mucho tiempo de su país. Era uno de los héroes de Haroldo. Dalton había escrito un poema apoyando la lucha armada, y su lectura le hizo comprender que también él tenía la opción de empuñar un arma para defender sus ideas. Aunque, de momento, pensó que su deber como poeta era «encender la llama de la lucha, mostrar al pueblo el camino hacia delante». Desde aquellos días, Haroldo ha aprendido que en una revolución no siempre hay tiempo para la poesía.

—La organización a la que pertenezco no se había fundado exactamente con objetivos culturales —dice con ironía.

El paso final, irse a las montañas, lo dio después de hacer una película de propaganda sobre el movimiento revolucionario que fue editada y exhibida en el extranjero. De este proyecto salió la idea de que los guerrilleros crearan su propia emisora de radio para difundir sus ideas. Se organizó, pero la persona que iba a dirigirla fue detenida, así que le pidieron a Haroldo que fuera a Chalatenango, donde las Fuerzas Populares de Liberación (FPL) estaban estableciendo un bastión, para reemplazarlo. Haroldo comprendió que aquel era el momento de la verdad. Si quería plantearse seriamente su vida como revolucionario, no podía negarse a ir. Y fue, pero se acuerda de que lloraba de miedo antes de su partida.

El primer día fue espantoso. Se sentía distanciado y desplazado. Además, las condiciones que soportaban los guerrilleros eran de pesadilla en aquel tiempo, y Haroldo admite que estuvo a punto de desertar un par de veces. Al final, la camaradería de sus compañeros lo retuvo. Darse cuenta de que todo el mundo estaba en la misma situación que él le dio fuerzas para continuar.

Más de diez años después, Haroldo se ha endurecido. Como su amigo Agustín, sigue temiendo a la muerte, pero ahora su miedo está dominado por los reflejos condicionados de una década de guerra. Y Haroldo se ha reconciliado hace tiempo consigo mismo ante la necesidad de matar a otros. Tenía que hacerlo. «Al final —afirma— es o tú o ellos».

Un viejo refrán de América Central dice que hay dos maneras de ganar una guerra, «por las buenas o por las malas». Sin olvidar nunca que su victoria depende de ganarse al pueblo, no de conquistar territorio, los *compas* han tratado de ser los buenos de la guerra. En contraste con las fuerzas armadas, el FMLN ha mostrado clemencia con los enemigos de uniforme capturados en el campo de batalla, liberando por sistema a los soldados de base, mientras retenía a los oficiales para el intercambio de prisioneros.

Aun así, el principio rector detrás de la conducta del FMLN ha sido de un pragmatismo calculado. Cuando su hegemonía política se ve amenazada, la organización puede ser despiadada, matando a los sospechosos de ser chivatos, aplicando las prohibiciones de transporte de ámbito nacional, volando los vehículos de los transgresores o dinamitando las torres eléctricas como parte de su «guerra de desgaste» económico. Y, a mediados de los ochenta, cuando el Gobierno trataba de ampliar su influencia estimulando a candidatos civiles a presentarse a cargos políticos en las elecciones municipales, el FMLN respondió atacando ayuntamientos, secuestrando y a veces matando a posibles alcaldes y a otros recién investidos.

La campaña fue polémica, pero logró los objetivos deseados. Una vez aniquilados los últimos vestigios del dominio del Gobierno, los guerrilleros no eran cuestionados por ningún grupo político contrario en muchas de las zonas disputadas. Se crearon Comités Ciudadanos favorables al FMLN que, explotando su condición de civiles desarmados y el tardío deseo del Gobierno de lograr una aceptación internacional como régimen democrático, empezaron a actuar de manera más abierta. Pronto organizaron manifestaciones en las ciudades por el regreso de los refugiados que se encontraban en los campamentos de Honduras y en otros lugares.

Finalmente, el Gobierno accedió a sus peticiones y miles de refugiados volvieron al país, donde se reasentaron en áreas rurales bajo el control de los guerrilleros. Este fue un éxito importante para los revolucionarios, ya que, al permitir que se produjera la repoblación, el Gobierno estaba reconociendo de hecho la existencia de una circunscripción civil del FMLN. También reforzaba las pretensiones del FMLN de ser la autoridad *de facto* en una tercera parte del país, en sus zonas de control. Después de años de esfuerzos por despoblar el campo mediante su táctica de tierra quemada, este fue un revés contundente para las fuerzas armadas.

En las zonas de control, la guerra continúa, pero el ejército ya no trata de mantener una presencia fija en forma de guarniciones o milicias de «defensa civil», ni lanza programas de acción cívica para convencer al pueblo. Los jefes militares saben que eso no tiene sentido. Las zonas son el corazón de la revolución, donde el FMLN ejerce una autoridad política total, y no se tolera ninguna huella de autoridad gubernamental, sea en forma de alcaldes, maestros o trabajadores sanitarios. En su lugar hay sistemas paralelos, como en Las Flores, para atender las necesidades diarias. Las medidas políticas autoritarias que el FMLN utiliza para ganar terreno en otras partes parecen aquí muy lejanas. Todos los que viven aquí quieren estar aquí. Pero, más allá de estas zonas, las cosas son más complicadas, pues allí continúa la lucha por los habitantes civiles.

A una media hora de camino, a paso rápido por las montañas desde el campamento de Giovanni, está el viejo pueblo de Las Vueltas, donde se fabrican redes de pesca y hamacas, y que es la base de operaciones de los *compas* para toda la comarca. Este pueblo es más o menos del mismo tamaño que Las Flores, pero más estrecho, colgado junto a un rápido riachuelo sobre una profunda hondonada. No tiene plaza, solo un espacio amplio en el que convergen dos callejuelas adoquinadas delante de una gran iglesia blanca. Su puesto de la Guardia Nacional fue arrasado hace tiempo, y todo lo que queda de una presencia gubernamental es alguna antigua pintada.

Por encima de Las Vueltas se cierne una montaña descarnada llamada La Montañona, cuyas laderas son tan altas y empinadas que Las Vueltas permanece en la sombra la mayor parte del día. Al otro lado de La Montañona finaliza la zona de control y comienza la llamada zona de expansión.

Desde Las Vueltas serpentea un sendero de laterita roja que recorre la base de La Montañona, demasiado accidentado para cualquiera salvo para los carros de ruedas de madera tirados por los bueyes de los campesinos y sus rocines plagados de garrapatas. El sendero, que todo el mundo llama «el Camino Real», conduce a una sucesión de aldeas rocosas —El Copinol, Ojo de Agua, El Sitio, El Zapotal— donde varios cientos de familias campesinas chalatecas, pelirrojos y de piel blanca, cuidan cerdos y cultivan maíz en una pobreza absoluta. Aquí, en la zona de expansión, los *compas* no se sienten lo bastante seguros para actuar tan abiertamente como lo hacen en Las Vueltas o Las Flores. Los puestos de policía y las guarniciones del ejército han sido todos ocupados y han expulsado a los alcaldes, pero dado que el pueblo ha vivido durante años bajo la autoridad del ejército, o al menos no bajo la del FMLN, su fidelidad está todavía en cuestión.

Ganarse a estos campesinos es responsabilidad compartida de Ulises y Diego. Ulises, chalateco, es un hombre guapo y frío, con sombrero de vaquero y revólver. Camina con el contoneo de un atleta y, como antiguo predicador católico laico, tiene facilidad de palabra. Diego es un uruguayo internacionalista, de unos treinta y tantos años, marxista-leninista comprometido que se jacta de haber tirado «mi primer cóctel molotov» cuando tenía quince años. Se unió a los guerrilleros tupamaros y estuvo activo hasta que, con la policía pisándole los talones, tuvo que huir a Argentina. Cuando el ejército argentino tomó el poder y empezó su propia guerra sucia contra presuntos izquierdistas, buscó asilo político en Suecia.

En Estocolmo, Diego aprendió sueco, consiguió un título universitario y empezó a trabajar para la oficina de solidaridad del FMLN. Pero, insatisfecho con este papel limitado, se ofreció voluntario para ir a El Salvador. Pensando que estaría allí un año, dejó a su esposa y a sus dos hijos atrás. No obstante, han pasado ya siete años. Las cartas de su esposa son cada vez más iracundas.

—Me dice que el mundo ha cambiado mientras yo estaba fuera —dice Diego—. Me pregunta por qué estoy todavía «luchando por una causa perdida en El Salvador».

Sin embargo, Diego no tiene prisa por volver a casa. Ha asumido la causa revolucionaria salvadoreña con todo el fervor de un converso religioso. Tiene un puesto importante como delegado político de las FPL en Chalatenango y se dice a sí mismo que no puede abandonar por razones meramente personales. Su vida ya no es suya, sino que pertenece a «la Revolución».

Con todo, Diego parece un tipo incongruente de guerrillero. No se trata solo de que tenga el aspecto de un europeo ricachón. Con su físico delgado, sus maneras delicadas y el pelo rubio cuidadosamente arreglado, parece más un revolucionario de café que un verdadero guerrillero. Y, a pesar de su AK-47 y su retórica sobre obreros y campesinos, Diego tiene algunos amaneramientos claramente burgueses: fuma cigarrillos Dunhill de importación y lleva polos de marca, como los que usan los profesionales del tenis.

Tan diferentes como parecen uno del otro, Ulises y Diego trabajan en equipo. Coordinan sus actividades con Luis, un hombre moreno que, como Giovanni, lleva bigote y mantiene siempre el rostro totalmente inexpresivo. Nacido y criado en Las Vueltas, Luis es un veterano de los combates que desalojaron a las fuerzas de seguridad de la zona. Es un tipo difícil, y es el hombre fuerte de las FPL en Las Vueltas.

Después de tres años de trabajo de organización en la zona de expansión, estos hombres han reunido un pelotón guerrillero que actúa permanentemente en la comarca. Constituido por una docena de chicos y chicas adolescentes y dirigido por dos combatientes veteranos, Carmelo y Gerónimo, el pelotón se desplaza sin cesar de comunidad en comunidad a lo largo del Camino Real. Su misión es conseguir que todos se acostumbren a los *compas* y sus ideas, y, finalmente, ganarse a la gente.

También Ulises y Diego están moviéndose de forma continua, pero lo hacen independientemente de la unidad de los adolescentes. Cada pocos días, quedan con ellos. Pasan mucho tiempo reuniendo información, haciendo crecer un dosier ya impresionante sobre los habitantes locales. Usan esa información para presionar a los civiles a fin de que colaboren con ellos, para que se unan a su red de militantes clandestinos o les pasen datos sobre el enemigo.

Un caluroso mediodía en El Zapotal, Diego se detiene en una pequeña tienda a comprar una botella de gaseosa del tiempo. Se la bebe y llama al propietario, un hombre adusto de mediana edad sobre el que ha oído una historia. El tendero, que parece receloso, pregunta qué historia es esa. Diego le dice que tiene que ver con un incidente ocurrido hace algunos años, cuando al parecer se resistió a unos miembros insolentes de la Guardia Nacional. El hombre parece incómodo y se encoge de hombros.

—Así que, después de todo, estás de nuestro lado —dice Diego sonriendo ante la incomodidad del hombre—. ¿Por qué nos lo has ocultado?

Lo mira con las cejas arqueadas, como esperando una respuesta, pero el tendero gruñe de manera ambigua y aparta la mirada. Diego deja que la cosa quede ahí.

Cuando, un momento más tarde, se marcha de la tienda, Diego parece contento. En definitiva, ha puesto en un aprieto al dueño. Hasta ahora, el hombre se ha mantenido firmemente distante, y Diego quiere precisar de qué lado está. Tiene que dejar claro ahora si está con los guerrilleros o en su contra. Si la historia es cierta, debe decirlo. Si lo hace, se hará vulnerable a las presiones de Diego para que se convierta en un colaborador. Pero, si mantiene su ambigüedad, eso se tomará como un signo de que sus simpatías políticas están del otro lado. Si es así, tendrá que abandonar la zona, pues no se puede permitir que nadie con fuertes simpatías por el Gobierno permanezca aquí.

Pocas horas después, cuando Diego continúa su camino por la carretera entre El Zapotal y el pueblo siguiente, se le acerca un campesino. Le cuenta a Diego que está buscando a su hijo, un *compa*. Ha oído que el chico está herido. Diego le pregunta el nombre de su hijo. El hombre se lo dice, e inmediatamente Diego le confirma que la información es cierta, pero que su hijo está bien, solo ha perdido un dedo de la mano. El campesino, que parece aliviado, le pide a Diego que vaya aparte un momento con él, para que nadie los oiga. Están solos unos minutos, durante los cuales el campesino le susurra algo que parece importante; Diego, por su parte, escucha y asiente con la cabeza. El campesino es un colaborador civil, que da información sobre lo que sucede en los pueblos cercanos. Finalmente, los dos hombres se separan, dándose recíprocamente las gracias, y se van cada cual por su lado.

Luis dice que piensa en la zona de expansión como si estuviera llena de casas rojas y casas blancas. Las casas neutrales o progubernamentales son blancas; las rojas son de los guerrilleros.

—Si entornas los ojos, parecerán todas rosas.

Gradualmente, el FMLN se está ganando la zona.

Más allá de la zona de expansión está la zona en disputa. Donde las dos se encuentran, ambos lados tienen patrullas para vigilar y tender emboscadas al bando contrario, como si fuera la primera línea del frente. En las zonas disputadas, el ejército todavía mantiene una presencia fija y las oficinas del Gobierno permanecen abiertas, pero también los guerrilleros piden lealtad a algunos de sus habitantes. El FMLN considera que estas áreas tienen una «dualidad de poderes» y trata de inclinar la balanza a su favor eliminando los puestos militares y los de defensa civil. Una vez que estos hayan sido erradicados, el área se convertirá en zona de expansión. La tarea requiere una combinación de acción militar y agitación política clandestina.

Diego dirige una campaña que consiste en escribir cartas a los soldados que cumplen su servicio militar en la zona disputada con objeto de desmoralizarlos. La mayor parte de sus destinatarios son jóvenes reclutados de aldeas de la zona de expansión. Primero, Diego consigue la confianza de sus familias, enterándose de todo lo que puede sobre ellos. Luego escribe a los soldados cartas personales, mostrándoles que conoce sus problemas y preocupaciones y que simpatiza con ellos. Les insta a reflexionar sobre si estos problemas tienen que ver o no con su servicio en las fuerzas armadas. Aspira así a conseguir su deserción, o al menos a sembrar las suficientes dudas en su mente para volverlos ineficaces como enemigos.

Este es un trabajo minucioso y lento y puede llevar años lograr resultados, pero es esencial para la revolución, y a Diego le resulta personalmente muy gratificante. El combate es imprescindible, pero este trabajo político, con el que los guerrilleros conquistan el corazón y la mente de la gente, es el campo de batalla real.

En Afganistán, no existen reglas fijas en la guerra. Lo habitual es que los muyahidines perdonen la vida de los reclutas que se rinden voluntariamente, pero los sospechosos de traición o los soldados enemigos que han sido capturados por la fuerza en la batalla son a menudo ejecutados por suponer un riesgo para la seguridad. El mulá Naquib afirma haber disparado a treinta hombres en tales circunstancias. Hay algunas buenas razones para esta ferocidad: en un país en el que una de cada quince personas ha muerto en la guerra, la mayoría de los muyahidines ha perdido parientes cercanos; aún son más los que han visto su casa y su medio de vida destruidos.

Naquib plantea el tema una noche mientras se desarrolla una lucha a tiros en lo alto del macizo de Khybara. Una amarillenta luna llena de enero se levanta en el firmamento nocturno, y balas trazadoras rojas brillan y parpadean como luciérnagas letales contra la oscura silueta del macizo. Después de bastante tiempo observándolo, al parecer perdido en sus propias reflexiones, el mulá Naquib dice de repente:

—¿Sabes qué hacemos con los comunistas?

Haciendo una pausa para darle al asunto un énfasis dramático, saca un revólver de su chaleco —el revólver arrebatado a los soviéticos que lleva siempre consigo— y, apoyando su boca roma tranquilamente contra su sien derecha, apunta a su cerebro. Salvaje y radiante, susurra:

—Esto. Esto es lo que hacemos. Los matamos a todos.

La luna amarilla brilla sobre Khybara y, como un farol chino luminoso, asciende en el oscuro cielo nocturno. El revólver reluce plateado contra la cabeza de Naquib. Después de unos segundos, él mismo rompe la tensión con una sonora carcajada y vuelve a meter el arma entre sus ropas.

Igual que pueden ser duros al decidir el destino de la vida de otras personas, los afganos pueden también ser estoicos cuando les llega el momento. Este estoicismo procede de su cultura, en la que la guerra goza de un estatus elevado, y de su fe en la idea islámica de que tras la muerte espera una vida mejor. Si tienen que morir, así sea, mientras mueran en la lucha y a los ojos de Dios. Son muyahidines, guerreros santos. Viven para hacer la guerra santa, para matar al enemigo y, si es necesario, para padecer el martirio. Estos son hechos que aceptan. A la mayoría de ellos no les queda otro camino.

En el campo de batalla, la consecuencia de esta actitud ante la muerte es la despreocupación por la manera en que se libra la guerra. Como demostró Ghulam y su SPG-9, los muyahidines lanzan proyectiles despreocupadamente hacia ciudades llenas de civiles y parecen indiferentes a las muertes que provocan. Cuando los cazabombarderos aparecen por encima de sus cabezas, en lugar de buscar refugio, los muyahidines suben a lo alto de los tejados para observarlos del mismo modo que podrían observar el paso de una bandada de aves migratorias. Y, si están en una posición al descubierto en el frente, los combatientes pedirán la protección de Dios en lugar de retirarse a un terreno menos desprotegido. Es casi como si existieran meramente como abstracciones, al menos hasta el momento en que las bombas estallan y las balas alcanzan un objetivo vivo. En cuanto a la finalidad de su yihad, a menudo parece que para muchos muyahidines se trata simplemente de luchar, más que de lograr necesariamente algún propósito como resultado de esa lucha.

Este planteamiento abstracto de la guerra se ha puesto de manifiesto en las acciones de los muyahidines después de la retirada soviética de Afganistán. En contra de las predicciones, el régimen afgano no cayó después de la marcha de los soviéticos, ni tampoco los muyahidines fueron capaces de tomar una ciudad. Desviando su foco de Kandahar, que permanece en manos del Gobierno, los guerrilleros han lanzado un ataque frontal sobre Jalalabad. Pero, después de avanzar hasta las afueras de la ciudad al precio de cientos de vidas, han vacilado, quedándose empantanados alrededor del campo de aviación, que sigue en poder del Gobierno.

A medio camino entre las líneas avanzadas de los muyahidines y la frontera con Pakistán, la Granja Experimental de Samarkhel se encuentra donde la carretera que baja desde las oscuras colinas pardogrisáceas del paso Jáiber se adentra en el valle cálido y plano de Jalalabad. Desde Samarkhel, la carretera va recta durante varios kilómetros hasta el aeropuerto de Jalalabad. En la distancia, la ciudad se extiende a lo largo de las dos orillas del serpenteante río Kabul. Hasta hace poco, el complejo residencial de la granja alojaba a los consejeros soviéticos y sus familias, pero los soviéticos se fueron, así que han sido los soldados afganos los que se han quedado a defender las instalaciones. Pero ahora no son ellos, sino los muyahidines, quienes están acampados entre las ruinas de la granja.

Los pinos de Samarkhel están marcados por el vuelo de la metralla, y sus ramas aromáticas cuelgan chamuscadas e inmóviles en el aire caliente y seco. El polvo levantado por las actividades de la guerra lo cubre todo. Los muyahidines están durmiendo en *charpoys* de cuerdas que han sacado de los edificios al aire más fresco de los abandonados jardines. Algunos edificios se han reducido a escombros, otros presentan enormes agujeros, con los ladrillos y la argamasa seca acumulándose en caóticos montones. Las puertas y ventanas han sido todas arrancadas. En el interior, en los huecos de las escaleras, hay un olor a muerte donde se ha dejado que las manchas de sangre se coagulen. A pesar de todo, los jardines están salpicados de arbustos cubiertos de rosas en plena floración.

Rodeados de restos de muros destrozados y montones de basura apestosa, varios combatientes fabrican cargas de profundidad con las minas antipersona capturadas a los soviéticos. Piensan llevarlas al río, a ver cuántos peces consiguen «pescar». Cuando desmontan las minas, las moscas se agrupan incesantemente alrededor de sus oídos, ojos y narices. Zumbando por encima, un avión Antonov soviético busca objetivos que bombardear. Pero los combatientes ignoran todo lo demás cuando piensan en los peces que van a matar.

Esta mañana, algunos desertores recién llegados están siendo interrogados. Su jefe, Esmanay, es un hombre fuerte y atractivo de veinte años y de rostro firme. Ladrillero de la provincia de Paktia, vivía tranquilamente en su casa hasta que el ejército gubernamental lo obligó a hacerse soldado. Hace ocho semanas, lo enviaron a defender Jalalabad. La noche pasada, él y cinco camaradas de un puesto cercano al aeropuerto aprovecharon la oportunidad. Arriesgándose bajo el fuego de los dos ejércitos, serpentearon a través de la tierra de nadie entre las primeras líneas y se rindieron.

—Todo el mundo quiere escapar —dice indicando con la cabeza hacia Jalalabad—. Incluso los oficiales.

Esmanay y sus compañeros están siendo «investigados» por interrogadores muyahidines para determinar si son desertores auténticos o infiltrados del enemigo. Esmanay, sobre todo, está siendo cuidadosamente examinado; los muyahidines lo miran con abierta sospecha, escuchando atentos cada palabra que dice. Si Esmanay teme por su vida, tiene cuidado de no demostrarlo. Sin embargo, tiene buenas razones para sentir temor. Hace unas semanas, la misma facción de muyahidines ejecutó a gran número de soldados del Gobierno que ya se habían rendido. Pero los jefes muyahidines han reconocido que se trató de una «lamentable equivocación», así que posiblemente Esmanay puede contar con sobrevivir mientras crean su historia.

Todo lo que Esmanay quiere es volver a su casa en la provincia de Paktia. Pero, para eso, tendrá que esperar: aunque se le acepte, dicen los muyahidines, tendrá que servirles primero como cocinero. Más tarde, si todo va bien, se podrá marchar en libertad.

Abajo, en la carretera, la guerra sigue. Tanques enemigos destrozados y transportes blindados de personal en las mismas condiciones se alinean al borde de la pista. La mayor parte de los puentes han sido alcanzados, y los muyahidines los evitan conduciendo a través de los lechos secos de los ríos. Donde todavía están intactos, los puentes ofrecen refugio a los muyahidines, que acampan debajo. A lo largo del tramo recto de la carretera que lleva hasta el frente, los muyahidines tienen su puesto de mando y el de suministros, así como clínicas de campaña y vivacs. Vehículos todoterreno y camiones que transportan a los guerrilleros van y vienen por la ruta. Aquí y allá, a los lados de la carretera en áreas despejadas en medio de la maleza, pequeños grupos de hombres barbudos que manejan morteros móviles y lanzacohetes múltiples machacan al enemigo.

En un lugar, varios muyahidines cargan repetidamente y disparan un lanzacohetes BM-13 desde detrás de un pequeño montículo. Los proyectiles salen con una explosión que hiere los oídos y levanta una nube de polvo. Un montón de cajas vacías de proyectiles y carcasas aumenta de altura alrededor de los combatientes, que parecen aturdidos por el ruido.

Ha habido un intenso bombardeo aéreo esta mañana, y los disparos se han prolongado durante todo el día. Mediante su walkie-talkie, el comandante del emplazamiento se mantiene en contacto con las unidades avanzadas; las ayuda a dirigir sus proyectiles hacia algunos tanques enemigos que están a unos setecientos metros. Los guerrilleros, que no quieren abandonar su posición, espacian sus disparos, pero el enemigo responde. Cuando los proyectiles enemigos impactan, todos se agachan en la parte baja del montículo, escondiéndose en la trinchera de medio metro de anchura cavada en su base. Los misiles caen entre los matorrales cercanos; cada impacto va seguido de una negra humareda.

Se lanzan más proyectiles y, momentos después, el jefe consigue confirmación vía walkie-talkie de un impacto. Dos de los proyectiles han alcanzado a un tanque, anuncia. Los hombres sonríen, pero la noticia no calma mucho su tensión. Se sientan en una trinchera, con los ojos bien abiertos y los oídos aguzados al sonido del fuego entrante, y uno de ellos se arrodilla entre las altas hierbas cercanas, rezando en dirección a Jalalabad.

En un pueblo abandonado desde el que se domina la pista de aterrizaje, hay una fortaleza de altos muros de barro, ocupada por un grupo de muchachos muyahidines. No les es posible avanzar más. Aventurarse más lejos sería suicida, pues la tierra está completamente desnuda hasta la pista y sembrada de minas antipersona. Como último edificio entre los dos lados, la fortaleza queda expuesta sin remedio al fuego enemigo.

Los muchachos salen con sigilo y van a un lugar escondido bajo unos pocos pinos escuálidos, donde tienen un pequeño mortero. Inexpertos, disparan en dirección a los tanques del Gobierno que vigilan la pista y vuelven luego atropelladamente a la fortaleza. El único efecto visible de sus proyectiles es llamar la atención del enemigo: en unos minutos, entre la excitación y el terror de los chicos, uno de los tanques dispara. Sus dos primeros proyectiles pasan silbando sobre los parapetos, pero el tercero destruye un trozo del muro exterior, haciendo estremecerse el edificio y también a quienes están en él.

Poco después, cazabombarderos MiG, tal vez llamados por los tanques, vuelan directamente sobre sus cabezas y empiezan a lanzar bombas. Todo el mundo corre a apoyarse contra los muros, a protegerse en los rincones más alejados de la fortaleza. Un chico se arroja en una letrina. Allí donde estén, todos tratan de protegerse de la succión silbante de las bombas que caen de los aviones; el aire se calma súbitamente y el ambiente parece cargado de electricidad estática, como antes de una tormenta eléctrica. Luego, la gran ráfaga, las bombas estallan con llamaradas de fuego rojo y humo negro; las ondas sónicas hieren los oídos, los ojos, el cerebro, empujando los cuerpos arriba y abajo con violento temblor. Polvo por todas partes. Después, casi enseguida, la presión se atenúa, el aire se aclara. Los muyahidines, blancos de polvo, como estatuas recién dotadas de vida, van de aquí para allá para ver los daños producidos.

Tras unos momentos, es evidente que solo hay una víctima: un muyahidín de veinte años, alcanzado por un fragmento de metralla en el pene. Al principio, conmocionado, va de un lado a otro mirando pesaroso, con una mueca de dolor, ante las pullas de sus camaradas. Luego, la herida empieza a doler; cuando lo llevan a la clínica de campaña a unos pocos kilómetros de allí, ya ha empezado a gritar.

En el otro lado del aeropuerto, los muyahidines están sentados en cuclillas en refugios subterráneos a cada lado de la carretera, donde un puente intacto atraviesa una cuenca seca. Ahí se han instalado algunos muyahidines voluntarios de los países árabes. Tienen un odio asesino a los occidentales no musulmanes, a quienes consideran *kuffar* (plural de *kafir*, «infiel»), y a veces intentan dispararles. Miran fijamente con abierta hostilidad a los vehículos que pasan, pero no atacan, disuadidos, al parecer, por sus acompañantes muyahidines.

Desde sus posiciones, las fuerzas gubernamentales tienen una visión clara de esa parte de la carretera; por eso, cuando los muyahidines llegan a ese lugar avanzado, simplemente se encomiendan a Dios y conducen a velocidad de vértigo, haciendo rechinar las ruedas cuando viran con brusquedad para esquivar los cráteres. Más allá del puente, la ruta está despejada, pero solo durante unos cuantos metros, porque luego hay minas, y porque después de la siguiente curva se halla el aeropuerto, en poder de las fuerzas del Gobierno. Un camino de tierra sale a la derecha y llega a través de un bosquecillo destrozado hasta una casa. Salvo por el follaje que queda, la casa es el único escudo entre los dos lados.

Aquí, los muyahidines están en el lado de la casa opuesto al fuego enemigo. Por encima, chasquean y silban las balas. Trozos de hojas verdes arrancados por los proyectiles cubren el suelo. Cuando los guerrilleros se aventuran a salir desde detrás de la casa, antes tienden sus manos a Alá en oración silente.

La única manera de avanzar es a pie, y los combatientes avanzan desplegándose en una sola fila, cargados con las armas y precedidos por hombres con walkie-talkies. En el terreno abierto se mueven tan rápido como pueden, y dondequiera que hay árboles los hombres con las radios hacen un alto mientras inspeccionan lo que está sucediendo por delante.

Pellas de tierra arrancadas de cuajo del suelo pardusco a lo largo del sendero muestran que el enemigo sabe adónde apuntar.

Después de un kilómetro aproximadamente, el sendero llega a un pequeño pueblo con muros de tierra. Desde aquí, los tanques enemigos son visibles en la pista de aterrizaje, situada a unos trescientos metros. Esta es la línea de vanguardia de los muyahidines. Los guerrilleros que hay aquí son mucho más jóvenes que los que están más lejos del frente —apenas adolescentes— y parecen no preocuparse de los peligros que afrontan. Recién salidos de los campamentos de refugiados, bullen con adrenalina por el ruido y la actividad de la guerra que se desarrolla a su alrededor.

Un grupo de ellos se sienta en lo que una vez fue la habitación familiar de una granja; hay un agujero enorme en una de las paredes, debido al impacto de un obús. Una ráfaga de ametralladora escupe balas en el patio a solo unos metros, y la habitación está llena de chicos con una risa un poco tonta. Hablan de lo valientes que son, de las victorias pasadas y futuras de los muyahidines. Se retan unos a otros a salir a atacar a los tanques. Cuando empieza de nuevo el bombardeo del enemigo, acercándose en una serie de rugidos secos, como el ataque de tos de un gigante, los chicos todavía se ríen un poco más. Son jóvenes, y los jóvenes se ríen virilmente del peligro. Se ríen porque, ahora, envolviéndolos, la muerte los tiene cogidos en un cálido abrazo.

A la mañana siguiente, uno de los muchachos es alcanzado en la cabeza por una bala. Cuando sus amigos tiran de él y le hablan, instándolo a revivir, jadea, los ojos le dan vueltas en sus cuencas y su piel se pone súbitamente gris. Las moscas, zumbando sin rumbo por los matorrales, acuden a él y empiezan a apiñarse formando nubes alrededor de su cara.

Cuando muere un muyahidín, su cuerpo se une a los de los innumerables cuerpos de los cementerios de los jóvenes mártires, cada uno con su bandera andrajosa y su montón de piedras. En el recuerdo de sus camaradas y de su familia, será honrado como un valiente muyahidín, un guerrero santo. No sentirán pena por él, porque ha alcanzado el martirio y ahora está en el paraíso que a todos aguarda. Han perdido un amigo, un hermano, pero han ganado fuerza y orgullo en la batalla, pues ahora tienen una muerte más que reivindicar. En una guerra santa, la muerte se convierte en un elemento de combustión, un medio para un fin.

Los *shabab* de Gaza también creen que su violencia está espiritualmente justificada, más allá de todo reproche. También aquí el enemigo es un ocupante extranjero, no musulmán. En la batalla apasionada por Palestina, esta convicción es un ingrediente esencial, pues aquí, a diferencia de Afganistán, no hay distancia entre los enemigos, todo se produce en la proximidad.

Sin recurrir a las armas, la población palestina encarna una furia colectiva tan intensa que se convierte en un arma en sí misma. Brota con fuerza, generando una violencia espontánea en la que participan tantas personas que después ninguna en particular podrá ser señalada como responsable. Un ejemplo de ello lo encontramos en el asesinato de Amnon Pomerantz.

Los momentos finales de Amnon Pomerantz deben de haber sido especialmente horrorosos. El reservista del ejército israelí entró en Breij por error, con la intención de dirigirse en su vehículo hasta el campamento militar israelí situado justo fuera de allí. Pero se equivocó de camino y de pronto se encontró conduciendo por una de las principales calles de Breij. Cuanto más avanzaba, más se perdía. Los residentes se fijaron en él y empezaron a gritar y a acercarse al coche; él sintió pánico. Cuando quiso dar la vuelta, el coche chocó con un carrito que llevaba a dos niños, y eso fue el detonante. El gentío se acumuló a su alrededor, golpeando, chillando, prendiendo fuego.

Nadie sabe por qué no siguió conduciendo. Mahmud piensa que, cuando la gente lo rodeó, el joven tenía tanto miedo que se quedó paralizado. Y eso le costó la vida. Hisham, el fundamentalista, se niega a llamar asesinato a la muerte de Pomerantz. En cualquier caso, la cuestión, para él, no es la muerte de un israelí, sino, en primer lugar, lo que el israelí estaba haciendo en Breij. No debía estar allí. Era el enemigo. Sin embargo, dice Hisham, el suceso lo afectó personalmente, porque, el día en que mataron a Amnon Pomerantz, Hishan tenía que haberse casado. Debido a la drástica reacción de los israelíes —muchas personas fueron detenidas y maltratadas; todo el campamento fue puesto bajo estricto toque de queda durante días—, la ceremonia de matrimonio hubo de posponerse dos semanas.

Con su acto brutal, la gente de Breij devolvía a los israelíes de alguna manera todos los abusos acumulados sufridos a sus manos: todos los fetos abortados por el gas lacrimógeno; todos los adolescentes muertos por disparos; Iyad, un muchacho de quince años al que los israelíes golpearon hasta matarlo; la anciana madre de Usama, muerta por un golpe en la cabeza; el hijo aún bebé del Sheij, al que pisaron; todas las muertes, encarcelamientos, casas selladas y demoliciones, y las mezquinas humillaciones cotidianas. Y los asesinos de Pomerantz actuaron sin remordimientos, con un toque extra de crueldad, como para indignar a sus opresores. El incidente ha marcado a Breij, lo ha convertido en un lugar diferente. Se ha atravesado un umbral, y nadie duda ahora de que la intifada es una guerra, aunque lleve un nombre distinto.

El asesinato también ha configurado Breij de otra manera. El ejército israelí se presentó allí de inmediato con sus bulldozers, y demolió cuarenta y cinco casas y tiendas alrededor del lugar donde murió Pomerantz. Las familias que se quedaron sin hogar, unas trescientas sesenta personas, han ido a vivir a las habitaciones vacías del viejo hospital para tuberculosos, en el límite del campo. Ahora, la calle donde la gente de Breij mató a Amnon Pomerantz es anormalmente amplia, una autopista breve e inútil en medio de ninguna parte.

En efecto, Breij no es ya solo un lugar, y sus habitantes no son ya solo personas; son un mosaico de historias y acontecimientos interrelacionados, parte de la épica viva palestina. Causa y efecto se despliegan físicamente sobre la tierra; los acontecimientos se mantienen en la memoria humana e impulsan a prolongar la acción. Como los anillos del tronco de un árbol caído, las ensanchadas calles de Breij y las casas demolidas se han convertido en su geografía histórica.

Aquí está el corazón de Palestina, en estos espacios vacíos que conmemoran el asesinato y la represalia, en los cientos de pequeñas banderas, símbolo del anhelo por la patria, que cuelgan de los cables eléctricos de Breij, como telas de araña, con todo el resto de la parafernalia de la guerra: las piedras, las balas y los botes de gases lacrimógenos, todo enmarañado en los cables negros como cometas infantiles llevadas por el viento.

Mira la carretera de tierra: es ahí donde mataron al israelí. Aquí y ahí, más espacios vacíos: aquí es donde se levantaban las casas de la gente antes de que el ejército las echara abajo. Ahí está el lugar donde el coche de Pomerantz finalmente se detuvo, y allí, justo al lado de la esquina, el lugar donde los *shabab* mataron a su último espía. Justo enfrente está la librería islámica de Anis, con su música de yihad vibrante y sus adolescentes fervientes. Un bloque más allá, por delante del matadero, que apesta a sangre y a tripas de animal, está la casa de Anis, donde su padre estudia historia y filosofía islámicas y observa a su prole de hijos de ojos enardecidos, viendo cómo se convierten en hombres. Y aquí, un día durante la comida, echa una mirada a su alrededor y comenta tranquilamente:

—Es un tiempo muy peligroso para tener hijos. Cada uno es como una granada cargada, lista para explotar.

Aquí está Palestina: existe en el instante de violencia donde la imaginación humana hace estallar sus límites, en la bravura de los disturbios, los golpes de pecho, el ulular de las mujeres, las traiciones y las ejecuciones de traidores, tanto reales como imaginados, en todos los horrores trágicos, los heroísmos y los errores fatídicos de las gentes de este lugar. Y, de algún modo, Palestina se levanta por encima de esta miseria, porque el campamento y su gente son, a la vez, escudos, espadas y campo de batalla en la lucha por la libertad; y su destino es a veces hermoso y a veces terrible.

Cada campo de batalla impone sus propias condiciones a los guerrilleros. Como la intifada, la lucha de los saharauis ha tenido que adaptarse a sus inusuales circunstancias. Pero, mientras que en Gaza el enemigo está cerca —a solo unos pocos metros—, en el Sáhara Occidental es prácticamente invisible, está más allá del alcance. ¿Cómo planificar la lucha contra ese enemigo?

Para el Polisario, la apariencia de guerra se ha vuelto casi tan operativa como la guerra en sí misma. Dado que el muro de Hasán ha impedido a los combatientes del Polisario librar una guerra de guerrillas eficaz, han tenido que contentarse con una especie de pantomima militar.

Una noche, a dos días por el desierto desde Tinduf, Mulay toma contacto con una unidad guerrillera que patrulla una parte del muro. Acuerdan una visita a la primera línea para la mañana siguiente. Todo lo que lo queda por decidir es si atacarán o no el muro; como la exhibición de un Potemkin trasladable, están acostumbrados a montar escenografías de sus proezas militares. Esta vez, los guerrilleros deciden no atacar, pero lo compensan con una extraordinaria demostración de fuerza.

En un amplio *uadi*, varios vehículos todoterreno con cañones montados y conducidos por combatientes con turbante salen a gran velocidad desde detrás de los espinos. Se alejan deslizándose sobre las dunas como balandros de carreras en un océano agitado. Finalmente, al llegar a una colina, los guerrilleros dejan los vehículos y trepan a la posición de francotirador en la cima. Manteniendo bajas las cabezas, apuntan desde lejos al muro. Allí, dicen, está el enemigo marroquí. Pero sopla el siroco, la arena vuela por todas partes y no hay ninguna figura visible. No mucho después, el siroco ha oscurecido hasta el mismo muro; al final, todo lo que se puede ver a través de la danzarina tormenta de arena es una luminiscencia ahumada, amarillenta, donde el sol sigue brillando.

No obstante, los hombres continúan muriendo a lo largo del muro. Hasta que Marruecos acepte un referéndum que determine el futuro del territorio, el Polisario debe demostrar que todavía puede causar daño. Por eso, mientras el grupo de diplomáticos de la República Árabe Saharaui Democrática trata de abrir líneas de comunicación con el rey Hasán, el Ejército de Liberación del Pueblo Saharaui mantiene sus patrullas a lo largo del muro, demostrando ocasionalmente que puede hacer daño mediante ataques fulminantes y furiosos.

Estos ataques simbólicos son el medio que tienen los saharauis de mantener la guerra viva, como si fuera un ritual belicoso o un deporte sangriento. Como una familia que trata de conservar la apariencia de un linaje más noble de lo que sugiere su aspecto, hablan de una acción durante meses después de realizada, honrándola y sacándole brillo como si fuese una reliquia de familia. En efecto, estos combates vienen a ser reliquias preciosas, materiales para la tan esmeradamente cuidada historia oral de una guerra que ahora existe solo de forma nominal. Los guerrilleros veteranos como Mulay se muestran melancólicos y hablan como si los buenos tiempos hubieran quedado atrás, antes de que el muro convirtiera todas las cosas en parodia.

A pesar de sus frustraciones, el Polisario se ha abstenido de usar el terrorismo para atacar a Marruecos al otro lado del muro. El Polisario aspira a la independencia nacional y, por tanto, adopta el comportamiento sobrio, con la apariencia apropiada, de un Estado soberano: sus combatientes no se llaman a sí mismos guerrilleros, sino soldados, y los soldados, por supuesto, no cometen actos de terrorismo. Esta es una guerra con sentido del honor, librada en el campo de batalla.

Por eso mismo, se perdona la vida a los soldados enemigos hechos prisioneros; el Polisario mantiene a más de tres mil oficiales y soldados marroquíes en sus empalizadas del desierto. Los prisioneros de guerra son útiles. Como las historias de guerra de Mulay, que se cuentan una y otra vez, los prisioneros son una prueba no solo de la capacidad militar de los guerrilleros, sino también de su respeto por los derechos humanos. Siempre que llegan visitantes a los campamentos argelinos del Polisario, la organización se preocupa de mostrar a algunos prisioneros de guerra, al tiempo que subrayan que muchos de sus camaradas capturados por Marruecos simplemente han «desaparecido».

Una tarde, un grupo de sesenta prisioneros de guerra marroquíes son llevados desde sus campos de detención a una empalizada donde el Polisario tiene un museo de su botín bélico. Acompañados hasta allí por guardias saharauis armados, los prisioneros salen obedientemente al patio, en fila, a la plena luz del sol. La mayor parte de los prisioneros son hombres jóvenes, y parecen sanos, pero se mueven con cautela y sus rostros son máscaras retraídas, sin sonrisas.

Hoy sus interrogadores son españoles, una docena de hombres y mujeres ruidosos que fuman un cigarrillo tras otro y que pertenecen a un grupo de solidaridad con el Polisario procedente de Zaragoza. Los españoles han pasado la última media hora examinando el recinto y ahora se reúnen al lado de los restos amontonados de un avión marroquí derribado, con las marcas de fabricación americana todavía visibles en una pieza del fuselaje. A lo largo de los muros de seis metros de altura, nichos del tamaño de un garaje albergan tanques marroquíes, todoterrenos y transportes blindados arrebatados al enemigo. Fuera, en el patio, dispuestos en una perfecta simetría, hay miles de ametralladoras, minas, granadas, lanzacohetes, rifles sin retroceso, obuses, morteros, rifles de asalto, incluso cascos y cantimploras. Las ametralladoras, montadas sobre sus patas y engrasadas para impedir su oxidación, brillan negras contra la arena amarilla del desierto, como mortíferas arañas a punto de lanzarse sobre su presa.

A disposición de los visitantes españoles, los prisioneros de guerra están esperando, mudos, con los brazos caídos, como marionetas sin vida. Cuando por fin les dedican su atención a ellos, sacando grabadoras y cuadernos, los españoles los observan con la satisfacción de niños maliciosos. Una mujer comienza a interrogar a un joven capitán marroquí. Ha sido bien tratado, ¿no es cierto? Sí, responde él educadamente. ¿Qué pasa con la guerra de Marruecos contra el pueblo saharaui?, ¿no cree ahora que es injusta? Sonriendo indeciso, el orgulloso oficial se mueve en un cuidadoso terreno medio en su respuesta. Cree que la guerra es un medio para que los dos pueblos lleguen a comprenderse entre sí.

—Primero habrá guerra —dice— y luego, negociaciones.

Reuniendo fuerzas, el capitán defiende su derecho a haber servido en el ejército marroquí, porque es un soldado profesional y porque solo cumplía con su deber al venir a luchar al Sáhara Occidental. Pero enseguida su interrogadora dirige su atención hacia otra cosa. Pronto los españoles se van, y los guardias del Polisario acompañan a los prisioneros marroquíes a los camiones que los esperan. La exhibición ha terminado.

Guste o no, el Polisario está atado a su curso actual: hablar, negociar y, solo cuando las cosas parecen atascarse, lanzar ataques contra el muro. Como domadores de circo que obligan a los animales salvajes a seguir sus órdenes dándoles empujoncitos con un palo, los guerrilleros deben empujar y golpear constantemente, midiendo la distancia entre ellos mismos y sus enemigos, siempre atentos a evitar la provocación de un ataque, pero haciéndoles moverse al mismo tiempo.

La guerra en el Sáhara Occidental puede conducir a un entendimiento entre los saharauis y los marroquíes. Pero en Birmania cuarenta y cinco años de guerra no han conseguido acercar a los karen a sus enemigos. Si acaso, la enemistad entre las partes se ha incrementado. Aquí no hay poderosos benefactores extranjeros que insten a negociaciones y compromisos políticos. Ambos bandos creen que su supervivencia depende de la victoria militar. Para los birmanos, eso significa conquistar Kawthoolei, mientras que para los karen la victoria sería quedarse con el territorio que tienen y, si es posible, recuperar el que ya han perdido.

Cuando se produce el ataque contra Kawmura, es ya de noche. Primero los birmanos machacan la base con morteros; luego los vociferantes soldados cargan al otro lado de la Zona de la muerte.

El mayor Than Maung tenía razón al estar preocupado. Hace dos días, el intenso fuego de mortero, habitual por las tardes, comenzó antes de lo normal, y, temiéndose lo peor, cerró la base. Ordenó a todos sus hombres que se metieran en las trincheras y a todo el personal no esencial que se marchara de inmediato. Rápidamente trasladaron a los visitantes en canoas hasta la otra orilla por su seguridad. Para entonces, las balas ya habían empezado a pasar zumbando por encima; en unas horas comenzó la ofensiva.

Durante el último día y medio, las descargas han aumentado en intensidad hasta el punto de que Kawmura está bajo una tempestad de fuego. Desde el primer día, nadie ha entrado ni salido de la base salvo el mayor Soe Soe, que se deslizó al otro lado del río para unirse a sus hombres solo unas horas antes del ataque. Como los agricultores que leen en el cielo el tiempo que se avecina, Soe Soe y Than Maung parecen saber lo que va a suceder escuchando el ritmo y el tempo del bombardeo.

Durante el asalto, las ondas expansivas de la batalla han reverberado en Ban Mae Sot. La gente continúa su vida como de costumbre, pero manteniendo un oído atento a las explosiones. Todo el mundo se pregunta si los birmanos tratarán de cruzar al otro lado del Moei, a Tailandia, como hicieron hace unos pocos meses para atacar Kawmura desde atrás. Según afirman todos, es la única manera en que Kawmura podría caer. El jefe militar local tailandés es, al parecer, aliado de la UNK (Unión Nacional Karen), por eso, a pesar de cualquier acuerdo establecido entre su alto mando militar y Rangún, él podría echar una mano a Than Maung y su guerrilla.

Esta mañana, la segunda desde que se inició el ataque, el bombardeo es feroz. En la base militar del comando del ejército tailandés cerca del río Moei, los soldados están inquietos, agachándose cada vez que las bombas suenan cerca. Las balas zumban en el follaje a su alrededor, balas perdidas procedentes de la batalla al otro lado del río. Los soldados del comando, para no correr ningún riesgo, llevan cascos de acero y permanecen en sus puestos protegidos por sacos de tierra. Más atrás, dos hombres en chándal, agazapados entre la maleza al borde de la carretera, observan la batalla con prismáticos. A pesar de su atuendo de paisano, son oficiales del ejército tailandés que han venido a observar lo que sucede. Si las cosas superan un límite, dicen, llamarán a la artillería tailandesa para bombardear las posiciones del Gobierno birmano. Ya se han disparado algunos proyectiles de advertencia.

Los dos oficiales señalan la cima de la colina de la jungla —los birmanos tienen una posición ventajosa sobre Kawmura—, donde un ocasional fogonazo rojo indica la posición de un rifle sin retroceso de 75 milímetros. A cortos intervalos, dispara proyectiles contra la base de los karen.

Llegan más balas del otro lado, rompiendo hojas y ululando de improviso por arriba. Es hora de retirarse de allí. Una camioneta llega a gran velocidad por la colina desde el puesto de los soldados, con dirección a Ban Mae Sot. Se detiene un instante —lo justo para saltar a ella— y continúa su camino. En la parte de atrás, se agazapan dos karen junto a un hombre boca abajo. Ha sido alcanzado por dos balas, una en el costado, otra en el hombro. Siente dolor, su rostro se ha puesto gris, pero está consciente. Con cada bache que hace botar al camión, jadea. Sus amigos lo mantienen firme y le dan una nuez de betel para mascar; eso parece ayudarlo. Nadie dice nada.

Ese mismo día, más tarde, los militares tailandeses deciden desplegar algunas fuerzas para detener la ofensiva birmana. Desde Ban Mae Sot, dos transportes blindados de personal, muy nuevos, equipados con lanzacohetes, toman la carretera hacia el río. La maniobra parece funcionar. A la caída de la noche, el bombardeo es esporádico y enseguida se suspende por completo. El ataque ha terminado y Kawmura se ha mantenido firme.

Al final, más de treinta soldados birmanos yacen muertos en el barro de la Zona de la muerte. Como de costumbre, ninguno ha alcanzado el lado de los karen. Dos karen han muerto. Uno de ellos, cuyo nombre significa «flor de luna llena», era uno de los combatientes favoritos del mayor Soe Soe. Solo unas horas antes de su muerte, el muchacho le dijo al mayor que entraría a escondidas en la Zona de la muerte para conseguir la pistola de un oficial a modo de trofeo. Pero, antes de que pudiera llegar a él, un proyectil de artillería acabó con su vida.

Los muchachos serán enterrados discretamente en el pueblo de refugiados donde viven sus familias, en la carretera entre Ban Mae Sot y el río. Soe Soe dice que no van a dar a los chicos el funeral marcial habitual con toda su brillantez, porque no parece el momento más apropiado para montar «un gran espectáculo». Más karen de los habituales han muerto últimamente debido a la creciente ofensiva birmana, y la sensibilidad en la comunidad es alta.

Es mucho más que Kawmura lo que está en juego para la UNK cada vez que los birmanos tratan de tomar el lugar. Kawmura se ha convertido en un test importante de la capacidad de la UNK de quedarse con Kawthoolei en su conjunto, y por eso se la defiende como si la supervivencia de la comunidad entera dependiera de ello. Con apuestas tan altas, las batallas se libran con una ferocidad tremenda. No se da cuartel y no se espera nada. No se toman prisioneros. Los soldados enemigos capturados o heridos en la batalla son interrogados en busca de información y después ejecutados.

Esta práctica se niega oficialmente. Ganemy, ayudante del primer ministro y consejero de la autoridad de la UNK en Manerplaw, señala que algunos soldados enemigos que se han rendido se han casado con chicas karen y se han instalado en Kawthoolei.

—Les permitimos que se queden con nosotros, bajo una vigilancia gradualmente decreciente —dice.

Aunque, en privado, los jefes karen reconocen que sus combatientes ejecutan por sistema a los soldados enemigos que caen prisioneros. Dicen que las circunstancias de la guerra han dictado esos términos crueles y aluden a las dificultades de retener prisioneros cuando sus combatientes viajan de aquí para allá por la jungla. Ganemy pone un ejemplo de lo que sucede.

Hace tres años, dirigió una incursión nocturna contra un puesto del Gobierno en el río Moei. Durante el ataque, capturaron a cuatro soldados enemigos. Cuando amaneció y la columna de Ganemy se vio obligada a retirarse, hubo que decidir la suerte de los cuatro prisioneros. Se concluyó que había que matarlos, dice, porque habían visto el rostro de varios campesinos del lugar que los habían ayudado a él y a sus hombres.

—Si no los hubiéramos matado, esos campesinos habrían muerto al día siguiente.

Pero la animosidad tribal puede determinar la conducta en esta guerra tanto como cualquier consideración táctica. El odio entre los karen y los birmanos es secular, viene de la época en que los señores birmanos reprimieron y esclavizaron a los karen. Para estos, los birmanos siguen siendo la personificación del mal, y, a juzgar por la crueldad medieval desplegada por las tropas del Gobierno, los sentimientos no carecen de justificación.

En su guerra contra la UNK, las tropas de Rangún atacan a menudo los pueblos karen y se llevan a los hombres y niños que encuentran, usándolos como porteadores esclavos para trasladar pesadas cargas de alimentos o equipos a través de la jungla. Estas marchas obligadas pueden durar varias semanas, tiempo durante el cual los karen reciben poca comida, son golpeados y aterrorizados. A los que descubren tratando de escapar —o sucumben a la enfermedad o al agotamiento— con frecuencia se los despacha de un disparo. El propio Ganemy fue una vez obligado a acompañar a las tropas birmanas como porteador. Con otro hombre, tuvo que cargar un saco de cien kilos de arroz que llevaban colgado de una vara de bambú. Afortunadamente, su calvario duró solo tres días, y, sin embargo, aún conserva las marcas. En un hombro muestra una gran cicatriz rugosa donde la vara se le hundía en la carne por el peso.

Dada esta historia de enemistad siempre vigente entre los dos pueblos, no es sorprendente que los karen sean combatientes despiadados. Su guerra está dirigida a acabar con su enemigo, no a convencerlo. Saben que la única alternativa a la lucha es un futuro sombrío como pueblo ocupado o como refugiados. En estas circunstancias, el lema adoptado por los karen, «Libertad o muerte», ha adquirido una resonancia continuamente renovada.

Pero el hecho es que los karen están perdiendo la guerra. Kawmura puede haber resistido este año, pero muchas otras bases —más grandes y más importantes— han caído. La supervivencia de Kawmura no depende ya solamente de la valentía y la tenacidad de sus defensores, sino también de la política tailandesa. Los tailandeses pueden haber vendido a los karen en favor de Rangún, pero ese cambio de posición parece ser el resultado inevitable de la lucha entre la UNK y el Gobierno birmano, no de la ambigüedad tailandesa. Las tropas de Rangún pueden hacer lo que quieren mientras se abstengan de atravesar el río Moei para entrar en Tailandia.

Sin embargo, la frontera no será un obstáculo durante mucho más tiempo: con sus ingresos por la venta de la teca de Kawthoolei, el Gobierno de Rangún puede ahora comprar helicópteros de combate y cazabombarderos y atacar Kawmura desde el aire. La caída de Kawmura parece ser solo cuestión de tiempo.

Enfrentados a esa perspectiva desoladora, los karen saben que deben adoptar nuevas tácticas para responder a Rangún. Pero esto solo ha sido posible recientemente. Durante años, el mayor obstáculo era el propio aislamiento de los karen. Habían vivido en la jungla durante tanto tiempo que ya no podían entrar en las ciudades birmanas por la simple razón de que no tenían el carnet de identidad emitido por el Gobierno y necesario para ir de acá para allá sin ser detectados por la policía. Pero, con la afluencia de estudiantes en 1988, la situación cambió. La mayor parte de los estudiantes llegados a Kawthoolei tenían carnets de identidad válidos y, mejor todavía, eran desconocidos para el Gobierno birmano. Los líderes karen vieron rápidamente la utilidad potencial de los estudiantes: podían ser entrenados y reinfiltrados en las ciudades birmanas para actuar como el ala urbana de la UNK.

Este es el propósito del Comando Especial Supremo del comandante Robert Zan. Después de estudiar las obras de Mao Zedong, del general y maestro estratega vietnamita Võ Nguyên Giáp y del Che Guevara, así como *War of the Flea*, el estudio de Robert Taber de la guerra de guerrillas, ha planificado lo que espera de sus comandos.

—Una tarea es militar —dice—. Coches bomba, asesinatos y cosas así. La otra tarea es política: infiltrarse y agitar dentro de los partidos políticos legales, para organizar y dividir.

Pero, las primeras operaciones salieron mal. El último estudiante enviado por Robert Zan, con bombas y una pistola calibre 22 con silenciador con las que asesinar a altos funcionarios del Gobierno, ha sido detenido y estará siendo torturado en este mismo momento. Lo más probable, dice Zan, encogiéndose de hombros, es que sea ejecutado. No le da lo mismo, pero es un combatiente veterano y conoce las consecuencias para sus muchachos si los cogen llevando a cabo sus órdenes.

Robert Zan está también considerando la idea de lanzar algún ataque terrorista en busca de publicidad. No se siente preocupado por hacer daño a la reputación de la UNK, porque luchando limpiamente durante cuarenta años no se ha conseguido nada.

—Ni siquiera nadie sabe nada de nosotros —dice.

Por lo menos, razona, esos ataques pondrán de relieve la grave situación de los karen y, con suerte, presionarán internacionalmente a Rangún, obligándolo a negociar con la UNK. El comandante está considerando varios objetivos posibles. Por ejemplo, hay tres ingenieros de minas alemanes en una explotación de wolframio del Gobierno en la frontera. Se pregunta si cogerlos como rehenes reportaría alguna ventaja para la UNK. O secuestrar un avión comercial perteneciente a las aerolíneas estatales birmanas. No está seguro de qué idea es la mejor; aún se muestra indeciso. Mientras tanto, sigue preparando a sus hombres.

El campo de entrenamiento terrorista de Robert Zan se encuentra en el bosque de Kawthoolei, al otro lado de un río pequeño y profundo. Solo se puede llegar hasta allí a pie, haciendo equilibrios al pasar a través de una inestable pasarela hecha con troncos pequeños. Dos edificios construidos sobre pilotes se hallan rodeados por una pequeña plantación de bananos, bambúes y tecas jóvenes. Aquí se entrenan los miembros del Comando Especial Supremo-Tierra Prometida.

Una mañana, sus guerrilleros realizan una exhibición especial de sus habilidades. Visten trajes de faena negros, botas también negras y llevan pañuelos en la cabeza color burdeos, lo que hace que parezcan extras de una película hongkonesa de ninjas. Robert Zan anda alrededor con grandes zancadas haciendo que canten y marchen, presenten armas y se muevan a paso rápido. Esta es la primera vez que el grupo se exhibe ante un extraño, y están intentando causar a los espectadores la mejor impresión posible.

Du Du, el hijo del comandante, de doce años, es el benjamín del grupo. No es mucho más alto que su rifle de asalto. Durante la formación, a menudo pierde el paso, pero mantiene los ojos fijos hacia delante, su pequeña mandíbula hacia fuera y la boca en grave gesto de concentración mientras trata desesperadamente de seguir el ritmo de los otros. Con una banda tipo Rambo en la cabeza y una camiseta con las mangas cortadas para enseñar sus enclenques bíceps, Du Du se esfuerza cuanto puede por ser un hombre. En la parte interior de su brazo izquierdo lleva un tatuaje con una calavera y unos huesos cruzados.

El nombre de su hijo significa «valiente», dice Robert Zan, y confía plenamente en que sabrá estar a su altura. Está preparando a Du Du para que sea su sucesor, en el caso de que a él lo maten en combate, lo que puede ocurrir «en cualquier momento». El último combate por Palu, en el que resultó herido, fue la prueba de fuego del muchacho. Hizo un buen papel, y ahora pasa de lunes a viernes en este campamento; solo se le permite ir a casa los fines de semana.

—Lo saqué de la escuela en el tercer grado para convertirlo en militar —dice Robert Zan—. Pensé que, si estudia ahora, tendrá que luchar más tarde. Mejor luchar ahora, y aprender más tarde, cuando haya tiempo para ello.

Pero la grave valoración del comandante sobre el destino de su hijo se ve algo equilibrada por la risa procedente de su esposa. Ha venido al campamento a pasar el día y, cuando observa los torpes movimientos de su hijastro en la marcha, se ríe con discreción. Es evidente que, para ella, Du Du solo está jugando a ser soldado. Sostiene su sombrilla color lavanda en lo alto con una mano para protegerse del sol y, con la otra mano, ahuecada sobre la boca, oculta recatadamente su risa.

Más tarde, tras rematar la exhibición con una demostración de las habilidades de sus muchachos con explosivos —estudian de todo, desde las bombas de plástico y TNT hasta las de gelignita y nitrometano—, Robert Zan entra en su cabaña de comandante. Esta se asienta en una colina desde la cual tiene una visión estratégica de todo el entorno del campamento. Varios chicos andan por alrededor vigilando el perímetro.

En el interior hay una gran mesa de madera y dos bancos. En las toscas paredes de la cabaña cuelga el último calendario de la UNK, con la lista de los mártires karen de la revolución; también una vieja fotografía en blanco y negro del general Bo Mya, jefe del estado de Kawthoolei, y un gran mapa mural salpicado de insectos donde se señala la fuerza de las tropas enemigas y sus posiciones. Aquí Robert Zan puede pensar y reflexionar. Desde la ventana de la cabaña puede mirar por encima de las colinas cercanas con sus árboles jóvenes de teca. Abajo, en la explanada del campamento, puede ver a sus guerrilleros haciendo payasadas, su hijo entre ellos.

Robert Zan es consciente de que las perspectivas a largo plazo de los karen no son buenas. Ni siquiera sabe cuánto tiempo podrá seguir con este trozo de tierra como base de entrenamiento. Su inteligencia le sugiere que el Gobierno birmano planea hacer de él un objetivo en su próxima ofensiva, para incluirlo en su serie de victorias. Sostiene un Remington 700 con mira telescópica.

—Solo para matar oficiales. —Se ríe.

Es la misma arma que Motosada Mori, el francotirador japonés, utilizó para matar a los dos oficiales birmanos en Kawmura en la última temporada de combates. Mori debe regresar a Kawthoolei pronto; se supone que traerá nuevas miras para los francotiradores, una por cada base asediada, y enseñará a más guerrilleros a usarlas. Si pueden matar a más oficiales enemigos de primera línea, tal vez eso retrase las cosas. Todo ayuda.

Fuera, en el último calor de la tarde, los miembros del Comando Especial Supremo terminan cayendo en un placentero letargo. Algunos de los chicos nadan en el río. Otros se sientan en la orilla mirando, con los brazos alrededor de los hombros de los compañeros, fumando unos puros compartidos.

En la caminata de vuelta hasta la camioneta que la llevará a casa, la esposa de Robert Zan marcha delante, con la sombrilla protegiéndola del cálido sol de la tarde. Junto a ella camina un guerrillero joven con malaria que necesita atención médica. Justo detrás, trota Du Du. Es fin de semana y se marcha a casa. A la espalda lleva un cesto de porteador de caña lleno de brotes de bambú recogidos por su madrastra. De repente, la esposa del comandante se detiene. Mira fijamente con interés una arboleda de bambú justo al lado del sendero. Captando la insinuación, uno de los chicos entra en ella con un largo cuchillo para recoger más brotes. De pie en fila, los guerrilleros esperan. Al poco, reaparece el muchacho con el cuchillo y con los brotes de bambú recién cortados para el cesto de Du Du, y el grupo sigue su marcha tras la sombrilla color lavanda encabezando la comitiva.

Robert Zan observa al hijo en el que ha puesto tantas esperanzas.

—No me preocupo por él —dice—. ¿Sabes por qué? Mis padres murieron en territorio karen, y mi hermano menor y un primo murieron luchando en Kawmura. Aparte de mí, tengo otro primo, un sobrino y un cuñado, todos luchando. Un día también yo moriré por mi pueblo y la revolución de los karen. Por eso, si mi hijo muere, no pasa nada.

Cuando Robert Zan se prepara para sacrificar a su hijo y entrena a sus hombres para el terrorismo en la somnolencia tropical de Kawthoolei, la violencia que evoca parece todavía abstracta. Los actos tendrán lugar lejos, al otro lado de las montañas, fuera de la jungla en que se desarrolla esta guerra, que se está convirtiendo inexorablemente en un escenario de catástrofe para el pueblo karen. Pero, como dice Robert Zan, ¿qué otra cosa puede hacer su pueblo para retrasar esta acometida despiadada del enemigo en la que cada año pierden más y más territorio? Pronto no tendrán nada más que perder. Si los karen y los estudiantes pueden llevar la guerra a las ciudades birmanas y mostrar que son capaces de infligir un daño real al régimen militar, tal vez la población pueda sentirse impulsada a una renovada rebelión. Sin duda eso sería mejor que continuar esta larga guerra, aunque algunos inocentes puedan morir en el proceso.

En la guerra, la muerte se convierte en el medio para un fin, y la gente que mata desarrolla toda una gama de justificaciones para eso. Historia, cultura, condiciones del campo de batalla, objetivos políticos, comportamiento del enemigo: todos esos factores han influido en los conflictos de El Salvador, Birmania, Afganistán, Gaza y el Sáhara Occidental.

A veces, durante años incluso, esas influencias pueden permanecer básicamente inalterables en sus características. En otras ocasiones se hacen fluidas y flexibles, y también las guerras cambian. Las guerras, como las personas que las libran, cambian con el tiempo.

Sea cual sea el curso que las guerras hayan tomado, si al final no pueden ser contenidas mediante la negociación, se convierten en duelos por la supervivencia. En ausencia de conversaciones, solo queda la guerra. Pensar en cualquier otra cosa sería mera frivolidad ante la muerte y el enemigo implacable. Cuando se convierte en el medio de sostener la vida, una violencia como la que contempla el comandante Robert Zan empieza a verse menos como terrorismo y más como un acto de supervivencia.

Sistemas de justicia*

Todos los guerrilleros imponen su autoridad sobre el pueblo en los territorios que desean controlar. Los sistemas de justicia que ponen en práctica son ensayos revolucionarios del poder que esperan establecer algún día a una escala más amplia.

Toda guerra plantea retos morales y éticos similares a los guerrilleros cuando someten a otros a su voluntad, aunque la manera en que se plantean esas situaciones puede diferir de forma considerable. Qué leyes deciden que son importantes y cómo las aplican son indicadores fundamentales de sus prioridades sociales y de sus intenciones futuras.

Para muchos guerrilleros, existe una gran área gris donde la guerra militar y la administración de justicia se superponen. En algunos lugares, su control sobre la población es débil, y por eso su imposición de autoridad es una parte principal de su esfuerzo bélico, un medio de imponer la obediencia civil. Si un sector de gente se opone a los guerrilleros, la tendencia, a menudo, es usar la coerción, incluso el terror, para someterlo a su voluntad.

Los muyahidines de Afganistán piensan poco en convencer a su población. En este país aislado y ligado a la tradición, el islam y el poder del hombre fuerte local carecen prácticamente de oposición. Si los muyahidines dominan militarmente una zona, su palabra es ley. Y, por lo general, esto significa la ley islámica, tal como la interpretan ellos y sus mulás.

Los delitos militares como el espionaje o la traición son a menudo manejados por los partidos de los muyahidines en sus propias áreas de

  * «Systems of Justice», en *Guerrillas. Journeys in the Insurgent World*, Nueva York, Times Books, 1992. Publicado por primera vez en castellano por Sexto Piso (2018), *Guerrillas*, en traducción de María Tabuyo y Agustín López Tobajas.

control. En Kandahar, por un acuerdo general entre el mulá Naquib y los otros jefes muyahidines, todos los delitos civiles graves, como el robo, el asesinato y el adulterio, se remiten a dos ancianos eruditos musulmanes, o *maulavi*, que administran un tribunal en un pueblo a más o menos una hora de Charqulaba.

Esta judicatura paralela ha estado funcionando en Kandahar desde principios de la década de 1980 y viene a establecer una división complementaria de poderes entre los muyahidines, como autoridades militares, y los imames de más edad, como jefes civiles y religiosos. El hecho de que algunos jefes militares, como Naquib, sean también mulás significa que hay una estrecha afinidad entre las autoridades. Por ejemplo, aparte de sus deberes militares, Naquib también arbitra las disputas civiles de menor importancia.

Poco después de que estallara la guerra, las facciones muyahidines de Kandahar formaron una *shura*, o consejo consultivo, y acordaron de manera unánime crear un tribunal islámico como alternativa necesaria al propio sistema judicial desacreditado del régimen afgano. Finalmente, con la presencia del Gobierno erradicada de todas partes salvo del centro de la ciudad, esta alianza ha llegado a ejercer la autoridad islámica en toda la provincia, apoyando al mismo tiempo la autoridad militar de los muyahidines.

—Es como un Gobierno —dice Khalilullah con orgullo—. Un Gobierno de los mulás y los muyahidines.

Una mañana, el mulá Naquib envía a algunos hombres de su campamento a asistir a una sesión del tribunal presidida por los mulás supremos. El viaje hasta allí se realiza a una velocidad de vértigo por una carretera muy bombardeada, en una camioneta Toyota de color verde que sirve como ambulancia del campamento. La conduce un joven muyahidín de dientes prominentes que durante el trayecto pone cintas de tristes y melancólicas canciones de amor kandaharíes a todo volumen.

El tribunal está situado en una aldea llamada Pashmul. A varios cientos de metros de distancia, se encuentra una colina aislada controlada por el Gobierno como una isla en la llanura circundante. Bocanadas de humo muestran que está siendo bombardeada por los muyahidines.

Al acercarse a Pashmul, se aleja el ocre apagado de los viñedos, con sus surcos profundos y el enmarañado aspecto invernal de las cepas sin hojas, y en la distancia, súbitamente, se divisan sombrías las dunas de arena del gran desierto de Registán, al sur de Afganistán, que se elevan varias decenas de metros sobre el suelo, como la cresta de un tsunami congelado en su movimiento.

El tribunal se ha establecido al aire libre, a la sombra de un silo de almacenamiento de uva en los límites de la aldea. Sus accesos están vigilados por una guardia de honor formada por una docena de muyahidines fuertemente armados. Provistos de armamento, bandoleras deportivas e incluso lanzacohetes chinos RPG-7, forman una disuasoria protección del tribunal. Todos los meses la guardia se renueva, y los distintos jefes militares envían para ello a sus mejores hombres a Pashmul.

Los guardias cachean cuidadosamente a todos los visitantes. Una vez cacheados, los demandantes y solicitantes son acompañados hasta la parte de atrás del silo y se les manda que se sienten en el suelo. Unas veinte personas se sientan, mirando a los jueces, alrededor de los bordes de una amplia tela extendida en el suelo.

Los dos mulás se reclinan sobre cojines, con la espalda apoyada en los muros de barro del silo. Uno de ellos parece muy anciano y lleva una larga barba blanca; el otro tiene una barba canosa más corta. Delante de ellos se amontona una pila de manoseados textos legales: el sagrado Corán, los hadices o dichos de Mahoma, y las enseñanzas del imam Abu Hanifah, un erudito musulmán suní del siglo VIII.

Los dos jueces parecen preocupados. Junto a ellos, un hombre delgado, de aspecto arisco, con un cuaderno abierto y una pluma preparada en una mano mira de forma penetrante a su alrededor de manera siniestra. Es el amanuense del tribunal, un jefe muyahidín que ofrece voluntariamente su colaboración. El tribunal está atareado esta mañana, dice con impaciencia; los jueces tienen muchos casos que resolver.

Alrededor de la tela, los rostros de los afganos reflejan una idéntica expresión de atención muda y respetuosa. La mayoría tiene el ceño fruncido y la mirada baja, como quienes creen estar en presencia de superiores, como penitentes ante el altar de una iglesia.

Hoy los *maulavis* juzgan varias causas: una disputa entre dos jefes muyahidines sobre los límites de sus territorios; una disputa por la división de una cierta cantidad de munición entre otros dos, y también algunas causas civiles menores. Los pleitos atestiguan el éxito de la *shura* de Kandahar: con estos pleitos alejados del dominio de los militares, las disputas sangrientas entre facciones, tan frecuentes en otras partes de Afganistán, pueden evitarse y resolverse aquí de forma pacífica.

En un resumen de los años que se han mantenido en ejercicio, los jueces dicen que han encontrado motivos para ordenar la muerte de dos parejas de adúlteros, la amputación de la mano derecha de un ladrón y la ejecución de dieciocho asesinos. Sobre las cifras exactas, hay una larga conversación entre los jueces. En un momento dado, están en desacuerdo sobre cuántos son los homicidas a los que han condenado a muerte. El juez anciano piensa que son cuarenta; el más joven lo discute. Se consultan los registros y por fin se llega a la conclusión de que han sido solamente dieciocho.

Ninguno de estos veredictos se ha alcanzado a la ligera, dicen los imames, y cada sentencia se ha concluido tal como estipula el Corán.

—Nos adherimos a la *sharia* en todos los casos —dice el juez más joven. De forma tranquilizadora, pasa la mano por el montón de libros apilados ante él—. Todas las respuestas están aquí, en los libros sagrados.

Los asesinos fueron ejecutados por los parientes supervivientes de las víctimas asesinadas, «con kalashnikov». Habitualmente, la viuda o un hermano cumplen la sentencia, pero, si no hay ningún pariente disponible, los muyahidines actúan como ejecutores sustitutos. En cuanto al ladrón que juzgaron y encontraron culpable, los jueces dejan claro que la amputación de la mano se realizó bajo la supervisión de al menos cuatro médicos muyahidines. En los casos de los adúlteros, sus delitos fueron atestiguados por el necesario requisito de testigos oculares, tal como pide el Corán. No hay duda de que fue adulterio lo que se produjo en ambos casos. Tres de los adúlteros fueron debidamente lapidados hasta morir; sin embargo, una de las partes culpables, un varón, fue solo azotado, porque no estaba casado. Su cómplice femenina estaba casada, por eso se le dio muerte.

Dado este registro moderado de condenas capitales, estos dos hombres no son en absoluto un ejemplo de terrible rigor, sino simples y justos eruditos religiosos que creen a rajatabla en la justicia de su sistema. Y, dada la seriedad con la que buscan justificar sus sentencias más severas, está claro que nunca pronunciarían un veredicto que no estuviera fundamentado en sus libros sagrados. Pero estos imames de Kandahar fueron también cuidadosamente escogidos por la *shura* de los jefes muyahidines, sacados de las mezquitas donde ellos y sus amados libros habían estado acumulando polvo durante años, e incluso ahora están protegidos por un guardaespaldas muyahidín.

En todo caso, insisten en que su ética está intacta. El juez más joven reconoce «las buenas relaciones» con los muyahidines, pero niega cualquier subordinación por parte del tribunal. Los jueces no reciben ningún dinero de los muyahidines, dice, aunque se les ha ofrecido; subsisten solo con los diezmos que la gente entrega a sus mezquitas. La verdad, afirma también, es que nada les gustaría más que volver a ellas. Pero comprenden, por otra parte, que la suya es una tarea sagrada, y por eso aceptan continuar desempeñándola hasta que se gane la yihad y se establezca oficialmente un Estado islámico en Afganistán.

Al final de este largo y apasionado monólogo, el juez anciano interrumpe con irritación:

—¿Has terminado? Es la hora del almuerzo y tengo hambre, ¡y todavía no hemos visto todos los pleitos!

Pero el juez más joven ignora este arranque; al parecer, siente que no ha dejado todavía suficientemente clara su independencia y empieza a agitar un trozo de papel.

Es un nuevo edicto que se está enviando a los jefes muyahidines de Kandahar, ordenándoles que «ejerzan un mejor control sobre los civiles en las áreas de su autoridad y que impidan la reproducción de grabaciones musicales». Los ancianos creen que el actual ambiente de laxitud moral —ha habido recientemente un aluvión de robos y algunos asesinatos alrededor de Kandahar— se debe a la perniciosa influencia de la música. Por eso, ahora han decidido prohibirla. Y se espera que los muyahidines no solo obedezcan la nueva prohibición, sino que colaboren activamente en su aplicación.

Por alguna razón, la noticia de este decreto inminente causa un impacto mayor que toda la conversación sobre apedreamientos, amputaciones y ejecuciones «con kalashnikov». Incluso Khalilullah parece sentirse violento e incómodo. Kandahar es conocida por su amor a la música, y los muyahidines no son una excepción.

Ahora, el sol del mediodía calienta ya con fuerza, y el escriba de gesto arisco murmura malhumorado. Viendo sus miradas cada vez más irascibles y el hambre en el rostro del juez más anciano, Khalilullah decide dar por terminada la sesión dando las gracias a los jueces y poniéndose en pie. Después, no quiere manifestarse sobre la prohibición de la música, salvo que le parece una medida «estricta», puesto que la mayor parte de la gente, incluido él mismo, disfruta escuchándola. Pero no dice nada más; no quiere criticar directamente a los jueces.

De nuevo en la camioneta, lo primero que hace el conductor es meter una cinta en la pletina y subir el volumen al máximo. Cuando las quejumbrosas canciones de amor llenan el coche de ruido, pone el pie en el acelerador y sonríe. Khalilullah no dice nada, pero, mientras mira hacia delante a través del cristal del parabrisas, muestra una ligera sonrisa enigmática.

La voz de la cinta es la de Badur, un cantante melódico adolescente de Kandahar que murió como un mártir luchando con los muyahidines hace tres años. Sus canciones, cantadas con aflautada voz femenina de soprano, hablan de un amor no correspondido y de la fragancia de las flores.

A pesar de toda su autoridad, imponer la ley y el orden no es sin embargo una tarea fácil para los imames. Incluso después de la prohibición de la música, la oleada de delitos en Kandahar no se ha interrumpido. Una semana después de la audiencia en Pashmul, los viejos mulás piden al mulá Naquib que capture a un grupo de ladrones que, fingiendo ser muyahidines, han robado un camión cargado de azúcar perteneciente a varios comerciantes de la ciudad de Kandahar. Los bandidos se han escondido en Hargeiz, un pueblo en la base de las montañas al otro lado de la llanura de Arghandab.

En ese mismo día, los muyahidines empiezan a llegar al campamento de Charqulaba desde todo el entorno de Kandahar; cada partido envía a un grupo de seis o siete combatientes. La «operación ladrones de azúcar» debe ser un esfuerzo de toda la *shura*. El mulá Naquib va y viene, discutiendo los planes trazados con los demás jefes. El cocinero del campamento y los chicos del té tienen que hacer trabajo extra para proporcionar alimento a todas las bocas adicionales que se han reunido.

Finalmente, a última hora de la tarde, todo está dispuesto. Después de una animada y entusiasta asamblea, como la reunión del entrenador con sus jugadores antes de empezar el partido, el mulá Naquib despide a sus hombres. Los combatientes se levantan en masa, se echan las armas al hombro y se ponen en marcha. Van a andar toda la noche a través de la llanura para llegar a Hargeiz antes del amanecer y sorprender a los bandidos aún durmiendo. Mientras caminan a buen paso, el mulá Naquib los sigue por la senda hasta salir del campamento, animándolos con voz fuerte y entusiasta.

No mucho después de que los combatientes se hayan ido, llega la noticia de que los ladrones han escondido la mitad de su botín en un almacén de un pueblo cercano. Se envía a unos hombres para que investiguen. Vuelven después del anochecer con un civil afgano asustado, un lugareño contratado por los ladrones para que vigilara el azúcar robado. Lo meten en la cabaña de la radio y el prisionero se pone de rodillas temblando sobre la paja, con la mirada clavada en el suelo.

Sentado en uno de los catres, Naquib muestra de forma imponente su indignación. Quiere averiguar si el detenido sabía que quienes lo contrataban eran ladrones. El vigilante dice que no, que pensaba que eran muyahidines y que el azúcar se lo habían quitado al Gobierno. Después de escucharlo sin ninguna interrupción, Naquib se burla de sus pretensiones de inocencia y le grita. El hombre se queja de manera ininteligible con sumisa desesperación. Lo han encontrado culpable, y su única esperanza es que Naquib decida librarlo de un castigo grave.

Afortunadamente para él, Naquib ya ha decidido que el hombre está tan asustado por su experiencia que nunca más volverá a cometer una equivocación así, pero de todos modos le echa una buena bronca, preguntándole repetidamente, de manera insultante: «¿Eres musulmán?». Luego le dice que va a dejar que se vaya, pero solo porque conoce y respeta a su padre y sus hermanos. El hombre se atreve finalmente a alzar los ojos del suelo y se acerca, agachado, a besar la mano de Naquib. Después, despedido imperiosamente por Naquib, sale deprisa de la cabaña y desaparece.

A la mañana siguiente, el mulá hace una visita al almacén. De pie hay algunos civiles con aspecto nervioso que ya han comprado algunos sacos de azúcar a los ladrones. Ahora el mulá Naquib quiere que devuelvan el azúcar. Desde el laberinto de barro de las casas empiezan a aparecer algunos hombres con sacos de cincuenta kilos a la espalda. Los tiran sobre el montón apilado en el almacén, pero se muestran reticentes, mirando de manera anhelante los sacos, mientras Naquib los consuela con el convencimiento de que han hecho lo correcto a los ojos de Dios.

A mediodía, llega la noticia del grupo enviado por Naquib en busca de los ladrones. Después de llegar al alba a Hargeiz, los muyahidines rodearon el pueblo, pero, en vez de luchar, entraron en negociaciones con la banda de ladrones. Siguiendo las instrucciones del mulá Naquib, les han propuesto que, si devuelven el azúcar, los ladrones no serán castigados. Para arreglar el asunto sin derramamiento de sangre, se acepta la coartada de los bandidos de que creían que el azúcar pertenecía al Gobierno.

Este es un compromiso para salvar las apariencias que parece convenir a todo el mundo: los viejos imames estarán encantados de ver este asunto resuelto sin que su intervención sea necesaria; los jefes muyahidines de Kandahar pueden igualmente estar orgullosos de haber hecho justicia sin tener que recurrir a las armas, y, por supuesto, los comerciantes ofendidos estarán agradecidos porque se les ha devuelto su azúcar. Por último, los ladrones pueden considerarse sumamente afortunados por haber conservado la mano derecha.

Como muestra el caso de los bandidos del azúcar, el mulá Naquib está lejos de ser ingenuo cuando va a ejercer su autoridad. A fin de demostrar su tolerancia, así como su determinación para hacer cumplir la ley, Naquib ha optado por el compromiso evitando soluciones extremas.

Aunque está autorizado por el *maulavi* para acogerse al sentido literal de los preceptos de la *sharia*, ha optado por ser benévolo. Al actuar así, ha conseguido que todo el mundo le estuviera agradecido —no solo los comerciantes de azúcar, sino también los hombres a los que ha indultado— y los bazares del pueblo de Arghandab se llenarán de conversaciones elogiosas sobre la sabiduría y el gobierno imparcial de Naquib.

La aplicación moderada de la ley por parte de Naquib es apreciada por el pueblo, y se ha ganado el respeto de todos. En cambio, después de la prohibición de la música por parte del *maulavi*, otro jefe muyahidín se desbandó por un pueblo confiscando los aparatos de radio y los magnetofones de todo el mundo —más de seiscientos en total— y destrozándolos. Para muchas de las personas afectadas, las radios y los magnetofones eran sus posesiones más valiosas. Destrozarlos no solo era cruel, sino políticamente estúpido, pues, por estar a bien con el *maulavi*, el jefe muyahidín se ganó la enemistad imperecedera de seiscientas familias, y también el desprecio de sus propios compañeros. El mulá Naquib, por otra parte, interpretó su deber ante la prohibición de la música por parte de los imames transmitiendo formalmente el edicto en Arghandab, y luego ignorándolo. Para mantener las apariencias, se limita a pedir a sus hombres que no pongan música en su presencia.

En Arghandab, la gente sabe que, si siguen las reglas, serán tratados con justicia. No hay castigos arbitrarios; no se impone nada que no sea previsible. En un país islámico, las leyes impuestas por el mulá Naquib son unas normas que el pueblo ya había aprendido a obedecer.

En el Sáhara Occidental, aunque por razones diferentes a las de Arghandab, también los guerrilleros permanecen prácticamente incuestionados en su control de la población civil. Aquí, la razón principal es el muro. Si hay saharauis promarroquíes, viven en el otro lado. En los campamentos de refugiados de Argelia, el control del Frente Polisario es absoluto.

Para gobernar a los refugiados saharauis, el Frente Polisario ha hecho resurgir los viejos consejos tribales prerrevolucionarios, que dictan leyes en concordancia con la *sharia* islámica. Evitando el conflicto, el Polisario ha conservado las viejas leyes, pero les da su propia «interpretación progresista». No hay lapidaciones ni amputaciones, sino, en su lugar, un sistema de multas. A los viejos y desacreditados *sheijs* se les han adjudicado tareas ceremoniales, permitiéndoles conservar un aspecto de dignidad, mientras que la autoridad real descansa en las manos de los cuadros revolucionarios.

Tan total e incontestado es el control del Frente Polisario que los saharauis afirman que la suya es una sociedad libre de delincuencia. Los líderes del Polisario dicen que no se ha cometido un solo homicidio en los campamentos desde que comenzó su exilio, y Abba desea de verdad que otras sociedades puedan ser como la suya, no «drogadas y enfermas», como parecen ser las sociedades que están más allá de la República Árabe Saharaui Democrática.

Si los saharauis se muestran moralistas es porque todavía se lo pueden permitir. En Kawthoolei, lugar donde los guerrilleros karen han gobernado a su pueblo durante años con un fuerte código moral y social basado en un híbrido de costumbres karen y ley británica, este sistema se ha visto debilitado con el empeoramiento de la situación militar.

Evidentemente, la UNK es inconsecuente en la aplicación de la justicia: parece haber una forma de trato para los karen, otra para los forasteros. Las leyes son también más elásticas cuando toca castigar a combatientes de la UNK por fechorías. Por ejemplo, la UNK es sorprendentemente indulgente con los desertores, haciéndoles cumplir solo condenas de un mes en las prisiones de Kawthoolei. Esa indulgencia es posible porque la UNK tiene cárceles propias en las que alojar a sus delincuentes y disidentes. En teoría, se podría aplicar el mismo trato a los prisioneros de guerra, pero, en cambio, se acaba con ellos de un disparo.

En otra incoherencia, el mayor Soe Soe cita la condena a muerte que se recoge en los libros de la UNK como prueba de la severidad con que la revolución castiga a los traficantes de drogas. Afirma que al menos un traficante ha sido ejecutado, pero divaga cuando entra en los detalles del caso. El hecho es que ni una sola persona detenida por la acusación de narcotráfico ha sido nunca condenada a muerte. En Manerplaw hay un convicto por contrabando de heroína; no solo se ha dejado a un lado la condena, sino que se ha inscrito en la academia de formación de la autoridad militar de Manerplaw. Pero es también un karen.

Una tarde, Ganemy me señala al indultado. Delgado, pulcramente uniformado y con la cabeza afeitada, el hombre se sienta con un grupo de otros jóvenes cadetes reunidos para ver vídeos en el porche del primer ministro Saw Sae. Ganemy explica que lo sorprendieron pasando de contrabando una pequeña cantidad de heroína en una de las entradas de aduana de la UNK. Puesto que era joven, de una familia pobre y adicto, no se le condenó a muerte, sino a una condena de diez años de trabajos forzados. Después de varios años de servicio como porteador de las tropas de la UNK en primera línea, se le ha concedido el indulto total. Ahora, va a ser oficial de la UNK.

—Ha convencido a todo el mundo de su valía —dice Ganemy señalando al cadete con una sonrisa de aprobación.

La prisión de Manerplaw se asienta sobre una pequeña colina no lejos de la casa del presidente. Junto a la carretera y sobre la entrada de madera en forma de arco, pintada de blanco, hay un cartel que dice: LIBERTAD O MUERTE. La prisión consiste en dos jaulas de teca de unos quince metros de largo, tres de alto y seis de ancho, separadas por un corredor en el que dos guardias muy jóvenes se sientan acunando sus armas automáticas. Las jaulas están hechas de enormes vigas cuadradas, de unos diez centímetros de grueso, con huecos similares entre ellas; el suelo es de hormigón. Son frías y oscuras; los hombres que están dentro apenas son visibles. Hamacas y mosquiteras están colgadas de las vigas, y pequeños bultos cuelgan de cuerdas como nidos de aves tejedoras.

Durante el día, a la mayor parte de los presos se les permite salir a destacamentos de trabajo. Hay menos de diez en ese momento, todos ellos casos recientes. Hace unos meses, los quince ocupantes anteriores fueron liberados después de que se ofrecieran como «voluntarios» para luchar en el frente. Dos murieron; después, los demás fueron indultados.

Charles Thada es el presidente del Tribunal Supremo de Kawthoolei y es él quien decide si las personas van a prisión o no. Delgado y lánguido, Thada vive en Manerplaw, pero pasa gran parte de su tiempo viajando por la zona de Kawthoolei controlada por la UNK para juzgar las causas pendientes. Antes de unirse a la revolución karen en 1971, era juez del distrito provincial y funcionario municipal. Cambió de lado, dice, porque no le gustaba la «Administración socialista» de Birmania. El cambio fue bueno para su carrera judicial. Nombrado primero ayudante del presidente del Tribunal Supremo, ascendió a su puesto actual cuando el anterior presidente murió estando en el cargo.

El sistema legal de Kawthoolei está tomado del de Gran Bretaña, pero solo se ponen en práctica aquellos artículos que conciernen a lo que Thada califica como «la situación revolucionaria del pueblo karen». Cuando hay que imponer penas, la UNK ha adaptado las leyes para ajustarlas a la cultura karen. Por ejemplo, hay una condena a muerte por asesinato «con alevosía», pero las penas por asesinato con circunstancias atenuantes van desde los seis años de cárcel hasta la sentencia no revisable de veinte años. El delito de «violación incestuosa» también está castigado con la pena de muerte, pero, si el violador no está relacionado con la víctima, la pena es de cárcel.

El presidente del tribunal de justicia reconoce que las leyes de Kawthoolei son estrictas, pero las defiende como las apropiadas para un pueblo en guerra. El adulterio, el último en ser añadido a la lista de delitos sancionables con pena capital en Kawthoolei, fue hecho punible con la muerte solo a mediados de los años ochenta, después de que varios casos de traición marital con importante repercusión empezaran a provocar problemas morales entre las tropas de primera línea. Después de que se instituyera la ley, se llevaron a cabo un par de ejecuciones, pero, desde entonces, ningún caso más de adulterio ha llegado al tribunal. Ahora las tropas de primera línea pueden mantener la atención centrada en la guerra, en vez de preocuparse por lo que podría estar sucediendo a sus espaldas en sus casas.

—En Kawthoolei solo se puede tener un esposo o una esposa —dice el presidente del tribunal de justicia—. Varias amantes supone la muerte. Si es solo una amante, son por lo regular diez años.

Irónicamente, al mismo tiempo que sus vidas han llegado a estar más codificadas a causa de la guerra, los karen están entrando en contacto cada vez más con el mundo exterior, sobre todo con la promiscua cultura de Tailandia, donde viven numerosas familias de los combatientes. Además, hay varios miles de estudiantes birmanos que ahora viven entre los karen; los estudiantes tienen su propio acervo de creencias y costumbres. Inevitablemente, estos contactos han perturbado la estabilidad de Kawthoolei. Debido al influjo de los estudiantes, la UNK ha tenido que transigir renunciando a sus antiguas ambiciones separatistas y ha establecido con ellos una alianza sobre unas bases amplias contra el régimen de Rangún. Pero, aunque estos cambios hayan sido inevitables, hay algunos que hubieran preferido que las cosas no fuesen por ahí y a quienes molestan los recién llegados no karen por los cambios indeseados que ha traído consigo su llegada.

A medida que la situación se ha hecho más precaria, los karen se han vuelto más paranoicos con relación a los espías, y muchos jefes importantes están convencidos de que las filas de los estudiantes están plagadas de agentes enemigos. El mayor Than Maung no confía en casi nadie. El último espía que atrapó, señala, era un monje budista.

—El enemigo utiliza muchos espías. Monjes, comerciantes, *estudiantes*..., incluso porteadores. Debemos tener mucho cuidado.

Este miedo al espionaje es la razón principal de que los campamentos de estudiantes birmanos se hayan situado lejos de las bases de los karen.

Una noche, el mayor Soe Soe dice de repente:

—Debemos tener cuidado con los estudiantes, porque en cualquier momento pueden volverse contra nosotros. Después de todo, ¡son birmanos!

Su arranque muestra que, a pesar de su alianza oficial y de todo ese discurso acerca de una visión compartida para el futuro de Birmania, la desconfianza de los karen respecto de sus camaradas no karen está profundamente arraigada y continúa enconándose.

Hasta ahora, no se ha descubierto espiando a ningún estudiante, pero estos son muy conscientes de las sospechas que los karen proyectan sobre ellos y hacen cuanto pueden por disipar toda sombra de duda. Una manera es ofreciéndose como voluntarios para operaciones guerrilleras peligrosas, como las ideadas por el comandante Robert Zan, y señalan su elevado número de muertos en la guerra como prueba de su lealtad.

Mientras tanto, puesto que la UNK les ha dejado gobernarse por sí mismos en sus campamentos, los estudiantes han tenido que aprender a mantener el orden. Al final de su primer año en la jungla, los estudiantes de Thay Baw Boe han montado su propia cárcel, una pequeña cabaña hecha de troncos entre la maleza al borde del campamento.

La cárcel ha traído consigo otra innovación: la creación de una Fuerza de Policía del Regimiento propia de Thay Baw Boe. Hasta ahora, la fuerza consta de dos jóvenes robustos vestidos con elegantes uniformes militares con cinturones blancos lacados y fajas diagonales a juego, boinas color burdeos y charreteras. Mantienen el orden en el campamento y acompañan a los visitantes hasta el río Moei, siempre a paso rápido y con cierto aplomo.

Un día, al pasar cerca de la cárcel, uno de los policías comenta que sus actuales ocupantes son dos estudiantes a los que se cogió robando maíz en una granja karen. Los detenidos están cumpliendo una condena de dos semanas de prisión a trabajos forzados en los campos de cultivo del campamento. El castigo podría parecer severo a un extraño, pero después de todo, dice, es necesario mantener la ley y el orden. Levanta un par de esposas de acero y las mueve triunfalmente: él fue el encargado de practicar la detención.

En efecto, la traición y el espionaje no son los únicos retos a los que se enfrentan los estudiantes guerrilleros que tratan de establecerse en una determinada zona. Con sus vecinos karen ya predispuestos a desconfiar de ellos debido a las diferencias étnicas, no pueden permitirse debilitar su relación con la comunidad local por la carencia de la disciplina adecuada.

En El Salvador, los *compas* aprendieron de sus primeros errores que tenían que ser policías para poder funcionar eficazmente como guerrilleros. Como cuenta Haroldo, en los emotivos días del comienzo, cuando miles de personas se alistaban, «todos los tipos» podían entrar a formar parte de las filas guerrilleras, y, antes de que pasara mucho tiempo, surgieron dificultades.

—Teníamos problemas con el bandolerismo. Había personas que se aprovechaban del hecho de llevar una pistola para cometer delitos contra el pueblo. Hubo algunas violaciones, robos contra la población civil, y eso había que detenerlo.

Era necesario imponer orden y disciplina para que todo el mundo, guerrilleros y civiles, supiera dónde estaban las nuevas fronteras. El FMLN se movió rápidamente, poniendo en práctica un sistema de justicia estricto, celebrando juicios sumarios y echándose encima de los malhechores. Los responsables de delitos graves fueron ejecutados. Cuando el FMLN se hizo más poderoso, la ingobernabilidad ha dejado de ser un problema, y gran parte de la severidad primera de la organización también se ha atenuado.

En general, el sistema ha funcionado bien, y, en marcado contraste con las fuerzas del Gobierno, los combatientes del FMLN se han ganado la reputación de ser disciplinados. Pocas quejas por mala conducta criminal se han formulado contra ellos. Pero, como todo lo que hacen los *compas*, la administración de justicia es también un aspecto crucial de su programa revolucionario, y a veces la línea entre las dos cosas es muy tenue.

Los *compas* tienen que estar seguros de la lealtad de los civiles en las zonas que frecuentan, porque una sola traición puede costar muchas vidas. Las matanzas indiscriminadas como en El Sempul y las torturas y asesinatos a supuestos simpatizantes de los guerrilleros por parte de los batallones de la muerte del Gobierno han contado mucho en el elevado número de víctimas de civiles de la guerra. Puesto que estas formas de represión suponen una amenaza real y constante, los *compas* no pueden permitirse ser benévolos con los chivatos. Por estas razones, la ejecución sumaria de espías y traidores —*orejas*— ha sido desde hace tiempo una parte rutinaria y esencial en el desarrollo de la guerra.

Un cálido día de agosto, Ulises queda para una marcha con la unidad de chavales en la zona de expansión. La marcha de hoy es desde Ojo de Agua hasta Las Vueltas por el Camino Real. Ulises lleva su sombrero de paja de vaquero, el pañuelo rojo alrededor del cuello y el revólver en la cintura.

A medio camino hacia Las Vueltas, el sendero pasa por la sombría y casi desierta aldea de El Zapotal. El Zapotal está mugrienta, sucia y apesta a excrementos de cerdo, así que los *compas* la llaman El Cerdotal. En el corazón de este lugar desolado, una pequeña capilla evangélica de bloques de cemento está cubierta por los carteles de la unidad de propaganda de las FPL. En uno de ellos se puede leer: JOVEN CHALATECO, ¡VEN CON NOSOTROS! ¡ÚNETE AHORA! Echando un simple vistazo por encima a la capilla, Ulises comenta que los evangélicos siempre se han postulado como «enemigos de la revolución» y que la congregación de El Zapotal albergó tiempo atrás una «red de espías».

Hasta hace un par de años, explica Ulises, él y Diego contaron con la ayuda de un tercer camarada en su trabajo de organización. Los tres hombres trabajaban la zona en equipo, cultivando los contactos con los civiles locales y tratando de convencerlos. Cada uno tenía sus tareas especiales y sus zonas de responsabilidad, de forma que solían repartirse las misiones específicas.

Una noche, en una visita a El Zapotal, el tercer hombre fue misteriosamente asesinado. Teniendo en cuenta las circunstancias de su muerte, era evidente que el crimen había sido perpetrado por agentes secretos del Gobierno. Era también obvio que sus asesinos debían de haber sido ayudados por espías entre los civiles de El Zapotal. La pérdida de su camarada fue un golpe fuerte para Ulises y Diego en el plano personal y también significaba una advertencia para ellos: si el ejército había conseguido infiltrarse entre los civiles y crear una red, eso significaba no solo que su trabajo en la zona de expansión estaba condenado, sino que sus vidas y las de sus partidarios se hallaban en peligro.

Les correspondía a Diego y Ulises descubrir la identidad de los traidores de El Zapotal y neutralizarlos de inmediato. Realizaron una investigación y pronto descubrieron a los espías. La persona clave en la red de espías era una influyente mujer local —una evangélica— a la que Ulises conocía bien. Era propietaria de abundantes tierras en El Zapotal y sus alrededores. Ulises señala hacia las colinas verdes y empinadas que se elevan sobre la aldea, las estribaciones de La Montañona.

—Sus tierras llegaban hasta la cima.

Siempre que pasaba por El Zapotal, Ulises solía detenerse en casa de la mujer, que le insistía en que la visitara.

—Era una mujer muy brillante. Yo solía discutir de religión con ella —recuerda Ulises con una ligera sonrisa, añadiendo que fue tan lejos para ganarse su confianza que prácticamente le ofreció a una de sus dos hijas para que se acostara con ella.

Pero, mientras tanto, estaba pasando información, a cambio de dinero, a la guarnición más cercana del ejército sobre los movimientos e intenciones de los *compas*. No solo había arreglado el asesinato del compañero de Ulises, sino que aquella misma noche se reunió con sus asesinos en las colinas detrás de El Zapotal y los guio hasta donde estaba durmiendo. Cuando la mujer tuvo que enfrentarse a las pruebas que había contra ella, confesó. Poco después los restantes miembros de la red de espías fueron detenidos. Todos confesaron.

—Eran unas ocho personas en total, todos evangélicos —dice Ulises—. Su red había estado actuando durante bastante tiempo, y, además del asesinato de nuestro amigo, la información que habían pasado al enemigo provocó muchos crímenes contra la población de la zona. Es más, descubrimos que planeaban matarnos a nosotros al día siguiente, a Diego y a mí.

Ulises entonces convocó a toda la comunidad de El Zapotal y les presentó a los espías confesos, uno tras otro.

—Conté al pueblo lo que habían hecho, los crímenes que habían confesado, y luego les dejé hablar en defensa propia. Después, pregunté a la gente qué creían que debíamos hacer con ellos. Les dije que era decisión suya. Pero no quisieron ser jueces y dijeron que lo que nosotros hiciéramos estaría bien.

La última persona sospechosa en ser presentada a la población fue la mujer.

—De nuevo los habitantes de la aldea insistieron en que decidiera yo, pero que, si la soltaba, ellos serían los siguientes en morir. —Ulises se encoge de hombros—. Al final, todos tuvieron que ser ejecutados. Era el deseo del pueblo.

La ejecución se llevó a cabo inmediatamente. Primero, Ulises ordenó a algunos *compas* que fueran a cavar las tumbas. Una vez listas, llevaron a las personas condenadas hasta el lugar del entierro. Allí, cada uno fue despachado con una sola bala en la cabeza, la manera más humana que Ulises conoce de aplicar las sentencias. Nunca mataría a nadie, por ejemplo, con un pelotón de fusilamiento, que piensa que es una manera terrible de ejecutar a la gente. Ulises inclina la cabeza hacia delante y se toca ligeramente la parte de atrás del cráneo con la punta de los dedos para mostrar dónde se disparó contra los espías.

—La gente de por aquí recuerda muy bien la ocasión —concluye Ulises. Con su sonrisa inescrutable, hace una señal con la mano para indicar las colinas cortadas a pico, las hozadas granjas de cerdos, de blanqueados cañizos mezclados con barro, llenas de peladuras repartidas por el suelo, con sus setos de chumberas, unos perros sarnosos acurrucados a la sombra, y la silenciosa callejuela empedrada cubierta de mierda.

El Zapotal parece completamente despoblado, salvo por un anciano campesino muy delgado vestido con harapos. Está acurrucado contra un muro de la iglesia evangélica y mira fijamente y en silencio cuando Ulises pasa despreocupado a su lado.

Unos pocos días después, Haroldo y Justo, un compañero de la unidad de Radio Farabundo Martí, llegan a Las Flores para una reunión. Escondidos dentro de la Guardería Popular de la plaza, con una botella de ron en desafío secreto a la prohibición de alcohol de las FPL y un vigilante apostado fuera, se sientan y hablan durante toda la noche.

Hay mucho que discutir. Esa misma semana, en las conversaciones en Costa Rica arbitradas por las Naciones Unidas entre el FMLN y el Gobierno salvadoreño, ambas partes han firmado un documento acordando detener las «ejecuciones extrajudiciales» y otros abusos contra los derechos humanos. Esto no detendría en la práctica todas esas acciones, pero para los guerrilleros significa que sus *ajusticiamientos*, como los *compas* denominan a sus ejecuciones sumarias, ya no serán política oficial. Bajo las nuevas normas, si Ulises coge a un espía ya no puede pegarle un tiro en la parte de atrás de la cabeza.

Haroldo admite haberse atormentado durante mucho tiempo por la práctica de ajusticiamientos por parte del FMLN.

—De todos modos, no se van a practicar más, y estoy contento, porque personalmente nunca me gustaron.

A su lado, Justo asiente con la cabeza como expresión de acuerdo sincero.

Sin embargo, sean cuales fueren los sentimientos de Haroldo y Justo, el hecho es que, en El Zapotal, la ejecución de los espías por parte de Ulises ha tenido como consecuencia el control inequívoco de la aldea por los guerrilleros. Todo resto de resistencia activa a su autoridad ha desaparecido, y la iglesia evangélica de El Zapotal, símbolo de esa resistencia, también se ha cerrado definitivamente.

Comparados con los afganos y los karen, con sus condenas a muerte por adulterio, los *compas* salvadoreños son relajados cuando toca legislar la conducta social. Lejos de sublimar su sexualidad, los *compas* han hecho un espacio para ella. Tal vez es inevitable, dado que en El Salvador las mujeres luchan con los hombres y están continuamente presentes en todo el teatro de la guerra. Esta estrecha proximidad entre hombres y mujeres en una situación en la que la muerte es siempre inminente ha tenido el efecto de derribar las barreras sociales habituales, y tanto el sexo extramarital como las relaciones sexuales ocasionales son corrientes. El *ethos* dominante es que la vida es breve y dura, y cada cual debe sacarle el mayor partido que pueda.

Hay una historia sobre una mujer que incitó a los hombres de su pelotón con la promesa de relaciones sexuales si lo hacían bien en el combate. Un oficial guerrillero de rango superior, Antonín, se ríe cuando recuerda a la mujer, llamada la Pis-Pis, la «Folla-Folla».

—Era increíble. Luchaba junto a los *compas* varones y, justo antes de una emboscada, les decía: «Vamos, muchachos, ¡el más valiente me consigue!». Era realmente bueno para la moral, y, siempre que la Pis-Pis estaba por allí, los *compas* luchaban francamente bien.

No todas las mujeres tienen tanto espíritu de equipo como la Pis-Pis, pero, aunque se acuesten con medio mundo, no tendrán el mismo estigma cuando lo hacen en la revolución que cuando lo hacen fuera de ella.

—La gente tiende a unirse y a separarse mucho más rápidamente en el frente que en el resto del país —dice Haroldo—. Pero es la guerra la que ha impuesto estas condiciones. Un *compa* puede ser asesinado o trasladado, así que las relaciones son muchas y no necesariamente duraderas. Debido a la situación, no hay las mismas presiones sociales, mientras que el deseo de estar muy unido a alguien es aún más intenso.

Los *compas* no fueron siempre tan socialmente progresistas respecto a las relaciones sexuales. En sus primeros días, la revolución salvadoreña desarrolló unas directrices doctrinarias y restrictivas para la vida privada de sus combatientes. Las relaciones íntimas estaban prohibidas a menos que fueran autorizadas por los jefes de la guerrilla.

—¡Hubo un tiempo en el que tenías que pedir permiso incluso para dar un beso! —dice Haroldo, solo medio en broma.

—¡O incluso para hablar! —interviene Justo.

—Pero, al final, todo eso se fue al carajo —continúa Haroldo—. Un código moral estricto no podía durar. La revolución se dio cuenta de que no podía controlar el culo de cada combatiente, y por eso hay flexibilidad respecto a las relaciones sexuales.

Puede que la revolución se haya librado de sus restricciones sexuales formales, pero incluso ahora existe una especie de código. Las aventuras amorosas se consideran tolerables mientras no interfieran con los deberes de los combatientes. Además, la revolución espera que las relaciones se basen en la sinceridad mutua.

—Ningún as en la manga —dice Justo—. Si se trata solo de algo casual, entonces tiene que ser entendido mutuamente de ese modo; y lo mismo si la intención es mantener una relación madura, duradera.

Los dos hombres manifiestan su desacuerdo con la idea de que las relaciones amorosas que se establecen en el monte sean emocionalmente raquíticas.

—Al contrario —dice Haroldo—. Podemos morir mañana; por eso lo entregamos todo hoy, como si fuera el último día.

—Entre los guerrilleros —coincide Justo—, el amor es más intenso, se da más plenamente...

—Tenemos algunas leyes —dice Haroldo—. Como la Ley del Lago, ¿no es así, *compa*? —Se vuelve sonriendo con complicidad a Justo, que asiente vigorosamente con la cabeza y empieza a reírse entre dientes—. Desde aquí al lago —añade Haroldo refiriéndose a Suchitlán, un gran pantano visible en la llanura por debajo de las colinas que rodean Las Flores— cualquier relación es válida. Pero más allá del lago, se puede romper. Si un *compa* es enviado por alguna razón más allá del lago, por ejemplo, en una misión, y la otra parte tiene que quedarse atrás, cada cual puede hacer lo que quiera.

—Y está también la Ley de la Montaña —añade Justo—. Si tengo una *compita* aquí, pero he de ir al otro lado de La Montañona, se aplica la Ley de la Montaña.

—Por supuesto —dice Haroldo seriamente—, todos aspiramos a establecer relaciones monógamas, a pesar de las dificultades para hacerlo.

Justo le lanza una mirada traviesa.

—Habla por ti mismo —dice, y los dos hombres rompen a reír.

Fuera, en la plaza, aprovechándose de su benevolente revolución y de la discreción de la oscuridad, algunas parejas de jóvenes *compas* se sientan a acariciarse y a flirtear. Es ya tarde, por la noche, y salvo para el gallo madrugador de Las Flores, que empieza a cantar antes de la medianoche, la plaza está casi en silencio. Los únicos sonidos son las ráfagas ocasionales de excitados cuchicheos, chicas riendo y algún fuerte sonido seco y metálico, el ruido de las pistolas escurriéndose inadvertidas del control de los amantes sobre las piedras de la plaza.

Los guerrilleros salvadoreños pueden haber establecido una especie de equilibrio social en Chalatenango, pero en Gaza todavía no se ha establecido ningún verdadero sistema de justicia. Esto se debe a que, aunque los palestinos estén comprometidos en una guerra común para desalojar a los israelíes, también compiten entre sí por el poder del futuro Estado palestino. Sus ideas acerca de ese Estado son violentamente opuestas: los fundamentalistas como Hisham quieren un Estado islámico donde las mujeres lleven el velo y las adúlteras sean lapidadas, mientras que los activistas de la OLP como Mahmud y Sami desean una democracia moderna y secular, y una sociedad palestina liberal.

El problema es que estas ideas opuestas de la sociedad existen ya una al lado de la otra en los atestados campamentos de Gaza. En la atmósfera volátil de la intifada, los militantes desean ver impuestos ahora sus sistemas rivales, por la fuerza si fuera necesario. A medida que la lucha se intensifica, los *shabab* tienen que volverse más duros e implacables.

En su última versión, como ninjas enmascarados y con hachas, los *shabab* son los ejecutores palestinos nocturnos de la ley y el orden, jueces por nombramiento propio, jurados y verdugos de compatriotas errantes por los territorios ocupados. Ahora son más los palestinos ejecutados por otros palestinos que los abatidos por el ejército israelí. Los *shabab* parecen ver espías en todas partes, y un ambiente de miedo se ha introducido sigilosamente en la vida cotidiana de la gente.

Una mañana temprano, en Breij, Hisham va a comprar pan recién hecho al mercado para desayunar. Veinte minutos después, vuelve sonriendo resplandeciente de felicidad.

—Los *shabab* acaban de matar a un espía —anuncia.

El «espía» era una anciana mujer de la limpieza que trabajaba en la clínica. Los ninjas la mataron mientras hacía su trabajo, antes de que la clínica comenzase la actividad del día. La han matado a hachazos, dice Hisham. Con las manos en el cuello, muestra el punto donde la golpearon repetidas veces con el hacha.

Después de desayunar, Hisham dice que quiere ir a ver el cuerpo. Caminando por las sucias calles de Breij hacia la clínica, pasan junto a él dos mujeres corpulentas de edad madura, que van en dirección opuesta. Sonriendo ampliamente, gritan para expresar su alegría por la ejecución de la espía. Hisham las saluda con la mano; luego dice:

—Todo el campamento está muy feliz por esta muerte.

Hace solo seis meses, los ninjas mataron también al hijo de la mujer. También él había sido espía. Lo hicieron cuando rezaba en la mezquita.

—Trataron de matarlo muchas veces —dice Hisham—, pero solo en la mezquita consiguieron agarrarlo.

De repente, varios todoterrenos llenos de soldados israelíes entran a gran velocidad calle adelante en medio de nubes de polvo, con las altas antenas de radio oscilando alocadamente. Unos soldados que esgrimen rifles de asalto Galil saltan del jeep y, con la cabeza baja, se despliegan en abanico para acordonar la clínica. Obviamente, les ha llegado la noticia del asesinato. Un momentáneo torbellino de pánico inunda la calle, los jóvenes palestinos emprenden la huida y las puertas se cierran de golpe con la gente metiéndose rápidamente en sus casas. Con un sarcasmo lacónico, Hisham dice:

—No creo que podamos ir a ver el cuerpo ahora.

Incluyendo la muerte de la señora de la limpieza, trece personas han muerto violentamente en Breij desde que empezó la intifada en 1987. Seis de ellas fueron asesinadas a manos de los *shabab* bajo la sospecha de espiar para los israelíes. De ese total de trece, la mayoría murió el año pasado. La muerte de la señora de la limpieza pone también de relieve el número creciente de mujeres consideradas espías por los *shabab* fundamentalistas, no solo en Breij, sino en toda Gaza y los territorios ocupados. El fenómeno está ligado al auge del islam militante. En Gaza especialmente, hay una presión creciente para la imposición de dictados islámicos en la vida cotidiana.

El viraje hacia el fundamentalismo ha sido explotado también por los israelíes, que lo han usado en provecho propio de diversas maneras. Los *shabab* del círculo de amigos de Hisham dicen que uno de los métodos más eficaces usados por la policía de seguridad de Israel para coaccionar a los jóvenes palestinos devotos, a fin de que colaboren con ellos, es detenerlos y luego mostrarles fotos pornográficas amañadas de sus madres, hermanas o esposas.

—Es terrible —dice Fahed, un amigo íntimo de Hisham—. Estas fotos muestran cuerpos de mujeres desnudas, haciendo todo tipo de cosas malas, con las caras de sus mujeres. No son realmente ellas, ¡pero parecen ellas! Los israelíes les dicen que harán públicas las fotos si no cooperan con ellos.

Naturalmente, el sentido de propiedad de los jóvenes musulmanes y su deber de salvaguardar el honor de sus mujeres aseguran que harán todo lo que se les pida. Fahed expresa su simpatía y comprensión por los jóvenes, pues, dice, ¿qué hombre puede resistirse a esa forma de chantaje? Fue el descubrimiento de este método, dice, lo que hizo que los comités de la intifada de Breij adoptaran una actitud más indulgente hacia algunos de los colaboracionistas desenmascarados del campamento.

Fundamentalistas como Hisham y Fahed afirman que esto no sucedería si Gaza fuera una sociedad plenamente islámica. Los israelíes no tendrían ninguna foto de estas mujeres palestinas si estas se quedaran en casa, que es lo que las mujeres musulmanas deberían hacer. Aunque en realidad sean marionetas inocentes de un cínico juego de chantaje, los fundamentalistas perciben a las mujeres como la causa de la debilidad de los hombres y, en última instancia, de su ruina.

Hisham y sus amigos creen que, precisamente porque las mujeres son criaturas inocentes, son más corruptibles que los hombres. Esta es la razón de que deban ir con velo, de manera que los hombres no puedan verlas. Si no pueden verlas, los hombres no se excitarán y no tratarán de corromperlas. Ocultar a las mujeres de la vista pública, imponiendo el uso del velo, impide el círculo vicioso de la corrupción desde el principio.

—Creemos que las mujeres deben tener derechos, pero no que deban quitarse sus ropas —dice Fahed—. No es el hombre quien les dice esto a las mujeres, sino Alá. Si desobedecen a Alá, serán castigadas el Día del Juicio.

En realidad, el Día del Juicio ya ha llegado. En el cada vez más claustrofóbico ambiente de Gaza, donde todo es explotado por una facción u otra para su interés político, es fácil ver cómo las jóvenes que insisten en llevar ropas occidentales pueden incluso ser tildadas de colaboracionistas. Después de todo, la forma de vestir occidental es un fenómeno importado directamente de Israel, el Estado enemigo. Del mismo modo, una mujer sin velo está exhibiendo su desafío al islam, lo que, en el contexto de la yihad —y, para los fundamentalistas de Gaza, la intifada se ha convertido en una yihad—, significa que está de parte del enemigo.

Por eso, parece algo más que una mera coincidencia que cuando, unos días más tarde, Hisham alabe a la gente del campamento de Khan Yunis por su adhesión a los «valores islámicos», comente luego que últimamente se ha ejecutado allí a «un gran número de mujeres espías». Realmente, ¿eran todas espías, o su delito real era simplemente que no eran «buenas musulmanas»? Paseando por Breij la mañana siguiente al asesinato de la mujer de la limpieza, Hisbam se echa de repente a un lado de la calle y camina solo durante unos momentos. Luego vuelve a cruzar al otro lado y con un movimiento de cabeza señala hacia un palestino de mediana edad que se marcha por una calle lateral.

—Dicen que es espía. Siempre anda rondando como para oír lo que otros dicen. Por eso se piensa que podría ser un espía.

Si los *shabab* deciden que es un espía, no necesariamente lo matarán. Su castigo dependerá de la importancia de la información que esté pasando. En Breij, se ha instituido una especie de periodo de prueba para los sospechosos de espionaje; no los matan ya sistemáticamente. Primero, se les da una opción: hablando por el megáfono de la mezquita, deben confesar y solicitar el perdón de los fieles. Pocos sospechosos han rechazado la oportunidad de salvar la vida; hasta ahora, veintiún espías se han arrepentido públicamente de esta manera.

Mohamed, el cuñado de Mahmud, el antiguo prisionero cuyo dormitorio está clausurado, es jefe de una célula del movimiento clandestino de la intifada de Breij. Como agente encargado del periodo de prueba, tiene la tarea de vigilar a los colaboracionistas a los que se ha perdonado la vida. En palabras de Mahmud, su cuñado «se asegura de que sigan el camino correcto».

La tarea de Mohamed no es fácil.

—Hay muchas personas a las que vigilar —dice.

Y el nuevo sistema no es infalible. Algunos de los indultados ya han vuelto a espiar para los israelíes. Ahora le toca al comité de la intifada decidir su suerte. Pero en realidad esto es una formalidad; la decisión del comité es una conclusión conocida de antemano. Solo hay un castigo para los espías reincidentes, y es la muerte.

La ejecución de los colaboracionistas no se puede despachar diciendo simplemente que la revolución palestina está devorando a sus jóvenes. La caza de brujas de los traidores se ha incrementado a la vez que el número de palestinos que han muerto a manos de los israelíes. La intifada no se reduce a la lucha en la calle entre los *shabab* y los soldados; hay también operaciones «sucias» llevadas a cabo por comandos israelíes disfrazados para capturar o abatir a tiros a los líderes de la intifada. En esas operaciones, los colaboradores árabes de los israelíes son indispensables por la información que proporcionan sobre las identidades y actividades de los *shabab* que están en el punto de mira.

Para los *shabab*, por tanto, es una cuestión de urgencia práctica arrancar de raíz a los chivatos de entre ellos. Por supuesto, la consecuencia inevitable de esta búsqueda de los traidores ha sido el aterrorizar al resto de la población para que acaten la autoridad de los *shabab*. En ausencia de un sistema de ley y orden públicamente aceptable, los *shabab* se han convertido en vigilantes. Esto también es un primer paso para ejercer mayor poder, parte de un proceso puesto en marcha en la sublevación, cuando el Mando Unificado exigió la dimisión de todos los policías árabes en los territorios. La dimisión creó un vacío de autoridad, aparecieron los *shabab*, y las cosas han continuado así desde entonces. Ahora, para consolidar su control sobre la población, los *shabab* tienen que purgarla de espías y traidores.

Cuando comenzó la intifada, los primeros objetivos de los *shabab* eran los tradicionales jefes de pueblo palestinos o *mukhtars*. Los jóvenes militantes consideran que estos hombres han servido a los intereses de Israel como una especie de Gobierno de Vichy.

Muchos *mukhtars* fueron, en efecto, colaboradores de los israelíes, reclutados durante los años de la ocupación. A cambio de armas, dinero y carta blanca para ejercer su autoridad como les pareciera oportuno en las zonas de su jurisdicción, estos individuos informaban sobre su pueblo y, por lo general, ayudaron a Israel a contener la disidencia palestina. El sistema funcionó hasta que la intifada echó por tierra el *statu quo* inicial.

Para Adel, un activista delgado del Frente Democrático para la Liberación de Palestina que fuma sin parar, la eliminación de la red de colaboradores de Israel entre los *mukhtars* ha sido esencial para el éxito de la intifada. Antes de la sublevación, dice, la influencia de los *mukhtars* se dejaba sentir en la mayor parte de los aspectos de la vida diaria; las actividades más simples estaban sometidas a su aprobación.

—Supongamos que quisiera realizar una ampliación de mi casa. Para eso necesitamos el permiso de las autoridades israelíes. Es difícil y cuesta mucho dinero, así que es mejor no pedirlo, simplemente, y hacerlo.

El problema era que el *mukhtar*, invariablemente, iba a pedir un soborno a cambio de su silencio por la ampliación ilegal. Si no se le pagaba, recurría a los israelíes y estos prohibirían la ampliación. Si ya estaba hecha, podían destruirla. Ahora este tipo de abuso de autoridad es menos común.

Los peores *mukhtars* han sido asesinados u obligados a dimitir y sustituidos por hombres de confianza de las comunidades. Sean quienes sean, los colaboracionistas ya no están seguros.

—Antes de la intifada, tal vez diez de cada cien palestinos eran espías —dice Adel—. Ahora serán aproximadamente dos de cada cien. Con la intifada, saben que serán ejecutados, por eso no se sienten tan libres como antes para hacer todo lo que quieren.

En una de las ejecuciones primeras y más dramáticas, en la aldea de Qabatiyah, en Cisjordania, los *shabab* se reunieron fuera de la casa de un conocido colaboracionista, un hombre particularmente odiado por su tiranía. Exigieron que se entregara a la «justicia del pueblo». En lugar de hacerlo, disparó contra la multitud con una metralleta Uzi que le habían dado los israelíes, matando a un niño. Enfurecida, la muchedumbre lo golpeó y lo apuñaló hasta la muerte, luego lo arrastraron al exterior y lo colgaron de una farola.

Para combatir la red de espías, los *shabab* han formado su propio sistema de contraespionaje. Adel usa a una pandilla de chiquillos para vigilar a los sospechosos de colaboracionismo.

—Los chavales pueden ir a todas partes. Nadie se fija en ellos, y pueden ver todo lo que pasa. Por ejemplo, cuando llegan los soldados israelíes, a menudo entran en casas de gente. Esto no significa que esas personas sean espías, pero tal vez lo sean. Por eso, si un chiquillo puede vigilar desde una ventana, o desde la puerta abierta, y ve que alguien entrega a los soldados un trozo de papel con algún nombre, entonces sabemos que es espía. Y lo matamos.

Un día, Mahmud se marcha a Tel Aviv, la ciudad del enemigo, a pasar el rato. Va con un amigo, Hasán. Mahmud pasa por judío, pero Hasán, que tiene un aspecto muy árabe, atrae muchas miradas. Lleva barba y tiene los dientes cariados de un hombre pobre. Anda con el aire furtivo de alguien acostumbrado a quebrantar la ley.

Fuera de su campo habitual, estos chicos de Breij no tratan de adaptarse al entorno, sino que, por el contrario, se vuelven provocadores, agresivos, como para llamar la atención sobre el hecho de que son palestinos. Hablan a voz en grito y de manera ruda en árabe, caminan ostentosamente juntos por las aceras estrechas, de modo que los transeúntes tengan que apartarse. El efecto de esta conducta es alarmar a los judíos que se cruzan con ellos.

Tal vez debido a la existencia anormalmente tensa que llevan en Breij, Mahmud y Hasán caminan siempre como si estuvieran alerta. Se dan cuenta de todo lo que hay a su alrededor; sus ojos escudriñan a la multitud de un extremo a otro de la calle, y su cuerpo está tenso, listo para golpear o para correr. Mientras pasean, distinguen a compañeros palestinos entre el gentío; personas a primera vista indistinguibles de quienes los rodean. Es como un juego, cuestión de saber lo que se busca, aunque raras veces hay algún rasgo obvio. Las diferencias están en la manera en que se mueven los palestinos, y en sus ojos. Se identifican unos a otros como por instinto. Los palestinos ocultos caminan por la calle, las miradas se mueven de aquí para allá como reflectores después del anochecer, y luego, al verse uno a otro, dejan los ojos cerrados por un instante en señal momentánea de reconocimiento.

En un edificio en obras, Mahmud y Hasán se paran a hablar con un grupo de obreros palestinos de Gaza. Siguiendo su camino, en un café en el moderno Rehov Dizengoff, entablan conversación con un encargado que se identifica como «árabe israelí», miembro de la anómala minoría árabe que vive en Israel y posee la ciudadanía israelí.

—Sí, pero ¿eres palestino? —le pregunta Mahmud repetidas veces, dando a la palabra un tono desafiante, nacionalista.

Finalmente, el joven dice que sí, y entonces los tres se relajan, sonríen y empiezan a charlar.

A medida que el día transcurre se hace evidente que en toda la ciudad muchos palestinos viven clandestinamente, en medio de los israelíes. En un café en la acera de la calle Ben Yehuda, en un bloque del paseo marítimo, aparece un grupo de jóvenes con cierto estilo, riendo y bromeando. Llevan chaquetas de cuero de marca y zapatos caros; en sus muñecas brillan pulseras de oro. Parecen ser jóvenes israelíes pudientes pasándoselo bien. De repente, uno de ellos, el más alto, hace señas y sonríe llamando a Mahmud y Hasán. Solo cuando se sientan en una mesa y empiezan a hablar en árabe queda claro que es palestino, no judío.

El recién llegado es expansivo, simpático, y no deja de charlar; Mahmud y Hasán se muestran amables a su vez, pero su gesto es cauteloso. Debajo de la mesa, sus piernas se mueven sin parar. Como Mahmud, el recién llegado parece israelí. Es pelirrojo y de piel clara, y exuda una buena salud atlética. Pero en todo lo demás no podría ser más diferente de Mahmud.

Mientras Mahmud se perfila formal, sincero y escasamente mundano —en definitiva, un muchacho de una pequeña ciudad de Gaza—, este otro joven es despreocupado, de lengua suelta y ostentoso. Además, habla inglés mucho mejor; sus palabras son las de un americano extrañamente repetitivo, correcto en sus entonaciones, salpicado de expresiones propias de la jerga de la calle, como «*Wow, man*», «*How's it going?*» y «*What's happening?*».

Ha aprendido inglés de sus «novias», dice, y luego explica riéndose:

—Soy un gigoló.

Mahmud y Hasán sienten una vergüenza ajena embarazosa cuando el gigoló, que dice llamarse Sammy, empieza a alardear de su vida en Tel Aviv a costa de las turistas extranjeras ricas. Las conoce en su trabajo de botones en un hotel de lujo.

—También puedo hablar con acento británico —dice mirando maliciosamente de soslayo—. Y hablo francés, alemán e italiano bastante bien, y, naturalmente, hebreo.

Luego, captando la mirada de desaprobación de Mahmud, Sammy hace un esfuerzo por parecer serio y empieza a hablar de la sublevación.

—No sé..., quiero decir, si hacen de Gaza y Cisjordania una nación, ¿qué haremos? ¿Dónde trabajaremos todos? —Luego, como una idea *a posteriori*—: Pero me gustaría tener algún día mi propio país, con mi propia bandera ahí, ¿sabéis?

Sammy levanta una mano como si estuviera haciendo ondear una bandera y se ríe. Sus dientes son impecables. Cuando habla, sus ojos se dirigen al gentío de la acera. Continúa hablando unos minutos más. Menciona que ha sido detenido algunas veces, insinuando que fue por actividades relacionadas con la intifada. Pronto se levanta para irse. Tiene cosas que hacer, dice con un guiño. Con un jovial «¡Nos vemos!», se marcha tranquilamente.

—Su nombre verdadero no es Sammy, sino Nahez —dice Mahmud después con una mueca—. Y es como nosotros, de Breij. Su padre es taxista. Casi todos sus hermanos están en prisión. Él es el único que es... así. Tiene esposa y un bebé en Breij, pero nunca los ve. No es una persona seria.

Mahmud continúa, despectivo a la vez que envidioso de Nahez:

—Como Sammy —dice—, Nahez ha vivido de su ingenio durante años en Tel Aviv, y sin duda es muy listo, ha aprendido todas esas lenguas extranjeras sin ni siquiera haber terminado la escuela secundaria, pero las detenciones de Nahez no tienen nada que ver con la intifada. Seguro que se debieron a que estaba ilegalmente en Israel. Cómo se las ha arreglado para continuar allí es un misterio, pero las personas como Nahez siempre encuentran una manera de conseguir lo que quieren.

Es evidente que los jóvenes de Breij consideran a Nahez un peligro real para el éxito a largo plazo de la intifada. No es posible ser palestino y pensar solo en pasárselo bien. Colabore o no con los israelíes, Nahez supone una grave amenaza. Debido a la vida apolítica y decadente que lleva entre los opresores de su pueblo, proporciona un mal ejemplo. Si todos los jóvenes palestinos se comportasen como él, su lucha por la nacionalidad fracasaría de manera inevitable.

A juzgar por la fuerte reacción que ha despertado en Mahmud y Hasán, parece posible que algún día Sammy/Nahez se pueda encontrar incluido en la lista de los revolucionarios palestinos clandestinos entre las personas a las que hay que eliminar.

El tema de Nahez surge en una discusión algún tiempo después, en casa de Mahmud en Breij. Jaquer, un violento amigo de Mahmud del campamento de Jabaliya, está presente durante la conversación. Al oír el nombre de Nahez, Jaquer hace una mueca de desagrado. Luego levanta la barbilla y, extendiendo uno de sus grandes y romos dedos índices como si fuera la hoja de una navaja, se lo pasa de un lado al otro del cuello, de oreja a oreja.

Al ampliar la definición de lo que es el enemigo, los jóvenes de Gaza están poniendo nuevos límites a su mundo. Con sus hachas y cuchillos, están reemplazando el orden viejo y corrupto que ha servido a los intereses del enemigo por el suyo. Pero, con castigos cada vez más cruentos exigidos por el número creciente de los «delitos» percibidos, los *shabab* corren también el riesgo de consumirse a sí mismos —y a la sociedad palestina— en su celo por crear nuevas fronteras.

En Chalatenango, los *compas* han desarrollado un sistema flexible de justicia que ellos y sus seguidores han llegado a comprender y respetar. Como Naquib en Arghandab y el Polisario en sus campamentos argelinos, los *compas* han aprendido que se pueden permitir la tolerancia en ciertas áreas, mientras su seguridad general no se vea amenazada. Por ejemplo, a pesar de la prohibición del alcohol en Las Flores, el pueblo sigue teniendo un *bolo*, un viejo borracho. Nadie sabe de dónde saca el alcohol y nunca se le ve con una botella, pero todos los días se le puede encontrar dando tumbos, como si estuviera borracho, de un lado de la plaza al otro. Pero, puesto que es el único, los *compas* son tolerantes con este compañero. Hace tiempo que han dejado de hacerle reproches o de castigarlo. Como otorgándole el beneficio de la duda, la broma del pueblo es que, tal vez, no tenga un suministro secreto de alcohol, sino que está todavía borracho por todo el que ingirió antes de que los *compas* llegaran a la ciudad.

Pero este es el sistema de justicia que se puede encontrar en las zonas de control. Como muestran las acciones de Ulises en El Zapotal, hay menos condescendencia en lugares como la zona de expansión, donde los *compas* se sienten menos seguros. Allí están en vigor medidas más coactivas.

El mismo principio de seguridad se aplica también en Kawthoolei: la administración de la UNK se ha mostrado menos equitativa cuanto más desesperada se ha ido volviendo la situación. En efecto, como territorio parece ir escapando al control de la UNK. Kawthoolei está dejando de ser una zona de control para convertirse en una «zona disputada». Cuanto más ha ido afectando la guerra a la vida de los civiles karen, menos independiente y justa ha llegado a ser la judicatura de Kawthoolei.

Visto desde esta perspectiva, la suavización de las penas de la UNK por el tráfico de drogas empieza a asumir una importancia nueva; parece poco probable que sea mera coincidencia que justo cuando las fuentes tradicionales de ingresos se están viendo amenazadas, las condenas por narcotráfico de la UNK se hayan vuelto más ambiguas, menos severas. Del mismo modo, la draconiana ley sobre adulterio fue instituida para reforzar la estabilidad política y conseguir una disciplina más estricta en un tiempo en que las circunstancias de la guerra empezaban a torcer el equilibrio doméstico de Kawthoolei. Y, finalmente, está la cuestión de los prisioneros indultados de Manerplaw. Si la situación no fuera tan extrema desde el punto de vista militar, la UNK no tendría ninguna necesidad de reclutar combatientes entre sus presos y socavar así la integridad de su sistema judicial.

A medida que la autoridad política y militar de la UNK en Kawthoolei se erosiona, las instituciones experimentan un proceso análogo. Y, a medida que los karen afrontan un futuro diferente, los viejos parámetros de su sociedad se van poniendo en cuestión. Tal vez pronto Kawthoolei se convierta en un lugar como la vecina Tailandia, donde todo vale.

Todos los guerrilleros se mueven por una delgada línea ética en la administración de sus sistemas de justicia, y algunos lo hacen mejor que otros. El reto para ellos es mantener sistemas éticos y eficaces que existan independientemente de las exigencias que la guerra les plantea. La tendencia de todos ellos, sin embargo, es utilizar la «justicia» como medio para consolidar su poder, para conseguir el control total sobre una población cuya lealtad han ganado al precio de su sangre.

Diccionario de la guerra*

* Publicado originalmente en el diario *El País* en agosto de 2005. Traducción de María Luisa Rodríguez Tapia.

PAISAJE HUMANO ALTERADO

Este es un índice muy personal de las gentes, los lugares y los incidentes que habitan en mi memoria después de toda una vida dominada por las guerras. Por consiguiente, no debe leerse como una guía objetiva sobre conflictos contemporáneos concretos, aunque quizá se puedan extraer ciertas verdades esenciales sobre determinadas guerras e incluso, tal vez, sobre la guerra en sí. Esta es más bien una colección de historias —algunas, fragmentarias; algunas, completas— que, en mi opinión, ofrecen una reflexión más genuina sobre la experiencia de la guerra, tal como yo la he vivido. En algunos casos, es posible que les parezca a los lectores que los encabezados tienen poco que ver con las definiciones, pero todo sigue una lógica: la guerra es un paisaje humano alterado, y el territorio psicológico de ese paisaje distorsionado pero curiosamente familiar es lo que trato de ilustrar y transmitir.

La mayoría de mis relatos están relacionados con experiencias o encuentros ocurridos en países que se encontraban en guerra cuando estuve en ellos. También hay otros de países que vivían formalmente en paz, pero en los que los conflictos sin resolver, pasados o futuros, estaban palpablemente enconados. Los he incluido para demostrar que la violencia política, a menudo, nace de un estado de ánimo.

Mis términos no están ordenados con arreglo a ninguna jerarquía social, histórica o política, sino por orden alfabético, un orden arbitrario que me parece apropiado, porque la suma de las experiencias de una vida, como la memoria humana —como la guerra—, no es una cosa pulcra ni que siga un claro orden cronológico. Asimismo, he incluido algunos conceptos que asocio con la guerra, como fe, patria y amor, además de otros más prosaicos como machetes, B-52 y «vuelahuevos». También aparecen nombres que resultarán poco o nada conocidos para la mayoría de los lectores, así que he incluido breves explicaciones, fechas y lugares en los casos necesarios. Por ejemplo, doy por supuesto que Robert D'Aubuisson, el difunto líder de los escuadrones de la muerte salvadoreños, es un nombre que resultará familiar para muchas personas, igual que la ciudad de Basora, en el sur de Irak, pero no creo que Motosada Mori, un francotirador mercenario japonés al que conocí en Birmania, le suene a mucha gente.

Mi vida alfabética abarca un periodo de cuarenta y seis años. Comienza en 1959, en plena Guerra Fría, cuando tenía dos años y mi familia se trasladó de California a Corea del Sur, hasta el momento actual, cuando llevamos cuatro años de la llamada «guerra contra el terror».

Al Qaeda

En diciembre de 2001, pocos días después de que Osama bin Laden escapara de las montañas de Tora Bora en el este de Afganistán, me autorizaron a visitar una cárcel en la ciudad cercana de Jalalabad para entrevistarme con varios presos árabes a los que habían capturado en combate y que eran sospechosos de pertenecer a Al Qaeda. La prisión estaba vigilada por los pistoleros de Hazrat Alí, un caudillo que se había aliado con los estadounidenses.

Después de la advertencia del director de que los presos eran peligrosos, un grupo de guardias armados sacaron a dos hombres de las celdas a un jardín descuidado, y nos rodearon, vigilantes, mientras hablábamos.

Uno de los presos, Nasir Abdel Latif, que parecía tener treinta y tantos años, dijo que era de Casablanca, Marruecos. Era alto y delgado y tenía ojos de color marrón claro y una expresión indefinida. Llevaba chaleco de camuflaje, botas de las fuerzas especiales estadounidenses y una gorra *pakul* de color gris. Le pregunté si había visto a Osama bin Laden en Tora Bora. Asintió. «Osama bin Laden nos dijo:"Creed en nosotros, creed en Alá, creed en mí, en esta yihad; al final venceremos"».

Abdel Latif me miró directamente con sus ojos claros: «No hemos venido a luchar contra afganos, hemos venido a luchar contra americanos, y seguiremos luchando hasta que los destruyamos por completo».

Americanos

Cuando Bagdad cayó en manos de las fuerzas militares estadounidenses en abril de 2003, Adhamiya, un barrio de Bagdad dominado por los musulmanes suníes, fue el último lugar en el que apareció en público Sadam Husein, antes de esconderse. En esa época, Adhamiya estaba considerado como el territorio más hostil de Bagdad para el ejército de Estados Unidos, y ese verano se convirtió en hogar provisional del segundo batallón del tercer regimiento de artillería del ejército. Los estadounidenses ocupaban un complejo amurallado dominado por un enorme palacio recargado al que rodeaban otros lugares más pequeños, entre ellos uno que había pertenecido al hijo mayor de Sadam, Uday, y que llamaban su «nido de amor». Era un edificio de caliza en forma de casco, con techos delicadamente pintados y flores con incrustaciones de ónix, en el que se habían establecido los aposentos privados del comandante del batallón estadounidense. Aproximadamente la mitad del palacio principal seguía intacta y la otra mitad, alcanzada por misiles de crucero durante la guerra, era un caos de tabiques derrumbados y escombros. Yo pasé dos noches con el segundo batallón. La primera noche llegué al palacio de Uday a las diez. Varios soldados, en un puesto de mando provisional, examinaban mapas militares y trabajaban en ordenadores portátiles en una habitación sin airear, con los huecos de las viejas ventanas cubiertos por plástico. El comandante Scott Sossaman, un simpático larguirucho de Arizona que ejercía como jefe de operaciones del batallón, me dijo que Adhamiya parecía ser el centro neurálgico del contrabando de armas entre ciudades como Ramadi y Faluya, dentro del triángulo suní, en el que los soldados estadounidenses estaban cayendo por disparos realizados desde coches, coches-bomba y ataques con cohetes. El batallón había descubierto en dos ocasiones alijos de armas en el cementerio local. Cuando le pregunté a Sossaman si el ejército sabía quién estaba detrás de la resistencia iraquí, se encogió de hombros: «Fedayin de Sadam, miembros del Baaz desplazados, algunos extremistas islámicos, el llamado "Ejército de Mahoma", wahabíes, quizá algún terrorista de Al Qaeda, chiíes que cuentan con el respaldo de Irán... ¿Quién sabe? Diga el nombre que diga, todos están metidos». Las habitaciones del palacio eran inmensas, y lo único que movía un poco el aire enrarecido eran un par de ventiladores de plástico. Al bajar por unas escaleras aparecían más soldados, dormidos en catres bajo un hermoso techo abovedado con incrustaciones. Las paredes de caliza tallada estaban decoradas con frisos del Corán. Los soldados se habían colocado formando un arco alrededor de la habitación, algunos en una especie de pequeñas cabañas hechas de mosquiteras y tela de camuflaje. Las mochilas verdes, los chalecos antibalas, las armas, las cajas y las botas resultaban vulgares en medio de toda la opulencia mesopotámica. El único lugar en el que resguardarse del calor estaba en el jardín posterior, la gran piscina de Uday. Los soldados se metían en el agua de color turquesa y se quedaban de pie o flotaban sentados en neumáticos negros. Se podía oír ruido de disparos, seguramente de ametralladoras, al otro lado del río, y vi el arco de color rojo dejado por alguna bala trazadora en el cielo. Los soldados de la piscina, que estaban jugando a salpicarse, levantaron la vista, y uno de ellos exclamó con admiración al ver el arco rojo, pero no pareció que a ninguno de ellos le preocupasen —ni siquiera le despertasen curiosidad— los disparos. Salieron de la piscina un poco antes de las tres de la mañana porque tenían que prepararse para una incursión en un almacén cercano, en el que habían hallado un enorme alijo de documentos y material de los servicios militares de inteligencia de Sadam. Uno de los «elementos nativos de información» del batallón había dicho que continuaban detectándose actividades sospechosas en el almacén, pero la incursión no permitió descubrir gran cosa, aunque se vieron pruebas de que efectivamente alguien seguía utilizando el local. Volví a aquel lugar dos semanas después. Habían instalado marcos de ventanas nuevos y aire acondicionado en la sala de operaciones. En esta ocasión, estudié una gran pintura mural que había en una de las paredes. En ella se veía a dos bellezas en biquini de aspecto muy norteamericano, con gafas Ray-Ban y botas de cuero negro, de plataforma y hasta la rodilla, tendidas en actitud seductora al borde de una gran piscina muy parecida a la del jardín. Detrás de cada joven habían pintado una palmera, y en la esquina derecha del mural salía el sol. En el borde de la piscina, entre las dos chicas, estaba un carro de combate Abrams con la torreta dirigida hacia delante. En un escudo colocado al lado de una de las palmeras se leía la palabra ARTILLEROS, y a un lado, bajo el encabezado PRINCIPALES OPERACIONES, figuraban los nombres de las incursiones realizadas por el regimiento, como VIOLACIÓN COLECTIVA DEL BULLDOG, LA GRAN CORRIDA y EL ENEMA DE ABU. El comandante Sossaman dijo que el batallón iba a hacer una incursión para detener a un joven, Ahmed Naji, sospechoso de asesinar a soldados estadounidenses. Me mostró un mapa aéreo del barrio en el que vivía y señaló varias equis que indicaban las casas de los hombres buscados. La noche anterior, reveló, el batallón había capturado a tres hombres, dos de ellos sospechosos de ser miembros de Al

Qaeda. No era más que una sospecha, se apresuró a añadir, basada en lo que decían los informantes iraquíes. Los hombres capturados la víspera estaban en lo que el comandante Sossaman llamaba «el corral», una celda de detención situada en algún lugar del palacio. Los estaban interrogando los «tipos de la CI», de los servicios de contraespionaje. Todavía no habían hablado, pero seguramente no tardarían: «En el corral hace mucho calor en esta época del año». El comandante Sossaman me dejó examinar varios informes sobre los datos obtenidos, y copié los relativos al objetivo de aquella noche: «Ahmed Naji (alias Sanawi): fanático y activo soldado wahabí/*fedai*; se sabe que posee dos RPK —metralletas de fabricación rusa— y dos RPG —granadas lanzadas por cohetes—. Presume abiertamente de haber matado a muchos americanos y haber disparado en el cuello a un soldado estadounidense hace seis semanas. Conduce una motocicleta Jawa de color blanco. Se dice que lleva "zapatos buenos" para huir de las fuerzas estadounidenses. Tiene veintidós años, es delgado y de piel oscura. Es posible que consuma drogas ilegales». Alrededor de la una de la mañana, apareció el jefe del batallón, el teniente coronel William Rabena, fumando un cigarro. Salimos y me monté en la parte posterior de su Humvee. Dejamos el recinto del palacio en una larga caravana de Humvees y nos adentramos en las calles de Adhamiya. Bagdad seguía sin electricidad salvo unas cuantas horas al día, y de noche era un lugar oscuro y misterioso. No tardamos mucho en alcanzar nuestra meta, un barrio de casuchas raídas de cemento cubiertas de barro. Salimos de los Humvees, y Rabena me indicó que los siguiera a él y a varios soldados que llevaban fusiles de asalto con luces. Llegamos a una intersección de caminos en la que las aguas residuales subían hasta la pantorrilla. De ahí pasamos a un callejón que estaba seco, pero también apestaba. Había soldados por todas partes y oí ruido de golpes violentos. Vi que estos habían entrado en una casa a la derecha del callejón. Hablaban en voz baja, y oí a alguien que jadeaba y se quejaba. En el suelo yacía un anciano, junto a una cama. Uno de los soldados explicó a Rabena que no era la casa que correspondía y que el anciano parecía enfermo. Un traductor iraquí, adornado con una gorra de béisbol y con el rostro tapado por un pañuelo rojo, entró en la casa para aclarar las cosas. Un poco más allá, varios soldados se habían reunido ante la puerta metálica de una casita en el lado izquierdo. Los soldados se aplastaban contra las paredes a los dos lados del callejón, sin dejar de mirar a un lado y a otro, hacia los tejados, con las armas dispuestas. Después de unos cuantos susurros más, Rabena dio la orden de avanzar, y uno de los soldados que estaban delante propinó varias patadas fuertes a la puerta metálica hasta que cedió e irrumpieron. Sacaron a rastras a dos hombres, uno de ellos vestido solo con pantalón de chándal, sin camisa, y los obligaron a sentarse con las piernas estiradas en el callejón. El traductor enmascarado se acercó a interrogarlos. Parecían asustados pero tranquilos. Yo podía oír las voces angustiadas de las mujeres y los niños que hablaban en voz baja en la azotea, donde suelen dormir las familias para mantenerse frescas. Los dos hombres dijeron al traductor que el individuo al que buscaban vivía en la casa de al lado, así que pronto hubo una tercera puerta derribada y varios soldados sacaron a un hombre delgado, de cabello gris, vestido con una túnica blanca de tipo *dishdasha*, y lo colocaron bajo vigilancia. No dijo ni una palabra. Al cabo de unos minutos sacaron de la casa a un joven delgado vestido con un pantalón suelto. Le ataron las manos a la espalda y le hicieron sentarse en la tierra junto al hombre de cabello gris, que era su padre. Un soldado interrogó al joven en inglés: «Eh, tú, ¿consumes drogas?». El joven lo miró con gesto hosco. «No inglés», respondió. Rabena pidió al traductor que le preguntara su nombre, y contestó que era Ahmed Naji. «Ese es el nombre que buscábamos», dijo Rabena con entusiasmo. Llegó el mensaje de que habían hallado unas zapatillas deportivas. «Parece que es el nuestro», dijo Rabena, aunque indicó a sus hombres que continuaran la búsqueda. Los soldados encontraron pocas pruebas más en el callejón, salvo un viejo fusil de asalto RFK y un par de culatas de fusil que no querían decir gran cosa, porque prácticamente todos los hogares iraquíes poseen un arma. No había ningún RPG. Apareció un soldado con una bolsa de plástico que contenía un montón de fusibles e interruptores eléctricos. Rabena le ordenó que los confiscara. Dijo que los guerrilleros estaban utilizando interruptores de ese tipo para detonar minas y explosivos. A esas alturas, las mujeres del tejado estaban llorando y gimiendo. Un soldado al otro lado del callejón empezó a gritar: «¡Callaos, coño! ¡Callaos, coño!», pero Rabena le dijo que se tranquilizase. Hacía mucho calor y, con nuestros chalecos y nuestros cascos, estábamos empapados de sudor. Rabena miró su reloj y le dijo a un soldado que dejara levantarse a los dos vecinos del sospechoso. Se acercaron a examinar la puerta destrozada, y Rabena envió al intérprete a que les pidiera disculpas y a decirles que, por la mañana, enviaría a unos hombres a arreglarla y les compensaría por los daños. Se llevaron al sospechoso, y Rabena me explicó que lo iban a conducir al corral.

UN JARDÍN DE CALAVERAS

Amor

Invité al joven colaborador iraquí Omar a comer conmigo en mi hotel, pero cuando bajamos al vestíbulo vi que los recepcionistas, los conductores y todos los demás personajes que suelen merodear por los hoteles lo miraban alarmados. Le aconsejé que llevara su revólver con un poco más de discreción. No me entendió, y creyó que le había dicho que lo dejara en casa. Se dio una palmadita en el costado y explicó: «Pero, señor, es mi único amigo». Cuando le expliqué lo que había querido decir se mostró asombrado y prometió ocultarlo mejor. Sin embargo, en el restaurante volvieron a mirarlo, cosa que pareció gustarle, así que bromeó y dijo que la gente debía de pensar que era mi guardaespaldas. Durante la comida me contó que tenía otro dilema. Estaba enamorado de una chica de su facultad y quería casarse con ella. Pero ella era chií y él, suní, y el padre de ella era muy religioso. Ya había ido a verlo para solicitarle su mano, y el padre lo había rechazado. Omar le había pedido a su padre que hablara con él, pero le había dicho que no iba a servir de nada. Omar levantó las manos y dijo: «No sé qué hacer».

Le pregunté si había pensado en huir con la chica para casarse.

«Nunca —exclamó Omar con los ojos muy abiertos—. Causaría enormes problemas entre nuestras familias. ¡Provocaría una guerra sin fin!». Por ahora, dijo, se conformaba con verla todos los días a escondidas en la universidad. Me mostró la foto de una joven sonriente tocada con pañuelo. Omar la contempló con amor y volvió a guardarla en la cartera.

Argel

En la primavera de 1989 me encontré pasando unos días en Argel. Intenté entrar en la *casbah*, en la ciudad vieja, pero había varios jóvenes tocados con *jalabiyas* y de barba poblada que parecían vigilar los estrechos callejones de la entrada. Sus expresiones hostiles me recordaban a las de los yihadistas árabes que había conocido en el campo de batalla de Afganistán unos meses antes. Tuve la firme sensación de que no debía acercarme. Me alejé de la *casbah* y caminé con incertidumbre hasta el puerto por el bulevar Ernesto Che Guevara, pasando por delante de los barcos, los muelles y los diques secos. Me sentía confundido por lo que se palpaba bajo la superficie, y abrumado por un presentimiento inexplicable.

En 1992, el Gobierno militar socialista de Argelia suprimió las elecciones al Parlamento cuando comprendió que la coalición islamista iba a obtener una mayoría. La consecuencia fue el inicio de la guerra civil. Los islamistas empezaron a buscar el favor de Dios a base de ejecutar matanzas de aldeanos partidarios del Gobierno y asesinar por infieles a extranjeros a los que cortaban la garganta con cuchillos afilados, de la misma forma que se mata a las ovejas en el matadero.

Un grupo de veteranos argelinos endurecidos en la yihad que se había librado recientemente en Afganistán contra los soviéticos tuvo un papel crucial en la violencia. El Gobierno reaccionó ante la carnicería islamista con su propia oleada de matanzas, torturas y ejecuciones; al acabar la década de los noventa habían muerto asesinadas más de cien mil personas.

Basora
Fue a principios de diciembre de 2003. Mientras nos aproximábamos a Basora, a media tarde, vimos un gran camión incendiado al otro lado de la carretera, con llamas que subían desde su carrocería destripada. Varios hombres corrían alrededor con aspecto agitado. En aquel momento pasó un convoy de soldados británicos, pero no se detuvo, y nosotros tampoco.

Durante siglos, quienes visitaban Basora hacían grandes elogios de sus extraordinarios encantos y bellezas. El viajero árabe del siglo XIV Ibn Battuta escribió sobre el ambiente cosmopolita de la ciudad, sus elegantes patios y jardines frutales. Era hace mucho tiempo, pero Basora logró conservar su atractivo hasta bien entrado el siglo XX. Al comenzar la década de 1930, Freya Stark la describió como un oasis romántico, recogida «bajo palmeras tan suaves y mullidas como terciopelo verde», y, veinte años después, las guías de Irak seguían alabando Basora y llamándola «la Venecia de Oriente». Eso se acabó. Hoy, Basora es una inmensa barriada que ha perdido casi todos sus árboles; los espacios abiertos están llenos de basura y el rasgo más destacado de la ciudad es una acequia por la que circulan las aguas residuales.

La ciudad había permanecido más o menos en paz desde la invasión estadounidense; hubo relativamente pocos ataques contra las tropas del Reino Unido encargadas de la ciudad. Los británicos se dejaban ver, pero mantenían una actitud más relajada que sus homólogos estadounidenses situados más al norte, y solían viajar en pequeños convoyes de dos o tres vehículos, a menudo sin cascos ni chalecos antibalas. Ahora bien, bajo la superficie había mucha violencia, en su mayor parte criminal. Durante mi primera noche en la ciudad oí disparos y salí al balcón de mi habitación del hotel para ver qué sucedía. La ciudad se encontraba prácticamente a oscuras —el suministro eléctrico estaba en condiciones aún peores que las de Bagdad—, pero pude ver la huella de varias balas trazadoras en el cielo y oí lo que parecía el ruido de un intercambio de disparos a unas tres manzanas hacia la izquierda. Luego se oyeron disparos en la otra dirección, y apareció una procesión de coches. Los conductores tocaban las bocinas y los hombres ondeaban sus armas y disparaban al azar desde las ventanillas abiertas. Me di cuenta de que aquello era la celebración de una boda.

A la mañana siguiente, mi conductor, Salaam, investigó los misteriosos tiroteos nocturnos y volvió con una confusa historia sobre un clan tribal que había querido vengar la muerte de uno de sus miembros, un ladrón, a manos de un guardia de seguridad. Me contó que el clan se había dedicado a disparar por todo el barrio y había matado a varias personas.

Un poco más avanzada la mañana, estaba en la calle hablando por teléfono con mi mujer —que estaba en Inglaterra— delante de mi hotel cuando se oyó un disparo cerca. Había varios hombres armados que cruzaban corriendo la calle principal, a unos cien metros de donde yo estaba. Treinta segundos después, pasó lentamente un convoy militar británico. No se detuvo. Caminé despacio hacia la calle principal mientras seguía hablando por teléfono. Vi a varias personas paradas, mirando una casa al otro lado de la calle en la que se había reunido un grupo de gente. Pregunté qué había ocurrido. Una milicia, uno de los nuevos grupos chiíes que habían surgido de la nada desde que la invasión estadounidense había derrocado a Sadam unos meses antes, había ido a la casa en cuestión a preguntar por un hombre, un antiguo responsable del partido Baaz, que vivía ahí. Como no lo habían encontrado, habían secuestrado a su hermano. El disparo que había oído era el que habían hecho los hombres al aire, como advertencia, mientras huían. Los secuestradores y el rehén eran los que había visto cruzar corriendo la calle hacía unos momentos. Mientras estaba allí, pasó en la dirección opuesta un segundo convoy militar británico, los soldados vigilantes y con las armas dispuestas, pero completamente ignorantes de lo que acababa de ocurrir.

Belfast
En 1986, en Belfast, le pregunté a Jerry, un terrorista católico irlandés de veinticinco años, qué se sentía al matar a alguien. Respondió: «No te permites pensar. Es lo primero que aprendes a hacer, no pensar. No piensas en el ser humano. No te puedes permitir ese margen emocional. Tienes que estar seguro de que la razón política está totalmente de tu

parte antes de poder apretar un gatillo o poner una bomba; necesitas ser capaz de justificártelo a ti mismo.

»Y debes pensar en el fin y no ceder nada; debes concentrarte porque, al fin y al cabo, el tipo contra el que disparas o colocas la bomba es seguramente un padre de familia como tú. Seguramente tiene hijos. No puedes permitirte caer en el chantaje de las lágrimas de los niños.

»Piensa en el fin, no en los medios que utilizas para alcanzar ese fin, sino en el resultado final. Que no es solo terminar con las fuerzas de seguridad, sino una Irlanda liberada, una Irlanda en la que puedan coexistir todas las confesiones religiosas que tenemos, un lugar amable en el que podamos estar orgullosos de criar a nuestros hijos».

Bihac

Cuando estalló el conflicto bosnio, a principios de 1992, la mayor parte de la ciudad de Bihac cayó en manos de los separatistas musulmanes, pero los serbios lograron conservar parte de las colinas cercanas desde donde empleaban su artillería contra la ciudad. Una noche de aquel verano, un amigo y yo dormíamos en una habitación del único hotel de la ciudad, en la parte bajo control musulmán, en el que también tenían su cuartel general las fuerzas de la ONU, y los serbios empezaron a disparar morteros hacia nuestra zona. Nos quedamos en nuestras camas, escuchando.

Los morteros parecían caer cada vez más cerca de nosotros, daba la impresión de que apuntaban cada vez más hacia el hotel. Pero yo estaba muy cansado, y absolutamente decidido a no moverme. Cuando el edificio de enfrente fue alcanzado y estalló en llamas, mi amigo se sentó de golpe en la cama y exclamó: «Tengo que echar un polvo», y se fue. Yo volví a quedarme dormido.

Por la mañana, le pregunté a mi amigo dónde había ido, y me explicó, avergonzado, que había bajado al refugio en el sótano del hotel, donde se habían reunido los demás huéspedes, entre ellos varias mujeres. No fue capaz de explicar el impulso repentino que había sentido, y estaba muy incómodo por haberme declarado su intención. Me enteré de que, al final, no había echado ningún polvo y de que en el edificio de al lado habían muerto tres miembros de una misma familia.

Bogotá

La primera vez que me dieron unos azotes fue en 1961, cuando mi familia vivía en Bogotá y yo tenía cuatro años. Terminaba la década de carnicerías durante la que los dos grandes partidos políticos de Colombia, los conservadores y los liberales, habían librado una guerra en la que habían muerto más de trescientas mil personas. El nombre que se da a aquel periodo sangriento es simplemente «La Violencia», aunque, como es sabido, la violencia acabó convirtiéndose en un mal endémico.

Mi delito fue haber salido a jugar solo a los escalones delanteros de mi casa, en los que me encontró mi madre al volver de unos recados. Tenía prohibido jugar en la calle, donde me podía ver algún secuestrador, y debía hacerlo en el pequeño jardín posterior que teníamos. Era un rectángulo de hierba recortada, rodeado por un alto muro de cemento rematado por una fila de botellas de cristal rotas. Supongo que mi madre me pegó por miedo, para que me acordara de no volver a salir de casa solo nunca más. Puede que despidiera también a la criada, que tenía que haberme vigilado, pero no me acuerdo.

Durante la semana, acudía a una guardería dirigida por una vieja solterona inglesa que se llamaba miss Gray. Todos los días, un colombiano que llevaba una camiseta blanca y un revólver en una pistolera colgada del hombro me recogía en un pequeño Fiat de color azul celeste, me llevaba a la escuela y luego me traía de nuevo a casa.

Mi padre tenía en casa un armario de puertas de cristal cerrado con llave que guardaba dos fusiles. Me gustaba especialmente uno de ellos, un Winchester 30/30 de repetición, como el que usaba Buffalo Bill, y soñaba con sacarlo y tenerlo en las manos. Pero el armario estaba siempre firmemente cerrado. Sin embargo, un día, mi padre me cogió de la mano, me condujo ante el armario, que era más alto que yo, y me dijo: «Hijo, si seguimos viviendo aquí cuando seas mayor, tendrás que aprender a disparar uno de estos».

El comentario de mi padre me llenó de esperanza y excitación, con una intensidad que le habría sorprendido si lo hubiera sabido. Pero nunca volvió a hablar de armas, y pareció olvidarse de lo que me había dicho. Tampoco conseguí jamás tener en mis manos el 30/30; al año de nuestra llegada se trasladó por su trabajo a Taiwán, lejos de Colombia y de sus numerosos peligros.

B-52

Los B-52 tienen un aspecto que engaña, poco amenazador. Vuelan a gran altura y parecen moverse con enorme lentitud. Dejan caer sus bombas mientras dan suaves curvas, y hay un extraño retraso entre las curvas y las explosiones que hace que parezca que estas se producen lejos de la trayectoria del avión. Me di cuenta de ello en noviembre de

2001, cerca de la ciudad afgana sitiada de Kunduz, en la que miles de combatientes talibanes habían establecido su último bastión.

El cielo tenía un color azul intenso, sin nubes. Un B-52 maniobraba con pesadez sobre nuestras cabezas, lanzando bombas sobre las posiciones de los talibanes. En su tercera o cuarta pasada dejó caer una bomba enorme en la cima de un risco talibán —a unos trescientos metros sobre el nivel del valle— que arrojó una gran nube parda de polvo y tierra por la ladera de la montaña, como una avalancha, que la cubrió por completo. Instantes después, mientras el B-52 daba la vuelta, se vio a hombres que corrían por las laderas del siguiente risco —que todavía estaba recibiendo fuego de los carros de combate— y producían sus propias nubes de polvo al precipitarse por el pedregal.

Calaveras

En Birmania, el jefe militar de la base adelantada de la guerrilla karen en Kawmura era el comandante Than Maung. Era un antiguo predicador adventista y seguía celebrando la misa los domingos para sus combatientes. Llevaba luchando treinta años, desde 1959, pero reflexionaba: «Quizá, cuando acabe la lucha, vuelva a cumplir la tarea del Señor, pero dependerá de su voluntad».

Pensé en el tipo de relación que tenía Than Maung con Dios cuando me enseñó su jardín de calaveras. Estaba al lado de su búnker personal, en la selva. Había treinta cráneos humanos, artísticamente colocados sobre postes de treinta centímetros a un metro de altura, clavados en la tierra y a los dos lados de un sendero. Los cráneos, me explicó, pertenecían a los soldados enemigos muertos en el último ataque suicida a través de la tierra de muerte de Kawmura, la estrecha franja que separaba a sus hombres del enemigo. «Algunos son capitanes, otros son sargentos y otros son soldados. —Y añadió, en tono crítico—: El enemigo no recobra los cuerpos de sus muertos. Dejan los cadáveres ahí. Algunos yacen al lado de nuestras líneas, y hay muchos más a los que no hemos podido llegar».

Los luchadores de Than Maung se escabullían de noche para recoger los cráneos y llevárselos a él, junto con cualquier forma de identificación que podían encontrar. Era una especie de deporte. Después, instalaban cada cráneo en su estaca y el comandante colocaba los documentos en una especie de tablón de anuncios en su búnker. De esa forma, podía llevar la cuenta de a cuántos enemigos habían matado. Calculaba que habían muerto alrededor de cien en los tres ataques lanzados desde el mes de mayo anterior. Estábamos en septiembre y la estación de lluvias llegaba a su fin, así que preveía otro ataque en cualquier momento. El comandante paseaba por el jardín de calaveras y comentaba sobre cada una de ellas. De pronto, algo lo hizo detenerse. En la cavidad nasal de un cráneo, alguien había introducido un *cheroot* —un cigarro birmano— a medio fumar. Pareció causarle gran desolación. Se arrodilló con cuidado, quitó el desagradable artículo del cráneo y lo tiró al suelo. Se puso de pie, contempló las filas de cráneos y pareció satisfecho. La colección de cráneos volvía a tener una geometría limpia y artística. Todo volvía a estar en orden, exactamente como debía ser.

EL MANDATO DIVINO DE UN PUEBLO

Colaboracionistas

Omar era un joven traductor iraquí que empezó a trabajar con el ejército estadounidense en Bagdad tras la caída de Sadam Husein, al mismo tiempo que la insurgencia empezaba a cobrar fuerza. Yo lo había conocido en una de las bases estadounidenses, en el barrio suní de Adhamiyah, en julio de 2003. Pocos días después, Omar vino a verme al hotel, con aire nervioso pero muy sonriente. Lo invité a un refresco en el restaurante del vestíbulo. Con un tono curiosamente educado, sin dejar de llamarme nunca «señor», Omar me dijo en un susurro angustiado que tenía noticias. El día anterior, dijo, habían matado al hombre que ocupaba el décimo puesto en la lista mortal de Adhamiyah, un amigo suyo. Sacó la cartera y me mostró un papel doblado con varias frases escritas en árabe. Era la lista de la muerte. Indicó su nombre y los de los dos hombres que ya habían muerto. Me explicó que la traducción aproximada de la sentencia de muerte era: «Si Dios no te hace daño, lo haremos nosotros. Y, si te matamos, iremos al cielo. No eres musulmán, eres un traidor y un espía. Musulmanes de todas partes, si veis a estas personas, tenéis que matarlas e iréis al cielo».

Pregunté a Omar qué hacían los estadounidenses para protegerlo. «Señor, me han dicho que no pueden hacer nada, pero que puedo llevar esta pistola», y se dio unos golpes en el costado. Vestía un chaleco de fotógrafo sobre una camisa; abrió los botones y vi una cartuchera con un revólver. «Nueve milímetros CZ, dieciséis balas», dijo con orgullo. Un arma hecha en Checoslovaquia. Me explicó que se había ido de casa y que se alojaba en hoteles baratos, cambiando cada pocos días.

Le pregunté a Omar cuánto le pagaban los estadounidenses. Me miró avergonzado y dijo: «Cincuenta y seis dólares a la semana, señor». Tenía los domingos libres. Entraba a trabajar todas las noches a las nueve y salía a las seis de la mañana, y durante el día acudía a la Universidad de Bagdad. Le comenté que me parecía una vida muy dura. Asintió. «Bueno, señor, antes de que vinieran los soldados, trabajaba durante el verano en obras y restaurantes, y en invierno estudiaba. Trabajaba todo el día, dormía cinco o seis horas, y no ganaba más que dos o tres dólares al día». Estudiaba el primer curso y por aquellos días estaba haciendo los exámenes finales. Me explicó que llevaba los libros encima y estudiaba cuando podía. Sacó un cuaderno de una pequeña mochila en la que también guardaba algo de ropa, un cepillo de dientes, dentífrico y un frasco de champú. «Aquí llevo todo lo que necesito».

Roberto D'Aubuisson

En 1984, el delgado e hiperactivo excomandante de la Guardia Nacional salvadoreña Roberto D'Aubuisson, el padrino de los escuadrones de la muerte anticomunistas en su país, presentó su candidatura a la presidencia. Durante la campaña fui a una de sus conferencias de prensa y me quedé después de que terminara para hacerle una pregunta. Me acerqué a él cuando se vació la sala en la que no quedaban más que D'Aubuisson, unos cuantos ayudantes y sus pistoleros.

D'Aubuisson se había levantado de la silla colocada detrás de una mesa, en la que se había sentado durante la rueda de prensa. Cuando me aproximé me saludó con un escueto gesto afirmativo. «¿Sí?», inquirió. Le pregunté a cuántos comunistas estaba dispuesto a matar para llevar la «paz» a su país. D'Aubuisson se inclinó, con las manos apoyadas en la mesa y, con el rostro a unos treinta centímetros del mío, me dijo en voz baja y tono hostil: «Esa —dijo, hablando despacio y entre dientes— es una pregunta muy inoportuna». Volvió a erguirse sin dejar de mirarme fríamente. Como todos los demás ocupantes de la sala.

Comprendí a la perfección. Salí de la sala a toda prisa sin mirar atrás.

Espías

En Gaza, los militantes palestinos poseen un sistema de contraespionaje compuesto por pequeñas redes de niños. El jefe de una de esas redes, un militante de veintitantos años llamado Adel, me explicó su funcionamiento: «Los niños pueden ir a todas partes. Nadie se fija en ellos, así que ven todo lo que ocurre. Por ejemplo, cuando vienen los soldados israelíes, suelen entrar en casas particulares. Eso no quiere decir que esas personas sean espías, pero tal vez sí. Así que, si un niño puede mirar por la ventana, o desde una puerta abierta, y ve que la persona en cuestión entrega a los soldados un pedazo de papel con alguno de nuestros nombres, entonces sabemos que es un espía. Y lo matamos».

Fe

Eugene Sockut era un hombre robusto de cincuenta y dos años cuando me entrevisté con él en su casa, cerca de Jerusalén, en 1987. Había emigrado de Estados Unidos a Israel varios años antes, y trabajaba para el rabino ultraderechista Meir Kahane, que posteriormente murió asesinado por un palestino. Sockut, como su mentor, se consideraba un hombre devoto, pero propugnaba la expulsión total de los palestinos de lo que denominaba «la tierra de los judíos», con el argumento de que su pueblo tenía el mandato divino de vivir allí.

«No vamos a hacer daño a los árabes —explicaba—. Los compensaremos, pero no pueden quedarse aquí».

«Pero no se van a ir tranquilamente —le señalé—. Así que está hablando de guerra. ¿Cómo puede conciliar eso con los diez mandamientos, uno de los cuales es "No matarás"?».

Sockut respondió: «En primer lugar, los diez mandamientos dicen "No asesinarás", no "No matarás". Es una mala traducción del hebreo original. Dios nunca dijo a la gente que no matara; en la Biblia le dice al pueblo judío: "Si alguien va a asesinarte, levántate y mátalo tú antes". Es decir, la defensa propia no es algo malo en el judaísmo. Está muy claro. Todo lo contrario: la defensa propia y la destrucción de los enemigos que quieren matarnos es un mandamiento».

Fuerza Democrática Nicaragüense (FDN)

Fuerza Democrática Nicaragüense fue el nombre que adoptó el principal ejército *Contra* patrocinado por la CIA en Nicaragua, organizado a principios de los ochenta para derrocar el régimen sandinista respaldado por cubanos y soviéticos. En 1983, para poder ir a Nicaragua con una sección de la FDN desde su base en Honduras, tuve que firmar un documento que absolvía a la FDN de cualquier responsabilidad por mi seguridad y jurar que no revelaría el nombre del país desde el que había entrado en Nicaragua. En caso contrario, el documento advertía: «El largo brazo de la FDN te alcanzará».

Genocidio

Amal al Jadeiri, una guapa mujer iraquí de sesenta y tantos años, pertenece a una rica familia de terratenientes. Su padre, ardiente nacionalista, vivió exiliado en la India, expulsado por los británicos, en los años treinta. Amal se educó en Londres, Suiza y Beirut, se casó con un importante abogado iraquí y dio clases de Francés y Literatura árabe en la Universidad de Bagdad. Hacía varios años que estaba viuda y jubilada, pero seguía siendo una figura muy activa en el mundillo cultural de Bagdad.

Amal había restaurado una casa de ladrillo amarillo, de la era otomana, en la calle Abu Nawas, sobre el Tigris, y la convirtió en salón y galería de arte, llena de objetos coleccionables y diversos: viejas puertas y ventanas decoradas de madera, alfombras, lámparas y cafeteras orientales. Pasaba los días en la galería, donde recibía a los visitantes. Nos sentábamos a hablar en sillas de mimbre, en el pasillo cubierto que había detrás de las pilastras de madera de su jardín. Criticaba con dureza las sanciones de las Naciones Unidas contra Irak y hablaba con enorme hostilidad sobre Estados Unidos. Me di cuenta de que nunca mencionaba a Sadam Husein, y la última vez que la vi le pregunté qué pensaba de él. «Hay una cosa que los americanos no han entendido nunca —dijo—. Y es que este presidente procede de esta gente y la entiende. Comparte sus valores. Este país necesita mano firme. Y esa firmeza necesita un poco de crueldad». La familia de Amal había perdido gran parte de sus posesiones en las reformas agrarias de Sadam, pero, aun así, lo defendía.

Pocos días después de la caída de Bagdad, mientras se extendían los saqueos por la ciudad, pasé por la galería de Amal y vi que la habían desvalijado. Cuando la volví a ver, unas semanas después en casa de unos amigos iraquíes, le dije cuánto sentía todo lo que había perdido. Era terrible, asintió, pero ni la mitad de malo que lo que había ocurrido en el museo y la biblioteca nacionales. Se encogió de hombros y me dijo que también había perdido todos sus ahorros, sus joyas y las cosas heredadas de su familia, que estaban en la bóveda de un banco que habían atracado. Amal culpaba a los estadounidenses de la destrucción de Bagdad y se mostraba muy crítica con ellos, por no saber árabe e ignorar la historia y la cultura de Irak. Me invitó a visitarla al cabo de unos días para desayunar en su casa de Shamasiya, un barrio residencial justo al norte de Adhamiyah, con el fin de poder seguir conversando.

Un par de días más tarde fui a desayunar con Amal en su gran casa de ladrillo rojo de Shamasiya, que tenía un jardín delicioso sobre el Tigris. A lo largo de una verja metálica crecía una fila de azucenas rojas y naranjas, y en un muro trepaba, hasta media altura, una gran buganvilla rosa. Comimos dentro, donde había preparado un desayuno libanés, compuesto por té, pan ácimo, miel, *zatar* —una pasta de tomillo y semillas de sésamo—, yogur, queso blanco y aceitunas. Después, nos sentamos en un rincón del jardín, a la sombra. Le pregunté si veía el futuro con optimismo. Frunció el ceño. «No sé —dijo—. Normalmente sí, pero esta vez no sé». Señaló el otro lado del río, donde se podía ver lo que parecía un campamento del ejército estadounidense en un vasto huerto de palmeras datileras. «¡Mira lo que han hecho! Antes, lo habían convertido en un club de oficiales, y a los que vivíamos aquí no nos gustaba y nos quejamos, pero, por lo menos, no teníamos que ver tanques y esas cosas». De noche, dijo, encendían unas luces potentes que iluminaban el río de una orilla a otra, iluminaban todo, y le costaba mucho dormir.

Me daba curiosidad saber si Amal tendría ahora otra opinión de Sadam. «No podemos decir que todo fuera malo», dijo cuando le pregunté. Me contó que Sadam había modernizado Irak y mencionó las maravillosas carreteras que había construido. Le dije que me recordaba a los italianos que elogiaban a Mussolini por conseguir que los trenes fueran puntuales, pero me ignoró. Habló de un viaje a Kurdistán que había hecho a principios de los ochenta con sus hijos, lo buenas que eran las nuevas carreteras, lo bello y seguro que le había parecido todo. «Hasta 1991, yo creía que él todavía podía hacer algo bueno, e incluso después, pero no fue así». Con cierto asombro, le pregunté: «¿Qué me dices de la campaña de Anfal?», cuando Sadam envió a su ejército a arrasar pueblos kurdos y causó la muerte de miles de miles de civiles por arma de fuego y con gas venenoso. «¿Incluso después de aquello seguías opinando que estaba bien?». Amal asintió. «Los kurdos son un pueblo difícil, y pueden ser también bastante crueles —explicó—. Yo lo sé bien, tengo una abuela kurda». Se rio y empezó a hablar sobre la persecución de los cristianos a manos de los kurdos, y dijo que, si quería, me podía presentar a muchos cristianos de Bagdad que habían tenido que huir de los kurdos. «Un día tendrá que oír la historia completa», comentó.

Amal me dijo que estaba pensando en ir a Suiza o a la República Checa, por las aguas minerales y el fresco aire de montaña. Necesitaba relajarse, me explicó, alejarse del calor veraniego de Bagdad, y los soldados estadounidenses, y sus tanques, y las luces que no le dejaban dormir de noche. Mientras hablaba, su voz quedó ahogada por un ruido: dos patrulleras americanas, llenas de soldados, subían a toda velocidad por el río, dejando una estela blanca en las aguas llenas de verdín.

DONDE EL PANGA CAE CON FACILIDAD

Guerra

En la guerra, la muerte se convierte en un medio para alcanzar un fin, y la gente que mata desarrolla toda una serie de justificaciones para ello. La historia, la cultura, las condiciones del campo de batalla, los objetivos políticos, la conducta del enemigo; todos son factores que influyen en los conflictos. Durante un periodo concreto, estas influencias pueden ser inmutables, pero con el tiempo se suelen volver fluidas y flexibles. Las guerras, como la gente que las libra, se transforman. Pero, sea cual sea su rumbo, si al final no pueden cambiarse por negociaciones, se convierten en duelos por la vida. Cuando se convierte en un medio para sostener la vida, la guerra se convierte en un acto de supervivencia.

Hogar

Abu Hani vivía en una casa de piedra caliza que había construido su abuelo en la época otomana, mucho antes de que se fundara Israel y cuando su pueblo, Burqueen, producía el mejor aceite de oliva del mundo. Abu Hani tenía una serie de olivos antiguos en su tierra, y me los enseñó lleno de orgullo. Los llamaban «los romanos», porque esa era la época en la que se habían plantado.

Me di cuenta de que en la fachada de la casa de Abu Hani había unas equis amarillas pintadas con espray. Me dijo que había recibido, hacía poco, la visita de un equipo de demolición del ejército israelí, que puso las equis para marcar en qué lugares colocar las cargas de dinamita.

Era un procedimiento legal burocrático, me explicó: en el plazo de un par de meses, el equipo volvería y haría volar la casa. A uno de sus hijos lo habían detenido por arrojar piedras contra los soldados israelíes. Por eso, de acuerdo con la ley —un vestigio del Mandato Británico en los libros israelíes—, había que volar su casa. Además, ya habían informado a Abu Hani de que su familia no tenía derecho a reconstruir la casa después. Esto ocurría en 1991.

Un año después, Abu Hani me escribió para contarme que su familia y él se encontraban bien y todo el mundo tenía buena salud. Eso sí, el equipo de demolición había ido, según lo previsto, y ahora estaba viviendo con su mujer y sus hijos en una tienda de campaña, junto a los escombros de su vieja casa.

Sadam Husein

En la ciudad natal de Sadam, Tikrit, me llevaron a conocer a Numan Abdul Ghani Ruhayem, un hombre de ochenta y cinco años que había sido profesor de Inglés de Sadam en quinto curso. La casa de Ghani Ruhayem domina una curva poblada de juncos del Tigris, donde pude contar otros tres palacios más. Al profesor debían de haberle dicho que se acicalara para mi visita, y me recibió vestido con una túnica de muselina ribeteada en oro, sobre una *dishdasha* recién planchada y un pañuelo sujeto con un cordón negro. Sadam, me dijo Ghani Ruhayem, había sido uno de sus mejores alumnos, un chico «muy orgulloso», interesado por la historia. «A Sadam le gustaba un poema egipcio sobre el valor de los soldados sirios en combate contra los franceses —rememoró—. Recuerdo que siempre hablaba del poema, un poema que propugna la unidad árabe y da fuerza a los guerreros en la batalla. Ya a esa edad estaba claramente predestinado para ser un dirigente».

Nuestra siguiente parada fue la escuela secundaria para chicos de Tikrit. El director salió con aire decidido cuando mis acompañantes le ordenaron que me trajera el libro de calificaciones de Sadam. Volvió a los pocos minutos, con aire azorado, y me entregó el libro, que estaba forrado con un plástico. Vi que, en el año académico 1953-1954, su primer curso en la escuela intermedia, había tenido una media de aprobado. Su nota más alta, un 90 sobre 100, era en Historia, seguida de Deportes (85), Ciencias y Geometría (74 en cada una). Había tenido notas más bajas en Dibujo (70) y Árabe (69). Sus peores calificaciones eran en Matemáticas (66) y, a pesar de lo que me había dicho su viejo profesor, en Inglés y Geografía, con un mediocre 65 en cada una. «Se le daba muy bien la Historia», destacó lealmente uno de los escoltas. Todos asintieron.

Injusticia

En la capital de Angola, Luanda, viven hoy cuatro millones y medio de personas, diez veces más que en 1975, cuando Angola obtuvo su independencia. La mayoría de los nuevos habitantes de la ciudad son antiguos campesinos que viven en miserables bloques de cemento. Se ha construido muy poco desde mitad de los setenta, y la mayor parte de lo que quedó cuando se fueron los portugueses no ha tenido reparaciones ni se ha mantenido.

Ya no hay trenes que vayan desde la cabecera situada en el puerto hacia el interior o a lo largo de la costa. Las viviendas de los empleados ferroviarios, que flanquean las viejas vías en filas ordenadas y tienen un aspecto europeo incongruente, con sus tejados rojos de pico y sus chimeneas que imitan a las del Algarve, son ahora viviendas sociales, sucias y adornadas con cuerdas de tender la ropa. Unas columnas de humo negro ascienden de los montones de basura ardiendo. Aquí y allí, como cangrejos renqueantes que caminaran sobre sus rodillas, se ve a hombres con las piernas consumidas, o sin piernas, que se arrastran con ayuda de sus puños envueltos en trapos.

La ciudad se encuentra en un estado perpetuo de excreción en medio de la indiferencia. Los hombres defecan a plena luz del día, al borde del camino, de cuclillas entre los montones de basura. Por todas partes hay filtraciones de aguas residuales que fluyen directamente de los edificios a la calle, donde forman grandes charcos de color verde negruzco. Se van pudriendo como un fango inmóvil en los hoyos que salpican los laberintos de chabolas grises. El aroma peculiar de Luanda, sin duda, es el hedor de la mierda.

Hay dos edificios nuevos en Luanda. Uno es la sede de Chevron, en la rua do Karl Marx, y el otro son las oficinas de De Beers, el monopolio internacional de diamantes. Angola es un país muy rico, sobre todo en diamantes y petróleo. En los escasos semáforos que todavía funcionan en el centro, se reúnen grupos de heridos de guerra sin piernas ni brazos, mutilados, para mendigar entre los coches como masas de cangrejos, mientras que los oficiales del ejército recorren la ciudad en BMW nuevos de color negro y con las ventanas oscurecidas. En Luanda, la buena vida existe para unas cuantas personas, pero cuesta dinero: en el restaurante playero propiedad de la hija del presidente, el Copacabana, las hamburguesas cuestan veinte dólares.

Justicia

Los republicanos irlandeses de Irlanda del Norte se encargan habitualmente de impartir justicia revolucionaria contra los pequeños delincuentes en sus barrios. Un «miembro del servicio en activo» del Ejército Irlandés de Liberación Nacional, una escisión radical del IRA, me explicó el sistema. Me dijo, por ejemplo, que la costumbre del «tiro en las rodillas» era una especie de servicio comunitario que proporcionaban los militantes que luchaban por la independencia irlandesa.

«Tiene que verse que actuamos en defensa de la comunidad —explicó—. Como no tenemos nuestras propias prisiones, no podemos encarcelar a los delincuentes y encerrarlos dos años. Pero, si le pones a alguien un arma en la parte posterior de la rodilla y le vuelas la rótula, pasará dos o tres días con enorme dolor físico. Andará incómodo y cojeando durante un mes, hasta que se adapte a su nueva rótula de plástico, y luego estará como nuevo. Con suerte, habrá aprendido la lección. Ahora bien, en algunas ocasiones, eso no basta para que la gente aprenda, y entonces hay que pensar en otros castigos más serios. No podemos permitir que los matones dicten la vida de las personas en nuestra zona solo porque las fuerzas de seguridad no están dispuestas a intervenir por miedo a que les tendamos una emboscada».

Kandahar

Tras semanas de intensos bombardeos norteamericanos en 2001, los talibanes acuartelados en Kandahar, más que rendirse, dejaron de pelear. Los jefes desaparecieron, pero la mayoría de los militantes de base se limitaron a volver a sus casas. El nuevo líder afgano, Hamid Karzai, prometió no perseguir a los antiguos talibanes que hubieran abandonado la lucha, y cumplió su palabra. Pocas semanas después de la caída de Kandahar, en diciembre de 2001, la ciudad estaba oficialmente libre de talibanes, pero su atmósfera no hablaba en absoluto de reconciliación, y seguía habiendo numerosos vestigios de su presencia. Las calles, caóticas, estaban llenas de hombres de aspecto talibán, con turbantes blancos o negros y grandes barbas pobladas. Circulaban en camionetas Toyota y era imposible saber a qué habían pertenecido. Varios vendedores exhibían en sus puestos «Superbolas Osama bin Laden», dulces de coco fabricados en Pakistán y envasados en cajas de color rosa y morado y cubiertas con imágenes de Bin Laden rodeado de carros de combate, misiles de crucero y cazas. Todas las señales callejeras y los carteles comerciales que habían tenido formas humanas o animales —imágenes prohibidas, según la estricta interpretación de los talibanes— seguían tapados con pintura.

Vi el cartel de un gimnasio que habían pintado cuidadosamente de negro, pero en el que la silueta dejaba ver que anteriormente mostraba a un hombre musculoso de los de antes. Frente al palacio del gobernador, en el que tenía su despacho privado el mulá Muhammad Omar, había una señal callejera en la que figuraba un burro tirando de un carro, pero el burro estaba prudentemente oculto bajo un brochazo de pintura marrón. Y en el bazar de la ciudad, en todos los productos de belleza y cuidado del cabello —como jabón, champú o perfume—, que, como todos los artículos de ese tipo, tenían etiquetas en las que aparecían la piel limpia o el pelo radiante de mujeres, hombres o bebés, los rostros estaban borrados con Magic Marker, que los fanáticos talibanes del antiguo Ministerio de Vicio y Virtud empleaban a voluntad.

En Kandahar, las mujeres todavía eran invisibles en público, completamente escondidas bajo sus burkas de pies a cabeza, con solo una pequeña rejilla rectangular a la altura de los ojos para que pudieran ver por dónde iban. La imagen de Kandahar era la de una ciudad habitada exclusivamente por hombres y salpicada de esas otras criaturas sin rostro que iban tropezando y parecían claramente fantasmas penitenciales.

Machetes

Los machetes o, como se conocen en gran parte de África, pangas, son uno de los instrumentos de guerra más comunes. Los combatientes los utilizan para cortar la maleza mientras avanzan, cortar leña para los fuegos y despedazar y degollar a sus enemigos.

En Uganda me enseñaron un centro de investigación agraria abandonado en Namulonge, a treinta kilómetros de la capital, que el Gobierno de Milton Obote, derrocado a principios de 1986, había utilizado como base mientras se dedicaba a exterminar a los habitantes locales, pertenecientes a diversas tribus y partidarios de la guerrilla. Los soldados vivieron allí durante cuatro años: salían para arrasar las aldeas de los alrededores y capturar a sus habitantes, a los que llevaban al centro para torturarlos y matarlos. No solían emplear armas de fuego. Hacía diez meses que habían dejado de matar.

En una habitación, los suelos y muros de cemento estaban manchados de sangre y aún se notaba el inconfundible hedor de la muerte. Sobre una puerta, que conducía a la «sala de ejecuciones», los verdugos advertían a sus víctimas de que iban a morir con unos mensajes escritos con grandes letras en la pared. EL QUE ENTRE EN ESTA HABITACIÓN SE ENCONTRARÁ CON LA MUERTE, decía uno, y junto a él: AQUÍ, EL PANGA CAE CON FACILIDAD.

Motosada Mori

Mori, como se llamaba a sí mismo, era un mercenario japonés, francotirador, al que conocí en la base de los insurgentes de la etnia separatista karen en Kawmura, en la selva que marca la frontera entre Birmania y Tailandia. Mori no tenía el aspecto un mercenario; tendría alrededor de treinta años, era alto y desgarbado, llevaba gafas y tenía dientes de conejo; sin embargo, era un veterano de la Legión Extranjera francesa y había adquirido una competencia como guerrero que le permitía vender sus servicios por todo el mundo. Estaba especializado en matar a oficiales birmanos al otro lado de la estrecha «tierra de muerte» de Kawmura, la franja minada y cerrada por alambradas que separaba a los dos bandos en la selva. Mori declaraba en un tono bastante esnob: «Solo mato a oficiales».

Mori presumía de que, en los treinta días anteriores, había matado a dos oficiales enemigos en Kawmura: uno había caído de «un disparo en la cabeza», explicó con orgullo, y el otro, de «un disparo en el corazón». Me mostró su herramienta, un fusil Remington 700 con mira telescópica. Me dijo que estaba a punto de dejar la selva. Se dirigía a la playa tailandesa de Phuket para tener un merecido descanso y recuperarse.

Unos meses después, volví a encontrarme con Mori en los campamentos guerrilleros de los karen. Había vuelto de sus vacaciones y estaba entrenando a algunos jóvenes combatientes en el uso de fusiles de largo alcance. Cuando salí de Birmania y nos despedimos, intercambiamos direcciones. No esperaba volver a saber de él, pero, para mi sorpresa, unos meses más tarde recibí una tarjeta de Navidad suya. Era una tarjeta muy tradicional, con las figuras de Santa Claus y sus renos alrededor de un árbol. Nos deseaba una feliz Navidad a mí y a mi familia. Al año siguiente llegó otra tarjeta navideña de Mori, y al año siguiente otra más. Entonces se interrumpieron.

Durante años, me pregunté qué habría sido de Mori. En 2004 me encontré con una revista para mercenarios profesionales en la que había un artículo sobre la guerra de los karen en Birmania, en el que se mencionaba a Motosada Mori. El artículo decía que Mori había muerto en combate hacía muchos años, luchando con los karen contra los birmanos, y que lo habían enterrado en el mismo lugar en el que cayó. La fecha en la que situaban su muerte coincidía con la interrupción de sus tarjetas navideñas, así que tuve que llegar a la conclusión de que la noticia era seguramente cierta.

EL PRESO EN UN HOYO DEL DESIERTO

Panmunjon
Es uno de mis primeros recuerdos. Tenía quizá tres años, así que debió de ocurrir hacia 1960. Mi padre me llevó al DMZ, la línea divisoria entre Corea del Norte y Corea del Sur. En aquel entonces no lo sabía, pero sí recuerdo vivamente estar de pie junto a mi padre y un soldado coreano armado que permanecía firme y con la mirada fija, a través de una llanura —no estoy seguro de que fuera muy lejos—, en otro soldado coreano armado que le devolvía la mirada, igual de callado e igual de rígido. Ninguno de los soldados hablaba, los dos permanecían inexpresivos. Me acuerdo de que casi parecía una pantomima, salvo que eran adultos y todo resultaba terriblemente serio; era evidente que los dos soldados

no eran amigos. Recuerdo que me sentí confundido y le pregunté a mi padre por qué estaban de pie y se miraban así, y él me dio alguna explicación que no entendí en absoluto.

Han pasado cuarenta y cinco años desde entonces, y no ha cambiado nada. Desde que era niño, otras dos generaciones de soldados han estado allí de pie y han mirado fijamente, en silencio, a través de la misma llanura, en el mismo ritual de hostilidad silenciosa.

Patria

Cuando conocí a Enrique Bermúdez en los años ochenta, era un nicaragüense de cincuenta y tantos años, moreno, de voz suave, que era el jefe militar de la *Contra* patrocinada por la CIA, la FDN, Fuerza Democrática Nicaragüense. Su nombre de guerra era Tres-Ochenta, nunca supe por qué. Había sido director general de Correos con el dictador nicaragüense, Anastasio Somoza, antes de que los sandinistas se hicieran con el poder en 1979. En el exilio se estableció en Bethesda, Maryland, un distrito cómodo a las afueras de Washington D. C. Después de convertirse en el jefe de la *Contra*, pasaba gran parte de su tiempo en las bases secretas del ejército en Honduras, pero seguía volando a casa para estar los fines de semana con su mujer.

Un día, en 1985, me uní a Bermúdez en uno de los pocos viajes en helicóptero que hacía al interior de Nicaragua, y estuvimos allí varios días con uno de sus grupos de combate de primera línea. Era la estación de lluvias, y las condiciones eran horribles, todo lleno de humedad y de barro. La mayoría de sus combatientes eran campesinos normales y corrientes y, al cabo de uno o dos días, se vio claramente que Bermúdez se sentía más cómodo hablando conmigo que con ellos. Una vez, mientras estábamos sentados en una cabaña, contemplando el barro, la lluvia y a sus rústicos soldados, y la deprimente masa verde de la jungla que nos rodeaba, Bermúdez me confesó con nostalgia: «Me encuentro más a gusto en Bethesda que en Nicaragua». Me pareció una confesión extraña en un hombre que dirigía una rebelión contra el Gobierno de su país.

Pocos años después, cuando los sandinistas perdieron el poder en las elecciones, la *Contra* terminó la guerra, y Bermúdez regresó a su patria. Llevaba poco tiempo en ella cuando un francotirador lo asesinó en el centro de Managua.

Petra

En mayo de 2004, visité la histórica ciudad jordana de Petra, esculpida en la piedra roja de un cañón en el sur de Jordania. Acababa de pasar dos meses en Irak, que habían sido especialmente intensos; me había encontrado bajo el fuego y en peligro en varias ocasiones.

Había decidido visitar Petra, que no conocía, para relajarme durante unos días antes de volver a casa. Cuando llegué, caminé a solas por el cañón; me sentía acalorado e incómodo y me preguntaba a qué había ido. Estaba muy tenso, inexplicablemente furioso.

Un beduino sentado bajo una tienda a la sombra, junto a unos acantilados, me llamó para que me acercara. Me invitó a tomar un vaso de té con menta. Acepté, le di las gracias y me senté con él a la sombra. Al cabo de un minuto, me preguntó: «¿Ha estado en Irak?». Sorprendido, le dije que sí, pero ¿cómo lo había adivinado? Me respondió, con una sonrisa enigmática: «Parece un hombre que viene de un lugar en el que hay fuego».

«Pis-pis»

Una guerrillera salvadoreña muy valiente y muy generosa tenía la costumbre, antes de entrar en combate, de animar a sus camaradas con su grito de batalla personal: «Vamos, muchachos, el más valiente me consigue».

Así se había ganado su nombre de guerra, la Pis-Pis, que, en argot salvadoreño, quiere decir la «Folla-Folla». Todo el mundo le tenía mucho afecto.

Prisioneros

Pocos días antes de que comenzaran los ataques aéreos de Estados Unidos y el Reino Unido en Afganistán en 2001, visité a un hombre que había sido retenido como prisionero en un hoyo en el desierto. El hoyo estaba cerca de Dasht-e-Qala, una ciudad del norte del país, a pocos kilómetros de la frontera con Tayikistán y no lejos del frente, un risco de colinas polvorientas que los talibanes llevaban tiempo intentando arrebatar a sus principales adversarios, la Alianza del Norte.

El prisionero, un luchador talibán que decía llamarse Bashir, llevaba en el hoyo aproximadamente un mes, desde la noche en la que los muyahidines de la Alianza del Norte lo capturaron mientras caminaba en tierra de nadie. Su cárcel tenía tres metros de profundidad y un metro de anchura, y solía estar tapado por un pesado trozo de metal sacado de un carro de combate ruso. En el fondo, el hoyo se convertía en una cavidad que, según sus guardianes, tenía unas cómodas dimensiones de dos por dos metros. Cuando sacaban a Bashir a ras de suelo, debía subir por una escalera de madera. No era nada fácil, porque tenía grilletes en las piernas.

El día que conocí a Bashir, o, mejor dicho, lo observé —porque estaba en una especie de trance, como despegado—, le habían quitado los grilletes. Tuvo que andar hasta donde yo estaba, pero parecía débil y pronto se agazapó junto a una pared de barro. Tendría alrededor de treinta años y era un hombre muy delgado, con perilla negra y cabello muy corto. Vestía una túnica verde sucia y su piel estaba también sucia. Los brazos estaban cubiertos de puntos verdes tatuados y llevaba alrededor del cuello un cordón del que colgaba un librito violeta con versículos del Corán. Estaba descalzo. Sus captores dijeron que tenía señales de agujas en los brazos, pero no las vi. Lo que sí vi fue la cicatriz de un disparo de bala en la clavícula derecha.

Se reunió un grupo de muyahidines y varios niños curiosos a mirar. Pese a los intentos del mulá Omar, el caudillo que tenía preso a Bashir y quería intercambiarlo por cinco de sus soldados que estaban en manos de los talibanes, el prisionero no dijo gran cosa: solo su nombre y que era de Kandahar, a más de seiscientos kilómetros hacia el sudoeste, donde los talibanes tenían su cuartel general (y donde vivía otro mulá Omar más conocido, el jefe de los talibanes). «Todos los kandaharíes son así —me dijo Omar—. Nunca hablan». No se podía confiar en ellos, explicó, y por eso había que tener a Bashir en un hoyo. El mulá Omar era un hombre delgado de treinta y cinco años, de ascendencia tayika. Dijo que los talibanes le habían ofrecido solo a tres de sus soldados a cambio de Bashir, y que estaban discutiendo sobre el asunto a través de la radio. Le pregunté por qué Bashir no dejaba de escupir, y dijo que era porque padecía síndrome de abstinencia. Parte de lo que escupía parecía de color marrón. ¿Era sangre? ¿Le habían golpeado? «No, no —me aseguró el mulá Omar—. Le damos pan y leche, todo lo que quiere. Pero no le damos "charas", hachís y opio, y lo pide cada día».

Al cabo de unos minutos, volvieron a llevarse a Bashir al hoyo y el mulá Omar me condujo a su recinto para que conociera a sus hijos. Reunió a dos grupos de chicos, todos descalzos. Uno de los grupos lo formaban sus diez hijos, de un mes a doce años, incluida una pareja de gemelos idénticos. El otro lo formaban los cinco hijos de su hermano gemelo, que había muerto unos meses antes a manos de los talibanes. Me separé del mulá Omar mientras anochecía y sus hombres y él se preparaban para las oraciones del crepúsculo.

Pocos días después, pasé en coche al lado del campamento del mulá Omar, también al anochecer, y miré hacia el desierto, hacia el hoyo de Bashir. Sus guardianes lo habían sacado para que respirara y estaba de pie en una zanja poco profunda que habían cavado para él. Solo se le veía del pecho hacia arriba. Parecía clavado donde estaba, medio tragado por la tierra.

Profecía

Fahed, un devoto militante palestino, creía que matar a israelíes era el cumplimiento de una profecía del mensajero de Dios, Mahoma. «Él dijo: "Lucharéis contra los judíos y venceréis". Entonces, los árboles y las piedras dirán: "Hay un judío detrás de mí: venid y matadlo". En otras palabras, los judíos no tendrán dónde esconderse».

Fahed sonrió. «Puede parecer salvaje matar a todos los judíos. Pero no lo es si se entiende toda la profecía. La profecía dice que Alá, primero, les dio la oportunidad de ser buenos. Sin embargo, desde el principio de la Creación, Alá sabía que iban a ser malos, y ese es el motivo de la profecía. Es la naturaleza del judío la que provocará su fin».

Quitapiés

Eran las bombas fabricadas en las montañas de Chalatenango por los guerrilleros durante la guerra civil de El Salvador, bajo la tutela de un etarra vasco llamado Alberto. Como indica su nombre, estaban pensadas para hacer volar los pies. Los «quitapiés», como su primo «el vuelahuevos», tenían un fin político: incapacitar, en vez de matar, a los soldados del Gobierno, y desmoralizar al enemigo al enviar a casa a unos soldados tullidos.

Rata Asesina

Unos dirigentes de la *Contra* nicaragüense me dijeron que un joven estadounidense, seguidor de la conservadora Iglesia de la Unificación del reverendo Sung Myung Moon, estaba viajando con sus combatientes, dentro de Nicaragua. Se había unido a ellos para luchar, y llevaba uniforme y fusil. Había adoptado un nombre de guerra, Rata Asesina. Estuvo presente durante el brutal juicio y la consiguiente ejecución, en el propio campo de batalla, de un sospechoso de colaborar con los sandinistas, al que obligaron a cavar su propia tumba y tenderse en ella antes de que lo mataran atravesándolo con una lanza. Rata Asesina hizo fotos del crimen y luego proclamó que era un periodista freelance y las vendió a la revista *Newsweek*, que las publicó.

Meses más tarde él apareció en El Salvador, donde yo vivía, en busca de trabajo como periodista. Cuando descubrí que estaba allí, fui a hablar con él. Le dije que sabía de sus actividades con la *Contra*. Lo negó, pero resultó poco convincente y, cuando le dije que conocía su nombre de guerra, Rata Asesina, se quedó sin habla; no supo qué decir.

Entonces me puse a darle patadas en el trasero hasta que se fue del hotel en el que estábamos; lo bajé a patadas por el pasillo y las escaleras y lo perseguí por el vestíbulo hasta la puerta. Volví a darle una patada y le dije que se fuera y no volviese nunca. Desapareció y nunca volví a verlo. Creo que se fue de El Salvador. El encuentro resultó catártico y me llenó de satisfacción. Fue una de las pocas veces, en Centroamérica, que me sentí capaz de reparar un daño —entre tantos males impunes— o, por lo menos, desenmascarar a un malhechor.

Sectarismo

Conocí a Jeremy, George y Joe en Belfast en 1986. Jeremy Atkinson tenía diecinueve años; George Douglas tenía dieciocho y Joe Barrow, veintidós. Los tres protestantes irlandeses y trabajaban juntos en la construcción, en una obra. Como la mayoría de su pueblo, se consideraban leales a la Corona británica. Les pregunté qué opinaban de los irlandeses católicos, quienes, en su mayoría, apoyaban la causa de una república irlandesa.

Jeremy: «Personalmente, no tengo nada contra los católicos. Los republicanos, sí, son una raza de gente totalmente distinta».

George: «Tienen los ojos más juntos».

Joe: «Muchos de ellos tienen los ojos medio bizcos. Hay algo diferente en ellos».

EL HORROR DE LIBERIA

Talismanes

Félix Rodríguez es un exagente de la CIA, de origen cubano, que interrogó al Che Guevara en Bolivia, en 1967, tras su captura. Fue Rodríguez quien transmitió la orden de matarlo. Vive en Miami, donde conserva el último tabaco de pipa del Che, con el que se quedó, como un trofeo que exhibe permanentemente en una burbuja de Perspex fijada en la culata de uno de sus revólveres. Asimismo, tiene un sujetador femenino, cuidadosamente enmarcado y colgado de la pared de su cuarto de estar. Rodríguez explicaba que el sujetador era de una jefa de la guerrilla salvadoreña, Nidia Díaz, a la que capturó personalmente en El

Salvador. Rodríguez me mostró también su álbum personal de fotos de la campaña de Bolivia; estaba lleno de truculentas fotografías de guerrilleros muertos y del propio Che, incluido un primer plano de sus manos amputadas, que le cortaron después de tomarle las huellas dactilares (para probar que había muerto) tras su ejecución y antes de que desapareciera su cadáver. Pero el talismán más extraño, quizá, es su asma, condición que dice padecer desde los momentos después de la ejecución del Che. El Che era asmático crónico; Félix Rodríguez nunca lo había sufrido, pero ahora sí.

Terapia

En mi última noche en Liberia, me visitó un asistente social que proporcionaba terapia a los excombatientes liberianos. Me habló de un joven que confesaba que su «trabajo» había consistido en rajar los vientres de las mujeres embarazadas en un control de carretera. Sus camaradas y él apostaban sobre el sexo del feto. Ahora, el hombre tenía unas alucinaciones recurrentes en las que veía los rostros de sus víctimas que caminaban hacia él, y les gritaba: «¡No fui solo yo!». Este caso concreto, reconocía el asistente social, era desesperado, como el de otro hombre —una víctima— al que estaba tratando. Habían matado delante de él a toda su familia, ocho miembros; a uno de sus hijos lo arrojaron al aire y literalmente lo partieron por la mitad delante de sus ojos. Al hombre lo habían dejado con vida «para que su sufrimiento fuera mayor». Y lo era: se iba a morir del alcohol y las drogas que consumía.

El asistente social también tenía que someterse a terapia, confesó, después de haber presenciado cómo unos asesinos le arrancaban el corazón a un hombre vivo, lo cocían y se lo comían. Había ocurrido a plena luz del día en Monrovia, hacía solo dos años, en una gasolinera próxima al cruce de carreteras denominado «El amor eterno conquista África».

Terrorismo

Balraj era un antiguo asistente social que se había incorporado a la lucha armada en nombre de la minoría hindú tamil de Sri Lanka y en contra de la mayoría budista cingalesa, que dominaba el Gobierno. Los tamiles querían tener un Estado independiente, Tamil Eealam, en el este y el norte de la isla. La organización guerrillera de Balraj, EROS, era famosa por colocar bombas en lugares públicos. Una de sus bombas más recientes había estallado en la oficina central de telégrafos y había matado a seis civiles. Le pregunté a Balraj cómo justificaba el atentado.

«El Gobierno utiliza las comunicaciones para difundir propaganda falsa contra la comunidad tamil —respondió Balraj sin inmutarse—, así que, como la sede de las comunicaciones era la oficina central de telégrafos, para nosotros era muy importante mostrar nuestra protesta y destruir lo más posible, y hacer que el Gobierno fuera consciente de la amenaza contra sus comunicaciones. Esas son las condiciones en las que pusimos la bomba. Y es evidente que ha tenido repercusiones políticas. Pero, aparte de esa explosión, el resto de nuestros blancos están cuidadosamente escogidos para causar el menor daño a la población civil. Si hubiéramos querido matar a civiles, habríamos colocado más bombas en lugares por los que pasan cientos y miles de personas, y habríamos creado un caos inmediato. Solo atentamos contra objetivos tácticos, y no con el fin de crear daños civiles. Sin embargo, en ciertos lugares, en ciertos casos, al escoger los blancos, pensando en el interés general de la causa y la comunidad, debido a las circunstancias, puede ocurrir que, incluso aunque mi madre pase por allí, tenga que sacrificarla. En ese contexto, lo que importa es el incidente, es el lugar, no —incluso aunque tenga que perder a mi madre— la persona».

«¿Se lo ha dicho a su madre?».

Balraj: «No me hace falta decírselo, no necesita que se lo digan. Conoce mi compromiso y... lo ha digerido. Tiene que digerirlo».

Tortura

En Perú, a finales de los setenta, poco después de que se estrenara en los cines locales la película *El cazador*, protagonizada por Robert De Niro y Christopher Walken, la policía secreta empezó a utilizar la ruleta rusa como parte de su repertorio de torturas. Hasta entonces, habían empleado sobre todo la bañera —medio ahogar a la gente en retretes o bañeras— y el avión, colgar a la gente de poleas hasta que los brazos se dislocaban. También les gustaba meter palos de escoba por el recto de una persona, y habían inventado un truco nuevo, golpear repetidamente a los sospechosos en la parte lateral de la cabeza con pesadas guías telefónicas, preferiblemente las páginas amarillas, con el estupendo resultado de que les perforaban los tímpanos pero no dejaban señales externas.

Victoria

En las horas posteriores a la caída de la ciudad de Kunduz, el último refugio talibán en el norte de Afganistán, en noviembre de 2001, hubo mucha actividad en el centro de la ciudad. Muchas personas normales, hombres y jóvenes, paseaban sonriendo y haciendo gestos de aprobación.

En la zona del bazar, varias personas observaban los cuerpos de dos combatientes talibanes que yacían muertos ante las tiendas cerradas. Los cuerpos estaban cubiertos con túnicas, y la gente se detenía a levantar el borde y echar un vistazo a los cadáveres. Los hombres tenían el aspecto gris y cerúleo que adquieren enseguida las personas muertas. Había sangre coagulada en charcos junto a ellos. En un charco se alzaba un saquito de plástico de *naswar*, el picante tabaco de mascar que utilizan casi todos los afganos. Más allá, junto a otra tienda cerrada, un talibán herido estaba tendido de lado, un amasijo polvoriento y lleno de sangre. Miraba de lado a los transeúntes por encima de su brazo estirado. Nadie lo ayudaba ni parecía muy interesado por él.

Apareció un grupo de soldados que llevaba a cinco jóvenes cautivos talibanes de piel oscura, con los brazos atados a la espalda con los turbantes. Estaban sucios y parecían aterrados. Allí cerca, otros soldados colgaban carteles del difunto héroe muyahidín Ahmed Shah Massud en una cabina de cemento, en medio de una glorieta. Un anciano levantó un cartel de Massud y gritó: «¡Abajo el mulá ciego Omar, viva Massud!».

Vida
Una noche, mientras cenaba en casa de Hisham, un devoto musulmán palestino de casi treinta años, mi anfitrión me explicó que, para él, la vida y la muerte eran indiferenciables. «Si es necesario, estamos preparados para morir —dijo—. Los musulmanes amamos la muerte igual que otros aman la vida».

Vietnam
Rich y Bud eran amigos, soldados en Vietnam. Bud era estadounidense y Rich era australiano. Vinieron a Taiwán a pasar tres días de lo que el ejército estadounidense llamaba «R & R» —recuperación y descanso— junto con otros muchos soldados que luchaban en aquella guerra. Debía de ser alrededor de 1966; yo tenía unos nueve años, y mi familia vivía en Taiwán desde 1962.

Conocimos a Rich y Bud en la pista de patinaje sobre hielo que acaba de inaugurarse en Taipéi, la capital de Taiwán. Mi madre los invitó a nuestra casa de Grass Mountain, a las afueras de la ciudad, y aceptaron. Recuerdo que estuvieron con nosotros un par de noches, y pareció gustarles mucho el mero hecho de quedarse allí, comer con nosotros y estar con nuestra familia. Durante aquellos dos días, fui el héroe del vecindario, tuve a todos mis amigos admirados de que dos soldados de verdad estuvieran durmiendo en mi casa. Llevé a Rich y Bud de paseo hasta mi lugar secreto en el bosque cercano a casa, que era una cueva llena de murciélagos. Por el camino me contaron historias de guerra, y yo me sentí feliz.

Cuando Rich y Bud se fueron, mis padres los invitaron a volver a nuestra casa en su próximo permiso, seis meses después. Dijeron que lo harían. Rich, el australiano, prometió traerme la boina de un vietcong muerto. Estaba apasionado ante la perspectiva, y no dejé de presumir ante mis amigos.

Seis meses después, Rich volvió, pero sin Bud. A Bud lo habían matado. Rich me contó que había resultado gravemente herido en combate, pero que no había muerto inmediatamente. Contó que había intentado ayudarlo y lo había llevado a la espalda a través de la jungla durante horas, pero que Bud había muerto de sus heridas. Lo sentí mucho, tanto por Bud como por Rich, que parecía muy triste, pero no dejaba de pensar en la boina que me había prometido Rich. Nunca la mencionó, y nunca le pregunté. No parecía apropiado. Pero, en privado, sentí una gran desilusión.

Vuelahuevos
Era una bomba de fabricación casera que hacían los guerrilleros salvadoreños utilizando restos de guerra en sus talleres móviles de «armamento popular». Uno de aquellos talleres en las montañas de Chalatenango, que visité en 1990, estaba bajo la dirección de un hombre llamado Alberto, un miembro de la organización separatista vasca ETA. Los que fabricaban las bombas eran o voluntarios muy jóvenes o *compas* gravemente heridos, que habían perdido alguna extremidad y no servían para mucho más. El «vuelahuevos» estaba diseñado, como sugiere su nombre, para explotar a la altura de la entrepierna y dejar a un hombre sin genitales.

Yakarta
En 1968, cuando tenía once años, mi familia fue a vivir a Indonesia. Vivíamos en una gran casa que habían construido los colonos holandeses en la capital, Yakarta. Habían pasado solo tres años del golpe militar de Suharto y las subsiguientes matanzas anticomunistas y sectarias, en las que murieron aproximadamente trescientas mil personas.

Nadie me contó esas cosas, ni siquiera mi padre, pero me enteré de ellas por un joven indonesio de edad universitaria que trabajaba para él. No recuerdo su nombre, pero, en nuestras primeras semanas de estancia en el país, antes de que empezara el colegio, solía venir a casa, seguramente porque mi padre le había pedido que me entretuviera y me paseara por la ciudad en el asiento posterior de su motocicleta.

Un día me llevó a un gran edificio al que se entraba por unos magníficos escalones de piedra, y detuvo la moto. Indicó la calle y dijo que los soldados habían matado allí a cientos de estudiantes. Recuerdo que habló con detalle del día en el que había ocurrido, como si él también hubiera estado presente, pero hubiese logrado sobrevivir. Me habló de varios lugares y varias cosas así, en un tono que me hizo comprender que tenía que ser nuestro secreto.

Estaba tan agradecido por su amistad y los paseos en su moto que nunca dije a nadie las historias que me había contado ni los lugares que habíamos visitado, ni siquiera a mi padre.

UN PATIO PARA CHÁVEZ

Yare

La prisión de Yare, en Venezuela, en la que estuvo encarcelado Hugo Chávez tras su golpe de Estado fallido en 1992, es un lugar horrible. Los peores presos están a su aire en dos bloques blancuzcos y agujereados de bala en la parte posterior del patio, donde unas cortinas negras de excrementos, de los retretes rotos, se deslizan por los muros, y el suelo está alfombrado con una masa oleaginosa de aguas fecales y basura que rezuman. En los espacios abiertos dejados por los barrotes arrancados en las ventanas, los presos descamisados se colocan como cuervos vigilantes. Yo visité Yare un día ardiente, sin aire, del año 2000, con el hedor de la cárcel estancado como veneno en el ambiente. El inspector Manuel Lugo, un alto funcionario de prisiones y antiguo director de Yare, se había ofrecido a guiar mi visita, pero solo desde fuera. Cuando circulábamos alrededor del perímetro de la prisión, vi que las torres de vigilancia también estaban llenas de orificios de bala, y, al acercarnos a los barracones blancos, Lugo apretó el acelerador. «No podemos detenernos aquí —dijo—. Podrían dispararnos». Explicó que muchos de los mil cien internos de Yare tenían armas. «Dentro no hay más que seis vigilantes de guardia al mismo tiempo —dijo. No había presupuesto para contratar a más—. Es una situación insostenible».

Una generación de jóvenes nacidos en la pobreza y que tienen acceso a drogas y armas hace que la criminalidad en Venezuela se mantenga en unos niveles asombrosos. Lugo explicó que, de los noventa y tantos homicidios registrados en el país cada fin de semana —que es cuando más crímenes violentos se cometen—, un tercio consistía seguramente en ejecuciones extrajudiciales llevadas a cabo por policías. Muchos agentes no veían otra forma de hacer su trabajo. Por eso Lugo apoyaba a Chávez. Hacían falta medidas urgentes para arreglar los problemas de Venezuela, y Chávez era la única persona que parecía preparada para abordar la tarea.

Fuera del alcance de los disparos procedentes de los bloques de celdas, Lugo me presentó a Virginia, la secretaria del psicólogo de la prisión. Virginia es una mujer de aspecto resistente y cuarenta y tantos años, con el cabello corto y teñido de color caoba. Le faltaban dos dientes. Me contó que había llegado a conocer bien a Chávez cuando estuvo encarcelado en Yare. Todas las mañanas se sentaba en una silla, en el patio alambrado al aire libre que le habían construido especialmente para él delante de su celda. Allí había un busto de escayola de Simón Bolívar, y Chávez hablaba con él. Lugo interrumpió para decir que él también le había visto hacerlo: «Solía girar hacia él la cabeza de Bolívar». Virginia asintió.

Virginia estaba escribiendo una carta a Chávez. Quería que lo ayudara a alquilar una de las casas baratas del «Plan Bolívar» que estaba construyendo el Gobierno cerca de Yare. Necesitaba un lugar propio, decía, porque estaba separada de su marido, un miembro de la Guardia Nacional, y todavía vivían en la misma casa. Virginia pensaba que su matrimonio se había roto porque su marido estaba celoso de su amistad con Chávez. Virginia se reía como loca al contármelo. «Chávez no me gusta como amante —dijo—. Lo admiro porque tiene un bicho (pene) lo bastante grande como para defender al país».

Yihad

En el campo de refugiados palestino de Breij, en Gaza, después de un enfrentamiento entre los jóvenes islamistas del campamento y el ejército israelí en el que había muerto uno de sus amigos, el militante palestino Fahed y su amigo Hisham me hablaron sobre el significado de la yihad. «La guerra santa es un término que aterra especialmente a los europeos, sobre todo a los cristianos —dijo Fahed—. Procede de la época de las guerras entre cristianos y musulmanes. Para nosotros, la yihad es otra cosa completamente distinta. La yihad es el arma que un musulmán utiliza para defenderse. Creemos que, si un musulmán lucha para permitir el ascenso del islam, liberar su tierra y defender a su familia, eso es una yihad. El hombre que lucha por esas cosas es un muyahidín. Si es un muyahidín, significa que tendrá un buen puesto el día del Juicio e irá al paraíso. Eso es importante, porque, si uno cree que va a ir al paraíso, le da una fuerza especial».

Hisham asintió y añadió: «Cada día entregamos a un mártir para que cambien las cosas. Cada vez que alguien muere asesinado hace que el levantamiento cobre más fuerza y avance más. Todo el mundo sabe que, al morir, será un mártir, y que un mártir nunca muere. Cuando muere, los demás tenemos prohibido decir que ha muerto. El Corán nos ordena decir que está vivo».

Yuyu

Cuando visité a Charles Taylor, el caudillo entonces convertido en presidente de Liberia, en 1998, vivía en un barrio llamado Congotown, a las afueras de la capital, Monrovia. Taylor se había construido una enorme casa, y varios de sus colaboradores vivían cerca. La residencia de Taylor, rodeada por altos muros de cemento, tenía una capilla privada, pistas de tenis y baloncesto, y una piscina. Estaba construida sobre la ladera de una colina escarpada y dominaba una pradera verde que, en la estación de lluvias, se convierte en pantano.

El presidente Taylor no solía aparecer en público, pero, la mayoría de los días, a media mañana, salía de su residencia con una fuerte protección y se dirigía rápidamente en coche al centro, al palacio del Gobierno, en un convoy formado por dos docenas de Mercedes y Land Rovers nuevos y varios camiones llenos de guardaespaldas. El arsenal que llevaban comprendía fusiles de asalto, lanzacohetes RPG-7 y ametralladoras pesadas. Para acceder a la mansión, todo el mundo, menos el presidente, tenía que atravesar un barrio de chabolas cercano, en el que los miembros del servicio de Seguridad Especial del presidente, antiguos guerrilleros, solían colocar varios controles. Armados con fusiles de asalto AK-47 y con frecuencia borrachos, solían intimidar a los visitantes para que les dieran una «pizca», un soborno. En la entrada a la mansión merodeaban otros encargados de seguridad, muchos con gabardinas marrones tres cuartos y gafas de sol. Los que estaban en el interior pedían siempre algún tipo de identificación, y luego preguntaban: «¿Qué tiene para mí, jefe?».

La mansión es un edificio curvo de ocho pisos, erigido por constructores israelíes en los años sesenta. Tiene una historia especialmente siniestra. En 1980, el sargento mayor Samuel Doe inició su golpe aquí con el asesinato ritual del presidente William Tolbert. Diez años más tarde, a su vez, Doe encontró un fin espeluznante cuando salió de la mansión para entrevistarse con Prince Johnson, uno de los lugartenientes de

Charles Taylor, que se había escindido de este para formar su propia facción. Johnson torturó a Doe hasta la muerte, y lo grabó en vídeo.

Justo delante del recinto amurallado de la mansión había una estatua que conmemoraba al Soldado Desconocido de Liberia. El monumento fue destruido un mes antes de mi visita, durante un rito de purificación ordenado por Taylor para limpiar la mansión de malos espíritus. Había «informes persistentes», me contó el obispo Alfred Reeves —uno de los principales consejeros religiosos del presidente—, de que habían enterrado vivo a un niño bajo el monumento, como sacrificio. «Habíamos dicho que era preciso limpiar la mansión desde el asesinato del presidente Tolbert —explicó Reeves—. Dijimos que había que consagrarla, pero la verdad es que nadie hacía caso a la Iglesia hasta que llegó Taylor al poder».

Taylor dice ser un hombre «profundamente religioso» y un ardiente numerólogo; su número de la suerte es el siete. Por consiguiente, setenta ancianos de diversas iglesias cristianas se separaron en grupos de siete y recorrieron la mansión durante una semana, piso por piso, habitación por habitación, rezando y ayunando. Pero es posible que la consagración no funcionara. Había un gato negro que se paseaba por los alrededores, y eso preocupaba a Reeves porque, según explicaba, no era un gato corriente: «Es una bruja transformada en gato». Se decía que el animal había salido, o de un pequeño agujero en un cuadro, o de una estatua de la Virgen María. Al saltar, cayó sobre un clérigo que rezaba e intentó sacarle los ojos. La semana anterior a nuestro encuentro, me informó Reeves, el gato negro había reaparecido y había atacado a un guardia presidencial antes de volver a huir. «Es peligroso —dijo Reeves—. Muy peligroso».

La ceremonia de consagración de Taylor alimentó una máquina de rumores cada vez más desatada en Monrovia. Una de las cosas que se decían era que el presidente había ordenado matar a un empleado por alguna transgresión, había llenado un cubo con su sangre y lo había mandado guardar bajo la cama presidencial hasta que tuviera ganas de bañarse en ella. Fuera verdad o no, la mayoría de los liberianos con los que hablé opinaban que la ceremonia de consagración era prueba de que Taylor creía en el *yuyu*. El *yuyu*, nombre que reciben la brujería y la magia en Liberia, tiene una presencia en la cultura política del país que viene de antiguo, y sus prácticas más perversas —sacrificios humanos rituales y canibalismo— suelen estar vinculadas a personas que persiguen el poder o temen perderlo. De hecho, durante mi estancia en Liberia, hubo varias noticias sobre «hombres de corazón» que andaban por los alrededores. Según decían, los candidatos a diversos cargos arrancaban y devoraban corazones humanos para mejorar sus posibilidades de ganar la elección.

Una tarde, Charles Taylor me recibió formalmente en la cochera de su residencia, y le pregunté sobre lo que tenía de *yuyu* su consagración. Taylor es un hombre bajo, menudo, de piel cobriza, rostro redondo y un cabello y barba muy recortados y encanecidos. Se sentó en una pequeña silla cubierta de terciopelo beis y latón reluciente, al lado de un sedán Mercedes de color negro. Llevaba pantalón y camisa de tipo caftán de encaje color marfil, zapatillas de piel de serpiente con hebillas de oro, reloj de oro incrustado de diamantes, gafas de sol de montura dorada y una gorra negra de béisbol en la que ponía PRESIDENTE TAYLOR en hilo dorado. A su lado había una mesita y una silla de jardín de plástico blanco. Sonrió e indicó la silla: «Siéntese, querido mío, siéntese». Sobre la mesa había un bastón tallado de color sangre de buey, una especie de cetro que llevaba siempre consigo. Le pregunté por él, y me dijo que estaba hecho de la madera de un «árbol sagrado» bajo el que no crece la hierba, y que causa la muerte a cualquier animal que se aproxime. Explicó que había empezado a llevarlo durante la guerra.

Pregunté a Taylor si era acertado calificar la consagración de exorcismo. Soltó una risotada. «¡Querido, yo no diría que es un exorcismo! No... A lo largo de los años, los años de guerra en Liberia, el derramamiento de sangre, hemos ayunado y rezado muchas veces. Somos un pueblo muy muy muy religioso, somos un pueblo que reza, como Estados Unidos. Es lo mejor que tienen: ¡en Dios confiamos! Lo que ocurrió aquí es que había todo tipo de historias sobre lo que ocurría en las altas instancias de Liberia. En algunas partes de África sigue habiendo gente que cree en el sacrificio humano. Todas estas cosas no son más que vanidad. Como este palacio de Gobierno: después de la guerra, cuando, por fin, llegamos a presidente, pensamos que era esencial consagrarlo. Y la purificación tenía que consistir en venir a rezar y dar gracias a Dios por haber traído un presidente a este edificio».

Le pregunté si sentía alguna responsabilidad moral por las atrocidades cometidas por sus soldados durante la guerra, en la que murieron, por lo menos, ciento cincuenta mil personas. «Ya he pedido disculpas al pueblo de Liberia, he pedido que me perdonen y también los he perdonado —respondió. Cuando quise saber más detalles, dijo—: Las guerras son terribles en cualquier parte, y hay cosas que ocurren y que no se pueden explicar. A veces, pueden pasar cosas en un sitio mientras uno está en otra parte. Lo importante es, una vez que haya ocurrido algo, asegurarse de que se haga justicia». Taylor reconoció que sus tropas habían cometido «excesos», pero dijo que, siempre que había llegado a su conocimiento un delito serio, como una violación o un asesinato, había ejecutado a los responsables. En cualquier caso, insistió, los cálculos sobre los muertos por la guerra de Liberia eran «demasiado elevados; no creo que perdiéramos ni a veinte mil personas en la guerra».

Cogí mi cámara para hacerle una foto, pero un asesor me dio en la espalda y me dijo en voz baja: «Por favor, no. Si le hace una foto tal como está, hará que aparezca como un típico dictador africano».

SEGUNDA PARTE

Poder y política

Los años de la peste[*]

En la primavera de 1993, mi mujer y yo, que vivíamos con nuestros tres hijos pequeños en una casa de campo de Oxfordshire, en Inglaterra, nos mudamos al sector occidental de La Habana, a un piso del barrio de Miramar, donde vivían los cubanos ricos antes de la Revolución y donde hoy se alojan casi todos los diplomáticos extranjeros y buena parte de la élite cubana. Miramar tiene parques frondosos y bulevares bordeados de flamboyanes y buganvillas moradas. Nuestro domicilio junto a la playa estaba a cinco minutos de la embajada rusa, que destacaba entre los demás edificios visibles como un robot de ojos vidriosos al que le hubieran amputado los brazos.

Era un curioso momento para instalarse en Cuba. El hundimiento de la Unión Soviética había tenido un efecto devastador en la isla. Privados de las subvenciones de Moscú y todavía víctimas del embargo estadounidense, los cubanos sufrían escasez crónica de todo: medicinas, comida, agua, habitación, transportes y electricidad. Dominaba la impresión de que se avecinaba una catástrofe. La llamada «Tormenta del Siglo» había producido hacía poco una «penetración» del mar y La Habana se había inundado. A continuación, hubo una extraña epidemia de una enfermedad llamada «neuritis óptica», probablemente causada por deficiencias vitamínicas, y que cegaba de manera temporal a las personas afectadas. El hundimiento de la estructura social adquiría proporciones apocalípticas.

Un año antes, me había puesto a trabajar en la biografía de Ernesto Guevara. La viuda del Che, Aleida March, había accedido a cooperar en

* Publicado originalmente en *The New Yorker* el 18 de enero de 1998. Publicado por primera vez en castellano por Anagrama (2018), en *El dictador, los demonios y otras crónicas*, en traducción de Antonio-Prometeo Moya Valle.

el proyecto y me habían asignado un enlace del Partido Comunista, Jorge Enrique Mendoza, un sesentón delgado como un perchero, insomne y parlanchín. Mendoza era el castrista por excelencia. Durante la Revolución había ayudado a fundar Radio Rebelde en Sierra Maestra y durante veinte años había dirigido *Granma*, el periódico del partido. Ahora controlaba el Instituto de Historia para el Departamento Ideológico del Comité Central. Poco a poco me enteré de que una de sus misiones principales era revitalizar el interés popular por José Martí, el héroe de la independencia cubana del siglo xix, y reciclarlo como «socialista» de producción nacional, mientras decrecía discretamente el culto oficial a los «extranjeros» Marx, Engels y Lenin.

Mendoza bullía aún de entusiasmo revolucionario, pero, cuanto más exploraba La Habana por mi cuenta, mayor se hacía la brecha que había entre sus palabras y la realidad que yo veía. Allí estaban el acoso de las putas que alfombraban las aceras del paseo marítimo y la pesadez de los *jineteros*, buscavidas que se te pegan cada vez que sales a dar un paseo y se ofrecen a todo, a comprarte dólares en el mercado negro, a venderte sexo barato, o puros Cohiba, o cajas robadas de PPG, un fármaco estimulante. Mi familia y yo recibíamos un trato privilegiado, pero aun así estábamos rodeados de problemas. Cuando nuestros hijos —Bella, que entonces tenía cinco años, Rosie, de dos y medio, y Máximo, de nueve meses— cayeron enfermos por beber agua del grifo, Erica y yo resolvimos irnos de Miramar. Las aguas residuales habían inundado nuestra casa.

Unos meses después de llegar nosotros a La Habana, Mendoza intentó suicidarse. Se disparó dos veces, apuntándose al corazón, y las dos veces falló. Pasó meses conectado a un respirador. En *Granma* no se dijo ni palabra sobre el particular. En realidad, el episodio se ocultó sistemáticamente al público, aunque circuló mucho por el mentidero popular, que allí llaman «la bola», y según el cual el intento de suicidio se debía probablemente a la desesperación de Mendoza al oír el discurso pronunciado por Fidel el 26 de julio, aniversario de la Revolución. Castro había anunciado las primeras concesiones reales que iba a hacer al capitalismo. El dólar estadounidense, moneda de cambio en la práctica, pasaba a ser de curso legal, e iban a incentivarse las inversiones extranjeras en Cuba.

Transcurrido un tiempo, pregunté a un contacto de alto nivel del Comité Central si podía hacer una visita a Mendoza, pero me respondieron que no era «apropiado». Siguió con vida, pero invisible, en un mundo crepuscular donde estaba completamente solo, y pronto dejaron de circular bolas sobre él. En febrero de 1994, de manera inesperada, Mendoza reapareció en público con Castro en una ceremonia televisada para conmemorar el trigésimo sexto aniversario de la fundación de Radio Rebelde; inmediatamente después murió de un ataque al corazón. Aquel verano, las nuevas contradicciones sociales del país y la eterna incapacidad gubernamental para proveer de lo básico habían creado un clima muy inestable que culminó con disturbios en La Habana y un éxodo de balseros. Más de treinta mil cubanos se lanzaron al mar con la esperanza de llegar a Miami.

Fue un periodo de cambio para los cubanos, espectacular y a menudo desconcertante, y me di cuenta de que mi presencia en La Habana había acabado por resultar incómoda a algunos funcionarios. Gracias a la bola averigüé que algunas amistades de última hora habían recibido orden de vigilar mis actividades y juzgar mis ideas. Era probable que casi todo aquello se debiese a la desaparición de Mendoza, mi protector oficial. Para despejar las dudas, contraté a Sofía Gato como nuestra «nana» y ama de llaves. Era una negra que había criado a los hijos del Che Guevara y había contraído matrimonio con uno de sus guardaespaldas. Nos ayudó a trasladarnos a otra casa, en el antiguo enclave residencial soviético del Náutico. Esperaba que, teniendo a Sofía en casa, desaparecieran las sospechas oficiales, porque daba por sentado que esta mujer comunicaría cualquier recelo que tuviera.

Una de las paradojas de vivir en Cuba era que llegaba a sentirse verdadero afecto por las personas como Sofía, pero el saberme bajo continua vigilancia me producía una claustrofobia que afectaba a lo que decía, a lo que escribía en el diario e incluso a lo que contaba por carta a los amigos del extranjero, entre ellos mi agente neoyorquina, Deborah Schneider. (Los fragmentos que siguen se han corregido para que se entiendan mejor). A veces me sentía como un personaje de *La peste* de Camus, como si viviera en una ciudad en cuarentena, aislada del mundo exterior. Si había algún hilo de conexión entre las personas que conocíamos era su esfuerzo cotidiano por conciliar convicciones y esperanzas con necesidades privadas. Todos estaban inmersos en una creciente e insoluble crisis moral.

Domingo, 22 de mayo de 1993

Querida Deborah:

Un saludo desde La Habana. Las cosas van bien. Me han dado una tarjeta de residencia temporal que me autoriza a quedarme en Cuba —e ir y venir— hasta fines de 1994. Exceptuando a unos cuantos compatriotas que llevan aquí muchos años, y cuya política se lo permite, soy aquí el único estadounidense en estas condiciones.

Hemos encontrado un piso de tres habitaciones en Miramar, un barrio residencial próximo al centro de La Habana y justo a orillas del mar. No es un lugar tan codiciado como podría parecer, puesto que en marzo una ola gigante devastó gran parte de la costa y el edificio en que estamos (en el último piso) aún está rodeado de ruinas y escombros. Los perros callejeros se mean en la puerta de la calle.

Tengo coche, un Lada ruso que por lo general funciona, en cuyo caso se vuelve indispensable. Anoche, sin embargo, me robaron tres ruedas. Al menos me queda la bicicleta, una pesada Flying Pigeon china entre cuyos rayos se dislocó un tobillo la pequeña Rosie; tras media docena de visitas al traumatólogo, la han escayolado y se pondrá bien. Máximo, con sus cuatro meses, está muy crecido y sano, y ya le han salido dos dientes; Bella va al jardín de infancia y ya ha aprendido algunas palabras españolas útiles, como «estúpido» (tiene cuatro años y medio). Erica se lo ha tomado todo con estoicismo y dice que le gusta esto [...].

Esperando tus prontas noticias,

JON

30 DE JUNIO DE 1993. «El pensamiento de Che Guevara y los retos del fin de siglo», así se titulaba un simposio celebrado en la Universidad de Matanzas, una universidad politécnica con una facultad de marxismo a pleno rendimiento. Da a una amplia bahía y está cerca de un campo de tiro de la milicia, así que la tranquilidad de los bellos atardeceres está salpicada de disparos de armas de fuego. Durante tres días se reunió un grupo de intelectuales guevaristas para hablar y escuchar, mientras las tarántulas del monte los acechaban como monstruos peludos. Las tarántulas se subían a las mesas de la terraza al atardecer y saludaban a los invitados en la puerta de su habitación. Las mataban pisándolas y sus cadáveres barnizaron los senderos de hormigón del pequeño hotel del campus mientras duró la conferencia.

18 DE JULIO. Nuestra terraza es un asiento de primera fila en un teatro al aire libre. Todos los días, al salir el sol, unos cuantos ancianos con ropa descolorida se acercan a la playa, se distribuyen geométricamente y hacen ejercicios calisténicos antes de sumergirse en el agua. Luego se marchan, con el mismo misterio con que llegaron. Hace poco desperté a

causa del fragor del oleaje. En la manta de oro acribillado de la dentada roca que perfila la orilla había dos personas totalmente vestidas de blanco y con turbante en la cabeza. Recogían conchas y arrojaban otros objetos a la furia de las olas. Era un ritual de iniciación en la santería, la religión afrocubana que, curiosamente, se sigue practicando en Cuba sin que nadie lo impida. Todos los días, en el momento del ocaso, un hombre en silla de ruedas se acerca a la orilla empujado por un amigo. Conforme el sol se hunde en el océano y la noche tiñe el cielo, el inválido canta al vacío nocturno unas arias que ponen la piel de gallina. Más o menos a la misma hora aparece una lancha cañonera cubana que patrulla la costa trazando una rápida raya en el horizonte. Empiezo a creer que este país es una mezcla surrealista de coerciones oficiales e individualismos recalcitrantes. Muy parecida al mar que abraza la isla, su atmósfera es a la vez lírica y melancólica, liberadora y opresora.

4 DE AGOSTO. Al caer la tarde, se alzan en el parque José Martí los indignados gritos de los negros, que se oyen en todos los balcones que dan a la plaza. Todas las tardes se reúnen allí aquellos hombres, a la sombra y alrededor de un banco de piedra específico, a discutir de béisbol. Por el mismo parque desfilan también cadetes militares con sus novias, vestidas de blanco, que han llegado en autobuses para celebrar una boda colectiva y rendir homenaje a Martí. Se acercan al blanco pedestal de mármol, depositan una corona y vuelven dignamente al autobús. Los colegas tocan la trompeta.

Los habaneros hablan de la época en que los marines americanos borrachos se subían a la estatua de Martí y se orinaban en ella; parecen indignados todavía por aquella humillación sin sentido, como si aquel acto ejemplificara la degradación a que había llegado Cuba antes de la Revolución. Martí es para los cubanos lo que Gandhi para la India moderna: una piedra de toque histórica cuya efigie está en todas partes. El régimen publicita las retóricas consignas de Martí para establecer un parentesco entre su patrimonio nacionalista y el de la Revolución institucionalizada.

En Vedado hay un terreno con mucho arbusto y vegetación tropical y una pared desnuda de piedra coralina. El monumento está extrañamente enjaulado con hierros de artesanía. Aquel, conservado para que lo vean todos, es el lugar donde Martí, encarcelado por los españoles, fue obligado a picar piedra, como un preso común.

Los cubanos hablan con orgullo del «sincretismo» de la cultura afrocubana, pero la etiqueta también se aplica a la institucionalizada revolución socialista de Fidel. También esta es sincrética. Ha sabido conservar el poder y llegar a la última generación de cubanos, cada vez más apática. El pragmático castrismo ha combinado el cristianismo (por ejemplo, el best seller *Fidel y la religión*) con el aura nacionalista de Martí y la religiosidad que arrastra (Martí es «el apóstol»). Y, limitándose a señalar con el dedo las amenazas y acosos de Estados Unidos, el régimen ha contenido en parte la inquietud de la creciente juventud cubana, orientando hacia el exterior el foco de la disconformidad. Para reforzarse, ha absorbido además —aunque fundamentalmente mediante la arenga— el legado del Che Guevara, símbolo máximo de la rebeldía juvenil.

Nacionalismo, antiamericanismo, comunismo y tercermundismo comparten el escenario con Fidel, que es el *babalawo*, el santón de Cuba, deseoso de que su pueblo se someta una vez más mientras él ejecuta su siguiente danza del fetiche con una serie de máscaras siempre distintas.

10 DE OCTUBRE. Hoy he visto a la hija de Fidel, la exmodelo Alina Fernández, en el Diplomercado, el supermercado para extranjeros y jerarquías cubanas y que solo acepta dólares. Llevaba un pañuelo encima del pelo teñido con henna y una especie de túnica o blusa larga. Al ver el nerviosismo de su espeso maquillaje, su cara demacrada y su delgadez anoréxica, la consideré un espécimen depresivo incluso antes de que Micaela, que iba conmigo, me diese un codazo y murmurara: «¿Sabes quién es esa?».

22 DE DICIEMBRE (en Miami, mientras vuelvo a La Habana tras un viaje de cinco semanas por Moscú, Londres y Estados Unidos). La gran noticia aquí es que Alina Fernández ha desertado finalmente. Ha huido a Estados Unidos, vía España. Al parecer, se fue con pasaporte falso y disfrazada. No se conocen más detalles.

23 DE DICIEMBRE. Hoy ha venido Micaela y me ha informado de la deserción de Alina, recordándome la vez que la vimos en el Diplomercado [...]. Me preguntó si me acordaba de la lata gigante de helado de chocolate que había comprado Alina en aquella ocasión. Micaela no podía imaginárselo entonces, porque Alina siempre era cuidadosa con lo que comía. Por lo visto, seguía una dieta especial para engordar y ha-

bía engordado mucho, y se había puesto peluca, para despistar a la seguridad del aeropuerto cuando se marchase.

25 DE DICIEMBRE. Esta mañana he repartido los regalos de Navidad entre los niños. Bella daba pequeños saltos como una liebre, llena de alegría. Luego llegué para comer con Mercedes (una vecina que había trabajado para el contraespionaje cubano, no es su nombre verdadero), que nos regaló con un extrañísimo y venenoso alud de murmuraciones sobre casi todas las personas que conocíamos, y cuyo objeto real era probablemente que yo desconfiara y sospechara de las motivaciones y la sinceridad de la gente, y por supuesto de la validez del libro que estaba preparando.

Más tarde, Sofía me estuvo dando la lata a propósito de Mercedes, diciéndome que tratar con ella no me beneficiaba. Por una especie de asociación de ideas, dejó caer asimismo que la Seguridad del Estado la llamaba a veces para decirle si podía asistir o no a ciertas actividades en que iba a haber extranjeros; a veces incluso le «recomendaban» que fuese. En relación conmigo, según Sofía, aún no la habían llamado.

NOCHEVIEJA DE 1993. Fui a hacer recados con Erica y la camada, y comimos en el restaurante del Diplomercado de la calle Setenta. A quien menos esperaba ver era a Carlos Carrasco, que acababa de llegar de Londres. Nos contó que los cubanos se han negado esta vez a dejarle estar allí con visado de periodista, lo cual significa que no puede seguir gestionando la autorización de la BBC para la serie *Comunismo* que están preparando. Gracias a su labor de consejero de The Body Shop de Anita Roddick, le han dado un visado comercial. De modo que sigue adelante con eso y parece que la primavera que viene habrá tiendas que vendan los productos de The Body Shop. Pues vaya [...]. Carlos cree que la oposición a la teleserie guarda relación con una paralización general que se ha producido en todos los niveles del Partido a propósito de las relaciones cubano-soviéticas, porque Fidel no ha dado ningún indicio concreto en el sentido de hasta qué punto hay que recordar aquella época.

Al anochecer fui a visitar a unos amigos y, cuando volví a casa, vi a Erica y a los niños apoltronados en el dormitorio, viendo los canales vía satélite que se piratean a la televisión estadounidense. Esta tarde, dos cubanos de la nueva clase empresarial (ingenieros electrónicos con pluriempleo) instalaron una antena parabólica en la azotea. Tenemos un canal de dibujos animados, otro de deportes, la CNN, un par de canales de cine, etc.; hay mucha basura, pero nos ayudará a aliviar las tensiones de vivir aquí, sobre todo a Erica, y en tal caso amortizará los ciento veinte dólares que cuesta.

ENERO DE 1994. El viejo Mederos, pintor de brocha gorda y militante del Partido, ha vuelto por casa para pintarnos las paredes, y eso que solo hace tres meses que nos instalamos. Empezaban a acusar ya la presencia geográfica de los niños: una mano manchada aquí, un tacón sucio allí; era una imagen fantasmagórica de la historia de los pequeños, un mapa mural de nuestra breve estancia.

Yo habría aguantado más tiempo con las paredes como estaban, pero hace dos semanas vino a verme y me contó que en su casa solo había para comer col hervida con vinagre. Tenía dos hijos que eran unos inútiles, y los habían echado del trabajo, y su mujer, Silvia, una negra corpulenta, le recriminaba su incapacidad para ganar el pan de la familia.

Sofia desprecia a Mederos porque es viejo, porque es un zorro y porque siempre aparece, como guiado por el instinto, a la hora de comer. Se niega tácitamente a hacerle favores, así que lo normal es que tenga yo que susurrarle a Erica que le prepare un bocadillo, le dé agua, un café y al final de la jornada un trago de ron. Y es que como pintor es un desastre: lo salpica todo de pintura y suele dejar las paredes decoradas con cerdas de brocha, polvo y grumos de suciedad. He acabado por comprender que no se debe tanto a que sea descuidado como a que es simplemente viejo. Y la pintura que trae es mala: cal mezclada con queroseno.

Pese a todo, no me atrevo a decirle que lo deje. Me gusta su presencia, su cara de boca desdentada y siempre masticando, y su sentido de la dignidad. Una vez a la semana aproximadamente me habla de su inmarcesible lealtad al Partido; pero tiene ya setenta años y su familia pasa hambre, y su mujer está cada vez más agresiva. Había sido buena cocinera en otra época, y antes de que los soviéticos les derribaran el castillo de naipes comían cerdo y cada dos meses celebraban fiestas con ron cubano de verdad, antaño, cuando la pensión de él podía palparse y servía para comprar cosas. Pero ahora ella se siente inútil y una fracasada.

Él es el jefe del Comité de Defensa de la Revolución de su manzana. Este cargo le daba antes cierta categoría. En las asambleas semanales se reunían sesenta y cinco vecinos. Ahora tiene suerte si aparecen seis o siete. Y casi todos son amigos que acuden para guardar las apariencias y que no haga el ridículo. El Partido ha comunicado a sus militantes que la carestía proseguirá y empeorará, pero que se espera reactivar la estancada producción de bienes de consumo a fin de año, cuando hayan rendido sus frutos las partidas de petróleo colombiano que llegarán en verano. Pero no han dicho si con esto se conseguirá llenar a tiempo los estómagos vacíos y calmar a los desesperados.

En la última reunión, el comité comentó que tenían el deber de observar de cerca a los miembros del Partido que recibían dinero o comida de familiares del extranjero. La finalidad de esta vigilancia era poner freno a los «excesos de ostentación». En otras palabras, ahora es legal tener dólares y recibir dinero del extranjero, pero no alardear de la suerte que se tiene. Para impedir el resentimiento de los famélicos vecinos a quienes no les llueven aquellos regalos.

8 DE ENERO. Anoche estuve inspirado y escribí en serio la primera página del libro. Se me ocurrió al encontrar la partida de nacimiento del Che, de la que conseguí una copia, y me pareció que aquí podía estar el principio, con la descripción de la ceremonia celebrada en la notaría de Rosario que inscribió el nombre de Ernesto en los registros oficiales al día siguiente de nacer. Me he lanzado [...]. Desde hoy procuraré escribir todos los días, aunque sea solo media página.

10 DE MARZO. A Aleida le preocupaba mucho que yo entendiera que la relación del Che con Tita Infante (una amiga de la universidad) había sido «platónica», y habló de otra mujer, una argentina cuyo nombre no recordaba, que también había estado muy enamorada del Che. Le señalé que el «machismo-leninismo» parecía un rasgo característico de la Revolución. Aleida recordó que, cuando se produjo el Triunfo, las mujeres se echaban en brazos de «los barbudos», que habían estado en la sierra durante más de dos años y con una sexualidad muy austera. En cuanto a lo que ocurrió en La Cabaña (la fortaleza de la que se hizo cargo el Che tras la victoria), con una amplia sonrisa, como para indicar que había sido todo un escándalo, me dijo que había habido allí mucho sexo. El Che había tenido multitud de oportunidades, pero «yo estaba con él».

Aleida me dio a entender indirectamente que me seguían. No mencionó nombres, pero me contó que cierto individuo la había llamado para preguntarle por qué cooperaba conmigo. Ella replicó que ciertamente «tenía obligaciones, pero también tenía derecho» a cooperar con quien quisiera. Le pregunté si pensaba que yo podía crearle problemas. Me dijo que no, que ya lo había investigado, pero que debía trabajar rápido y ver a gente realmente importante, no perder el tiempo con figuras secundarias.

16 DE ABRIL. Vuelvo tras un viaje de dieciocho días por Miami, Nueva York y Washington. El clima es tenso; hay cada vez más apagones y cierta curiosidad y expectación por el próximo encuentro con los exiliados de Miami, que tendrá lugar el fin de semana que viene, y las bolas al respecto circulan por todos los barrios, desde Playas del Este hasta Marianao. Peor, desde mi punto de vista, es la impresión de que ha aumentado la violencia en las calles. La víspera de mi partida todos habíamos presenciado una brutal paliza en el solar que teníamos enfrente. Un individuo golpeó a otro repetidas veces en la cabeza, primero con el puño y luego con un tubo de escape. A mi vuelta, los vecinos me han contado que han oído decir que la víctima murió posteriormente. El día de mi regreso, un hombre apuñaló a su mujer delante de nuestra casa, porque la había visto sentada en la moto de otro.

4 DE MAYO. El fin de semana que viene hará quince días que se celebró la conferencia sobre «La nación y la migración» con los cubanos de Miami y otros exiliados, en el Palacio de Convenciones. Me han dicho que es importante porque es un primer paso para que entre más dinero de los de Miami y quizá para convencerlos de que formen un grupo de presión y cambien la postura de la Casa Blanca en el asunto del bloqueo económico. Días antes del comienzo de la conferencia, se propaló el rumor —recogido por la televisión de Miami— de que Fidel había sufrido un ataque cardiaco, o un derrame cerebral, o algo parecido. Fue desmentido cuando estrechó la mano de los doscientos conferenciantes y pico y cuando recibió al presidente de Zambia, que estuvo aquí la semana pasada. Pero la bola prosigue, porque a Fidel, cosa insólita, no se le ha visto últimamente en público, y la gente ve en ello un dato significativo. Se dice incluso que ha sufrido un atentado.

El sábado pasado fue un día oscuro y lluvioso. Comió con nosotros Mariano Rodríguez Herrera, un periodista al que he conocido hace poco. Pasamos horas hablando y bebiendo cerveza. Me ofrecí a llevarlo a su casa y metí su bicicleta en el portaequipajes del coche. Vive en una de las calles más sórdidas de Miramar. La víspera había recuperado su casa; los parientes de su sexta y última esposa, que acabó largándose a México, se habían instalado en ella mientras él estaba de viaje. Los parientes levantaron un tabique y a él le dejaron un pequeño dormitorio y un lavabo, en la parte de atrás. Tardó dos años en echarlos de su domicilio. Cuando se fueron, se llevaron hasta los casquillos de las bombillas. Mi amigo estaba radiante de alegría.

El caso es que, al dejarlo en su casa y volver, mientras iba por la Quinta Avenida, una mujer que iba en bicicleta se me puso delante y se detuvo. Pisé el freno por reflejo y el vehículo derrapó, porque la calzada estaba húmeda, y al mismo tiempo doblé a la derecha para no atropellarla. Lo recuerdo como en una sucesión de instantáneas, y la primera vez que la vi pensé que iba a darle en las piernas, pero de pronto dejé de tenerla delante, el coche se detuvo y quedó de lado. Bajé inmediatamente, pero la mujer se había marchado en silencio por una travesía, sin mirar atrás. Tampoco miró atrás cuando le grité «¿Está loca?» o algo por el estilo. Se habían detenido también un camión y varios turismos, y el camionero comentó que la ciclista había querido hacer lo mismo con él hacía unos momentos, en aquella misma avenida, y que había estado a punto de atropellarla. Dijo que la ciclista lloraba y que parecía buscar la forma de matarse.

Volví a casa conmocionado y solo cuando le conté a Erica lo ocurrido me vino la cara de la ciclista a la memoria, y recordé que durante un segundo nos habíamos mirado a los ojos, y comprendí que había estado esperando y me había «elegido» para saltar delante de mi coche. Recuerdo que era corpulenta, que vestía de negro, tenía el pelo oscuro y largo, y la cara redonda, oscilaba entre los treinta y los cuarenta años, y había algo muerto en sus ojos, que no parecían expresar nada en absoluto.

10 DE MAYO. Al margen de la epidemia de impétigo que los hace parecer marineritos con escorbuto, los niños están bien. Pero ya son veteranos. Amebas, lombrices, parásitos..., han tenido de todo.

La última rutina a la hora de acostarse es que, mientras nosotros cenamos, Sofía se lleva a los niños, los mece y les canta para que se duerman. Sofía cuenta que la nana favorita de Bella es el himno del Movimiento 26 de Julio. La educación que Bella recibe aquí es excepcional. En el libro de párvulos del colegio Eliseo Reyes —donde es la única alumna extranjera—, aprenden la *f* de fusil y la *t* de tanque. Para potenciar el aprendizaje, hay pequeñas y vistosas fotos de estos objetos.

4 DE AGOSTO. Ayer secuestraron otro ferry Habana Vieja-Regla. No se sabe aún si lo condujeron a Miami. Los rumores dicen que fue perseguido, pero la gente del Malecón se puso a gritar y a tirar botellas, y los perseguidores desistieron. Este episodio ha venido a sumarse al secuestro de otro ferry, a punta de pistola, la semana pasada. Al final fue interceptado en aguas internacionales por un guardacostas de Estados Unidos, que se ofreció a transportar hasta Miami a quienes quisieran. Llevaba treinta y una personas y se dice que aceptaron quince. Reina aquí un creciente malestar. Desde el 26 de julio, y coincidiendo con el endurecimiento del lenguaje y las apariciones extraordinarias de Raúl, además de Fidel, no hace sino aumentar la cantidad de embarcaciones que secuestran en el puerto de La Habana a pleno día.

20 DE AGOSTO. Hoy he bajado a tomar café y Rodolfo (un vecino) me llamó por encima de la tapia para decirme que, si quería ver balseros, me acercase a la playa. Eso hice y vi un bote hinchable que salía por la desembocadura del río Quibú, con cuatro hombres remando, vestidos con algo parecido a chalecos salvavidas de color rojo, y una mujer remando también en un neumático que habían atado detrás. Su trayectoria estuvo a punto de cruzarse con la de un pequeño guardacostas, que, al acercarse, dio media vuelta y se fue en la otra dirección. La balsa, con lentitud y decisión, avanzó rumbo a Florida.

Cuando volví a casa, vi a Fernando B. Estaba pálido. Su hijo Ernesto se fue ayer a las tres de la tarde, cuando hacía windsurf. Necesitaban el teléfono para llamar a sus amigos estadounidenses, a fin de que se pusieran en contacto con la Guardia Costera de Estados Unidos y averiguaran si había llegado bien o si lo habían recogido. Fernando estaba conmocionado. En cierto momento se olvidó de su número de teléfono. Procuré animarlo, diciéndole que Ernesto no habría tenido necesidad de esforzarse mucho, porque había muchas embarcaciones fuera del límite de las doce millas, y ayer soplaba viento favorable.

Esta tarde he oído ruidos en el jardín de mi vecino. Estaba reparando el bote azul de fibra de vidrio, que ha tenido completamente olvidado en todo el tiempo que llevamos aquí. Los botes como el suyo se cotizan ahora a cinco mil dólares. Los salvavidas estaban a trescientos dólares la semana pasada. No sé qué planea mi vecino, si vender el bote o marcharse con él.

22 DE AGOSTO. He vuelto de la playa pasando por Cojimar, el viejo puerto de Hemingway. Después de oír hablar tanto estos días sobre los balseros que se marchan desde allí, he querido verlo personalmente. Es una población aletargada, chapada a la antigua, estilo fin de siglo. Hay una caleta, un parque con árboles frondosos y una fortaleza de piedra de la época colonial. Delante de la fortaleza hay una pérgola que da sombra a un busto de papá Hemingway, sonriente, viril, cuarentón. Un poco más allá vi centenares de personas holgazaneando al sol, a orillas de una pequeña ensenada en la que los botes entran con facilidad. Saltaba a la vista que todos esperaban el momento de irse. Había silencio y expectación en el aire.

La bola cuenta que el fin de semana se fueron de la isla tres mil personas. Se han encontrado muchas balsas vacías. Había brazos y piernas flotando en las aguas del golfo. Esta mañana he hablado con Erica sobre lo que nos conviene hacer. La mejor medida parece que es resistir, seguir escribiendo y tener fondos preparados por si tenemos que huir repentinamente.

Se ha presentado Fernando, alegre y lleno de gratitud, y nos ha contado que Ernesto está a salvo. Llegó a Key West en diecinueve horas. Al parecer, se cruzó con otras embarcaciones, pero no quiso aceptar su ayuda. Todo había sido fruto de la inspiración del momento. Estaba surfeando y de pronto se dio cuenta de que el viento era favorable, y se fue sin más ceremonias.

10 DE AGOSTO DE 1995. Bueno, aquí estoy, solo —con Sofía— en esta casa, que de pronto me parece vacía y grande; la lluvia es un aguacero vespertino tropical, todavía se ve el sol. Erica y los niños se marcharon anoche.

La despedida fue típicamente cubana: Manuel estuvo ayer trasteando todo el día con el coche, porque no arrancaba, y me lo devolvió después de dejárselo a Gilberto, que supuestamente lo había reparado, pero cuando subimos para ir al aeropuerto, seguía sin arrancar. De modo que tuvimos que empujarlo para ponerlo en marcha y así llegamos. Para volver del aeropuerto hubo que repetir la operación, y otro más de lo mismo para meterlo en el garaje.

Hace dos noches celebramos una fiesta para despedir a Erica y los niños. En total se presentaron unas cuarenta personas, aunque algunos vecinos estaban demasiado apenados para asistir. Consumimos cinco botellas de ron, dos cajas de cervezas, una ensalada gigante y bocaditos de langosta, preparados por Sofía.

Erica fue ayer a despedirse de Ana e Isaac, nuestros vecinos. Ana se deprimió, Isaac parecía totalmente abatido y Erica volvió hecha un mar de lágrimas. Era la primera vez que lloraba y en el viaje al aeropuerto estuvo callada y un poco triste. Al llegar, los niños rompieron un poco el hechizo subiendo y bajando por las escaleras mecánicas. Cuando Max vio los aviones, se puso a dar saltos (iba sin camisa, con pantalón corto y botas) y a decir en castellano: «¡Vamos al avión!».

4 de septiembre de 1995

Querida Deborah:

Espero que hayas pasado bien el verano. El mío ha sido un verano de cambios, encierro, trabajo y expectación. Erica y los niños están ya en Oxford, así me dan tiempo para concluir el libro y hacer las maletas. Están ocupados enseñando tacos cubanos a la tierna infancia de la real isla.

La vida en Cuba ha proseguido con su imparable extrañeza: Hilda Guevara, la hija mayor del Che, a la que conocía y con la que simpatizaba, murió hace dos semanas de un tumor cerebral, a los treinta y nueve años. Fui al velatorio y al entierro. Una escena extraña; nadie habló. Me han robado la batería del coche, un incidente que en otro lugar apenas se mencionaría, pero que aquí adquiere proporciones desmesuradas y es como si el mundo se nos cayera encima. La cacatúa que nos quedaba se fue volando al día siguiente de irse Erica; aquello me produjo cierta inquietud, porque, cada vez que se me ha escapado un pájaro, ha muerto alguien de mi entorno.

Un sujeto al que conozco, y que trabajó en otro tiempo para la policía política, ha transformado su casa en restaurante, para llegar a fin de mes mientras espera un visado para marcharse del país. La vecina cuyo marido se fue en balsa el año pasado ya va por su segundo marido por despecho. Este parece formal; el niño de ella lo llama papá. Los otros vecinos se han mudado al sótano, para alquilar la casa a turistas forrados de dólares. Por ahora tienen a dos italianos con sus correspondientes jineteras. En los escasos momentos en que dejo de escribir, mi pasatiempo, además de tomar café, es sentarme en el pequeño jardín y observar a Maisy, nuestra cobaya de pelo manchado, cuando planta cara a los pequeños gallos de pelea de pluma blanca que criamos desde que eran polluelos. O admirar de cerca el banano. Por fin va a dar fruto, pero yo ya no estaré aquí para verlo.

Nada es igual desde que se fueron Máximo, Rosie y Bella. Es hora de marcharse.

Esto es todo por el momento. Con mis mejores deseos,

JON LEE

La tumba de Lorca*

En Granada hay una calle estrecha que rebasa las arboladas rampas de la Alhambra y sube por una colina hasta el cementerio de la cumbre. La tierra de los alrededores es de un rojo subido y los olivos que motean las suaves terrazas son verdigrises y muy viejos. La tapia del cementerio, de ladrillo enyesado, es alta, larga y del mismo color que la tierra, y está coronada por tejas. Hay en todo una agradable simetría.

En la esquina de abajo por la izquierda de la tapia, en un tramo de unos seis metros de anchura, hay unos boquetes del tamaño de un huevo, impactos de proyectiles que dan fe de los fusilamientos que se perpetraron allí en el verano de 1936. Murieron más de mil personas, conducidas al cementerio por la noche en camiones descubiertos. Los turistas norteamericanos que se alojaban en las pensiones camino abajo hablaron después del horror de ser despertados antes del alba por los chirriantes cambios de marcha de los camiones que subían con su lúgubre cargamento, y minutos después por los inconfundibles estampidos de las descargas. Uno de los fusilados del cementerio fue el socialista Manuel Fernández-Montesinos, que acababa de ser elegido alcalde de Granada. Fue fusilado el 16 de agosto con otras doscientas treinta personas. Aquel mismo día detuvieron en la ciudad a su cuñado, el poeta Federico García Lorca, ya internacionalmente conocido. Dos días después fue asesinado en una ladera solitaria, en un barranco en las afueras de Alfacar, un pueblo situado a unos kilómetros de Granada.

Estuvieron entre las primeras víctimas de una purga salvaje que empezó con la toma de Granada, el 20 de julio, por un grupo de conspira-

* Publicado originalmente en *The New Yorker* el 15 de junio de 2009. Publicado por primera vez en castellano por Anagrama (2018), en *El dictador, los demonios y otras crónicas*, en traducción de Antonio-Prometeo Moya Valle.

dores militares y falangistas que se habían unido a la rebelión militar iniciada dos días antes contra el Gobierno del Frente Popular de la República. El jefe de la sublevación era un general de cuarenta y cuatro años llamado Francisco Franco. Franco no tardó en convertir el movimiento fascista español, Falange Española, en su vehículo político, y buscó y recibió ayuda militar de Hitler y Mussolini. En los tres años que duró la guerra civil murió más de medio millón de españoles.Vencida la República en abril de 1939, Franco se proclamó Caudillo de España e instituyó una dictadura que duró treinta y seis años, hasta que murió, en 1975.

Una tarde de invierno que fui al viejo paredón del cementerio de Granada, el lugar estaba desierto y solo vi un ramo de rosas que se marchitaban al pie de la tapia, debajo de una constelación de impactos de bala. Los impactos estaban aproximadamente a la altura de la ingle de un hombre erguido. Así se lo dije a mi acompañante, Juan Antonio Díaz, profesor de Filología inglesa y alemana en la Universidad de Granada. Observó la tapia y respondió con naturalidad: «No si estás de rodillas. Te alcanzarían a la altura de la cabeza. —Un momento después lanzó una maldición—. Han quitado la placa. Sabía que la quitarían». Señaló un espacio descolorido en la tapia. Me contó que el verano anterior él y otros miembros de la Asociación Granadina para la Recuperación de la Memoria Histórica habían celebrado una ceremonia para honrar a las víctimas de aquellos pelotones de fusilamiento y habían dejado una placa que decía: «A las víctimas del franquismo que fueron fusiladas en esta tapia por defender la legalidad democrática de la República». Sin la placa, no había nada que sugiriese que allí había tenido lugar un suceso trágico.

A unos metros habían garabateado un grafito con aerosol: «Melo estuvo aquí y ha vuelto».

Más allá del cementerio se veían los picos de Sierra Nevada. Estaban cubiertos de nieve reciente, teñida de rosa por la moribunda luz del día.

Hasta la muerte de Franco hubo un manual, titulado *El parvulito*, que circuló por los parvularios de España. Los niños de cuatro y cinco años aprendían en él, en una página titulada «El Alzamiento Nacional», lo que eran la Guerra Civil y el régimen de Franco. Al pie de una ilustración en que se veía a un soldado en actitud decidida, con fusil y bayoneta calada, se decía: «Hace varios años España estaba muy mal gobernada. Todos los días había tiros por las calles y se quemaban iglesias. Para acabar con todo esto, Franco se sublevó con el ejército y después de tres años de guerra logró echar de nuestra Patria a sus enemigos. Los españoles nombraron a Franco Jefe o Caudillo y desde el año 1936 gobierna gloriosamente a España».

La represión que aplicó Franco después de la guerra duró varios años. Hasta 1945 hubo cuatrocientos cincuenta mil españoles encerrados en campos de concentración. Hasta los años cincuenta fueron habituales las ejecuciones de presos políticos, por garrote y fusilamiento. Más de seiscientos cincuenta mil españoles huyeron del país. Durante la atenuada apertura que caracterizó la transición política de España a la muerte de Franco, los asustados políticos de la incipiente democracia adoptaron la postura de no mirar al pasado. En 1977, el Parlamento concedió una amnistía general que sellaba un «pacto de olvido» y hacía borrón y cuenta nueva. Hace unos diez años, sin embargo, los grupos de recuperación de la «memoria histórica» empezaron a derribar las barreras. Dirigidos por descendientes de republicanos, comunistas y anarquistas asesinados, abrieron las fosas comunes donde sus abuelos llevaban décadas enterrados y volvieron a inhumarlos oficialmente. Sus actividades engendraron un creciente grupo de presión pública que pedía una confrontación nacional con el pasado del país. Pero el Gobierno conservador del Partido Popular del presidente José María Aznar, que estaba en el poder desde 1996, se opuso a aquellas peticiones. Cuando Aznar fue derrotado en las elecciones de 2004 por el socialista José Luis Rodríguez Zapatero, la idea se aceptó oficialmente. El Congreso aprobó en 2007 una Ley de Memoria Histórica que reconocía a todas las víctimas de la Guerra Civil y de la dictadura de Franco y autorizaba la apertura de los millares de fosas comunes de aquella época. La ley, además, concedía la ciudadanía española a los descendientes de los republicanos expatriados. (Un millón de personas, sobre todo en América Latina, puede solicitar pasaporte español; entre ellas hay doscientos mil cubanos. En febrero de 2009 se entregaron los primeros pasaportes).

Pero la aplicación de la ley ha sido irregular en lo que se refiere al delicado tema de las exhumaciones. El 16 de octubre de 2008, el juez Baltasar Garzón, célebre por recurrir a las leyes internacionales en 1998 para detener en Londres al exdictador chileno Augusto Pinochet, acusado de matar, torturar y hacer desaparecer a ciudadanos españoles, hizo que la campaña diera un gran paso adelante. En respuesta a las demandas presentadas por familiares de víctimas de Franco, Garzón falló que Francisco Franco y otros treinta y tres individuos eran culpables de crímenes contra la humanidad. Los acusó de haber participado en «una campaña sistemática de desapariciones forzosas, asesinatos, torturas y detenciones en masa». Hizo pública una lista de ciento cuarenta y cuatro víctimas asesinadas o desaparecidas. Tras declarar nula la amnistía de 1977, Garzón ordenó que se investigaran los crímenes y la exhumación inmediata de diecinueve fosas comunes, entre ellas la supuesta tumba de Federico García Lorca. Fue en respuesta a una petición de exhumación presentada por la nieta de Dióscoro Galindo, que murió con Lorca y otros dos. (Galindo era maestro de escuela y republicano. Los otros dos eran Francisco Galadí y Joaquín Cabezas, banderilleros y anarquistas).

La iniciativa de Garzón, la primera investigación oficial de la represión franquista, fue aplaudida por organizaciones defensoras de los derechos humanos como Amnistía Internacional y la Comisión de las Naciones Unidas para los Derechos Humanos. Ian Gibson, biógrafo de Lorca, autor de la primera investigación seria sobre el asesinato del poeta, *La represión nacionalista de Granada en 1936 y la muerte de Federico García Lorca* (1971), me dijo que estaba muy emocionado, «porque por fin va a saberse en todo el mundo la verdad del genocidio franquista y del terrible y opresivo silencio que hubo no solo en los cuarenta años de dictadura, sino también en la Transición».

La medida de Garzón desató por otro lado un acalorado debate público interior. El problema es que la Guerra Civil terminó oficialmente hace setenta años, pero vencedores y vencidos no han acabado de reconciliarse y el conflicto sigue enfrentando a los herederos políticos y a los descendientes. Manuel Fraga, político octogenario que fue ministro con Franco, comentó preocupado que «no es bueno remover el pasado; deberíamos dejar las cosas como están», mientras que el expresidente Aznar, cuyos padre y abuelo estuvieron con Franco, habló sombríamente de la «gente decidida a destruir España». El fiscal jefe de la Audiencia Nacional, Javier Zaragoza, solicitó de la Fiscalía la paralización de las diligencias de Garzón, acusando a este de emprender una «inquisición general difícilmente compatible con el alcance, límites y fines del proceso penal en un Estado de derecho».

En medio del revuelo mediático levantado por la perspectiva de exhumar a Lorca, llegó la sorprendente noticia de que los familiares del poeta se oponían a la exhumación. Lo habían dicho antes, pero ahora lo volvieron a recalcar. En un escueto comunicado de prensa, los familiares manifestaban que respetaban «los deseos de todos los familiares de las víctimas», pero no querían que la exhumación se convirtiera en un «espectáculo mediático». «Reiteramos nuestro deseo, tan legítimo como el de otros familiares, de que los restos de Federico García Lorca reposen para siempre donde están». La postura de los herederos del poeta fue incomprensible para muchas personas y dio lugar a rumores de todas clases. Uno decía que la familia se «avergonzaba» de la homosexualidad de Lorca; otro, que la familia había desenterrado los restos hacía años y los había vuelto a inhumar en un sitio secreto.

Fui a Granada en noviembre de 2008, mientras las diligencias de Garzón seguían paralizadas por la solicitud del fiscal jefe. Busqué a Juan Antonio Díaz, a quien había conocido en una visita anterior. Díaz tiene cincuenta y nueve años, creció en Granada durante las largas secuelas de la Guerra Civil y recuerda una infancia frustrada por el estricto autoritarismo de su padre, que era ferviente franquista. «En aquella época había un Franco en todas las casas; en la mía era mi padre». Hoy, la ciudad de Granada es más grande que en tiempos de Lorca, pero sigue siendo muy conservadora. Un dato quizá revelador sea que no hay en toda la ciudad ni un solo monumento al poeta, mientras sí hay uno, en una plaza del centro, dedicado a José Antonio Primo de Rivera, el fundador de Falange Española. «La burguesía de aquí es otra cosa», dice Díaz. Lorca, poco antes de su muerte, había condenado en público a la clase dirigente de Granada, diciendo que era «la peor del mundo» y, según Díaz: «Por haber atacado a la burguesía granadina, Lorca quedó al descubierto. Con aquel gesto y con su poesía, había dado a entender que estaba con la República y a la izquierda».Y eso, en el verano de 1936, era suficiente para merecer la muerte. «Esa misma burguesía mataría a Lorca hoy y dentro de cien años», dijo Díaz.

Lorca también era hijo de la burguesía de Granada; su padre era un terrateniente adinerado, aunque la familia estaba estrechamente identificada con la República y sus valores sociopolíticos liberales. Una hermana de Lorca estaba casada con Manuel Fernández-Montesinos, el desventurado alcalde socialista de la ciudad, y su hermano estaba casado con una hija de Fernando de los Ríos, uno de los principales pensadores socialistas y políticos del país. El propio Lorca había hecho giras por España desde 1931 con su propia compañía de teatro, La Barraca, dentro de un plan de difusión cultural promovido por el Ministerio de Educación. Aclamado autor del *Romancero gitano*, de 1928, y de *Bodas de sangre*, de 1932, Lorca era el poeta y dramaturgo más célebre de España. Entre sus amigos más íntimos estaban los extravagantes vanguardistas Salvador Dalí y Luis Buñuel. Lorca tenía treinta y ocho años y todos sabían que era homosexual. Era, pues, una figura llamativa, destacada y polémica para muchos vecinos de su ultracatólica ciudad provincial.

A propósito de la oposición de los herederos de Lorca a exhumar los restos de su famoso pariente, Díaz cabeceó con una mueca de desdén. «Cualquier persona normal, con un pariente cercano, un padre, un tío, un hijo, que hubiera desaparecido misteriosamente, y sabiendo que ha sido asesinado, debería sentir interés, por poco que fuera, por saber su paradero. Y más en el caso de Lorca, porque Lorca no es patrimonio de una sola familia, sino de todas las personas decentes de este mundo. La gente normal quiere saber qué pasó y dónde está Lorca. Pero al parecer hay personas que no son normales y no pueden solucionar sus traumas personales y familiares».

Díaz me presentó a algunos amigos suyos de la Asociación para la Recuperación de la Memoria Histórica. Su presidenta, Maribel Brenes, es una atractiva arqueóloga de treinta y tantos años. En los dos últimos años había compilado un mapa de todas las fosas comunes de la provincia. Según me contó, había ciento veinticinco, con unas doce mil víctimas enterradas. Le pregunté por su motivación y me respondió que no era personal. Uno de sus abuelos había combatido con Franco. «No es por venganza, es por documentación histórica —dijo Brenes. Y añadió—: Los españoles somos unos hipócritas. Nos horrorizamos por lo que hizo Pinochet en Sudamérica, pero nadie ha hecho nada por nuestros propios desaparecidos».

Con Brenes trabaja Francisco Vigueras, autor de varios libros sobre la Guerra Civil. Vigueras admitía que, en su caso, el tema de la memoria histórica sí era personal. Su tío abuelo estuvo entre los fusilados en el cementerio de Granada en agosto de 1936. «Es increíble que setenta y dos años después sigamos nadando a contracorriente —exclamó—. ¿Cuándo va a terminar esto?». Le pregunté a propósito de la postura de la familia de Lorca. Arrugó la frente y dijo: «La tumba tiene que abrirse. Un país moderno como España tiene que afrontar su pasado, sin miedo».

Desde la sala del ático de Laura García Lorca, en el centro de Granada, se disfruta de una preciosa vista de la catedral, la Alhambra y, al fondo, Sierra Nevada. Exactriz, con los grandes y expresivos ojos castaños y la ancha mandíbula de su difunto tío, Laura preside la Fundación Federico García Lorca, que administra la propia familia. El día que fui a verla parecía alterada. Dijo que el interés de los medios de comunicación había resultado agobiante.

Le dije que no entendía la postura de la familia. Suspiró afirmando con la cabeza. «Creo que no hemos sabido transmitir bien nuestro sentir. Nosotros no queremos poner trabas a las decisiones que se hayan tomado, ni nos oponemos a los deseos de las familias que hayan sufrido la misma tragedia que nosotros. Entonces ¿por qué no queremos abrir la tumba? En lo que se refiere a los restos de Federico García Lorca, y aquí tocamos algo que quizá sea un poco irracional, saber el lugar exacto donde está enterrado no representa para nosotros ningún consuelo. Siempre hemos visto ese lugar como un lugar sagrado. Nos gustaría que se quedara allí, para que se convierta en cementerio, para que haya una placa con el nombre de todos los asesinados allí, por orden alfabético, y el suyo en el lugar correspondiente, para que su fama sirva de protección a los demás. Se ha especulado mucho sobre todo esto; se ha dicho que no queremos desenterrar el pasado. Eso es una infamia. Como familia, hemos hecho todo lo que hemos podido para que se conozca el pasado».

Hizo una pausa y prosiguió con un tono irónico: «Pero no, por lo visto, no abrir una tumba es conservador y abrirla es progresista. Han llegado a decir que somos homófobos. Es una calumnia, y un absurdo total. No es eso. Hay un interés morboso en esta búsqueda de Federico García Lorca. Y es lógico. Fue un símbolo. Pero queremos que se le respete. Nos resulta muy desagradable la perspectiva de que aireen aún más las denigrantes circunstancias en que fue asesinado. De que lo sigan profanando... —Se echó a llorar. Cuando se recuperó, prosiguió con sus explicaciones—. No queremos que se convierta en espectáculo. Y no quiero ni imaginar lo que sería que los huesos y la calavera de Federico García Lorca acabaran en YouTube».

Laura señaló que entre todos los familiares de los fusilados de Víznar, solo dos habían manifestado interés por exhumar a sus muertos. Solo la nieta del maestro Galindo y el nieto del banderillero Galadí, que fueron enterrados casualmente con el poeta. Nadie más. «¿No le parece extraño? —dijo—. Lo que hay que preguntarse es por qué quieren abrirla. ¿Quieren las reliquias, los huesos del santo? Eso no añade nada a la historia».

«Pero ¿por qué dejarlo en la cuneta donde lo tiraron sus asesinos?», pregunté.

«¿Qué *cuneta*? —replicó—. Es un lugar sagrado. Allí están todos bien acompañados. La transición española fue muy difícil, pero obtuvo un resultado excelente. Algunas cosas habrían podido mejorarse. Pero en general se tenía la sensación de que se había hecho bien y se había encontrado la mejor solución, que era mirar al futuro y no al pasado».

El barranco de Víznar, lugar donde Lorca fue asesinado, está a menos de ocho kilómetros de Granada. Un día fui allí con Juan Antonio Díaz, siguiendo la misma ruta de los verdugos del poeta. Entramos en el pueblo dejando atrás una valla publicitaria que anunciaba la construcción de una urbanización y en la que se veía a un hombre ensayando con un palo de golf. Aparcamos en una pequeña plaza, al lado de un edificio grande y amurallado que había sido palacio episcopal en el siglo XVIII y que en 1936 pasó a ser comandancia militar. «Aquí es donde trajeron a Federico García Lorca y a los demás que iban a fusilar —dijo Díaz—. Aquí tomaban nota de las víctimas». Junto a la puerta había otra valla publicitaria que describía los pasos para transformar la mansión en un hotel de cinco estrellas. Miramos por encima de la tapia. Había un bonito jardín con manzanos que daban sombra. La casa era de color rojo oscuro, con anchas terrazas con columnas y frescos exquisitamente pintados.

Salimos del pueblo por una pequeña carretera que doblaba como un codo en un valle de empinadas vertientes. La tierra estaba alfombrada de olivos, había un par de casas rústicas y algunos sotos de pinos. Por aquella carretera se llegaba a Alfacar, que está a cosa de un kilómetro. En las afueras de Víznar había un terreno despejado, junto a la carretera y un poco por debajo de ella; allí en otra época había una casa de campo que servía de campamento de verano para niños, llamado La Colonia. Sin embargo, en el verano de 1936, La Colonia se utilizó como centro de retención de las víctimas de la purga franquista. Allí llevaron detenido a Lorca la noche del 17 de agosto y, según parece, pasó encerrado unas horas con los dos banderilleros y el maestro de escuela, antes de que les dieran el paseo a los cuatro.

Echamos a andar, siguiendo el mismo trayecto que, al parecer, Lorca fue obligado a recorrer en sus últimos minutos de vida. Desde aquella altura se veía la vega de Granada, sus plantíos y sus alamedas rectangulares, así como los relucientes techos de las nuevas naves industriales que acordonan la carretera que conduce al pueblo natal de Lorca, Fuentevaqueros, que está a unos kilómetros de la capital. Aquel paisaje, sin naves industriales, fue sin duda de los últimos que vio Lorca en este mundo.

Llegamos a un sector vallado de la ladera, transformado hace unos años en parque dedicado al poeta. Delante mismo, impidiendo la vista, se alza un edificio de viviendas, construido en algún momento olvidadizo del pasado. Dentro del parque, bordeada de cipreses, había una fuente de estilo morisco y un muro de piedra con baldosas de típica cerámica andaluza, azul, verde y blanca, con algunos versos de Lorca. Una estrofa de su «Canción otoñal», de 1918, dice:

¿Y si la muerte es la muerte,
qué será de los poetas
y de las cosas dormidas
que ya nadie las recuerda?

En el otro extremo del parque hay un viejo olivo solitario, y junto a él una placa de piedra: «A la memoria de Federico García Lorca y de todas las víctimas de la Guerra Civil». En los años sesenta, los informadores de Gibson le dijeron que Lorca había sido asesinado y enterrado allí, «detrás de un viejo olivo, en una curva de la carretera». Dos motociclistas pasaron a toda velocidad. Caía la tarde y se levantó una brisa fresca. No había nadie más en aquel paraje.

Conocí al nieto de Francisco Galadí, el banderillero asesinado con Lorca, en un parque público granadino. Sesentón apuesto y de facciones duras, vestía tejanos y cazadora de cuero negro. Me contó que toda su vida había trabajado en la destilería local, Cervezas Alhambra, pero le habían obligado a aceptar la jubilación anticipada hacía dos años. Como tenía tiempo libre, se había unido a la Asociación para la Recuperación de la Memoria Histórica. Antes de morir, su padre le había pedido que recuperase los restos del abuelo. «Me dijo: "No lo dejes allí en esa cuneta tirado como un perro". Quiero que la tumba se abra por él. Y lucho por eso. Lo que no esperaba es que los García Lorca pusieran pegas. Respeto la opinión de quienes no quieren abrir las tumbas. Laura dice que será un circo. Y es verdad, pero también pueden hacerse bien las cosas, y, si no se hacen bien, entonces yo también me negaré». (Galadí me explicó que la idea de los forenses era acordonar y recubrir la tumba con una lona, para no dejar entrar a nadie, salvo a los expertos imprescindibles y a los familiares que quisieran estar presentes).

Su abuelo había sido un conocido banderillero que durante unos días de julio de 1936 había organizado una feroz pero inútil resistencia al golpe militar en el Albaicín, el antiguo barrio árabe de Granada. Él y un grupo de compañeros anarquistas resistieron unos días bajo un fulminante bombardeo, pero al final se quedaron sin munición. «Estaban en una cueva, al pie de la Alhambra. Mi padre tenía entonces doce años y fue a despedirlo cuando ya lo tenían rodeado. Le dijo: "Vete, hijo"». Galadí acabó rindiéndose. «Dicen que lo ataron a un carro y lo pasearon por las calles, dándole de palos. Luego se lo llevaron a Víznar y lo fusilaron. Dicen que era uno de los hombres más valientes y temerarios que había».

En cierta ocasión, mientras hacía el servicio militar obligatorio, a fines de los años sesenta, un coronel le había preguntado si estaba emparentado con «el famoso Galadí». Sonrió con orgullo. «En aquella época, Federico García Lorca solo era conocido por la élite, los que sabían leer e iban al teatro. Pero mi abuelo era un torero conocido por todos, porque Granada era una ciudad obrera. Y a los obreros les gustaban los toros. Era una de las pocas distracciones que podían permitirse. Era una ciudad pequeña y todo el mundo se conocía, y siempre ha sido así, hasta hace unos treinta años. —Hizo una pausa y prosiguió—: He vivido toda la vida con el miedo de mis padres. Mi madre tiene ya ochenta y tres años. Tenía doce entonces. ¡Mataron a la mitad de su vecindario! Pero no fue solo la guerra, fueron los años que siguieron, de represión, de miedo y humillación. Cada vez que le preguntaba por mi abuelo, me decía: "Chist". "Es que son unos auténticos hijos de puta", decía. Y el resentimiento sigue en la actualidad, ¿entiende? Pero los resentidos son ellos. He oído que algunos van diciendo por ahí: "Deberíamos haber matado a más". Pero no quiero buscar a los nietos de los verdugos. Lo único que quiero es exhumar los restos de mi abuelo y darles un entierro digno. Que los franquistas digan lo que quieran, como hacen siempre. No tienen miedo, nunca lo han tenido».

Entre los acusados de «crímenes contra la humanidad» por Garzón estaba también Ramón Serrano Suñer. Destacado falangista y cuñado de Franco —«el Cuñadísimo»—, fue ministro del Interior durante la guerra. Como ministro de Asuntos Exteriores entre 1939 y 1942, trató en persona con Mussolini y Hitler, y durante la Segunda Guerra Mundial se esforzó por mantener la «neutralidad» oficial de España, aunque se ayudaba encubiertamente a las potencias del Eje. En 1941 organizó una unidad militar de voluntarios, la División Azul, para ayudar a los alemanes en el frente ruso. Cuando Alemania ocupó Francia, dejó que la Gestapo detuviera a cientos de expatriados españoles que vivían allí y los enviara a los campos de exterminio nazis. Otros fueron devueltos a España, donde, en muchos casos, fueron fusilados. En 1948, Serrano Suñer fue la primera figura pública en España que admitió que Lorca había muerto a manos de franquistas, aunque echó la culpa a «incontrolados que no eran de Falange».

Serrano Suñer falleció en 2003, con ciento y un años de edad, pero su hijo, don Fernando Serrano Suñer y Polo, accedió a verme en mi hotel en cuanto llegué a Madrid, procedente de Granada. Tiene setenta y cinco años y vestía un traje fino de clara hechura inglesa. Tomamos té en el salón y charlamos. Parecía vigilante y cauteloso, como si me evaluara. Cuando le dije que me interesaba conocer su opinión sobre la investigación de Garzón y todo el tema de la «memoria histórica», hizo una mueca de disgusto y dijo: «Resulta un poco deprimente. Es lamentable que después de tantos años estemos como estamos». Dijo que admiraba a los estadounidenses por haberse reconciliado después de su guerra civil y me recitó en castellano, de memoria, el discurso de Gettysburg de Lincoln. «Dos tíos míos, hermanos de mi padre, fueron fusilados y enterrados en una fosa común, en las afueras de Madrid —añadió con solemnidad—. En otras palabras, no todas las víctimas son de Franco».

Volvió a guardar silencio. Era evidente que no deseaba comentar las acusaciones de Garzón. El resto del encuentro consistió en un educado duelo de mordacidades. Don Fernando señaló que el falangismo se había «malinterpretado» históricamente y me sugirió que investigara en ese sentido. Le pregunté por la División Azul ideada por su padre para ayudar a Hitler. Don Fernando dio un manotazo al aire. «Eso fue como una broma —dijo—. No significó nada». La verdadera hazaña de su padre había sido mantener «una especie de neutralidad en la Segunda Guerra Mundial», y al decirlo sonrió e hizo un pase con la mano. No había sido fácil. «Hitler quería que España entrase en la guerra, pero mi padre no quería más guerras después de todo el sufrimiento causado por la civil». (Lo que don Fernando quería que entendiera, supongo, era que la neutralidad española había sido una especie de obra superpatriótica que había exonerado a su padre de cualquier responsabilidad que hubiera tenido en la sangrienta guerra de Franco y la subsiguiente represión. Me citó el título de algunos libros que emitían juicios favorables a su padre. Prometió dejármelos en el hotel y lo hizo. Al día siguiente me entregaron en recepción un paquete con dos libros. Uno era una biografía simpatizante del padre de don Fernando, titulada *Serrano Suñer: conciencia y poder*. El otro era una versión castellana de *Las conversaciones privadas de Hitler*).

Lo más parecido que hay en España a un monumento nacional a la Guerra Civil es el pretencioso Valle de los Caídos, que Franco mandó construir en 1940. Tallado en el granito de la sierra de Guadarrama, en las afueras de Madrid, y coronado por una cruz de piedra de ciento cincuenta metros de altura, su construcción duró veinte años y utilizó a millares de prisioneros de guerra republicanos. Aunque públicamente se declaró que era lugar de descanso de los caídos de ambos bandos, y aunque en la inmensa basílica subterránea yacen los restos de unos cuarenta mil franquistas y republicanos, en realidad es una exaltación de la megalomanía y el triunfalismo de Franco. Cuando inauguró la necrópolis, en 1959, Franco se jactó de que a sus enemigos les habían hecho «morder el polvo de la derrota». En la basílica ocupa un lugar de honor la tumba del fundador de Falange, José Antonio Primo de Rivera, y desde 1975 la del propio Franco. Con los años, el Valle de los Caídos se ha convertido en una especie de santuario de los falangistas empedernidos. Según la reciente Ley de Memoria Histórica, ha de transformarse en un auténtico monumento nacional, pero esto no ha sucedido todavía ni hay, al parecer, un consenso en la forma de proceder.

El 20 de noviembre de 2008, aniversario de la muerte de Franco, se permitió a sus parientes y admiradores, como todos los 20 de noviembre, acercarse a su tumba para rendirle homenaje. Esta vez, sin embargo, la policía había recibido la orden de impedir las manifestaciones abiertamente fascistas que se producían invariablemente todos los años. Picado por la curiosidad, fui a ver el acontecimiento.

La tumba de Franco era una losa en el suelo, de granito negro pulido, con su nombre esculpido encima. Había ramos de rosas rojas y blancas y una corona de claveles blancos, rojos y anaranjados. Personas mayores, vestidas con un aspecto muy conservador, se acercaban, se quedaban unos momentos con la cabeza gacha y se iban. En el aire flotaba una tensión silenciosa. Cerca vi un grupo de policías de paisano vigilando. Llegó un hombre con cazadora roja, se puso rígido ante la tumba, hizo el saludo fascista e hincó la rodilla. Se incorporó, saludó otra vez y se marchó. Según la última legislación española, aquello era ilegal. Un policía se acercó con presteza y se quedó cerca de la tumba, pero no hizo nada. Poco después coincidieron en la tumba dos hombres con bigotito y pelo cortado al rape, y como si se hubieran puesto de acuerdo, levantaron el brazo al unísono. Cuando salía de la basílica volví a verlos. Paseaban por la inmensa plaza de armas, como si esperasen algo.

En el Valle de los Caídos tuve la desagradable sensación de que la historia de España se había echado atrás y vagaba en un limbo incierto. Dos días antes, Baltasar Garzón había anunciado que retiraba la acusación contra Franco y los demás. También abandonaba las diligencias iniciadas por él mismo un mes antes, aunque volvió a expresar su convencimiento de que se habían cometido crímenes contra la humanidad y anunciaba que transfería a los tribunales provinciales correspondientes la responsabilidad de la apertura de las fosas comunes, incluida la de Lorca.

Este inesperado cambio de actitud de Garzón parecía encaminado a impedir la posibilidad de que se diera curso a la acusación lanzada contra él por el fiscal jefe. Al transferir los casos a los juzgados territoriales, Garzón trataba de mantenerlos vivos. Sin embargo, era indudable que había sufrido un revés. Los titulares del archiconservador *ABC* de 19 de noviembre se burlaban de él: «Garzón entierra su causa sobre la memoria histórica». En un dibujo se veía a Garzón cavando una tumba y medio enterrado en ella.

La mañana siguiente, en una sala del último piso del Círculo de Bellas Artes de Madrid, se reunió un grupo de personas para expresar su apoyo a Garzón. Emilio Silva, fundador de la Asociación para la Recuperación de la Memoria Histórica, dijo que «el veredicto de Garzón representa la condena del franquismo que el Parlamento de España no se ha atrevido a formular». Una señora mayor que había estado en los campos de concentración de Franco habló de «los valores de la República». Paco Ibáñez, el despeinado cantautor, célebre por poner música a poemas de Lorca y Alberti, y por sus actuaciones en París durante las revueltas de Mayo del 68, interpretó una canción.

Después, y en compañía de Ibáñez y de la poetisa y dramaturga Fanny Rubio, fui a conocer a Garzón y tomar un café con él. Lo esperamos en un reservado de su cafetería habitual, la del restaurante Riofrío, que está enfrente del Tribunal Supremo. El magistrado llegó unos minutos después con un escolta detrás. (Garzón se ha ganado muchos enemigos con los años, entre ellos la organización terrorista ETA, que lo tiene en su punto de mira). El escolta, un joven de pelo negro de punta y con gabardina gris, se quedó de guardia a unos tres metros de nosotros durante todo el encuentro. La voz de Garzón era áspera; nos explicó que hacía poco le habían extirpado unos pólipos benignos. Pidió una manzanilla con poleo menta. Por razones legales, Garzón no podía hablar directamente conmigo del caso; la solución fue que él hablaría con Ibáñez y Rubio y yo escucharía.

Garzón expresó su agradecimiento por el gesto de la reunión de apoyo en el Círculo de Bellas Artes, que Rubio había contribuido a organizar. Luego explicó a sus interlocutores su decisión de apartarse del caso. Estaba solo, sin aliados en el Tribunal Supremo. Sus iniciativas también habían sentado mal a algunos altos funcionarios del Gobierno socialista (dio un par de nombres). Pensaban que había ido demasiado lejos y no estaban dispuestos a respaldarle políticamente. No había habido más remedio que seguir adelante, para afrontar otras causas importantes incoadas ya por él. Pero la batalla no había terminado. Comparaba el traspaso de competencias a los juzgados territoriales con una clonación. Ahora ya no estaba totalmente solo. Jueces de todo el país se verían obligados a examinar los casos, y a examinarlos seriamente, al margen de sus convicciones personales, so pena de ser acusados de prevaricación. Garzón reía por lo bajo, con confianza. Dijo que, mientras hubiera una sola persona desaparecida, habría un delito sin resolver y el deber de un juez era buscar todos los indicios que permitieran resolver la desaparición. Las fosas comunes identificadas, como la de Lorca, eran pruebas de un posible delito, por eso las había incluido en su acusación.

«¿Y los familiares de Lorca, que no quieren que se abra la fosa?», preguntó Ibáñez. Garzón explicó que nadie tenía derecho a obstaculizar una investigación judicial y que, por ello mismo, fueran cuales fuesen los sentimientos de las personas, la tumba de Lorca acabaría abriéndose. «Imaginaos que soy un juez de instrucción y me llevan a una casa en cuyo sótano se sospecha que hay un cadáver enterrado, y que, cuando ordeno que se abra la tumba, la familia que vive en la casa me lo impide diciendo: "No, no puede hacerlo, es nuestro tío y queremos dejarlo ahí". ¿Lo iba a dejar allí solo porque lo dijeran ellos?».

El señor de las chabolas*

El 11 de diciembre, Hugo Chávez Frías, presidente venezolano radical hasta la extravagancia, fue operado de cáncer por cuarta vez, y desde entonces languidece en un hospital de La Habana celosamente custodiado. Solo pueden verlo familiares cercanos y diputados —y los hermanos Castro, es de suponer—. No ha circulado ningún vídeo suyo sonriente en la cama del hospital, ninguna grabación dando ánimos a sus partidarios. Los altos cargos de Chávez solo reconocen que está teniendo «serios problemas respiratorios», a pesar de que corre el rumor de que se le ha inducido un coma y está conectado a un respirador. La presidenta de Argentina, Cristina Kirchner, visitó La Habana la semana pasada y trajo una Biblia para Chávez y, aunque no dijo si lo había visto, después tuiteó: «Hasta siempre». Los incondicionales de Chávez insisten en que se está recuperando y en que incluso ha firmado un documento —prueba de su vida que se enseñó a la prensa, como corresponde—. Pero el mensaje de Kirchner sonaba a adiós final.

Es adecuado que Chávez repose en Cuba, pues hace tiempo que es como un segundo hogar para él. En noviembre de 1999, Fidel Castro lo invitó a hablar en una prestigiosa sala de conferencias de la Universidad de La Habana. Chávez, antiguo paracaidista, se había convertido en presidente de Venezuela solo nueve meses antes, pero tenía embobado a su público, en el que se hallaban Raúl, el hermano pequeño de Castro, y otros altos cargos del politburó cubano. Chávez, que se deshizo en expresiones de buena voluntad hacia Cuba, alabó a Castro y lo llamó «hermano». Era imposible no entender las implicaciones de su visita. Desde el fin de los subsidios soviéticos, ocho años atrás, Cuba se hallaba en una situación

* Publicado originalmente el 20 de enero de 2013 en *The New Yorker*. Traducción para esta edición de Laura Salas.

delicada, mientras que Venezuela nadaba en la abundancia petrolera: Chávez viajaba con una delegación de la empresa de petróleo nacional. El presidente venezolano, ya entonces un orador locuaz, habló durante noventa minutos, y Castro no dejó de sonreír ni perdió detalle. El hombre que estaba a mi lado me susurró que nunca había presenciado tal despliegue de respeto hacia otro líder.

Esa tarde, una multitud llenó el estadio nacional de La Habana para asistir a un partido amistoso de béisbol entre veteranos de los equipos de los dos países. Se respiraba un ambiente festivo. Chávez lanzó y bateó por Venezuela, y jugó en los nueve turnos de su equipo. Castro, que se había puesto una chaqueta de béisbol por encima de la ropa militar, hizo de entrenador de Cuba, y le dio a su invitado una buena lección en cuanto a táctica: a lo largo del partido, iba colando en el campo a jugadores jóvenes con barbas falsas que luego se arrancaban, provocando los vítores y las risas de la concurrencia. Al final del partido, Cuba iba delante en el marcador, cinco a cuatro, pero Chávez declaró: «Ha ganado tanto Cuba como Venezuela. Este partido ha estrechado nuestra amistad».

Poco después, Cuba recibía envíos de petróleo venezolano a bajo precio a cambio de los servicios de profesores, médicos y entrenadores cubanos, que trabajaban en un enorme plan de erradicación de la pobreza lanzado por Chávez. Desde 2001, decenas de miles de médicos cubanos han tratado a los desfavorecidos venezolanos y la gente con problemas de visión ha acudido a recibir asistencia médica a Cuba gracias a un programa que Chávez, con su típica grandilocuencia, llamó «Misión Milagro».

Como parte tácita del trato, Chávez también se hizo con una ideología. Él había sido desde el principio un ferviente discípulo de Simón Bolívar, el libertador venezolano y máximo héroe nacional; poco después de tomar posesión de su cargo, Chávez rebautizó el país como República Bolivariana de Venezuela. Bolívar era un prototipo complicado: fue un carismático luchador por la libertad cuyas sangrientas campañas liberaron gran parte de América del Sur de la España colonial. Pero, a pesar de su admiración por la revolución de Estados Unidos, se parecía mucho más a un autócrata que a un demócrata. Para Chávez, Castro era el Bolívar contemporáneo, el guardián de la lucha antimperialista. En 2005, Chávez anunciaba que, tras un dilatado periodo de estudio y reflexión, había decidido que el socialismo era la mejor manera de avanzar en la zona. En solo unos pocos años, con sus billones petroleros y el consejo de Castro, Chávez dio nuevo aliento al lenguaje y el espíritu de la revolución izquierdista de América Latina. Volvería a convertir a Venezuela en lo que él, en su discurso en la Universidad de La Habana, llamó «un océano de felicidad, de justicia social real y de paz». Su objetivo principal era elevar el nivel de vida de los pobres. En Caracas, la capital del país, se ven a simple vista los resultados de su espasmódica campaña.

Los colonizadores españoles que fundaron Caracas en el siglo XVI eligieron con cuidado su ubicación: en las montañas, en lugar de en la cercana costa caribeña, para protegerla de los piratas ingleses y los saqueos de los indios. Hoy en día se accede a la costa, a dieciséis kilómetros de la ciudad, a través de una abrupta autopista entre las cimas montañosas cuya construcción ordenó el difunto dictador Marcos Pérez Jiménez, que dominó el país durante la década de los cincuenta: se trata de un personaje implacable que despierta el odio general. Fue derrocado tras solo seis años en la presidencia, pero dejó un impresionante legado de obras públicas: edificios gubernamentales, proyectos de vivienda pública, túneles, puentes, parques y autopistas. Durante décadas, mientras que gran parte de América Latina caía aplastada por las dictaduras, Venezuela era una democracia dinámica y, por lo general, estable. Siendo uno de los países del mundo con mayor riqueza petrolera, su creciente clase media disfrutaba de unas condiciones de vida impresionantes. También era leal aliado de Estados Unidos; los Rockefeller poseían campos petrolíferos allí, además de grandes ranchos donde los miembros de la familia montaban a caballo con amigos venezolanos.

La expectativa de una buena vida en Venezuela atrajo a cientos de miles de inmigrantes del resto de América Latina y de Europa, algo que contribuyó a cimentar la reputación de Caracas como una de las ciudades más atractivas y modernas de la zona. Contaba con una universidad espléndida, la Universidad Central de Venezuela, un museo de arte moderno de primera calidad, un club de campo elegante, una cadena de hoteles de lujo y playas exquisitas. A finales de los años setenta, cuando las venezolanas se convirtieron en sempiternas ganadoras del concurso de Miss Universo, la mayoría de los latinoamericanos restantes había acabado considerando que Venezuela era un sitio bonito para gente guapa. Aun su malfamado malhechor, el terrorista marxista Ilich Ramírez Sánchez (Carlos el Chacal), era un dandi, con un marcado gusto por las corbatas de seda y el Johnnie Walker. En 1983, momento que podría considerarse el culmen del atractivo de Caracas, abrió la primera línea de su nueva línea de metro, además del Teresa Carreño, auditorio de importancia internacional.

Hoy en día esa ciudad apenas se distingue ya. Tras décadas de abandono, pobreza, corrupción y disturbios sociales, Caracas se ha deteriorado más allá de lo indecible. Cuenta con una de las tasas de homicidios más altas del mundo; el año pasado, en una ciudad de tres millones de habitantes, se calcula que murieron tres mil seiscientas personas, una cada dos horas, más o menos. La tasa de homicidio en Venezuela se ha triplicado desde que Chávez tomó posesión de su cargo. De hecho, los delitos violentos, o el riesgo de sufrirlos, son probablemente un rasgo definitorio de Caracas, tan inevitable como el tiempo, que por lo general es maravilloso, y el tráfico, que es terrible, con atascos diarios que duran horas. Los vendedores se pasean por las retenciones pregonando sus mercancías: juguetes, insecticidas y CD piratas, mientras que los drogadictos limpian los parabrisas o hacen malabarismos para ganarse unas monedas. Grafitis pintados con aerosoles cubren las fachadas; la basura se apila en las cunetas. El río Guaire, que cruza el centro de la ciudad, es un torrente grisáceo de agua hedionda. En sus orillas viven cientos de indigentes sin hogar, sobre todo drogadictos y enfermos mentales. Los barrios más acomodados de Caracas son enclaves fortificados, protegidos por muros de seguridad que terminan en alambre electrificado. En los portones de entrada hay guardias armados mirando tras los cristales tintados.

Caracas es una ciudad fallida, y la Torre de David es quizá el símbolo más representativo de ese fracaso. La Torre, un zigurat lleno de cristales espejo coronado por un gran astil vertical, alza sus cuarenta y cinco plantas por encima de la ciudad. Es el edificio principal del complejo de rascacielos de Confinanzas, que incluye otra torre de dieciocho pisos y un aparcamiento de varias plantas, y se ve desde toda Caracas, que por lo general sigue siendo una ciudad de construcciones modestas. El barrio que lo rodea es típico: casas y negocios de una o dos plantas que forman una cuadrícula sobre la ladera de una colina y desaparecen unas cuantas manzanas más allá, a las faldas de El Ávila, una montaña cubierta de selva que forma un dramático muro verde entre Caracas y el mar Caribe.

La Torre lleva el nombre de David Brillembourg, banquero que hizo fortuna durante el florecimiento petrolero de Venezuela, en los años setenta. En 1990, Brillembourg dio comienzo a la edificación del complejo, que él esperaba convertir en la respuesta venezolana a Wall Street. Pero murió en 1993, antes de que se concluyesen las obras, y poco después de su muerte, una crisis bancaria acabó con un tercio de las instituciones financieras del país. La construcción, completa solo en un 60 por ciento, se detuvo y nunca volvió a empezar.

Vista desde la distancia, la Torre no da indicios de que algo ande mal. No obstante, al acercarse, las irregularidades de su fachada son más que evidentes. Hay zonas donde faltan los paneles de cristal y los huecos han sido cegados con tablones; por todos sitios asoman antenas parabólicas como champiñones. A los lados no hay paneles de cristal en absoluto. Todo el complejo es un mamotreto de hormigón sin terminar... en el que vive gente. Casas toscas de ladrillo, parecidas a las que cubren como postillas las laderas de Caracas, han llenado los espacios vacíos que hay entre muchas de las plantas. Solo los pisos de arriba están abiertos al aire, como plataformas para una gran tarta de bodas. Guillermo Barrios, decano de Arquitectura en la Universidad Central, me dijo: «Todo régimen tiene su imprimátur arquitectónico, su icono, y no tengo ninguna duda de que el icono arquitectónico de este régimen es la Torre de David. Encarna la política urbana de este régimen, que viene definida por la confiscación, la expropiación, la incapacidad gubernamental y el uso de la violencia». La Torre, construida para ser un distintivo de la eminencia venezolana, se ha convertido en la chabola más alta del mundo.

En 1999, año en que Chávez asumió el poder, el centro de la ciudad se hallaba en un estado lamentable, en plena decadencia, y la Torre había caído en manos de un fondo federal de garantía de depósitos. Cuando el Gobierno intentó venderlo en subasta pública, en 2001, no hubo pujas; se desestimó el plan de convertir la Torre en la sede del alcalde. Al final, una noche de octubre de 2007, varios centenares de hombres, mujeres y niños, liderados por un grupo de exconvictos, invadieron la Torre y acamparon allí. Una mujer que formó parte de la invasión me contó: «Entramos como en una cueva, como cerdos, todos juntos. Abrimos la puerta y desde ese día vivimos allí». Estaba asustada, pero sentía que no tenía elección. «Todo el mundo buscaba tener un techo sobre la cabeza, porque nadie tenía dónde vivir. Y era una solución». Muchos otros querían lo mismo. Los líderes de la invasión comenzaron a vender el derecho de entrada a otros recién llegados, sobre todo gente pobre de los suburbios chabolistas de Caracas, dispuesta a abandonar las fangosas laderas por el centro urbano.

Hoy, la Torre es el emblema de una tendencia de la era chavista: la irrupción en edificios vacíos de grandes grupos organizados de okupas conocidos como «invasores». Se han asaltado cientos de edificios desde que empezó el fenómeno, en 2003: bloques de apartamentos, torres de oficinas, almacenes, centros comerciales. En este momento, los invasores ocupan unos ciento cincuenta y cinco edificios de Caracas. El complejo de la Torre aloja a una cifra aproximada de tres mil personas que llenan por completo la torre pequeña y la más alta hasta el piso vigésimo octavo. Algunos jóvenes con motos operan un servicio de mototaxi para los residentes de las plantas más altas y los conducen desde la planta baja hasta el décimo piso del aparcamiento anexo, desde donde pueden subir por unas rudimentarias escaleras de hormigón. Para quienes viven por encima del décimo piso, queda un buen trecho.

Durante un viaje reciente a Caracas, le pedí a un taxista que me dejase ante la Torre de David, y él me respondió con una mirada angustiada: «No va a entrar ahí, ¿verdad? ¡De ahí viene todo lo malo de esta ciudad!». La Torre se ha ganado a pulso su fama de centro delictivo de la ciudad, con el apoyo de los periodistas, que califican el lugar de paraíso para criminales, asesinos y secuestradores. Para muchos caraqueños, la Torre es el paradigma de lo que está mal en su sociedad: un grupo de invasores que vive entre ellos, controlados por bandidos armados con la aquiescencia tácita del Gobierno de Chávez.

El jefe de la Torre es un exdelincuente reconvertido en pastor evangelista de nombre Alexander «el Niño» Daza, ferviente partidario de Chávez. Accedió a encontrarse conmigo solo después de que un intermediario le asegurase que yo era políticamente apto. Cuando llegué a la entrada principal de la Torre, unas mujeres en una garita de seguridad con una puerta controlada electrónicamente me pidieron que enseñase el carnet de identidad y firmase un registro, y me dejaron pasar solo por ser invitado de Daza, que me esperaba en el patio, un espacio de hormigón al aire libre entre los dos edificios principales. Una música ensordecedora brotaba de un par de enormes altavoces fuera de la «iglesia» de Daza, una sala de la planta baja donde predicaba los domingos; según declaraba, había vuelto a nacer en la cárcel. Era un hombre achaparrado con cara de niño; tenía treinta y ocho años, pero parecía más joven.

Nos sentamos en un poyete a charlar, pero, con el estruendo de los altavoces, Daza resultaba casi inaudible. No habló de la Torre, ni de su comunidad, ni de su rol allí como figura de autoridad. En lugar de eso, remedando el lenguaje de los cargos oficiales, se quejó de que «los medios de comunicación privados» siempre estaban buscando formas de distorsionar la verdad, de dañar «la causa del pueblo» y de «perjudicar a Chávez». Yo había pasado mucho tiempo con el presidente a lo largo de los años, con el fin de trazar una semblanza suya; cuando se lo conté a Daza, este mostró una cauta reverencia. Poco a poco fue mostrándose considerablemente más relajado, y me señaló a su esposa, una guapa joven llamada Gina, que pasaba por allí con un niño pequeño.

Gran parte de la vida comunitaria de la Torre quedaba por encima de nosotros, oculta a nuestra vista, pero algunos de los apartamentos más bajos se hallaban en la caja del patio. Había ropa tendida en balcones de tosca construcción y algunas antenas parabólicas. También se veían indicios de la adherencia política dominante. Tras su reciente elección, Daza había hecho lo posible para convertir la Torre en una base de apoyo a Chávez, y sobre nuestras cabezas pendía una gran pancarta roja en su honor.

Daza refutó las historias que corrían de que la Torre era un centro de criminalidad y él mismo un delincuente. Él y su gente se habían hecho con algo que estaba «muerto» y le habían dado vida, dijo: «Lo rescatamos con la idea de vivir aquí en armonía». Aquello era una opinión minoritaria. Guillermo Barrios, el decano de Arquitectura, me dijo: «Lo de la Torre de David no fue un hermoso ejemplo de autodeterminación por parte de la gente, sino una invasión violenta». Describió a Daza como «malandro» (uno de los matones oportunistas que han llegado a dominar la vida de la calle en Venezuela) disfrazado de pastor. «Es el líder de unos invasores que venden la entrada al edificio, la forma más salvaje de capitalismo —dijo—. Se inviste de religiosidad, pero hay un grupo violento tras él que le permite actuar».

Chávez ganó su reelección en octubre, y en las semanas posteriores en la ciudad reinaba un ambiente de incertidumbre. El presidente, que tiene cincuenta y ocho años, había estado recibiendo tratamiento para el cáncer desde junio de 2011, pero se declaró lo bastante sano como para cumplir otra legislatura de seis años. Había librado una dura batalla en la campaña contra su oponente, Henrique Capriles Radonski, un abogado atlético de cuarenta años que representaba el centroderecha, y ganó por un respetable margen de once puntos. No obstante, no había aparecido en público desde el discurso de la victoria. En noviembre, uno de sus altos cargos me dijo: «El presidente está recuperándose del agotamiento de la campaña». Un par de semanas más tarde, Chávez acudió a Cuba para hacerse una revisión médica, y poco después de regresar a Caracas anunció que sus médicos habían detectado nuevas células cancerígenas. Sentado junto a su vicepresidente, Nicolás Maduro, dijo: «Si me pasa algo…, elijan a Nicolás Maduro».

Chávez me contó una vez que Castro le había avisado en público de que mejorase sus medidas de seguridad, diciendo: «Sin este hombre esta revolución se acabará de inmediato». Desde el punto de vista de Chávez, aquello le confería demasiada importancia. Pero los avances de la revolución se debían a su persona; cuando él estaba físicamente presente, las cosas se hacían, pero por lo demás su Administración era caótica, descuidada.

Chávez había afianzado su educación política en la cárcel. Lo habían encarcelado en 1992 por liderar un golpe de Estado fallido contra el presidente Carlos Andrés Pérez. Mientras estaba allí, le pidió a Jorge Giordani, profesor marxista de Economía y planificación social en la Universidad Central, que le diese clases. «El plan era que Chávez escribiese una tesis sobre cómo convertir el movimiento bolivariano en un Gobierno —me dijo Giordani en 2001, durante su ejercicio como ministro de Planificación de Chávez. Se rio—. Pero nunca terminó su tesis. Cuando le pregunto por ella, se limita a decirme: "Eso estamos haciendo ahora, poniendo en práctica la teoría"».

Giordani me hizo partícipe de los planes para uno de sus proyectos revolucionarios. «Queremos librarnos de las chabolas de los suburbios y repoblar el campo», explicó. De modo que él y Chávez habían enviado al ejército al centro del país, aún sin desarrollar, para empezar a construir «sistemas de asociaciones rurales autoorganizadas» o SARAO, que en su opinión se convertirían en pequeñas ciudades. Era una idea utópica, reconocía. «Pero la planificación social oscila entre utopía y realidad». Al final, los SARAO quedaron en agua de borrajas, y en su lugar se alzaron más chabolas. Era típico del Gobierno improvisado de Chávez. Una vez, en el plató de *Aló, presidente*, su programa de televisión de formato libre, lo vi presentar un programa de expropiación de ranchos grandes para dárselos a los campesinos. Dio la noticia con gran afabilidad, y a continuación se dedicó a retransmitir un partido de voleibol.

Cuando llegué a Caracas, en noviembre, llevaba casi cuatro años fuera, y la ciudad parecía más sombría y abandonada que nunca. Pero, como siempre, estaba llena de pancartas y letreros en los que el Gobierno se congratulaba de logros varios. Había fotografías gigantes de Chávez dando cariñosos abrazos a ancianas y niños. Por todos lados —paredes, postes de electricidad y puentes vehiculares— había pósteres de la campaña reciente. Había grafitis y contragrafitis, además de lamparones de pintura donde un partido había intentado sabotear los esfuerzos del otro.

La polarización ha definido la era de Chávez, y hay pocos aspectos de la vida pública que escapen a la discusión. Eso incluía la Torre de David: todo el mundo a quien conocía tenía una opinión al respecto. Un amigo periodista, Boris Muñoz, me dijo que el edificio estaba en manos de «lumpen empoderado» que controlaba a los residentes con el mismo sistema de violencia que regía el interior de las cárceles venezolanas. Guillermo Barrios echaba la culpa de las ocupaciones al descuido gubernamental hacia la ciudad y al propio Chávez. «El discurso político que ha justificado las invasiones, el robo sin disimulo, ha salido de los discursos de Chávez», dijo. En 2011, Chávez dio un discurso en el que exhortaba a los indigentes de Caracas a hacerse con almacenes abandonados a los que llaman galpones. «Invito al pueblo —declaró—. Busquen su propio galpón y díganme dónde está. Todo el mundo debería ir a buscar un galpón. ¡Háganse con un galpón! Hay mil, dos mil galpones abandonados en Caracas. ¡Vamos a buscarlos! Chávez los expropiará y los pondrá al servicio de la gente».

Las ocupaciones de todo tipo de edificios se habían disparado. Después de que una inundación desastrosa en diciembre de 2010 dejase a cien mil personas más sin casa, la mayoría de ellas de los barrios pobres de las colinas, Chávez había nacionalizado hoteles, un club de campo y hasta un centro comercial para alojarlos. Durante meses, varios miles de damnificados, como se conoce a los sintecho, vivieron en parques de la ciudad y en una carpa colocada fuera del palacio presidencial de Miraflores. Algunos fueron alojados en palacio. La situación era a todas luces urgente y, conforme a su estilo casi militar, Chávez declaró una nueva «misión»: la Gran Misión Vivienda.

En Caracas, gran parte de la carga de la Misión Vivienda recayó en Jorge Rodríguez, que había sido vicepresidente bajo el mandato de Chávez. Rodríguez ocupó el puesto de alcalde de Libertador, la parte central de la ciudad, desde 2008. Una mañana fui a verlo a su despacho, situado en un hermoso edificio colonial, con balcones y un patio interior lleno de árboles. Rodríguez, un hombre delgado y amable de cabeza rapada, iba vestido de manera informal, como acostumbraban muchos de los ministros de Chávez: una guayabera impecable y, por debajo, unos vaqueros negros y zapatillas de deporte. Su despacho estaba dominado por una enorme pintura de Simón Bolívar y daba a una hermosa plaza que también llevaba el nombre del libertador y que estaba decorada por una enorme estatua suya de bronce.

No había advertido el punto al que llegaba el deterioro de Caracas hasta que se convirtió en alcalde, según dijo. «En mi primer día de trabajo, miré por la ventana y vi a un borracho orinando sobre la estatua de Bolívar. Y pensé para mí: "Si esto es así aquí, ¿qué pasa en el resto de la ciudad?"». Rodríguez me comentó que se fue a ver a Chávez para discutir la situación. «Decidimos que íbamos a arreglar la ciudad, empezando por el centro. Teníamos que comenzar por algún lado».

Rodríguez echaba la culpa de los problemas de Caracas a los gobernantes anteriores. Desde que la fundaron los españoles, había ido creciendo sin control (excepto durante la dictadura de Pérez Jiménez). «Él tenía un plan, pero luego lo derrocaron», dijo Rodríguez. Describió el proceso hasta la emergencia presente como «un lento terremoto». Los pobres habían vivido una vez en las hondonadas o en las laderas de la montaña, y luego se habían mudado a la ciudad por necesidad. El próspero sector privado había dejado de invertir en la ciudad, y la inundación de 2010 había llevado la situación a la crisis.

En todo el país, faltaban unos tres millones de viviendas, y el objetivo anual era de doscientos setenta mil unidades nuevas, según me informó. Barrios me contó que, a lo largo de la mayoría de la legislatura de Chávez, el Gobierno solo construía veinticinco mil unidades al año de media, y que dedicaba menor porcentaje a la vivienda que cualquier Administración desde 1959. Pero Rodríguez me aseguró que él no perdía de vista su objetivo, y afirmó: «Estamos construyendo en todos los sitios que podemos». Aún les quedaba mucho por delante, admitió. «¡Yo apenas descanso, me paso el día de pie!». Se rio, y se señaló las zapatillas deportivas.

Rodríguez miró la plaza y me preguntó si notaba alguna diferencia desde mi última visita. Me fijé en que estaba vacía. No había ninguno de los vendedores ambulantes que abarrotaban las calles peatonales del barrio histórico. «Nos deshicimos de cincuenta y siete mil», explicó Rodríguez. Los habían llevado a un nuevo mercado cubierto de una zona limítrofe con el centro. Con el respaldo del presidente, Rodríguez también había decretado que ya no se permitirían invasiones de edificios, pero que tampoco habría expulsiones arbitrarias. «Aún se dan uno o dos intentos a la semana de tomar un edificio, pero los detenemos».

Daba la impresión de que el Gobierno no aprobaba oficialmente la invasión de la Torre de David, pero tampoco hacía intentos por desalojarla. ¿Había un acuerdo tácito de dejar las cosas como estaban? Rodríguez parecía incómodo y respondió: «La situación en la Torre de David hay que corregirla, y el Gobierno tendrá que encargarse de ella en su debido momento».

Por la ciudad se veían indicios de que Chávez había empezado a ocuparse de los problemas de la falta de vivienda pública y de transporte. Rodríguez me llevó a un lugar, en la avenida Libertador, donde se estaban construyendo a toda prisa varios bloques de apartamentos, incluyendo algunos edificios de aspecto improvisado, con cinco plantas de ladrillo y hierro sobre pilotes. Justo al lado se estaban demoliendo unas chabolas que había junto a la carretera, para realojar a sus residentes. Junto a varias autopistas estaban las torres para un nuevo tren elevado que le habían comprado a China; formaba parte de un ambicioso plan para despejar el tráfico de la ciudad y aliviar la presión de su masificado sistema de metro. También, a pesar de su alto coste, se había instalado un teleférico para llevar a los pasajeros hasta San Agustín, uno de los suburbios más antiguos de las colinas. Los vagones salían de una estación reluciente y se desplazaban silenciosos por el aire, arrastrados por unas poleas enormes de fabricación austriaca. Cada uno de los vagones iba pintado de rojo bolivariano —el color adoptado por Chávez— y llevaba nombre: Soberanía, Sacrificio, Moral Socialista. Por debajo, la basura se desparramaba por las laderas fangosas, entre cúmulos de casuchas y calles de tierra. Me dijeron que no subiese hasta arriba, no fuera a ser que me atracasen.

Una mañana, Daza se encontró conmigo en el solar cubierto de hierba que había tras la torre más pequeña. Estaba supervisando un equipo de trabajo formado por cuatro adolescentes y un hombre más mayor que mezclaban cemento en una carretilla y lo extendían por un fragmento de hormigón roto lleno de barro, césped y escombros. Llevaba vaqueros, zapatos de ante sin cordones y una camisa de cuadros. El aire apestaba a aguas residuales. Daza explicó que quería construir un parquecito para que las familias con niños pudiesen tener un lugar seguro para ir a jugar, y hacer fiestas de piñatas para los cumpleaños.

Los adolescentes del equipo se distraían, y Daza de vez en cuando soltaba en tono seco una orden, pero por lo demás se limitaba a observar con tolerancia. Me dijo que eran jóvenes en situación de riesgo, recomendados por sus padres. Mientras formasen parte del equipo de trabajo, se les podía vigilar y, dado el salario de unos cien dólares al mes, ganaban algo de dinero para sus familias. Los supervisaba él mismo, explicó, porque el último jefe de equipo había sido un irresponsable. «Lo único que hacía era dar vueltas en moto y crear desorden», dijo.

Daza tenía planes ambiciosos para la Torre. Me enseñó el aparcamiento de la planta baja, un espacio enorme, vacío a excepción de unos cuantos autobuses urbanos averiados, y me explicó que era una fuente de ingresos importante: se alquilaba el aparcamiento a los conductores de autobús. Más tarde, a lo largo del día, se llenaba. Cerca de la entrada, donde había un par de jóvenes holgazaneando en unos sofás sucios, Daza planeaba poner una puerta de seguridad y construir una garita de guardia. A un lado del edificio, donde había una fila de mangos que daban sombra, me señaló un espacio sin usar donde quería construir una guardería para los niños de las madres trabajadoras. Cerca de la puerta principal, esperaba abrir una cafetería «donde se pudiese vender comida bolivariana a precios socialistas».

Según avanzábamos, Daza me iba explicando cómo funcionaba el edificio. Hablaba con ritmo y énfasis, como un predicador. «Aquí no se aplica régimen carcelario —dijo—. Lo que hay aquí es orden. Y no hay celdas, sino casas. No se obliga a nadie a colaborar. Aquí nadie es inquilino, sino habitante». Cada vecino tenía que pagar una tasa mensual de ciento cincuenta bolívares (unos ocho dólares según la tasa de cambio del mercado negro) para ayudar a cubrir costes básicos de mantenimiento, como los salarios del equipo de limpieza y los equipos de trabajo. La gente que no podía permitirse construir su casa recibía ayuda financiera. Todos los residentes estaban registrados, y cada planta tenía su propio representante delegado para encargarse de los problemas. Si los problemas no podían solucionarse en la propia planta, se llevaban al consejo de la Torre que Daza presidía dos veces al mes. Un problema común, contó con cierta amargura, era que los residentes no pagasen su cuota mensual, y costaba convencer a los inquilinos de que no arrojasen basura al patio. A los infractores, según comentó, «se les daba un aviso para apelar a su conciencia». Había una junta disciplinaria, y los que incumplían las normas de forma sistemática podían ser expulsados del edificio, pero siempre estaban quienes se tomaban libertades.

La versión de Daza del sistema de aplicación de la ley ofrecía un sombrío contraste con las historias que yo había oído sobre ejecuciones al estilo carcelario, de gente a la que se mutilaba y cuyas partes del cuerpo se arrojaban desde las plantas más altas. Ese era el castigo corriente para ladrones y chivatos en las cárceles de Venezuela, y la costumbre se había extendido a los barrios administrados por gánsteres. Cuando pregunté por esas historias, Daza apretó los labios sin dar una respuesta concreta, gesto muy habitual entre los venezolanos. «Lo que queremos es que nos dejen vivir aquí —dijo—. Aquí vivimos bien. Aquí no se oyen continuos tiroteos. Aquí no hay criminales pistola en mano. Lo que hay aquí es trabajo. Lo que hay aquí es gente buena, gente trabajadora». Cuando le pregunté a Daza cómo se había convertido en jefe de la Torre, apretó de nuevo los labios y acabó respondiendo: «Al principio, todos querían ser jefes. Pero Dios se deshizo de quienes quería deshacerse y dejó a quienes quería dejar».

Muchos de los residentes de la Torre habían llevado vidas complicadas y se habían visto afectados por la confluencia nacional de pobreza y delincuencia. En un almacén reconvertido, cerca de la iglesia de Daza, vivía Gregorio Laya, un conocido suyo de la cárcel. Laya trabajaba de cocinero en la cocina presidencial del palacio de Miraflores, pero en épocas anteriores había sido parte de una banda de «roleros» (ladrones especializados en relojes caros). Enumeró sus preferidos: Rolex, Patek Philippe, Audemars Piguet. Normalmente, él y sus hombres esperaban fuera del teatro Teresa Carreño a que salieran los asistentes al concierto. Pero, un día, fue a robar al dueño de un gimnasio —«Justo ahí, a unas cuantas manzanas», dijo, señalando más allá de la Torre—. Se llevó el reloj, pero, mientras se marchaba, el hombre sacó una pistola y empezó a dispararle. No había tenido «otra elección» que devolver el ataque, y le descerrajó varios tiros al propietario, matándolo. Laya también resultó herido y la policía lo arrinconó a unas cuantas manzanas. Le echaron once años.

El apartamento de Laya era una habitación individual abarrotada con las cosas esenciales de la vida, como la cabina de un marinero o una celda de prisión, quizá. Había una gran cama y una televisión de pantalla plana, un armario, una silla y una cuerda con ropa tendida atada a una esquina. Laya se declaró satisfecho. Tenía suerte de tener un trabajo, y se sentía agradecido a Daza por haberle encontrado un sitio en la Torre. Cada día pasaba por el gimnasio camino al trabajo, y pensaba en lo diferente que era su vida.

Daza contó su propia historia en similares términos redentorista. Un día, me enseñó su iglesia, un gran almacén antiguo, pintado de verde, con sillas de plástico amontonadas y un púlpito. En la pared ponía CASA DE DIOS y PUERTA DEL CIELO con letras recortadas en papel dorado. Daza colocó dos sillas y me invitó a sentarme.

Él era de Catia, me contó, uno de los poblados chabolistas más famosos de Caracas. Su familia era muy pobre. Era el más pequeño de varios niños; sus hermanos eran mucho mayores. Se mantuvo al margen de los problemas hasta que cumplió ocho años, momento en que unos chicos mayores le robaron la bici y le dieron una humillante paliza. Los describió como malandros que tenían aterrorizado al barrio. «Recuerdo que los observaba mientras perseguían a mis hermanos mayores —recordó Daza—. Portaban pistolas; mis hermanos corrían cuando los perseguían, y ellos les disparaban.

»No me importaba si mataban a mis hermanos —prosiguió—. Les guardaba rencor por la forma en que se portaban delante de mi madre cuando iban a casa. La trataban mal, fumaban droga y hablaban mal delante de ella. Yo solía decirles que eran unos cobardes, porque lo único que hacían era traer a sus enemigos al barrio y luego escapar cuando venían».

Daza formó su propia banda de niños. «Conseguimos algunas pistolas, y luego, cuando yo tenía quince años, lo primero que hicimos fue esperar al cabecilla de aquellos malandros; nos acercamos y acabamos con él», concluyó con un gesto como de disparar. Después de eso, se convirtió en el jefe de todo el barrio.

Daza había cumplido dos penas de prisión, una de cinco años y otra de dos. Durante su segunda encarcelación, por tenencia ilegal de armas, llegó un policía-predicador a la cárcel y lo convirtió. Resurgió «con el Evangelio» y desde entonces había intentado llevar una vida mejor.

Para Daza, al igual que para muchos otros residentes de Caracas, la expectativa de una vida mejor es material además de espiritual. La Administración de Chávez ha tenido efectos caprichosos en la economía nacional. Mientras que su retórica anticapitalista ha llevado a muchas empresas a marcharse, otras han aprendido a trabajar con el Gobierno y les ha ido bastante bien. Las regulaciones son asombrosamente abundantes (el mero acto de pagar una cena en un restaurante exige enseñar un carnet de identidad), pero eso ha tenido la perversa consecuencia de alentar el aumento de emprendedores en el mercado negro. Muchos médicos e ingenieros han abandonado el país; otros profesionales han prosperado. La constante es el flujo de dinero procedente del petróleo, que aporta una enorme riqueza a alguna gente y además apoya un sector público en vías de expansión. Ahora la situación de los venezolanos más pobres es mínimamente mejor. Y, sin embargo, a pesar de las llamadas de Chávez a la solidaridad socialista, su gente quiere seguridad y cosas bonitas tanto como una sociedad equitativa.

Una noche, Daza insistió en llevarme en coche a mi hotel. Él, Gina y yo esperamos fuera de la Torre a que un Ford Explorer de un verde reluciente se detuviese, y un chófer salió y le dio las llaves. Entré en la parte trasera y nos pusimos en marcha. En el trayecto, Daza dijo: «Dios me bendijo con el coche en diciembre pasado». Al parecer, un hombre le debía dinero y, como no podía pagarle, le dio el coche. Era el modelo de 2005, explicó Daza, y estaba bien, pero él ya quería el de 2008; lo ideal sería uno blanco. La coincidencia quiso que adelantásemos a un Explorer blanco de 2005 en el atasco. Daza soltó un murmullo de aprobación mientras admiraba la rejilla cromada brillante en su espejo retrovisor. Después, pasamos por un concesionario Ford, donde había un Explorer de 2012 en el escaparate iluminado. «¡Quién sabe cuánto costará ese!... ¡A lo mejor medio millón de bolívares!», exclamó.

Ya en la autopista, Daza preguntó dónde estaba el hotel y pareció vacilar cuando le dije el barrio, Palos Grandes. ¿Había ido alguna vez? Sí, por supuesto, dijo. Sin embargo, tuve que señalarle la salida y dirigirlo desde allí. Según nos acercábamos al hotel y pasábamos por urbanizaciones valladas y restaurantes exclusivos, él y Gina miraban asombrados por la ventanilla. «Aquí la gente es riquísima, ¿no?», preguntó. Delante de mi hotel, detuvo el coche en mitad de la calle y se quedó mirando, paralizado, mientras los coches pitaban y nos sorteaban.

En muchas partes de la ciudad, no obstante, no son los ricos sino los malandros los que llevan las riendas. Caracas es uno de los sitios donde resulta más fácil que te rapten. Cada día se efectúan miles de secuestros. En noviembre de 2011, unos pistoleros se llevaron al cónsul chileno; le dieron una paliza y lo hirieron de bala antes de liberarlo. Ese mismo mes, el *catcher* de los Washington Nationals, Wilson Ramos, fue secuestrado de la casa de sus padres, en Venezuela, y retenido durante dos días antes de ser rescatado. En abril, raptaron a un diplomático costarricense. Al día siguiente, la policía bajó a la Torre de David a buscarlo, pero solo encontraron unas cuantas pistolas.

En una velada en Caracas, oí a dos parejas intercambiando historias sobre haber recibido llamadas de delincuentes que afirmaban haberse llevado a sus hijos. En ambos casos, al otro lado de la línea se escuchaban voces de niños que parecían las de sus hijos, llorando y pidiendo ayuda. Las llamadas eran falsas, habían sido obra de timadores, pero los hechos, junto con el aumento de los episodios sangrientos, los dejaron preocupados sobre el futuro. Uno de los delitos más comentados mientras yo estaba en Caracas fue el asesinato de un taxista a quien apalearon, hicieron cortes en la cara y asestaron varios disparos. Acto seguido, los asesinos arrollaron el cuerpo con su propio coche, solo por diversión, antes de escapar.

Daza no parecía abandonar nunca la planta baja de la Torre y tampoco parecía querer que yo lo hiciese. Cada vez que sugería subir me respondía con evasivas, y siempre encontraba algún pretexto para que no asistiese a una reunión con los delegados de planta. Si exigía que los nuevos residentes pagasen entrada, como me habían dicho, no lo admitía. Pero lo más posible era que estuviese ganándose la vida de alguna forma con el edificio, seguramente con el aparcamiento de autobuses. De alguna manera, conseguía permitirse ciertos lujos; vivía encima de su iglesia, pero disponía de otro apartamento en la ciudad; tenía hijos de relaciones previas, y allí podían visitarlo con seguridad.

En un par de ocasiones conseguí subir a la Torre para echar una ojeada. Pero en el décimo piso siempre aparecían miembros de la patrulla de seguridad del edificio para pedirme que me identificase y les dijese adónde iba. Cuando mencionaba el nombre de Daza, los guardias me dejaban continuar, pero volvían cada pocos minutos para echarme un vistazo. Los residentes de la Torre se mostraban alerta y no hablaban demasiado a su paso. En las escaleras, muchos iban cargados y se movían como montañeros, con la expresión decidida de la gente sometida a una prueba de resistencia.

Los pasillos tenían ángulos para recibir la luz de los ventanales en cada extremo del edificio, pero, aun así, su iluminación era tenue. En las plantas sin terminar, la gente se había construido pequeñas casas a base de bloques de hormigón y escayola. Muchos dejaban la puerta abierta para mejorar la ventilación además de la vida social, y se les veía ocupados en quehaceres cotidianos: cocinar, limpiar, llevar baldes de agua, ducharse. Se oía música por aquí y por allá. Daza había construido una bomba de agua alimentada por un generador y cada piso tenía un tanque, pero el suministro de agua en tuberías y mangueras era impredecible.

La Torre cuenta con varias bodegas, una peluquería y un par de guarderías improvisadas. En la novena planta visité una pequeña bodega (así llaman a los colmados en Venezuela), donde vivía Zaida Gómez, una mujer parlanchina de pelo blanco y unos sesenta años, con su madre, que tenía noventa y cuatro. Me mostró el cubículo contiguo al establecimiento, donde había instalado a su madre, una mujer diminuta con aspecto de pájaro que dormía en una cama justo al lado de uno de los ventanales. Gómez tenía un ventilador continuamente encendido, porque el cristal de la ventana convertía la habitación en un horno.

Gómez era una de las primeras habitantes de la Torre, y me contó que, al principio, las cosas habían sido terribles allí. La Torre había estado gobernada por malandros, explicó meneando la cabeza; había habido palizas, tiroteos, muertes. Pero ahora dejaba abierta la puerta de su tienda, algo que nunca había podido hacer en Petare, el suburbio donde vivía antes. En su tienda había de todo, desde jabón hasta refrescos, y subía y bajaba las nueve plantas varias veces al día para abastecerse. Era cansado, me dijo, pero no podía permitirse pagar los mototaxis, que cobraban quince bolívares (unos ochenta céntimos de dólar) por cada recorrido. Tenía una hija que la ayudaba y un nieto.

Gómez sentía miedo de que la obligasen a desalojar la Torre. «Este edificio es demasiado caro para que lo ocupe gente como nosotros», dijo. Un día las autoridades querrían recuperarlo. Esperaba que el Gobierno, que estaba construyendo alojamiento para los pobres en la avenida Libertador, se ocupase también de la Torre y de realojar a todo el mundo. «Lo único que quiero es una casita para mí y un huertito para cultivar cosas, algo que pueda decir que es mío».

Albinson Linares, periodista venezolano que ha escrito sobre la Torre, me describió a sus residentes como «refugiados de un Estado subdesarrollado que viven en una estructura perteneciente al Primer Mundo». La Torre contiene una muestra de la clase trabajadora caraqueña: enfermeras, vigilantes de seguridad, conductores de autobús, tenderos y estudiantes. También hay gente en paro, además del círculo de exconvictos evangélicos amigos de Daza. Cada planta tiene su propia sociología. Los pisos más bajos están reservados en su mayor parte a la tercera edad, que no puede subir a los más altos. Algunas plantas albergan sobre todo a familias, y otras están ocupadas en su mayoría por jóvenes de aspecto tosco. Un día, un par de hombres metieron en un apartamento a un fotógrafo con el que yo viajaba y lo interrogaron, recelosos. Cuando mencionó el nombre de Daza lo dejaron libre, pero a regañadientes. Al bajar, vimos un grafiti en la caja de la escalera que ponía: EL NIÑO SAPO («El Niño es un soplón»). Al parecer, Daza tenía enemigos dentro de la Torre.

Parecía inevitable que surgiesen conflictos. Entre el impuesto para entrar y el alquiler del aparcamiento, los invasores podían ganar un buen pico. Una tarde, Daza me llevó a un restaurante en la calle de arriba de la Torre, un lugar pequeño y caluroso con la cocina abierta. Poco después de sentarnos, entraron tres hombres; se acercaron, amenazantes, y se colocaron justo detrás de nuestras sillas. Daza arqueó las cejas y dejó de hablar, hasta que, tras unos largos minutos, los hombres salieron y se quedaron en el bordillo. Poco después, Daza me dijo que esos hombres vivían a base de organizar invasiones. «Son profesionales —afirmó—. Se dedican a eso». Le pregunté si eran enemigos. Dijo que no, no exactamente, y a continuación murmuró que había poca gente en la vida en la que se pudiera confiar.

A media hora de la Torre, en coche, había otra invasión, El Milagro. La había fundado hacía varios años José Argenis, un exconvicto convertido en pastor que se unió a otros cuantos exreclusos y sus familias para invadir una parcela de tierra junto al río, a las afueras de Caracas. Era una zona llena de maleza y de basura, pero la ubicación era buena: justo al lado de la carretera, junto a una estación de autobuses y a un puente estrecho que permitía a los residentes cruzar el río a pie o en moto. Ahora El Milagro era una comunidad de unas diez mil personas, y seguía creciendo.

Argenis, un hombre negro lleno de carisma y con una voz altisonante, dirigía una casa híbrida en El Milagro destinada a exreclusos que venían a buscar su ayuda para realizar la transición hacia el mundo exterior. Puede que las cárceles de Venezuela sean las peores de América Latina. Las treinta instituciones del país están diseñadas para alojar a alrededor de quince mil prisioneros, pero tienen unas tres veces más. Se compra y se vende droga abiertamente, y los reclusos tienen acceso a armas automáticas y granadas. En muchas cárceles, los guardianes han cedido el control a bandas armadas lideradas por sus cabecillas, a los que llaman «pranes» —por el sonido que hacen los machetes al chocar con el hormigón—. Los pranes dirigen la comunidad delictiva tanto dentro de la cárcel como fuera; dado el estado de corrupción e ineficiencia de las fuerzas policiales venezolanas y del poder judicial, proporcionan una estructura donde no la hay.

Los pranes han acumulado suficiente poder como para negociar directamente con el Gobierno. Argenis trabajaba como asesor para Iris Varela, la recién nombrada ministra de Servicio Penitenciario de Chávez, a quien ayudó a negociar con los pranes. Era un trabajo no remunerado «hasta el momento», explicó él, pero le interesaba colaborar con ella; esperaba que su modelo de casa híbrida pudiese recibir financiación estatal y poder construir otras instituciones en Venezuela.

Argenis había cumplido una sentencia de nueve años por homicidio; así conoció a Daza. Habían mantenido contacto después de la cárcel. «Cuando tomaron la Torre, el Niño aún seguía implicado con ese mundo, con el inframundo —dijo—. Y estaban los que querían desorden, pero él impuso el orden… a la antigua». Me echó una mirada desengañada. En un momento dado, Daza había venido buscando su ayuda. «Pasó aquí unos seis meses. Aún seguía oficialmente en la Torre, como líder, pero se alojaba aquí». Según contaba Argenis, Daza «había salido de la cárcel con problemas. Había gente que quería matarlo, y nosotros lo protegimos». Dejaba abierta la posibilidad de que Daza regresase a la vida delictiva. «Yo creo que ha colgado los guantes —comentó Argenis con una sonrisa sarcástica—. Pero siempre podría ocurrir que cayese de nuevo en la tentación, porque todos tenemos que cuidarnos, ¿comprendes?».

También Argenis seguía teniendo enemigos. «He matado a gente. A otros los he dejado en silla de ruedas. A algunos hombres los dejé estériles. Imagínate: van a odiarme toda su vida». Cuando pregunté cómo había llegado a ser tan dominante la cultura de los malandros, me explicó que era por las cárceles. Los de dentro ni siquiera intentaban escaparse ya, prosiguió, porque «allí tienen todo lo que necesitan, y viven igual o mejor que antes en la calle». La economía de la prisión era próspera: se generaban billones de bolívares a través del control del narcotráfico. «Las cárceles son muy fuertes, y se han vuelto mucho más fuertes en los últimos siete u ocho años».

Argenis había cumplido condena en una cárcel llamada Yare, situada entre unas colinas cubiertas de maleza, como a una hora de Caracas en dirección sur. En 2001 fui de visita, y un funcionario de la prisión me llevó por un camino de tierra alrededor de la verja que rodeaba el recinto. Nos detuvimos, y vi dos altos bloques de celdas con agujeros de bala en la fachada; donde deberían haber estado las ventanas había huecos irregulares y un nutrido grupo de hombres descamisados y de aspecto tosco nos miraban desde arriba. Una gruesa línea de excremento humano recorría el muro exterior, y en el patio de abajo había un mar de sedimentos y basura de alrededor de un metro de profundidad. «No podemos detenernos aquí —dijo el funcionario—. Si nos quedamos demasiado tiempo aquí, podrían dispararnos». Mientras nos alejábamos, me explicó que había solo seis guardias a la vez dentro de la cárcel. Los reclusos permitían que un guardia elegido entrara a una puerta determinada para recoger los cadáveres que dejaban allí.

Chávez pasó dos años en la prisión de Yare, tras su intento de golpe de Estado. A pesar de que lo custodiaban en una zona segura para prisioneros políticos, en una ocasión, según sus palabras, escuchó indefenso cómo un grupo de reclusos violaba a otro, le cortaba el cuello y luego lo apuñalaba hasta la muerte. En 1994, Chávez recibió la amnistía, y al principio de su mandato prometió ayudar con la reforma del sistema de prisiones. Pero, a medida que iban surgiendo nuevas crisis y causas, las cárceles caían en el olvido; solo construyó cuatro de las veinticuatro que prometió. El año pasado se produjeron más de quinientas muertes violentas en el sistema penitenciario. En agosto, dos bandas de Yare se vieron envueltas en un tiroteo que duró cuatro horas y acabó con la muerte de veinticinco convictos y un visitante. Las fotografías de Geomar y el Trompiz, los dos cabecillas responsables de la masacre, los muestran en pose desafiante con sus armas. El Trompiz fue asesinado en enero, al parecer a manos de sus propios hombres.

Tras su reelección, Chávez declaró el estado de emergencia en el sistema penitenciario del país y prometió una transformación completa. Aun así, según apuntaba Argenis, el daño ya estaba hecho. «Este Gobierno ha sido más permisivo. Los anteriores reprimían más —afirmó—. Y, de esta forma, la cultura malandra ha florecido, y se ha extendido de las cárceles a las escuelas, las universidades y las calles. Se ha convertido en la cultura nacional».

Lo primero que ve un visitante al llegar del Aeropuerto Internacional de Caracas es un suburbio, quizá el más famoso de la ciudad: El 23 de Enero. «El 23», como se le conoce, fue construido en la década de los cincuenta como proyecto de vivienda pública por uno de los arquitectos más importantes de Venezuela, Carlos Raúl Villanueva. Este complejo de ochenta edificios ocupa una enorme porción de tierra inclinada en la entrada norte de la ciudad. Se concibió como enorme zona residencial, dividida *grosso modo* entre bloques de cuatro plantas y otros más altos, de quince, unidos por jardines y caminos.

Hoy, los espacios verdes han sido ocupados por invasores. El 23 es a todos los efectos un barrio de chabolas de unas cien mil personas salpicado por los bloques de pisos de Villanueva. La zona es un mosaico cambiante de grupos autogobernados que van desde aquellos con pretensiones izquierdistas hasta los criminales sin más. Muchos están armados.

Una de las figuras emblemáticas de El 23 era Lina Ron, una activista militante de pelo rubio platino teñido y modales histriónicos. Antes de morir el año pasado de un infarto, dirigió protestas antimperialistas, asuntos ruidosos que en ocasiones degeneraban en violencia. Chávez la toleraba a ella y a sus pendencieros seguidores porque Lina era una apasionada defensora de las políticas chavistas, y a menudo aparecía junto a él en los mítines. En 2001, Chávez me dejó caer que había abrazado la extrema izquierda con el fin de evitar un golpe como el que lo llevó a la presidencia. «La verdad es que aquí necesitamos una revolución y, si no la conseguimos ahora, llegará después, con otra cara —declaró—. A lo mejor como cuando una medianoche nos hicimos a la calle cargados de pistolas».

En estos momentos, seguramente no haya chavista más abiertamente radical que Juan Barreto, profesor de cincuenta años de la Universidad Central. Barreto es un marxista locuaz, brillante, rotundo. Fue alcalde mayor de Caracas, supervisor de todos los distritos de la ciudad, de 2004 a 2008, cuando tuvieron lugar la mayor parte de las invasiones —incluida la de la Torre de David—. A principios de 2008, pasé cierto tiempo con él, y quedó claro que algunos de los okupas del centro lo consideraban su protector. (Barreto siempre ha dicho que no apoyaba las invasiones, pero sí la expropiación de bienes municipales para ayudar con la crisis de la vivienda). En un gesto típico, Barreto había sembrado la indignación entre los ricos de la ciudad al amenazar con requisar para la gente el club de campo de Caracas, donde villas palaciegas y jardines rodean un campo de golf de dieciocho hoyos. Al final, se abandonó el plan, al parecer según órdenes de Chávez.

La franqueza de Barreto le ha granjeado numerosos enemigos, e incluso los chavistas más convencionales lo consideran un elemento fuera de control tendente a soflamas públicas sobre «armar al pueblo» para defender la revolución. Como alcalde, estaba claro que le encantaba ser el *enfant terrible* de la revolución de Chávez. Había organizado un grupo de guardaespaldas motorizados para que viajasen con él. En su entorno había un adolescente, un antiguo asesino a sueldo llamado Cristian, a quien estaba rehabilitando. Me lo presentó preguntándole:

—Cristian, ¿a cuántos has matado?

—A unos sesenta, creo —farfulló el muchacho, y Barreto soltó una risotada satisfecha.

Una vez que Barreto dejó el cargo entró en un limbo político, pero el año pasado, durante la campaña de reelección de Chávez, volvió a ganarse su favor. Como dirigente de un grupo informal de colectivos radicales con sede en los barrios de chabolas, había formado una nueva organización llamada Redes que se unió a la campaña. Caracas estaba empapelada con carteles de Redes que mostraban a Chávez, hinchado por los tratamientos con esteroides, aferrado al aún más corpulento Barreto en varonil abrazo.

Me encontré con que Barreto vivía en un barrio arenoso de Caracas conocido como El Cementerio, que se llamaba así porque allí había un gran camposanto donde los malandros celebraban ceremonias por sus compañeros caídos. Las chabolas cubrían las colinas cercanas. La casa de Barreto tenía una enorme puerta doble de hierro, y un par de guardias de seguridad armados con perros alsacianos estaban por allí. Una vez que me identificaron, me hicieron señas para que pasara por la cochera, donde había aparcados dos SUV blindados. Dentro había un patio lleno de arte moderno y esculturas además de un gran acuario. Barreto estaba arriba, en una cocina a la última, cocinando tamales. Junto a la cocina había un salón donde un grupo de jóvenes de su círculo estaban sentados a la mesa con ordenadores. La sala estaba decorada con un cuadro erótico pintado por el propio Barreto —una mujer desnuda de cintura para arriba, con una mano de un hombre dándole una fresa en la boca—, junto a una botella de Johnnie Walker Platinum («regalo de un amigo») y una figura de Brando como don Corleone.

Barreto me explicó que él y sus compañeros estaban trabajando para convertir Redes en un partido político. En los últimos tiempos Chávez había presentado un plan para «el socialismo del siglo XXI», según el cual la sociedad venezolana tenía que reestructurarse en comunas. Nadie entendía exactamente qué significaba el término o cómo podía aplicarse, a excepción quizá del propio Chávez, y se había entablado un acalorado debate. Barreto dijo que a él y a sus seguidores les preocupaba que, sin presión de grupos como Redes, se usara el plan para maniatar a las verdaderas fuerzas revolucionarias.

Para ayudar a crear una auténtica comuna, Barreto trabajaba de cerca con Alexis Vive, uno de los colectivos armados más organizados de El 23. Me propuso que fuésemos a verlo. Al entrar en uno de sus SUV (prestados por Chávez, según Barreto), un guardaespaldas sacó una metralleta, una P90 belga. «Bonita, ¿eh? —me dijo Barreto con una sonrisa—. Dispara cincuenta y siete balas». Explicó que hacían falta armas así para la autodefensa. «No es que estemos contra el Gobierno. Es que no encuentro la forma de apoyarlo del todo. —Se rio—. Es como cuando tienes una mujer guapa pero ya no estás enamorado de ella. Es difícil. Aún la quieres, pero no la quieres, ¿entiendes?».

En la sede del Colectivo Alexis Vive había murales de Marx, Mao, Castro y el Che Guevara, pero, a excepción de unos cuantos hombres armados que vagaban cerca de los edificios cercanos, la presencia de los soldados era discreta, casi invisible. Uno de los líderes del grupo, un joven estudiante de Sociología llamado Salvador, explicó que el colectivo controlaba unos doscientos kilómetros y contaba con unos diez mil habitantes que intentaban conformar un colectivo marxista autosuficiente. El colectivo estaba armado por razones de autodefensa, según dijo. En El 23 había policías corruptos y miembros de la Guardia Nacional venezolana que colaboraban con grupos de malandros, algunos en zonas que bordeaban su propio territorio. Barreto afirmó que el contingente armado estaba protegiendo a su gente contra policías corruptos. «No han podido entrar aquí desde 2008 —dijo entre risas—. Nos hemos metido en tiroteos con ellos».

La corrupción en las fuerzas de seguridad era un problema muy enraizado, afirmaba Barreto: la fuente real de la cultura delictiva del país. Cuando era alcalde, la combatió, dijo, sustituyendo a gran parte de los activos policiales con miembros de los Tupamaros, un grupo armado de El 23. La situación, decía Salvador, tenía sus raíces en la incapacidad de Chávez de enfrentarse a los verdaderos criminales: «Chávez no ha perseguido a los malandros porque cree que pueden ir contra él».

Un domingo se colocaron cincuenta sillas de plástico para el oficio de Daza en la iglesia, pero solo aparecieron unas doce personas, casi todas mujeres y niños. Daza, que llevaba una corbata, pantalones de sastre y zapatos negros, parecía imperturbable. Probó el micrófono cantando «Gloria» y «Aleluya», mientras que un par de hombres se afanaban alrededor del equipo de sonido: una batería, un teclado eléctrico y los enormes altavoces. Llegaron unas cuantas mujeres más que se arrodillaron a rezar antes de unirse a la congregación. Entró la compañera de Daza, Gina, con sus hijos, y sacó una Biblia con una funda fucsia.

Mientras tocaban los músicos, Daza cantaba desde el escenario, mal pero con naturalidad, y tocaba un bongo. Al final, cogió el micrófono y empezó a desgañitarse con voz ronca, hablando rítmicamente sobre el bien y el mal. Dijo: «Hay guerras en el mundo en las que a la gente no le importa si mueren niños, mujeres o ancianos; solo les importan los ricos. Pero en la Biblia dice que solo hay una vida, y es esta, así que debemos vivirla. Debemos vivir esta vida y ponernos a bien con Dios».

El oficio duró tres horas. Las mujeres se mecían sobre sus piernas con los ojos cerrados. La voz de Daza se convirtió en un muro de sonido. En un momento dado, un joven invitado que se llamaba Juan Miguel y también era predicador se alzó para dar su testimonio. Él era de un barrio pobre, dijo, y su padre estaba loco. Había estado en la cárcel y las inundaciones de 2010 habían arrasado su hogar; vivía con miles de otros damnificados dentro del centro comercial que Chávez había expropiado. «Hemos tenido vidas duras, muy duras, pero Dios nos ha llamado para que transmitamos su palabra —dijo dirigiéndose a Daza con los ojos brillantes—. Dios te ha elegido a ti y me ha elegido a mí. Dios ha elegido Venezuela para llevar el Evangelio al mundo».

Un día, Daza me llevó al estado cercano de Miranda para ver el suburbio donde había vivido con su exmujer, y donde ella seguía viviendo. Por el camino, fue contándome, como siempre, que Dios lo había salvado. Dejó la escuela cuando tenía trece años, y a los catorce ya estaba metido en las bandas. Durante su segundo periodo en la cárcel aprendió a leer, y la Biblia fue su primer libro. «No tengo preparación como la de la universidad, pero me he formado mucho sobre Dios. Antes le contestaba mal a la gente, con palabrotas. Me salía la inmundicia. Pero en algún sitio de la Biblia, no recuerdo dónde, leí que hablar mal corrompe las buenas costumbres. Y, cuando lo leí, me dije: "Ay, Dios me está hablando"».

Llegamos a una pequeña casa de hormigón en la cima de una colina escarpada; daba a otras colinas frondosas que lucían cicatrices de nuevas invasiones. La hija de la exmujer de Daza, una joven rechoncha que no había cumplido los treinta, estaba allí. Pareció alegrarse de ver a Daza. Nos sentamos en un minúsculo salón, y Daza empezó a recordar la vida con la madre de la chica. A pesar de que entonces seguía siendo un delincuente, su relación había sido instructiva para él. Ella era mayor y él tenía la sensación de que lo había ayudado a formarse como hombre. Además, lo tenía muy mimado, dijo él entre risas, le cocinaba, limpiaba y le planchaba la ropa.

Daza se iba con otras mujeres —«Cambiaba de novia como de camisa», me dijo— y las dejaba embarazadas. Él y su exmujer habían peleado mucho. Se puso en pie para escenificar una pelea particularmente dramática, en la que él la estampaba contra la pared, sacaba la pistola y la disparaba justo al lado de su cabeza. «Era solo para asustarla», dijo con una sonrisa. Pero ella tenía un cuchillo, y cuando él disparó —«A lo mejor pensó que iba a disparar de verdad, o a lo mejor fue solo su reacción instintiva»— se lo clavó en el pecho. Él salió tambaleándose de la casa y se fue a una clínica. Tuvo suerte: el cuchillo no había acertado en el corazón ni en ningún órgano vital. La joven asintió y el recuerdo la hizo reír. «Después de eso, volvimos a estar juntos», concluyó Daza.

En el coche, le pregunté a Daza si se arrepentía de algo.

—No —contestó.

—¿Qué pasa con los hombres que has matado?

—¿Como quién?

—Como el malandro al que mataste cuando tenías quince años.

Daza guardó silencio. Un minuto después, dijo:

—Entonces era ignorante, y me he transformado. Me siento un hombre nuevo, una persona nueva. Esas eran las cosas que pasaban en la vida y que, bueno, Dios permitía, pero creo que ahora soy diferente.

—Daza guardó de nuevo silencio, y luego añadió—: En esta vida, cuando te conviertes en líder, pones tu vida en peligro, porque te ganas enemigos. A veces la gente cree que estás involucrado en la mafia y en cosas raras, por tu pasado. Los enemigos siempre van a intentar difamarte. El demonio siempre va a intentar que sigas siendo un desgraciado, para usarte en su beneficio.

Al final, era difícil distinguir si «el Niño» Daza era un malandro o un genuino abogado de los pobres, o ambos. Lo que estaba claro era que se había adaptado perfectamente a la vida en la Venezuela de Hugo Chávez y era capar de buscar beneficios por todos los medios: trabajando en los huecos que dejaba el Gobierno, acosando a una empresa capitalista y negociando con el inframundo delictivo cuando era necesario. Cuando nos marchamos de su antiguo barrio, la calle estaba abarrotada debido a un pequeño mitin electoral. Henrique Capriles, que había sido contrincante de Chávez en las elecciones presidenciales, era el gobernador de Miranda, y las elecciones al cargo iban a celebrarse en unas cuantas semanas. Voluntarios de la campaña repartían cerveza y pósteres desde una camioneta. Daza se encogió de hombros. Esperaba que ganase el candidato pro-Chávez. Daza comentó que él también estaba sopesando la idea de meterse en política. Como cabecilla de la Torre de David, había conocido a algunos altos cargos de la ciudad, incluyendo alguna gente de Chávez que le había animado a presentarse para un cargo en el ayuntamiento. Tras los cambios propuestos por el Gobierno, y la creación de comunas, esperaba que la Torre de David pudiese adquirir algún tipo de estatus legal. Había empezado a sondear el edificio. «La gente dice que debería presentarme, y que tengo oportunidades —comentó—. Así que me lo estoy pensando».

En el centro de Caracas, más o menos a un kilómetro y medio de la Torre de David, hay un espléndido mausoleo nuevo casi terminado. Chávez ordenó su construcción hace dos años, para proporcionar un nuevo lugar de descanso para los huesos de Simón Bolívar. Antes había mandado desenterrar y analizar los restos de Bolívar, creyendo que lo habían envenenado sus enemigos, pero la autopsia no resultó concluyente. Después, ordenó la nueva tumba.

El edificio es una esbelta cuña blanca con forma como de vela que tiene unos cincuenta metros de altura. Según dicen, ha costado ciento cincuenta millones de dólares construirlo y, como todo lo que ha hecho Chávez, levanta polémica. La construcción fue secreta y, debido a varios retrasos, aún no han inaugurado el mausoleo, que según los planes tenía que abrir el 17 de diciembre. Cuando esté completo, se convertirá en la pieza central de un rincón muy deteriorado de la ciudad, junto a una antigua fortaleza militar donde se encarceló brevemente a Chávez tras su intento de golpe de Estado y al Panteón Nacional, una iglesia del siglo XIX en la que unos guardias de elaborada vestimenta custodian los restos de Bolívar. Hay rumores persistentes de que, cuando Chávez muera, será enterrado en el mausoleo, junto a Bolívar.

Chávez y sus seguidores, por supuesto, esperan que su lucha no perezca con él. En 2001, Chávez me dijo que albergaba el ferviente deseo de traer una «verdadera revolución» a Venezuela. Unos cuantos años más tarde, no obstante, a su antiguo mentor Jorge Giordani parecía preocuparle que su protegido no estuviese trabajando para la revolución permanente. «Yo también soy un Quijote —adujo—. Pero uno debe tener los pies plantados en la tierra. Si aún tenemos petróleo, tendremos un país de verdad dentro de veinte años, pero tenemos mucho que hacer entre entonces y ahora». Giordani hizo una pausa, y citó un refrán venezolano: «Muerto el perro, se acaba la rabia».

Ahora, con Chávez en su lecho de muerte, los que se consideran chavistas transmiten los presuntos deseos del presidente a sus ciudadanos. En los meses pasados, los venezolanos han recibido poca información fiable sobre sus intenciones y su verdadero estado de salud, y por tanto han tenido poco que ver en su propio futuro. Para ellos, la muerte de Chávez representa el fin de una larga y fascinadora actuación. Le dieron poder elección tras elección: son víctimas de su cariño por un hombre carismático a quien permitieron convertirse en el personaje central de la escena venezolana, a expensas de todo lo demás. Después de casi una generación, Chávez deja a sus compatriotas con muchas preguntas sin resolver y solo una certidumbre: la revolución que intentó traer nunca llegó a tener lugar. Comenzó con Chávez y lo más probable es que termine con él.

Saliendo de la selva*

En septiembre pasado, Carlos Antonio Lozada, comandante de la guerrilla colombiana de las FARC, regresó a su casa del campamento selvático en la vasta zona pantanosa de Yarí. Había pasado los últimos dos años en La Habana, hospedado en una villa cerca de la casa de Fidel Castro, mientras trabajaba con otros líderes guerrilleros y diplomáticos colombianos en un acuerdo de paz para terminar los cincuenta y dos años de la insurgencia de las FARC —la más longeva del hemisferio occidental—. Su estadía allí había sido extenuante: una infinita sucesión de discusiones, propuestas y contrapropuestas, con dolorosos testimonios de las víctimas de ambos bandos. «No se acababa nunca», me dijo Lozada. Finalmente, el 24 de agosto, los dos bandos llegaron a un acuerdo. Cuando el avión de Lozada tocó tierra, los camaradas —sus cincuenta y tantos guardaespaldas personales, hombres y mujeres jóvenes que habían estado a su lado desde que eran prácticamente niños— lo recibieron en la pista de aterrizaje con una canción que habían compuesto para él. «Me hicieron llorar —me dijo—. Hacia el final de mi estadía en La Habana, lo único que podía pensar era en estar aquí de regreso. Las FARC son mi familia».

Lozada me contaba esto sentado en una choza de paja en Yarí —que ha estado bajo el control de las FARC desde hace tiempo— mientras sorbía un whisky Old Parr. Las guerrillas comunistas no se destacan por su sentido de la moda, pero Lozada, un hombre ágil de cabeza rapada y con una pequeña barriga, tiene una veta de dandi. En La Habana vestía camisas tropicales chillonas y mocasines de ante. En Yarí prefería las ca-

* Publicado originalmente el 24 de abril de 2017 en *The New Yorker*. Publicado por primera vez en castellano por Sexto Piso (2021), *Los años de la espiral*, en traducción de Daniel Saldaña.

misetas color rosa brillante, amarillo canario, azul cielo. Con gustos tan burgueses, Lozada parece un revolucionario marxista poco probable. Pero, a sus cincuenta y seis años, es el miembro más joven del comité de siete hombres que gobierna a las FARC.

Según los términos del acuerdo de paz, que él ayudó a negociar, unos siete mil combatientes de las FARC se someterán a un proceso de justicia transicional. A cambio de confesiones completas y reparaciones para las víctimas, aquellos que cometieron crímenes de guerra recibirán «sanciones restaurativas», que ofrecen la posibilidad de hacer trabajo comunitario en vez de ir a la cárcel. Las FARC se convertirán en un partido político y, dentro de poco, los antiguos guerrilleros podrán presentarse a cargos públicos de elección popular.

Lozada, que ha pasado décadas yendo y viniendo entre destacamentos de la selva y los centros urbanos del poder en Colombia, es un líder crucial para las FARC en su intento por restablecer el diálogo con el mundo. Pero su historia también genera complicaciones. El Gobierno colombiano ha intentado asesinarlo varias veces, la más reciente en 2014, cuando un ataque aéreo a su campamento mató a tres de sus camaradas. El Departamento de Estado de Estados Unidos le ha puesto un precio de dos millones y medio de dólares a su cabeza y lo acusa de traficar con cientos de toneladas de cocaína para financiar a las FARC, así como de asesinar a cientos de personas en el proceso. Cuando se le presiona para que dé detalles de sus actividades guerrilleras, Lozada, obedeciendo a un instinto de supervivencia bien arraigado, suele contestar con una máxima revolucionaria: «Uno es dueño de sus secretos, pero sus palabras lo esclavizan».

Cuando lo visité, Lozada había pasado las dos semanas previas trasladándose en helicóptero por todo el país con un general del ejército colombiano y un grupo de funcionarios de la ONU, inspeccionando lugares donde los guerrilleros podrían reunirse para entregar las armas. Ese mismo día, Lozada se había dirigido a un grupo de combatientes jóvenes para decirles que se preparasen para la paz. Con un tono de deleite y de ligera incredulidad, repetía una y otra vez: «Se acabó la guerra». La mayoría de los guerrilleros habían vivido como fugitivos en su propio país, y ahora contemplaban el regreso a los pueblos y familias que llevaban años sin ver. En una granja cercana, Lozada había instalado una conexión de internet satelital y estaba maravillado con el efecto que tenía en los jóvenes combatientes: «Es de lo único que hablan: meterse a Facebook para encontrar a sus padres y hacer llamadas de WhatsApp», dijo. Esa tarde, la madre de una chica que había escapado para unirse a las FARC diez años antes llegó a Yarí sin previo aviso. Cuando encontró a su hija, se vino abajo. «Durante diez minutos no le salieron las palabras —dijo Lozada—. Solo lloraba».

Pero, después de medio siglo de conflicto encarnizado, los reencuentros familiares no presagian necesariamente una sencilla reconciliación política. Lozada miró hacia fuera de la choza donde estábamos sentados. Más allá de una cuadrilla de guardaespaldas, en la cocina al aire libre de una granja adyacente, los cocineros de la guerrilla encendían una fogata para preparar la cena. Una superficie de selva verde oscura se extendía hasta el horizonte. La escena era engañosamente pacífica. Escondidos tras la arboleda, los guerrilleros tenían campamentos listos para la guerra, con trincheras para frustrar una invasión por tierra y búnkeres para protegerse de ataques aéreos. «Los camaradas» se estaban preparando para la paz, pero también podían regresar a la guerra si era necesario, pues la guerra, después de todo, era lo que mejor conocían.

Antes de que Lozada naciera, sus padres vivían como granjeros en una zona de la Colombia central llamada Marquetalia —una frontera montañosa e inhóspita que para la familia Lozada era un paraíso—. Como otros pobladores, habían llegado allí en busca de tierra y de un respiro de los conflictos del país. Durante más de una década, los dos principales partidos políticos de Colombia, los liberales y los conservadores, habían librado una brutal guerra civil, que mató al menos a doscientas mil personas y que llegó a ser conocida, simplemente, como «La Violencia». A fines de los años cincuenta, ambos partidos dieron término al conflicto al aceptar una alternancia de mandatos, en una coalición llamada el Frente Nacional. Todos aquellos que quedaron fuera del Frente —en especial la izquierda— fueron excluidos.

En Marquetalia, un campesino carismático llamado Manuel Marulanda organizó un grupo de partisanos marxistas-leninistas dedicado a luchar contra el Frente. Cuando empezaron a crecer en la capital los temores a una revolución al estilo cubano, el Gobierno contraatacó con disparos y bombardeos. Marulanda lo recordaría así: «El Estado nos expropió granjas, ganado, cerdos y gallinas, y les hicieron lo mismo a otros miles de compatriotas». A comienzos de los años sesenta, el Gobierno, con el respaldo de Estados Unidos, envió miles de soldados a atacar la zona, donde los residentes eran protegidos por unos cuarenta hombres armados. Marulanda y sus seguidores huyeron y, en la clandestinidad, fundaron las Fuerzas Armadas Revolucionarias de Colombia —las FARC— para librar una guerra contra el Estado.

Para entonces, los padres de Lozada habían escapado a Bogotá, donde su padre trabajaba como vendedor ambulante y su madre vendía arepas. Lozada, uno de seis hijos, nació allí en 1961; le pusieron de nombre Julián Gallo. Su padre era miembro del Partido Comunista y las conversaciones familiares giraban en torno a la teoría marxista, Cuba y la Unión Soviética. Él se unió a las juventudes del Partido cuando cumplió quince años. Poco después asistió a una manifestación contra el Gobierno y la policía lo golpeó y lo encarceló durante un mes. Como muchos de sus compañeros, se radicalizó. «La lucha armada estaba a la orden del día», dijo. Sus padres le advirtieron contra el peligro de unirse a las FARC: su madre le ponía objeciones religiosas y su padre le dijo que un chico urbano no estaba hecho para la vida de guerrillero. En contra de los deseos paternos, Lozada abandonó los estudios y se fue al campo para unirse a la guerrilla. Todavía se acuerda de la fecha: 20 de octubre de 1978.

Para su entrenamiento, Lozada acudió a un bastión de las FARC en una zona montañosa del valle del Cauca, y pronto lo mandaron a combate. Los primeros siete u ocho meses —caminando entre las montañas, durmiendo en el suelo y comiendo lo que se encontraba— fueron insoportables. Sufrió accesos de malaria y consideró renunciar, pero en algún momento empezó a habituarse. Al cabo de tres años, las FARC lo mandaron de regreso a Bogotá para ponerlo al mando de la red de operaciones urbanas, que se infiltraba en las universidades y los sindicatos para reclutar nuevos miembros, reunía información de inteligencia, conseguía fondos y, de vez en cuando, lanzaba ataques. Lozada permaneció en la clandestinidad urbana durante diecinueve años; se hacía llamar Arnulfo, Omar o Alberto, y le decía a la gente que conocía que era taxista, tendero o vendedor ambulante. Para evitar el escrutinio, descubrió que lo mejor era vivir en edificios de apartamentos, donde los vecinos se ignoraban mutuamente. Aun así, cambiaba de apartamento con frecuencia. Cuando le pregunté si era raro encontrarse con amigos de vecindarios previos, Lozada me dijo que nunca nadie parecía sorprendido. «Es lo que hace la gente en las ciudades —dijo—. Se mueven todo el tiempo».

La vida que describía sonaba acotada hasta la claustrofobia, pero Lozada me dijo que su principal arrepentimiento era no haber terminado la escuela. En algún punto, presentó exámenes y obtuvo un diploma de bachillerato, pero —por lo que él llamó la «dinámica» de sus labores en la guerrilla— nunca pudo asistir a la universidad. En su tiempo libre escuchaba boleros y salsa y leía, regresando a menudo a *La guerra del fin del mundo*, de Mario Vargas Llosa: un recuento ficticio de una revuelta rural en Brasil encabezada por un personaje carismático llamado «el Consejero». Los días que no trabajaba le gustaba cocinar para un íntimo grupo de amigos. Lozada presume de su asado, al estilo argentino, que aprendió de un «ladrón internacional» que ayudó a su célula a fraguar una estafa con cheques sin fondos que les reportó millones de pesos.

Lozada es ambiguo respecto a asuntos puntuales de su trabajo para las FARC, pero dijo que sus principales responsabilidades eran «financieras y militares». Los ejércitos guerrilleros tienen pocas fuentes viables de recursos, a menos que los respalden gobiernos extranjeros; por eso, me dijo, «siempre estábamos buscando formas de ganar dinero». Las FARC se financiaban cobrando impuestos a los comerciantes y ganaderos en las zonas de la provincia que estaban bajo su control. De manera más controversial, también tomaban rehenes y secuestraban gente para pedir rescates.

A fines de los años ochenta, Lozada fue a Ecuador con un grupo de guerrilleros para secuestrar a un adinerado narcotraficante con vínculos con el cártel de Cali. En la mansión del narco, Lozada montó guardia mientras los otros irrumpían, agarraban al tipo y lo arrastraban hasta un coche que los esperaba. Cuando arrancaban, los guardaespaldas del narco empezaron a disparar; Lozada respondió los disparos y luego siguió a sus camaradas en una motocicleta. El coche de la huida no llegó muy lejos antes de que el conductor perdiera el control y chocara con un autobús de pasajeros. Mientras Lozada aceleraba en dirección al accidente, vio al narco salir del coche y desaparecer en el bosque. Dentro del coche encontró al chófer, moribundo por las heridas, y a dos camaradas en el asiento de atrás que estaban en shock y cubiertos de sangre. Lozada intentó ayudarlos a escapar a pie, pero se vieron rodeados por hombres en uniforme; detrás del autobús con el que habían chocado había otro autobús, lleno de soldados ecuatorianos.

Una vez bajo custodia, Lozada alegó que él solo era un testigo. Pero, cuando la policía encontró su documento de identidad colombiano, crecieron las sospechas. De pronto se vio sentado en una sala de interrogatorio, con las manos esposadas detrás de la espalda y ante dos hombres con la cara cubierta por capuchas negras. Uno de ellos sacó, con orgullo, dos palos de madera. «Había uno grande y uno chico —recordaría Lozada—. El tipo con los palos dijo: "Bueno, ¿cuál quieres que use para sacarte la verdad?". Yo dije: "¿Ninguno?". El tipo dijo: "Okey", y se fue de la habitación. Regresó con un palo enorme y me lo mostró. Tenía la palabra NINGUNO escrita en la madera».

Le pregunté a Lozada qué había pasado a continuación. «Empezó a pegarme», me dijo con parquedad. Al final, Lozada reconoció que era guerrillero, pero aseguró ser de otro grupo rebelde colombiano —uno que ya estaba en negociaciones de paz con el Gobierno—. Con la ayuda de un abogado astuto, cumplió una pena de solo dos años en una cárcel ecuatoriana y luego regresó a trabajar en Bogotá, aunque con una diferencia significativa: su primer hijo había nacido mientras él estaba en prisión.

El fiscal general de Colombia ha acusado a Lozada de terrorismo. El ejército asegura que es responsable de una bici-bomba en una estación de policía; un coche-bomba en un colegio militar; una explosión en el hotel Tequendama, en Bogotá, y varios ataques contra políticos. Los medios colombianos lo han relacionado con un ataque al palacio presidencial de Nariño, en el que un misil desviado mató a por lo menos diez indigentes. (Lozada rechaza todas las acusaciones). Para justificar su uso de la violencia en el pasado, las FARC han llegado a referirse a un principio comunista que pide «la combinación de todas las formas de lucha». En Colombia, la retórica de ambos bandos ha servido con frecuencia como una tapadera para la brutalidad desenfrenada.

A mediados de los años ochenta, un comandante de las FARC llamado David Delgado y otro militante formaron una facción disidente y comenzaron a acusar a sus camaradas guerrilleros de ser espías. En un episodio atroz, encadenaron a sesenta y cuatro combatientes —incluidos algunos amigos cercanos de Lozada— y los golpearon metódicamente hasta matarlos. «Incluso filmaron una parte», dijo Lozada con aversión. En algún punto, los comandantes de las FARC se convencieron de que Delgado había sido captado por la inteligencia militar colombiana, como parte de una operación para provocar disputas internas. Cuando le pregunté a Lozada qué le había pasado a Delgado, me dijo: «Murió en la cárcel. —Y añadió—: Lo ahorcaron con una cuerda de guitarra».

Mientras el conflicto se prolongaba, los sucesivos gobiernos de Colombia sostuvieron conversaciones de paz, pero el Estado no siempre operaba de buena fe. A mediados de los ochenta las FARC aceptaron hacer una tregua y reconfigurarse como partido político, solo para ver a miles de sus partidarios asesinados por escuadrones de la muerte del Gobierno y grupos paramilitares. Pero las FARC no hicieron mucho por mantener su superioridad moral; en un momento dado, secuestraban hasta a tres personas al día, entre terratenientes, oficiales militares, turistas, congresistas e incluso un candidato presidencial. Posteriormente, entraron al próspero negocio de la droga, imponiendo impuestos a cultivadores de coca y narcotraficantes. Tras el fracaso de una nueva ronda de negociaciones de paz en 2002, la guerra se volvió aún más encarnizada; Lozada se mudó de Bogotá a la selva y empezó a liderar operaciones de combate.

Ese año se eligió a un nuevo presidente que prometía aplastar a las FARC: Álvaro Uribe, descendiente de una acaudalada familia de rancheros de Medellín. El padre de Uribe había muerto en un fallido intento de secuestro que él atribuía a las FARC; en respuesta, cuando entró a la política, ayudó a organizar una serie de grupos armados de autodefensa. Muchos crecieron hasta convertirse en grupos paramilitares de extrema derecha, aliados con cárteles de la droga y terratenientes. Los «paracos», como se les empezó a conocer, operaban por todo el país y masacraban a los civiles sospechosos de lazos con la guerrilla, a veces en estrecha colaboración con el ejército: uno de sus métodos predilectos para infundir terror era ejecutar personas en público con una motosierra.

Como presidente, Uribe negoció con los paracos, incluso mientras intensificaba la guerra contra las FARC. Una de sus medidas, que ofrecía recompensas a los soldados que mataran guerrilleros, condujo al asesinato de más de dos mil civiles —una campaña que se hizo célebre bajo el nombre de Falsos Positivos—. Con la ayuda de un programa estadounidense de miles de millones de dólares conocido como Plan Colombia —que incluía financiamiento y apoyo de inteligencia, una flotilla de helicópteros Black Hawk y un contingente de asesores norteamericanos—, Uribe comenzó a asestar algunos golpes decisivos. En un ataque del ejército en 2007, Lozada recibió un disparo en la espalda. Incapaz de caminar, se arrastró por la selva mientras los soldados barrían la zona en busca de supervivientes. Agonizante, llegó a considerar el suicidio, hasta que lo rescató una guerrillera llamada Isabela. En Yarí, Lozada se levantó la camiseta para mostrarme la enorme cicatriz que tenía en la espalda.

En 2010, Juan Manuel Santos, ministro de Defensa de Uribe, se convirtió en presidente y continuó con la ofensiva. Pero, a diferencia de Uribe, Santos quería ser visto como un pacificador. Al año siguiente envió funcionarios a reunirse con las FARC y a ofrecerles una negociación. La guerrilla, que había perdido influencia e integrantes, aceptó. Más o menos en esa misma época, el ejército ubicó al nuevo líder de las FARC, Alfonso Cano, un antiguo estudiante de Antropología que había tomado las riendas después de que muriera el viejo Marulanda. Según me dijo Santos en una entrevista, uno de sus generales lo llamó y le dijo: «Señor presidente, tenemos rodeado a Alfonso Cano. ¿Procedemos?». Santos, de quien se dice que es un jugador de póquer astuto y despiadado, me dijo que tuvo que tomar la decisión rápido: «Habíamos comenzado nuestras conversaciones con las FARC y no quería arruinarlas». Sin embargo, razonó, si los comandantes de las FARC estaban hablando, era porque los ataques los habían debilitado. La muerte de Cano no cambiaría eso; quizá incluso ayudaría. «Lo pensé por un minuto y luego le dije al general que procediera —dijo con una sonrisa desenvuelta—. Y funcionó».

Un viento sopló por las llanuras de Yarí y el cielo se ensombreció. Los relámpagos brillaron a la distancia. Lozada me dijo que el clima le recordaba a las «borrascas», las tormentas tropicales que aterrorizaban a los guerrilleros en la selva. «Miras hacia arriba y ves los árboles balanceándose, cayendo, y te preguntas en qué dirección debes correr —me dijo—. Hay que buscar los árboles más grandes y pararse junto a ellos. Algunos camaradas han muerto por las tormentas, y también por los rayos».

Los guerrilleros con los que hablé no parecían cuestionarse su forma de vida. Muchos eran hijos de campesinos y nunca habían estado en una ciudad; lo único que conocían era la selva, las llanuras de Yarí y el ocasional caserío. Lozada, haciendo un gesto hacia su equipo de seguridad, me dijo: «Muchos de estos jóvenes combatientes se unieron a las FARC porque los paracos mataron a sus padres».

Durante mi visita, a menudo Lozada iba acompañado por un amigo llamado Chepe, un hombre robusto de treinta y pocos años que parecía imitar el estilo de Lozada: cabeza rapada, camiseta, pantalones militares de faena, botas de hule. Chepe explicó que era hijo del antiguo comandante militar de las FARC Jorge Briceño, un personaje bravucón conocido como Mono Jojoy. Después de que naciera Chepe, en un campamento guerrillero, Jojoy lo mandó lejos por seguridad, y había sido criado por sus padres adoptivos en Bogotá. Cuando tenía diez años, le hicieron jurar que guardaría el secreto y le revelaron la verdad de su origen, luego lo llevaron a conocer brevemente a Jojoy. Más adelante, durante uno de los intermitentes periodos de conversaciones de paz, lo llevaron de nuevo y esta vez Chepe, que tenía dieciséis años, quiso quedarse con Jojoy en la selva. Sus padres adoptivos, entre llantos, le rogaron que regresara con ellos, pero Chepe insistió. No fue fácil adaptarse a la vida de la guerrilla; era un chico de ciudad, educado en un colegio católico de élite. Pero, al igual que Lozada, Chepe terminó por aclimatarse. Su padre y él adoptaron la costumbre de irse a dormir muy temprano y levantarse a las dos de la mañana para leer las noticias y estudiar juntos. Cuando Santos llegó a la presidencia, designó a Jojoy como un objetivo principal de su campaña contra las FARC. Santos sabía que Jojoy, diabético, sufría de hinchazón de pies, y cuando sus servicios de inteligencia se enteraron de que le estaban haciendo un par de botas a medida, orquestaron a través de un agente doble que se les insertara, en la suela, un microchip suministrado por Estados Unidos. Las botas fueron entregadas a Jojoy, quien empezó a usarlas con evidente alivio. Poco después, a las dos de la mañana, un avión militar bombardeó el complejo de Jojoy, eliminándolo al instante, pero Chepe logró salvarse, pues se había quedado dormido y no había llegado a su reunión habitual. Lozada, que estaba a unos cientos de metros durante el bombardeo, se convirtió para Chepe en una suerte de figura paterna.

Lozada tuvo también un segundo descendiente; una hija, en Bogotá, pero ninguno de sus dos hijos mostró interés alguno en seguirlo en las FARC. No los culpa por ello: son chicos urbanos, criados por sus madres. A pesar de ello, sus vidas no han estado libres de peligro. Ambos tuvieron que ser evacuados de Colombia por seguridad en algún momento, cuando los servicios de inteligencia empezaron a rastrearlos. En La Habana, Lozada vio a sus hijos por primera vez en doce años. Me dijo con orgullo que su hija se graduaría pronto del bachillerato, y que su hijo estudiaba Medicina en Cuba.

En un campamento cerca de Yarí, los jóvenes guerrilleros, a la espera de reintegrarse a la sociedad colombiana, vivían de una manera que a sus iguales de Bogotá les parecería impensable. Se despertaban a las cuatro y media cada mañana a congregarse para hacer ejercicios mientras cantaban eslóganes de las FARC, para terminar con el himno nacional colombiano. Luego hacían sus labores: cocinar, traer provisiones, cortar leña para la estufa o cargar costales de arena para esparcir en los caminos a fin de secar el lodo de la selva. Cada mañana, una pareja de Bogotá impartía lecciones políticas: Lenin y el Che y una explicación altamente ideológica sobre la Organización Mundial del Comercio. Por la tarde los combatientes jugaban al voleibol y, por la noche, veían películas en un búnker subterráneo de barro. Cuando les preguntaba qué querían hacer de sus vidas cuando llegara la paz, la respuesta era, invariablemente: «Lo que el Partido me pida hacer».

El 26 de septiembre, el presidente Santos y el líder de las FARC, conocido como Timochenko, firmaron el tratado de paz durante una ceremonia en Cartagena, mientras miles de colombianos observaban y aclamaban. En Yarí, Lozada había organizado un congreso para que los guerrilleros examinaran el tratado —la última cumbre de las FARC como organización armada—. Durante una semana, cientos de delegados discutieron los términos y, por las tardes, bailaban cumbia con grupos en vivo. En un momento cumbre de «FARCstock», como bautizaron los periodistas al congreso, un coro de guerrilleros vestidos de blanco se dio cita en el escenario para cantar el «Himno a la alegría» ante una muchedumbre eufórica. Al terminar la semana, los guerrilleros votaron por ratificar el acuerdo.

El pacto, sin embargo, tenía que ser aprobado en una votación nacional —a efectos prácticos, un referéndum sobre si los combatientes de las FARC debían ser readmitidos en la sociedad colombiana—. Álvaro Uribe, el expresidente que ocupa ahora un cargo de diputado, lideró una campaña en contra del acuerdo, al que describió como una «rendición» que recompensaría a los guerrilleros por su violencia. En una columna de opinión, Uribe advirtió que, si se les permitía participar en la política, «los capos de las FARC que ordenaron masacres, secuestros, reclutamiento de menores y extorsiones ahora podrán aspirar a ser alcaldes y gobernadores de las regiones que victimizaron». Aunque tanto las FARC como el Gobierno aceptaron que ambos bandos habían cometido crímenes de guerra, Uribe exigía que los exguerrilleros fueran juzgados en condiciones distintas a los soldados de Gobierno. (Uribe también puede haber temido que la justicia recayera sobre él, dada su duradera asociación con los grupos paramilitares).

El país estaba cansado de la guerra y las encuestas sugerían que la propuesta se aprobaría con facilidad. En vez de ser así, el 2 de octubre los colombianos la rechazaron, por un margen mínimo —cincuenta y tres mil votos de trece millones—, en lo que llegó a conocerse como «el Brexit colombiano». Pero Santos se sintió alentado por la aprobación de la comunidad internacional. El 7 de octubre, el comité del Nobel anunció que le daría el Premio Nobel de la Paz por «sus decididos esfuerzos» para terminar con la guerra civil. Un par de semanas después, la reina Isabel II organizó una recepción en su honor en el palacio de Buckingham. En una reunión posterior, a la cual asistieron Beefeaters y trompetistas con libreas, le pregunté a Santos si lograría negociar un nuevo acuerdo antes de la ceremonia del Nobel, al mes siguiente. «Va a suceder», dijo, y guiñó un ojo.

El 12 de noviembre, Santos y las FARC anunciaron un «nuevo acuerdo final», y Santos, quien controlaba la mayoría parlamentaria, logró hacer que se aprobara sin referéndum. Ofrecían pocas concesiones, incluido un lenguaje más duro para las sentencias de los líderes guerrilleros, pero ignoraban las exigencias de prohibir la participación política de las FARC. En palabras de Timochenko: «Accedimos a deponer las armas sobre la base de que podríamos entrar a la política». Por su parte, las FARC reconocieron, después de años de negarlo, que poseían un fondo reservado de recursos —adquirido presumiblemente mediante el secuestro, la extorsión y el tráfico de drogas— y prometieron entregar el dinero para compensar a las víctimas de la guerra.

Esa semana, Lozada voló en un helicóptero militar para unirse al resto del Secretariado de las FARC en un centro católico amurallado al pie de las montañas que bordean el este de Bogotá. Se suponía que los guerrilleros permanecerían recluidos, pero Lozada salió para ir a un exclusivo centro comercial en la ciudad, donde se detuvo en una tienda de ropa llamada Arturo Calle —el equivalente local de Brooks Brothers—. Seguido de cerca por sus guardaespaldas de la Unidad Especial de Protección del Ministerio del Interior, paseó entre los maniquíes y los bastidores de ropa, escogió un saco gris, una camisa malva y una corbata. El 24 de noviembre, cuando Santos y el Secretariado firmaron el nuevo acuerdo de paz, Lozada llevaba su saco y su corbata nuevos.

En el campamento de Yarí, un comandante de alto rango de las FARC llamado Mauricio me habló con entusiasmo sobre las opciones de carrera de los combatientes a su cargo. Podían ser guardabosques, me dijo, o guías de ecoturismo: «Conocemos la selva mejor que nadie». Durante años, los combatientes de Mauricio han operado en el vasto Parque Nacional de Chiribiquete, una zona que ha permanecido inaccesible para la mayoría de los colombianos a causa de la guerra. En su portátil, Mauricio me mostró fotos de guerrilleros posando en paisajes alucinantes: ríos, cumbres selváticas, pinturas rupestres. Con el entusiasmo de un fan del boxeo, me enseñó el vídeo de un tigrillo capturado peleando contra una anaconda.

En el edificio de las Naciones Unidas en Bogotá, Lozada me dijo que el Secretariado de las FARC lo había designado para encabezar el nuevo «sector productivo» de la exmilicia. Después de décadas de lucha por los ideales marxistas, ahora intenta concebir «proyectos económicos que, de forma cooperativa, ayuden a mantener al grupo». Además del ecoturismo, ha estado considerando los servicios de autobuses y camiones, la agricultura, la ganadería y las artes. Pero muchos colombianos desprecian a las FARC, y será difícil persuadir a los empleadores de contratar exguerrilleros —especialmente cuando escasean los empleos, de por sí—. En otros países latinoamericanos, programas similares de reconciliación han fracasado en gran medida; los excombatientes que no pudieron encontrar trabajos normales se reintegraron a las milicias. Para algunos de los exguerrilleros de Colombia, el tráfico de drogas puede suponer el único empleo disponible. «Es un problema —me dijo Lozada—. A menos que tengan un entendimiento ideológico muy sólido, algunos serán vulnerables al atractivo del mundo del narco». La mayoría de la gente con la que hablé anticipaba, basándose en desmovilizaciones previas, que un 10 por ciento de los antiguos rebeldes recurriría al crimen.

Sin embargo, en Colombia hay un instituto técnico gubernamental, con sucursales por todo el país, que ha aceptado formar a los exguerrilleros como fontaneros, electricistas o carpinteros; en los campos de desmovilización aprenderán sobre crianza de animales y ganadería. El acuerdo de paz pide la creación de un amplio programa que destine millones de hectáreas de tierra para los campesinos y ofrezca ayudas para proyectos agrícolas.

La mayoría de los combatientes carece de educación formal, más allá del entrenamiento político que las FARC les daban. Pese a ello, Lozada espera que algunos puedan realizar trabajos de oficina. Una mañana, Lozada acudió con sus guardaespaldas a visitar la Universidad Distrital, una institución estatal famosa por su activismo de izquierdas. Años atrás, Lozada se había infiltrado en esa universidad para reclutar dirigentes. Ahora iba a preguntar si la escuela permitiría a los exguerrilleros completar allí su educación; si le daba tiempo y la paz se mantenía, estaba pensando en volver él mismo a la escuela.

Chepe, el joven amigo de Lozada, me dijo que su escolaridad se había interrumpido cuando dejó Bogotá de adolescente, y que estaba deseoso por terminarla. Con la inminencia de la paz, sentía curiosidad por sus antiguos compañeros de estudios, y había utilizado el flamante acceso a internet para buscar a algunos de ellos. Un amigo, al que había encontrado por LinkedIn, le dijo que trabajaba en medicina forense, y le preguntó a Chepe qué hacía él. Chepe respondió que era una larga historia. «¿Qué iba a decirle? —preguntó—. ¿Guerrillero de las FARC?». Lozada dijo que un general del ejército colombiano involucrado en el proceso de paz lo había invitado a unirse a LinkedIn. Él lo había intentado, pero se bloqueó ante el formulario de inscripción online. «Te pide tu "currículum, contactos y cualificaciones profesionales, y referencias" —exclamó Lozada, en medio de un ataque de risa—. Descripción del puesto: ¡comandante de las FARC! Referencias: ¡Timochenko!». Había intentado saltarse las preguntas, pero recibía una y otra vez el mismo mensaje en inglés: «*Turn back*». Chepe y él se rieron histéricamente y, cuando recobraron la compostura, Chepe dijo: «Creo que estamos muy lejos de poder usar aplicaciones como LinkedIn».

«Aún no estamos seguros de cómo vamos a mantener a esta gran familia una vez que termine la lucha armada —dijo Chepe—. Lo único que sabemos es que este es el momento de la paz. La guerra no ha logrado los cambios en Colombia por los que luchamos. Estamos totalmente en contra del modelo económico del país tal como está. Con la paz, todavía tenemos la esperanza de cambiar el Estado».

Lozada fue más cauto. «Tenemos una interpretación marxista de la sociedad, pero eso no significa que esa sea nuestra única referencia —dijo—. En cuanto a cuál será nuestro modelo, es algo que todavía tenemos que inventarnos».

Una noche borrascosa, después de que el acuerdo de paz fuera definitivo, condujeron a Lozada y Timochenko en una camioneta blindada hasta un canal de televisión en el centro de Bogotá, para aparecer en un programa de opinión llamado *Semana en vivo*. Mientras sus guardaespaldas se desplegaban afuera, el equipo del canal esperaba con emoción para recibirlos. Era un suceso sin precedentes en Colombia: dos líderes guerrilleros, que habían estado en guerra con el Estado durante décadas, sentados para discutir sus planes. Conforme la gente empezaba a sintonizar, la moderadora, María Jimena Duzán, comprobó Twitter en su teléfono y exclamó: «¡Somos tendencia!». Al ver la confusión de sus invitados, se rio y dijo: «Eso es algo bueno».

En el programa, Lozada y Timochenko hablaron de la amenaza de violencia renovada. Unos meses atrás, una distante unidad rebelde, ligada al tráfico de drogas, anunció que permanecería en la selva en vez de unirse al proceso de paz. De forma más apremiante, mientras las FARC se retiraban del territorio, las bandas de narcotraficantes paramilitares iban entrando, e iban matando a su paso. En San Vicente del Caguán, un pueblo cercano al territorio de las FARC, había circulado un panfleto con la imagen de una ametralladora y la insignia del temible grupo paramilitar Autodefensas Unidas de Colombia. El texto rezaba: HEMOS

LLEGADO... PARA QUEDARNOS, y añadía que el objetivo del grupo era purgar al pueblo de partidarios de las FARC. Tres líderes campesinos fueron asesinados, y los activistas de izquierda acusaron al alcalde, seguidor de Uribe, de ordenar los crímenes. (El alcalde negó estar involucrado). De acuerdo con los observadores de derechos humanos, más de setenta activistas fueron asesinados el año pasado, lo cual inspira temores de una campaña de exterminio. «Se ha formado una cultura de la violencia», dijo Timochenko. La sociedad misma necesitaba cambiar.

Parte de ese cambio, desde luego, tiene que ver con que las FARC reconozcan sus propios actos de violencia. Lozada tendrá que aparecer en algún momento ante un tribunal y confesar los crímenes que haya cometido. Al preguntarle si lamentaba algo de lo que había hecho en la guerra, me miró durante un rato y dijo: «El ejercicio de la violencia siempre lo hace pensar a uno». Al igual que sus colegas, había llegado a arrepentirse de los vínculos de las FARC con el tráfico de narcóticos. «Sabemos que contribuyó a deslegitimarnos y hemos concluido que, sin lugar a duda, nos hizo mucho daño». A pesar de ello, dijo, sus ideales revolucionarios le permitían «vivir con la conciencia tranquila».

Su mayor arrepentimiento era por los camaradas caídos. En 2012, el ejército bombardeó un campamento donde Lozada entrenaba oficiales y murieron treinta y nueve de sus estudiantes. «Ese día fue uno de los peores que tuve en toda la guerra —me dijo Lozada, con lágrimas en los ojos—. Perder a tantos camaradas a la vez de esa manera... Uno nunca se recupera». Lamentaba que a menudo había sido imposible, para los guerrilleros, enterrar a sus muertos con dignidad, o incluso marcar sus tumbas. Las FARC y el Gobierno han acordado construir tres monumentos a la guerra, hechos con las armas fundidas de los guerrilleros.

Duzán, la presentadora del programa, preguntó a los guerrilleros cómo se imaginaban que serían sus nuevas vidas. Timochenko bromeó con que sería bonito tener un departamento en un edificio habitado solo por exguerrilleros, para mantener a la familia unida. Las FARC y el Gobierno han establecido como fecha límite para el desarme el 31 de mayo y, en los últimos meses, algunos combatientes de las FARC se han ido mudando desde sus escondites de la selva a los campamentos de desmovilización, en una variopinta caravana de autobuses, jeeps y lanchas motorizadas. Las guerrilleras han llegado con bebés en brazos y las familias se han llevado a sus mascotas de la selva: monos, cerdos, nutrias de río y coatíes. El campamento de Lozada, compartido con unos cientos de sus combatientes, se encuentra a tres horas de Bogotá, en una zona que estaba a favor del proceso de paz. Desde ahí, Lozada viaja con frecuencia a la capital por «trabajo político». En agosto, las FARC anunciarán la creación de su partido político; mientras tanto, Lozada ha sido invitado a exponer sus opiniones en foros académicos y en la Feria del Libro de Bogotá. Entusiasmado, me dijo: «En unos años participaremos de forma abierta y activa en la vida política del país».

Cuando le pregunté a Lozada si se seguía considerando a sí mismo guerrillero, asintió y dijo: «Seguiremos con el modo de vida y la forma de interpretar las cosas de la guerrilla. Pero uno empieza a comprender que hay un nuevo modo de hacer las cosas».Y explicó: «He empezado a entender que ahora puedo ir y visitar a mi familia, por ejemplo, sin temor a que algo me pase a manos del Estado. Esto crea una nueva expectativa de cómo puede ser la vida».

Cuando terminó el programa, los trabajadores del canal se apresuraron a tomarse selfis con los guerrilleros. Luego Lozada y Timochenko se fueron para celebrar con unos cuantos amigos en un estacionamiento amurallado, rodeados por sus guardaespaldas. Timochenko se fumó un cigarro y él y Lozada sorbieron whisky en vasos de plástico. Lozada me presentó a una joven que estaba junto a ellos —Milena, su compañera— y señaló su vientre abultado. Pronto daría a luz a su hijo. Lozada sonrió orgulloso y los guerrilleros alzaron sus vasos para brindar. «Al futuro —dijeron—. Al futuro».

México primero*

18 de junio de 2018

La primera vez que Andrés Manuel López Obrador fue candidato a la presidencia de México, en 2006, generó tal devoción entre sus partidarios que a veces estos le metían papelitos en los bolsillos en los que habían escrito sus esperanzas para sus familiares. En una época definida por la globalización, López Obrador era un defensor de la clase obrera —y también un crítico del PRI, el partido que dominó la política nacional de forma despiadada durante buena parte del pasado siglo—. En las elecciones, el fervor de sus votantes resultó no ser suficiente; perdió por un estrecho margen. La segunda vez que fue candidato, en 2012, el entusiasmo fue el mismo, y también el resultado. Ahora, sin embargo, México está en crisis —asediado desde dentro por la corrupción y la violencia del narco, y desde fuera por el antagonismo del Gobierno de Trump—. Hay una nueva elección presidencial el 1 de julio y López Obrador compite bajo la promesa de reconstruir México según el espíritu de sus fundadores revolucionarios. Si hemos de creer a las encuestas, es casi seguro que ganará. En marzo se reunió con cientos de simpatizantes en un auditorio de Culiacán. López Obrador, conocido en todo México como AMLO, es un hombre larguirucho de sesenta y cuatro años, de rostro juvenil y bien afeitado, de melena plateada y andar ligero. Cuando entró al lugar, sus partidarios se levantaron de sus asientos y corearon: «¡Es un honor votar por López Obrador!». Muchos de ellos eran granjeros, con sombreros de paja y botas gastadas. Él los animó a

* Publicado originalmente el 18 de junio de 2018 en *The New Yorker*. Publicado por primera vez en castellano por Sexto Piso (2021), *Los años de la espiral*, en traducción de Daniel Saldaña.

instalar observadores del partido en las mesas electorales para evitar el fraude, pero los previno contra la compra de votos, un muy arraigado hábito del PRI. «De eso es de lo que nos vamos a deshacer», dijo. Prometió un «Gobierno sobrio, austero; un Gobierno sin privilegios». López Obrador a menudo emplea «privilegio» como un término de descrédito, junto con «élite» y, muy especialmente, «mafia del poder», que es como describe a sus enemigos de la clase política y empresarial. «Vamos a bajar los salarios de aquellos que están arriba y a subir los salarios de los que están abajo —dijo, y añadió una garantía bíblica—: Todo lo que digo se hará». López Obrador tiene una voz cálida, hace largas pausas y usa frases sencillas que la gente normal puede entender. Tiene una afición por las rimas y los eslóganes repetidos, y por momentos la muchedumbre le hacía segunda, como los fans en un concierto de música pop. Cuando dijo «No queremos que la mafia del poder...», un hombre del público completó la frase: «siga robando». «Si trabajamos juntos —dijo López Obrador—, vamos a hacer historia».

El actual Gobierno de México está encabezado por el presidente de centroderecha Enrique Peña Nieto. Su partido, el PRI, ha retratado a López Obrador como un populista radical, en la tradición de Hugo Chávez, y ha advertido que pretende convertir a México en una nueva Venezuela. El Gobierno de Trump ha mostrado una preocupación similar. Roberta Jacobson, quien fuera embajadora de Estados Unidos en México hasta el mes pasado, me dijo que algunos funcionarios estadounidenses de alto rango expresaban inquietud con frecuencia: «Son catastrofistas respecto a AMLO, y dicen cosas como "Si gana, va a suceder lo peor"».

Irónicamente, su creciente popularidad es atribuible en parte a Donald Trump. A pocos días de la elección de Trump, los analistas políticos mexicanos predecían que su abierta beligerancia hacia México incitaría a la resistencia política. Mentor Tijerina, un destacado encuestador de Monterrey, me dijo en esa época: «La llegada de Trump significa una crisis para México, y esto va a ayudar a AMLO». Poco después de su investidura, López Obrador publicó un best seller titulado *Oye, Trump*, que contenía fragmentos combativos de sus discursos. En uno de ellos declaraba: «Trump y sus asesores se refieren a los mexicanos como Hitler y los nazis se referían a los judíos justo antes de emprender la infame persecución y el abominable exterminio».

Algunos funcionarios del Gobierno de Peña Nieto advirtieron a sus pares de la Casa Blanca que el comportamiento ofensivo de Trump elevaba el prospecto de un Gobierno nuevo y hostil —una amenaza de seguridad al otro lado de la frontera—. Si Trump no moderaba su comportamiento, las elecciones serían un referéndum sobre cuál era el candidato más antiamericano. En Estados Unidos, las advertencias funcionaron. Durante una audiencia del Senado en abril de 2017, John McCain dijo: «Si las elecciones en México fueran mañana, probablemente ganaría un presidente izquierdista y antiamericano». John Kelly, quien era entonces el jefe de Seguridad Nacional, estuvo de acuerdo. «No sería bueno para Estados Unidos ni para México», apuntó.

En México, comentarios como el de Kelly solo parecen mejorar la posición de López Obrador. «Cada vez que un político estadounidense abre la boca para expresar una opinión negativa sobre un candidato mexicano, lo ayuda», dijo Jacobson. Pero la exembajadora nunca ha estado muy segura de que Trump comparta la visión «apocalíptica» sobre López Obrador. «Hay algunos rasgos en común —apuntó—. El populismo, para empezar». Durante la campaña, López Obrador ha denostado al «Gobierno faraónico» de México y ha prometido que, si resulta electo, declinará vivir en Los Pinos, la residencia presidencial. En lugar de ello, abrirá ese espacio al público, como un lugar para que las familias comunes vayan a divertirse.

Tras su llegada a México en 2016, Jacobson acordó reuniones con distintos líderes políticos. López Obrador la hizo esperar durante meses. Finalmente la invitó a su casa, en un rincón lejano y pasado de moda de Ciudad de México. «Tuve la impresión de que lo había hecho así porque creyó que yo no iría —me dijo Jacobson—. Pero yo le dije: "No hay problema, mis muchachos de seguridad pueden hacer que eso funcione"». El equipo de Jacobson siguió las instrucciones de López Obrador hasta llegar a una casa de dos pisos, poco notable, en Tlalpan, una alcaldía de clase media. «Si parte del propósito era mostrarme cuán modestamente vivía, lo logró», dijo Jacobson.

López Obrador se comportó «amigable y seguro de sí mismo», añadió. Evitó muchas de las preguntas que ella le planteó y habló con vaguedad sobre sus políticas. La conversación contribuyó poco para aclarar de una vez por todas si se trata de un oportunista radical o de un reformista con principios. «¿Qué podemos esperar de él como presidente? —me dijo ella—. Honestamente, mi intuición más fuerte sobre él es que no sabemos qué esperar».

En primavera, mientras López Obrador y sus asesores recorrían el país, me sumé a ellos en varios viajes. En la carretera, su estilo es sorprendentemente distinto al de la mayoría de los políticos del país, quienes a menudo llegan en helicóptero a las paradas de campaña y se mueven por las calles rodeados por un destacamento de seguridad. López Obrador vuela en clase turista y viaja de pueblo en pueblo en una caravana de dos coches, con chóferes que hacen las veces de guardaespaldas sin armas; no tiene ninguna otra medida de seguridad establecida, salvo los inconsistentes esfuerzos por ocultar en qué hotel se hospeda. En la calle, la gente se le acerca todo el tiempo para pedirle fotos y él los recibe a todos con ecuanimidad, presentando una fachada cálida aunque ligeramente inescrutable. «AMLO es como una pintura abstracta: uno ve lo que quiere ver en él», me dijo Luis Miguel González, director editorial del periódico *El Economista*. Uno de sus gestos característicos durante los discursos es demostrar afecto abrazándose a sí mismo e inclinándose hacia la multitud.

Jacobson recordó que, tras la elección de Trump, López Obrador se lamentaba: «Los mexicanos nunca elegirán a nadie que no sea un político». Esto resultaba elocuente, en opinión de Jacobson. «Él es claramente un político —dijo—. Pero, al igual que Trump, siempre se ha presentado a sí mismo como un marginal». Nació en 1953 en una familia de comerciantes del estado de Tabasco, en un pueblo llamado Tepetitán, en el golfo de México. El lugar está atravesado por ríos que de vez en cuando inundan los pueblos; tanto por su clima como por la vivacidad de la política local puede parecerse a Luisiana. Un analista recordaba que López Obrador solía bromear: «La política es una mezcla perfecta de pasión y razón. Pero yo soy tabasqueño, ¡cien por cien pasión!». Su apodo, «el Peje», se deriva de «pejelagarto»: un pez de agua dulce, antiguo y primitivo, con cara como de cocodrilo.

Cuando López Obrador era niño, su familia se mudó a la capital del estado, Villahermosa. Más adelante, en Ciudad de México, estudió Ciencias políticas y administración pública en la UNAM —la principal universidad pública del país— y escribió una tesis sobre la formación política del Estado mexicano en el siglo XIX. Se casó con Rocío Beltrán Medina, estudiante de Sociología originaria de Tabasco, y juntos tuvieron tres hijos. Elena Poniatowska, decana del periodismo mexicano, recuerda haberlo conocido cuando era un hombre joven. «Siempre ha tenido la determinación de llegar a la presidencia —me dijo Poniatowska—. Como una flecha, recta e inquebrantable».

Para una persona con aspiraciones políticas, en ese entonces el PRI era la única opción seria. El partido fue fundado en 1929 para restaurar el país después de la revolución. En los años treinta, el presidente Lázaro

Cárdenas lo solidificó como un partido inclusivo de cambio socialista; Cárdenas nacionalizó el petróleo y entregó millones de hectáreas de tierras de cultivo a los pobres y los desposeídos. A lo largo de las décadas, la ideología del partido fluctuó, pero su control del poder creció con firmeza. Los presidentes escogían a sus sucesores en un ritual llamado «el dedazo», y el partido se aseguraba de que estos fueran elegidos.

López Obrador se unió al PRI después de la universidad y, en 1976, ayudó a dirigir la exitosa campaña al Senado de Carlos Pellicer, un poeta amigo de Pablo Neruda y Frida Kahlo. López Obrador ascendió con rapidez; pasó cinco años al frente de la oficina del Instituto Nacional Indigenista en Tabasco y, después, dirigió un departamento del Instituto Nacional del Consumidor en Ciudad de México. Pero sentía, cada vez más, que el partido se había apartado de sus raíces. En 1988 se unió a un grupo izquierdista disidente, dirigido por el hijo de Lázaro Cárdenas, que se convertiría en el Partido de la Revolución Democrática. López Obrador se convirtió en el jefe del partido en Tabasco.

En 1994, se presentó por primera vez a un puesto de elección popular: la gobernatura del Estado. Perdió ante el candidato del PRI, a quien acusó de haber ganado mediante fraude. Aunque la investigación del tribunal no arrojó ningún veredicto, muchos mexicanos le creyeron; el PRI tiene un largo historial de amañar elecciones. Poco después de la elección, un candidato le entregó a López Obrador una caja de recibos que mostraban que el PRI se había gastado noventa y cinco millones de dólares en una votación en la que participó medio millón de personas.

En el año 2000 fue electo jefe de Gobierno de Ciudad de México, un puesto que le dio un poder considerable, así como visibilidad nacional. En el cargo, se hizo de una reputación de hombre de a pie y desaliñado; iba al trabajo en un viejo Nissan, llegaba antes del amanecer y se redujo el salario. (Cuando su esposa murió de lupus en 2003, hubo una oleada de compasión). López Obrador no rehuía el combate político. Cuando uno de sus funcionarios fue sorprendido en vídeo recibiendo lo que parecía ser un soborno, él argumentó que había sido una trampa, y distribuyó cómics que lo representaban luchando contra «las fuerzas oscuras». (El funcionario fue absuelto más adelante). A veces, López Obrador ignoraba a su asamblea y gobernaba por decreto. Pero también demostró ser capaz de hacer concesiones. Tuvo éxito al crear una pensión para adultos mayores, al expandir las autopistas para aliviar el tráfico y al concebir un esquema público-privado para restaurar el centro histórico, junto con el magnate de las telecomunicaciones Carlos Slim.

Cuando dejó el cargo para prepararse para las elecciones presidenciales de 2006, tenía índices de aprobación altos y la fama de que conseguía resultados. (Tenía también una nueva esposa, una historiadora llamada Beatriz Gutiérrez Müller; ahora tienen un hijo de once años). López Obrador vio una oportunidad. En la elección anterior, el PRI había perdido su duradero control del poder, pues el Partido Acción Nacional le arrebató la presidencia. El PAN, una formación tradicional y conservadora, consiguió el apoyo de la clase empresarial, pero su candidato, Felipe Calderón, era una figura sin carisma.

La campaña fue encarnizada. Los rivales de López Obrador contrataron anuncios televisivos que lo presentaban como un populista embustero que suponía «un peligro para México» y mostraban imágenes de miseria humana junto a retratos de Chávez, Fidel Castro y Evo Morales. Al final, López Obrador perdió por medio punto porcentual —un margen lo suficientemente estrecho como para levantar sospechas generalizadas de fraude—. Negándose a reconocer la victoria de Calderón, López Obrador lideró una manifestación en la capital, en la que sus seguidores detuvieron el tráfico, instalaron tiendas de campaña y organizaron mítines en el Zócalo y sobre el paseo de la Reforma. Un residente recuerda que los discursos de López Obrador usaban lenguaje «con reminiscencias de la Revolución francesa». En un momento dado, organizó una investidura paralela en la que sus simpatizantes le tomaron juramento como presidente. Las manifestaciones duraron varios meses y los habitantes de Ciudad de México se fueron impacientando; al final, López Obrador hizo las maletas y se fue a casa.

En las elecciones de 2012 obtuvo una tercera parte de los votos —no lo suficiente como para derrotar a Peña Nieto, quien devolvió al PRI al poder—. Pero el Gobierno de Peña Nieto se ha visto empañado por la corrupción y los escándalos de derechos humanos. Desde que Trump anunció su candidatura con un estallido de retórica antimexicana, Peña Nieto ha intentado aplacarlo, con resultados vergonzantes. Invitó a México a Trump durante su campaña y lo trató como si ya fuera jefe de Estado, para que luego él regresara a Estados Unidos y dijera ante una multitud de simpatizantes que México iba a «pagar por el muro». Después de que Trump resultara electo, Peña Nieto encargó a su secretario de Relaciones Exteriores —Luis Videgaray, quien es amigo de Jared Kushner— que tuviera como máxima prioridad el manejo de las relaciones con la Casa Blanca. «Peña Nieto ha sido extremadamente servicial —me dijo Jorge Guajardo, exembajador de México en China—. No hay nada que Trump haya insinuado y que él no se haya apresurado a cumplir».

A principios de marzo, antes de que la campaña de López Obrador hubiese comenzado oficialmente, viajamos por el norte de México, donde se concentra la desconfianza hacia él. Su base de apoyo está en el sur, más pobre y agrario y con una mayoría de población indígena. El norte, cerca de la frontera con Texas, es más conservador, vinculado en lo económico y lo cultural con el sur de Estados Unidos; su tarea era equiparable a presentarse ante la Cámara de Comercio de Houston.

En sus discursos, López Obrador intentó restar importancia a las declaraciones de sus adversarios, haciendo chistes sobre recibir «oro de Rusia en un submarino» y refiriéndose a sí mismo como «Andrés Manuelovich». En Delicias, un centro agrícola de Chihuahua, juró no alargar su mandato. «Voy a trabajar dieciséis horas al día en vez de ocho, así que haré el trabajo de doce años en solo seis», dijo. Esta retórica venía respaldada por medidas más pragmáticas. Al viajar por el norte, iba acompañado por Alfonso «Poncho» Romo, un empresario adinerado de la próspera ciudad industrial de Monterrey, a quien López Obrador ha elegido como su futuro jefe de la Oficina de la Presidencia. Un asesor cercano me dijo: «Poncho es fundamental para la campaña en el norte. Poncho es el puente». En Guadalajara, López Obrador le dijo al público: «Poncho está conmigo para ayudarme a convencer a los empresarios a los que les han dicho que somos como Venezuela, o que estamos con los rusos, que queremos expropiar propiedades y que somos populistas. Pero nada de eso es verdad; este es un Gobierno hecho en México».

En una comida con empresarios de Culiacán, la capital del estado de Sinaloa, López Obrador probó algunas ideas. «Lo que queremos hacer es realizar la transformación que este país necesita —comenzó—. Las cosas no pueden seguir como están». Habló en un tono coloquial y la gente parecía simpatizar cada vez más con él. «Vamos a acabar con la corrupción, la impunidad y los privilegios de los que goza una pequeña élite —dijo—. Una vez que hagamos eso, los líderes de este país podrán recuperar su autoridad moral y política. Y también vamos a limpiar la imagen de México en el resto del mundo, porque ahora mismo lo único por lo que es conocido México es por su violencia y corrupción».

López Obrador habló sobre ayudar a los pobres, pero cuando lo hacía sobre corrupción se centraba en la clase política. «¡Cinco millones de pesos al mes en pensiones para expresidentes! —dijo, e hizo una mueca—. Todo eso tiene que acabarse». Apuntó que había cientos de aviones y helicópteros presidenciales, y afirmó: «Se los vamos a vender a Trump».

El público se rio, y él añadió: «Usaremos el dinero de la venta para inversión pública, y así fomentamos la inversión privada para generar empleo».

Durante esos primeros actos, López Obrador iba ajustando su mensaje sobre la marcha. Su estrategia de campaña parecía sencilla: hacer muchas promesas y negociar las alianzas que pudiera necesitar para resultar electo. Así como prometió a los fieles del partido incrementar los salarios de los obreros a costa de los burócratas de alto nivel, prometió a los empresarios no incrementar los impuestos al combustible, medicinas o electricidad, y se comprometió a nunca confiscar propiedades. «No vamos a hacer nada que vaya contra las libertades», declaró. Propuso establecer una zona libre de impuestos de treinta kilómetros a lo largo de toda la frontera norte, y bajar los impuestos para las empresas, tanto mexicanas como estadounidenses, que establecieran allí sus fábricas. También ofreció patrocinio del Gobierno, comprometiéndose a terminar un proyecto incompleto de una presa en Sinaloa y a ofrecer subsidios a la agricultura. «El término "subsidio" ha sido satanizado —dijo—. Pero es necesario. En Estados Unidos lo hacen (hasta el cien por cien del costo de producción)».

Culiacán es un antiguo bastión del brutal cartel de Sinaloa, que ha jugado un papel decisivo en el recrudecimiento de la violencia y la corrupción relacionadas con la droga que tienen subsumido al Estado mexicano. Desde 2006, el país ha emprendido una «guerra contra las drogas» que ha costado al menos cien mil vidas, al parecer con pocos resultados positivos. López Obrador, como sus adversarios, ha luchado por articular una estrategia de seguridad viable.

Tras la comida en Culiacán aceptó preguntas y una mujer se puso en pie para preguntar qué pensaba hacer con el narcotráfico. ¿Consideraría la legalización de las drogas como solución? Unos meses atrás, López Obrador había dicho, al parecer sin pensarlo demasiado, que podría ofrecer una «amnistía» para atraer a los narcomenudistas y productores hacia el empleo legal. Cuando sus críticos saltaron ante dicho comentario, sus asesores trataron de desviar la crítica arguyendo que, dado que ninguna estrategia del presente Gobierno ha funcionado, valía la pena intentarlo todo. A la mujer de Culiacán, López Obrador le respondió: «Vamos a abordar las causas con programas para la juventud, nuevas oportunidades de trabajo, educación y atendiendo el abandono del campo. No vamos a usar solamente la fuerza. Vamos a analizarlo todo y a explorar todas las avenidas que nos puedan conducir a la paz. No descarto nada, ni siquiera la legalización; nada». La multitud aplaudió, y AMLO pareció aliviado. Para los adversarios de López Obrador, su habilidad para inspirar esperanza es preocupante. Enrique Krauze, un historiador y analista que ha criticado con frecuencia a la izquierda, me dijo: «Llega directamente a la sensibilidad religiosa de la gente. Lo ven como un hombre que va a salvar a México de todos sus males. Y lo que es más importante: él también lo cree».

A Krauze le preocupa López Obrador desde 2006. Antes de las elecciones presidenciales de aquel año publicó un ensayo titulado *El mesías tropical*, en el que escribió que AMLO tenía una religiosidad «puritana, dogmática, autoritaria, proclive al odio y, sobre todas las cosas, redentorista». El más reciente libro de Krauze —*El pueblo soy yo*— trata sobre los peligros del populismo. En él examina las culturas políticas de la Venezuela moderna y de Cuba, y también incluye una cáustica valoración de Donald Trump, a quien se refiere como «Calígula en Twitter». En el prólogo, escribe sobre López Obrador en un tono de consternación oracular. «Creo que, de triunfar, usará su carisma para intentar la vuelta de un orden arcádico —dice—. Y, con ese poder acumulado, habiendo llegado gracias a la democracia, buscará minar las libertades».

Lo que le preocupaba a Krauze, me explicó, era que si el partido de López Obrador ganaba por todo lo alto —no solo la presidencia, sino también la mayoría en el Congreso, lo cual parecía probable según las encuestas—, podría intentar cambiar la composición de la Suprema Corte y dominar otras instituciones. También podría ejercer un control más estricto de los medios, que se sostienen en buena parte con la publicidad estatal. «¿Arruinará a México? —se preguntaba Krauze—. No, pero podría obstruir la democracia de México al eliminar sus contrapesos. Hemos tenido un experimento democrático los últimos dieciocho años, desde que el PRI perdió el poder por primera vez, en el 2000. Es imperfecto, hay mucho que criticar, pero también ha habido cambios positivos. Me preocupa que con AMLO llegue a su fin ese experimento».

Cierta noche, durante una cena en Culiacán, López Obrador picaba un taco de bistec mientras hablaba sobre sus opositores de la derecha, alternando entre diversión y preocupación. Unos días antes, Roberta Jacobson había anunciado que renunciaba como embajadora y el Gobierno mexicano había respaldado inmediatamente a su posible reemplazo: Edward Whitacre, antiguo director ejecutivo de General Motors, quien resultó ser amigo del magnate Carlos Slim. Este era un punto espinoso para López Obrador. Recientemente había discutido con Slim sobre un plan multimillonario para un nuevo aeropuerto en Ciudad de

México, en el que Slim estaba involucrado. El proyecto era una inversión público-privada con el Gobierno de Peña Nieto, y López Obrador, alegando corrupción, había prometido detenerlo. (El Gobierno niega cualquier irregularidad). «Esperamos que esto no signifique que planean intervenir en mi contra —dijo López Obrador, a propósito de Whitacre y Slim—. Millones de mexicanos se ofenderían por eso».

En fechas recientes, el novelista peruano Mario Vargas Llosa —quien sirve de oráculo a la derecha latinoamericana— dijo públicamente que si AMLO ganaba la presidencia sería «un retroceso tremendo para la democracia en México». Añadió que esperaba que el país no cometiera ese «suicidio» el día de las elecciones. Cuando mencioné dichos comentarios, López Obrador hizo una mueca y dijo que Vargas Llosa salía en las noticias, sobre todo, por su matrimonio con «una mujer que siempre se casaba y siempre salía en la revista *¡Hola!*». Se refería a la celebridad Isabel Preysler, exesposa del cantante Julio Iglesias, por quien Vargas Llosa había terminado su matrimonio de cincuenta años. López Obrador me preguntó si había visto su respuesta, en la que llamaba a Vargas Llosa buen escritor y mal político. «Te habrás dado cuenta —dijo con aire malvado— de que no lo llamé un *gran* escritor». El 1 de abril, López Obrador puso en marcha su campaña de manera oficial, ante una multitud de varios miles de personas en Ciudad Juárez. En una tarima instalada en la plaza, se presentó con su esposa Beatriz y varios de sus elegidos para el gabinete. «Iniciamos la campaña aquí, donde comienza nuestra patria», dijo. El escenario se levantaba bajo una gran estatua del venerado líder del siglo XIX mexicano, Benito Juárez, a quien López Obrador llama su héroe. Juárez, un hombre zapoteca de orígenes humildes que luchó por la causa de los desfavorecidos, es una figura tipo Abraham Lincoln en México —un emblema del honor inquebrantable y la persistencia—. Mirando a la estatua, López Obrador dijo que Juárez era «el mejor presidente que ha tenido México».

En su discurso, López Obrador equiparó a la presente Administración con los déspotas y colonos que controlaban el país antes de la revolución. Atacó la «colosal deshonestidad» que, según dijo, caracterizaba las políticas «neoliberales» de los últimos gobiernos de México. «Los gobernantes se han dedicado [...] a concesionar el territorio», dijo. Con su presidencia, el Gobierno dejaría de ser «una fábrica de nuevos ricos».

A menudo, López Obrador dice admirar gobernantes de los años treinta —incluido Franklin Delano Roosevelt y al líder del PRI, Lázaro Cárdenas— y muchos de sus programas sociales recuerdan a las iniciativas de aquellos años. En su discurso de inicio de campaña dijo que pretendía desarrollar el sur del país, donde la economía agrícola ha sido devastada por los alimentos baratos importados de Estados Unidos. Para ello, propuso plantar millones de árboles frutales y madereros, y construir un tren turístico de alta velocidad que conectaría las playas de la península de Yucatán con las ruinas mayas del interior. El proyecto de plantar árboles generaría, por sí solo, cientos de miles de empleos, según predijo. Con estas iniciativas, añadió, la gente en el sur podría quedarse en sus pueblos y no tendría que desplazarse al norte en busca de trabajo.

Impulsaría también, por todo el país, proyectos de construcción que usaran herramientas manuales en vez de maquinaria moderna, para estimular la economía de las comunidades rurales. Se duplicarían las pensiones a adultos mayores. Los jóvenes tendrían becas garantizadas y luego empleos, después de graduarse. Dijo que quería «becarios sí, sicarios no».

Para muchos públicos, en especial en el sur, estas propuestas son de una simpleza atractiva. Cuando le preguntan a López Obrador cómo pretende pagarlas, suele ofrecer una respuesta igualmente seductora: «¡Eso no es problema! —dijo en un discurso—. Sí hay dinero. Lo que *hay* es corrupción, y vamos a detenerla». Deshaciéndose de la corrupción de funcionarios, según sus cálculos, México podría ahorrar el diez por ciento de su presupuesto federal. La corrupción es un tema fundamental para López Obrador. Marcelo Ebrard, su principal asesor político, dice que su ética se basa en una «corriente calvinista», e incluso algunos escépticos han terminado convencidos de su sinceridad. Cassio Luiselli, un veterano diplomático mexicano, me dijo: «No me gusta su vena autoritaria ni su estilo polémico». Pero, añadió, «me parece que es un hombre honesto, lo cual es mucho decir en estos predios».

López Obrador ha prometido que la primera iniciativa que presentará al Congreso será reformar un artículo de la Constitución que impide a los presidentes mexicanos en funciones ser juzgados por corrupción. Esto sería un factor simbólico disuasorio pero insuficiente; a fin de erradicar la corrupción, tendría que purgar enormes partes del Gobierno. El año pasado, el exgobernador de Chihuahua, acusado de malversación, huyó a Estados Unidos, donde actualmente evade los esfuerzos de extradición. Otra docena de gobernadores más, del pasado o en funciones, se han enfrentado a investigaciones por hechos delictivos. Se ha informado que el procurador general que dirigió algunas de estas instrucciones tiene un Ferrari registrado a su nombre en una casa desocupada en otro estado y, aunque su abogado asegura que fue un error administrativo, el procurador tuvo que renunciar al poco tiempo. El antiguo director general de la compañía nacional petrolera ha sido acusado de recibir millones de dólares en sobornos. (Él lo niega). Peña Nieto, quien se postuló como reformista, se vio involucrado en un escándalo en el que su esposa obtuvo una lujosa mansión de un contratista con conexiones en su Gobierno; más adelante, su Administración fue acusada de utilizar un software de espionaje contra sus adversarios. De acuerdo con los reportes del *Times*, los fiscales estatales han declinado procesar la evidencia condenatoria contra funcionarios del PRI, para evitar dañar las posibilidades electorales del partido.

Con todos los grandes partidos implicados en casos de corrupción, los simpatizantes de López Obrador parecen menos interesados en la practicidad de sus ideas que en sus promesas de arreglar un Gobierno quebrado. Emiliano Monge, destacado novelista y ensayista, ha dicho: «Esta elección realmente dejó de ser política hace unos meses y se volvió emocional. Es más que nada un referéndum contra la corrupción, en el que, tanto por derecho como por astucia, AMLO se ha presentado a sí mismo como la única alternativa. Y en realidad lo es».

Durante meses, el equipo de López Obrador recorrió el país de extremo a extremo. Al llegar a un pequeño pueblo ganadero llamado Guadalupe Victoria, AMLO me dijo que había estado allí veinte veces. Después de un largo día de discursos y reuniones en Sinaloa, cenamos mientras se preparaba para viajar a Tijuana, donde al día siguiente tenía una agenda parecida. Se le veía un poco fatigado y le pregunté si tenía planeado algún receso. Asintió y me dijo que en Semana Santa iría a Palenque, en el sureño estado de Chiapas, donde tenía un «ranchito» en la selva. «Me voy ahí y no salgo en tres o cuatro días —dijo—. Solo miro los árboles».

En gran medida, sin embargo, comulgar con las masas parece llenarlo de energía. En Delicias le llevó veinte minutos caminar una sola cuadra, pues los simpatizantes empujaban para tomarse fotos y darle besos y sostenían pancartas que decían AMLOVE —uno de sus eslóganes de campaña—. En ocasiones ha respondido a las apremiantes preguntas de los reporteros haciendo un gesto con el dedo —un «no» perentorio en México—. En 2006 declinó asistir al primer debate presidencial; sus adversarios dejaron una silla vacía para él en el escenario.

Había tres debates previstos para esta temporada de campañas, y AMLO podía permitirse perderlos. Para el 20 de mayo, cuando el segundo debate tuvo lugar en Tijuana, las encuestas decían que tenía un 49 por ciento estimado del voto. Su contrincante más cercano —Ricardo Anaya, un abogado de treinta y nueve años que es candidato por el PAN— tenía un 28 por ciento. José Antonio Meade, que se desempeñó como secretario de Hacienda y como secretario de Relaciones Exteriores, iba a la zaga con un 21 por ciento. En último lugar, con un 2 por ciento, estaba Jaime Rodríguez Calderón, gobernador del estado de Nuevo León. Conocido como «el Bronco», este bravucón temperamental hizo su marca en la campaña al sugerir que deberían cortarle las manos a los funcionarios corruptos.

Con López Obrador a la cabeza, la estrategia de debate de sus oponentes era hacerlo ver a la defensiva, y por momentos resultó. En cierto punto, Anaya, un hombre pequeño con el pelo muy corto y gafas sin marco, como de empresario de tecnología, cruzó el escenario para confrontar a López Obrador. Al principio, AMLO reaccionó levemente. Se llevó la mano a la cartera y exclamó: «Voy a cuidar mi cartera». El ánimo se distendió. Pero cuando Anaya lo cuestionó en torno a una de sus iniciativas preferidas, una vía férrea que uniría el Caribe con el Pacífico, López Obrador se sintió tan afrentado que llamó a Anaya «canalla». Continuó usando la forma diminutiva del nombre de pila de Anaya para crear una cantinela rimada que se burlaba de su estatura: «Ricky, riquín, canallín».

Cuando Meade, el candidato del PRI, criticó al partido de López Obrador por votar contra el Tratado de Libre Comercio, AMLO respondió que el debate era solamente una excusa para atacarlo. «Es obvio, y diría que comprensible —dijo—. Estamos veinticinco puntos arriba en las encuestas». Por lo demás, apenas si se molestó en mirar en dirección a Meade, salvo para hacer gestos de desdén a él y a Anaya y llamarlos representantes de «la mafia del poder».

No obstante, su ventaja en las encuestas solo creció. Dos días después, en la ciudad turística de Puerto Vallarta, miles de seguidores rodearon su camioneta blanca, deteniéndola en su sitio hasta que la policía abrió el paso. En redes sociales circularon vídeos de sus simpatizantes inclinándose para besar su coche.

Desde que perdió las elecciones de 2006, López Obrador se ha presentado como una encarnación del cambio. Fundó un nuevo partido, el Movimiento de Regeneración Nacional, o MORENA, al que Duncan Wood, director del Instituto de México en el Wilson Center, describe como evocativo del primer PRI: un esfuerzo por incorporar a todos los que sienten que México perdió el rumbo. «Le dio la vuelta al país firmando acuerdos con diversas personas —dijo Wood—. "¿Quiere ser parte del cambio? ¿Sí? Entonces firme aquí"». El MORENA tiene un número de simpatizantes cada vez mayor, pero relativamente pocos miembros oficiales; el año pasado tenía trescientos veinte mil, convirtiéndolo en el cuarto partido más grande del país. Conforme la campaña de López Obrador ha cobrado fuerza, han acogido a socios que parecerían profundamente incompatibles. En diciembre, el MORENA forjó una coalición con el PT, un partido de orígenes maoístas; también se unió al PES, un partido cristiano evangélico que se opone al matrimonio igualitario, la homosexualidad y el aborto. Algunos de sus asesores han indicado que López Obrador podría cortar estos vínculos una vez que gane, pero no todos están convencidos. «Lo que más me aterroriza son sus alianzas políticas», me dijo Luis Miguel González, de *El Economista*.

En un mitin en la ciudad de Gómez Palacio, algunos de esos aliados chocaron desastrosamente. En un mercado al aire libre a las orillas de la ciudad, algunos partidarios del PT ocupaban un área grande cerca de la tarima —un contingente organizado de jóvenes con camisetas rojas que agitaban banderas con estrellas amarillas—. En el escenario, con López Obrador, estaba el jefe del partido, Beto Anaya. Uno de los asesores de López Obrador hizo una mueca evidente y se quejó: «Este tipo tiene unos cuantos escándalos de corrupción». (Anaya ha negado las acusaciones en su contra). Mientras los líderes locales se reunían, una joven caminó hasta el micrófono y varios abucheos surgieron del público. El asesor explicó que la mujer era Alma Marina Vitela, una candidata del MORENA que antes estaba con el PRI. El abucheo cobró fuerza y Vitela se quedó allí congelada, mirando a la multitud, al parecer incapaz de decir nada. López Obrador se apresuró a su lado, la rodeó con un brazo y tomó el micrófono. «Tenemos que dejar nuestras diferencias y conflictos atrás», dijo. El abucheo cesó de inmediato. «¡La patria es primero!», gritó, y estallaron las ovaciones.

Con los partidarios del PT en el público, el discurso de López Obrador dio un claro giro hacia posturas más radicales. «Este partido es un instrumento para la lucha de la gente —dijo, y añadió—: En la unión está la fuerza». Continuó: «México producirá todo lo que consuma. Dejaremos de comprar del exterior». Después de cada uno de sus puntos, los militantes del PT lo aclamaban al unísono y algunos aporreaban un tambor.

Durante la cena de esa noche hablamos sobre los objetivos de MORENA. López Obrador presumió de que, a pesar de que el partido seguía siendo considerablemente más chico que sus rivales, era capaz de movilizar simpatizantes de manera confiable. «Hay pocos movimientos de izquierda en América Latina que sigan teniendo el poder de sacar a la gente a la calle», dijo.

Poco antes, un destacado líder comunista de la región me había dicho que la izquierda latinoamericana estaba muerta, en gran medida, porque no quedaban casi sindicatos. Los sindicatos fueron alguna vez los centros neurálgicos de la política regional, pues ofrecían credibilidad y votos; en las últimas décadas, muchos han sucumbido a la corrupción o a las divisiones internas, o incluso han sido captados por los dueños de las empresas. López Obrador sonrió cuando le mencioné esto. El sindicato minero más grande de México había ofrecido, recientemente, apoyar su campaña. En 2006, el líder del sindicato fue acusado de tratar de desviar cincuenta y cinco millones de dólares de un fideicomiso de los trabajadores; huyó a Canadá, donde obtuvo la ciudadanía y escribió un best seller sobre sus tribulaciones. Según la versión de López Obrador, lo habían castigado por enfrentarse a los dueños de las mineras. «Son dueños de todos, y son quienes dan las órdenes», dijo.

Urrutia fue exonerado en 2014, pero aún sentía que podía ser blanco de nuevas acusaciones si regresaba. López Obrador asumió la defensa de su causa y le ofreció un escaño en el Senado, lo cual le ofrecería inmunidad ante futuros procesos judiciales. Los críticos de López Obrador enfurecieron. «¡Debió haber visto la indignación! —me dijo—. De verdad me atacaron. Pero ya se está apagando de nuevo». Con una mirada burlona, comentó: «Yo les dije que, si los canadienses pensaban que estaba bien, tal vez, después de todo, no era tan malo». Poniendo los ojos en blanco, añadió: «Ya sabe, aquí piensan que los canadienses son todo lo bueno».

López Obrador me dijo que también tenía el respaldo del sindicato de maestros, y luego se apresuró a aclarar: «El que no es oficial, no el oficial y corrupto». El Gobierno de Peña Nieto había aprobado reformas en materia educativa y las medidas fueron impopulares entre los maestros. «Ahora están con nosotros —dijo, y agregó—: El sindicato de maestros oficial (en entredicho, corrupto) también me ha dado su apoyo. —Hizo una mueca—. Es el tipo de apoyo que uno en realidad no necesita, pero en una campaña necesitas apoyos, así que seguimos adelante y esperamos encontrar maneras de limpiarlos».

Unas semanas después, me uní de nuevo a la gira de López Obrador en Chihuahua, el estado más grande de México. Al sur de Ciudad Juárez y su polvoriento cinturón de maquiladoras de salarios bajos, Chihuahua es territorio vaquero: una extensa región de vastas praderas y montañas boscosas. Durante varios días, condujimos cientos de kilómetros de ida y vuelta entre los pastizales.

Este territorio fue alguna vez la base del ejército revolucionario de Pancho Villa en su lucha contra el dictador Porfirio Díaz; el paisaje estaba salpicado de sitios históricos de batallas y ejecuciones masivas. Un día, a la puerta de un baño de hombres en una estación de servicio, López Obrador miró hacia la llanura, hizo un gesto con ambos brazos y dijo: «Villa y sus hombres marcharon por todas estas partes durante años. Pero solo imagine la diferencia: él y sus hombres cubrieron casi todos estos kilómetros a caballo, mientras que nosotros vamos en coches».

López Obrador ha escrito media docena de libros sobre la historia política de México. Más aún que la mayoría de los mexicanos, es consciente de la historia nacional de subyugación y es sensible a sus ecos en la retórica del Gobierno de Trump. Cuando paramos a comer en un modesto restaurante a la orilla de la carretera, habló de la invasión de 1846, conocida en Estados Unidos como la «guerra mexicoamericana» y en México como la «intervención estadounidense en México». El conflicto terminó con la humillante cesión de más de la mitad del territorio nacional a Estados Unidos, pero López Obrador veía en él, al menos, algunos ejemplos de valentía. En un punto durante la guerra, dijo, el comodoro Matthew Perry desplegó una enorme flota estadounidense frente a la costa de Veracruz. «Tenía una superioridad aplastante, y le mandó decir al comandante del lugar que se rindiera para salvar a la ciudad y su gente —dijo—. ¿Y sabe usted qué le dijo el comandante a Perry? "Mis pelotas son tan grandes que no caben en tu edificio del Capitolio. Te estoy esperando". Y entonces Perry abrió fuego, y devastó Veracruz». López Obrador se rio. «Pero el orgullo se salvó». Por un momento, meditó acerca de si la victoria era más importante que un gran gesto que pudiese significar una derrota. Al final, dijo que creía que el gran gesto era importante: «Por el bien de la historia, cuando menos». Nos interrumpieron los miembros de la familia que regenteaba el restaurante, y que pedían amablemente tomarse un selfi. Cuando López Obrador se levantó para complacerlos, dijo: «Este país tiene sus personajes, pero ¡Donald Trump!». Alzó las cejas en señal de incredulidad y, riéndose, golpeó la mesa con ambas manos.

Al principio del mandato de Trump, López Obrador se presentó a sí mismo como un antagonista; además de sus discursos condenatorios, presentó una denuncia ante la Comisión Interamericana de Derechos Humanos, en Washington D. C., protestando por el muro fronterizo de la Administración y por su política migratoria. Cuando le mencioné el muro, sonrió socarronamente y dijo: «Si sigue adelante con eso, iremos a la ONU a denunciarlo como una violación de los derechos humanos». Pero añadió que había llegado a entender, viendo a Trump, que «no es prudente atacarlo de forma directa».

En su gira de campaña, López Obrador se ha resistido, en general, a los gestos grandiosos. No mucho después del discurso en Gómez Palacio, Trump envió efectivos de la Guardia Nacional a la frontera con México. López Obrador sugirió una respuesta casi pacifista: «Organizaremos una manifestación a lo largo de toda la extensión de la frontera: ¡una protesta política, todos vestidos de blanco!».

López Obrador ha ofrecido, sobre todo, llamamientos al respeto mutuo. «No descartamos la posibilidad de convencer a Donald Trump de qué tan equivocada ha sido su política exterior, y en particular su actitud contenciosa hacia México —dijo en Ciudad Juárez—. Ni México ni su gente serán una piñata para ningún poder extranjero». Fuera del escenario sugirió que era moralmente necesario restringir las tendencias aislacionistas de Trump. «Estados Unidos se puede convertir en un gueto —dijo—. Sería un absurdo monumental». Añadió que esperaba ser capaz de negociar una nueva relación con el presidente estadounidense. Cuando expresé escepticismo, señaló los fluctuantes comentarios de Trump sobre el líder norcoreano, Kim Jong-un: «Se ve que sus posturas no son irreductibles, sino que las adopta en nombre de las apariencias». Tras bambalinas, los asesores de López Obrador se han acercado a sus contrapartes del Gobierno de Trump, intentando establecer relaciones de trabajo.

Una postura más agresiva no le reportaría gran ventaja a López Obrador sobre sus adversarios en campaña. Cuando le pregunté a Jorge Guajardo, el exembajador, qué peso tenía Trump en ese punto de la elección, me contestó: «Ninguno. Y por una razón muy simple: todos en México se le oponen igualmente». Ya en el cargo, no obstante, López Obrador podría darse cuenta de que lo beneficiaría presentar una resistencia más vigorosa. «Mira lo que les pasó a aquellos líderes que de inmediato intentaron quedar bien con Trump —dijo Guajardo—. Macron, Merkel, Peña Nieto y Abe: todos salieron perdiendo. ¡Pero mira a Kim Jong-un! A Trump parecen gustarle aquellos que lo rechazan. Y creo que el mismo escenario se aplicará a Andrés Manuel».

En los actos de campaña, López Obrador habla con frecuencia del «mexicanismo» —una forma de decir «Primero México»—. Los analistas de la región afirman que, cuando los intereses de ambos países compitan, lo más probable es que él mire hacia dentro. A las fuerzas armadas y los cuerpos policiales de México a menudo se les ha tenido que convencer de cooperar con Estados Unidos, y López Obrador probablemente se sentirá menos inclinado a presionarlos. Estados Unidos cabildeó a Peña Nieto, con éxito, para que endureciera la frontera sur de México contra el flujo de migrantes centroamericanos. López Obrador ha anunciado que, en lugar de ello, mudará las oficinas de migración a Tijuana, en el norte. «Los estadounidenses quieren que las pongamos en la frontera sur con Guatemala, para que hagamos por ellos el trabajo sucio —dijo—. No, las pondremos aquí, para poder cuidar a nuestros migrantes». Los funcionarios de la región temen que Trump se esté preparando para salirse del TLCAN. López Obrador, quien ha llamado con frecuencia a asumir una mayor autonomía, quizá se alegre de dejarlo ir. En el discurso de lanzamiento de su campaña dijo que esperaba desarrollar el potencial del país, pues así «ninguna amenaza, ningún muro, ninguna actitud prepotente de ningún Gobierno extranjero podrá impedir que podamos trabajar y ser felices en nuestra querida patria».

Incluso si López Obrador se inclina por construir una relación más cercana, las presiones tanto del interior como del exterior del país podrían evitarlo. «No puedes ser el presidente de México y tener una relación pragmática con Trump; es una contradicción en los términos —dijo González—. Hasta ahora, México ha sido predecible, y Trump ha sido el que pone las sorpresas. Creo que ahora va a ser AMLO el que ponga el factor sorpresa».

Una mañana en Parral, la ciudad donde murió Pancho Villa, López Obrador y yo desayunamos mientras se preparaba para dar un discurso en la plaza. Aceptó que la transformación producida por Villa había sido sangrienta, pero estaba seguro de que la transformación que él mismo proponía sería pacífica. «Estoy mandando mensajes de tranquilidad, y voy a continuar haciéndolo —dijo—. Y, más allá de mis diferencias con Trump, lo he tratado con respeto».

Le dije que muchos mexicanos se preguntaban si había moderado sus creencias radicales de antaño. «No —dijo—. Siempre he pensado de la misma forma. Pero actúo de acuerdo con las circunstancias. Hemos propuesto un cambio ordenado, y nuestra estrategia parece haber funcionado. Ahora hay menos temor. Más gente de clase media se ha subido al barco, no solo los pobres, y hay empresarios también».

Hay ciertos límites a la inclusividad de López Obrador. Muchos jóvenes metropolitanos de México desconfían de lo que ven como una falta de entusiasmo en él por las políticas identitarias contemporáneas. Le pregunté si se creía capaz de hacerlos cambiar de idea. «No mucho —respondió con naturalidad—. Mire, en este mundo están los que les dan más importancia a las políticas del momento —identidad, género, ecología, animales—. Y está el otro campo, que no es la mayoría, pero sí es más importante, que es la lucha por la igualdad de derechos, y ese es el campo al que yo suscribo. En el otro campo puedes pasarte la vida criticando, cuestionando y administrando la tragedia sin llegar siquiera a proponer una transformación del régimen».

López Obrador ha dicho a veces que quiere ser recordado como un líder de la talla de Benito Juárez. Le pregunté si de verdad creía que podría rehacer el país de esa manera histórica. «Sí —contestó. Me miró fijamente—. Sí, sí. Vamos a hacer historia, estoy seguro de ello. Sé que cuando uno es candidato a veces dice cosas y hace promesas que no pueden cumplirse (no porque uno no quiera, sino por las circunstancias). Pero creo que puedo confrontar las circunstancias y cumplir esas promesas».

Este es un mensaje que entusiasma a sus defensores y preocupa a sus adversarios: una promesa de transformar el país sin perturbarlo. Pensé en un discurso que dio una noche en Ciudad Cuauhtémoc, una ciudad minera de aspecto olvidado, rodeada de montañas. Ciudad Cuauhtémoc estaba lejos de la mayoría de los ciudadanos de México, pero la gente allí se sentía igualmente frustrada con la corrupción y la rapacidad económica. La zona estaba bajo el dominio de los cárteles, de acuerdo con los asesores de López Obrador, y la economía tenía sus problemas. Un líder local de MORENA habló con frustración sobre «las compañías mineras extranjeras que explotan los tesoros de nuestro subsuelo».

Entre el público había muchos vaqueros con sombreros y botas; un grupo de mujeres tarahumaras con vestidos de bordados tradicionales ocupaba una esquina del lugar. López Obrador se veía muy a gusto allí, y su discurso fue más airado y menos calculado de lo normal. Prometió a sus oyentes una «revolución radical», una que les daría el país que querían tener. «"Radical" viene de "raíz" —dijo—. Y vamos a arrancar de raíz a este régimen corrupto».

El Palacio Quemado*

En el exterior de un estadio deportivo de Cochabamba, en Bolivia, tres hombres encaramados a un pedestal derribaban una estatua de Evo Morales, presidente del país hasta hacía unas pocas semanas. Uno de ellos le asestaba infatigables martillazos a la escultura, mientras otro empujaba la cabeza coronada por el corte de pelo estilo champiñón —a imagen del representado— que lo distinguía entre los líderes mundiales. La estatua acabó por desprenderse y una horda desdeñosa la arrojó al suelo. El ministro de Deportes del nuevo Gobierno, que colaboró en la demolición, les explicó más tarde a los reporteros que los estadios no deberían llevar nombres de delincuentes.

Morales abandonó Bolivia en noviembre, tras ser acusado de fraude electoral y después de que el jefe del ejército le sugiriera públicamente que presentara su renuncia. Desde ese momento, la división en Bolivia ha sido descarnada, incluso violenta por momentos. Se alzaron numerosas voces que hablaban de golpe de Estado, pero se daba una discrepancia constante sobre si lo había perpetrado Morales o la oposición. Fuera quien fuese el responsable, la salida del presidente ponía un abrupto punto final a una de las presidencias más destacadas de Latinoamérica. Morales, hijo de unos pobres pastores de llamas y miembro de la etnia aimara, fue el primer presidente indígena de un país poblado mayoritariamente por indígenas. Pese a haber abandonado sus estudios antes de llegar a la universidad y a hablar un español tosco con mucho acento, Morales logró mantenerse en el poder durante catorce años. Quizá este protegido de Fidel Castro fuese el último exponente vivo de la Marea Rosa, la corriente de líderes izquierdistas que dominó el panorama po-

* Publicado originalmente en *The New Yorker* el 16 de marzo de 2020. Traducción para esta edición de Laura Salas.

lítico latinoamericano durante más de una década. Durante sus mandatos, Morales transformó Bolivia, reduciendo la pobreza en casi la mitad
y triplicando el PIB.

Evo, como lo conoce todo el mundo, es un hombre robusto de aspecto juvenil pese a sus sesenta años, que se vanagloria de aguantar más que
sus rivales en los partidos de fútbol disputados a gran altura en los Andes
bolivianos. (Durante un encuentro celebrado en 2010, lo grabaron ases-
tándole un rodillazo deliberado en la entrepierna a un rival despistado).
El año pasado, sin ir más lejos, aseguró que se mantenía en forma haciendo más de mil sentadillas al día. En su cargo de presidente se mostraba
infatigable: su jornada empezaba a las cinco menos cuarto de la mañana
y se prolongaba hasta bien entrada la noche. Morales, a pesar de ser un populista con carisma, podía asimismo mostrarse arrogante y provocar divisiones, y era dado a lanzar proclamas groseras y a veces excéntricas. En
una ocasión, sugirió que la ingesta de pollo genéticamente modificado
volvía gais a las personas. En otra, hizo colocar en el Congreso el «Reloj
del Sur», cuyas agujas giraban hacia la izquierda para simbolizar los esfuerzos de Bolivia por «descolonizarse». Morales, que durante mucho tiempo
lideró el sindicato de los cocaleros, usó su cargo para hablar largo y tendido de las propiedades medicinales de la planta. Detrás del escritorio
presidencial, colgó un retrato del Che Guevara hecho con hojas de coca.

Tras las reñidas elecciones, algunos de los principales funcionarios,
incluyendo las tres personas que lo seguían en la sucesión a la presidencia, presentaron su dimisión a la par que Evo. Jeanine Áñez, miembro del
partido conservador de la oposición y expresentadora de televisión de
cincuenta y dos años, que por entonces ocupaba el puesto —en gran
medida protocolario— de segunda vicepresidenta del Senado, reclamó
para sí el Gobierno. Dos días después, Áñez había logrado el respaldo del
ejército y se proclamaba presidenta, ciñéndose la banda presidencial ante
la mirada aquiescente de algunos generales. Más o menos lo mismo tardó en disgustar a la población indígena al dirigir a un tropel de seguidores hasta el palacio presidencial, donde procedió a alzar una Biblia de
considerables dimensiones y declarar que estaba «devolviendo la Biblia
al palacio». Áñez, rubia y de tez clara, agravó la situación al nombrar un
gabinete formado únicamente por personas blancas. Tras las consiguien-
tes protestas, añadió un ministro indígena, pero para entonces los partidarios de Morales ya le habían endosado el mote de «la mujer teñida»
o, más simplemente, «la puta».

Ya como presidenta, Áñez firmó un decreto que prohibía los «cultos
a la personalidad» en las instituciones bolivianas y dejó claro que preten-

día eliminar el legado y la presencia de Morales de la vida pública. Un empleado de la presidencia me explicó que Áñez había hecho un recorrido por los antiguos despachos de Morales, acompañada de un hombre ataviado con sayo indígena y de otro pertrechado con una Biblia. Mientras ella rezaba ante retratos de algunos héroes nacionales bolivianos, el hombre con la vestimenta nativa tocaba un cuerno, como para deshacerse de los espíritus malignos. El empleado me explicó que, cuando Áñez se encontró con el retrato de hojas de coca del Che, se alteró visiblemente y ordenó que lo quitaran.

Áñez y sus aliados afirmaban que Morales había convertido Bolivia en una autocracia socialista, y que la única manera de sanar el país era echarlo a él. Desde su exilio mexicano, Morales insistía en que la Bolivia moderna era creación suya, que la nación no existía verdaderamente sin él. Este invierno, durante una de las múltiples conversaciones que mantuvimos, Morales me explicó la tradición boliviana de la inestabilidad política. En sus ciento noventa y cinco años como república independiente, el país ha visto nada más y nada menos que ciento noventa revoluciones y golpes de Estado; se podría decir que la destitución forzada de Morales ha sido el episodio más reciente de ellos. «Afirmaban que mi Gobierno era autoritario porque he sido presidente durante mucho tiempo —me dijo—. Me llamaban "dictador Evo Morales", pero ahora los bolivianos ven lo que es vivir bajo una dictadura, lo que es vivir un golpe de Estado». En su opinión, deberían permitirle regresar para concluir su mandato. Me aseguró que, de no ser así, su bloque (el Movimiento al Socialismo o MAS) se haría de nuevo con el control de Bolivia de un modo u otro: «Volveré, y seremos millones», aseguró. Estaba parafraseando las últimas palabras de uno de sus héroes, el rebelde anticolonialista del siglo XVIII Túpac Katari, justo antes de ser descuartizado por cuatro caballos españoles.

Una tarde, mientras yo esperaba fuera del palacio presidencial para reunirme con Áñez, un joven se me acercó y escupió con aspavientos junto a mis pies. Al parecer me había confundido con alguna autoridad estadounidense que estaba allí para ayudar al nuevo régimen, lo cual no deja de ser comprensible.

Era principios de diciembre, tres semanas antes del derrocamiento del Gobierno de Morales, y Bolivia seguía polarizada. En los barrios más adinerados de La Paz se veían pintadas callejeras que calificaban a Morales de asesino, dictador o narco, mientras que, en los barrios de población mayoritariamente indígena, había eslóganes que rezaban Evo sí o Áñez FASCISTA. A dos manzanas del palacio había un mensaje pintado con aerosol: ALERTA: NOS ESTÁN MATANDO, que podría venir tanto de una facción como de la otra.

El Palacio Quemado, tal y como se conoce al edificio presidencial, se ganó el sobrenombre en 1875, cuando una turba enfurecida le prendió fuego durante un intento de golpe de Estado. Reemplazó la edificación una estructura neoclásica rosa y blanca que ha sobrevivido intacta, pero en 1946 murió asesinado allí el presidente reformista Gualberto Villarroel, en otro atentado perpetrado por una muchedumbre: arrojaron su cadáver por un balcón y acto seguido lo colgaron de una farola de la plaza de abajo. La farola en cuestión sigue en pie, junto a una placa que conmemora la muerte de Villarroel. La plaza, un lugar tranquilo lleno de árboles y vendedores de globos, lleva el nombre de Pedro Domingo Murillo, el patriota criollo que encendió la mecha de la guerra de la independencia de Bolivia contra España en 1809. Las tropas leales al rey no tardaron mucho en capturarlo y ahorcarlo.

Como en un intento por renegar de esta horrenda historia, Morales construyó un rascacielos que bautizó con el nombre de «Casa Grande del Pueblo» y que albergaría la sede central de su «revolución democrática y cultural». La Casa Grande, un reluciente rectángulo de cristal y acero, acoge en las veintinueve plantas que se alzan sobre el antiguo palacio los despachos y la residencia presidenciales, así como varios ministerios. Los detractores de Morales criticaron la construcción, que costó alrededor de treinta y cuatro millones de dólares, por considerarla extravagante y fruto de la vanidad. Tras la huida del presidente, la nueva ministra de Comunicación encabezó un recorrido para la prensa por los aposentos presidenciales, que despreció burlonamente por considerarlos «propios de un jeque árabe». Los fotógrafos de los noticieros mostraron un dormitorio espacioso a la par que aséptico y un cuarto de baño de mármol provisto de jacuzzi; bonito, pero no mucho más lujoso que un hotel Four Points de Sheraton.

Áñez había rehusado alojarse en la Casa Grande y se instaló en el Palacio Quemado. La esperé en una sala bajo la atenta mirada de un retrato enmarcado en oro de Simón Bolívar, quien le da nombre al país. Áñez llegó con su séquito, un soldado y un guardaespaldas de paisano que ocuparon sus posiciones: uno detrás de ella y el otro junto a una ventana que daba a la plaza. Un hombre con traje de chaqueta se presentó como Erick Foronda, el secretario privado de Áñez. Cuando le dije que me sonaba su cara, se mostró impávido: «Será porque soy agente de la CIA», dijo. Había ejercido como asesor de la embajada de Estados Unidos en La Paz durante dos décadas. Morales, que acusaba a menudo a Washington de interferir de manera encubierta en los asuntos bolivianos, había expulsado al embajador estadounidense y a la Administración para el Control de Drogas en 2008, así como a la Agencia de Estados Unidos para el Desarrollo Internacional (USAID) en 2013. Ese mismo año, Morales aseguró que, durante su viaje de regreso de una visita oficial a Rusia, el Gobierno estadounidense había ordenado el desvío del avión presidencial hasta Viena con la sospecha de que llevaba con él a Edward Snowden escondido, cosa que no era cierta.

Los dos primeros años de la Administración de Trump, Foronda vivió en Washington. Los aliados de Morales consideraban su presencia en el palacio como una prueba irrefutable del apoyo de Estados Unidos al golpe de Estado. En enero, Radio Habana Cuba emitió un reportaje titulado «El secretario privado de Áñez garantiza la subordinación de Bolivia a Washington». Pese a la gran cantidad de aseveraciones inverosímiles que plagaban el reportaje —llegaba a sugerir que Estados Unidos había forzado la expulsión de Morales con el fin de garantizar el suministro de litio por parte de Bolivia—, lo cierto era que el Gobierno de Áñez no ocultaba su filiación derechista. La presidenta se apresuró a expulsar a los diplomáticos venezolanos y a los médicos cubanos, tras acusarlos de financiar a las hordas partidarias de Morales. El primer dirigente en felicitarla por la presidencia fue Jair Bolsonaro, el líder de extrema derecha de Brasil, y el segundo, Donald Trump. (En Estados Unidos, simpatizantes izquierdistas como Bernie Sanders o Alexandria Ocasio-Cortez denunciaron lo que consideraban un golpe de Estado).

Durante nuestra reunión, en el palacio hacía bastante frío, y Áñez llevaba un abrigo negro que cubría el vestido del mismo color. Conversaba con voz baja pero firme, y me explicó que le dolía la garganta de tanto hablar. En su opinión, lo que había sucedido en Bolivia era una «liberación» de la política de división de clases y odio de Morales. «Han sido catorce años de dictadura, catorce años de mentiras, de represión, de los que intentamos liberar a los bolivianos para propiciar una transición que dé paso a un nuevo comienzo, a un lugar donde nadie nos prohíba pensar diferente», sentenció.

Le pregunté si su aparición con la Biblia en el Palacio Quemado podría haber alarmado a los partidarios de Morales al apuntar a una lealtad hacia la extrema derecha. «Soy una mujer cercana a la Biblia, estoy cerca de Dios —comentó con fervor—. Si eso significa que soy ultraderechista, pues lo seré». Afirmó que más del 80 por ciento de los bolivianos también eran «gente con fe» y acusó a Morales de «no creer en Dios» y de profesar «otras creencias», comentario que recordaba un viejo tuit suyo, por entonces eliminado, en el que menospreciaba las creencias religiosas de los aimaras tildándolas de «satánicas».

Áñez me aseguró que en ningún momento había considerado convertirse en presidenta: «Dios lo puso en mi camino». Pero, añadió, desde que ella estaba al mando, la situación de Bolivia era más estable y se estaba llevando a cabo la transición política necesaria. Pese a que «muchos bolivianos» le habían expresado que apreciaban sus desvelos, no se planteaba presentarse a las próximas elecciones, planeadas para mayo. Se consideraba a sí misma «un instrumento» empleado en la tarea de «pacificar y estabilizar» el país.

A pesar de que Áñez hablaba de paz, la sensación de que se estaba llevando a cabo una purga ideológica era palpable. Su ministro del Interior, Arturo Murillo, había jurado «darle caza» a su predecesor, Juan Ramón Quintana, que se encontraba refugiado en la embajada mexicana. (Murillo era conocido por sus duras declaraciones. Cuando era senador, dijo en una ocasión que las mujeres no tenían derecho a abortar, aunque sí eran libres de «matarse tirándose desde un quinto piso» si ese era su deseo). Si alguien albergaba dudas de que la metáfora de la caza fuera una figura retórica, Murillo las disipó al describir a Quintana como «un animal que se alimenta de la sangre de las personas». Prometió asimismo perseguir a Morales por «narcoterrorista». Áñez secundaba dicha acusación, y me aseguró que Morales tendría que enfrentarse a la justicia si regresaba alguna vez a Bolivia.

Cuando hablé con Morales por primera vez, en una conversación telefónica que tuvo lugar dos días después de su llegada a México, insistió en que era víctima de un complot de los oligarcas bolivianos, confabulados con imperialistas estadounidenses. «No me perdonan el haber nacionalizado los recursos naturales. No me perdonan el haber reducido la pobreza extrema. En el sistema capitalista, la idea es que, si eres pobre, tienes que cuidarte tú solo, y así no habrá ningún problema social. Pero eso no funciona en Bolivia». Como en muchas otras ocasiones, Morales acusó a sus enemigos de racismo, de no soportar que un «indio» hubiera llegado a presidente.

A Morales le gusta decir que no se limitó a liderar el país, sino que lo había «transformado». Desde los tiempos de la ocupación española, Bolivia, en la práctica, era dos países: uno indígena y sobre todo rural, y otro blanco y sobre todo urbano. Durante su primer mandato, Morales impuso la aprobación de una nueva Constitución donde se modificaba el nombre del país, que pasaba de ser la República de Bolivia a convertirse en el Estado Plurinacional de Bolivia, con el fin de reflejar su diversidad «social y de comunidades». Se adoptaba como emblema nacional, equiparable a la bandera, la *wiphala*, un símbolo indígena consistente en cuadrados de vivos colores que representan los numerosos pueblos de Bolivia. En sus funciones de Estado, Morales vestía un traje sin cuello de lana de alpaca realzado con vistosos bordados aimaras.

La reforma de la Constitución cambiaba asimismo la suerte electoral de Morales. Estaba prohibido que los presidentes del país gobernaran en mandatos consecutivos, pero una nueva disposición le permitiría gobernar dos seguidos. En 2013, cuando estaba a punto de alcanzar el límite de dos mandatos, Morales convenció a los tribunales de que su primera legislatura, anterior a las modificaciones de la Constitución, no debería sumarse al total. El año siguiente, volvió a ganar la presidencia. En 2016, intentó otra maniobra: celebró un referéndum pidiéndoles a los bolivianos que anularan la Constitución y le permitieran un cuarto mandato. Los votantes rechazaron su petición por un estrecho margen, pero el Tribunal Constitucional de Bolivia se mostró complaciente y dictaminó que prohibir a Morales presentarse a las elecciones sería una violación de sus derechos humanos. En 2018, un organismo aún más dócil, el Tribunal Supremo Electoral, ratificó el veredicto.

Muchos bolivianos se indignaron y la oposición convocó protestas. No obstante, Morales conservó un amplio apoyo, sobre todo entre la población pobre e indígena. El pasado 20 de octubre, Morales se presentó a su reelección, seguro de sus posibilidades. Su rival era Carlos Mesa, un experiodista cuya carrera había frustrado Morales en dos ocasiones. Había ocupado el cargo de vicepresidente de 2002 a 2003, cuando el entonces presidente huyó del país en medio de violentas protestas derivadas de su privatización de las reservas de gas natural; un conflicto conocido como la Guerra del Gas. A continuación, Mesa pasó a ocupar el cargo de presidente, solo para dimitir dado que el conflicto no terminaba. En ambas ocasiones, Morales ocupaba un puesto importante en la oposición.

El día de las elecciones, los primeros resultados le concedieron una ventaja de siete puntos a Morales, pero necesitaba diez para evitar una segunda ronda de votaciones. Por la noche, con el 84 por ciento del voto escrutado, se detuvo repentinamente el recuento electrónico; cuando volvió a ponerse en marcha, veinticuatro horas más tarde, Morales se había asegurado un margen de un poco más del 10 por ciento. Mesa y sus seguidores prorrumpieron en acusaciones de fraude y convocaron enseguida huelgas de ámbito nacional para exigir la repetición de las elecciones.

Ni Morales ni sus opositores se avinieron a ceder en sus posturas, sumiendo al país en una oleada de protestas y contraprotestas. Al final, Morales accedió a permitir que la Organización de Estados Americanos investigara los comicios; el 10 de noviembre, la OEA publicó sus hallazgos. Los auditores afirmaron sin ambages que se habían producido «serias irregularidades», la mayoría de las cuales habían beneficiado a Morales, y recomendaban la celebración de nuevas elecciones. Morales se apresuró a aceptar el informe y anunció su apoyo a la repetición de los comicios. Sin embargo, antes de que pudieran celebrarse, el jefe de las fuerzas armadas bolivianas, Williams Kaliman, apareció ante las cámaras de televisión para «recomendar» la dimisión de Morales «por el bien de Bolivia». El comandante de la policía nacional secundó la propuesta.

Morales comprendió que sus horas como presidente habían llegado a su fin. Las unidades policiales se amotinaban a lo largo y ancho del país, y la guardia presidencial abandonaba su puesto. Morales dio una conferencia de prensa desde el hangar que albergaba su jet, y presentó su renuncia acompañada de unas declaraciones hurañas y apresuradas. A continuación, acompañado de unos pocos asistentes de su entorno más cercano, voló hasta su bastión rural, en la región cocalera del Chapare. Tras hacer correr la voz entre sus seguidores de que se reunieran en el aeropuerto, miles de personas acudieron para protegerlo de un posible arresto. Al día siguiente, Morales tuiteó una fotografía de sí mismo en un refugio. Se le veía tumbado sobre una manta en el suelo de cemento.

Permaneció veinticuatro horas en paradero desconocido mientras Andrés Manuel López Obrador, el presidente de centroizquierda de México, fletaba un jet que lo llevaría a puerto seguro. El ministro de Asuntos Exteriores mexicano, Marcelo Ebrard, había dejado claro que su Gobierno consideraba a Morales el presidente legítimo de Bolivia, destituido en un golpe militar. Ebrard saludó a Morales tras su aterrizaje en México con un cálido abrazo. Más adelante, me confesó que Morales había manifestado temor a ser asesinado si no abandonaba el país.

En el caos que rodeó la renuncia de Morales, los líderes del MAS cometieron un grave error político cuando los tres cargos más importantes presentaron la dimisión. El gesto se interpretó como una protesta, pero, al renunciar, dejaron vacante la línea de sucesión a la presidencia. Como resultado, Áñez, cuyo partido no había obtenido más del 4 por ciento de votos en las elecciones anteriores, pudo autoproclamarse presidenta del Senado (y, en consecuencia, la siguiente en la sucesión para liderar Bolivia).

Áñez tomó las riendas de un país agitado. Los detractores de Morales celebraban de forma tumultuosa su marcha, y hacían ondear la bandera tricolor de Bolivia en las calles. Carlos Mesa celebró en Twitter «el fin de la tiranía». Otros se dedicaron a atacar a los lugartenientes de Morales y a vandalizar sus hogares. Una turba saqueó una casa de Morales en Cochabamba y prendió fuego a otra propiedad de su hermana. En Potosí, al hermano del líder de MAS en el Congreso lo sacaron desnudo a la plaza principal mientras incendiaban su residencia. Otra turba de detractores agarró a la alcaldesa de una localidad próxima a Cochabamba, le cortó el pelo, la cubrió de pintura roja y la paseó por las calles mientras le propinaba una paliza.

Los seguidores de Morales protagonizaban enfrentamientos con la policía; otros quemaban y saqueaban negocios y los hogares de sus detractores más destacados. Las multitudes incendiaron sesenta y ocho autobuses en La Paz, y unos francotiradores abrieron fuego contra una caravana de mineros favorables a la oposición, hiriendo a algunos de ellos. Otros manifestantes bloquearon las carreteras que conducen a las ciudades bolivianas, interrumpiendo el suministro de alimentos y combustible.

El 12 de noviembre, día en que ocupó el cargo de presidenta, Áñez desplegó a la policía y el ejército, y no tardó en ofrecerles inmunidad por los delitos que pudieran cometer en sus esfuerzos por consolidar el control social. En el transcurso de unos días, las fuerzas de seguridad se vieron involucradas en dos masacres contra defensores de Morales. El día 15, un grupo de cocaleros militantes que se manifestaban en apoyo a Morales se aproximó al cordón policial en un puente de la ciudad de Sacaba, y nueve de ellos murieron tiroteados. Tres días después, en la ciudad aimara de El Alto, defensores de Morales bloquearon una planta de gas estatal llamada Senkata. Las fuerzas de seguridad abrieron fuego, matando al menos a diez personas.

El Gobierno de Áñez sostuvo que las fuerzas de seguridad habían evitado un «atentado terrorista» en Senkata. Las autoridades afirmaron que los manifestantes intentaban hacer estallar tanques de almacenamiento de gas, lo cual habría provocado hasta cincuenta mil muertos. Sin embargo, los investigadores enviados por la OEA rechazaron dicha explicación. Un organizador del MAS presente en el lugar me explicó que los manifestantes pretendían «llamar la atención», de manera que cavaron trincheras en la carretera de tierra situada fuera de la planta con el fin de obligar a los camiones cargados de combustible a detenerse. Sin embargo, el Gobierno envió excavadoras con la misión de rellenar las zanjas; los manifestantes les arrojaron piedras y los soldados empezaron a disparar. «Esa mujer miente —afirmaba el organizador en referencia a Áñez—. Dijo que llevábamos armas de fuego, pero es una ignominiosa mentira».

Para cuando se calmaron los disturbios en Bolivia, a finales de noviembre, había treinta y cuatro muertos y centenares de heridos. Arturo Murillo, nuevo ministro del Interior, me explicó que la Administración de Áñez no había tenido ninguna responsabilidad en el asunto. «No hay indicios de que ninguno de los fallecimientos del país se deba a acciones del Gobierno, pero lamentamos todos y cada uno de ellos. La mayoría de la gente murió de herida de bala del calibre 22 en la nuca, en la espalda o debajo del brazo. ¿Y eso qué significa? Que fue la gente del MAS, los que provocaron los disturbios, mataron a esas personas para crear agitación».

Murillo no ha proporcionado prueba alguna que avale sus afirmaciones. Es cierto que los seguidores de Morales cometieron actos violentos. (El propio Morales argumentó que los habían provocado los policías que se arrancaban la *wiphala* del uniforme y la quemaban. «Como es natural, se avecina un gran levantamiento para restaurar el honor de nuestros símbolos patrióticos», concluyó). Sin embargo, estos actos solo provocaron unas pocas muertes, más o menos las mismas que las turbas opositoras habían provocado entre los partidarios de Morales. Las fuerzas de seguridad mataron al menos a diecinueve personas, y existen informes que sugieren que la cifra total podría ser bastante mayor.

En medio de este clima de violencia, nueve altos cargos buscaron refugio en la embajada mexicana de La Paz, mientras que otros que tenían vinculación con Morales huyeron del país. Cuando le pregunté a Murillo acerca de los informes sobre persecuciones a miembros del MAS, me contestó con una cierta irritación: «No vamos a por cualquiera, solo a por los terroristas, los sediciosos, los que quieren hacerle daño a nuestro país. —Fue alzando la voz hasta clamar con tono amenazante—: Los vamos a perseguir, y con mano dura. Lo que más los persigue es su propia conciencia, ¿o no? Saben que han asesinado, saben que han quemado. Saben que han robado y que han engañado a la gente. Hay muchos que tienen que saldar su deuda con la patria. Y las deudas se acaban pagando, tarde o temprano».

En su opinión, la persona que mayor deuda había contraído con Bolivia era Evo Morales. Me aseguró que sus servicios de inteligencia habían sacado a la luz pruebas de que Morales había convertido el país en un «estado narcoterrorista». Me habló de agentes venezolanos enviados en calidad de provocadores terroristas, todo parte de una gran conspiración panamericana coordinada por Cuba. Según él, desde la marcha de Morales se habían incrementado las detenciones por asuntos de drogas, lo cual demostraba que la Administración del expresidente «había arrestado solamente a quienes no fueran amigos del Gobierno —aseveró Murillo—. Vamos a hacer todo lo que esté en nuestra mano para hacerle pagar por sus crímenes con la cárcel».

En diciembre, el fiscal general de Áñez acusó a Morales de sedición y terrorismo, y pidió a la Interpol que emitiera una orden de arresto contra él. Como prueba, el Gobierno reveló la grabación de una llamada telefónica, realizada supuestamente durante la crisis, en la que se oía a Morales ordenarle a un líder sindical que reforzara el cerco del MAS. «Que no entre comida a las ciudades. Vamos a bloquear, dejarlos aislados por completo».

Más adelante, cuando me reuní con Morales en Ciudad de México ese mismo mes, el expresidente desestimó las noticias de la orden de la Interpol. «Me han hecho todo lo que es humanamente posible hacerle a una persona. —Se rio restándole importancia al asunto. En su etapa de líder cocalero y congresista, el Gobierno lo había torturado y encarcelado por su activismo—. ¿Qué más pueden hacerme? ¿Meterme en la cárcel? Ya he estado allí».

Morales se encontraba refugiado en una base militar mexicana con acceso restringido, por lo que tuvimos que reunirnos en un chalet que hacía doblete como sede de la emisora de la televisión estatal venezolana. Nos sentamos bajo un árbol, en un pequeño jardín amurallado. Morales, ataviado con chaqueta de lana y pantalones chinos, se mostraba locuaz, si bien su expresión era vigilante. Parecía incapaz de concebir una vida lejos de Bolivia, sobre todo si él no tenía papel alguno en su destino.

Cuando Morales asumió la presidencia, muchas personas de la comunidad empresarial temieron que se establecería un régimen revolucionario sin concesiones. En su despacho había colgado un cuadro del guerrillero aimara Túpac Katari junto a retratos de Fidel Castro y Nelson Mandela. En cambio, su Administración se centró en el desarrollo. Morales me explicó que, al principio de su vida política, «mantuve en una ocasión un largo encuentro con el comandante Fidel Castro». Castro le dio una charla sobre políticas sociales desde la medianoche hasta las cinco o seis de la mañana, mientras Morales se aburría cada vez más. «Al final, me atreví a preguntarle: "Fidel, ¿dónde compras las armas para la Revolución?". Y él me contestó: "¡Evo, no, no, no!"». En lugar de en una insurrección armada, Castro quería que se concentrara en educación y sanidad. «Y me hizo pensar», concluyó Morales.

Morales señaló que, en 1978, el año en que realizó el servicio militar obligatorio, hubo tres presidentes diferentes, y al año siguiente fueron cuatro. «Sin estabilidad política, era imposible pensar en el desarrollo de Bolivia», apuntó. Durante su Administración, se enorgulleció, «nos convertimos en el primer país en crecimiento económico de toda Sudamérica. Antes, Bolivia solo era primera en pobreza y corrupción». Nacionalizó los recursos naturales del país y trató de sacarlos al mercado. «Cuando llegué al Gobierno, Bolivia no exportaba gas licuado —una forma de petróleo líquido—. Lo importaba». En cambio, ahora, Bolivia exporta gas a Paraguay, Perú, Brasil y Argentina. «Antes, Bolivia importaba fertilizante; sin embargo, ahora exportamos trescientas cincuenta mil toneladas al año a Brasil. Para ser un país pequeño de diez millones de personas, no es poco; son ingresos», siguió diciendo.

Al igual que otros líderes de izquierdas en la región, Morales se benefició de una década de esplendor de los recursos naturales. A diferencia de otros casos —el más famoso, el de Venezuela—, él no destrozó la economía del país declarándole la guerra al sector privado. Sus opositores (mayoritariamente, un *establishment* blanco y conservador con sede principal en la ciudad de Santa Cruz) intentaron expulsarlo de varias formas al principio de su mandato: desde huelgas a escala nacional hasta complots para contratar a mercenarios que lo asesinasen. Sin embargo, Morales demostró estar dispuesto a trabajar con los capitalistas, siempre y cuando no se enfrentaran a él en el plano político.

En La Paz, el pragmatismo de Evo se dejaba sentir. La capital boliviana está ubicada en el interior de un ancho cráter del altiplano andino, a más de tres mil quinientos metros sobre el nivel del mar. En las últimas dos décadas, la ciudad se ha expandido. En los suburbios que cubren las laderas del cráter, las viejas casas de adobe han sido sustituidas por ladrillo rojo, y coloridos teleféricos pasan silbando por lo alto, transportando pasajeros ladera arriba y abajo. En los barrios residenciales del sur, mucho más vastos, donde viven los paceños más acaudalados y blancos, adolescentes de aspecto pudiente van de las tiendas de United Colors of Benetton a los Burger King. En Calacoto, un barrio con chalets amurallados y hoteles de lujo, una agencia anuncia viajes a Disney World.

Para aliviar las desigualdades, Morales invirtió dinero a espuertas en una pensión básica universal, además de poner en marcha sistemas de transferencia de efectivo para incentivar que las mujeres embarazadas utilizasen la sanidad y las familias mantuviesen a sus hijos en la escuela. Su Gobierno distribuyó paquetes de alimentos (con su foto en ellos) y construyó hospitales y escuelas (que llevaban su nombre). Sus empeños resultaban a menudo melodramáticos (le gustaba visitar poblaciones pobres y darles dinero a los niños), pero eran eficaces.

Aun así, los objetivos de crecimiento económico e impulso social convivían con dificultad. En La Paz, me reuní con Waldo Albarracín, antiguo rector de la principal universidad pública del país y defensor de los derechos humanos. Albarracín apoyó al principio a Morales. «Voté a Evo. La mayoría de los que nos considerábamos de izquierdas lo hicimos», comentó. Sin embargo, había llegado a considerar su presidencia una oportunidad perdida. «El boom de los bienes de consumo generó unos ingresos de más de cuarenta mil millones de dólares. El país no había visto jamás unas ganancias como aquellas». Prestamistas internacionales, incluyendo el Banco Mundial y el FMI, accedieron a eliminar más de la mitad de la deuda externa de Bolivia. «Ese hubiera sido un buen momento para abrir más la economía», opinaba Albarracín. Por el contrario, Morales había afianzado su compromiso con la minería, el gas y la agroindustria. A la izquierda le frustraba cada vez más su hincapié en el negocio y su falta de interés por las prerrogativas medioambientales. Entonces, el boom de los bienes de consumo empezó a desinflarse. «No solo se ralentizó el crecimiento económico, sino que se dieron casos de corrupción, muy parecidos a los de los gobiernos de la derecha —añadió Albarracín—. Mientras tanto, Evo seguía hablando como un antimperialista». Albarracín y otros empezaron a expresar duras críticas y, con el tiempo, sus viejos camaradas se volvieron en su contra. Durante los disturbios de noviembre, cientos de activistas del MAS se congregaron en su casa, situada en una tranquila calle secundaria de La Paz, y la incendiaron.

En Ciudad de México, cuando presioné a Morales para que aceptara parte de la responsabilidad por la debacle de noviembre, me dijo con tono despreocupado: «Somos humanos, todos cometemos errores. Pero

¿acaso es un error presentarse a unas elecciones? En mi segunda legislatura, después de la transformación de Bolivia, mis hermanos del campo y mis hermanos de la ciudad acudieron a mí y me dijeron:"Tu vida ya no depende de ti, depende de la gente". Me dijeron que tenía que presentarme otra vez y seguir con el proceso de cambio».

Según se desarrollaba nuestra charla, me di cuenta de que una joven nos escuchaba sentada en un sillón, a unos cuatro metros. Tenía el pelo oscuro y liso recogido en coletas, y llevaba unos vaqueros y una camiseta negra con la palabra LOVE escrita en letras blancas brillantes. De vez en cuando, Morales y ella intercambiaban miradas y sonreían. En un momento dado, el expresidente interrumpió nuestra conversación para pedirle a mi fotógrafo que no tomara fotos de la mujer. Luego, cuando él posaba para la cámara, ella me pidió que le hiciera una foto con su teléfono. Se colocó de pie para la foto, de espaldas al muro del jardín, mientras le dirigía risillas juguetonas a Morales, que posaba a unos metros.

Morales declaró en una ocasión: «No me da tiempo a tener esposa ni hijos» porque estaba «casado con Bolivia», pero en realidad tiene una hija y un hijo, ambos en la veintena, nacidos de diferente madre. Otra de sus amantes estuvo involucrada en una trama en la que una empresa china se aseguró contratos por valor de quinientos millones de dólares con el Gobierno de Morales; en 2016, la condenaron a cumplir pena de cárcel por «enriquecimiento ilícito». Él no fue acusado, pero su relación con la mujer fue motivo de vergüenza, y aparecieron informes que aseguraban que la había dejado embarazada. Si bien no llegó a aparecer ningún niño en público, Morales exacerbó las especulaciones al afirmar que el bebé había fallecido, mientras que la mujer insistía en que estaba vivo.

Pese a que sus asistentes trataron de acallar las preocupaciones sobre la vida personal de Morales, el presidente había provocado un pequeño escándalo al declarar que, tras retirarse de la política, planeaba echar raíces en una granja «con mi cato de coca, mi quinceañera y mi charango».

En México, Morales daba la sensación de estar desconectado de la realidad de su situación y de no ser consciente, aunque cueste creerlo, de la impresión que generaba. Muchas personas leales al MAS con las que hablé se quejaban de que Evo se había ido volviendo más tiránico a medida que se alargaba su presidencia, si bien sus asistentes lo protegían de las consecuencias. Marcela Araúz, antigua directora de Comunicaciones para el Congreso boliviano, afirmaba que Morales estaba rodeado de «llunkus» (de «lameculos»), que habían provocado la crisis al incitar las «tendencias despóticas» del presidente. Waldo Albarracín enumeró una serie de incidentes ofensivos. En 2010, Morales compró un nuevo jet presidencial por treinta y ocho millones de dólares. «Quería ver la World Cup, así que se llevó el avión y a todo su séquito —relataba Albarracín—. ¡Al más puro estilo Idi Amin!». En 2011, Morales trató de conseguir a la fuerza que una autopista atravesara una reserva indígena de la región de las tierras bajas tropicales, lo cual suscitó unas protestas tan airadas que el Gobierno no tuvo más remedio que dar marcha atrás. El verano pasado, se declararon varios incendios forestales en el este de Bolivia que arrasaron las áreas boscosas conocidas como La Chiquitania. Morales no hizo nada durante semanas, rechazó la ayuda internacional e impidió que bomberos argentinos accedieran al país. Para cuando los fuegos remitieron, se había quemado más de un millón y medio de hectáreas de bosque.

En La Paz, visité el antiguo despacho de Morales, que dejaba entrever una retirada sistemática de los pormenores de la gobernanza. Su escritorio estaba totalmente desnudo. Por el contrario, el despacho contiguo, el de su vicepresidente, Álvaro García Linera, daba la impresión de que su dueño no había llegado a marcharse. El escritorio estaba a rebosar de informes y papeles, y había un traje colgado de un gancho sujeto a una estantería, además de dibujos infantiles hechos con cera pegados con cinta adhesiva a la ventana.

Me encontré con García Linera en un parque cercano a la avenida Reforma, el gran bulevar céntrico de Ciudad de México. Era un hombre esbelto de pelo plateado y cincuenta y siete años de edad que apareció luciendo un traje elegante de corte impecable. Su apariencia engaña: es un teórico marxista que, en su momento, pasó cinco años en prisión por su involucración con el revolucionario Ejército Guerrillero Túpac Katari. Los bolivianos conservadores despreciaban a García Linera, un hombre blanco con estudios universitarios, por considerarlo un traidor a su clase. A su vez, los partidarios del MAS lo culpaban de dar alas a los excesos de Morales; los militantes sospechaban que tenía simpatías colonialistas. Todo el mundo creía que era el verdadero cerebro tras Evo Morales.

García Linera esperaba que el «régimen *de facto*» de Áñez desapareciera pronto para que el MAS pudiera reanudar los proyectos que Morales y él habían dejado a medias. No obstante, no pensaba regresar a Bolivia en un futuro próximo, al menos no de manera visible. Cuando le pregunté si Morales y él se habían equivocado al intentar un cuarto mandato, me miró fijamente durante un buen rato antes de decir: «Estoy seguro de que cometimos muchos errores, pero no creo que sea el momento de debatirlos en público».

Una noche crucé a pie la plaza ante el Palacio Quemado, en dirección a la sede del poder legislativo, donde seguían avanzando en sentido contrario a las agujas del Reloj del Sur. En el interior del edificio me reuní con Eva Copa, presidenta del Senado y aimara de El Alto, de treinta y tres años, pelo moreno y gafas. A pesar de ser una política de segunda fila con solo cinco años de experiencia, su partido le pidió que ocupara el puesto tras la marcha de todos los altos cargos. Procedió entonces a asumir un papel semejante al de su homóloga estadounidense Nancy Pelosi, pues tuvo que trabajar mano a mano con un Gobierno al que se oponía profundamente.

Tras la caída de Morales, el MAS retuvo la mayoría en la legislatura, pero, a principios de diciembre, comenzó a negociar con la Administración de Áñez. Copa me aclaró discretamente que su decisión de trabajar con la señora Áñez había sido impopular entre los miembros más militantes. Sin embargo, procedió a explicar Copa, ella no veía otro modo de ponerle fin a la crisis, y los bolivianos de a pie sufrían; ella misma tenía hijos pequeños y, en los momentos de máxima violencia, el cerco del MAS le había impedido ir a casa a verlos durante dos semanas. No criticó directamente a Morales ni lo mencionó demasiado. Más tarde, un antiguo alto cargo del MAS me confesó: «Buscar un cuarto mandato fue un error y estas son las consecuencias. Todos lo sabemos. Y además vamos a pagarlo en las próximas elecciones. No tendremos más remedio que aprender de nuestros errores con la esperanza de sobrevivir».

Jerjes Justiniano, que ejerció de jefe de personal de Áñez durante el periodo de transición, me dijo que había percibido un distanciamiento entre los seguidores de Morales, «entre los seguidores de línea dura que se oponían a las negociaciones y los que estaban abiertos al diálogo». Él había mantenido negociaciones ininterrumpidas con la facción a favor del diálogo, que no tardó en prestar su ayuda para poner fin a la violencia; más adelante, la mayoría de los legisladores del MAS votaron a favor de ratificar la renuncia de Morales. Justiniano se regodeaba: «Negocian porque han visto que no iban a triunfar si persistían en la confrontación violenta, y eso supone también un reconocimiento tácito de la legitimidad de este Gobierno».

Antes de trabajar para Áñez, Justiniano había sido un abogado importante en Santa Cruz, bastión de la oposición. (Ha generado polémica el hecho de que llevara la defensa de dos miembros de la Manada de Bolivia, un grupo de cinco hombres jóvenes acusados de violación grupal). Le pregunté por las acusaciones de que la nueva Administración había respondido con un golpe de Estado, aun admitiendo el fraude electoral de Morales. Justiniano se echó a reír y dijo que ese tipo de quejas le recordaban a aquel pasaje del *Quijote* —al parecer, apócrifo— en el que el caballero errante le dice a su escudero: «Ladran, Sancho, señal que cabalgamos».

En La Paz, los políticos parecían estar listos para alcanzar un acuerdo, aunque fuese a regañadientes; en cambio, en la región indígena del altiplano la atmósfera seguía siendo desafiante. El pueblo natal de Evo, Orinoca, se encuentra a seis horas en coche de La Paz. Allí no viven más de unos pocos cientos de personas, pero, en sus afueras, se yergue un enorme edificio anguloso de cristal y cemento: el Museo de la Revolución Democrática y Cultural, erigido por Morales, con un coste de siete millones de dólares y dedicado a presentar la historia del país desde el punto de vista de los indígenas. En una carretera de tierra, fuera del museo, conocí a una anciana que cuidaba un rebaño de llamas. Vestía una camiseta de la campaña de Evo que rezaba: EL PUEBLO DICE SÍ. Me contó que había vivido siempre en Orinoca, aunque había visitado La Paz unas cuantas veces para mostrar su apoyo a Morales en protestas y manifestaciones. Cuando le pregunté su opinión por el cambio político que se había dado en el país de la mano de Áñez, me contestó con un exabrupto infundado, aunque muy extendido: «La puta esa. Dicen que vendía su cuerpo por dinero». Esperaba ver a Evo de vuelta en el poder pronto. Se había portado bien con los pueblos del altiplano.

Los detractores de Morales lo acusaban, no sin razón, de favorecer al altiplano, pero sus esfuerzos habían ayudado también a corregir una injusticia histórica. Tras la brutal conquista española, los indígenas bolivianos fueron sometidos a un sistema de trabajo feudal que permaneció hasta la década de los cincuenta, además de tener, en la práctica, prohibido el voto. Aun después de que las leyes cambiaran, las actitudes racistas siguieron profundamente enraizadas, y los ciudadanos indígenas vivían, en su mayoría, en situaciones de pobreza, sin acceso a la propiedad de las tierras, préstamos bancarios, educación universitaria ni empleos gubernamentales.

Morales hizo de estas reformas su prioridad. Sin embargo, a medida que los indígenas bolivianos prosperaban, la población blanca se sentía excluida. Según Albarracín, Morales había pasado por alto un choque de ideales básico: «Los valores occidentales contra la cosmovisión indígena».

En la práctica, El Alto es la capital de la Bolivia indígena. La ciudad, una extensión modesta sobre la parda llanura que comienza en el borde del cráter de La Paz y se pierde en el horizonte, cuenta con una población sobre todo aimara, así como de muchos migrantes procedentes de las zonas rurales pobres. Es un reflejo de la cultura indígena de las tierras altas de Bolivia, y por sus calles se ven muchas mujeres con sombrero hongo y pollera, una falda plisada de colores vivos, mercados de alimentos al aire libre, bares donde se bebe alcohol a mansalva y un agreste barrio rojo.

Hace treinta y cinco años, El Alto no era poco más que un montón de viviendas de adobe y puestos de mercado. Tras el auge de los años de Evo, cuenta con un millón de habitantes y una exuberante arquitectura local, compuesta de fachadas cubiertas de vidrios de colores y líneas de tejado que sobresalen formando ángulos excéntricos. Uno de los edificios de apartamentos nuevos junto al que pasé contaba con una altísima réplica de la estatua de la Libertad adosada a una de las plantas superiores.

Alexis Argüello, librero de treinta y tres años, me contó que, durante la mayor parte de su vida, le había dado vergüenza decirle a la gente que era de El Alto. Poco a poco, la vergüenza ha sido reemplazada por algo parecido al orgullo. Hace unos años, lanzó un pequeño sello editorial con el objetivo de dar a conocer a escritores locales. «Pese a todo su despotismo y los errores de su Gobierno, Evo ayudó a crear una nueva clase media con más personas de piel cobriza», matizaba Argüello, que no había olvidado en absoluto las indignidades de su vida anterior, «como la necesidad de tener que darle explicaciones a la policía». Sin embargo, con la nueva Administración, la policía había vuelto a hostigar a los jóvenes de El Alto.

Para Áñez, hostigar a los indígenas supone un riesgo significativo. Si bien cada vez más bolivianos se identifican como mestizos, la población sigue siendo indígena en gran medida, y los defensores fervientes dentro de la comunidad no se dejan intimidar fácilmente. En las calles de El Alto, cuelgan efigies de sogas amarradas a las farolas con letreros que advierten a los criminales en potencia de la «justicia popular». Uno de ellos reza: LAS RATAS QUE ATRAPEMOS SERÁN AHORCADAS Y QUEMADAS.

Bolivia cuenta con una extensa historia de protesta organizada, protagonizada principalmente por los mineros y los cocaleros antes representados por Morales, que afirmaban su influencia por medio de marchas, barricadas, bloqueos y batallas callejeras con la policía. En las manifestaciones, los mineros lanzan a menudo cartuchos de dinamita, y no es raro que haya muertos y heridos. En 2016, el viceministro del Interior de Morales acudió al bloqueo de una carretera para negociar con los mineros en huelga, que lo secuestraron y lo torturaron hasta matarlo.

En meses recientes, algunos de estos mismos partidarios acérrimos e inquebrantables han acudido a defender a Morales. Cuando este acusó a Áñez de incentivar un golpe, cientos de militantes aimaras ataviados con poncho rojo bajaron en tropel de las montañas a La Paz mientras coreaban: «¡Guerra civil ya!». Tras la masacre de la planta de gas de Senkata, hordas de partidarios de Evo destrozaron siete de las ocho comisarías de El Alto.

Los agentes de policía de la ciudad se reagruparon en la comisaría superviviente, situada en un barrio de clase media de la linde sur, donde un letrero colocado sobre la entrada reza: CONTRA EL MAL, POR EL BIEN DE TODOS. Durante mi visita, cientos de policías de los barrios incendiados se encontraban allí, aprestándose para salir a patrullar o turnándose para dormir en el suelo de un auditorio. Habían traído a un nuevo oficial de policía, el coronel Juan Carlos Alarcón, de la ciudad minera de Oruro, para que impusiera el orden en la alborotada población. «No me satisfizo tener que hacerme cargo de esta situación —reconocía—. La tarea ahora es reparar esa fractura que se ha abierto entre la sociedad y la policía». Le pregunté por el barrio donde está Senkata, que, según todos los testimonios, seguía enfurecido contra las fuerzas policiales. Alarcón me comentó que estaba organizando una comida donde cada invitado trajera algún plato, y que esperaba que los vecinos de Senkata asistieran. Tenía asimismo la intención de celebrar una misa católica «para los que creemos en Dios».

La ciudad parecía poco receptiva. Una mañana, se celebró un evento en la belicosa periferia de El Alto con el fin de recaudar fondos para las familias de las víctimas de la masacre. En una placita, nada más pasar la planta de Senkata, habían erigido un escenario con un fondo donde podía leerse: EL GOLPE ES CONTRA EL PUEBLO. Una banda andina tocaba el charango y la flauta, y un grupo de estudiantes universitarios de La Paz bailaba. El aire traía la fragancia del palo santo quemándose, y los vendedores ambulantes ofrecían «comida solidaria» —empanadas y perritos calientes—: la recaudación iría a parar a las familias de las víctimas. Junto al escenario había un tablón de anuncios donde podían verse fotografías de los muertos y letreros que decían: ESTA DEMOCRACIA CENSURA, PERSIGUE Y MATA.

Un hombre de rostro pálido y barba, de pie en el escenario, explicaba que «las petroleras, apoyadas por el imperialismo yanqui» estaban detrás de los sucesos de Senkata. Habló de disturbios en México, de lucha en Palestina y de los manifestantes en Hong Kong, y concluyó diciendo: «Todo es la misma lucha». Lo sucedió un rapero que, en sus letras cargadas de furia, describió a los palestinos y al pueblo de El Alto como aliados en las «batallas del mundo». Para terminar, dijo: «La verdadera resistencia está aquí».

Cuando vi a Morales en México me dijo que llevaba levantado desde las tres y media de la mañana, hablando por teléfono y trazando estrategias con sus partidarios. Desde el exilio, seguía atentamente el desarrollo de los acontecimientos en su país, y adaptaba el mensaje según fuera necesario para no perder relevancia. Cuando el MAS accedió a iniciar las negociaciones con el Gobierno de Áñez, él, impertérrito, anunció que no volvería a intentar ser presidente. Después de que sus diputados votasen la admisión de su renuncia, Morales adoptó un nuevo papel: el de director de campaña para su partido. Si no podía ser rey, sería el que fabrica al rey.

A mediados de diciembre, Morales convocó una reunión en Cochabamba, donde se habían congregado varios miles de leales al MAS para discutir el futuro del partido. Cochabamba, la tercera ciudad en tamaño de Bolivia, se halla en un fértil valle andino al sudeste de La Paz y es la puerta de entrada al Chapare, la región cocalera donde están las bases políticas de Morales.

La asamblea se celebró en un estadio llamado La Coronilla. En la acera, había gente vendiendo unos DVD: «¡Toda la verdad sobre el golpe financiado por Estados Unidos!». Dentro, varios miles de personas abarrotaban las gradas, *wiphalas* en mano, y compraban chucherías a los vendedores que deambulaban por allí. Un músico folclórico cantaba letras antimperialistas para animar a la concurrencia. Los mineros, con casco de plástico naranja, caminaban resueltamente por la zona.

Unas bocinas llamaron la atención de la muchedumbre y, acto seguido, un presentador procedió a darles la bienvenida a las delegaciones del MAS venidas de diferentes puntos del país, que fue respondida con voces en español, aimara y quechua. Sonó el himno nacional y la gente se puso en pie, con una mano en el pecho y la otra formando un puño apretado. Tras unos instantes de silencio por los camaradas caídos, el líder del contingente del MAS de Cochabamba intervino y concluyó con el grito de «¡Abajo los traidores!», que la multitud repitió con estruendo. Cuando el presentador declaró que Morales «regresará pronto», se alzaron voces que coreaban: «¡Evo, Evo, Evo!» y «¡Evo, no estás solo!».

Yo estaba sentado junto a una mujer que había trabajado para la Administración de Morales. Había dejado su empleo, frustrada por el círculo de privilegiados que había en torno a Evo (los «llunkus», como ella los llamaba), «que lo rodearon y lo aislaron del pueblo». Circulaba el rumor de que Morales quizá abandonara México y pusiera rumbo a Argentina, y la mujer comentó: «Espero que no lo acompañe nadie para que pueda estar un tiempo solo y reflexionar. Le hace falta».

Aun así, la antigua asistente se sumó a la multitud que coreaba consignas en favor a Evo. «La idea tras esta asamblea es la unidad, dejar a un lado las divisiones», explicó. Los asistentes estaban desatados y se respiraba tensión en el ambiente; era la primera vez que se celebraba una reunión del MAS con tanta concurrencia desde la renuncia de Morales y se oía el zumbido de los helicópteros de la policía fuera. La mujer me enseñó mensajes de Twitter de perfiles derechistas. En uno de ellos, se instaba al Gobierno a aprovechar la asamblea para «capturar a los criminales del MAS». En las gradas, el público comenzó a corear mensajes desafiantes: «¡Larga vida a la *wiphala*! ¡Larga vida a nuestra hoja de coca!». Alguien estaba repartiendo un mensaje amargo impreso en un folleto:

> *Áñez, mujercilla teñida,*
> *autoproclamada dictadora,*
> *autorizaste el asesinato de*
> *bolivianos, ¡asesina!*
> *Vendida al imperialismo yanqui,*
> *maldita traidora,*
> *los BOLIVIANOS te dicen*
> *no pasarás,*
> *ni perdonará Dios tu hipocresía.*

Un orador anunció que el «presidente Evo» iba a hablar y se hizo el silencio. Un momento más tarde, la voz de Morales llenaba el estadio. Saludó a sus «compañeros y compañeras», denunció el «golpe fascista y racista» y prometió que pronto regresaría a Bolivia. La multitud se deshizo en aplausos y vítores. Evo señaló la necesidad de estar unidos y de que la asamblea se pusiera de acuerdo en los candidatos que se presentarían a las siguientes elecciones, en las que, no le cabía la menor duda, ganaría el partido.

Tras la desconexión de Morales, otro delegado subió al escenario a denunciar a los «cobardes y vendidos» que habían abandonado sus puestos durante la crisis y se habían refugiado en embajadas o habían huido del país. La antigua asistente me explicó a qué venía el tono vengativo: «Se califica de cobardes a muchos de los que se fueron a las embajadas porque en realidad no los estaban persiguiendo».

En medio de la multitud reconocí a uno de los altos cargos que habían dimitido: Adriana Salvatierra, expresidenta del Senado, cuya marcha había permitido que Áñez se hiciera con el poder. Salvatierra, de treinta años y pelo largo, llevaba pantalón vaquero y una camiseta negra con un amanecer. Le pregunté si las dimisiones habían sido un error de Evo y los dirigentes del MAS, teniendo en cuenta lo que había sucedido después. «Cometimos algunos errores tácticos y también estratégicos», concedió. ¿Y ella? Podría ser la presidenta de Bolivia ahora mismo. ¿Se arrepentía de algo? Salvatierra negó con la cabeza. Aunque hubiese intentado asumir la presidencia, los opositores a Morales no se lo hubieran permitido. «Se estaba gestando un golpe, y estaba planeado con mucha antelación —insistió—. La historia es una constante dialéctica, no permanente, y hay avances y retrocesos».

El discurso de Morales reforzaba su apuesta por seguir siendo el líder *de facto* de Bolivia. Sin embargo, desde el exilio, parecía mucho más capaz de dividir el país que de liderarlo. Le pregunté a Salvatierra qué pensaba de la promesa de Evo de volver pese a las amenazas del Gobierno de arrestarlo. «Estar en prisión no le restará liderazgo al presidente». Me recordó que Morales siempre se había presentado a sí mismo como un revolucionario y agregó: «Si lo arrestan, nos movilizaremos».

Dos manzanas más abajo de la Casa Grande del Pueblo, se yergue una escultura inusual en el medio de una bulliciosa calle; se trata de un memorial en homenaje a una derrota bélica. En él puede verse una escena realizada en bronce, donde un soldado sin camisa muere con el fusil en la mano. En la base de mármol, un mensaje pintado con aerosol le dedica el monumento a «los caídos por la democracia». Al lado, hay un terraplén donde flores de varios colores forman las palabras HONOR Y GLORIA.

Una tarde, en La Paz, el antiguo alto cargo del MAS sugirió que el *impasse* en que se encontraba su país estaba enraizado en una historia de derrotas. A excepción de unos pocos alzamientos internos —una campaña apoyada por Estados Unidos que machacó a las guerrillas del Che Guevara, en 1967, y un par de revueltas indígenas reprimidas a base de masacres, en el siglo XIX—, Bolivia ha perdido todas las guerras en las que se ha embarcado. En la guerra del Pacífico, en la década de 1870, perdió su costa en favor de la vecina Chile. En la guerra del Chaco, en la década de 1930, tuvo que entregar otra enorme franja de territorio a Paraguay. «Nuestras derrotas son lo que nos diferencia —aseguró él—. No nos importa perder. Nos enorgullecemos de nuestra valentía a la hora de luchar, de resistir».

En las últimas semanas, ha quedado claro que ninguna de las partes está dispuesta a abandonar la contienda. Morales, que se ha trasladado a Argentina, ha hecho un llamamiento a la formación de milicias civiles en Bolivia. (Tras las protestas de los medios, se retractó del comentario, diciendo que él siempre había «defendido la vida y la paz»). Áñez expulsó a los embajadores de España y México, pues sospechaba que conspiraban para sacar del país a partidarios de Morales. Mauricio Claver-Carone, cubano-estadounidense director de la Oficina de Asuntos del Hemisferio Occidental del Consejo de Seguridad Nacional estadounidense, se presentó en La Paz para debatir con Áñez nuevos acuerdos sobre ayudas a la vez que reprendía al Gobierno argentino por permitir que Morales «incitase a la violencia». En Washington, Erick Foronda y Arturo Murillo posaban para las cámaras junto a Marco Rubio.

Se han convocado elecciones para mayo, y Morales ha anunciado a su candidato predilecto: su exministro de Economía, Luis Arce. Áñez, que ha vuelto a invitar al USAID a prestar su «ayuda técnica» en las elecciones, ha anunciado que también se presentaría a la presidencia. La respuesta de la clase política fue negativa: su ministro de Comunicación dimitió arguyendo que Áñez estaba siguiendo el manual de estrategia de Evo, mientras que el excandidato a la presidencia, Carlos Mesa, protestó. En cambio, el ejército, bajo las órdenes de un nuevo comandante nombrado por Áñez, no expresó preocupación alguna porque su «Gobierno interino» tratara de volverse permanente.

Ante el supuesto fraude electoral de Morales, así como el beneplácito de su partido a celebrar nuevas elecciones sin él, cuesta llamar «golpe de Estado» a su destitución. Por el contrario, ante el comportamiento de Áñez cuesta no hacerlo. Además de la violencia perpetrada por las fuerzas de seguridad, su Gobierno anunció a principios de año que investigaría a cerca de seiscientos antiguos miembros de la Administración de Morales. Según las Naciones Unidas, al menos ciento sesenta personas, incluyendo algunos altos cargos, han sido perseguidas o arrestadas, acusadas de delitos que van desde corrupción o terrorismo hasta «reuniones ilegales». En enero, Áñez, en un llamamiento a la unidad en las elecciones, advirtió al país que no permitiera que «los salvajes regresasen al poder».

Marcela Araúz, antigua directora de comunicaciones del MAS, se quejaba de la «ceguera de la clase media boliviana», que apoyaba el nuevo *statu quo*, «pero no parece entender que el fraude de Evo no significa que no hubiera un golpe». Según ella, en Bolivia se producían verdaderas persecuciones, y le indignaba el silencio de los medios al respecto. Al igual que otras personas con quienes hablé, Araúz estaba convencida de que un régimen de derechas haría lo que estuviera en su mano para ganar las elecciones: «Ahora que tienen el control, no van a dejarlo escapar».

Después de la caída*

Durante quince años, Zabihullah Mujahid fue la «Rosa de Tokio» de los talibanes: un agente clandestino que llamaba a los periodistas para reivindicar los atentados de sus combatientes y regodearse en sus triunfos. A veces las víctimas eran soldados norteamericanos o sus aliados de coalición. A veces eran tropas del Gobierno afgano. A menudo morían civiles. Para los periodistas, Mujahid era una especie de fantasma, una voz incorpórea al teléfono. Nadie veía nunca su cara, y, cuando un periodista aseguró haberse reunido con él, Mujahid lo desmintió con ferocidad. Pero al parecer hablaba con todos, constantemente, y se propagó un rumor que explicaba tanta productividad: Zabihullah Mujahid era una identidad compuesta, adoptada por un grupo rotatorio de talibanes que quizá ni siquiera vivían en Afganistán. Eso también lo desmintió.

El verano pasado, Mujahid apareció en público por primera vez. Después de años de victorias constantes en el campo, los talibanes habían tomado al asalto Kabul obligando al presidente Ashraf Ghani a emprender la huida a Abu Dabi. Mientras los talibanes imponían su autoridad, Mujahid dio una rueda de prensa para anunciar que era el viceministro en funciones de Información y Cultura del nuevo Gobierno. Con la caída de Kabul, había pasado de portavoz clandestino de una insurgencia que venía de largo a rostro de una Administración nacional. Según resultó, era un hombre de mediana edad, esbelto y de rasgos marcados.

En septiembre, después de que el último vuelo de evacuación humanitaria del ejército de Estados Unidos despegara del aeropuerto de Kabul, Mujahid presentó el Gobierno provisional del Emirato Islámico de Afganistán. Era el mismo nombre que habían adoptado los talibanes

* Publicado originalmente en *The New Yorker* el 21 de febrero de 2022. Traducción para esta edición de Eduardo Iriarte.

durante su anterior periodo en el poder, una época brutal que se prolongó desde 1996 hasta 2001. Pero Mujahid ofreció la imagen de un Afganistán más ecuménico, con un Gobierno «inclusivo» que protegía los derechos de las mujeres y las minorías étnicas. Sostuvo que los talibanes no buscaban venganza y amnistiarían a sus antiguos enemigos. Era difícil de creer. Unas semanas antes, Mujahid había emitido un comunicado de prensa en el que se alegraba del asesinato del portavoz del Gobierno anterior, un hombre llamado Dawa Khan Menapal. No dijo cuál era la ofensa de su predecesor, solo que había sido «castigado por sus fechorías, asesinado en una operación especial de los muyahidines».

Una tarde de diciembre, me reuní con Mujahid en un despacho de esquina sin calefacción en el Centro de Medios e Información Afganos, el ministerio prácticamente vacío que ahora dirigía. Ataviado con un turbante negro a rayas blancas, estaba sentado muy quieto, los ojos atentos.

Le pregunté en qué se diferenciaba su nueva postura de la antigua. «En el pasado, se trataba de una situación militar, y no era muy agradable —dijo—. Teníamos que anunciar cuánta gente moría. Eso era doloroso en sí. El segundo aspecto profundamente doloroso eran las bajas civiles. Teníamos que reunir información y publicarla. Te partía el corazón. Ahora ya llevamos tres meses y no hay noticias tan desgarradoras».

Los talibanes habían alcanzado una victoria asombrosa: después de años de guerra de guerrillas, le habían arrebatado el poder a un Gobierno establecido y respaldado por algunos de los ejércitos mejor pertrechados del mundo. Afganistán está ahora en manos de una fuerza insurgente entregada con fervor a instaurar un Estado islámico de verdad. El país parece estar al inicio de una revolución tan arrolladora como la victoria comunista que rehízo China en la década de 1940, o la toma del poder en Irán por parte de los islamistas en 1979. Pero, cuando le pregunté a Mujahid si los talibanes estaban imponiendo una revolución, se mostró desconcertado. «Esta es una revolución suave —dijo—. Las revoluciones son bruscas y problemáticas, provocan derramamientos de sangre y sacuden los cimientos. No es eso lo que ha ocurrido. —Y añadió—: Era un cambio necesario. Luchamos durante veinte años para liberar Afganistán de los extranjeros, de manera que los afganos tuvieran un Gobierno de su elección». Ahora que los norteamericanos se habían ido, sugirió Mujahid, en Afganistán podrían comenzar de nuevo. «Los extranjeros eran la causa de las bajas, y cuando se fueron terminó la guerra —afirmó—. También había autoridades que se estaban embolsando la riqueza pública. Eran corruptos. El país se ha librado de ellos, y ahora procuraremos conducir Afganistán hacia un cambio positivo».

Durante las semanas que pasé hablando con representantes taliba-nes, todos expresaron el deseo de tener buenas relaciones con Estados Unidos. Algunos incluso sostenían que Washington tendría que reabrir la embajada y encabezar los esfuerzos internacionales por reconstruir Afganistán. Pero ¿de verdad habían cambiado los talibanes o solo decían lo que tenían que decir para estabilizar la economía y mantenerse en el poder? Hasta agosto, en torno al 80 por ciento del presupuesto del Go-bierno afgano provenía de Estados Unidos, sus aliados y entidades credi-ticias internacionales. Ese apoyo había desaparecido. La Administración de Biden también congeló todos los fondos del Gobierno afgano en ban-cos estadounidenses, unos siete mil millones de dólares. El sistema banca-rio afgano, sin acceso a bienes extranjeros, corre riesgo de derrumbar-se. «Nuestro mensaje al mundo, en especial al pueblo americano y a los políticos americanos, es que escojan un camino distinto, distinto del ca-mino de la guerra —me dijo Mujahid—. Las sanciones, presiones y ame-nazas no han logrado nada positivo en los últimos veinte años. Podemos avanzar por medio de interacciones positivas».

Los talibanes parecían convencidos de que su victoria les permitiría rescribir la historia del futuro del país, y de su pasado. Le pregunté a Mujahid si tenía algún remordimiento respecto del asesinato de su pre-decesor. «¿Se refiere a Dawa Khan Menapal?», dijo, y rio por primera vez durante nuestra charla. Hizo un gesto desdeñoso con las manos. «Era la guerra», aseguró. Los americanos habían intentado matarlo a él «más de diez veces», afirmó. «Yo también era portavoz. ¿Era yo un objetivo justi-ficable?».

En una rotonda de Kabul, me encontré con un hombre que vendía ban-deras talibanes de satén blanco con la invocación No hay más Dios que Alá y Mahoma es su profeta. Hasta agosto, había sido soldado del ejér-cito afgano, según me dijo. Desde la disolución del Gobierno, y con ella la del ejército, había recurrido a la venta de banderas. Sonrió y levantó las manos ahuecadas, como para decir: «Hay que ganarse la vida».

Para la mayoría de los talibanes, Kabul es *terra incognita*: un enclave cosmopolita en un país por lo demás rural y profundamente tradicional. Para los habitantes de la ciudad, los talibanes son intrusos, tan fuera de lugar como milicianos texanos en el Upper West Side. Tres meses des-pués de la toma del poder, los residentes de Kabul estaban a duras penas adaptándose a la nueva realidad. Prácticamente todos los extranjeros se habían ido del país, pero los talibanes estaban por todas partes, establecían controles en las carreteras y puntos de acceso, patrullaban en blindados y camionetas con las armas a punto. Algunos llevaban el pelo largo y la *shalwar kameez* tradicional —a veces de tonos naranjas, azules o amarillos incongruentemente llamativos—, así como los ojos pintados de negro con kohl. Otros adoptaban el estilo de las fuerzas especiales norteamericanas, con uniformes de camuflaje, botas y gafas de sol envolventes, y llevaban armas que habían dejado las tropas norteamericanas. En su mayor parte, los civiles hacían como si no vieran a los talibanes.

En 2001, cuando la invasión encabezada por los americanos expulsó a los talibanes, la capital afgana era un lugar abandonado, buena parte del mismo en ruinas después de dos décadas de ocupación soviética y guerra civil. Para la primavera siguiente, había empezado a revivir al regresar del extranjero más de un millón de refugiados. Desde entonces, se calcula que la población de Kabul se ha doblado hasta los casi cinco millones; el país ha pasado de unos veinte millones de ciudadanos a cuarenta millones. La edad media es de solo dieciocho años.

Kabul es ahora una animada ciudad comercial en la que nuevos edificios de apartamentos se recortan contra el cielo. Las desigualdades endémicas siguen ahí: hay mendigos en las calles, y los barrios marginales de las colinas circundantes se han expandido. Pero también hay alegres palacios nupciales y tiendas de ropa para la clase media, así como billares, gimnasios y peluquerías para los jóvenes. Las vallas publicitarias anuncian una variedad pasmosa de bebidas energéticas de importación.

En la década de los noventa, los talibanes obligaron a los afganos a someterse a su estricta interpretación del islam. A los violadores podían amputarles las extremidades o lapidarlos en público hasta la muerte. Las mujeres tenían que llevar burkas que las cubrían por completo y no podían trabajar ni estudiar. Los comisarios de la moral perseguían las imágenes impías; en las tiendas, hombres con rotuladores tachaban ilustraciones en los envases de jabón para niños. Hasta las señales de tráfico en las que aparecían animales estaban tachadas.

Los habitantes actuales de Kabul temían a todas luces que volviera el terror de aquellos tiempos. Pero, al margen de contados incidentes, los talibanes no habían ejercido mucha represión visible. En los carteles de las tiendas de ropa todavía había imágenes al estilo Bollywood de glamurosas mujeres, que en la década de los noventa habrían acarreado a sus propietarios una paliza o algo peor. A efectos prácticos, la batalla en torno a las imágenes impías se había perdido: casi todo el mundo tiene un smartphone con acceso a Instagram. Aunque se había prohibido provisionalmente el acceso de mujeres y chicas a lugares de trabajo e institutos de secundaria, seguían saliendo a la calle. Todas llevaban pañuelo en la cabeza, pero pocas iban con burka. Algunas incluso estaban maquilladas, sin que los soldados las sometieran a un acoso evidente. Una tarde, hablé sobre el nuevo régimen con Sayed Hamed Gailani, destacado expolítico y astuto observador de su país. Nos reunimos en su casa, en una zona rica de Kabul, donde un criado nos sirvió zumo de granada recién exprimido y pastitas en delicados platos de porcelana. Gailani, antiguo combatiente muyahidín contra los soviéticos, es ahora un corpulento urbanita de sesenta y tantos años. Su padre fue Pir Sayed Gailani, un líder espiritual sufí que también controlaba una facción muyahidín, conocidos, en honor al gusto por la elegancia de su cabecilla, como los Gucci Muj. Cuando se lo mencioné a Gailani, rio de buena gana y dijo: «He de señalar que mi padre prefería mucho más Hermès».

Gailani estaba entre un puñado de afganos con vínculos políticos que habían permanecido en el país después de la huida del presidente Ghani, con la esperanza de convencer tanto a los talibanes como a la comunidad internacional de que había un camino viable a seguir. No fingía que el conflicto se hubiera acabado en Afganistán. «No creo que viva lo suficiente para ver el final de este drama —auguró entre risas—. Es como uno de esos culebrones turcos que no se acaban nunca». Pero albergaba un optimismo cauto. A diferencia de la mayoría de los revolucionarios, sostenía, los talibanes no habían matado a mucha gente durante su regreso al poder; esta vez se habían comportado. Cuando los talibanes tomaron el poder veinticinco años atrás, observó, «no se podía ir sin barba, y las mujeres no podían salir de casa». Pero, según sugirió, el motivo de que los talibanes no se hubieran dado más prisa en reformar el país era que la huida de Ghani y la rápida caída de Kabul los había cogido por sorpresa. «En realidad no estaban preparados —aseguró Gailani—. Todavía tienen problemas que resolver en su seno».

Cerca del Mercado Avícola de Kabul, un antiquísimo bazar donde se venden tanto aves de corral y de pelea como pájaros cantores, hay un obelisco de seis metros de altura rematado en un puño apretado. Se erigió en honor a Farkhunda Malikzada, una joven a la que una turba exaltada de hombres apaleó y quemó viva en 2015, después de que la acusaran falsamente de quemar un Corán.

La cuestión de los derechos de la mujer es quizá el mayor asunto pendiente en el nuevo Afganistán. Después de llegar al poder, el liderazgo talibán anunció que las chicas de hasta sexto curso podían reanudar su educación, pero por lo general las jóvenes de mayor edad tendrían que esperar a que se dieran las «condiciones» adecuadas. Cuando hablé con Mujahid, el portavoz, se mostró impreciso acerca de cuáles eran esas condiciones, y si se permitiría o no trabajar a las mujeres. El impedimento era la financiación, dijo. «Para la educación y el trabajo, las mujeres deben tener espacios independientes —explicó con remilgo—. También requerirían medios especiales de transporte separados. Pero —añadió— los bancos están cerrados, el dinero está congelado».

Mujahid no me contestó cuando le pregunté si había planes de que las mujeres accedieran al Gobierno. En cambio, señaló que todavía había mujeres trabajando en varios ministerios, incluidos los de Salud, Educación e Interior, y también en aeropuertos y tribunales. «Allí donde son necesarias, vienen a trabajar», insistió.

Pero a algunas de estas mujeres las estaban obligando a fichar en sus trabajos y luego volverse a casa, a fin de crear una ilusión de igualdad. Los talibanes también habían cerrado el Ministerio de Asuntos de la Mujer, instaurado poco después de la invasión de Estados Unidos; el edificio se destinó a cuartel general de la policía religiosa, el Ministerio de Promoción de la Virtud y Prevención del Vicio. En septiembre, el día que Mujahid anunció el nuevo Gobierno, un grupo de mujeres se reunió en la calle para protestar. Los combatientes talibanes se abrieron paso entre el gentío, golpeando a algunas manifestantes y disparando al aire.

Los altos cargos talibanes tendían a restar importancia a las preocupaciones sobre el futuro de las mujeres en Afganistán. Cuando le pregunté a Suhail Shaheen, candidato talibán a embajador en las Naciones Unidas, si su Gobierno permitiría el acceso de las mujeres a la educación y al trabajo, repuso: «Si a Occidente le preocupan de verdad las chicas, tendrían que ocuparse de su pobreza. Las sanciones están castigando a quince millones de chicas en este país».

Shaheen estaba en Kabul, en lugar de la sede de las Naciones Unidas en Nueva York, porque al régimen talibán no se le ha concedido reconocimiento diplomático. Me reuní con él en el jardín del Serena Hotel, lugar de encuentro desde hace mucho de periodistas y políticos. Shaheen se mostró encantado de hablar de los fracasos americanos, pero se irritaba cuando le presionaba sobre temas delicados. Le pregunté por los hazaras, una minoría sobre todo chií históricamente perseguida por los talibanes, que son más que nada suníes de la mayoría étnica pastún. Shaheen respondió que el nuevo Gobierno no tenía intención de hacerles ningún daño. Señalé que, en los años noventa, sus camaradas habían masacrado a miles de hazaras, a los que consideraban apóstatas. Se me quedó mirando con frialdad. Al final, dijo: «Para nosotros los hazaras shia también son musulmanes. Creemos que somos todos uno, como las flores en un jardín. Cuantas más flores, más belleza. —Y continuó—: Hemos empezado una nueva página. No queremos enredarnos con el pasado».

A pesar de hablar de inclusión, entre los más altos cargos del Gobierno talibán no había en principio miembros de la etnia hazara ni mujeres. A finales de septiembre, en mitad de las críticas internacionales, los talibanes nombraron a un hazara viceministro de Salud y a otro individuo de etnia tayika viceministro de Comercio. Las incorporaciones les parecieron a muchos afganos una acción simbólica. Como me dijo un asesor de los talibanes: «Llamar a su Gobierno inclusivo no ayuda, porque no lo es».

Se dice asimismo que el Gobierno está profundamente dividido. En un lado está la facción de Kandahar, así llamada por la ciudad del sur donde el difunto mulá Mohamed Omar fundó la milicia talibán. Esta facción incluye al líder supremo del país, un enigmático erudito del islam de nombre Mawlawi Haibatullah Akhundzada, y al actual ministro de Defensa, el mulá Mohamed Yaqoob, que es hijo del mulá Omar. Su imagen pública es Abdul Ghani Baradar, viceprimer ministro en funciones, que tuvo un papel crucial en las negociaciones con los norteamericanos.

En el otro lado está la red Haqqani, un clan de milicianos estrechamente vinculado con los servicios secretos de Pakistán. Mientras que la facción de Kandahar comenzó como una fuerza rural e insular, preocupada sobre todo por gobernar su propio territorio, los Haqqani estaban interesados en la yihad global. Fue el fundador del clan, el difunto Jalaluddin Haqqani, quien puso en contacto a los talibanes con Osama bin Laden. Para algunos miembros de la facción de Kandahar, es una suerte de pecado original en la historia moderna afgana, un error de cálculo crucial que condujo a los atentados del 11 de septiembre y a la intervención extranjera que expulsó a los talibanes del poder.

Los Haqqani lideraron la toma militar de Kabul el verano pasado, y su cabecilla, Sirajuddin Haqqani, es ministro del Interior en funciones. El Gobierno de Estados Unidos ha ofrecido una recompensa de diez millones de dólares por la detención de Haqqani, en relación con una serie de atentados. Uno tuvo lugar en 2008 en el Serena Hotel, donde me había reunido con Shahhen; murieron un ciudadano estadounidense y cinco personas más. Se considera a Haqqani responsable de al menos otros dos atentados en hoteles y de un par de ataques contra la embajada de la India, en los que murieron docenas de personas. Su clan y él controlan ahora una parte preponderante de los cargos de seguridad en Afganistán. En tanto que ministro del Interior, tiene autoridad sobre la policía y los servicios de inteligencia. Su tío, Khalil Haqqani, al que también se busca por terrorismo, dirige el Ministerio de Refugiados. Comandos de élite Haqqani dirigen bases militares en Kabul y sus alrededores.

Mawlawi Mohamed Salim Saad, antiguo cabecilla de terroristas suicidas, está a cargo de la seguridad del aeropuerto de Kabul. Lo conocí una tarde en su despacho, rodeado de una docena de sus hombres. Acababan de volver de rezar y Saad, un hombre alto de aspecto severo, me dijo que estaba ayunando. Cuando le pregunté cómo se había sentido al enviar hombres a la muerte, respondió: «Debería preguntarme qué lleva a la gente a estar dispuesta a entregar la vida. Eran personas oprimidas, dispuestas a sacrificarse contra un ejército mucho más grande».

Para la facción Haqqani, fueron las misiones suicidas y otros «ataques complejos» lo que les permitió alzarse con la victoria sobre los invasores extranjeros. Para Baradar, la guerra se ganó en la mesa de negociación, donde los enviados de Trump accedieron a condiciones poco severas para la retirada. Le pregunté a Shaheen, el diplomático: «¿Hay dos movimientos talibanes?». Negando con la cabeza, respondió: «Solo hay un movimiento talibán. Tienen diferentes puntos de vista y diferentes opiniones acerca de cómo proceder, pero solo hay un islam». Mujahid fue más lejos, insistiendo: «No hay una red Haqqani».

El Gobierno sigue siendo una entidad opaca para muchos afganos: sus principales figuras, después de décadas como insurgentes clandestinos, evitan las apariciones públicas. Al líder supremo nunca se le ha visto. La única imagen que se conoce de Sirajuddin Haqqani es una silueta. Representantes como Yaqoob, el ministro de Defensa, suelen aparecer en vídeos minuciosamente controlados. Entre los principales líderes, el rostro más conocido es el del primer ministro en funciones, el mulá Mohamed Hassan Akhund. Fue ministro de Exteriores de los talibanes en la década de los noventa y sigue sancionado por el Consejo de Seguridad de las Naciones Unidas.

Persisten rumores de división interna. A mediados de septiembre, Baradar desapareció entre informes de que había resultado herido en una pelea con partidarios Haqqani en el palacio presidencial. Al parecer, desató la pelea una disputa acerca de qué facción había hecho más para conquistar Kabul. Baradar, después de varios días de ausencia, emitió un vídeo en el que desmentía las informaciones; su oficina explicó que se había ido de viaje a Kandahar porque necesitaba «descanso».

Durante mi visita, fui a Wardak, una provincia rural al oeste de Kabul. Fue uno de los últimos campos de batalla importantes del país; muchos pueblos habían quedado parcialmente destruidos, y las toscas tumbas de piedra de los muertos en la guerra asomaban por todas partes, señalizadas con banderas de mártires. Cuando pasábamos por delante de un pueblo a la orilla de la carretera, se armó un revuelo justo delante de nosotros: unos hombres gritaban y blandían sus armas mientras civiles asustados intentaban abrirse paso entre ellos. Un hombre entrado en años explicó que los talibanes estaban teniendo un enfrentamiento armado. Nadie parecía saber por qué luchaban; no era más que otra pelea.

En Kabul, han surgido mercadillos donde gente desesperada vende sus posesiones, cualquier cosa, desde alfombras hasta calentadores pasando por pájaros. Hay mendigos por todas partes: niños, ancianas, hombres que tiran de carros por medio de una correa ceñida a la frente. A las afueras de la ciudad, mujeres con burka se sientan en mitad de la carretera rodeadas de sus hijos con la esperanza de que los que pasan en coche les lancen algo de comida o dinero.

Sin el respaldo de Estados Unidos y de las instituciones crediticias internacionales, la economía de Afganistán prácticamente se ha evaporado. Cientos de miles de empleados del Gobierno hace meses que no cobran su sueldo. En las ciudades, hay comida a la venta en los bazares, pero los precios han subido tanto que a los afganos les resulta difícil mantener a sus familias. En el campo, la sequía ha propiciado la propagación del hambre, que empeora durante los fríos meses de invierno. La directora en el país del Programa Mundial de Alimentos de las Naciones Unidas, Mary Ellen McGroarty, me dijo que la situación era pésima. «Ya tienen graves problemas para alimentarse veintidós millones ochocientos mil afganos y siete millones de ellos están a un paso de la hambruna —aseguró—. La sequía agrava la crisis económica, y esta ha sido una de las peores sequías en treinta años. —Y concluyó—: Si continúa esta trayectoria, el 95 por ciento de población afgana caerá por debajo del umbral de la pobreza para mediados de 2022. Es desolador verlo. Si yo fuera afgana, huiría».

A medida que se intensifica la crisis económica, cada vez es más profunda la amenaza de resentimiento antioccidental entre los ciudadanos. En una curiosa inversión de papeles, los representantes talibanes con los que me reuní hablaban en términos amistosos de Estados Unidos, mientras que los antiguos aliados de los americanos expresaban amargura por el fracaso estadounidense en su país. Gailani recordaba cordialmente cómo el presidente George W. Bush lo invitó al discurso sobre el Estado de la Unión de 2006 y le dijo, durante una sesión de fotos: «¡Hamed, amigo mío, estamos orgullosos de ti!». Pero le escandalizaba el dinero que había gastado Estados Unidos en Afganistán. «Dicen que desde 2001 gastaron aquí hasta dos billones y medio de dólares —observó—. Seguro que se alcanzaron grandes logros en Afganistán en ese tiempo, pero no veo ningún gran cambio en la infraestructura del país, ¿usted sí?». Gailani meneó la cabeza. «El caso es que la mayor parte del dinero que supuestamente llegó a Afganistán —seguramente ocho dólares y medio de cada diez— volvió a Estados Unidos, y entretanto la corrupción estaba fuera de control. La sociedad afgana se corrompió, y fue esa corrupción lo que propició la situación actual, con los talibanes otra vez en el poder». Con una sonrisa, Gailani añadió: «Los americanos gastaron dos billones y medio para expulsar del país a los talibanes, solo para volver a dárselo. Me iré a la tumba intentando encontrar la respuesta a semejante enigma».

Hamid Karzai, que fue presidente de 2004 a 2014, también se mostró profundamente crítico con la ocupación estadounidense. Me recibió en su biblioteca privada, en un complejo residencial en Kabul. Está rodeado de altos muros de hormigón antiexplosiones y situado en la Zona Verde, un área sumamente fortificada en torno a la embajada de Estados Unidos.

Karzai, un hombre elegante y ceremonioso, me instó a tomar té verde y habló de poesía. Le gustaba especialmente Emerson. Kipling estaba bien, salvo por «La carga del hombre blanco», comentó meneando la cabeza. En tono maravillado, Karzai mencionó que le «impresionó enormemente» el poema que recitó Amanda Gorman en la investidura de Biden.

Karzai no habría llegado a presidente sin el apoyo de Estados Unidos, pero durante su mandato las tácticas de contrainsurgencia americanas cada vez lo frustraban más. En 2013, fue de visita a Washington y, en un tenso encuentro con Obama en el despacho oval, planteó el tema de las bajas civiles. Karzai me dijo que le enseñó a Obama una fotografía espeluznante: un soldado americano pisaba con la bota la mano amputada de un anciano afgano ante la mirada aterrorizada de una mujer y unos niños. «Le pregunté a Obama: "¿Cómo espera que sea su aliado y haga la vista gorda ante actos semejantes si soy el presidente de Afganistán y se supone que tengo que proteger a mi pueblo?"». Karzai describió un amplio arco con los brazos: «Y aquí estamos».

En el Gobierno de Karzai, construido sobre alianzas incómodas, había una variedad de agresivos señores de la guerra y funcionarios corruptos. Con la esperanza de poner fin a la guerra, hizo intensos esfuerzos por iniciar el diálogo con los talibanes, lo que había servido más que nada para agravar su imagen de líder desventurado, atrapado en una relación tóxica con sus patrones americanos, pero no se había dado por vencido. «Llevo años diciendo que los talibanes son nuestros hermanos —me dijo—. Vamos a trabajar juntos por un futuro común».

El estatus de Karzai en el nuevo Afganistán es incierto; no está en el poder, pero tampoco lo ha abandonado del todo. Un afgano bien relacionado sugirió que Karzai era una «especie de rehén» de los talibanes, que le habían impedido marcharse porque lo necesitaban como interlocutor con Occidente. (Karzai y Mujahid lo niegan). Karzai tenía razones para recelar del nuevo Gobierno. Sirajuddin Haqqani había intentado asesinarlo. Pero Karzai me contó que había mantenido encuentros habituales con ministros talibanes, e insistió en que tenían «la absoluta convicción de que el Gobierno debe ser inclusivo». Hizo hincapié en que la sociedad afgana había cambiado en las dos últimas décadas. «La experiencia americana tuvo pegas, pero también tuvo ventajas», afirmó, y mencionó el incremento de la educación, sobre todo entre las mujeres, y la mejora de las carreteras.

La cuestión de cómo se gobernaría Afganistán seguía pendiente, reconoció. Había que promulgar una Constitución provisional; luego una comisión redactaría una Constitución permanente y la sometería al *loya jirga* nacional, o gran consejo. «El futuro Estado debería representar la voluntad de la gente —dijo Karzai—. Yo apoyaré una democracia, claro. —Rio—. Pero habrá quienes se opongan, quienes digan: "Mira qué patraña de democracia tuvimos"».

En una carretera al este de Kabul está Camp Phoenix, una base militar erigida por Estados Unidos. En 2014, los norteamericanos se la entregaron al ejército afgano, y se transformó en un centro de rehabilitación para una cada vez mayor población de drogadictos. Los talibanes, durante su primer mandato, prácticamente eliminaron el cultivo de amapolas para obtener opio. Pero, después de la invasión estadounidense, varios destacados señores de la guerra aliados con Estados Unidos presuntamente se involucraron en el tráfico de heroína. El cultivo de opio se extendió enormemente y Afganistán resurgió como primer suministrador mundial. Ahora se cree que hay más de tres millones de adictos en el país.

Cuando volvieron los talibanes en agosto, había en torno a un millar de adictos alojados en la antigua base, donde se había instituido un programa de rehabilitación de seis semanas bajo los auspicios del Ministerio de Salud Pública. Para diciembre, los talibanes habían recogido a unos dos mil drogadictos más de la calle y los habían llevado al centro. Pero el personal del programa, al igual que otros funcionarios afganos, llevaba meses sin cobrar. No había presupuesto para comida y los pacientes se estaban muriendo de hambre.

Fui de visita al centro con un joven trabajador social llamado Mohamed Sabir. Los pacientes, la mayoría con bata de hospital sucia, deambulaban por el recinto o estaban repantigados en un jardín descuidado. Todos se veían atrozmente delgados. Muchos indicaban por gestos que tenían hambre, se frotaban el vientre o remedaban comer algo imaginario.

Sabir reconoció que la única comida que había en el campo era la que quedaba en los almacenes antes de la caída del Gobierno. A los pacientes les daban una taza de leche aguada y un pedazo de pan indio para desayunar, arroz para comer y alubias y medio trozo de pan para cenar. Cuando nos acercábamos a una papelera, Sabir ahuyentó a un hombre que hurgaba en busca de comida. «Hace un par de noches, se comieron el gato del campo —dijo—. Lo hicieron pedazos y se lo comieron crudo».

En el patio, un hombre llevaba a otro a la espalda. Eran Amanullah y Abdul Rahman, dos amigos de poco más de treinta años. Habían crecido en la zona rural cerca de Kunduz y se unieron al ejército afgano cuando aún no habían cumplido los veinte años. Amanullah explicó que lo llevaban así porque había perdido una pierna al pisar una mina en Helmand. Abdul Rahman resultó herido en el brazo en la misma explosión; llevaba un aparato de metal, con clavos incrustados en el húmero. Los dos habían empezado a inyectarse heroína para aliviar el dolor.

Abdul Rahman permanecía sentado en silencio con aire ausente. Amanullah me dijo que la explosión había afectado a su amigo: «Antes era distinto». También aseguró que su mayor deseo era volver con su esposa y sus tres hijos. Creía que estaba curado de su adicción, y estaba decidido a no volver a consumir heroína nunca. Llevaba en la mano los restos de una prótesis rota. Al tiempo que la levantaba, declaró: «Sigo dispuesto a sacrificarme por mi país».

Muchos talibanes con los que hablé insinuaron que la crueldad de la guerra era una respuesta inevitable a la presencia de extranjeros. Un alto cargo se lamentó: «Cuando había cuarenta y cinco países presentes en Afganistán, y morían cientos de personas al día, eso se consideraba seguridad». Ahora que los talibanes estaban al mando, sostuvo, no había necesidad de más altercados. «No muere ni una sola persona al día —aseguró sin ironía aparente—. ¿No se considera eso seguridad?».

En algunos aspectos, no obstante, el rechazo de los talibanes hacia el orden anterior ha agravado el caos en Afganistán. El día que tomaron Kabul, abrieron las puertas de la principal prisión de la ciudad, en Pul-e-Charkhi, y de la cárcel de Bagram, en una antigua base aérea norteamericana a las afueras de la capital. Más de doce mil presos salieron en tromba. Había entre ellos líderes destacados de Al Qaeda y al menos un millar de miembros del IS-K, filial afgana del ISIS. El 26 de agosto, un combatiente del IS-K se hizo estallar delante de las puertas del aeropuerto de Kabul, matando a trece soldados norteamericanos y casi doscientos afganos que querían ser evacuados.

Durante mi visita, hubo explosiones con bombas lapa cada pocos días en Kabul: bombas unidas a un imán se adherían al exterior de un coche y se activaban por medio de un teléfono móvil. Acudí al lugar de un atentado a escasas manzanas del cuartel general de la policía. Ya habían retirado el vehículo destrozado y los talibanes desviaban el tráfico de los restos de la explosión y el tramo quemado en la carretera. Calle abajo, hombres armados pululaban por parejas registrando azoteas y callejuelas. Los transeúntes civiles procuraban no mirar, decididos a no mostrar el menor interés.

Las redes sociales se hacían eco de los atentados con bomba lapa, aunque sin dar información acerca de quién los había cometido o por qué. El verano pasado, el IS-K reivindicó dos ataques así contra camionetas en las que iban «descreídos» chiíes. El grupo ha masacrado a cientos de chiíes, en escuelas, hospitales y mezquitas. También se ha ensañado con los talibanes, a cuyos miembros considera apóstatas. No mucho después de la caída de Kabul, Zabihullah Mujahid, el portavoz, acudió al velatorio de su madre, que había fallecido de enfermedad. Mientras él y otros cargos estaban en la mezquita, sufrieron el ataque de un terrorista suicida del IS-K. Mujahid sobrevivió, pero murieron varias personas y otras muchas resultaron heridas: víctimas del tipo de atentado que él había aplaudido en otros tiempos.

Los representantes talibanes tendían a restar importancia a los peligros del IS-K. En una base militar en Logar, una estratégica población en las colinas a las afueras de Kabul, un comandante Haqqani de alto rango llamado Mawlawi Deen Shah Mokhbit me aseguró que el IS-K «ya había sido derrotado, por Dios». Al modo de alguien que no estaba acostumbrado a que lo interrumpieran, proclamó: «Cuando combatíamos a los americanos y sus mercenarios y esclavos afganos, haciendo la yihad contra ellos, también lo hacíamos contra el Daesh, los jariyíes (quienes luchan contra otros musulmanes en nombre del islam). Pero Dios los derrotó, Dios los borró y acabó con ellos». Observando que el país había soportado cuarenta años de guerra, Mokhbit añadió una advertencia: «Afganistán está lleno de armas y de gente que se crio en plena guerra, así que es posible que haya pequeños incidentes. Pero no pueden suponer una amenaza para nuestra nación y nuestro sistema de gobierno». Mientras hablábamos, él tenía al lado un guardaespaldas que me miraba fijamente con el dedo en el gatillo del arma. Al final de la entrevista, Mokhbit, a todas luces cauto de sobras, ordenó a un grupo de hombres armados que me acompañaran colina abajo. Hacia mitad de camino, me dejaron en manos de otro convoy armado, que me acompañó hasta la entrada de la ciudad.

En amplias zonas del campo, cuando los talibanes ocuparon el territorio la década pasada, se erigieron en una suerte de Gobierno en la sombra. Los «talibs» gozaban de popularidad entre algunos habitantes; después de todo, eran hijos de la misma tierra. A medida que los norteamericanos se retiraban, muchos se rindieron a los talibanes sin oponer resistencia, unos motivados por el deseo de sobrevivir, otros por auténtica afinidad. En la población de Bamiyán, ciento treinta kilómetros al oeste de Kabul, el nuevo gobernador, el mulá Abdullah Sarhadi, me dijo que él había ocupado el territorio de manera pacífica. «No hubo enfrentamientos, gracias a Dios», aseguró.

En Bamiyán, los talibanes ocuparon un complejo fortificado en lo alto de una colina. El gobernador Sarhadi, un hombre de aspecto enjuto con barba blanca, llevaba turbante negro y un chal corto de tono ocre llamado *patou*. Me contó que se había unido a la yihad durante la invasión soviética y llevaba combatiendo desde entonces. «Tengo muchas cicatrices por el cuerpo», afirmó. Había perdido un ojo en un tiroteo a las afueras de Kabul, me explicó: una bala le entró en la cabeza y salió por la cuenca del ojo.

En 2001, durante la última batalla librada por los talibanes, en Kunduz, Sarhadi fue hecho prisionero, y los milicianos lo encerraron en un contenedor casi sin ventilación, junto con cientos de combatientes más. Muchos se asfixiaron, pero Sarhadi se salvó de chiripa: sus captores dispararon contra el contenedor y sobrevivió respirando por los orificios de bala. Luego, fue entregado a los americanos y estuvo cuatro años recluido en Guantánamo. Después de quedar en libertad, regresó al campo de batalla y lo capturaron de nuevo; pasó ocho años más en la cárcel, esta vez en Pakistán.

En Bamiyán, no obstante, sus hombres y él estaban como en casa. «No tenemos ninguna preocupación —me dijo—. Esto forma parte de nuestra nación, y todos pertenecemos a la misma nación». Había estado allí antes de que llegaran los americanos, señaló, y entonces también era un buen lugar.

Era una opinión pasmosamente revisionista. Si hay un lugar que encarne los desmanes de los talibanes es Bamiyán. Los habitantes de la pequeña ciudad, ubicada en un hermoso valle de montaña, son en su mayoría hazara. Distinguidos por sus rasgos mongoles, se dice que los hazaras son descendientes del ejército de Gengis Khan, que invadió la zona en el siglo XIII.

Muchos hazaras viven en cuevas excavadas en la inmensa muralla de precipicios de tierra caliza del valle. Los primeros en cavar cuevas fueron ermitaños budistas, monjes que habían llegado por la antigua Ruta de la Seda, que conectaba China con Oriente Próximo y Europa. Hace unos quince siglos, los monjes tallaron dos estatuas de Buda, del tamaño de un reactor de pasajeros cada una, en la piedra porosa.

Los Budas de Bamiyán se convirtieron en la principal atracción turística de Afganistán. Pero, en 2001, el mulá Omar decretó que eran ídolos no islámicos y tenían que ser destruidos. Mientras arqueólogos y líderes internacionales pedían contención, los milicianos demolieron las estatuas con explosivos y fuego de artillería. Más o menos al mismo tiempo, los talibanes irrumpieron en el museo de Kabul y destruyeron a golpe de almádena y hacha piezas de miles de años de antigüedad. En mi reciente visita, cuando se lo comenté a representantes en Kabul, por lo general intentaron cambiar de tema.

Sarhadi estaba en Bamiyán cuando fueron destruidos los Budas, y le pregunté si creía que había sido un error. Sus colaboradores se mostraron molestos, pero él hizo un gesto con la mano restándole importancia. «Fue una decisión del liderazgo —dijo—. Nosotros cumplimos aquello que los líderes y los emires el Emirato Islámico decidan».

Según algunos informes, Sarhadi también estuvo vinculado con la muerte de miembros de la etnia hazara, incluida una masacre en 2001 que según Amnistía Internacional se cobró la vida de «más de trescientos hombres desarmados y un número de mujeres civiles y niños». Sarhadi negó toda implicación. Sus colaboradores me echaron en cara que no tenía derecho a cuestionarlo. «¿Les ha preguntado alguna vez a cargos occidentales sobre las atrocidades que han cometido en el mundo islámico?», preguntó uno. Sarhadi añadió que Occidente no tenía nada que enseñar sobre derechos humanos a los países musulmanes. «¡Desafiamos al mundo entero! —dijo—. En el islam, incluso cuando sacrificas un cordero, la primera condición es no afilar el cuchillo delante del animal, y la segunda condición, que el cuchillo esté muy afilado, para que el cordero no sufra».

Sarhadi me dijo que había pacificado la zona. «Por la gracia de Dios, ahora no hay problemas, ni los habrá en el futuro», aseguró. Si yo quería saber la opinión de la gente de la zona sobre su liderazgo, me aconsejó, debía ir a preguntárselo: «Servimos a la gente día y noche».

Ese mismo día hablé con algunos habitantes de la zona. Cerca de la base del acantilado donde antaño estuvieran los Budas, unos jóvenes habían cavado un agujero y hecho una hoguera para asar patatas. No había trabajo, me explicaron, conque intentaban engañar el hambre.

En la enorme hendidura donde había estado el Buda más pequeño, me encontré a hombres y niños hazaras mirando el hueco oscuro. Me contaron que habían venido de una provincia vecina después de oír que las nuevas autoridades estaban repartiendo cupones de comida. En el complejo del gobernador, se habían sumado a una muchedumbre reunida para pedir ayuda. Los guardias talibanes les dijeron que no tenían nada que darles y les ordenaron que se fueran.

Los hazaras decidieron que, antes de volver a casa, visitarían el emplazamiento de los Budas. No los habían visto nunca, y ahora ya era demasiado tarde. Les pregunté qué pensaban de que los hubieran destruido. El hombre de mayor edad dijo, con cautela, que creía que era una pena, pues las estatuas habían sido «una parte de la historia». Cuando le pregunté qué opinión le merecían los talibanes, apartó la vista fingiendo no oírme.

Sobre una árida llanura, unos seiscientos kilómetros al oeste de Kabul, se extiende Herat, una elegante ciudad oasis que se distingue por una inmensa mezquita con exquisitos mosaicos azules y amarillos. En su larga historia, ha sido motivo de luchas en numerosas ocasiones. La batalla más reciente acabó el 13 de agosto, cuando, después de semanas de combates, las fuerzas del Gobierno se rindieron a los talibanes. La caída de Kabul se anunció solo cuarenta y ocho horas después.

La defensa de Herat la lideró en parte su antiguo gobernador Ismail Khan, un señor de la guerra duro de pelar de casi ochenta años. A Kahn se le conoce en Afganistán como líder muyahidín, ministro del Gobierno de Karzai y enemigo de los talibanes desde hace mucho tiempo. Estuvo tres años prisionero de estos, antes de escapar, y luego sobrevivió a un ataque suicida que mató a varios civiles. Reivindicó el atentado Zabihullah Mujahid.

Cuando cayó Herat, los talibanes capturaron a Khan, pero este se las arregló para huir a Irán. No está claro que suponga menos riesgo a distancia. Junto con otras figuras políticas —incluidos dos vicepresidentes de Ghani, Amrullah Saleh y el señor de la guerra Abdul Rashid Dostum—, Khan podría intentar la insurrección armada si el nuevo Gobierno parece débil.

En Herat, los talibanes anunciaron su presencia colgando de grúas sobre la ciudad los cadáveres de presuntos secuestradores. Desde entonces, la situación ha estado más o menos tranquila, pero durante el otoño la ciudad empezó a llenarse de desplazados cuando miles de campesinos y sus familias huyeron de las provincias de Badghis y Ghor, azotadas por la sequía. Según Mary Ellen McGroarty, directora del Programa Mundial de Alimentos (PMA), los refugiados estaban sumidos en la desesperación; en una visita reciente, una muchedumbre estuvo a punto de tomarla como rehén.

Me encontré refugiados por una carretera que atraviesa el desierto de Herat a Badghis. En un terreno baldío sin árboles, unas docenas de familias habían apañado unos refugios con piedras, láminas de plástico y restos de hojalata. La mayoría de los hombres habían trabajado de jornaleros, cobrando una parte de la cosecha que ayudaban a sembrar. Con la sequía, sin embargo, al no haber cosecha, no habían cobrado.

Dos de las mujeres tenían tuberculosis, y dos más estaban embarazadas. Zainab, una de las enfermas, tenía cuatro hijos. Acuclillada en el suelo, me explicó que no podía dormir bien; tosía constantemente y le dolían las manos y la cabeza.

Un anciano llamado Ibrahim vivía cerca, con su hermana Guljan. Mientras Guljan hablaba, el hombre permanecía apoyado en un bastón en silencio. Ella explicó que tres años antes los milicianos le habían dado una paliza en el pueblo. «Desde entonces no ha sido el mismo —dijo—. Suelta tonterías y maldice y a veces rompe cosas». Los otros refugiados escuchaban y asentían en actitud compasiva. Los afligía que no hubiera nadie que se ocupara de sus mayores. Cuando les pregunté sus edades, Guljan se mostró insegura y dijo: «Ibrahim debe de tener setenta u ochenta años, y yo cincuenta o sesenta». (La mayoría de los afganos no sabe su edad exacta, porque no tienen tradición de celebrar cumpleaños).

Carretera adelante, me detuve en una zona donde había acampada una muchedumbre. Un grupo de hombres y chicos discutían y se empujaban hasta que sus mayores lograron calmarlos. Un anciano, Jan Mohamed, me dijo que había conducido a un centenar de personas hasta Herat, porque no llovía donde vivían: «No disponíamos de nada para comer, así que nos marchamos». No tenía ningún plan, confesó. «Esperamos ayuda de las Naciones Unidas, después de la visita de unos representantes». Nadie del Gobierno afgano había ido a verlos todavía. Un rico empresario había llegado unos días antes y distribuido tiendas de campaña, pero no eran suficientes para todos.

Un hombre con un niño en brazos se me acercó y le retiró la bata para enseñarme la espalda y el brazo izquierdo con la piel quemada y reducida a una masa lívida y cubierta de ampollas. Los americanos habían bombardeado su pueblo el año anterior, explicó. Su hijo mayor murió, y el niño, de seis años, había sufrido esas quemaduras. «Le escuece —dijo el hombre—. No puede dormir por las noches».

Todos tenían una historia de miseria y desesperación. Un joven que trabajaba en un restaurante de carretera cerca de los campamentos me contó esa noche que desde su dormitorio colindante oía a los niños llorar de frío y hambre. Con expresión afligida, dijo que esperaba que se pudiera hacer algo.

La autoridad local más importante era el gobernador de Herat, Noor Mohamed Islamjar, un erudito del islam al que los talibanes habían puesto en el cargo. Cuando fui al palacio del gobernador, había una especie de ropero, donde los visitantes dejaban los kalashnikov, y un guardia armado en la puerta. En el interior, Islamjar había ubicado su despacho en una elegante sala de estar, legado de los tiempos de la monarquía afgana.

Islamjar, que llevaba gafas y una *shalwar kameez* blanca, habló de los refugiados con distanciamiento intelectual. «Los problemas de seguridad se han acabado, pero los económicos no —aseguró—. Parte de ello se debe al cambio climático. Otros factores incluyen las sanciones injustas». Me lanzó una mirada desdeñosa. «El Emirato Islámico de Afganistán no sufrirá mucho —añadió—. Pero las mujeres y los ancianos sí».

Le recordé que había una crisis humanitaria a las afueras de su ciudad. «Espero que el cambio climático y la sequía terminen», respondió. También había un plan para hacer regresar a la gente a sus pueblos, «con ayuda de las ONG». Pero ¿qué podía hacer él ahora? Mucha gente que yo había visto no tenía nada que comer. Islamjar me aseguró que había «dado instrucciones a la Media Luna Roja y otros para que les ofrecieran ayuda. —Y añadió—: Pero procuramos no darles comida gratis, porque eso alienta a más gente a venir y establecerse aquí solo para recibir ayuda. El principal problema es que nuestros activos están congelados. La situación de estas personas es responsabilidad de quienes han congelado nuestros activos».

Prácticamente todas las personas con las que hablé en Afganistán creían que Estados Unidos y sus aliados tendrían que liberar fondos para ayuda humanitaria. Retenerlos sería cruel, y con toda seguridad también agravaría los resentimientos antioccidentales. «El castigo no es la respuesta —me dijo Gailani—. Las sanciones no perjudican a los líderes, solo a la gente normal».

El desastre de relaciones públicas que supuso la retirada de Estados Unidos puso a Joe Biden en un brete: hacer caso omiso de la situación desesperada en Afganistán le haría parecer insensible, pero cooperar con los talibanes delataría debilidad. Zalmay Khalilzad, que encabezó el equipo norteamericano de negociación con los talibanes, me dijo: «Después del cambio de régimen pensé que deberíamos usar la influencia que teníamos para excluir a los talibanes de la lista de organizaciones terroristas, liberar fondos de manera gradual y reabrir la embajada, de modo que a cambio pudiéramos conseguir lo que queríamos de ellos, que es la cooperación antiterrorista, los derechos de las mujeres y un Gobierno inclusivo». Pero, dijo, «eso supone un problema político para los de Biden. ¿Cómo se puede hablar de un gran acuerdo con los talibanes si los norteamericanos creen que son un grupo terrorista? Sobre todo, cuando los talibanes no han hecho lo suficiente para disipar esa percepción».

Desde el otoño pasado, la Administración ha estado trabajando para ofrecer ayuda sin dar al régimen acceso a fondos. Ha concedido licencias para ayudas norteamericanas por valor de cientos de millones de dólares y ha apoyado un «servicio de intercambio humanitario» que permitiría a las organizaciones de ayuda pagar a médicos, enfermeros y demás trabajadores. La Administración también ha instado al Banco Mundial a liberar cientos de millones de dólares de su Fondo de Reconstrucción de Afganistán. Durante mi visita, vi cómo gente que trabajaba bajo la tutela de organismos internacionales repartía dinero, comida y ropa de invierno.

En febrero, Biden anunció un plan para entregar siete mil millones de dólares en dinero afgano retenido en bancos estadounidenses. La mitad se reservaría para, potencialmente, abonar daños a un grupo de parientes de víctimas del 11 de septiembre que habían demandado a los talibanes y Al Qaeda; la otra mitad iría a un fondo de ayuda humanitaria en Afganistán. Este plan ofrece ayuda continua, pero deja a los talibanes en una situación en la que les resulta casi imposible gobernar, con un banco central al borde de la quiebra y sin reconocimiento diplomático de Occidente. «Los americanos tienen que entablar relaciones con el actual Gobierno afgano a través de canales oficiales, reconocer al Gobierno afgano y cooperar con él —me dijo Mujahid, el portavoz—. Igual que Estados Unidos ha tenido buenas relaciones con Arabia Saudí, un país islámico, puede tenerlas con nosotros».

En años recientes, no obstante, Arabia Saudí ha hecho al menos gestos simbólicos de adoptar una versión de la ley islámica más aceptable para Occidente (pese a perseguir a los disidentes políticos). En Herat, el gobernador Islamjar sugirió que los afganos también aspiraban a una *sharia* más «suave». Los nuevos cargos del Ministerio de Promoción de la Virtud y Prevención del Vicio «solo instan a la gente a comportarse», aseguró. Con la puesta al día de las normas, «se juzgará a los delincuentes tres veces». En caso de sentencia de muerte, explicó, habría de firmar la autorización el líder supremo; nadie más tendría autoridad de ordenar la ejecución de una persona. Cuando le pregunté por los hombres a los que habían colgado de grúas en su ciudad, Islamjar pareció mortificado. «No planean hacerlo en el futuro», respondió en voz queda.

En Kabul, hablé con el mulá Abdul Salam Zaeef acerca de la dificultad de reconciliar las visiones enfrentadas del Gobierno islámico. Zaeef, una figura legendaria, es un pastún grande y mofletudo de cincuenta y tantos años. Se crio en Kandahar, se formó en una madrasa pakistaní, se unió a la guerra contra los soviéticos y contribuyó a la creación de la milicia talibán. Amigo íntimo del mulá Omar, fue ministro de Defensa de los talibanes durante un tiempo y, después de caer estos, pasó cuatro años en Guantánamo.

Zaeef, que vestía una *shalwar kameez* blanca, me contó que seguía siendo talibán, pero no se había unido al Gobierno porque quería «ser libre». (Un afgano que lo conoce bien me dijo que su auténtica motivación era que le preocupaban los Haqqanis, aunque Zaeef lo niega). Mientras tanto, dirigía una ONG que ayudaba a los huérfanos de guerra y llevaba una emisora de radio con programas que «explican el islam a la gente» en el campo; también tenía una madrasa con mil quinientos alum-

DESPUÉS DE LA CAÍDA

nos. Zaeef parecía entusiasmado sobre todo con unas tierras que poseía en Kandahar, donde cultivaba pistachos, granadas y uva. «Son buenos para las aves y la naturaleza», observó.

Las leyes talibanes se están aplicando de manera inconsistente por el país, y es evidente que están produciéndose algunos abusos. Durante mi visita, circulaban informes sobre campesinos hazaras a los que miembros de la etnia pastún habían expulsado de sus tierras, de redadas en casas de activistas y de ejecuciones extrajudiciales de soldados y agentes de inteligencia del anterior Gobierno. Zaeef reconoció que el sistema penal seguía siendo lento e irregular, porque las nuevas autoridades no estaban al tanto de las leyes; llevaría tiempo. «Afganistán no será una democracia —dijo—. Pero tampoco será una dictadura absoluta. Durante al menos quince años necesitamos un sistema que no permita ir por el mal camino a la gente».

Su sueño era que la *sharia* se implementara de tal manera que beneficiara a todos los afganos. Reconoció que los talibanes, al igual que los norteamericanos, habían cometido errores, pero confiaba en que esta vez acertaran. «La ley islámica no tendría que ser dura. Para los musulmanes, es una buena vida —aseguró—. El problema es que no hay un modelo para la ley islámica en el mundo hoy en día. Ni siquiera yo soy capaz de explicarla. Es como un océano cuando te adentras. Pero hay que buscar el modo».

Ibrahim Haqqani, tío del ministro del Interior talibán, me recibió en su residencia fortificada en Kabul. Hombres armados vigilaban las entradas; al final de un largo sendero de acceso bordeado de muros antiexplosiones, había otro grupo de vigilantes. Haqqani me recibió en una sala con largas cortinas amarillas corridas para que no entrara la luz del sol. Con apariencia de rondar los sesenta años, llevaba una larga barba teñida de negro y un turbante tan extravagante que habría sido propio de uno de los malvados de *Piratas del Caribe.*

Haqqani me contó que había dedicado la mayor parte de su vida a luchar por dos objetivos: liberar Afganistán de la intervención extranjera y poner en práctica la *sharia*. El segundo aún estaba por cumplirse. «Hablamos de la *sharia* que nos ha llegado de Dios por medio de su profeta —me explicó—. Esa es la *sharia* que queremos».

Le dije a Haqqani que reinaba la confusión en torno a la clase de *sharia* que querían llevar a la práctica los talibanes. «No hay más que una *sharia* —repuso—. En la *sharia*, existe un comportamiento que no es pecaminoso ni lo convierte a uno en infiel, y que propicia actitudes de clemencia y compasión. Avanzamos poco a poco en ese sentido, para aligerar la vida de la gente y al mismo tiempo protegernos del comportamiento infiel».

Pregunté si los talibanes tenían intención de restaurar la estricta variedad de la *sharia* que impusieron en los años noventa. Haqqani me dijo que, para explicarlo, habría que despejar las impresiones negativas que había diseminado la propaganda infiel. «Voy a ponerle un ejemplo —dijo—. Con el antiguo Gobierno, ¿permitíamos a la gente hacer fotos? No. Pero ahora ¿hemos impedido a nadie hacer fotos? No, no lo hemos impedido. Con el antiguo Gobierno, evitábamos que las mujeres fueran solas al mercado. ¿Cuál era el motivo? El motivo era la depravación que reinaba aquí, de la era rusa. No había confianza y no confiábamos en las mujeres. Por eso intentábamos limitar los movimientos de las mujeres hasta que garantizáramos su seguridad como era debido. Hoy en día, en cambio, las mujeres no tienen restricciones. Circulan por ahí libremente, van a trabajar, son médicas, trabajan en oficinas».

Haqqani se disculpó con amabilidad; tenía que asistir a la oración del anochecer. Mientras estaba ausente, pensé en la disonancia entre las promesas de indulgencia del nuevo Gobierno y su persistente ferocidad. Apenas unas semanas antes, Sirajuddin, sobrino de Haqqani, había organizado una celebración para las familias de terroristas suicidas. El comandante Mokhbit me había dicho que los hombres que enviaba a la muerte estaban «más cerca de Dios que usted o yo».

Unos minutos después, Haqqani regresó y retomó su argumentación. «Todavía nos preocupan los efectos de la influencia norteamericana —aseguró, y añadió—: Pero hay confianza en que los afganos no repitan los actos del pasado, y que los actos de los extranjeros, y los servicios que les prestamos, no se repitan. Intentamos adoptar un enfoque más indulgente en todos los aspectos de la *sharia*, mientras no se contradigan los mandatos de Dios». Hablaba con la seguridad de un padre que todo lo supiera: «La severidad es un principio global. Siempre que hay caos en un país, se aplican medidas estrictas, y, cuando las cosas vuelven a la normalidad, las medidas estrictas se relajan. —Continuó—: Dios es paciente. Si una tribu toma el camino adecuado, Dios les brindará desahogo y comodidad, pero si esa tribu toma el camino equivocado, negando el Corán y cosas por el estilo, entonces Dios los castiga con severidad. Así se conduce Dios y así se conduce el mundo».

El 3 de diciembre, los talibanes dictaron un decreto, en nombre del líder supremo, según el que las mujeres debían tener ciertos derechos de herencia y no verse obligadas a contraer matrimonio. Pero no hacía referencia a sus derechos a trabajar y tener acceso a educación secundaria. Al día siguiente, me reuní con un grupo de antiguas empleadas de alto rango del Ministerio de Asuntos de la Mujer. Tenían entre treinta y dos y cuarenta y seis años, y la mayoría habían sido el principal sostén de la familia. Aunque las activistas en Afganistán se exponían a la violencia y la censura, todas ellas estaban dispuestas a dar la cara y usar su nombre real.

Nazifa Azimi, que había sido directora de Tecnología de la Información del ministerio, me explicó que, cuando los talibanes entraron en Kabul, sus colegas y ella se fueron a casa sin saber qué iba a ocurrir. Enseguida, no obstante, decidieron mantenerse firmes y empezaron a presentarse en el ministerio todas las mañanas. Se encontraron el edificio acordonado por guardias. «Al principio, los guardias talibanes en la puerta eran amables y salían a hablar con nosotras», recordó Azimi. Pero, después de que transcurrieran dos semanas sin ningún cambio, las mujeres decidieron protestar.

Shahlla Arifi, que había estado a cargo de Educación y Cultura en el ministerio, encabezó las protestas. Desde entonces, según dijo, había estado recibiendo amenazas, incluidos textos que le advertían de que su marido, maestro en una escuela para niños, sería «eliminado». Arifi y su marido tienen cinco hijos de entre tres y quince años. Se plantearon unirse a la multitud que buscaba ser evacuada del aeropuerto de Kabul, pero el caos los disuadió.

Desde entonces, los riesgos para las mujeres que protestan no han hecho sino aumentar. Según informes, varias mujeres se han desvanecido en Kabul en meses recientes después de asistir a concentraciones antitalibanes. Todas las mujeres con las que hablé querían marcharse de Afganistán, convencidas de que allí no tenían futuro. De hecho, prácticamente todos los afganos que conocí que no eran talibanes tenían intención de huir. Muchos me pidieron ayuda. Al final, creía que lo que los talibanes resurgentes ofrecían no era una «revolución suave», sino, más bien, una revisión de su anterior Gobierno. El grado de severidad que impongan a la hora de gobernar Afganistán dependerá de las circunstancias con las que se encuentren. Pero a la gente que ha experimentado la libertad no les gusta que se la arrebaten, y es probable que muchos afganos más busquen la manera de salir del país. Es posible que algunos luchen. La mayoría, sin embargo, en especial los pobres, no tendrán otra opción que adaptarse para sobrevivir.

Cuando le pregunté a Arifi por el decreto del líder supremo, se echó a reír y meneó la cabeza. «Su ideología no ha cambiado —aseguró—. Ahí estaba yo en la calle, pidiendo mis derechos, pero no estaban dispuestos a otorgármelos. Me apuntaron a la cabeza con un arma y me gritaron obscenidades. Harán lo que haga falta para convencer a la comunidad internacional de que les dé financiación, pero al final yo me veré obligada a ir otra vez con burka. Solo están esperando».

Un hombre nuevo[*]

El mes de febrero en Santiago, la capital de Chile, es como agosto en París: el final del verano, cuando todo el que puede permitirse unas vacaciones escapa de la ciudad para apurar hasta el último sorbo de libertad. Muchos santiaguinos buscan las cercanas playas del Pacífico o los lagos de aguas heladas del sur. Tras los dos meses de frenética actividad que siguieron a las elecciones del 19 de diciembre de 2021, Gabriel Boric, presidente electo del país, también tenía previsto tomarse un descanso.

En una barbacoa con amigos, escasas semanas antes de su toma de posesión, contó que su pareja y él pondrían rumbo al archipiélago Juan Fernández, a cuatrocientas millas de la costa. Su destino era la isla donde el marinero escocés Alexander Selkirk quedó atrapado en el siglo XVIII y cuya experiencia sirvió de inspiración a Daniel Defoe para escribir *Robinson Crusoe*. Boric planeaba nadar, pescar y también leer una pila de libros: el clásico de Defoe, varias biografías de presidentes chilenos y una historia de Europa del Este escrita por Timothy Snyder. Creía que debía ponerse al día en cuestiones de geopolítica, pues las superpotencias habían empezado ya a cortejarlo.

Tras la victoria de Boric, el presidente Joe Biden lo llamó para felicitarlo e invitarlo a una cumbre de líderes hemisféricos en Los Ángeles. Chile, con sus seis mil kilómetros de costa, es un punto geoestratégico de peso en América Latina, región en la que Biden ha intentado, si bien de forma intermitente, aumentar su influencia. No sería un viaje fácil para Boric, pues había llegado al poder liderando una coalición de izquierdas que incluía al Partido Comunista de Chile, que suele considerar a Esta-

[*] Publicado originalmente en *The New Yorker* el 28 de junio de 2022. Traducción de Rita da Costa.

dos Unidos como un agresor imperialista. Sin embargo, según me comentó entonces, aún quedaban varios meses para la celebración de la cumbre y «Biden me dijo que no tenía que decidirlo enseguida».

Por su parte, la embajada china le había entregado en mano una carta de Xi Jinping en la que le recordaba cordialmente que la República Popular China es el principal socio comercial de Chile, primer productor mundial de cobre y segundo de litio, metales de los que depende el suministro de baterías y teléfonos móviles del gigante asiático.

También había oído que Vladímir Putin sopesaba la posibilidad de visitar Argentina, y se preguntaba si querría añadir Chile al itinerario. Se estremecía solo de pensarlo. En la extrema izquierda chilena hay quienes ven a Rusia como un aliado frente a la «hegemonía» estadounidense, pero Boric no quería a Putin en su país.

A sus treinta y seis años —uno más que la edad mínima para ser presidente de Chile—, Gabriel Boric es un hombre de complexión robusta, con el rostro redondo enmarcado por la barba y una mata de pelo castaño. Me relató estas novedades con un aire de eufórica complicidad, pues se contaban entre los hitos más importantes de su vida hasta la fecha. Aún no había jurado el cargo de presidente, pero ya le habían puesto un coche y varios guardaespaldas, y la Administración saliente lo informaba a diario de los acontecimientos más relevantes. Había anunciado que su Gobierno sería feminista y, por primera vez en América Latina, estaría constituido en su mayoría por mujeres: catorce de los veinticuatro ministerios estarían en manos femeninas, incluidos los de Defensa e Interior. Además, dos de sus ministros eran abiertamente homosexuales y muchos de sus cargos de confianza eran jóvenes de izquierdas como él.

Su pareja, Irina Karamanos, también representaba una ruptura con el pasado. Esta mujer de treinta y dos años, descendiente de griegos y alemanes, habla cinco lenguas, posee estudios universitarios en Antropología y Ciencias de la educación y está considerada una líder feminista. Ya se las había arreglado para concitar la antipatía de una parte de los chilenos al anunciar que pretendía «reformular» el papel de primera dama, puesto que no se consideraba «ni primera, ni dama».

El oponente de Boric en las elecciones a la presidencia era José Antonio Kast, político católico ultraconservador, padre de nueve hijos y admirador del líder de la extrema derecha brasileña, Jair Bolsonaro. Había prometido un Gobierno favorable al sector empresarial, así como la defensa de la ley y el orden, el cierre de las fronteras a la inmigración no deseada y la oposición tanto al aborto como al matrimonio entre personas del mismo sexo. Kast es hijo de un oficial de la Wehrmacht de

Hitler que emigró a Chile después de la guerra y amasó una fortuna vendiendo embutidos elaborados al gusto bávaro. Haciendo suyas las palabras de Donald Trump, Kast animaba a los votantes a «hacer de Chile un gran país».

Al final, Boric venció a Kast por doce puntos porcentuales, cosechando el mayor número de votos jamás emitidos a favor de un solo candidato en Chile. Representaba al Gobierno más progresista que había tenido el país desde la desventurada presidencia del socialista Salvador Allende, que llegó al poder en 1970 y fue derrocado tan solo tres años después por el sangriento golpe militar que instauró la dictadura derechista del general Augusto Pinochet, que se mantuvo en el poder durante diecisiete años.

Para dirigir la economía, Pinochet se había rodeado de los conocidos como «Chicago Boys», un grupo de economistas que había estudiado en la Universidad de Chicago con referentes del liberalismo como Milton Friedman o Arnold Harberger (no es casualidad que el hermano mayor de Kast estuviera al frente del Banco Central de Chile). El país se convirtió en el campo de experimentación del neoliberalismo latinoamericano, con la desregulación generalizada de la economía y la privatización de las empresas controladas por el Estado, la educación, la sanidad y las pensiones.

Tras la restauración de la democracia en 1990, los sucesivos gobiernos de Chile rehuyeron los extremos. Durante dos décadas, una coalición de centroizquierda conocida como Concertación tuvo un peso clave en las diversas administraciones, y, a lo largo de los siguientes doce años, el poder osciló entre el centroderecha y el centroizquierda. Chile se consolidó como una nación estable, con una movilidad social ascendente, en medio de vecinos más pobres sometidos a gobiernos volátiles. Sin embargo, las políticas económicas instauradas bajo el régimen de Pinochet no cambiaron en lo fundamental, y las desigualdades se agravaron.

En 2019, el Informe sobre la Desigualdad en el Mundo situaba a Chile en los puestos inferiores de la clasificación, entre países como la República Centroafricana y Mozambique. Por entonces, el 27 por ciento de la renta nacional se acumulaba en manos del 1 por ciento de la población. En octubre de ese año todo saltó por los aires. Los estudiantes de secundaria se echaron a la calle para protestar por la subida de las tarifas del metro impuesta por el Gobierno, pero su ira no era sino un símbolo de frustraciones más profundas. Como decía uno de los lemas estudiantiles: «No son los treinta pesos, son los treinta años de indiferencia». Aquellas protestas dieron paso a manifestaciones multitudinarias en las que participaron hasta un millón de chilenos para exigir cambios de todo tipo en un fenómeno de masas a ratos catártico, a ratos sangriento, conocido como «estallido social».

En noviembre de 2019, tras semanas de creciente violencia, los partidos políticos de Chile negociaron un pacto histórico, bautizado con el rimbombante nombre de Acuerdo por la Paz Social y la Nueva Constitución, que llamaba a la celebración de un nuevo proceso constituyente en el que tuvieran cabida todas las voces. El firmante más destacado entre las fuerzas de izquierdas fue Gabriel Boric.

Los esfuerzos de Boric por apaciguar los disturbios contribuyeron a convertirlo en un candidato viable a la presidencia. Durante su campaña, prometió a los chilenos «una vida mejor». Crearía un sistema nacional de salud, establecería un sistema de pensiones públicas y eliminaría la deuda estudiantil. Aliviaría la pobreza con la creación de medio millón de puestos de trabajo y financiaría sus propuestas incrementando la carga fiscal a las grandes compañías mineras. Adoptó un eslogan de resonancias revolucionarias: «Si Chile fue la cuna del neoliberalismo, también será su tumba».

La víspera de mi llegada a Chile, Boric había celebrado su cumpleaños con Karamanos y unos pocos amigos íntimos. A la noche siguiente reanudaron las celebraciones y me uní a ellos mientras bromeaban y brindaban con vino y «piscola», un combinado traicionero que se prepara mezclando pisco (un tipo de aguardiente de uva) y Coca-Cola. Boric se levantaba a cada rato para controlar el fuego de un asado patagón, una especialidad chilena que consiste en asar un cordero entero a la brasa en una parrilla con forma de cruz.

La conversación fue en su mayor parte distendida, pero se volvió seria cuando se comentaron las veleidades de la izquierda chilena. Si bien Boric había saltado a la palestra como líder de ese movimiento, algunos lo tildaban de «amarillo» por su disposición a dialogar con los adversarios políticos, lo que, para la extrema izquierda, equivale a ser un traidor.

Durante el estallido social, estos últimos habían protagonizado a diario enfrentamientos con la policía y habían prendido fuego a iglesias y edificios públicos. El Gobierno conservador del multimillonario Sebastián Piñera movilizó a la policía antidisturbios, que cargó contra los manifestantes y provocó una treintena de muertos; los botes de gas lacrimógeno y las balas de goma causaron más de trescientas heridas oculares, de modo que se extendió el rumor de que los hombres de Piñera apuntaban a los ojos. La policía también fue acusada de violación y otros delitos sexuales. Un grupo feminista llevó a las calles una multitudinaria coreografía de protesta titulada «Un violador en tu camino», que han hecho suya y repetido simpatizantes de todo el mundo.

Los manifestantes adoptaron como emblema un perro negro de aspecto feroz llamado Negro Matapacos, y pronto surgieron por todas partes pintadas que reproducían al animal junto a mensajes como UN POLICÍA MUERTO NO VIOLA. Hasta marzo de 2020, cuando las protestas callejeras empezaron a debilitarse, los daños resultantes habían costado al país no menos de tres mil millones de dólares y la economía se había ralentizado. Piñera se vio obligado a pedir perdón por su manejo de la situación y a despedir a varios ministros de su gabinete. No obstante, numerosos chilenos seguían despreciando a las fuerzas del orden y las instituciones. Algunos activistas abucheaban a los altos cargos gubernamentales en restaurantes y por la calle. En diciembre de 2020 visité el corazón simbólico del estallido, una confluencia de calles que los manifestantes habían rebautizado como plaza de la Dignidad. Seguía siendo un campo de batalla donde activistas con máscaras antigás esperaban a que aparecieran los antidisturbios para enzarzarse en nuevos enfrentamientos. El asfalto estaba chamuscado por las barricadas en llamas y sembrado de proyectiles, incluidos extintores usados que los manifestantes habían arrojado a los coches que pasaban.

Como presidente, Boric se enfrenta a unos enormes retos. Su partido y los socios de la coalición que lidera son minoría en el Parlamento, y para aprobar cualquier ley tendrá que negociar acuerdos con sus rivales políticos. Su propia coalición —Apruebo Dignidad— se halla escindida por disputas internas, sobre todo entre sus aliados políticos más cercanos y el Partido Comunista. Andrés Scherman, comentarista político y periodista chileno, me aseguró que «uno de los riesgos de liderar una coalición tan fragmentada y heterogénea es que Boric acabe como un general sin tropas».

Boric tiene cuatro tatuajes, y todos ellos hacen referencia a su región natal —situada en la Patagonia, en los confines de Chile—, que se conoce por el romántico nombre de Región de Magallanes y de la Antártica Chilena. En uno de nuestros primeros encuentros, se arremangó la camisa para enseñármelos: uno de sus tatuajes, el del antebrazo, es un faro sobre un mar embravecido; otro es un elaborado mapa que incluye el canal de Beagle, donde su bisabuelo, un inmigrante croata, desembarcó en 1887 en busca de oro. Después se desabrochó la camisa para enseñarme el hombro derecho, donde se había tatuado una lenga, árbol autóctono y símbolo de la Patagonia, mientras afirmaba con una sonrisa: «Seré el primer presidente de Magallanes en los doscientos años de independencia de Chile».

Magallanes, con sus cerca de ciento setenta mil habitantes desperdigados en una inmensidad salvaje, es la Alaska chilena. Tres cuartas partes de la población vive, como la familia de Boric, en Punta Arenas, una ciudad de espíritu fronterizo azotada por el viento. Los patagones son un pueblo de carácter independiente, hechos al viento, la lluvia y el frío, así como habituados a ganarse la vida de un modo relativamente holgado, a menudo con la cría de ganado lanar, el turismo o la industria petrolera.

El padre de Boric, Luis Javier Boric Scarpa, de la rama croata de la familia, es ingeniero químico y ha desarrollado toda su carrera profesional en la compañía petrolera estatal. La madre del presidente, María Soledad Font, descendiente de catalanes, trabajó como bibliotecaria y pertenece a una secta católica, el Movimiento Apostólico de Schoenstatt. El hogar familiar, una amplia casa de dos plantas junto al estrecho de Magallanes, está decorado con cuadros, altares y velas votivas dedicadas a la Virgen María.

Boric, el mayor de tres hermanos, estudió en el Colegio Británico de Punta Arenas hasta que se trasladó a Santiago para cursar Derecho en la Universidad de Chile. Terminó sus estudios en 2009, pero nunca ha ejercido como abogado, pues no tardó en dedicarse de lleno a la política.

Se dio a conocer como líder durante el «invierno chileno», un periodo de protestas estudiantiles que empezó en 2011, durante la primera presidencia de Sebastián Piñera (en los dieciséis años previos a la victoria de Boric, Piñera se alternó en el poder con la socialista Michelle Bachelet, pues en Chile los presidentes no pueden encadenar dos mandatos consecutivos). En 2006, una oleada anterior de manifestaciones se había bautizado como «la revolución pingüina», porque estaba liderada por estudiantes de secundaria que salían a protestar luciendo sus uniformes blanquinegros. Las manifestaciones del invierno chileno, en cambio, surgieron de los estudiantes universitarios, que hicieron suyas algunas reivindicaciones de los alumnos de secundaria, como una mayor apuesta por la educación y el fin de las subvenciones a los colegios privados, una herencia de los tiempos de Pinochet que había dejado sin fondos a la educación pública. Entre esos líderes estudiantiles se encontraban Boric y un puñado de activistas que desde entonces han alcanzado cierta notoriedad, como Giorgio Jackson, Camila Vallejo o Karol Cariola.

En 2009, Boric fue elegido presidente del sindicato de estudiantes de la facultad de Derecho. Dos años después se convirtió en presidente del sindicato de estudiantes de la Universidad de Chile, derrotando por un estrecho margen a Vallejo, que cursaba Geografía y a la que la revista *Times* apodó «la revolucionaria más estilosa del mundo». Ambiciosos, brillantes y sin pelos en la lengua, los cuatro activistas eran amigos pese a las diferencias que los separaban: Vallejo y Cariola eran comunistas, Jackson y Boric más afines a la socialdemocracia. En las elecciones de 2013, los cuatro obtuvieron escaños parlamentarios.

En 2018, Boric dejó a un lado su labor en el Parlamento para tratar un trastorno obsesivo-compulsivo. Lo anunció en Instagram, donde tenía un millón y medio de seguidores, publicando una foto suya con expresión ceñuda y el siguiente mensaje: «Hola a tod@s! Les quería contar que estoy con licencia por un par de semanas. Como lo he dicho antes, desde chico tengo TOC (trastorno obsesivo-compulsivo) y por recomendación médica decidí ser responsable y tratármelo».

El trastorno obsesivo-compulsivo de Boric se manifestó por primera vez cuando tenía ocho años y le acarreó numerosas dificultades en sus años de formación. Recuerda que no pudo terminar el *Diario* de Ana Frank en el plazo estipulado porque su trastorno le hacía retroceder dos renglones cada vez que se saltaba una palabra accidentalmente. Tenía otros tics, como el de parpadear cuatro veces antes de salir de su habitación, o echar a andar siempre con el pie izquierdo.

Hablar públicamente de su trastorno obsesivo-compulsivo era arriesgado desde el punto de vista político. En un debate, Kast lo utilizó para insinuar que Boric no era apto para desempeñar el cargo al que aspiraba, pero la franqueza del candidato lo congració con la opinión pública. En su discurso de toma de posesión como presidente, afirmó que había que dedicar más esfuerzos a combatir las enfermedades mentales en Chile, y los asistentes acogieron sus palabras con un estruendoso aplauso.

En cierta ocasión, Gabriel García Márquez dijo, en tono de broma, que Chile era el único país de América Latina donde las leyes se venden en la calle, como los periódicos. La democracia y la estabilidad son la norma. Tras independizarse de España en el siglo XIX, Chile vivió seis décadas de relativa tranquilidad política, aventajando con mucho a la mayoría de sus vecinos. Más tarde, desarrolló un sistema multipartidista y experimentó otro medio siglo de plácida democracia antes de que Pinochet se hiciera con el poder.

Sin embargo, en Chile existe una corriente anarquista y bohemia paralela al espíritu institucional. En los años anteriores al golpe de Estado, el país se vio sacudido por una extrema polarización política. Salvador Allende llegó a la presidencia en 1970, en pleno apogeo de la Guerra Fría, y tanto Estados Unidos como la Unión Soviética veían en Chile un campo de batalla estratégico. Si bien accedió al poder de manera legítima al frente de una coalición de izquierdas, Allende ganó por un estrechísimo margen.

Durante su mandato, desarrolló un programa político bautizado como la «vía chilena al socialismo» por el que se nacionalizaron minas de cobre y entidades bancarias, se confiscaron grandes latifundios y se amplió la protección social a los más desfavorecidos. Sus políticas atrajeron a radicales y revolucionarios de toda la región. Los más militantes de izquierda reclamaban una profunda transformación de la sociedad, mientras que la derecha orquestaba una campaña de ataques terroristas. Fidel Castro hizo una visita de tres semanas al país, durante la cual se dejó ver en los mítines y advirtió a los chilenos que debían estar preparados para luchar en defensa de su «revolución».

A diferencia de la rebelión armada que defendía Castro, las reformas de Allende partían de postulados pacifistas. Él encarnaba la posibilidad de un nuevo socialismo latinoamericano, más cercano a Escandinavia que a la Unión Soviética, pese a lo cual su Gobierno hizo saltar las alarmas de la clase dirigente conservadora: políticos, fuerzas armadas y sector privado. Las grandes corporaciones estadounidenses también se sintieron amenazadas e instaron a la Casa Blanca a tomar cartas en el asunto. El Gobierno de Nixon diseñó planes secretos para derrocar a Allende con la ayuda de la CIA.

Al final, fueron Pinochet y sus aliados en el ejército quienes se encargaron de hacerlo. Las fuerzas aéreas bombardearon el palacio presidencial, y el 11 de septiembre de 1973 Allende se suicidó con un AK-47 que le había regalado Castro. Tras su muerte se desató una represión sin precedentes por la que más de tres mil personas fueron asesinadas y muchas más sufrieron torturas y encarcelamiento. Medio siglo después, Chile aún no se ha recuperado del todo de esas heridas.

Sin embargo, por muy despótico que fuera Pinochet, encarnaba algunas de las tendencias institucionalistas de Chile. Tras siete años en el poder, trató de legitimar su mandato redactando una nueva Constitución. En Santiago, el propio Pinochet me explicó en cierta ocasión que la antigua Constitución había supuesto un lastre a su poder. «Para poder actuar, hay que estar en condiciones de fijar las metas —dijo—. Así que establecí las metas».

En 1988, Pinochet convocó un referéndum con la esperanza de asegurarse ocho años más en el poder. Esta vez perdió la apuesta, pero no se retiró del todo, sino que se mantuvo al mando de las fuerzas armadas y se las arregló para ser nombrado senador vitalicio, junto con nueve colaboradores elegidos a dedo. Tenía inmunidad parlamentaria y, mediante una alianza con los partidos de derechas, el control en la práctica de la legislatura.

En 1998, la dictadura de Pinochet empezó a tambalearse cuando fue detenido por sorpresa. Mientras estaba de visita en el Reino Unido, el juez español Baltasar Garzón emitió una orden de arresto a su nombre bajo la acusación de genocidio, tortura y terrorismo. Finalmente, se le permitió regresar a Chile, pero su autoridad se había visto socavada y pasó el resto de sus días en los tribunales, defendiéndose de las acusaciones que pesaban sobre él. En 2005 se descubrió que, con el apoyo del Riggs Bank, una entidad financiera con base en Estados Unidos, había defraudado millones de dólares de fondos públicos y los había ocultado en más de ciento veinte cuentas opacas. Cuando murió, al año siguiente, pocos chilenos lloraron su ausencia.

El pasado diciembre, cuando su viuda, Lucía Hiriart, falleció también a los noventa y ocho años, las calles de Santiago se llenaron de chilenos bebiendo champán y celebrando su muerte a voz en grito. Una pancarta rezaba CHAU, VIEJA CTM, donde CTM es la abreviación de «concha de tu madre».

La noche antes de que Boric se fuera de vacaciones a una isla remota, nos reunimos en casa del escritor Patricio «Pato» Fernández, en el barrio de Providencia. Este hombre de cincuenta y dos años con hechuras de oso de peluche y carácter risueño es comentarista político y fundador de *The Clinic*, periódico satírico que nació para mofarse de Pinochet (el nombre hace referencia al centro médico británico donde el dictador se recuperaba de una operación de columna cuando lo detuvieron). El periódico de Fernández se define como progresista, pero no escatima críticas a la izquierda; una portada memorable mostraba a Nicolás Maduro, el atrabiliario líder de Venezuela, caracterizado con orejas de burro bajo el titular «nicolás maburro».

En casa de Fernández, Boric lucía su habitual atuendo de vaqueros, botas desgastadas y camisa de franela a cuadros. Había llevado consigo pisco y Coca-Cola, y rellenaba cada cierto tiempo un vaso de plástico rojo. Envió a los guardaespaldas presidenciales a comprar carne de ternera y luego salió al jardín para afanarse en torno a la parrilla.

En 2015 yo había pasado una velada con Fernández y Boric cerca de los muelles de Punta Arenas, en el bar Shackleton, bautizado así en honor al explorador angloirlandés que llegó renqueando a Chile tras haber sobrevivido a una azarosa expedición en la Antártida. Era invierno en la Patagonia, y un viento helado azotaba las calles mientras Boric y Fernández charlaban animadamente sobre los últimos tropiezos de Michelle Bachelet. La presidenta había fiado su mandato a la promesa de una reforma educativa, pero se había visto envuelta en un escándalo relacionado con su hijo y un cuestionable préstamo bancario.

En sus inicios como parlamentario, Boric se reveló como alguien brillante, intenso y ambicioso, pero inexperto en el mundo de la política y necesitado de orientación. Nacido en 1986, apenas recordaba la época de Pinochet y, como tantos otros de su generación, se impacientaba con las reformas moderadas. Fernández había alcanzado la mayoría de edad bajo la dictadura y había aprendido a valorar las libertades que propiciaron los gobiernos de la Concertación. Sabía tomarle el pulso a la sociedad y podía contarle a Boric cosas que nadie más sería capaz de decirle.

Desde entonces, los dos habían forjado una estrecha amistad, y Boric acudía a menudo a casa de Fernández para cenar o jugar al ajedrez con su hijo adolescente, León. Cuando las charlas se alargaban hasta la madrugada, Boric se quedaba a dormir en el sofá. En estos días, Fernández se complace en informar a sus visitantes de que «el presidente ha dormido donde está usted sentado».

Durante el estallido social, los dos hombres se vieron arrastrados al debate nacional sobre cómo poner fin a la convulsa situación que vivía el país. En su libro *Sobre la marcha*, que escribió al calor de las manifestaciones, Fernández defendía el Acuerdo por la Paz Social y la Nueva Constitución. En él afirmaba que el proceso constituyente contribuiría a rebajar la agitación social en Chile y permitiría abordar sus desigualdades endémicas, «para que la rabia encuentre un cauce y del tiempo de tirar piedras, como dice el Eclesiastés, pasemos al tiempo de recogerlas».

El partido de Boric, Convergencia Social, se opuso al acuerdo, que consideraba un obstáculo a reformas más estructurales. Sin embargo, Fernández recuerda haberlo defendido con firmeza: «Si bien no constaba entre las reivindicaciones de los grupos que habían tomado las calles, me daba la impresión de que la mayor parte de sus exigencias podían hallar acomodo en una nueva Constitución». Finalmente, Boric firmó el acuerdo a título individual, no como representante de Convergencia Social. El partido lo suspendió de militancia, pero el acuerdo salió adelante. Al decir del propio Boric, apostó todo su capital político para desembarazarse «de una vez por todas de la Constitución pinochetista».

Convergencia Social acabó readmitiendo a Boric entre sus filas, pero en la calle no todos le perdonaron el agravio. Poco después de firmar el acuerdo, estaba sentado en un parque cuando un grupo de militantes de izquierdas empezó a insultarlo, acusándolo de haber «traicionado al pueblo». Mientras lo encharcaban en cerveza y le escupían, Boric permaneció sentado, observándolos en silencio. Su templanza le valió numerosos elogios.

Cuando la propuesta de una nueva Constitución se sometió a referéndum, fue aprobada por una abrumadora mayoría del 78 por ciento de los votantes. Se eligió una convención constitucional formada por ciento cincuenta y cinco representantes, de los cuales tres cuartas partes eran de izquierdas o independientes. Entre ellos se contaba Fernández, que se había presentado a instancias de sus amigos.

Los «convencionales», como se los conoce coloquialmente, tenían de plazo hasta el mes de julio de 2022 para redactar una Constitución que se sometió a referéndum en otoño. En un artículo de opinión publicado tras las elecciones, Fernández afirmó: «Gabriel Boric sabe de sobra que el destino de su presidencia está indisolublemente ligado al proceso constituyente». Sin embargo, cuando los convencionales empezaron a redactar propuestas, el espíritu pragmático que encarnaba Boric a menudo brillaba por su ausencia. Así, una veterana marxista llamada María Magdalena Rivera propuso con toda solemnidad instaurar un sistema de corte soviético en el que todas las instituciones del Estado serían reemplazadas por una «Asamblea Plurinacional de las y los Trabajadores y los Pueblos», de la que se verían excluidas «figuras parasitarias», como el alto clero, los militares y los grandes empresarios. Por su parte, una comisión medioambiental propuso establecer medidas especiales de protección para los hongos. Uno de los convencionales, un hombre con la cabeza rapada y numerosos tatuajes que atendía al nombre de Pelao Vade, fue expulsado de esa comisión cuando se supo que había basado su candidatura en una inspiradora historia de superación del cáncer que resultó ser falsa.

Buena parte de las propuestas menos pragmáticas fueron rechazadas, pero los medios de comunicación, sobre todo de derechas, se empeñaron en presentar un goteo constante de noticias en torno a las ideas más estrafalarias. El fracaso de la Convención Constitucional no solo fue un duro golpe para el Gobierno de Boric, sino que dio alas a sus oponentes, tanto de la derecha como de la izquierda más radical. En palabras de Fernández: «El éxito requerirá la construcción de nuevas formas de confianza, de una cohesión conquistada mediante nuevos desafíos civilizatorios y la complicidad de diversos sectores de la sociedad chilena». Se refería a que Boric deberá unir a un país dividido antes de que se desmiembre.

Chile, que vio nacer a Pablo Neruda, Gabriela Mistral y Nicanor Parra, es conocido como una de las «patrias poéticas» de América Latina. Otra de esas patrias es Nicaragua, cuna de Rubén Darío y también de Gioconda Belli, poeta y escritora que hubo de exiliarse por sus duras críticas al despótico gobernante de su país, Daniel Ortega. En su toma de posesión, Boric invitó a Belli como representante de Nicaragua. Al día siguiente, se celebró un almuerzo en su honor en el elegante piso de la escritora Carla Guelfenbein.

Entre los invitados se encontraba Raúl Zurita, un hombre barbudo de setenta y dos años y poeta laureado de Chile. Durante la campaña presidencial, entregó a Boric un manifiesto de apoyo firmado por más de quinientos escritores chilenos en el que se expresaba el temor de que un Gobierno de Kast «nos llevara de vuelta a los tiempos más oscuros de nuestra historia». En un tono menos comedido, Zurita había declarado a un entrevistador que estaba «dispuesto a suicidarse antes que votar» a Kast.

Durante el almuerzo, Zurita estaba exultante, como buena parte de los invitados, que interrumpían los discursos para brindar con champán, pero los ánimos se calmaron cuando Belli habló de su nueva vida en Madrid y recordó la muerte de un viejo amigo encarcelado por orden de Ortega. La presencia de la poeta nicaragüense en la toma de posesión de Boric era un reproche velado: Ortega y su esposa y colíder, Rosario Murillo, no habían sido invitados.

Para Boric, estas intrigas palaciegas eran tan solo un indicio de los problemas geopolíticos a los que seguramente debería enfrentarse. En una de nuestras conversaciones, confesó que le hubiese gustado ver más mundo antes de ser presidente. La primera vez que puso un pie fuera de América Latina tenía trece años y fue para viajar con su familia a Disney World, dijo, alzando las manos y riendo con aire abochornado. A los diecisiete, vivió durante cuatro meses en un pueblo francés cercano a Nancy, pero apenas tuvo ocasión de conocer el país. Fue poco después de que Estados Unidos invadiera Irak, y su familia de acogida no le permitió visitar París por temor a los ataques terroristas. Apenas se alejó de la aldea donde residía, pero el padre de familia, que había luchado en la guerra de Argelia, le contaba batallitas y le hablaba de los prisioneros a los que arrojaban desde helicópteros. Unos años más tarde, Boric acompañó a sus padres en un viaje organizado por el Mediterráneo, pero tampoco entonces pudo conocer a fondo ninguno de los lugares que visitó: «Roma, Praga, El Cairo, Atenas..., un día en cada sitio», concluyó encogiéndose de hombros.

Más adelante viajaría a Israel y Palestina. «Fue la experiencia más brutal que he vivido nunca», recordó, y habló apasionadamente sobre el muro que separa Cisjordania de Israel y lo que consideraba una política de «humillación» hacia los palestinos. Tras las elecciones, el candidato propuesto por Boric para ocupar la cartera de Agricultura le escribió para decirle que el embajador israelí los había invitado a una conferencia sobre el aprovechamiento de los recursos hídricos. Chile sufría por entonces una pertinaz sequía y los israelíes eran famosos por sus innovaciones en los sistemas de riego por goteo. El ministro aseguró a Boric que el embajador era un hombre progresista que se había criado en un kibutz, pero el presidente no las tenía todas consigo. «Primero debemos entablar algún tipo de debate político —me dijo—. No podemos normalizar este grado de brutalidad sistemática».

Durante la campaña presidencial, Boric calificó a Israel de «Estado genocida y asesino». En una entrevista posterior se reafirmó en sus declaraciones, pero señaló que opinaba lo mismo del trato que Turquía dispensa a los kurdos y China a los uigures. Los chilenos de ascendencia palestina constituyen una parte nada desdeñable de la población —cerca de quinientos mil en un país de diecinueve millones de habitantes— y las declaraciones de Boric apenas generaron polémica, pero inquietaron a la población judía, compuesta por unas dieciocho mil personas. Tras las elecciones, Gerardo Gorodischer, líder de una importante organización que se hace llamar Comunidad Judía de Chile, me comentó que confiaba en poder compartir con Boric «los puntos de vista de la comunidad judía, con la esperanza de que matice algunas de las opiniones expresadas en el pasado».

Tras la primera vuelta de las elecciones, en la que Kast se situó como favorito, Boric se acercó más al centro. Sus socios de coalición del Partido Comunista siguieron apoyando a las autocracias de izquierdas en

Cuba, Nicaragua y Venezuela, pero el candidato a la presidencia se había declarado en contra de esta postura, y tuiteó: «En nuestro Gobierno el compromiso con la democracia y los derechos humanos será total, sin respaldos de ningún tipo a dictaduras y autocracias, moleste a quien moleste».Ya había criticado al régimen de Daniel Ortega por reprimir a los opositores políticos, y no dudó en reprender duramente al Gobierno cubano por su enérgica contención de las manifestaciones del año anterior y tachó de «experimento fallido» el mandato de Nicolás Maduro en Venezuela, que replicó sugiriendo que Boric pertenecía a una nueva «izquierda cobarde».

Después de que Boric volviera de vacaciones, su buen amigo Emiliano Salvo organizó otro asado. El presidente electo llegó luciendo una llamativa camisa hawaiana y una gorra del grupo de punk español Siniestro Total. Contó que la isla era idílica: naturaleza en estado puro, sin apenas turistas.

El piso de Salvo quedaba en un edificio de los años sesenta con vistas a las estribaciones de los Andes. Decía que le recordaba a Berlín Oriental, donde había vivido de niño. Su padre era un socialista que había sufrido penas de cárcel y torturas bajo el régimen de Pinochet. En el exilio conoció a la madre de Salvo, una comunista alemana, y vivieron juntos en un piso cerca de Alexanderplatz. Salvo solía decir cariñosamente que su madre se parecía a la protagonista de la película *Good Bye Lenin!* porque echaba de menos la antigua Alemania del Este: «Se niega a ver que el mundo ha cambiado».

Esa noche, Boric y Salvo comentaron con nostalgia su admiración juvenil por los primeros años de la Revolución bolivariana de Venezuela. Cuando murió Hugo Chávez, en 2013, Boric tuiteó: «Mucha fuerza a todo el pueblo venezolano. Somos muchos los chilenos que estamos con ustedes! A seguir profundizando la Revolución bolivariana!». Salvo le enseñó un regalo que había recibido en 2017, una chaqueta de chándal con los colores de la bandera venezolana como la que Chávez había convertido en un icono. Lamentando el rumbo que había tomado la situación en el país, farfulló algo sobre la pérdida de la inocencia y luego guardó la chaqueta.

En el balcón, Boric buscó un poema en el móvil: «Consternados, rabiosos» fue la reacción del poeta uruguayo Mario Benedetti al asesinato del Che Guevara en 1967. Allí, entre amigos y ayudantes, Boric leyó el poema con voz teatral y un dedo suspendido en el aire para dar mayor énfasis a sus palabras: «Un dedo / basta para mostrarnos el camino / para acusar al monstruo y sus tizones / para apretar de nuevo los gatillos».

Pese a su debilidad por el lenguaje vibrante, Boric desconfía de la retórica propia de la izquierda radical y cree que el discurso inflexible de las últimas décadas «ha servido más como veneno que como abono». Desde antes de que naciera, Fidel Castro había ejercido una influencia desmesurada en la izquierda latinoamericana, fomentando un enfoque absolutista del poder y la política. Los líderes que se propusieron seguir de cerca el ejemplo de Castro obtuvieron resultados catastróficos: Hugo Chávez y Nicolás Maduro en Venezuela, Daniel Ortega en Nicaragua. Hay otros líderes de izquierdas en el hemisferio, como Andrés Manuel López Obrador en México o Alberto Fernández en Argentina, pero, pese a sus pretensiones revolucionarias, a menudo parecen actuar movidos sobre todo por la ambición de perpetuarse en el poder. De los «leones de la izquierda» que siguen con vida, solo dos conservan su prestigio: José (Pepe) Mujica, el antiguo guerrillero que llegó a presidente de Uruguay hace ahora una década y que vive retirado en su granja, y el brasileño Luiz Inácio Lula da Silva, que volvió al poder en las elecciones de octubre de 2022.

«Tenemos la oportunidad de reimaginar la izquierda», me aseguró Boric, pero sabe que la dicotomía crucial en la región no es tanto entre izquierda y derecha como entre democracia y autoritarismo populista. Boric —que es joven y no carga con el lastre del pasado— bien podría ser el político que mejor articule las ventajas de una mayor independencia ideológica. Tras las elecciones, puso al frente de las finanzas a un consagrado economista de sesenta y tantos años, lo que ayudó a calmar los nervios de los mercados y el sector empresarial de Chile. En palabras de Fernández: «Ese nombramiento transmitió el mensaje fundamental de que Gabriel no es un loco revolucionario». Por su parte, y pese a la retórica incendiaria empleada en la campaña, Kast dejó clara la voluntad de colaborar con el nuevo Gobierno. Poco después del cierre de las urnas, tuiteó: «Desde hoy [Boric] es el presidente electo de Chile y merece todo nuestro respeto y colaboración constructiva. Chile siempre está primero».

Si establecemos un paralelismo con el contexto estadounidense, muchos de los seguidores de Boric serían partidarios de Bernie Sanders. Como me dijo Giorgio Jackson, camarada político del presidente desde hace mucho: «Somos más allendistas que fidelistas. Es como si hubiésemos germinado a partir de esa semilla de democracia». El propio Boric se escora más hacia el centro que hacia la izquierda. Cuando le pregunté si tenía algún ejemplo que seguir, contestó, no sin cierta vacilación, que siempre había admirado a Allende, pero que no tenía un «modelo estático». No porque sea camaleónico, aclaró, sino porque está «en constante evolución».

El día de la Mujer es un gran acontecimiento en Santiago, y este año cerca de trescientas mil mujeres marcharon por una de las avenidas principales de la ciudad hasta el centro de Santiago, donde se celebraba una concentración. Me uní a una multitud de mujeres y niñas que habían salido a la calle con la cara pintada y luciendo el morado y el verde, los colores feministas. Apenas había hombres a la vista, pero nadie me hizo sentir que sobraba.

Cientos de mujeres se reunieron en la plaza de la Dignidad para corear consignas y ondear pancartas. En el centro de la plaza, otrora escenario frecuente de enfrentamientos entre la policía y los manifestantes, había un pedestal de piedra sobre el que se erguía la estatua ecuestre de una figura histórica chilena, el general Baquedano. Durante el estallido social, las autoridades habían retirado la estatua y dejado el pedestal, ahora cubierto de pintadas, al igual que muchos edificios cercanos, algunos de los cuales habían ardido durante las protestas.

Las mujeres sostenían pancartas con lemas que rezumaban indignación: IT'S A DRESS, NOT A YES («Es un vestido, no un "sí"»), LO QUE LLAMAS AMOR ES TAN SOLO TRABAJO NO REMUNERADO o MUERTE AL MACHO. Un cartel rezaba: SOMOS LAS NIETAS DE LAS BRUJAS QUE NO PUDISTEIS QUEMAR. Una mujer casi desnuda pasó por mi lado, sosteniendo en alto un par de antorchas encendidas. Con una cuerda anudada alrededor de la cintura, tiraba de un carro que transportaba a otra mujer ataviada como una reina. En otro punto, dos mujeres interpretaban una performance: una lavaba metódicamente bragas de color rosa que luego tendía en una cuerda, mientras la otra, arrodillada, hundía la cabeza una y otra vez en el barreño. No muy lejos de allí, Irina Karamanos se manifestaba con varias ministras del Gobierno de Boric, sosteniendo una pancarta con el lema DEMOCRACIA EN EL PAÍS, EN LA CASA Y EN LA CAMA.

Cuando mencioné la marcha feminista a Ricardo Lagos, que ocupó la presidencia de Chile entre los años 2000 y 2006, se declaró encantado: «Este era un país de trajes grises —dijo—, pero en los últimos treinta años ha habido una enorme apertura cultural». Lagos, un venerable anciano de ochenta y cuatro años, me recibió en el despacho repleto de libros de su fundación, Democracia y Desarrollo.

En su juventud, fue nombrado embajador de Allende ante la Unión Soviética y se exilió después del golpe de Estado. Volvió unos años después y se convirtió en la primera figura pública chilena que osó pronunciarse en contra de Pinochet en un programa de televisión en directo. Como presidente, lideró la coalición de centroizquierda Concertación. «Lo que hicimos fue abrir este país —afirmó Lagos—. Chile era entonces un país distinto. ¡Ni siquiera existía una ley del divorcio! En 1993, cuando me presenté por primera vez a la presidencia, dije que la aprobaría, pero no salí elegido. Acabamos consiguiéndolo diez años más tarde». Lagos señaló, no obstante, que no fue hasta la presidencia de Michelle Bachelet, también socialista, cuando se legalizó el aborto en caso de violación.

Muchos votantes de izquierdas insisten en que los actuales problemas de Chile se derivan de la incapacidad de los gobiernos anteriores para crear una sociedad más justa. Para ellos, Lagos era un neoliberal. El expresidente, por su parte, apuntó que la obsesión con la pureza ideológica forma parte del problema. Él y sus aliados habían proporcionado oportunidades educativas y viviendas públicas para los más desfavorecidos. «Con eso no bastaba», reconoció, pero se justificó diciendo que no tenían votos suficientes para hacer más. Los legisladores chilenos de signo conservador habían ejercido su capacidad de veto para bloquear las reformas. «Nuestro gran reto ha sido, por un lado, lidiar con una estructura de Estado heredada de Pinochet y, por el otro, crear una nueva estructura», afirmó.

Con la esperanza de fomentar una mayor unidad, Pato Fernández quiso que Boric y Lagos se conocieran durante la campaña presidencial. Este último me comentó: «No puedo decir que seamos amigos, pues la brecha generacional es demasiado grande, pero lo veo con buenos ojos», y añadió que le había gustado el discurso de toma de posesión de Boric: «Ha comprendido que debe ser un estadista». Lagos aprobó en especial su postura ante la invasión rusa de Ucrania. El primer día de la guerra, mientras seguía de vacaciones con su mujer en el archipiélago Juan Fernández, Boric publicó el siguiente tuit: «Desde Chile condenamos la invasión a Ucrania, la violación de su soberanía y el uso ilegítimo de la fuerza. Nuestra solidaridad estará con las víctimas y nuestros humildes esfuerzos con la paz». Lagos señalaría al respecto: «Me gusta que haya empleado la palabra "humildes"; demuestra que entiende su lugar en el mundo».

El palacio presidencial de La Moneda se restauró tras el bombardeo ordenado por Pinochet, pero todos los presidentes modernos de Chile han seguido viviendo en su propia casa. Unos días antes de la toma de posesión de Boric, Karamanos y él se mudaron a su nueva residencia, una vieja casona en el casco histórico de la ciudad que había albergado una clínica médica. Boric comentó con entusiasmo que tenía trece habitaciones, un gran cambio respecto al pequeño piso en el que habían vivido hasta entonces; por fin tendría sitio para sus libros.

En el barrio de Yungay abundan las casas de dos o tres plantas cuya construcción data de principios del siglo XX. Encontré a Boric en el segundo piso de un inmueble de estilo art déco, solo ante una inmensa pila de cajas de cartón todavía por abrir. Desde la ventana se veía a los carabineros, que habían colocado unas vallas al final de la manzana para mantener a raya a los curiosos. Yungay era un barrio burgués venido a menos, conocido por el tráfico de drogas y la delincuencia, pero Boric y Karamanos no querían vivir en uno de los llamados «barrios altos» de Santiago. Boric dijo que esperaba que su presencia allí contribuyera a mejorar la situación.

En una de las habitaciones de la casa nueva Boric había instalado su único mueble, un anticuado buró de madera con tapa de persiana. Lo había comprado en una tienda de segunda mano, dijo, acariciándolo con orgullo. Tenía el portátil abierto y me explicó que estaba trabajando en su discurso de investidura. Confesó que se sentía «un pelín nervioso, por fin», y que se distraía hojeando libros: uno sobre Carlos Ibáñez del Campo, dictador chileno de la primera mitad del siglo XX, otro sobre el pensamiento libertario.

Boric quería saludar a los vecinos congregados junto a las vallas, así que nos fuimos para allá mientras los guardaespaldas vestidos de civil se desplegaban sobre el terreno. El presidente se detuvo en un portal, donde un joven le ofreció la bandera de un club de fútbol de Magallanes. Se abrazaron y Boric posó para un selfi.

Al otro lado de las vallas se habían reunido unas cincuenta personas, agitando teléfonos móviles y llamando a Boric a voz en grito. Durante diez minutos, recorrió aquella línea divisoria, posando para fotos, estrechando manos, besando a ancianas y escuchando a sus nuevos electores. Una mujer se quejó de las condiciones en las que estaba su madre en un hospital; un hombre denunció problemas laborales en la mina.

De vuelta en la casa, Boric señaló una máquina para hacer gimnasia a la que tenía abandonada y dijo que necesitaba ponerse en forma. Confiaba en poder sacar algo de tiempo para sí mismo todos los días cuando se convirtiera en presidente, aunque no parecía probable que sus obligaciones se lo fueran a permitir. Me enseñó el regalo que le acababa de hacer una mujer, un muñequito tejido a mano a su imagen y semejanza, barba incluida. «Y esto no es nada», me aseguró. Fue hacia una pila de cajas y sacó una enorme bolsa de plástico repleta de regalos que la gente le había ido dando, entre los que había más réplicas suyas y cientos de notas manuscritas.

A través de la ventana vi a una mujer que saludaba emocionada desde su piso, al otro lado de la estrecha calle. Boric sonrió y le devolvió el saludo, pero parecía abrumado. «Todo esto es un poco como *El show de Truman*, ¿verdad?».

El 11 de marzo de 2022, Boric juró el cargo de presidente en Valparaíso, a una hora en coche de Santiago. La ceremonia tuvo lugar en el edificio del Congreso Nacional de Chile, una mole de hormigón que Pinochet ordenó levantar cerca de la casa de su infancia. Cuando Boric subió al escenario, pasó por detrás de Piñera, su predecesor en el cargo, para saludar a los presentes y regresó a su sitio con una curiosa maniobra que incluía una pirueta completa; el trastorno obsesivo-compulsivo estaba haciendo de las suyas. Pero la ceremonia transcurrió con normalidad y, al finalizar, el Congreso en pleno se levantó para aplaudirlo. A todas luces indeciso sobre el gesto que mejor lo representaba, Boric dio las gracias llevándose una mano al corazón, levantando el puño y juntando las palmas: *namasté!*

Después, se paseó por las calles de Santiago en un Ford Galaxie negro descapotable de 1966, un regalo de la reina Isabel II de Inglaterra que han usado todos los presidentes de Chile desde tiempos de Allende. Cuando llegó al recinto de La Moneda, era casi de noche. Boric se dirigiría al país desde un balcón del despacho donde Allende había grabado su último discurso en 1973. Me había dicho que, si bien la ceremonia de investidura era un ritual obligado, le hacía mucha ilusión ese primer discurso como presidente.

Entre las obligaciones de Boric figuraba una recepción en la que debía saludar a diversos dignatarios extranjeros. Unos días antes me había comentado que entre los invitados estaría el rey de España, y había añadido con gesto desconcertado: «¿Qué carajo le voy a decir yo a un rey?».

La mayoría de los votantes de izquierdas latinoamericanos desprecian a la monarquía española, que asocian con el colonialismo. En 2019,

Andrés Manuel López Obrador, presidente de México, escribió al rey
Felipe VI para exigirle una disculpa por los «abusos» que España había
cometido en su país. No hubo respuesta.

En Chile, el pueblo mapuche opuso resistencia a los conquistadores
españoles y llegó incluso a derrotarlos en combate. Víctimas de la mar-
ginación política, la pobreza endémica y la expropiación de sus tierras,
siguen siendo hoy un foco de descontento social. En su tierra natal de la
Araucanía, en el centro del país, al sur de la capital, hay un conflicto la-
tente que se ha ido enquistando a lo largo del tiempo. La violencia en la
zona se ha intensificado en los últimos años con la ocupación de las tierras, incendios provocados e incluso algunos asesinatos. Piñera envió
tropas a la zona en misiones de «pacificación» tan brutales como ineficaces. Boric había criticado esta estrategia y había hecho vagas promesas
de adoptar un nuevo enfoque. El conflicto mapuche es una de las cuestiones más delicadas a las que deberá enfrentarse como presidente (más
tarde, cuando su ministra del Interior visitó la Araucanía, se produjeron
disparos cerca de su convoy, en un aparente acto de intimidación). Otro
problema acuciante es el creciente descontento ante la llegada masiva de
inmigrantes; cerca de millón y medio de personas han cruzado la frontera chilena recientemente desde países más pobres, sobre todo Venezuela, Colombia y Haití.

Cuando por fin Boric recibió al rey Felipe VI no le dijo gran cosa,
como era de esperar, sino que se limitó a estrecharle la mano educadamente antes de seguir saludando a los demás invitados internacionales.
Aparte del rey, había pocos conservadores entre los presentes. Bolsonaro
se había propuesto boicotear la ceremonia, aunque tampoco habría sido
bienvenido. El contingente de izquierdas era mucho más nutrido e incluía a varios representantes del movimiento español Podemos. También
acudieron los presidentes de Argentina, Perú y Bolivia, todos ellos afines
a la izquierda, así como Gustavo Petro, antiguo guerrillero y futuro presidente de Colombia. Tras la ceremonia de investidura, Petro y Boric
tuitearon un selfi en el que aparecían sonriendo y dibujando un corazón
con las manos.

Antes de entrar en La Moneda desfilando por la alfombra roja, Boric se
desvió para dejarse fotografiar con los cientos de simpatizantes que
amenazaban con desbordar el cordón policial. Luego sonaron los primeros acordes de una banda militar y Boric, cuyos asesores habían aconsejado que avanzara al compás de la música, se encaminó al palacio pre-

sidencial con una torpe media marcha. A mitad de camino, sin embargo, se detuvo ante la estatua de bronce de Allende e inclinó la cabeza en señal de respeto.

Cuando Boric salió al balcón, se refirió a los misiles que tiempo atrás habían atravesado el edificio en el que se encontraba. Nunca más —aseguró— reprimiría el Estado chileno a su propio pueblo. También se refirió a los problemas que lastraban el país: campesinos sin acceso al agua, estudiantes endeudados, jubilados sin pensiones dignas, familiares de desaparecidos que seguían buscando a sus seres queridos. «Nunca más», repitió varias veces con su voz de tenor ligeramente atiplada, como si de un conjuro se tratara.

Mientras una media luna se alzaba en el cielo, la multitud prorrumpió en un cántico pegadizo: «Boric, amigo, el pueblo está contigo». El nuevo presidente hizo un llamamiento a la unidad: «Tenemos que abrazarnos como sociedad, volver a querernos, volver a sonreír», dijo. Se refirió a «un contexto internacional marcado por la violencia en muchos lugares del mundo, y hoy también por la guerra» —en alusión a Ucrania— y afirmó: «Chile promoverá siempre el respeto de los derechos humanos en todo lugar y sin importar el color del Gobierno que los vulnere». Cuando dijo: «Debemos curar las heridas del estallido social», la muchedumbre estalló en vítores y aplausos. Tras el discurso de Boric, Karamanos cruzó el balcón y la pareja se besó. Mientras coreaban su nombre, el presidente se aferró a la barandilla y contempló la multitud congregada a sus pies. Parecía consciente de que no habría más aplausos gratuitos.

Cuando todo terminó, la gente empezó a alejarse de La Moneda para volver a su casa o para seguir celebrando. Los vendedores ambulantes ofrecían, además de cerveza, banderas, tazas y camisetas de Boric. Se respiraba un ambiente festivo y algo desangelado al paso de la multitud, como al final de un concierto. No obstante, según me acercaba a la plaza de la Dignidad, el gentío se fue dispersando, y pronto comprendí por qué. Unas manzanas más allá, los manifestantes habían levantado barricadas en medio de la avenida y les habían prendido fuego. Sobre una de ellas ondeaba una pancarta con un mensaje para Boric: «No olvidaremos que pactaste con el enemigo y no abandonaremos las calles hasta que la liberación sea completa».

La restauración de Lula*

Por toda la inmensa ciudad de São Paulo, carteles en postes de teléfonos muestran una imagen de estilo pop art del recién elegido presidente de Brasil, Luiz Inácio Lula da Silva, Lula, como se le conoce universalmente. Tiene la cabeza coronada de rizos morenos, la cara adornada con una estrella roja, el símbolo de su Partido de los Trabajadores. Es una imagen de Lula en sus primeros tiempos: el idealista de izquierdas, el carismático líder huelguista, el profeta de un futuro imaginario en el que Brasil se convertiría en un centro de justicia social donde nadie pasaría hambre, la selva tropical estaría protegida y la enemistad entre razas y clases se esfumaría. Perdura el antiguo cliché de que Brasil es el país del futuro, un futuro que no llegará nunca. También es cierto que el coloso de Latinoamérica no ha colmado muchas de las esperanzas de sus gentes.

Para generaciones de brasileños, Lula es la figura pública más familiar del país. Ha cumplido dos mandatos como presidente, de 2003 a 2010. En 2018, fue encarcelado por blanqueo de dinero y corrupción. Lula negó haber cometido ningún delito e insistió en que era víctima de una trama de venganza política. Su candidatura supuso un regreso a las tablas casi sin precedentes.

Después de una larga carrera de crisis constantes, de triunfos y batallas, Lula aparenta su edad. Tiene setenta y siete años, es bajo y robusto, con la postura erguida de un gallo y el pecho henchido. Sus manos son duras, como las de un boxeador, pero tiene la piel pálida y el pelo rizado se le ha vuelto ralo y canoso. Cuando lo vi en el mes de noviembre pasado, unos días después de ganar las elecciones presidenciales, entró en el

* Publicado originalmente en *The New Yorker* el 23 de enero de 2023. Traducción para esta edición de Eduardo Iriarte.

salón de una suite de hotel en São Paulo rodeado de un grupo de colaboradores y guardias de seguridad. Aunque iba vestido con traje gris de político, daba la impresión de que hubiera preferido cambiarlo por los vaqueros y la guayabera de costumbre.

Lula no solo parecía agotado, sino también indispuesto. En 2011, apenas un año después de superar la adicción al tabaco que había padecido durante medio siglo, le diagnosticaron cáncer de garganta y se sometió a un tratamiento de quimioterapia. Los médicos le aconsejaron cuidarse especialmente la garganta, pero como es natural no les hizo caso durante la campaña, y a menudo cuando hablaba la voz se le quedaba en un gruñido áspero y teatral. Durante el anuncio de su victoria, parecía esforzarse para emitir un susurro apasionado.

Los discursos de campaña de Lula sugerían que estaba inmerso en un conflicto existencial. Su rival era Jair Bolsonaro, el populista de derechas que ocupaba el cargo y había llegado a ser conocido como «el Trump del trópico», además de uno de los líderes más controvertidos del hemisferio. Al igual que Trump, había llegado al poder apelando a votantes a quienes les indignaban el derecho al aborto, el matrimonio homosexual y la educación sexual en las escuelas primarias. A lo largo de su carrera, su retórica había sido a menudo odiosa. Una vez desdeñó a una legisladora diciendo que «no merece la pena ni violarla, es feísima». Sobre el tema de la homosexualidad, dijo: «Si tu hijo empieza a volverse así, un poco marica, dale una paliza y que cambie de comportamiento». En el poder, permitió que las corporaciones talaran la selva tropical prácticamente sin impedimentos, y que la policía disparase contra sospechosos sin restricciones. En respuesta a la pandemia de la COVID-19, se mostró negligente y a menudo cruel, diciéndoles a los ciudadanos: «Todo el mundo tiene que morir algún día. Tenemos que dejar de ser un país de gallinas». En Brasil se contabilizaron casi setecientas mil muertes, cifras solo superadas por Estados Unidos.

Lula, en su campaña, había hablado en términos casi mesiánicos sobre sus deseos de «rescatar» a Brasil. También había empezado a hablar sobre Dios, de su edad, de cómo se consideraba afortunado de haber soportado tantas adversidades. La noche en que por fin ganó, dijo: «Intentaron enterrarme vivo, pero sobreviví. Aquí estoy».

La última vez que había visto a Lula, en diciembre de 2019, me había parecido vigoroso y relativamente juvenil. Ahora, pese a la retórica de la campaña, se le veía un tanto abrumado ante las perspectivas a las que se enfrentaba en su misión por salvar a Brasil. Hundiéndose en un sillón a la vez que lanzaba una profunda exhalación, dijo que había estado toda la mañana al teléfono con líderes internacionales que llamaban para felicitarlo. Cuando le pregunté qué iniciativas políticas había planeado, respondió casi de corrido, como si siguiera haciendo campaña. Pero cuando le advertí que, fuera de Brasil, mucha gente esperaba de él que rescatara no solo a su país sino el medio ambiente global, revirtiendo la deforestación del Amazonas, se le dilataron los ojos casi como con miedo, y exclamó: «¡Sí, lo sé!». Alargó el brazo para cogerme la rodilla, se acercó y empezó a hablar con intensidad acerca de reformar el país. «La gente ve con gran optimismo nuestra forma de gobierno —aseguró—. La gente espera que algo cambie, y cambiará». Era el Lula del cartel pop art, el cruzado izquierdista que había emocionado a los brasileños desde su aparición en el escenario nacional, cuarenta años atrás. Pero ahora el país a su alrededor era distinto, claramente dividido entre quienes lo adoraban y quienes lo despreciaban.

El día de Año Nuevo, Lula fue investido en la capital, Brasilia, una ciudad inmensa ganada a la selva a finales de la década de 1950. En un discurso pronunciado en el palacio de Planalto, un edificio modernista que alberga las oficinas presidenciales, formuló una tentativa de conciliación. «No hay dos Brasiles —aseguró—. A nadie le interesa vivir en una familia donde reine la discordia. Es hora de volver a reunir a las familias, de rehacer los lazos rotos por la propagación criminal del odio».

Una semana después, los partidarios de Bolsonaro inundaron la ciudad, llegando a bordo de más de cien autobuses procedentes de todo el país para anular lo que insistían en que eran unas elecciones robadas. A los gritos de «¡Fuera con los ladrones!» y «¡Moriremos por Brasil!», invadieron las oficinas presidenciales, el Tribunal Supremo y la legislatura, prendiendo fuegos y destrozando todo lo que encontraban.

A las órdenes de Lula, las autoridades brasileñas procedieron rápidamente a enfrentarse al asedio, detuvieron a más de mil quinientos manifestantes y prometieron investigar los orígenes de semejante brote de violencia. Lula también orquestó un despliegue de unidad: docenas de líderes del Gobierno, incluidos algunos leales a Bolsonaro, cruzaron cogidos del brazo la inmensa plaza que une el palacio de Planalto con el Tribunal Supremo. Fue un gesto efectivo, un recordatorio de las protestas callejeras que le ayudaron a establecer su reputación décadas atrás. Pero Lula parece ser consciente de que hacer funcionar el país después de cuatro años de Gobierno autoritario será un reto enormemente más grande. «Ahora tengo una responsabilidad mucho mayor —me dijo—. Cargo con un peso mayor».

El primero de octubre pasado, la víspera de que empezaran las votaciones en las elecciones presidenciales, Lula iba en la caja trasera de una camioneta por la rua Augusta, una estrecha calle de São Paulo conocida por sus bares, sex shops y su estridente vida nocturna. Se había reunido una muchedumbre en las aceras y los balcones de los apartamentos, y mucha gente más atestaba la calle en torno a la camioneta. En las elecciones brasileñas hay dos vueltas, pero cualquier candidato que gane por mayoría simple en la primera ronda puede acceder a la presidencia. Lula, que da lo mejor de sí cuando está rodeado de una multitud de seguidores, esperaba inspirar a los votantes para que lo invistieran sin demora.

Las normas electorales prohíben a los candidatos dirigirse a los votantes el último día de la campaña, así que Lula saludaba en silencio y lanzaba besos. El gentío hacía mucho ruido, no obstante sonaba música a todo volumen desde los altavoces de su vehículo y la gente bailaba en la calle. De pronto, Lula empezó a brincar en la camioneta como un chaval en mitad de un concierto. A instancias suyas, su aliado de campaña Fernando Haddad, dos décadas más joven y un palmo más alto, también empezó a saltar. Mientras brincaban más o menos al ritmo de la música, los espectadores los jaleaban. El vídeo del espectáculo no tardó en propagarse por las redes sociales.

Fue un momento de euforia en una campaña muy reñida, una campaña que había dividido a los votantes sobre cuestiones en torno a qué país es Brasil y qué país debería ser. Los seguidores de Lula tendían a ser más jóvenes, más multirraciales y de ingresos más bajos, con un contingente LGBTQ considerable; Bolsonaro atraía a votantes mayores, más blancos y más ricos. Mientras el estrepitoso desfile de Lula avanzaba por la rua Augusta, una procesión de seguidores de Bolsonaro cruzaba una avenida cercana, acompañada por grupos de tipos duros en moto.

La mayoría de las encuestas indicaban que Lula ganaría por un cómodo margen. Pero no estaba claro si Bolsonaro aceptaría los resultados de las elecciones en el caso de perder. Al igual que Donald Trump, con quien había trabado una estrecha relación, Bolsonaro había puesto en tela de juicio desde hacía tiempo la seguridad de las máquinas de voto electrónico de Brasil, por mucho que hubieran constatado su victoria en las elecciones anteriores. En 2021, declaró a un grupo de partidarios que solo veía tres posibles escenarios para él en las elecciones: la victoria, la detención o la muerte. Al parecer estaba predisponiendo a sus partidarios, los bolsonaristas, para que rechazaran cualquier resultado favorable a Lula. También había insinuado una y otra vez que las fuerzas armadas, entre las que tenía un gran apoyo, lo respaldarían en el caso de que impugnara los comicios. Su ministro de Seguridad, un exgeneral de línea dura, hizo comentarios amenazantes en torno a la posibilidad de una intervención militar.

En Estados Unidos, los aliados de Trump contribuyeron a amplificar los argumentos de Bolsonaro. En Fox News, Tucker Carlson advirtió de que Lula sería una marioneta del presidente chino, Xi Jinping. «Permitir que Brasil sea una colonia china nos supondría un revés importante y sería una amenaza militar potencialmente muy grave —afirmó—. La Administración de Biden parece estar a favor. Una persona que rotundamente no está a favor es el presidente de Brasil, Jair Bolsonaro». (Días antes, Carlson le había hecho una aduladora entrevista a Bolsonaro durante la que sugirió que era mejor líder que el presidente ucraniano, Volodímir Zelenski, y después posó junto a él para que le hicieran fotos tocado con un gorro de plumas indígena). El antiguo representante de Trump, Steve Bannon, atizó los temores de que Lula tenía intención de alcanzar el poder por medio del engaño: «Bolsonaro ganará a menos que le roben el triunfo…, a ver si se lo imaginan: las máquinas».

Cada vez con mayor preocupación, la Administración de Biden desplegó discretamente emisarios de visita, incluido el ministro de Defensa Lloyd Austin, de modo que advirtieran a Bolsonaro, sus altos cargos y el ejército de que no interfiriesen en las elecciones. Según me informó un funcionario estadounidense al tanto del acercamiento: «Establecimos una política concertada para hacerles saber dónde estaban las líneas rojas desde nuestra perspectiva. El resultado de las elecciones era asunto suyo, pero lo que nos importaba a nosotros era que se respetase el proceso. Creo que nos hicieron caso».

El Tribunal Supremo Electoral de Brasil también se sumó al esfuerzo. Su presidente, Alexandre de Moraes, se apresuró a entablar el diálogo con las fuerzas armadas e invitarlos a que tomaran parte en una comisión de transparencia en las elecciones. Para desactivar las alegaciones de Bolsonaro, también dispuso que los militares inspeccionaran una serie de máquinas de voto el día de las elecciones. La propuesta suscitó las críticas de los defensores de la independencia electoral, pero las fuerzas armadas accedieron. Por lo visto, al margen de lo que llegara a ocurrir, era improbable que dieran un golpe de Estado.

Las preocupaciones por la estabilidad del Gobierno no carecían de fundamento. Las raíces de la democracia no son muy profundas en Brasil.

Entre 1964 y 1985, estuvo gobernado por una dictadura militar cuyos representantes represaliaron sin miramientos a los sindicalistas laborales, el clero, los académicos y el minúsculo contingente de guerrilleros marxistas del país. Murieron cerca de quinientas personas y miles más fueron encarcelados y torturados, incluida Dilma Rousseff, la sucesora de Lula como presidente, que fue detenida cuando, de joven, participaba en la guerrilla urbana.

Algunos vecinos de Brasil corrieron una suerte mucho peor. En Argentina, los militares torturaron, asesinaron e hicieron desaparecer a entre nueve mil y treinta mil personas. Pero, mientras que Argentina reconoció las atrocidades del régimen en una serie de juicios, Brasil dejó al ejército incólume, aprobando una ley en 1979 que amnistiaba los abusos. En tanto que institución, no había expresado el menor remordimiento.

El legado de la dictadura brasileña —relativamente poco investigado— en la que los militares de ultraderecha atacaron tanto a los manifestantes izquierdistas como a los demócratas, sigue impregnando la política del país. Bolsonaro, excapitán del ejército, participó con fervor en la dictadura, y durante los veintisiete años que estuvo en el Parlamento defendió una y otra vez la restauración de un régimen militar. En un famoso arrebato, dijo que los militares no habían ido lo bastante lejos: que, si hubieran matado a treinta mil personas más, los problemas de Brasil con los izquierdistas se habrían resuelto. En 2016, cuando el Congreso de Brasil sometió a un proceso de destitución a Rousseff, Bolsonaro emitió su voto en nombre de un famoso coronel del ejército al mando de la unidad que la torturó.

Lula, por otra parte, es el izquierdista arquetípico de Brasil. Nació pobre, el sexto de siete hijos. Sus padres eran campesinos en Pernambuco, un estado azotado por el hambre en la zona noreste del país. Cuando Lula era pequeño, su padre se fue a São Paulo en busca de una manera más estable de ganarse la vida y entró a trabajar como obrero. Para cuando el resto de la familia pudo reunirse con él, cuando Lula tenía siete años, había encontrado a otra mujer y tenía una nueva familia. Durante cuatro años, vivieron todos juntos hasta que la madre de Lula encontró otro alojamiento, una habitación atestada detrás de un bar.

Lula no aprendió a leer hasta eso de los nueve años, y dejó los estudios poco después. Trabajó como vendedor ambulante, limpiabotas, mozo de almacén y, con el tiempo, operador de máquina en una fábrica de tornillos. A los diecinueve años, se lesionó el meñique de la mano izquierda en un accidente con una prensa mecánica. No recibió tratamiento médico hasta el día siguiente. Para su consternación, el médico le amputó todo el dedo. Con el tiempo, sus rivales le pusieron el apelativo burlón de Nueve Dedos.

Enseguida se involucró en la política sindical, organizando protestas delante de las fábricas y demostrando su talento para la oratoria. Lo encarcelaron por dirigir una huelga ilegal, pero salió a la calle un mes después, y para los últimos años de la dictadura se había convertido en un destacado líder sindicalista en São Paulo. En 1980, cuando las fuerzas armadas se disponían a dejar el poder, fundó el Partido de los Trabajadores, un partido izquierdista conocido como el PT. Poco después empezó a presentar su candidatura política, y, a lo largo de los años, ganando elecciones o perdiéndolas, se ha convertido en el líder indiscutido de la izquierda brasileña. «No hay nadie más de su talla en todo el hemisferio —declaró un cargo occidental que se ha reunido con él en varias ocasiones—. Es el amo».

Cuando empezaban a llegar los resultados de la primera ronda de votaciones, el equipo de campaña de Lula estaba reunido en un hotel de São Paulo. En una sala de prensa, docenas de periodistas, acompañantes y políticos se arracimaban en torno a una enorme pantalla de televisión viendo cómo el recuento favorecía a un candidato y luego al otro. El sonido de la habitación se hacía eco de los resultados: un silencio inquieto cuando Lula iba por detrás, risas y gritos de «¡Lula-la!», el estribillo de una antigua canción de campaña, cuando tomaba la delantera.

Para primera hora de la mañana, Lula tenía el 48,8 por ciento de los votos, cinco puntos por delante de Bolsonaro, aunque no lo suficiente para hacerse con la presidencia en la primera vuelta. Además, Bolsonaro había atraído a muchos más votantes de lo que pronosticaban las encuestas. El equipo de Lula se estaba percatando de que no solo iba a ser necesaria una segunda vuelta, sino que, por mucho que ganara su candidato, Brasil se había convertido en un país muy distinto del que presidiera más de doce años antes.

Lula abandonó el cargo en 2010 con un histórico índice de aprobación del 80 por ciento. La economía había experimentado un auge durante su mandato, gracias en buena medida al aumento de precio de los artículos de consumo, el descubrimiento de unos yacimientos petrolíferos considerables frente a la costa y el explosivo crecimiento de China, uno de los principales clientes de las exportaciones brasileñas. En 2010, se alcanzó un índice de crecimiento económico del 7,5 por ciento, el más alto desde hacía décadas. Brasil formaba parte de un grupo de países en rápido crecimiento conocido como los «brics»: Brasil, Rusia, la India, China y Sudáfrica. Pero, desde entonces, la economía se ha hundido, y Brasil, que fue la quinta economía más importante del mundo, es ahora la novena.

Bolsonaro trabajó para hacer de Brasil un país más favorable a los negocios, pero a muchos de sus partidarios los motivaba más la guerra cultural que estaba librando. Había llegado a la presidencia en 2018 con el respaldo de un poderoso consorcio conocido como las tres bes: bovinos, biblias y balas, en referencia a las explotaciones agrícolas, la Iglesia evangélica y el lobby de las armas. En sus apariciones públicas, tenía el gesto característico de disparar haciendo pistolas con los dedos. Gozaba del apoyo generalizado de los organismos policiales, sobre todo de la policía militar, lo que le granjeó la reputación de ejercer una fuerza indiscriminada y tener lazos con el crimen organizado.

En el cargo, amplió los cuerpos de policía y les dio libertad de acción a la hora de vérselas con los delincuentes. En 2020 y 2021, la policía de Brasil mató a más de seis mil personas al año, seis veces más víctimas que en Estados Unidos. Bolsonaro también hizo menos estrictas las leyes de tenencia de armas, aduciendo que los ciudadanos tenían que defenderse de criminales e izquierdistas que se apropiaban de terrenos. La tenencia de armas registradas se multiplicó por seis mientras estaba en el poder; prosperaron las armerías y los campos de tiro.

En Brasil es ilegal hacer comentarios racistas, pero Bolsonaro se las ingeniaba de manera habitual para insultar a los habitantes del país que no eran blancos, diciendo que los miembros de las comunidades afrobrasileñas «no servían ni para procrear» y que los indígenas se estaban «convirtiendo poco a poco en seres humanos como nosotros». Los refugiados eran «la escoria del mundo». La violencia contra estos sectores, y también contra la comunidad LGBTQ, aumentó durante su mandato.

Conforme crecía la popularidad de Bolsonaro, los políticos de derechas empezaron a proclamar su adhesión al bolsonarismo. En las elecciones recientes, los candidatos afines a sus ideas han salido inesperadamente bien parados, haciéndose con una mayoría de los escaños del Senado y el Gobierno. Uno de quienes lograron cargos legislativos fue Eduardo Pazuello, un general del ejército que durante un tiempo gestionó la calamitosa respuesta de Bolsonaro a la pandemia. Otro fue Ricardo Salles, el primer ministro de Medio Ambiente de Bolsonaro, que abandonó el cargo mientras estaba siendo investigado por conspiración para el tráfico de maderas nobles del Amazonas. (Él niega las acusaciones).

En el estado de São Paulo, la circunscripción electoral más grande de Brasil, los resultados fueron desiguales. La capital favoreció a Lula. Las ciudades pequeñas y el campo se decantaron por Bolsonaro, como había ocurrido en muchos otros lugares donde el motor de la economía eran los ranchos y las explotaciones agrícolas. En la sala de prensa de la campaña, Lula se mostraba confiado: «Tendremos que pelear, pero ganaremos». Su protegido Guilherme Boulos lo expresó con más rotundidad. Vérselas con Bolsonaro, dijo, era «una guerra entre la democracia y la barbarie».

Lula empezó a aspirar a la presidencia en cuanto pudo. Lanzó su primera campaña en 1989, solo un año después de que una nueva Constitución, que entró en vigor cuando Brasil volvió a la democracia, legalizara el derecho de los partidos de izquierdas a presentarse candidatos. Perdió por un estrecho margen contra Fernando Collor de Mello, un joven aspirante elegantemente vestido y partidario del libre mercado. Collor de Mello dimitió dos años después, de resultas de un escándalo de corrupción. (Más adelante fue exonerado).

Lula volvió a presentarse en 1994 y 1998, y perdió ambas veces contra Fernando Henrique Cardoso, un intelectual de izquierdas con el que había marchado codo con codo en las protestas callejeras de otros tiempos. Como presidente, Cardoso tendía hacia el centro, apoyando la privatización de varias importantes corporaciones propiedad del Gobierno. Lula seguía siendo un izquierdista comprometido, contrario a las reformas «neoliberales» que asolaban la región, con el apoyo norteamericano. Mientras que Cardoso trabó amistad con Bill Clinton y Tony Blair, Lula mantenía una postura filosófica más próxima a Fidel Castro y Hugo Chávez.

Pero, cuando Lula llegó por fin a presidente en 2002, demostró un pragmatismo sorprendente, así como la astucia de un superviviente político. Capeó un temporal en torno a una trama para la compra de votos de legisladores, lo que llegó a conocerse como la *mensalão* o «la gran paga mensual». Aunque estuvieron implicados algunos de sus colaboradores más estrechos, él no fue acusado. En los mismos años, creó un programa de transferencia de fondos, conocido como Bolsa Familia, que ayudó a salir de la pobreza extrema a unos treinta millones de brasileños y puso en marcha un ambicioso programa para llevar el suministro eléctrico a áreas abandonadas del país. Durante su mandato, la destrucción ilegal de la selva tropical amazónica se redujo drásticamente al poner en práctica programas para vigilar la región y designar varios millones de acres como áreas de conservación y reservas para los indígenas.

La calidez personal de Lula es seguramente su mayor virtud política, y, a diferencia de otros izquierdistas latinoamericanos de su generación, demostró una habilidad excepcional para maniobrar a ambos lados de la división política. Pese a su oposición a la guerra de Irak, cultivó una excelente relación con George W. Bush. Cuando Barack Obama le estrechó la mano a Lula por primera vez, en la cumbre del G-20 en 2009, les dijo a los allí presentes: «Este tipo me encanta. Es el político con mayor popularidad del mundo». (En realidad, no se llevaban tan bien; Lula me contó que tenía más sintonía con Bush, quien, pese a sus diferencias, era un tipo con el que podías ir de barbacoa. Obama, por su parte, escribió en sus memorias que Lula era «impresionante», pero «se decía que tenía tan pocos escrúpulos como uno de los jefazos de Tammany Hall»).

En ocasiones durante la campaña del año pasado, no obstante, Lula parecía haber perdido su habitual destreza. En un estudio de televisión en Río, lo vi tomar parte en el último de los tres debates presidenciales. El tema en el que insistía Bolsonaro era que, si Lula recuperaba la presidencia, Brasil se convertiría en un sitio como Venezuela, sinónimo del fracaso de las políticas de izquierdas. Bolsonaro se pavoneó con aire sombrío por el estudio diciendo que su rival era «un ladrón, un traidor a la patria y un expresidiario». Lula desmintió sus palabras farfullando con indignación y diciendo que Bolsonaro «carecía de vergüenza, era repulsivo» y no era digno de seguir siendo presidente. Pocos partidarios de Lula quedaron satisfechos con su actuación. Mientras que Bolsonaro era típicamente vulgar, Lula había reaccionado mal a los ataques y no había conseguido expresar ninguna idea o iniciativa política nuevas.

Las acusaciones de Bolsonaro —que tildó a Lula de «vergüenza nacional»— se complican debido al hecho de que la corrupción ha sido endémica en Brasil durante buena parte de su historia moderna. El Gobierno posee grandes sectores de la economía y muchos legisladores esperan recibir compensación por cooperar. «El Parlamento se muestra sumiso o rebelde», me dijo José Eduardo Cardozo, abogado y destacado político brasileño. «Y, cuando se muestra sumiso, es porque participa en el Gobierno: tiene el dinero. Si no participa, quiere que el Gobierno se largue».

Lula, en sus dos mandatos, se las ingenió para cultivar la legislatura a la vez que eludía las consecuencias del escándalo de la compra de votos de la *mensalão*. Su sucesora, Dilma Rousseff, carecía de su destreza. «No era una mujer a la que le gustara hablar con los parlamentarios», me dijo

Cardozo, que también sirvió como ministro de Justicia de Rousseff. «Era una delegada que pensaba en políticas, pero que no las ponía en práctica».

Rousseff fue la primera presidenta de Brasil, así como una figura formidable. Después de un breve periodo como guerrillera marxista, había estado tres años en la cárcel, antes de pasar a ser la ministra de Energía de Lula y su jefa de gabinete. Cuando llegó a la presidencia, sin embargo, la economía estaba empezando a estancarse, y en su segundo mandato una estrepitosa caída del precio de los artículos de consumo redujo los ingresos de Brasil. Las manifestaciones pasaron a estar a la orden del día, igual que las maniobras de sus rivales políticos para destituirla. Incluso su vicepresidente, Michel Temer, apoyó las propuestas de someterla a un proceso de destitución, en apariencia por manipular los presupuestos del país.

Una ironía de esos años es que Lula y Rousseff consolidaron la judicatura, lo que hizo que la corrupción resultara más visible en su propio Gobierno. Bajo el mandato de Rousseff, la policía federal puso en marcha una serie de investigaciones conocidas como Lava Jato, o Túnel de Lavado. Durante varios años, un equipo dirigido por un juez de nombre Sergio Moro estuvo trabajando desde su sede de Curitiba, en el sur conservador de Brasil. Investigó la corrupción por toda Latinoamérica, destituyendo a poderosos consejeros del Gobierno, e incluso a varios presidentes extranjeros por su implicación en casos de soborno y blanqueo de dinero.

Muchas tramas estaban relacionadas con la empresa petrolífera estatal de Brasil, Petrobras, y el gigante de la construcción Odebrecht, negocios ambos que habían prosperado durante el mandato de Lula. Moro acusó a Lula de ser el cerebro de una conspiración internacional, y comenzó una investigación que se prolongaría durante años. Al final, los cargos fueron modestos: Moro alegó que habían prometido ilícitamente a Lula un apartamento en la playa, y que unos amigos suyos habían llegado a adquirir un rancho para su uso, donde Odebrecht hizo renovaciones a petición de la esposa de Lula.

En una dramática vista televisada, Moro interrogó con sangre fría a Lula, que negó furiosamente las acusaciones y exigió pruebas de las alegaciones contra él. Los seguidores de Lula han sostenido con persistencia que hay pocas pruebas que lo vinculen con esas propiedades. Pero, no mucho después de las vistas, Moro hizo públicas grabaciones que habían hecho sus agentes de conversaciones telefónicas entre Rousseff y Lula, en las que ella decía que iba a enviarle documentos que le garantizarían un cargo ministerial. Rousseff dijo que el cargo era rutina; Moro aseguró que ella intentaba proteger a Lula para que no lo detuvieran. Unos meses después, la asamblea legislativa obligó a dejar el cargo a Rousseff y Temer ocupó su lugar.

La corrupción política no se redujo en Brasil. Eduardo Cunha, que había encabezado la campaña del Congreso contra Rousseff, fue declarado culpable de aceptar cuarenta millones de dólares en sobornos. Temer también se vio implicado, pero el mismo Congreso que había votado la destitución de Rousseff optó por permitirle seguir en el cargo, por el bien de lo que el juez presidente del tribunal denominó la «estabilidad del sistema electoral».

Al acercarse las elecciones presidenciales de 2018, Lula seguía siendo el político con más popularidad del país: unas encuestas decían que le sacaba quince puntos de ventaja a su rival más próximo. Pero estaba cada vez más involucrado en investigaciones delictivas. Unos meses antes de las votaciones, la policía irrumpió en casa de Lula en busca de pruebas; Marisa Letícia Casa, su esposa desde hacía cuatro décadas, murió de un infarto poco después. Lula fue condenado por corrupción, sentenciado a trece años de cárcel y recluido en unas instalaciones de la policía federal en Curitiba.

Un contingente de partidarios acampó fuera de la valla cerca de la celda de Lula y lo saludaba todas las mañanas al grito de «Buenos días, Lula». Pero la investigación de Moro logró inhabilitarlo como candidato a cualquier cargo, convirtiendo instantáneamente a Jair Bolsonaro en el favorito para ocupar la presidencia. En las elecciones, Bolsonaro alcanzó una estrecha victoria contra el sustituto de Lula, el antiguo alcalde de São Paulo, Fernando Haddad. Poco después de ser elegido, nombró a Moro ministro de Justicia.

Entre los partidarios que fueron a ver a Lula en la cárcel estaba su amigo Emidio de Souza, un hombre fornido y cordial de poco más de sesenta años que había sido durante cuatro años legislador estatal del PT. Cuando detuvieron a Lula, fue De Souza quien negoció su rendición, convenciendo a la policía de que se atuviera a dos condiciones: «ni corte de pelo ni esposas». También dispuso que Lula fuera arrestado con discreción, sin periodistas de televisión sobrevolando el escenario en helicóptero, para así evitar la humillación pública.

Aun así, la detención afectó profundamente a Lula. «Esperaba estar en la cárcel una semana, quizá, o diez días», me dijo Souza en São Paulo. «Pero al pasar tanto tiempo en la cárcel vio que el mundo se estaba volviendo contra él». Dedicó el tiempo a devorar una lista de lecturas propia de un estudiante universitario: una historia de la esclavitud en Brasil, un tratado sobre las guerras que ha originado el petróleo, una biografía de Nelson Mandela... Seguía al tanto de la política del partido, aseguró De Souza: «No tenía acceso a internet, pero recibía informes por escrito a diario, artículos de prensa, a veces análisis de la situación política del país. También grababa las reuniones del PT en un lápiz de memoria y luego las veía en televisión».

Desde la cárcel, Lula vio cómo Bolsonaro empezaba a generar sus propios escándalos de corrupción. Aunque había hecho campaña como reformista, miembros de su familia y él fueron acusados de una serie de delitos, todos los cuales desmintieron. Los fiscales sostienen que dos hijos suyos malversaron fondos públicos y que un colaborador implicado en una de las tramas desvió dinero a una cuenta propiedad de la esposa de Bolsonaro. Al final se descubrió que la familia había adquirido al menos cincuenta y una propiedades, sobre todo en metálico. (Bolsonaro respondió tirándose un farol: «¿Qué tiene de malo comprar casas a tocateja?»). Para granjearse aliados políticos, la Administración de Bolsonaro tenía un «presupuesto secreto» que daba acceso a la legislatura a unos tres mil millones de dólares —una quinta parte de todo el gasto discrecional— que se podían asignar sin supervisión alguna.

En junio de 2019, *The Intercept* publicó filtraciones de mensajes telefónicos entre Moro y los fiscales que habían enjuiciado a Lula, que revelaban lapsus éticos considerables. Moro discutía tácticas de manera ilícita con los fiscales; el fiscal superior expresaba dudas de que Lula hubiera tenido en propiedad el apartamento en torno al que giraba el caso. En otras filtraciones los investigadores del Lava Jato reconocían tener esperanzas de hacer caer a Lula y el PT. El Comité de Derechos Humanos de las Naciones Unidas descubrió posteriormente que la investigación no había seguido los procedimientos reglamentarios.

En noviembre de 2019, Lula fue excarcelado después de quinientos ochenta días en prisión. De Souza me contó que Lula insistía en que podía reconstruir su imagen, diciendo: «No pienso pasar a la historia como un tipo que robó». En su primer discurso después de su liberación, se refirió a sí mismo como «la víctima de la mayor patraña judicial propuesta en quinientos años de historia».

Vi a Lula unas semanas después, en un hotel con vistas a la playa de Copacabana de Río. Tenía setenta y cuatro años, y le faltaba uno para que la Iglesia católica ya no le permitiera ser obispo, bromeó. Dijo que había estado haciendo deporte y no se sentía tan en forma desde hacía años. También se había enamorado, de Rosângela «Janja» da Silva, una socióloga miembro del Partido de los Trabajadores veintiún años más joven que él; sus cartas a diario lo habían ayudado mucho mientras estaba en la cárcel, dijo. Seguía legalmente excluido de la política, pero dejó claro que se reincorporaría en cuanto se levantara la prohibición. «Si me presentara candidato en 2022, seguro que ganaría —afirmó—. Porque hay una relación de fidelidad entre el pueblo brasileño y yo».

Cuando Lula ganó la segunda vuelta de votaciones, el 30 de octubre, la muchedumbre en São Paulo se mostró eufórica. Desde un plató insonorizado de dos pisos en la avenida Paulista, la principal vía pública de la ciudad, Lula saludaba y lanzaba besos mientras sus seguidores bailaban, cantaban y hacían ondear banderas con imágenes de su cara. La voz se le quebró de agotamiento y emoción al declarar: «¡Ha vuelto Brasil!».

Para muchos brasileños con los que hablé, no obstante, la principal razón para celebrar la victoria de Lula no era que el PT fuera a volver al poder, sino que evitaría cuatro años más de Bolsonaro. João Moreira Saller, documentalista, fundador de la revista *Piauí* y astuto observador político, me dijo: «Que ganara en semejantes condiciones es poco menos que asombroso. Pero es posible que recordemos las elecciones como la parte más admirable de Lula III. Ganar fue sin duda épico. Gobernar quizá sea mucho menos gratificante».

El equipo de Lula estaba intranquilo. Había ganado por solo dos millones de votos en las elecciones más reñidas de la historia de Brasil. Bolsonaro no se había dado por vencido, y sus seguidores insistían en que las elecciones habían estado amañadas. Junto con un gran contingente de camioneros bolsonaristas, inundaron las autopistas para bloquear el tráfico y, en algunos casos, poner barricadas en llamas, interrumpiendo el comercio en todo el país.

Durante días, Bolsonaro permaneció escondido y no emitió ningún comunicado. Al final, hizo una aparición en el palacio de Planalto, por lo visto bajo la presión de sus aliados. En una breve y estirada ceremonia, sugirió que sus seguidores tenían todo el derecho a expresar su descontento, pero no debían cortar las carreteras: «Nuestros métodos no deben ser los de la izquierda, que siempre han sido negativos para el pueblo». En cuanto Bolsonaro hubo terminado, se dio media vuelta y se marchó, mientras su jefe de gabinete se quedaba para anunciar que los cargos de la Administración en curso se reunirían con el equipo de Lula para iniciar el traspaso de poder.

Iba a haber una transición, por lo visto. Pero, en cuestión de días, la turba que había ocupado las autopistas del país había adoptado nuevas posiciones delante de las guarniciones militares. Una vez allí, levantaron campamentos y exigieron una intervención para evitar que Lula —el ladrón, el comunista— les arrebatara el país.

Delante de las puertas del Comando Militar del Sudeste, un enorme cuartel general del ejército en São Paulo, varios cientos de bolsonaristas hacían una vigilia diaria. Hombres y mujeres envueltos en banderas brasileñas o ataviados de verde y amarillo, los colores nacionales, coreaban: «¡SOS, fuerzas armadas!». Algunos levantaban los puños al aire. Otros se arrodillaban para rezar con los ojos cerrados y los brazos tendidos al modo pentecostalista, movimiento con muchos seguidores en Brasil. Unos tenían los rostros crispados en expresiones de dolor; otros miraban a los cielos con aire suplicante.

Había hombres que se paseaban de aquí para allá delante del gentío enardecido instándole a continuar. Cuando abordé a varias mujeres para preguntarles qué hacían allí, unos manifestantes cercanos se mostraron hostiles y les gritaron: «¡Nada de hablar!». Cada vez con más ojeriza, la muchedumbre empezó a gritar: «¡Fuera de aquí, prensa corrupta!», hasta que desistí.

Cuando me marchaba, pasé por delante de un tendedero entre árboles en el que había colgadas camisetas de fútbol, muchas con el 10 a la espalda, el número de Neymar, la estrella de Brasil, que se había declarado hacía poco bolsonarista. Al lado había una pancarta amarilla y verde que rezaba, en inglés: «Nuestra bandera nunca será roja. Fuera el comunismo».

Por todo el país se habían reunido muchedumbres para protestar y rezar a favor de una intervención. En Estados Unidos, Tucker Carlson aseguró en su programa que se había cometido fraude. El 2 de noviembre, dijo: «Según el recuento oficial, un delincuente convicto y socialista declarado llamado Lula da Silva ganó al actual presidente de Brasil, Jair Bolsonaro, por un estrecho margen este fin de semana. Y, sin embargo, millones de brasileños (millones) no creen que fue eso lo que ocurrió. [...] Hay dudas de que se hayan contabilizado todos los votos. ¿Por qué se descartaron tantos? Millones. Y de si se infringieron las leyes electorales en el proceso. Así pues, no podemos emitir un juicio sobre esas preguntas, pero si les importa la democracia, si creen que el proceso es esencial, deberían investigar esas alegaciones».

Steve Bannon se hizo eco de Carlson. Pocos días después de que lo condenaran por negarse a declarar ante el Congreso acerca de su papel en la insurrección del 6 de enero, aseguró en las redes sociales que las elecciones de Brasil «fueron un robo a plena luz del día». Llamó a Lula «criminal marxista ateo» y a los manifestantes a favor de Bolsonaro «luchadores por la libertad».

El ejército de Brasil había guardado silencio en buena medida durante el mes que duró el proceso electoral. Una semana después de la segunda vuelta de votaciones, aún no había presentado los resultados de su inspección de los dispositivos de votación. En São Paulo, Lula reconoció su inquietud por la demora. «Este informe se debería haber presentado antes de las elecciones», dijo.

Sus preocupaciones iban más allá del silencio de los militares. Cuando le hablé de los manifestantes delante de la guarnición del ejército, se puso serio. «Creo que tenemos que averiguar quién los está financiando y espoleando, porque no se trata de algo espontáneo», aseguró. La víspera, había tenido una conversación desalentadora con el gobernador del estado de Pará, en el Amazonas. «Cuando fue la policía a desbloquear las carreteras, los manifestantes dispararon contra el vehículo —señaló—. El país entero está así. Y Bolsonaro se ha recluido en su casa. Aquí no estamos acostumbrados a cosas así. Desde el restablecimiento de la democracia, las elecciones siempre se han respetado».

Lula mencionó informes de que policías partidarios de Bolsonaro por todo el país habían interferido con sus votantes el día de las elecciones y habían ayudado a los bolsonaristas que cortaban las autopistas. Lula dijo que no le preocupaba la posibilidad de que le impidiesen tomar posesión del cargo: «Quizá sea difícil, pero el caso es que existen leyes que ofrecen garantías a la sociedad». El problema era la inestabilidad y que al parecer Bolsonaro estaba dispuesto a desplegar a la policía para evitar que Lula ocupara la presidencia. «Estas elecciones han sido atípicas —dijo—, porque se trataba de la candidatura de un candidato contra el Estado, lo que es absurdo».

Al igual que muchos otros, Lula comparó lo que estaba ocurriendo en Brasil con el fenómeno de Trump en Estados Unidos. El 6 de enero había establecido un precedente de desestabilización en todo el mundo. «Al margen de las diferencias que se puedan tener con Estados Unidos, sigue representando la imagen de la democracia en todo el planeta —declaró—. Cuando el país más importante no está a la altura de la democracia, se está alentando a todos los chiflados del mundo».

En sus discursos, Lula acostumbra a plantear la necesidad de abordar el problema del hambre en Brasil describiéndolo como un imperativo moral indisputable. Cuando nos reunimos en 2019, habló largo y tendido sobre el hambre, igual que lo hiciera cada vez con mayor emoción en sus actos de campaña del año pasado. En nuestra entrevista después de su reciente victoria, salió a relucir cuando le pregunté por Ucrania. Unos meses antes, había hecho comentarios mordaces sobre Volodímir Zelenski, y había dado la impresión de sugerir, igual que Vladímir Putin, que Estados Unidos tenía parte de responsabilidad en el conflicto. Dispuesto al parecer a dejar de lado el asunto, Lula me dijo que tenía intención de hablar con Zelenski y Putin, así como con Biden, pero que lo único que le importaba era la «paz mundial». Enseguida retomó el tema del hambre. «No puedo, no puedo, no puedo traicionar a esas personas —dijo con lágrimas en los ojos—. Tengo que pelearme con los mercados a veces, pero la gente tiene derecho a poder comer otra vez. No albergo grandes aspiraciones, pero la gente debe tener esperanzas de nuevo, y el estómago lleno, con café por la mañana y comida y cena».

Lula sigue creyendo firmemente en el proyecto izquierdista de Latinoamérica. Pero, como me dijo Cardozo, el ministro de Justicia de Rousseff: «Lula no es de los que teorizan sobre política como Lenin o Trotski. Es un pragmático, un sindicalista. —Y añadió—: También es un genio político y un hombre carismático. En el PT, todo el mundo de Lula para abajo anda peleado entre sí, pero no contra él. Así logra conservar el poder».

El equipo de Lula lo constituyen sobre todo izquierdistas bastante doctrinarios, pero este ha propiciado cierta diversidad ideológica a fin de tranquilizar al lobby empresarial y otros intereses conservadores. Su vicepresidente es Geraldo Alckmin, un médico de centroderecha que una vez se presentó contra él a la presidencia. Su ministra de Planificación y Presupuesto es Simone Tebet, que tiende a la derecha en cuestiones económicas. Pero Cardozo sugirió que tendría que esforzarse más por cultivar a personas que estuvieran en desacuerdo con él. «La extrema derecha va a ser fuerte y a hacer esfuerzos permanentes por desestabilizarlo todo. Para que el PT siga en su lugar y la extrema derecha en el suyo, necesitará una alianza lo más amplia posible —afirmó—. No se puede apagar un fuego con alcohol».

Un par de días después de que me reuniese con Lula en São Paulo, él se desplazó a Brasilia con la esperanza de ampliar su red de aliados. Pese a que Lula había recuperado la presidencia, el partido de Bolsonaro había obtenido noventa y nueve escaños en el Congreso, formando el mayor bloque de la Cámara Baja; en la Cámara Alta, logró catorce de los ochenta y un escaños. Para gobernar el país, Lula tendría que establecer un acuerdo con el Centrão, una coalición cambiante de partidos a la derecha del centro que han llegado a ejercer un poder extraordinario en la capital. El Centrão tiene pocas alianzas ideológicas; el imperativo principal de sus miembros parece ser el de intercambiar sus votos por concesiones lucrativas para sus circunscripciones, y para sí mismos.

Pero el Centrão estaba cada vez más alineado con la derecha radical. Había logrado la destitución de Rousseff en 2016 y luego protegido a su sucesor, Temer. También se asoció de manera efectiva con Bolsonaro cuando este se unió a uno de sus partidos, el Liberal, para presentarse a las elecciones del año pasado. Los políticos brasileños cambian a menudo de partido. Bolsonaro ha formado parte de nueve distintos. El líder de la Cámara Baja del Congreso, Arthur Lira, ha pertenecido a cinco. Lira fue uno de los principales beneficiarios del «presupuesto secreto» de Bolsonaro, y era la persona a la que más necesitaba cultivar Lula en este viaje. A juzgar por su encuentro, Lira estaba dispuesto a llegar a un acuerdo; salió del Congreso para recibir efusivamente a Lula.

Pero Valdemar Costa Neto, presidente del Partido Liberal, había decidido continuar con Bolsonaro. Costa Neto, un hombre astuto y afable de setenta y tantos años, era antiguo aliado de Lula; en 2012, fue condenado de cargos de blanqueo de dinero en relación con la trama de la *mensalão* y pasó dos años y medio recluido antes de recibir el perdón. «Tuve que reconstruir el Partido cuando salí, porque mi imagen había quedado destruida», me confesó. El Partido Liberal había tendido tradicionalmente hacia el centro, pero él lo desplazó hacia la derecha y al cabo la afiliación con Bolsonaro había surtido efecto. «Ahora contamos con noventa y nueve congresistas», dijo al tiempo que garabateaba cifras en un papel para demostrar cuántos fondos estaban aportando. Me explicó alegremente: «Ahora tenemos que hacerle sitio a la extrema derecha».

Costa Neto aseguró que no tenía nada contra el nuevo presidente. Con una sonrisa, me dijo que Lula había preguntado recientemente si podía apoyar su coalición, pero le mostró los cálculos y Lula lo entendió. Aun así, añadió, Bolsonaro no veía con bueno ojos que hablara con Lula: «Bolsonaro no es como usted o como yo. No es normal».

En opinión de Costa Neto, Lula había ganado las elecciones limpiamente. Recordaba haberle dicho a Bolsonaro que aceptara los resultados, se relajara, se tomara un descanso, pasara a ser el presidente honorario del Partido Liberal y se rehiciera de cara a las siguientes elecciones. Pero Bolsonaro creía de veras haber ganado, según dijo, estaba afectado y «muy deprimido». Costa Neto levantó las manos con gesto exasperado. A instancias de Bolsonaro, había contratado una empresa que investigara sus alegaciones de fraude en los dispositivos de votación, y, a decir de Costa Neto, los datos que aportaron fueron «preocupantes». Explicó vagamente que el asunto tenía que ver con que algunas máquinas de votación tenían números de serie inexplicablemente idénticos. En unos días, dijo, iba a dar una rueda de prensa sobre el particular.

Confesó sentirse ansioso, porque sin duda la alegación de fraude haría salir a la calle «al triple de gente de la que acampaba ante las bases del ejército». Pero Bolsonaro era un aliado importante, y Costa Neto había prometido favorecer su causa. Unos días después, celebró la rueda de prensa. El Tribunal Superior Electoral de Brasil rechazó rápidamente la alegación; los militares ya habían revisado su muestra de dispositivos de votación y declarado a Lula ganador legítimo. Aun así, el informe provocó un chaparrón de titulares, los suficientes para alentar el convencimiento de los bolsonaristas de que había habido una conspiración.

La tarde del 8 de enero, los partidarios de Bolsonaro entraron en tromba en el distrito federal de Brasilia, invadiendo el complejo que alberga las tres secciones del Gobierno: los Tres Poderes, como se les conoce. Los manifestantes se reunieron en la plaza para enfrentarse a los soldados que protegían los edificios. Otros rezaban y gritaban consignas: «¡Esa gentuza corrupta ha prostituido Brasil!». Los insurrectos se abrieron paso por la fuerza rompiendo ventanas y prendiendo fuegos. La policía del distrito, dirigida por un antiguo cargo de Bolsonaro, apenas opuso resistencia y a veces incluso les ayudó.

Marina Dias, una periodista brasileña, estaba cerca del Ministerio de Defensa cuando vio a una mujer mayor con camisa de camuflaje de las que visten los bolsonaristas en honor a las fuerzas armadas. La mujer dijo que llevaba dos meses acampada en el cuartel general del ejército en Brasilia. Se había sumado a las protestas el día 8 para instar a Bolsonaro a que se escondiera; explicó que Alexandre de Moraes, presidente del Tribunal Supremo Electoral, estaba conspirando para que lo asesinaran.

A Dias, al igual que otros observadores, le extrañaba el momento elegido para los disturbios. ¿Por qué esperar hasta una semana después de la investidura? Cuando le preguntó a la mujer si tenía como referente la insurrección del 6 de enero en Estados Unidos, otro manifestante gritó: «¡No contestes! ¡Es una periodista, una izquierdista!». Al sentirse amenazada, Dias se alejó, pero los bolsonaristas la rodearon y alguien le puso la zancadilla. «Me caí al suelo, donde hubo gente que me dio patadas y puñetazos —me contó—. Dos hombres intentaron protegerme argumentando: "Vais a matarla y a perjudicar al movimiento"». Pero unas mujeres siguieron arañándola y tirándole del pelo mientras intentaban arrebatarle el móvil. Alguien le quitó las gafas y se las rompió al grito de «¡Vamos a matarla!».

Al final, un oficial militar se abrió paso entre el gentío y la rescató. Cuando la sacaba de allí, «la gente gritaba que era una puta y alguien me tiró una botella de agua —me contó—. Estaba claro que tenían la impresión de que nadie los castigaría».

El día de la insurrección, Lula y Janja estaban de visita en la ciudad de Araraquara, en el estado de São Paulo, a ochocientos kilómetros de allí. Pero supervisaron la situación, me contó uno de sus colaboradores. Un guardaespaldas de Lula entró en el palacio de Planalto, grabó los desmanes y los compartió con el presidente en tiempo real. Nadie se fijó en el guardaespaldas, según dijo el colaborador, porque «todos se estaban grabando».

Delante de las oficinas del presidente, en la tercera planta, los alborotadores hacían pedazos muebles y obras de arte: un reloj francés del siglo XVII, un cuadro de Emiliano di Cavalcanti, un antiguo jarrón chino. Los vándalos arrasaron prácticamente con todo lo que se encontraban, pero en unas puertas de cristal delante del despacho privado de Lula los detuvo su equipo personal de seguridad, un grupo de veteranos partidarios entre los que está un exagente de la policía federal que supervisó el encarcelamiento de Lula y entró a trabajar para él una vez lo pusieron en libertad.

Desde São Paulo, Lula y su equipo se esforzaron por hacerse con el control, empezando por organizar la destitución del representante de Bolsonaro que dirigía la policía del distrito y su sustitución por un agente leal. Mientras discutían, Lula recibió una llamada de su ministro de Defensa y el jefe del Estado Mayor de las fuerzas armadas. Le propusieron que firmase una «garantía de mantenimiento de la ley», una directiva que a efectos prácticos dejaría en manos del ejército la potestad de reestablecer el control. Lula se negó por temor a que fuera el primer paso de un golpe de Estado. En cambio, ordenó a la policía militar que volvieran a hacerse con los edificios de los Tres Poderes. El Tribunal Supremo y el palacio de Planalto se tomaron enseguida, y luego los agentes se centraron en el Congreso, desplegando hombres a caballo, con cañones de agua y espray de pimienta para despejar el edificio y la azotea. Cuando los helicópteros lanzaron gas lacrimógeno, los manifestantes huyeron tosiendo e intentando tomar aliento. Hacia las siete de la tarde, el edificio estaba despejado.

Pese a la ferocidad de la violencia, muchos brasileños creyeron que no era tanto un intento de golpe de Estado como un acto teatral de carácter político. La gente se hacía selfis y estaba en contacto con los amigos por FaceTime. Un alborotador que retransmitía por vídeo en directo su entrada en el Congreso pidió a los espectadores que se suscribieran a su canal de YouTube. Había vendedores de pollo asado y algodón de azúcar. «En apariencia, el 8 de enero fue un sonado fracaso —declaró João Moreira Salles—. La muchedumbre saqueó edificios vacíos y ni siquiera intentó ocuparlos. Fue más bien un simulacro de golpe de Estado, un espectáculo, un golpe para la era de Instagram».

La ilegalidad del asalto había demostrado la influencia que seguía teniendo Bolsonaro sobre sus partidarios, pero también lo perjudicó políticamente. «Supone el fin de Bolsonaro como candidato democráticamente viable», sostuvo Moreira Salles. Poco después de las elecciones, Bolsonaro huyó a Florida, y supuestamente se alojó cerca de Orlando como invitado del púgil brasileño de artes marciales mixtas José Aldo. Después de cuatro turbulentos años como presidente, de pronto no parecía tener mucho que hacer. Buscó una iglesia a la que unirse. Una tarde, lo vieron sentado a solas en un KFC comiendo pollo frito de una caja. Admiradores suyos manifestaron su asombro al haber podido pasar por su casa a charlar un rato. «Está aislado por completo y su influencia se reduce al sector de la extrema derecha de Brasil —dijo Moreira Salles—. Irse a Disney cuando las cosas se ponen difíciles no contribuye precisamente a llegar a ser el siguiente hombre fuerte».

El gabinete de Biden ha dicho que se tomaría en serio una petición de extradición de Bolsonaro, pero Lula no la ha planteado todavía. Incluso desde Orlando, sin embargo, Bolsonaro puede tener efecto sobre la política brasileña. Como muchos partidarios suyos, es un hábil provocador. Durante su mandato presidencial, sus rivales sufrieron ataques online tan crueles que los brasileños hablaban de una «oficina del odio» clandestina, dirigida por los aliados de Bolsonaro. El PT no es tan diestro en las redes sociales. (Sus líderes son en buena medida mayores; uno me comentó que sesenta años se consideraba joven). Miembros de la Administración de Lula me dijeron que la solución pasaba por regular en mayor medida los medios de comunicación, sobre todo en internet. «Se puede permitir la libertad total, pero no se puede permitir el mal, el odio, el fomento de mentiras para ganar terreno», aseguró Lula.

En opinión de Moreira Salle, era poco probable que los que estaban radicalizados online lograran derrocar al Gobierno. «El peligro es que se dé una repetición incesante de ochos de enero a menor escala por todo el país —dijo—. Cortes de carreteras, ocupación de refinerías y cosas así. Si no pueden hacerse con el poder, la segunda opción es lograr que este mandato presidencial sea caótico a más no poder».

Aun así, continúa habiendo una amenaza real de violencia política; en diciembre, la policía desarticuló una trama de atentado con bomba contra Lula. A sus colaboradores más estrechos les preocupan sobre todo los militares y les asombra que se mostraran reacios a sofocar la violencia del 8 de enero. El ejército tiene bases cerca de los edificios de los Tres Poderes, y las tropas protegieron el complejo durante una manifestación en 2017, pero esta vez, pese a que se les requirió repetidamente los días anteriores que reforzaran la seguridad, intervinieron tarde y por lo visto no pusieron mucho empeño. Al menos quince miembros del ejército y las fuerzas de seguridad están vinculados con la insurrección, incluido un oficial de alto rango retirado de la marina y un exgeneral del ejército de tierra.

Cuando Bolsonaro era presidente, dejó en manos de las fuerzas armadas grandes porciones del Gobierno, destinando más de seis mil miembros del personal militar a la burocracia civil. Para ejercer el control, Lula sabe que tendrá que purgar a ciertos oficiales y cultivar a muchos otros. Será una tarea delicada e impopular. «Las fuerzas armadas no se sumaron a los esfuerzos de Bolsonaro por aferrarse al poder; si no, seguiría en Brasilia —declaró Moreira Salles—. Pero no se prestan a condenar los hechos del 8 de enero. Lula tiene que descifrar este silencio y ganarse a los militares. Va a ser una de sus tareas más difíciles. La historia demuestra que las fuerzas armadas no son garantes de la democracia en Latinoamérica».

Algunos de los políticos que se beneficiaron del ascenso de Bolsonaro están dilucidando cómo seguir en racha sin él. Sergio Moro, el juez que encarceló a Lula, fue durante un tiempo una suerte de héroe popular para la derecha de Brasil. En las recientes elecciones, hizo campaña para ocupar la presidencia antes de abandonarla a fin de apoyar a Bolsonaro, al que asesoraba en los debates. También se presentó al Senado, y obtuvo un escaño como representante de su estado natal de Paraná, en el sur de Brasil.

Lo conocí en su despacho de Curitiba, la capital del estado, en una torre moderna que descollaba sobre los cuidados jardines, las iglesias y los asadores del centro de la ciudad. Moro, un hombre pulcramente arreglado con la seriedad de un diácono, se mostró imperturbable mientras hablábamos de su papel en la refriega política de los últimos años. Cuando le pregunté por qué había accedido a ser ministro de Justicia de Bolsonaro, Moro dijo que esperaba hacer algo positivo para el país: «¿Quién no lo intentaría?». Antes de 2018, aseguró, no sabía casi nada sobre Bolsonaro. Cuando observé que Bolsonaro ya era famoso por su comportamiento ofensivo, Moro hizo un gesto nervioso. «Muchos me dijeron: "Es un alivio que vayas a entrar en el Gobierno, porque serás la voz de la moderación". Y yo nunca respaldé ninguna clase de ataque, los ataques verbales del presidente contra las mujeres ni nada por el estilo», remató.

Moro señaló que había dejado el puesto al año y medio, después de que Bolsonaro evitara que la policía investigase las actividades de uno de sus hijos. Cuando le pregunté si creía que Bolsonaro era culpable de los cargos de los que se le había acusado, asintió. Entonces ¿por qué había vuelto a unirse a él durante los debates con Lula? «Nunca me he retractado de lo dicho en el pasado —aseguró—. El pasado es el pasado. Pero, si tienes una segunda vuelta con dos opciones, tienes que elegir». Aun así, ¿por qué encarcelar a un político al que consideraba corrupto y apoyar a otro? «Bueno, hablamos de distintos niveles de corrupción. Y hay que tener en cuenta otros asuntos. No creo en las ideas económicas del Partido de los Trabajadores».

Moro no negó que Lula hubiera ganado las elecciones, y sin embargo hablaba con simpatía por la gente que ponía en tela de juicio su legitimidad. «Estoy en contra de cualquier clase de violencia o cualquier clase de golpe de Estado —afirmó—. Pero hay mucha gente insatisfecha con el regreso de Lula, porque existe la percepción de que los escándalos de corrupción no se solucionaron como era debido. Así que esas personas opinan que Lula no debería haber sido candidato». Antes incluso del 8 de enero, reconoció que los manifestantes habían «cometido algunos errores». Pero también dijo: «Creo que la democracia brasileña tendría que ofrecer a esa gente una respuesta y entenderlos, y no tratarlos a todos como una especie de malhechores. No lo son. Tienen familias; tienen hijos».

Los más próximos a Lula se las estaban viendo con la misma preocupación esencial: cómo podían atraer a los votantes de Bolsonaro a su bando. El protegido de Lula Guilherme Boulos es un activista y político de cuarenta años. Quedamos a desayunar en un restaurante de estilo «kilo», donde los clientes pagan a peso la comida del plato. «Antes, la oposición era, por así decirlo, civilizada —se lamentó—. Tenemos un auténtico problema en el campo».

Como fundador del Movimiento de Trabajadores Indigentes, Boulos dedicó años a organizar la ocupación de edificios abandonados a fin de ofrecer refugio a los brasileños en situación de necesidad. Obtuvo un escaño legislativo en las recientes elecciones y trabajará estrechamente con Lula. Cuando le pregunté por los bolsonaristas, dijo: «Tenemos que aprender a hablar con esas personas». Pero sugirió, en el tono que adoptaría un neoyorquino para hablar de los texanos, que a efectos prácticos las zonas rurales de Brasil eran un país distinto. «Es una cultura sobre todo derechista que gira en torno a la idea de que uno tiene que proteger sus propiedades de las invasiones de territorios por parte de la izquierda —observó—. Tienen un programa neoliberal que es socialmente moralizador. Ahí estriba nuestro problema: la izquierda no ha prestado atención a ese sector, y debe hacerlo si quiere derrotar al bolsonarismo».

Lula, según dijo, «tiene una capacidad extraordinaria para gobernar y articular puntos en común con diferentes sectores». Pero los cuatro años anteriores han hecho que sortear las diferencias resulte mucho más difícil: «Bolsonaro no gobernó, sino que estableció los puntos de referencia para una batalla ideológica, ¡y casi llegó a vencernos alcanzando el triunfo en la reelección!».

Boulos estimaba que los extremistas bolsonaristas representaban entre el 10 y el 12 por ciento de la población brasileña: «Se trata de gente que no cree en la pandemia, que defiende el uso de la tortura y cree que la Tierra es plana». La clave, dijo, era mejorar sus oportunidades económicas. «Hay quienes dicen que Brasil ha ido convirtiéndose en un país polarizado. Yo diría que siempre ha estado polarizado. Piénselo: mientras que este país es el tercer mayor productor de comida del mundo, treinta millones de ciudadanos pasan hambre, y un 1 por ciento de la población posee la mayor parte de los recursos. ¡Cómo no va a haber polarización!». Me recordó que cuando Lula abandonó el cargo, el electorado le apoyó de una manera abrumadora «¡porque sus vidas eran mejores!». Ahora, sin embargo, había menos flujo de dinero; la economía iba a la baja y el país todavía se estaba recuperando de la pandemia. «Lula tendrá menos margen de maniobra», auguró.

En las semanas posteriores a que Lula ganara las elecciones, a menudo daba la impresión de que simplemente quería remontar el país a la época anterior a que Bolsonaro llegara al poder, cuando el Amazonas no corría tanto peligro, la economía estaba pujante y Brasil formaba parte de un grupo de países en rápido desarrollo. «Fue el mejor momento para el ascenso social de los pobres en Latinoamérica —observó en São Paulo, y añadió—: ¡Hay que recuperar los "brics"!».

Cuatro días antes de la insurrección del 8 de enero, su Administración hizo público su plan económico, que aspiraba a restaurar la Bolsa Familia, incrementar las ayudas a los pobres, frenar la privatización y subir los impuestos sobre la gasolina. Según Brian Winter, editor de *Americas Quarterly* y veterano analista de la política brasileña, «los anuncios básicamente obtuvieron el aprobado justo de los mercados: nadie muy entusiasmado, nadie muy molesto». Pero Winter no se mostró optimista con respecto a que el Gobierno de Lula vaya a superar un bache de toda una década a base de aflojar dinero.

Recuperar el Amazonas será más difícil incluso. Durante el mandato de Bolsonaro, a medida que rancheros y mineros despejaban terrenos, los incendios consumieron un área de selva tropical de aproximadamente el tamaño de Bélgica. En la región prolifera un ambiente antigubernamental, y Lula y sus aliados están pidiendo a los habitantes que no se aprovechen de los valiosos recursos que los rodean. Un ranchero con el que hablé me dijo: «¿Cómo vas a vivir encima de un cofre del tesoro sin poder hacer nada con él?».

La ministra de Medio Ambiente de Lula es Marina Silva, que ocupó el cargo cinco años durante el primer mandato de este, pero dimitió frustrada por los deseos del presidente de equilibrar conservación y desarrollo. Ahora Lula ha vuelto a contar con ella prometiendo una política de tolerancia cero con la deforestación. Silva, de sesenta y tantos años e hija de un trabajador del caucho de ascendencia afrobrasileña, es una cristiana evangélica de largo cabello y voz suave. En su despacho en Brasilia, me dijo que esperaba extender la agricultura sostenible atajando al mismo tiempo la deforestación ilegal. Reconoció que se seguirían cometiendo violaciones de las leyes medioambientales, y que el proceso llevaría tiempo. «No podremos hacerlo en cuatro años, eso sería utópico —dijo—. El problema durante Bolsonaro fue que los transgresores tenían total impunidad. Con Lula, al menos se pondrá fin a la expectativa de la impunidad».

Lula y sus colaboradores son conscientes de que el mundo no les juzgará tanto por los detalles del Gobierno propiamente dicho como por cómo afronten una crisis monumental: el desplome total del medio ambiente y el desplome casi total de la democracia. Simone Tebet, su ministra de Planificación, me dijo: «El gran problema del presidente Lula no es solo económico. Puede resolver el problema de inflación, el problema del desempleo, reducir la desigualdad social, reducir el porcentaje de pobres en Brasil. Pero, si no se trabaja por la pacificación política y la unidad, dentro de cuatro años volverá el bolsonarismo rampante». Con setenta y siete años, a Lula solo le queda un mandato, y tiene mucho que hacer, razonó Tebet. «Quiere limpiar el alma de Brasil —aseguró—. Quiere atajar la injusticia. No me cabe duda de que reunirá un equipo para hacerlo. Lo que me preocupa es si tendrá la fuerza, la capacidad y el discernimiento para entender que su principal papel no se limita a estos cuatro años. Tiene que tender puentes para que, en 2026 y 2030, tengamos gobiernos demócratas en Brasil».